你戴着荆棘的王冠而来　　你握着正义的宝剑而来

中国律所访谈

四十周年纪念版

（下册）

智合研究院　编著

法律出版社
LAW PRESS·CHINA

目录

2000~2009

2010~2019

2000~2009

中国律所访谈：四十周年纪念版

嘉源

资本市场守望者，二十载挥斥方遒

林 戈 李晓雨

2020 年嘉源成立 20 周年，嘉源合伙人合影

嘉源北京办公室

“嘉于行　源于心”2020 年会嘉源全家福

“嘉于行　源于心”2020 年会

20 年前，颜羽、徐莹、郭斌、贺伟平四人在世纪之交，于北京成立了一家名为“嘉源”的律师事务所，立志深耕资本市场。如今这家资本市场领域的“新星”已走过新中国律师制度恢复后 1/2 的发展历程，陪伴着众多企业踏入资本市场，以经办的一个个重大、疑难、具有开创性的“首例”项目作为其成长的脚印，稳步成长为如今中国资本市场法律服务领域的行业标杆。

回顾一路成长历程，创始人颜羽在《倾听嘉源成长的脚步声》一文中写道：“与共和国资本市场高速成长几乎同年代成长起来的嘉源，在军工企业走出大山开始自己的民品求生之路之时、在中国央企通过整体改制褪去历史包袱、轻装参与集团化整体境内外上市之时、在全国各高等院校科研机构通过科技部‘双高’（高新技术企业和高新技术产品）认证、蜕变为企业并走向中国资本市场的改革大潮之时，陪伴着公司和其他机构一道踏步而来。”

探讨嘉源的成功，究其根本，在于其抓住了中国资本市场快速发展、法律服务市场高速成长所带来的机遇与空间，找准了一条最适合自己也最顺应时代的赛道，这是嘉源的幸运；而更为重要的是，其对优质客户的开发和积累、专业严谨的工作作风、敢于不断挑战自我的勇气以及孜孜不倦开拓进取的魄力，为嘉源未来的腾飞及发展奠定了坚实的基础及创造了无限的可能。

嘉源 20 年史：稳步前行，顺势而为

20 世纪 90 年代初，中国资本市场萌芽并发展。伴随中国改革开放大潮，上海证券交易所和深圳证券交易所相继开市。1992 年国务院设立国务院证券管理委员会，中国证监会发布《关于进一步加强证券市场宏观管理的通知》等政策落地，中国证券市场逐步开始纳入全国统一监管框架，一大批抓住机遇在改革开放第一批浪潮发展起来的企业也开始先后踏入资本市场。

时任中国著名民营科技企业——四通集团法务部副部长的颜羽，凭借着自身过硬的法学功底，在双十年华便牵头负责四通的 8 人法务团队，四通集团的境外上市，成为她走进资本市场的第一步。

1993 年 1 月，司法部与中国证监会联合颁布《关于从事证券法律业务律师及律师事务所资格确认的暂行规定》，就此设立了证券律师许可证制度。此后，在证监会制定的众多规范性文件中，凡涉及法律服务，均指定由“具有从业资格的律师事务所和律师”承接。1996 年，颜羽、徐莹等通过司法部第二期证券资格考试，成为中国最早的证券律师之一。那时的他们并未想到，这张“准入证”不仅给资本市场带来了 2 位优秀的证券律师，更

催生了一支证券领域的先锋团队。

在当时，从事证券法律业务的律师事务所，必须有三名以上取得从事证券法律业务资格证书的专职律师。由此，颜羽、徐莹与郭斌等几人一起成立了嘉和律师事务所证券部。郭斌与颜羽一样，较早涉足证券业务，徐莹等在颜羽的带领下也很快熟悉证券业务。几人各有所长：颜羽冲劲足，善统筹，无所畏惧，深耕证券业务多年；徐莹擅长市场沟通和客户维护；郭斌经验丰富，是西安当地的“一方诸侯”……加上现在已不在律所的几位骨干律师，共同扶持，屡创佳绩。

“大家一荣俱荣，一损俱损。在律所建设上，大家群策群力，每个人都是不可或缺的角色。”颜羽说。

但彼时无论是律所管理还是市场监管都相对粗放，很快，利益冲突问题就挡在嘉和面前。嘉和证券部的主要客户之一是国内一家大型银行，但嘉和的诉讼律师却在该银行被诉的案件中代理原告。随着业务量增加，此类利益冲突有增不减。于是，几人与贺伟平等律师一道离开嘉和，正式开始了一家以证券业务为主的律师事务所的创业旅程。

2000 年 1 月，嘉源律师事务所成立。起名“嘉源”，不仅是四人对其团队源自何处的回答及对初心的坚守，也是给予每位加入其中的“嘉源人”一方安身立命之所的承诺。律所设立之初，几位合伙人就着力打造一个稳定、有归属感的平台，在位于国家大道长安街畔、中国金融核心北京金融街的远洋大厦买下一处办公室，践行“家园”概念的落地。

2003 年，一场席卷全国的“非典”疫情让各行各业均遭受了冲击。在律师行业，首当其冲的便是还未站稳脚跟的初创律所，有不少中小律所就此沉寂。

但在“非典”的阴影下，嘉源担任了国内第一家以 A 股股权重组并境外上市项目——中航科工 H 股发行及上市的发行人律师。以多家 A 股上市公司的权益投资设立股份公司，在当时的法律体系下尚属首例，其背后涉及复杂的法律关系，对律师的专业能力提出了极高的要求。而身在“非典”重灾区的北京城，内外交通阻断的情况更让业务开展举步维艰，面对前所未有的挑战，嘉源合伙人和各级律师全员上阵，以完美的配合，应对着项目中遇到的各项挑战。

在整个项目中，“嘉源人”一面提起精神，严防病毒，打起“防疫攻坚战”；一面在没有前人经验参考的情况下，夙兴夜寐，和公司核心管理层共同努力，以谨慎的态度投入更多的精力与时间开拓。到项目结束，嘉源共发出文件 474 份，起草正式备忘录 62 份，合伙人和律师累计工作时长超过 2200 小时，项目背后的艰辛让团队至今对这三个数字记忆深刻。

通过上市、非上市部分的调整和重组，为中航工业第二集团公司整体效益和可持续发展能力的提升提供了资金和海外资本市场渠道，并为其在后续和航空工业第一集团的合并和中航集团的整体发展及海外平台打造奠定了基础。嘉源也借此项目，开始介入当时正在开启的央企集团的整体资本运作过程中，为深度参与央企资本市场法律服务提供了成功的借鉴。除此之外，更大的收获是，在几位创始合伙人的带领下，嘉源的第二代律师史震建、张汶等年轻律师通过一系列重大首例项目的历练，快速成长起来，具备独当一面的能力。

嘉源围绕着几个大项目运转，不仅无惊无险地扛住了“非典”对法律服务市场的冲击，还取得了一定的发展，这在同期律所发展中十分罕见。当年，为应对“非典”疫情影响，嘉源的创始合伙人一致决定，无论贡献大小，将当年的可分配利润均分给每位合伙人。如此安排，再次体现了嘉源所倡导的“家园关怀”。

*“嘉源确实是一个可以安身立命的平台，大家只要在这个平台上，每个人都是这个平台的受益者，也能共享这个平台的收益。谁和这个平台走得最久，谁就是最大的受益者。”*颜羽说。

除了中航科工外，嘉源同期进行的当年资本市场极具影响力的TCL首创吸收合并及IPO、上汽集团整车业务整体重组上市等多家优秀企业的上市，为嘉源在央企、地方国企和龙头民营企业改制上市中积聚了声誉和名气。这类首例重大项目，被那些有志于从事证券法律服务的青年律师中口耳相传，作为创新案例被广泛学习。2008年加入嘉源的晏国哲律师便表示，在进入嘉源工作之前，嘉源的经典案例就已经成为他在其他律师事务所学习的材料。在资本市场领域，嘉源一时声名鹊起。

同时，为顺应资本市场业务强监管、高风险的特点，嘉源首创了项目风险控制内核制度，这远远早于2006年《证券法》要求券商建立内控制度的时间。为留住和吸引最优秀的人员，嘉源于2003年首创了绩效律师考核制度。为解决合伙人利益差别和各有专长也需要共同发展的问题，嘉源专门聘请专业会计师事务所为嘉源量身打造了一套行之有效的合伙人考核分配制度。为实现对律师的培养、带领、指导和鞭策，嘉源结合经济学360°考评体系首创了律师事务所360°年终考核线上体系，至今为不少律所同行所借鉴。

恰恰是得益于这样一步一步的稳健发展，当一场席卷全球的危机来临时，嘉源依然能够平稳渡过。2008年，世界金融危机爆发，许多律所的业务与收入面临减少的巨大压力，同时房租、用工成本、税收等硬性成本，成为快速发展律所难以逾越的大山。

而凭借着此前与多个大型企业深入合作，以每个项目实打实的成绩获得客户认可的嘉源，已经参与到中国中铁、中国中车、中交、攀钢等多个“巨无霸”上市项目中。金融危机下，国家为应对经济危机而鼓励基建，嘉源也相继承办多个大型能源项目，深度介入能源行业领域，于危机中迎来又一次新的发展。在国际金融危机中，嘉源不仅未受其影响，还在2008年彭博中国资本市场排行榜中名列中国国内IPO发行人法律顾问前列。同年，嘉源还担任了国内第一家通过同时进行多家上市公司定向增发及吸收合并实现集团整体上市项目——攀钢集团整体上市的发行人律师。

2009年年度全国市场第二大规模IPO、香港市场最大规模IPO——中国中冶A+H股发行并上市，由嘉源担任发行人律师。香港文汇报特别出了一整版面以《嘉源：中国资本市场专业法律服务》为题介绍嘉源。当时，有记者问颜羽和徐莹，嘉源快速发展的原因是什么。颜羽提到“勤勉尽责、合伙人全力投入”，徐莹提到“稳健谨慎发展，追求服务品质”，这些充分践行了嘉源建所之初提出的“十字理念”——勤勉、稳健、合作、服务精良。

“勤勉，有嘉源每个项目中创始合伙人躬身一线的诠释；稳健，有嘉源在每一次增长上讲究有机发展的考量；合作，有嘉源对每位律师考核强调合作共享的制度；服务精良，有嘉源二十年如一日在业务上的精耕细作。”这是对“十字理念”的诠释。直到如今，这十个字还呈现在嘉源的官网首页，支撑着这家与资本市场开端同年代成长起来的律所。

律师事务所能够有机持续最重要的就是“人和”，而“律师”这一职业又天然向往自由讲究个性。如何让一批高精尖的专业人才汇聚在一处，并保持君子“和而不同”，是对每一家律师事务所管理能力的考验。而嘉源的“十字理念”不仅是每一位嘉源合伙人一致认同的理念，并且是年轻的新一代嘉源人从入所开始在多个项目上潜移默化形成的价值观，可以说是嘉源之所以能保持稳健发展和高效运转的根本原因，也是嘉源目标成为“合抱之木”，而非“小树林”的基石。

嘉源作为深耕资本市场的律师事务所，高工作强度已成为默认行规。只有勤勉的人才能真正适应嘉源的工作状态，并且嘉源所要求的勤勉，并不仅仅是“有效工作时间”，它所要求的“勤”更在于“勤思考下的实践”，如“不耍小聪明”“自我驱动”“依赖思考和思维”等。

稳健，对外指律所“适度规模化”的有机生长，对内指律师对客户严格筛选、严谨负责的态度。资本市场业务的高风险决定了嘉源人的做事态度——严谨、细致、力求完美。换言之，“负责任”一词在嘉源并非一个空泛的形容词，而是有一套客观的评价标准，“以事实为依据、以法律为准绳”在嘉源不是一句空泛的口号，而是融入每个律师骨髓的意识。严格依据事实和法律做事，遵守程序和规制，不盲从，不轻信，不懈怠，不随便发表意见，注重细节是嘉源人的做事态度和品行。

如果说“勤勉”和“稳健”是嘉源人对于人的要求或特质，而把这些特质发挥，最终转化为对外精良的服务，此中诀窍即在“合作”，“合作”被认为是嘉源文化大树的树根，“团队”的观念已经融入每一个嘉源人的血液里。

2014年，中国内地及香港市场上规模最大的一项交易——中信集团境外整体上市项目法律服务就是嘉源人贯彻“十字理念”的集中体现。嘉源作为中信集团重组的中国律师，调动了四个部门以及上海、深圳分所的精英律师，组织了包括合伙人、资深律师、中级律师等60余名专业律师提供全程中国法律服务，这在当年的嘉源是倾一半人力投入的项目，在没有第三方财务顾问、没有券商律师参与的情况下，和中信投行部一道主导完成了全部方案论证和尽职调查工作，并多次向国务院、财政部汇报，协助中信证券成功完成了重组。嘉源的机制，充分体现了合作之美。

“合作”文化的背后亦有制度作为支撑。公共分配制度，绩效考核制度，业务执行、业务开拓与管理的计时打通制度，成本考核办法等制度，从根本上解决了律所内部管理的三大矛盾：合伙人个人利益与律所整体发展的矛盾、律师自我成长需求最大化与律所给予律师晋升机制在一定阶段不匹配之间的矛盾以及老律师的保障和新律师激励之间的矛盾。

如果说“勤勉”“稳健”更像是嘉源人的性格特质,“合作”是嘉源人的特有处事方式,“服务精良”则像是顺理成章的一个必然结果。合到一起，就是嘉源的核心竞争力。

*“我们要做行业内的一面旗帜，证券市场没有次品，项目的收入和质量没有关系，客户要求和律师投入也没有关系，每一个都要做到精品。”*颜羽说。

从 2012 年至今，嘉源进入了开放式发展期，从内部的合伙人机制、团队建设到外部的人才引进、业务拓展、品牌提升，均日益开放。

如今的嘉源，已频频亮相于钱伯斯、The Legal 500、汤森路透 ALB、《商法》等知名榜单的资本市场、公司并购等领域。一路披荆斩棘，嘉源收获了累累硕果。

从2000~2020年,嘉源度过了波澜壮阔、风云变幻的20年,它以实力雄厚的精英团队,以稳定、专注、传承的合伙人及律师团队，以整体运作的公司化管理模式，以精良的业务水平和稳健的业务规范，结合本土经验和国际视野，占据了中国资本市场法律服务的制高点。

占据制高点，打造领先的投融资领域法律服务机构

颜羽说：*“嘉源明确了自身的战略定位，以精良的品质打响了品牌，围绕客户资本运作的各个方面提供服务，在一体化、矩阵式的管理模式下构建了专业的团队。嘉源能够始终位列中国投融资领域法律服务的第一阵营，其核心就在于品牌、客户与人才。”*

嘉源经历了中国资本市场发展的风起云涌，跟随中国法律市场的高速发展，秉承务实稳健的发展战略，持续地向行业内外传递自身的品牌形象，承办了众多重大、“首例”、创新型的项目。而嘉源之所以能够承办如此之多对市场具有深远影响力的项目，与其长期的精耕细作与杰出的项目管理经验密不可分。

首先，由于长期从事一线实务工作，嘉源的主要合伙人和律师团队始终保持着深度学习的态度和能力。深度学习不仅意味着充分理解法律法规的变化，更是要获取对资本市场的深度理解，考虑客户的商业行为的法律诉求，以及在交易过程中该如何设计交易的架构。

其次，充分利用过往案例和项目的经验，带着律师的思考，从法律的规定出发，充分考虑监管风险、法律风险、市场风险，与监管部门充分沟通。

最后，充分理解客户的商业模式、战略意图和交易目的，在提供法律服务时能够跳出既有思维模式的限制，在交易策略和交易结构设计上进行创新，从而满足客户个性化的需求。由此，才能具备承办无先例、创新型项目的能力。

资本市场是一个“高风险”的业务领域，而与资本市场打了20年交道的嘉源却是难得的“安全系数”颇高的律师事务所，直到如今嘉源也从未有过不良记录，这要归功于嘉源的内控制度。早在2004年，嘉源就出台了《律师事务所风险控制管理办法》并几经修改。事实上，嘉源是业内较早拥有内核机制和风控管理办法的律所之一。

从资本市场运营的角度来说，律师业务的质量风险把控应当尽可能前置，从源头抓起，注重过程把控。由此，在嘉源的风控体系中，一级和二级合伙人均为内核成员，从项目立项，到负责的合伙人，参与的立项人均要在立项表上写得一清二楚。从源头管起，强化过程管理，一旦被处罚，所有签字人和内核人都将受到处分。

目前，嘉源围绕客户资本运作的需求构建了完整的业务体系，颜羽说：“从融资（拿钱）、到投资并购（花钱）、到金融如基金、信托、保险（管钱）、再到争议解决（保护钱的利益），整个产业链就完成了，资本的力量决定了这段收益率是最高的。”

融资和并购是嘉源传统的两大优势业务，在嘉源发展的初期，融资业务占到创收的60%，并购业务占到30%。嘉源发展到现在，在境内融资业务、境外融资业务、并购业务的基础上，金融业务、国际业务、争议解决业务快速增长。六大业务齐头并进，这是嘉源想看到的。

面对中国高铁“走出去”难得的历史机遇期，推动我国“一带一路”倡议的实施，2015年，在国务院国资委的主持下，中国南车和中国北车按照“对等合并”的原则，技术上采取中国南车吸收合并中国北车的方式进行。由于跨内地和香港证券市场，交易复杂重大且无先例，南北车合并项目组建了由7家境内外律师事务所组成的强大的法律服务团队。该项目是香港联交所挂牌的A+H股上市公司之间吸收合并的首例。嘉源在该项目中担任中国南车的境内法律顾问，短时间内高质量地处理了大量境内法律事务，为项目的顺利推进保驾护航，也在这场与国际律师事务所的合作与竞争中，以高质量的服务赢得了客户的认可，最终获聘为合并后的中国中车的境内常年法律顾问，令国外同行对中国律师的服务能力刮目相看。

2015年于中国资本市场而言是不平凡的一年，A股在坎坷中夯实制度根基。这一年的6月29日，联想控股完成H股IPO，登陆香港资本市场。2017年12月29日，中国证监会发布公告，正式宣布开展H股“全流通”试点，以“成熟一家、推出一家”的方式有序推进本次试点，试点企业不超过3家。得知这样的消息后，嘉源与联想控股便提前着手研究，对全流通申请的流程、公司业务涉及的外资产业政策等重点问题进行了深入分析。2018 年 4 月，联想控股成为首家拿到证监会同意全流通试点的批文的企业，嘉源也参与到 H 股“全流通”试点改革这一资本市场的里程碑事件，为中国资本市场改革贡献了一份力量。

在债券领域，嘉源亦颇有建树。2018 年，中国重工债转股完成了第一例真正意义上的市场化债转股，其创新的方案设计不仅摆脱了上一轮政策性债转股模式，也打破了过往“名股实债”的交易结构，对于本轮市场化债转股实践具有开创性的里程碑意义。嘉源作为公司律师，全程参与了该项目，协助公司解除“名股实债”的魔咒。考虑到本次交易的创新性和复杂性，嘉源以颜羽为项目总负责人，派出了杨映川带领的金融业务团队，柳卓利为骨干的并购重组团队，为本次市场化债转股提供了方案论证、监管沟通、投资人谈判、协议文本起草等全方位的法律服务。

2020 年 4 月，《商法》公布了“2020 年度卓越律所大奖”，嘉源在境外资本市场、结构性融资及资产证券化两大领域榜上有名。在资产证券化领域，在嘉源金融业务线律师们的开拓和努力下，嘉源于 2019 年累计为约 600 亿元人民币的产品发行提供交易结构设计、基础资产核查、法律文本起草等相关法律服务，成为嘉源业务发展中又一个新的有巨大潜力的业务领域。

这些项目的背后均凝聚了嘉源律师的心血，每一个项目都让嘉源律师的专业能力和经验得以提升，每一份法律备忘录、法律意见书都代表了嘉源作为法律顾问为公司及各中介提供的强有力的支持。它们就像一座座丰碑，镌刻在嘉源的历史上。

本土经验和国际视野：“有机生长”与构建“一站式”服务网络

嘉源崇尚“有机生长”的发展路径，结合本土经验与国际视野，在境内外构建了“一站式”服务网络，使嘉源的客户可以获得一流的国际化、专业化、精细化、全方位的服务。嘉源已形成了围绕投融资市场专业法律服务的战略定位，打造专门从事与投资、融资相关的完整产业链法律服务的精品律师事务所。

目前，嘉源的总部设于北京，在上海、深圳、香港特区、广州、西安设有分支机构，已形成了 200 多名律师的战斗集群。在当今中国律所的规模化浪潮面前，嘉源专注于差异化发展和适度规模化的道路。在设立分所时，嘉源并未直接吸收合并现成的本地团队从而迅速扩张，而是将吸纳的本地人才纳入全所系统中统一培养，以保持嘉源文化的传承性。也正是基于这样的发展模式，嘉源得以实现了“全所一盘棋”，嘉源的品牌也在各地均获得了客户与同行的认可。

“有机生长”是嘉源尊重律师事务所的生长规律，不盲目为追求覆盖面迅速扩张，并且在每一次生长机遇来临之际，总会采取最“稳健”的方式将其服务触角延展到新的地区。

上海分所的设立与长三角布局

上海办公室恰好是在北京奥运会开幕当天拿到执业许可证，总部派出史震建到上海开始分所筹建工作，考虑到分所本地化，又邀请此前曾在国内红圈所工作的王元和陈鹤岚加盟，两人不仅有海派律师务实的风格，更对嘉源的“十字理念”十分认可。

如今，上海分所已从最初的三五人一步步增长至五六十人的规模。在上海法律服务市场，嘉源已然站稳脚跟，夯实了基础。同时，凭借位处金融中心的优势，上海分所并未止步于嘉源的传统优势业务，王元等人依托嘉源原有上海及周边地区客户资源为基础，将市场需求服务链条进行了延展。以上海分所为开端，嘉源的私募基金业务、资产证券化业务、争议解决业务等业务领域也逐渐在整个法律服务市场中占有一席之地。

2011 年，王元、陈一敏主导了上海文化产业股权投资基金的发起设立项目的法律服务，该基金是上海市政府规划的四大产业基金中的一只，也是第一批券商直投子公司发起设立的私募股权投资基金，对基金市场产生了重大的影响。上海作为国际金融中心，具有非常活跃的 PE/VC 市场，地处金融中心的上海分所如今已在两位合伙人的带领下建立起了极具规模的专业化私募基金服务团队，专业提供境内、外私募基金设立、基金投资、基金争议解决的法律服务。

“上海分所已具备了良好的发展根基，在未来 2 到 3 年里，我们希望上海分所的业务能够更强，服务品质更好，并朝着适度规模化的方向发展。”对于未来上海分所的规划，王元表示，在嘉源目前业务领域的基础上，将对知识产权、美元基金、破产重组等领域的市场需求进行进一步探索和开发。

深圳分所的设立与湾区建设体系的形成

上海办公室成立不久，嘉源的深圳分所筹建也提上日程。2004 年文梁娟加入嘉源时，嘉源正负责 TCL 集团吸收合并 TCL 通讯项目，这也是 A 股市场第一宗 IPO 同时吸收合并另一存续上市公司的项目。以此项目为契机，为更好满足 TCL 集团等华南客户的需求，嘉源开始筹建深圳分所。

2008 年年底，27 岁的文梁娟毛遂自荐，与创始合伙人徐莹先后南下，支持深圳分所的筹建和发展，在服务好客户的同时，也找到了因地制宜的发展路径。深圳作为一座创新之城，高科技企业云集，由此，高科技企业的投融资需求自然成为深圳分所关注的焦点。

2012 年，嘉源的境外布局再度攻下一垒，嘉源香港分所开始筹建。在香港特区，嘉源遇到了萧一峰律师事务所这位合拍的伙伴，与其组建香港联营办公室是第一步合作。

2020年2月，嘉源香港分所度过联营期，正式开始本地化运营。

2016年，《广东省司法厅关于香港特别行政区和澳门特别行政区律师事务所与内地律师事务所在广东省实行合伙联营试行办法》出台，嘉源萧一峰（广州）联营律师事务所也于2017年9月应运而生。

至此，以深圳为中心，协同香港特区、广州两地的嘉源湾区建设体系形成。

如今，嘉源有北京总部辐射全国，上海与深圳也分别覆盖了长三角与珠三角两个经济发达地区，由此形成“一体两翼”均衡发展的健康结构，而广州联营所侧重于争议解决、知识产权团队的培养，香港分所也将在跨境平台、双边服务层面上，发挥更大作用。

鼎力打造西安分所，布局“一带一路”

陕西可谓嘉源的另一个根据地，由创始合伙人郭斌最早耕耘。作为西北地区辐射的核心，不少央企与军工企业在陕西设有机构，也因此，每年嘉源都有许多项目来自陕西。近几年，像陕西建工集团、陕西煤业化工集团、陕西能源集团等地方龙头企业的客户越来越多，嘉源也越发期待在当地打造一支具有规模和高端业务能力的团队。

2019年，嘉源这支在陕西法律服务市场已经辛勤耕耘20余年的团队，在九月初九重阳节之际，于古都西安正式成立了第五家分所。西安作为“一带一路”上的重要节点及丝绸之路的起点城市，也是西北地区科技金融机构最密集的区域之一，是中国确定要建设的国家中心城市和亚欧合作交流的国际化大都市。

在这样的新形势下，嘉源西安分所不仅是加强为那些嘉源成立以后一直相伴成长的军工企业、建工、能源、机械等客户服务的基点，同时也是在“一带一路”机遇下的战略布局举措。

国际化布局：构建“一站式”服务网络

就在国内分所稳步建设并彼此通力合作的同时，嘉源也已打开其国际视野。在过去三年中，嘉源每年参与的海外投资并购项目有20余个，迄今为止已经参与逾50个境外投资项目，涉及全球逾40个国家和地区。

嘉源的国际化布局离不开跨北京、上海、深圳和香港特区的国际业务线团队，业务线设立之初即引进了当时任职于知名国际律所的合伙人和资深律师，他们一起努力在国际业务线构建了目前嘉源的三个海外“网络”：

第一个网络是“十国十一地”服务网络，是嘉源与美国、德国、澳大利亚、法国、意大利等国家的律师事务所紧密联合而构建的国际服务网络，基本覆盖国际发达地区。在“十国十一地”服务网络中，嘉源寻找的境外合作伙伴都是在所在国一流的当地律师事务所。“十国十一地”服务网络是嘉源国际化布局中最重要的一环，该平台是全球为数不多的由中国律师牵头组织的国际律师服务网络。

第二个网络是“一带一路”服务网络，是嘉源在“一带一路”倡议下参与涉外活动的基础上，建立的合作伙伴白名单制度，为客户挑选或者代表客户聘请境外法律服务机构。如今，嘉源“一带一路”法律服务网络所涉的国家和地区，覆盖韩国、日本、新加坡、泰国、缅甸、印度尼西亚、印度、俄罗斯、以色列、阿联酋等国家和地区。眼下，就“一带一路”领域的布局而言，嘉源在国际工程、国际合规、国际贸易、投融资等领域已成绩斐然。

第三个网络是“离岸法律服务网络”，这一网络主要针对在中国企业在“走出去”过程中的离岸投资法律服务需求。嘉源借助在私募基金、金融业务领域的专业能力，将其国际金融业务扩展至完整覆盖开曼、英属维尔京群岛、卢森堡等主流境外基金、离岸架构所涉及的热门离岸司法区域，并建立了与离岸律师事务所、公司秘书服务机构、行政管理人等服务机构紧密互信的合作关系，为客户提供便捷的“交钥匙”服务。

三个“一站式”服务网络覆盖了嘉源客户的涉外业务需求所能辐射的几乎全部国家和地区，嘉源如今可以快速响应国内客户几乎全部主要的涉外业务诉求。三个“一站式”服务网络同时也成为境外客户通过该网络寻求与嘉源合作的“入口和节点”，为嘉源的国际业务发展打下了坚实的基础。

矩阵式管理与“合作”文化：打破界限，实现一体化运作

彼得·德鲁克说：“战略不是研究我们未来要做什么，而是研究我们今天做什么才有未来。”

嘉源能够形成如今的大所、强所气象，与其矩阵式管理的模式、独特的“合作”文化和人才理念所激发出的团队生命力密不可分。

高端、大型的交易项目往往法律关系复杂，需要对多项资产、关联公司进行尽职调查，客户在挑选法律顾问时，通常会考察——律所是否具备市场洞察力，是否拥有极强的处理最复杂、最具创新性和挑战性工作的专业能力，是否在相关行业和业务领域内有过长期的耕耘与投入。由此，市场对律所的专业化、规范化、团队协同和整体服务能力提出了很高的要求。

为了适应资本市场法律服务的需要，嘉源采用了“矩阵式管理”的模式，将境内融资、境外融资、并购、国际、金融、争议解决等业务做了科学细分后进行专业化管理，形成以六大业务线为基础，以业务类型为单元的标准化、科学化的业务开拓、业务执行及风险控制体系。在每一个业务环节均已形成详细的业务规范，并制定了成文的业务标准。目前，嘉源每条业务线均由 2~3 名合伙人共同牵头。

每一家优秀的商事律师事务所，都拥有一支精锐的争议解决团队，在非诉业务与争议解决之间形成良好的互动，嘉源也不例外。2016年，嘉源组建了争议解决团队，专门从事证券合规、诉讼、仲裁、破产重组等领域的法律服务，由创始合伙人贺伟平和上海分所的合伙人蔡晨程共同负责。尽管争议解决业务在嘉源起步较晚，但以嘉源的资本市场业务为依托，拓展并聚焦与资本市场的投融资相关的争议和案件，包括证券合规、私募股权投资争议、债券违约争议等。这几年，争议解决业务成为嘉源发展最快的业务领域。至此，嘉源的六条业务线正式成型。

六大业务线，矩阵式管理，也让嘉源的各地办公室之间打破了地域概念，当遭遇时间紧、任务重、疑难复杂的重大项目时，可以在全国各地办公室之间形成协同，各业务团队、各合伙人之间实现无障碍的沟通和合作。

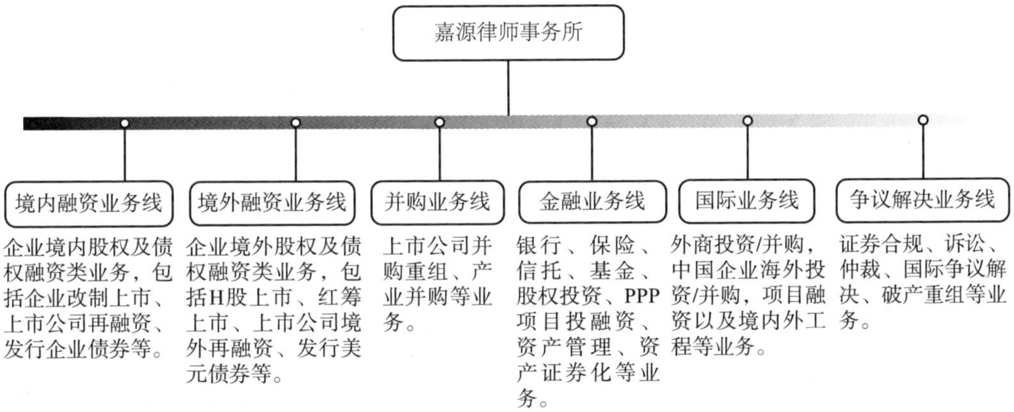

嘉源六大业务线

“嘉源的文化倡导专业合作、聚焦主业、有所为、有所不为，这些理念都融汇到了日常的管理运营和客户发展当中。在一体化的运作模式下，分所的文化亦不会变形。”颜羽说，“‘合作’是嘉源人浸入骨髓、融入血液里的东西。没有完美的个人，但要尝试构建一个完美的组织，以适应市场环境的变化。”

嘉源的各分所各具特色，各部门业务各有侧重，为加强分所之间、部门之间的合作意识，嘉源的分所与部门并不独立核算，而是完全融为“嘉源”一个整体，一荣俱荣，一损俱损。由于嘉源多承接集团公司的大型项目，经常需要多部门的律师共同协作。因此在嘉源的体系中，合作是极为重要的，无论是总所与分所，还是分所之间、部门之间均有许多合作的案例。

嘉源，与“家园”同音，这既是创所时的设计与安排，寄托了创始合伙人对未来的期待，也真正地贯穿了嘉源20年的发展历史，让嘉源人产生了归属感与认同感。

嘉源的绝大部分律师均为硕士以上学历，部分律师曾留学英、美，并曾任职于境外律师机构、证券公司、会计师事务所。对于人员的管理，嘉源在创立之初就开创了统一标准的管理模式，把业务及人员划分为不同的业务线和部门。为了增加凝聚力与归属感，嘉源的人员是按照部门进行管理，按照“一专多强”的人才机制进行培养。

因此，无论入职哪一个部门，都有机会获得资本市场所有细分领域培训机会及工作机会，新人律师可通过不同业务的实践和比较，找到自己未来职业发展的方向。

在嘉源的人才管理体系中，有一个极为重要的关键词，那就是“安全感”。

这种“安全感”来自嘉源的文化。这种安全感的具象化，就是人财物一体化的管理模式、强有力的团队支撑、丰富而新鲜的项目经验、简单而富有人情味的人际关系等，每一位嘉源律师都能心无旁骛地全身心投入工作中。因为他们知道，自己的身后站着整个嘉源的团队。

对于嘉源律师来说，在这里，可以参与最具挑战性和创新性的项目，可以与具备国际视野和杰出专业能力的行业翘楚一起工作，可以一步步成长为资本市场相关领域的精英律师，可以见证中国资本市场的潮起潮落，把握时代的脉搏。

结　语

20 年前，嘉源初创，组建团队，把握中国资本市场的脉搏，以专业、优质的法律服务开拓市场，积累客户资源。

15 年前，嘉源开始飞速发展，建章立制，团队从八九人逐步壮大至四五十人，参与多个国内“巨无霸”企业上市项目，声名鹊起，开始呈现资本市场领先机构应有的格局和气象。

12 年前，嘉源项目总量与案件质量有质的飞跃，开始在各类排名中崭露头角，开启规模化布局，进军沪上，南下深圳，为北京、上海、深圳“一体两翼”的战略布局打下根基。

8 年前，嘉源声誉日隆，人才济济，大所、强所的格局形成，成为国际评级机构榜单上的常客。

如今，嘉源秉持“勤勉、稳健、合作、服务精良”的“十字理念”，40 余位合伙人互相配合、紧密合作、相互支持为客户服务，深谙境内外资本市场，六大业务线协同作战，构建“一站式”服务网络，及时有效地解决与项目相关的所有法律问题。

颜羽说：“嘉源的‘源’，是溪流，能融为江河，能汇聚大海，能承载巨轮，能助力前行。嘉源现在的样子，是 20 年前未能想到的景象，而 20 岁也只是一个新的开始，因为‘源’的另一层含义，本就是‘源远流长’。”

资本市场守望者，20 载挥斥方遒。未来，嘉源的主题是延续，是传承，是开放，是融合，更是创新；下一个 20 年，嘉源必能继续纵横驰骋，雄踞中国乃至全球法律服务市场。

康桥

文化立所，积跬步以至千里

吴梦奇　宁思甜

康桥律师事务所前台

“康桥梦”

左：康桥于疫情期间向省红十字会捐款

右：康桥所与山东大学法学院签署合作协议并向乔伟教育基金捐赠 100 万元

左：2020 年第一次合伙人会议（新加坡）

右：2019 年第一次合伙人会议（迪拜）

40 年弹指一挥间，在风起云涌、一日千里的中国法律服务行业，“合伙人”的含义究竟是什么？是同甘共苦的手足战友，还是皆为利来的熙攘之众？这一大哉问，不知让多少入行多年的律师陷入过迷茫。内部的龃龉不和，足以让一家风光一时的律所陷于沉寂。

君子务本，本立而道生。立于齐鲁大地，常沐孔孟之风，康桥律师事务所深知“文化”对于一家律所的基业长青是何等重要。“文化立所”之路，即康桥笃志奉行的立身之本。

2000 年是康桥律师事务所成立 20 周年，20 载风风雨雨，康桥不断成长壮大，磨炼出一套专属于自己的成熟文化体系。以共同追求之文化愿景凝聚人心，同心同德，康桥方能行稳致远，此乃康桥人一路走来形成的共识。

然“文化”者，形而上，知易而行难。面对激烈的市场竞争，若没有足够的决心投入时间与精力，文化理念很容易便流于言辞，止于宣传。康桥文化之难能可贵处在于知行合一。

2017 年 1 月，首席合伙人张巧良在年终总结大会上向全所提议，购买一处自有物业，为康桥留下一份共同的资产。此言中午一出，当天晚上，全所上下便筹集了 9000 万元的资金。张巧良自己都未曾料到，在具体的规则方案都不及确定的情况下，仅半日之间，整个康桥便能一呼百应，筹足了购置房产的资金，速度之快，大大超出了事前预期。

如此“振臂一呼，应者云集”的景象，不仅在律师行业，恐怕在任何行业，都不多见。在惊讶之余，张巧良心中更充满了感动和骄傲——康桥人，并非仅为稻粱而谋，更是患难与共，以康桥为家。

把康桥打造成一家有厚重感、有温度的律师事务所，让康桥成为律师们心目中一个温馨而宁静的家，这正是张巧良之夙愿。康桥所购之自有物业，也没有记于合伙人名下，而是记在律所名下，真正作为律所的共同资产。

除了对律所整体发展的支持，康桥大家庭的团结，更体现在律所成员遭遇个人困难之时。2011 年，康桥有一位律师不幸患上了尿毒症，急需做换肾手术，对于一位刚入职的律师而言，这是一笔不菲的负担。

此时，康桥人积极捐款，在最短时间内为患病的同事筹集了医疗费用，更在短短一个半月的时间内，为其解决了最关键的问题——找到了肾源。

在中国的法律服务行业中，康桥是少见的对律所的文化理念和发展战略进行了高度体系化提炼的律师事务所。在康桥的律所文化体系中，不仅有最基本的文化理念、价值观和发展愿景，还有基于上述理念而提出的与律所及律师自身发展和提升息息相关的内容，包括扎实推进“三大战略”、着力打造“四张名片”、正确处理“五大关系”等。

“我觉得康桥文化体系最本质的核心内涵就是‘以人为本’，律所的发展归根结底是个体的发展，每个个体发展好了，就是康桥发展好了，康桥的发展无非就是为大家提供一个有利于发展的平台，让大家能够在这个平台上愉悦地工作、生活。”张巧良说。

相比北京、上海等地的法律服务市场，山东的律师行业并不算很发达，年轻律师进入律所工作之初，普遍都面临比较大的经济压力。康桥除了给年轻律师提供足够的基本经济保障，还设计了一系列的培训活动，让年轻律师的业务能力能够得到持续的锻炼和提升。

真诚地关怀并关注员工，是许多成功企业的共同特征，对律所而言也是如此。张巧良深信，世上没有从天而降的忠诚，年轻律师对于律所的忠诚度，取决于律所对年轻律师的付出。

徐志摩的《再别康桥》，是道不尽的依依惜别之情。虽然只是恰好同名，此康桥非彼康桥，但相同的是，张巧良希望康桥律师事务所培养的年轻律师，即使因个人追求离开了，也能“轻轻的招手，作别西天的云彩”，在康桥的经历能成为他们一段温暖的回忆。

以人为本的精神，更意味着设身处地的关怀。

2016年，康桥一名刚入所几个月的年轻律师遭遇了困难，家人突患重病，急需经济上的帮助。这次，康桥没有采取众人捐款的方式，而是先由所里借款给这位律师用于家人治病，然后以首席合伙人张巧良为主，在业务分配上向这位律师倾斜，令其不仅可以通过更多地参与业务提升自身能力，也顺利解决了自己面临的经济上的困境。

之所以这次没有呼吁众人捐款，是因为这样做虽然体现了互助精神，但毕竟会让受助者欠下一份沉重的“人情债”，也不够尊重其隐私。授人以鱼，不如授人以渔。新的帮助方法，不仅悄无声息地解决了这位律师的燃眉之急，更顾及了受助者的感受和自尊，还使其有了更多的业务锻炼机会，可谓一举多得。

坚持以人为本，才能最大程度上凝聚人心，在此基础上进行的各种文化建设也才能真正深入人心，让全所上下形成“大康桥”的向心力和认同感。而这种向心力和认同感，使康桥所倡导的“坚守、责任、包容、奉献”不止于口号和宣传，而是切实地转化为律所上下，尤其是管理层的处事态度和方式。

康桥合伙人在与张巧良交谈时，谈及更多的是最近与他人合作提供了多少案源、带教了多少年轻律师，而不是自己的创收有多高。

张巧良一直跟身边的同事说，“我们不是商人”，不能将“利润最大化、成本最小化”奉为律所发展的圭臬。在制定分配制度时，康桥重视对年轻律师的支持和对团队合作的鼓励。在决定合伙人晋升时，创收也不是康桥最重要的衡量指标。

张巧良曾对其他合伙人说，等有一日大家老去，若能在年会上白首相聚、回眸岁月，若能在海滩上沐浴和风、共忆往事，看着一代代成长起来的后辈律师在远处运动、欢笑，这就是一种幸福，一种成功。

理念：以人为本、自强不息、厚德载物。
核心价值观：坚守、责任、包容、奉献。
三大战略：硬件、人才、市场。
四张名片：（1）总分所一体化的管理模式和团队合作的“大康桥”理念；（2）年轻律师的培养机制和人才梯队建设；（3）公益维权和社会责任；（4）康桥特色的党建工作。
五大关系：名与实、道术势、知与行、义与利、个人与群体。
康桥梦：每一名康桥人过上富足而优雅的生活，康桥律师成为优秀律师的代名词，律师成为太阳底下最光辉的职业，中国的民主法治之旅扬帆远航。

康桥的文化和战略体系

文化立所，本固枝荣

古语云：能用众力，则无敌于天下；能用众智，则无畏于圣人。

任何组织都是人的组织，其发展和成功的核心动力在于“人和”，而非“利合”。在共同文化的引领下，方能达成真正的团队合作。若只是以利益相合，其结果大概只是形式上的整合，貌合而神离。

康桥监事会主席、高级合伙人王曙光认为，“人”是律所文化和律所管理之间的交汇点，也是管理制度的建设离不开文化引领的原因。

“*管理主体与管理对象都是人，而要在管理主体和管理对象之间实现有效的管理，一定要有一个管理主体和管理对象共同认可的理念，而这种理念就是文化。*”王曙光说。

所谓律所文化，就是律所在从事执业活动中形成的执业理念、执业目的、执业方针、价值观念、执业行为、社会责任、执业形象等的总和。

康桥的文化体系，也并非一日之功，而是在不断的上下求索中，步步精进。

2011 年 11 月 26 日，康桥律师事务所一次特殊的合伙人会议在济南颐正大厦召开，选举产生了新一届管委会。2012 年 1 月 8 日，在 2011 年终总结大会上，张巧良代表康桥新一届管委会明确提出：康桥发展，必须牢固树立核心价值观。

康桥确立的核心价值观是：坚守、责任、包容、奉献。坚守，指坚守理想、信念，坚守法律、公平和正义。责任，即敢做敢当。包容，指能够容纳不同意见，互谅互让。奉献，就是真诚、投入和爱。

这是康桥历史上第一次明确提出核心价值观这个概念，也是第一次以管委会名义来定义康桥大家庭的文化。王曙光认为，这个核心价值观的提出及践行，为日后康桥的发展起到了极其重要的奠基作用。

在确立核心价值观的同时，康桥也提出了硬件（高端的办公环境、提升律所形象）、人才（引进和培养人才、提升专业水平）、市场（开拓市场、扩展业务）三大维度的发展战略。

2013 年 1 月，康桥正式提出了“文化立所”的理念。

康桥总部在济南，各地分所所在地域的经济发展水平不同，法律服务市场的情况也不一样，而律师职业的特点决定了大部分律师都处于各自为战的状态。这些问题单纯依靠管理制度的设计很难解决，因此共同的文化理念对康桥而言显得更为重要。

康桥管委会乃至全体合伙人都认为，康桥的发展要靠制度和措施，但制度和措施的落实要靠大家的自觉践行，而这种自觉践行，需要基于共同的价值观和信念而形成的共同文化理念。

在提出“文化立所”理念的同时，康桥管委会定义了康桥的核心理念：以人为本、自强不息、厚德载物。

在同月举行的年终总结大会上，康桥管委会正式提出了“康桥人，康桥梦”。经过多年完善调整，目前确定的康桥梦内容是：每一名康桥人过上富足而优雅的生活，康桥律师成为优秀律师的代名词，律师成为太阳底下最光辉的职业，中国的民主法治之旅扬帆远航。

2017 年 1 月，康桥合伙人会议在印尼巴厘岛举行，明确提出正确处理五大关系，包括：名与实、道术势、知与行、义与利、个人与群体。康桥要求每个成员正确处理这五种关系，做到知行合一、名实相符，行大道，识大势，紧跟康桥的发展步伐，不断提升认知、完善自我。

2018 年 1 月，康桥合伙人会议在泰国普吉岛举行，正式把康桥文化写入康桥章程。

对外，康桥着力于打造“四张名片”：（1）总分所一体化的管理模式和团队合作的“大康桥”理念；（2）年轻律师的培养机制和人才梯队建设；（3）公益维权和社会责任；（4）康桥特色的党建工作。

这“四张名片”，将康桥的文化理念具象化，使康桥的文化和价值观融入具体的落地执行层面。

《礼记 · 大学》云：古之欲明明德于天下者，先治其国。欲治其国者，先齐其家。欲齐其家者，先修其身。欲修其身者，先正其心。欲正其心者，先诚其意。欲诚其意者，先致其知。致知在格物。

康桥数年来的文化立所之路，又何尝不是根据实践经验，不断格物致知，以树立每个康桥人的文化理念为本，去实现康桥的修齐治平之道呢?

康桥坚持“文化立所”的原则，牢固树立“以人为本，厚德载物，自强不息”的核心理念，积极践行“坚守、责任、包容、奉献”的核心价值观，坚定不移地维护、发展和丰富一体化管理模式和“大康桥”理念，为建设“百年康桥”、实现“康桥梦”而不懈努力着。

一体管理，上下同欲

“康桥一直坚持的，是从人、财、物直至理念和制度的完全一体化，这样的整合才能算是真正的一体化。”王曙光说。

张巧良认为，个体户式、各自为战的律所组织模式已经不符合时代发展的潮流，个人的力量始终有限，大家各展所长，互相合作，才能使律所形成强大的竞争力，客户也更愿意和一家有组织、有纪律的律所打交道。此外，以个人和小团队为中心的律所组织模式，也不利于一家律所的稳定和长远发展，容易引起人事震动。

所以，律师事务所肯定要作为一个整体做好战略规划、品牌形象、专业建设以及人才的储备。实现这一切，需要建立相应的一体化管理制度，但是这样的制度意味着利益的分配不可避免地会影响一些合伙人的利益。

这正是康桥律师事务所如此重视“文化立所”的原因。成体系且深入人心的律所文化，是康桥总分所一体化管理模式的基础，只有这样才能让团队合作的大康桥理念落地执行。

“如果大家都以利益为导向，那有些合伙人就不愿合作了，为什么非要与大家分享所得呢？或者有的合伙人害怕合作以后产生矛盾，那多一事不如少一事，独善其身岂不更好？”张巧良说。

“所以，在康桥，何为是非对错，什么应鼓励，什么应反对，我们必须形成共识，形成了这种统一的价值观或方法论，大家在一起处理问题的时候，就不容易有大的分歧。”

在最容易产生分歧的利益分配问题上，康桥的合伙人也体现出了精诚团结。在每年的合伙人会议上，分配方案公布后，往往马上就能全票通过，没有任何异议，没有合伙人计较付出的多寡。

康桥执行合伙人张作成介绍，在利润分配制度的设计中，康桥十分重视内部的团结。例如，根据康桥的计点制度规定，合伙人介绍案源给其他同事，也能折算成点数参与每年的利润分配，其用意在于鼓励合伙人之间的互相合作。

“另外，康桥在合伙人利润分配中，对于每个合伙人分得的利润占其当年度总创收的比例，设置了上限和下限，多出上限的部分会纳入律所的发展基金，未达到下限的差额由律所发展基金出资补上。这样能将律所合伙人的收入差距控制在合理范围内。”张作成说。

以上做法虽有助于律所的整体发展，但创收高的合伙人在经济利益上的牺牲必然是最大的，如果没有共同的文化和愿景作根基、没有共同的价值追求，那么很多制度的设立必然会引起矛盾和分歧，难以推进。

因此，文化的重要性不言而喻。不过，文化建设绝非一朝一夕能完成之事。如果没有相应的机制和措施，那么再好的文化和理念也只能被束之高阁，沦为空谈。这是文化建设中的一个重大挑战。

知易行难，文化建设的成功在于知行合一。

“所谓文化，不是说我们提出一个口号或者提出一套理论，我们就有文化。真正的律所文化，是从整个管理团队到每一名合伙人直至每一名律师，所有人都不仅认知、认同文化的内涵，并且能够在自己的日常行为中去自觉地贯彻、践行律所的文化理念。”王曙光说。

为了让文化建设真正落地，康桥设置了一系列的会议和活动，并形成制度长期坚持，通过润物细无声的方式，让全所上下形成“大康桥”的集体意识，并将康桥的文化和理念潜移默化地铭刻在员工的心中。

康桥每月会举行管委会例会，讨论和沟通所内的重大事务。年中和年底定期举行合伙人会议，让平时甚少见面的总所、分所合伙人在休闲放松的环境中共聚一处，互相交流感情和理念。

其中，管委会对一家律所管理的重要性不言而喻。虽然康桥管委会有些成员来自分所，但多年以来，康桥每月一次的管委会雷打不动，几乎没有人缺席过。

例如，烟台分所的张丽华律师曾一度是距离济南总部最远的管委会成员。2014 年年底以前，从烟台到济南还没有开通动车，两地之间坐普通火车需要十几个小时，张律师需要在火车上过夜。如果因手头工作而无法坐火车，张律师甚至需要赶乘飞机。尽管如此，2011 年 11 月以来，张丽华从来没有因个人事务缺席过每月召开的管委会例会。

其身正，不令而行；其身不正，虽令不从。一种文化没有引领者的身体力行，难以落到实处。一个组织的管理者理应是组织文化的第一实践者和维护者，这是组织文化建设成功的前提保障。

康桥管委会成员就是在用自己的实际行动，自觉践行着对康桥文化和制度的尊重和敬畏，以及康桥“坚守、责任、包容、奉献”的核心价值观，向全所律师作出表率。

在律所整体层面，康桥每周一都会举行晨会，总分所全体参加（分所成员线上参加），由首席合伙人张巧良主讲，话题包括国际时事，也包括社会热点，张巧良会分享自己的观点和判断。八九年来，他一直坚持不懈，几乎没有中断过每周一次的主讲。

康桥也像其他律所和企业一样，在每年的春节之前举行年会。除了对上一年度的工作进行总结之外，康桥的年会还包括文艺晚会、辩论赛、演讲比赛、论坛、体育比赛等活动，让康桥律师在公共活动的筹备和参与中得到锻炼，增强归属感。多年来，一年一度的康桥年会已经成为所有康桥人心目中的节日，也成为康桥文化建设中极其重要的一环。

在日常工作中，康桥每周定期举行“康桥大讲堂”和“案例研讨”，不定期举办“模拟法庭”，用于对律师的培训。对于新入职的成员，无论年资长短，无论是在总所还是分所，都需要在入职半年内到康桥总部接受为期数天的“入职培训”，学习康桥的文化理念和规章制度。

多年以来，康桥就是通过这一系列形成制度并坚持至今的活动，把康桥倡导并追求的文化理念传承给每一个康桥人，让每一个参与者身上的康桥气质逐渐成形，文化从形而上的理念和愿景，转化为康桥人实实在在的处事态度和方法。

统一党建，融于所建

在康桥，党建与所建工作相辅相成。2017 年 6 月，康桥合伙人会议表决一致通过把党建工作写入律所章程，将党建工作上升到律所最高制度层面。

康桥的党建工作，也继续贯彻着总分所一体化的管理模式和团队合作的大康桥理念。

康桥 2004 年成立了党支部。不过，康桥党委书记、高级合伙人金荣奎介绍，随着律所规模不断扩大、分所不断设立，党员律师不断增多，党建工作出现了分所支部各自为战、日益松散的问题。

“我们考虑应该从党建的角度，在康桥总分所一体化的基础上，建立一个统一的党组织，这样就非常有利于把律所的管理、文化建设与思想政治统一起来，这种统一非常有必要。”金荣奎说。

2016 年 11 月 10 日，山东省司法厅党委批准了康桥律师事务所党委的设立，这是全国第一家实施垂直化管理的律师事务所党委，下设 12 个分所的党支部。

“我们建立了垂直化管理的律所党委，打破了单纯属地管理格局，把分所党员组织关系都集中到总部来，实现了总部党委对各分所党组织的垂直管理，这样增强了党建工作与律所管理工作的协同性，有效避免了党建与业务‘两张皮’的弊端，也进一步完善了康桥的一体化。”金荣奎说。

除了管理层面的衔接，也有业务发展的配合。康桥的党建工作重视国家经济社会发展的需要。比如，康桥党委组织律师积极投入“一带一路”相关的法律服务工作。为顺应新旧动能转换的国家经济发展战略，康桥党委也努力引领律师深耕企业破产重整、投资并购、知识产权保护等领域。

除了律所自身的发展，康桥的党建工作还包括鼓励律师积极承担社会责任，如援疆援藏、在校园和社区进行公益普法、关爱孤寡老人。

在涉及社会公众利益的案件中，也频频出现康桥党员的身影。

例如，康桥党委委员、高级合伙人李树森代理了全国首例大气污染公益诉讼案件，被中央电视台评为 2016 年度法治人物。党委委员、高级合伙人邓莉参与了彩石山庄烂尾信访案，积极参与调解、解释、咨询等工作，使上千名购房者的利益得到了保障。

在本次新冠肺炎疫情中，康桥律师还纷纷主动报名成为志愿者，直接穿上防护服，参与一线的疫情防控工作，在社区、在高速公路、在机场协助出入人员的体温和健康码检测，或是利用自己的外语能力在外籍人士集中隔离观察点服务，或是为政府的防疫工作提出法律解决方案、为群众提供公益法律服务。

康桥党员的社会责任担当，亦是康桥所有律师社会担当的一个缩影。本次新冠肺炎疫情中，康桥律师的视线还跨越千里，聚焦在了奋战于武汉抗疫一线的“白衣天使”身上。在后方参与防控的律师，此刻更能体会到医护人员的辛劳与伟大。1 月 31 日，康桥律师在党委的组织下，内部完成了款项筹措，通过省红十字会捐资 100 万元，用于武汉抗疫一线医护人员的生活补助。正所谓“医者愈人，律师卫道”。

康桥对社会公益的重视也不仅体现在这次疫情中。2019 年 6 月 15 日，康桥在山东大学法学院乔伟先生塑像安放仪式上，与山东大学法学院签署合作协议并向乔伟教育基金捐赠 100 万元，以期帮助山东大学莘莘学子，培养更多社会英杰。康桥还曾向西藏日喀则市定日县司法局等众多单位进行定点捐赠，积极弘扬山东律所的社会责任。

康桥律师多年如一日投身公益，展现社会担当，不仅帮助自身树立了形象，也因此受到了山东省委乃至中央政法委的关注与肯定。

扶持与培养并重，塑造未来康桥人

十年树木，百年树人。人才梯队建设，是任何一个组织经久不衰的支柱。

在承载着康桥人发展愿景的“康桥梦”中，“每一名康桥人过上富足而优雅的生活”“康桥律师成为优秀律师的代名词”排在前两位。让康桥人过上富足优雅的生活，这是对全体康桥人的经济承诺；而康桥律师成为优秀律师的代名词，则代表康桥将人才的培养摆在了律所愿景的关键位置。

“年轻律师的培养机制，或者说人才梯队建设，与康桥文化中‘以人为本’的观念和‘康桥梦’中对于律师个人和律所的发展规划是紧密联系在一起的，”王曙光说，“我们认为，康桥的未来一定在那些优秀的年轻人身上。”

事实也证明了他这个论断：2011 年康桥合伙人不到 20 人，如今已增长到了 100 多人，其中年轻合伙人占相当一部分；管委会成员中，“80 后”合伙人也占了其中 4 席之多。种种成果，都体现了康桥人才梯队建设的成功。

在常年负责所内人才培养工作的康桥律师事务所合伙人会议主席、高级合伙人孔庆刚看来，作为“四张名片”之一的青年律师培养机制及人才梯队建设，对康桥的发展而言意义重大。

“严进”是康桥人才理念的第一重要元素：在面试时，康桥会先帮助应聘的年轻人理顺自己的职业规划，并帮助他们建立起对于律师行业的基本认知。“这是我们对于年轻律师培养的第一步，也是非常重要的一个前提，即提升对行业和自我的认知。”孔庆刚说。

对于初入职场的青年律师而言，摆在面前的往往是绕不开的两重难关：

其一，如何满足自身基本的生活需要。在行业内实习律师起薪偏低的情况下，如果基本生活需要得不到保障，往往就足以令许多“家底不厚”的青年律师选择离去。

其二，如何快速实现自身能力的提升。行业内关于青年律师的培养，迄今尚未形成一个相对规范的体系，往往需要靠律所自身发电，因此也造成了不同律所之间培训体系的巨大差异。

对于第一个问题，康桥的选择并不是简单的提升起薪，而是设计了一种独特的薪酬机制，即参考提成律师的薪资结构，为被录取的年轻人提供“底薪 + 提成”的薪资结构。假设被录取的研究生底薪为 4000 元，则当他参与部分案件后，康桥会为他提供与成熟律师完全等比例的提成收入。这种分配方式既照顾了青年律师的生存需要，也激发了青年律师参与办案的积极性。

同时，康桥一批资深合伙人也身体力行帮助这些年轻人消化生活压力：正常情况下一起案件最多有两名代理律师，但康桥可能会扩充到三四人，既让他们增长经验，也让他们有充足的业务量来保障收入。

而对于第二个问题，康桥则在长期摸索实践后，形成了目前的一整套系统性的人才培训制度体系。

在全所层面，除周一雷打不动的晨会分享外，康桥还设计了多项固定培训制度：

每周六，康桥都会通过视频会议形式举办“康桥大讲堂”，邀请讲师来给所内律师授课。讲师不仅仅包括所内资深合伙人、工作负责人或专家型律师，也包括所外的专家学者。而内容也不仅仅包括专业技能、职业相关内容，也包括专业以外的知识。每周六，康桥律师都会收获这样一次高质量的主题演讲。

每周二下午，康桥会举行“案例研讨”，邀请全所 500 多名律师拿出自己承接、参与过的有借鉴意义的案例，一方面是与大家分享，另一方面也是通过全体律师的群策群力来从中获得帮助与启发。而执业 3 年以下的青年律师，基于自我提升的要求，必须参加这项研讨活动。

此外，康桥还会不定期举行康桥模拟法庭，由专门的培训委员会组织律师们参与，选择有代表性的或有重大意义的案件在充分研究准备的情况下进行模拟开庭，以达到对案件精雕细琢、对业务精益求精的效果。

除了律所层面的活动，在康桥设立的各个专业部门内部，往往也会设置对应的针对性更强的培训制度。以孔庆刚带领的知识产权业务部为例：“如果我拿到一个相对有代表性的稀缺案例时，我都会主动选定一个时间，组织部里的年轻律师来进行一个部门内部的案例讨论。”

这种资深合伙人专门抽调时间来给青年律师面授经验的机会，亦是康桥得以不断吸引有志于律师行业的年轻人加盟的原因之一。

通过“底薪+提成”的薪资体系，以及律所、团队两个层面的培训体系，康桥以具有自身特色的手段解决了人才培养的两个基本问题。但康桥并不满足于此，而是致力于以点滴小事引领年轻人形成康桥倡导的价值理念，在人格塑造、价值排序等各个层级打造拥有康桥特色的下一代律所中坚力量。

近年来，随着康桥的快速发展，大量青年律师陆续加盟康桥。每年，康桥都会组织至少一次为期三天以上的“入职培训”，为新人提供系统了解康桥文化理念的机会。

2018 年，康桥还特别组织一年内加盟总所、分所的新进康桥人，包括合伙人、律师、实习律师乃至行政人员，包车前往南部山区的一处营地，进行了为期一周的入职集训：不仅由首席合伙人张巧良亲自给他们讲解康桥文化，还有各个重点业务领域的资深律师为他们讲解律师执业技巧、行业知识乃至商务礼仪等系列培训，并通过小组互动形式，迅速让这些新加盟的年轻人打成一片。

此外，正如前文所提到，康桥每年都会举行一次持续 4~5 天的大型年终总结，其间有文艺表演、辩论赛、演讲大赛、体育比赛等各类活动。而所有这些活动，都由康桥的年轻律师自己组织完成。这些文体活动不仅是为了让参与者有一个放松身心、增进感情的机会，更是让年轻律师参与律所公共活动的筹备，让有组织协调能力的年轻人有展现自我、脱颖而出的机会。

“为了这四五天的组织、演出，青年律师往往需要在此前一个季度里抽出大量时间做准备，”孔庆刚说，“但一旦年轻人完成了这次参与，他就会被打上深深的康桥烙印，会更积极主动地参与所内的公共事务，形成所务优先、所务与自身成长密切相关的价值观。”

“我们仍打算不断完善康桥在人才培养方面的这张‘名片’，”张巧良说，“唯有如此，我们才能通过塑造符合康桥发展需要、符合法治建设需要的未来康桥人，最终实现全体康桥人的‘康桥梦’。”

提升专业实力，彰显责任担当

作为一家综合性律师事务所，康桥业务涵盖公司、证券资本、金融保险、建筑房地产、知识产权、国际贸易与国际投资、诉讼仲裁、政府、环境资源法律服务等领域。

社会责任一直被康桥作为一张重要的名片来打造。在提供法律服务的过程中、在宣传讲座及普法活动中，康桥律师都积极传递着依法行政、依法治市的观念，并通过参与地方立法咨询，为法治环境建设贡献力量。

康桥多位律师担任省政府及直属机关的法律顾问。康桥在处理政府法律服务方面经验丰富，在山东法律市场中首屈一指。

首席合伙人张巧良担任山东省政府法律顾问，以及省市场监管局、省自然资源厅、省科技厅、省教育厅等30余家厅局级政府的法律顾问。执行合伙人、党委副书记张作成担任山东省政协农业与农村委员会、山东省政府国资委、国家海洋局北海分局、临沂市人大常委会等政府部门的法律顾问，同时还是山东省人民政府法律专家库成员。

康桥代理了诸多影响力重大的案件，其专业素质和责任担当得到了山东省各级政府的广泛认可。其中，彩石山庄案堪称可以载入康桥史册的经典案件。

彩石山庄案

2006年至2008年，三联集团推出彩石山庄项目，大约2100户购房者前后缴纳了累计近9.6亿元的预售款。项目原定于2008年10月交房，谁知三联集团资金链断裂，到2008年9月时，三联集团旗下三联商社股权被公开拍卖，项目彻底停工，一度被搁置。彩石山庄项目一时间被冠上了“江北第一大烂尾项目”之称。

抵押权优于普通债权，这是此前《物权法》规定下的基本原则。由于彩石山庄项目将涉案土地、在建工程等可供执行的财产层层抵押，如果走破产、拍卖等程序，银行等债权人将优先受偿，购房者的利益难以得到保护。所以即便启动司法程序，近2100户购房者有极大可能“颗粒无收”。

购房者群情激愤，陆续形成了各种各样的维权圈子，持续不断地用各种方式反映诉求，纷纷奔赴山东省委、省政府“要说法”。然而随着时间的推移，问题拖延不决，群体性上访维权仍在持续中，且矛盾越积越深，情绪越发激烈。尽快、妥善处理纠纷，成为山东省政府维持社会稳定的第一要务。

于是，由山东省法制办出面选聘法律顾问，征集可行的解决方案。经过层层考察与筛选，康桥脱颖而出，张巧良、邓莉等律师组成项目组，自此参与了案件处理的全过程。

康桥律师的介入，为案件突破打开了局面。张巧良从权利位阶的角度破题，迅速为案件解决厘清了思路。他认为，从立法精神和法治原则来看，在“彩石山庄项目”中，购房者应当被认定为消费者，与牵涉其中的金融机构、施工单位等相比，属于弱势群体，其合理合法的权益，尤其是涉及生存的基本权益，应当得到尊重和保护。

经过反复论证，张巧良又提出“支付了商品房全部或大部分款项的买受人的债权具有返还请求优先权”的法律意见。

不拘泥于抵押权优于普通债权的法律通行原则，张巧良提出，案件债权对应的是购房者的购房款，究其根本，其背后保障的是购房者最基本的居住权和生存权，从权利位阶的角度来看，应该优先得到保障，所以购房者的债权应当先于抵押权受偿。这一结论的提出，让上千位购房者看到了希望。

这一看似简单的逻辑，背后凝聚了康桥律师深厚的法学功底和理论基础，以及创造性解决问题的专业智慧。经过详尽的论述，方案得到了山东省委、省政府，乃至最高人民法院的初步认可。

然而，提出方案只是解决问题的第一步。方案的推进有赖于购房者、金融机构等各方的信任与配合。康桥律师多次参加政府组织的协调会，向购房者传达政府解决民生问题的诚意和担当；多次通过媒体向购房者传递可以通过司法途径优先受偿的法律方案，引导他们依据法律途径理性维护合法权益；面对金融机构的反对情绪，康桥律师与其诚恳、细致地沟通与交流，据理力争，推动各方达成一致意见。

三联集团涉案土地及地上建筑物完成拍卖处置之后，2014 年 12 月，首批 1700 多名购房者陆续领到了执行款；2015 年 6 月，全部购房者获得执行款。

至此，长达 8 年的群体性纠纷终于落下帷幕。这一案件随后被写入了最高人民法院工作报告，成为全国各地其他省市同类案件处理的典范。康桥律师也因此赢得了省政府等相关部门的高度评价。

康桥执行合伙人张作成表示：“这不只是一个法律问题，律师需要站在政治的高度，为政府解决问题的角度，提出具有可操作性的方案。”既高屋建瓴地提出可操作的方案，又亲身躬行落实方案的具体实施，充分体现了康桥勤勉尽责、竭诚服务、追求正义的宗旨。

首例环境公益诉讼

在中华环保联合会诉德州晶华集团振华有限公司大气污染民事公益诉讼案中，康桥的社会担当再次体现得淋漓尽致。

德州晶华集团振华有限公司是一家从事玻璃和玻璃深加工产品制造的企业，虽然投入了资金建设脱硫除尘设施，但仍有两个烟囱长期超标排放污染物，造成大气污染。加之生产经营场所在德州市区，严重影响了周围居民生活，居民反应强烈。

原山东省环保厅、德州市环保局多次责令其停产，并进行罚款，甚至在 2014 年中国 APEC 峰会期间企业还受到原环保部的点名批评。但基于资金压力以及其他种种原因，污染问题一直拖延不决。

中华环保联合会委托康桥律师处理问题，决定提起大气污染公益诉讼。2015 年 3 月，中华环保联合会一纸诉状将振华公司告上法庭，主要诉讼请求为：一是请求判令振华公司停止超标向大气排放污染物，增设大气污染防治设施，在经环境保护行政主管部门验收合格并投入使用前停止生产经营活动；二是振华公司赔偿因超标排放污染物造成的损失 2746 万元及因超标排放污染物造成的损失 780 万元；三是在省级及以上媒体向社会公开赔礼道歉。

这是新《环境保护法》实施后的首例针对大气污染提起的环境公益诉讼。法院极为重视，两次召开庭前会议，进行证据交换，对鉴定程序、鉴定范围、鉴定意见出具的时间等内容进行质证。康桥的张巧良、李树森、张猛等律师代理了此案。

案件有两个问题有待解决：一是诉讼双方是否满足公益诉讼的主体资格，二是如何界定被告所需承担的民事责任以及如何计算损害赔偿数额。

根据《最高人民法院关于审理环境民事公益诉讼案件适用法律若干问题的解释》，诉讼双方的主体适格性不存在问题。而如何计算大气污染造成的损害后果及修复治理费用，是案件处理的重大难点。

中华环保联合会委托原环保部环境规划院就污染行为直接造成的损害后果、环境修复费用等数额进行鉴定，并出具评估意见。损害赔偿数额结合了振华公司正常购置脱硫、脱销设备的成本及运营成本计算得出，计算过程经过环保专家的严格论证，也经过与振华公司的充分沟通，确保计算结果既科学严谨，又合理可行。

损害赔偿金额全部用于德州大气环境质量修复，同时，振华公司亦主动停止污染行为，关停生产线，积极整改，重新选址，搬离市区，防止了污染及损害的进一步扩大，案件处理结果取得了良好的法律效果和社会效果。

“处理环境公益诉讼案件任重道远，一些法律难题还有待长期探索与解决”，张作成说，“不过，振华大气污染公益诉讼案的确为同类案件提供了借鉴，意义重大”。该案也因此入选了最高人民法院十大环境侵权典型案例，并被写入最高人民法院工作报告。

业务实力综合，服务专业高效

迄今，康桥已为银行、证券、保险、建筑房地产、基础设施建设、电力、交通、医药、化工、通信、矿产、钢铁、机电、贸易投资、轻工、制造、软件、高新技术等40多个行业的数千家国内国外企业提供了优质的法律服务，成为商业客户认可和信赖的合作伙伴。

在矿业能源业务上，康桥代理的山东能源田庄煤矿与山推股份采煤塌陷财产损害赔偿纠纷案被山东省高级人民法院评为十大环境资源审判典型案例，代理的莱钢集团与内蒙古自治区国土资源厅撤销采矿许可证行政复议案等受到客户及社会的好评。

在房地产业务上，康桥服务万达、万科、碧桂园、恒大等大型知名房地产公司，成功办理了多个典型项目。

在知识产权业务上，康桥深耕多年。秦鹏、张泽曈代理的周立亚与申屠晓宁著作权侵权纠纷案入选了北京互联网法院“涉网络知识产权保护十大典型案例”。

在公司业务上，康桥协助两家世界500强企业——山东能源与兖矿集团的并购重组项目，跑遍甘肃、新疆、内蒙古、山西、陕西，迅速积累起丰富经验。

张作成介绍，康桥极为注重专业化分工与团队协作，设置了多个业务部门，根据人尽其才的原则将每个律师按其专业特长归于某一业务部门。各业务部门之间相互协作，各司其职，以满足不同领域客户的个性化法律服务需求。

“应该说，现在所有具备一定规模的律所大多都设置了相应的专业团队，但与北上广深那些全国性的律所相比，我们康桥作为一家地方性的综合所，肯定有我们自己的特点。共性是大家都有专业部，但是我认为我们在这方面强调得更严，康桥的律师只能选择一个专业部，不能选好几个，从我们的角度看，只有你把专业做强了，你才能做好这一类案件。”张作成说。

“另外，我们要求，非本专业的案件，律师必须要和相应专业部的资深律师进行合作。譬如我是刑事业务部，我遇到一个涉及建设工程的案件，这个我是不能单独去做的，我必须要和建设工程专业部的律师进行合作。这个可能是其他不少律所难以做到的，但我们这么多年来一直就是这么要求的。”

百年康桥，行稳致远

法律市场竞争激烈，经济领域风云变幻，新的竞争对手不断涌现，新的业务领域不断兴起，在各种未知的冲击与挑战下，大浪淘沙，有些律所实现了从优秀到卓越的质变，向着“百年大所”的目标坚毅前行，有些则仍在徘徊求索，寻找属于自己的路。

张巧良亦有着“百年康桥”的宏远之志。在成为康桥首席合伙人的第一次全所会议上，张巧良曾庄严承诺：“苟利康桥生死以，不以祸福趋避之。”张巧良以此言明志，康桥的所有合伙人乃至每个律师也以康桥之事业为自身之事业。这或许就是实现“百年康桥”宏愿的基石。

张巧良表示，从长远来看，康桥律师事务所肯定还是要走出山东，进军全国市场，目前山东之外设立的北京和上海办公室远非康桥的发展上限。但是，文化的融入需要时间，过快的扩张绝非适合康桥的发展良策。

“康桥的体制是完全的一体化模式，盲目的扩张容易带来问题，可能会打破我们的一体化模式，所以在这一点上，我们宁愿发展的步伐慢一点，也要将这个模式坚持下去。”他说。

文化理念是组织发展的根基，康桥深谙此道，以文化建设为引领，在追求专业的路上行稳致远。一个个颇具影响力的案例，政府对康桥的重视与信任，昭示着康桥的辉煌。未来，康桥将继续恪守坚守、责任、包容、奉献的核心价值观，努力成长为中国法律行业的一面旗帜，为社会主义法治的发展做出自己的贡献。

在此康桥成立20周年之际，整个世界进入了乌卡时代，一个百年未有之大变局。正如首席合伙人张巧良在2020年半年总结大会上所言：“在大变革的时代，既要有因势之变，也要有坚守不变。康桥人要始终坚持康桥道路、总分所一体化管理体制不改变，始终坚持文化立所、康桥核心价值观不改变，始终坚持致力于康桥知名度、美誉度的提升不改变。古往今来，物是人非，天地里，唯有江山不老，无论风吹浪打，我们都要勇于改变，敢于坚守！”

康桥的20年，只是新征程和新起点。道阻且长，行则将至，百年之路，始于当下。康桥，依然在稳步前行。

泰和泰

时代的新一线律所

周　正

泰和泰律师事务所

泰和泰管委会成都办公室成员接受采访：
程守太（中）、倪弘（右二）、许正平（左二）、刘俊（左一）、郭成刚（右一）

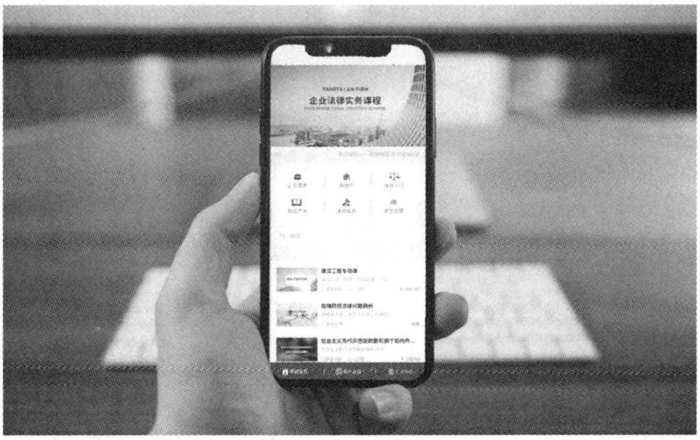

“泰云学院”手机端界面

泰和泰 20 周年庆典现场

泰和泰 20 周年庆典合影

2008~2019 年连续 12 年蝉联某国际知名法律媒体“西部律所大奖”，但这并不是泰和泰真正想要的。

这家成立于世纪之交，发端自成都的律师事务所，所有的办公室都以“泰和泰（城市）律师事务所”命名，17 年前已经“去地域化”。如今，泰和泰已拥有境内外 20 余家分支机构，律师逾 1500 名，员工 2200 余人，总创收超 10 亿元，足以称得上是一家全国性大所。

以 2000 年为行业发展的时间轴划分点，每 20 年为一个时代，中国律师业形成如今的市场格局。上一个 20 年，泰和泰逆势突围，从“泰和泰现象”到为行业贡献“泰和泰模式”。下一个 20 年，站在新时代的起点，泰和泰正在制定新的战略规划，以更全面、紧密、专业的全球法律服务网络加速行业格局的改写，以新生代智能化律所的建设推动全球法律服务生态化进程，以“法律 + 产业”的模式创新高端智力专业服务业的产业融合。

把握时代之势，与时代共发展，做时代的新一线律所，泰而不骄，和而不同，泰和泰正在开启乃至引领行业的下一个时代。

崛起于西部

2000 年，程守太、倪弘和刘俊等几名毫无背景资源的年轻律师在成都创办了泰和泰律师事务所。

开业之初两个月，事务所租在亚太广场 16 层，楼下便是一家本地知名的纯公司化律所。几人登门拜访，希望请教一些经验，但在主任两个多小时的介绍后，年轻人们却有些失落：他们是白手起家，几乎没有任何资源，纯公司化道路显然无法复制。当时，年轻的创始人们就下定决心，一定要走出一条不一样的律所发展之路。

随即，泰和泰便作出了一个当时轰动律师界的动作：以 500 万元的总价，每月还贷 40 万元在成都最贵的写字楼之一世贸中心直接买下 800 平方米的办公场地，成为西部第一家买楼的律师事务所。

筑巢引凤，吸纳人才，2003 年泰和泰律师已超百人。当年的四川，陆路交通非常不发达，泰和泰此时已经决心必须走出本省，做一家不一样的律所，走到北京，只有在北京布了点，触及了“两高”“两部”“三会”，才有全国发展的可能性。

2003 年 4 月，北京办公室获批设立，却赶上“非典”，门可罗雀。即便没遇上那场疫情，租金以美元计算的北京办公室仍然注定亏损。但它的设立为其后泰和泰战略版图扩张奠定了必要前提。北京办在泰和泰历史中还有另外一重极为重要的意义，是其在获批时去掉了“四川”两个字的地域名称前缀，而注册为“泰和泰（北京）律师事务所”，成为全国地方性律所的分所去掉地域名称的第一家。此后，泰和泰分所都以这个格式命名，名称上的“去地域化”为其后泰和泰在更广阔范围设立分支机构提供了重要帮助。

也正是在那一年，几位创始合伙人前往香港胡关李罗律师行学习参观。在那里，他们看到了一家成熟现代化律师行的各种先进做法。胡关李罗之行激发了创始合伙人对于律所公司化运营和专业化建设的憧憬。回川后，合伙人们便想着如何让已经有了一些积淀的年轻泰和泰也向着公司化方向发展，以改进律所管理运营的方方面面，并提升业务专业化程度。

2005 年，创所 5 年时，泰和泰已经发展成为本土最大的律师事务所。此时程守太则提出，泰和泰已然需要思考区域突围的道路。

2007 年，泰和泰南下设立深圳办公室。至此，成都、北京、深圳的西南、华北、华南“三角格局”已经形成。正如围棋中的“金角银边”，占据“金角”是泰和泰区域突围的思路。而为了在下一步的规模化布局中控制合伙人风险，2009 年，泰和泰成为全省第 1 家、全国第 3 家改制为特殊的普通合伙制的律师事务所。一年后的 2010 年，泰和泰仅成都办公室的创收就已超过 1 亿元。当年立下的“十年过亿元”目标顺利实现，且事务所已在本地占据了 1/9 市场份额。

尽管 10 年间成都办公室发展迅速，但北京和深圳两地的布局仍然更多的是战略性安排，仅有“三角格局”远不足以称为全国性律所，要想走得更广、更远，泰和泰“反手”在西部再下一城，选择在西南另一个重量级城市重庆设立办公室。

也正是这一年，北京和上海律师事务所的规模化扩张浪潮掀起，很快便波及内陆地区。2013 年，已经有十几家北京律所在成都开设分所，本地市场人才争夺一时间极其激烈。那年，3 名创收处于第一梯队的合伙人被挖走，给泰和泰管理层带来了不小的震动。此前泰和泰一直是相对防守、向外少量战略布点的姿态，而随着北京大所的跨地域扩张，泰和泰必须思考自己的应对策略。

2013 年 4 月的峨眉山会议，合伙人达成共识，将“立足中西部，辐射全国”作为战略，反守为攻，开始新一轮的发展和布点。而为了反攻的节奏和时机，泰和泰决定一段时间内加速办公室设立，同时建立了分所管理小组和管理制度。

多年来，北京上海规模大所选择开办分所的思路，多数是以经济发展情况良好的省会城市作为优先选择，瞄准的是市场总量。而泰和泰自始就十分清楚，如果采用同样的路径，自己的地域和资源劣势将会被放大，无法在省会与北上大所直接碰撞。

面对北京律所的征伐攻势，泰和泰没有选择正面迎击，而是首先在西藏首府拉萨布点。北京大所向外扩张，颇有借助区位优势“自上而下”辐射的意思，泰和泰的思路则是“先西后东”，只有先做实、坐稳西部，实力积蓄再去东部沿海与大所正面对抗，才可能有胜算。其后，昆明和贵阳办公室设立，泰和泰在滇渝黔藏已完成布局，加上成都办公室雄踞本土，确立了西南片区的领先地位。

2015 年，上海和济南办公室获批。2017 年，天津办公室设立。成立 15 年以后，泰和泰终于有底气在东部沿海布点。同时泰和泰在2015年设立了华盛顿办公室，走出国门。

东部落子后，泰和泰又迅速将中西部片区实力补强。2018年，太原办公室获批设立；2019年4月，西安办公室揭牌，9月西宁办公室获批。至此，泰和泰在中西部地区的整体网络已基本建成。

全盘性思考和布局，所谓“金角银边草肚皮”中的“金角银边”已经成型，泰和泰终于将局势推向中部。2019年，南京办公室设立。2020年年初，武汉办公室正式落成，成为疫情后在汉设立分所的第一家全国性大所。沿长江流域而下，从拉萨，途经重庆、武汉、南京，再到上海，从长江之源到长江之尾，“泰和泰”的下半部分是“水”，顺长江而下，打通中局，天堑变通途。

到2020年，泰和泰全国注册律师人数已超1500名，稳居规模大所第一梯队。同时尼泊尔办公室获批，曼谷和东京办公室筹建，加之2018年已经设立的悉尼办公室，泰和泰的海外布局在有序推进之中。2020年5月海南办公室获批，7月确定筹设新疆乌鲁木齐办公室，泰和泰的战略版图还在持续完善。

20年，草根创业的泰和泰以差异化的打法扎根西部、冲出西部，成为唯一崛起于西部的全国性大所，同时已经有了国际化的色彩。逆水行舟，逆向思维，逆势突围，20年，泰和泰的差异化竞争策略渗透在每一步动作里。

差异化竞争

“所大不一定强，不大一定不强。”这句话已经被程守太在很多场合反复说过。2001年《环球企业家》杂志评价律师事务所的发展，用了这么一句话：“所大不一定强，不大很可能不强。”那时的泰和泰刚刚起步，才实现了第一年20人的目标，程守太干脆改了一改。

这句看似略显武断的话，后半句实际上代表了泰和泰早期发展的核心理念，从中西部出发，缺少地理区位及政商资源的泰和泰选择将规模化的“量变”作为事务所发展的首要阶段目标，再谋求“做强”的质变，才有未来“做长”的可能。而前半句，则是合伙人们早已达成的共识，也是时刻给自己敲响的警钟：规模化是手段而不是目标，泰和泰将一直在寻求做强、做长的路上。

从起步之初决定要走规模化道路开始，规模只是泰和泰整个发展战略中的一个大的前提，而具体到业务本地化发展的策略，再到办公室联织成跨地域、去中心化的整体性服务网络，泰和泰的差异化竞争是一以贯之的。

2002年，泰和泰开始引进中国香港地区专业的房地产法律服务文本和房地产管理理念。这一年也被认为是泰和泰专业化的起点。内部很早就开始采用的案件强制合作制度使专业化建设在泰和泰内部几乎是与规模化同步启动。这一制度也引导律师在综合考虑市场环境和个人成长等因素后，选择差异化的专业方向，不断地去开拓专业细分领域，以建立个人优势。

20 年间，泰和泰成都办公室律师队伍不断壮大，专业覆盖面越来越广的同时领域细分越来越精深，专业分工和专业协同自然形成。目前，成都办已有超过 400 名专职律师，业务领域覆盖房地产、金融、公司商事、资本市场、知识产权、政府监管和合规、人力资源、国际贸易、争议解决和医疗健康等十几个专业领域。

2013 年，出人意料地向西直取拉萨，泰和泰在相对空白的市场中占据了先发地位，并迅速在基础项目投资和建设、投融资项目、金融服务、旅游发展等业务领域建立起领先优势。如今泰和泰拉萨办公室已超过 50 名律师，是当地最大的律师事务所。

进驻热门城市，泰和泰各有“章法”。2015 年昆明办公室设立，泰和泰看重云南作为“一带一路”中“面向南亚、东南亚的辐射中心”的未来潜力。昆明办除了在本地以银行保险、PPP、破产清算、政府及企业法律服务见长，还积极开拓涉外法律服务，打造“走出去、陪出去、领出去”的企业境外法律全流程服务。

同年济南办落地，其设立专业部门时以成都办作为参考和对标，部分业务领域的专业经验由济南办律师来蓉学习后带回当地，复制生根，在当地市场竞争环境中建立独特业务优势。资源和经验的迁移是济南办近几年得以快速成长的主要原因之一。2015 年济南办公室设立后，短短 5 年间获得了超高速发展，律师队伍迅速壮大至百名以上，四年便做成“亿元所”，位列本地前五、山东前十。

2016 年贵阳办设立，泰和泰瞄准本地高端民商事诉讼、刑事诉讼和涉外业务的相对匮乏，尤其以刑事业务作为核心发力点树立本土地位。如今，泰和泰刑事合规法律服务中心已在贵阳办设立，所服务客户已包括北京政府机关和大型企业，实现了跨地域的业务覆盖。

天津，直辖市、环渤海地区经济中心、国家创新试点城市、“一带一路”海陆坐标交会点，坐拥海港、空港、自由贸易试验区，国家京津冀一体化战略高端产业承接区。2017 年获批，天津办以航空物流、海事海商、海外上市融资、海外投资等业务领域为特色优势，并依托泰和泰中国大陆和海外办公室的支持，在专业服务之外为客户提供“走出去、引进来”方面的增值服务。

2018 年龙城太原落子，泰和泰以能源矿产基础建设 PPP 项目法律服务作为核心领域持续发挥优势，已服务数十个省市级 PPP 项目，包括 2019 年度山西省投资额最大 PPP 项目太原市水廊路网提质改造工程等。泰和泰 PPP 法律服务中心在太原办设立，其积淀的法律服务经验也在持续向其他办公室交流“传输”。

2019 年 4 月布局西北要塞西安，泰和泰选择以文化金融为契机、为触点来带动其他的公司法律服务、金融法律服务、争议解决法律服务、知识产权法律服务等相关业务的发展。西安办集结本地资深合伙人队伍，设立时已是本地少有的“百人所”之一，并迅速发展至总员工数 200 人以上且积极转型，培育出一批中坚力量和领军人才。

进入青海西宁这个西北传统市场，泰和泰选择了错位竞争的打法，暂时回避本地强所最为擅长的矿产能源等业务领域，而是将房地产、人力资源和公司法律服务等传统业务做强，形成围攻之势。2019 年 9 月获批设立后，泰和泰西宁办公室目前拥有执业律师 30 多名，员工 40 余人，已是本地最大律所。

10 月落定，泰和泰南京办结合中国（江苏）自由贸易试验区独特的地缘优势，以政府法律顾问、商事争议解决和公司企业合规法律服务为核心，持续广泛开展跨地区合作交流，建设综合性律所平台。最高人民法院第三巡回法庭设立后，近年金陵成为大所竞逐热地。泰和泰选择在不断焕发新活力的古都新城南京大力培养发展青年律师队伍，以期在新一轮的竞争中厚积而发。

2020 年，泰和泰武汉办成立之初已吸引了诸多业内有专业优势的领军人才和专业人才，并汇集了一批专家顾问，拥有多位博士，硕士学位占比超 70%，以建筑与房地产、公司商务、知识产权、商事争议解决等核心业务在中部法律市场站稳市场地位，并为泰和泰进一步加强与长江经济带的法律服务联动提供强大动力。

在一线成熟法律市场，泰和泰北京办经过 17 年的业务积累，形成了以高精尖为特色的业务导向，核心业务包括金融证券、投资并购、私募基金、知识产权及互联网权益保护、房地产及建设工程、反垄断、反倾销、债务重组、政府法务、高端争议解决、刑事诉讼及合规等专业法律服务，规模和创收都已位居本地前列。

作为泰和泰在华南地区的重要据点，深圳办趁着进一步改革开放的发展大潮扎根本地诉讼仲裁、政府法务、房地产及建设工程、公司商务等传统业务耕耘 13 年，建立起一支总员工数近三百人的队伍，并顺应中央粤港澳大湾区发展规划赋予深圳新的历史使命和新的战略定位，结合本地创新驱动的经济特点，大力发展金融、证券、知识产权等新型业务领域。

2015 年上海办公室设立，泰和泰很清楚沪上强手林立，自己此时仍难以与之正面抗衡，便避开浦东区选择在徐汇区落点，以金融和文创等业务为切入点站住脚跟，同时在区块链等新兴业务领域逐步树立差异化优势。如今，上海办更是加速发力，夯实泰和泰在华东的市场分量。

空白市场、二线市场、一线市场，泰和泰每落一子都有分析、有策略，同时各地办公室的优势业务领域又形成交织互补，依托规模化建立起的平台，办公室之间可以共享业绩、共享业务和共享专业经验。

如今，交通发达和技术升级使法律服务的地理边界逐渐模糊，规模化大所在业务领域覆盖及共建共享方面的优势更能够得以进一步发挥。2019 年，泰和泰开始设立全所层面的“法律中心”，希望以专业细分领域为纽带，打破泰和泰全国办公室在时间和空间上的距离，交流共享专业经验和技术，培养细分领域新型人才，同时在不同分支机构当地开拓更大的专业市场，形成全国的联动，交织更为紧密的泰和泰法律服务网络。

法律中心的设立需要由 3 个以上办公室的 3 名以上高级合伙人共同申请，经管委会审核通过。法律服务中心的数量不设上限，除已经设立的刑事合规法律中心、PPP 法律服务中心等数十个法律中心，泰和泰还侧重于培育一批具有市场潜力的新兴业务。

法律中心设立的成效已越发明显，通过专业经验跨越地理区隔的交流，地方办公室得以在当地开辟或补强相应业务领域，与其他办公室建立业务合作。如今，泰和泰平台网络内的跨地域业务合作越来越频繁，每年的跨办公室项目合作业务量已达几千万元，相当于一个中型所的体量。

未来，随着法律服务的“去地域化”程度进一步加深，泰和泰也在向着跨地域、去中心化的整体性服务网络不断迈进。

融合型发展

近几年业内对于律所运营管理模式的探讨，将公司制和提成制相并列，似乎业内只有这二元制区分，而往往公司制又被认为是代表了律所未来发展的趋势。

但也有人提出，公司制对应管理运营，提成制对应分配模式，两者本身并不在一个维度上，便谈不上对立。而更进一步地讲，提升管理运营解决不了分配的问题，优化分配模式也解决不了管理的问题，事务所的发展一定是在这两者都找到适合自身的做法，结合出一套适合自己的发展方式。泰和泰采用的是一种公司制和分成制高度融合的特殊发展模式。

2003 年参访我国香港地区后，泰和泰次年就进行了改革，设立了民主协调制度，在合伙人所持内部股份比例不相等的前提下，明确了一人一票的民主表决机制。同年，倪弘等几名合伙人也组建团队在内部开始了公司化试点。虽然试点由于各方面因素几年后最终未能持续下去，但这样一次有益的尝试也促使泰和泰其后更坚定地要探索如何将公司制管理和分成制分配有机融合，加入中国律所的实践，摸索出不一样的道路。

20 年间，泰和泰一直在律所管理中尽力学习吸收公司管理运营的各方面优点。创所之初，在确定所名后，泰和泰便聘请设计师专门设计了律所 logo。而在 2005 年从长江商学院毕业后，程守太将商业领域的扁平化管理也带入律所实践至今。泰和泰的扁平化管理指的是管委会成员和专门委员会成员重合，尽可能地压缩管理层级和职能部门，以实现管理层对事务所发展的核心把控力。

泰和泰现管委会由成都办公室的程守太、倪弘、许正平、刘俊和郭成刚，北京办执行主任沈志君及重庆办执行主任李擎宇组成。北上不少律所推崇轮值制，但泰和泰认为，轮值固然有其优点，但出于实际考虑并不适合自己，泰和泰的发展注定是在长期的逆势抗压中成长的过程，管理层更需要稳定，至少要在相当一段时间内要将事务所的发展战略长期贯彻。

运营方面，泰和泰所有办公室均采用法律服务网络综合管理系统、智能案件协作系统、法律信息数据库。泰和泰在行政辅助团队、财务管理和风险控制上始终重视投入，建立起一整套有效的运行机制，同时在业务管理和知识管理方面持续建设。在泰和泰，律师团队已经普遍实行公司化运营，律师和助理采用薪金制，部分团队内部也开始尝试采用计点制的方式解决团队的发展问题。

分配机制上，泰和泰则采用了一种更加广泛贴合中国法律市场实际情况的形式：律师与事务所之间有一定的分成比例，但同时也按每单业务提留发展基金、风险基金和知识管理基金 3 项公共基金，并且高级合伙人层面还按内部股份比例承担律所的全部运营成本。实际上，泰和泰的分配机制不是像纯公司制将风险和收益主要集中在合伙人范围，聘用律师仅有工资和奖金，也不是如大量传统律所仅设有一个分成比例而较少考虑公共积累，而是结合了公司制和分成制的不同特点设置出一套满足个体激励同时兼顾律所整体发展的分配模式。

这样的设计并非特别创新，但其中公共基金的提留代表了合伙人对于事务所长远发展的统一共识。这样的共识在一个如此规模化、多元化、跨地域的队伍当中，显得更为难得。

以业务创收分成为分配制度的基底，加入公共基金的公共积累，同时在管理运营上尽力吸收公司化的各种优秀做法。正因为自始将管理和分配两个维度加以区分，分别探寻适合中国律所实践的方式，并尝试融合发展，才有了泰和泰今天兼采所长的发展模式。而正因为思路的清晰，才使得泰和泰在不断发展的过程非常明确自己应当着力的重点绝不是扳动分配机制，相对而言只需要在管理运营上持续升级。

“*实际上，管理升级也正是泰和泰当前面对的最大挑战，不仅是管理水平的提升，而且是管理思路、管理手段和管理模式的升级。*”程守太说。原有管委会决策管理机制符合一段时期的需要，以相对集中的决策确保了泰和泰前 20 年战略落实的稳定性。但随着律所规模化、国际化程度不断攀升，市场环境的越发复杂，律所需要进一步集智共谋，需要更开阔的视野、更充分的信息，以及更具高度和深度的战略规划，而为了实现这一目标，管理的升级也已在 20 周年之际成为泰和泰共商共议的重点。

内生式培养

泰和泰发展道路中的差异之处，还在于人才培养。不同于普遍印象中大所的规模化扩张来自广泛吸纳和兼并，泰和泰人才队伍的扩大主要来自内生式培养，以成都办公室体现得尤为突出。

泰和泰创立早期创收的高速增长来自很快聚集了一支专业能力跟创收能力都很强的核心合伙人队伍。也正因如此，泰和泰很早便意识到人才的持续涌现才是律所长久发展的动力之源，而律所内部的人才培养能力则成为律所一定程度规模化后的竞争核心。

除了在业务代理上强制合作之外，泰和泰还对内部团队的规模进行了限制。在成都办，高级合伙人团队执业律师不超过 6 人。每一个团队就像一个运转高效的“细胞”，在完成业务承办的同时不断分化生长。团队中培养成长起来的优秀律师，律所鼓励其脱离团队独立执业，并继续成长晋升为新的合伙人、高级合伙人，组建自己的团队，成为另一个“细胞”。

为了确保这种团队细胞式生长的稳定性，泰和泰很早就采用了“担保制度”，即从团队中分离出来的独立律师，团队负责合伙人需要为其担保业绩和执业风险。虽然事务所没有硬性规定，但那些曾经的师傅们也都会给这些刚独立执业的律师慷慨提供一部分业务，自己再去开拓新的业务。一个个团队像一个个“细胞”不断生长，好像启动了泰和泰内部的造血功能，源源不断地有优秀的年轻律师成长为合伙人，源源不断地有新的业务得以开拓，组织得以逐步扩大、健壮。

在泰和泰，年轻律师的晋升通道始终开放，但考核异常残酷，每年的晋升与否，票数可能仅相差零点几票。泰和泰的入职考核也相当严格，团队负责人面试后，二面由律所面试委员会进行，强度和难度颇高。而团队律师选择独立执业的面试，由 3 名管委会成员组成的特别面试小组负责，更为严苛。入口和晋升的高门槛使得泰和泰多年以来的人才队伍都是优中选优，个体的优秀不断汇合成集体的优秀。

律所创立之初，现管委会成员刘俊还是程守太的助理，如今像他一样在律所内成长起来的高级合伙人已经非常普遍。刘俊认为，正是因为泰和泰的合伙人和高级合伙人多由内部培养而来，其对于律所的认同度和忠诚度就会非常高，合伙人集体虽然越来越大，但凝聚力也是越来越强。

从 2003 年起，泰和泰就将培训作为律所发展的重要工作之一，每周论坛、基础培训周、提高培训周、周五沙龙等培训活动已经坚持了十几年，积累了大量的优质内容。再加上团队内部自发的培训，以及每年面向客户的几百场授课，将这些内容进行全面整合，提炼更新，形成更加高效的培训体系。2014 年泰和泰设立了泰和泰律师学院，并设立专项知识管理基金。

为了适应泰和泰越来越大的体量，以专项基金作为依托，2018 年年中，泰和泰启动了律师学院网络教育平台“泰云学院”的建设，线下线上相结合，将培训更全面地覆盖所有泰和泰律师。泰云学院的建设是事务所希望在“传、帮、带”的传统培养机制之外，构建起事务所统一的培养教育体系，为标准化服务奠定基础。2019 年年初，泰和泰又成立了青年律师发展委员会。“‘青发委’像是律所大环境中的一个自贸区。”管委会委员许正平说，事务所希望通过这样一个集体组织给予青年律师更多的信息和政策，提供业务资源等各方面青年律师成长所需的支持。

“泰云学院”侧重知识管理和专业培训，青年律师发展委员会侧重青年律师成才的各方面条件，两者与泰和泰 20 年来的“传、帮、带”传统团队培养一同建立起泰和泰更多维度、立体化的人才培养体系。

律所的竞争根本上是人才的竞争，但未来人才的竞争更多是律所内部人才培养效率的竞争。

业内一个普遍共识是法学院的学生成长为能相对独立作业的律师至少需要三年左右，如果能通过各种方式，包括与高校共建新的人才培养模式，将律师在事务所的培养周期压缩到一年左右，给事务所带来整体竞争力的提升将不止数倍的增长。目前，泰和泰已与部分高校法学院签署建立人才合作培养体系，探索律师人才理论和实践更加适应新的法律市场环境的培养模式。

时代新一线

中国律师行业恢复 40 周年，如果以 2000 年为分水岭，往前 20 年是北上遥领、区域萌芽，往后 20 年则是豪杰四起、群雄竞逐。新设方 5 年，雄踞一方，创造了地方律师业的“泰和泰现象”；奋进 20 载，继往开来，泰和泰已在思考下一个 20 年的时代之势。

泰和泰的发展，贴合于时代，它成长自千禧年法律市场的中场分界点。此前区域律所自然发展，沉淀出一些行业经验，但缺少领头羊，渴望后来者开辟新的格局，整个中国法律市场也缺少从区域走向全国的新兴力量改写画面。

泰和泰的发展，也得益于时代。依法治国成为国家战略，律师之于法治社会建设的重要性愈发凸显，律师队伍不断壮大；“入世”之后，中国经济整体高速腾飞，律师之于经济社会建设的重要性更加突出；基建完善，交通发达，地理位置的阻隔被打破；科技进步，网络通畅，法律服务在线化和跨地域协作越发频繁；“一带一路”倡议持续推进建设，中国律师走出国门，走向国际。

律师行业40年，大所兴起也不过是20世纪90年代之后20余年间的事。这一个20年的“一线律所”如何定义？以人数、创收、分支机构和奖项评级四大维度作为核心评判标准。这样一个评价体系中，泰和泰的筹谋布局、逆势成长和行业地位有目共睹。

10年前落子重庆，次年国务院即批复实施《成渝经济区区域规划》，明确要求把成渝经济区建设成为西部地区重要的经济中心。10年后，中央又提出建设“成渝地区双城经济圈”。在本地强所林立的重庆，泰和泰重庆办已连续3年位列创收前十。如今，泰和泰已是成渝经济圈中最大律所。

13载成长，泰和泰深圳办公室以近300名的员工总数规模位列深圳律所第15位，拥有近4000平方米的办公面积。2007年参与创办深圳办、现执行主任黄远兵说，2016年搬迁至福田区后，深圳办人数、创收和办公面积连续3年每年翻番，目前是深圳发展最快、势头最强的律所之一。

17年耕耘，2019年泰和泰北京办公室与中瑞律师事务所正式完成整合，并于年底实现律师过百人、创收过亿元的目标，目前已是外地律所在京最大分所之一，创收排名位列北京全部律所第39位。北京办创始合伙人之一、现执行主任沈志君说，提前实现“双百”目标，北京办正处于蓬勃发展的新阶段。

加之成都办公室在本地的绝对领先地位，泰和泰早期布下的“三角格局”早已是整个服务网络中最为坚实的架构基础，且仍不断焊固。已有全球20余家分支机构的泰和泰也仍在点亮更宽广的战略地图。

创立20载，泰和泰一路收获了国际知名评级机构的一系列荣誉。2005年，泰和泰获评“全国优秀律师事务所”。随后，律所陆续得到了《亚洲法律杂志》、钱伯斯、《商法》《国际金融法律评论》等国际评级机构的广泛关注与认可，连续多次荣登权威国际评级机构房地产与基础建设、公司并购、医事、知识产权、银行与金融、资本市场、劳动人事、争议解决等专业排名。

2013年，“红圈八所”概念诞生，以客户、项目、国际化为评判标准，此后似乎将偌大的中国法律市场圈内、圈外一分为二。而近五年，整个法律服务市场的变化呈现不断加速之势，新业态、新格局已是浪潮涌动，却没有一个新的词汇予以概括界定。

下一个20年，何为“新一线律所”？当大所的规模化竞逐告一阶段，当律所的横向比较越发落于数据高低的窠臼时，我们必须用新的眼光去审视高速变化的市场格局，用新的思路、新的内涵、新的维度去定义“一线”。

2020年5月，泰和泰“泰云3.0”全新发布。在法律科技已经不断颠覆律师工作形式和法律服务提供模式的当下，人机结合的智能化法律服务生态正在形成。“泰云3.0”集合律所智能化、一体化管理的“云在线”四大核心模式——云管理、云办案、云智库、云课堂，为法律服务行业带来先进的时代科技物种。

下一个 20 年，泰和泰致力于成为新生代智能化律所建设的标杆，实现国际化律所发展的跨越，为全球法律服务行业的生态化进程作出重要贡献。

2019 年 10 月，《海南经济特区律师条例》正式施行，海南作为海上丝绸之路的关键节点，在新的历史时期和宏观战略引导下，被赋予新的生机和活力。5 月 20 日，泰和泰海口办公室获批设立。全球专业服务市场中，跨领域的产业融合发展已成为明显趋势，海南办也承载了泰和泰顺应大势的尝试——以法律专业服务为主，融合管理、咨询、会计、审计等专业服务业建设四大中心：国际贸易法律服务中心对应海南自由贸易港的全面推进建设，国际医疗康养法律服务中心对应海南面向全球的高端疗养产业，国际文化旅游法律服务中心将服务当地文化特色小镇建设，而法律科技协同创新中心未来将以科技赋能泰和泰整体网络未来高效运转和专业服务升级。

20 年前，成都还仅是中西部腹地。20 年后，成都已是世界级城市。成都中心地区，泰和泰国际化一站式专业服务中心的建设也已在构想之中。设想中，中心将整合国内法律服务资源，引入区域外法律服务资源及上下游产业，实现“法律 + 产业”专业化运营，打造以法律服务为龙头的国际化、高端化、智力密集型服务产业生态集群，集合法律服务中心、国际商事调解中心、法律创新服务中心、国际法学院智库、全球法治文化艺术创新中心和高端商务服务产业集聚中心等七大中心，下属数十个产业模块。

下一个 20 年，泰和泰希望能亲身参与全球专业服务业的变化浪潮，以一家中国律所的身份引领世界前沿的专业服务融合发展之道。

2020 年 5 月 24 日，泰和泰 20 周年庆典隆重举行。“泰和泰廿载 · 致敬时代”代表了对过去 20 年的敬意。从“泰和泰现象”到“泰和泰模式”，皆为过往。

乘着未来时代之势成长，做“时代的新一线律所”，泰和泰希望能够在逆势突围崛起之后，在为行业提供了一种别样的发展模式之后，以持续奔跑的姿态在时代的洪流当中重新定义“一线”。

结　语

2014 年，泰和泰成都办告别创所之初买下的世贸中心 25 层，搬迁至高新区地标建筑之一棕榈泉国际中心，迁来时 4000 平方米的办公面积又扩了近一层，但也早已不够用。

从办公室向南看，高新区高楼林立、车水马龙；放眼北望，却是一片绿意葱茏的开阔地带尚待开发。城市的繁华与空旷在泰和泰脚下奇妙衔接，或许在隐喻泰和泰过往成就的同时，也预示着泰和泰未来发展的无限可能。

2020 年 5 月 23 日，泰和泰 20 周年庆前夕，全体泰和泰同人代表集聚，共商泰和泰未来 20 年的战略发展规划，新愿景已经确立，新蓝图正在描绘。

未来 20 年，泰和泰将以新的眼光去审视时代风云变幻，在国家迈入新时代和世界进入新秩序的汹涌澎湃中谋划新格局，制定新策略，确立新目标。

未来 20 年，立志成为“时代的新一线律所”，泰和泰将以新姿态迎接时代的新变化、新机遇、新挑战，开启甚至引领行业发展的下一个时代。

安理

向未来，中型所的蜕变

周　正　董宇洲　吴梦奇

安理律师事务所前台

丰联广场时期办公室

安理 2019 年会——安理向未来

安理所获荣誉（部分）

近十年，中国律所的发展似乎分化出两个非此即彼的方向：一是规模化，二是精品化；近三五年，规模大所内部在向精品化转型，精品小所却又在相对扩张规模，两者的根本目的一致：以具有一定规模的专业力量形成聚合优势和协同效应，以更为紧密的整体姿态实现更长远地发展。

2020 年的当下，则是行业变革加速的开端。市场总量仍有增长，但生存空间的争夺趋于白热化，变革的必要性往往被行业的兴盛发展和激烈竞争所掩盖。

而中国传统律所的转型，在一些先觉者看来早已是迫在眉睫。在传统模式下，律所内的各自零散作业已远远无法满足客户的需求，更无法适应新时代行业大背景下的竞争格局。单体或团队的服务品质可以做到旗鼓相当，而一个组织的可持续发展却必须适用一套未来大势所趋的机制。

8 年前，安理提出精品化发展道路，同时设定“百人所”目标，将规模和专业两条道路并行推进，短短几年间便实现了阶段性跨越式发展。5 年前，安理又开始了“一体化”律所的探索，以团队一体化开启自己的“安理 3.0”二元制时代。2020 年，安理更加明确了自己的愿景、使命和价值观，以更广泛的团队一体化作为阶段目标向前坚定地迈进。走过早期合伙的聚散，走过传统中小所的逡巡，安理相信“一体化”是未来的必然趋势，是必须走的蜕变之路。

走向未来，安理的蜕变代表了中国大量传统中等规模律所转型的选择与方向。

中型所的蜕变

精品化

2001 年冬天，7 名在红圈所执业的年轻律师相聚在一起，凭着一股冲劲，想要尝试在北京律师行业开创一番事业，并以 20 多美元 / 平方米的高价在朝阳门丰联广场租下了 300 多平方米的办公室作为事业的起点。

然而，两年多时间，就有 6 名合伙人由于各种原因相继离开，只剩下王清友一个人和一家 10 人左右规模的小所——安理。其后 10 年间，安理平稳发展并维持在四五十人规模，从默默无闻到在北京律所中跻身中游靠前。此时的安理仍然是一家“个人所”，而非真正意义上的合伙。

2010 年 12 月北京市朝阳区第一届律师协会成立，王清友当选副会长。律协工作给了他很大的触动。“很直接地感受到律师行业是有组织的，而且这个组织是在思考行业未来的，是在引领行业发展的，承载了这个行业的愿景和使命。”同时，律协的工作平台让他接触到了更多的优秀律师和律所，看到了他们的历史发展，感触到了他们对整个未来行业的思考和践行。

安理不甘于，也不能够就这样安稳下去，已逾不惑之年的王清友，还有即将迎来10周年的安理，都开始思考一场变革。

2010年也正是中国律所规模化大浪潮的开端。站在10周年的节点上，安理认真反思了自己的过去，明确了自身的优势与短板，确立了自己精品化发展的道路。“我们希望安理的专业人员是精品的，专业能力是精品的，专业服务是精品的，要得到客户和同行的认可与尊敬，是我们当时的定位与愿望。”王清友说。

2012年5月11日，安理和中国律师杂志社联合主办的律师事务所精品化发展研讨会在北京成功举行。感知过各家精品所的发展路径与发展经验的安理，为自己的未来5年设定了三个目标：一是总创收进入北京前50名，二是让安理的名字在业内从低调到为人知晓，三是律师执业人数过百。成为“百人所”意味着总体竞争力的提升，意味着内部专业分工后的业务协同，意味着为全国布局打下扎实基础。这个时候规模已经不是个人的需求，而是一群人的需求，是机构的需求、事业的需求。

同时，安理在律所运营机制中的分配和管理两个最为核心的方面也作出了创新性的安排。区分于传统的提成所或上缴固定成本的律所，安理采用了成本分担的形式，即在财务完全透明化后，根据相应的规则，由合伙人共担成本。让律所的成本支出和收益与每一位合伙人紧密相关，让合伙人从旁观者变为律所的建设者。2013年，安理设置了管理委员会作为日常决策机构，并成立各地办公室执行委员会和监督机构，构建了相对完整的现代化律所管理架构。

如今看来，安理的选择在业内是具有前瞻性的。中国律所的发展此前似乎走到了非此即彼的路口——要么选择规模化，要么选择精品化。但近几年，规模大所的内部精品化以及精品所的适度规模化，已成为普遍趋势。这说明行业内开始认识到，这两者应当是有机结合。

安理在2012年就选择了将精品化与适度规模化相结合的发展道路。精品化定位，专业化的目标，分配制度的升级，管理机制的提升，都让安理在短期内就有了明显的改变，战略目标逐步清晰，律师凝聚力逐步增强，大家对律所的规模品质和成本都更为关心，人才引进加快，多位优秀合伙人和一批优秀律师相继加盟，律所步入稳健发展轨道。

安理3.0

然而，仅仅是管理模式的升级，并不足以实现组织的强凝聚和持续发展。合伙人与律所之间的联系更紧密了，但合伙人之间的联系，尤其是业务上的协同，还有很大提升空间。律所已经聚集了一批优秀的合伙人和律师，如何能让这些人不仅是物理空间上聚集在一起，而是真正作业上的紧密协同，以各自的优势相结合，发挥出更大的能量？安理需要部署新的战略。

2016 年伊始，王清友联合 5 位合伙人，以无限权益合伙人身份，建立了以计点制为基础的一体化试点团队，标志着安理进入 3.0 的二元制时代。一体化试点团队是一个紧密的整体，业务上各有所长，分工协作，统一调配人员，组织优势力量，服务中大型客户。这是数名合伙人及律师以一个单位进行战术调配，以实现更强作战能力及更大效益的尝试。相信集体的力量，相信团队的增长速度一定超过个体的发展速度，看重长远发展，看重整体利益而不是个别利益，团队在分配机制上大胆创设了确定初始点数后 3 年不变的计点方式。一体化团队其后吸引了更多的合伙人加入，还下分了几个业务组，实现了业务协同效应，客户质量及团队总创收均大幅度提升。

其后，在试点团队的带动下，所内陆续有多个团队也开始尝试一体化模式，并相较原有模式很快实现了人员、客户和业绩的多重增长。“有了多个团队的成功试点，我们可以自信地说一体化不仅有优势，更代表了未来的趋势。”王清友说。

2018 年，安理又完成了一件业内少见的重要举措——所有律师进团队，不再独立执业。王清友说，这更表明了安理希望做的是一个生态，“我们希望未来的发展一定是依赖集体的力量和优势，一定是形成合力，律所层面全部团队化是必要的前提。”

2018 年年底，《亚洲法律杂志》从新增核心合伙人、新设办公室、新增重要客户、新增业务领域、创收增长和律师人数等多个指标评选“年度成长律所”，这个奖项往往会授予那些新设的律所，已经有 17 年历史的安理却名列其中，除了当年度律所创收增长超过 50% 外，实践改革所焕发出的朝气和潜力是获奖的重要原因，这充分表明了安理快速的发展态势和强劲的生命力。

一体化蜕变

似乎只是在数年间，中国律所的规模化脚步急剧加快，万人大所已经出现，千人大所也有十余家。另外，以一些新兴业务领域为特色的精品所也在业内接连冒出，迅速揽得声名，赢得客户。

一边是大而全、大而强的全国性规模大所，一边是小而美、小而精的区域性精品强所，中型律所的生存空间受到了两头的挤压。一方面，与前者相比，中型所没有全国网络布局，没有业务领域全面覆盖，而自身的一定规模却又会带来管理上的负担；另一方面，与后者相比，中型所在专业的精深程度上也没有明显优势。超级大所和精品小所更为人们所关注和热议，居于其间的中型所只有保持自省，主动探索浪潮之中适合自己的发展路径。

早早选择了精品化与适度规模融合并行发展的安理自 2016 年走上了探索一体化的道路后，通过 4 年的试点取得了阶段性成效，也更加肯定了一体化是行业的未来趋势。同时，业内也有一些具备相同理念的同行者，安理也在积极寻求彼此的联手共进，一方面是优势业务力量的进一步整合，另一方面也是理念、文化和制度等各个方面能量的集聚和放大。

2019 年年底，世泽律师事务所原创始合伙人姬军律师携团队加盟安理，成为业内瞩目的重要战略合作。此前姬军已在团队内部实行了多年的一体化模式，取得了显著的成效。他对于一体化的理解和坚信，在加盟安理后也给安理的一体化尝试注入了更强的信心。同时，他在实操方面的丰富经验，也将给安理探索转型带来强有力的支撑。

2019 年年底，安理律所层面的一体化制度已由管委会副主任姬军和管委会委员李峥牵头完成。这份制度融入了姬军此前实行一体化的相关经验，也结合了王清友牵头安理尝试一体化的沉淀，解决了在一体化模式下律所的成本控制与激励制度两大方面核心问题。

有了两股一体化经验的汇合，又有了进一步的深入思考和长时间的酝酿打磨，安理选择了“分步走”的方式，即尝试组建不同的一体化团队，进而逐步建立事务所的一体化文化和机制。

2020 年 1 月 11 日，安理在合伙人大会上宣讲了律所层面一体化的相关制度和具体措施。选择“分步走”，安理希望以局部试点的实际效果，再辅之以理念和文化，自然地让更多合伙人接受一体化转型，而非强迫式、“一刀切”。

目前，安理已有 7 个以上团队采用了一体化的模式，覆盖 70% 的合伙人和律师。“这也是一个双向选择的过程。”王清友解释道。一体化既然是转型，是代表未来的发展模式，是一次安理的彻底“蜕变”，对加入其中的成员也有相应的要求，“首先我们希望他能认同一体化的理念和价值观，其次就是他需要具有自己的业务特色优势，这是两个最主要的方面。”

聚集一群各有优势的人，通过统一调配，在业务、案源、管理、分配等板块实现相对整体的运作，从而使得相比零散作业能够有更大的产能、更高的服务附加值、更低的案源成本，以至收获更大的集体利益，实现更可持续的发展。业内对于“一体化”没有达成统一的定义，理解和路径各异，但归根结底其愿景和使命是相通的：以更科学、紧密的协同作战共同做强、做久。

“成就彼此——通过成就他人来成就自己。”王清友说，更为概括凝练的，是安理为自己新确立的使命。

这是安理的所想、所为，未来也势必成为更多还处于“传统态”的律所的所想、所为。

适度规模，靶向布局

2017年，处于快速发展势头的安理设计了总体的战略规划纲要，确立了“适度规模、战略优先、志同道合、逐步发展”的理念，将战略发展“九宫格”作为布局重点，开始加快全国布点。

“适度规模，指的是控制数量，重在自身定位和张力，防止‘大而乱’；战略优先，是安理基于对自身战略的审视，优先考虑经济体量、业务潜力大的地域；志同道合，需要新发展的办公室认同与接受一体化理念，这也是安理推行‘总分所一体化协作’的前置要求；逐步发展则是有计划、有重点、分阶段地设立办公室，循序渐进。”安理管委会委员侯锦荣阐释道。

基于这一思路，安理推行“靶向布局”的分所战略：以北京、上海、深圳三个办公室为枢纽，形成以中国东部、中部、西部为发展内圈，以日本东京为发展外圈的跨区域、跨法域全球化战略。

粤港澳大湾区是近年来国家政策布局的重点区域之一，亦是安理“靶向”布局的目标之一。随着安理业务领域的拓展，尤其是TMT领域的高速发展，一大批在深跨国科技企业、互联网企业相继成为安理客户，既有客户以深圳为目的地或连接点的经济活动也越来越多。为了更好地为这些客户提供服务，安理深圳办公室的筹建被提上日程。

2018年，由吴宇平、向旭家等律师创办且已经实现一体化的维摩所，基于共同的理念与安理走到了一起。由于早早形成了默契，从接触到考察再到拍板签约，前后仅仅三个月，安理在大湾区的重要布点深圳办公室即告落定。深圳办专注于资本市场和公司并购重组等领域，非诉业务比例在七成以上，仅一年时间创收增长即接近40%。

“建设一家一体化律所，不仅需要合伙人和律师们具备各方各面的能力，也需要内部对一体化理念形成高度认同。深圳办公室一年来的成就，正得益于内部的团结一致与良好的力量整合。”向旭家说。

除深圳办公室外，随着姬军律师的加盟，“靶向布局”的另两处重要枢纽——上海办公室、东京办公室亦在2020年年初先后成立。上海是安理直接投资设立的办公室，将成为安理快速发展的重要引擎，充分体现了安理的坚定决心及战略性眼光。上海办公室的顺利设立代表了安理发展内圈的形成。而东京办公室的设立是安理开启东亚市场的标志性动作，发展外圈的延伸体现了安理走向未来、走向国际的海外战略布局。

国内其他地区，安理也根据实际需要酌情开设分支机构，过去十余年里，接连在天津、呼和浩特、郑州、南京、昆明等地完成布局。

天津，毗邻首都北京，亦是首批沿海开放城市之一。基于探索规模化与分所管理模式的考量，早在2008年，安理天津办公室即获批成立。经过多年发展，安理天津办公室现已拥有执业律师 31 人，在主任纪雪峰的带领下深耕公司商事、国际及国内投 / 融资、重组并购、金融资管、地产与工程、刑民交叉等领域，服务于包括中国银行、中国建设银行、国家开发银行、新浪网在内的众多知名客户单位，律师团队均毕业于国内外知名法学院，部分律师还具有教授、研究员等专业职称。依托安理逐渐发展成熟的全球化、网络化服务体系，天津办公室正逐步深入拓展主攻业务领域，致力于打造天津本地最知名的精品商事律师事务所。

2017 年，安理又深入内陆地区，设立了呼和浩特办公室。呼和浩特办公室是内蒙古自治区司法厅直属的律师事务所，采用了国际最前沿的雇员合伙制，率先在国内探索雇员合伙制律所的发展运行。在执行主任奥尤坦等几名业务骨干的带领下，呼和浩特办公室短短三年即发展至 20 余人的规模，执业律师队伍日益壮大。针对内蒙古地区丰富的能源资源与独具特色的营商环境，呼和浩特办公室发力房地产建设工程及行政诉讼领域，担任了多家房地产、能源企业以及政府机构的常年法律顾问，并与总部联动合作代理了多起在当地具有一定影响力的项目案例。

2018 年，安理基于推进全国布局的战略考量，选择进军中部地区法律服务市场，在中原腹地河南郑州正式设立办公室。作为承东启西、连南贯北的枢纽城市之一，郑州不仅在"一带一路"倡议中有天然区位优势，还是第三批挂牌的七个自贸区之一，具有良好的业务前景和辐射效应。在主任胡坤林的带领下，安理郑州办公室立足传统行业，着眼高端专业化法律服务，在金融、资本市场及刑事等传统领域营造自身竞争优势。2019 年，郑州办公室全年业务创收仅次于北京办公室与深圳办公室。

南京地处长三角经济圈，是第 11 个"万亿 GDP"城市，还设有最高人民法院第三巡回法庭，非诉、诉讼业务均有不错的发展前景。2017 年以来，接连有 10 多家京沪律所在南京设立分所，安理亦未落其后。2019 年 5 月，安理南京办公室宣告成立，成为继天津、呼和浩特、郑州、深圳之后的第 5 家分支机构，执委会主任为胡晓玲。成立以来，南京办公室保持着人员、创收方面的高速增长，如今办公室工作人员已达 20 余名。在常年法律顾问、争议解决和非诉专项这三大块业务领域，南京办公室都保持了不错的发展势头。

2020 年伊始，安理昆明办公室在昆明市中心北京路恒隆广场正式开业。作为西南边陲的主要城市之一，昆明对于安理响应党和国家发展战略、进一步完善自身法律服务网络具有相当重要的意义。考虑到云南作为门户省份在涉外业务方面的独特战略优势，安理计划将昆明办公室打造为开拓东南亚跨境业务的战略桥头堡，为中国企业"走出去"提供专业化法律服务。此外，昆明办公室亦联合当地知名高校培养法律人才，为云南省法律行业贡献力量。

随着安理的综合实力与品牌形象日益增强，"靶向布局"的进程也随之得到进一步加快。目前，重庆、海南、西安和香港特区等多家办公室也已经处于紧张筹备状态。

值得一提的是，在安理的总分所架构体系下，各地分支机构均称为“办公室”，北京与其他各地之间属于平行的位阶关系，以实现整体性运作。这种平行关系并非单纯的理念，而是已经落实到了具体的制度设计当中。

管理架构上，安理各地办公室不设立管委会，仅设立执委会与北京办公室执委会平行对接，以简化结构、提高效率。同时，各地办公室的执委会主任亦能参选安理管委会委员，以保障分所参与全所管理，消除地域壁垒。

业务模块层面，安理依托各地办公室对一体化体制的高度认同，建立了各地办公室的业务中心，通过不同业务中心间的相互协作，将其在不同领域的专业优势引领与辐射全国，以更快让平行关系下各办公室的业务中心形成合力。以业务中心为支点，总所对分所的业务支持、总分所间的业务合作与文化活动均已在持续开展。

“芯片级”不可替代竞争力的商事强所

做一家不可替代的“芯片级”商事强所，是安理在多年专注于商事业务后给自己的最新定位。“芯片级”形象地体现了安理的专业精深。

经过多年发展，安理形成了房地产与建设工程、争议解决为核心业务，覆盖基础设施与项目融资、资本市场与证券、反垄断与竞争法、影视文化娱乐、TMT、公司业务、境外投资、知识产权、劳动法、刑事业务、银行与金融、矿产与能源、国际贸易、私募股权与投资基金、航空业务、外商直接投资、收购兼并、政府法律服务等业务领域的全面业务布局。

在作业方式上，得益于“专业化”的业务思路与“一体化”的管理方针，安理的业务发展已经从原先合伙人的“单打独斗”，逐渐过渡到了团队化、项目化的“组合拳”式分工协作作业。

争议解决：立足专业，下沉行业

争议解决是安理的传统优势业务领域，也是其核心业务领域之一，高端商事争议解决则是其重点发展方向。目前，安理有近 40 名合伙人从事该领域业务。业务类型上，诉讼业务与仲裁业务的比例约为 2∶1。

在安理，争议解决被作为服务流程的一部分下沉到各个业务部门。专职争议解决的律师和各业务部门下行业化程度较高的争议解决律师各司其职：专职争议解决的律师能够跳开行业限制研究争议解决领域的新型与通识性问题，各业务部门下的争议解决律师则通过与行业的紧密结合实现在细分领域下更好的服务效果。

通过多年实践，安理形成了争议解决“三步”标准化流程。借助这一套流程，安理律师在案件中明确分工、协同作战，充分发挥了安理的制度优势，让专业知识和行业特点相结合，最大限度上满足了客户需求。

长期以来，安理始终保持对于争议解决市场的研判。针对当前的行业趋势，安理计划进一步扩大专职从事争议解决业务的团队规模，为年轻律师提供更多内部检索、可视化模拟法庭等技能训练以及与客户接触的实战机会，储备更专业的人才来应对行业变化，使安理争议解决业务始终能在不断变化的法律市场赢得先机。

资本市场：多点布局，厚积薄发

资本市场领域，安理提供的法律服务包括但不限于境内外发行上市、非公开发行股票、各类债券发行、企业改制、并购重组以及常年法律顾问等。凭借丰富的经验，安理为众多不同行业、不同背景以及不同国家的企业提供了各类资本市场法律服务，并且始终保持着极高的项目成功率。2019 年，安理律师代理的“中国外运吸收合并外运发展”项目入选 2019 年《商法》“年度杰出交易”。

近年来，受到市场大环境影响，安理资本市场业务侧重点也有所变化。一方面，IPO 业务量下降明显，债券发行、涉及上市公司的专项、常年顾问业务特别是并购和破产重整业务则明显增多。另一方面，随着资本市场法律纠纷的增多，资本市场诉讼业务也有所增长。在全方位进行资本市场业务拓展的同时，安理也加强各类投资以及投资争议解决、破产重整、企业改制重组与混改等细分领域的业务挖掘，寻找新的增长点与利润点。

与此同时，为了满足市场对复合型人才的需求，安理通过外部引入和内部培养两种方式积极地吸收、培养具有跨专业、跨行业优势的复合型人才。2018 年，曾在知名律所担任高级合伙人，曾在大型国有企业、知名投行任职，具有多重背景的张弢加盟安理，增强了安理资本市场业务的整体实力。

TMT：顺应潮流，抢占先机

2012 年，党的十八大报告中提出了“工业化、信息化、城镇化、农业现代化”的“新四化”概念，并提出“推动信息化和工业化深度融合”。此后数年，中国的互联网企业蓬勃发展，催生了大量互联网金融、数据合规等方面的法律服务需求。安理 TMT 法律服务团队应运而生。

目前，安理 TMT 团队包含 4 位核心合伙人、3 位资深律师、5 位实习律师及律师助理，业务主要集中在金融科技、数据合规与自动驾驶等方面。凭借专业实力，安理曾获2019年度《商法》卓越律所大奖“隐私及数据保护”领域以及《2020年钱伯斯亚太法律指南》“技术、媒体与通讯（TMT）”领域，广受行业认可。

“技术前沿、商业模式和法律功底，是一个合格TMT律师必须持续努力打磨的三个抓手。”郭君磊是安理TMT团队的核心合伙人之一，也是《亚洲法律杂志》“2020年中国十五佳TMT律师”，他将安理TMT团队比作“医生”，“一个优秀的TMT律师，既要有丰富的临床经验，也要对先进的方法理论保持敏感度，才能对症下药，赢得良好口碑。”

对新技术的敏锐度、对新型商业模式的了解以及对于监管政策的熟悉，让安理律师能够将新的商业模式快速地从商业语言翻译为法律语言，实现商业与法律的对接。在研究不同细分行业的业务操作模式及产业发展前沿状况的同时，安理律师深入参与到客户发展战略规划、企业业务模式制定当中去，准确理解企业需求，提供“深度法律服务”，为客户寻找最佳解决方案。这也是安理TMT业务高速发展的原因。

区块链是近几年快速发展、广泛应用的一门技术，也是安理TMT团队未来的主攻方向。安理团队对区块链技术的广阔应用前景十分看好，计划进一步加强该领域业务研究并扩大团队规模，发掘业务潜力以树立在该领域的先发优势。

影视娱乐：跨专业、跨行业的多面手

2019年，中国全年电影票房已达607亿元人民币，而十年前的2010年，这一数字才刚刚突破100亿元。21世纪的第二个10年，既是中国电影产业腾飞的历史时期，也是影视娱乐法律师的“黄金时期”。

也是在这一时期，杨曙光在机缘巧合之下接触到了影视娱乐领域，并觉察到影视娱乐这片法律服务“蓝海”中丰富的业务潜力。在安理的平台支持下，杨曙光逐步组建起了如今拥有11名律师的影视娱乐团队。

影视娱乐行业的市场特点要求律师必须具备处理跨专业、跨行业法律事务的能力。同时也要求律师能够对娱乐行业高频的突发事件随时保持待命，并积极寻求诉讼与调解中的最佳方式。凭借优质的法律服务，安理影视娱乐团队赢得了华夏视听、嘉泽恒懿、惊梦天宫、时代峰峻、唐人影视等众多业内知名公司的认可与信赖。

中国影视娱乐行业多年的粗放式发展背后，是潜在的税务、刑事风险。当前，中国影视娱乐行业已进入深度调整期，合法合规经营已成为行业共识。借助安理的平台优势，影视娱乐团队通过和其他业务团队进行协同合作，能够为客户提供“一条龙”式的服务，满足客户日益多元的法律服务需求。

除勤修内功，提升专业能力与法律素养外，安理影视娱乐团队的律师们也有意识地进行宣传输出，扩大团队的影响力。

刑民交叉：注重“服务性”，做有“交付感”的产品

近年来，刑民交叉已经成为法律服务市场的客观需求，随着越来越多的刑民交叉案件进入公众视野，无论律师或法务，都在积极探索针对刑民交叉案件的解决之道。

安理律师事务所合伙人，在刑事辩护领域深耕10余年的郑传锴敏锐地觉察到了市场的“供不应求”，“传统刑事律师在响应速度、服务性、价值体现等方面无法匹配市场需求，为刑民交叉律师的产生与发挥提供了空间”。

安理刑民交叉团队所定义的刑民交叉法律服务，其实就是商事机构客户在争议和争议解决过程中，面临非正常败诉风险的一种法律服务解决方案。在法律服务专业化的大趋势下，本着“让更多人了解刑事律师的价值”这一宗旨，安理以“服务性”为核心特色，组建了目前的刑民交叉团队。目前，安理刑民交叉团队规模已达10余人。

如何体现“服务性”？安理刑民交叉团队不仅响应速度堪比商事律师，提供给客户的文书也十分易读，在交付时还会通过一整套沟通机制提升客户的“交付感”，增强双方的互动，从而体现刑事律师的价值，从而弥补传统刑事律师与客户间交互不足的劣势。

在很多律师还在谈什么是“刑民交叉”时，安理刑民交叉团队已经将这项业务产品化，并完成了从1.0到3.0的升级：从业务角度出发，倾向律师作业流程的“1.0”阶段；倾向企业的业务及交易流程的“2.0”阶段：关注商事主体行为本身的“3.0”阶段。

“3.0”阶段更加关注商事主体行为本身，无论外部交易还是内部架构都可以从目标、行为、结果、影响四个维度进行合规审查，并根据最终结果合规与否提供对应的刑民交叉或刑事调查应对、刑事辩护服务。

对于刑民交叉团队的未来规划，安理将在专业化的基础上，推进争议解决、刑事合规、产权保护、辩护四大板块的产品化，形成安理特色的法律服务产品，从而推动安理刑民交叉业务的品牌建设。

反垄断与竞争法：拓展业务外延

2018年，安理与北京市中博律师事务所签订了合并协议，并在2019年完成合并。在反垄断与竞争法领域深耕十余年的蔡丽携团队加入安理，大大增强了安理在这一领域的竞争力。在2019年12月公布的《2020钱伯斯亚太法律指南》中，安理上榜“竞争法 / 反垄断”领域。

安理的反垄断与竞争法团队能够提供反垄断合规与培训、反垄断调查、经营者集中

申报、反垄断诉讼等服务，涉及多个行业，包括但不限于芯片、汽车、化工、互联网、海运、机械、能源等。团队曾代理过多起重大反垄断案件。

过去十余年里，中国反垄断法律服务市场经历了反垄断法律法规逐步建立、健全，执法机构逐步整合完善的过程，中国反垄断法律业务随之逐渐拓展到涉及调查、诉讼、合规等方方面面的业务，为反垄断律师提供了越来越多的业务空间。同时，反垄断诉讼的持续增多，也要求反垄断律师拓展领域，自我提升。

安理反垄断与竞争法团队在计划进一步提升业务量的同时，也积极在传统的申报业务、调查业务以外，结合律所优势拓展新的业务方向如合规建设、合规培训、合规体系。此外，团队也在所内积极开展培训，通过为公司、并购等其他业务团队提供技能培训与合规建议来帮助他们在业务中及早发现问题，从而提升安理整体的服务水平，为客户提供更好的解决方案。

安理向未来

从低调内敛到全国布局，近几年，安理在品牌建设上也持续加大投入，为的是打造更有影响力的全国性品牌。

连续快速发展，为一向沉稳务实的安理在业内外又赢得了"新锐"的名号。安理是一家有传统的"新锐"律所，它不仅有自身独特的业务实力和品牌沉淀，而且在这两方面都随着律所整体机制体制的改革而弄潮创新。除了积极布局新兴业务领域为安理带来了业内的关注外，迅速为安理带来品牌影响巨大提升的战略之一，是酝酿于两三年前的又一次迁址。

起步于丰联广场的高起点，安理希望以硬件的高标准推动实力的快速升级。2008 年迁入东三环京广桥东北角的安联大厦，办公面积扩充至 2000 平方米后又于 2016 年扩租。2019 年 7 月，安理与地处 CBD 核心区的财富金融中心（FFC）签约，定下了 4000 平方米的新办公区。12 月，新办公室已经正式启用。

"升级办公室是'道场'的改变。"王清友说，新办公室匹配的是安理新的战略定位，匹配的是新的未来愿景，在新的道场里，每一位安理人也都会有新的感受，对自己有新的要求。

十几年前，安理定下了律所的文化理念——山止川行，臻于至善。山，喻势喻刚，代表原则、法律；川，喻水喻智，代表智慧、创新。"山止川行"，暗喻"原则与智慧完美结合"，代表了安理人对于专业共同的追求。在十几年的发展历程中，崇尚专业已经成为安理律师的高度共识，经过自然筛选淘汰，这种共识更为统一、强烈。"臻于至善"，即“止于至善”，代表着对自身的高要求和对完美的不懈追求。

2020 年 4 月，安理官方网站全新上线，亦代表了安理面向未来的全新姿态。而“山止川行，臻于至善”也写在了网站的首页，自信地宣示安理人“原则与智慧完美结合”的执业追求。

除名列“十佳成长律所”之外，近些年安理还在钱伯斯、The Legal 500、商法等国际知名法律媒体和评级机构的榜单中屡屡斩获佳绩，涌现了一批明星律师和合伙人。

“安理向未来。”两年前，王清友与一众合伙人探讨商议了整整一天，最终确定下这句简单有力却也充满朝气的律所新口号。

向未来，代表了安理人不满足于已有成绩的谦虚勤勉，代表了安理人满怀抱负的自我革新，也代表了安理人对未来可期的坚定信心。

结　语

安理的发展有其特殊性，经历过合伙创业，经历过“个人所”，经历过规模化和精品化的并行发展，又在一体化试点后坚定地全所推行，安理始终在尝试中国传统律所自我成长、蜕变升级的可能性。

安理的发展又有其普遍性。时至今日，安理此前的各个阶段形态仍在中国律师业内普遍上演。但在仍然年轻、高速发展的中国律师行业内，尤其是在 2020 年新冠肺炎疫情对全球的冲击之下，只有那些未雨绸缪、砥砺革新的律所，才有勇气、有实力去面对涌动的竞争浪潮，才有资格、有可能去收获未来。

在大量的传统律所中，安理走在了前面。安理还在稳步向前迈进着。它的思考，它的实践，它的梦想都足以给更多的传统律所以更贴合它们实际情况的样本和参考。

“希望未来安理要成为行业内与众不同的强所，要成为律所先进管理的研究对象和教科书。”王清友在合伙人大会上说道。如今的安理已经有底气向业内宣告它的愿景。

安理，蜕变向未来。

发现

一家发光如星的律所

周　正

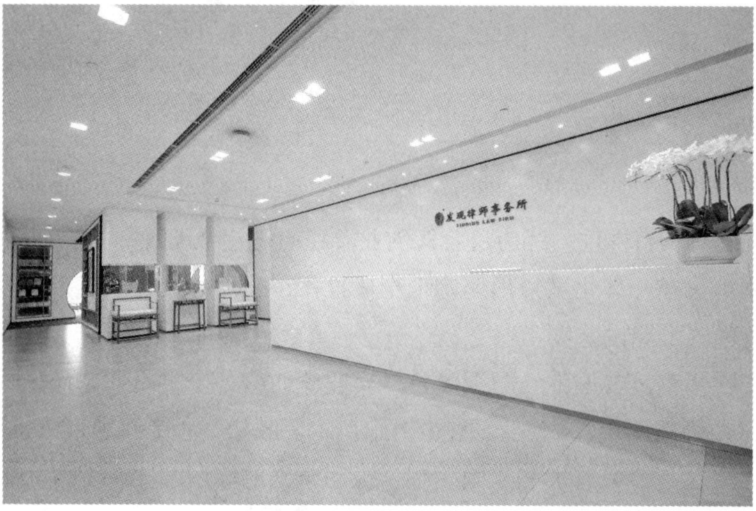

发现律师事务所前台

“有灵魂的法律人”

发现书院组图

《发现赋》

2017年12月9日,成都已入冬,银杏叶漫天飘落。此时,一场“律师参与诉讼化审查逮捕”专题研讨会正在成都高新区中海国际中心G座5楼——四川发现律师事务所举行。现场所有来自公检法、高校和律界同行嘉宾的资料袋上都放着一片金黄的银杏叶，叶面手书一句话：“有灵魂的法律人”。

发现主任罗毅再次见到这枚树叶，是在一年后的另一场法律界交流会上，一位曾经参会的律师将之作为手机壁纸。他听说，因为“有灵魂的法律人”这句话，还有很多人以各种方式将这方小小树叶收藏起来。

为什么这句话能引发强大共鸣?

在过去40年间，每一轮科技革命都会带来法律服务市场的巨大变化，也会催生一批新的市场宠儿，如同人一出生就被派定角色，还没化妆就匆忙登场，没有人知道剧情，一拨人上去一拨人又下来，仿佛除了革新力，其他一切都是细枝末节。然而，在每年数万名律师及法学院学生的调查中，越来越多人表示难以培养和维持服务意识以及对法律工作的自豪感，法律人的职业情怀与现实工作之间的裂痕从未像今天这么撕裂。

在顺应变革的同时，如何呵护初心，做有灵魂的法律人？发现的做法是，倾情打造全国第一家律师文化书院——发现书院，以文化的魅力弥合这个行业在快速发展下的心灵危机，增加律师的职业荣誉感，以匠心致初心，让这个行业的法律人如巴克尔所解释的：“那些即将成为律师的人在职业之初，拟誓言愿意用其所精通的法律技能去推进社会公义。”

那使多人归义的，必发光如星，发现律师事务所，正仰望星空，以汇聚星光为梦想；脚踏实地，以创造幸福为使命，朝着无垠的未来高速飞行。

荟聚星光，文化立所

“智慧人必发光，如同天上的光——做有灵魂的法律人。”

——发现律师事务所

2001年1月，一家名叫“发现”的律师事务所诞生在川渝盆地。年仅28岁的罗毅成为当时四川省最年轻的律师事务所主任。5年前，辞去重庆国有企业的工作，背上一个简陋的背包只身一人来到成都的他，还从来没有想过自己会开办一家律所。

“亲爱的朋友，今天我们又站在新的起点上，前途茫茫。”一直伴随在他身边，给予他源源不绝精神力量的这本《荒漠甘泉》中，第一章里这样一句话是当时的真实写照。

成都，西南重镇，人口众多，经济发展速度长期位于省会城市前列。年轻的罗毅，年轻的发现，凭着一股闯劲和韧劲，以经侦案件刑事诉讼业务为立足点，很快便在本地打出了名声。

其后十余年间，发现自然发展，将重心放在专业锤炼上，接连代理大案要案的同时，也逐渐吸引了一批如今已是律所核心力量的优秀律师加盟。2004 年，“超级合伙人”、现执行主任王春生律师的加盟为事务所的发展注入了强大的动力。

这一时期，伴随着中国经济腾飞，新生代律所亦如雨后春笋般展现出勃勃生机，与老牌律所一较高下。在成都，本地法律服务市场的格局也在发生变化：一方面，外地大所进驻，在大型机构客户中迅速打开局面，带来了先进的业务和管理经验；另一方面，以发现为代表的成都本土律师事务所经历十余年成长，也从自然增长走到了必须应对行业变化和自身变革的重要转型当口。继续承袭传统发展模式还是改革律所运营机制？合伙人价值观不一致时，律所是拆分还是合并？一个在经侦案件刑事诉讼领域占有优势的律所又该如何完成综合性、国际性大所的转变？

创立十余载后的发现，正值不惑之年的罗毅，开始对事务所的发展进行深入思考。带着困惑，他全国奔走了几十家律师事务所，不断寻求心中的答案。

2013 年起，中国律师行业进入规模化的第二个 10 年，大所在进一步区域化下沉，加速省会城市和重点经济城市规模化布局的同时，也开始着重提升管理运营水平，探索各种信息化手段的应用，朝着总分支机构集团化作战大步迈进。一时间，“归降”规模化大所还是“固守”精品化小所，成为本土律所发展的两种选择。而在罗毅看来，包括规模化、精品化、品牌化、专业化等在内的这些概念，都只能反映律所发展的一个侧面。而一家事务所尤其是本土律所树立竞争力的核心在于差异化发展，也就是必须找到自己的独有特点。

建立有内涵的、高包容性同时又具有差异化的特点，罗毅认为，至少要体现为这样几个方面：第一，对客户有吸引力，要对建立信任有帮助；第二，为同行所认可；第三，为司法行政主管机关所认同；第四，要得到所内律师的共鸣。同时，这一差异化的特点一定是隐含在法律、法治的精神内涵之中，一定是显现在富有温度的表达之下。

为此，以“文化所”为律所新标签，以一个特别设计的律师文化空间为线下载体，发现斥 400 万元巨资，在 1600 平方米的办公区域专门开辟出 1000 平方米，打造了全国第一家律所文化书院——发现书院。书院以“书籍 + 场景 + 故事”的形式展示法治精神，弘扬法治文化，提供了一个传递法律职业价值观、使命感、认同感和凝聚力的“根据地”。书院建成以来，高朋满座。

创所 14 年的发现，以文化的巨大包容力带动起律所强大的生长力，焕发出新的发展动力，开启了自己高速成长的全新阶段。

2017 年，引进具有 13 年律所管理经验的陈星彤担任管理合伙人，发现在律所管理升级上迈出了重要一步，以高薪聘请专职管理人负责事务所管理运营事务，为律所发展提出建议并确保律所战略的有效推进。

2018 年，发现制定和发布了“4+1”发展战略——专业立所、品牌兴所、制度治所、科技强所，以及“人才 · 人和”战略和“全球化布局”构想。专业立所，发现成立了 9 大专业委员会，所内推行专业分工和转介合作；品牌兴所，5 年来品牌建设基金已累积数百万元，为大刀阔斧的改革和持续加大律所公共服务建设提供了保障；制度治所，在原有制度基础上，增设、更新了一系列的管理制度；科技强所，2018 年年初启用了阿尔法案件管理系统，又于其后采用律谷 OA 系统打通办公流程；“人才 · 人和”战略，发现在不断吸纳有专业特色的高级合伙人的同时还在在四川大学法学院设立了百万奖学金，吸引了一大批“985”“211”院校的人才，乃至海归人才。

2018 年年末，发现全所转所律师人数为“0”，在合伙制这种以“人合”为纽带的组织方式的规模化律所中，在竞争加速的市场格局中，这个业内罕有的数据印证了发现文化的强大吸引力和凝聚力。

2019 年年初，“荟聚星光　云端导航”主题年会上，发现郑重推出“发现导航系统”（FNS），从 5 个维度着手发布“4+1”发展战略下的新地图，精确指引发现前行的路径：以知识管理夯实发现的厚度，以发起建立文化律所联盟拓宽发现的广度，以承担社会责任提升发现的高度，以将情感的力量注入法律服务传递发现的温度，以设立“发现云学院”为事务所发展提供加速度。

2020 年年初，“深耕沃土　创造幸福”主题年会上，发现希望将为社会创造更多幸福可能的使命感作为发现人砥砺前行的不竭驱动力，正式发布《发现行动纲领》，指引发现人的行动指南。该纲领从“知、行、知行合一”三重境阶开阔认知，锻造行为，驱动前行，成为发现下一步以更高质量更快速度跃进的灯塔与风帆。

如今，发现已有 190 余名律师，总员工数超过 300 名，足迹踏出成都，走向北京、重庆、宜宾。不追逐一城一池的快速扩张，只为将“法律文化”的传承推广到不同的城市，让更多法律人因此受益。

20 年发展，已令发现发光如星。

发现书院，情怀发现

“你的理性与热情，是你航行的灵魂的舵与帆。假如你的帆或舵破坏了，你只能泛荡，漂流，或在海中停住。”

——纪伯伦

在商品化时代，律师事务所的定位不仅仅由这家律所带领人本身气质决定，在某种程度上，也由其客户和同行决定。

21 世纪初，是中国律师制度恢复第三个 10 年的开端，律师行业初步度过蹒跚起步阶段，律所的刚需仍是“经济基础”——案源。是以，只要能开拓客户、拿下业务，“白猫黑猫都是好猫”。在缺少正确价值观的指引与职业道德的约束下，执业百态尽现。而这种粗放式的职业价值观，不是发现人内心所求。

发现书院的创立初衷，就是为弘扬法治精神，让法律能被普通民众所信仰，也让职业的律师回归“专业”初衷，法律专业不再是一个孤立的、自治的、与律师内心深处价值观和责任感无关的领域。

为了唤起律师内心深处的价值观和客户对法律的信任感，发现书院在所有场景设计上采取能够拉近人与人距离的舒适风格，同时在物品的选择与摆放、书籍的分类与陈列等方面都别具匠心。

前厅以极简的线条与裁剪，营造出美人侧卧的意境之美，又似白云，衬托出墙上“发现律师事务所”的标志，与红色的 logo 映衬，寓意“旭日东升”“朝气蓬勃”。

书院整体取苏州园林式的建筑风格，选用圆形拱门，一步一景，十步一流连，打造出一种曲径通幽、错落有致的感觉，用有限的空间营造出最大的观感体验。

发现书院一共分为七个区域，每个区域都沿着“书籍 + 场景 + 故事”的脉络营建法治精神的场景，进行法律文化的诠释。

书院一区摆放着文艺复兴时期画家拉斐尔的名画《雅典学园》，借画中的求学、求知盛状表达一种希望，即希望发现律所成为培养精英律师的摇篮，希望发现律师能够成为对知识、智慧、真理不懈追求的有灵魂的法律人。

书院二区选用麻绳作为软隔断，寓意律师办案应当以事实为依据，以法律为准绳；以法律为准绳，对恶人恶行绳之以法。

书院三区首先映入眼帘的是威伯佛斯的雕塑——他是人类第一部废奴法案的推动者，借此可启迪并教育法律工作者要有勇气与激情，敢为弱者发声、能与哀者同泣，这是法律人的情怀。

书院四区借蒙眼女神忒弥斯的形象，呼吁大家相信法律，持守对公平与正义的信仰，尊重作出裁判的人，唯有如此，才能实现中国法治的良性循环。

书院五区以“枪口抬高一厘米”作为区域故事，借此表达不能僵化地适合法律，要理解法律的内涵及其背后的良知与正义。

书院六区是会客室，细节处的设计充分体现了发现的独具匠心。每个类型的会客室都有出自不同古籍的特别名称——民商类是“民 · 明礼”“民 · 定分”“民 · 傅别”，刑事类是“刑 · 中罚”“刑 · 赦疑”“刑 · 首出”，非诉类是“法 · 无讼”，会友类是“法 · 横平”“法 · 归一”。每个会客室都根据不同的案件类型及当事人的心理需求，选择不同的桌椅与物件摆放。

书院七区选取了两则刑事案例：“辛普森案”和“12 · 31 专案”，前者是疑罪从无原则的世界级经典案例，后者充分体现了罪刑法定原则，借此表达刑法应当具有谦抑性，这是对生命、自由和人权的尊重。

一篇镌刻在墙面的《发现赋》，被誉为发现的文化名片，由西南政法大学2014届毕业的朱桂坪律师撰写。赋文分为三个部分：第一部分讲创业最初的艰难，“挑灯苦读、悬梁刺股”；第二部分讲发现设立后欣然发展的景象，“熙熙然如晨风拂面、灼灼然似晨曦初露”;第三部分表达的是对发现人自己的祝愿和激励,希望发现能携所有发现人一起“激无限之潜能、创无悔之人生”。

行至此处，对于发现人的法律文化、对于法律人的信仰有了更深刻的理解。

发现的logo是一枚正红色的指纹，书院中用了整整一面墙对它进行了展示和解读：其一，意指证据与事实，指纹作为司法断案的证据、对事实认定有着至关重要的作用，体现律师“以事实为依据，以法律为准绳”的执业理念；其二，代表契约与责任，在中国签章捺印文化源远流长，在签合同的时候，双方按下指纹代表作出承诺、信守约定；其三，logo形似眼睛，寓意律师应有敏锐的洞察力，寄托着“在事实中发现线索与证据、在法律中实现公平与正义”的美好愿望；其四，代表波纹与影响，表达发现希望能够在律师界有所作为、对中国法治建设作出贡献的朴素情怀；其五，代表探索与坚持，期望发现律师能够敢于探索、坚持信仰，不忘初心方得始终。

作为中国第一家律师文化书院，建成以来一直引领着律所文化建设的潮流，让数以万计的律师同行、司法实务部门领导、司法行政主管部门领导等各界人士感受了法律人的情怀。截至目前，书院已经接待了业内外、海内外人士逾10,000人次。

平时，书院还被用来开展一些所内的相关活动。发现云课堂、读书会等活动的开展丰富了书院的精神气质,让书院形象在全体发现人的心中更加丰满,更加向往。除此之外，书院还不定期对外有序开放，承办与法治教育、法治建设有关的公益活动。

说到发现书院，罗毅深感欣慰：“在探寻律所差异化发展的道路上，我们做到的不仅仅是以书院为标志的差异化，走近发现书院，你的第一感觉一定是安静，专注，这是理性的力量。”书院建立以来，以文化作为律所的核心特质，回归法治精神、法律精神，发现的律师们更愿意来所里办公，更是吸引了一大批律师的加盟或回归。其中，居玉洁、田佳灵和朱桂坪就是很好的代表，他们说：选择发现，是源自内心对发现文化理念的认同，源自律师职业之外内心一种灵魂上的追求。

发现书院既是一座图书馆，也是一座展览馆，还是一座文化馆。以书院为平台，发现建设了一个属于全体法律人的精神家园，打造了四川律所文化乃至全国律所文化的独特名片；以书院为载体，全面呈现了发现人心中的法治信仰与法治精神，全面展示了发现精心培养有灵魂的法律人的情怀与梦想；以书院为纽带，有智慧的法律人在此弘扬法律文化，有灵魂的法律人在此传承法律精神。

关于书院的未来，罗毅说，书院“1.0版本”的功能已经实现了，下一步还要思考把书院办“活”。2020 年是发现书院成立五周年。在 0~9 的数字中，5 居其中，自带平衡与调和之气，古人赋予其美好吉祥的寓意，5 周年的发现书院，也将在弘扬法律文化的担当中继续行进。

赋能青年，育人灵魂

“教育意味着，一棵树撼动另一棵树，一朵云推动另一朵云，一颗心灵唤醒另一颗心灵。”

——雅斯贝尔斯

青年兴则律所兴，青年强则律所强。是以，越来越多的律所都喊出重视青年律师培养的口号，具体举措体现在涨薪、缩短晋升周期、设计培训方案、成立律师学院等，典型如“两万元俱乐部”概念兴起，搅动了这个庞大群体的神经。但一旦深究，却发现这么多举措施行之后，未听到回声。为什么？更本质的原因是，作为律所一项重要战略举措，势必需要先大量投入，才可能有所成效，至少在短周期内是“亏本”的。对于实力不够雄厚、决心不够坚定的律所而言，需要评估是否做、怎么做、做到什么程度。

于发现而言，这是一件很明确的事：“人才 · 人和”是发现“4+1”发展战略中最为根本的战略理念，有了人，才有了草木之根，甘泉之源，事业之基。对青年律师的发现与培养，罗毅有着清晰而明确的认知：青年律师是律所的未来，是发现得以长远发展的根本所在，律所有义务，有责任给予青年律师以充分的培养与呵护。秉持传承文化的发现，聚焦于人才的长远培育，发现书院，致力于成为培养和塑造有灵魂的法律人的摇篮。

扶持青年律师，发现投入了大量的公共资源。发现书院建成后，会客室全部面向青年律师自由预约用以接待客户，用律所最好的环境帮助他们在客户那里建立信任和委托关系；办公区中，律所专门开辟了一块“共享空间”，提供给青年律师灵活办公使用。2019 年，发现修改了律师分配管理制度，以期更科学合理地分配收益，给予青年律师以收入上的支持。在发现，律所始终为青年律师争取提供更多合作办案的机会，而晋升合伙人的通道也始终开放、透明。除了工作上的关照，发现还设计了“高级合伙人午餐会”，为青年律师搭建了一个和所内大咖自由交流执业困惑的平台。

扶持青年律师，发现设立了专门组织。2019 年，发现青年律师发展委员会正式成立，由所内优秀青年律师代表担任主任，并同时设立了 100 万元的青年律师成长基金。2019 年 11 月 27 日，发现律师事务所法律讲堂济济一堂，一场“感恩遇见 · 对话你我他——青年律师培养机制探讨沙龙”火热举行，高级合伙人们和在场 40 余名青年律师交流分享了执业中的经验和感悟，回答了青年律师们的提问。类似这样的沙龙在发现已是常态，成为一个集中交流，帮助青年律师树立职业理想、提升执业能力、展示自我风采的平台。

扶持青年律师，发现在专业培养上下足了功夫。团队内部，团队负责人、骨干律师、实习律师三级梯队分工明确，以“传帮带”的形式在实践中锻炼人才。所内，9大专业委员会都设有年度指标，每周三风雨无阻轮流进行专题分享，录制培训课程。

在法律新兴领域探索，通过开拓蓝海、技能传授、知识管理等，帮助青年律师在知识产权、互联网金融领域服务、破产行业等领域实现弯道超车。各种经过所内合伙人和资深律师打磨、沉淀下来的文档和文书成为可供青年律师学习参考的最佳范本，成为新人培训和知识传承的专属“云课堂”教材。在数年对青年律师的培养中，发现已摸索出一套行之有效让青年律师快速成才的方法。此外，除了实务经验，发现还特别关注律师视野的拓宽，以及胸怀和格局的提升锻造，每个月都会邀请法律圈内各方专家教授和实务界人士到所内分享交流。

如今，发现人数规模高速发展壮大，青年律师已经占据律所重要比例：在发现总部，40岁以下的青年律师就有100余名，占全所律师的73%。青年律师在业务、管理和所务等各方面建设中发挥着重要作用。

发现始终向人才敞开怀抱，每则律所微信推文最下面长期发布招募优秀律师的广告。“发现对人才的渴望是孜孜以求，永不止步。”王春生说。除了名校、法科出身和海外留学背景这一评价维度外，发现更看重人才的成长潜力——只要与发现的律所理念及专业布局相契合，即使非科班出身，也会被不拘一格地吸纳进来。这种包容源于发现的“文化内涵”，使其有更宽广的视角看到更多元的人才。

这两年，发现的人才队伍不断扩大，2019年律所引进了2个“十佳”——“全省十佳辩护词”获得者卓玛，“全省十佳代理词”获得者刘鑫澜；3个学霸——四川大学法学院民商法研究生第一名卢禹竹，西南财经政法大学法律硕士研究生第一名吴瑶，西南民族大学法学院本科生第一名周佳玉。同时，发现也受到了不少“海归”的钟情。他们纷纷回归蓉城，选择了发现。

对于高精尖人才，发现还进行了制度和待遇上的特殊设计和安排。近年来，发现引进了多名前司法工作人员以及高校专家教授，给予他们“非权益高级合伙人”的称谓，免费提供办公场地，享有高级合伙人待遇，而无须承担出资等相关义务。目前，除了管委会成员在律师协会担任各项职务外，这些特殊专业人才也在各类机构中担任重要职务。

创所近20年来，只有2名高级合伙人因谋求其他发展而选择创业，十余年来再无其他高级合伙人离开。并且，5年来发现的高级合伙人队伍不断壮大，目前已有23名，除了内生式培养的之外，大部分都是被发现吸引而选择带团队加盟。而在洽谈和引进高伙团队中，陈星彤又发挥着对接沟通的重要作用。在她看来，发现合作共赢的发展理念、温润如玉的文化底蕴、开放完善的晋升通道、谦谦君子的合作风范、让利于律师的大气包容，像一方温厚的沃土，越来越多地吸引优秀的律师们走进发现、扎根发现。

为爱出发，传递温度

“聪明人都明白这样一个道理，帮助自己的唯一方法就是帮助别人。”

——埃·哈伯德

2019 年 4 月，发现修改了事务所章程，把坚持党的领导、抓好党的建设、保障党建经费等内容写进了章程。同年 7 月，发现荣获“全国律师行业先进党组织”称号，成为该年度四川本地仅有的 4 家获此称号的律所之一。

现任党支部书记苏发钧介绍说：在组织构架上，发现采取了交叉任职的办法。党支部 5 名支委会委员中有 3 名是高级合伙人，19 名高级合伙人中有 7 人是党员，3 名管委会成员中也有党员。事务所重大事项由高级合伙人会议决议，决议前都可以发表意见。这样的交叉任职，充分发挥了党支部在律所重大事项决策时的政治把关作用。

在党建工作的制度建设上，发现党支部按照上级党组织“十个标准化建设”要求，在工作职责标准化、管理服务标准化、党员发展标准化、党内监督标准化等方面都有具体措施，展现了发现党建工作与律所文化与品牌建设的深度融合。在党建工作特色创新上，发现形成了自己的工作范式。搭建党建工作平台，建有四川党员律师书屋、党建书籍专区、党员律师专用接待室、党员律师示范岗，充分利用这些平台将党的建设与律所文化建设、品牌建设、公益服务等有机融合，使党建与所建相互促进。

党建工作的深入开展，不仅引领了律所发展的政治方向，也全面激发了党员律师的工作热情与担当精神。2020 年新冠肺炎疫情来袭，发现党支部迅速组织党员律师及全体发现人为灾区捐款；有 3 名党员积极加入“成都市律师协会高新分会应急防控疫情党员律师先锋队”，负责社会纠纷协调处理、执法保障、宣传等工作；律师在防控后期及时深入企业为企业进行免费“法治体检”，助力企业降低经营风险，快速恢复生产。

在全国律所的机构设置中，专门成立公益法律委员会是较为少见的。发现就是其中之一。公益法律委员会由合伙人伍兴容律师担任主任，有 30 余名道德和业务素质优良、热心公益的律师作为委员，其中有高级合伙人 5 名。发现公益法律委员会的成立，源自律所发展战略的全新定位——“传递发现的温度，做温暖发现人”。

发现公益法律委员会用脚步丈量远方，用行动让情怀落地：走进校园，开展“反校园欺凌”法制讲座；走进街道，助力基层法治宣传；握住残疾人的手，用法律捍卫他们权利的完整；在洁白的雪山脚下转动经筒，聆听僧人出世的祈祷，也为他们带去世间的律法；善行徒步 50 千米，风雨无阻，不顾泥泞，“为爱出发”。

与此同时，发现律师还在更高层面、更深层次积极融入法治建设，为国家法治建设奉献了属于发现人的责任与智慧。

对此，苏发钧有着深刻的认知：法律职业共同体是有共同的专业背景、共同的思维方式、共同的理想目标，是促进科学立法、严格执法、公正司法、全民守法，实现法治国家、法治政府、法治社会的法律人群体。律师的职业理想，不仅要维护个体权益，还应覆盖社会群体目标，从办理个案到促进司法公正，再到推动国家立法，都是律师实现自身价值的舞台。

为了解决《民法总则》第170条关于职务代理的规定在民事案件裁判中的适用分歧，克服同案不同判的司法窘境，苏发钧等律师根据代理同类案件的亲身体悟，向最高人民法院民刑交叉案件司法解释起草小组和对《九民会议纪要（征求意见稿）》分别提交建议，并已在最高人民法院《九民会议纪要》正式稿第128条中得到了体现，为在全国范围内统一裁判尺度贡献了律师的力量。

为了促进律师调查令的广泛适用，罗毅曾以四川省人大代表的身份提出建议。之后，在省人大、省高院、司法厅和省律协的共同推动下，省高院会同19家省直部门及单位会签了《关于在民事审判与执行阶段适用调查令的办法（试行）》。从此，在四川省范围内，律师调查令在各系统、各部门畅行无阻，律师调查取证权向前迈进了一大步。

为顺应放管服改革的趋势，去除律师收费的不必要管制，使律师价值更好地接受市场检验，罗毅在人代会期间提出了全面取消律师收费政府指导价的建议，这份建议被收集在省律协编撰的《律师建言为你发声》一书中。四川省发改委在2019年7月19日发文，取消律师收费政府指导价，真正将律师服务的定价权还给市场。

此外，发现律师还在四川省高院推动设立了律师专用停车位，推动成都市看守所增设17间律师会见室……这一切，用罗毅的话来说，就是："将发现灵魂的气息注入其中，将发现人的梦想嵌入其中，让更多幸福的可能成为现实。"

除了在立法层面建言献策外，发现也积极推进执法层面的调解联动和普法层面的送法进校。

与政府有关部门联动，为构建和谐社会、法治社会贡献力量。充分发挥律师"法律明白人"的独特优势，动员律师积极参与化解和代理涉法涉诉信访案件工作，组织律师参与信访接待值班，引导信访群众理性表达诉求、依法维护权益，主动预防、化解社会纠纷矛盾。发现连续15年派驻律师到省妇联，接待来访、来电咨询，维护了妇女、儿童的合法权益；选派律师为四川省妇联2018年"中国妇女法律援助行动"项目培训班授课，给40多位市区县的相关干部进行普法讲座。

强化民族地区法治建设，助力高校法治人才培养。发现选派合伙人和骨干律师参加同心法律援藏工作，深入藏区寺庙、企业、政府部门、基层社区开展法律讲座和法律援助，为维护藏区稳定和群众福祉贡献了力量；为帮助阿坝州道孚县司法局建立普法书屋，发现律师事务所无偿捐赠法律书籍500余册。此外，为奖励高校优秀法律后备人才，发现在四川大学法学院设立了“百万奖学金”，每年捐赠10万元人民币奖励品学兼优的本科、研究生。

发现不断汇聚公益力量、承担更多力所能及的社会责任。

西部律所，全球梦想

成都，“天府之国”“蜀中苏杭”，亚热带季风气候造就了这一宜居的城市，也同样影响着本地的人文风格和行为特征，安居乐业、偏安一隅是一部分本地人的选择。体现在律师行业里，则是在外地开设分所的成都本地律所至今都屈指可数，更不用谈全球化发展。

而随着大所的区域化规模扩张和加速在省会法律市场的人才、业务争夺，本地律所的空间受到严重挤压，规模化不仅成为发展的潮流趋势，更是事关生存的必然选择。而在本地单体规模化和跨出区域谋求全球化发展之中，发现毅然地选择了看上去遥不可及的后者。

不过，仅仅在物理上扩大规模不是发现的格局。发现希望通过一家家分所的精耕细作，将发现人所坚持的“法律文化”种子，播撒到神州大地的不同角落，让有灵魂的法律人能不断涌现。远大目标，始于足下，先建立堡垒，再进行文化生根。

“升维思考，降维打击。”在罗毅看来，既然确定要规模化，全球化也自然、必然成为律所长远发展的宏大目标，只有视野拔高、格局提升，以“终极目标”为愿景，才能指导前行道路上的每一个选择。在稳步全球化的路上，在重点城市率先布点“插旗”，具有重要的战略意义。

2018年5月4日，发现（宜宾）律师事务所正式成立，成为发现的第一家分所，象征着发现全球化迈出了重要的第一步。分所主任李霞律师被发现的文化理念深深吸引，决定从零创业，将发现的品牌在宜宾落地生长。成立仅两年以来，宜宾分所经过整合已发展至30多人，成为当地最大的律所之一。分所入库了十余家大型国企、银行，担任数十家企业法律顾问，被宜宾市司法局评为“2019年优秀律师事务所”，又被推荐为“四川省律师行业党建标准化律所”，所内律师获得了多项各级荣誉。

2019年4月，发现（重庆）律师事务所正式设立，由总所全资直投，实行一体化统一管理，是发现“立足成渝双中心、辐射西南、布局全国”发展战略的重要一环，办公地选址在重庆市两江新区超甲级写字楼财富金融中心（FFC）28楼。设立仅一年多，重庆分所已经发展至20多人，形成了以金融、破产重整、公司商务、房产地产、民商事诉讼等专业为主的法律服务体系，并且与成都总所形成“成渝联动”，在多个项目上成功跨地域合作。

2019 年 7 月，发现（北京）律师事务所顺利设立，聚焦刑事诉讼、高端争议解决、金融保险、知识产权、房地产与建设工程等领域，并作为发现“立足西南、辐射全国”的重要据点，在国家政治、经济、文化中心“插下”发现的旗帜。未来 3 年，北京分所将迁址至核心商务区，进一步提升发现在首都的品牌知名度。

周永勇介绍，目前遂宁分所筹建已进入紧张的收尾阶段。乌鲁木齐分所也已在筹备之中。实现统一品牌的全球化网络布局，发现要求所有分所无论直投或加盟，都需要接受总所的统一品牌管理和利冲管理。同时，每一家分所都与总所相呼应，结合当地实际情况建设分所里的“发现书院”。重庆分所的书院占地 300 平方米，因地制宜地将当巴渝文化、红岩精神和发现文化有机融合起来，打造“发现书院”的重庆版本，将“简约·极致 · 有灵魂”的法律文化、律师文化延展开来，在山城重庆开启了文化铸所新篇章。

“国内布局，接下来会优先考虑西部重点城市，如昆明和贵阳，将发现立足西南的根基进一步夯实。经济中心城市上海的分所设立已进入实质性推进阶段，因为今年的疫情稍有延后。海南作为全国版图最南端的重要据点，随着相关律师业发展政策的出台和落地，也已进入考虑设点的城市范围之内。”周永勇说，如此完成各个方位的据点设立，全国布局的框架结构就足够坚实，再向省外布局就有了大的格局基础。

2019 年，发现香港联合办公室的设立也已进入洽谈阶段。作为国内数十家大所国际化发展首选的重要支点，我国香港特区在发现的版图中也将承担连接点的关键作用，双向对接内地和国外市场，在跨境投资、跨境诉讼和仲裁等领域为客户提供国际化的解决方案。同年，发现美国办公室的设立也已在联系之中。

优先在重要据点“插旗”，由点及面稳步发展，已经走出西部腹地的发现还把目光瞄向了欧洲，考虑在德国、法国、英国等国家通过多种形式设立海外办公室，同时以成都为重要节点向西北布局延伸至“一带一路”沿线国家和地区。

如今，成都已是全国 300 多个主要城市中律师人数排名第四的法律服务重镇。在本地上千家律师事务所中——以发现书院承载的发现律师事务所，在 5 年间实现了律师人数近 5 倍的增长，将跻身本地屈指可数的“亿元所”；已走出成都，布点北京、重庆、宜宾，筹建遂宁、乌鲁木齐分所，联络设立中国香港特区办公室、美国办公室……

所有的这些实践与规划，都是为了推动法律文化的代代传承。随着时间的流逝，很多事情都会被淡忘，唯有深入骨髓与血液的文化信仰不会褪色。

这才是发现这家西部律所的全球化梦想。执子落棋间，不争一时一地的输赢；胸中有丘壑，求索法律大厦的建成。

结 语

在 2019 年年会上，罗毅深情致辞。关于过往，他用到了“感恩”；关于希望，他激励所有发现人要敢于“无畏”。

对过往充满感恩之情，是罗毅个人的情感表达，也是发现人的情怀坦露。从 3 个人的小所到 300 人的规模所，从走出四川到稳步全球化的布局构想，既是发现人坚毅步伐留下的历史轨迹，也是历史轨迹对充满无畏希望的发现人的最佳回馈。

做一个有灵魂的法律人，发现构建的舞台，如苍穹一般辽阔，亦如星辰一般绚烂；在人才 · 人和的旗帜下扬帆远航，激发的是所有发现人的无限潜能，成就的是每一位发现人的无悔人生。

“做一个有理想的现实主义者，做一个立足现实的理想主义者。”罗毅常强调这句话。“领先半步”，他认为，这是发现需要力争的长远发展的一个“度”，这需要仰望星空，理念高维、认识超前，这需要脚踏实地，稳步迈进、不疾不徐，这是发现的一路信念与坚持，这是一家西部律所迈向全球化布局梦想，坚实的每一步。

高文

从立足中国到征战全球，知识产权强所的综合化转型与升级

林　戈　陈琼青

高文北京办公室

高文北京办公室，上书“责任、热情、创新”的“REC”文化

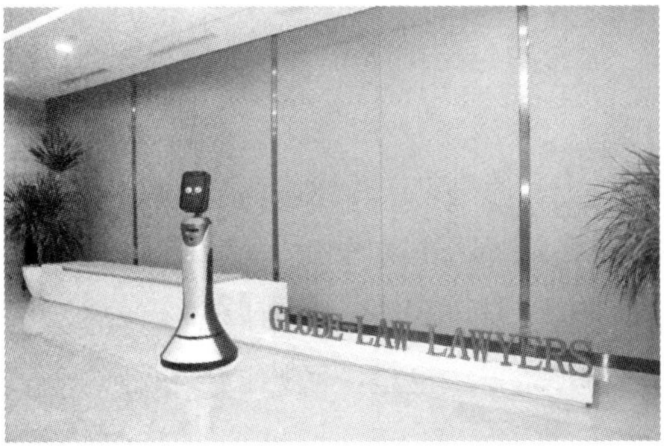

智能机器人“高小文”

高文北京办公室，上书霍姆斯法官的名言

王正志律师发表主题演讲

2009 年 6 月 8 日，有一家律师事务所发布了一份《中国知识产权指数报告》，引发了业内的强烈关注。这一天，正好是《国家知识产权纲要》颁布实施 1 周年；对于中国知识产权人而言，是一个具有纪念意义的特殊日子，这份报告被当作对《国家知识产权纲要》实施 1 周年的献礼作品。而这家律师事务所也因为该报告 1 炮而红，扩大了品牌知名度。

目前，《中国知识产权指数报告》已连续发布 11 年，成为我国全面分析知识产权各类指数、数据，揭示知识产权发展状况与经济增长模式及竞争力水平关系的指南。其内容围绕中国区域知识产权指数、知识产权综合实力进步指数、专利指数以及商标指数等五大指标对除港澳台地区外的 31 个省份、自治区和直辖市的知识产权发展情况，进行了细致全面的分析和研究；同时，针对当前我国知识产权发展阶段的特点和不足，特别发布了高质量知识产权发展指数。

2013 年，《中国知识产权指数报告》发布了中文、英文两个版本，并被世界知识产权组织（WIPO）列为中国知识产权重要文献，报告的中英文简介已在世界知识产权组织（WIPO）的官方网站予以发布。

这家律所在当时的名字叫高博隆华，现在的名字叫作高文。如今的高文律师事务所，已不仅仅是知识产权强所，而是一家拥有 200 多名律师、6 家国内分所、28 个境内外办事处，业务领域拓展至涵盖刑事辩护、国际贸易、争议解决、海商海事、政府法律顾问等多个领域的大所。这份报告不仅成为高文的标签，也是中国知识产权业的一项重要成果。

高文的发展史，既是一家知识产权专业所发展成为规模化、综合性律师事务所的典型案例，也是中国律所不断锐意革新、完成自我升级的杰出范本，其独特的“REC 文化”、公开透明的管理制度、放眼全球的战略布局，足堪借鉴和参考。

18 载创业史：高屋建瓴，经纬天地曰文

20 世纪 80 年代，中国的知识产权事业起步，在立足中国的实际情况并参考了国际条约和国外相关法律规定的基础上，我国启动了各项知识产权立法。良好的经济环境和政策背景，促使中国开始涌现出一批从事知识产权业务的律师事务所。

1985 年，中国加入《保护工业产权巴黎公约》；也是在这一年，高博隆华专利代理所成立。经过 20 世纪八九十年代的发展，高博隆华专利代理所取得了不错的成绩，并在

知识产权领域积累了声誉。16 年后，在 2001 年 7 月 16 日，高文律师事务所的前身——高博隆华律师事务所正式设立，拉开了高文的创业史。

高博隆华成立不到 2 年，“非典”暴发，让中国经济经历了一段时间的下滑。与此同时，中国“入世”，法律服务市场进一步开放，中国律师也不得不直面来自全球律师业的挑战。

2003 年 12 月加入高博隆华的王正志，正是时代变幻的亲历者。王正志用了 1 年时间，成为世界 500 强公司的顾问律师，并代理了许多重大案件。他总说自己是一个幸运的人，在业务的发展上得到了不少支持和帮助，包括后来负责事务所的管理工作，也是其他律师的认可与推荐。

2005 年，王正志开始正式接手高博隆华的管理和运营。彼时高博隆华的管理模式较为松散，合伙人们对于律所的发展理念、管理模式都有不同的认识和理解。律师事务所作为一个人合型的专业服务机构，合伙人是律所发展的灵魂和坚强壁垒，合伙人层面达成共识是基础。曾在美国留过学的王正志，决定将美国律所管理模式引进当时的高博隆华。

王正志做的第一件事，就是建立业务档案，以降低所内律师的执业风险。随后，行政、财务、辅助人员的考勤、律师的工作流程和工作日志等相关制度逐一上马，使高博隆华朝着专业化、规范化运作的方向更进了一步。除了规范化律所内部的工作流程，高博隆华也开始“招兵买马”。建立一支“律师正规军”，也是当务之急。

在刚开始的这段时间里，王正志和高博隆华的律师们一起，一方面拓展知识产权业务，深度挖掘市场的潜力，另一方面进行公司化管理的探索。

努力之下，高博隆华的发展步入正轨，建立了良好的管理保障体系和质量保障体系。所谓管理保障体系，即通过建立内部网络工作平台，构建电子化的知识沟通及共享渠道，形成对案件的利益冲突检索、收案、办案、质量和完成等情况的综合管理监督机制，从根本上解决案件管理问题，保证律师间内部交流的快捷畅通，实现全所规范化、信息化、现代化的高效管理。所谓质量保障体系，则是建立案件收办审批制、主协办律师制、项目负责制、案件集体讨论制、跟踪服务制、投诉与回访制、案卷归档制等 7 项完整的内部质量控制体系。

2008 年，高博隆华迎来了一个具有标志性意义的案件。人民教育出版社是中国最为知名的出版社之一，其拥有的“人教版”商标遭受侵权。经过高博隆华律师的努力，最终“人教版”商标经过司法程序认定为驰名商标，受到了保护。加之《中国知识产权指数报告》的发布，高博隆华在知识产权领域的知名度不断攀升。也是在 2008 年，高博隆华开始探索高端的知识产权诉讼案件，以求通过专业能力，为客户解决更加复杂、疑难的问题。

2009 年，高博隆华取得专利代理资质，开始组建专利代理团队，在知识产权业务领域的布局得以进一步完善。

2010 年，为了发展的需要，高隆博华内部一致决定进行一次新的改革，改名便是其中之一。5 月 20 日，一个特殊又好记的日子，“高文”诞生，律所的发展开始迈入了新的阶段。

“高文”既取自事务所英文名称“Globe-Law”的音译，又根植于博大精深的中华传统文化，两字的含义是“高屋建瓴，经纬天地曰文”。所谓“高屋建瓴”，意为居高临下，不可阻遏，出自《史记·高祖本纪》中的“地势便利，其以下兵于诸侯，譬犹居高屋之上建瓴水也”；而“经纬天地曰文”，意为经营天下，治理政国，亦形容政治才识卓越不凡，取自《左传·昭公二十八年》中记载的“君子九德”中的“文德”。由此可见，王正志和高文律师对律所的未来寄予了怎样的期望。

在王正志看来，律所的业务和管理是两条线，业务要往深了做，管理要搞公司化。而那时距离 2008 年的经济危机，才过去不到两年，全球经济形势尚未回暖，企业及社会运行所造成的影响必然传递到律师业务当中，但律师事务所的管理和运营必须继续。虽有困难，但公司化是王正志的坚持，王正志说：“那时真的很困难，我每天都在思考如何让律所可以正常地运作下去，我很高兴，高文在这样的环境下，扛下来了。”

从 2010 年到 2013 年，高文度过了快速发展的 3 年。高文在知识产权领域的多项业务同时稳步推进，为其后来的规模化、综合化发展打下了良好的基础。

2012 年，正值我国《专利法》启动第四次修改。国家知识产权局将现行《专利法》拆分为 8 个专题，每个专题配备两位起草人，唯有王正志负责的“专利行政保护”专题，由其一人独挑大梁，独自完成关于现行《专利法》有关行政保护部分的修改，以及相对应的专利法实施细则。而且，王正志还是唯一参与本次修法的律师。在起草工作中，王正志用了相当的篇幅去细化执法的每一个流程，务求尽善尽美并贴近市场的真实需求。从 2012 年到 2013 年，王正志随团到全国各地开展立法调研，而且聆听了国内多家知名技术公司、互联网公司代表的意见，这为王正志了解中国知识产权保护的格局和现状提供了大量的一手信息和素材。2013 年，也是王正志做律师的第十年，参与修法，对王正志本人是幸运使然和命运的推动，对高文亦是一次具有标志性意义的历史事件。

2015 年，高文以知识产权领域为原点，开启了综合化布局，逐渐引入了刑事辩护、国际贸易、争议解决、海商海事、政府法律顾问等领域的合伙人。从 2015 年到 2019 年，高文凭借专业实力和服务质量，不断获得国内外法律评级机构的奖项。而且，高文的分所布局，也逐渐表露出大所气象。

精品化和规模化是律师事务所发展的两个重要维度。当高文的专业品质已在业内获得认可之时，进行战略布局、满足市场多元化的服务需求，就成了发展的必然选择。

除了北京总部外，高文目前在上海、大连、合肥、郑州、西安、洛杉矶等地设立分所，并拥有美国、德国、日本、澳大利亚、新加坡、泰国、英国、韩国、俄罗斯、南美地区和港澳地区以及深圳、珠海、广州等 28 个境内外办事处，200 余名专业律师组成的全球律师团队，细化专业分工，密切团队合作，有效实现业务联动，为客户提供高质量的法律服务。

从创立伊始至今，高文已经走过 18 个风雨春秋，见证了中国法律服务行业的深刻变革与发展，与中国法律服务业共同成长，并向规模化、国际化、综合化的律师事务所迈进。虽然经济和地域因素是律师事务所规模化布局时必须考量的因素，但王正志始终认为，人合是发展的重要前提，律师事务所布局的关键是精英化的团队，并能够形成规模效应。

如何做到人合？既要依靠组织文化，也要建立科学、合理、符合人性的管理制度和培训体系。这些，构成了高文发展的核心驱动力。

“REC 文化”：塑造独特的律所基因

罗宾斯在《组织行为学》一书中提到，决定组织文化的是三点：其一，领头人的人格特点；其二，高级管理者们的真实行为；其三，员工的社会化，即日常向员工宣贯，以及通过制度和日常工作等让员工融入组织文化。

从管理的角度来说，高文当前已经具备了迈向卓越的根基。合伙人之间基于共同的目标和理念而汇聚，公开透明的管理和运作机制，科学合理的人才培养体系，这些均塑造了高文独特的律所基因。而对高文影响最大的，莫过于“REC 文化”。

那么，何为“REC 文化”？

首先，“R”指的是“responsibility”（责任）。高文强调四项责任，即围绕客户需求，解决客户问题的客户责任；互相信任，彼此协作的合伙人责任；助力员工发展，规划员工成长路径的员工责任；加强联动，构建高文共同体，强化分支机构的社会责任。这是高文发展的基石。

其次，“E”指的是“enthusiasm”（热情）。在王正志看来，现在行业内缺的就是热情，而热情恰恰是推动一个人上进最好的助力器。不仅要对客户热情，对律师事业热情，对社会公益热情，还要对同事热情，实现内部和谐友善，一家律所才会具备凝聚力。

最后，“C”指的是“creativity”（创新）。业务能力要创新，产品研发要创新，只有不断开发自身潜能、不断创新的律所，才是符合现在行业内法律服务需求、符合客户要求、可以长期发展的律所。“在目前的行业环境下，想要做一流的律师，做一流的律所，就要具备创新的意识和能力。”王正志说，高文强调的创新，就是让自己的解决方案具有不可替代的含金量，成为客户眼中的最优选。

在当前全球法律市场的发展中，科技是一个极为重要的变量，它影响着法律服务业的未来趋势和走向。因此，在现代律师事务所管理和运营中，对于科技的应用也变得尤为关键。在高文北京办公室的门口，陈列着一个名为“高小文”的智能机器人，它能完成基本问答，会引导来访的客人参观高文办公室。“高小文”的出现，充分体现了高文的前瞻性与创新精神。

由“REC”所组成的独特文化，正是高文能在风云变幻的市场中长远发展的法宝利器。

虽然高文早早定下了律所要走公司化发展的道路，但高文的管委会却是在2016年成立，此前高文的管理工作一直由王正志在负责。管委会的成立，是为了让律所内的管理更加公开、透明，也更加符合高文作为一家规模化、综合化律师事务所的定位。王正志说：“高文是所有高文律师的高文，应当由所有律师共同参与。”

当前，高文的分配机制充分考虑了业务收入、律师事务所管理、品牌推广宣传三个维度，并被分别赋予了40%、30%、30%的权重。王正志解释道：“如果一名律师具备很强的业务推广、客户拓展、业务创收能力，那么当下的分配已经考虑了这一因素；如果一位律师在律所管理、品牌推广上贡献良多，那么也能获得相应的分配。”在跨领域、跨部门的合作中，高文会根据个案的不同，在引案合伙人与办案合伙人之间实行不同的分配比例。

方向正确，人群对路，这是高文前进的根基；每个人都是其专业领域里受人尊敬的律师，这是高文发展的目标；所内文化公开、透明，这是高文管理的准则。

“人”一直都是贯穿高文发展的核心。在现代律师事务所的发展中，规模化和精英化是两个不可或缺的维度。当高文形成了分所布局和200余名律师的体量，必须辅之以清晰透明的晋升机制和科学合理的培训体系，保证律师的精英化。

目前，高文的架构分为三级，从律师到顾问再到合伙人。顾问主要针对许多从政府机关、法检单位、企业法务部门等具有实务经验、具备独当一面能力的专业人士，以及高文通过内生式培养出来的年轻律师。可以说，顾问是从律师到合伙人的过渡。在顾问律师阶段，高文一方面会通过集中式的培训给予其更多的成长机会；另一方面会观察其创收能力与事务所文化的融合程度，以及与其他律师的合作关系等。

针对年轻律师的培养，首先，高文的内部培训保持了一周一期的频率，有专门的团队负责，而且所有培训视频均会上网，以方便全所律师随时随地回看、学习。其次，高文还制定了“英才计划”，定期将律师送往国际律所学习。让律师领略英美法系和大陆法系的不同，既保持了事务所的多样性和融合性，也为高文培养了许多具有国际化视野的人才。最后，高文鼓励年轻律师们参与律师协会工作，尤其是律协的专业委员会，以开阔眼界。

在高文的文化中，还有一个特殊之处，那就是在高文每年年会的颁奖环节中，并不是由合伙人为年轻律师颁奖，而是让年轻律师给合伙人和高文的“老人”颁奖。王正志说：“律所的主任、合伙人并不是一个特殊阶层，高文不推崇个人英雄主义。高文崇尚的是，每个人都对事务所的发展有所贡献，应当平等对待。虽说合伙人是律师事务所的灵魂和坚强后盾，但年轻律师则代表了律所的未来。”

在高文办公室的一角，贴着一幅画，画的主体是一条公路，远处高山巍峨。画的中间印着美国著名法官霍姆斯的一句话——“法律的生命力不在于逻辑，而在于经验”。这句话对法律人的影响可谓深远，高文不仅将这句话印在了墙上，在培养年轻律师时也践行着这句话。

法律是综合性、实践性的学科，在办案时通常考验的是律师融会贯通的能力。以知识产权为例，其不仅与民法、刑法、行政法律体系相关联，而且也与新兴的技术、新型的商业模式相联系。律师服务的本质是因地制宜的战略、条分缕析的逻辑、循循善诱的说服以及精准高效的沟通的综合体，在每一个诉讼案件或非诉交易项目中，律师都需要以严密的逻辑和对法律的理解，将政策、法律、先例、方案、建议向客户和法官充分阐释。律师必须知道，每一个案件的解决，会给经济发展、科技进步带来什么样的影响，又会给未来的司法实践提供什么样的借鉴意义。

基于这一出发点，高文通常会让年轻律师参与每个案件的全过程，尤其是重大、复杂案件的全过程。王正志说，他通常会要求律师助理参与办理 20 个以上案件后，再去申请律师执业证。

高文合伙人商家泉说：“知识产权律师是律师中的律师。知识产权律师要融会贯通，学会运用综合性的思维方式来办理案件。高文为年轻律师提供了一个平台，高文的合伙人为年轻人提供了学习的路径和思维方式，更重要的是，年轻律师自己要主动学习和参悟。”

作为一家国际化的中国律所，高文的绝大多数律师都拥有海外背景，自然造就了高文在涉外业务领域的不凡。对于涉外律师，高文也有一整套的遴选和培养机制。

首先是把好“入门关”，高文的涉外律师必须具备良好的法律功底和外语能力，熟悉国内外相关领域的法律体系和规则惯例；其次是具备良好的表达和写作能力，高文往往会要求年轻律师就热门事件、相关领域的前沿动态进行研究，并撰写成专业文章在微信公众号中进行发表，这样一来，年轻律师的思维能力和对行业的认知会得以迅速提升；再次是高文合伙人会亲自带领年轻人参与国际性的高峰论坛和比赛，与国内外知名的专家、学者、律师进行交流；最后是实战，让年轻律师参与到国际案件中，去亲身感受国外法庭 / 听证会上的交锋，以形成直接的认知和感官冲击力。

当一家律师事务所能提供足够发挥其才能的平台，并且保持开放、包容、简单、透明的管理风格时，其合伙人与律师自然会产生出强烈的归属感和认同感，其也会在市场中脱颖而出，展露出强大的战斗力。这一点，高文已用其 18 年的实践，进行了证明。

眼下，高文立足市场，秉持专业化发展、课题研究与律师实务并重的理念，已从知识产权领域的精专所发展为一家国内知名的综合性律师事务所。

从知识产权到多元化布局：打造一流品牌业务

每一个合伙人，每一个律师必须要有自己的专长，要有自己的标签，要坚持在自己的领域深耕，这是高文所坚持的原则。

秉持这一原则，高文设立了知识产权部、诉讼仲裁部、公司法律事务部、金融证券部、房地产部、国际业务部等专业部门，保证了律师在相关领域的专业化水平。

值得关注的是，高文还设立了一个特别的部门——课题部，以参与政府课题研究、立法修法以及相关的市场调研和理论、实务研究。目前，高文课题部已具备成熟的团队，并已研究出一套行之有效的研究方法。这从一个侧面反映出，高文是一家具有“研究基因”的律师事务所。

自创立伊始，高文就设立了知识产权部，并在知识产权部下设专利部、商标部、版权部等多个部门，服务领域包括国内外专利申请、专利行政诉讼、专利侵权诉讼、专利的无效等 20 多个细分方向。同时，高文还在 2006 年首创了知识产权托管业务。

2019年8月，全国律协第九届常务理事会第十六次会议审议通过，将全国律协专业委员会的设置从原本的22个精简至17个，并公布了主任、副主任、秘书长名单。王正志当选为全国律协知识产权专业委员会主任。王正志的当选，不仅体现了全国律协对王正志本人专业能力的肯定，也反映出了高文知识产权团队的实力。

18年以来，高文在知识产权领域纵横捭阖、开疆拓土，形成口碑和知名度，并代理了一系列国内外知名的重大、疑难案件。

由高文律师团队主办的著作权之网络外挂案、世界经理人商标商号冲突案、发明专利“防火隔热卷帘用耐火纤维复合卷帘及其应用”的专利侵权案、老字号同德福商标与反不正当竞争案、老字号内联升商标维权案、重庆同德福合川桃片诉成都合川同德福桃片侵害商标权及不正当竞争案等经典案件不仅在业内颇具知名度，而且还在不同年份被评选为年度中国法院知识产权司法保护典型案例和最高人民法院指导案例。这些案件，既为中国知识产权司法保护提供了有利的参考与借鉴，同时也记录了高文律师为中国知识产权司法审判所做的贡献。

作为知识产权领域的强所，高文律师团队代理了大量重大/“首例”案件。高文合伙人商家泉，专精于知识产权诉讼，尤其是商标确权授权及侵权诉讼、不当竞争诉讼、著作权诉讼，对商业秘密也有深入研究。商家泉说：“在承办重大/‘首例’案件时，由于没有可资借鉴的同案，首先，律师要做的是回归法律的本源，看中国的知识产权法律体系是如何规定的；其次，在国内外的案件中，找到最为近似的类案进行研究，思考解决方案；再次，结合法律的规定和类案的判决，找到可以适用的法律规定，并进行解读；最后，则是出征法庭，说服法官，维护当事人的合法权益，获得想要的结果。”

商家泉还表示，未来，高文的知识产权诉讼业务将继续坚持以专业为立身之本，在知识产权疑难诉讼方面形成品牌与标杆。与此同时，知识产权诉讼业务将会与高文在涉外法律服务领域的优势相互结合，服务中国企业“走出去”。

2016年，高文开启了业务层面的多元化布局，正式从一家知识产权领域的精专所发展成为一家综合性律师事务所。高文之所以要在战略层面进行这样的调整，既是考虑到满足客户多层次、一站式的法律服务需求，同时也是为了提升业务的多元化程度和抗风险性。王正志说：“高文要形成属于自己的一流品牌业务，向市场中的第一梯队迈进。”

目前，高文已成为一家涵盖知识产权、公司、诉讼仲裁、刑事辩护、海商海事、银行与国际金融、房地产与建设工程、劳动与人力资源等众多业务领域的综合性大所。作为一家大所，高文的分所基于当地的市场需求和自身的团队实力，形成了特色业务。

例如，高文的大连分所，在海事海商、保险金融、公司商事等领域均形成了竞争优势。2019 年 4 月，高文合伙人刘蓉律师获任辽宁省律师协会海事海商物流法律专业委员会主任；2019 年 9 月，经中国海事仲裁委员会资格审查考核委员会审查，主任会议审核及中国国际商会备案，高文合伙人刘蓉律师被聘为中国海事仲裁委员会仲裁员。

基于平台优势和开放包容的文化范围，高文源源不断地吸引了各个领域的专家加盟，已形成了“人才辈出，良将如潮”的局面。

李元目前是高文刑事辩护部的合伙人，在 2016 年加入高文前，曾有 14 年的法官经历，堪称刑法领域的专家。李元说，高文的刑事业务，与知识产权业务之间形成了良好的互动与衔接，知识产权犯罪是目前高文刑事业务中的优势板块。经过几年的发展，高文在刑事领域已组建了一支专业化的团队，形成了产品化的标签，并且每年以 30%~50% 的速度在增长。

李元一直关注国内外刑事业务（尤其是经济犯罪类案件）发展的最新动态，并尝试将刑事业务与高文的涉外业务相结合。每年，李元都会参加为期一周的剑桥反经济犯罪论坛。在 2019 年的第 37 届剑桥反经济犯罪论坛上，李元就中国打击知识产权犯罪的现状和困境做了主题发言，宣传中国打击知识产权犯罪的成果，为提升中国保护知识产权的国际形象作出贡献。

李元说，未来，高文的刑事业务除了保持传统的优势之外，还将拓展企业合规、国际反洗钱、海外反腐败等领域的业务，形成高端的定位和标签。

经过多年的发展，高文已形成了三大核心优势，一是专业化分工与团队协作；二是系统、完善的产学研体系和强大的课题研究能力；三是高文的绝大多数律师拥有海外背景，这为高文的国际化发展和涉外业务的拓展奠定了基础。

“征战”国际：向涉外法律服务的纵深发展

眼下，正值中美贸易战，正是中国律师维护国家权益，发挥职能作用的时机。

2018 年 5 月 17 日，高文律师团队赴美国华盛顿，代理中国专利保护协会出席对华征收 500 亿美元商品关税的“301 听证会”。这一战，对中国、对中国专列保护协会、对高文律师而言，都具有标志性的意义。

“301 听证会”源自美国《1974 年贸易法案》第 301 条，简称“301 条款”，美国常援引该条款对被认为贸易做法“不合理”“不公平”的国家进行报复，基于301条款的调查，简称“301调查”。

“301听证会”是美国正式征税前的程序，其不同于司法程序，而是行政程序中的一个环节，完全是按照美国的程序，且无法直接判断交流的结果。“中国有关技术转让、知识产权和创新的法律、政策和做法”，是“301调查”的焦点与核心。

既是责任，也有压力。面对美国国务院、贸易代表办公室、商务部、国土安全部、人力资源局、经济顾问委员会、劳动部等美国政府部门代表的联合发问，高文律师团队从中美两国法律角度共同出击出发，精准打击美对华征收500亿美元关税的证据瑕疵及法律漏洞。

高文律师通过丰富的案例展示了中国司法体系对外国知识产权的平等保护，基于美国《1974年贸易法案》对联邦行政机关权限的限制以及美国联邦《行政程序法》举证责任和证据基础的角度，指出“301调查”结论以及对华加征关税违反法律授权并缺乏有效证据支持。凭借高文律师团队杰出的专业能力，当场引起共鸣，取得了不错的反响，为美国加征中国产品关税设置了重大法律障碍。

2019年1月，由于王正志在“301听证会”中的出色表现，被中华全国律师协会评为2018年度中国律师行业最受关注人物——服务中国企业“走出去”的中国涉外律师。

“中国律师，不仅要熟悉规则，还要敢于发声；既要维护国家利益，还要参与国际规则的制定。”王正志说。

提升涉外法律服务能力，已经成为当下中国律师业关注的重点话题，那么当中国律师走向全球，将会面临什么样的挑战，又该如何抓住发展的机遇?

从挑战层面来看，中国律师业的国际化发展，绝不仅仅在于由中国律所在海外设立分所，而是中国律师必须切实具备提供跨境法律服务的能力。律师要掌握的不单是语言的翻译技能，还必须真正了解每一项交易的背景、规则以及交易地的风俗文化。在当前的全球法律市场，由中国律师担任主法律顾问（lead counsel）的高端、复杂案件/项目虽然越来越多，但却并不是常态。在许多交易中，外国企业会优先选择本国律师，再由本国律师来委托中国律师，中国律师做完工作后则是先汇报给该国律师，再由该国律师将情况反映给该企业的决策层。

从机遇的角度出发，当中国以一个新兴大国的姿态站在世界面前之时，越来越多的中国企业“走出去”，在全球范围内投资、布局，而中国律师由于深谙中国的企业文化，更加了解中国的企业家思维。当中国律师深入研究并掌握国际贸易当中法律服务的路径、方向和实践做法，必然会有属于中国律师的机会。

2013 年，中华全国律师协会在财政部、司法部的支持下，启动了“涉外律师领军人才”的培养规划，力求建立一支具有国际视野、通晓国际规则、善于处理涉外法律事务的涉外律师“国家队”。王正志，正是“国家队”的其中一名队员。

目前，高文的多个业务领域在保持其国内竞争优势的前提下，均开始了涉外业务板块的开拓。在知识产权、海外反腐败、海商海事、国际争议解决等领域，已取得了不俗的成绩与反馈。

国际贸易业务专家管健曾先后参与欧盟、美国、加拿大、印度和澳大利亚等国发起的近百起贸易救济案件，以及大量欧美跨国公司的重大投资并购项目。2016 年，管健加盟高文，从“0”到“1”地拓展高文的国际贸易业务。回忆起近年业务的高速增长，管健说，唯有以专业化为根本，方能快速打开市场。高文国际贸易业务的拓展，充分发挥了高文在课题研究方面的实力。

“国际贸易法评论”，这是管健团队的微信公众号，其致力于研究国际贸易法领域的理论研究与实务风险，内容涵盖了 WTO、中美贸易摩擦、贸易救济、贸易壁垒、贸易政策、投资、海关、自贸区和“一带一路”等诸多方面，已成为国际贸易领域专业人士必读的公众号之一。该公众号目前已累积了 3 万多名读者，并多次出现 10 万以上甚至 60 万以上阅读量的爆款作品。

当前，高文已是商务部指定的境内法律服务供应商之一，在世贸组织和区域贸易协定争端解决和贸易壁垒调查与应对领域为中国政府提供法律服务。

对于未来的布局，管健说，其一，由于国际贸易摩擦是一种常态，那么贸易救济、反倾销、反补贴将会是团队未来的重点；其二，双边及区域经贸协定是未来国际贸易领域的发展趋势之一，高文将会在这一方面的法律服务和产品研发中加大投入；其三，随着中国企业“走出去”，将会面临出口管制和经济制裁所带来的许多合规问题，高文将会通过实质性的调研、研究以及提供切实可行的解决方案，助力中国企业走向世界。

2019 年 3 月，司法部公布了全国千名涉外律师人才名单，王正志、管健、孙红新、姜云、茆宇、杨守义、岳军要、陈玮 8 位高文律师分别在知识产权及信息安全、国际贸易、海商海事、民商事诉讼与仲裁、国际经济合作、跨境投资、能源与基础设施、跨国犯罪与追逃追赃等领域榜上有名。

2019 年 9 月，由最高人民法院和中央电视台联合打造的大型法治演说类节目《法治中国说》第三季“大法官说”正式播出。王正志与招商局集团交通物流事业部副部长杨运涛、最高人民法院民四庭副庭长高晓力受邀参加第 3 期《护航“一带一路”》录制，与现场专家一起探讨国际商事纠纷解决相关问题。在节目中，最高人民法院副院长、二级大法官罗东川在节目中向观众介绍了中国国际商事法庭的制度创新、重要意义以及为服务和保障“一带一路”建设所做的工作。王正志介绍了一起涉外案例，指出中国企业海外维权面临的时间长、成本高、法律体系不一等实际困难，充分肯定了我国及时推出的国际商事法庭等举措对于保护中国投资人、提升中国律师服务“一带一路”以及在国际法律舞台展示中国元素的重大意义。

2019 年 12 月，由中华全国律师协会主办的“世界律师大会”（Global Lawyers Forum）在广州召开。来自 57 个国家的约 800 名法律界代表围绕“科技进步与法律服务”的主题展开交流。

在国际争议解决分论坛中，王正志发表了题为“仲裁员的效率与公平”的主题演讲，与到场律师们分享相关心得体会。

“世界律师大会”是中国第一次作为主办国举办的世界性律师盛会，吸引了国际律师协会（IBA）、国际律师联盟（UIA）、欧盟律师协会（CCBE）、环太平洋律师协会（IPBA）、亚洲与太平洋法律协会（LAWASIA）等国际律师组织，以及数十个国家的律师协会负责人参与。作为 2019 年世界律师大会的支持单位，高文与其他 29 家律所共同参与了大会的筹备工作，以助力世界律师大会顺利召开。

从涉外业务的整体战略布局，到“301 听证会”，到涉外律师人才的培养和引进，再到世界舞台的发声，高文闯出了一条适合自己的国际化之路，向涉外法律服务的纵深不断发展。

结　语

战略清晰、审慎理性、开放包容、业务多元、放眼国际，是高文不断吸引优秀人才加盟、能够基业长青的秘诀。

虽然高文的历史可以追溯至 1985 年，但高文的正式创业却是在 2001 年之后。历经 18 个风雨春秋，高文蓬勃发展，以高质量的专业技术服务客户。

在理念上，高文独特的“REC 文化”，让其爆发出强大的活力和生命力；在业务上，高文以知识产权法律服务为原点，课题研究与律师实务并重，并且从一家精品所逐渐发展至刑事辩护、国际贸易、争议解决、海商海事、政府法律顾问等多个优势业务领域并存，形成了综合化、多元化的业务格局和品牌知名度；在规模上，高文形成了 200 多名律师的集群，在全球范围内构建了法律服务网络。更为可贵的是，高文着眼于国际化发展，在涉外法律服务能力上取得了巨大的突破，履行了中国律师的国际责任。

积极参与立法，履行中国律师的社会责任，连续 11 年撰写知识产权指数报告，保护中华老字号，代理中国专利保护协会出席对华征收 500 亿美元商品关税的“301 听证会”等其他一系列国内外重大案件等，就像是一座座丰碑，镌刻在高文的历史上。这是高文律师尊荣感和成就感的来源，也是高文跻身中国杰出律所的根基。

未来 5~10 年，高文将继续坚持公司化、一体化、专业化的理念，秉持协作的精神和阳光的文化，跟随国家战略部署，朝着国际化的方向发展，让高文在全球法律市场中占据一席之地。

王正志对于律师事务所的管理和发展有着自己清晰的认识。他说，衡量一家律师事务所是否“强”的标准，并非其人数规模有多大，而在于其是否真正能为客户解决问题、满足客户的实际需求。每一家律所都要问自己，在中国的法治进程中，参与了哪些标志性的事件，解决了哪些实质性的问题。

由此，可以看出，高文是一家致力于以专业为立身之本，屹立于中国法律市场，成为全球的知名品牌，并在国际事务中能够代表中国发声的律师事务所。

坤源衡泰

合并突围，跻身头部

吴剑霞　蔡　凡　林　戈

重庆坤源衡泰律师事务所前台

坤源衡泰“模拟法庭”

“坤源衡泰大讲堂”现场

坤源衡泰荣誉墙

“三，二，一！坤源衡泰，值得信赖！”

红色绸布缓缓揭开，“重庆坤源衡泰（昆明）律师事务所”13 个字跃入眼帘。2019 年 10 月 19 日，坤源衡泰落子春城，拉开第二阶段战略发展的序幕。

一年前，律师人数已超 200 人、创收达 1.79 亿元的坤源衡泰发出预告——“2019 年，我们力争从区域性品牌大所逐步成为全国有一定影响力的大所。”

从“三所”到坤源，从坤源、衡泰各自拓荒法律服务市场到 2013 年聚合成一股力量，坤源衡泰完成了他们第一个五年的飞跃——五年时间，坤源衡泰的合伙人基于共同的理念和愿景聚到了一起，从两家律师不过几十名、创收不过数百万元的律师事务所，在合并后发展成为一家拥有 300 余名员工、创收达 2 亿元体量的重庆头部律所。

其过程不可谓不艰辛，但其成功经验为重庆、西部乃至全国的律所提供了指引。

合伙之道，始于“人合”

“数字辈”的法律顾问处曾是中国法律行业的一道独特风景，它们孵化出一批现在仍傲立法律服务市场的优秀律所。脱胎于“三所”的坤源衡泰，亦是其中的代表。

那是中国律师制度恢复的第五个年头，创办律所的资质还没有市场化，有限的名额大多给了市司法局。在重庆，西南政法学院（现为西南政法大学，以下简称西政）拿到了一个名额，并于 1984 年 12 月，创设了重庆市第三律师事务所（以下简称三所），26 名法学教授、副教授和讲师成为这家律所的第一批律师。

三所创办的前一年，刁太国从西政毕业，直接留校担任法律系教学和行政管理工作，而后也就自然成了三所的兼职律师。

坤源：法昌乾坤，济世开源

在西政，刁太国有一个流传甚广的名号——“刁铁嘴”，这是他的学生们给起的。在刁太国的课上，他总是能把专业的法律知识融于一个个鲜活立体的案例中，对未入世的法学学子产生了强吸引力。

彼时，谢鹏正是台下听讲的学生之一。1986 年他考入西政时，刁太国恰好在西政开设了律师法学和公证法学课程，也是在这一年，刁太国正式调入三所担任专职律师。于刁太国而言，从原西政专职教师、三所兼职律师，成为三所专职律师、西政兼职教师，职业侧重点的转变为后来与谢鹏一起创设坤源埋下伏笔。

毕业后的谢鹏并没有进入公检法系统或者直接当律师，怀着“做生意”念头的他选择进入中央驻渝的某大型央企，希望能从企业中学习经营之法。尽管未能如愿，但在这期间，他认识了不少“生意人”，并用所学专业帮助他们解决生产经营过程中的法律问题。一来二往，谢鹏就成了他们的法律智囊，也促成了他的第一次“创业”。这一时期的司法政策给予“兼职律师”很大的支持，律所可以为律师执业提供收据、盖章等行政支持。在这样特定的契机下，谢鹏一边担任央企的法律顾问，一边兼任重庆市第三律师事务所江北办事处的主任。

1999 年，“重庆市第三律师事务所”改制为“重庆市学苑律师所”。此时，谢鹏团队经过一年多的发展，人数由原来的 4 人增至十几人，江北办事处升级成为江北分部。20 世纪 90 年代，重庆推出第一批商品房，谢鹏便在金岛花园购置了一间 200 多平方米的办公室，并将全所从观音桥迁址至此。

世纪之交的 2000 年，是刁太国面临抉择的一年，也是谢鹏人生转折的一年。

内陆城市迎来西部大开发的政策利好，重庆也成了西部创业、投资的一片热土。与此同时，为了进一步市场化，2000 年 5 月，国务院下发文件要求国办中介机构“脱钩改制”。

是继续留在西政，还是离开？如果留校，已是西政副教授的刁太国极有可能成为教授；但做律师十多年来，刁太国承办了大量刑事辩护案件，并从律师一步步做到副主任、主任，积累了大量实务经验和律所管理心得。这些经验，在真刀实枪的法律服务市场中，或许更有用武之地。“*法律，一定是实践性的科学，而不是纯理论的科学。从我内心来说，我特别喜欢做实务工作。*”2000 年 10 月，刁太国正式辞去西政教职。

谢鹏也离开任职十年的央企。从企业到律所，本想成为生意人的谢鹏最后选择投身于“律师的生意”中，跟随刁太国下海办所。二人共同出资，购房、装修、注册，五个月后——2001 年 3 月，坤源律师事务所正式批复成立，刁太国出任律所主任，谢鹏出任律所副主任，学苑 30 多名律师集体加入。

坤源取自“法昌乾坤，济世开源”，意为法律在中国生根进而昌盛乾坤大地，作为律师要有正义感有济世情怀，为当事人提供良好服务。既是律师理想的指引，也有因缘际会的命运安排，坤源就此在重庆生根萌芽。

衡泰：公正之“衡”，兴旺之“泰”

在刁太国、谢鹏进入法律服务市场试水不久，另一家律所凭借“高学历、专业化”，也很快打开了局面。这家律所是衡泰律师事务所。

进入公检法或事业单位，是彼时法学科班出身者的第一选择，何洪涛也曾是其中一位。毕业被分配到政府机关，本是前途一片大好；但他很快发现，律师职业才是兴趣所在。坤源创所这年，何洪涛恰从西政毕业，是当时为数不多的法学研究生。其间，何洪涛考取了律师资格证并在律所挂证实习，也是在这个过程中，他发现很多律所并不强调规范化、标准化、专业化。

“要做律师，就自己创所。”何洪涛预判律师行业需要专业化服务，当机立断，次年就和同事盘莉红一起出来创所。在未来的十余年间，这家新所只有何洪涛、盘莉红两名合伙人，决策快、效率高、专业化。

当然，决定创所时，何洪涛并没有充足的启动资金，而注册资金外的场地、装修、家具、人员，件件费钱——在解放碑的一个星级写字楼里，何洪涛租了200平方米，仅每月租金就不少于1万元。“及时雨”来自一位老客户，客户对他说：“我觉得你适合从事律师职业。你出来办所，钱不够，我借你。”于是，才有了衡泰后面的故事。

2002年6月，重庆衡泰律师事务所正式成立。“衡”为评断、公正，“泰”为兴旺、美好，取“衡泰”二字，寓意律所以专业和操守彰显公平正义，稳步前行。

创所之初，何洪涛就提出“专业、敬业、诚信、高效”的办所理念，并有意识地推行证据处理规范化和文书标准化。与此同时，衡泰招聘专人组建市场部，通过拨打黄页电话的方式主动自我推介，定向拜访，开拓案源。当年，即达到百万元创收，成为重庆律所前30。

彼时重庆法律服务市场远未饱和，律师业务领域尚无细分，衡泰也处于“什么都做”的阶段，还没有开始真正意义上的专业化。但是，专业化是必然趋势。

5年后，何洪涛已经越发感知到衡泰面临的瓶颈：合伙人数量偏少，品牌知名度低，很难吸引优秀人才，无法形成规模效应。恰逢解放碑的办公室租约到期，何洪涛做了3个决定：将原市场部全部分流，迁址至观音桥，确定专业化的发展思路。在400平方米的新办公室，何洪涛明确了自己的主攻方向为房地产建设工程和商事争议解决，盘莉红则主攻新三板上市等非诉业务。

这些举措，帮助衡泰解决了第二个五年的问题。

合并之路，蓄力已久

千禧年后，原来的法律顾问处陆续完成改制，赶上法律服务市场发展风口的坤源、衡泰凭借各自积淀的专业与声誉，在重庆法律行业占据一席之地。然而，品牌无法跻身头部市场，亦是以坤源、衡泰为代表的一批重庆中型律所的困境。

用最初3年适应“海水的温度与深度”后，坤源的客户层次明显提升。在随后4年，坤源更是一跃成为重庆排名第6的律所，并于2011年被司法部评为“全国优秀律师事务所”。春风得意之时，坤源也收到很多来自政府、国有企业、外资企业的邀标函，每次都是铆足干劲准备招标书，然而最后总是花落他所。衡泰在第二个五年结束后，也深感“无法为客户提供综合性法律服务”的无奈和压力。

突破律所品牌“瓶颈”的必要性与迫切性呼之欲出，合并或许是一条新道路。

2013 年春节，空气里还弥漫着爆竹的味道，谢鹏、何洪涛都坐不住了。此前，谢鹏一直在物色合适的律所，“衡泰与坤源风格相近，创始人都出自西政，做事踏实而不张扬。”何洪涛则是走访考察了一批全国性律所，观察了各大律所的管理模式，带回了“满满一笔记本”的经验，找到谢鹏。

在正式敲定合并事宜之前，谢鹏对何洪涛说：“我们五一出国旅行，全所去泰国普吉岛，你和我们一起去，对我们整个团队进行七八天的近距离观察和了解，然后，你再做决定。”

旅行归来后的四个月间，两家律所的合伙人围绕建所模式、律所章程、管理机制等进行详细论证，距离办公楼不远的茶馆就是他们这四个月的“革命根据地”。四个月后，两家律所的注销、清算、更名手续即全部走完，重庆坤源衡泰律师事务所正式成立，迁至现在的升伟晶石公元办公楼，以全新姿态参与市场角逐。

除了原坤源、原衡泰的律师团队，坤源衡泰还集结了重庆其他律所的合伙人，以及原本散落在不同律所的西政教授。17 位合伙人，是坤源衡泰新航程的发起人和见证人。立于前台的 17 根大理石柱，高矮一样、宽窄一样，象征着 17 位合伙人。“不管未来发展到多少人，这 17 人应该永远得到尊重。”

管理之道，淡化个人印记

虽然位于西部，但重庆律师的业务创收持续高速增长，每年都会上一个新台阶。2018 年，重庆律师的整体创收达 30.63 亿元，相比 2015 年，增长了 77%；重庆律师的人均创收为 28.6 万元；其中律师人数达到 200 人以上的律师事务所，有 2 家。

其中一家，正是坤源衡泰——这一年，坤源衡泰的律师人数达到 218 名，整体创收达到 1.79 亿元，其中总所创收为 1.68 亿元，一跃位居重庆律师行业的榜眼位置。五年时间，坤源衡泰律师人数增加了 5 倍，律所创收增长了 10 倍，办公面积扩充至 6000 余平方米，合并成效斐然。2019 年，坤源衡泰又交出一张漂亮的成绩单——总创收约 2.5 亿元，律师人均创收达 100 万元。

“集合优秀人才，从旧的律所管理体制跨越到新的管理体制，实现律所人数、创收、管理全方位的飞跃。”刁太国用“集合、跨越、飞跃”三个关键词解释合并的成效。通过合并，坤源衡泰开启律所模式，逐步进入西部法律服务市场的头部行列。

为什么坤源与衡泰的合并，能够实现“1+1 ＞ 2”的效应？

在中国律所的管理中，存在三种不同的模式。第一种模式是以律所主任为核心，主任一人负责管理，全权决定律所所有事务，这一模式多存在于中国律师制度恢复重建初期。第二种模式经过法律服务市场的检验，主要以合伙制为组织形式，但创始人的个人魅力仍在律所管理中产生较大的影响力。第三种模式则是真正的合伙，将决策权、执行权、监督权予以分离，淡化个人印记，给更多合伙人机会。

坤源衡泰实行的是真正的合伙。

合并之初，坤源衡泰便秉持民主、平等、传承的理念，拟订了30多项规章制度，独创了一套民主管理模式，让每一位有管理才能、乐于奉献的合伙人和青年律师都有机会走上前台担当重任。“律师事务所就像是一片森林，每一位律师就像是森林里的树木。只有每根树木都能得到充足的阳光和养分，茁壮成长，这片森林才能生机盎然，蓬勃壮大。”何洪涛说。

虽然坤源衡泰的博士、教授多，但每位合伙人的门牌上均只刻制“××律师”，客户在进入办公室时不会对谁强谁弱、谁是负责人在主观上进行判断，每位律师赢得客户的机会都是均等的。在办公室的装修设计上，所有合伙人的办公室面积相当，通过抓阄确定办公室。除合伙人外，一级骨干律师、二级骨干律师和初级律师分设三种不同级别的办公室，给予青年律师以明确的晋升路径。

在治理结构中，合伙人大会是最高议事机构，合伙人大会下设管委会和监事会，管委会下设“财务”“培训教育”“人力资源”“标准化建设与质量管理”“新产品研发与利益冲突”“品牌建设与宣传”“党、团、工会”“青年律师”“女律师”等各个委员会，分别由一位管委会成员负责。每个委员会的组成人员可以是合伙人，也可以是普通律师或行政人员，按照规则，各司其职。

合伙人实行“一人一票”的民主表决，重大事项的决策一旦通过，所有合伙人都必须服从并执行，有效保障了坤源衡泰的快速发展。律所章程明确规定事务所主任、管委会主任每届两年，连选连任不得超过两届；管委会成员由合伙人直选，每届必须换掉1/3，以实现管理团队的自我造血与自我循环。在坤源衡泰，律所不会被打上强烈的个人印记，由此可形成由一个优秀团队而非某个个人独掌律所的局面。

“我们每个人就像是一只蜘蛛，一只蜘蛛只能结下一小片网，这一小片网的厚度有限，只能网住蚊子，力气稍大的苍蝇就可以挣脱。但如果很多能干的蜘蛛在一起结网，网的厚度层层叠加，形成一个精密且结实的大网，那么即便是一只大雕飞过，我们也可以将其拦下。”谢鹏以蛛网比喻，阐释了“人和”的重要性。

有“人和”作支撑，坤源衡泰更有“扎根重庆、立足西南、辐射全国、走出国门”的自信与底气。在合并后的第二个五年规划中，坤源衡泰确立了“适度规模化”的发展战略，致力于打造西部地区具有影响力的大所、强所。

专业之道，“专家型团队＋专业化服务”

“一说到刁老师，大家都知道他是刑辩专家。为什么？因为刁老师有专业标签。你要给自己打上专业标签，让别人知道你代表哪个专业领域。专业化之后，律师的专业能力和议价能力才会上来。”专注于房地产建设工程、商事争议解决的何洪涛笃定，对于一家律所而言，业务创收、规模布局、管理制度、文化理念都只是评价其的不同维度，更重要的是，其是否能够满足市场和客户的需求，在专业上做到极致。

2019 年 3 月，重庆市第七次律师代表大会召开，选举产生了新一届市律师协会领导。在新一届重庆律协专业委员会名单中，坤源衡泰律师占据 20 席，其中主任 4 人、副主任 5 人；在专门委员会名单中，坤源衡泰律师再占 5 席，其中副主任 2 人。

20 位律师成功当选的背后，是对“专家型团队＋专业化服务”的创新践行。

“以后专业方向会越来越细，专业会越来越吃香，没有专业强项的律师将会被市场淘汰。”谢鹏这样解释提出“专家型团队”理念的初衷。“每位专家都有一个专业强项，无论是理论方面还是实务方面，都经得起市场检验。”

缘起西政，这所缔造了中国司法界“78 级神话”的名校奠定了坤源衡泰的专业底色。一批专注于不同专业领域教学科研的学者教授，都是坤源衡泰的业务骨干；大量具有数十年司法实践经验的原法检及政府公职人员，成了坤源衡泰的专家储备。目前，坤源衡泰法学博士学历者近 50 人、法学硕士及双学位者 180 余名，每一个业务领域都有数名西南政法大学教授、博士坐镇，可谓是名副其实的“专家型团队”。

在此基础上，坤源衡泰以涵盖法律服务市场多领域的“专业中心”为业务载体，辅以执业达 15 年及以上的资深合伙律师，创设房地产与建设工程、刑事、金融证券、民事、公司、破产、行政、保全与执行、知识产权、涉外共计十大专业中心，并成立“疑难案件研究院”，打造了全链条的业务布局和“专业化服务”。

“为什么现在律师事务所要追求规模？律所不是公司，并不是规模越大，沉淀利润就越高。律所的规模效应带来的是人才聚集，大家可以在同一个平台协同合作，促成自身业务的专业化聚焦。这是律师行业发展的特点。”坤源衡泰管委会副主任陈鹏飞博士这样解释“专业化”，他希望通过十大专业中心的学习与协作机制，让律师逐渐在各自领域聚焦。

专业化的前提，是一定体量的规模。通过合并完成一定程度的规模化之后，从 2014 年尝试提倡专业化，到 2016 年半强制推行“两主一辅”，坤源衡泰有意识地积极推进律所专业化建设，创始合伙人从自身做起，逐渐把两个主要业务方向之外的其他业务平移给对应的专业中心。

标的大、影响深远或者人数众多的案件，则会由“疑难案件研究院”牵头讨论，并根据《疑难案件管理办法》《公共案源管理办法》确认具体组成人员和利益分配，确保案件质量与客户体验。这种灵活的案件调剂制度促成了活跃且有序的“二级市场”的诞生，一年之中大概有20%的案源在“二级市场”顺畅“交易”。

2015年，重庆房地产市场愁云惨淡，作为重庆市较大的民营房地产企业，新天泽实业（集团）有限公司、重庆新华立地产（集团）有限公司、重庆恒德远景实业有限公司三家企业（以下简称新天泽系）三企业资金链断裂，不能正常经营并偿付债务。随后，债权人提出破产重整申请，“新天泽系”进入破产重整程序。

在坤源衡泰破产法律团队受法院指定，成为“新天泽系”项目管理人时，面临的局面就是：负债共计67.75亿元，牵涉债权人527家、员工3200余人，涉及地域广泛，资产形态复杂且被多个法院查封，部分资产甚至被查封十几轮。

随后，坤源衡泰迅速组建项目小组，入驻“新天泽系”，清理并调查资产，接管、控制债务人财产，对债务人的财产数量、权属情况、法律瑕疵、担保状况等进行抽丝剥茧。协同多方之力后，2017年12月，法院裁定批准“新天泽系”重整计划。

通过“程序分立、整体重整”模式，有效消除了3家企业的互负债务和重合的共同担保债务，将3家企业的实际对外负债降低至43.58亿元。“新天泽系”案创造性地解决不构成法人人格高度混同的关联企业重整难题，开创全国破产重整案件实物分配规模和数量上的先河，被重庆市高级人民法院评为“重庆市高院2018年经典案例”“重庆市律师协会2018年度十大商业交易法律服务经典案例”。

谈及此，谢鹏不无感慨：“破产业务周期长、投入高、收益不确定，面对债权人、债务人、人民法院、政府职能部门，需沟通协调的事务多，但一个濒临破产的企业通过各方的努力获得新生的那一刻，自己还是有些小小的成就感，感觉到为社会作出了一些贡献。”

类似的案件还有很多，如金融证券法律团队承接的“铁路提单法律效力论证”项目。长期以来，在铁路货物运输中，没有铁路提单，只有铁路运单；但铁路运单不是货权凭证，无法成为融资工具。由于没有可以代表货权的铁路运输单证，陆上国际贸易还停留在“实物交易”阶段，在途货物买卖、融资以及跨境结算都因此受到了很大的限制。

坤源衡泰的任务就是协助重庆物流金融公司完成单证改革，实现从“实物交易”向“单证交易”的转型升级。这家公司是重庆市政府批准设立的市级综合金融公共服务平台，首创了铁路提单国际信用证金融服务产品。坤源衡泰通过论证其铁路提单国际信用证的设计，起草与交易相关的全套协议及提单背面条款，多次与相关主管部门沟通、对接，协调参与各方一致认同和遵守，从而确立了铁路提单在货物交收中的关键作用。这为提高陆上国际贸易的及时性、安全性，建立陆上贸易新规则作出积极尝试。

除了常规业务，践行公益也是坤源衡泰律师的常态。建于1979年的云南省屏边县水冲子烈士陵园，安葬着895名在对越自卫反击战中牺牲的烈士，在1996年被国务院确定为“国家级烈士纪念建筑物保护单位”。2014年的道路规划，打破了30年来的宁静——一条新修的绕城公路，欲将烈士陵园隔成两段，引发了退伍老兵和烈属的强烈抗议。坤源衡泰行政法律团队认真研究案情，找寻专业突破口，协调案件双方开诚布公、正视问题、讨论解决方案，最终，屏边县政府选择让公路改道，保持陵园的完整和宁静。2019 年，重庆律协坤源衡泰律师主动报名参加“援藏律师服务团”，积极承担法律援助工作。

一个个实战案例的专业积淀与协作配合，形成了坤源衡泰独特的“经纬线”模式。“经线”代表合伙人，负责开拓案源、承接案件、保障质量；“纬线”则是专业中心，一方面通过开展讨论、讲座、辩论、模拟法庭，帮助律师们提升专业度和执业水平，另一方面通过专业中心之间的配合，保证快速响应客户不同需求，给客户一站式服务体验。

人才之道，传承与迭代

五年以下的律师必须进入合伙人团队，是坤源衡泰的铁律。谢鹏以医生作比，“律师跟医生一样，再牛的医学博士，没有七八年的临床实践经验，家属不敢让你当主治医生，你自己心里也没底。律师也一样，悟性再高也得要个七八年”。

这样的机制并不适用所有人，也曾有人因周期太长而选择离开。不管是合伙人还是律师，秉持“严进宽出”原则的坤源衡泰并不设卡，但是有一个“条件”——必须给律所提两点意见。

“有人提出青年律师的税收没有优惠政策，我们改进了；也有人提出文化建设方面的问题，监事会就会‘背’着管委会、执委会专门找青年律师了解具体情况并优化。流动的水才是活水，才有生机，否则就会长满水藻，成为死水。”正是坤源衡泰不断革新的发展意识及配套机制，才能留住并吸引越来越多律师，成为重庆首家律师超过 200 人的律师事务所。

“以人才为中心，贯彻到事务所方方面面的发展中去，这是未来律所管理的重点。一个人可能走得快一些，但是走不远；一群人可能走得慢一些，但是走得稳一些。”何洪涛这样解释坤源衡泰的人才理念。

在坤源衡泰，有“三类人才”：合伙人、非合伙人律师、行政团队。对于合伙人，通过民主管理给予充分尊重及律师事务决策权、参与权；对于非合伙人律师，将其放到行业发展、律所发展的维度，作为未来骨干和专业化的具体践行者培养，给予其“看得见的未来”；对于行政团队，拨付年创收的 2‰作为奖金池，由合伙人对行政人员进行五档评分，充分激发其工作积极性。

薪酬制度上让利，专业培训上力推，是坤源衡泰对人才的态度。

为了让青年律师有尊严地执业，坤源衡泰出台“最低工资保障”，薪酬、提成、奖金等形式可以组合使用：

对于 1~3 年级律师，考核指标不少于 12 万元 / 年；

对于 3~5 年级律师，考核指标不少于 25 万元 / 年；

对于 5 年级以上的律师，考核指标不少于 30 万元 / 年。

这是一项激励青年律师、倒逼合伙人让利的机制。如果合伙人认为团队内的青年律师有潜力，就需让渡利益帮助他们达成年总创收目标；反之，制度就会把律师“劝退”。

与此同时，坤源衡泰也意识到，律师综合职业素质是其专业知识、执业技能、办案经验等方面能力的总和，正在有步骤、有规划地助力青年律师的职业进阶。

模拟法庭是其中一种形式。借鉴真实的庭审程序，坤源衡泰对案件进行诉前评估和演习，引导参与律师对案件有深入了解，所内具有资深业务经验的合伙人或专家教授担任模拟法官或模拟仲裁员，对整个案件质量进行把控。这一形式很好地提升了青年律师的庭审水平和专业能力。

试行内部讲座两年后，2016 年，“坤源衡泰大讲堂”正式挂牌，确定了青年律师每年不少于 8 场讲座的学习指标，要求律师们写作专业文章并在公众号上发表。同时，鼓励青年律师站上讲台，主动分享，锻炼口才，为独立执业积累经验，“只要律师们站上去分享，就能获得 2000 元的讲课费”。此举大大提高了青年律师的专业能力及分享意识。

也是在这一年，坤源衡泰改变“一个师傅带一群徒弟”的模式，将执业 5 年以上的青年律师聚拢到律所层面，供合伙人选择合作伙伴，减少青年律师对带教律师的依赖，增强其专业能力，提高其竞争意识。

不独占高位，把更多人才推往一线，是坤源衡泰的人才观。借助平台资源，坤源衡泰始终在思考并践行为更多年轻合伙人、青年律师创造“机会”，既是提薪机会、学习机会，更是“露脸”机会。

坤源衡泰会定期向专业中心、工会、青工委、女律师委员会推选青年律师，通过这些机构的活动培养他们的专业能力和组织能力。青年律师在经过几年的成长后，再慢慢把他们往合伙人方向上推；已经是合伙人的，对内把他们往党委、管委会、专业中心的正职上推，对外则向律师协会、仲裁机构等平台推荐。无怪乎坤源衡泰律师有 8 人当选新一届重庆律协专业委员会主任、副主任。

此外，为了加强律所内部的人员交流，坤源衡泰成立了篮球队、羽毛球队，举办过“律师好声音”、马拉松等系列赛事。每一场活动都能形成一个一个圆圈，圆圈越多，律师们交集的部分就会越多，凝聚力也会越强。

通过这种传承、迭代、交流，作为中坚力量的青年律师、合伙人对坤源衡泰的价值观与律所文化产生强烈的认同感。而只有如此，一家律所才能基业长青，走得更远。

结　语

2018 年年底，重庆律师人数破万，行业整体创收达 30.63 亿元，900 家律所中已有 6 家“亿元所”，在中西部地区位列第一。

站在这一时间节点往回看，行业发展的故事在多年前就已写好开篇。1979 年，律师制度恢复；1997 年，重庆直辖；世纪之交，西部大开发为重庆注入新能量……乘着时代的东风，敢为人先的开拓者已经打下一番天地。

以人才为中心的制度架构下，坤源衡泰的未来接班人一批又一批地成长起来，形成了健康合理的年龄架构；秉持“专家型团队 + 专业化服务”的理念，坤源衡泰建立十大专业中心，业务明星与创收千万者济济；推陈出新，坤源衡泰以科学、发展、传承的理念实践着民主管理模式，凝聚了一批有志同道合者。

下一步，将在重庆两江新区、成都、昆明办公室的基础上，围绕最高人民法院第五巡回法庭辖区，在西部地区的重点城市构建服务网络，采取一体化的管理运作模式管理分所，以每年新设 2 家分所的节奏稳步开拓，逐步覆盖渝、川、云、贵、藏。此外，海南也是坤源衡泰正在考察的区域市场。

未来 10 年，将是坤源衡泰走出重庆，雄踞西南，辐射全国，走出国门的全新发展阶段。

蓝鹏

乘风破浪，百炼成钢

吴剑霞　蔡　凡　吴梦奇

蓝鹏律师事务所前台

蓝鹏律所 logo

挂满奖牌的蓝鹏会议室

蓝鹏律师合影

2001 年，张起淮问一位文化界友人："我要开一家律所，以'蓝鹏'为字号如何？"

那人道："这个名字好！杜甫有诗：'上有蔚蓝天，垂光抱琼台。'蔚蓝者，象征天地正气；垂光者，意喻照耀四方，契合你创办律所的初衷。鹏，古代神话中最大的鸟。大鹏展翅九万里，代表着志存高远，且有气吞山河、拔地倚天之势，与法律人肩挑正义、一往无前的精神相一致。"

这年 9 月，北京市蓝鹏律师事务所挂牌成立，并题诗曰："法如青天存公正，偶有风雨蔽苍穹。豪士有心破云雾，振翅冲天化蓝鹏。"

始于公平正义的法治理想，蓝鹏踏上征程——开创了诸多航空法领域的"首例"，在知识产权领域代理了入选"全国十大知识产权典型案例"的著名案件，承办了诸多知名人物的婚姻家事纠纷案件，代理了诸多社会关注度高的刑事案件，曾参与劝返"百名红通人员"，在众多受到社会高度关注的刑事案件中担任辩护人或诉讼代理人……

蓝鹏有一颗始终不变的初心——时刻保持正义感，有贯穿于决断和行动中的责任感，更有铁肩担道义的勇气。如此，方能为"身处逆境中的客户"发声，并最大限度地维护其合法权益。

19 年风雨兼程，蓝鹏热血依旧。

军人办所，一往无前

"我一生从事过两种职业，军人和律师。军人要坚毅果断，一往无前；律师要才、智、勇、仁兼备，善于争胜。"

蓝鹏的文化理念发源于此，经过实践沉淀后，淬炼出"大鹏精神"和"鸿雁精神"。北冥有鱼，其名为鲲，化而为鸟，其名为鹏，鲲鹏展翅，可扶摇直上九万里。大鹏，是"勇猛进取者"的象征。鸿雁迁徙，头雁顶风前行，雁群紧随其后，同心同向，分工明确。大雁，被视作团队精神的典范。

以"鹏"和"雁"为精神内核，蓝鹏人创造过诸多高光时刻——代理了世界首例因空难造成湖水污染的"11·21"包头空难第三人财产损失索赔案、[①] 中国首例"航空黑名单"案、[②] 被列入"2004 年全国十大知识产权典型案例"的"小肥羊"商标纠纷案等具有开创性意义或影响深远的案件。

---

① 参见邢辉：《专家律师剖析首例空难污染赔偿案》，载新浪网：http：//news.sina.com.cn/o/2006-10-18/082210262386s.shtml，最后访问日期：2020 年 6 月 15 日。

② 参见《中国首例航空黑名单案乘客上诉　请求改判其胜诉》，载搜狐新闻：http：//news.sohu.com/20091126/n268472533.shtml，最后访问日期：2020 年 6 月 15 日。

在这些声名远播的案件背后，是蓝鹏人矢志不渝的法律初心。对律师而言，最欣慰的事莫过于不负重托，最大限度地维护己方当事人的合法权益。

军人和律师

1987 年，空军驻内蒙古某部发生了一起军用飞机走私羊毛案，发案单位的上级机关——某军区空军专门成立调查工作组彻查此案，刚从空军学院（现为空军指挥学院）中级培训毕业的张起淮被任命为工作组副组长。这是军人张起淮第一次与法律工作结缘，也成为他日后投身律师事业的起点。

20 世纪 70 年代初，未满 15 岁的张起淮应征入伍，是新兵队伍里年龄最小的。12 年后的 1982 年，他已成为全军最年轻的航空兵“团参谋长”。岗位调动激励着他在军中继续求学：先在中国人民解放军干部文化学校完成高中课程，后被组织列为领导干部的提拔对象，赴空军学院就读指挥系专业。在“中培”期间，他第一次接触到法制课程，法理思辨、案例解析，这套思维模式与以往的实践学习皆不相同。

学成归队，张起淮接手了“羊毛走私案”。为了加强工作组的办案力量，有关部门专门指派内蒙古自治区两位资深法律工作者加入办案团队，一位是以熟稔经济合同法闻名、参与筹建内蒙古大学法律系、享受国务院特殊津贴的施文正老师，另一位是主攻经济法并执业于呼和浩特第一合作律师事务所（现为内蒙古合星律师事务所）的律师曹尚仁。

“张参谋长，以你的思维能力和口才应该当律师呀。”在合作过程中，两位前辈给了他这样的评价。这让张起淮颇感惊喜：“原来我还可以当律师。”军人的职责是保家卫国，与律师维护公平正义的使命殊途同归。

于是，张起淮开始苦学法律知识，备战律师资格考试。不巧的是，那一年的考前复习与部队的装备现场会撞档。他所在的航空兵场站拥有当时国内最先进的军机，因此被选为全军战备训练的基地，肩顶中校军衔的他需带领部属超前研究并完成大量工作。一件是国家大事，一件是人生大事，这两件事他都不想耽误。为此，他常常是刚忙完工作上的事，来不及换下军装就匆匆忙忙地赶到 37 公里外的呼和浩特参加律考培训。因为着装特别，以致时隔多年，同期参加律考的人还能回忆起，当年培训班里总会出现一个穿军装的人。

1990 年，张起淮以 321 分成功过线。不久后，调令下发，他拿着还热乎的律师资格证书，前往 A 军区空军司法办担任法律顾问。这一时期，他在 A 军区中承办了众多案件，得到了充分的锻炼。

1993 年元旦，原中国人民解放军总政治部发布并实施《军队法律服务工作暂行规定》，其中第 12 条规定：“已取得国家律师资格，并在法律顾问处专门从事法律服务工作的现役军官、文职干部等军内人员，经批准可以担任军队律师。”已有实战经验的张起淮自然成了第一批军队律师。

在南京服役数年，他逐渐成为颇有名气的律师。1996 年某一日，张起淮正在南京某法院开庭，腰上的 BB 机响了，屏幕上显示，“今晚 7：20 飞机，北京报到。”庭审结束的当晚，他便赶赴北京，处理一起久拖不决的涉外土地纠纷案件。历时近 8 个月，此案结束，他被调入空军后勤部法律顾问处任专职律师，军衔为上校。

身为空军，张起淮曾长期驻扎机场，对于机场运作、飞行规则、飞行员培训等知识，他样样“门儿清”。当上参谋长后，更是因为要统筹飞行设备、军用武器、空军演练、行政后勤等各方面事务，于是，他很快掌握了航空领域的相关知识。少年从戎的空军经历，为他日后扎根于航空法领域埋下伏笔。

从南京到北京，平台更大，视野更宽，所涉案件的数量和种类也更多，他开启了之后的律师生涯。

从军队来，向市场去

20 世纪 90 年代的北京，市场化气息渐浓。

1988 年，北京市批准了第一批合作制试点律师事务所，仅有“国办所”的律师业态被打破。此后的邓小平南方讲话掀起一股“下海”潮，“92 派”律所应势而生。1996 年 5 月，我国第一部《律师法》颁布，明文规定可以设立合伙制律所，为一批敢为人先者提供了良好的创业契机。

一时之间，北京法律市场出现了“国办所”“合作所”“合伙所”并存的局面。在此背景下，张起淮与几位从法院院长、检察院检察长位置上退下来的同志共同开办了蓝天法律顾问处，以承办军队业务为主。

跨入新世纪，“脱钩改制”政策①下发，所有法律顾问处被要求改制为“自收自支”的律师事务所，全面走向市场。响应政策变化，也为了让法律顾问处有更好的发展，2001 年 9 月，北京市蓝鹏律师事务所正式成立。

“我要打造一家律师事务所”，那时候的张起淮依然身着军装，踌躇满志，“要办一家广纳人才、具备国际视野、有自身底蕴和文化的律所”。

创所时，空军出身的张起淮想到的所名当然是“蓝天”，但奈何已被注册，思忖良久，最后定为“蓝鹏”。“鹏之背，不知其几千里也；怒而飞，其翼若垂天之云。”从空军到律师，从蓝天到蓝鹏，张起淮和蓝鹏律师事务所自此与天空结下不解之缘。

---

① 根据国务院办公厅《关于清理整顿经济鉴证类社会中介机构的通知》（国办发〔1999〕92 号）和国务院清理整顿经济鉴证类社会中介机构领导小组《关于经济鉴证类社会中介机构与政府部门实行脱钩改制的意见》（国办发〔2000〕51 号），为保证律师事务所、社会法律咨询服务机构脱钩改制工作的顺利完成，司法部下发《律师事务所社会法律咨询服务机构脱钩改制实施方案》（司发通〔2000〕100 号）。

新所“起飞”，打造具有辨识度的律所品牌至关重要。张起淮特请中国当代画家晓青设计律所logo——由“蓝鹏”二字的拼音首字母“L”和“P”组成一只展翅飞翔的鹏鸟。鹏眼为一枚五角星，象征指引蓝鹏人前进的法治精神；5个角又寓指以多角度观察事物，总揽全局；4个并列的竖向矩形组成鹏鸟的翅膀，象征并肩战斗的蓝鹏团队。

创始人的军队律师属性，也让早期蓝鹏的业务呈现“军地两栖”的特点。

20世纪90年代初，张起淮调任A军区空军司法办，正处于军队经商的“叫停”阶段——1985年中共中央作出“鼓励军队从事生产经营和对外贸易”的决定，后自感弊端过大，于90年代逐步收缩、整顿。这一时期，军队生产经营出现大量法律纠纷，张起淮受命处理了众多此类案件，此外还涉足军中的职务犯罪和军人离婚纠纷等业务。

除了处理来自A军区空军司法办的军队法律事务，他还在南京当地一家律所挂证执业，承办了不少地方案件，涉猎期货、合同、股权等纠纷案——“军地两栖律师”之名由此而来。在代理了多起影响力较大的案件后，张起淮声名渐起，并将业务拓展至江苏、上海、浙江、福建、江西等地。蓝鹏创立前，他凭借代理过“贸仲上海分会首期标的额逾千万元的合同纠纷案”等重大仲裁案件的资历，被中国国际经济贸易仲裁委聘为仲裁员。

此后张起淮奉命调入北京，正赶上北京法律服务市场蓬勃发展的前夕。市场经济发展，带来经济纠纷类法律服务需求增多。同时，随着我国的知识产权法律制度逐步修订完善，民众的知识产权保护意识日益增强，知产纠纷案件在数量上逐年递增。张起淮延续了其“军地两栖”的办案特点，代理了大量经济纠纷、经济犯罪、知识产权等不同领域的案件。

中国“入世”加快了市场经济的建设，律师业务井喷式增长，蓝鹏也在发展过程中逐步淡化其“军队属性”，让律所业务更加“市场化”，越来越多的委托人来自社会各界。

这一时期，律所业务量增加，人员扩张迅速。张起淮意识到，律所发展要走专业化，要在已积累了知识和经验优势的领域发力，并且要与律所的文化理念融合共生。

与此同时，培养国际视野，开拓国际合作，也在创所初期即提上日程。“秉承‘大鹏精神’，就要求蓝鹏要站得高、看得远，要和世界各地的优质律所交流学习，学习他人的经验和长处，并拓展自身的业务。”正因如此，蓝鹏很早就有意识地与其他国家的律所、律师展开交流合作，并着重学习外国律师事务所的案件承办经验，加强蓝鹏自身对涉外案件的把控。

2004年，蓝鹏借助张起淮在航空领域的知识积累和律所全球合作网络，将航空法业务的影响力扩大至国际。

起步航空，行业专家

2010年8月24日，一架河南航空所属的ERJ-190型支线客机在黑龙江伊春市林都机场坠毁，造成44人遇难——这起空难后来被称为“8·24黑龙江伊春坠机事故”，简称“伊春空难”。执飞本次航班的机长齐全军成为中国首位被以重大飞行事故罪追究刑责的飞行员。[①]

蓝鹏是这桩航空史上影响重大案件的参与者之一。在航空领域具有丰富专业知识和诉讼经验的张起淮担任了齐全军的二审辩护人，这也是他从业以来第一次为涉嫌重大飞行事故犯罪的飞行员辩护。

为了更准确地把握飞行员的责任范围，张起淮带助理飞到昆明，在相同机型的模拟机上设置了与事发时同样的航线、机型、天气，在反复实验的基础上找到辩护角度。据此，针对齐全军以外的各方责任人，他提出了19个尖锐问题，每个问题均与本次事故的发生存在因果关系，同时以大量的证据和充分的说理论证了机长齐全军对本次事故不负主要责任的辩护观点，从而为其获得“从轻判处”奠定了基础。此外，张起淮还和几乎所有幸存者与遇难者家属一对一沟通、核对细节，一方面寻找证据；另一方面也向他们详细说明事故过程以及发生原因，从而取得了他们的理解，由此为机长齐全军辩护成功，使其获得了公平、公正的判决。

这并非孤例：在航空法领域，除伊春空难外，张起淮还代理了被评为“2006年中国十大影响性诉讼案件”[②]的甘肃嘉峪关机场少女被拒登机截肢索赔案、“5·25”敦煌少年坠机伤亡赔偿案、中国首例飞行员劳动争议案[③]等一系列知名案件，逐渐在业内外树立起了专业形象。麦吉尔大学是加拿大历史最悠久的知名学府，设有久负盛名的航空法与空间法研究所，而研究所里授课最常用的案例就是张起淮代理的案件。

这意味着蓝鹏不仅在航空法领域的专业性得到认可，也在身体力行地为航空法行业不断输送借鉴范例与研究成果。如今的蓝鹏，已经从行业内一家专业的服务提供机构，逐渐向一家聚焦“高精尖”，在多个业务领域均有发展的精品化、专业化法律行业研究机构过渡。

航空法领域的先锋军

2004年5月，北京市律师协会新增专业委员会成立大会在十月大厦举行，政府法律

① 参见《伊春空难尘埃落定 张新海：机长替人背了锅》，载搜狐网：https：//www.sohu.com/a/285427656_120078003，最后访问日期：2020年6月15日。

② 该评选活动由中华全国律师协会、方正集团有限公司和法制日报社联合主办。

③ 该案同时也是中国劳动争议案件中首次由最高人民法院受理并再审的案件。

顾问专业委员会、体育运动法律事务专业委员会、并购与重组法律事务专业委员会、航空法专业委员会等 16 个新增的专业委员会加入序列。当选为第一任北京律协航空法专业委员会秘书长的张起淮，见证了这一历史时刻。

这一年，蓝鹏确定了聚焦航空法领域的律所定位，开始步入其专业化阶段——实际上，早期的蓝鹏以军队出身的律师为主，业务中有大量案件属于军队相关业务。随后，蓝鹏进一步走向市场，军队业务占比逐渐减少，航空法则在内外双重因素的驱动下，一步步被打造为蓝鹏的一面“金字招牌”。

中国航空法领域的法律事务起步于 20 世纪 80 年代。彼时，改革开放渐入佳境，而一直以国有化为主未曾向民营企业开放的航空领域，则被视作“从计划经济到市场经济的最后一块坚冰”。此后，随着政策的逐渐放开，中国大陆第一家民营航空公司奥凯航空于 2005 年成立，多家民营航空公司也如雨后春笋般在华夏大地多点开花，与国务院国有资产监督管理委员会直管的三大航空公司及地方政府管理的航空公司构成了竞争中亦有合作且彼此水乳交融的市场格局。

原先因受国有化的限制，航空公司的法律事务往往只靠企业内部法律工作者处理。随着航空领域市场化的推进，各类合同、交易、谈判的增加刺激了对外部律师的需求，给航空法领域带来了较大的发展机遇。

然而，航空法领域的特殊性在于，它是一个需要综合多领域知识的高门槛行业：不仅要求律师具备丰富的航空专业知识，也要求律师具备渊博的法律知识，航空领域的法律事务覆盖刑法、合同法、公司法、劳动法、土地法、建筑法等多个法律部门，甚至涉及国际经济法的相关规则。不仅如此，航空领域也是国家尖端科技首先应用的行业，是国家战略的技术风向标。这也意味着从事这一领域的法律服务工作，除了需要厘清法律关系外，还得综合考虑国家战略和技术成本等因素，并与行业紧密结合，这与服务其他行业有着较大的区别。

蓝鹏的航空法团队主要由从专业学校招聘的专业学员、曾任职于航空公司的空勤人员，以及蓝鹏自身培养的专业人员这三类人才组成，且要求其具备深厚的法学功底。依托这支人才队伍，蓝鹏深耕专业、下沉行业，在纵向的航空领域，横向联动劳动争议、侵权纠纷、合同纠纷、侵权与违约的竞合、股权纠纷、融资租赁及其他常规法律业务，取得了专业与行业相结合的竞争优势。

以劳动争议案件为例，蓝鹏代理的飞行员劳动争议案件在数量上占全国同类案件的 70% 以上，在地域上辐射全国 32 个省、直辖市和自治区，在企业类型上包括公共运输航空和通用航空两类公司。可以说，凡是有飞机停泊和飞行员出没的地方，就会有蓝鹏代理的飞行员劳动争议案件。

蓝鹏不仅在航空圈内赢得了众多飞行员、空乘的推崇，还被多家知名航空公司聘为常年法律顾问。以顾问单位华彬航空集团为例，蓝鹏为该集团提供了包括公司筹备、设立、运营、管理在内的诸多服务，包括且不限于参与公司的内部管理制度设计、为公司经营决策提供法律咨询服务、为重大项目谈判提供法律支持、代理仲裁和诉讼案件等。

在航空公司的对外合作上，蓝鹏也总能够为客户争取到最大权益。河北航空成立时，曾向波音公司申请购买 18 架波音 737-800 型客机，原则上要适用其近百年来未曾更改的合同模板。在代表河北航空与波音公司谈判时，蓝鹏提出了要修改格式条款的要求——可想而知，谈判过程是曲折漫长的，但在蓝鹏的专业服务与不懈坚持下，波音公司最终同意将“纠纷时适用华盛顿法律”修改为“纠纷时可选择美国、中国以及国际仲裁机构的法律”，为客户争取了最有利的合同约定。如此事例，不胜枚举。

涉足全领域的综合所

在以航空法领域法律服务为轴心发展的同时，基于律所创始人过往的执业经验，以及蓝鹏不断扩大的人员规模和业务领域，刑事辩护、知识产权、国际业务等也一一被纳入服务范围，蓝鹏逐渐成为一家在多个业务领域均有所建树的综合性律所。

2014 年，全国首例无人机“黑飞”案[①]在北京市平谷区人民法院开庭审理——这是无人机“黑飞”首次被以“过失以危险方法危害公共安全罪”追究刑责。蓝鹏承接了该案的辩护工作，并通过专业人士调查和专家团队研究讨论后，给出了专业且证据充分的无罪辩护意见，最终为几位被告人辩护成功。

无人机“黑飞”案仅仅是蓝鹏在刑事领域的代表案例之一。目前，蓝鹏的刑事团队主要由前检察官、前法官、前军队律师和所内培养的专业律师组成，成功代理了包括著名球星涉嫌强奸案、著名诗人王某涉嫌强奸案、“猎狐行动”张某涉嫌贪污案、河北养猪大户赵某涉嫌诈骗案等一系列具有重大影响力的刑事案件，既维护了当事人的合法权益，也取得了良好的社会效果。

值得说明的是，在国家开展的打击虚假信息诈骗犯罪活动专项行动即“猎狐行动”中，张起淮成功劝返天津张某并担任其辩护律师，最终为其争取到缓刑三年的结果。此外，在 2015 年 4 月公布的“百名红通人员”名单中，第 11 号人员蒋某和第 19 号人员刘某，也是在张起淮劝说和动员下选择归国投案并获得从宽处罚的。

所有重大、疑难、复杂案件都经由专家团队进行研究、讨论、论证，再从证据和法律等方面进行准备和突破，这是蓝鹏刑事辩护团队开展工作的一大特色。专家意见不是用来“压”法官、检察官的，而是作为帮助承办律师研究案件事实、法律并找出突破口的工具，必要时供法官、检察官借鉴参考。因此，在众多案件中，蓝鹏律师都能条分缕析地说服法官、检察官，推动案件辩护走向成功。

---

① 参见李铁柱:《国内首起黑飞测绘案　三人被追刑责》，载人民网：http://legal.people.com.cn/n/2014/1126/c188502-26095846.html，最后访问日期：2020 年 6 月 15 日。

知识产权也是蓝鹏的强势领域之一。自立所以来，蓝鹏知识产权团队代理了“玉林串串香”商标侵权案、“珊拉娜”商标侵权案、《秘密专机上的领袖们》著作权侵权案、美国奥迪玛公司软件著作权侵权案及商业秘密侵权案、美国 DYNATRAN.INC 被侵权案等知名案件，并曾为“跳水皇后”高某、著名童话作家杨某某、著名编剧游某某等人代理著作权纠纷、名誉权纠纷等案件。

目前，蓝鹏知识产权团队汇集了一批毕业于国内外知名高校的律师、商标代理人和专利代理人，提供各类诉讼和非诉服务。

蓝鹏的国际业务最初以涉日韩业务为主，随后逐渐拓展到英国、美国、加拿大、意大利、澳大利亚、马来西亚、越南等多个国家。团队对国际公约和国际法律体系深谙于心，能够依托律所设立的国际法律事务部、全球顾问委员会、国际客户在华法律服务中心、蓝鹏全球法律联盟，汇聚各种资源以提供定制化服务。

蓝鹏的国际业务主要有三种开展形式：首先，蓝鹏培养了一批外国知名高校毕业的优秀法学硕士、博士，来承接对应领域的国际业务；其次，蓝鹏与意大利、德国、美国、澳大利亚等国家的当地律师合作，进行跨境业务的办理；最后，蓝鹏还直接聘请了数位美国、德国等国的外国律师担任律所的法律顾问。

通过立体的执业律师团队，蓝鹏在国际业务领域对症下药，结合客户需求提供合适的服务方式，代理了包括马航 MH370 案件、日本牛胚胎违约纠纷案、德国最大超市在漠河投资纠纷案等多个业内知名的国际案例。

做更精深的行业“专家”

在办理案件时，蓝鹏会根据案情需要调度对应领域的律师加以配合：如果案件涉军，律所就会调用有军队工作背景的熟悉军人犯罪、军队管理程序的律师负责处理；如果案件涉及婚姻家庭，律所则会指派在律协婚姻家庭专业委员会任职、具有丰富经验的家事律师参与沟通……

“这样合作的好处有三，一是可以增强合作观念，二是可以增强互相之间的感情和友谊，三是能够扩大自己的收入来源。”张起淮说。通过团队的横向与纵向合作，取长补短，蓝鹏能够在所涉足的领域内充分调动全所资源，以便为客户提供最专业、最全面的服务。

此外，蓝鹏还设计了一套项目分工协作体系，将项目分成接待、咨询、案前准备、撰写诉状、准备证据、开庭等多个环节，并合理调配人员参加，实现了“流水线式作业”。在这一体系下，团队能够相对轻松地互相配合，完成较大的工作量。“案头律师就做案头工作，出庭大律师就只管出庭，五个手指头长短不同，各有分工，都能发挥最大作用。”

为了实现这样的合作模式，蓝鹏内部分为合伙人、工薪律师、特殊的团队提成律师等几个层级，合伙人和执业律师都可以带助理、设团队。律所内部采用“一主二辅”的专业分工，每位律师最多能够选择三个专业领域——所内的公共案源就会按照这一专业分工来加以分配。如此，所内律师既能保证自己的收益，又能在某一领域持续深耕，成为各细分领域的“专家”，因而能集合各方之力，将蓝鹏打造成一家方方面面都拥有优势的律所。

2012 年，经北京市法学会批准，北京市法学会航空法学研究会新设成立，张起淮当选为常务副会长兼秘书长。“这一阶段，我们要走专家化道路，为行业贡献专业人士的价值。”北京航空法学会的成立，标志着蓝鹏的专业精神从律所延伸至行业。

6 年后，北京蓝鹏航空争议调解中心于 2018 年 4 月 2 日成立，首批近 30 名调解员由专业的航空法专家、律师、学者以及退休法官、资深仲裁员、英国皇家仲裁员协会御准仲裁员共同组成，张起淮出任调解中心主任。

作为中国多元化纠纷解决机制改革与探索进程的一部分，蓝鹏航空争议调解中心的成立实现了航空争议案件诉讼与调解的无缝对接。这意味着蓝鹏可以直接调解各类航空争议案件，既能够高效化解社会矛盾，又可以为各方当事人节约成本，这是蓝鹏对司法改革作出的重要贡献。

此外，张起淮担任中国国际经济贸易仲裁委员会、天津仲裁委员会、武汉仲裁委员会等十几家仲裁机构仲裁员，被中国民航大学等多所院校聘为法律专家、教授和研究员，并被中国政法大学聘为航空与空间法研究中心研究员，而律所内大量律师亦先后被各类组织、行业协会、专业委员会引入或聘为专家。

值得一提的是，不管在业务协作还是行业研究中，蓝鹏都十分重视国际交流与合作。不仅与多个国家的律所或律师保持着长期稳定的业务联动，也通过“交换执业”的方式培养律师的国际视野，同时把国内业务与国际业务相结合，实现经验借鉴与平移，为中小律所做好国际业务提供了范本。

“当今互联网时代，语言、距离都已不再是障碍。通过灵活与外所开展业务协助、战略合作，我们得以扬长避短，更好地做国际化的专家型律师。”张起淮说。目前，蓝鹏已成为外国留学生的教育基地、外国律师的交流基地。

从航空法的“先锋”到众多领域的“专家”，蓝鹏用 20 年的实践与探索，以自身过硬的专业实力与深厚的行业积淀赢得了众多客户的认可与信赖。当下，蓝鹏正以更精深的学术研究和更积极的行业活动参与，从“客户的专家”向着“行业的专家”这一目标不断迈进。

由点到面，全国布局

蓝鹏已在四座城市设有分支机构，分别是：上海、厦门、成都、合肥。从时间顺序上看，2010 年之前，蓝鹏仅在上海开设分所；2010 年之后，先后在厦门、成都、合肥设立分所，其中厦门、成都均成立于2012年。

张起淮在南京任职期间，常常出差上海——彼时，其担任上海十来家机构的常年法律顾问，其间也曾处理很多诉讼、仲裁和涉外业务，包括“贸仲上海分会首起标的逾千万元的合同纠纷仲裁案”等高标的额案件。在这里，他结识了华东政法大学终身教授夏吉先，并与夏教授在学术方面多有交流。后二人又一同赴欧洲出差，感情增进，从此成为忘年之交。

在蓝鹏准备在全国布局时，有业务需求又有合适人选的上海自然成为首选。意趣相投下，夏吉先出任蓝鹏上海分所主任，执行主任则由另一位“80后”年轻合伙人担任，老中青明确分工，协作配合。

不过，上海分所并不是蓝鹏在北京之外设立的第一家分支机构——这盘棋最早落子“山城”重庆，以打通西南市场。“当时重庆的经济发展势头很好，我也是重庆仲裁委仲裁员，对当地法律服务市场需求有深入了解，这种需求刚好和蓝鹏的业务方向相符。”后来，蓝鹏将西部阵地从重庆转移至成都，在此基础上组建了成都分所。

可以说，除了北京总所之外，成都分所在人员数量、办公场地面积、年总创收等各方面都是各家分支机构中最突出的——目前已有200余人，办公场所1000多平方米，年收益达数千万元。在发展初期，采取粗放式市场化运作带来了规模红利，但也因此使得成都分所很快面临律所管理难题。

“原来不止200多人，曾经发展到400多人，但为了精细化管理，成都分所开始有意识地控制人数，并在拓展业务的同时，更着力打造服务品质。”蓝鹏总所多次派管理合伙人去往当地进行纪律整顿和业务指导，调整和规范了律所的管理和运营，目前成都分所正以蒸蒸日上之势头向前发展。

对于一家起步于北京的律所而言，国际化大都市上海是必争之地，蓝鹏走这一步是顺势而为。不过，随后在厦门、合肥设点，则显示了其独特的布局逻辑。

厦门别称“鹭岛”，是国务院批复确定的中国经济特区，也是东南沿海重要的中心城市、港口及风景旅游城市。因此，厦门的旅游业和对我国台湾地区的小商品贸易都十分发达。“厦门属于中国最早富起来的城市之一。当年在别的地方买不到的手表、录音机、电视机等，在厦门都能买到。此外，闽菜清淡可口、营养均衡，带动了餐饮业。旅游业就更不用说了，中国最美大学之一厦门大学就在这里。”

蓝鹏与厦门的缘分始于张起淮在军队任职时，当时的客户中就有很多厦门企业。蓝鹏成立后，与这座城市的渊源又更深一层，设立分所只是时间问题。“厦门在改革开放和重大案件的数量上不亚于其他城市。”2012年，蓝鹏在厦门落地生根，聚焦于公司商事法律服务。目前，厦门分所已有30余位律师，在当地属于中型规模。

合肥古称“庐州”，文化积淀深厚，素有“三国故地，包拯家乡”之称，名胜古迹、历史名人众多。同时，作为全国性综合交通枢纽、“一带一路”和长江经济带战略双节点城市，合肥巧妙地将传统文化融于现代化的科技感中。虽然蓝鹏合肥分所成立时间不久，但凭借在刑事、民事、公司及环保四块业务上的深耕，其发展速度超过上海、厦门两地，现在已有近 70 人，2019 年创收突破千万元。

“一家律师事务所在一个城市如果水土不服，就发展不起来。合肥分所发展得快的原因，在于其核心成员了解当地文化，适应当地水土，所以律所会健康成长。”合肥是张起淮的故乡，合肥分所也是蓝鹏总所直投的一家分所。“总所占 30% 股份，律所管理事宜由所有合伙人共同决定，抓党建，推业务，发展已经初显成效。”

下一步，蓝鹏还将在大湾区、石家庄设立分所。“为了发展涉外业务，尤其是香港地区、澳门地区、台湾地区和内地之间的经济合作与纠纷，驱动我们在大湾区设点；京津冀一体化的经济政策、市场形势，驱动我们在石家庄设点。”

大潮起珠江，弄潮正当时。随着《粤港澳大湾区发展规划纲要》的下发，三个法域下的法治系统建设、交易规则衔接，给中国律师创造了新的机遇，在香港特区、澳门特区、珠三角九市进行业务布局，成为全国各地律所战略发展规划中必不可少的板块。

谋时而动，顺势而为。在粤港澳大湾区筹备设立一家联合律师事务所，联动香港、澳门特区、台湾地区和内地，聚焦高端婚姻家事、商事仲裁、航空法、刑事案件四大块业务，实现两岸四地资源共享，这一构想被纳入蓝鹏的发展蓝图。“一般意义上的‘涉外所’就是‘涉外所’，‘国内所’就是‘国内所’。蓝鹏通过设立‘联合律师事务所’，可以把两岸四地有资格、有执照的律师都请过来，便于业务的开展与合作。”

在大湾区联合律师事务所的管理架构设置上，律所主任由总所派驻，律所管理者由香港特区律师担任。为了这家联合所，总所派驻的主任已经在大湾区驻扎一年有余，基本敲定办公场地事宜，律所初期规模目标设定为 40 人。

“雄安，千年大计。”这 6 个字让河北雄安新区迅速成为 19 个国家级新区中的“香饽饽”，各行各业人士纷至沓来。而事实上，京津冀地区南部的“副中心”、河北省省会石家庄，亦是律所布局的优选。在《京津冀协同发展规划纲要》的推进下，无论是地理交通、生态环境，还是产业对接、承接北京非首都功能等方面，石家庄都展现出优秀的区域性中心城市功能。是以，蓝鹏另辟蹊径，避开热门新区，转而计划布局石家庄。

蓝鹏的分所管理不是“一刀切”，而是综合当地市场特点，给予因地制宜的自由度。总所会适当参与分所的运营管理，主要体现在业务目标确认、重大案件把关、总所经验推广等方面。其中，合肥分所由总部直接投资设立，参与程度相较其他三所会更多。对于即将设立的分所，张起淮说，“对于石家庄分所，我们准备参股但不控股，不主导管理，让他们根据当地特点自由发展。对于大湾区联合律师事务所，总所会参股且控股”。

穿破云霄，直上九天

“今年，我们计划把比较先进的公司化管理方式引进来。”早在疫情之前，蓝鹏即专门召开高级合伙人会议，探讨2020年律所改制事宜，其中就管理模式升级进行深入探讨。“全世界的酒店都由酒店管理公司在运作，但法律行业基本是律师一边做业务一边管团队。因为精力不济，时有冲突，律所管理常常很成问题。”

蓝鹏目前最高权力机构是高级合伙人会议，由9人组成，共同决策如制度设计、分所设立、费用支出、人员任用、案件分配等律所重大管理事项。虽有会议机制，但9名高伙各自奋战业务第一线，频繁组织会议势必导致律所资源的浪费和管理效率的下降。且蓝鹏至今尚未成立管理委员会、监督委员会等机构，在决议的落实与监督方面尚待加强。

行至律所成立的第20年，成体系的管理越发必要。2020年，为实现律所管理更专业、资源配置更优化、业务协同更高效的目标，蓝鹏计划在引进专业管理团队的同时，一并完成网络搭建、软件升级等系列工作。

通过这一步，蓝鹏希望解决三个问题：

（1）解决律所层面的管理效率问题，集中统筹如案件分配、市场拓展、律所运营等事务；

（2）解决合伙人的业务方向问题，加强业务板块系统化和团队培养专业化；

（3）解决现有的总分所管理和未来的分所布局规划问题，纵向联动总分所，达到全国网络效能最大化。

职业经理人在律师行业已不是一个新鲜概念，早在十几年前即有律所做出尝试，目标是分离决策层和执行层，提高管理效率。一种方向是让律师做管理，有律所推行“律所CEO”制度，由CEO带领管理团队负责律所日常运营的各个事项，也有律所推行“职业经理人”制度，选聘综合管理和协调能力俱佳的律师专职做管理；另一种方向是让非律师做管理，引进有工商管理背景的专业人才来运营律所，成功率上略低于前者。

不过，蓝鹏并不打算只启用单人“职业经理人”。“在意大利、德国等国家的律所中，通常会有一支管理团队，由三种人组成：律师、市场营销与企业管理人员、财务和税务人员。蓝鹏则会在此基础上，再加一个信息化人才，由四个方面的人才组成管理团队，在高级合伙人的引导下开展工作。”

管理团队到位后，高级合伙人就律所发展等事项做出具体决策，接下来即可交由管理团队落实——想要让律所走得更远，专人专岗理念的贯彻至关重要，而律所管理，就是一门技术性较强的专业。此前，张起淮甚至考虑过成立一家律师管理公司，专门承接各家律所的运营管理事务。

有了管理团队后，律所主任的职能界限将更加清晰。“律所主任是统领者，是一个能够顶得起、撑得住的顶梁柱。”张起淮说，“业务上不一定什么都要懂，但要有擅长和权威的领域；待人接物方面既要有智商更要有情商，要有容人的胸襟，能团结一切能够团结的力量”。

可以预见的是，在律所管理更加专业化、更加规范化之后，其成效的直接表现就是集体收益的增加。

结 语

“战争只有两种结果，胜利，或者失败；案件也只有两种结果，胜诉，或者败诉。因而军人要不怕牺牲，克敌制胜；律师要百折不挠，直至赢得诉讼。”张起淮说。

官司一个个打，案子一个个做，蓝鹏不徐不疾，悄然走过了 19 个年头。如今的蓝鹏，早已从当初那家寥寥数人、军人属性浓厚的法律顾问处，一步步成长为业务涉足众多领域的综合性律师事务所，凭借其在航空法领域的精研和积累，正在向一家“专家型”律所发展。

2020 年，蓝鹏律师事务所联合党支部再次被北京市、朝阳区两级律协党委评为“先进党组织”，包括张起淮在内的多名党员律师被评为“优秀共产党员”。至今，蓝鹏党支部已连续 11 年获评先进。“蓝”之沉稳，“鹏”之豪情，为实现法治理想贡献自己的一份力量，是蓝鹏律师永不褪色的初心。

一路走来，既有肯定，亦有压力。因承办了不少社会关注度高的案件，蓝鹏也曾站在舆论的风口浪尖，作为律所主任的张起淮既承担了很多应该承担的责任，也承担了一些不必要承担的“责任”。例如，2020 年之初中国游泳运动员孙某仲裁案，作为其常年法律顾问，张起淮再次被推到话题中心。对于社会舆论和网络热议，张起淮始终以“事来如沤生大海，事去如影灭长空”的心态视之，在疫情防控工作尤为重要的关键时期，不因一己得失而占用媒体资源，不为个人荣辱而给整个律师行业带来伤害，其敬业精神和专业水平获得了孙某及其亲属的一致好评。现阶段，孙某仲裁案正依照法律程序稳步推进，张起淮也将继续以常年法律顾问的身份为孙某提供合同审阅、纠纷处理等法律服务。

“作为一家律所的管理者，要有担当精神，面临误解，不能乱了方寸。”张起淮说，“在该案中，有许多细节事实并不为大众所知晓，但我们不希望将案件的负面影响扩大”。面对其中难以名状的内情，蓝鹏没有急于辩解，而是选择回归本质——律师最重要的使命是“最大限度地维护当事人的合法权益”。这份信念感，也是蓝鹏一路乘风破浪的动力所在。

当下的蓝鹏正筹划着接下来管理方式的变革、更进一步的业务探索、未来的全国布局，同时保持对国内外律师行业的观察，于自省和创新中，找到适合自己的发展模式和步伐节奏。

大鹏展翅九万里，护佑的是天地正气，坚守的是人间正道。即将迎来 20 周年的蓝鹏仍蓬勃而年轻，也必然将在法律界振翅长鸣，逐日高歌，留下更多先行者的事迹。

盈科

独行其道，规模大所的行军路

吴剑霞　陈琼青

盈科律师事务所环境照

盈科创始合伙人团队（从左至右：郑舒春、梅向荣、郝惠珍、赵兴仁、李华）

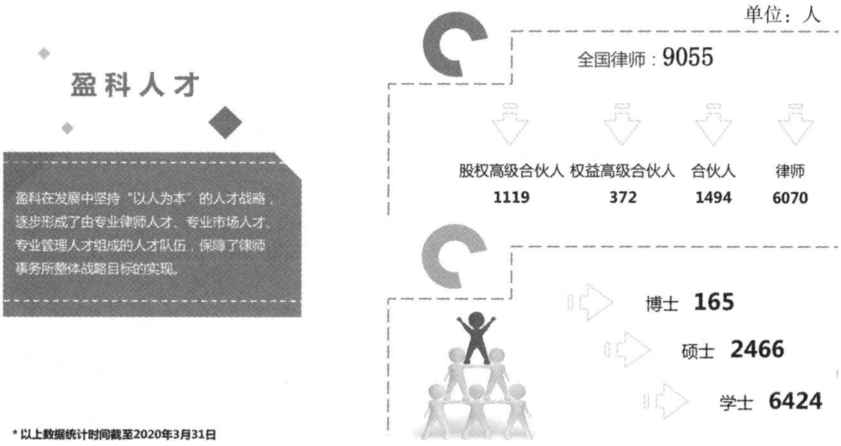

盈科人才

盈科首届法律服务产品大赛活动获奖者

“源泉混混，不舍昼夜，盈科而后进，放乎四海”，形容涓涓溪流奔腾入海，在填平每一个坑洼后继续向前——唯有循序渐进、持之以恒地盈科，方能从层层突围，不断发展。这正是盈科律师事务所的行军路。

2001 年，盈科在北京城正式扎根，借天时地利人和之势初建雏形；2008 年，盈科内部重组，开启了以“四化”为目标的征途，管理化身服务，年轻人成为中坚力量；2020 年，是盈科第二个十年计划的开端之年，回望来时路，亦是奋斗阳光道。

19 年间，盈科生根发芽，树干渐粗，枝叶遍布全球。从初露锋芒到亚洲律所 100 强，盈科用独行其道的管理模式、不拘一格的用人制度、谋定而动的布局策略，书写了难以复制的历史。

作为一家成立于 2001 年、历史尚不满 20 年的律所，盈科为何能实现快速规模化？在规模化的同时，盈科如何实现有效的管理，如何保证所提供法律服务的质量？对于其他中国律所，盈科模式是否有借鉴意义？

初建与重组：盈科而后进，放乎四海

2000 年 12 月，以“WTO 背景下的律师业管理与发展”为主题的首届中国律师论坛在云南昆明召开，会上第一次提出关于中国律师业改革与发展的“四化”主题：规模化是中国律师业改革与发展的必然导向，专业化是必然选择，品牌化是必由之路，规范化是必要保证。[①] 后来，“四化”理念也被引进盈科，成为其不同发展阶段的注解。

彼时，中国即将迎来入世，中国律师行业也正式开始“脱钩改制”，这些变革信号给先行先试者打了一剂强心针，促成了一批又一批律所新设，盈科亦是这股浪潮的组成部分。2001 年，既有多年司法局律师管理工作经验，又有国办所管理实践的郝惠珍，与赵兴仁等一起创建了北京市盈科律师事务所。

外临国际军团的大举进攻，内有优秀同行的“圈地”竞争，是其成立的大背景，也正是这样的时势造就了现在的盈科。初创时，盈科仅有 11 人，但已明确“六字”发展路线——“走出去、走下去”，求发展、求特色。

“走出去”是提升国际视野，主攻涉外业务弥补律师行业短板。随着中国经济贸易被纳入全球经济运行的轨道中，法律服务的竞争开始国际化，中国律师需加强涉外服务能力。建所之初，盈科便有意识地建立在国际市场的知名度和美誉度，积极拓展业务并担任了

① 《中国律师》编辑部：《中国律师论坛：一路风光无限——历届“中国律师论坛”经典回顾》，载《中国律师》2005 年第 11 期。

在华各大使馆的法律顾问，为“走出去”打好地基。成立当年，盈科即成为国际律师协会(IBA)会员，合伙人亦加入其各专业委员会。2002 年 10 月就参加了国际律师协会(IBA)在南非德班的年会，并做了投资中国的主旨发言，发放了盈科所的简介。

“走下去”是深入社区，为“打通最后一公里”提供法律服务。彼时正值“四五”普法期，普法的重点正在由增强全民法律意识向提高全民法律素质转变。北京市司法局号召律师进社区，盈科率先担任全国优秀社区北京市朝阳区三里屯街道办事处的法律顾问；在辖区内，一边进行普法宣传，一边拓展案源。握住先机的盈科，不仅在 2003 年成为朝阳区政府法律顾问，并于次年承办了朝阳区秀水撤市的重点项目，历时一年，出色完成。

在这一阶段，盈科尚是一家精品所，但在专业方面的实力已不容小觑。在 2004 年的“卡拉 OK 赔偿金风暴”中，盈科在全国范围内联动 26 个省市自治区、200 多家律所 5000 名律师，开展了音乐著作权领域的维权工作。事后，还有律所状告盈科垄断经营（案件结果是起诉请求被驳回），足见其市场占有率。

在 2007 年之前，盈科着力于打基础、磨专业、定方向，积累了一批海内外的客户，顺利走过第一阶段，下一步则是“求发展”。此时，市场经济迅猛发展，客户选择律师的标准发生了变化——原先多为“认可个人”，现已转向“认可平台”。市场势必会对律所规模、专业团队、办公环境等方面提出更高要求。盈科意识到这个问题后，迅速作出调整：变“引凤筑巢”为“筑巢引凤”，目的是做大规模。

在盈科壮大发展中，郑舒春、梅向荣、李华等人不断加入（按时间排序）。2008 年，盈科管委会进行了人员重组，并正式提出“四化”的发展方针，即规模化、专业化、品牌化、国际化。

规模化是第一步。2010 年是盈科的“春天”：2008 年，盈科仅 33 人，但不到两年的时间，便踏入“百人所”行列；一年内先后在国内设立南京、天津、上海等 13 家分所。2019 年是盈科规模化发展的第 10 年，其中国区的版图上点亮了 21 座城市，中国区的执业律师总数为 8862 人，分所已达 74 家。

与此同时，盈科律师亦开始频繁走向国际，试水全球法律服务市场。其境内布局的第一年，外部扩张也齐头并进。2011 年，盈科在布达佩斯设立了第一家海外机构；次年，盈科波兰、土耳其、纽约、伦敦法律服务机构相继成立。2019 年，是盈科全球化建设的第 10 年，盈科成立了第一家以中国律所命名并主导的“盈科全球法律服务联盟”，该联盟已覆盖了全球 82 个国家、141 个城市。

当“变大”已初步实现之时，“变强”亦提上日程。在过往七八年专业积淀的基础上，盈科通过设立全国业务指导委员会、竞聘选举专业部门主任、打通自下而上的晋升通道等形式，不断强化专业建设。

从2009年到2019年，盈科用10年时间，形成了以全国业务指导委员会为顶层架构，以律师研究院、律师学院、30个全国专业委员会、11个法律中心、700余个专业部门为核心建设的专业化体系，开启“大所专业化”的篇章。

这些成果的取得与目前盈科8家党委、4家党总支、122家党支部、3074名党员的努力分不开。自盈科党组织成立以来，共荣获10项省级荣誉、20项市级荣誉，9家分所获得行业“党建示范基地”、19家分所获得党员示范岗，上百名律师荣获了优秀共产党员、优秀党务工作者、党建之友的称号。稳定队伍、保证质量，创新服务、助力发展，党建背后的凝聚力、影响力、生产力，成为盈科软实力的支撑。

以2008年为开端，盈科如破茧蝴蝶一般，相继揽获《亚洲法律杂志》（ALB）“亚洲本土50强律所”、《商法》“卓越律所大奖”、Legal 500亚太地区“私募股权/风险投资”推荐律所……每一枚勋功章都是盈科“四化”十年的见证。从第11届非盟私人领域投资峰会演讲到首届世界律师大会发言，盈科在世界舞台上诠释了中国律所风范。

博观而约取，厚积而薄发。19载征程，盈科证明了成为规模大所、专业强所的另一种路径。

纵横布局：全球视野，本土智慧

2008年8月，盈科律师事务所进一步明确了盈科的未来规划，其中包括盈科的“四化”发展目标，即规模化、专业化、品牌化、国际化。这是盈科首次明确提出要进行规模化布局。

当时的盈科，是家30人规模的精品所，中国法律服务市场“百人所”也是寥寥；但放眼国际，律师人数多达千人者的律所不在少数。在之后越来越频繁地与国际律所的沟通中，盈科越发明确“规模化”及“国际化”的重要性及急迫性，招贤纳才、开疆辟土成为工作重点。

壮大北京总部，是盈科规模化的第一步；总部基础打好，方能在全国开展布局。一年多之后的2009年11月，盈科已经拥有了286位执业律师。至此，盈科开始了境内、境外的同步分所开设。

国内：立足大局观，率先“落子”县域

以京津冀、长三角、珠三角、成渝等为代表的城市群，涵盖了中国最为重要且最为发达的城市和地区；但在更为广阔的三四五线城市乃至县域，法律服务的供给仍不足，律师管理模式相对粗放。

当京沪大所准备全国布局时，通常仅将前者作为目标射程，希望通过当地经济发展水平带动其分所发展。对于这个问题，盈科始终持这样一种见解：客户对法律服务的需求，不存在所谓高端和低端之分，更不存在所谓高端或低端的客户。相应地，在布局城市的选择上，盈科不局限于覆盖全部一线城市、直辖市和全国大多数省份或自治区的省会或首府。

“哪里有客户需求，盈科就走到哪里。”

2010 年，盈科入驻上海时，听到最多的声音是“不可能”——上海作为中国经济的门户，想在这块热土上闯出一片天地并非易事，乘兴而来败兴而归的律所不在少数。质疑之下，勇气越盛，盈科初来上海时，千家上海律所中破百者七八家；一年之后，盈科跻身上海百人所行列。

上海律所成立同年，盈科一口气还在广州、沈阳、武汉、厦门、青岛、南京、苏州、成都、长沙、呼市、天津、昆明 12 座城市设立了分所，并在盈科天津律所首次尝试直接投资、直接管理模式——这一模式的成功落地，助力盈科走稳国内一盘棋。

十年间，盈科以每年平均 7~8 家分所的速度，在中国地图的各大城市插上旗帜，快速实现规模上的突破、地域上的扩张，这对于相对保守的律师行业而言，是一种突破。

“很多人都在问盈科布局到底是怎么布的，实际上很简单，就是着眼于中国律师行业发展大局。”梅向荣认为，分所布局的基础是，了解并预判中国律师行业未来十五年的发展趋势。在大局观的指引下做分所规划，方向才不会错。

抢滩国内 GDP 排名前 100 及其他具有发展潜力的城市，是盈科顺势而为的大局观。2019 年 7 月 19 日，由赛迪顾问县域经济研究中心编制的《2019 赛迪县域经济百强研究》报告显示，百强县以不到全国 2% 的土地、7% 的人口，创造了 25% 的县域 GDP、10% 的全国 GDP，30 县进入千亿元方阵。由此可见，百强县的发展潜力无穷。

2018 年，盈科着手启动县域布局战略，第一家就瞄准了慈溪市。当年，慈溪市以 1737 亿元的生产总值，位列全国综合实力百强县市和工业百强县市排名全国第六、全省首位。将潜力股纳入“射程范围”，足见盈科的投资格局。从慈溪开始，盈科一路向昆山、江阴、义乌等县域布局。

慈溪位于杭州湾大湾区，从长远来看，未来杭州到宁波将会实现一体化的发展，慈溪所处的地理位置，就是大湾区的桥头堡，连接两端；昆山是台资聚集地，盈科的“两岸法律事务中心”特地在昆山设立了办公室，就是为了能更好服务台商；江阴拥有非常活跃的民营企业与制造业，民营资本的丰富累积给江阴带来了活力；义乌以悠久发达的小商品经济闻名于世，也逐渐成为改革开放的窗口、中欧班列重要的途经城市。

“市场地位靠的是影响力，很多县级市的法律市场拥有无限可能，江苏，昆山、江阴的 GDP 容量能达到 3800 亿。你能想象吗？一个县级市，上市公司达到 48 家，这也就证明该地区的法律需求是巨大的。”梅向荣说。

中国幅员辽阔，法律服务需求供给并不均衡，各地律所也呈现不同发展形态。但有需求，就有市场，需要律所及时作出反应。未来，盈科将选择全国百强县中的前十名布局县域律所，长远布局。

国际：深化全球布局，整合优质资源

每个国家对法律的市场开放程度不一样，分所开设的难度和程序千差万别，文化、语言、风俗、习惯，这些看似与法律无关的因素，其实在律所的国际化版图的构建中都起着至关重要的作用。

在国内布局风生水起的同年，在盈科国际创始合伙人、全球合伙人、全球董事会执行主任、海外中心全球总裁杨琳的带领下，盈科把目光转向国际市场。

“我们当时观察到中国企业在海外的投资已经进入了一个新的阶段，企业需要在当地生根落户、开拓当地市场、成为真正‘国际化’的企业。”杨琳说，“不同国家的法律法规，包括外资准入、公司法、知识产权法、反垄断、劳动法、环保法等纷繁复杂，加上各自不同的语言、文化、习俗、思维模式，这些都给企业境外投资带来了严峻的挑战。”

2010 年 9 月，盈科在匈牙利的首都布达佩斯设立了第一家海外机构，盈科全球布局的序幕缓缓拉开。匈牙利地处欧洲大陆中心，交通便利，跟中国关系友好，无论从外商投资的金额和项目数量在中东欧国家都是领先的。

顺势而为，事半功倍。盈科国际化取得了丰硕成果，受到了各界的认可，在这期间发起设立的“盈科全球法律服务联盟”，更是第一家以中国律所命名并主导的国际律所联盟。目前该联盟已覆盖 82 个国家，各成员律所在专业领域均获得国际评级机构的高度认可，其中不乏印度律协候任会长、阿根廷建筑委员会主席、亚洲法学会“一带一路”委员会主席、伦敦证交所顾问委员会顾问等具有影响力的顶尖律师。

10 年间，盈科与盈科全球联盟成员律所紧密合作，为多家中资企业境外事务和外国企业在华事务提供跨法域、跨语言、跨文化的专业、高效法律服务，客户包括中车集团、航天科工、鲁能集团、中联重科、重粮集团、TCL、Rockefeller 集团、汇丰银行、法国航空等。此外，盈科还担任商务部投促局法律顾问，以中英双语撰写了外商投资指南和中国企业境外投资指南。

与此同时，盈科逐渐意识到，在国际舞台上，企业需要既拥有国际视野又掌握本土资源，既了解中国文化又能提供本地化服务的律师，如此才能在海外提供从合规到公司治理、从房地产到劳动法、从投融资到资本市场、从争议解决到商账清收、从贸易救济到行政诉讼、从政策顾问到政府公关的全方位法律服务。而原来的联盟形式，在部分市场已经无法满足客户越发专业的需求。

“我们深知，作为一家领先的中国律师事务所，随着客户的步伐走出去，到更多的司法辖区提供服务，既是客户的需求，也是国家的期望。因此，我们一直在寻找适合的机会设立盈科海外直营机构。”

在允许外国律师事务所设立的国家中，盈科优选美国、韩国、哈萨克斯坦、吉尔吉斯斯坦、乌兹别克斯坦、澳大利亚、柬埔寨等重点国家设立直营律所。加之以前成立的盈科蒙古和盈科阿联酋，盈科已经在 9 个国家拥有直营机构。

其中，盈科美国整合过去 8 年在美国积聚的各方资源，在纽约、洛杉矶、尔湾、达拉斯等多个城市设立了律所，吸引多名美国资深律师加入，并提供公司并购、上市、区块链、娱乐、争议解决等多领域法律服务。

在国际化的征程上，盈科还将尝试瑞士联盟（Swiss Verein Structure）模式。在瑞士联盟结构下，各成员律所的当地办公室维持其在合并前原有的营收利润、会计、税费缴纳及合伙人薪酬体系，对外可使用共同品牌，对内可共享事务所发展战略、市场推广、IT 技术等，而且成员律所之间可以相互介绍客户和业务。目前已有 9 个国外律所签署了 MOU，表示愿意加入以盈科为品牌的瑞士联盟。此瑞士联盟发起成立后，将成为第一家以中国律所命名并负责管理的机构。

作为一家源自中国的国际化大型律师事务所，盈科也受到了联合国的关注。2016 年 11 月 21 日，盈科在纽约联合国总部举办的南南合作论坛上签署了合作协议，成为联合国南南合作全球智库五大创始机构之一——此次合作是联合国首次在全球政策法规研究领域与私人机构达成长期合作。

盈科还积极参与国际会议、举办国际性论坛，加强与国际同行的交流与合作。此前，盈科加入 IBA（国际律师协会）团体会员，并首次派团参加在首尔举办的 IBA 年会；在昆明举办的第 30 届亚洲律协会长会议，盈科与多个国家律协建立联系；在联合国和非盟共同举办的第 11 届私人投资峰会，盈科律师参加并介绍中国企业在非洲矿业领域投资；在广州召开的首届世界律师大会上，盈科有 23 名律师受邀参加，其中有 15 名来自 12 个不同国家的联盟成员合伙人参会，在邀请人数和国别方面都位居前列，彰显了盈科国际化实力；联盟印度成员律所合伙人、印度律协候任主席库玛先生当选“一带一路”国际律师联盟副主席。

为适应国家实施“一带一路”倡议、中国企业“走出去”及中国公民海外商务、旅游、留学不断增长的趋势，盈科与中国社科院国际法研究所共同建设“全球一小时法律服务圈”。其以盈科全球网络为基础，整合国内外律师事务所及有关机构的力量和资源，实现覆盖全球 100 个国家和地区、200 个国际城市，确保有人、有场地、有机构、有落地服务能力。遇到任何法律问题，在一小时内就可以在全球各地得到迅速响应。

此外，盈科“一带一路法律数据平台”也将全面启动，计划 3 年完成覆盖 60 个国家和地区，5 年完成覆盖 100 个国家和地区，旨在全球范围内向中国企业和公民提供快速、优质、高效的法律服务的能力，切实有效地解决法律问题和纠纷，为中国企业和公民提供强有力的支持。

盈科将继续在深化全球布局并遴选优秀律师派驻海外，充分整合全球优质资源，在全球为中国公民和中资企业提供优质高效的一站式服务。

时代在变，盈科的全球布局模式也在优化。“全球视野，本土智慧”，这是盈科布局律所最重要的战略方针之一。结合国内不同地区的经济及客户需求，盈科从中心城市辐射向县域城市；根据不同国家的法律要求，盈科摸索出了一条符合当下时代环境的国际化道路。

独道管理：多轨运行，创新模式

“盈科是一家‘对外是合伙制、对内是公司化管理’的律所。”仔细观察盈科近年来的发展模式，就会发现其并非一家墨守成规的律所。

“直投直管”要求分所建设的一体化，保证了品牌及服务质量的一致性；“职业经理人制度”让专业的人做专业的事，发挥“专业”的最大价值；“多层级合伙人制度”则打破传统的进阶路径，赋予律师多样化的晋升选择。

在分所建设、律所管理、律师进阶方面，盈科管理层借跨界思维引入非律所基因，在普遍保守的法律行业打出管理创新牌。

“直投直管”：分享利益，共担亏损

如果要走向全国、试水国际市场，2010 年的盈科有什么资本？用简单粗暴的方式获得规模的增长不难，但如何保证服务质量，维护律所品牌，统筹各地分所？这盘棋并不好下，稍有不慎，满盘皆输。

忖度良久，盈科没有选择成本低、效率高的“品牌挂靠”，而定下“直接投资、直接管理”策略，开局第一步是先试点。试验田选在天津，一则地理距离近，二则试错成本相对较低。在这种模式下，盈科天津律所的资源、需求能及时汇总到北京，实现信息共享、资源共同，形成强势合力。

盈科天津律所的成功，证明了这一策略的可落地性。随后，这一模式被推广到盈科各地分所。

“每家律所的历史和文化不一样，其中也包括扩张模式的区别，但是盈科一直坚持直接投资、直接管理，这是对分所发展的负责。”在梅向荣看来，直投直管模型是更符合国际大型机构的管理模式。为保证律所的良性发展，盈科各地律所的人员管理、业务管理、

财务分配、决策机制等均参照总部模式运营。

梅向荣用“母子公司”来形容盈科总所与分所之间的关系。盈科总部是子公司的大股东，对分所进行直接投资，决定了盈科总部的直接管理；总部持有控股权，与分所共同拥有决策权，保证了管理制度的完善性、财务体系的一致性、品牌的统一性。总部与分所分享利益、共担亏损，成了完全的利益共同体。

从总部、分所的管理结构上来看，盈科采用的是矩阵式管理。横向层面，执行主任统筹分所事务，包括人力资源、专业、风控等各项工作；纵向层面，分所持有的财务、人力资源等，由总部垂直管理。这种矩阵式管理具有双向优势，总部能够把握各分所的实际运营状况，律所整体架构不易受到某一部门或个人的影响，有利于整体的稳定和布局。

当然，矩阵式的“直投直管”模式看起来科学合理，但并不一定适用于所有律所——要想顺利推行，需有大量的专职管理人员作为依托。

职业经理人制度：运动员不做裁判

在《如何做中国最好的律师事务所》一书中，梅向荣用了一个章节阐述律师事务所的职业经理人制度：“律所不仅仅是律师组成的，还有经营管理、市场营销、客户服务、技术、行政等各种人才。即使是前台也是专业人员，客户在前台会得到什么样的接待，到了会议室会得到什么样的安排，都是律所的一部分。”

一家成功的律所，不仅要业务专业化，管理更要专业化。推出职业经理人制度，是盈科管理层结合对中国律所发展态势的观察，得出的最佳解决方案。

在落地“直投直管”模式的同一年，盈科派出多路人马，前往各地分所担任执行主任。他们“只管理，不办案”，是盈科职业经理人制度的第一批践行者。

曾在大型国有建筑企业工作的李正对法律一直有特殊情结，大学毕业后又去修习学士学位。通过司法考试那年，李正已在国企待了16年，其中有10余年都在管理层。当他递交辞职信时，同事们纷纷讶异：“别人跳槽，无非是从施工单位跳到建筑单位或者监理单位，很少跳出这一行的；李正则直接跳出这个行业了。”

38岁，接近不惑之年，李正明白自己真正要什么，也有底气自我归零。初入盈科，李正就在梅向荣的房地产团队里，从基础业务到团队管理，一步一步开始做。沉稳踏实的做事风格和出色的管理能力，让他很快成为盈科中国区董事会主任、中国区执行主任。

管理是一门艺术，每一位职业经理人千差万别，有些擅长管理，有些擅长规模化，有些人擅长销售，有些人擅长资源整合；但他们都遵循着一条基本原则——为律师提供性价比最好的服务。

李正解释，盈科职业经理人制度的核心就在于，一旦成为职业经理人，无论之前是否为律师，都不能再办理案件，专职服务于客户、律师的需求。各地的法律市场服务的发展不均衡，法律服务水平也不尽相同，想让盈科在每个地方都有竞争力，就要根据当地的市场环境为律师提供高标准的服务。

执行主任带领行政服务团队，为律师提供行政辅助、财务支持、品牌推广、风险控制、客户管理、市场营销等后勤相关服务，律师只需专注于精进业务，利用盈科平台为客户争取最大权益，提供更全面的服务。

在这项制度下，管理团队与业务人员各司其职，实现了“1+1>2”的协同效应。这项制度也成为盈科沿用至今的基本制度。

多层级合伙人制度：律师当家作主

一家上市公司，会有大股东、小股东之分：大股东负责决策，承担最终责任，小股东则发挥他们的资源优势，实现“集人、集力、集资、集智”的效果。在梅向荣看来，这套机制同样适用于律所管理，并将之嵌入律所核心制度——合伙人制度。

2014 年，盈科在盈科武汉律所试行“权益高级合伙人制度”。在这项制度下，分所由盈科总部、分所合伙人共同设立，总部的资源可以为分所所用，分所合伙人的能力、本土的资源与优势可以得到发挥。这些出资合伙人就会成为权益高级合伙人，他们除了有工资、绩效，还会有年底分红。

“这项制度的出发点在律师利益，这就能充分调动律师们的积极性。大家都觉得，这家所和我有关系了，我是律师事务所的投资人之一，我们一定要共同把这所做起来。”李正认为，多层级合伙人制度既解决了激励问题，也增强了律师的归属感。

因而，试行当年，盈科武汉律所的经营业绩实现飞跃式增长，不仅是律所的创收，律师个人创收也大幅提升。这项双赢的制度随即被全国各地律所采纳。

继权益高级合伙人制度实施后，盈科又延伸出“股权高级合伙人”的概念。两者的区别在于：前者不根据律所业绩发生变化，其持有的股权相当于优先股，享有固定分红；后者持有律所相应股份，按照律所年终利润的比例分红。

只有先成为权益高级合伙人满两年，才能申请成为股权高级合伙人。这两年的时间，用于考察合伙人对这套运营机制的熟悉程度，培养其作为股东的认同感与责任感。

在盈科，有非权益高级合伙人、权益高级合伙人、股权高级合伙人，也有中国区合伙人、全球总部合伙人，不同层级的律师能够获得不同程度的分配激励，在晋升通道上有更大的自由度。

“一辆汽车由几万个零件组成，要区分核心器件、辅助器件、次要器件的不同功能，保证所有零件可以完美地组合、协同工作。律所管理也是，就是把不同的人、机构、制度协同在一起，促进律所的良性运转。”清华大学汽车工程系出身的梅向荣如是比喻。

盈科的律师不是“零件”，但都担任不同职位、承担不同职能。当每一位律师的主观能动性得到充分发挥，他们的创造力将会带动律所走上快车道。

品质专业化：优化架构，创新产品

如何把小所的专业化放到大所里进行复制？知之非艰，行之唯艰。为了解决这个问题，盈科经历了“起步—发展—整合—优化”的历程。

“起初我们会去观察、学习别的律所的方式，但学习了一圈下来发现，找不到这样的路。”盈科创始合伙人、副主任、全国业务指导委员会主任李华说，“还是得自己摸索，走出适合盈科的专业化之路”。全国业务指导委员会主任成了李华任职最长的一个职位。

从 2009 年创设全国业务指导委员会，主管律师业务指导、服务规范制定、业务培训、实习律师指导，到 2019 年提出“品质专业化”概念，对专业化建设进行全面升级，盈科走了十年。

架构优化：自上而下，纵横联动

全国业指委成立后的最重要的事情之一，就是选举全国专业委员会主任。但律师们对于当年横空出世的这个机构，并不感兴趣，结果就是——无人报名。“这些主任的职责是要整合律所的专业化力量，带领大家往前走，更多时候是责任和担当，而非权利和收益。”

头关不破，二关难攻。无论如何，一定要让全国专业委员会运转起来。

“第一届各专委会的候选人是我一个个打电话邀请来的，这才有了后续推进的基础。”李华坚信，这种方式能够带领律所的专业更上一个台阶。两年后，“业指委—专委会”架构初显成效，已经有律师主动报名参加第二届专委会选举；到第三届时，竞聘程度更加激烈，部分专委会主任甚至是从 19 位候选人中选出来的。

但在业指委成立之前就已施行的“部门主任责任承包制”，则渐渐暴露出弊端——裙带关系、家族关系在部门里滋生，阻碍了其他优秀人才的进入，限制了专业化发展。当断则断，盈科随后完全摒弃“承包制”，于 2017 年出台聚焦专业的“大部门制”，集合盈科各地律所的专业律师成立专业部门，带动各地律所的专业化建设。

在“大部门制”下，盈科各地分所的专业部门因地制宜，不尽相同，主要综合当地客户需求、当地分所服务能力及专业化程度等因素而设立。当然，专业部门的核心是人，尤其会着重考察主任在某一专业领域的行业领导力。

在各地律所横向设置“大部门”的基础上，盈科通过专业领域划分，将各专业部门归类到相应的全国专业委员会，完成“大部门成员—大部门主任—全国专委会主任”的纵向设置，形成专业化建设工作的经纬网络状布局。至此，“大部门—全国专委会—全国业指委”实现三级联动，有效推动了自下而上的专业化建设。

目前盈科已在 8 大专业服务领域建设了 30 个专委会，与之平行的机构是法律中心。专委会的划分以法律体系与行业类别为依据，法律中心则会嫁接第三方的因素，除了下设 PPP、不良资产、私人财富、“一带一路”、区块链、WTO/ 国际贸易 6 个综合性法律中心，还成立了建设工程与房地产、校园欺凌、民营企业、民商诉讼、知识产权 5 个研究领域板块中心。

其中，PPP 法律事务研究中心是盈科专业化体系内成立的第一个法律中心。彼时，国家大力推进 PPP 项目建设，与之相关的法律服务业务蓬勃发展，盈科瞄准契机，建立机构、整合资源、深入研究。自中心成立以来，累计签约 PPP 项目 300 余个，更是中标 2022 年北京冬奥会国家速滑馆 PPP 项目法律服务、中国清洁机制发展基金管理中心（财政部 PPP 中心）法律服务。

产品创新：前中后端，可持续闭环

2019 年 7 月，盈科启动首届法律服务产品大赛活动，意在激发盈科各律所、各区域律师的法律服务产品创新思维。2019 年 12 月，9.6 万人在线投票，推选出十佳法律服务产品。这是盈科在专业化建设方面进行的创新尝试。

这场大赛的牵头方是盈科律师研究院，首任院长是李华，新任院长是盈科全国保理法律专业委员会主任林思明。初期，律师研究院的职能是法律服务产品的输出；随着专业化要求的提升，已转变为法律服务项目的孵化，核心目标是法律服务研究成果的产业化。此次的十佳法律服务产品将由律师研究院主导进行升级优化，引入产品投资人进行孵化，通过市场推广进行全国布局。

由律师研究院输出的法律服务产品，会成为律师学院的培训“教材”。

律师学院的职能是培养专业人才，针对不同执业阶段的律师制定不同培训模块：青年律师的大讲堂式培训、有一定执业经验律师的集训式公益培训、有具体专业化需求的高端收费培训。在总部之下，培训体系成熟的分所也可以在当地设立律师学院分院，目前上海、常州、南京等地分所已成立了分院且运作良好。此外，山东理工大学盈科国际律师学院也于 2019 年 12 月正式揭牌成立，开启了盈科国际性交流、学习、培训的新征程。

在助力青年律师成长方面，盈科几乎不计成本，投入了大量资源。经盈科律师学院统筹，盈科青年律师工作委员会巡讲团在全国各地分所开展了近百场法律公益大讲堂式培训。针对青年律师的发展阶段和特点，培训内容会涉及各法律业务领域、律师案源拓展、诉讼技巧、律师执业风险防范等方面，以开放式探讨、交流的方式向青年律师分享知识和业务经验。通过高频、持续且有针对性的巡讲，为青年律师灌输了充分的职业通识。

谈及青年律师发展基金，李华认为，青年律师的成长分为通才—专才—团队协作和资源整合三阶段，每个阶段都需要律所层面提供支持，“律师学院、青工委这两个组织，200万元青年律师发展基金、500万元专项经费、特聘专家顾问三项保障，有效保障了青年律师的快速成长和发展。”

目前，盈科已形成人才培养与产品创新相结合的可持续发展闭环：研究院研发，律师学院及青工委培训，各个专业部门实践，在实践中提升业务能力，再为法律服务产品创新提供思路。

刚刚过去的2020年5月，第四届盈科专业委员会主任竞聘结束，选举产生了一批年轻有为业务领头人。承接品质专业化建设的要求，新一届专委会将继续推进三方面工作：

- 完善专委会人员管理制度，确保专委会结构合理化，促进专业化建设的稳步提升；
- 将法律产品的研发作为专业化建设的重要着眼点，以产品推动法律服务标准化建设，将产品作为法律服务的核心驱动促进成果转化；
- 以市场为导向，通过对接市场，明确专业化发展方向，提升盈科法律服务的市场竞争力。

结　语

“人生是一场马拉松，没有终点，律所发展亦是，永远要有危机感。”

在另辟蹊径的开疆拓土中，新的运营模式、新的内部制度、新的发展战略，也意味着盈科也一直在迎接新的挑战。从一家精品所到现在的规模所，盈科靠的不是误打误撞的偶然，而是审慎思考后的必然。

“律”途漫漫，上下求索。在40余载的中国律师征程中，盈科冲出传统模式，引入职业经理人、推出多层级合伙人、践行“直投直管”等制度，并将分所数量、律所人数快速拉升至行业高位。

从最初的精品小所，到现如今的规模强所，盈科一路行军，一路迎战，在中国律所发展史上挥毫写下了自己的名字。

盈科正在用它的实践丰富律所发展路径，为中国律所发展提供新思路、创造新可能。

陕西至正

二十载守正，一体化革新

周 正　蔡 凡　吴梦奇

至正律师事务所前台

至正获得的部分荣誉奖项

往期《至正法律资讯》《至正律师》和经典案例集《智辩》

至正律师合影

中国律师业 40 年的发展历程中，各个省份都诞生了一批本地行业中流砥柱的老牌律所。

它们源自本地最早的一批国办所，有悠久的历史和资深的领导者，随着地方经济发展而稳步壮大，始终位居前列；它们面对大所的规模化浪潮，扎根本地市场，以匠心精进专业，锤炼出独有的优势和特色；它们享有过行业高速发展的红利，又在新的大势中深刻思索，在新的竞争中革新求变。

陕西至正律师事务所正是其中之一。

20 载秉持精诚之心，坚守精益求精的工匠精神，坚持以专业服务为立身之本的质朴初心，在风起云涌的地方建设大潮中，至正深入服务了陕西区域经济社会发展。

20 载追求公正之道，至正走出了一条属于自己也属于时代的革新之路。身为区域强所的代表，荣耀属于过去；逐梦面向未来，至正满怀信心，步履不停。

廿载守正　稳中求进

2001 年，50 岁的毛璟文面临又一次的人生道路选择。曾在部队工作近 20 年，1993 年开始在陕西经济律师事务所执业的他接到省司法厅律管处领导的电话：原西安市铁路局下属的陕西陇海律师事务所面临改制，通过律管处物色合适的合伙人，推荐他“去看看”。

陇海所改制是彻底脱钩，完全从零办起。年富力强，经历丰富，尤其擅长白手起家的他当即决定加入，与刘风云等律师一同创立了陕西至正律师事务所。

在前途尚不明朗的初创时期，至正采取了合作制律师事务所的组织形式，同时在毛璟文的提议下创新性地采用了“风险合作人”制度，即“律所虽是集体共有，但每位律师都是风险合作人”。如此一来，既解决了律所设立、发展的资金问题，以出资对应股份比例的形式明晰产权，同时某种程度上也为未来的合伙制打下基础。

2005 年 10 月，毛璟文接任律所主任。“前五年的至正还处于磨合期，并逐渐形成了一支有共同愿景的、稳定的合伙人队伍，此后至正开始其‘二次创业’的历程。”他回忆道。在军队里饱经磨炼，不断学习、成长，又在保险公司担任经理“从过商”，毛璟文在如何发展至正的思路和行动上都有着相当的前瞻性和坚韧性。在群雄争锋的市场环境下，他不忘初心，坚持打造“精诚所至，公正可倚”的品牌，带领律所以诚信、专业、高效的服务赢得一个又一个客户，刷新一年又一年的业绩。如今，经历了 20 年风雨的至正，已成为本地律师业中一棵根深叶茂的大树。已年近古稀的毛璟文，仍然保持着年轻时的心态和干劲，不仅始终工作在律师业务一线，带领团队攻克一个又一个重大疑难案件，还长期坚持律所管理方面的知识学习与实践研究，主导了至正的一系列内部革新。

当时，行业内对于专业化还未像如今这般重视，尤其在法律服务市场发展相对缓慢的中西部地区，律师作业方式更是以“什么业务都做”的单兵作战式为主。2006 年，至正率先开始在所内尝试专业化建设——以已有的优势业务为基础，成立了建筑房地产部、刑事民事部、公司金融部、知识产权与文物保护部 4 个业务部，加强业务拓展、内部合作及律师培养。

不仅如此，至正又先人一步尝试以一体化的方式统筹全所业务。为了解决所内律师在案源上“苦乐不均”的问题，至正合伙人们讨论通过了《案源管理办法》，旨在将合伙人的案件归到律所，再由律所以专业所长分配给所内律师共同办理。

2008 年，创所已过 7 年的至正在业内建立起良好口碑，并持续吸引优秀律师加入，律所已壮大至 60 多人。此前至正已在人员扩张之下，从海军西安办事处搬到了陕西武警总队招待所，而后又接连扩租，但现有的办公场所显然已不能匹配至正的发展速度。这一年，合伙人们共同出资购置了雁塔路上万达广场 600 多平方米的办公场地。当时行业内律所重资产的运营模式还十分少有，至正成为西安当地极少数拥有自有产权办公场地的律师事务所之一。

筹谋长远发展，至正推出了一系列管理改进举措，寻求内部革新。2009 年以来，至正设立了市场推广部，由专人负责律所整体的品牌建设及营销推广工作，通过律所刊物、官方网站、微信公众号等方式宣传品牌、拓展业务。

外拓市场，内修专业。2015 年，为了推动律所专业化建设，至正在所内推行兴趣小组，共分为 10 个小组，律师根据自身兴趣选择组别，自发学习进而积累专业知识和业务经验。同年，至正通过 ISO9001 质量管理体系认证，将业务流程标准化，加强业务质量把控，提升客户美誉度。

这一时期，北京规模大所加速在西安的布局。这些带有全国性品牌优势的大所分所入场，加剧了区域法律服务市场的竞争，人才流动加快，一些西安本土律师事务所翻牌成为分所，一些律所团队整体加入大所。在此局面下，至正也在思考着自己作为独立的本土律所品牌该如何综合化和专业化发展，加强现代化管理，提升律所的综合竞争力。

毛璟文曾在《我们需要什么样的转型》一文中写道：“简单的‘转会’、‘翻牌’或‘加盟’品牌所，短期内可能获得一些资源，但长远看可能失去对自己命运的控制。这种‘转型’不是我们需要的。”

始终保有打拼事业的热忱和干劲，并且在变化的环境中，具备时不我待的危机意识和警觉性，使得至正在十几年间逐步壮大，一路成长为陕西省领先的区域律所。见微知著，至正人意识到转型是获得竞争优势的必由之路。

经过合伙人会议的反复讨论，2016 年，至正提出了“三年发展规划纲要（2016~2018）”，开启了循序渐进式的一体化管理转型，从管理体制、信息化建设、业务质量管理多方面入手，推出了一系列管理革新举措，并制定了“非诉业务额占全所业务总额的

20% 以上”的业务转型目标以及“平均每年净增执业律师 10~15 人”的规模扩张目标。

2017 年，随着人员增加，至正再度迁址至中国航天技术应用创新中心 9 层，办公面积超 2000 平方米。如今，至正律师、律师助理已达到 120 人，其中合伙人 17 人，位列陕西本省少有的几家“百人所”之一。5 名律师担任律师协会专业委员会主任、副主任。办公环境升级、人员规模扩大，在“向外”扩张发展的同时，至正也一直在积极“向内”建设律所文化。

“至正的品位是什么？不在于高大上的办公环境，而是至正律师 20 年来坚持的工匠精神。”毛璟文说。至正以“精诚所至，公正可倚”为律所名称的内涵，要求律师们对待客户委托的业务要保持着诚信服务、精益求精的“工匠精神”，成为客户值得倚靠的对象，这也是至正始终不变的初心。“我们不以业绩为唯一目的，而是希望律师能够在执业过程中发挥自身价值，服务好客户的同时收获自身的满足感和成就感。”

自 2004 年起，至正已连续 15 年受到陕西省司法厅、律师协会的表彰，多次被评为“省级优秀律师事务所”，并涌现出一批优秀律师。至正先后有 1 名律师被司法部授予“党员律师标兵”称号，且又被省司法厅授予“三秦十佳律师”称号，6 名律师被评为“省级优秀律师”，7 名律师担任全国及省人大代表和政协委员法律顾问。

近年来，随着一体化转型的不断深入和调整优化，事务所的发展更是呈现连年向好的态势，创收额以年均 20% 的速度递增。走过 20 年风华，至正现已经成为业界信誉良好、管理规范、文化特色鲜明的律师事务所，综合实力位居陕西省前列。

立足本土　业务综合

从早期的民商事和刑事业务起步，历经近 20 年的稳步发展，至正逐步涉足房地产与基础建设、知识产权、劳动法、金融财税、刑民交叉、资本市场等多个业务领域，如今已形成以公司商事、建筑房地产、银行金融和刑事业务为四大支柱，其他业务各有特色且内部高度协同合作的综合化业务覆盖。在 2017 年省律协专业评定中，7 名律师被评定为建设工程房地产专业律师，13 名律师被评定为公司法专业律师，9 名律师被评定为刑事专业律师，3 名律师被评定为婚姻家庭专业律师，1 名律师被评定为知识产权专业律师，2 名律师被评定为涉外专业律师，1 名律师被评定为行政法专业律师。

公司商事

公司商事法律服务是至正的优势与支柱业务。成立初期，至正即承接了诸多铁路商业开发配套法律服务项目，以此奠定了商事领域的业务底色。其后，至正在商事争议解决领域亦充分树立起本土律所的优势。2016 年，至正有意识地在非诉业务领域发力，业务增长较快。目前至正的公司商事业务已呈现诉讼与非诉兼有所长的整体性服务实力。

“至正公司商事业务的发展是一个伴随市场需求的变化而逐步丰富的过程。”至正高级合伙人、管委会主任张敏学说，“至正律师办案注重品质，我们深知，律师是一个口碑行业，品质决定事业。”

经过多年耕耘，至正的常年法律顾问业务增长快速，现已担任了数百家大型国有企业、本土民营企业的法律顾问。至正律师以其专业精湛的业务能力和严谨细致的执业态度，在业内赢得良好的声誉。目前，至正还与西安海关、西安核技术研究所、陕西省农业发展基金会等政府部门、事业单位建立了长期合作关系。

资产并购与对外投资方面，至正曾为西安某工艺美术集团有限公司股权收购、我国香港地区某公司收购菲律宾某上市公司股权、陕西省某国有企业在中亚地区设立投资公司等一系列并购投资项目提供法律服务，获得了良好的客户口碑。

商事争议解决是至正的传统业务，每年办理商事争议数百件，形成了流程化、团队化作业模式，建立了重大案件会审、模拟法庭制度。目前至正已经在建设工程、房地产、知识产权、股权纠纷、合伙纠纷等领域的诉讼和仲裁方面积累了丰富的业绩和经验，形成若干业务团队。2018 年，至正律师代理了西安卫尔康安市场营销服务有限公司诉西安饮食股份有限公司、西安大业食品有限公司侵害商标权纠纷案，该案入选陕西省高级人民法院发布的 2018 年陕西法院八件知识产权典型案例。

随着经济发展和“一带一路”倡议的提出，至正律师为了满足客户发展对法律服务的需求，涉入新三板、私募基金、“一带一路”、股权激励等领域，取得一定成绩，培养了新的服务团队，使业务地域延伸到中亚和东南亚地区。创新一直是至正的理念，这种理念在业务方面的表现便是不断开拓，无惧艰难。

“过去数年里，至正的公司商事业务保持着快速增长。未来，我们将进一步提升这一领域的服务质量，通过律所层面来组织各团队加强内部合作以更好地实现客户的委托。”张敏学说。

银行金融

受地方经济发展影响，西安目前的金融市场仍以典当、融资租赁、保险理赔、地方资产管理公司、区域性股权交易市场、融资担保公司、小额贷款公司和投资公司、专业合作社、交易所、社会众筹机构组成的“7+4”类金融机构为主体。

至正立足本土市场，深谙本地经济特征，早期业务方向聚焦于银行的不良资产这一细分领域，以此为起步阶段的业务抓手。随后，至正逐步开拓了银行、券商、保险、私募基金、融资租赁等更多业务，在各个细分领域均取得了出色的成绩，并和五大专业银行、国家开发银行、光大银行、长安银行、长城资产管理公司、信达资产管理公司等多家金融机构建立了长期合作关系。

目前，至正所内以金融证券为主要业务领域的律师近20人，并形成了合理的年龄结构梯队：团队内2/3的“70后”“80后”资深律师专业水准过硬、实务经验丰富，担纲业务主力；“90后”青年律师朝气蓬勃、积极进取，在资深律师带教下通过理论学习和实务训练快速成长，是团队的坚实后备力量，其中部分已经崭露头角，是未来的骨干栋梁之材。

近年来，至正加强内部的专业化建设，注重青年律师培养，同时加强各专业领域的流程化、标准化建设。至正高级合伙人、金融投资专业委员会主任刘龙飞对此解释道：“律师服务流程化，我们鼓励已有3到5年业务实践经验的律师在业务专业化之外，也要向所在的行业内深入探索，并结合行业特点总结形成书面的《业务指引》。如此，一来是能帮助年轻律师快速上手，二来是团队服务的工业化、标准化有助于提高效率，保障服务质量。”

在金融领域的深耕多年，至正金融法律服务团队现已经能够实现高度标准化的流水线式团队作业，且代理了大量疑难复杂且工作量大的案件和项目。在至正律师代理的一起混合担保追偿案件中，团队根据《业务指引》，针对案情中的争议进行了两天集中讨论，检索了2017年的各种同业类似案例，并咨询了数名研究金融法的学者、教授，共同研究，从债权转移的角度提出了针对性观点，最终帮助客户取得了满意的追偿结果。

特别值得一提的是，在相对新兴的“债转股”领域，至正律师亦具备较强的服务能力。“债转股”概念始于2015年股市大跌后，政府根据“去杠杆”需要，提出了利用债转股将一些处于暂时性资金困境的企业盘活。2017年，至正举行了“债转股”专题研讨会，进行了一系列知识梳理和框架设计。针对西安债转股市场较小的情况，至正因地制宜，完成了数起小规模债转股项目，在新兴市场领域探索方面位居前列。

对于至正金融业务的未来发展方向，刘龙飞说：“北上广律所在全国层面的金融领域立足已久，对于至正而言，如何做好下沉，真正挖掘出本地金融市场的潜在业务，是未来确立自身差异化竞争优势的关键和努力方向。”

刑事业务

2017年12月5日上午，几位手持锦旗、满脸洋溢笑容的当事人专程赶到至正，表达对安龙斌律师团队在一审、二审程序中为被告人柳某尽心尽责辩护，最终争取到柳某被宣告无罪的感激之情。

2015年3月，陕西省某银行支行负责人柳某因他人检举被某县人民检察院以涉嫌受贿罪立案侦查。在侦查期间，由于柳某拒不认罪，侦查人员便采取非法手段获取了柳某的有罪供述，从而导致柳某被移送法院审判。至正刑辩专业委员会主任安龙斌律师在听取柳某亲属叙述事实后，毅然接受柳某亲属委托，担任柳某的辩护人，带领团队成员办理此案。凭借扎实的专业功底、丰富的实践经验以及对公平、正义的不懈追求，前后整理了长达十万多字的辩护材料，以严密精准的论证说服一审、二审合议庭接受律师的辩护意见，从而达到了一审排除非法证据，二审改判无罪的辩护效果。职务犯罪无罪判决在刑事案件代理中，被认为是少之又少、难之又难，而这一案件仅仅是至正律师在刑事业务领域众多典型案例的其中之一。

刑事辩护是至正的传统优势业务领域，自 2003 年起，至正就已先后代理了多起刑事大案、要案，如 2004 年陕西西安宝马彩票案、陕西咸阳秦都区检察长杀妻案、陕西广播电视台原副台长刘某（副厅级）受贿案等。这些案件在当时的陕西乃至全国范围内都引起了社会的高度关注，这成就了至正在刑辩领域的高起点。此后，至正逐步拓展细分领域，并在职务犯罪、违法发放银行贷款、虚假诉讼等业务中确立了独有的竞争优势。

目前，至正有 20 余名律师主要从事刑事业务。2019 年至正组建了刑事辩护专业委员会，加强对全所刑事案件质量的把控，并带领所内律师提升专业能力，同时研发刑事专业的法律服务产品，将刑事业务打造为至正的一张专业名片。

刑辩专业委员会主任安龙斌说，办案“扎实”是至正律师的一大特点。“*不少刑辩律师会将主要精力用在辩论阶段而相对弱化质证环节。但在至正，律师们不会放弃刑事诉讼中的每一个环节，法庭调查阶段就会形成详细的质证意见提交给法院。*”办案过程中，愿意“下笨功夫”，宁愿投入大量的时间和精力，也绝不放弃任何蛛丝马迹。至正律师曾在某案代理中经过仔细比对敏锐地发现讯问笔录的字数远远大于录像中的打字速度所能达到的结果，并进行了调研和模拟，以此为突破口对笔录的真实性提出质疑，成功地扭转了案件走向。

刑民交叉领域，至正亦在业内较早涉足。2013 年，至正律师处理一起煤矿转让费未给付的民事纠纷案件，当地公安局却以涉嫌合同诈骗立案，对当事人予以羁押。案件审查批复前，至正律师经过严谨论证和与检察院的多次沟通，最终争取到不予批捕的结果。而另一起借款抵押担保案件中，对方当事人的行为理应已达到构成刑事犯罪的标准，检察院却未批准逮捕。至正律师意识到，经济纠纷中刑事和民事容易因为各种背景和原因产生交织，而其最终结果很可能是天壤之别，为了保护客户的合法权益，律师有必要对此进行更深入的探索。

此案促使至正开启了刑民交叉领域的研究，2016 年 8 月，至正与陕西省法学会一同举办了“刑民交叉案件热点与前沿问题研讨会”，邀请了北京、西安的诸多来自公检法和高校的专家对这类案件进行研讨论证，对至正多年以来办理的大量刑民交叉案件进行了梳理，最终整理出品了一份专业报告。此举在业界被称为“走出刑民交叉业务研究的第一步”。此外，至正还在所内组建了刑民交叉专业委员会，还参与了陕西省法学会刑民交叉专业委员会的组建工作，共同研讨，在相关案件的办理上持续精进专业水平。

“接下来我们将通过总结过往经验，形成标准化的刑事案件办理流程，以提高案件的处理效率，确保案件办理质量。在加强专业化建设的同时，梳理已有业绩并加大宣传，打出至正刑辩团队在陕西省乃至全国的业务品牌，并将至正的刑事团队打造成陕西乃至全国一流的业务团队。”安龙斌说。

随着近年“走出去”战略和“一带一路”倡议的持续深化，西安在国家西部发展战略中的重要性也越发凸显。面对这些发展机遇与挑战，至正计划进一步加强专业化建设，在政府机构、大型国企的服务项目招投标领域投诸更多精力。至正经过20年的积累，已经成为一家综合型律师事务所，接下来将通过一体化改革对业务进行整合，初步形成刑事、商事、民事、行政四大业务领域，在每一领域的基础上根据法律专业、客户类型、行业类别做进一步细分，鼓励、培养律师朝着专业化领域发展，并在每一领域开发新的法律服务产品。以商事业务为例，至正商事团队由专注于劳动法、公司法、知识产权法等领域的多名专业律师组成，部分律师同时具备证券从业资格、注册会计师资格，形成了常年顾问、争议解决、股权并购等业务团队，针对国有企业和民营企业的不同特征，采取不同的业务拓展方式，形成不同的服务特点。商事团队总结建筑、房地产、电力、贸易、环保、科技等行业对法律服务需求的特征，研发了不同的法律服务产品。至正将继续利用自身优势的同时，响应国家乡村振兴、“一带一路”倡议和经济社会发展需求，不断突破自我，进一步拓展服务领域，在专业化道路上持续发展。

一体转型　革新求变

区域社会经济高速发展，客户所面临的法律问题从规模量级和复杂程度上日益攀升，对律师事务所的整体性服务能力不断提出更高的要求。整个行业都相对粗放生长的十几年间，传统提成制律所为律师个人利益的最大化实现提供了组织基础，但越发难以应对客户需求的升级。此外，律所规模扩大后管理水平的“跟不上”，人员多元化后所内的文化认同感以及向心力、凝聚力日渐下降，相关制度的老化又使得律所缺少年轻律师新鲜血液的供给。这些，几乎是近几年来所有中型律所都共同面临的发展“瓶颈”。

所以，与其说是至正到了管理转型、再上台阶的时点，不如说是整个律师业到了变革之际，期待着觉醒者、先行者。始终持有发展的危机意识，至正感受到了转型的必要性，也决心在律所成立15周年之际开启一体化改革，向更加现代化的法律服务机构转型蜕变。

新的时代大势和竞争环境下，自我革新者既要有敢于突破的勇气，更要具备善于创新的智慧。通过走访、调研了多家国内律所的改革转型之路，深入探讨、学习了不同模式的利弊，再深度结合自身实际情况，至正选择了一条渐进式的稳步改革之路。

2016 年，至正制定了 3 年发展规划，提出了多项转型举措。同时以文化作为精神凝聚的前提助推管理转型，提出了“平和、包容、创新、自律”的至正精神作为“所魂”。“我们希望走得稳一些，别人的路无法照搬，探索过程中就需要以平和、包容、积极的心态迎接创新。”毛璟文说。

至正一体化转型的具体路径主要包含了两个方面。

第一个方面是管理架构升级，根据律所规模扩大和发展需要，在考察沿海地区律师事务所和西安本地律师事务所的基础上，经合伙人及管委会讨论研究确定从 2016 年起试行“一会三委”的治理结构，确立了“议决行监”的职能分工：合伙人会议作为最高权力机构，管委会作为决策机构，执委会作为执行机构，监事会作为监督机构。运行初期，架构设置分工明确、各司其职，但实际在一家百人所中运行一段时间后，这样多层级的架构设计略显职能重叠。至正很快便结合实际情况进行架构迭代——采取“扁平化管理”的思路，将执委会并入管委会，提升决策和执行效率。

此外，至正还在本地乃至全国律师业中都率先尝试管理专职化，聘请西北大学经济管理学院宋思远老师担任律所管理顾问，创新性地引入外部专家管理顾问深度参与律所管理。针对律所情况，他提出了“大中台”的管理思路，并在此理念指导下重新构建律所结构。

在探索一体化管理转型的过程中，专业管理人才的协助，更有利于律所管理运营工作的高效开展。“宋思远老师参与到律所的重大战略制定以及具体制度落实的工作中，并从他管理专业的视角提供建设性意见。”至正副主任、党支部副书记韩江说。

管理团队的年轻化亦是至正在组织机构升级的同时考虑到律所长远发展的“有意为之”。作为一名“80 后”律师，韩江成长迅速，不仅在业务上独挑大梁，且具有多年的企业和律所“双重”法律工作和管理经验，如今已是至正的高级合伙人和副主任，在事务所的管理转型中亦发挥着重要作用。

第二个方面是至正推行了新的合伙人分级制和律师晋级制，设置了从实习律师、协办律师、责任律师、主办律师到初级合伙人、二级合伙人和高级合伙人的完整晋升通道。这两方面的制度设计直接决定了律所吸引、保留人才，扩大合伙人队伍以实现整体实力增长的可能性，呼应着律所做大做强且实现稳定协调发展的现实需求。

新的晋升层级中，毛璟文介绍剖析道，在协办与主办之间创新性地设置“责任律师”的层级，目前取得了很好的效果。其对应的是工作 2~3 年的律师，要求他们在执业一年以后就“担起责任”，摆脱“助理心态”，更高标准地严格要求自己。而主办律师只要符合相关规定条件即可申请晋升为初级合伙人。初级合伙人属于“工资合伙人”，但已经进入了“合伙人队伍”，享有和权益合伙人一样的提成比例，且在年末按照业绩等因素参与分配。这样的分层设计是为了帮助年轻律师尽早地通过身份的转换带动自身成长阶段的逐层跃升，实现长远的职业规划，同时为至正构建起合理的人才梯队，为合伙人队伍的壮大提速加码。

为客户提供一站式的综合性解决方案，律师的专业化是基本前提。2006 年，至正便设立了五个业务部并通过了《案源管理办法》，引导律师有意识地专业分工，并培养出不少有着明显专业领域特征的业务骨干，2015 年又尝试以兴趣小组的形式推动律所专业化建设，之后进一步强化并划分为不同的专业部门，至正对专业化的重视、投入和创新始终坚持。

2019 年，至正在专业化建设上又迈出重要一步，创设新构建“服务律师理事会”以及下属金融投资专业委员会、刑辩专业委员会、公司商事专业委员会、建筑专业委员会、刑民交叉专业委员会、知识产权专业委员会、“一带一路”专业委员会、企业破产专业委员会、财税专业委员会、劳动法专业委员会、清偿执行专业委员会等 11 个专业委员会，提升律师的专业技能，加强不同专业间的协同合作。专业委员会成立以来，一方面通过开展业务培训交流活动，促进律师专业能力的提升，另一方面和各业务团队加强合作，解决业务办理过程中的疑难问题，加强具体业务质量的保障。

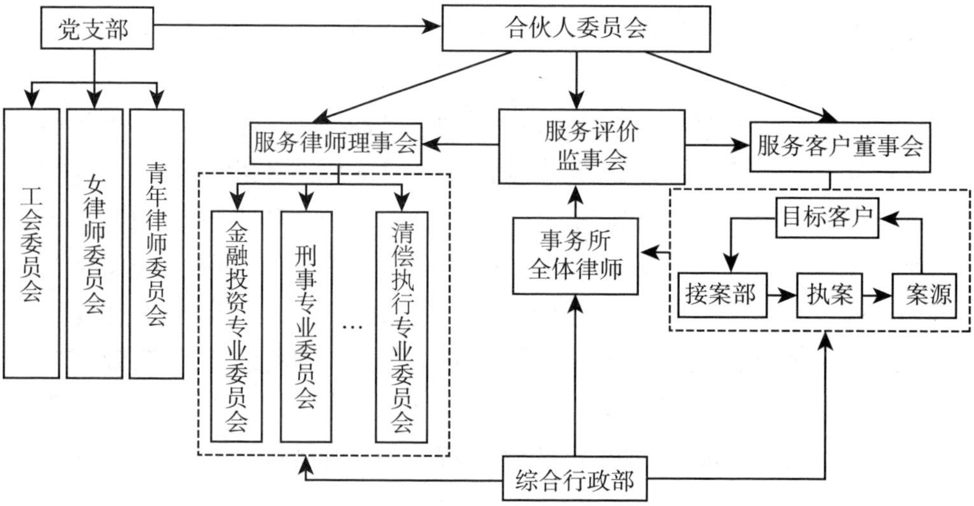

至正律师事务所组织架构

在专业化的基础上强调律所的“一体化”，至正采取的是积极鼓励所内律师团队化、团队内部试点一体化、团队间组合调配高度灵活化的转型方式。

鼓励律师“成团”，律所不仅对各个团队采取“充分授权、独立负责”的管理方式，由律所层面提出基础制度或指导思想，各团队因地制宜高度自治，而且在成本负担上设计了专门制度，按团队人数以一定规则分担律所成本，团队越大，律师的个人负担相对越小。

各个团队内部，至正鼓励其采用一体化的管理运营模式，主要体现为分配和薪酬制度的改革。在律所仍使用提成制的前提下，团队内，合伙人采用“计点＋积分”的方式确定分配比例，从业务能力、管理贡献、律师培养等多个维度予以考察评价；律师则采用“计时＋奖金”和“底薪＋奖金”两种方式，前者更强调超额劳动贡献的即时兑付，后者则偏向于给予刚入行的年轻律师以收入保障。

毛璟文领衔的公司商事团队率先在所内开启了团队一体化的试点工作，建立起一支20人左右的队伍。“一体化团队的成立，改变了过去律师单兵作战的形式，以经济效益为纽带，以薪酬制为核心形式，将整个团队紧密联系在一起。”毛璟文说，团队在利益分配上也有着一定的创新和成效，如计时制不仅适用于非诉业务，在诉讼业务中也取得了不错效果；团队设置一系列福利，为年轻律师提供房租补助和购房购车借款；每年提留10%净利润作为发展基金为团队长远建设确立了保障。

除了分配制度上的改变外，最为重要的是团队内部形成了进一步的专业分工：有律师专门进行市场拓展，有律师专门承担客户维护，有律师专注于业务承办。使用法律科技工具将整个团队的业务办理“云端协同”，使得团队服务客户的整体能力、质量和效率都得到明显提升。2018~2019年两年试点期间，公司商事团队还在探索相关工作机制的基础上总结归纳并形成了一本厚实的《团队工作手册》，涵盖了客户开发、业务操作、分配激励和培训学习等多个方面的内容，在团队分工化的基础上，进一步实现了业务办理流程化和团队运作制度化。同时，此前无论是个体律师还是律所层面都难以推进的知识管理也在团队内部逐步开展相关整理加工工作，已经形成了一些知识沉淀，用以业务承办和人才培养。毛璟文说，公司商事团队的一体化运作有效提升了客户服务的及时性、专业度和体验感，团队内部工作饱和、分工明确、协作流畅，而团队人均创收也高于业内平均水平。目前，所内其他几个高伙团队也陆续开启了一体化的探索，在基本理念的统领下根据各自实际情况设计个性化的一体化方案并加以推进。预计到2022年，所内主要团队都将基本完成一体化的转型升级。

此外，团队虽然是律师执业的基本单元，至正更强调团队之间的边界模糊化，以客户需求为中心，以项目需要为基础组建“变形金刚式”的团队，即强调在业务谈判、招投标和实际服务中不同团队之间抽调专业律师、高度自由组合，“汇集全所的优势力量”服务客户。为此，至正专门推出了《客户导入和业务转交管理办法》，目前已经取得了明显成效，律所在大型项目上的组团服务能力显著增强。

在薪酬制度与晋升制度的结合上，至正还在业内超前地施行了一项举措——授薪律师完成的业务量可折算为创收业绩，达到规定标准后即可申请晋升。这针对的是一体化律所内，青年律师因为主要承担执行任务而没有“自己名下的创收额”导致无法满足晋升标准，可能因此导致团队骨干律师流失的问题。这一创举即便相比于北京和上海的一些较早施行一体化的律所也是管理上的领先之举。

一家现代化的一体化律所，其高效运转离不开行政运营团队的支持，至正同样着眼于“非律师人员”的专业化建设，提升律所行政支持团队的工作效能，将原律师服务中心、人力资源部、品牌营销部三部合一为综合行政部，由执行主任统一管理。部门内分设了行政主管和运营主管，分别负责律所的日常行政管理和市场运营管理。而在具体的行政工作中，如财务、人力资源、党务工作、微信公众号和网站宣传、知识管理等均有由专人负责。而IT建设上，至正也已引入了律所办公系统和业务管理系统，实现律所内部的流程在线化、信息共享与协同合作。毛璟文表示，一体化管理的特征之一即非律师团队与律师团队结合，整合内外部资源，集中建设律所品牌，提升律所影响力和竞争力。接下来，至正的行政支持团队还将进一步扩充，进一步补全各类专门人才，强化已有职能的工作成效。

推行一体化转型4年来，至正已经完成了从一家本土传统优秀律所向更加现代化的专业法律服务机构的阶段性蜕变。改革求新，意味着主动跳离原来的“舒适区”，也意味着阻难和风险，对于一家“20载守正”，有一定历史积淀的律所来说尤为不易。但至正坚信，转型不仅是为了解决当下浮现的问题，更是为未来更长远的发展构建一个“体系”，一个架构科学、制度合理、运转高效的体系，以生生不息地运转、传承下去。

在2020年9月9日的第四届“至正日”庆典活动中，“北大纵横后MBA西安交流中心”在至正设立，随之一起设立的还有“至正金融财税中心”，这是至正在一体化框架下，针对业务发展新模式的尝试。至正将依托优质企业家平台，进一步提升服务能力。而与专业财税服务机构的合作，使投融资、法务和税务相融合，为企业提供更加全面的服务，成为至正的又一核心竞争力和专业品牌。

党建引领　文化凝聚

以党建促所建

如何以党建促所建，实现律所在党的领导下健康高速发展？这是近年来许多律所尚在摸索之中的重点主题。于至正而言，党建和所建的结合已经有了相当多具有创新性和实操性的举措，并取得了相当丰硕的实践成果。

2003年，律所创立2年后，至正党支部即成立。截至2019年，党支部已有党员35名，党员律师在全所律师中占比37.6%，支部先后9次被省司法厅评为“先进基层党组织”。

最近一次党支部换届后，律所主任毛璟文继续担任党支部书记，律所副主任韩江则出任党支部副书记。党领导班子与律所领导班子的“双向融合”，为党建与所建相结合提供了重要的前提条件。同时，至正的党支部中，除二人为高级合伙人外，其余都是执业律师，党组织在汇集和响应群众需求和呼声方面发挥出重要作用。

除了将党组织作为律所发展的政治引领之外，以党组织作为所务工作开展的重要载体，是至正党建所建相融合的一项创举。至正党支部根据不同业务团队划分出6个党小组，使党建工作进一步和所务结合。以党小组为基本单元落实各项所务工作，取得了远超传统的所建效果。

有了党组织作为律所建设的主心骨，至正在公益方面也有了更系统、更稳定的投入。至正很早就成立了自己的法律援助团队，所内律师也多次受邀前往电台录制普法节目，多名律师更是在省广播电视台长期出镜法治栏目。

2009年，司法部、全国律协发起了“1+1”中国法律援助志愿者行动。截至2019年，至正已先后有两名律师响应号召，奔赴藏区开展法律援助工作。2017年，至正与延川县法律援助中心建立一对一合作关系，得到省司法厅的认可和支持，在全省开展“中心城市律师事务所与县（区）法律援助中心一对一合作”活动。2018年，至正律师积极响应省司法厅号召，深入安康市紫阳县开展村（居）法律顾问工作，进行法治宣传，了解当地情况和村民诉求，并与对接的八个村（居）签订了法律顾问合同。2018年3月，20余名至正党员律师前往临潼区三庙村，送上捐款13,000元。2020年9月，又认购农产品12,000元。此外，至正律师多次前往镇安县、富平县、延川县等地以及社区、学校举行普法工作，使法律助力脱贫攻坚工作常态化。

2020年，新冠肺炎疫情汹汹来袭，至正党支部在尚未有上级号召的情况下，发动全所律师完成了11万元的抗疫募捐，并成立了专门的宣传小组、法律服务志愿者团队，通过微信公众号等渠道播送疫情实时情况，解答疫情法律问题，提供免费法律服务。

“在过去20年里，至正通过参加公益活动，实现了社会价值和行业价值，也增强了客户对律所、律师的认可。未来，至正考虑更进一步打造特色公益活动，建立至正公益基金，更好地实现至正律师的社会价值。”韩江说。

以文化促凝聚

20年的发展形成了至正独有的文化，而文化的凝聚又成为发展的动因。

公益活动的开展潜移默化地使奉献精神成为至正文化的内涵。每一次公益活动，至正律师均能够积极响应。而在律所内部，这种奉献精神表现为合伙人们对律所发展建设的无私付出。毛璟文主任自喻“老骥伏枥”，在古稀之年仍为至正未来的发展绘制一体化蓝图，并身体力行地推行各项制度改革。奉献精神还表现在至正对年轻人的关怀。为了克服传统“传帮带”律师培养模式的弊端，至正力推的团队化建设使年轻律师在团队内部有规划地成长。此外，至正多次提高实习律师待遇，落实全员社保，使实习律师生活有所保障。

“慎终如始，则无败事”是至正律师的执业理念。在每一起案件中，至正律师用执着的精神带给客户希望，锲而不舍地维护客户的权益。在一起民事纠纷中，至正律师经过一审、二审未能实现客户诉求，在当事人绝望退缩之际，至正律师一再说服当事人相信法律，最终通过申请检察监督，使本案得以再审，实现了当事人的诉求，也使法律在当事人心中的权威得以维护。

2006 年，至正出于提升律所文化凝聚力，加强所内专业建设和知识积累的考虑，在业内较早地创办了所刊《至正法律资讯》。《至正法律资讯》设置了理论研讨、实务论坛、法律快报、律所春秋 4 个栏目，囊括了专业探讨、热点报道、律所文化展示等多种内容。

在《至正法律资讯》的创刊词中，毛璟文给这本期刊下了定义：为律师们提供的一个内部信息交流平台，建立至正与联系客户的纽带，以及一个传播法治理念的窗口。

毛璟文说：“我希望这本刊物就像当年长征途中的《红星报》伴随红军好汉走向成功一样，伴随着至正律师一步步走向成功。”所刊创办后，律师经年不断地为各个版块撰写相应文章，从学术问题研究，到实务经验分享，再到所内文化生活……一本所刊的不间断出版，无形中也加强了至正律师的凝聚力。

2018 年，《至正法律资讯》更名为《至正律师》。“在这个信息爆炸的时代，所刊已经成为至正律师自己的传播阵地，发出的是至正律师自己的声音，展示的是至正律师自己的形象，体现的是至正律师自己的文化——这是我们为什么坚持继续办刊，并改名为《至正律师》的原因。”执行主编韩江如是说。

在至正创立 10 周年之际，律所又整合过去 10 年里代理过的案例，推出了经典案例集《智辩》。在至正律师看来，所刊与《智辩》这些出版物已不仅仅局限于媒介传播的作用，而是作为至正独有的知识积累与文化传承，在律所发展历程里记录并留存，将至正的文化理念弘扬且延续。

为律所创立专属的节日，也是至正在文化建设上的一项率先尝试。2017 年，至正将 9 月 9 日定为“至正日”。每逢当年度的“至正日”，至正律师不仅会举办乒乓球赛等一系列文体活动，还会专门为入所满 10 年的至正律师举行一个纪念仪式，颁发纪念奖项。而在“至正日”当天下午，律所还会举办专业研讨会，如 2017 年“债转股研讨会”，2018 年聚焦律师事务所发展问题的“律所发展管理研讨会”，2019 年“民营企业法律风险防范论坛”，2020 年“我与至正”主题演讲活动。经过数年坚持，“至正日”已经成了至正的一个越发鲜明的律所文化特色，这种形式的创新也在业内获得了积极反响和广泛好评。

所刊是内部建设的一个标志，起着团结所内力量、打造专业团队的作用；“至正日”

则是律所外部品牌的一种打造，将至正的专业口碑加以传扬。未来，至正还将把律所文化建设作为提升凝聚力的核心，不断丰富其形式和内涵。

结　语

20 载风华，立足本土市场、持续深耕，强化专业建设、业务综合，绸缪发展传承、改革转型，至正是本土强所中的典型代表。

在社会深度变革、经济快速发展的时代潮流中坚守“至正”的初心，在区域行业竞争的不断升级中坚持精益求精的匠心，在宏观与微观的变与不变中坚定属于自己更属于时代的信心，迎向未来 20 年的发展愿景，至正还在奋楫搏浪，勇往直前。

革新与传承，传承与创造，至正仍在路上。有理想，敢创新，至正人正在谱写自己的百年华章。

中闻

探索具有中国特色的律所管理之道

林　戈　宁思甜　陈琼青

中闻律师事务所

中闻律师事务所 2019~2020 年度庆典

在历史学家汤因比眼中，人类社会发展的规律即“挑战和应战”，文明即是在“挑战和应战”这对矛盾中诞生和延续的。应战成功，文明可以继续向前发展，反之则会导致文明的衰落。对于律所管理而言，也是一个“挑战和应战”的过程，在持续地波浪式前进和螺旋式上升。

律师事务所管理的本质，是通过文化理念和组织制度的引领，构建一个可持续发展的平台，充分激发律师的热情和聪明才智，使其为客户提供最优质的法律服务。

在中国，有这样一家律师事务所，其崇尚“人才办所、民主办所、制度办所、稳进办所”的发展理念，持续朝着规模化、专业化、平台化、品牌化的方向迈进，形成了综合化、全方位、多元化的法律服务体系。但更为值得关注的是，其历经潮起潮落，不断锐意进取、改革升级，真正做到了用中国律师的思维方式来管理律所。

这家律所的名字叫作北京市中闻律师事务所，其创立于 2001 年 7 月 13 日。巧的是，这一天也是北京申奥成功的日子。

中闻律师事务所主任吴革说：“中闻要探索具有中国特色的律所管理之道；中闻的目标是要建立一个中国一流、世界知名的法律服务品牌；中闻更为远大的愿景，是建设一个法律人的微型理想国。”

中闻 19 年史：鹤鸣九皋，声闻于天

1990 年，吴革走出大学校门，在息县司法局所属的律师事务所任职。那时，全国律师资格统一考试已经步入第三次（前两次分别是 1986 年、1988 年），23 岁的吴革一次过线且是信阳地区（后来改为信阳市）第 3 名，取得了律师执业资格。彼时，中国律师人数刚刚超过 5 万人。

1994 年，已经执业 3 年的吴革，开始思考自己的未来发展，寻找新的发展机遇。那时才刚过 25 岁的吴革，做了一个决定，辞去小县城司法局的铁饭碗，前往 400 公里外的省会郑州闯荡。来到郑州的第三年，吴革参与了一场社会广泛关注的官司，他也因此受聘成为河南电视台的法律顾问，这些成绩，让未及而立的吴革，在河南律师界已初露锋芒。也正是这一年，在河南省会本已站稳脚跟的吴革，再次作出了新的选择，而这一次选择，改变了吴革的一生。1997 年，30 岁的吴革去往北京，攻读中国人民大学法律系研究生，正式开始了自己的“北漂”生涯。

中闻律师事务所主任吴革律师

在吴革看来，作为一名律师，应当树立“三个一”的目标——

第一，能够办一件案子，这件案子可以推动中国法治的进程。时任全国律协宪法与人权专业委员会主任的吴革提出了“中国影响性诉讼”的概念，倡导法律学者、法学研究者、媒体乃至社会民众关注重大案件对法治建设的重要作用，提倡通过个案推动中国法治。在早年参与承办一些具有重大影响力的案件过程中，吴革看到了个案推动法治进步的希望。这些案件引发了社会各界的广泛关注，也激起了法律理论界和实务界对案件背后制度层面的思考与探讨。如果将这些典型案例进行深化研究，将对我国法治发展产生更加深远的意义。“影响性诉讼运动是促进法治统一的过程，是法律价值发现的过程，是立法检验、媒体监督的过程，是一个先例形成的过程，也是一个普法的过程。”吴革说。从 2005 年开始，中闻所作为主要的承办单位之一，每年开展中国影响性诉讼的评选活动，通过研究梳理评选出当年 10 个最有影响力的案件。在以吴革为代表的法律人、媒体人的不懈坚持下，中国影响性诉讼的评选活动已连续进行了 15 年，取得了良好的社会效果。

第二，能够写一篇文章，这篇文章可以在 50 年后仍然具有参考的意义和价值。执业 30 年来，吴革笔耕不辍。《中国律师政策探源（1921~1949）》《影响性诉讼是中国律师的新主张》《律师，你为谁服务》《社会需要“三个律师”》《试论法官、检察官职业路径的重塑：主要从律师队伍中选任》等文章，均是吴革在多年观察、认真思考、系统总结之后的作品，其中不乏真知灼见，在业内广为流传。

第三，能够办一家律所，这家律所可以发展成为百年老店。在吴革的律师生涯中，他曾在“国资所”执业，有在国内规模大所工作的经历，又支持设立了公益诉讼的北京义派律师事务所，对中国律师业发展的体会不可谓不深，对律所管理的理解不可谓不透，其十分善于从全局性和本源性出发进行思考。当然，在吴革所有的经历中，中闻无疑是最引以为豪的“作品”！

2001 年，吴革已经“北漂”4 年，在“三个一”的信念驱动之下，他离开了原本工作的规模大所。经与孙成霞、周唯、温继强等几律师商议后，他们决定共同创办一家新的律师事务所。同年，7 月 13 日，中闻律师事务所登记成立。

那为何取名“中闻”？吴革是花费了一番心思的。“中”谓以中国的简称，并有居中、正中的含义，在儒家的思想中，“喜怒哀乐之未发，谓之中”乃中庸之道，在《左传·定公元年》中：“未尝不中吾志也”，意为符合、恰恰对上，且“中”与“忠”同音；“闻”字则有两层含义，一为“达”，出自《诗小雅鹤鸣》:“鹤鸣于九皋，声闻于天”；二为“声誉卓越”，出自《论语·颜渊》:“在邦必闻，在邦必达。”

在中闻成立的那一年，全国共有 9144 家律师事务所，北京市注册律师事务所 443 家，律师人数在 10 人以下的多达 255 家。刚起步的中闻虽然仅有 6 名律师，但是随着律所的发展，每年都有不少律师加入中闻。中闻成立 3 年后，所里已经有了几十名律师。

让吴革没想到的是，中闻的发展比预想得要好太多，最初的办公室已无法容纳越来越多的律师，搬迁是迫在眉睫的事情。

搬去哪里？是中闻全所上下都在考虑的事情。经过对新址位置、交通、租金与其他费用的综合考虑，位于北京北三环中路的城建大厦，是当时中闻的选择。单间的办公室、工位大平台、宽敞的会议室与会谈室，崭新的工作环境，使每一个中闻人精神面貌焕然一新。

从华展国际到城建大厦，这是中闻的第一次搬迁。从 2001 年开始，北京朝阳区的经济总量便位于北京市各区县前列，率先形成了以服务经济为主导的产业结构。中闻迁入城建大厦的第二年，朝阳区的产业结构也日益优化，高端产业地位已逐渐凸显。面对社会经济形态的新变化，中闻不得不再次思考是否需要再次搬迁。

2005 年位于北京东城区的天恒大厦开盘，前来洽谈租用办公空间的企业络绎不绝，他们不仅仅只是看中这里的交通条件，而是更看重周围比邻中石油、中石化、中海油、中人保等众多大型公司与国企。在天恒大厦建成的第三年，中闻正式迁入，成为北京东城区的一家律所。

从 2005 年到 2010 年，中闻度过了平稳的 5 年，朝着综合性规模大所的方向持续发展，各项业务均呈现良性发展的态势。在当时，北京律师行业发展迅猛，许多律所走向了强强联合的道路，北京律师界的“战国纷争”呈现激化态势。2010 年，中闻律师事务所拥有合伙人共 20 名，专职律师 72 名，属于一家中等规模的律所。同年，中闻也在不变更事务所的名字前提下，合并了三家律师事务所，成立了新的中闻律师事务所。由于合伙人与律师在合并后剧增，中闻第三次决定搬迁，选定了离天恒大厦不远处的居然大厦。至此，中闻开始了新的发展。

2010 年 12 月，中闻出台了两份文件，一份是《中闻宪法》，另一份则是《中闻律师事务所2011年发展纲要文件》。这两份文件形成之后，中闻出现了前所未有的跨越式发展，合伙人数量翻番，专职律师达到142名。当时中闻所确立的办所理念为逐步实现3个基本目标，即专业化、规范化、公司化。截至2011年年底，中闻的创收总额达到了六七千万元，转年创收总额升至八千多万元，增收趋势下有望突破亿元大关。

律所合并带来的优势显而易见，快速增加律师人数，扩大律所规模，但弊端也开始逐渐显现。“合并之初只想把规模做起来，但对于多家律所合并后的新中闻需要沿用哪一套管理制度，三家所原有的律师怎么管理，却没有明确，有人提出要领导权，有人提出要管理权”，吴革说。多家律所合并了之后，每个所都保留着过去形成的一些习惯，虽然规模是很快起来了，中闻从1000平方米的办公场所扩大至3000平方米，人员达200多人，业务收入接近1亿元，但是很快，人员之间的矛盾也开始一一凸显。

办公场地的房租过高，资深律师想搬至更有性价比的地区，但是年轻律师却认为律所搬迁应该往更好的地方去，不能让律所越做越倒退。高级合伙人之间因管理分工出现的矛盾分歧也日益凸显，在分配机制和理念不合之下冲突加剧。当时，中闻已经成立12年，中闻律师再一次感受到了中国律师业界的迅猛发展与快速变革，深感中闻发展正在遭遇严重的“瓶颈”制约，原有体制并不能再带领中闻前进。2013年，在经历了合并蜜月结束后的劳燕分飞之后，彼时的中闻痛定思痛，开启了改革的步伐。

2013年，中闻召开了一次合伙人会议，所有的合伙人都参加，并且当即决定在内部成立了两个小组——制度建设小组和交接过渡小组。吴革担任制度建设小组的负责人，专门就创建新的制度体系拟定条款展开研究；交接小组负责过渡期间的日常管理工作，直到选举出新的执行委员会。2013年成为中闻改制和腾飞的起始点。

经过不断地改革和创新，中闻逐渐确立了三项基本制度，即三权配合制度、合伙人股份制、三个公共制度（专业平台、公共律师团队、公共积累）。这三项基本制度构成了中闻发展的基石。2014年，新的制度正式实施，在这6年时间里，中闻每年的业绩增长均超过了50%。

2014年，“大众创业、万众创新”的时代到来，在密切关注了“互联网+”的概念体系，在了解了“跨界融合”“重塑结构”“尊重人性”“开放生态”这几大特征之后，2015年5月26日，吴革在个人博客上发表了一篇名为《关于成立中律联盟的倡议书》的杂谈，杂谈中提道：“中律联盟将建立全球化、遍布中国三四线城市的律师事务所网络，将每家律师事务所不专业、能力弱的板块高效整合，使律师事务所无须丧失联盟成员所在当地业已形成的品牌优势，却可以形成线上海量资源与线下成员律师事务所实体的无缝对接。同时，将联盟成员律师数以亿计的碎片时间高效利用，共同抗衡全球大所的竞争，取得跨界超越优势。”在这篇杂谈发表151天之后，吴革的构想落地，中律联盟正式成立。时至今日，18家参会联盟所将专业法律服务与互联网相互融合、碰撞，一起创造无限的可能与未来。

2018 年 8 月 8 日，在中闻改制为特殊普通合伙制 5 周年之际，中闻主办了“新时代律师事务所发展论坛暨居然大厦 8 层办公区启动仪式”。在论坛上，吴革用八个字归纳了改制创新的亮点——“产权制度”“民主制度”，并介绍了 7 项重点改制内容：其一，从普通合伙制律所改制为特殊的普通合伙制律所；其二，确立“民主办所、制度办所、人才办所、稳进办所”的四项办所原则；其三，建立合伙人大会、主任、执行委员会、监事会的法人治理结构；其四，取消合伙人分级，建立以股份为基础的平等合伙人关系；其五，取消提成律师，改制助理制度，建立律师事务所的公共律师团队；其六，民主选举律师事务所主任、执委会、监事会成员；其七，推行激励股权制度，激励青年律师成长，尊重资深律师，让他们在退休后可以通过股权受益。

为了实现律师事务所快速、持续、健康发展，在《中闻发展规划和改革纲要(2018~2022)》中，中闻所进一步明确了自身的战略方向，将“规模化、专业化、平台化、品牌化”作为不懈追求的长远发展目标。

另外值得注意的是，中闻的四大核心办所理念一直是以“民主办所”作为首要，但在 2020 年，中闻重新进行了调整，而将“人才办所”居于首位。之所以作出这样的改变，是因为中闻意识到，人才是律师事务所能够成功发展的核心，无论是民主办所、制度办所还是稳进办所，都是为了聚拢人才，都是围绕人才这一核心发展战略。

同时，吴革还明确了当前阶段的五“要”五“不要”——要有点理想，不要小富即安；要规模档次，不要低端租赁；要专业突出，不要强制切割；要科学管理，不要各自为战；要品牌信誉的大智慧，不要机关算计的小聪明。这既是吴革内心的信念和渴望，也是中闻所有律师所共同认可的理念。他们真正做到了以中国律师的思维来管理一家律所。文化就像灵魂和血液一样，看不见，但对于一个肌体无比重要。

历经 19 年探索与改革，中闻目前已形成了“人才辈出，良将如潮”的局面。根据 2020 年北京市律师协会公布的统计数据来看，中闻北京总所的律师人数规模已位居北京前五。如今的中闻，已经形成了完整的律师梯队。在中闻的平台上，基于民主的制度和氛围，律师们可以就律所的管理与发展充分地发表自己的意见，“中闻精神”也在年轻律师群体中得以传承。

当然，这一切，都要归功于中闻的发展理念和管理制度，因为这才是中闻赖以基业长青的基础和长远发展的核心竞争力。

“实体、程序、执行”：用律师思维管理律所

在吴革看来，律所管理的思路可参照律师思维，分别从“实体、程序、执行”的角度出发来进行思考，其中“实体”问题是要明晰律所的产权问题，解决律所内产权不明

晰的状态；“程序”问题则需要制定一个兼顾民主与效率的治理结构，既能够听取大部分人的意见，又能保障小部分人的权益；执行问题则是强调要由专业的人来管理律所，让律所的管理朝着专业化、平台化的方向发展。

“实体”：明晰产权问题，推行股权新制

特殊的普通合伙制与股权新制，被视为助力中闻改制深入进行的两根拄杖。

在律师事务所的管理中，产权制度和分配机制居于首要。基于《律师法》与《合伙企业法》的要求，当下中国律所的产权治理结构，除个人律师事务所外，基本上全属于合伙所有制（包括普通合伙制、特殊普通合伙制），而由此衍生诸多的管理模式与薪酬模式。

2013 年，在《北京中闻律师事务所普通合伙制改革方案（讨论稿）》成文 20 天后，中闻发布了一份股本设置的改制方案，总股本被分为赠予股、购买股、预留代持股三种形式。这一方案强调，股本设置要在法律上落实合伙人对律师事务所的所有权，以达到进入退出顺畅、实现资源优化配置的目标。其中赠予股主要是对改制时已经在中闻多年的合伙人，则考虑此部分律师之前对律所的贡献折成一定赠予股份；“预留股”则主要考虑为将来新加入的合伙人预留一部分的股份，供新加入的合伙人认购，同时涉及“二次分配”而需要赠予股份的，也可以从预留股份中解决。这三种类型的股份中预留股不参与表决，购买股和赠予股的表决权能是一致的。

同时，这份改制方案对中闻的合伙人赋予了全新的理念，即“合伙人包括申请成立时的发起合伙人和本所成立后申请加入的后续合伙人，对外统称为合伙人”“事务所的合伙人地位平等”。不仅如此，中闻的股权分配并非完全参照律师的创收贡献，虽然创收仍然占据了主要的权重，但参与律所管理、社会活动、知识管理、学术活动、履行社会责任等方面的贡献亦被考虑其中。

目前，中闻的股权激励制度主要体现在“二次分配”上，其中“一次分配”主要是指，根据分配制度在缴纳税费和律所公共留存后进行的普通分配；“二次分配”则是指，在每年年终时根据各合伙人业务创收情况、公共留存情况、事务所贡献等情况核算出一定的分值，通过二次分红和赠予股的安排实现“二次分配”，通过“二次分配”制度鼓励那些为事务所作出贡献的律师，同时实现了律所的凝聚力。

一个科学、合理的律师事务所产权制度，既要让年轻人看到希望，同时也要让年长律师得到保障。中闻股权制度的另一特色，是通过股权新制打破了个别人控制或高级合伙人控制的情形，合伙人通过购买股份、获得赠予股份等方式参与到事务所管理中来，实现了“事务所是我家”的主人翁意识，“关爱中闻”“和中闻共同成长”是大部分律师的所想所念。同时，对于年长律师，即便减少执业或是停止执业，虽然股权不会增长，但股权仍然保留，仍然可以享有投票权和分红权。

"程序"：贯彻"民主办所"的理念，建立法人治理结构

1986年，亨利·马丁·罗伯特出版了《议事规则袖珍手册》（*Pocket Manual of Rules of Order*）。后来，这部手册亦被称为"罗伯特议事规则"。在"罗伯特议事规则"中，确立了平衡、对领袖权力的制约、多数原则、辩论原则、集体的意志自由等根本原则，既确保了让多数人的意志成为总体意志，同时又让少数人能够充分发表意见，所有决定都是在充分且自由的辩论协商之后方才作出。

在中闻的合伙人会议进行讨论和决策时，采用的正是"罗伯特议事规则"，这再次体现了中闻的"民主办所"理念，要让所有合伙人都参与到事务所的决策中来。

2014年1月，中闻临时执行委员会召开了全体合伙人会议，选举出了第一届执行委员会委员、监事会监事和事务所主任，任期为2年。虽然在当时的新设制度中，并没有规定事务所主任不能兼任执委会委员，但在事实上形成了主任仅担任事务所的形象代言人而不兼任执委会委员的惯例。在中闻的管理体制之下，主任、执委、监事、执委会主席、监事会主席均属于义务性的工作，并没有任何特权。"服务"是执委会、监事会的底色。

第一届执行委员会委员共有7人，其中李波律师被7位执委推选为执委会轮值主席。第一届监事会委员有5人，温进律师当选为第一届监事会主席。当时，中闻刚经历过风波，正值百废待兴之际，既要凝聚人心，同时又要探索、改革、形成新的制度。在接下来一年多的时间里，第一届执委会、监事会全力以赴，终于让中闻扭转了颓势，中闻股价也越来越有价值。

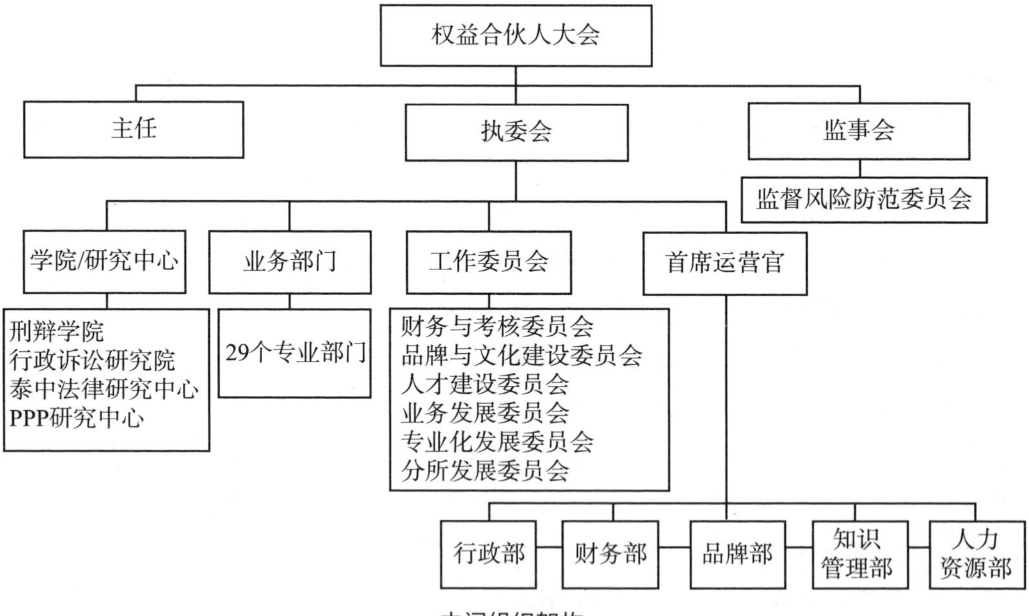

中闻组织架构

在中闻的组织架构下，合伙人大会为最高权力机构，决策整个律所的财务预算、决算、入伙、退伙、更名、迁址等章程规定的重大事项，决定选举主任、执委会、监事会等领导层；事务所主任作为事务所的负责人，对外代表事务所；执委会负责事务所的日常管理和运营；监事会则按照章程规范要求进行履职，公布律师反映问题的渠道、收集律师意见和建议，派员列席执委会会议，审议会议议程，发表监事意见，对重大事项行使“监事提案权”，同时还承担了律所的“风险控制”工作。

根据中闻的事务所章程规定，每位合伙人均可作为执委、监事的候选人，通过合伙人大会选举产生，可连选连任，此为中闻“民主办所”的一个重要体现。而且，每次执委会委员和监事会监事的选举都为差额选举，候选人需要在合伙人大会上发表竞选纲领。可以说，民主化选举模式构成了“民主办所”的一面旗帜。

目前，中闻仍然由吴革担任律所主任，执委会主席为穆振辉，监事会主席为杨凯，执委会成员为陈尔怡、张继军、周明刚、金顺海、程璇、王鑫、苗蓓、杨广华，监事会成员为赵军、杨改凤、白晶、李玉娟、刘春、卢浩斌。

“执行”：由专业的人来管理律所

在律师事务所的语境下，职业经理人则会分为两个群体，一是在专业律师中，担任律所主任、管委会成员，或是有志于从事专职管理工作的律师；二是由律所聘任的外部专业人士，通常分布于财务、市场、品牌、人力资源及 IT 等领域。

由于让合伙人 / 律师来管理律所，通常会出现“在管理上并不专业”“时间上难以兼顾”等问题，因此，在目前中国的许多头部律所中，合伙人回归了律所的“所有者”和“业务承担者”的本色，在事务所层面聘用专业的经理人团队，并辅之以科学的分配与激励制度，将事务所朝着“平台化”“生态化”的方向推进。当良好的平台与生态建立，系统内就会产生新陈代谢，优秀的团队脱颖而出，核心、特色、新兴业务交相辉映。

吴革一直提倡：“好的律师事务所要形成一个稳定的管理模式，由专业的人来管理。”

事实上，在改制之初，中闻就一直在思考，由谁来担任专职的管理者，负责整个事务所的运营。经过反复协商，当时先由第一届执委会主席杨凯担任起半专职管理的主责，待执委会议定外聘一位具有较强管理能力的专职运营总监。

经过 6 年时间的发展，中闻已基本实现了管理专职化，实现了事务所硬件、管理、制度和资源的整合。未来，中闻将会探索“执委会 + 运营总监”的管理模式，即由执委会决策，运营总监管理和落实工作的方式；同时通过聘请首席运营官（COO）和组建完善的运营服务团队的方式实现行政和运营管理服务的专职化，推动中闻全球运营机构管理的组织化和专职化。

专业化发展：平台战略促建矩阵部门

中闻所谓的“平台战略”，是指“遵从客户价值核心，构建关联多方业务主体的生态经营系统，在平台上的业务单元之间会产生协同效应，每个业务单元都会获得自己的价值增值”。而“矩阵部门”，则是在“规模化、专业化”的理想目标之下，中闻的业务平台针对律师从事的业务领域促建矩阵式组织，把职能分工与组织合作结合起来，从专项任务的全局出发，促进组织职能和专业协作。

专业化是律所发展的生命线，也是律师业发展不变的主题。围绕这一业务发展战略，中闻在专业化建设上展开了积极的探索，一方面，建立了专业化制度，以专业平台加公共律师团队引导全所律师实现专业分工，促进高效合作；另一方面，具有专业化团队和专业化的律师，业务综合性强，打造多元化、全方位的法律服务能力。

以专业化为龙头，打造 10 个专业平台

专业平台与公共律师团队是中闻推动专业化建设的核心制度。建设专业平台是中闻推进专业化分工的第一步。专业平台承载着专业化的理想目标，针对律师从事的业务领域促建矩阵性组织，把职能分工与组织合作结合起来，从专项任务的全局出发，促进组织职能和专业协作。

目前，中闻形成了 10 个专业平台，分别是公司与合规、金融与资本市场、投资并购、房地产与建筑工程、重整与清算、知识产权、民商争议、刑事、政府与行政、国际业务。专业平台由原来的 29 个业务团队重新整合而成。

此前，中闻全所 29 个业务团队的全部律师由律所统一管理，如今，中闻将律师按照个人专长划分至各个专业平台当中，由专业平台负责管理与培训。

“与医院划分各个科室进行专业化分工、精细化管理相类似，律师事务所的业务管理也需要一个合理的组织架构。”穆振辉说。未来，中闻将会以专业平台 / 专业团队的组建和发展作为业务发展的关键，在全所层面逐步实现以专业团队为主的管理模式。

穆振辉自 2018 年担任执委会主席，他牵头起草了两个发展纲要，《中闻发展规划和改革纲要（2018~2022）》是其中之一。《中闻发展规划和改革纲要（2018~2022）》中提出：设立律所层面的大专业平台和支持合伙人在平台上组建 N 多个专业团队群，实现专业化分工和团队化发展，指导和鼓励部分平台和专业团队公司化运营，并逐步扩大范围和带动其他团队加入。

具体而言，律所层面统一负责全体律师的入职、考核、晋升、辞退、福利等事项，而业务分工、律师培训、团队合作则归于各个专业平台负责，各个专业平台项下又按照细分领域划分为若干专业团队。

自上而下，从专业平台到专业团队，再到律师个人，专业分工逐步细化，业务领域更加聚焦。中闻以此鼓励每位律师专精于某个业务领域，形成个人优势。中闻凭借专业平台指导律师进行产品研发，对于成熟的研发成果予以全面推广，帮助律师树立专业形象，对外打造个人名片。

同时，自下而上，通过律师个人的专业化带动专业团队乃至专业平台的发展，增强平台的凝聚力和战斗力。中闻鼓励每位律师成为自己专业领域内的专家，非自己专攻的业务则交由其他律师完成，以此形成良性循环，推动所内形成良好的案件转介机制。

各个专业平台由有能力、有意愿的合伙人负责管理，他们拥有自行制定运营规则和发展规划的权力，而且，各个专业平台之间相对独立。

为保障每个成员都有机会接到不同合伙人指派的工作，目前中闻的公共律师团队覆盖了各业务领域，已形成律所内部的律师市场。拿到案源的合伙人在承办业务时，可以从公共律师团队内快速选择合适的律师人员，与其合作开展业务。设置公共律师团队的初衷，是促成律所内部形成活跃的律师市场，不仅有利于承办业务时的人员配合、分工协作，还有助于律师的业务积累和能力提升。

公共律师团队的案源主要来自两个方面，一是市场部，二是合伙人。公共律师制度推行初期，中闻积极推动合伙人将案源引入公共律师团队内，与公共律师展开合作。渐渐地，合伙人也尝到了甜头。“合伙人之间展开合作，在分配上一般是五五开，这是业内约定俗成的规则，”穆振辉说，“而案件交给公共团队律师办理，既培养了年轻律师、稳定了专业团队，同时按照小时计算薪酬，也大大降低了成本。”

公共律师按照小时计算薪酬，为保障公共律师的收入满足基本的生活需要，中闻强制要求各团队给予每位律师的工作量每月不低于 55 小时的工作小时数。实际上，每位律师的工作量会远超出这一标准，因此收入也较为可观。

公共律师团队被视为壮大合伙人队伍的后备力量，是中闻可持续发展的重要保障。公共律师团队成员分为法务秘书、律师助理、实习律师、初级律师、主办律师、资深律师、合伙人七个级别。团队内律师各有所长，其中业务能力强，配合度高的律师更易受到合伙人的青睐，他们能接触到更多案件，获得向更多优秀合伙人请教、学习的机会，同时也促进了律师之间的良性竞争。推行公共律师制度以来，已有多位公共律师团队成员晋升为合伙人，还有大批优秀律师正在快速成长。

综观国内外法律服务市场，许多大所、强所实施了公司化制度，在实现专业化分工、整合全所资源上具有独特的优势。然而，中国律师行业尚不具备完全推行公司化制度的土壤，在律所内强推公司化必然会引起水土不服。

中国规模律所如何优化管理，如何整合资源？中闻有自己的见解：中闻不过分强调公司化，而是建设多个专业平台，各个平台形成相对独立的实体，鼓励平台及其项下的专业团队按照发展方向开展公司化试点。

未来，中闻将进一步打通专业平台、业务平台之间的合作，所内律师的联系将更为紧密。执委王鑫认为，中闻内部律师之间合作、推介完成的业务量远未饱和。为确保律所成为一个整体，获得尽可能多的业务机会，需要从制度层面打消合伙人之间业务合作及转介的顾虑。王鑫说："中闻期望的是，对于客户提出的任何法律服务需求，我们都能在所内推荐给合适的团队完成，保证需求不离所、客户不离所，真正为客户提供全链条的法律服务。"

全方位、多元化布局，打造提供一流法律服务的大所、强所

目前，中闻已构建了全方位、多元化的法律服务体系，拥有一大批深刻理解金融、公司、投资、贸易、知识产权等行业特点的法律专家，并在金融机构改制、银团贷款、资产证券化、股票发行和上市、外商投资、公司法务、反不正当竞争、海商、税务、PPP、新三板、诉讼与仲裁、房地产、劳动、知识产权、刑事、互联网金融、传媒等领域的法律服务中居于国内领先地位。

作为一家提供综合性法律服务的大型律师事务所，中闻成立至今成功办理近万件案件及项目，服务超过 1200 家大小知名企事业单位，凭借以卓越的服务水准获得客户赞誉。

中闻在刑事辩护领域具有强劲的实力。吴革是中闻刑辩业务的灵魂人物，他参与办理了多起引发社会关注的热点刑事案件。2015 年 11 月，中闻刑辩律师学院成立，当时由中国"新生代"刑辩律师代表朱明勇担任院长，目前由清华大学的易延友教授担任院长。在学院成立当天，吴革在致辞中提到："中闻广为人知的，多是重大民商事诉讼案件，金融、知识产权、投融资等非诉业务，但其实中闻所在刑事辩护领域也有众多大腕：中国刑法学研究会会长、北京师范大学刑科院暨法学院院长赵秉志，清华大学教授、证据学专家易延友等十几位顶尖学者都是中闻的兼职律师。"

吴革此言非虚，仅 2018 年，中闻律师就创下了物美"张文中案"、江西"李锦莲案"、河南"程正义案"三起影响性诉讼无罪辩护成功的案例，形成了刑辩圈热议的"中闻现象"。其中，由中闻所兼职律师赵秉志教授代理的"张文中案"，被列为中央保护产权的三大典型案例之一；中闻所兼职律师易延友教授代理的"李锦莲案"，被作为平反冤假错案的典型写入 2019 年最高人民检察院工作报告；至于中闻刑辩律师学院执行院长、中闻专职律师邓建国代理的"程正义案"，更是在业内普遍认为难以突破的职务犯罪辩护领域，实现了无罪辩护成功的奇迹。

2016 年 9 月，中闻成立了全国首个行政诉讼研究院，由中国政法大学教授何兵担任院长。这是中闻所首次设立专注于行政诉讼理论与实践相结合的研究院，也是中国律师事务所首个设立行政诉讼研究院的律师事务所。中闻行政诉讼研究院的宗旨是，强化行政诉讼理论与实务的结合、提升行政诉讼案件代理水平、维护当事人合法权益、促进公

权力依法行政。

中闻的政府投融资业务在全国处于领先地位。中闻借由与财政部合作的关系，在21世纪初便介入了政府与社会资本合作（PPP）项目。中闻律师为政府部门、社会资本方、项目公司（SPV）、金融机构、保险机构、咨询机构等相关机构，先后服务上百个PPP项目，其中包括多个国家级PPP示范项目，行业涉及交通运输、片区开发、市政工程、水利建设、生态建设和环境保护、旅游、文化、能源、农业、林业、科技、保障性安居工程、医疗卫生、养老、教育、社会保障、政府基础设施等多领域。

近年来，中闻所荣获了“中国PPP项目十佳律师事务所”“中国市政工程PPP项目律师事务所首选品牌”“中国水利建设PPP项目律师事务所首选品牌”等荣誉，并成功入选“国家财政部首批PPP咨询机构库”及多个省市的PPP咨询机构库。为了进一步进行专业化发展，提升中闻在PPP领域的专业实力，2018年1月，中闻成立了“PPP研究中心”，由法律、财务、工程等30多名专家组成，其中多名律师入选了财政部PPP专家库、国家发改委PPP专家库以及北京市等多省市PPP专家库。

一直以来，中闻都是一家注重“产学研一体化”的律师事务所，刑辩律师学院、行政诉讼研究院、PPP研究中心以及与泰国暹罗大学共同成立的“泰中法律研究中心”，让中闻在理论研究与实务拓展相结合方面的能力进一步得到提升。

金融业务是中闻传统核心及优势业务之一。中闻律师长期为国内外主要金融机构和投资机构提供高端金融法律服务，曾与英国律所合作，为国内某公司7亿美元贷款项目出具法律意见，为韩国产业银行北京代表处提供法律服务等，获得市场的高度认可。

中闻执委王鑫曾长期服务于工银金融租赁，工银金融租赁是中国国内资产规模、企业创新能力和市场领导力均处于领先地位的租赁企业。王鑫先后为工银金融租赁的50多个金融租赁项目提供法律服务，涉及轨道交通、大型机械、风电等行业，资产总额高达三四百亿元。王鑫还为汽车之家等知名企业提供了大量法律服务，“做金融租赁业务需要律师足够细心”，王鑫说，“金融租赁业务模式类似，但每个项目会有一些不同的问题。再加上金融创新力度加大，也会出现一些特别棘手的问题，此时需要团队律师齐心协力共同解决。”此外，中闻律师还为欧洲、非洲以及“一带一路”沿线国家的大型建设项目提供融资贷款法律服务。

中闻2007年便入选了北京高级法院第一批破产管理人，自此开启了在破产领域的开拓。中闻执委、企业重整与清算业务部主任张继军是破产领域的优秀律师代表，他认为，“一名成功的破产业务律师，应当是懂法律、懂经济、懂金融、懂财务、懂管理的‘五懂律师’。”中闻所企业重整与清算团队目前已成为一只公司制管理的专业团队，十余年间办理与破产有关的案件达百余件。

在国务院国资委督办的湖南某国有“僵尸企业”通过破产清算完成市场出清的案件中，中闻律师在短短6个月时间内，协助企业一次性成功处置了破产企业整体资产，开创了湖南首次破产资产整体处置成功的先例；在山东某大型民营企业关联破产重整案中，共计 24 家关联企业合并重整，重整计划得以债权人会议高票通过，最终实现了社会效果、法律效果的完美统一。

在投资并购业务上，中闻目前已拥有 40 余位具有深厚法学理论功底和丰富从业经验的律师，其中包括十多位合伙人以及几十个律师助理和公共律师团队成员；在私募股权与投资基金业务上，中闻以严谨、创新的法律工作陪伴和见证了诸多私募基金及基金管理机构发展壮大；同时，中闻在争议解决，竞争与贸易救济，破产重整，环境保护、能源与自然资源，房地产与建设工程等业务上也有丰富的实践经验，成功办理了大量标志性案件。

在知识产权领域，中闻是国内为数不多的可以帮助客户制定并实施知识产权战略方案的专业机构。2020 年 4 月 26 日，正值第 20 个世界知识产权日。中闻律师代理案件分别获评四项知识产权十大案件。中闻所监事杨改凤及律师申丽丽代理的“宫颐府”商标无效宣告案入选北京知识产权司法保护研究会发布的“2019 年度商标授权确权十大典型案例”；中闻深圳分所合伙人闫洪师代理的“福田竹子林交通枢纽建筑设计规划著作权纠纷案”入选“2019 年度广东省知识产权审判十大案件”，并入选深圳市律协发布的“2019 年度深圳律师承办知识产权十大典型案例”；中闻所合伙人王国华、王维维、肖琼、任红蕾等代理的“小说《锦绣未央》侵害著作权系列纠纷案”入选“2019 年度北京法院知识产权司法保护十大案例”。

创立 19 年来，中闻不断拓展业务领域，精进专业能力，一步步走向壮大与辉煌。未来，中闻将不断优化各项制度建设，促进全所业务协同发展，以期为客户“一揽子”提供多领域、不同类型的法律服务。

立足中国，放眼全球，推行“双十双千”计划

连续多年来，中闻一直是《亚洲法律杂志》“亚太律所规模 50 强”（Top 50 Asian Domestic Law Firms）和“中国本土律所规模 30 强”（ALB China Largest 30 Domestic Law Firms）榜单上的常客，这也是中闻迈进律师行业第一阵营的重要标志。

目前，中闻已然拥有了 11 家国内分所，2020 年又有 3 家国内分所获批设立中，已经形成“北上深”三足鼎立和部分重点城市的布局，还在新西兰和我国香港地区新设了 2 家办公室。

2008 年，新修订的《律师法》施行，取消合作所，规定可以设立特殊的普通合伙形式律所，并允许设立个人所。自此，合伙所（普通合伙与特殊普通合伙）、个人所与少量

国资所的律所组织形式延续至今。

允许设立特殊的普通合伙制律所，为律所实现规模化、国际化经营打开了通道。综观中国法律服务市场，可以发现很多全国或区域综合大所，在规模化、国际化的棋局上，或早或晚都不约而同地走出了改制这一步。特别是在 2012 年之后，律所改制数量倍增。中闻亦是其中的一员。

2013 年年底，《北京中闻律师事务所普通合伙制改革方案（讨论稿）》拟就，这份 21 页的文件成为中闻新制度改革的核心文件之一。讨论稿提出，中闻要在“采用特殊普通合伙制”下实现“专业化、公司化、规模化、国际化”。

采用特殊普通合伙制的好处在于：由于将合伙人的“无限责任”变为“有条件的有限责任”，合伙人不必为其他合伙人的过错付出高昂代价，因此可以有效降低律师执业风险，进而为律所扩张松绑。与此同时，采用特殊普通合伙制对于律所实行公司化、民主化管理，以及可实现所有权与经营管理权的有效分离也大有裨益。

陈尔怡律师于 2016 年年初加入中闻，2020 年当选执委会成员，主要负责中闻全球化发展及分所管理。《中闻发展规划和改革纲要（2018~2022）》提出，中闻计划在 5 年内达到律师人数 600 人以上；2~3 年在国内重点城市设立 10~20 个分所，推动纽约、洛杉矶、伦敦和多伦多等国际重要城市设立分支机构；5 年内在国内重点城市再新生 1~20 家分所，国外重点城市新增 5~10 家分支机构，服务网络覆盖全国和世界主要国家。

一直以来，中闻的全球扩张一直遵循着稳定为本，循序渐进的原则。2018 年之前，中闻聚力于练内功，夯实总部基础，中闻长时间维持着郑州、上海、海口三家分所的体量。2018 年第三届执委会制定分所发展规划，中闻才开始密集地设立分所，在各个重要城市布点。

“之所以决定此时开始大规模布局，是因为中闻的整体发展已经达到了一定的阶段，完成了从量变到质变的转化。”执委、合伙人陈尔怡说。于是，中闻的规模扩张之路逐渐放开，落子南宁、济南、银川、西安、杭州、深圳等地，也确定了总分所一体化的发展方向。

“中闻的分所管理采用直投、直管、直营的方式，不盲目追求规模，更注重总分所之间的一体化运作和通力合作。”吴革解释说。正因如此，中闻始终秉持着稳健发展的思路和谨慎的态度进行布局，近两年保持着每年 2~3 家分所的速度进行扩张。

经济基础较好的省会城市，是中闻分所布局的首选。目前，中闻在环渤海、长三角、珠三角三大经济中心的布点已初步完成。在长三角布点上海、杭州，南京和合肥分所在推进之中；在珠三角落子深圳，广州、珠海分所业已蓄势待发，以迎合粤港澳大湾区建设下的法律服务需求。

而西安、银川、南宁等分所的成立是特殊的战略地位使然。比如，银川、西安是“一带一路”的重要节点城市，在我国对外交往中，具有独特的经济地位和政治地位；银川还设有中阿法律服务咨询中心，是中阿法律法学研究、法学信息汇集的枢纽；南宁是对接东盟服务的桥头堡，具有国内其他地区无法替代的优势。

中国利用外资从最初的“引进来”为主进入当前的“引进来”与“走出去”共同发展的阶段，律所也遵循着“中国企业和公民走到哪里，涉外法律服务就跟进到哪里”的原则，迈向海外法律服务市场。

中闻紧随经济发展和国际形势，率先在新西兰设立办公室，成为第一家登陆新西兰的中国律所。经过前期的调研与考察，中闻认为新西兰是值得拓展的新市场，无论是移民、投资等法律服务，还是英美法系课程培训、游学项目上都将大有可为。

“法律服务市场随着投资市场而转移，律师需要更加密切地服务当地投资市场。伴随着中国资本走出去，如何提供配套的法律服务，如何更好地为中国企业、公民提供法律支持，这是中闻重点考虑的问题。”陈尔怡说。

受新冠肺炎疫情的影响，中闻于2020年拓展日本、新加坡、泰国法律市场的计划被搁置。美国纽约、加利福尼亚州、得克萨斯州，以及作为欧盟决策中心的布鲁塞尔，都是中闻着重考量的战略要地。

在2020年年初的合伙人大会上，吴革提出了“双千双十”计划，即通过5年左右的时间，北京总所执业律师人数超过1000名，收入超过10亿元，各地分所律师总数亦达到1000人以上，收入合计达到10亿元。中闻期望在5年左右，规模进入全国前十靠前位置，总所在目前规模基础上翻番，同时通过分所和分支机构实现再造一个中闻的规模化目标。

对标国际一流律所，提升市场地位，是中闻最新一届执委会的工作理念。在规模化之路上，中闻任重道远，但中闻深知，把握好自己的发展节奏才能行稳致远。不为规模盲目扩张，不疾不徐是中闻不变的态度。

结　语

中闻的战略定位是“一家提供综合性法律服务的大型律师事务所”。19年来，中闻在文化上，形成了全体合伙人、律师都认同的核心发展理念；在管理上，构建了一套具有中国特色的律所管理制度；在业务上，形成了10个专业平台，以平台战略促建矩阵部门，构建全方位、多元化的法律服务体系；在规模上，北京总所的律师人数规模位居北京前五，完成了国内重点城市的布局，放眼全球。

在未来5年时间里，中闻将会以“426工程”为指导思想进行发展。所谓“426工程”，即以规模化、专业化、平台化、品牌化这“四化理想”作为长期发展目标；聚焦于业务专业化和管理专职化这“两个工作重点”；并以专业化为龙头，以业务发展为中心，以人才和品牌为两翼，以运营管理为基础，以分所发展作为助力这“六大板块”作为工作的支撑切入点。

对于中闻要构建一个法律人的微型理想国的伟大愿景，从宏观上来看，中闻要构建的法律人的理想国以人性为基础，建立在法律人内心所确信的公平、正义、民主、平等等观念之上；从中观来看，所谓中闻法律人的理想国，实质上是中闻合伙人的理想国，是合伙人合伙的艺术，是合伙人与律所之间的契约关系，以产权制度为基础；从微观来看，中闻的法律人理想国以均衡的法人治理结构为基础。这是一个开放、发展、和谐、共享、互助的法律人社区，意在让中闻的每一位合伙人、律师、辅助人员都能够以中闻为家，以中闻为傲。

中闻的发展史，就是一部中国精英律所探索、改革与奋斗的创业史。19年时间，中闻有过高潮，有过低谷，更有历经高低起伏之后的涅槃重生、焕然一新。而经过时间洗礼、经过岁月沉淀后的中闻的发展理念和管理之道，更值得被记录下来，为中国律师业的后来者鉴！

东卫

学院基因，名案传世

林　戈　宁思甜

2020 年东卫发展论坛合影

郝春莉与各界嘉宾共同按下了“新征程、向未来”的启动键

东卫办公室一角

东卫大会议室

东卫律师事务所，2002 年创立于北京，在布局全国、放眼全球发展战略指导下，迄今形成了 12 家境内外分所、800 多名执业律师的大所格局。

东卫创立 18 年来，以文化汇聚天下英才，以专业回馈社会大众；始终坚守公平正义，精诚履行社会责任。

东卫人秉持学院派专业化发展理念，精研专业，低调务实，代理了一系列具有重大社会影响力的大案、要案、名案，在刑事辩护、民商事业务、知识产权法律服务等领域成为业界翘楚。

2020 年，正值东卫创立 18 周年。1 月初，东卫举办了第一届发展论坛，来自全国各地的法律界专家、东卫总所和分所的 200 多名律师齐聚北京，胜友如云，高朋满座。论坛一共三个主题单元，分别为“东卫品牌与发展战略”“总分所相互助力与发展”“专业化整合提升与发展”。每个单元，都聚焦发展、聚力提升，谋划东卫的美好未来。

讨论结束，东卫举行了“开启新征程”仪式。在全场的祝福声中，东卫党总支书记、主任郝春莉与嘉宾一起，共同按下了“新征程、向未来”的启动键。

18 年跃变与传奇

郝春莉与几位创始合伙人的心中都有一个共同理想，那就是——在中国建立一家各法学专业精细化分工、综合型的一流大所，服务国内外一流客户。“东方欲晓处，法律守卫人”，东卫的名字由此诞生，体现了东卫法律人的浩然正气和蓬勃向上的力量。

创立之初，东卫面临的市场格局是：20 世纪 90 年代设立的第一批合伙制律所与市场经济共舞，已初步赢得了社会与市场的认可。以 1996 年《律师法》的出台、1997 年《刑事诉讼法》开始实施为标志，律师制度和律师辩护开启了重大改革，法律服务市场逐渐细分，中国刑事法律服务开始尝试走向专业化道路，以顾永忠为代表的刑辩大律师引领了刑事辩护的新方向、新气象。

先秦法学家邓析说：“所谓大辩者，别天下之行，具天下之物，选善退恶，时措其宜，而功立德至矣。”这句话与律师职业相结合可解读为——要想成为大律师，必须有大格局，对于天下之物、天下之行，都要有深刻的把握，同时具有选善退恶的情怀，时措其宜的方法以及功立德至的追求。这正契合了东卫律师的创业初衷，符合东卫创始人沉稳、内敛、低调、致远的做人原则。

2002 年夏天，在北京月坛北小街的中船宾馆办公室里，摆着一堆采购来的竹简。东卫所 3 位创始人郝春莉、张世国和张敬明一致决定将这句先哲名言作为东卫所“所训”刻于竹简之上，永记于心，孜孜以求，留传于世。创立之初，东卫还聘请青年设计师徐劲松对东卫的logo进行了精心的设计。“东卫”二字，以篆书为体，黑白构色，是非曲直，黑白分明。直线为底，横平竖直，如法之准绳，追求公正平直;直线成格，方方正正，绳不绕曲，法不阿贵，体现东卫品格方正、气质高洁；东西南北，四通八达，喻示东卫人走遍世界，事业顺达。

回溯东卫18年创业史，可以划分为四个阶段。

从2002年到2007年，东卫的发展主题为夯实基础、招贤纳士。

设立之初，创始合伙人认为，律所就像是一座大厦，要想历经风吹日晒和岁月考验，必须具有“四梁八柱”。

所谓“四梁八柱”，指的是东卫所的制度固本、人才领携、专业精湛、客户至上，包括以党建促所建制度、律所文化制度、公益和社会责任履行制度、传承与发展制度、民主决策机制、优化分配机制、专业协作机制、利益冲突风控机制等基础制度建设以及业务精进化、案件会诊化、办案层级化、结案回访化等专业化业务流程建设。可以说，从一开始，东卫就摒弃了粗放式发展模式，重视顶层设计对事务所发展的重要作用。此外，东卫从建所初期就成立了党支部，形成了“以党建带所建”的办所理念，这一理念也是郝春莉主任一直强调的律所得以发展、壮大的制胜法宝。

2004年，顾永忠教授加盟，不仅引领了刑事辩护的风格和方向，更是带动了东卫刑事辩护的跨越式发展。从此，东卫通过承办一系列大案要案，开始攀登中国刑事辩护的制高点，进而奠定了东卫在刑辩领域取得全国的领先地位。

得益于名案效应的带动，知名、专业律师的加盟，自2007年开始，东卫进入了快速发展期。东卫管理层充分抓住有利因素，创造了集体研究、团队作战、分工明确、优势互补的工作格局，加之在分配制度上，对承办律师予以倾斜，调动了承办律师的积极性。

从2007年到2011年，东卫在厚积薄发之下异军突起，初步形成了专业特色，在业内崭露头角。

这5年，东卫组建了刑事辩护骨干团队、破产管理团队、民商事诉讼与仲裁团队、房地产团队、知识产权团队、金融法律服务团队等数十个专业团队，并细分出十几个专业化部门。在此期间，东卫先后办理了“中国农业银行窝案”“吴英案”“黄光裕案”“央视大火案”等重大案件，并成为国家电力集团、中国华电集团、中信银行、新华保险等大型央企、国企的法律顾问。

从2011年到2014年，东卫开启了全国布局，在全国形成刑事辩护品牌和影响力，奠定了刑事辩护尖端律所的地位。

这一时期，东卫开始筹划立足京畿、辐射全国。2014年3月，东卫（洋浦）律师事务所成立，成为东卫设立的第一家分所，由此正式拉开了东卫开疆拓土、全国布局的序幕，东卫的品牌影响力，开始辐射全国。

在业务方面，职务犯罪刑事辩护激增，先后办理了众多专案；央企、国企的客户大幅增加，民商事诉讼与仲裁等方面全面发展，并斩获了诸多荣誉。

从2015年至今，东卫构建了综合化的法律服务体系，全国布局初具规模，陆续设立了11家境内分所，并设立洛杉矶办公室以及东卫“一带一路”法律服务中心，逐步向“一带一路”沿线国家提供法律服务，开始迈向国际化。

在第一家分所——洋浦分所设立后，东卫加快了全国布局的步伐，分所建设进入快车道，国内11家分所相继设立，东卫在全国的布局日益合理，在全国的影响越来越大。

2018年，东卫“一带一路”法律服务中心成立，东卫随“一带一路”的步伐向世界迈进；2019年，东卫第一家境外分支机构——洛杉矶办公室成立，标志着东卫日益走向国际舞台。

在这一阶段，东卫律师队伍日益发展壮大，众多优秀人才加盟东卫。这些通人达才的加入，不仅增强了东卫的专业化力量，更增强了东卫的核心竞争力。

在这一阶段，东卫设立了妇女法律援助与研究中心。2019年4月，郝春莉律师作为中心主任，受邀参加了由司法部法律援助中心组织的中澳妇女儿童法律援助服务能力建设研讨会，并作为唯一的NGO组织进行了主旨发言。东卫律师的公益担当在国际舞台上充分展现。

在这一阶段，东卫着眼打造“大师云集之地、观点汇集之所、思想迸发之源”，联合中国人民大学诉讼制度与司法改革研究中心、中国政法大学法律援助中心成立了东卫刑事辩护与司法改革研究基地，成立当天，德高望重的“人民教育家”、中国刑法学泰斗高铭暄老先生亲临现场，参加揭牌仪式，并欣然担任了基地的专家委员。

在这一阶段，东卫着力提高管理水平和能力，完善组织架构，成立了管委会、东卫行政管理中心、市场服务部、执业纪律督导部，设立了专家委员会、业务指导委员会等，并引入必智律师管理系统，加大数据化管理。为了加强专业化精细化分工，在东卫民商事专业委员会下设了金融业务部、破产清算业务部等16个部门，并且在知识产权委员会下设了3个知识产权类业务部门，同时还成立了合规部等部门。

四个阶段，贯穿东卫发展史。18年来，东卫不仅在业务品质和内部治理方面呈现跨越式发展态势，而且在参与立法、履行社会责任方面也颇有建树。

2012年和2018年，我国分别进行了第二次和第三次《刑事诉讼法》的修改，东卫所名誉主任顾永忠教授均是参与其中的专家之一。让顾永忠教授印象更为深刻的是2012年《刑事诉讼法》修改，修改条款之多，范围之大，前所未有。顾永忠说，这是一次凝聚了多方共识的修法。而且，新刑诉法在律师辩护制度方面也亮点纷呈。

2014年，东卫派出10名律师参与北京市律师协会组建的马航MH370家属律师服务团队，进驻马航MH370家属驻地，每天24小时不间断为家属提供法律咨询及帮助。郝春莉主任带领东卫律师开展的诸多公益法律服务中，还因参与北京市最大的棚改项目——望坛棚改项目法律服务等，被百姓誉为“有温度的律师”，当选为2017年十大“北京榜样·律师楷模”。

自2014年开始，东卫所先后有4名律师，参与北京市援藏公益法律服务。“援藏姐妹花”之一李静律师于2014年至2018年参加了全国律协组织的“援助西藏无律师县项目”和“‘1+1’中国法律志愿者行动项目”，先后服务于洛扎县、扎囊县、加查县三地，直至2018年年初因患癌症回京治疗才被迫停止援藏工作。在她四年的援藏生涯中，为当地举办法律讲座、开展普法宣传、为群众提供法律咨询，帮助加查县司法局成立法律援助中心，在首都律所和社会各界爱心人士的支持下，为西藏贫困学生募集文具、衣物价值合计30多万元，受益学生达200余人，得到当地政府和群众的肯定与好评，当地电视台对此进行了专门报道。

梁艳艳、王长征和雪化平于2014年至2015年参加“援助西藏无律师县项目”，分别服务于洛扎县、加查县、曲水县和桑日县。3位律师在西藏服务期间为当事人起草、审核合同，为当地的经济建设提供帮助，协助政府处理搬迁等事务中的群体性纠纷，为西藏无律师县带去了律师的温暖。

近年来，东卫着力打造“东卫公益”品牌，不断践行律师社会责任，坚持开展常态化的法律援助和公益法律服务。2016年，国家信访局启动引进律师参与来访接待工作，作为一家有责任担当的律师事务所，东卫亦参与其中。2019年1月，国家信访局来访接待司向东卫发来了感谢信。

“山果熟，水花香”“喜看稻菽千重浪”。东卫18年，可谓业峻鸿绩、硕果累累。

异军突起：放眼全国，走向国际

12家境内外分所、800名律师，这是东卫目前的体量。

放眼全国，走向国际，这是东卫长远的战略。

从规模来看，东卫无疑已是一家堪称集团军的大所。但纵观东卫的创业历程，适度规模化和自然式增长占据了发展的主流。

东卫的总部位于北京，在广州、南京、杭州、长沙、兰州、海南、天津、上海、成都、重庆、太原等地设立了分所，深圳分所也已在筹建。下一步，东卫将在武汉、西安、郑州、济南等重要的省会城市设立分所。

东卫律师事务所执行主任张世国说：“合适的团队、客户的需求、市场的成长性是东卫在进行分所布局时的三个主要考量因素。”之所以如此考虑，是因为：首先，东卫是一家重视文化传承的学院派律师事务所，合适的团队必须认同东卫的发展理念，才能确保东卫稳健发展；其次，东卫的异军突起与名案效应、客户需求的拉动联系紧密；最后，省会城市、经济发达地区往往意味着更大的法律服务需求，对周边地区的辐射效应也就越强，市场的成长性也就越高。

多年来，东卫与美国、欧盟、加拿大、日本、澳大利亚、新加坡、我国香港地区等地的律师事务所均建立了广泛的业务联系。对于洛杉矶办公室的设立，张世国说，洛杉矶办公室虽然刚刚起步，但对于东卫而言，有着象征性的意义，这意味着东卫朝着国际化的方向又迈出了坚实的一步。

规模化大所管理与发展的核心在于，总分所之间如何相互促进，形成合力。目前，东卫的总所与分所之间实行两种管理模式，一为直营、一体化管理，二为加盟式管理。总所和分所之间通过总分所主任联席会、各专业委员会和总分所分配制度予以调配：总所可以为分所的业务拓展提供专业化、平台化的支撑；分所将遇到的重大疑难案件上报到全所层面进行研究、讨论，反过来又提升了东卫的应急能力和解决疑难案件的能力，在全所层面形成了专业上的互动与联系。

目前，东卫总分所之间已形成了良性的循环与互动。张世国说："律师事务所就像是一部机器，每一个分所就像是转动的齿轮，只要有一个齿轮的转动出现问题，就会给整个机器的运转带来障碍。只要有一个案件出现质量问题，就会给齿轮带来损害，也就会影响东卫全所的发展。因此，东卫要把案件品质、律所品牌、专业化分工协作放到关乎律所存亡的重要高度，持之以恒地强化意识，落实行动。"

在专业团队、品牌效应、良好的运作机制的驱动下，东卫分所各具特色，均在当地市场占据了一席之地。例如，成都分所目前拥有律师 150 人（其中博士 20 人），跻身成都排名前十的百人大所之列，在金融纠纷争议及解决、法律顾问、知识产权和刑事辩护等领域均拥有了成熟的团队；上海分所在私募基金、证券、金融违法违规案件处理、金融纠纷争议及解决方面战绩卓著；杭州分所在刑事辩护和法律援助领域负有盛名，承办了许多大案、要案；广州、南京、重庆分所在争议解决，兰州分所在知识产权业务，天津分所在政府法律顾问和建筑工程领域有明显的优势。

在长期实践中，东卫律师达成了共识，那就是——总分所之间要形成协同管理体系、总体规划和战略目标；总所要为分所赋能，分所要为总所增量；建立完善的专业化发展和资源共享机制，在专业协作、案源分享、共担风险、利冲规避、人才遴选和培养上形成良性的运作模式；要形成一体化品牌建设机制，共同宣传推广东卫品牌；要充分发挥东卫各分所的特色，多点爆发。

未来，东卫将通过品牌带动资源共享，基于各地分所更多发展机遇，通过律所管理系统等科学化、智能化的管理手段提升内部协作的效率。

在国际化布局方面，东卫将以美国洛杉矶办公室的设立和运营为契机，进行国际化拓展，并重点在"一带一路"国家进行布局，以服务全球客户。目前，东卫已在泰国、越南等东南亚地区进行市场调研，落实分所设立的相关工作。

以培育人才为发展基石，以专业务实为律所基调

东卫律师一直将东卫所视为“东卫大家庭”，在学院派基因的基础上，律所“人合”的属性进一步放大，汇集了一批志同道合、积极进取的律师精英。

以党建为抓手，凝聚人心

“以党建促所建、以党建带队建”，是郝春莉在东卫创办初期便提出的理念，于东卫而言，这句话不仅仅是东卫彰显的价值理念，更是东卫一路走来沉淀出的宝贵经验。

东卫党支部多次被北京律协和东城区律协授予“十佳党支部”和“优秀党支部”等荣誉称号。郝春莉回忆道：“在东卫初期仅有20多名党员，但那时的党员律师已然发挥了先锋模范作用。在提供公益法律服务时，党员律师积极热心、任劳任怨，从‘96156’、‘12348’律师值班热线，到参与北京望坛棚改公益法律服务，到参与国家信访局值班公益法律服务，到承办各种法律援助案件，党员律师均是优先指派人选。在工作中，党员律师带动全所律师自觉形成了讲政治、守纪律、顾大局、重团结的风气。”

2016~2017年，郝春莉亲自带领15名党员律师参与“望坛棚户区拆迁”工作，坚守在法律咨询点和“棚改之家”，既帮政府宣讲政策规定、化解矛盾争议，又帮百姓解疑释惑、算好经济账和法律账，最终棚户区迁房腾退签约率达到98.5%。由此，东卫律师团队受到了北京市委、东城区委的高度肯定。东卫党员律师还参与了“村居行”法律服务、东城区“幸福家园，送法进社区”法律服务，走进东直门街道、东四街道、体育馆街道等社区，为群众提供面对面的公益法律服务。

在工作中，东卫党员律师正是以“政治可靠、业务过硬、诚信高效”的形象，向身边的非党员律师传递着正能量，无形中也促进着整个律所向前发展。

2019年，东卫所党支部升格为党总支。从党支部到党总支，东卫已走过了15年的党建之路，目前北京总所已形成了一支由60多位律师组成的党员队伍。“律所党建是带好律所业务、推进律所管理的制胜法宝”，东卫党总支书记郝春莉坦言：“以党建为抓手，东卫拥有了守纪律、讲原则的专业化执业队伍，以党建带动所建，是东卫管理特色，也是东卫经验，更是东卫发展的利器。”

不拘一格，广揽人才

东卫极为注重对每位律师进行点对点的个案培养，全程跟进。“人才培养就像完成一幅作品，需要有热忱，需要注入自己的理念。”张世国说。

东卫给予了青年律师充分的机会，让他们能够参与撰写法律文件、会见客户、学习谈判，参与到有难度和挑战性的案件中来，快速进入工作状态。

在青年律师的培养上，东卫已形成了以东卫大讲堂、东卫小课堂、东卫云课堂三位一体的培训体系，东卫学院也在加紧筹建中。其中，“东卫大讲堂”是以理论前沿探讨、法律权威解读、司改热点对话、大案要案研讨为特色，定期邀请高校法学大师、司法实务专家、知名律师大咖传道授业。由此衍生出的“东卫小课堂”“东卫云课堂”，则旨在帮助青年律师不断提升专业能力。2020 年新冠肺炎疫情期间，东卫利用自己学院派基因浓厚、大案要案丰富、业务专长突出等优势，联合多个网络直播平台，开设“东卫大讲堂”“东卫实战课”两个公益直播授课通道，邀请中国人民大学陈卫东教授、中国政法大学顾永忠教授、北京大学陈瑞华教授、中国人民大学高圣平教授等名师大师，坐阵“东卫大讲堂公益云直播”，聚焦前沿，聚焦热点，聚焦实务，传道授业，赢得了业界的高度赞誉。

东卫合伙人注重发挥传帮带作用，用“早会”“午茶会”“会诊会”倾听青年律师的难处与困惑，及时发现在业务及与客户对接中的问题和不足，指明方向。特别是郝春莉主任，一直将团队青年律师的成长作为东卫传承与发展的重要环节，主动将业务上稍有不足的律师纳入自己的团队当中，亲手指导、重点培养。“*每位青年律师都有自身的闪光点和薄弱点，要善于发掘其闪光点，帮助其找出和弥补薄弱点，用其所长，补其所短，培养、鼓励并指导年轻律师发展进步，以形成东卫业务人才梯队。*”近 20 年来，东卫所几十个团队的领队律师一直担当着亦师亦友的角色，毫无保留地给予青年律师指导和鼓励，让他们在淬炼中成长与进步。

在东卫的利益分配机制中，以向承办律师倾斜为主要特点，并适度激励案源律师。

东卫所业务主轴以团队制为主，大型案件及项目往往由跨专业、跨团队的律师合作完成，承办律师配置由市场服务部会同创始合伙人根据每个律师的专长与特色统一调度。分配机制采用“业绩 + 绩效”，但由承办律师占有较高的份额是东卫内部不成文的规矩，较大限度地支持承办律师投入工作。

创始合伙人们深知办案的艰辛，给予承办律师较高的份额以激发律师承办案件的积极性，既肯定了承办律师的辛苦付出，也能激励他们努力提升业务质量，竭力维护客户利益。

东卫为优秀律师提供了公开、透明的晋升渠道。执业满 5 年，且达到一定创收指标的合伙人即可晋升为二级合伙人，二级合伙人所需达到的业绩指标也被控制在其力所能及的范围之内，最大限度地支持合伙人晋升。东卫认为，“合伙人”的身份是对律师个人业务能力的认可，这一身份的获得更有助于律师精进业务、赢得更多客户的信赖。而二级合伙人则需再经过 5 年甚至更长时间才有资格再晋一层。高级合伙人既要“埋头拉车”，又要“抬头看路”，除了业绩之外，更肩负着团队管理的责任以及律所整体发展的使命。

低调务实，营造归属感

东卫不仅是一个平台，更像一个大家庭。一踏入东卫所，就能感到“东卫大家庭”极强的归属感。无论是客户还是同行，他们进入东卫所的第一印象都是如此。

东卫的所训、所歌、所旗、所标，均体现了东卫精神的文化内核，镌刻了浓墨重彩的东卫元素。

那是 2010 年的春天，十几名东卫律师从山西办案归来，在火车车厢里，大家热火朝天地讨论东卫发展，讨论东卫文化时，大家一拍即合，提议创作东卫所歌。接着郝春莉亲自作词，并与梁枫律师等精心打磨词稿，著名作曲家王克义也对词稿进行了精心修改，最终创作了《心手相连——东卫所歌》，并在中国音乐著作权协会申请了版权。东卫是全国为数不多的有所歌的律所。时至今日，东卫所歌已成为东卫人最深情、最隽永的表达，成了东卫每年年会上雷打不动的压轴节目，东卫律师们早已习惯了用大合唱的方式，为又一年并肩同行的时光画上完满的句号。

此外，东卫组建了东卫合唱团、羽毛球队、乒乓球队、篮球队、太极拳队等，使律师们在繁忙的业务中之暇，也能感受到东卫给予的温馨与关怀，感受到东卫大家庭里浓浓的归属感和幸福感。

同时，郝春莉、张世国二位创始合伙人“学院派”的基因和气质，决定了他们相对儒雅、务实、沉稳的办所态度，也塑造出了东卫律师专业务实、低调谦逊的形象。他们做事认真、沉稳，以品质为立足点，通过专业且优质的法律服务赢得客户及社会的高度认可，传递出忠于职守、专业精湛、客户至上、践行公益的品牌印象。

以党建为引领，以业务为核心，以人才为基石，以务实为基调，东卫稳中求进，赢得了客户的尊重与好评，也为东卫成为“专业一流、口碑一流”具有全国影响力的品牌强所铺平道路。

六大业务板块，拓展多元化布局

东卫立志成为专业一流的综合性律师事务所，在业务领域精细化为刑事板块、民商事板块、知识产权板块、破产管理板块、合规与法律顾问板块、涉外业务板块六大板块。以刑辩业务为旗帜，东卫打造了金字招牌；以知识产权为重心，东卫打通全方位业务领域；以民事商事业务为基础，东卫不断延展业务领域；以破产项目管理为特色，东卫十多年的破产管理经验和业绩赢得了认可；以合规和法律顾问为枢机，联合公司法务、银行与保险、证券与资本、私募与投资、建筑与房地产、政府法律事务、环境与资源、劳动争议与解决等方面深耕细作；以涉外法律服务为视角，在涉外业务，“一带一路”法律事务等领域，为客户提供全方位、多样化的法律服务。

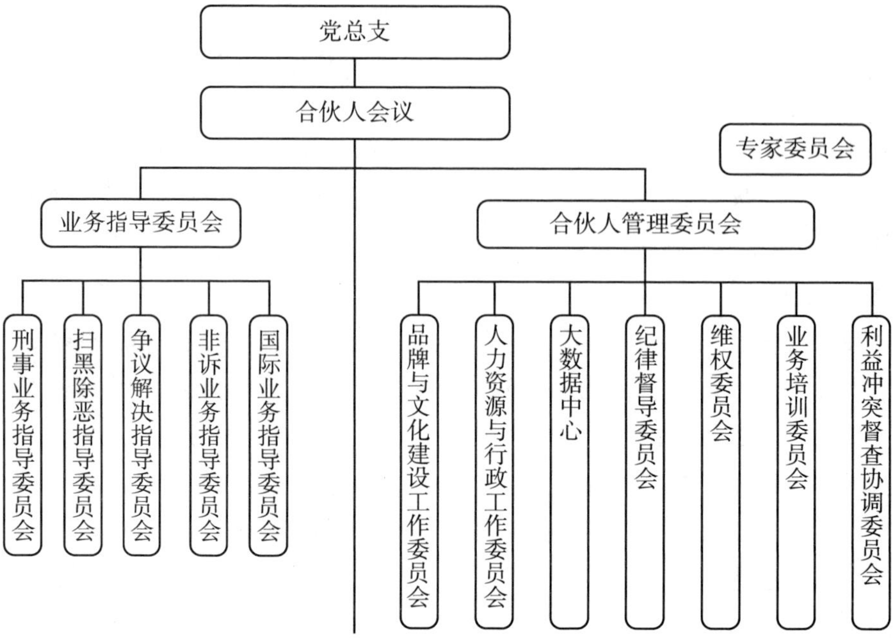

东卫组织架构

东卫一直致力于专业化分工，拥有刑事专业委员会、民商事专业委员会、知识产权专业委员会 3 个专业委员会，5 个业务指导委员会，以及大要案业务部、公益法律援助部、职务犯罪辩护部、经济犯罪辩护部、刑民交叉辩护部、商事犯罪辩护部、民事诉讼部、公司业务部、房地业务部、破产清算法律部、知识产权业务部、“一带一路”国际业务部、仲裁法律业务部、劳动争议业务部、行政诉讼业务部等三十多个业务部门。

专业委员会是东卫业务管理的大平台，专业委员会主任、秘书长们负责下属各部门的培训、案件研讨、举办论坛等工作；业务指导委员会对跨部门协作的重大案件进行业务指导；专业委员会下调的各业务部门则是东卫业务层面的小平台，进行实务层面的案例研究与深耕，针对市场需求解决细分领域的专业问题。

既有横向的资源统筹与调配，又有纵向的业务研究与深耕，一横一纵，构筑了东卫的专业化组织架构。这一架构，是东卫经过多年的探索和实践而逐步成型的。

刑事辩护的追求：公平正义，选善退恶

追求正义和公平，是东卫刑辩律师不变的梦想和孜孜以求的理想。东卫刑辩律师团队人才济济，仅总所就有 50 多位刑辩律师，既有顾永忠、郝春莉、柴冠宏、张世国等业

界知名律师，还有戴福、温克志博士、孙利博士、张军博士、李永健、姜志强等骨干律师，又有刘洋、解瑞松、黄山、司楠、孙芳军、梁延昊、贾朝阳等崭露头角的青年律师。

东卫刑辩律师业绩卓著，在职务类犯罪、经济犯罪案件代理方面尤为突出。“央视大火案”“黄光裕案”“王文军案”等，都有东卫律师组成刑辩团队服务其中。一个个广受世人瞩目的刑辩案件，帮东卫刑辩团队日益积累起了声望与口碑。

2009 年 2 月 9 日晚，在建的中央电视台电视文化中心发生特大火灾，北京市消防中心调动了 16 个中队、54 辆消防车赶赴救灾。火灾造成 1 名消防官兵牺牲，全部损失高达 5 亿元，在社会上引起强烈反响。21 名涉案嫌疑人被移送审查起诉，顾永忠、郝春莉、张世国、戴福律师为其中 3 位嫌疑人辩护，在 3 天的庭审过程中，东卫律师团队充分梳理了案件事实，提出了专业的辩护意见。

同样是在 2009 年，柴冠宏与东卫 7 名刑辩律师共同代理了一起故意伤害罪的犯罪团伙案，这一次的合作也开启了柴冠宏与东卫的缘分。对于一心成为刑辩精英律师的柴冠宏来说，从山西到北京执业，再从一家北京律所转入在刑辩领域独树一帜的东卫，是其业务精进之路上的两次飞跃；而对于东卫而言，柴冠宏的加入也推动了东卫刑辩业务的专业化、精细化建设的加深。

加入东卫之后，柴冠宏担任了东卫副主任。2014 年年初，柴冠宏提出了建立东卫刑事辩护专业委员会的书面建议，并担任委员会主任。如今，刑委会不仅承载了刑辩业务交流、技能培训、重大复杂疑难案件研讨的职能，也发挥了对外宣传、促进交流合作的作用。东卫刑委会与全国律协、北京律协以及其他省市律协的刑委会展开合作，承接法律援助、参加培训学习，甚至对外演讲、授课，都由东卫刑委会组织安排。

除了重大疑难案件的研讨之外，东卫还计划在刑委会内部成立专家律师团队，或称为重大复杂案件指导组。对于事实上难以准确认定、适用法律上又极其疑难的复杂刑事案件，律师们会邀请组织外部专家进行论证，对准确把握案件事实和法律适用、达到良好的辩护效果大有裨益。“实际上，东卫刑辩律师自身也具备论证复杂刑事案件的能力。”柴冠宏说，“东卫刑辩团队具备较高的专业理论水平和丰富精湛的实务经验，不乏来自在法院、检察院、政府机关、知名院校的骨干律师，足以组建专家律师团队。”刑委会还在组织编写“刑事辩护三教程”，力争做成行业内最规范、最实用的专业培训教材。

在“中国股市第一大案”丁某中科创业股市操纵案中，柴冠宏脱稿演讲式的辩护风格令人印象深刻；他代理的“王文军案”，即太原民警王文军等人在处理工地警情期间，发生的一起讨薪女民工非正常死亡的案件。该案庭审整整持续了 5 天，庭审结束后，柴冠宏的辩护词开始在各个网站上流传，网络阅读量超千万，点赞 10 万以上。

近几年来，东卫律师配合全国扫黑除恶专向斗争、反腐倡廉建设，承办了多个大案、要案。“把握国家依法治国的政策，加入中央扫黑除恶、反腐倡廉的专项斗争当中，是东卫对刑辩律师的要求。”柴冠宏副主任道出了东卫刑辩律师的责任与担当，既要为当事人依法提供专业的辩护和代理服务，同时也要紧紧把握专项斗争的法律效果、政治效果和社会效果。

温克志律师，中国人民大学刑事诉讼法博士，多年检察官的经历为其刑辩增加了实务的厚度，而学院派的基因为其辩护增加了理论的高度，现在温克志作为骨干律师的代表，担任所副主任，代表了东卫刑辩年轻一代的发展和成长。

为曾经身居高位、如今身陷囹圄的国家机关工作人员辩护，通常会面临较大的压力。如何取得当事人的信任与配合，也是辩护律师必须考虑的问题。对此，顾永忠认为，刑辩律师需要做好三个“尊重”：尊重当事人，平等相待是双方达成良好互动的基础；尊重事实，帮助当事人坦诚面对现状是制定适宜的辩护策略的前提；尊重法律，尽最大限度维护当事人的合法权益是律师的责任。

从事刑事辩护既考验律师的智慧、逻辑思辨性，又考验口才、专业知识功底以及内心修养等，虽然挑战性很高，但也是刑辩律师的使命感与荣誉感所在。“一名优秀的刑辩律师，应当具有敢于辩护，不懈追求司法公正的坚定信念；具有善于辩护，有效维护当事人合法权益的专业技能；具有依法辩护，用足法律，又不踩红线、不越雷池的职业操守。”顾永忠说。

2017 年 5 月，“刑辩律师与司法改革高端对话暨东卫刑事辩护与司法改革研究基地揭牌成立大会”在中国人民大学明德楼举行。郝春莉表示，“自党的十八大以来，各项司法改革措施已全面落地，为律师事业的发展带来了新的机遇。律师群体不应只是司法改革的见证者与受益者，更应是司法改革的参与者和推动者。东卫刑辩基地的成立，正是致力于架起改革与实务联系的桥梁，搭建刑辩研究的专业平台，疏通学术与实务交流的纽带，以研究基地作为智库角色，充分挖掘与研究在刑事辩护与司法改革中存在的理论与实践问题，推进司法改革的纵深发展”。

在中国人民大学诉讼制度与司法改革中心、中国政法大学法律援助研究院的支持下，东卫刑辩基地先后举办了“非法证据排除规则的新发展”“庭审实质化与交叉询问”“三项规程背景下庭审实质化之模拟审判与高峰论坛”“2018 年刑事诉讼法的颁行”等多个高端论坛，引起业内的广泛关注，东卫学院派基因、高端化品质不断彰显和加强。

民商事业务的积淀：加深布局，挖掘市场潜力

东卫在民商事业务上拥有丰富的经验，客户涵盖中外银行和非银行金融机构、国有企业和政府机关、上市公司、中外合资企业、中外合作企业及外商独资企业等。在银行、信托、基金领域，东卫律师业绩颇丰。在房地产与建筑工程领域，东卫律师也代理了大量商品房交易、征地拆迁、工程建设，以及在房地产开发与经营过程中出现的纠纷处理等。

作为创所之初就有所发力的业务领域，东卫民商事业务实力雄厚，如今复杂民商事诉讼业务的体量占全所的40%，与刑辩业务体量不相上下。2007年，东卫民商事专业委员会应运而生，由下设的各业务部负责人组成，引领各业务部及团队打造法律服务产品，鼓励律师根据业务专长确定业务方向、打造“专业品牌”。

2007年，经过北京市高级人民法院管理人名册评审委员会评审、《北京日报》和该院网站公示、评审委员会最终审定等程序，东卫凭借累积的破产清算业绩，列为北京市企业破产案件第一批社会中介机构管理人名册，并在北京高院首次随机选定企业破产案件管理人会议上，东卫通过摇号“脱颖而出”，成为北京市首个从企业破产案件管理人名册中随机产生的破产管理人。以此为机缘，东卫开启了破产领域的深耕。如今，东卫破产团队已有30多名律师，承接了多个社会影响重大的破产案件。

2013年，原北京市融泰律师事务所主任赵显光携团队整体加入东卫，让东卫在民商事业务领域的实力得以进一步提升。赵显光说，东卫专业、务实、稳健的风格让其产生了极强的认同感和归属感。目前，东卫民商委主任由赵显光担任，他说：“律所的专业化发展永无止境，应当根据外部环境、业务领域、业务形势的变化，持续进行法律服务产品的改良与创新，方能适应当前中国法律市场的快速变化。”

2019年，李军律师加盟东卫，东卫民商事业务特别是婚姻家事业务进一步加强。李军律师深有感触地说：“加盟东卫所这个温暖的大家庭是我的幸运，热爱我们东卫的书香文化、与时俱进，非常感恩所领导信任和同仁们大力支持，作为东卫婚姻家事部负责人，有信心带领团队以品牌化、专业化、国际化深耕婚姻家事领域，更好地服务人民、服务社会，讲好我们东卫人的婚家故事。”

未来，东卫将继续加强在破产领域的拓展，并重点布局国企混改、合规业务、互联网业务等。如何汇集更多优秀人才，开发更多优质客户，是东卫不断思考与提升的重要课题。

知识产权业务的拓展：打造全链条服务模式

东卫知识产权委员会（简称知产委）成立于2008年，当时以合伙人单体禹为代表的知识产权律师团队业务突飞猛进，在业内声名鹊起。与刑委会、民商委类似，知产委也承担了研究前沿问题、指导疑难案件、组织培训、品牌宣传的作用，与各大院校、法院、知识产权局等也有良好的互动。

作为东卫的优势业务领域之一，知识产权团队目前拥有近20名专业律师、18名商标代理人、17名专利代理人，以及若干名农林业植物品种权代理人、著作权软件登记代理人等专业人员。在北京律协商标、著作权、专利等与知识产权相关的专业委员会中，几乎都能看到东卫律师的身影。

东卫知识产权团队提供全方位的法律服务，在知识产权的产生与取得、知识产权的管理、知识产权纠纷的处理、知识产权策略的运用等多方面，提供以著作权法、专利法、商标法、技术合同法、信息网络法、商业秘密法、不正当竞争法、反倾销法等为主要内容的全方位知识产权法律服务。

仅就商标案件来说，东卫律师从商标设计阶段的检索阶段，到申请阶段，再到商标维权、授权、交易、上市等，为客户提供全链条的法律服务。在专利、著作权业务上也是如此，东卫不断打通上下游业务，综合运用各种专业法律知识，通过多种法律渠道，为客户提供高品质的服务，竭尽所能帮助客户解决问题。

东卫知识产权团队专业化分工明确，团队之间形成了良好的协同效应。单体禹律师团队以著作权非诉及维权业务见长，涉及作品包括图书、影视、录音制品、单机游戏、动漫、网络小说等多种形式，为深度净化文化行业互联网市场环境作出了贡献。侧重于专利业务的邵男律师团队，承办各类知识产权维权诉讼业务的郭志、王文律师团队，聚焦著作权业务的孟为律师团队等，也办理了大量典型案例，取得了骄人的成绩。

完善的知识产权业务体系和卓有成效的专业化建设，构成了东卫知识产权业务的核心竞争力。继续保持在知产领域取得的成绩，不断精进业务能力，将东卫知识产权打造成与东卫刑辩齐名的品牌，是东卫知识产权律师为之努力的方向。

18 年来，东卫基于市场的变化形成了以刑辩、民商、知产、破产管理为核心，多领域同步发展的业务格局，树立起了专业品质与口碑形象。未来，东卫将在低调务实、秉持专业品质之外，加大品牌宣传的力度。眼下，东卫已着手一系列规划，一是在微信公众号上发表法规政策、法律问题的解读，以及刊登律师业绩和荣誉表彰，彰显律所的业务能力与专业形象；二是出版东卫系列丛书，有关疫情防控的法律实务应对文集已由法律出版社出版，之后将陆续出版东卫典型案例文集、律师个人专著等；三是成立品宣部和业务发展部，招纳优秀人才，全方位打造东卫品牌影响力。

打造一家专业与口碑“双一流”的律所

智合：2002 年至今，东卫取得了哪些方面的成就？

东卫：东卫的党建工作走在前列，郝春莉、温克志等党员律师多次获得全国律协、北京市律协、东城区律协颁发的“优秀共产党员”等荣誉称号，东卫党支部发挥着在东卫发展中的战斗堡垒作用，多次获得北京市律协和东城区律协“优秀党支部”“五好党支部”的荣誉，东卫党总支在带领和团结东卫律师，守纪律、讲奉献、共进步、促发展中起着定海神针的作用。

东卫有极强的社会责任感，东卫律师将视角投向社会弱势群体，为保障其合法权益，提供切实的法律服务，受到了政府部门、业界和客户的一致好评。

东卫形成了以顾永忠教授为旗帜，以郝春莉、张世国为引领，以柴冠宏、赵显光、温克志、闫烈、张军、张晓霞、李军、姜志强、单体禹、孙利、姜文焕等资深合伙人为中坚，他们大多为博士或硕士学历，专业精进，办理了一系列大案要案，赢得了业界和客户的一致认可；东卫律师积极参与国家立法活动，关注社会热点，推动解决现实法治问题，为中国的法治建设作了绵薄之力。

智合："学院派"基因，对东卫的发展产生了什么样的助益？

东卫：源于郝春莉创办东卫所之前在中国人民大学工作，又源于东卫所名誉主任顾永忠教授来自中国政法大学的缘故，还有东卫有几十名法学博士，浓浓书卷味，深深学术气，使得东卫所天然带有浓浓的"学院派气息"，东卫浓浓的"学院派"气氛还体现在东卫大讲堂、东卫刑事辩护与司法改革研究基地以及各专业委员会，时常举办各类案件研讨会、会诊会，律师们也常常集聚在一起研究专业问题。于所内而言，"学院派"律所传递出的严谨、内敛、谦恭、亲和风格，无形中也起到了凝聚人心的作用，让律师们感觉到大家庭的温暖；于所外来说，其专业深耕、坚韧钻研、认真精进的态度也使东卫赢得了客户的好评。

智合：东卫的核心竞争力是如何形成的？

东卫："学院派"基因是东卫的立身之本。"专业至上"是东卫律师达成的共识，而"学院派"是东卫靠专业取胜的内核，体现了东卫律师深耕专业、一丝不苟的态度，以及追求公平正义、坚守原则的信念。

历史的机缘让东卫树立了品牌形象，承办了许多大案、要案、名案。东卫凭借自身的专业风范承受住了市场的考验，赢得了市场的认可和称赞，口碑渐佳。

东卫的部门架构、人才团队基本成型，保障了律所的良性化运转。东卫重视专业化分工，各个细分专业都有一些带头人，他们积累下丰硕的成果，赢得良好的口碑，也吸引了更多客户慕名而来，与东卫结下缘分。

东卫始终保持了科学的分配机制，让每位律师都能获得参与感、重视感和获得感，也是东卫得以稳步发展的原因之一。

智合：未来5~10年，东卫的战略目标是什么？东卫的合伙人们希望打造一家怎样的律师事务所？

东卫：未来，东卫将进一步巩固在争议解决、刑事辩护、破产清算、知产方面的现有优势，持续向资本市场、私募基金、并购重组合规等领域发力，形成新的增长点。关注涉外业务人才的培养，提升人才引进的力度，物色及培养合适的接班人，也是东卫未来思考的问题。

东卫将“专业一流、口碑一流”的定位摆在首位，建设行业认可的专业化律所。在业务不断精进之下，合伙人们希望将东卫打造成在全国更有影响力的品牌强所，在规模、创收、影响力等方面位居第一阵营，并逐步走向国际化。

结 语

纵观东卫 18 年，一直秉持以专业过硬为生命线，以客户认可为试金石的发展理念。

在文化上，东卫以“学院派”为律所基因，以专业扎实、认真负责、低调务实为文化理念，以维护公平正义，履行社会公益为责任担当；在管理模式上，形成了完善的组织架构，能够统一调配律所的整体资源，并先后建立了 30 多个专业化部门，全国拥有了一支 800 多人的专业律师团队；在业务上，形成了刑事辩护、民商事服务、知识产权为支柱的法律服务体系；在战略上，形成了放眼全国，逐步走向国际的布局思路。

在东卫看来，其不仅要做一家大所，更要做一家强所，在业务实力、品牌影响力、文化软实力上经历时间的考验，获得市场和客户的认可。

未来，若要穿透百年岁月，东卫要做的还有很多——运用大数据、智能化工具提升管理水平，引进专业的律所管理人才，不断提升品牌影响力，形成东卫律师的接班梯队，构建臻于至善的律所文化。

18 年时间，东卫迈过了成人之礼。“宗之潇洒美少年，皎如玉树临风前。”这 18 年里，我们看到的是一个又一个由东卫律师代理的大案、要案，但更为关键的是，东卫经年累月所形成了“学院派”文化理念以及赖以基业长青的管理模式，这是东卫的基因所在，也是东卫的核心竞争力。打造一家业内公认的、具有口碑效应的专业化强所、综合化大所，这是东卫所有律师心目中所勾勒的未来图景。

兰台

十八载洞见与坚守，再定义一体化运营机制

吴剑霞　吴梦奇

兰台律师事务所前台

兰台所获荣誉（部分）

兰台早期团队合影

过去 40 年里，中国律所经历了从国办所到合伙所、从早期少量几家到如今数万家的发展历程，法律服务市场也在这一过程中越来越多元、成熟。在客户法律意识越发敏锐的当下与未来，谁能给客户提供最优质专业的服务，满足客户全方位的需求，谁就能在未来越发激烈的竞争中赢得先机。

在兰台律师事务所成立的 2002 年，一批创办于 20 世纪 90 年代的律所，相继在行业扎稳脚跟并划分好市场份额，基本形成了中国法律服务市场的初期格局。彼时，主流的律所经营模式还是简单的合伙制，合伙人各自核算成本、独享客户资源、即时获得收益，谈不上紧密协作或专业分工，更鲜有讨论“一体化”者。

是亦步亦趋求安稳，还是打破桎梏谋发展？

在杨光的履历中，兰台之前似乎并无律所管理经验，但曾先后在中国鼎鼎有名的两大公司任职——四通集团、中国国际期货经纪公司（以下简称中期）。正是这两段经历，锻造了其从行业高度发现问题、分析问题、解决问题的思维习惯，也为律所运营机制创新、推动行业多维度发展埋下伏笔。

从乙亥到庚子的 18 年间，兰台做的事，就是探索、践行、优化一体化运营机制，落地“四个统一”，既为合伙人业务拓展赋能，为青年律师专业提升助力，更为客户排忧解难，使律所发展有序、有度、有质、有量。

强本固基，渐成高台

1991 年从中国政法大学毕业后，杨光顺利进入四通集团法务部工作。作为中国改革开放的“铺路石”，当年四通（Stone）的经营思路、管理理念、员工待遇等在业内远超同行。在这里近 3 年的时间里，其对如何办好一家企业有了自己的观察：“为客户服务的市场化思维 + 以员工为第一生产力”的管理理念。

后来虽然离开四通，但这份观察随着年岁增长而有更深刻的理解，并体现于兰台的制度设计与律所文化中。

从四通到中期，既有行业发展的推动，亦是杨光对于新兴事物的敏锐把握。彼时中国期货市场还是一片荒地，但其生长态势不可谓不强劲。1992 年年底，中期拿到第一张国内期货公司营业执照，开始拓荒行动。杨光正是在中期设立一年多以后加入的，跟随“中国期货之父”田源，在短短一年内连跳多级，直接从普通职员升任为部门副总经理。

创办北京市汉华律师事务所，也是在此期间做出的尝试。期货行业高风险、高收益，必须强化规则意识，本着推动行业健康发展的理念，中期希望在公司法务部之外，能有一家专注金融领域的律所。法学科班出身的杨光，自然领了这一重任。汉华创办后，不仅包揽了中期所有的法律事务，代理了对中国期货市场极有影响力的案件，更为期货纠纷案件审理规范、期货经纪合同范本制定、期货行业培训等做出了实质性贡献。

十数年的工作积淀中，接触过形形色色的人物，处理过林林总总的事务，最终，杨光意识到："律师这份职业可能更符合我的个性，更符合我对自己未来人生轨迹的设计。"

过了三十而立，还未到四十不惑，辞职后的杨光对律所运营机制、管理模式尚无成体系的研究，只凭着一腔朴素信念——做一家有规模的、受人尊重的律所，找到了姚晓敏、杨强等几位志同道合的朋友，一道创办了兰台。

《周易》言"二人同心，其利断金；同心之言，其嗅如兰"，《说文》曰"四方而高谓之台"，凝练"兰台"二字，寓意尊重、协作、分享，这也是贯穿兰台18年发展的精神文化。

杨光、姚晓敏、杨强等人都曾在中央国家机关、大型金融机构工作，深谙客户对法律服务质效的期待：若要全面匹配客户需求，必得专业团队的深度协同。但是，在法律行业通行的运营机制下，很难打破不同团队的合作壁垒。思来想去，唯有践行一体化管理模式，才能达成创办律所的初心。

知易行难，兰台的一体化运营机制并非一蹴而就，而是经历了"边摸索、边打补丁、边优化"的历程。

在最初的5年中，兰台也适用了绝大多数律所采用的"合伙人联合体"模式，由每位合伙人自己带团队开展业务。基于创始合伙人的工作背景，兰台初期即定位于机构客户，尤其聚焦金融、房地产领域。虽然金融法律服务领域已是一片红海，但兰台通过为客户提供差异化的法律分析与服务方案，在群雄并起的局面中撬开业务口，同时谋划着向综合业务领域发力。

创所次年，年轻的兰台即在一个大型项目竞标中脱颖而出——中标北京奥运会场馆建设法律顾问项目，为国家体育总局奥运场馆建设提供全程法律服务。这一国家重点项目包含了40余座场馆的建设与改扩建工程，总投资规模超过40亿元人民币，法律服务工作十分繁重。兰台律师累计审核合同200余份，出具法律意见书近百份，最终帮助项目取得了圆满成功，并因此获得北京市朝阳区区委、区政府授予的"奥运、残奥集体功勋奖"。

"兰台有几位合伙人曾任职于原国土资源部，对建筑施工领域、土地使用权领域有深刻的理解和认知，向国家体育总局出具的场馆建设法律服务方案，在当时具备领先的竞争力。"

但与此同时，兰台也逐渐感到"力不从心"：创收、人数每年都在增长，但规模、业绩、品牌并未形成强竞争力，想要综合化发展却一直受人才所困，在希望拓展的知识产权、资产证券化、反倾销等业务领域，少有匹配的人才加盟。

这条路走了5年后，兰台决定及时换道，开始尝试绩点制。绩点制的底层逻辑是，避免内部竞争与冲突，保证作业质量，为客户提供品质如一的法律服务。施行初期成效显著，吸引了一批专业能力强劲的合伙人加盟。然而，一旦合伙人市场能力不足，"蛋糕"

就会显得很有限，也让兰台在考核时犯了难。究其原因，杨光认为，在于绩点制的落地难：

其一，要求点数核定的科学性、合理性、精确性。在绩点制下，律所通过综合合伙人年资、贡献度等多维度指标进行点数核算，在此基础上对合伙人进行收入分配。对某一合伙人核定过高，则对其他合伙人不公平，于律所而言也是成本负担；核定过低，无法匹配合伙人的贡献，缺乏激励效果。

其二，要求合伙人队伍的综合素质（专业能力、市场能力等）相当。绩点制的基础是共享品牌、共享作业资源，若彼此综合素质差异较大，难以维持合伙人队伍的稳定。但这又在一定程度上限制了合伙人的扩张速度，难以推动律所规模化发展。

其三，要求突破律师传统职业特点与客户文化。在成熟的法律服务市场，盛行“找律所而非单个律师”的客户文化；但中国法律行业中，客户与律师个人关系更紧密，尚未形成让客户服务在一家律所完成延续与传承的能力与传统。

落地能力是一个机制最大的能力，没有落地能力，再好的机制也很难发挥之。但事物都是辩证的，硬币总有它的两面，无论是合伙人联合体还是绩点制，都有其自身优势。

面对又一次发展“瓶颈”，兰台进行了思维上的升级与创新：是否有一套制度，既能够以客户为中心、满足客户多专业领域的服务需求，又能将合伙人考核的决定权交给市场？

2011 年是兰台发展的分水岭，前 9 年，兰台尝试了两次不同运营机制，积累了人员、业务、创收基础；后 9 年，兰台开始摸索并践行律所发展的另一种可能——一体化运营机制。彼时虽未完全想通落地的问题，但是发挥合伙人的积极性、施行有机的专业分工，却是再明确不过的目标。

也因此，兰台的一体化机制创设了“四个统一”：统一收入、统一支出、统一收益率、统一配置作业资源。统一收入、统一支出是几乎所有一体化律所的共性，但兰台一体化的独特之处在于：统一收益率、统一配置作业资源。

“兰台的合伙人，其收入和整个律所的收益率相关，但和使用的作业资源成本没有什么太大关系。”杨光简明扼要总结统一收益率与统一配置作业资源的关系。兰台一体化机制的力量在于——“将作业资源持续精进、持续极致、持续统合以满足客户需求，团结一切认同兰台机制与文化的律师以内涵式地规模化。”

在这套机制下，兰台突破了规模化发展的“瓶颈”，先后在天津、深圳（前海）、成都、上海、合肥、长沙、南京、郑州、海口 9 座城市布局设点，实现业务范围的广泛辐射与客户需求的快速响应。与此同时，先后揽获商务部“2009~2011 年度北京优秀律师事务所”、全国律协“2011~2014 年度全国优秀律师事务所”、《商法》“卓越律师事务所”大奖等荣誉。

兰台从不大张旗鼓地攻城略地，而是静水流深、步步深耕。18 年间，兰台从不到 10 人的律所成长为拥有近 500 名员工的综合性律师事务所，持续锻造自身专业能力，不断做大市场蛋糕，打破一层又一层的天花板，为这个行业提供了另一种行之有效的发展路径。

四个统一，集约高能

- 合伙人的核心诉求是什么？提收入，降成本，多分配。
- 律师的核心诉求是什么？提升专业，快速成长。
- 客户的核心诉求是什么？创造价值，高质量且低成本。
- 律所的核心诉求是什么？持续内生，基业长青。

上述不同维度的需求，皆可在一家律所的运营机制中得到体现；而评价这种机制的成效，可以从路径层面是否集中了资源、优化了配置、提高了质效、降低了成本来判断。

理论上，律所合伙人各方面的能力应该是旗鼓相当的，以齐头并进、共促律所发展；但实际情况是，不同的教育背景、执业经验、性格特点等，决定了其专业能力、创收能力必然有差距。这种差距，也将导致其团队作业律师水平的差距，而不利于为客户提供水准如一的服务。律所要做的是，除了把好选人关，更要进行制度设计与引导。

于是，兰台开始琢磨：作业律师能否“混合使用”？不同于传统律所的“公共律师池”，杨光设想中的“混合使用”，是能改变“谁选择、谁负担作业成本”的局面，“避免作业律师隶属关系的单个合伙人化，而是真正属于律所的作业律师”。非如此不能真正实现专业化分工，让律师在其擅长领域越来越专业，让客户体验越来越好。

但如何算账的问题随之而来。如果合伙人每使用一名律师就要算一笔账，对双方都是精力损耗，最后为了“图方便”，很可能会演变成合伙人联合体：合伙人直接“包”下某位律师，这位律师只服务这位合伙人。

统一收益率由此诞生。统一收益率是统一配置作业资源的经济基础：模糊成本分摊，任一合伙人的收益率不因其创收高低、成本高低而改变；明晰创收核算，其年度收益的绝对数与创收的绝对数密切相关（合伙人当年收益 = 年度创收总额 × 律所收益率）。兰台将合伙人的考核权转交市场，每一单创收都将产生即时激励，破除合伙人之间的协作壁垒，提升整体市场开拓力。

统一配置作业资源，即任何作业律师均按专业服务于有需求的合伙人，将“一事一议”式的跨专业团队协作固定为有组织、有约束力的专业分工。基于统一收益率，合伙人向律所让渡作业资源的统筹配置权，由 13 个作业团队为兰台所有合伙人、客户提供专业支持，在最大范围内集约化使用和调配作业资源；而每一位律师都能接触大量的作业机会，纵向提升专业能力，实现职业进阶。

很多律所为了给客户提供综合化的一站式法律服务，也会在内部倡导跨团队协作，但其协作的前提是某一团队无法全面满足客户需求，否则通常会内部消化。这种协作是偶发式的、“一事一议”的，并不是常态化机制。

常态化的前提是，模糊成本计算。合伙人可以只从客户角度出发，调配不同专业团队的律师组成项目团队提供服务。当合伙人有这个需求时，只需给对应专业团队的主管律师写邮件、说明需求。

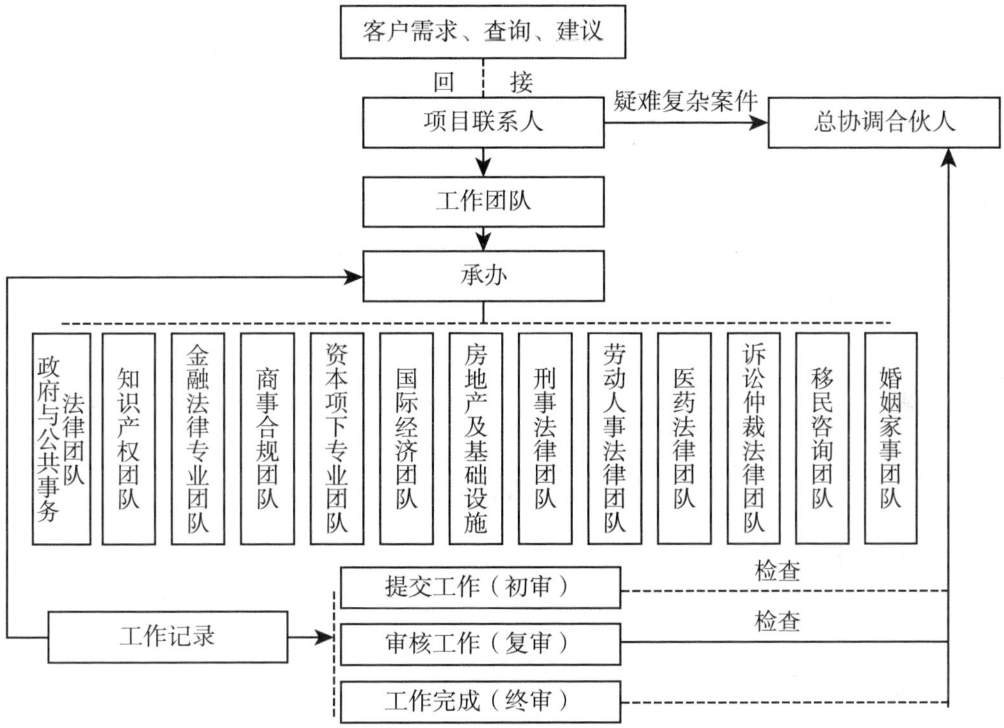

兰台业务流程

“都清晰算账的就是合伙人联合体，都模糊算账了就是绩点制。兰台既要清晰算账，也要模糊算账。”但是，若不清晰核定单次成本，是否会引发作业律师资源的浪费，直接表现为单项业务收益率不高，甚至低于律所上一年度收益率？

为此，兰台创设了“二次引导”机制——年末岁初，兰台会对当年度所有业务进行收益率核算，引导合伙人“检讨”收益率偏低的业务，提示来年需提高收费或减少此类业务。在兰台的工作流程中，有一项工作日志制度，要求一事一记、一事一档，所有工作日记均会录入 OA 系统，包括修订的合同意见、法律咨询问题与解答等。在这项制度下，每项业务的作业律师使用小时数都很明确。

自此，兰台收益率逐年提升，现在基本可以维持在 60% 左右。需要强调的是，传统提成制律所的收益率通常很高，但其通常并未扣减律师人力成本；而兰台则是在扣除律所公共运营成本、所有作业律师人力成本之后，得出的收益率。得以维持这么高的纯收益率，兰台的一体化机制功不可没。

杨光打了一个比方，“一个客户有一个劳动法问题，如果是其他律所不专做劳动法业务的团队，可能需要研究一天才能给出答案；而在兰台，哪怕本身不懂劳动法的合伙人，也能快速从劳动法团队得到反馈。”

为匹配法律服务涉及的不同专业领域，兰台设立了13个专业团队，辅之以4个后勤支持部门，以第一时间满足客户的任何单一或综合领域的法律服务需求。

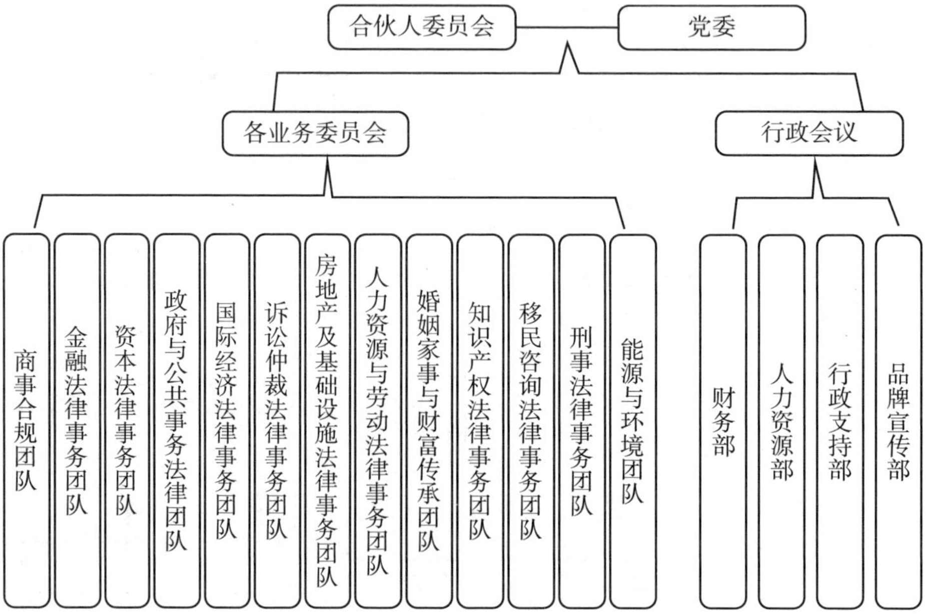

兰台组织架构

在专业团队中，通常会设置“作业律师（1~7年级律师）—主管律师（薪酬合伙人）—牵头合伙人（权益合伙人）”三个层级。牵头合伙人是该团队专业领域的引领者、专业路径成长的榜样、专业管理的主推师，主要负责对团队进行宏观层面的规划和管理；主管律师则一般为薪酬合伙人，负责调配专业团队的作业资源，根据具体业务需求匹配不同职级的律师。

之所以让主管律师对专业团队进行实质性管理，是为了平衡分配作业资源，避免利益冲突。但是这也对主管律师提出更高要求——需要具备“7种能力”，包括：服务能力、专业能力、管理能力、情感能力、引路能力、识人能力和标杆能力。

兰台的主管律师都是从一年级律师逐步成长起来的，已在兰台工作了7年以上；若非如此，不能对合伙人、作业律师有充分了解，难以进行科学管理、作业资源分配。杨光认为，“专业团队管得好不好、做得好不好，和主管律师有很大的关系。主管律师是一个专业能力强、管理能力高、作业能力好的律师，那这个团队就会有很大的发展。”

后来，杨光在《以发展战略为视角检视兰台一体化的运营机制》一文中，围绕品牌资源、作业资源、客户资源，对合伙人联合体、绩点制、兰台一体化机制进行对比分析：

运营机制	品牌资源	作业资源	客户资源
合伙人联合体	共享	独享	独享
绩点制	共享	共享	共享
兰台一体化机制	共享	共享	独享、分享或共享

相较于合伙人联合体，绩点制更接近兰台一体化机制，但绩点制在“客户资源”上是共享，兰台一体化机制则是“合享”，共享、独享皆可。这种设置，更大限度地激发了团队的积极性与创造力，也赋予兰台更强的内生动力。

尽管现在尝试一体化的律所已有不少，但几乎没有哪家律所做到了“统一收益率”，做到了“统一配置作业资源”。在这个新赛道上，兰台独创的一体化机制迸发出勃勃生命力，助力合伙人、律师、客户、律所向上发展：

- 于合伙人而言，是愿意来（有吸引力），可以来（有包容力），能够来（有衔接力），留下来（有稳定力），发起来（有发展力）；
- 于律师而言，是晋级路径清晰少疑惑，专业发展清晰无限制，行业标签清晰有前景；
- 于客户而言，是集约作业质效高、费用少、体验好；
- 于兰台而言，是有约束能力可管理，有配置能力可调控，有集约能力可伸缩。

专业为本，循序晋级

专业是律所的底色。与其他律所一样，兰台经历了业务领域从单一到全面的长期发展过程。以金融、争议解决、房地产为突破点，在积累一批稳定客户的基础上，兰台向投融资、劳动法、国际贸易、知识产权等各个业务领域扩张，逐步成长为一家综合性的律师事务所。

18 年后，兰台的专业队伍已发展至 60 名合伙人、400 多名作业律师，这些作业力量被配置到 13 个专业团队，成为兰台不断获得客户认可的资本，也成为兰台专业服务成效的基石与底气。

在兰台一体化机制下，专业团队划分仅作专业分工之途，所有作业律师资源面向全所合伙人、律师乃至律师助理开放，为的是让作业律师在某一领域更精深，提高服务质效，达成客户满意度——这种常态化的专业合作也是兰台统一配置作业资源的意义。也正因如此，在提供综合化服务的过程中，兰台团队总能充分发挥出“1+1 ＞ 2”的效果。

金融法律事务团队是兰台较早组建的专业团队之一。最近十年，金融行业经历了“激荡十年”，监管机构和金融机构频繁互动，服务实体经济的创新举措不断涌现，给金融律师带来了绝佳的发展契机。兰台以金融业务起家，经过多年发展，在 2011 年这个节点组建团队，既顺应时代大势，又贴合兰台一体化的发展脉络。

从 2011 年团队正式成立并开始尝试金融创新，到 2014 年银行业务翻开新篇章，再到近年来服务能力、创收水平的迅猛增长，兰台的金融法律事务团队不断探索、奠基、实现跨越式发展，目前已形成信托和资产管理、金融监管、银行、证券基金、金融争议和常年法律顾问 6 个小组的架构，基本囊括金融机构客户的法律服务需求。

金融团队成立以来承接了大量影响力重大的项目，已逐步建立起在银行、信托、基金、证券、保险等领域的专业优势，并深受客户信赖。国家开发银行、中国建设银行、中国农业银行、中国邮储银行、中信银行、中信信托、五矿信托、华融信托、英大信托、中信证券、华融证券、合众人寿等多家商业银行、开发性金融机构、信托公司、保险公司，都已成为兰台的强黏性客户。

在项目中淬炼，在压力下成长。未来 3~5 年，金融团队计划在目前人员基础上扩张 2~3 倍，拔高项目难度与承接量，欲与第一梯队英豪试比高。

顺时而生的不仅是金融团队，在一体化机制落地之后，兰台陆续设立了诉讼仲裁法律事务、房地产及基础设施法律事务、知识产权法律事务、移民咨询法律事务、人力资源与劳动法律事务、国际经济法律事务、资本法律事务、政府与公共事务法律团队，服务能力随之稳步提升。

近年来，随着行业态势和自身发展战略的变化，商事合规、婚姻家事与财富传承、刑事、能源与环境等团队也接连加入阵列，发展迅猛，强将如云。

2017 年，中央全面深化改革小组发布《关于规范海外经营行为的若干意见》，提出加强企业海外经营行为合规制度建设——这是我国首次从最高层面对企业海外投资进行规范。因而，有学者将这一年定为“中国企业合规元年”。

也是这一年，兰台商事合规团队正式成立。经过近 3 年的发展，团队现有 4 名权益合伙人和 29 名律师、律师助理，内部细分成 7 个小组。随着客户范围的拓宽，以及私募基金、融资担保、供应链金融等多方面合规业务的出现，商事合规团队业绩增长迅猛。

在过去两年的经验探索过程中，兰台商事合规团队逐步跳出了金融监管的视角，开始思考如何为企业建立更为科学的合规管理体系、让企业合规体系真正协调运作、树立企业人员的合规意识。

“如果企业不把合规管理规范融入整个生产链条，就无法发挥合规的真正作用。”商事合规团队合伙人杨敬介绍，“为企业搭建一个科学合理、有效运作的合规体系，是我们未来的核心工作之一。”

兰台承接刑事业务由来已久。自初创起，兰台即担任多家企业、机构的常年法律顾问。在常法服务过程中，除了一般的非诉事务外，白领犯罪等刑事问题亦层出不穷，往往需要专业的刑事律师参与解决。但由于刑事律师培养周期长、素质要求高，兰台一直没有建立团队的合适契机。

2018 年年底，契机来了。当年 9 月，在兰台执业数年的张佳华申请成为权益合伙人，与吴朝华、唐烈文等数名刑事领域合伙人一同创建了刑事团队。虽然成立时间不长，但已经承接了许多重大的复杂疑难案件。受案件复杂化趋势的影响，刑事诉讼、刑事代理、刑事非诉这三方面业务对于团队化的需求越来越高。

一年多来，刑事团队从无到有，逐步培养出了团队的作业律师，2020 年年内已经突破 10 人。基于业务量逐渐增大的趋势，以及丰富律所整体专业结构的需要，团队未来还会积极吸收更多热爱刑事、认同兰台的优秀刑事律师加盟，以“继续深耕刑事辩护业务，努力发展刑民交叉业务，积极探索刑事合规业务”。

2019 年 3 月，兰台又新组建了能源与环境团队。基于董春江、齐晓东、边永民、李琳琳、卞静舒等多名拥有丰富能源领域执业经历的合伙人，能源团队成为兰台唯一一支合伙人多于作业律师的团队，成立一年即覆盖电力特色法律服务、能源企业合规、反垄断、投资并购、诉讼代理等多个服务领域，成果卓著。

作为兰台最新锐的专业团队，能源团队计划持续深耕专业领域，并拓展多样化的能源服务，扩大团队影响力。同时，和其他专业团队的交流与合作、人才梯队的搭建与完善亦是能源团队下一步的工作重点。

为了更好地帮助 13 个专业团队灵活调配资源，兰台专门组建了一支精干的行政支持团队。目前，这一团队的人员规模已近 30 人，负责了兰台行政架构中包括培训、360 度考评、人力资源管理乃至员工关系管理等方面的管理与考核工作。

例如，360 度考评的标准是“五业”，即从专业水准、敬业态度、职业修养、乐业精神、展业愿力这五方面共计 25 个维度展开考核。此外，兰台还计划逐步将一些辅助性工作交由非法律专业的助理来完成，减轻作业律师负担。

“兰台所有管理工作的核心就是打造作业团队，让合伙人、作业律师、客户多方都感到满意。而职业精神则是实现专业分工的根本原因。”杨光表示，“兰台行政团队的意义就在于，既服务于兰台内部的律师，又锻造着兰台律师的职业精神，保证兰台内部始终处于良好的协作状态”。

兰台强调的“职业精神”是什么？以同事为第一客户，及时响应同事的需求，相互协作、相互信任。而行政团队就是各个专业团队间的润滑剂，既服务，又打造；既支持，也监督。

围绕一体化制度建立起的专业服务团队，让兰台博得了行业的广泛认可，更屡屡收获各类荣誉奖项，还曾在 2015~2019 年连续五年蝉联“北京市朝阳区优秀律师事务所”。

2020 年 4 月，兰台在候选人中位列第一，成功中标鸟巢场馆改造项目。时隔十余载，兰台二度携手奥运，成为场馆的专项法律服务单位——这是兰台荣誉与服务能力的传承，亦是对她坚持一体化下专业服务的认可与肯定。

筑巢引凤，举贤任能

客户和人才，是一家律所发展壮大必不可少的两个要素。由是，不同律所选择了不同侧重点，诞生了“以客户为本”与“以人才为本”两种发展思路。

“人才与客户，二者都很重要；但对于兰台而言，人才更重要。”对于这个问题，杨光给出了自己的答案。

人才，是兰台发展延续的基石。在杨光看来，律所有了人才，客户、声誉、品牌、价值、文化才会接踵而至。而奉行一体化、强调协作的兰台，对人才的要求也是综合性、全方位的——不仅仅是专业层面的要求，亦是综合素质、合作意识等多维度的考察。

外部，兰台积极吸收引进；内部，兰台系统培养打造。两重人才战略珠联璧合，兰台既吸纳了许多外部的优秀法律从业者，也培养了大量内生式优秀律师。

魏东是原天津市司法局副局长，也是杨光的大学同学。2017 年，多年扎根体制内、拥有丰富管理经验的他，在“律师梦”的驱动下辞去公职。杨光在偶然的寒暄间得知这一消息，随即抓住出差途中的 1 小时时间，将兰台的办所理念、一体化机制、未来规划等要素一一详细地阐释给魏东。杨光求贤若渴的诚意，兰台独特的机制设计，打动了魏东。不久，他婉拒其他机构的“橄榄枝”，选择加盟兰台，成为资深顾问中的一员。

在魏东看来，律师行业对于未来的发展早已有了“专业化、品牌化、规模化、国际化”的共识。其中，专业化是第一序列的，实现不易，但唯有实现专业化，才有可能更进一步树立品牌、扩大规模和影响力，成为行业典范。

而兰台的一路发展恰恰遵循着专业化、品牌化、规模化、国际化的逻辑，从入所第一天起，兰台律师即开始接受系统的专业化训练，以规避成为“万金油”的可能。“兰台推行的是纯粹的一体化，对于行业而言，也是值得借鉴的专业化思路。”魏东说。

无独有偶，杨光、魏东的另一同窗，原北京市司法局副局长董春江听闻了魏东加盟兰台的消息，深受触动。彼时，董春江已经在体制内外积累了丰富的法律工作经验，但同样还未曾体验过律师这一角色。一番了解与沟通后，2018 年 3 月，董春江亦加盟了兰台。

魏东、董春江这两位“重量级”顾问的先后加盟，只是兰台引进专业人士的一个缩影：想要打造综合化律所，就得从多元渠道引进各行各业的专才。事实上，横向招聘也是通行的人才方略之一，在这方面，兰台的吸引力何在？

对于执业经历丰富的合伙人而言，评判一家律所是否值得加入，往往会看重两点：

其一，律所的分配机制能否满足合伙人的收益期待；其二，律所能否为合伙人提供完备的作业资源支持。杨敬曾考察过一批四五百人的律所，最终她得出的结论是，收益期待容易满足，但专业团队通常要自己带队。

而兰台一体化机制中的“统一收益率”和“统一作业资源”，完美地解决了合伙人的核心诉求。对于高创收合伙人而言，其回报是通过业务范围的扩大而获得长线收益；对于低创收合伙人而言，其回报则是收益率的直接提升。而且，律所层面全方位提供多专业领域的作业律师资源，能够及时响应客户的综合法律服务需求。

也因此，兰台更看重外部合伙人的诚信度、协作意识、专业素质和执业经历，不设创收标准线，不仅吸收本身创收能力出色的律师，也关注具备发展潜力与法律情怀的各领域法律人。在兰台，深耕专业者和开拓业务者都能充分发挥所长，无缝衔接，实现双赢。

要想“双赢”，广纳贤才固不可少，但在兰台内部培养体系下成长起来的律师、合伙人，亦是兰台所内的中坚力量。

依托内部的培养体系，在过去十多年里，兰台涌现出一批专业优秀、素质出众的人才：

金融团队主管律师王清，自初级律师一步步成长为合伙人，亲眼见证了金融团队的设立与勃兴，业务实力广受认可；刑事团队合伙人张佳华，已是学术能力出色的大学讲师，因对律师的一腔热忱选择兰台，从“律界小学生”到年创收数百万元的刑事律师，不过四年时间；商规团队合伙人杨敬，亦是一路在兰台成长起来，中期虽曾离开并独立办所，再度回归时也是因为对兰台的深刻认同……

“这些优秀人才让兰台的年轻人有了榜样：只要坚持兰台的专业化培养，就能够成为一名在特定领域有话语权的律师，成为一名具备市场能力的律师，成为一名真正受人尊敬的律师。”魏东说。

为打造作业团队，兰台推出了薪酬律师晋级制度，同时配套《职级律师作业标准》《兰台常识》《作业质量：不出错 10 条和出彩 5 条》《关于以勤勉敬业者为本的职业化作业发展意见》《360 度评价引导》《作业律师行动纲领》6 份文件，提出关于职业化晋级的各种要求：如牵头合伙人和作业律师的“三要、三不要、三注意”、主管律师的“七种能力”。

这些文件简短有力，目的明确：为了将兰台律师培养成既专业，又具有职业精神的律师，打造最专业、最团结的作业团队。杨光说：“通过逐级晋升，一名兰台律师最终将成长为全面发展、对兰台一体化机制驾轻就熟、如臂使指的合伙人。”

晋级制度之外，兰台更是始终如一地践行“团队层面 + 律所层面”的两级培养机制。

团队层面，每一兰台团队都会对内部律师进行“深耕细作”式的培养，且机制和侧重点各有不同，如金融团队往往更习惯在项目实操与总结，而非内部培训中培养律师；商事合规团队会不定期到企业、行业协会、监管部门进行商事合规相关的培训，在互动中互相学习成长……

律所层面，入职培训、晨会培训、部门专项培训、申请执业培训和在职进修计划这五个制度构成了兰台培养机制的基本盘，覆盖了一名兰台律师从实习生到合伙人、从通识到专业的方方面面的成长需要。同时，律所也会对团队内部的培养进行实时监控，确保在出现任何失误或偏差时，能够及时介入并进行干预。

此外，模拟市场环境的作业分配制度，让兰台律师能够不断通过内部沟通交流、分工合作提升整体作业能力，将单体的成长升级为整个团队的成长。由是，兰台 13 个专业团队各具特色，但却都在各自领域具备强劲实力，每一个兰台律师，也都能在一个健康、稳定的环境里快速成长。

“当跨团队协作成为常态，兰台律师的‘天花板’也就不再限于团队内部的优秀合伙人，而是整个兰台最强、最优秀的合伙人。”杨光表示。

新元肇启，击楫勇进

十年前，业内对于强所的评判标准，也许还集中在某一专业领域的业务实力，精品律所亦有其发展空间。十年之后，这一标准悄然发生了变化：规模所不一定是强所，但强所至少得初具规模。

受限于一体化机制对内部紧密性及发展共识的高要求，行业内的一体化律所规模上往往有所局限。但近年来，规模大所层出不穷，不断挤压精品所的市场份额与生存空间。另外，高端客户也越来越青睐能够为其提供一站式专业化法律服务的律所，而这，恰恰是中小所的短板。

要进一步发展，就要突破局限，实现规模化，并利用规模化反推一体化。

早在 2009 年，兰台天津分所即已开业，这是兰台首次尝试异地经营。但彼时的兰台仍处于管理体制的探索阶段，缺乏规模化布局的经验。此后，逐步发展壮大的兰台有了一定的人员规模与客户存量，每年也保持着相对快速的增长，无论是想要更好地服务客户、进一步打造品牌，还是增强律所综合服务实力，都需要适度进行规模化来实现。

自 2014 年起，兰台陆续设立了深圳、成都、上海、合肥、长沙、南京、郑州、海口等多家分所。考虑到推行一体化体制的需要，兰台只有在当地寻到了认同一体化的人选后，才会考虑设立分所事宜。基于这一思路，兰台已经吸引了一批相互认同的团队，西安、杭州、青岛、宁波等分所业已在筹建或计划当中。

2018 年 6 月，一批来自知名律所、认同兰台一体化机制的优秀律师加盟了兰台。在合适的时机，以恰当的形式，吸收有价值、相性相符的律师，仍是兰台未来考虑的规模化手段。

2020 年，中国律师行业又翻开了新的一页。在实现并持续深耕专业化的基础上，杨光将兰台未来的工作重点定在其他“三化”：品牌化、规模化、国际化。

品牌化意味着声誉、口碑的进一步强化，也是“成为一家受人尊敬的律所”的内在要求；规模化是兰台一体化机制的设计目标之一，分所扩张、合伙人引进、内部培养均在其中；国际化即“异国的本土化”，对于境外分所的设立，兰台考虑通过瑞士联盟方式拓展境外影响力。

这一切规划会在不动摇兰台一体化体制的情况下展开。18 年奋进，兰台所建立起来的独树一帜的一体化体制，意味着差异，意味着挑战，也意味着与传统法律市场完全不同的可能性。

而对于在过去 40 年中不断探索、奋进，在未知中“白手起家”、披荆斩棘的中国律师行业而言，拥有可能性，就拥有了满怀热血创造未来的希冀与勇气。

这既是兰台一体化的期待，也是作为一名法律人的杨光，与抱有“成为一家受人尊敬的律所”初心的兰台，为律师、为市场、为行业所提供的“第三种选择”。

对于这家成立 18 年的律所而言，“星辰大海”的挑战才刚刚开始。

道可特

律师行业新一代崛起的代表

吴剑霞　吴梦奇　李晓雨

道可特总部

道可特北京办公室

绿法（国际）联盟

道可特部分专著

系列行业健康指数报告、行业发展蓝皮书

一位优秀的律所管理者和一套良性的管理制度，哪一个更对律所的发展与传承起决定性作用？

中国律师行业的40年实践告诉我们，“灵魂人物”确实能在某个阶段带领律所走上飞速发展的轨道，但是其天花板亦会成为律所发展的上限。而当一家律所的运作不依赖于“灵魂人物”时，方能不受个人认知的限制，通过集体智慧、科学机制，走向基业长青。

这也是为什么，刘光超作为道可特律师事务所律所创始合伙人，同时也是“道可特模式”的总设计师和操盘手，却在46岁即退出北京办公室的管理第一线。

其退出的前提是，道可特已经有一套成熟系统、不断革新且有序运营了17年的管理机制。在这套机制下，团队专业稳定，业务优势明显，客户开发与维系有效落地，利冲查询与风险防控系统全面建立，律所品牌持续推广，律所声誉渐隆。

律所新则行业新。群雄逐鹿之下，中小律所普遍面临破局困境，正翘首跂踵一条行之有效的路径；殊不知，最有效的方式，是自己创造出一条路。正如道可特用一套可持续发展的“道可特模式”，为行业创新发展提供了鲜活样本，成为律师行业新一代崛起的代表。

何谓“道可特模式”？

17年进阶，一体化创新

刘光超是典型的湘西血性男儿，骨子里自带敢为他人先的勇气。当年还在北京大学求学时，就弃理从文、转修法律；毕业后顺利进入央企，又不甘于体制清闲，两年后果断跳出“温水舒适区”，在法律服务市场乘风破浪。

做律师两年后，被客户从律所拉入民企担任法务总监，有偶然的因素，但更是其在专业这件事上坚持的必然。3个月后，刘光超升任行政副总裁，后又升至常务副总裁，除法律事务外，还先后主管过战略、行政、人力、采购、工程甚至销售。在民企的这段“职业经理人”经历，让刘光超逐渐形成一家“好”的律师事务所的标准：像公司那样运作，有战略、品牌、研发、产品、市场和人才。

2003年，“非典”袭来，北京成为疫情重灾区。这一年，29岁的刘光超在东四环购置的写字楼住邦2000年刚刚交房，病毒肆虐之下，饶是地段优越也无人问津。办公楼不比住宅楼，每闲置一天就是大笔损失。反复思忖后，刘光超做了一个大胆的决定——辞去民企高管之职，用自己的楼，提前了自己办所的步伐。

“律师到了这家律所，可以享受系统的管理支持和服务，有归属感；客户到了这家律所，可以得到整体且有序的专业化服务，有安全感。律所有品牌，有运营，有传承机制，不完全依托于一个和几个律师的存在，能够可持续发展。”

带着这样的初心，刘光超幸运地遇到志同道合的合伙人。初创团队的3位合伙人，一位专攻涉外业务，一位主做诉讼业务，刘光超则对公司和金融业务颇有研究。

在一个团队中，专业能力精湛的律师不一定擅长开拓客源，市场开发能力出众的律师不一定能做好管理；只有形成合力、共为律所计，才能走得更远。早在市场尚未盛行“公司化”这一概念时，道可特就开始践行一体化管理：外聘管理顾问、内设市场部门，推行“计点制”分配并辅之以机动调整比例，统一调配团队、开发案源，鼓励分工协作、成本共摊。在这种体制下，因创收与律师收入并不必然挂钩，律师之间没有利益冲突，可以进行无边界、有分工的业务协作，共同为提升律所整体效率与业绩而努力。

这一年，北京市律师协会网站刚刚开通上线，北京律师数量不足现在的1/10。多数律所采用相对松散的管理体制，服务质量与风险把控未成体系，也几乎没有律所层面的公共积累，律所发展明显受限，业绩表现差强人意。但是，当年7月1日才正式开业的道可特，半年时间即实现365万元的创收，第二年创收更是直接突破千万元。在此基础上，道可特顺利于第三年成为朝阳区政府法律顾问团成员，刘光超也成为朝阳区历史上第一批担任人大代表的律师，并当选为北京律协最年轻的理事之一。

有此成绩，着实不易；但这只是道可特的初期生存小目标，她的长期愿景早已写进名字中。“道可特”三字源于英文“Doctor”的谐音，取其“医生”“博士”之意。医生，专业、理性，悬壶济世；博士，广博、精深，通儒硕学。借二者之意，明道可特之愿景：将律师打造为博士级的法律医生、将律所打造为有专业口碑的“法律三甲医院”。

当对专业的要求已经刻入律所基因，转向专业化只是时间问题。初期虽未限定所内律师执业方向及数量，但业务多为房地产、金融、涉外、诉讼等领域，且客户主要为机构而非个人，冥冥之中划定了商事业务这条主线。很快，道可特就明确了“高端法务、事前法务、战略法务”的定位。

2009年，大批私募股权投资机构成立，行业呈现井喷式增长态势，基于对专业化的坚守，道可特决定对主营业务进行收缩，专注在金融与资本市场方向。如果说此前道可特还在公司化阶段奠定律所运营模式基础，那么此举意味着其正式步入2.0专业化阶段。

差异化优势，是在竞争中突围的必要条件；但打造优势板块的代价，是一段不可预估的转型焦灼期。很多其他律所也瞄准了这片业务蓝海，机会虽多，挑战不小。区别是，其他律所可能只投入了个别团队，而道可特则是倾注全所之力。

为此，道可特甚至有了迁址举措。原办公楼电梯较少，一到上下班高峰就不堪重负。一天，一位重要客户来道可特参加项目沟通会，八点半到地库，但因为电梯拥挤，足足等了半小时。客户进门第一句话就是：“你们再不搬家，我就不来了！”因为这声“抱怨”，道可特当机立断，搬至当时的北京最高楼——国贸三期。彼时，楼内聚集了一批中国一线律所及外资律所，道可特是其中规模最小、最年轻的律所。

市场没有辜负这份孤注一掷的勇气，几年后的道可特除了在业务创收、客户数量上有明显提升外，更是获得了行业认可——2010 年，“中国经济 50 人论坛”7 人学术委员会正式表决通过，道可特成为其企业家理事。这个论坛汇聚了“一行三会”、财政、金融、外汇等主管部门负责人及 50 位知名经济学家，被国内外公认为中国高层经济决策的“智库”。在 2019 年之前，道可特是其唯一一家律所代表。获其认可、得以加盟，足见其在专业上的实力与对行业发展的贡献。

当他人还徘徊于是否舍弃部分客户、进入专业化时，道可特已经一头扎进金融与资本市场，开始苦练专业内功，创新作业模式；当他人开始在专业领域有所建树时，道可特已经在推出产品线的基础上，持续输出与行业相关的著作、报告，部分内容甚至直接被主管机关引用；当他人在现有业务、规模之下如鱼得水之时，道可特及时洞察市场变化的趋势，在酝酿一场突破性转型。

“规模化”这个词，放在现在一点也不陌生；但在五年前，采用一体化管理模式的律所很少直接选择这条路。原因无他，对管理层、合伙人团队的要求太高，推行太难，少有成功者。当道可特入驻北京财富金融中心，宣布要开始适度规模化时，是 2015 年。

不同于直接开设分所的传统路径，道可特先投入时间、人力、财力，做足了基础工作：建成包含十大中心的道可特总部，分离北京办公室和道可特总部，主导发起“绿法（国际）联盟”，自主研发“绿云 VIT”系统。

既有明确目标，更有系统规划，这才有了 2018 年一年间，从未开设过分所的道可特，相继完成了天津、上海、深圳、济南、成都五个分所获批的可能。与此同时，道可特也开始进行国际化布局，先后在我国香港地区、伦敦、纽约等地设立服务网点，发展进入快车道。其间，道可特从精品化逐步走向综合化，业务结构进一步优化，客户质量进一步提升，创收规模连年翻番，行业口碑日渐攀升。

从内向外，从现在延展到未来，道可特一路都在突破自我，拓宽律师行业的边界。17 年来，道可特相继走过“公司化—专业化—适度规模化”三个阶段，每一个阶段都打了一个漂亮的时间差，在探索与践行律所发展新模式上成效显著，一跃成为行业新锐代表。

短短几年间，道可特品牌形象迅速提升，揽获“2015~2018 北京市优秀律师事务所”、ALB“2016 十大精品律所”、《商法》“律所年度杰出交易”及争议解决、私募股权与风险投资、资产管理、建筑及基础设施等多个业务领域的“卓越律所大奖”，以及诸多组织颁发的“卓越表现律所”和“年度成长律所”大奖。2019 年年初，道可特再度加盟国家级高端智库，成为“中国金融四十人论坛”唯一一家来自律师界的理事单位。

创新分所模式，突破规模“瓶颈”

物换星移，行业的竞争态势已不同于十年前，市场选择律所的模式、标准、评价体系正在发生变化，对律所也提出了系统化服务和全国布局的要求。大势如此，顺势而为，方能立于不败之地。

但对于一家初创即推行一体化的律所而言，从精品专业所转型为综合规模所，并非易事，其间涉及内部转型共识的达成、外部新进人员的理念认同、原来小规模适用的制度在大范围推行时的成效等诸多问题。除个别特例外，行业中践行公司化的律所多为中小型规模；而当提成制律所想要推行一体化时，也多先采用“试验田”等方式进行小范围尝试，以观后效。

不言而喻的是，律所公司化优势恰恰在于管理、经营、分配的一体化，这能让律所在战略、品牌、市场、团队、产品、研发等方面持续输入与输出。若能突破规模限制，实现多地办公网络的协同效用，公司化律所将会发挥巨大能量。

嗅觉敏锐的刘光超感知到了这些市场征兆，也了然一体化律所转型后的潜能，深知2015年开始的适度规模化将是道可特转型的关键。此时，规模化浪潮虽尚未完全兴起，但事后刘光超在“解密道可特模式”系列文章中写道：

“从最近几年统计的数据来看，律师行业的‘二八现象’已经演变成了‘一九现象’，寡头经济越来越突出，规模律所的增长速度却越来越快，中小所律师如果没有特别的专业和市场能力，只能分到市场的‘残羹冷炙’。”

为了应对“大象在奔跑”的局面，道可特抓准一体化律所突破规模“瓶颈”的核心，对分所模式做出创新设计，决意向规模化律所进军。

为此，在北京，道可特创设了三个“革命根据地”：道可特总部、北京办公室、绿法（国际）联盟。其中，道可特总部是这场突破战役的致胜关键。

在总部设于北京的律所中，大多以北京办公室为“总所”（“总部”），其他各地办公室为“分所”，并由“总所”对其他“分所”进行管理；且较少有律所设立专门的管理运营中心，即使有也多是附属机构，并不能发挥主导作用。道可特的做法是，将“管理运营中心”从北京办公室独立出来，更好地保障分所体系的良性运转，借此来打造一家共建、共治、共享的律师事务所。

为此，道可特投入3年时间，建成了以投资管理、品牌战略、信息化建设、事业发展、业务管理、产品研发、公共关系七大中心为主的道可特总部，后又分别于2019年增设公益文化、国际化两大中心，于2020年增设综合管理中心（兼秘书处）。十大中心的定位是为各地办公室提供适时管理和服务，这些职能承载着各地办公室的发展，却又无法由某一办公室单独建设。

道可特总部的建成，解决了总部与各地办公室整体发展、功能共建、资源共享的问题，规范了各地办公室的运营管理，为一体化建设和规模化发展夯实了“基础保障”。例如，事业发展中心完成了 7 个城市分所合作伙伴的考察工作；国际化中心完成了 4 个国家 / 地区筹建办公室的前期工作；业务管理中心完成了全所范围流程规范、利益冲突、风险控制、案件合作体系的建立；信息化建设中心完成了“绿云 VIT”系统的全面投入使用，目前正在进行第三次改版优化等。

目前，道可特有两层管理架构，第一层是道可特总部的管理架构，第二层是各办公室的管理架构，两层架构中均存在权益合伙人会议、管委会、执委会（或执行主任）、监事会（或监事）的设置。在道可特体系里，每家办公室和北京办公室一样，彼此独立且平等，大家共建、共治、共享道可特总部，并可平等参与道可特在全国乃至全球的布局。

这种“总部 + 各办公室”的公司制集团化设计，正是道可特有别于其他律所的地方，既在整个律所层面推行一体化，又赋予了各地办公室的相对独立性。有统有分、有同有异的蜂窝式设计，打通了道可特规模化发展的“任督二脉”。有此为基础，道可特的“适度规模化”之路走得更加稳健。

2017 年 10 月，道可特发布“2018~2020 三年战略规划”，提出“布局十大区域，打造千人律所”的构想，推出明确的分所战略。

自 2018 年起，道可特选中上海、深圳、天津、济南、太原、成都等城市，开始第一批国内分所的筹建工作。道可特执委会主任师光虎解释，上海、深圳分别是长三角经济圈、粤港澳大湾区的核心城市，法律需求旺盛；天津、济南是环渤海大湾区的重要城市，济南更是新旧动能转换的示范性城市；太原是全面转型的国家区域中心城市，成都是西部重要的经济城市，踞太原以同时辐射西北和华北，踞成都以辐射西部。

当年内，天津、上海、深圳、济南、成都 5 个分所获批；其中，天津、济南、太原三地办公室已经开业。天津办公室以金融资本和大型项目两大业务为核心，并且定位于“道可特人才战略中心”，致力于京津冀执业一体化；济南办公室以央企、国企、金融机构服务为主要定位，打造“品牌市场旗舰店”；太原办公室则致力于打造高端上市争议解决示范基地及道可特“一体化管理样板间”。各办公室目前人员规模均在 30 人左右，并都呈现突破之势。

与此同时，道可特瞄准我国香港地区、伦敦等国际头部市场，逐步筹谋全球布局。近几年，除先后完成我国香港地区、纽约、洛杉矶、伦敦和新加坡等地的律师市场考察和调研，道可特还与德国、法国、比利时、卢森堡、泰国、安哥拉、尼泊尔，以及我国台湾、澳门地区等国家和地区的优秀律所建立了战略合作关系，基本完成了国际化的基础工作。

*“如果要真正成为一线、头部的律所，除了在国内主要城市布局外，国际化布局是必然。”*道可特高级顾问西小虹谈到，各家律所重视国际化程度意味着法律服务市场更加开放且竞争日趋激烈，而法律服务的专业性和地域性，决定了国际布局不可能立马开花结果，

需要落地生根，稳健成长。

其中，伦敦是道可特布局欧洲的重要一步。道可特国际业务部主任张婷介绍，英国在国际争议解决领域的地位不可撼动，尤其是金融、船业和矿业等行业；且大量“一带一路”国家的法律机制都是英国传统的法律机制，很多跨国交易都采取英国法作为准据法。“道可特在伦敦已经有了很多的业务联系，现在正是建立分支机构的合适时机。”

2020 年是道可特提出适度规模化的第五年。2016~2017 年，道可特经历了两次共涉及四所的合并，先后还有 9 个核心团队加盟，律所人员规模突破百人，办公室经过两次扩租；2018~2019 年，国内六地办公室获批，其中天津、济南、太原三地开业，香港办公室即将落地；现在，人员规模已从 2015 年的 40 余人扩充到 200 余人，创收数额更是从 3000 多万元跃升至近 2 亿元——道可特正在逐步突破一体化律所的规模“瓶颈”。

深耕专业，推动行业化发展

一家律所成功与否，不仅要看它的专业程度，更要看它是否与行业紧密结合、共同发展。而要实现这样的“行业化”，首先要求律所自身的“专业化”。

在很长一段时间里，明确提出专业化发展的律所并不多，但对于不能以规模取胜的中小所而言，要在数万家律所中脱颖而出，就必须打造自己的核心优势领域。在法律市场沉浮之间，有律所因为没有核心板块而逐渐没落，也有规模有限、但力出一孔的精品律所脱颖而出。

基于这个认知，道可特决定在保留部分优质客户的前提下，慢慢向专业化靠拢。

这并非一次顺畅无阻的转向。在前景尚不明朗的情况下，要让合伙人、律师们放弃已形成稳定关系的老客户，是一次冒险：聚焦后的业务量能否足够养活团队？能否获得新一批客户的认可？转型期会持续多长时间？最终，没能形成共识的部分合伙人选择了离开，道可特内部经历了一次“人员震荡”。

祸兮福之所倚，以现在的视角来看，这次“震荡”是道可特专业化进程中必须经历的阵痛。阵痛之后，道可特以破釜沉舟之决心，以“专业化 + 行业化”的双向驱动，实现业务链条的延展，在相关领域树立起专业口碑与行业地位。

深耕专业，践行“行业化服务”

中国 PE 市场正处于“黄金十年”，诞生了超过 50 家“超级独角兽”企业，“站在风口才能飞得更高”。对有一定金融资本业务积累的道可特而言，这是巨大的机遇。通过全面参与私募股权基金“募、投、管、退”的流程，可以将资本方和企业方同时联系起来，赢得更多的客户。另外，道可特还敏锐地发现了新三板市场，为研究新三板制度，实地走访了 40 多家新三板挂牌企业，在全国新三板扩容之前把握先机。

凭借私募基金和新三板这两条线，道可特逐渐在金融与资本市场打开局面，渐进式地在三个层面发力。

其一，围绕产业链，提升客户量。在确定了主攻方向后，道可特开始有意识、有规划地开拓目标客户，在不同领域锁定了一批从事 PE、VC 业务的金融机构和上下游企业，由点到面，在机构与机构、机构与平台的合作中，逐步完成行业批量客户的积累。

其二，加强行业研究，奠定专业地位。道可特以“著书”作为切入点，从 2009 年创业板推出之际出版第一本专著《企业创业板上市筹备与操作指南》开始，陆续出版了多部聚焦金融与资本市场行业的专业书籍。其中，第二年出版的《中国 PE 的法律解读》先后重印 8 次，仅版税就超过 30 万元；第三年出版的《直击新三板》，在次年国务院发文决定新三板扩容后，成为绝大部分券商内部学习研究和培训的教材，据称有的券商一次性购入就是 200 本。

其三，加强对行业发展的关注与担当。2018 年起，道可特发布《私募基金行业法律健康指数报告（2015~2017）》《中国保险行业法律健康指数报告（2015~2017）》《央企（A 股）上市公司法律健康指数报告（2013~2017）》等系列行业研究报告，首次发布即赢得了 300 多家各类机构现场参与，其中 PE 机构接近 100 家，并引起了证监会等部门和机构的关注。2019 年，道可特又研发了数个行业的法律健康指数，并推出了不良资产、建筑工程等行业发展蓝皮书。

起于专业，但不止于专业。三步下来，道可特收获了可喜的成效：在相关领域实现了产业链条的业务全覆盖，客户数量明显增加，仅在 PE 业务方面，客户数量就从开始的数家发展到现在的超过百家；固定合作伙伴及批量业务日渐增多，大大降低了市场再开发成本；基于前端开发和律所逐步规模化后的综合业务优势，业务触角已延伸至其他法律服务领域。

更重要的是，凭借多年沉浸行业的服务和研究，道可特能对行业给出不同维度的专业见解，并将研究成果与行业同步交流分享，用一个个案例、一本本专著、一份份报告，实现从自身发展到回馈行业的良性循环。

把握趋势，做“研发型律所”

在实现专业化的过程中，道可特也形成了独特的业务理念：做一家研发型的律所。

何为“研发型”？法律服务市场和其他市场一样，对产品有着客观需求，顺时而生的优质产品会被复制、被模仿，自然也会因时代变迁而淘汰。很多头部律所意识到了这点，主动进行产品研发，并随市场变化不断更新换代。

在道可特看来，产品研发既是行业的客观需要，也是律师的职业使命。2020 年 2 月 5 日，“道可特第一届法律服务产品大赛”正式开赛。大赛历时整整 58 天，并最终评选出 10 个法律服务产品。值得一提的是，这 10 个法律服务产品中有关注新零售的“新零售综合法律服务产品线”，有关注司法协助的“跨境破产案件法律服务”，亦有关注债权保护的“小额金融借款合同纠纷法律服务产品”等。其中，不少已经跳出道可特既有的产品线体系，这是道可特律师所共有的一种精神——立于行业发展前沿不断探索、不断创新。

道可特借鉴金融与资本市场的成功经验，并将之改造、再开发，成功复制并应用到其他领域。2019 年之前，道可特的产品线数量已达 16 条，2019 年之后，这个数字增长到了 19 条——随着客户需求与市场变化，这些产品线也对应地进行着合并、取消等升级优化。

要进行长期的产品线研发，不仅需要持续性投入，更需要一定的前瞻性，而这恰恰是公司化体制的优势。目前，道可特仍在持续探索，保持着每年培育出 1~2 条全新优质产品线的速度。

除却最具代表性的私募股权与新三板外，道可特的保险资管、海外上市与国际投资、基础建设、争议解决也极具潜力。保险资管方面，道可特敏锐抓住了这一潜力巨大的市场，客户覆盖了业内 1/3 以上的资管公司，并承接了许多行业内“第一单”；海外上市与国际投资方面，道可特数年前即开始业务布局，2018~2019 年即签下了近 20 单交易；基础建设方面，道可特顺应乡村振兴等大形势，承接了更多与政府机构的合作业务；争议解决方面，代理了很多起重大并且有代表性的案件，连续两年拿下《商法》该领域“卓越律所大奖”。

在开发产品线的同时，道可特也较早提出了“行业化”的观点。业内多以成立行业委员会为表现形式，但道可特更进一步，将行业化做成了部分业务团队的标志，如资产管理争议解决产品线、私募基金争议解决产品线。专业与行业的纵横结合，衍生了一个个精准的“交叉点”，进而形成巨大的服务网格，输出更精准、更深度、更定制的服务。

在不断加深行业理解、获得客户与行业认可的同时，道可特又先后获得了“中国经济 50 人论坛”“中国金融 40 人论坛”两大国家级智库的认可。相关负责人表示，打动他们的正是道可特在专业及行业研究上的专注。

发挥一体化优势，深度并创新服务

2020 年 3 月 31 日，国务院国资委网站发布公告，将中国融通资产管理集团有限公司列入国务院国资委履行出资人职责企业名单。当日公布的最新央企名录中，融通名列第 10 位。

道可特，是中国融通的合作伙伴之一。在为融通某个超大型项目提供服务的过程中，道可特同时配备了 17 个工作组，不仅发动了 17 名合伙人，每位合伙人还带队 3~4 人，以匹配其对不同专业领域的法律服务需求——而在完全提成制的律所里，一位合伙人想撬动另外 16 位合伙人几乎是不可能的事。

这一案例体现了道可特一体化体制的一大优势：能够快速且顺畅地集中资源，及时响应客户综合性的需求。此外，为了给客户提供更全面的服务，道可特正在两个方向持续发力：拓宽业务边界、创新业务模式。

拓宽业务边界即增加律所能够提供的业务范围。一般情况下，一家中型房地产企业的常年法律顾问费用通常在数十万元，但道可特曾承接的一个房地产项目法律顾问年度收费高达数百万元。原因在于，道可特不仅提供传统的法律顾问服务，还担任企业的融资顾问乃至项目管理顾问，这些常规业务边界以外的服务，是让道可特增值且保值的地方。

创新业务模式则是在律师与客户间探索更多的合作模式。常年法律顾问和案件代理是传统模式，但一个显而易见的现实是，传统模式已经难以满足客户的需要——客户更希望一家律所能够通过整合内部资源，甚至是整合不同领域的中介机构与外部资源，提供从前期到后期的全过程服务。

律所该怎样满足客户增长的服务需求呢？道可特建立了一套完善的服务流程：

初期建立联系时，通过全面深度的调研，并借助法律服务产品的可视化沟通增强对客户的理解，同时在“读懂客户”的前提下，深度地介入客户项目，甚至提前介入，根据客户需求进行合理调整与科学调度；项目对接过程中，通过一对一的全程跟进节省客户的沟通成本，但这个“一”的对接背后会有内部多方的支持；实际执行中，通过组织多名合伙人共同提供服务积极响应客户需求，让客户在整个服务过程中体会到充足的安全感与获得感，是道可特与客户合作的常态。

“为中高端客户提供综合化、一站式的深度集团化服务”，不仅是市场对道可特的要求，也是道可特自身的内在要求——在一体化的基础上，深耕专业、超越专业，把握趋势、深度研发，集中资源、综合服务，在实现自我发展的同时为整个行业输出更独特、更有价值的成果与经验。

目前，道可特已经形成了公司业务、争议解决、金融与资本市场、地产与基础设施、知识产权、国际投资与工程、竞争与反垄断、税务业务八大业务领域、二十余条产品线以及五大跨专业中心，全面、综合的矩阵式业务布局让道可特的业务有了持续竞争力。几年来，道可特先后成为数十家央企和国企的律师库成员，与数百家金融机构保持长期合作，其中不乏中核工业集团、中国石化、中铁股份、中交建集团、大唐集团、中国光大银行、中国邮政储蓄银行、华能集团、诚通集团、联想控股等优质客户。

精英集结，从“管理者”到“服务者”

美国管理大师大卫·梅斯特在其《专业服务公司的管理》一书中这样写道：“专业服务公司必须同时在两个市场中展开激烈较量：一个是服务‘输出’市场，另一个是生产资源（即专业劳动力）的‘输入’市场。”

对应到律所，亦是如此。围绕行业、提高专业化水平是律所在服务“输出”市场时取得竞争优势的关键，但要更好地输出这份优势，就需要优质的生产资源：人才。合理的制度设计，完善的业务链条，最终都需要律师来践行，以保证律所的有效运作。

道可特自然也不例外，集聚了律师界一批经验丰富、能力拔群的专业人士，其中不乏拥有政府机关、司法系统、央企、上市公司等工作履历的跨界人才。律所主任刘光超在企业管理、投资、法律服务多个领域均有建树，多年同时担任全国、北京、朝阳三级律协的理事，现任北京律协智库秘书长，亦是“全国优秀律师”；高级顾问西小虹先在香港律所工作，后任杜邦公司法律顾问、香港机场管理局中国业务总经理，最终又回到律所；争议解决团队负责人师光虎积极倡导专业行业化，在金融、能源、建筑工程等行业都有很深的建树；国际业务部主任张婷曾在“四大”之一的普华永道从事审计、税务工作，拥有难得的法律和财务双重背景；金融与资本市场部牵头人乔兆姝不仅执业经验丰富，还多次参与撰写行业报告与研究书籍，更多次为中国妇女发展基金会等女性组织提供法律支持。

2019 年 3 月，西小虹加盟道可特。作为首位在英国剑桥大学攻读法律的中国律师，西小虹拥有 30 余年法务工作经验，曾担任中国化工集团总法律顾问，并获评首届“钱伯斯中国区有影响力总法律顾问”。

在谈及为什么加盟道可特时，西小虹表示：“我与道可特有多年交情，也一直认为道可特是一家有潜力的成长中律所，目前正值适度规模化及国际化阶段，大家理念契合，合作自然达成。”

这一回答背后别有蕴意：尽管国内市场仍是道可特的基本盘，但随着进一步的规模化与国际化，道可特正在吸引越来越多国际性人才的加盟，多位律师同时拥有中国大陆与其他国家 / 地区的律师执业资格。其中，张婷更是国内少有的既取得中国内地、中国香港地区、美国加利福尼亚州三地执业资格，又通过了英国律师资格考试的律师，可以自如地与多国律师协同处理涉外业务。

越来越多的优秀人才不断加盟道可特。他们选择道可特的一个重要原因在于，当行业内还在普遍讨论着如何更好地“管理人才”时，道可特已经将目光投向了更深层的“服务人才”：“律师是律所最核心的资产，也是律所最大的客户，对律师最好的管理就是服务。”

服务性，是道可特的人才战略观。基于此，道可特先后设计了一系列创新制度与支持政策，从制度层面持续为律师赋能。

首先，道可特充分考虑了人合成分，推出“事业合伙人制度”：“每位进入道可特的合伙人，都是事业上的合伙人。”

道可特鼓励合伙人成立大事业部、事业部、业务部、专业部四大部门体制，并给予部门负责人相当的自主权，同时设立有专门的管理协调部门保障专业部门的规范运作。打通层级壁垒后，合伙人之间能够根据自身情况自由组合，实现真正意义上的平等合作与全方位发展。

此外，“合伙人保荐制度”下，道可特律师可由其他合伙人举荐成为合伙人，并对其业绩予以兜底，这为道可特律师的晋升以及参与律所管理提供了更为便捷的机制通道。有潜力的律师们还能通过“合伙人孵化中心”的统一管理、协调、培训，加速自己的成长。

每位道可特合伙人每年都能享受“一次品宣策划、两次市场活动、三次外部活动、四次发文与演讲机会”的“一二三四支持计划”，并能得到律所结合完善的《道可特合伙人品牌建设支持办法》进行品牌的精细化打造。新加盟的合伙人还能享受针对个人品牌打造的“五个一服务”。

内部人才培养，青年律师亦是重中之重。随着青年律师不断增多，道可特于 2017 年推出针对性的“未来合伙人计划”，每年吸收不低于总人数 20% 的青年律师参与。经过“两年初期培养期 + 三年培育期”后，至少 50% 的青年律师将被破格提拔为合伙人。

上至合伙人、下至青年律师的制度保障，丰富了道可特的人才成长路径与晋升渠道，无论内部培养的律师还是横向招聘的合伙人，都能更快地获得突破。执业不到 5 年的合伙人余鹏就是一个例子，刚加入道可特的第一年，创收就在此前的基础上翻了一番。他曾在合伙人会议上感言：“道可特的公司化管理平台让我受益匪浅，有整个律所做后盾，律师不再是一个人孤军奋战；而且律所品牌的客户认可度高，合伙人间合作起来很互补很顺畅，这对合伙人很重要。”

除了纵向成长维度的赋能外，道可特也在合作机制方面不断摸索，在律所内部开创“优势互补、协作共赢”的良性合作模式。基于专业化的要求，道可特合伙人只能在 15 个专业方向中选择“一主一辅”，但必要时，道可特的合伙人可以调动所内其他合伙人、支持部门的力量——此时，整个道可特就是一个“最专业的律师团队”，可以灵活根据案件情况配置最专业的人员，从而更好地为客户提供服务。这种合作模式并非特例，而是道可特的常态。

曾经有一位刚加入道可特的合伙人需要在天津投标，时间紧、任务重。道可特随即成立临时协调小组，组建了包括招投标部、财务部、业务管理部、客户服务部在内的职能团队负责基础工作，并从其他事业部调配了 7 名合伙人与律师一起参与招投标的专业工作。如是，短短 3 天即圆满完成投标工作，最终顺利中标。事后，这位合伙人感慨：“原来律所还可以这样为律师工作！”

这正是“服务者”概念的意义：从律师到合伙人、从业务到品牌、从制度到模式，道可特为所内律师提供了自由、开放的成长平台，以“道可特模式”培养出了诸如争议解决领域的师光虎、国际业务的张婷、私募基金及并购领域的乔兆姝、资管业务的司马雅芸、金融业务的殷艳红、建筑工程的余鹏、银行业务的陈杰、证券业务的李静、家事业务的曹雁等一大批优秀人才。而这些人才又以自身优异的表现反哺道可特，为律所赢得口碑、树立品牌，实现了双方共赢。

2020 年，为解决解决律所产权问题及律师、员工的归属感问题，道可特正式推出酝酿已久的“全员持股”计划，合伙人与其他非合伙人均可通过直接认购权益、获赠权益和期权计划三种方式，获得律所权益或者享有分红权。从 2017 年正式提出，到 2018~2019 年广泛征求意见并设计制度，再到 2020 年正式推出，“全员持股”计划，既是道可特基于公司制创新的实践探索，也是“共建共治共享”理念的核心体现。

配合着眼人文关怀的“乐律”“阅律”“跃律”三大俱乐部，“道可特家园基金”“道可特安家奖（特别贡献奖）”等制度，道可特正身体力行地为行业探索，一家律所怎样才能真正成为律师的“服务者”。

“是的，我们在一起！”在道可特不仅是口号，更是理念，是文化，更是践行。

建设生态圈，从“绿盟”到“绿云 VIT”

当规模化成为律所发展主流，在内生做大、外部合并两种路径之外，也衍生出“律所联盟”这一形式。近些年的联盟方兴未艾，运营模式、准入门槛、覆盖范围各有特色，但都有一个共性——成员多以律所为主体，没有突破法律圈层。

“现在律师市场竞争之激烈是由于存量有限格局固化所致，律师行业的市场蓝海在于新市场、新产品、新模式。而且，律师的执业生态应该是立体的，必须进行跨界。”

这一次，道可特又超越法律，着眼于整个生态圈。2016 年 12 月，道可特联合七家单位共同设立发起绿法（国际）联盟，聚焦法律与经济的跨界研究，搭建法律与各行业之间的融合平台，致力于打造绿色立体的法律生态圈。

通常，律所都会关注自身发展，着力于业绩表现、客户数量、人才培养等；但道可特在实现律所目标的同时，也逐渐形成行业共建的理念，把自己定义为整个法律生态圈的一部分。在这个生态圈，有律师、律所、客户，有法律机构、也有非法律机构，有专业实力、更有行业视角。

“一院多盟一平台”是这个生态圈的整体架构。“一院”指专注行业难点问题输出研究成果的绿法联盟研究院，是绿盟的“大脑”；“多盟”指涵盖法律、金融、投资、文体、医疗、教育等多个领域的行业联盟，是绿盟延伸跨界的“触角”；“一平台”指包括创新孵化平台、互联网平台、智能化平台、金融支持平台在内的各行业之间的融合平台，是绿盟拥抱科技与未来的“舞台”。

绿法联盟研究院下设八大研究中心，其中六大中心院长由非律师担任，充分体现了绿盟践行跨界的理念。在这些跨界人士中，不乏国际知名大学教授、人大代表政协委员、金融机构高管。譬如，“一带一路”与国际合作交流研究中心院长由曾任世界五百强阿尔斯通（中国）有限公司常务副总裁、福特汽车（中国）有限公司副总裁的剑桥大学博士路跃兵先生担任；不良资产与破产研究中心院长由曾任德勤中国管理合伙人的陈建明先生担任。

在过去几年的实践中，道可特还建设了线下基地——绿法联盟创新发展中心，可随时举办从 10 人的小型会议至 80~100 人的大中型活动，由此持续输出“闭门研讨会”“行业法律健康指数”项目和“绿盟大讲堂”等系列活动。

是以，绿盟才得以诞生并保持勃勃生机，这种跨界效应也将随着道可特各地分所的落地而进一步扩大——道可特每成立一个分所，会相应设立一个绿法国际联盟的分联盟。

虽然绿盟由道可特主导发起，但他们是相互独立的主体。刘光超强调，“两者不互相包含，更不是‘一套人马两块牌子’，但在双品牌运作、双轨道并行的同时，互相支持，互利共赢”。

因为有了绿盟，道可特在平台搭建、资源整合、模式创新、服务引领、跨界融合等方面更具竞争力。例如，在市场拓展层面，绿盟的行业资源、研究资源、信息资源、活动资源为道可特进入新兴领域的蓝海提供了契机和条件；在运营模式革新方面，绿盟主导开发的“绿云 VIT”系统，为道可特服务智能化提供了可能。

“绿云 VIT”系统是在绿盟成立 1 年后启动的项目。之所以愿意前期投入 2 年时间，自主研发这套信息化智慧云平台系统，是因为道可特已经深刻意识到：“技术驱动行业革命的时代已经到来，道可特不希望落后，至少不希望被淘汰。”

当下时代，漠视技术将无法跟上客户发展需求。道可特没有像传统律所那样直接购买科技公司产品，而是联合“绿盟”研发“绿云 VIT”系统，以契合这家独特律所的个性化需求，承载其打造绿色立体法律生态圈的梦想。

“绿云 VIT”系统分为“绿所云”“绿企云”“绿芯云”三个部分，分别基于律师、客户、智库三个层面而设计，“绿所云”专注于律所管理与律师可持续发展，“绿企云”致力于打通法律服务与客户之间的壁垒，“绿芯云”则更聚焦于推动行业实现高质量发展，致力于为律师整合信息、开拓市场、对接资源提供平台。

完全自建、系统设计、分层联动、持续优化是道可特信息化建设的差异化特点和优势。在“绿云 VIT”系统投入使用前，律所沿用的是传统管理模式，律师办公也是以传统方式进行，律所、律师、客户、行业之间存在信息鸿沟；而通过“绿云 VIT”系统，道可特总部和办公室互联互通、资源共享，实现了一站式协同办公，道可特与客户、合作伙伴和外部资源之间也实现了立体的互动和交融。

用跨界，为法律注入行业能量；用技术，为立体法律生态圈赋能。在平台、技术、产品都一一落地后，一个完整的法律服务产业链就产生了。从建设跨法律生态圈以撬动并整合行业资源，到自主研发信息化系统，道可特始终在做一件事——改变法律市场的传统行业生态。

做行业的“道可特”

从住邦 2000 到国贸大厦三期，再到北京财富金融中心，两次迁址见证了道可特从 1.0 公司化阶段到 2.0 专业化阶段，再到 3.0 适度规模化阶段的发展。每个阶段的进阶，都是不断探索、不断实践、不断创新的结果。

在致力于打造可持续发展律所的同时，道可特放眼于整个行业，通过系列举措促进整个律师行业的可持续发展。

“任何一家律所的力量都是有限的，但每一家律所都是行业的一员，都有行业责任。所谓行业责任，就是关注行业的状况，遵守行业的秩序，坚持行业的底线，为行业的创新和发展贡献力量。”

自 2018 年 5 月起，道可特先后在深圳、上海、杭州、天津、济南五个城市举办过七场“道可特模式”巡回研讨会；后刘光超等合伙人又在昆明、郑州、保定、合肥、西安、太原、长沙、洛阳、海口等地参加行业会议和培训，分享“道可特模式”，与行业一起探讨律所发展的新模式新途径，共同促进行业发展。

17 年间，道可特从无到有，为新一代律所探索新型发展之路；“道可特模式”从骨架初成到血肉丰满，为一体化模式寻找更务实的解决方案；道可特律师从律海微芒到群星璀璨，与新生代力量共见更年轻的明日律界。这既是道可特的责任，又不仅仅是道可特的责任；道可特不仅仅是自己的“道可特”，亦是行业的“道可特”。

正如道可特的“绿所”理念：从法治的“绿芽”开始，怀着一颗变革的“绿心”，打造心中的“绿所”，培育行业的“绿林”。这才是“道可特模式”的内核。

功承

“律企学”三位一体的公司制律所，如何不断突破自我？

周　正

功承律师事务所前台

2014 年 11 月，功承律师事务所加入中世律所联盟

2014 年 11 月 17 日，新功承正式合所办公

功承律师事务所荣誉墙

2019 年功承律师事务所年会合影

2014 年 11 月 17 日，新功承诞生了。

表面看，这不过是国内律所规模化发展的一朵浪花，但没过多久，这家律所就开始让业界刮目相看：它不仅是当地业界一次优质资源的重组，更重要的是，它在东北地区掀起了律所治理模式和合伙理念创新时代的浪头。

新功承主任迟日大是现任全国律协副会长、全国政协委员，在 2003 年创立老功承的基础上，他凭借自己的魄力、远见和影响力，主导了新功承的再造。担任管理合伙人的郭维东律师曾任超大型民营企业副总裁，具有深厚的企业管理运营经验，新功承的公司化模式于他可谓驾轻就熟。吉林融鉴律师事务所前主任高强、吉林格尚律师事务所前主任关春艳、吉林建筑大学副教授宿辉都是吉林省的知名律师，他们携律所或团队的加盟，使新功承规模一步迈入吉林省前三名。吉林大学法学院前任副院长孙学致教授出任独立管理人，则给律所文化和制度建设构建了新的维度。

6 位新功承的创始者基于对中国律师业发展大势的共同理解，为功承的建设和发展确立了四大方略，即以创始合伙人协议和计点制支撑的合伙原则，以公共财政支撑的公司化治理体制，以职业经理人支撑的公共服务平台，以律师专业化、一体化支撑的法律服务模式。

先进的理念一旦达成共识就会形成强大的力量，相互欣赏的能力和精神气质就会聚拢更多精英。2015 年 10 月，吉林省高级人民法院民二庭原庭长、审委会委员吕强辞职，成为功承第七位创始合伙人。随后，律界、高校双跨的张晓阳副教授以第八位合伙人的身份加入。曾任长春市中级人民法院民二庭庭长、审委会委员的陈海彪，曾任吉林省高院行政庭副庭长的沈海蛟亦在辞职后选择了功承，成为第 9 位、第 10 位合伙人。这几位司法界和律界翘楚的加盟，进一步提升了功承的品牌优势，强化了专业结构。

成立 5 年来，10 位合伙人同气连枝、和衷共济，带动功承跑出了惊人的发展速度，连续实现高速增长，使之成为东三省屈指可数的“亿元所”之一，在东三省这块法律服务业相对欠发达的区域，探索出了一条独特的公司制律所发展之路，给全国律师业也提供了一个具有启发性的参考样本。当下，功承的合伙人们面对总量十分有限的区域市场，以及国内大所攻城略地的汹汹大势，抱持着“逆水行舟，不进则退”的危机意识，在坚持稳健发展本地市场的同时，也在不断思考如何突围，如何再上台阶的战略发展问题。

这样一家“律企学”三位一体的公司制律所，如何诞生，又如何不断突破自我？

新功承，公司化东北之先

创立功承，现代化管理的探索与实践

“不远的一天，我希望去斯德哥尔摩仲裁院看看那里的风景。”

1995 年，从吉林大学法学院毕业的迟日大在毕业纪念册上写下了这样一句话。当时他的理想是做一名纵横驰骋的国际大律师，斯德哥尔摩仲裁院也并非一个具体的点，而是代表了他职业目标的追求。但是，人生的机缘往往难以预料。那一年，吉林省高级人民法院招收第一批法学毕业生，迟日大成为当年的 1/15，进入高院做了法官。

在高院那几年，虽然工作上逐年进步，还考上了在职博士，但每到年末写个人大事记的时候，他觉得自己在越来越喜欢法官这个职业的同时，却离律师的理想越来越远。鱼与熊掌终不可兼得。2002 年撰写博士论文时，他边写边思考人生，感觉是时候痛下决心去实现自己的理想了。4 月的一天，他提交了辞职报告。9 月获批，法官迟日大“下海”了。

刚出法院，很多律师界的朋友和校友都找上门来希望他能加盟。冷静思考之下，迟日大婉言谢绝了很多丰厚的待遇条件，决定自己创办一家律所，亲自管理和运营，“看看其中酸甜苦辣到底是个什么滋味”。2003 年 1 月，功承律师事务所成立。“功承”二字出自《道德经》中的“功成而弗居”，意思是功业有成却不居功自傲。“功承”代表了对律所未来的期盼，“弗居”代表了功承人“谦下无碍、永守初心”的处世理念。

“现在回过头看，虽然当时律所组建起来了，但该怎么运营，这个行业的发展趋势是怎样的，也都懵懵懂懂。”迟日大回忆道。然而他还是有了一些思考：律所应该有清晰的定位，目标客户是谁，到底做哪些产品。同时，他也明显地认识到自己知识结构的欠缺。为了补足管理方面的知识，迟日大报名参加了北大光华管理学院的 EDP 班学习，一年的时间里每个周末都坐着隔夜卧铺去北京上课。

2004 年，中国律师论坛在合肥召开。这次参会给了迟日大很大触动。“回来之后我就猛烈批判自己，之前的视野还是太狭窄，应该有一个全国的视野来观察和思考法律服务业的未来发展和态势。”2005 年在天津召开的中国律师论坛又给了他一次思想上的冲击，促使他进一步延展到全球化的视野。几年时间里，他几乎跑遍了全国各地的律所管理论坛和培训班，结识行业翘楚，提升管理能力。

功承到底应该做什么业务？根据自己对中国经济发展的判断，迟日大瞄准了自己此前并未接触过的房地产业务；“859 号文件”出台后，国企改制成为地方法律服务的新领域，他也早做了准备，凭着专业的法律意见拿下了吉林省第一个“国企改制”吉林能源交通公司改制项目；此外，金融法律服务和常年法律顾问业务也成为发力重点。明确自身定位，抓准潜力业务，功承很快便在队伍建设、法律服务产品和专业品质等方面脱颖而出，成

为吉林省首批创收过千万元的律所之一。2011 年，迟日大当选吉林省律师协会会长。那一年，迟日大刚过不惑之年。

3 年萌芽起步，6 年“野蛮生长”，功承很快位居本地律师行业前列。2008 年创立刚满五年时便获得“全国优秀律师事务所”称号。但从规模上看，它不到 20 人；从管理上看，仍然是一家主任说了算的“老板所”。本地律所的管理整体都是初级的、粗放的，功承并不例外。

快速发展和粗放管理间的碰撞也让迟日大几年的时间都在不断痛苦地反思：这就是自己当初创办律所的初心吗？这就是自己努力追求并希望成就的事业吗？

“答案显然是否定的。我们追求的绝不是这种十几个人‘滚雪球式’的发展。”迟日大说。

谋求合并，区域型律所的重生与突围

2014 年春节，对律师业发展始终抱有理想主义情怀的几人：迟日大、郭维东、关春艳、高强、宿辉走到了一起，很快作出了合并的决定——团结合力，痛下决心，要真正立足吉林，在相对欠发达地区作出一家现代化治理结构的、规范化运营的、专业品质极高的律师事务所。随后，他们邀请到时任吉林大学法学院副院长的孙学致教授担任新功承的独立管理人，帮助大家做好理论基础建设。2014 年年中，迟日大带队，全体合伙人去北京走访了中伦、天同、中闻等律师事务所和信永中和会计师事务所。实地的走访，让他们对自己希望建设的律所形象更加清晰。回到长春后，这几个抱有同样愿景的人每晚相约，聚在一起研究如何解决律所创立的各种问题，每每都是聊到深夜茶馆打烊。

茶馆里，几人先后商议确定了合并的诸多问题：管理模式上确定要采用公司制，分配制度上确定要摒弃提成制而采用计点制，业务上要团队化、专业化，等等。而其中最重要的问题之一，涉及切身利益的点数问题，却是“轻描淡写”一笔带过：依据前 3 年各家提交给司法局的审计报告直接确定，前后只用了不到 10 分钟。2014 年 11 月 17 日，其他几家律所都搬到了功承位于净月新区办公楼的四楼。11 月 22 日，功承加入中世律所联盟。

2015 年 1 月 1 日，新功承正式启动完全的公司制运营。

创始合伙人们为新功承安排了 3 年的准备期，希望用 3 年的磨合来保证合并的成功。“但没想到，2015 年我们一下子就驶入了快车道，没有任何的磨合，直接就‘攻城拔寨’去了。全年下来，无论是数据，还是律所影响力和外界的反响，还有荣誉跟表彰，都大大超出了我们的预期。”迟日大说。

2015 年 10 月 10 日，早就与各位合伙人有了 1 年之约的原吉林省高级人民法院民二庭庭长吕强，终于实现了他对大家的承诺，辞职并以第七位创始合伙人身份加入功承，令合伙人队伍如虎添翼，气势如虹。2015 年年底，新功承的总创收从合并时的 2400 万元一跃为4200万元，实现了近乎翻番的增长。

律所发展欣欣向荣，一片叫好的时候，迟日大又站了出来，组织律所内部召开民主生活会，对组织和个人进行了激烈的批评与自我批评。

“生于忧患，死于安乐。”他说，千万不能被暂时的成功假象所迷惑，一定要清醒，要知道新功承的根基尚不稳固，在市场上还只是小试牛刀。“一个组织想要做成百年老店，第一年就给自己定调，提前放鞭炮去祝贺，那绝对是自我陶醉，掩耳盗铃。”

会议上，合伙人对律所一年的发展做了全面总结，归纳了两点重要的问题：第一，当年的发展速度太快，应该把速度降下来；第二，对外业务的“攻城拔寨”能力太强，而内部的风险调控和质量把握没有同步跟进。迟日大提出，合伙人应该更多地把精力从外放向内收，要更加关注内部如何去带队伍，内部怎么抓质量，内部怎么研发产品，内部如何真正实现团队间的协同作战。

即便如此，重视内功锤炼的新功承在第二年的发展速度还是超乎了合伙人们的预期，机制体制改革所释放的能量已经有些“收不住”。2016年中期，合伙人们又召开了松花湖会议，主题仍然是要放慢速度，提高质量，抓队伍建设。其中最重要的就是人才供给与培养问题。实践证明，于公司制律所而言，从外部引进成熟律师以扩大队伍的方法，并不是最佳途径。人才梯队才是公司制律所未来发展的基石。合伙人痛下决心，准备用3年的时间去实践功承自己的人才体系建设，招募到最优秀的法学院毕业生，在公司制的环境中培养成认同、适应这种机制的人才。

“功承杯”模拟法庭的持续开展，为功承在法检和高校间开辟了一条持续合作和输出专业影响力的路径。影响力的提升为律所持续汇聚了大量专业人才，同时合伙人队伍也在不断壮大：在高校从事法律教学工作多年后已经是副教授、硕士研究生导师的张晓阳加盟，成为第8位合伙人；长春中院民二庭前庭长、审委会委员陈海彪随后加盟，令争议解决中心实力大增。

目前，功承拥有合伙人、独立管理人、高级顾问、执业律师及行政支持人员100余人，设置了争议解决、非诉专项和法律顾问三大业务板块及“功承平台支持中心”作为专业支持部门，在商事诉讼、房地产与PPP、银行与投融资、并购混改、破产重整、公司治理、政府行政、税收劳动、企业合规等领域在区域市场中已经确立了明显的优势。2016年，功承再度荣获“全国优秀律师事务所”称号。截至2018年年底，功承已摘取国际法律评级机构奖项20余项。

合并之初，新功承的发展目标就绝不仅限于长春或吉林。在本地实行公司化运营取得阶段性成果后，功承也在尝试向外迈出脚步。2018年1月，吉林功承（沈阳）律师事务所成立。功承完成了东北区域战略布局的第一步。这一步的意义重大：辽宁向来被认为是东三省中的法律服务大省，第二巡回法庭的设立更是让各大律所纷纷开设沈阳分所。而在此之前，还从来没有一家吉林的律所将分所开到辽宁。

这是功承区域突围的第一步。而尝试区域突围的根本原因，是合伙人已经明确意识到，有限的区域经济总量已经难以支撑功承再上一个台阶，律所在本地的发展几近天花板：2015 年起功承的总创收额和市场份额连年高速增长，2019 年已实现创收过亿元，市场份额超过 12%，这几乎已经是一家律师事务所在区域市场中的极限。

面对中国法律服务业蓬勃发展之大势，2020 年年初春突如其来的疫情给予了功承人驻足当下、宁静致远的思考机会。“长风破浪会有时，直挂云帆济沧海。”迟日大如是说。

一家不追求绩效考核的律所

企学律合一，高度自律，无为而治

2003 年功承成立的时候，作为迟日大的师兄，孙学致教授是唯一的开业嘉宾。十几年来，他见证了功承的一路成长和发展。作为功承的独立管理人，他以相对超脱的立场对功承的战略发展和制度文化建设发挥着自己的影响。

“东北地区法律服务业长期在原始的水平上徘徊，不论是业务规模还是服务质量上都相对落后，一些律所还在靠客户赏饭吃，律师在法律服务市场上没有定价权，开发不出能引导客户消费的法律服务产品，没有实力为高端大型客户提供大规模系统性的服务，对优秀的法科毕业生没有吸引力。”孙学致说。

基于对国内律师业发展和律师事务所管理的观察，孙学致认为，一定要根据市场对律所的需求来改造律所的组织管理体系，一定要跟进时代发展给律所创造的各种发展契机，去实现远大的目标。长期以来传统的律师业务主要围绕客户个体诉讼展开，但现代市场经济的发展已经越来越促使、迫使律所向高度复合、分工精细、协同性强的组织结构转型。律所如果没有形成与之对应的组织和服务能力，不能提供高度专业的、团队化的服务，就会被高端市场所抛弃。

“一家先进的律师事务所就是一个涉及人事行政、项目管理、客户管理、市场营销、知识生产、教育培训、IT 和大数据服务等多方面的系统工程，一定要有专业的管理者。”孙学致强调说，“功承之所以敢搞公司制，能搞公司制，就是因为她有专业的管理者，这是功承的幸运。”

郭维东 1999 年便取得律师资格，2007 年才正式下海做律师。他曾在多家企业担任高管。2000 年到 2007 年，他一直担任中东集团副总裁，筹建并完善了集团的支持平台。长期的企业工作经验，使他更懂得企业，成为专职律师以来，他更多地从企业而不是律师的视角来看问题，试图重新建构律师所的运营和律师的服务。

在功承，郭维东带领税法团队担任省税及长春市、吉林市、辽源市税务局等近30家税务机关的常年法律顾问，同时，还负责律所的整体运营。他的经验对于公司制的功承来说至关重要。

迟日大则担任着“精神领袖”“战略官”的角色，负责把握律所发展的整体方向。当然，身为全国律协副会长，他有很大一块精力也分给了行业组织，要同时思考全国律师业的发展。

3位管理合伙人同样实现了专业分工，使得功承在管理上宏大与细节兼顾，在最重要的人力资源管理方面，功承信奉并践行着麦格雷戈的“Y理论”，采用了“无为而治”。

不少律所曾赴功承希望学习成套的管理制度，业内很多律所也都有几大本数十项的成文规则。但功承不像其他律所有厚厚的文本制度，甚至律师们连KPI都没有（但支持平台反而有），除了少量基础行政制度之外，功承的管理更多地靠合伙人和律师的自觉、自律来完成，功承是靠客户的需求在驱动着，发现并满足更多客户的需求是功承这部机器不停运转的动力。

“我们其实寻找的是聪明的、肯下笨功夫的、志同道合的法律人，并且要让团队的每个成员都处在激发态上。”郭维东介绍，功承希望每个员工都成为富有而令人尊重的职场人士，“富有是前提，令人尊重是我们追求的目标。你过硬的专业水准会被人尊重，你能站在客户的角度去代理，站在法官的角度去思考，你的服务就会被人尊重。凭这些得到尊重，律师在功承所得到的个人价值的体现和自我的成长就会更为明显，持续处于‘激发态’，不断地自我激励。这样一来，功承就无须更多制度上的管理和监督。”

“哑铃型”结构，项目导向，团队作战

大部分律所内部的结构是偏金字塔型的：一个高级合伙人带着几个二级合伙人，再带几个执业律师加上众多律师助理。而功承的业务部门结构非常的“哑铃型”。在功承看来，这是适合当前组织实际情况的一种结构设置。

功承目前有9位合伙人，70多人的公共律师池，形成了“哑铃”的两头；中间最少的实际上是部长，只有5位。功承目前设有的诉讼部、非诉部等五个大的业务部门，是为了大致地划分业务模块，将律师根据一主两辅归入其中，而业务的承办更多是以项目为导向，部门之间没有界限和壁垒。业务进来时，功承的合伙人负责把案源对接给相应部门的部长，由部长根据业务的复杂程度及律师的忙闲情况来组建项目团队。

“功承可能是把微信群用到极致的一家所。”这是功承人很自豪的一句话。在功承只要是与某件事务相关的人，都被认为是平等的，上至合伙人下至实习律师都在一个群里沟通，目前活跃的群多达上百个。在微信群完成工作的配合沟通至少有两个好处：第一个好处是信息的交互极快，无须再线性地层层汇报，所有的意见和决定都会在群里共享；第二个好处是所有人的工作也都在群里向其他人公开。功承虽然没有绩效考核，但关于

律师工作表现的考评，都在日常一个又一个的项目中自然完成了。

这样的模式对应的是功承现有的规模，以相对高效的方式实现资源的调配。同时，所有律师的工作都相对透明化，时刻处于被项目选择的状态，也一定程度上实现了“自律性”管理的目的。

专业化运营，支持部门，十项全能

作为一家公司制的律所，功承的一百多名员工里有后勤保障人员 35 人，其中纯粹作业务支持的人员 23 人。这样高比例的支持团队规模也经常被认为是最能体现功承公司化管理的特色。

“功承平台支持中心”，功承的特色部门，由具备长期企业法务经验和管理工作经验的袁菲菲担任负责人。加入功承前，袁菲菲曾在安利吉林省分公司、吉林省中东集团有限公司及可口可乐（吉林）有限公司主持法务工作十余年。

支持中心倡导“专业的人做专业的事”，目前有 7 位非法学的专业人才分别负责律所的市场营销、运营分析、IT 建设、品牌活动、人力资源、业务秘书管理等，同时在专业分工的基础上交叉合作，共同实现标准化、职业化、精细化的支持部门工作，为业务部门提供有力保障。

除此之外，功承为五大业务部门和沈阳办公室配备了 8 名业务秘书。秘书的职能从简单的日常行政、部门财务处理、合约管理、客户管理，到复杂的招投标、数据分析甚至是切入破产、融资等业务中担任一定的行政角色，不一而足。而经过一段期间职业化培养与公司制磨合成长起来的这些秘书，已成为律师们必不可少的优秀助手，成为功承可贵的资产之一。

高度专业化的律所管理，必须依赖于相对可靠的软件平台。2014 年，功承就自主投资开发了律所 OA 系统 GC Think，除了日常办公功能之外，还陆续研发上线了资源分享、邮件处理、项目跟踪、工时分析等模块。同时，功承还与外部法律技术机构合作，开展大数据分析、案件裁判预测、知识库建设等工作。信息化和科技化是新功承创立之初就一直着力建设的重要板块，也是支持中心赖以运营的重要基础。

带动引领区域法律服务发展

新功承创立之时，便将客户群体锁定为中高端商事主体及政府机关。这源于功承对市场需求的精准研究判断：中高端法律服务业市场有很大的缺口，尤其是跟发达地区相比差距更大，特别是新兴金融行业的法律服务。成立不久，功承就已经为吉林省几乎全部的金融机构提供过各种形式的法律服务，带动着吉林省各级政府 PPP 项目的法律服务。

5 年来，功承在国际知名评级机构或专业杂志的评选中斩获多项荣誉，包括连续五年荣列著名法律评级机构钱伯斯所发布的《亚太法律指南》东北（吉林）地区公司 / 商事领域“第一等”，连续 4 年获得《亚洲法律杂志》（ALB）中国区“最佳雇主”及《商法》年度杰出交易大奖等。

高端疑难商事争议解决

吕强是迟日大在吉林大学法学院同一届的同学。1995 年他同样被分配到吉林省高级人民法院，此后一直在法院工作了整整 20 年。

在省高院里，他是当时最年轻的庭长，其后又成为高院最年轻的审判委员会委员。工作期间，吕强极强的个人业务能力得到了充分的发挥，业务水平也得到了领导和业界的认可。此外，他还在工作期间先后攻读并获得了吉林大学民商法硕士、博士学位，也曾在美国马歇尔大学任访问学者一年，进一步拓宽了国际视野，提升了专业能力。2010 年，吕强被评选为吉林省青年审判专家，这是司法系统内对个人水平的最高认可之一。担任民二庭庭长 4 年后，2015 年，更偏重实务的吕强重新认真思考了自己的职业规划，选择离开法院系统，加入功承。促使他下定决心出来的核心原因是他在与创始合伙人们的交流中感受到了功承合并的探索精神，以及采用公司制模式的功承将要释放出的巨大能量。“这个模式给了我巨大的吸引力，我才有勇气出来，选择加入这支队伍看能一起做出点什么。”吕强说。

在功承，吕强主管争议解决部，业务领域包括破产清算、资产重组、兼并等公司业务以及银行、基金、信托、证券、风投等金融业务，培训则是他另外一项重要的工作内容，他不仅讲授法律知识和审判者思维，而且善于把诉讼的经验同非诉相结合，迅速完成了从法官向律师的转型。

新功承第九位合伙人陈海彪与律所的“渊源”颇深：博士在读期间已与几位合伙人多有接触，2015 年起他又连续多年担任“功承杯”模拟法庭竞赛的评委，更加深了联系。2018 年，博士毕业的陈海彪下定决心挑战自我，尝试人生另一种可能，将自己在商事方面的思维和能力优势更好地与工作结合，成为一名执业律师。当年底，在长春中院工作近 15 年，已任民二庭庭长及审判委员会委员数年的陈海彪正式加盟功承，律所诉讼服务的整体实力进一步获得了巨大提升。

基于既往的审判经验和长期的职业训练，陈海彪在房地产开发与建设工程领域经验丰富，对于合同法、物权法、公司法和侵权法等法律适用亦有深入研究，对于民商事审判及执行程序有其独到的研究和见解，拥有丰富的制定重大疑难民商事案件解决方案的实践经验，以及极强的司法实践及解决问题的能力。

目前，功承的诉讼团队包括3名合伙人在内，共有近20名成员，瞄准中高端诉讼，主体涵盖了银行、信托、证券公司、资产公司等，类型主要包括房地产建设施工领域、公司股权纠纷、大额民间借贷，以及近两年银行间关系复杂、高标的额的新型纠纷等。

几位合伙人也有专业条线分工，遇到重大疑难案件，律所会启动合伙人诉讼会议，由合伙人牵头组成团队共同研究商讨案件的处理。“诉讼的部分流程已经标准化，加上几位资深律师都有着非常丰富的审判经验或出庭经验，在配合和打磨整个诉讼产品的过程中，大家都能够明确地知道诉讼服务产品的核心需求点。”吕强自信地说，功承在高端疑难复杂商事争议解决方面的实力并不弱于北京的一些诉讼精品所，诉讼可视化也已经作为常备手段之一，并作为新人入职的必要培训课程长期开放。

政府法律服务

党的十九大报告明确提出，要“坚持依法治国、依法执政、依法行政共同推进，坚持法治国家、法治政府、法治社会一体建设”。身处东北老工业基地，功承将振兴地方经济的使命深刻地赋予到对当地政府的法律服务工作中。多年的深耕细作，让功承在该领域建立了一套成熟的法律服务地图，并累积了丰富的服务业绩：吉林省内50余个各级政府及职能部门的常年法律顾问；深入参与到各级政府的招商引资、项目投资、政府采购等合同（协议）谈判和其他经济贸易谈判;草拟、修改、审查以政府名义签订的合同（协议）以及其他有关法律文件。对法律和政策的深入理解，对各项业务的认真钻研，让功承在推进全面依法治国与经济社会快速发展中扮演着重要的角色。

作为新晋的功承合伙人，沈海蛟有着独有的职业优势和实践优势。加入功承前，他在吉林省高级人民法院工作达24年，先后任行政审判庭副庭长、赔偿委员会办公室主任，是吉林省法院系统首届审判业务专家，主审的多起案件都入选了全国典型案例。在行政法领域，他无疑是一位不可多得的集理论研究和实践操作于一身的专家型人才。2020年年初，沈海蛟告别了他为之奋斗和热爱的法官行业，转而加入功承团队，实现了他人生中尤为重要的华丽转身。他的加入令功承的政府法律服务业务如虎添翼，下一步，功承将在政府法律服务领域谋求更为全面和深入的服务探索。

功承政府法律服务的另一大亮点是税法业务团队。该团队由管理合伙人郭维东律师领衔，由多位拥有10年以上财税业务经验的律师、会计师组成。丰富的税务部门工作经验及企业财务管理经验，让功承能够将税务与法律充分结合，为客户带来更大的价值。功承的税法业务立足本土,为有关政府部门提供高质量的税收征管、依法行政服务。同时，基于对公司、金融、外商投资、证券及房地产相关领域的法律服务的熟稔，功承律师能够针对不同行业客户的不同税务困境难题，提供科学合理的税务筹划、设计方案。截至2019年年底，功承已成为省内20余家税务机关的常年法律顾问。

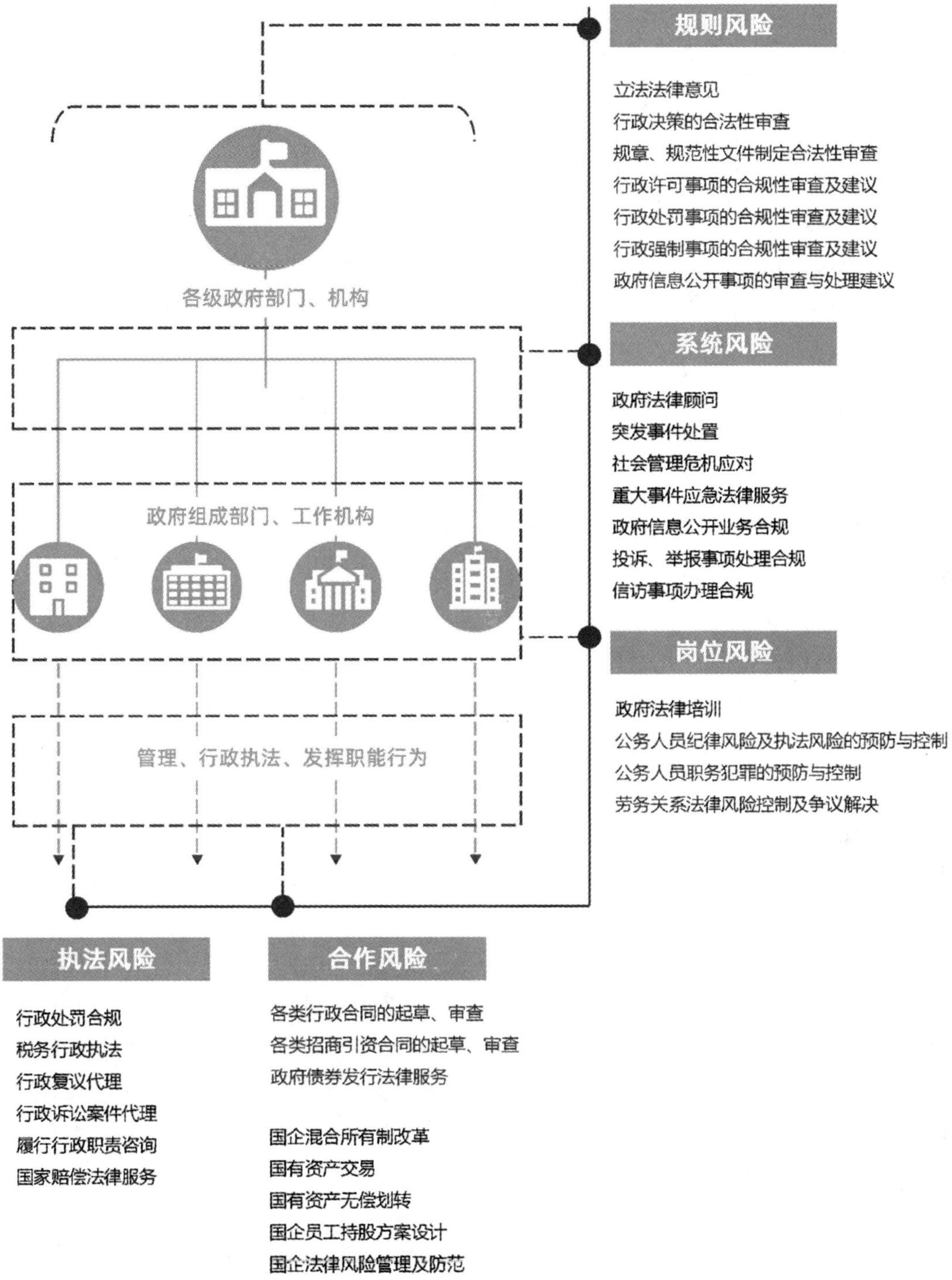
规则风险
立法法律意见
行政决策的合法性审查
规章、规范性文件制定合法性审查
行政许可事项的合规性审查及建议
行政处罚事项的合规性审查及建议
行政强制事项的合规性审查及建议
政府信息公开事项的审查与处理建议
各级政府部门、机构
系统风险
政府法律顾问
突发事件处置
社会管理危机应对
重大事件应急法律服务
政府信息公开业务合规
投诉、举报事项处理合规
信访事项办理合规
政府组成部门、工作机构
岗位风险
政府法律培训
公务人员纪律风险及执法风险的预防与控制
公务人员职务犯罪的预防与控制
劳务关系法律风险控制及争议解决
管理、行政执法、发挥职能行为
执法风险
行政处罚合规
税务行政执法
行政复议代理
行政诉讼案件代理
履行行政职责咨询
国家赔偿法律服务
合作风险
各类行政合同的起草、审查
各类招商引资合同的起草、审查
政府债券发行法律服务
国企混合所有制改革
国有资产交易
国有资产无偿划转
国企员工持股方案设计
国企法律风险管理及防范

政府法律服务地图

金　融

对于5年前的新功承而言，金融业务还是一个全新的板块。高强还清楚地记得筹建金融业务团队的日子。在他看来，非诉讼法律服务是一个需要不断创新的行业，只有做好完全准备才可能抢占一席之地。在察觉到金融业务的市场潜力之后，团队搭建、全面且深入的业务准备等，便成了他彼时的工作重心。前期的投入正为如今金融领域的快速发展埋下了伏笔。

“现在吉林省大型的私募股权基金几乎都是功承来承办的。”高强说。功承律师每年要对近百家基金管理公司拟设的子基金方案进行评审，参与10余家子基金管理公司尽职调查。从基金公司设立，备案登记，到资金募集、投资、管理、退出，功承律师都将全程参与。

虽然归属非诉部门，但金融领域的争议解决也是功承的强项。功承办理了大量同业业务纠纷，涵盖资管计划、信托计划等多种资管产品类型，资管嵌套的通道业务也使得产品更加多样。功承目前在处理一起标的额高达700亿元的某金融机构的境内不良资产处置案件，律师既要掌握大量监管规则的理解和适用问题，又要熟悉相关产品，帮助客户进行交易结构的设计和梳理，交易复杂性可想而知。

功承金融业务的“薄发”，离不开平日扎实的业务“厚积”。功承所内设有银行小组，专门对口银行金融市场部的产品研发，研究新型产品的合规性审查。就其专业性和前瞻性来说，这种研讨小组都是当地业界罕见的。不仅如此，功承律师受邀为金融机构开展的培训讲座，在业内也有口皆碑。热门课程会受到10多家银行的邀请，单次培训规模曾近800人。

2016年3月，张晓阳副教授的加盟让功承的金融业务实力大增。律界、高校双跨的张晓阳与迟日大和吕强亦是同届同学，执业14年来，在企业投融资、银行金融、劳资、公司业务等民商事诉讼和非诉领域积累了丰富的经验，先后为近百家政府机关、金融机构、上市公司、大型国企提供常年法律服务。加入功承后，张晓阳主要负责所里的金融资本板块，包括金融机构的常年法律顾问、金融诉讼业务、金融投资业务、资本市场中的企业上市、新三板、发债、私募基金等。她本人亦担任吉林省政府专家咨询委员（法律顾问）、吉林省国资委项目评审专家、吉林省财政厅政府和社会资本合作（PPP）专家库入库法律专家、长春市人民政府决策咨询委员会咨询委员等多项社会职务，为本省经济发展积极建言献策，是一位极具社会责任感的律师。

“功承的金融业务本质上是从常年法律顾问来切入的。”张晓阳这样看待功承在金融业务的拓展，“功承担任了本地绝大多数股份制银行的常年法律顾问，并且入围了吉林省内所有国有银行的法律服务供应商库，从顾问切入，到承接诉讼，再到衍生出专项服务，功承对金融的服务是全方位的”。

房地产建设工程 / 政府和社会资本合作（PPP）

宿辉是功承最年轻的创始合伙人，本科学习工程管理专业，硕士和博士主修法律，是国内为数不多的拥有英国皇家特许建造师（MCIOB）和英国皇家特许工料测量师（MRICS）资格的建设工程专业律师。

2005 年刚开始执业，他便进入了国家一级注册建造师命题组，连续两年参与命题；此外，2008 年国家住建部修改国内施工合同示范文本，他也参与其中。这样的经历加之长期的对外培训授课和出色的业务能力，让宿辉在建设工程领域一直享有很高的口碑。新功承成立后，宿辉带领 10 余人的团队先后承办了多项国内大型基础设施建设项目全过程法律服务工作。如投资总量高达 500 亿元的长春市“两横三纵”快速路项目，宿辉就带领团队为长春市政府担任总法律顾问。

2014 年左右，政府和社会资本合作（PPP）业务开始兴起，还在高校做老师的宿辉敏锐地发现了这一领域的法律服务机会。2015 年，他便组织举办了吉林省第一届 PPP 高端法律服务论坛。2016 年，财政部对全国从事 PPP 业务的咨询机构规范梳理，当年全国仅有 60 家左右律师事务所入库。而过去 3 年，功承成为东三省唯一一家一直在库的律所。宿辉本人也成为财政部 PPP 专家库东三省唯一入库专家。这使功承的 PPP 业务在东北占据了非常高的位置。

3 年来，功承所承办的 40 多个 PPP 项目，落地体量已超过 2000 亿元。加上担任法律顾问的单位自有的 PPP 项目，3 年间功承所参与的 PPP 项目已多达上百个。并且，跟随客户的脚步，功承的 PPP 团队已经突破了地域的界限，先后承办了浙江省台州市域铁路 S1 线一期 PPP 项目、黑龙江省绥化到大庆的高速公路项目、重庆市地铁 4 号线项目等省外项目。“功承的 PPP 团队在全国也是属于第一梯队。”宿辉语气自信而肯定，“绝大部分 PPP 项目是以咨询机构为主导，律师事务所为辅助的，而功承恰恰是反其道而行之，我们承接的 PPP 项目都是由律所来主导，再来为政府配备咨询机构。”宿辉说，在话语权和主导权，以及对整个项目法律合规性的把控上，这种模式效果更佳。

2017 年，中世律所联盟 PPP 法律事务研究中心在功承挂牌。功承团队不但深度参与《民法典》合同编建设工程合同章、PPP 条例、吉林省管廊条例等国家和地方立法工作，更是将知识经验提升凝练为理论成果。宿辉的《政府和社会资本合作（PPP）合同有名化研究》是国内第一部从民法视角进行 PPP 合同研究的专著，在 PPP 理论和实务界形成广泛影响。团队编写的《建设工程施工合同（示范文本）条文注释与应用指南》《建设工程合同争议裁判观点集成》亦获得读者高度评价。

国资管理和破产清算

执业 25 年，关春艳已经在国企改制和国资管理、破产重整及清算、企业法律风险管理、公司并购重组和资本市场等领域积累了极为深厚的经验。2009 年格尚创立时便以国资管理和破产清算两个领域为主要业务方向。目前关春艳在功承牵头负责一支 20 人左右的国资管理与破产清算团队。

从业早期关春艳就一直在服务国企客户，包括长春市国资委、长白山国资委和长春公交集团等多家政府机构和国有企业。关春艳介绍，目前国企越来越注重历史遗留问题处理和重大决策风险管控。功承国资管理团队可以为国有企业，尤其是东三省的国企处理过去改革中遗留的如职工安置和资产遗漏等棘手难题。历时 10 余年没有完成的建工集团国有股份回收，经过关春艳团队两年的清理实现了国有控股超过 98%。此外长春公交集团的股份成功回收也为下一步的长春市公交体制改革奠定了基础。这些重大疑难项目的成功处理，也奠定了功承国资管理团队在政府机关及国有企业中的实力形象。

在律所公司化运营、专业化分工的制度支撑下，功承培养了一支专业从事破产重整与公司清算业务的律师团队，长期深耕于破产、重组、公司解散清算领域的理论研究与产品研发，全身心投入于破产、清算业务的项目实践，形成了扎实的理论基础，积累了丰富的实践经验。功承在吉林省高级人民法院、长春市、四平市、松原市、辽源市等省内重要城市中级人民法院管理人名册中均名列前茅，证明了其在破产、清算业务领域居于省内领先地位的实力。关春艳还先后担任吉林省冶金机械厂、菱花集团长春味精厂、吉林省泛亚信托有限公司、长春房地产开发集团有限公司、麦达斯轻合金、四平现代钢铁等 30 余家多行业企业破产清算和重整案件的管理人负责人，其中四平现代钢铁重整项目已成为吉林省法院系统成功审结规模企业破产重整的典型案例。以理论指导实践，于实践中不断积累，关春艳引领功承的破产业务不断跃升到新的高度。

充分利用媒介手段，功承还持续打造了多个系列品牌专业化线上社群，建立起包括“长白法务圈”“宿辉功承圈”“功承金融圈”“混改研讨圈”“劳动税法圈”“功承公众号平台”组成的“六圈一平台”，围绕线上社群开展线下活动，邀请区域内及行业中有影响力的单位、人士参加，聚焦相关领域法律层面的焦点问题。

做一家受人尊重和值得信赖的律师事务所，是功承矢志不渝的追求与实践。“尊重”，乃从“迹”处讲，即律所的客户美誉度、社会口碑等外界综合之反馈；“信赖”，乃从“本”上讲，即律所的整体服务能力，具体表现于每位律师的业务素质和综合素质。“非本无以垂迹，非迹无以显本。”功承自立所之始，就从人才引进、梯队建设、培训晋级、绩效考核、知识管理、客户意见反馈等层面作了立体化的行为设计，严操实练。面对经济社会发展与时俱进的新态势，面对客户不断提出的新要求、新期许，“在未来提升业务综合能力上，功承人要如同酿酒师一样，甘于自酿美酒，且一年胜比一年醇香，即便李太白在世，应亦颔首而诗兴大发。”迟日大主任笑谈中透着几许自信。

爱才铸才，法学教育实践基地的发展

功承没有设专门的人力资源部门。长期从事企业人力资源管理的过程中，郭维东积累了深厚的人力资源管理经验，负责功承人力资源的总设计和管理。

对于人才的培养，郭维东从未将视野局限于功承本身，在这点上，他跟孙学致有同样的情怀和梦想——以功承作为法学实践教育的基地，帮助法学生实现从学校到工作的深刻转型。为此，功承设计了“明日律师计划”，助力高校法学教育，推动法律职业人才培养模式变革。这个计划由“功承杯”模拟法庭竞赛、“功承明日律师训练营”、“功承实习生计划”和“功承开放日”组成。

从 2014 年开始，功承就把高校模拟法庭作为自己支持高校法学教育及发掘培养人才的最重要的阵地。目前功承每年要参与协办 3 个“功承杯”模拟法庭竞赛，年度赞助费用高达 50 万元。除经费上的支持，功承还承担大部分的工作：参赛高校只需负责竞赛题目和组织学生参加，竞赛前前后后的运营都是由功承负责，保证活动的专业度。

功承对于实习生的培养也非常重视。通过建立“实习生班主任”制度，帮助学生初步养成职业化素质，再深度培训法律专业能力。另外还设立了实习生教务处，由教务处长全面关心实习生的考勤打卡、午餐交通、工作习惯等多方面需求。实习满 3 个月后，即便部分实习生没有最终留下，他们也会被邀请进“功承毕业生”的微信群里，群内经常分享法律招聘信息。“功承毕业生”群成员遍布全世界，功承成了他们走出大学、走向职场的另一个至关重要的课堂。

2015 年起，功承还每年举办一场两天三夜的“功承明日律师训练营”。训练营在每届东北高校模拟法庭竞赛开始前举行，承启两届竞赛，主要面向前一届东北高校模拟法庭竞赛的优秀参赛队员。训练营除了邀请到多位业内大咖级的合伙人亲临授课外，还设置有模拟访谈、尽职调查、模拟法庭等多种环节。“功承开放日”则定在每年“功承杯”东北高校模拟法庭竞赛的第二个比赛日的下午举行，功承邀请参加比赛的师生参观功承和参加各具特色的主题活动。

在这些活动中，功承实践着对于法学人才培养的承诺，也不断收获到心仪的人才。新功承成立以来，先后有多位优秀的吉林大学、东北师范大学等优秀院校的优秀毕业生，通过这种方式走进了功承，留在了功承。在功承，依托公司化管理对人才培养的极大投入，这些青年律师获得了可贵的成长机会和发展空间，都已成长为功承的中坚力量，在业界赢得了良好的评价。

突围突变，迈出吉林，走出东北

2015年，新功承的诞生引起了东北乃至全国律师业的高度关注。一方面是迟日大吉林省律协会长的身份相对特殊，另一方面也是更为重要的，是新功承在东北地区开创了真正施行公司化管理和运作，并以计点制代替提成制的现代律所的先河。当年度，功承就荣获国际著名法律评级机构《亚洲法律杂志》（Asian Legal Business，ALB）评选的2015年中国区最值得关注的律师事务所和2015年中国区最佳雇主。

迟日大认为，功承能在合并之初就取得跳跃式增长，首先，应该归功于彻底颠覆了传统小作坊式单打独斗和散兵游勇各自为战的作业模式，建立了公司化的治理结构，以现代化组织的标准进行管理和运营。“专业化是律所的核心，团队化是专业化的前提，而律所的治理结构则直接导向了你是否能形成区分业务领域的团队化，这是功承颠覆传统治理结构的直接效应。”迟日大认为，这样基本实现了专业化，才能进一步去探索规模化和国际化。

其次，则是功承通过公司制管理和运作所带来了专业品质的提升，其竞争力逐渐凸显。法律服务需要跟随市场经济的脚步提供配套的支持，客户需求单一的时候，不同体制的律所竞争力差别并不明显。但随着客户的经营越来越多元化，法律服务需求也更加复合。目前，功承许多客户的法律服务需要长期组建10人以上的团队紧密服务。这样的需求，一家十几二十人的小所是几乎无法完成的。而功承治理结构改变后专业品质提升的优势则不断释放，越来越明显。

“在相对落后的法律服务市场中，机制的优势体现得尤为显著。”孙学致一直认为，律所必须根据市场经济的需求去调整自己的管理方式和作业模式，而功承的调整是颠覆式的改变，其难度已经超出了单纯的技术层面，“功承改革的彻底也正得益于创始合伙人们能力相对匹配，年龄结构相仿，且同样有着改变律师业发展现状的理想主义情怀。”怎么解释这样的聚合？“因缘和合”四个字是创始合伙人们经常用的词。

创立第5年，功承的总创收已经是创立之初的4倍以上。那一年吉林省法律市场的总额也不过2亿元，时至今日也不过8亿元。在创收额占比已经超过本地总量12%的时候，利益冲突的问题越发明显。无论是东北地区市场经济的发展速度，还是法律服务市场总量的增长，都已经难以支撑功承再上台阶。

近年来功承通过花大力气进行人才培养所建立起的律师梯队也积蓄了巨大的能量，但难以充分释放。在律师分级计算薪酬的制度之外，功承还为每位执业律师提供每年固定1万元的工龄涨薪。律所运营的成本实实在在地摆在面前，压力巨大。2020年年初新冠肺炎疫情的暴发更是带来了意料之外的另一层冲击。

同时，内部管理和运营的模式也随着律所的发展和市场环境的变化需要继续调整。

在创始合伙人们理念高度一致，都把个人利益放在其次的前提条件下，律所没有成篇累牍的运营管理制度，而是靠着合伙人和律师高度的自律去运转。但随着队伍的扩大，原先的机制也渐渐无法满足实际需求，已经作出了适应的微调，如在原先的纯计点制基础上，2018 年加入了部分绩效考核，成为新的混合制分配模式。

迟日大认为，功承有四个明显的支撑：一是合伙协议和计点制，支撑了律所合伙的架构；二是公共财政的一体化，支撑了整个律所的公司化运营体系；三是以袁菲菲为代表的职业经理人队伍的打造，支撑了整个律所公共服务平台的运行；四是以律师队伍的专业化，支撑了整个团队作战的能力。

“当下功承需要思考的是，如何最大化地发挥这四个支撑点的作用，借以更好更快地去拓展空间。”他以空间的变化作阐释：2014 年合并的时候是各家律所和团队将各自的空间拼接、聚集在了一起，但还是在本地，5 年之后，地理上的空间一定要发生变化，才能实现更大的发展。“功承面临的不是瓶颈，而是天花板。如何冲破天花板？不仅是突围，更是突变，一定要通过空间地理性的变化而实现。”走出吉林，在已有沈阳办公室的基础上，功承瞄准了北京，但到底要采用哪种模式，还未有定论。

实现地理空间的突破，孙学致认为，在公共财政得到优先保障的前提下，业务一体化必须坚持，扩大合伙人规模是必由之路，在辽宁、黑龙江的中心城市开办分所是必须落实的战略布局。为了实现发展的需求，“在保证公共财政和业务一体协作的前提下，一定程度的放开可能是必需的，不排除灵活安排多元化管理机制，迅速激发分所的发展动能。”他强调，规模化和一体化的协调，是包括功承在内的国内律所创新发展过程中面临的主要矛盾。要解决这对矛盾，就要克服精神洁癖，既要选贤，也要任能，要有接纳更多元化人才的胸怀格局。“所有制度都是为了把各种人组织起来形成一致行动，否则就不需要制度了。文化和传统是在长期持续行动和成果形成的势能之下逐渐生成的，大势既成，泥沙俱下，谁也阻挡不了。所以不能静态地看人，不能凭一己好恶选人。这也是功承作为公司化体制与传统合伙的区别。对功承合伙人们来讲，也是下一步发展的考验。”

管理方面，郭维东所说的“无为而治”，或者说依赖合伙人和律师的高度自律的管理，也只是适应阶段性的情况。未来如果规模进一步扩大，走出吉林，也必然要改变现有自律性管理的模式。在他的构想中，未来可能是经纬交织的“网状管理”：经线是行政与支持部门，负责管人，纬线是各地分所或业务中心，负责理事。“规模化之后网络化格局的打造，对于功承的管理又是一次大的嬗变。”对此，孙学致补充道，以郭主任为核心打造出来的功承平台支持中心，已经初步具备了打通所有分支机构，统合支持各区域业务的后台服务和管理能力。而以规模客户、专项产品和专业诉讼为核心形成的越发成熟的各个专业团队，在各位业务合伙人的统率下，也正在形成业务局点突破，彼此协同作战的集团作战能力。

管理、业务、人才、财务，当下律师行业正在经历的前所未有的整体性大发展，其速度使得律所也不得不三五年就做出一轮重大改革，功承也面临着新一轮的挑战。

功承，功成

功成而弗居，功业成就而不自居。但若你问功承的创始合伙人们，他们每个人都必定会回答，功承的事业还远远没有“功成”。

五年前，功承在吉林开启了公司化管理和运营、以计点制为分配机制的现代化律所的探索。“茶馆会议”开了一年，商讨研究了数百个大大小小的问题，创始合伙人们当然清楚这绝不是一条一劳永逸的道路，反而是大迈步地踏出舒适圈的一场冒险。

阶段性的成绩只能证明方向是对的，但在通往远方的路上，道路变化莫测。功承未来的规划是什么？迟日大说，功承并没有落在纸面的三年、五年或十年规划，那只是代表了对未来的一种预判，对功承来说，更重要的是把握住大的方向，秉持着一份不变的情怀和追求去发展功承的事业，去为中国律师业“探路”，其次才是要在过程中与时俱进地不断调整战术安排。

“律师行业正面临着前所未有的发展机遇，正处于巨大的变革浪潮之中，绝不能随波逐流，但能否驾驭潮头，把握住潮起潮落的势能，永立浪尖，就要看你的本事，看你的功夫，看你的智慧，看你的定力，看你的情怀，看你的格局和视野。”迟日大感言。

一家“律企学”三位一体，在东北地区率先尝试完全公司制运作的律所，如何不断突破自我？

功承的回答是，一直在“功成”的路上。

树人

十七年坚持一体化，不忘初心，走向全国

周　正

树人律师事务所环境

2003 年树人律师事务所开业

树人所被中华全国律师协会评为“全国优秀律师事务所”

中国矿业全产业链大会留影

树人律师事务所参与中世律所联盟活动

树人律师事务所 15 周年留影

“十年树木，百年树人。”

——题记

现在提公司制、一体化，似乎都已经不够“潮”。而在高原之上，在偏远的青海，早在 17 年前就有一家决心做公司制、一体化的律所，这就是青海树人律师事务所。

17 年，有过濒临解散的危急时刻，有过峰回路转的时运垂青，有过停滞不前的发展“瓶颈”，更有着只管耕耘、不问收获的不懈坚持。

不问收获，必有收获，树人所还在成长。十年树木，它已在高原扎稳了根；百年树人，它还要成就百年客户。14 年前，它走出青海，立足北京。2019 年，又布局西安和成都，希望把足迹延伸到西北西南，乃至全国。它走向全国的故事，才刚刚开始。

17 年，在青海做一家一体化律所

生于忧患

1983 年，从警察学校毕业的陈岩，被阴差阳错地分配到了司法局的法律顾问处，开始了自己的律师生涯。

四年后，他被单位委任创建一家国办律师事务所。创立之时，阴暗狭小的四间办公室，几套简单的桌椅，一部手工打字机，一部司法局临时调配的三轮摩托，是律所的全部家当。

那时，青海的企业刚刚启动改革开放的步伐，法律顾问单位的业务开拓非常困难，律师们不得不一家一家地去跑。高原的冬天，他们骑着摩托，脸上被寒风刮得裂了口一直滴血却毫无知觉，到了目的地用手一擦才知道。在果洛州的一起刑事案件，往返一趟 800 公里，陈岩跑了 25 趟。这件刑辩案子，一共只收了 3000 元。

数年后，律所的创收在青海率先突破了 100 万元。2000 年，律所完成了从国办向合伙所的转制，还收购了一家律所，当年创收突破 200 万元。2001 年，律所创收突破 300 万元，而当时青海律师行业总创收才不足 1400 万元。

尽管事业蒸蒸日上，但陈岩的心头始终是沉重的。

当时整个青海律师行业，几乎都是提成制模式，创收是评价律师的唯一标准。有了创收，就有了一切，这就导致有部分律师只关心收入，而忽视了职业素养和专业能力的提升，尤其忽略了专业律师应具有的敬业精神、专业分工和团队协作等长远发展的评价体系。

经济发展滞后的青海，当年全省律师不过两三百名，法律服务市场总量十分有限，律师人数却在持续增长。提成制体制下，新入行的律师因为未来很有可能会分走业务，而难以得到培养，有的甚至连生存都困难。这个问题也长期限制着律师队伍的整体发展。

陈岩的老师很早就教导他，万宝全书式的律师是行不通的，一定要做专业律师。但在青海律师业内，在那个年代，专业化之路困难重重。为了倡导专业化，陈岩曾尝试划分房地产部、金融部、证券部等专业部门，但在提成制体制下，在创收面前，专业部门形同虚设。原因很简单：当时的青海盖一栋楼也不过几十万元，房地产案件收费低，却很复杂；而一个贷款合同纠纷，少则几百万元，动辄上千万元，标的额很大，收费高，工作量小且技术含量低。谁都想做这类案子，专业化根本无法推行。评价标准单一、人才培养困难、专业化被创收冲击、长远发展和个人利益无法平衡，这些问题如何化解，始终困扰着陈岩，尽管也曾尝试过改革，却最终无力改变。

其间，陈岩也一直在思考，一直尝试走出青海寻找答案。2000 年，他带着几名合伙人去北京、上海、成都、重庆等地考察了金杜、君合等知名律所。其中几家律所规范的公司化管理，尤其是高度的专业化分工给了陈岩很大的触动。在做业务的过程中，陈岩还遇到了美国、加拿大和澳大利亚的律师，交流中他才知道，国外的律所绝大多数都是公司化运作，律师按工作小时计酬，而非简单的提成，没有提成制，自然也就没有这些困惑。

2003 年春节前后，几名合伙人再赴北京、上海两地考察。在上海拜访的一家完全一体化的律所给了陈岩和几位合伙人内心又一次非常强烈的触动，所有长期以来推行改革的有心无力、身心疲惫似乎都有了一个解决的办法。

“当时我们认识到而且确信，不改变顶层设计，所有的发展构想都苍白无力。”几名合伙人随即下定决心“放手一搏”！一定要从头创办一家“薪金制、公司制”的律所，以一体化的管理推动专业化、团队化的建设。

起步维艰

2003 年 5 月 16 日，青海树人律师事务所在西宁市长江路 4 号正式挂牌成立。

虽然当时的创始合伙人们都相信“薪金制”一定是律师行业未来发展的趋势，但作为青海第一家采用“薪金制”运营的律所，他们没有任何经验可以借鉴。而北京、上海公司制律所的管理模式又很难被移植到青海这个相对落后的法律市场。而且，整个青海律师行业几乎没有人看好树人所。薪金制？发工资？那不就是“吃大锅饭”吗，刚从国办改成合伙，怎么又走回老路上去了？这些问题是很多人的疑虑。

思维和理念的不一致很难再去解释，既然已经“破釜沉舟”，就只有埋头苦干。但是，尽管树立了要创办一家可持续发展、传承百年的律所的信心，也有了创业般的热情和干劲，树人所的生存仍然受到严重威胁。

树人所创立时，合伙人们立下了一条规矩：原来律所的客户一个都不能带过来，必须从零开始开拓业务。创办树人的时候，陈岩已经做了 20 年律师，其他合伙人也都是理论素养好、业务水平高、享有较高知名度的优秀律师，他们信心满满，原以为即便从头做起，也应该不愁业务。但严酷的现实还是给他们这些信心满满的创业者们浇上了一盆冷水。初创期的树人缺乏市场认可度和客户资源，也没有丝毫的业务积累，导致事务所收入捉襟见肘。

2003 年到 2006 年，律所创收从 100 万元增至 300 万元，虽然每年都有所增长，但薪金制的律所和提成制完全不同，30 多名员工每月都要发工资，加上其他开支，固定成本居高不下。几名创始合伙人在原来提成制的律所里创收都排在行业前列，而在“薪金制”的体制下，合伙人们耗费了大量精力来探索律所的发展模式，个人收益却明显大幅下降。

坚持了 3 年，事务所创收都没有什么大的好转，前路茫茫，巨大的落差让人难以承受。一些合伙人逐渐对事务所的前景和未来失去耐心，更主要的是对“薪金制”的模式失去了信心。

有的合伙人提出来，要么改回提成制，还愿意继续一起干，但要坚持薪金制，只能选择离开。几个合伙人都是业务能力很强的资深律师，做回提成制确实可以立刻化解树人所的危机，但陈岩却无法接受这样的提议。

“我们当时就是因为提成制模式下出现的问题始终无法解决，才决心创办‘薪金制’的律所，年轻律师们也是对薪金制报以很大的信心和热情才加盟树人所。如果回到提成制，就等于自我否定，等于彻底放弃。”陈岩说。

最终，建所时的 5 名创始合伙人，4 名相继退伙，只剩陈岩一人。树人所濒临解体，处境实在是很凄凉。

但好在，还有一批相信薪金制，愿意跟着他一起走下去的年轻律师。

把握转机

3 年的创业尽管步履艰难，但在人才培养模式上的创新，却得到了很多一毕业就进入树人的年轻律师的认同。在“只管耕耘，不问收获”的树人所文化的感召下，深深影响了一批年轻律师的价值观与理想追求。

正是这一批年轻人，因为薪金制而选择了树人所，因为感受到了薪金制的诸多优势，愿意沿着这条道路坚持走下去，树人所才在绝地之中得以存续，继续坚持、继续探索和创新。2006 年 9 月，树人所吸收了年轻的骨干律师们作为合伙人，完成了重组，继续前行……

重组后的树人所在创收上面临更大的压力，生存形势更加严峻。

紧要关头，是一家客户伸出了援手，提出愿意帮律所度过危机。首先提出的方案是直接收购律所，律师转行做法务，行政财务延续之前的岗位。

陈岩和年轻律师们商量后决定，还是更希望坚持做一家公司制的律所。于是，这家客户又提出了第二套方案：把公司法律事务全部打包给树人所，要求律所派驻团队到公司驻点，对内承担法律事务部职责，对外承担并购项目的法律服务。并就此与事务所签订 3 年的《常年法律服务协议》，并且开出了一笔极为丰厚的法律服务费用。

当年，一家企业的常年法律顾问服务收费一般不过三五万元，这笔费用几乎等同于树人所当时全年的创收！惊喜之外，树人的律师们更多的是感动、感激，仿佛绝望的黑暗中突然被一道光击中，明亮又温暖。有了这一单业务，事务所就有了喘息的机会，生存的问题得到了解决。树人律师们经常在想，这样的绝境逢生到底仅仅是上天眷顾，还是因为树人所走的“薪金制”体制并且推行专业化分工和团队协同的模式得到了客户的认可？至今都无法定义。但当命运之神轻叩大门的时候，树人所做好了抓住机遇的准备。

从第二天开始，事务所全体律师 80% 的精力都投在了这家客户身上。

那时，这家客户正处于发展壮大的时候，需要大量的法律服务。也正是由于全程服务这家企业，树人“误打误撞”地避开了青海律师行业竞争激烈的诉讼业务红海，一头扎进了矿产资源法律服务的蓝海。公司的很多法律事务体量比较大，需要很多人手。为了全力服务好客户，也为了在实践中尽快地锻炼年轻律师，树人所一直坚持的团队作战开始体现出非常明显的优势，一件事务一派就是七八人协作办理，大的项目甚至前后派出二十多人。这在当时提成制律所是很难想象的，树人所却能做到。

跟随这家客户的发展步伐，树人的律师奔赴四川、重庆、西藏、云南、内蒙古、湖南，在十几个省市去做兼并收购，甚至和国外的律师进行沟通、谈判。两年的时间里，树人律师超负荷、高强度地尽心工作，一路参与了矿业权的兼并收购和发行上市等大型法律服务项目。依托这一平台，树人律师接触了大量前沿业务，确立了自己矿产资源专业法律服务的优势和特色，且在并购重组、金融证券、诉讼仲裁等领域也积累了丰富的经验。在青海的其他律师绝大部分还在代理刑民诉讼的时候，树人所已经在非诉领域具备了相当的实力。

也正是在这一时期，树人所逐步形成了以主办律师为主，承办律师、律师助理为辅的业务团队作业模式，充分发挥团队合作精神，分工负责、责任到人。团队作业的模式既做到了工作内容的分工量化和细化，保证了业务质量，也有利于业务团队内各个成员之间的交流、讨论、学习，使得成员业务水平和执业素养得到快速提高。

“我们当时就提出，要靠什么赢得客户？就是要让客户完全信任你，依赖你。”树人所要求律师们不能只做写合同、参加谈判的那点事，而是要参与到企业的经营活动中。“开董事会、股东会的会议文件，我们律师写，呈报公司的报告请示，我们也写，而且是主动接过来这些活。”其他公司得知树人律师竟然“承包”了这些别的律师不会做的“琐事”，也陆续找到了树人所合作业务。

2007 年，树人所核心客户计划将总部迁移至北京，为了紧紧跟随客户的脚步，树人所做出了一个重大的决定：在北京开设分所。2007 年 12 月 9 日北京分所正式挂牌成立。树人所成为当时青海省第一家在外省设立分所的律师事务所。

到 2007 年年末，树人所实现了创收的跨越式增长，总创收突破 1000 万元大关。专业分工、团队作战“啃下了”诸多复杂疑难的大型项目，树人所的律师们更坚信自己的坚持、付出和执着都是朝着正确的方向在前进。

2008 年树人所被中华全国律师协会评为“全国优秀律师事务所”；2009 年度事务所被青海省律师协会评为青海省“优秀律师事务所”；2010 年度事务所被青海省司法厅授予“全省司法行政系统先进集体”称号；2010 年度事务所被中共青海省委组织部评为“社会组织党建工作省级示范点”；2013 年度事务所党支部被青海省律师协会评“先进基层党组织”……

五六年的时间里，树人所的各项工作逐渐步入正轨，进入稳步发展的阶段，荣誉也纷至沓来，一切都似乎就将这样顺风顺水地继续下去。而此时的陈岩，心头又紧张起来。

必须改革

“*天下之患，最不可为者，名为治平无事，而其实有不测之忧。*”在树人所 15 周年的总结报告里引用的苏轼的这句话，正是对那几年的树人所最贴切的写照。

当时，事务所已经拥有了几十家本地优质企业作为常年法律顾问单位，不需要努力去开拓业务也能维持较高的创收。当事务所运转良好，平平稳稳时，合伙人们也逐渐进入“舒适”模式。随着事务所收入稳定后，随即就进入了很长一段时间的滞涨期，看似安稳无虞，其实对一家发展中的律师事务所来说是很大的问题。

“日子好过了”，没有了生存压力的律师们，钻研业务、尽心服务客户的斗志和热情也渐渐降温。加之战略目标不清晰、晋升通道封闭、薪酬体系老化、绩效评价体系缺失等因素的叠加，一部分员工对事务所的未来发展不再看好，相继选择了离开，树人所在那几年遭遇了严重的人员流失。与此同时，常年法律顾问单位不但没有增长，还出现了流失的迹象……

“*只有当危机明明白白地摆在面前的时候，我们才真正意识到问题有多严重，才知道走一体化这条道路面临种种未知的难题。难题无法回避，必须主动改革解决。否则毫不夸张地说，再不改革，律所将再次面临存亡的危险。*”陈岩说。

2015 年，树人开始酝酿全面改革，起草了整体改革方案，并于 2017 年开始陆续推出一项项改革措施。

一两年的时间里，大刀阔斧的改革已见成效：为了从理念上、心态上统一认识，制定了合伙人行为准则，希望合伙人们能保持创业者的心态；在组织结构上设置管理委员会，负责日常管理事务；创建了运营管理体系，完善了财务管理制度，强化了人力资源管理；调整了薪酬制度，重新设计了工资和各项福利的合理配比；重新设计了合伙人制度，设置了普通合伙人和授薪合伙人，采用以计点制为核心的分配制度；开放合伙人晋升通道，吸收了一批事务所培养多年且价值观、理念与事务所统一的骨干律师成为合伙人；为了“百年树人”的目标，将事务所多年积累的发展基金一次性转为事务所的资产，所有合伙人永远不得分配；引进了先进的管理软件，统计工时，为客观评价和考核提供依据；在所内采用阿米巴小组的团队工作方式，使得团队内形成自我管理的氛围，整体提升树人员工的经营意识。

在这期间，树人的合伙人们也不断走出青海，与全国各地的优秀律所交流管理经验。2018 年、2019 年，事务所合伙人先后两次赴美国考察，在那里他们看到了全球领先的律所是如何运营的，看到了未来的律所应该是什么样的结构。树人的合伙人们越来越感觉到，自己十几年来的探索方向是正确的，在向着未来前行的路上他们并不孤单。

“从未来发展趋势上，一体化势在必行。”陈岩肯定地说。

有了一系列的改革措施和制度安排，树人所再度洋溢起创业的激情与活力，有了继续前行的动力。

2018 年，树人所已经发展至近 70 人的规模，执业律师 40 多名的青海第一大所。同时，律所的业绩良好，律师人均创收 153 万元，合伙人人均创收 740 万元，甚至超过了很多北上广的知名律所。

2018 年年底，树人正式加入中世律所联盟。2019 年 6 月，树人聘请专业咨询公司帮助律所制定了发展战略：首先，确定了业务聚焦矿产资源、金融证券、并购重组和高端民商事诉讼四大板块，并重新调整部门设置；其次，进一步清晰了走出去的战略布局，在成都、西安设立办公室。

“树人是一家还在创业的律所，一体化的优势还没有充分发挥出来。”陈岩说，战略明确后，面临的挑战其实更为艰巨，走向全国，面对的是全新的市场和更激烈的竞争，但树人律师有信心迎接挑战。

走专业化，自始不渝

从 20 世纪 90 年代就尝试在所内推行专业化分工开始，陈岩一直笃定地认为，专业化是律所长远发展的根基之一。作为律师制度恢复后全国最早的一批律师，陈岩也是从什么案件都办做起而后转型，他对此感受更深。所以，树人所创立，在只有十来名员工的时候就先分设了诉讼部和非诉部，随着业务发展逐步细化部门分工，分化出新的专业部门。树人所党支部书记及并购重组领域负责人丁永宁律师也介绍说，即便在起步最困难的几年里，所内也是始终坚持进行专业化分工，2006 年每年业绩大幅增长后，事务所更是不满足于已有服务领域，不断向更多专业领域开拓挺进。

根据最新的战略规划，调整后的树人所设有矿产资源板块、金融证券板块、并购重组板块和高端民商事诉讼板块四大业务板块和一个常年法律服务中心，专业方向更为聚焦，分工更为细致。

创所之初，树人就开始将矿产资源法律服务作为主要业务之一。如今，树人的矿产资源专业所的形象已经业内知名，并在矿业权取得、流转，矿产资源的勘查和开采利用等环节投入产品研发力量和法律实务研究。能够为客户提供矿产资源合作勘查、矿业权流转、矿山开发利用、矿山基础设施建设、矿山企业并购重组、自然保护区内矿业权退出、矿产资源压覆争议解决、矿山恢复治理、矿山企业投融资，以及矿山企业日常法律服务等全方位的法律服务。

树人所已经为西部矿业、西部资源、盐湖股份、华钰矿业、黑龙矿业等数个省份的大中型矿业公司提供服务，服务范围已涵盖青海、四川、西藏、内蒙古、湖南、云南、黑龙江、山西等 18 个矿产资源大省，足迹还延伸至哈萨克斯坦、塔吉克斯坦、蒙古国、尼日利亚、印度尼西亚等资源大国，提供服务的矿业类项目已成交总金额高达 900 亿元。

由于业务发展的需要，树人北京将矿产资源法律服务作为核心的立足业务开拓，并逐步发展成为优势，目前 90% 的客户和业务均为矿产类。

17 年间，树人所编制了逾 12 万字的《矿业权取得、维护、流转及开采开发环节合规流程汇编》，逾 13 万字的《矿产资源法律类文集》，以及《矿产资源法律法规汇编》和《矿业权并购及纠纷处理大数据研究报告》，撰写了大量的专业文章。2017 年 11 月，树人所作为承办单位之一，在国家会议中心成功举办了“中国矿业全产业链大会”，并举办“新生态环境下矿产资源领域法律风险及防控论坛”。此外，树人律师还应邀参加了“中国国际矿业大会”“中国绿色矿山建设高峰论坛”等多个业内主题论坛并做主题报告。基于树人所律师在矿产资源法律服务领域的卓越业绩，3 位律师被聘请为矿业联合会法律专业委员会委员，一名律师被聘请为中国矿业联合会国际调解仲裁中心调解专家、中国地质矿产经济学会矿产资源法学分会理事。

“为青海省上市公司服务的过程中，树人逐步开拓了公司债、非公开发行等证券类业务，在为客户融资的过程中，又逐渐开辟了银行金融业务。到时机合适时，两块业务合并成为金融证券部。”负责金融证券业务的合伙人钟永福律师介绍道，目前部门由 8 人组成，在青海这样人数的金融专业法律服务部门屈指可数。树人的金融证券部聚焦银行、证券、投资、基金、保险等行业，为青海省内一半以上银行金融机构和近一半以上的上市公司提供法律服务，主要金融机构客户包括国家开发银行、农行、中行、建行的青海省分行及信达、华融等多家大型资产管理公司的青海分公司。树人先后承办了数百个专项法律服务项目，包括上市公司收购与重组、非公开发行、公司债、短期融资券、中期票据、资产证券化、不良资产收购与处置、基金设立与变更、融资担保、融资租赁、“新三板”挂牌等，项目所涉金额已超千亿元。

2006 年，青海的上市公司——数码网络因大股东占用等问题出现危机，青海省政府最终确定由盐湖集团重组数码网络。树人所作为律师全程参与。该项目涉及上市公司收购、上市公司增发新股、公司的吸收合并、上市公司股份注销、异议股份请求权、上市公司股权分置改革等多项法律事务，被称为当时中国证券史上最为复杂的上市重组项目之一。当年带队承办案件的卢晓武律师回忆：“介入该项目后才发现案件所涉业务领域宽泛，债务金额巨大，债权人众多，涉诉案件庞杂，资产大、地域多，很多难点都属于新型法律问题，对前后参与的二十多名律师及助理而言都是一次难忘的挑战。那段时间，非常的艰辛，永生难忘……令人欣慰的是这个并购项目历经近 2 年时间，最终获得证监会审核通过。”

2008 年的盐湖钾肥与盐湖集团合并，被资本市场称为“两湖合并”项目。该项目是树人所承办过的最典型的并购重组项目，也是青海省内最大的并购业务。因为该项目并购交易额的巨大，也在当时的资本市场引起不小的波澜，根据汤森路透发布的统计数据，在 2011 年第一季度中国及亚太地区（不包含日本）已完成并购项目的法律服务机构中树人所排名第一。

青海贤成矿业股份有限公司破产重整项目，则是树人所承办的第一例上市公司重整业务，也是青海省律师承办的首例上市公司重整业务。该案涉案债权金额高达 132 亿元，有上百家债权人，同时因涉及上市公司面退市风险，所以时间紧迫。其复杂程度也是当时已发生重整的 40 多家上市公司中少有的。“短短 6 个月的时间，树人所前后投入近 20 人的团队，成功完成重整。”当时项目主管律师丁永宁、主办律师马青虎都提到，这样大体量和高复杂度的项目，对树人律师来说既是一次严峻的挑战，但也快速锻炼了专业能力。因为贤成矿业的成功重整，树人所及承办律师获得了最高人民法院给予的肯定，也获得了青海省人民政府的表彰。在此之前，青海省政府从未专门发文表彰过一家律所或律师。

2019 年 10 月，盐湖股份启动重整，触动整个资本市场。盐湖股份是国内最大的钾肥生产企业，也是全国钾肥资源最为优质的企业，对保障国家粮食安全至关重要。截至 9 月 30 日，盐湖股份股东人数 27.8 万户，债务总额 476 亿元，涉及 61 亿元公开债券及投资人，重整涉及数万名股民及债券持有人的权益，多家银行的金融债权保障，影响范围极广，国务院主要领导及国家发改委、证监会、银保监会等部委的高度关注。树人所再次承担重任，担任本次重整的管理人之一，继续服务于青海地方经济建设中，为地方经济的发展谱写新的篇章。17 年的经验，服务不同领域、不同体量的客户，让树人所在并购重组领域具备了深厚的经验和实力，培养了多名从事并购重组的专职律师，形成了自己独特的优势，高质量提供有关资产重组、债务重组、资产出售、资产收购、兼并重组以及企业破产重整、破产清算、破产和解、公司解散和清算等方面的法律服务，承办的并购重组案件，交易金额合计已超 2000 亿元。

早期的树人所以非诉业务为主。到 2010 年左右，随着非诉业务衍生出的纠纷数量越来越多，复杂程度越来越高，事务所随之将诉讼业务调整为树人未来重点发展的方向之一。调整侧重点后的诉讼部将业务聚焦在了金融、公司股权和建设工程三大方向，打造专业法律服务产品。

“也就是从 2010 年开始，诉讼部的创收基本上每年翻番。”西宁本部负责人黄小伟律师从创所时就进入树人所，亲历了整个诉讼业务的发展历程。他说，目前诉讼业务创收已经占到了 40% 左右，在青海位列第一，2019 年确定的创收目标是创所之初的近 20 倍。根据近几年的统计数据，黄小伟个人在最高人民法院的案件数量排名青海第一。他说，树人所代理的诉讼案件标的额都比较大，有一半以上案件属于中级以上人民法院管辖，尤其是代理了大量在最高人民法院和各地高级人民法院审理的案件，其中青海省国有资产投资管理有限公司确认合同有效纠纷案，最高人民法院完全采纳了树人律师的意见。该案例入选最高人民法院公报案例，从而确立了网络竞价过程中出现的网络迟滞而造成的交易结果是否可以确认为买卖关系成立的裁判规则。

在以诉讼业务为主战场的青海律师行业，从 20 世纪 80 年代就开始做律师，如今已经执业二三十年的律师有数百人。“客观地讲，执业时间比我们长，能力比我们强的律师真的非常多，树人所的诉讼业务能取得今天的成绩，公司制的运作方式起到了决定性的作用。”黄小伟说，树人的诉讼业务发挥了团队作战的优势，以协同分工来弥补个人的精力和能力短板，为客户提供有品质保证的专业服务。

聚焦矿产资源、金融证券、并购重组和高端民商事诉讼四大业务板块，让树人在专业上扎得更深，服务特色和优势更鲜明。部门下面设小组，每个小组有 3~5 位成员，组长牵头，两到三年就能再孵化出一个新的业务小组，业务团队就通过这样的模式不断复制，虽然速度不是很快，但走得很扎实。

从创所之初的零法律顾问单位，到现在服务的常年法律顾问单位逾 90 家，17 年来服务过的客户单位共计 166 家，其中服务 10 年以上的 11 家，6~9 年的 19 家，3~5 年的 43 家。设立常年法律服务中心，并且将专业部门中与常法服务贴合更紧密的律师调配过来集中服务，是树人向分工更为精细，专业更为匹配，部门协同更为顺畅的一次大胆尝试和挑战。

规划战略，走向全国

作为青海第一家在省外开设分所的律师事务所，树人十几年前就迈出了高原，它毫无疑问是有前瞻性的。尽管经历了艰难的步履蹒跚，但目前的树人北京已经站稳脚跟，2020 年还将扩招发展。

树人早就意识到，如果仅仅是偏安一隅，即使它在省内的各项数据都能一直保持领先，但青海的经济总量决定了法律市场的局限性，事务所的市场占有量已经接近“瓶颈”，要获得更大的发展，必须走进陌生的但更宽广的天地，由区域所向全国布局。

在 2019 年 6 月初为期 3 天的战略会议上，树人确立了走向全国的长远目标和第一阶段的布局规划，将率先在西部地区设立机构。西安和成都，一个是西北重镇，另一个是西南核心，加上之前已设立的北京树人，就此形成以北京为中心，成都、西安、西宁为发散点，辐射全国的走出去模式，树人将会走得更加稳健。

在一次演讲中陈岩说，树人是一家仍然在创业的律师事务所。布局全国就是当下最大的挑战之一。“北上广的律所做全国布局相对容易，而西部地区的律所走向全国，确实是挑战巨大，实践中是失败的多，成功的少。”

树人走出青海，意味着进入当地全新的法律服务市场，而且是高手林立、竞争更为激烈的成熟市场。西安，西北地区唯一的特大城市、“一带一路”重要节点城市，陕西省自贸区的核心区域，第 9 个国家中心城市，最高人民法院第六巡回法庭和第二国际商事法庭所在地，拥有超过 7000 名律师和多家全国大所的分所。成都，矿产富地，商贸物流中心和综合交通枢纽，西南地区重要的中心城市，有超过 13,000 名律师，百人大所就有 16 家以上。如何在这些地区立于不败之地，是树人目前的必答题。

2019 年 6 月决定布点之后，成都所快速进入筹建阶段，并开始招募当地律师。2020 年正式运营，成都所将一方面借助总部的特色和已有的品牌，推动四大核心领域的业务发展；另一方面着力打造成都所的特色业务标签，凸显自身的独有优势。矿产资源是成都所的主攻业务领域。树人所凭借过往十几年的矿产法律服务经验集中开发出适应新市场的法律服务产品，用为有力的切入本地的方式。另外，成都所主任王易程专注于人力资源相关法律的研究和实务，负责全所人力资源法律服务的纵深发展，因此人力资源业务尤其是股权激励方案设计将成为成都所的一大业务特色。

西安所同样于今年正式挂牌营业。“初期会以诉讼业务最快地触达市场，正式开业之前已经有业务开始承办。”西安所主任许婧说。树人所是一体化运作，西安所也会和总部的四大业务部门保持一致，以诉讼为切入点，服务过程中就会自然衍生出非诉业务。目前西安所的服务团队基本形成，在诉讼和非诉业务上均拥有执业 10 年以上的资深律师。“西安所顺利开展业务的同时也会延续树人建设人才梯队的传统，培育认同树人理念和事业的人才。”

“包括北京所在内，我们希望不再用总所和分所的概念，而是将单个律所的一体化延伸到全部成员机构的一体化，所有的成员机构都统一使用‘树人律师’的品牌，用统一的形象和标识，并且在管理和业务上统一标准，一体化运行，是全国一盘棋的布局。”陈岩说。

只管耕耘，不问收获

办公室几经搬迁，有一副字始终挂在树人所显眼位置——“只管耕耘，不问收获，必有收获。”

这是青海省已故泰斗级律师——刘树人先生在创所之时对树人的赠语，也是树人所谨遵了17年的教诲。这句话不是什么宏大的口号，没有那么激昂，甚至口头上并不会经常提及，却已经成为树人所的文化内核和精神指引。

深深受到刘树人老先生的影响，树人的律师和职员们一直践行着这句话。从树人创立的时候起，树人的合伙人和资深律师们就始终揣着律所的发展，揣着树人律师的成长，他们的付出，也感染着树人的一代代年轻律师们，“只管耕耘，不问收获”的精神渗透在培育人才和服务客户的细节之中。

“在树人，带教和互助的氛围非常浓厚，新人律师都有机会早早参与大型项目的磨砺，老师手把手带教使得业务能力可以很快地提升。”2005年，王存良从中学老师转换身份成为一名律师，进入树人一待就是15年，完成了职业转换，也亲身经历了树人所早期的艰难时刻和其后的一路前行，目前负责事务所的常年法律顾问和矿产资源部工作。“把重心放在耕耘上，长远来看，你的收获会更好。”这些年他也看到很多年轻律师为了短期的利益来来去去，但与树人一同坚守公司化的律师们，都收获了更多。

这也就是在公司制、一体化的律所里，不用担心培育了人才分走了业务，而恰恰是培养人才有多快、有多好，决定了组织的根基扎得有多深，枝干有多粗壮，枝蔓有多繁茂。如今树人的青年骨干律师，大多是从一毕业就进入树人，在资深律师毫无保留的尽心带教下飞速成长。

“当时我把思路告诉老师，他就会鼓励我先做，再一点点指出问题，帮我分析得失，真的是毫无保留，从不会藏着掖着。”“在树人，年轻律师也都有接触大案的机会，这是难得的资源。”2013年毕业后，许婧来到树人，带他的老师是黄小伟律师。仅仅6年时间，许婧从一名律师助理已经成长为西安所的主任，承担着树人走向西北的重任。

“不要先想收入，树人所的一体化让年轻律师可以完全专注于如何把业务做好，把客户服务好，至于回报都是自然而然的事。”2005年进入树人的喇成霖，2008年就被律所派驻到上海学习房地产业务，如今已经是青海建筑房地产领域的优秀律师，也是树人所诉讼部的负责人。很多如今的骨干律师选择树人，最初也都是冲着不用担心案源，可以全身心投入业务的学习，所有的回报都在专业能力的不断提升中自然得到。

“树人所对人才的培养首先是三观的塑造，其次才是技能的训练，这是最难以被借鉴、超越的地方。树人的文化给我们最深的影响是要追求幸福的人生，而不是物质的富足，是从对你内心所向的正确引导，继而外化在所有的行为当中，内外兼修。”蔡贤龙律师是树人所“行走的图书馆”，对历史和哲学有着浓厚兴趣的他，更能体会到树人的文化和精神对每一个树人员工在内心的影响和塑造。

很多所内律师说，树人所就像一棵大树，每个人的每一分贡献、每一次灌溉它都会默默记在心里，一定会在收获时节给予相当丰厚的回报，而他们要做的，就是做好手上的每一件事，服务好每一个客户。客户在优质法律服务的护航下得以健康、快速发展，树人所的年轻人律师们也在历练中迅速成熟，持续精进，不断提供更好的法律服务。

走出创业困难期后，树人所就开始为员工提供各种福利，其中一些福利在一线城市的律所都很难想象，如提供无息住房贷款、执业满3年就提供购车补贴、定期安排国内外旅游，等等。2011年所内自发设立树人爱心基金，收款累计十余万元，全部用于员工及其亲属疾病、逝世的慰问以及生日、节日的慰问支出。所有的所有，都是为了营造事务所“家”的氛围。

充分的关爱和体面的生活，精神的指引和文化的力量，推动着树人律师自觉向上、不断精进，推动着他们在工作中、在服务客户时始终以客户的需求为先，以服务至上，推动着他们将树人的文化一直维持和传承下去。

树人所名字里的“树人”两个字，一是来自刘树人老师的名字，二是来自陈岩对老师的敬爱。三是源于“十年之计在于树木，百年之计在于树人”。陈岩说，要做一家百年传承的律师事务所，就必须培养一代又一代有情怀、守道义的律师，才能真正成就客户，为客户创造最大的价值。

结　语

2019年，树人所重新定义事务所的使命、愿景，将树人的使命确定为“百年树人成就百年客户”，将树人愿景提炼为“成为专业精深、行业领先、客户信赖的一体化律所”。

愿景、使命和价值观的高度一致，律所战略的高度一致，业务管理和协同一体化，运营管理一体化，财务管理一体化，薪酬体系一体化，树人合伙人们说，“一体化”应该是在“薪金制”“公司化”的基础上的一种升华，是激发所有树人员工内心的激情和创造力，是让所有人拥有那一股“心流”，心无杂念地投身于自己热爱的事业。

如今，越来越多的律师相约奔赴高原，和树人合伙人们交流律所发展的困惑和感想。他们总是毫无保留地一一道来树人 17 年来探索一体化的苦与甜。从来没有一帆风顺的事业，只有勤勤恳恳的不断耕耘。采访结束的时候，陈岩说，不能只写成绩，一定要原原本本地写出树人遇到的问题，“千万不能误导人家”。

设立 17 年来，树人的信念和步伐始终是坚定的。坚持一体化的道路 17 年未曾动摇和改变，他们更加坚信，树人选择的这条路，一定是律所发展的必由之路，树人选择的这条路，一定通向更美好的未来。

中伦文德

从房地产到全领域，千人大所的十六年蜕变与国际战略

林　戈　蔡　凡

中伦文德北京总部

中伦文德创始人陈文律师

中伦文德的“16 字文化理念”

中伦文德参加 INTERLAW 会议

第一届 GLA 年会

1987 年 8 月 19 日，《中美经济贸易投资法律研讨会》在人民大会堂举行。这是一次空前盛大的会议，1200 多名美国律师包机来到中国，与 2000 多名中国律师共同交流。

在大会之前，刚毕业不久，被分配到司法部国际律师交流中心的陈文接到了与美方联络的任务。7 月，一封邮件跨重洋而来，这是中国通过互联网接收的第一封邮件——

“Congratulations ！ Mr Chen，you are the first person in PRC to ever receive email. You create history ！ ”（意为：“祝贺你，陈先生，你是中华人民共和国第一个接受英文电子邮件的人，你创造了历史。”）

多年后谈及此事，陈文认为这是幸运使然。而“幸运”的事也一直发生在他和中伦文德律师事务所的身上，在浪潮之下，见证历史，参与历史。

作为中国房地产与建筑工程法律业务领域的开拓者，陈文连续多年被国际评级机构钱伯斯评选为“房地产”领域的业界元老。由他创办的中伦文德律师事务所，亦在中国经济发展的大潮中参与了诸多重大项目，参与起草多部法律以及“南水北调”“2008 奥运工程”“川气东送”“中亚管道工程”等，并且创办了第一家由中国律师主导的全球法律联盟（GLA）等，灼灼功绩，不胜枚举。

浪潮之下：见证历史，参与历史

1992 年，邓小平南方讲话为整个市场经济的发展带来了改变。陈文熟悉外国的法律服务行业，更看好中国律师行业未来的发展，他离开了原下属司法部的中国国际经济与法律咨询公司，走上独立做律师的创业之路。

那时候，中国律师的角色更多地被定义为“打官司”。律师们提供的法律服务也主要是围绕诉讼展开的。随着市场逐渐开放，无处不在且日渐兴盛的经济活动更需要律师的参与，在初始阶段却鲜有律师涉足。陈文结合其在瑞士圣加仑大学留学期间对西方金融体系、住房制度的思考，观察中国的政策变化。创业第一年，陈文便开始探索房地产行业非诉领域的法律需求。

彼时，中国房地产市场刚刚兴起，房地产领域的管理和相关法规也尚处混沌状态，但陈文觉察到，伴随改革开放的进一步深入，住房改革势在必行，律师在房地产非诉讼领域及房地产金融领域的业务将有大发展。

陈文的第一单业务，是为北京市外销商品房的 001 号项目金城公寓、002 号项目金汇公寓提供法律服务，服务内容主要包括合同起草、提供咨询、契约签订、参与谈判。1994 年，陈文及其团队在北京京城大厦举办了第一届北京外销商品房法律宣讲会，至 1997 年连办 4 届，吸引了诸多知名房地产商及银行高管前来听课。

陈文并没有停下探索的脚步。1994年春，他开始游说银行及相关政府部门，一个单位接一个单位地跑，坚持一年半之后，终于，与中国银行和建设银行合作的亚运村K座汇园公寓按揭业务诞生，轰动了当时北京的律师界、房产界和金融界。

20世纪90年代，“按揭”对大多数中国人而言是一个完全陌生的概念，但在亚运村K座汇园公寓按揭业务开启之后，很快，北京市各个银行都开展了相关业务。由“住公房”到“按揭买房”，中国人的住房方式发生了巨大变化。

1998年，陈文撰写了《购房·租房》一书，涵盖了风险防范、纠纷处理、抵押贷款、物业管理、房产租赁等各个环节，成为许多消费者的购房租房指南。这可能是中国第一本由律师撰写的讲解个人购房租房法律知识的书籍，一时热销，接连加印了三次，还被评为当年法律出版社的畅销书之一。以后陈文律师又陆续出版了多本有关房地产开发与销售方面的法律书籍。

在房地产业务领域打出品牌后，陈文也开始发力金融业务领域，为国家开发银行（以下简称国开行）、光大银行、中国工商银行、北京银行和华夏银行等大型金融机构提供法律服务，成功处理了诸多金融法律案件，并参与了大量非诉讼的金融法律业务。

纵观中国律师行业的发展变迁，陈文提出，不能只局限于房地产与金融领域，而是要打造综合性大所。2004年，中伦文德律师事务所应运而生。

从2004年创立至2014年，中伦文德一直担任国开行的A级高保密级别律师，做了大量涉及世界各国的投资业务，并参与了国开行一千余个项目。

“南水北调”便是其中之一。2005年，国开行牵头组建银团融资支持“南水北调”，中伦文德作为项目主力参与其中。陈文和张德荣律师带领律师团全体成员，分析总结了以往的银团贷款经验，并结合“南水北调”的项目特点，向相关部门提出要做一个既符合国际、国内银团贷款惯例，又独具项目特色的解决方案。其工作成果得到了包括国务院“南水北调”办公室和国开行在内的银团贷款项目各方的认可，经此一役，中伦文德的影响力也得以进一步提升。

中伦文德亦是不动产资产证券化领域的开拓者。2004年1月，国务院《关于推进资本市场改革开放和稳定发展的若干意见》（现已失效）颁布，明确提出积极探索并开发资产证券化品种，正式开启我国的资产证券化市场。陈文凭借在房地产领域十余年的积淀，开始发力探索不动产资产证券化领域。

当年春天，中伦文德与北京大学房地产法研究中心一同在东方君悦大酒店举办了第一届不动产资产证券化研讨会。2006年，中伦文德律师发表文章讲解不动产资产证券化的意义和实际应用，文章被推荐给天津泰达集团有限公司。彼时的泰达集团投资了许多房地产开发，资金压力大，中伦文德律师便以此项目为着力点联合中信证券共同深入研究中国的不动产资产证券化。

“过去这些年我们参与了许多重大事件，在中国律师行业的历史上亦可圈可点。”陈文豪情十足。2008 年中国举办奥运会，中伦文德被聘为法律顾问为奥运会 31 个比赛场馆及相关配套工程建设提供全程的法律服务。2009 年，在中国 60 华诞之际，中伦文德作为新中国成立 60 周年办公室的法律顾问，为举国庆典提供法律服务。2011 年，被称作“蓝德计划”的保险资金参与北京土地储备融资计划正式获得原保监会批复，该次获批方案涉资 500 亿元，由北京市土地储备整理中心与太保、国寿、平安、人保等国内 7 家保险资产管理公司签订，中伦文德作为法律顾问参与其中。2018 年中伦文德又参与了北京城市副中心的建设。

2004 年，中伦文德初创所时，19 人来到金泰大厦 19 层楼办公室，1500 平方米的办公室超过 2/3 是空置的。15 年后，中伦文德律师集团已形成了 2000 余人的团队，并在世界众多国家的重要城市设有分所，其律所品牌和业务服务能力斩获多项荣誉，并登上多家法律媒体的推荐律所榜单。

2019 年，中伦文德荣获“2019 北京商务服务业国际化品牌 100 强”称号；房地产投资及 REIT 基金、反腐败及合规两项业务领域登上《商法》杂志发布的 2019 年度卓越律所大奖榜单；12 月，《2020 年钱伯斯亚太指南》发布，中伦文德在“房地产”“医事法”“公司 / 商事：东部沿海（天津）”三大领域上榜，另有 5 位律师获得了重点推荐，陈文继续蝉联“房地产”领域的业界元老。

始于此，不止于此。中伦文德亦将继续走在“百年老店”的探索之路上。律师事务所何以立？要靠文化、靠制度、靠理念、靠品牌。

道行天下，合作共赢：创建律所的“企业文化”

当我们走进中伦文德办公室，映入眼帘的除了律所的 logo 名称，还有一块白色大理石。大理石上以烫金的小纂字体镌刻着 16 个字——纵向看是“中大至正，伦理求是，文以载道，德信为本”，横向看是“中伦文德，大理以信，至求载为，正是道本”，从左上角到右下角看是“德以求正”，从右上角到左下角看则是“中理载本”，纵横皆成章。

这是陈文与创始合伙人们几经思考、凝练而成的律所文化内涵。“*中伦文德，既是我们律所的名称，也是律所的文化象征，有其深刻的寓意。*”陈文说。

“中伦”二字源自《论语·微子》中的“言中伦、行中虑”，意思就是言语要符合伦理道德，行为要经过仔细思考合乎理智。这是儒家文化的体现。

“文德”二字则源于《经法》。1973 年，湖南长沙马王堆三号汉墓中出土了《黄帝四经》与《老子》等大量帛书，是研究道家文化的重要史料。“文德”二字即出自《经法》中的“文德究於轻细，武刃於当罪，王之本也”。“文德”是奖赏，应当自上而下；“武刃”是刑罚，应当触及权贵。这是道家文化的呈现。

而对于16字文化理念的理解，是中伦文德在律所发展历程中和律师执业过程中的自我警醒。“中大至正”意为律所要沿着正确的道路和方向发展，由小到大，由弱到强，与时俱进，追求完美；“伦理求是”主张实事求是，在追求真理的过程中，尊重客观事实，注重伦理关系，尊重历史；“文以载道”要求事务所的律师们要肩负正义，主持公道；“德信为本”则强调了做人的基本原则，只有具备讲信用、有品德的前提条件，才可以做中伦文德的律师。

事实上，创所之初陈文就十分注重创建事务所自身的独特文化。2004年，在一篇题为《创建事务所的“企业文化”》的文章中，陈文写道：“一个律师事务所，要想取得持久稳定的发展，最终能成为一个‘百年老店’靠的是什么？我想不仅是事务所拥有一批批杰出的专业律师，有一套不断完善合理的管理制度，更重要的是这个事务所还应该有自己独特的‘企业文化’，即事务所赖以生存发展并具有凝聚力的事务所文化。”

律所的管理制度与文化是一种相互促进、互为补充的辩证关系，两者相结合保持了律所生存与发展的生命力。律师要有合伙的精神，律师事务所管理要秉持合伙之道。其实本质上，都是搭建一个平台，通过构建适合自身基因的制度吸引人、留住人。中伦文德的合伙文化，一直以合作、共赢为核心理念。

“什么叫‘合伙’？就是大家合起伙来做一件事情，举个比较形象的例子，比如大家一同合伙吃饭，我贡献几个鸡蛋，你贡献一碗米饭，他贡献一盘菜，谁再贡献一壶酒。如果有人什么都没贡献，就不能上桌吃饭。公司具有明显的资合性，以资本为主，你把钱投进来成为股东，但不一定要干活；律师通常既投钱又做业务，不做业务就没有创收，也就没有资格成为合伙人，这是最大的区别。”陈文如是说。

制度会引导组织朝着目标方向前进。中伦文德借鉴了公司法人治理结构，设立了董事会负责整体战略规划、总所与分所之间协调合作，并根据业务领域下辖35个专业委员会。目前，中伦文德集团董事会董事长由陈文担任，副董事长由方登发、甄庆贵、李刚、林威、洪国安、刘银栋、温志胜、余树林担任，夏欲钦、朱登凯、李铮及中伦文德集团各分所主任等为集团董事。

中伦文德的执行委员会（以下简称执委会）主要负责北京总所的经营和管理，目前由方登发、李刚、甄庆贵、夏欲钦、李铮、朱登凯、田磊7位资深的高级合伙人律师组成，由方登发担任事务所主任，李刚担任执委会主任，甄庆贵、夏欲钦、李铮和朱登凯担任副主任。

在合伙人级别设置上，中伦文德共分为四级。在具体决策时，合伙人的表决权依级别递减：一级合伙人的表决权为1，二级合伙人为1/2，三级合伙人为1/3，四级合伙人为1/4。各级合伙人的权利与其创收、所承担的风险与责任相对等。

分配机制作为律师事务所的核心制度之一，其重要性不言而喻。在陈文看来，律师事务所作为一个人合型组织，“二八”是一个黄金分割点，既能有效解决事务所的未来发展问题，同时又能激发律师的创收积极性。以人为本，才能长久发展。

当然，现代律所的发展强调平台化的作用和优势，高端业务的复杂性决定了律师们不可能通过“单兵作战”的方式来解决问题，因此，团队化、专业协同是一个必然。鉴于此，中伦文德在《合伙人合作操作指引》对案源、承揽、执行、协作的操作模式进行了详细的规定，并设立了合伙人争议仲裁委员会。在中伦文德的平台上，无论是合伙人还是律师，都对律所有着巨大的黏性和归属感。

针对中国法律市场当前的特点，中伦文德执委会主任李刚说：“中国律师要拥抱互联网、大数据、法律科技、替代性法律服务的到来；要紧跟‘一带一路’等国家战略，具备全球视野，在涉外法律服务中承担更多的责任；更重要的是，要科学地管理律所，并相信青年律师的力量。”

一家律师事务所从默默无闻到小有知名度，再到有一定的知名度，进而发展到建立自己的品牌需要一定的时间过程。而这一过程的长短，取决于一家律所的合伙人对建立品牌的认知程度和重视程度。

当前，中伦文德已在信息化及品牌建设方面进行了许多投入，从五个方面着手构建了品牌传播的路径。第一，作为事务所门面的官网，中伦文德进行了全面改版，希望能够在风格上更加具有国际化的风格；第二，“中伦文德律师事务所”微信公众号上推送的内容，不仅有中伦文德律师撰写的专业性文章、事务所取得的成就，还有一些具有人文气息的内容；第三，《中伦文德法律评论》作为所刊，承担了从法律实务角度输出内容和价值的作用；第四，全面升级办公设施，进一步提升中伦文德律师的专业形象；第五，依托专业委员会的平台，对在业内已经具有一定口碑和影响力的明星律师进行重点宣传和推广。

“中国律所的品牌需要信息化、多渠道、立体式的传播；而且，品牌化的律师事务所，必须要有品牌化的律师。”中伦文德律师集团副董事长甄庆贵说。

律师事务所的品牌建立，需要长期的坚持不懈。从当前全球法律市场的格局来看，欧美律所历经百年的发展已占据了较为领先的地位，许多欧美律所都在全球拥有几十个办公室，数千名律师，其品牌影响力大大超越了国别。陈文说：“中伦文德的品牌建立，需要全体合伙人的共同认同和参与。每一份法律文书的起草、每一件诉讼或非诉案件的处理都是在对品牌大厦的建立添砖加瓦，真可谓九层之台始于累土。”

15 年来，中伦文德的品牌就在这一砖一瓦中得以建立，一步步发展成为一家颇具规模的大所，向着市场纵深不断挺进。

规模化、渠道化：向市场的纵深挺进

中伦文德总部位于北京，目前已在上海、成都、石家庄、天津、太原、武汉、广州、济南、深圳、前海、南京、厦门、常州、长沙、重庆、沈阳、杭州、大连、西安、郑州、青岛、香港等城市和地区设有分所，基本涵盖了国内经济发达地区和主要城市的法律服务市场，形成了渠道化的优势。

所谓渠道化，其本质在于“精”，即每一家分所都具备足够强的实力，就像“钉子”一样扎根于当地市场。律师所服务的客户皆为商业主体，其在经营过程中产生的商业行为会催生出相关的诉讼和非诉法律服务需求，这些需求不是只局限在某个地域，会随着资本而流动。而渠道化律师事务所，就能够整合并优化内部资源为客户提供最优的解决方案。

作为一家有志于进军全国市场的律师事务所，2008 年，中伦文德落子上海，开启了其在国内的布局。在之后的 5 年里，中伦文德又在成都、石家庄、天津、太原、武汉等地设立了分所，朝着规模化、渠道化的战略目标更进一步。

2013 年，中伦文德入选汤森路透 ALB“中国十佳成长律所”。针对入选理由，ALB 写道：“在过去的 12 个月里，中伦文德在专业人员数量不变的情况下其创收实现了 50% 的有机增长，其不强调事务所的规模扩张，而是着重于升级团队素质。中伦文德的广州和深圳分所，是其第七个和第八个分所。此外，中伦文德还与英国、德国律所形成了战略联盟，从而将其业务拓展至欧洲。跨境融资、并购、公司治理和诉讼将增加到其业务版图之中。凭借在房地产投资信托基金方面的优势，拥有 17 支业务团队的中伦文德建立了中国房地产资源联盟。”

2015 年，中伦文德又在南京、厦门设立了分所，此两家律所都已成为当地有名的律师事务所，拥有良好的法律服务资源和优势；2016 年设立的常州、长沙分所，正是基于要加强中伦文德在中国东部和中部地区法律市场的实力的考量。

除了内地，我国香港地区法律市场也是布局的重要一环。2016 年 1 月，中伦文德与香港胡百全律师事务所设立了中伦文德胡百全（前海）联营律师事务所。

时至 2019 年，中伦文德已发展成为一家拥有 20 多家分所的千人大所，其规模体量已位列中国本土规模律所的前十名。在全球范围内，根据 American Lawyer 的“2019 The Asia 50”调研，共有 27 家中资所进入 50 强，中伦文德以第六名位列其中。无论在国内还是国际，中伦文德的大所格局已经奠定。

虽然中伦文德已颇具规模，但中伦文德也并不会盲目地扩张体量，“适度规模化”仍然是管理层秉持的理念。在中伦文德的国内布局上，其最为重要的考量因素有两点：其一，各地区经济发展的状况，中伦文德会优先考虑在经济发达且发展迅速的地区设立分所；

其二，加盟的律所在当地需具备一定的人力和客户资源，便于进一步“开疆拓土”，深化分所在当地的发展。

目前，中伦文德各地的分所基于本土市场和实际能力，形成了各自的特色。以上海、天津、太原、成都、深圳和广州6家分所为例，上海分所在商业房地产、资本市场、上市公司合规化、境外IPO、境外并购、海商海事、融资租赁、争议解决等领域形成了较强的品牌优势，上海分所主任陈永兴目前俨然已是商业地产与相关投融资业务领域的专家；天津东临渤海，滨海新区还被誉为“中国经济第三增长极”，已设立了自贸区，在海商海事方面有极大的法律服务需求，天津分所主任温志胜在海商海事方面已有很高的造诣；太原分所在建设工程领域则是当地领先的律师事务所，主任刘银栋担任省政协委员，并在为农民工提供法律援助方面多次受到政府表彰；成都分所主任王志坚在医药健康、房地产领域颇有建树；深圳分所洪国安主任在服务政府机关和企业方面已经取得显著成就；广州分所的余树林主任在经济与民事诉讼方面战绩辉煌。

在管理模式上，北京总所就像是中伦文德所有分所发展的火车头，起到了引领和示范作用。而在分所方面，则由董事会及其下设的专业委员会协调和整合各方资源，充分调动分所的积极性，发挥优势，根据各地域、各分所的特色来进行布局。

近年来，为了更好地与国家的战略部署相融合，中伦文德在分所管理模式上进行了进一步创新与整合，开启了一体化的协同模式。通过现有分所，打通京津冀（北京、天津、石家庄），长三角（上海、南京、杭州、常州、厦门），粤港澳（深圳、广州、前海、香港地区），东北（沈阳、大连），华东（济南、青岛），华中（郑州、武汉、长沙），西南（重庆、成都）及西北（太原、西安）的重要城市，着重布局中国经济发展重镇。

律师事务所增长策略的制定通常会基于多重因素，比如律所对自身的市场定位、对经济形势的研判以及本所的发展特点等。如何进一步提升发展的质量和水平，也是中伦文德正在重点思考的问题。

2017年5月23日，中伦文德成立了“两院一心”，即“中伦文德法律研究院”“中伦文德雄安新区金融与投资发展研究中心”和“一带一路”发展战略研究院，分别由方登发、甄庆贵、李铮担任负责人。产品研发、专业协同是中伦文德一直以来的传统。“两院一心”是中伦文德基于对市场的判断作出的重大战略部署，以期进一步整合资源，挖掘自身潜力。

2019年，在中伦文德胡百全（前海）联营律师事务所成立3周年之际，中伦文德成立了粤港澳大湾区国际经济与法律研究中心，由集团副董事长、中伦文德胡百全（前海）联营律师事务所主任林威担任主任。这一中心的成立，是中伦文德在战略层面的又一重大布局。

中伦文德选择了一条与众不同的规模化和国际化之路，打下了其在法律市场的江湖地位，也构建了全球法律服务网络，提升了涉外法律服务能力。

全球网络："联盟 + 联营"

作为第一家在英国伦敦和沙特利雅得设立分所的中国律所，中伦文德已在巴黎、柏林、阿姆斯特丹、布鲁塞尔等欧洲的主要城市设有分支机构，形成了涵盖大陆法系、英美法系、伊斯兰法系等全球范围内的法律服务网络。与此同时，中伦文德也是 INTERLAW 国际律师联盟中唯一的中国大陆律所成员，并于 2016 年发起成立了全球法律联盟（Global Legal Alliance，GLA）。借由国际联盟形成的更为广泛的国际化平台进行信息融通和业务合作，也是中伦文德建设全球化网络中的重要一环。

"如果要精准地概括中伦文德的全球化模式，那就是 'Member+Associates'（联盟 + 联营）。"陈文说。

早期，中伦文德曾以"直投"的方式在海外设立分所。伦敦分所与利雅得分所便是中伦文德于 2007 年、2008 年先后"直投"设立的境外分所，这也是中伦文德踏上国际化道路的开端。但在之后，中伦文德便调整了其国际化布局的方式。

陈文表示："律师事务所提供的是以人为基础的法律服务，这完全依靠于有主动性的合伙人、律师去开拓市场；如果分所在发展中没有主动性，那么为分所投入再多资金也难有成效。"秉承开放与共求发展的原则，中伦文德的境外布局战略转向为与当地的律所或律师团队一起设立联营所，由联营所排他性地承办当地的业务。2015 年，中伦文德与俄罗斯 ALRUD 律师事务所、日本沼田法律事务所、英国领先律师事务所 Bristows LLP、印度 LS 律师事务所、韩国的"元"律师事务所商谈所际合作事宜，并与其中 3 家签订了合作协议，共同发展国际法律业务。

2019 年 11 月，中伦文德与美国贝普律师事务所（Becker & Poliakoff LLP）达成联营关系，双方达成联营协议，可以促进彼此业务合作，从而为彼此客户提供更广泛的法律服务。美国贝普律师事务所成立于 1973 年，拥有近 200 人的律师工作团队，在美国纽约、新泽西、华盛顿、弗吉尼亚、佛罗里达等州以及欧洲等地拥有 19 间分所，为全球客户提供优质服务。贝普律师事务所以经验丰富、回应迅捷以及坚持始终的服务精神扬名海内外，也因此与世界各地的客户建立了坚固、长久的合作关系。

"We step into your shoes-so we can show you the right way to step ahead"，是贝普的服务宗旨，这一宗旨与中伦文德所秉持的理念不谋而合。客户的需求往往多元、复杂、迥然各异，而商务律师，应当"踏入客户的鞋中"，从不同的需求出发，为客户提供实质性的解决方案，推动、引领客户朝着期望的结果和方向迈进。

在联营之外，中伦文德也通过成为国际性联盟组织的会员单位进行国际化布局。2010 年 4 月，中伦文德正式加入国际律师联盟组织 INTERLAW。INTERLAW 成立于 1927 年，总部位于巴黎，是国际上最具影响力的律师组织之一，由全球 70 多个国家和地区的知名律师事务所组成，在全球150多个城市均有成员律师事务所。中伦文德是目前为止在中国大陆唯一一家加入INTERLAW的律师事务所。目前，中伦文德与INTERLAW的合作由副主任朱登凯负责，朱登凯目前也担任了INTERLAW全球董事。

INTERLAW为中伦文德搭建了一个更为广阔的合作平台。INTERLAW在每个国家只有一至两家会员单位，这避免了同地区的竞争，同时也确保了会员单位的高质量。目前，中伦文德通过INTERLAW与各会员单位间互相介绍业务，接收业务的会员单位有足够的能力承办，同时中伦文德也利用INTERLAW的国际网络接收了很多业务介绍。每年的INTERLAW年会上，来自各国的优秀律师分享所在领域的前沿项目和课题，INTERLAW也为中伦文德提供了一个信息融通交汇的平台。

2013年，“一带一路”倡议提出，中伦文德便开始着手研究。基于长久以来在跨境投资、对外投融资、国际贸易等领域的法律服务经验，于2015年5月成立了“一带一路”法律事务委员会。此外，中伦文德还主编了《“一带一路”下中国企业走出去的法律保障》一书，为中国企业“走出去”提供法律上的指引。

在中国政府促进“一带一路”的国际经济合作大背景下，中伦文德希望能够进一步扩大中国律师在国际律师行业中的影响力，帮助中国企业真正走向国际。2016年，中伦文德发起设立了全球法律联盟（GLA），这也是第一个由中国律师发起以及各国法律服务机构自发组织起的新型国际律师组织。目前，陈文律师担任GLA联席主席，方登发律师担任GLA秘书长，李铮、朱登凯律师担任GLA副秘书长，负责与GLA相关的合作事宜。

GLA的会员单位不仅包括律所，也整合了金融机构、企业和税务师事务所等机构。2016年，GLA在香港地区举行创立大会，彼时有会员单位16家；发展至今，目前已有40余家会员单位、12个专业委员会。每次GLA年会中，上半场是由律师召开的专业会议，下半场是由各国企业家及投资者共同参加的专题项目投资研讨会，并且鼓励每一个会员带上一名企业家或投资者参会。GLA已形成一个以法律服务为连接点的国际化交流和项目对接平台，中伦文德与美国贝普律师事务所联营关系便是在GLA的引领下达成的。

2019年11月，“全球法律联盟（GLA）2019年全球年会”在新加坡召开，以基础设施建设、能源开发及贸易、文化交流为主题，探索在世界整体经济下行趋势中的突围之道。

GLA不仅是中伦文德全球布局的重要一环，其更为重要的战略意义在于，这是一个信息交汇、项目交汇、资金交汇的平台，无论对于客户还是会员单位，都意味着整合性的资源和“一站式”的服务。

近年来，中国律所积极适应全球化发展步伐。在这样的发展浪潮中，中伦文德力求能够“将国际化做得更深入、更扎实”，一方面，通过“联盟+联营”构建起全球服务网络；另一方面，中伦文德也从服务水平入手，引入先进的服务理念和手段、加强人才队伍的国际化建设等巩固和加强自身的国际化水平。

多元化、全链条：提供具有国际水准的服务

房地产与建筑工程是中伦文德的基石业务，这是陈文与中伦文德专业化的发端。

如今，中国的房地产业务领域已经非常规范，从业者众多，为了始终保持在业界的领先地位，中伦文德成立了房地产与建筑工程专业委员会，由张海军律师担任委员会主任，以专业化、团队化的形式应对日益复杂的房地产交易流程和日趋激烈的房地产法律服务市场。

经过沉淀与发展，中伦文德已能够为房地产与建筑工程交易的整个流程提供全方位的服务，涵盖了土地一级开发、土地招拍挂、建设工程、房地产项目并购、房地产项目融资、商品房销售、物业经营管理、房地产诉讼与仲裁等各个领域，承办了众多房地产交易项目，并担任了数十家国内知名的房地产企业的常年法律顾问。在金融业务领域，房地产资产证券化、房地产信托投资、保险资金投资不动产等方面，中伦文德亦积累了大量经验，负责了许多重大的不动产融资项目。目前，中伦文德的不动产资产证券化法律委员会主任由总所执委田磊担任。

针对房地产法律服务，中伦文德未来还将在三个方面加强布局:其一，巩固既有优势，加强在资产证券化领域的投入；其二，加大对房地产基金方面的法律服务的投入；其三，加强中伦文德律师在房地产资产管理和运营方面的能力，为客户提供更具附加值的服务。

如陈文所说，中伦文德的目标是综合化、规模化。因此，在过去的 15 年里，中伦文德参照律师协会的专委会模式，针对 35 个重点领域均设立了专业委员会并专门为所有的专业委员会设立了活动发展基金。各领域的专业委员会开展专业研讨与业务合作，定期出版专业刊物，为客户提供优质法律服务，形成了协同效应。

目前，中伦文德的业务领域已经涵盖了国际律师业务的主要方面，在房地产与建筑工程、金融、医药健康、跨境投资与并购、海商海事、公司证券、能源环保、知识产权、争议解决等众多业务领域都走在了业界前沿。

随着中国崛起和中国经济的对外开放水平的不断提升，市场对于涉外法律服务的需求日益加大。目前，涉外法律服务的体量已占据了中伦文德整体业务的 30%。

跨境投资与并购业务同样是中伦文德的核心业务领域之一。针对这一领域的优势，中伦文德副主任、INTERLAW 全球董事朱登凯说：“首先，基于团队化、专业化的运作模式，中伦文德拥有一支具有国际视野和国际服务水准的团队；其次，基于本土化优势，中伦文德更加了解以上市公司为代表的客户群体的文化和服务需求；最后，基于全球网络，尤其是 INTERLAW 和 CLA 的平台资源，让中伦文德能够在跨境投资中扮演一个 leading firm 的角色。”

2013年，“一带一路”倡议的提出，奠定了未来若干年中国经济与外交的战略，这也为中国律所带来了业务风口和挑战。提供具有国际水准的服务，是中国律所和律师的必然选择，中伦文德也不例外。

据中伦文德副主任、“一带一路”发展战略研究院院长李铮介绍，在“一带一路”法律服务中，中伦文德律师已经从最初涉外法律服务的分包服务者转变为承担项目法律总协调人的角色，为客户提供全方位的建议，这也给律师提出了四个方面的要求：“第一，律师不能仅仅只是在语言层面过关，还需要熟悉、了解国内及当地的法律体系，为客户找到适合的境外律所进行合作，并在法律原则和交易架构上给予客户建议；第二，从交易的全局出发，从法律、产业、财务等多个方面进行尽调，让客户充分理解商业和法律层面的风险；第三，了解当地的金融投资环境，让中国企业的投资能够有所回报；第四，从政治环境和安保层面出发，为客户提供建议，让项目的不确定性降到最低。”

2019年12月22日，由法制日报社主办的第二届“一带一路·合规之路”优秀法律服务项目颁奖典礼暨“一带一路”法律服务高端论坛在北京举行，中伦文德高级合伙人李刚、朱登凯代表中国兵器工业集团公司所属北方华锦化学工业集团有限公司承办的该集团公司与沙特阿美石油公司、辽宁盘锦鑫诚集团公司的合资项目获得了“一带一路·合规之路”优秀法律服务案例奖。该合资项目作为“一带一路”的重大标志性项目，项目总投资将超过100亿美元，该炼化一体化项目建成后将包括1500万吨/年炼油、150万吨/年乙烯、130万吨/年对二甲苯装置，合资公司建成投产后将成为我国最大的中外合资企业。

结　语

在过往15年的发展中，中伦文德一直立志于做一家大所、强所，一路开疆拓土，其创业史可以说是中国律所持续发展和升级的一个缩影。中伦文德在中国这个日新月异且全球发展最快的法律市场中，以专业化、规范化、产品化、差异化、国际化的思路，形成了独特的发展理念。未来，中伦文德还要将既有的优势沉淀下来，保持事务所的年轻化和新陈代谢，朝着精细化管理和服务的方向发展。

如果要问陈文，他心目中理想的中伦文德是什么样的？

陈文会回答，希望中伦文德成为一家大规模、综合性、国际一流的律师事务所。

布局上，在京津冀、长三角、粤港澳、成渝等国内的主要城市和地区保证质量地发展，形成规模和集团效应；业务上，在目前2000余人综合团队的基础上进一步扩大，形成专业化、规范化、产品化的协同效应；国际上，中伦文德要以中国律所的身份聚集起全球的律师，以联盟和联营的方式为全球的客户提供优质的法律服务。

未来的目标已经清晰，但无论战略定位如何，在陈文心中，律师还是要回归其职业和法律服务的本质，尊重事实、诚信为本、以法律为准绳、以法律为武器，为当事人解决实质性的问题。

陈文所思，亦是中国律师的理想和责任。

海勤

追求极致的专业

毛姗姗　宁思甜　蔡　凡

从左至右：李鹤、曲伊生、彭友谊、王佐林、张庆华、何永刚

从左至右：解小锋、李鹤、张庆华、王佐林、孙新昱、俞延彬

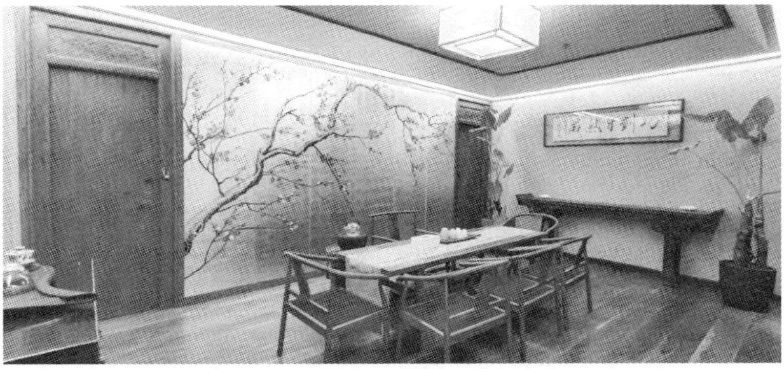

海勤律师事务所环境图

海勤律师事务所合照

九月，北京已经进入一年中最美的季节。2020年，由司法部评选的全国优秀律师事务所——北京市海勤律师事务所榜上有名。我们慕名而来，一探她的风貌。

海勤所位于北京中央商务区（CBD）万达广场中央花园旁的12号楼三层。透过明亮的玻璃门，远远可以看见长廊内银色的闪着光的海勤标识，白色长廊一侧是明代大家仇英的《秋江待渡图》，境界开阔，具有咫尺千里之妙。另一侧是文徵明的六米长卷《后赤壁赋》，气势恢宏。长廊的左侧和前端，分别通向两个大的办公区。前台接待休息区，侧壁是一个巨大的海洋水族墙，摇动的珊瑚和自由穿梭的鱼儿散发着勃勃生机，“快乐海勤”的精神隐约其中，海勤的主人们似乎有一种别样情怀。

海纳百川，勤泽万物。“海勤”有一种充满自信的特立独行，雅致内敛，人数不多，但求志趣相投。数据能说明一切，走过16个春秋的海勤，像一颗精致的明珠，却凭借自身的魅力引人注目。

40人左右规模，9名高级合伙人，连续数年上亿元的创收收入，在北京市两千多家律师事务所中总收入排名一直在前50以内，合伙人人均创收超过千万元，在2019年北京市律师人均创收排行榜前十以内。

自2004年创立，16年的耕耘，何以赢得客户长期信任并愿意将超级重任完全托付，她又以怎样的文化保持人员始终稳定？在当前律师行业规模化趋势日益明显的情况下，海勤作为精品律所的代表，又将会有怎样的愿景让人向往？

强所基因，精英气质

律所规模的选择是律师行业一个老问题，全世界的律所都在孜孜追求自己的模式梦想。中国人的智慧，寸有所长，尺有所短或许给出了答案。

与北京很多总创收排名前50位的律所发展模式不同，16年来，海勤始终保持在40名律师左右的人员规模，业务定位精准和实现较高人均创收是海勤发展的特色。在积小为大、跑马圈地式疯狂扩张的时代，坚持小规模精品化的专业发展路径，海勤同样开辟了一片精彩辉煌的天地。

初创，定位精品

2004年冬，白雪皑皑，掩去了一切浮躁。六位已经执业多年的律师，在北京使馆区的京润水上花园庄重地签订了合伙协议，一家满载希望的律所——北京市海勤律师事务所由此诞生。六名律师分别为40岁的何永刚，37岁的王佐林、曲伊生，36岁的彭友谊，

34 岁的李鹤和 33 岁的张庆华。

六人中年龄最小的张庆华倒是见识最广的一位，留学美国的经历和超级大客户服务经验总是让她自信满满，海勤主任非她莫属，她也是海勤所创立的召集人。1993 年她从西南政法大学毕业之后当年即考取了律师资格，便踏上了律师之路。一次偶然的机会她加入了专注于金融法律服务领域的北京市张涌涛律师事务所，也是中国最早的专注于金融法律业务领域的专业律师事务所。

张庆华谈起自己在张涌涛律师事务所的工作经历，无限感慨："我去张涌涛律师事务所是张涌涛律师亲自面试的、入职后也是他亲自指导我从事具体业务，我的很多工作习惯都是那个时候养成的。现在总有人说我对年轻律师工作要求标准太高了，可是在 20 多年前，张涌涛律师就是以这样严格的标准要求我的，他是我事业的启蒙者，也是我心目中的标杆。"

律所的严格训练，养成了张庆华敬业、严谨的工作习惯，给工农中建几大行和民生银行、中信银行设计法律服务框架，起草法律文书范本，不仅锻炼了业务技巧，更开拓了金融法律市场的眼界。业精于勤，海勤的"勤"字就根植于此。

张庆华除了对法律专业的极致追求外，也常常在管理例会上强调，法律服务是无形的，但是律师服务是有形的。要养成良好的工作作风，从文件的选字排版到纸张的选择，女律师必须穿标准的西装短裙，男律师必须西装革履，律所年会她也把自己挑选的爱马仕领带送给全体男律师，鼓励大家给客户呈现严谨专业的律师职业形象。海勤自始就有着精英气质。

更重要的是，张庆华从事了从银行合规审查到不良资产的债务清收、并购重组等业务，使她在 20 世纪 90 年代末就在银行与金融领域拥有了自己的执业标签。国内多家商业银行组团的银团贷款业务，最早的全部法律文本均由她参照国外银团贷款的模式起草和设计。中信银行开启的美国大使馆代传递签证业务的法律文书和流程也由她起草，她还参与了中国农业银行、建设银行、民生银行、浦发银行等全行标准合同文本的起草和修改工作。这一段工作经历，为张庆华律师积累了大量、丰富的经验，为她今后自己组织创业打造了坚实的专业基础。

1998 年 6 月，张涌涛律师事务所与上海市万国律师事务所、深圳市唐人律师事务所合并为国浩律师集团。

深刻体察过公司化小团队、高度专业化协作的优势和快乐，亦感受过规模化大所的不同文化和风格，张庆华更怀恋原先"小而美"与"高精尖"的律所发展模式。于是，创办一家业务精湛、专业品质优等、客户高美誉度、团队归属感强的精品律所的想法在张庆华脑中形成。她将此想法与张涌涛律师事务所的师傅何永刚律师、老朋友李鹤交流后，得到支持。此后，如上几位精英律师齐聚。

说来也巧，海勤几位创始人不仅年龄相仿，学历背景和执业背景亦有共通之处，他们均来自北京大学、中国人民大学、对外经济贸易大学、西南政法大学等知名院校，此前多在商事、涉外领域有较好口碑的大型商事律所执业。

何永刚毕业于中国人民大学,彭友谊毕业于西南政法大学,同是张庆华国浩所的同事。王佐林是台商法律服务领域的佼佼者，将原新党主席谢启大女士引荐至海勤所，谢律师的律师证是港台取得中国法律服务资格证的第 1 号。王勇是北京大学尹田教授的亲传弟子，一直给中国农业银行总行提供法律服务。李鹤是对外经济贸易大学的国际经济法硕士，专注于国资委、国有企业和房地产开发企业的法律服务，从观韬所转入海勤。曲伊生则是中国政法大学和波士顿大学的双料硕士，擅长于各类涉外业务，从共和所转入海勤。

基于此，将律所定位为一家高端民商事精品律师事务所，在创始合伙人中达成共识。

合伙三要素，愿景、使命、价值观，在筹建海勤时已具备，对于和谐工作氛围的追求，对于“律师职业，本质依旧要落实到律师个人的敬业度和专业度”理念的认可，成为海勤创始团队的信任基石，亦构成海勤律所多年来人员稳定的核心要义。

入驻 CBD，亮剑“红圈”

成立之初，海勤选址在使馆区霄云路 18 号京润水上花园别墅内，这是一栋面积不大的两层别墅，倒也怡然自得。

《战国策 · 齐策三》:“子来，寡人闻之，千里而一士，是比肩而立。”成立第二年，海勤所知难而进，搬到了朝阳区建国路 93 号万达广场，当时国贸还没有二、三期，财富中心还在图上，万达广场属于一流高端写字楼，位于北京商务中心区，地理位置优越。其更深的用意其实在于亮剑于同道，比肩“红圈”所。

海勤所面积不大，却彰显着中国传统文化的藏而不露的精髓。从布局到办公室、会客室的穿插都有巧妙机关蕴含其中。在迁址装修之时，海勤便两次公开招标，设计标与施工标分开招标，匠心独运，借鉴世界名所的创意，在设计上下足功夫，虚处用足实力，看似费力，实则一劳永逸，中西合璧的装修风格、沉稳大气的文化氛围，14 年来没有改变。每一处细节都耐人寻味，沉稳接顶的书柜，磨出斜边的欧式传统玻璃加工技艺，水族箱活泼可爱的小鱼，随处昂扬的绿植，还有接二连三的律师二代小宝宝出生的喜报，海勤处处洋溢着生机。

因为北京严重的雾霾，海勤的办公室后来又加装了独立的新风净化系统，室内空气的 PM2.5 始终保持在 1 左右，每天早晨行政部门第一件事就是向全所律师发信息通报今天的天气情况和海勤办公室内的温度、湿度和 PM2.5 的指数。海勤小餐厅的吧台区也是最热闹的地方，永远摆放着各个律师出差或者回老家带来的地方特色小吃和应季水果，也经常有律师们因为胜诉或者项目结束举办的香槟庆功会。

专业发展　厚积薄发

在和谐愉悦的氛围中，海勤律师们恪守初心，携手坚持走专业化精品服务之路，坚持厚积薄发，赢得了众多客户的信任。16 年间，海勤为客户维护债权和处置的不良资产已达千亿元规模，业绩也逐年蒸蒸日上。

成立仅 2 年时，海勤参加国家开发投资公司外聘律师库入库采购项目，在竞标的三十多家律所中名列前茅而入选。北京市国资委在全市聘请法律顾问时，海勤也作为 3 家律所之一入选。此后，海勤陆续作为国投集团、中材集团、农业银行、中信银行、哈药集团、兖煤集团、中国中铁、中钢集团、北京城建国际等诸多大型企业的常年法律服务机构。

此外，因缘巧合海勤所还承接了多个大型体育赛事项目相关的法律服务，如亚洲篮球锦标赛、NBA 季前赛、中央电视台低空跳伞、世界沙滩排球锦标赛、F1 赛车亚洲区选拔赛等项目。2006 年海勤所在只有 6 个合伙人十几名律师的规模下，就实现了 1700 多万元的年收入，在 2010 年则达到 4300 多万元的年收入。

客户至上：成为最值得信赖和托付的法律专家

服务品质始终是海勤律所的核心价值追求。“客户付费购买的不仅是律师的法律知识，更重要的是律师解决问题的智慧。一位好律师应当为客户提供一个可行的、全方位的服务方案，法律服务的核心价值在于为客户真正解决问题，而不是仅仅分析法律问题。”张庆华道出了法律服务的本质。

“高度的敬业精神、强烈的执业规范意识、极致的专业化程度追求、新时代的大局意识和责任意识”，是海勤的所训，也是对海勤律师的四点自我要求。海勤律师的业务监督机制、团队化管理模式以及师徒传承的传统，使海勤成立 16 年以来，从未发生过一起投诉事件。精益求精，追求极致专业，是海勤在法律界与金融界牢固树立“海勤律师”品牌的关键。

现海勤高级合伙人俞延彬认为，“想当事人所想，急当事人所急，比当事人想得更透彻，考虑到各方面的风险，才是获得客户信任与认可的良方。”

孙新昱是北京大学的法学博士，现在已是海勤的高级合伙人。在他看来，律师的勤奋不仅体现在脑力上的刻苦钻研、勤于检索，体力上的不怕劳累、亲身躬行，更重要的是心态上重视客户利益，在对待客户时先于客户所想、永远比客户提前一步。合伙人芦伟律师常自豪地说，我敢保证我做过的执行案件，不留任何财产死角。

海勤律师的勤奋敬业得到了国家机关、国有企业、上市公司客户的一致好评，而海勤律师在新时代大局意识和责任意识引导下在重大案件中表现出来的客观、理性、执着的执业理念，也多次得到了司法机关和政府部门的肯定和表扬。

张庆华将海勤能够提供高质量服务的秘诀概括为“兢兢业业，踏踏实实”，海勤之勤，表现在所有项目和案件都是由高级合伙人亲自负责。

“在服务客户上，海勤执业20多年的高级合伙人依然亲力亲为。”张庆华说，“律师的经验和阅历对于一个项目、一个案件，往往起到的是决定生死的关键作用，律师这个职业没有捷径可走，就像医生一样，不做几千台手术成就不了一个顶尖的医生，不论多么优秀的名校毕业生，执业不到一定年限，无法成为一名优秀的律师。海勤给客户的承诺就是：为客户配备经验最丰富、专业最精良的律师团队，提供最优质的法律服务。”

张庆华带头表率，至今仍然会代理客户亲自出庭，好几次，对家律师都对张庆华亲自代理案件的做法表示由衷的钦佩。对于这一点，张庆华不以为然，她说：“我的合作伙伴中的香港地区律师和美国律师，都是六七十岁的老律师，我常常惊讶于他们的活力、热情和无比敬业的精神。他们可都是功成名就的大律师、社会知名人士和前政府高官，仍然可以坚持做到一大早8点开会、亲自拜访和出面处理客户的法律事务，和他们相比，我差得太远了。”

海勤合伙人王立新律师表示，为维护客户的合法权益，海勤律师会穷尽一切合法的手段，尽百分之一百二十的努力完成客户的委托事项，有时候，海勤律师付出的时间和精力远远超出了所收取的律师费。王立新律师举例说，他亲自办理的一个港资企业房地产公司被某中院超标的查封数亿元房产的案件，他代理客户经过3年多的努力，经过三级法院审理监督，最后最高人民法院仅认定执行金额700多万元，不仅为客户挽回损失数千万元，且2018年海勤所又代理该企业申请国家赔偿，在两级法院驳回申请的情况下，海勤律师继续向最高人民法院赔偿办申诉，最后经最高人民法院认定确实存在执行错误的情况下，海勤律师也理性协调该公司与某中级人民法院达成和解，由该中级人民法院副院长和执行局局长主动到公司登门赔礼道歉。海勤所律师不仅为港资企业赢得了尊严，海勤律师专业理性的执业素养也得到了最高人民法院和某中院的感谢和肯定。

即使是有一定执业经验的律师，进入海勤之后也必须在高级合伙人带领、监督下开展业务。从最初与客户沟通、磋商、设计代理思路和方案，直至项目谈判现场，或者诉讼仲裁案件庭审，高级合伙人都需亲自在场。这是海勤在追求极致专业化路上的自我要求，也是代理项目和案件的疑难复杂及重大程度使然。

“这个案件只有交给海勤律师才最让人放心。”这无疑是对律师专业水平极高的赞美，而海勤的律师们已不止一次从客户口中听到这样的评价。“信守承诺、不负重托，海勤律师是您最值得信赖和托付的法律专家！”这是海勤律师给客户的承诺，也是海勤律师自勉的内心写照。

业务体系化：主任亲自担任业务指导委员会主任

经过多年的发展，海勤总结并制定了一套完善的业务管理体系，海勤律师团队在受理客户的委托后即进入内部严谨、完善的办案程序。海勤律师对项目设立的初审制度，能确保每个项目在业务委员会制定出处理方案后交予项目组具体实施，海勤自己设计的诉讼和非诉讼具体业务标准流程的制度管理，最大限度地降低了执业风险的发生率，实现自客户接洽、接受委托到呈送结案报告、案卷归档的全流程管理，保障一流服务体现在每一个细节。

从律所管理机构的设置上即可看出端倪，海勤在所内设立了四大管理部门，分别为行政部、人事部、财务管理委员会和业务管理委员会。业务管理委员会又分设业务监督、业务培训、业务指导三大部门，并由所内最资深的合伙人担任主任、副主任。从组织架构图看到，张庆华不管财务、不管人事，而业务指导部主任、副主任也是由海勤所最资深的高级合伙人王勇、王佐林担任，这在律师事务所管理框架中实属罕见，可见海勤所对于业务质量的重视程度。

在业务领域的管理上，海勤早在 2007 年就设立了专业委员会，设置专业委员会从制度上保障了律所业务的质量，专业委员会设置的意图在于把控业务质量，所内全部律师都被分配到各个专业委员会，高级合伙人担任各专业委员会的负责人，负责对团队律师进行日常业务的管理和培训，还需要对于该专业委员会每一位律师对外出具每一份文件做最后的审定。

海勤实行“律师集体协作、相互配合、资源共享、合伙人直接负责的服务方式”，以专业委员会为单位纵深业务发展，共同打造形成全方位、深层次、高水准的律师精英队伍。

内部监督：约束出规矩，成就好习惯

海勤设立之初，就建立了完善的内部监督体系，这是客户看不见的服务。为了达到专业服务，海勤不断升级该体系。创始合伙人李鹤铁面无私、思维严密，内部监督的职责一直由他负责，从委托合同的利益冲突审查、委托协议的合规合法到结案后归卷入档都一丝不苟。每年两次全所律师必须参加的业务监督培训，李鹤均是用北京市律师协会总结的处罚案例作为培训课件，循循善诱，为海勤律师执业的规范化默默付出。约束出规矩，面红耳赤的背后，是一次次耐心劝导。风风雨雨 16 年，海勤做到零投诉，是对海勤制度化管理的最高肯定。

团队合作：解决专业化和综合化难题

在张庆华看来，专业委员会运行 10 年之后，推进内部的团队化合作这一事项是海勤发展的又一个关键点。海勤所内施行团队化的管理模式，每个团队内部建立由高级合伙人、二级合伙人到薪资律师的金字塔的管理模式。每个团队形成一到两个强势的业务方向，鼓励律师跨团队合作。如果说专业委员会是横轴，小团队就是纵轴，两条线横纵交织，形成了海勤网格状业务合作体系。

而在团队内部，海勤探索并施行了 AB 角的特色制度，具体项目由两位负责人联合负责，其中 A 是主要负责人，B 是次要负责人。虽然项目主要由 A 律师负责及执行，但 B 律师必须掌握整个项目的客户需求、执行进度及安排等核心要素，谈案到结案全程跟进项目流程。在 A 律师因为有特定事项不能参与某一环节时，B 律师随时接手完成。这种方式既保障了客户体验与服务质量，也在无形中培养了合伙人之间的信任关系。

在跨团队合作上，海勤强调不同专业领域律师之间的配合，尤其在诉讼律师与非诉律师之间形成优势互补，共同进行交叉审核、查漏补缺。譬如，在涉及对赌协议的商事诉讼中，由非诉律师协助审查协议中约定的对赌条件是否符合监管机构的最新要求，也能为诉讼律师准备庭审抗辩提供一些灵感；在非诉项目的合同中，由诉讼律师根据诉讼经验提出相关意见，审查及把控潜在的风险点。

分级考核：逐级培训，提升组织效能

高级合伙人习战鹏主管海勤的人事部，习律师是西北政法大学本科毕业、中国政法大学的研究生，2003 年毕业后进入法院工作，从事行政、民事审判、执行工作 10 年后，2014 年加入律师队伍。习战鹏介绍说，海勤律师（包括高级合伙人在内）一共分为 11 级，每个级别分为三档，每个级别都有年收入标准和小时工资标准，四级以下的律师薪酬分为基本工资、岗位绩效、综合绩效三部分，薪酬管理办法对每一部分的设定和考核都有详细的规定。小时工资标准的结算制度除了可以激发和鼓励律师的工作热情，同时还可以促进和鼓励事务所内部团队之间的合作分配。

海勤的律师“360 度考核表”在业内亦称得上“先进”，该表是高级合伙人孙新昱亲自起草，又经数十次和张庆华讨论并逐字修改而成。张庆华说：“设计这张表格的目的，就是统一标准，每一位律师自己可以对照表格上的 10 项要求自我对照和打分，该律师考核表就是海勤对每一位律师的基本要求，考核通过才算是一名合格的海勤律师，但是要达到优秀和卓越，需要更进一步的磨炼和更高的悟性。”

这张律师考核表上，分为 9 项考评项目，分别是：工作量、法律知识掌握、文书质量、法律的具体运用、口头表达、对外关系、团队合作、专业精神、学习研究，而且每一项考评项目中又列出 5~10 项评价内容。考核的程序分为自我评价、团队评价和人力资源部门评价。

此外，海勤在培训中引进了工作目标设定和时间效率管理的课程，这是张庆华以自己的切身经历体会为年轻律师准备的，张庆华作为一名职业女性和两个孩子的妈妈，既要在海勤所挑大梁，还要管两个孩子的教育和生活起居，还要坚持自己的阅读、锻炼、画画等爱好，时间管理必须科学。张庆华笑称律师工作首先挑战的是体力，所以日常锻炼身体必不可少，海勤所也为全体人员办理了年度健身卡，鼓励每个律师利用碎片时间锻炼身体，更重要的是学会规划自己的中短期目标，甚至人生目标，管理好自己的时间，才能达到高效的工作、快乐的生活。这对于新人律师踏入职场的首要必修课。

行政部门：海勤律师强大的后盾

2013 年，行政总监解小锋受张庆华之邀加入。他的到来，为海勤的行政后台建设提供了强有力的支持。财务出身的解小锋早年从事艺术品投资行业，既懂财务知识又熟悉管理，还颇具艺术品位。

解小锋加入之后，海勤内部管理制度得以高效落地，他更是大刀阔斧对海勤的网站、微信公众号、名片信纸设计、每年的礼品设计等进行了改良，进一步凸显了海勤的文化。此外，解小锋对行政部门进行了岗位职责和流程的细分、对行政管理的事项进行了分项目、分周、分月、分季度、分年的表格化管理，使得行政管理事项繁而不乱、有条不紊。因为海勤行政部门强有力的支持，合伙人和律师的时间被解放出来可以更加专注业务。张庆华经常称赞解小锋是海勤不可或缺的第一人，“海勤所没有主任可以正常运行，缺了解总可就乱套了”。

不良资产处置领域的法律专家

由于不良资产市场较强的政策性和法律关系的复杂性，律师成了其中不可或缺的角色之一。张庆华在自己新出版的《债权人行动攻略——债务清收法律实务操作指南》一书中提到，她本人自 1993 年律师执业以来，先后经历了 1998 年左右、2006 年左右、2017 年后这三个不良债权集中爆发和处置的阶段，如今海勤不良资产处置业务的创收体量，在全所总创收中占比高达百分之六七十。

海勤律师们凭借出色的不良资产处置经验和金融法律服务经验，能为金融机构清收不良债权，代表财务危机企业进行债务重组和处置不良资产。处置的不良资产既涵盖传统的不良债权清收，也涉及股权、土地、房屋等各类资产的并购重组，还包括企业非破产程序的债务重组。

对于人才吸引力的自信归根到底依托于业务。在过往 16 年间，海勤为客户追回和处置的不良资产已达上千亿元。以不良资产处置为核心，海勤律师在大量不良资产清收、企业债务重组、重大疑难的诉讼与执行案件上闪现了众多“高光时刻”。

不良债权清收，为银行化解金融风险

银行业务是海勤的传统业务，海勤拥有诸多金融类客户，包括中国建设银行、中国工商银行、中国农业银行、中信银行、华泰证券、中信证券等数十家中外金融机构。在金融危机期间，帮助银行客户清收不良债权便成了海勤律师的重点工作之一。中信银行有一单 20 多年前信用证垫款形成的债务，涉案金额巨大（本金约 4000 万美元，加上二十多年的利息，总债务折合人民币 12 亿余元），由于这批信用证时间跨度长达二十多年，涉及几十单信用证，每一单信用证项下均有多达百页的单据，证据繁多，债权债务关系还存在多个公司交叉，并涉及刑事问题，法律关系非常复杂。

2006 年中信银行曾经委托其他所律师起诉其中一笔信用证，开庭后发现证据不足非常不利只能撤回起诉。2013 年中信银行正式委托了海勤律师代理该案。海勤律师接受委托后，不畏困难迎难而上，用了一年多的时间进行前期的准备工作。海勤律师多次和银行工作人员下到银行地库查找当年的手工财务单据，分门别类整理出几十本证据资料，在此基础上细致分析案件法律关系，形成了完整的诉讼思路，做到了对几十单信用证情况烂熟于心，对每一个法律关系和关键点反复推敲，准备充分后，2014 年再次在法院提起诉讼。

诉讼中双方对抗非常激烈，由于海勤律师整理的案件证据资料详细，脉络清晰，将非常复杂的案情和法律关系提炼得简单清晰明了，并附上每一个关键点的法律规定司法解释以及参考案例，让法官很容易就理解和整理出本案的争议焦点；由于海勤律师提出的每一个事实都有强有力的证据支持、每一个法律论点都有明确的法律规定司法解释，并有类似案例参考，最终法院支持了银行的全部诉讼请求，判决债务人某电子公司偿还信用证债务和利息，担保人某大型企业承担保证责任。

因债务人被吊销营业执照多年，根本无财产可供执行，最终法院查封冻结了某大型企业的银行账户资金，银行与该企业最终达成和解，收回现金人民币约 8 亿元，本已核销的债权起死回生，收回的资金都归属于银行当年利润，中信银行对海勤律师的专业给予高度的赞扬和肯定。某大型企业称这是公司第一次败诉这么大一个案件，该董事长在和解阶段和海勤律师见面时，也非常感慨地高度称赞了海勤律师的专业素质。

这一案件只是海勤服务于金融机构，为客户一次次化解重大金融风险中的一个缩影。海勤律师曾为中信嘉华银行回收不良债权 7.8 亿元，为中信银行清收不良债权总计上百亿元；最近还代理中信银行一个 40 亿元被诉的案件，最终达成和解，中信银行零损失结案……一份份胜诉判决的积累，一个个案件的圆满解决，离不开海勤律师日日夜夜地辛勤钻研，更离不开海勤律师的专业水准与法律智慧。

债务重组，解救客户于危难，助力企业重生

作为债权方的银行时常要清收大量不良债权，而作为债务方的企业，因债务危机大面积蔓延，被迫步入重组和处置资产的阶段。站在债务危机企业的一方，海勤律师亦全面、综合地看待债务问题，竭力为各行各业的企业提供债务重组服务，帮助企业寻找化解财务危机的最佳途径。

2007 年，“白加黑”“云南白药”“广誉远”的实际控制人东盛集团因短贷长投、与其他上市公司互保导致资金链断裂，眼看将进入破产清算的境地。海勤律师作为金融法律方面的专家，受托为该企业提供债务重组的一揽子法律服务，海勤律师经过尽职调查后确信，东盛集团只是陷入了流动性危机和担保债务危机，公司本身的资产质量和经营情况都是良好的，实际控制人郭家学先生作为医药投资行业的大佬也是坚持一定要做一名诚信的企业家，只是要求银行减免利息并对担保形成的债务打折。面对这一实际情况，张庆华果断地决定不采用破产重整的方式，而是尝试采用申请原银监会主持组成债委会开展法庭外债务重组。

通过努力，地方金融监管部门将东盛集团组建债委会的申请报到原银监会，原银监会破例同意为民营企业成立债委会，债务处理的难度超乎想象，仅成立债权人委员会就已几经波折。在评估了企业资产之后，确定了处置非核心资产、保留核心资产的原则，张庆华亲自带律师团，与 16 家银行逐一进行坦诚沟通，取得债权银行的理解和支持，每一个资产的处置方案都和债委会主席中国银行总行几十次交换意见、逐步实施，遇到障碍后又动用法律人的智慧，通过技术型的协议安排等方式一一排除困难。就这样，通过处置非核心资产、担保债务打折买断、利息减免等措施，整整历时 3 年，东盛集团开始一点点从财务困境的泥潭中抽身，一步步走上复兴轨道。在此过程中，东盛集团和郭家学先生对海勤律师高度信任，重大资产的处置方案从谈判到实施，东盛集团都全权委托海勤律师独立完成。

此后，海勤律师还代表银行参与了“天宝系”重组，被青海省政府聘请做“青海碱业”的债务重组。通过法庭外债务重组，帮助企业走出困境、走向辉煌，这是海勤律师竭尽全力想要实现的愿景，也是海勤不良资产处置业务的价值所在。

争议解决，专注重大疑难，在艰险之处显身手

海勤律师也以擅长重大、疑难、复杂的重大争议案件而著称，诉讼和仲裁亦是海勤的核心业务，也是处置不良资产的重要解决之道。

2020 年年初，海勤律师事务所收到世界 500 强企业的潞安集团送来的锦旗“危难伸

援手、铁肩担道义”，感谢海勤律师在代理其与国内某知名煤炭企业之间探矿权转让纠纷系列案件中所付出的辛苦努力和取得的卓有成效的代理成果。

2016 年年初，该客户找到海勤所时，其正面临仲裁败诉、几十亿元巨额财产被查封执行的极其不利和紧急的局面。海勤所临危受命，紧急研究案情、综合分析法律和各种事实，结合矿业权争议多涉及行政审批等行业特点，制定了分步骤、多角度、多渠道维护和主张合法权利的战术。

海勤律师代理客户另行提起仲裁案件、另行提起相关诉讼案件、反向查封对方资产和债权、同时依法申请撤销仲裁裁决，采用了一系列的方案合法有效地阻止了客户财产被执行的紧急情况。因案件争议金额巨大，法律和国家政策相互交织，且涉及不同省市、不同级别的多家司法机关和行政管理机关，该案在煤炭行业内影响巨大。

海勤律师团队克服重重困难，多方收集证据，多渠道开展工作，锲而不舍，稳扎稳打层层推进，充分利用法律、行政管理等各种手段全面为客户维护权利。经过 3 年多的不懈努力和艰苦工作，该撤销仲裁案件经过法院审理后层层上报到最高人民法院，最终案件经过最高人民法院和国家行政机关的联动调解，双方当事人达成了和解协议并顺利履行完毕，潞安集团彻底挽回了仲裁案件的全部损失。该重大纠纷的圆满解决，是海勤律师锲而不舍的精神和法律智慧的精彩呈现，而且海勤律师为客户理性维权、胜而不骄、低调踏实的大局观也得到了法院和政府部门的高度赞扬和肯定。

执行案件，竭尽所有合法程序保护客户权益

从事不良资产业务的律师少不了与执行案件打交道，海勤律师代理了大量的经最高人民法院裁判的涉及不良债权清收执行的案件，成绩斐然。

2012 年，某大型国有银行取得一份生效判决，判决确认其对债务人提供的动产浮动抵押钢材拍卖变卖价款享有优先受偿权。在该行依据生效判决向执行法院提出执行申请时，却被执行法院驳回了。海勤律师受该行委托代理本案，向上级法院申请复议，从此开启了长达 4 年的诉讼征程。

该案在中级人民法院的复议和高级人民法院的申诉均败诉，虽然首战不利，但败而不馁才是海勤律师一直以来的态度。于是，海勤律师继续向最高人民法院申请执行监督，反复推演案情，斟酌选择最佳方案，功夫不负有心人，海勤律师的方案奏效了，最高人民法院采纳了海勤律师的代理意见，并裁定撤销了地方三级法院的执行裁定和驳回申诉通知书，客户的合法权益得以充分维护。

在历经重重困难，巧妙处理了一桩桩疑难复杂的案件之后，海勤被客户贴上了“金融类疑难杂症专家”的标签，专门解决各类长期拖延不决或遭遇败诉的金融案件。在财政部 700 多亿元不良资产处置项目中，海勤作为受托律所之一委派律师持续跟进，从 2006 年

至2016年，从李鹤、何永刚到孙海潮、王智春，再到王彦力、孙庆勇，三波律师相继包揽了财政部在该项目中一半以上的业务量，充分展现了海勤律师的尽心尽责和传承。

未来，海勤律师将继续在已有优势领域上深耕细作，巩固在不良资产行业的核心优势，并进一步挖掘现有客户的深度法律需求，将触角伸向与金融相关的各个领域，如不良债权基金、金融类刑事业务、金融合规、互联网金融等，在金融领域项下为客户提供更为全面、细致且专业的法律服务。

快乐海勤，有爱“大家”

律师是一个高强度、高压力的职业。时常要面对疑难问题或复杂情况，并且要竭力从中找到最佳的解决方案，帮助当事人排忧解难。有人说，做律师是一份身心俱疲的工作，不仅是脑力活也是体力活。处理不完的文字材料、不间断的开庭会议与出差，体能消耗之外也面临着做好业务或拓展案源的心理压力，快乐弥足珍贵，因此，海勤在建所之初就把海勤文化定位为“快乐海勤”，既要勤奋的工作，也要快乐的生活。

同时，律师又是一份社会性极强的工作。情商培养也是一个律师成长的重要一面。快乐周末时光，王佐林的讲座《唐诗宋词中的历史故事》、王勇律师的《摄影欣赏及二次构图》、张庆华的《周末来海勤品茶》等活动也丰富了海勤的业余生活。

“快乐海勤的目标是让律师的精神生活得到满足，建设良好的、有人情味的律所人际关系，进而营造相互分享、共同精进的快乐氛围。”张庆华说。

“快乐海勤”至少有三重“快乐”的层次：一是共同分享成功的喜悦，律师间亦师亦友、共同精进业务；二是家人般的温暖和人情味；三是丰富的文娱活动，律所每年的年会、庆功会、香槟酒会、踏青、秋游等一系列活动将“快乐海勤”落到实处。

海勤合伙人王立新有个小故事。2013年，准备转所的王立新在阅读最高人民法院出版的审判案例指导刊物时，看到海勤的相关案例，并被海勤的专业实力所吸引。在与律所洽谈的过程中，王立新受邀请参加了海勤的晚餐年会。海勤的年会还有一项传统——每年年会，海勤的律师们都会互赠礼物，并要为对方手写几句祝福语。年会上海勤律师们之间融洽和谐的氛围也吸引了王立新加入，成为海勤合伙人。在海勤工作的律师们常常能体会到“虽然律师工作是劳累的，但过程可以是愉悦的”。海勤也有不少类似的承载快乐的传统活动，例如，当重大案件胜诉后，海勤会组织一个简单的香槟酒会庆祝，律师们一起交流讨论、分享成功的喜悦。

除了律所的各项团建活动，师徒传承也是海勤人情味浓的一大体现。现在已经成为海勤高级合伙人并且执掌财政大权的俞延彬在海勤有奖征文《我与海勤一起成长》中深情回忆加入海勤 15 年的感受，海勤创所时俞延彬即随从师父王佐林加入，这在俞延彬看来是一个“偶然”，而加入后 15 年间没有换所则是“必然”，“青年律师选对律所，奋斗才有意义。而对我来说，海勤就是这样一家律所。”俞延彬谈道。

青年律师在海勤有合理的晋升渠道和充分的上升空间，此外“师傅”也会帮助律师提升专业技能，养成良好的做事方式。以诉讼案件为例，从庭前的案件研究、开庭直到最终的复盘，海勤都已总结出整个流程的具体步骤和注意事项，并且会毫无保留地传授给刚加入的律师。现在的俞延彬也带教自己的“徒弟”，成为“师公”的王佐林也感慨道：“这种师父带徒弟的方式，也在传递着海勤的律师文化。”

独乐乐不如众乐乐，海勤人深知这一点。“把爱传出去——让这个世界因为我们的存在而变得美好一点点”是海勤人的共同价值追求。

海勤的“众乐”体现在公益。自 2011 年起，海勤律师每年定期数次在建外街道社区开展免费法律咨询服务日活动，并为甘肃省甘南藏族自治州、青海省黄南藏族自治州热贡乡广大人民群众义务提供免费法律咨询服务和物资捐赠。海勤律师也为四川、陕西家境困难的中学生、大学生长期提供学费资助，为激励西南政法大学优秀女学生设立“巾帼奖学金”、为国家 122 人才工程设立“海勤青年学术拔尖人才奖”。此外，海勤律师还长期为金羽翼残障儿童基金提供资金资助，帮助自闭症儿童康复。在过往 10 年中，海勤人累计捐款约 500 多万元，得到了社会各界和主管单位的高度认可。

2020 年新冠肺炎疫情始发，海勤所紧急在内部募集善款 14.7 万元，经多方联系分批购买到符合医用标准的口罩等防疫用品并通过渠道捐赠给抗疫一线的医护人员及军警人员，包括中国人民解放军总医院、北京市垂杨柳医院、北京市公安局丰台分局丰台镇派出所、朝阳区建外街道北朗东社区、北京市监狱管理局中心医院和武汉市律师协会、湖北省慈善总会。

此外，海勤律师发表多篇文章为社会大众提供抗疫复工的专业建议和义务咨询，其中俞延彬律师作为编委参与朝阳区律师协会编纂《新冠肺炎疫情下企业复工复产法律指引》，并受“中国中小商业企业协会”邀请，在线直播为受疫情影响的中小企业主进行义务法律咨询。2020 年 4 月 2 日朝阳区律师协会对海勤所的抗疫活动进行了“朝阳律师重任在肩”的系列专题报道，对海勤律师的抗疫活动予以高度肯定。

海勤人的快乐是来自心中有爱，海勤人的爱是大爱。

成长与超越，新时代的海勤

习近平总书记在党的十九大上的这段讲话：“历史车轮滚滚向前，时代潮流浩浩荡荡。

历史只会眷顾坚定者、奋进者、搏击者，而不会等待犹豫者、懈怠者、畏难者。”一直是我们前进的动力。

蓝海行动　走出国门

高级合伙人王勇在考察美国律所后，在海勤公众号发表《他山之石——美国律师事务所考察记》。他强调："通过此行对美国律所及对美国市场的考察，借助丰富的国内法律服务经验和广泛的国际合作伙伴，我们将本着客户的利益出发，海勤会从法律以及商业的角度，向客户提供一个全方位的涉外服务。"

2018 年年末，海勤所在美国设立海勤纽约分所，同年张庆华通过纽约州最高法院严格审查，取得了纽约州外国法律顾问资格，并在纽约州最高法院宣布就职，在北京律协公示材料显示，共有 23 家国内律师事务所在境外设立了分支机构，有 9 家所在纽约设有分所。海勤所作为最早走出去的律师事务所，设立纽约分所志在为保护中国企业的海外合法利益作出贡献。2019 年 12 月 9 日由中华全国律师协会主办的"世界律师大会"海勤所主任张庆华作为中国律师代表参加了盛会。

2018 年年初，海勤所与时任美国总统特朗普的御用律师美国 KBT 律师事务所签署了战略合作协议，该所的创始人 David Friedman 和 Marc Kasowitz 为时任美国总统特朗普御用律师，为其提供诉讼服务长达 15 年，2017 年 David Friedman 被时任美国总统特朗普任命为驻以色列大使，Marc Kasowitz 律师则是美国最顶尖的诉讼律师之一。合伙人 Edward McNally 曾担任美国国土安全和反恐的第一任总顾问。高级顾问 Joseph I. Lieberman 是美国著名政治家，担任美国参议院议员长达 24 年。2000 年 8 月的总统选举中，Lieberman 先生曾作为民主党戈尔的副总统人选参选，是第一位获得主要政党提名参选副总统的犹太裔美国人。2018 年 1 月，应海勤所邀请，Kasowitz、Lieberman、McNally 先生专程来京共同拜访了海勤的客户，包括中国投资有限责任公司、中国中铁、中车集团、工商银行、中信银行、百度公司、中国人寿投资公司、中民新能投资集团有限公司等。

海勤所与美国 KBT 律师事务所、国研斯坦福、全球 500 领袖国医健康俱乐部还主办了"'一带一路'与美国机遇分享会"，参会者有几十家中国高科技企业，包括广誉远、药明康德、亿嘉和股份、长江商学院等，探讨了中国企业美国投资法律环境等，与会企业目前有数十家均在美国有大量投资。

虽然中美之间最近各种冲突不断，但是对于海勤纽约分所的发展，海勤合伙人仍然抱着积极乐观的看法。王勇律师提到，孔子在 2500 年前提出的"和而不同"的精神，有利于处理人与人的矛盾冲突，有利于处理不同文明之间的关系，也深刻体现了中华文明处理人类难题的智慧。合作能够产生在绝对量上的更大利益，全球化的最大受益者并不是任何国家，而是以网络方式存在于全球的新权力单位。以普遍受益的制度去维护世界多样性，并以共在原则去建构相辅相成的存在关系，使世界的共在利益大于排他私利。“我们对中美之间经济贸易的合作未来，充满信心”，张庆华说。

知识管理　积累与突破

海勤注重学习的积累和知识管理。不仅有宽松的外派学习机会，内部也会请行业内的顶尖人才进行高端培训，高级合伙人的主题培训更是源源不断。引入智能管理系统后，通过系统分享，使得海勤的经验得以方便地分享。

业务培训部主任由资深法官出身的高级合伙人武子文担纲，武子文毕业于西南政法大学，在北京某中级人民法院的民事审判岗位上一干就是20多年，律师工作甚至比法官还累，武子文说：“当法官这么多年，第一次从律师的角度去体会，海勤律师在每一个案件上的准备，比法官在案件上投入的时间和精力还要多。”

海勤每年的培训计划排得满满的，任务也是落实到每个合伙人，即便如此，每个海勤律师还是感觉学习的时间和频次不够多。武子文说，国家立法更新频繁，知识更新是海勤律师保证高品质服务的基本保障，海勤质量的担子压在我的肩上，唯有倾尽全力，才能无愧于心。

海勤的发展基金中，对于出版专业书籍、发表专业论文、专业文章设置了“海勤学术奖”。2019年海勤学术奖的获得者，包括张庆华，她继《财务困境企业重生——庭外非破产债务重组实务》出版后，又出版了《债权人行动攻略——债务清收法律实务操作指南》。另一名获奖者北大民法博士唐勇律师也出版了《论共用：按份共有、共同共有及其类型序列》一本理论专著，“以民法为业，毕生求索”，唐教授如是说。

律师就是一个需要自我更新、终身学习的职业。孙新昱博士强调“有一定工作年限的律师往往最怕的是陷入职业的瓶颈期。海勤所内有日常的业务讨论以及定期组织的交流活动，律师们可以相互切磋，共同精进业务。加入海勤之后，我切实地感受到了相互分享、共同学习的快乐。”

战略变革　适度规模

继纽约分所设立之后，海口分所的设立标志着海勤在发展道路上又迈出了关键性一步，海勤将一直坚持精品所的发展道路，将对专业的追求和客户的利益始终放在最重要的位置。海口分所立足海南，将广泛整合国内外优质专业资源，满足区域经济发展法律服务需求，为中国特色自由贸易港建设担起律师行业的责任，以优质的法律服务为对外开放及发展政策护航。

定位是很多律师事务所发展期的困扰之一，也是应对法律服务市场激烈竞争的必考项。规模化还是精品化？广布分所扩大规模还是立足本地做大做强？莫衷一是。

“先要沉得住气，才能发得了力。”16 年以来，坚持精品化发展的海勤从不肆意扩大规模，甚至在人员招聘上亦较为谨慎以确保律师队伍的专业性。因为专注于深耕客户需求，并坚持商事定位，尤其在金融与不良资产、房地产领域已经在客户群中获得较好的口碑，与客户形成稳定的信任关系，有时，当老客户有其他相关法律需求时，海勤通常都会将其介绍给其他律所。要做到这点事实上并不容易，却体现了海勤一以贯之的信条，“给客户提供最好的服务”。

然而，2019 年，海勤也感受到了危机。尽管业务量在上涨，但之前一个国企老客户丢失了。原因不在于工作质量，不在于对于该客户管理层需求理解的深入程度，仅仅因为不符合国企招标中对律所规模的要求，海勤被卡在了门外。不仅仅是国企，大型世界 500 强企业在选择法律服务提供者时，也会要求法律顾问为与自己品牌地位相一致的律所。这又给精耕细作的中型律师事务所带来不小的挑战。

2020 年的疫情对于海勤而言是一个重要的契机，部分业务因为疫情延后处理，让海勤的合伙人们真正有时间思考律所发展的战略，合伙人们反复探讨，亦有了实质性的举措。

一方面，海勤改革内部人才管理机制，出台一系列人才引进制度，如奖励引入人才的“伯乐奖”和“聚汇计划”，俞延彬说，海勤的发展，离不开人的力量，专业的优秀人才是海勤发展的根本基石，海勤期待更多有理想、有追求的律政人才在海勤“汇聚”，海勤“聚汇计划”，主要包括：

（1）保证向新加入合伙人和律师提供与创收额匹配的案源。

（2）免除提成律师的工位费用。

（3）根据律师个人和团队的专业定位定制品牌宣传方案。

（4）为律师发表专业文章、出版专业书籍提供出版渠道和资金支持。

（5）推荐专业突出的律师参加律协专业协会和媒体采访。

（6）提供公共律师和实习律师的免费团队支持、统一考核各个团队专业律师。

另一方面，海勤所也在客户需求旺盛和有潜力的地方尝试分所布局，并寻找下一个业务增长点，以实现突破。

“过去海勤的发展是一个自然增长的过程，并不刻意追求规模扩大。接下来，海勤将在保证精品化服务的前提下进行适度规模化发展，为客户提供更多元的、跨区域的法律服务。”张庆华说。海勤将总所的规模发展目标定位在 100 人以内，既保证适度规模和人才储备，又要保持海勤极致服务品质的核心竞争力。

梁启超先生在《少年中国说》中说道：“红日初升，其道大光。”海勤还是一个翩翩少年，海勤的合伙人们充满信心！

结 语

纵使发展16年，海勤依然是一家年轻的律所。年轻，不仅仅在于从海勤成长起来的年轻合伙人逐步走向管理岗位，开始承担起管理职责，它拥有新的活力与生机，亦在于它在制度和业务精进上进行不断创新——总有新的方案提供给客户。

未来，海勤将持续发挥它在不良资产领域的优势，同时也将补强更多围绕金融、投融资、证券等业务领域的专业律师，以期为客户提供更综合的优质服务。

"海纳百川，勤泽万物"，这是海勤名字的起点，也是海勤律师精神的指引，它意味着开放与包容，勤勉与敬业，更意味着，律所希冀源远流长，直至成为百年老店。

百宸

硅谷归来，专注创投

吴剑霞　林　戈　董宇洲

百宸律师事务所前台

百宸办公室

陈亦工不是典型的法律人。从北京大学生物系学士到美国艾奥瓦大学法学博士，十年求学生涯中，他有 7 年时间都在与生物化学、实验数据打交道，但在后 3 年“突然”跨行到法学，让陈亦工重新审视自己的兴趣所在。

相较于窝在实验室做研究，陈亦工更倾向与人沟通，而且，“在西方，律师行业是一个不错的行业”。

从此，医药行业少了一位科研专家，但法律行业多了一家专注于创业投资的律所。

从生物化学到法学，非典型法律人的转场

1993 年，是陈亦工到美国的第一年。这一年，美国伊利诺伊大学的国家超级计算机应用中心开发了第一个浏览器“Mosaic”，这是网景的前身。1995 年，网景首次公开募股并获得巨大成功，这是互联网浪潮的开端。随后，美国科技及互联网发展势如破竹，数以百计的海外科技概念股赴美上市，大批互联网公司纷纷在硅谷成立。有人戏称，“搭上互联网，股票就能涨”“只要在公司名字里加上‘e’或者‘com’，股票就能成倍上涨”。

1998 年，陈亦工从艾奥瓦大学毕业时，已经在美国待了 6 年，前三年攻读生物化学硕士学位，后 3 年转攻法学博士学位。6 年间，陈亦工见证了美国硅谷创业潮的兴起。

法学院毕业后，陈亦工来到华人聚集的硅谷，在当地一家律所执业。执业初期即涉猎风险投资和跨境交易，为美国硅谷及国内近百家创业企业提供国际融资、公司并购、联合投资等方面的法律服务。

此外，陈亦工也加入了以北大校友会为基础的创业者俱乐部（Entrepreneur Club）。在这个俱乐部的基础上，陈亦工、陈宏[①]等硅谷留学生联合创立了华源科技协会（HYSTA）——“华源”，意为“源自中华”，旨在连接创业者与中国大陆及美国主流社会，通过对接人才、技术、资本，推动硅谷的中国留学生创业。

活跃于中美创投领域的陈亦工当选为第一任秘书长，负责协会注册、内外协调、会议组织等事宜，杨元庆、马云等人都曾是华源科协年会的座上嘉宾。正是在这个平台上，马云与雅虎的杨致远进行了接触，并敲定了阿里巴巴和雅虎中国的战略合作等重要商业活动。[②]后来，这个协会被美国《商业周刊》杂志称为“连接中国商界明星和美国的桥梁”。

① 硅谷知名华人创业者，也是华源科技协会的第一任会长。

② 参见王德禄：《陈亦工：硅谷与中关村间的中介桥梁》，载新浪博客：http：//blog.sina.com.cn/s/blog_5f6641a80100q3pt.html，最后访问日期：2019 年 9 月 4 日。

在美资所执业及在华源的经历，为陈亦工后来归国创办律所，打下了良好的专业、业务及客户基础。

随后，陈亦工也历经了美国互联网经济的破灭。前期对互联网的狂热投资与过度追捧，让许多以“com”为标志的互联网公司摒弃了传统的商业模式，经济泡沫终于在 2000 年 3 月 10 日达到高峰后随即破裂。覆巢之下无完卵，一大批互联网公司遭受重创。

互联网的火种漂洋过海来到中国，打了一个时间差。大西洋彼岸的泡沫破裂，并没有让中国创业者感同身受。毕竟此时，奠定中国第一代互联网流量入口的新浪、网易、搜狐才刚刚在美国纳斯达克上市。两年后的 2002 年，中国移动推出手机彩信业务，能够传递包括图像、声音等各种多媒体格式的信息。[①] 在那个移动通信的蛮荒时代，以手机报为代表的彩信增值业务成为继通话、文本短信后的又一“撒手锏”业务。[②]

这项创新业务，美国没有。硅谷资本市场正在降温，中国互联网的发展则正在吸引海外资本及海外华人的注意。这其中当然也包括陈亦工。

2003 年，陈亦工借着创办生物制药公司的契机归国，这次创业经历让陈亦工真正体会到创业公司的核心需求，洞悉了创投圈的商业规则。

从 PacGate 到百宸，打通创投行业

风险投资对中国市场来说是个舶来品。20 世纪 90 年代，外资风险投资机构进入中国探路，千禧年初，中国的投融资项目呈现多以美元货币进行交易的局面。随着国内技术和互联网行业的发展，海外资本的国内投资才逐渐增多。为此，国家外汇管理局曾于 2005 年 10 月发布国家外汇管理局《关于境内居民通过境外特殊目的公司融资及返程投资外汇管理有关问题的通知》，这份“75 号文件”[③] 将“特殊目的公司”正式纳入外汇监管范围。

2005 年，硅谷留学生回国创业的热潮初步兴起。陈亦工瞄准时机，利用自己在硅谷投资环境中积累的人脉及境外投融资经验，为归国的创业者、投资人提供境外股权结构和境外上市、投资、兼并等领域的法律服务，由此打开了归国创业者与国外资本市场连接的窗口。

---

① 参见张翼：《中国移动推出彩信服务》，载新浪科技：https://tech.sina.com.cn/it/t/2002-10-10/1021142841.shtml，最后访问日期：2019 年 9 月 4 日。

② 参见电脑报：《又一时代结束！彩信业务终于要下线了……》，载搜狐网：https：//www.sohu.com/a/233617424_404443，最后访问日期：2019 年 9 月 4 日。

③ 后被国家外汇管理局发布的《关于境内居民通过特殊目的公司境外投融资及返程投资外汇管理有关问题的通知》（汇发〔2014〕37 号）取代。

“我们看过很多创业者的成功或失败，在这个过程中慢慢积累了对法律服务、风险投资的一些认知。资本和创业项目结合之后，能够在市场上迅速改变一个行业。虽然总有起伏，但是有很强的周期性及其内在的合理性。”谈及创办律所的初心，陈亦工如是说。

此时，百宸尚未在中国境内设立。“在美国开设个人所很容易，没有合伙人数量、执业年限的限制，只要有证就行。”创业初期，因主要服务于境外投资者及对境外融资有需求的境内创业者，陈亦工先在美国硅谷设立了一家个人律师事务所 PacGate。后来的“百宸”二字即译自 PacGate。

2006 年，陈亦工团队协助原中国最大的孕婴妈妈购物网站“红孩子”创始人，办理境内居民通过境外特殊目的公司融资及返程投资的“外汇 75 号文件”登记。此时，距离这份文件出台仅几个月，业内尚无此类登记的办理经验，主办合伙人连续跑外管局近一个月，持续与办理人员沟通协调，结合自身丰富经验，最后设计出可落地执行的方案，成功完成登记。这个项目是“75 号文件”实施后最早的几个项目之一。

随后，人民币基金的出现，从资本端把“自我循环”补足，市场趋于本土化。此时，陈亦工越发意识到本土化的重要性及必要性——“我们要建立以国内业务为基础的律所”。2007 年 9 月，北京市百宸律师事务所获准设立，整个律所“没有员工、只有一个老板”。现为高级合伙人的邓华是百宸的第一位员工，一毕业即加入百宸，此后数十年未曾离开。回忆起初入职场的岁月，邓华说：“我从法学院毕业后，正式执业的律所就是百宸。当时吸引我的是陈律师。陈律师给我的第一印象是庄重、沉稳、值得信赖，这符合当年还是小白的我对职业律师形象的想象和期待。事实亦证明如此。在和陈律师共同工作的十几年中，从他身上我学到的不仅是扎实的专业知识，还有对待客户和工作的态度以及做人的道理。”

百宸成立后，专门组建了投融资业务团队及侧重于基金业务的团队。涉外业务被普遍认为是高利润率的业务，但这一时期的投融资项目仍然以境外投资基金为主，整个交易过程基本也以境外律师为主导，国内了解 VIE 架构业务并可以提供风险投资、跨境交易法律服务的律所不多。“这块业务的难点在于覆盖面广。判断一个项目好坏，不能单从法律上判断，要看项目的人员组成、运营规模、运营潜力、交易架构设计等，如果对产业链没有深入了解，无法判断。”

百宸恰是其中之一，这一先发优势为百宸创造了很多业务机会。初期的市场环境塑造了百宸的业务风格，对服务质量与专业能力的高要求就此注入百宸的文化基因。

竞争对手从外资所变为内资所，只用了几年时间。随着国内律师越来越多的介入，收费标准高昂的外资所逐渐丧失竞争力，退出市场，只追求单一维度的质量并不符合市场竞争规律。“我们一直强调，既要专业，还要高效率。在保证质量的前提下提高工作效率，才能维持律所的竞争力。其中包括我们律师的分工，不同的人怎么做项目的分工培养，都是想提高效率。”在百宸，除了专业的律师团队外，还有专职非律师助理团队辅助律师参与项目进展，从搭建架构、外管局备案、银行开户、协助律师完成项目交割直至后续各项归档等事宜，以促进更高效、更优质地完成项目，提升客户服务体验。

2008 年年初，一家外商独资企业决定回归到国内上市，欲拆除红筹架构，将境外开曼公司的全部股东落地到国内，并将国内的外商独资企业变更为中外合资企业。变更完成后，这家公司还进行了一轮 Pre IPO 的融资，在 2011 年 4 月 15 日作为第一批企业在创业板上市。

这个项目开始时，国内红筹回归还没有开始盛行，关于股权转让款的支付、重组过程涉及的税赋等相关规定均不明晰，且公司历史较长，境外股东大部分是持有优先股的资深风险投资企业。在向国内公司落地的过程中，既要保证优先股股东利益，又不能违反国内公司法的规定。为了保证重组过程的合规性，百宸与当地工商、税务部门进行大量沟通，在股东协议中对股东之间的权利义务关系等做了详细约定，并采用合伙企业做员工期权持股平台的形式落实了员工期权。

从重组到上市的 3 年时间里，百宸参与并主导了公司拆红筹重组、境内融资及上市全部过程。

几年后，中国证券投资基金业协会成立，“大众创业、万众创新”写入《政府工作报告》，行业开始从弱监管转向强监管。“双创”热潮下，人民币基金的募资变得格外火热，人民币作为交易货币对价的项目日渐增加，与境外基金交易形成了两分天下的局面。

伴随基金业务的兴起，百宸也迎来了大批基金设立业务，同时涉及更多的境内并购、重组、VIE 拆分等多种类型的境内交易，行业覆盖 TMT 与互联网、教育、生物技术、高科技、能源与资源、科技金融等行业。

众所周知，生物制药类企业是较少能够进行融资的企业，但基于创始人的独特经历，百宸在该行业起步时期即进驻，为创新型生物高科技公司诺辉健康的境外重组及多轮境内外融资项目、O2O 医药健康类互联网平台叮当快药的境内 B 轮融资项目等提供法律服务；代表已上市的高新制药企业贝达药业完成多轮投资，包括对美国 Agenus Inc. 投资从而许可引进 PD-1 和 CTLA-4 项目提供法律服务；代表华兴资本顺利完成医疗健康投资领域的管理人登记及医疗一期基金募集、三期人民币基金募集等。

“在百宸的这十几年，见证了很多企业从设立、多轮境内、外融资一直到上市，见证了很多创始人从带着几个人创业发展成为上千人上市公司的 CEO，进而募集上十亿元的基金引导整个行业投资，百宸的发展也是和这些人、这些企业的成长壮大相辅相成，互相成就的过程。”靳志梅现在已经是百宸的高级合伙人，对于“客户为先，同舟共济，与客户共同成长”的理念，她躬身践行。

这是百宸能有今天行业实力的基础。

从七八年到四五年，年轻律师的“朋友圈”

“原来在美国时，觉得执业头七八年，律师应该专注业务；但是，现在的市场正在年轻化。虽然律师可以通过时间积累慢慢成长为好律师，但是会和年轻化的市场脱节。我们要给青年律师更多的机会和指导，帮助他们搭建自己的‘朋友圈’。”在硅谷时，陈亦工乐于推动中国留学生创业；归来后，依然不断思考青年律师的成长问题。

创投行业的技术和商业模式日新月异，对服务该行业的律师也提出了很高的要求：

首先，律师要具有超强的学习能力，能够依靠自己的法律和商业智慧在市场上打开格局。服务创业投资与私募股权基金、基金管理机构、战略投资者，以及众多的创业创新企业，必然会遇到许多挑战，有些是法律、政策、监管层面的难题，有些则是新技术、新产品、新业态的风险控制，这就要求律师必须快速地学习并适应行业的变化。

其次，律师要找准自身定位，培养良好的服务意识和理念。百宸的律师基本都具有海外留学背景及专业的业务能力，显然属于传统意义上的“精英”，但陈亦工认为“做服务的人就不能有一种精英意识”。作为律师，不能过分强调自己的“精英属性”，应当多从客户的角度思考问题。能够一眼看清事物的本质，不断提升专业能力，并下沉到具体的商业和行业的逻辑之中，为客户提供解决方案的律师，才是好律师。

何欣就是在这种要求和理念下成长起来的内生式合伙人。9 年执业生涯中，仅有一年在京东集团担任投资法务总监一职，再度回归百宸后，何欣对于“客户立场”有了更深刻的理解。他认为，无论是律师还是法务，在给客户 / 上级提示交易风险之时，都应当站在促成交易的角度，提供可落地的解决方案，而非从理论到理论，就专业论专业。这一点，无论是初创的民营企业还是已经成长为“巨无霸”的国资企业，都是如此。

律师事务所作为典型的人合型组织，成功的关键在于拥有一支好的团队。百宸将许多精力都“投资”在律师身上，不是让他们成为“螺丝钉”，而是希望把他们培养成才。何欣对于百宸培养体系最大的感受是——“在最短的时间里，青年律师可以遇到最多的项目，见得多、错得多，才能成长更快。”

年轻律师进入百宸之后，通常会经过三个阶段的成长：

第一个阶段主要是处理一些项目的辅助性工作，但不局限于法律检索与研究。只要表现出色，年轻律师就有机会跟随资深律师、合伙人参与一些较为复杂的投融资项目，在实战中得到更快的成长。

经过两三年的打基础之后，第二个阶段开始学习并参与合同撰写和交易架构设计，与此同时带教合伙人的要求也会更高、更细致，以帮助年轻律师充分理解投资条款背后的逻辑。年轻律师甚至有机会主导项目交割，在专业能力上取得质的飞跃。

第三个阶段则是年轻律师的“冲锋陷阵”，独立承办项目、服务客户、开拓案源，完成从 Junior 向 Senior 的过渡，逐渐向合伙人要求靠近。合伙人们会放手让年轻律师去做事，不会拿一把尺子来衡量所有律师，有一定的容忍度和容错率，愿意为年轻律师成长过程中的错误兜底。

经过百宸“三阶段培养”的律师，基本都没有离开百宸。对于年轻律师而言，平台和“老板”是最重要的，这将决定他们职业生涯的起点及后续发展的潜力。一个好的平台，不仅在相关领域拥有较高的品牌知名度和影响力，更是具备客户资源、培训、行政、宣传等配套支持，让专业的人能够安心做专业的事；一群专注业务的合伙人，则能给年轻律师最好的言传身教。

毕业即加入百宸的李甘回忆，在其刚入行时起草了一份合资公司协议，在提交合伙人审核后，深夜 11 点接到电话。这位合伙人除了就某些条款提出具体意见，更是对协议中的序号、格式等问题与李甘进行了非常细致的沟通。这种看似“鸡毛蒜皮”的、对细枝末节的较真，逐渐让李甘养成了严谨的工作习惯。

2016 年，百宸开始实行“宸星计划”，内容包括完整系统的执业前期培训和充满挑战的实际项目工作。与此同时，出于对人才的尊重及北京生活压力的考量，百宸给出了 9000 元 / 月的实习薪资、入职后 20,000 元 / 月的正式起薪，远高于当时的市场行情。当这批新生力量通过经验积累，随着律所发展逐渐成长起来之时，就能够挑起大梁，起到中流砥柱的作用。目前，“宸星计划”已经取得了良好的成效。

此外，百宸还有一项旨在针对有志于晋升成为合伙人的年轻律师的计划——“年轻合伙人加”。在“年轻合伙人加”中，百宸会给有多年执业经验、向上即是合伙人的资深律师一个过渡期。过渡期内，百宸不会设置过高的创收门槛，同时也会在客户资源上予以一定的支持。李甘是这一制度的受益者，执业 6 年后开始遇到上升瓶颈，“年轻合伙人加”制度恰逢其时。

对于百宸的人才培养模式，高级合伙人周敏亦深以为然并且亲身践行，擅长跨法域、跨文化交易的她常常与年轻律师分享自己的心得和经验，指导他们提高自己的专业修养和沟通能力。此前，她曾在美国执业，加入百宸前曾在一家国际律所的北京办公室工作；加入百宸后，帮助很多国外投资者落地在中国的投资，也协助不少中国投资机构“走出去”。

律所合伙人、律师的低流失率与高归属感，也造就了律所的成功。律师事务所的长远发展，不仅是选择一条好的“赛道”，更重要的是，构建一套适合自己的人才培养体系。百宸除了提供培养体系、业务资源、晋升通道外，更是在创始人的言传身教下，形成了一种平等、包容、开放的律所文化。无论是“宸星计划”还是“年轻合伙人加”，都是百宸帮助年轻律师成长起来，打造自身“名片”和“朋友圈”的方式。百宸，既找到了自己在业务维度上的“主赛道”，又根据自身的基因，选择了适合自己的发展道路。

从专业度到适度规模化，突破平台限制

智合：目前百宸是一家“小而美”的律所，未来会不会在规模上有所突破？

陈亦工：从我们的业务、人才、组织结构上看，我们似乎不具备“平台性”的基因，但我们现在有“适度规模化”的想法。太单一的方向不是我们想要的，我们希望突破这种局限性，突破自己，通过补充人才、补充业务方向，更好地实现律所的发展。我们希望以专业化为支点，在保持专业度的前提下适度规模化。

智合：百宸的“适度规模化”发展策略和我们所了解的“规模化”发展有哪些区别呢？

陈亦工：市场发展到现在的阶段，通过不断投入、迅速实现规模化的路径越来越难以复制，简单的“规模化”可能并不适合我们。在百宸的发展历程中，我们感受到了专业化带来的正向反馈。从我们的发展来看，我们也希望能够将专业作为规模化发展的基础，在“适度规模化”探索过程中保持我们的专业能力。我们一直在思考的，是如何解决规模化和专业度之间的冲突。

智合：百宸做了哪些尝试呢？

陈亦工：你会发现，近几年我们越来越重视市场拓展，对市场越来越积极。我们的BD团队会做品牌建设、业务拓展、挖掘客户资源。其实这源于我们的一种思考——用市场拓展的方法，使我们在规模化和专业化之间找到一个平衡点。当你有好的业务来源时，你可以选择专业的人，也可以同时选择规模化；但如果没有好的业务来源，就不能给规模化设置太高的标准。我们希望百宸真的成为能够支撑每个人发展的平台，希望给愿意加入百宸的律师创造业务机会，通过所里的资源，帮助律师成长，把专业能力转化成业务能力。

智合：百宸的专业特色一直非常明显，未来在业务发展上，会有什么样的安排？

陈亦工：我们希望以专业为延伸，下沉到行业，在行业中深耕细作，比如分基金、医疗健康、TMT与互联网、科技金融、物流物产、娱乐多媒体等研究小组，与行业及客户一起提升与成长。

智合：百宸一直都非常重视人才的培养，不管是内部的“传帮带”还是薪酬上的激励，都做得非常好。未来，百宸在人才培养上有什么样的规划？

陈亦工：我们会继续积极培养律师专业能力、商务能力、个人品牌、市场影响力等各方面的能力素养。之前的“宸星计划”，还有近期我们在做的“年轻合伙人加”，都是我们做的一些尝试。我们希望能够吸引专业且价值观一致的法律人才加入，希望年轻人能够成为我们律所的一部分。我们一直秉持的一个理念是——我们要共同创造一个平台，能够给大家带来机会，大家在这个平台上都能够有所进步。

在我们年轻律师的培养计划中，商务拓展的能力和意识的培养是很重要的一部分。我们会有意识地向我们的年轻人灌输商务拓展的意识，分享业务拓展的经验，创造机会给年轻律师接触潜在客户，帮助年轻律师打造个人的朋友圈，打造他们自己的资源圈子。我们希望能够给年轻律师的个人发展匹配资源，让年轻律师觉得在百宸得到的不仅仅是专业能力。当每个人都觉得个人事业发展是有支撑的，自己愿意去做的话，律所的发展自然也就水到渠成，向远而生。

结 语

从 2005 年起算，百宸已经在私募基金与风险投资领域深耕 15 年。过往几年，百宸先后荣获《亚洲法律杂志》(ALB)“中国十佳精品律所”、《商法》“2015 年度卓越律所”、《商法》2017 年“私募股权 / 风险投资”及“医疗、制药及生命科学”领域卓越律所、钱伯斯《2020 亚太法律指南》“私募股权与风险投资”受认可律所等奖项，客户认可度极高。

“低调不是我们刻意选择的，只是意识上不够主动。”不是刻意谦虚，而是真实所想。

在拥有明确清晰的业务定位和内生式的培养模式之下，百宸并没有走迅速规模化的扩张路线，人才引进与业务布局都在有序进行。陈亦工认为：“在当前的法律服务市场，简单、迅速的规模化，对于目前的百宸来说已经不合时宜；应当在有好的业务来源的前提下，选择最专业的人，逐步地实行内生式的发展。”

伴随创投行业起步、发展、兴起的百宸，谋定而动，正在向以专业化为支点的适度规模化转型。

3 年后，百宸或许会有不一样的故事。

豪才

十五年蝉蜕龙变，扎根齐鲁，面向全国

林　戈　宁思甜　蔡　凡

周长鹏与其多年参加马拉松的奖牌

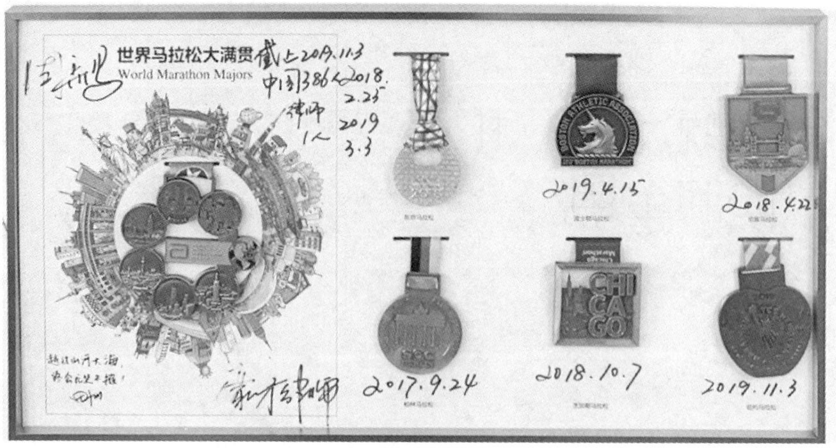

周长鹏完成的世界马拉松大满贯

豪才创立 15 周年致敬波士顿马拉松

豪才办公室

眼下在中国，基于国家战略布局与经济的腾飞，区域性法律服务市场重新洗牌并快速崛起，区域性律所在大所、强所环绕的市场竞争格局下，探索转型升级、创新发展。可以说，探索、转型、升级、突围、创新、传承是当下中国律师业的主题。

2005年，在区域性法律服务市场中，“律所专业化发展”尚未成为主流。但在山东济南，一家抱持“专业立所”初衷的律师事务所成立。创始人心怀理想，以“胸怀大志”为“豪”，“腹有良谋”为“才”，为律所取名为“豪才”。

15年来，豪才律师事务所从房地产法律服务单点突破，拓展至不同专业领域，逐步壮大至一家拥有十支专业团队，在山东乃至全国具有较高知名度和辨识度的综合性律师事务所。但在成绩亮眼的背后，豪才亦经历了律所体制改革的动荡，在曲折的探索中，观察同行，反省自身，开辟出一条创新性的、适配豪才自身的发展之道。3年时间，创收翻4倍，是豪才二度改革的当前成就，起落之间，豪才自成“温和而坚定”的文化气质，并成为律所的精神力量。而未来，道路还长。

栉风沐雨，蝉蜕龙变，过去15年，豪才的探索足堪借鉴。

栉风沐雨，二度改革

缘起房地产，20世纪90年代末的“专业化”律师

人生就是一个选择的过程，或者选择不能完全满意的现状，或者选择充满不安的未来。26岁的周长鹏的选择，是做一名律师。

1994年，他偶然间看到工友的法律专业书籍，并就此着了迷。“技术能够改善人们的生活，但法律能从更深的层次维系社会。”依法治国的理想，让年轻的周长鹏心向往之。半年后，他考取了律师资格，但却在执业第一年，颗粒无收，借款维生。

转机，来自一份约稿邀请。

彼时，济南房地产市场还在大变局的前夕。《齐鲁晚报》开通了“齐鲁楼市”板块，邀请专业律师撰写房地产行业的相关文章。周长鹏应邀写作，笔耕不辍，随着文章曝光，接踵而至的是一个个咨询电话。

房地产市场，恰恰在这时候开始爆发。在《相约九八》红遍大江南北的这一年，国务院颁布《关于进一步深化城镇住房制度改革加快住房建设的通知》，正式宣告了福利分房年代的结束、住宅商品化时代的开启。个人住房消费大潮来袭，越来越多的资金倾注到房地产行业，济南楼市走高，市场开始全面发展。

“一开始，《齐鲁晚报》的楼市内容才半个版面，随后逐步增加，最多的时候达到近10个版面。”周长鹏回忆道。楼市的红火发展也给他带来了充沛的律师业务，但在最初阶段，律师仍更多地被定义为“打官司”，律师介入房地产销售环节被很多人看作一件“古怪的事”。

周长鹏的房地产业务第一位的客户是一名购房业主，当时的新闻记者和开发商颇为惊异，“为什么买房还要请律师呢？”但周长鹏设计了一个法律产品——从审查合同到房屋交付，由律师全程跟随以规避风险，购房业主只需支付1平方米房价的律师费。由此，周长鹏也拓展了他的第一家房地产开发商顾问单位，并伴随该企业发展将业务延伸至海外房地产开发。

20世纪90年代末，律师以“万金油”居多，搭载着济南的楼市“快车”，周长鹏选择做一名专注于房地产业务的律师，成为彼时少有的“专业化”律师。

“分工是客观的、必然的发展要求”是亚当·斯密在《国富论》中阐释的重要观点。商业社会的发展造就了分工，与此同时，分工让各行各业的生产量大幅提升，进而推动社会经济发展。在律师行业，这一理论则体现为专业分工，“我何不开一家专攻房地产的律师事务所？”已在济南房地产商中积累了大量业务和良好口碑，周长鹏萌生出“办专业所”的念头。

二度改革，渐入佳境

“夫英雄者，胸怀大志，腹有良谋，有包藏宇宙之机，吞吐天地之志者也。”是《三国演义》第二十一回“煮酒论英雄”中曹操对英雄的定义，也是“豪才”的内涵。何为“豪才”？“胸怀大志”者为豪，“腹有良谋”者为才，这也是周长鹏创所时的愿景——“豪才永和，群贤必至”。此外，将律所命名为“豪才”，也暗含了周长鹏对致公党中央主席、“中国现代行政法学的开拓者”罗豪才先生的敬仰。

2005年4月14日，山东豪才律师事务所正式成立，致力于建筑工程与房地产及延伸项目法律的研究和服务。

在济南房地产市场化的起始阶段，周长鹏便是最早介入该领域的一批律师。伴随济南房地产发展，法律需求增多，豪才的业务亦由房产销售逐步外延，并覆盖了工程开发、项目改造、土地流转、投融资等多个细分领域。

当房地产及建筑工程领域的业务发展渐有成效，豪才尝试朝“综合化”方向发展，律所规模快速扩张。这段时间里，豪才招收了很多年轻律师，律所人数最多时达到79人，在彼时济南律所的规模排行中位列前三。但“只见人数增加，不见收益增长”，豪才陷入了规模扩张快但效益差的怪圈。

人员招募快，但培养周期长，尽管周长鹏用心投入，但仅靠个人毕竟分身乏术。未建立起完善的人才培养体系，又因新增案源不足，新招的律师来来去去，人员流动性大，律所难以形成持续发展。另外，新进律师以年轻人为主，业务基础薄弱，纵然律所人数增加，也没能在房地产之外的第二专业上取得突破。

与此同时，早期的豪才尚未形成完善的管理模式，不足以为扩张期的律所提供支持。律所发展失衡，最初与周长鹏共同创业的 4 位合伙人陆续离开。

痛定思痛，周长鹏开始深入探索适合豪才的管理模式。

彼时业内关于“提成制还是薪金制”的讨论广泛，有不少观点认为，提成制模式下，律所难以形成精细化的管理和运作方式，对律师的培养亦不够充分。“提成制这样简单粗放的分配和管理模式不利于豪才长期发展”，周长鹏四处拜访学习，并于 2012 年开始大刀阔斧地改革——实行全所范围的公司化管理。

改革总是九死一生。周长鹏开始在所内推行全员薪金制，并成立了管理委员会管理律所发展的具体事项。公司化管理的初期阶段，豪才得到较好发展，人员精简了，律所创收却提升了。但这样的“好时光”没能持续太久，部分律师因不接受薪金制而选择离开，管理上程序复杂致使决策效率越来越慢，律所业绩虽有起色但仍未能突破千万元。

2015 年年底，豪才回归全员提成制，第一次公司化改革宣告失败。但这仍是一次“有益的尝试”，豪才和周长鹏也在跌跌撞撞中向前。

事物的发展往往是螺旋式上升的。豪才的第一次公司化改革，从结果来看并不成功，但却是一个大浪淘沙的过程，在某种程度上加深了豪才律师对公司化的理解。周长鹏的第二次公司化改革，正是建立在这层理解之上，采取了循序渐进的“一所两制”模式。

此模式下，允许提成制和授薪制律师同时存在，且允许其在所内自由流动，不加以限制，周长鹏称之为“温和的做法”，最主要是耐住性子，长期投入。2016 年刚被第一次改革涤荡后的豪才“像一盘散沙，未能形成紧密团队”，经过第二次改革，在一个相对宽容的环境中，少了原有改革的激烈冲撞，逐步探索中，豪才的提成律师团队自主扩展业务，授薪律师团队成员亦渐渐增多。

2019 年中，豪才执业律师达到 56 人，并形成了由授薪律师组成的四个中心，与提成律师的十个专业团队融合发展。律所创收也从原来的不足一千万元，增长至三千万元，豪才亦被评为济南市“优秀律师事务所”。

律所发展就像马拉松

“马拉松对豪才的影响是巨大的，现有的管理模式是建立在马拉松文化的基础上。”

2015 年，豪才第一次公司化改革失败，长期的高压工作下身体也亮了红灯，身心交瘁的周长鹏与马拉松结缘，他的“首马”是当年 7 月参加的澳洲黄金海岸马拉松。跑完人生中第一个 42 公里，他体力耗尽，足足休息了 16 分钟，“无论怎么做拉伸、放松，根本站不起来”。

跑步是简单的，迈开腿、摆动臂，动作单一，几乎人人自学会走路不久便会了跑步。但跑马拉松不是个简单的事儿，如何将单一的动作，不断重复，直至42公里结束，是极考验人的。周长鹏将马拉松精神总结为“温和而坚定”，并将其内化为豪才的律所文化。

“用极简的心态面对复杂的问题，用温和的手段处理艰难的事情。”律所发展是长期的事，不急进，稳下来，把事情做得更长远一些，这是“坚定”。

而“温和”体现在律所管理上的转变，回顾豪才的两次改革，周长鹏慨叹道：“‘大棒式’管理可能当下生效，却容易反弹，甚至过犹不及。温和的手段，则更易取得长久且圆满的结果。”

跑马拉松，也给周长鹏自身带来了有益的变化。他个儿高、精瘦、皮肤呈古铜色，是典型的马拉松长期跑者。虽已过知天命之年，但周长鹏的身体年龄却如年轻人一般。

3年来，周长鹏跑过亚欧澳美四大洲的马拉松，总程超过六千多公里。

世界马拉松六大满贯，是所有马拉松跑者心目中的至高荣誉，截至目前，国内完成马拉松大满贯的只有386人，周长鹏便是其中之一。或许，他还是其中唯一一位律师。作为豪才主任，周长鹏更是将“马拉松文化”融入了律所的管理和发展之中。

2016年，豪才全程赞助成立了“好才跑”训练营。目前，每周三的健康跑活动已成为豪才的固定项目，律所中越来越多人开始将跑步当作生活习惯，无形中也加强了个人的自律性和团队的凝聚力。“马拉松精神不仅仅是在跑步中，也体现在同事们工作中的拼搏、不服输的精神。”有律师如是说。

“坚持”是马拉松文化所倡导的。在“山东法律服务网”上，周长鹏长期坚持回答用户的法律咨询，由于热心指数的上升，豪才律师事务所和周长鹏目前已位居网站首页。以小见大，这也体现了马拉松文化已渗透进豪才的事务所发展中。作为主任，周长鹏亦抱持着“日拱一卒，功不唐捐”的信念，在业务提升和管理优化两方面持续加强。

2019年，第九次《全国法院民商事审判工作会议纪要》（以下简称《九民纪要》）发布，周长鹏坚持每天至少学习一条，144天时间内，撰写了148篇学习体会，未曾间断。2020年《民法典》颁布，共1260条，面对这样一部被称为“社会生活的百科全书”的鸿篇巨制，周长鹏以每日至少学习一条的频率坚持学习，不急进，不贪快，但贵在深入思考和持之以恒。眼下，周长鹏正在重温最高人民法院《关于审理建设工程施工合同纠纷案件适用法律问题的解释（二）》。

点滴小事积累成令人敬佩的成就。在“豪才律师论法”微信公众号上，每天都可以看到一个名为“周公日课”的栏目，那是周长鹏的个人专栏。周长鹏说，他希望用30年时间，让“周公日课”更新到第9999篇。

近年来，周长鹏接连走访日本，对日本律所的发展颇为关注。在日本法律市场，市场格局稳定，“五大”所（包括西村朝日、安德森·毛利·友常、森·滨田松本、长岛·大野・常松、TMI）的规模扩张及业务动向引领着日本律师业的发展。此外，在日本也有许多创办了几十年、“小而美”的精品所。两种不同的模式，让周长鹏领悟了律所发展当细水长流，方为长青之道。

2020年，是豪才创立15周年，斟酌过后，周长鹏最终仍决定以跑步来纪念庆祝。“通过健康的方式，展示豪才对长久发展的信念。”周长鹏说。

探索公司化转型，以中台赋能全所

制度优势是律所发展的内在驱动力，15年来，豪才一直在改革与探索改革的路上。从大步迈进到温和向前，豪才改革的步伐放缓，但成效显著。如今，豪才探索出“一所两制”的发展模式——提成制和授薪制相互配合、共促发展；四个中心连同十个专业团队，纵深延展业务链条，大批优秀律师在市场上崭露头角。

“一所两制”，融合发展

豪才草创初期，周长鹏竭力于律所管理，但效果不佳。他深感律所管理精细化程度不够，制约律所发展。为此，他启程到全国各地律所拜访学习，四处寻找律所发展良方。

2011年，在第九届中国律师论坛上，周长鹏作了“房地产新政下政府工作需要民事律师提供法律服务”的主题发言。但让周长鹏印象最为深刻的，还是管理分论坛上对于“律师事务所管理与行业发展”的讨论。“公司化还是提成制？”“提成制是否适合豪才的长远发展？”对此，周长鹏在心中画下了问号。

2012年，豪才正式在全所推行公司化的改革，强制要求全部律师采用授薪制。此举是强制性、全员化的，略显激进，在运行过程中一系列问题也随之产生，公司化管理仅维持了两年多，便以失败告终。

经过此劫，豪才对于“公司化是律所做大做强的必由之路”的认知依然没有改变，转变的是豪才推行改革的态度与方式：不再如此激进，不再大踏步前进，而是慢慢来。“一所两制”的想法也随之产生。

2016年，豪才再次推出公司化改革，这次采取的是循序渐进的方式，既为律师提供了一定的选择空间，也为律所适应改革预留了缓冲地带。

一方面，授薪制有助于青年律师学习成长，他们不必担心案源问题，更专注于提升业务能力；另一方面，提成制鼓励多劳多得，对资深律师起到很强的激励作用。两者和平共存，相互融合与发展，共同发挥着积极的作用。

如今，豪才逐渐尝到了公司化管理的甜头，人员队伍逐步扩大，创收体量显著增长，管理能力也有所提升。即便在疫情的“逆势”期间，豪才也实现了大幅增长，在前4个月就达成了2019年全年50%的业绩。

中台效益，赋能全所

近两年来，律师行业开始引入“大中台”的概念，成为律所管理创新的一个值得探索的路径。建设律所中台的核心在于为业务赋能，通过提炼各业务部门的共性需求，搭建律所资源共享平台与业务基础设施，助力业务部门之间形成横向联动。

2018年年中，豪才也探索建立律所中台，在授薪律师团队项下成立了四个中心：客户关怀中心、法律顾问中心、争议解决中心和执行中心。四个中心按照业务流程和业务性质进行分类，另以业务类型为导向设有十支专业团队，两者形成矩阵效应，既扩展业务流程的广度，又挖掘专业的深度，紧密团结，以确保提供更为及时和细致的法律服务。

四个中心内部采取职能纵向分配、工作模块布局，团队成员以分工明确、又紧密协作的方式推进案件进展。常年法律顾问中心主要负责常法客户的日常工作以及诉讼业务，同时打磨相应的服务项目与产品，拓展新客户，维系老客户；执行中心团队专注于民商事执行领域，尤其是涉公司的重大民商事执行案件；争议解决中心提供争议解决相关的服务，负责诉讼、仲裁、调解等案件；客户关怀中心是豪才完成各类案件工作的领航员，指引豪才在竞争环境中生存和发展，并担负着向内巩固老客户，向外拓展新客户的重任。

总体而言，四个中心懂得应用标准化、清单化、产品化的思维和法律科技的工具，赋能全所。各个中心围绕客户群的核心需求，辅助律师进行产品研发、业务流程优化，以及客户的日常拓展与维护。

以常年法律顾问中心（以下简称常法中心）为例，其聚焦房地产行业、物业行业、医美行业、教育行业的法律服务需求，已形成多项成果：

其一，制定法律服务指引类产品——“企业法宝”，向企业客户直观展示可选择的法律服务事项以及交付成果；其二，通过大数据统计梳理法律顾问服务中的高频风险点，分类归纳整个行业常见的法律问题，制定相应的解决方案；其三，协助律师进行业务梳理和复盘，通过统计每位客户使用的法律服务类型、承办团队、投入用时、项目成果等，按照季度、半年度、年度进行汇总，在系统性地梳理客户痛点的同时，考虑研发新产品的可行性。比如，物流行业近七成的客户需求事关物业费催收，对此，常法中心计划推出针对物流行业客户的应收账款催收产品，以应对客户最切实且直观的法律服务需求。

“未来，常法中心要培养出3名明星讲师，2名产品工匠，2名客户拓展与维护人员”，常法中心负责人申秋说，“这与常法中心需达成的年度目标相呼应”。常法中心根据需要完成的总目标，按照多个维度拆解成多个小目标，再对应各个小目标去寻求常法中心所需人才。同样地，常法中心每位成员的三年计划、五年计划也与常法中心的 OKR 及律所的 OKR 相匹配。

“律所中台的践行需要强执行力的服务团队，豪才的授薪律师团队起到了较强的后勤保障作用，逐渐培养出一批能够冲锋陷阵的后备人才。”周长鹏说。未来，四个中心将向更加规范化的方向运转，进一步完善绩效考核、培训制度、晋升机制，实现自身的发展的同时，进一步为律所业务赋能。

求贤若渴，打造特色培训机制

15 年来，豪才培养了大批赫赫有名的资深律师，在豪才发展中起到中流砥柱的作用。在豪才发展的上升期，豪才渴求人才的心情有增无减。豪才通过人才培养制度打造了一个稳定团结、积极向上的平台，而豪才的文化氛围、正能量与活力也构成了极为吸引律师的特质。

豪才的授薪团队为青年律师提供了良好的成长环境。执业初期，他们可以一心钻研专业，以求得快速成长，不必为案源发愁也能获得基本的薪资保障。在成为有能力独当一面的独立律师后，他们可以自行选择继续留在授薪团队或者转入提成制团队，即便在授薪团队也会因为开拓案源而获得相应的奖金。

豪才为青年律师提供了大量培训学习的机会，每天早间的晨会、下午的模拟法庭、晚间的西点法律培训等构成了豪才的业务培训特色。晨会好比西点法律培训的预热，用新知识唤醒律师一天的工作状态，之后就知识点在西点法律培训上进行深入的分析与讲解。日复一日，豪才律师不仅系统性地构建了知识网络，还积累了多项法律服务产品，豪才的人才优势也得以强化。

不同于平日庭审的设置，豪才每日的模拟法庭仅花费半小时。周长鹏解释说，在模拟法庭上，律师仅就一项问题展开辩论，不必提出完美且系统的方案，在简单快捷的方案上快速迭代，并逐步完善方案。通常来说，豪才会就同一个案件进行三次模拟法庭，律师分别从双方代理人及裁判的角度阐述，身处不同位置，必然会引发更多元的思考。

除了内部培训之外，豪才还鼓励青年律师积极参加外部培训，由律所出资支持。申秋便是这一制度的受益者，2019 年，她与所内另一位实习律师参加外部机构组织的美国游学项目，与 40 多位来自全国各地的律所主任共同参观交流。

周长鹏的指导让年轻人感受颇深，周长鹏会放手让他们去尝试，给予他们试错的机会。这种机会和信任感，对这些职场新人而言弥足珍贵。2018 年，申秋加入豪才，进所半年后，她就承担起某业务团队第二负责人的重任，协助团队管理。与周长鹏随行学习，让她汲取了很多律所管理方面的知识，管理能力也快速提升。

基于此前的经历，申秋也非常注重新人的培养，关注他们工作中遇到的问题。“结合团队的发展方向和律师的个人特点，进行分工安排”，申秋说，“保证每位律师有优点可用，有缺点可控，才能实现 1+1 ＞ 2 的团队凝聚力。”

市场竞争依然激烈，但豪才选择沉下心来多思考、多学习、多坚持，以温和但坚定的步伐、谦和又低调的态度稳步发展。“我希望豪才能更客观地看待自己，甚至‘低估’自己，发现发展中的弊端和问题，竭力修复问题再发挥自身优势。”周长鹏坦言，“豪才所期望的不是不切实际的赞歌，而是警示的号角，那才能形成激励我们不断前进的推动力。”

业务纵深：借地产业务之力，推陈出新

20 世纪 90 年代末，周长鹏借房地产市场蓬勃发展之力，开拓案源、维系客户，在济南法律服务市场上打下赫赫战绩。2005 年创办豪才之时，周长鹏亦选择以房地产这一“老本行”切入市场，以现有经验和成果为背书，开启一番新事业。

从房地产领域起步，豪才不断纵横延展业务领域，向公司与证券、金融保险、知识产权、医疗法税、民商事与行政业务等方向拓展，如今形成了十支专业团队，成为豪才专业深耕与业务发展的中坚力量。

创所初期，某年在济南房地产展览会上，周长鹏笑称，“现场参展的 1/3 左右的房地产开发商都是我的客户。”他确有如此的底气——口碑相传之下，豪才的房地产客户群日渐庞大，从本地房地产开发企业到全国性的大型房地产开发商都囊括其中。

由于较早涉足市场，豪才律师对于房地产业务的发展历程了然于心，深谙房地产项目开发与经营的各个环节。随着房地产纠纷越来越多，法律服务需求越发复杂，豪才律师的业务能力亦不断精进。豪才律师坦言，在某些项目的房地产合同中，修改的条款甚至会高达上百条，经协商后被双方采纳的条款也接近 40 条，法律服务日臻细致、周到和深入。

王辉于 2005 年年底加入豪才，实习期间便作为周长鹏的助理，服务于多家房地产公司。在他看来，律师的专业能力、职业操守、业界影响力和人脉资源都是客户挑选法律顾问的重要考量因素，而专业能力是重中之重。建筑工程与房地产领域律师，不但要娴熟地掌握房地产法律知识，还要熟悉房地产行业知识，比如建筑设计规范、房地产开发流程等。经过十多年的业务积淀，包括王辉在内的豪才律师不仅能够读懂设计图纸，而且对项目工程的时间节点也非常熟悉。如此一来，豪才律师总能精准地把握客户诉求的核心与关键点。

目前，豪才房地产与建筑工程律师团队服务范围覆盖重大基础设施建设项目和各类

房地产项目的开发、建设、经营和管理的全过程，服务于济南高新控股集团有限公司等大型国企及其他知名企业，从业务量来看已然占据豪才总业务量的半壁江山。

随着建设工程项目的金融投资、融资越发活跃，豪才从市场需求出发，将建设工程总包、分包招投标，投、融资各方的需求作为重点进行开拓，搭建起建设工程、风险投资、金融信贷、贷款担保、信托投资投融资法律服务、政策、信息服务企业项目推介为一体的建设工程投融资服务平台。

2015年10月加入豪才的李贤智，现在是豪才建设工程与公司金融团队负责人。“建筑工程与公司金融领域律师，需要具备前瞻性思维和对大政方针的敏锐洞察力。”李贤智说。在山东省政府提出的城乡发展、土地流转大背景下，建设工程与公司金融团队目前的重点工作是土地投融资、一级开发、二级开发，建筑房地企业并购，以及建筑开发各阶段的投融资业务，并为山东省的经济发展贡献力量。

豪才建筑工程与公司金融团队律师结构稳固，老律师的经验智慧、资深律师的稳重专业，青年律师的冲劲构成了团队核心竞争力。他们携手处理了济南市政府、济南市土地局、土地储备中心的行政案件和仲裁案件，尽显专业，实现了法律效果与社会效果的统一。

豪才在知识产权领域业已精耕多年，起初由武其利开疆拓土，现由聂洪涛、王帅等骨干律师作为领头人，率领了一支专业过硬、成建制的知识产权团队，为客户提供版权、信息网络、传媒、化学化工、机械工程等各行业涉及著作权、商标权等知识产权领域的法律服务。

2018年，豪才成立金融保险团队，由晋淑霞律师带领几位从事金融借款、民间借贷的执业律师和实习律师组成。金融保险团队以诉讼业务为主，占据70%，诉讼业务中又以金融借款纠纷为主，主要服务于银行、保险公司、金融企业等。

“豪才金融保险团队自成立以来，创收逐年提高，每年增幅在15%左右。”晋淑霞说。豪才金融保险团队代理了济南农村商业银行股份有限公司金融借款合同纠纷案件、济南市新融典当有限责任公司典当合同纠纷案件、长安责任保险股份有限公司济南市中心支公司保险合同纠纷案件、紫金财产保险股份有限公司山东分公司劳动纠纷案件和保险合同纠纷案件等多个案件，保持了较高的胜诉率，竭力维护当事人的合法权益，为委托人挽回损失数亿元。

随着银行业务规模日益发展壮大，豪才律师在金融业务上不断开拓创新，逐步完善法律服务。豪才拟委派专人到银行定期坐班，现场服务，将工作不断深入到银行各个部门、机构和各个领域，力图满足客户更深层次的法律服务需求。

医疗与法税法律服务也是豪才的重点专业服务领域之一。深耕医疗卫生行业15载，豪才律师处理了数百起医疗纠纷案件，从医疗纠纷预防到医疗纠纷处置，最大限度地维护当事人的合法权益。

近年来，豪才致力于基金和创投业务的开拓。2018 年，豪才编写并推出了《私募基金法规汇编》，由苑学宁作为执行主编参与编著。苑学宁具有 SAC 证券从业资格、AMAC 基金从业资格，还曾在国有金融资产管理公司工作。2019 年 7 月，济南市基金业协会成立，豪才作为 42 家创始会员单位之一见证了这一历史性的时刻。未来，豪才将继续利用自身的专业优势，为济南基金业的发展再贡献一份力量。

用发展的眼光，开拓创新业务领域，豪才一直在践行着这一理念。一路走来，豪才律师始终怀着学习之心，“豪才律师专注于简单的力量，”周长鹏说，“专注研究每个案件，兢兢业业，慢慢磨炼和提升专业能力。”不断钻研，目的在于为客户创造价值，为其提供量身定制的法律服务。

“挖掘客户需求，与客户达成共振，切实为客户创造巨大的价值，方能体现豪才律师的价值。”武其利说。也正因如此，豪才律师出具的法律服务方案总是规范、翔实、尽显专业。为客户着想，以最好的服务做出高质量的答卷，使得豪才如今在业内有口皆碑。未来，豪才也将迈着温和而坚定的步伐，坚持初心，不断前行，继续探索业务发展的新高地。

合作共赢、提升品牌影响力、打造全国专业品牌律所

制定竞争战略的本质是将律师事务所放在真实的市场环境中进行分析。山东作为我国由南向北扩大开放、由东向西梯度发展的战略节点，位于南北两大经济版图的交汇地带，随着新旧动能转换综合试验区建设上升为国家战略，为山东解决结构性矛盾、实现“由大到强”的战略性转变，带来了千载难逢的历史机遇。近年来，山东经济的发展质量在提升，发展活力在释放，发展环境在优化，也让山东法律服务业呈现出了高速发展的态势。

截至 2019 年年底，济南市律师行业执业机构达 431 家，执业律师 6579 人，2019 年业务收费总金额 24.8 亿元（含省直所为 28.86 亿元），比上一年增长 32.6%，律师人数和业务收费金额继续保持全省地市级城市第一名。律师队伍综合素质显著提升，律师职业环境不断优化、服务水平不断提升，律师行业发展实现新跨越。

当法律服务市场的需求高速增长，对细分领域、细分行业法律服务的专业性的要求也会越来越高。在山东本土品牌大所崛起的同时，以北京、上海为代表的全国性品牌也纷纷进驻山东法律市场。大型律师事务所先进的管理模式以及具有吸引力的人才晋升机制，让中小型律师事务所的生存环境越发艰难。

可以说，豪才处于一个高速增长，大所、强所环绕的市场格局之中。虽说是“前有狼后有虎”，竞争压力巨大，但也为豪才的发展带来了机遇。

在这样一个加速变化的世界、不断被颠覆的时代、充满机遇和挑战的环境，面对强

大的竞争对手、激荡的信息化浪潮、多元的客户需求、愈加严格的监管环境，豪才又当如何不忘初心，砥砺前行，突出重围？

大卫·梅斯特在《专业服务公司的管理》一书中写道："全世界的专业服务公司，无论公司规模是大是小、从事哪个行业，也不论它们在哪个国家，它们的经营理念都是相同的。尽管不同公司的经营理念在文字表述上可谓各式各样，各有不同的措辞，但其内容大致如下：提供卓越的客户服务；让员工有一个充实的职业、富有成就感；获得满意的经济效益，使公司稳健地成长，员工获得良好的报酬。虽然这种理念看似普通，却颇具代表性和参考价值。"

律师事务所是最为典型的专业服务机构。豪才用 15 年时间，探索出了一条区域性律所的发展之路。其核心竞争力就在于其对团队的持续投入，秉持专业化、规范化的发展理念，以及长期由马拉松文化所衍生出的律所文化。

构建人才生态，打造高效文化，找到适合的人，找到适合的发展节奏，是豪才接下来在内部管理上的重心之一。虽然豪才已经构建了中台，打造了四大中心，授薪团队与提成团队相互协作，但两支团队之间的融合度还需进一步提升。而且，在业务布局上，豪才需进一步匹配最优资源，成为行业"最佳"，持续学习和研究，不断完善客户关系，提升服务体验。未来，豪才需继续在制度上下功夫，形成吸引人、留住人的机制，给予人才发挥能力的平台。人才兴，律所才会强。

在决定律师事务所未来的业务战略时，地理区域、专业领域和行业领域是 3 个重要的维度。在这 3 个维度之下，律师事务所至少要选择 2 个以上的维度形成联动，一同发力，方能取得成功，这就是"2/3 法则"。眼下，豪才以济南法律市场为立足点，辐射山东地区，那么未来在专业领域和行业领域上，豪才也需根据自身和区域的特色，作出选择。同时，豪才需要投入资源，围绕优势业务领域重点突破，并且"关联"其他重点业务，拓展战略业务，占据区域法律服务市场的制高点。

豪才的使命和愿景是建设中国最好的房地产专业律所，成为地产规范者，于是，豪才在建筑工程与商事、建筑工程与房地产、建筑工程与公司业务、建筑工程与公司金融、地产开发与商业运营等领域积淀多年，并形成了竞争优势。与此同时，作为一家区域性综合强所，豪才围绕民商事与行政业务、知识产权、法税与医疗、公司与证券、金融与保险等领域，组建了独具特色的专业法律服务团队。

经过 15 年的发展，豪才的十支专业团队汇聚了一批行业内资深专家和业务能手，他们在各自专业领域持续耕耘，并以客户需求为导向，拓展多元服务类型。"凝聚律师豪才，服务客户价值"的价值观，豪才已贯彻实践了 15 年时间。

在业务战略上，豪才仍需继续立足济南，扎根齐鲁，面向全国，选择核心战场，作出资源取舍，加强法律服务产品的研发，做到"人无我有，人有我优，人优我特"，专注于高附加值的法律服务领域，立足建筑工程与房地产这一核心领域，采用稳定型的发展战略，并努力拓展知识产权保护、不良资产、金融证券、公司事务等高精尖法律服务领域。做深、做细企业法律顾问工作，同时面向广大群众和中小企业提供法律服务，面向基层、面向社区、面向农村提供法律服务；积极拓展参与刑事诉讼、行政诉讼和民事诉讼，提高诉讼案件的参与比例和实际效果；进一步提高跟踪服务、系统服务、延伸服务的能力和水平。

2020 年 6 月，豪才与北京瀛和律师机构达成战略合作协定，正式加盟北京瀛和律师机构。未来十五年，豪才将会不断创新服务，协助瀛和律师机构夯实山东本土法律体系，同时借助瀛和律师机构的资源优势，提升品牌影响力，逐渐形成全国的法律服务网络体系。

“合作共赢、提升品牌影响力、打造全国专业品牌律所”将是未来豪才发展的主题。

结　语

使命、愿景，是律师事务所发展的北斗星。对于豪才来说，在未来的发展中，首先应当建立共同愿景，明确战略定位。显然，经过 15 年的发展，豪才在文化理念和发展模式上已经有所沉淀，具备了良好的发展基础。但更为重要的是，豪才应当在客户和人才心中占据一个特定的位置，明确豪才与其他律所的差异，目前拥有什么，保留什么以及开拓什么。

在秉持以客户为中心，以专业为立身之本的同时，豪才需要思考的是——如何将四大中心的中台效益、公司化管理的经验逐渐扩大，加强平台化、信息化建设，搭建完善的合伙人晋升机制，构建多层次、成体系、常态化、信息化的培训体系，并关注全国乃至全球层面的动向和影响中国律师行业未来发展的变量。

“更坚持”“更专业”，这是周长鹏对豪才的期待。

所谓“更坚持”，是指豪才人能够把平凡的事情做到极致，在团队上持续投入，让豪才能够展现出更强大的力量。

而“更专业”，则是秉持专业化的发展理念，研发法律服务产品，满足区域内法律市场的需求，在细分领域形成核心竞争力；在具体的案件中，不放过任何一个细节，以客户为中心，解决个性化的服务需求。

豪才的目标，是成为一家“百人所、百强所、百年所”。未来，周长鹏将会在马拉松的赛道上一直跑下去；豪才也会以“温和而坚定”的精神为力量，向“三百”目标持续迈进！

湖南人和人

中西部破局，一体化立所

周　正

人和人律师大厦效果图

人和人律师事务所 10 周年庆典

人和人律师事务所荣誉奖项（部分）

人和人律师事务所 2019 年年终总结大会大合影

“一人为人，势单力薄；二人为从，相辅相成；人和人为众，众志成城。”

——“人和人”释义

时至今日，律师业一些普遍性的问题依然存在，就律所而言表现为战略定位不明、管理运营粗糙、文化氛围淡薄、品牌价值不高……就律师来说表现在个体相对松散，专业化难以实现，青年律师生存困难……这些顽疾十几年前就已在各地显现并引起行业关注，但至今依然难以化解。究其缘由，理念觉醒者、破局求变者、耕耘实践者甚少。

潇湘大地，人杰地灵。15 年前，湖南人和人律师事务所成立于长沙。带着“律师不应该是这样”的原始信仰，带着对律师职业的热爱与虔诚，江帆决心创办一家一体化律所，开始律师行业的创新突围。

2020 年，斥资购买的总高 7 层独栋新楼“人和人律师大厦”将于下半年投入使用，人和人如今已拥有超 3 万平方米的办公空间和 500 多名员工，10 家分支机构几乎覆满湖南全省各地级市，还设立了深圳分所。

从最初闯入湖南律师业的“异类”，到成为省域领先的大所强所，作为长沙乃至湖南首家持续采用公司制管理、一体化运营模式的大型综合性律师事务所，人和人用自己的创新实践证明了公司制管理在律师行业的可行性，用自己可持续且高质量的发展证明了一体化运营的强大优势。

“我们希望在湖南打造一家一体化律所的样板，给中西部地区的同行以借鉴，乃至为全国律师业提供参考。”人和人律师事务所创始人、董事局主席江帆说。

15 载破局创新，15 载潜心耕耘，人和人奉献的不仅是律所发展的路径借鉴与模式参考，而且在律所产业转型与升级等方面的有益探索已经走在了时代的前面，并将继续开创属于自己的更好的时代。

破局者

2003 年，31 岁的江帆以高分通过国家司法考试，完成了人生一次职业转型，迈出了早已有之的律师梦想的第一步。

学生时代，江帆就对律师充满了想象与向往，觉得律师是一个头顶耀眼光环的职业，在法庭上旁征博引、侃侃而谈，以智慧和雄辩捍卫当事人的合法权益，维护公平正义。但当他真正踏入行业成为一名实习律师时，却发现现实与理想存在很大差距。律师头顶的光环并不如想象中耀眼，律师事务所更是缺乏现代化管理。

当年，湖南省共有律师近 4000 名，大部分集中在长沙。江帆观察到，绝大多数律师不过是挂靠在律所的执业个体，提供法律服务基本依赖个人经验，偶有团队合作也不过是基于项目需要的临时搭伙，而没有实现真正意义上的专业化分工。此外，青年律师一入行即面临严峻的生存问题，很多人被迫走上了“万金油”道路；一些老律师担心年轻律师成长后抢走案源，很少会倾注全力培养，而年轻律师成长后感受到现有平台的局限性，往往会选择离开。可能没有一个行业的人才流动率像律师行业这么高，过高的流动率恰非行业健康发展的体现。

而律所管理的相对落后，正如他之后在《律师事务所现代管理之痛》中所言，中国律所的管理与发展普遍存在六大痛点：危机意识不强，缺乏革新勇气；战略规划不清，发展方向不明；主任角色混同，关系难以理顺；市场定位不准，专业细分不够；组织机构松散，人才梯队断层；品牌影响薄弱，身份认同感不强。这六大痛点直接导致了中国律师事务所在管理理念、管理模式、管理方法、管理措施等诸多方面都落后于律师行业和法律服务市场的变化和需求。传统的“工坊式”“工匠式”“万金油式”的粗糙、散乱的律所管理方式已经成为阻碍中国律师行业进一步转型发展的“顽疾”。

“律师不应该是这样的，律所更不应该是这样的。”江帆说。

但应该是怎样的？当时他也仅有一些大致构想，例如，律所应该是一个有理想、有情怀、崇尚协作的真正意义上的健全组织：律师应该专业分工；团队合作应该是基于分工下的合作，而不是临时拼凑；青年律师应该有薪金保障，在入行前几年有成长缓冲期，并且有人带教，有明确的晋升通道；律师服务不能依赖个人经验，而应该制定服务标准、形成服务流程，等等。

或许只有新创立一家律所，才有可能去探索、去实践，去突破、去创新。胸怀梦想，踌躇满志，江帆毅然踏上了创业之路。2005年，湖南人和人律师事务所成立。

“人和人”含义的阐释中有三句话精练地概括了江帆对律所的核心构想：一人为人，势单力薄；二人为从，相辅相成；人和人为众，众志成城。创立伊始，江帆就笃信现代化管理和团队化作战对于律所发展的重要性，或者说律所本应如此。

人和人创立初期，他便着手尝试一些完全不同于行业传统的管理手段，例如，给律师每月发放基本薪酬，要求律师上班打卡，要有工作总结，要做业务规划等。这些措施如今看来已不算创新，但在当年长沙律师业中可谓绝对“异类”。江帆就像是突然闯进长沙律师业的一个“破坏者”，彻底颠覆了律所管理一二十年来的传统模式，一时间，业内怀疑声、质疑声四起。

业务还没充分开拓，江帆为了扩大律所在社会上的知晓度并探索团队建设方法，他带领律师们投身公益法律咨询，以此为切入点提升律所知名度，锻造律师团队精神。他们用两年的时间走进500多个社区开展义务法律咨询，组织了1000多场专题普法活动，发放普法材料上万份，人和人在本地的知晓度迅速提升。与此同时，江帆如饥似渴大量阅读管理学书籍，甚至还专门读了EMBA课程。几年里，他到全国多地登门拜访，向一些知名律所请教管理经验。当时，律所管理在全国也没太多成熟经验，一体化的律所运营模式更是无处可学。北、上、广等地的律所尽管走在行业前列，但也尚在探索属于自己的发展之路。区域特征、行业环境再加上律师群体的差别，让各地律所呈现多种多样的发展形式。地处中西部，如何立足区域打造一家大所强所，江帆不得不在思考中探索，在探索中调整，但他始终坚信自己的构想是一条适合现代市场环境与区域法律服务需求的正确之路。

书本理论与实地考察的充分融合，江帆找到了人和人独特管理模式构建的突破口：做一家公司制管理、一体化运营的律所——向优秀企业学习先进的管理经验，把部分企业管理的方式方法尝试运用于律所，并结合律师业的特点调整改进。

“专业化以协作为前提，协作以团队为前提，公司化管理、一体化运营模式为团队建设奠定坚实基础。”这个理念成为人和人律所定位、找准客户、搭建业务部门一系列动作的基石，这些动作也随着经济社会和律师行业的发展日臻完善。

在怀疑和质疑声中，人和人现代化管理和团队化作战的效能却逐步释放，律所快速发展壮大，连续斩获多项成绩和荣誉。2008 年，成立仅 3 年的人和人便获得“湖南省优秀律师事务所”称号，之后又在成立刚满 6 年时获得“全国优秀律师事务所”称号。机制改革释放出的巨大能量，让江帆越来越相信，让人和人越来越相信一体化的力量。

如今的人和人总所已经拥有八大业务部门，律师超百人，同时拥有一支超过 40 人的运营支持团队，并且已经在湖南省内拥有 10 家分支机构，在深圳设有办公室。做一家一体化律所，人和人总分所除了财务相对独立外，管理模式、业务设置、分配机制等均保持高度一致，并且实现了多元化资源的统一调配；运营支持团队则包括市场、行政、品牌等众多职能部门，履行数十项职责，全方位为执业律师提供支撑，尽可能地剥离他们的事务性工作，让律师完全专注于业务。

15 年过去，对已经和将要面对的一切，江帆说：“对律师职业，我有着宗教般的虔诚和热爱，所以我才敢去想、敢去做并敢于为此付出任何代价。”

15 年过去，律师行业从各项数据上看取得了飞跃式发展，但“粗放生长”环境下的律所管理松散、缺乏团队协作、青年律师成才难等难题，至今仍是行业沉疴。就是在这样粗放经营的大环境中，人和人已经实现了像一家大型集团化公司一样的运作管理。人和人的一系列管理运营方法，让江帆成为本地律师行业名副其实的破局者和求变图新的践行者。一路走来，人和人探索并实施的一体化管理模式，其破局的行业效应及示范意义持续影响着湖南乃至全国律师业；其组织形式、内部管理、业务协作以及分所战略等机制构建，使之成为中西部地区律所中极具鲜明地域特征也颇富参考价值的行业样本。

一个中心，两个基本点

“人和人的‘三高’理念——聚集高素质人才，为高端客户群体提供高品质服务，牢牢地锁定了我们的区域性。”江帆说。

其中的逻辑很明了：湖南区域法律市场，任何单一专业法律服务的总量都有限，这样的限制决定了律所尤其是后来者难以在市场中长期占据绝对优势地位。如何树立人和人的优势地位？江帆给出了解决方案：第一步将服务做到“高位”，即服务的高层次、高品质，甚至是开辟新的服务领域；第二步锁定具有综合性法律服务需求的高端客户群体，充分发挥人和人团队作战的优势。

人和人以此瞄准、切入了绝大部分律所限于视野、能力、团队和资源没有发现或无法承接的法律服务，找到属于自己的业务“蓝海”甚至是“律师无人区”，并逐步形成了自己的核心业务——“一个中心，两个基本点”。

高端民商事诉讼

2007 年，人和人率先在本地打出高端民商诉讼的牌子。

所谓高端民商诉讼，是指人和人的诉讼团队只代理湖南省高院的一审、二审及再审和最高人民法院的民商事案件。如此定位确立了诉讼团队的差异化竞争，使之脱离了一般民事案件的红海，而更专注于高标的复杂疑难案件。

那一年，当“大数据”在业内还是个绝对新鲜的词汇时，江帆就着手进行了高端诉讼的市场研究。通过对省高院诉讼案件的数据分析，确定出大型诉讼的高发领域：建筑施工尤其是市政建设、以土地为中心的房地产开发和金融担保。“这些领域更有可能产生标的额大、疑难复杂点多的案件，正是律师该出现的地方。”江帆说。

而这些领域的高频涉诉主体——政府方，便是人和人的主要服务对象。以房地产建筑施工为主要领域，以政府方为核心客户，人和人诉讼团队的打造确定了清晰的方向。历经五年左右的时间，人和人高端民商事诉讼在省内打出了非常高的知名度，并逐步扩展分化出建筑房地产、公司担保、金融证券等业务小组，形成了更清晰、更精准的专业化、团队化作业。

律师行业内普遍认为诉讼是最能体现律师个人能力和经验的业务领域之一，也是最难被标准化的服务。但江帆认为其实不然，打造有战斗力的队伍，就必须梳理诉讼代理的流程，并将每个环节标准化。疑难复杂诉讼案件的全代理流程标准化，人和人做到了。

人和人为诉讼案件梳理总结了精细的办案流程，每一个案件都严格按照标准化流程处理，从受案到结案，承办人严格依照流程进行作业，当事人可随时知悉办案进程，了解案件走势，确保当事人对案件办理的知情度和参与度。每年人和人高端民商诉讼团队接触分析的案件有五六十件，但最终集中精力代理的不过 20 件左右，其他时间都用于专业学习和研究。

案前专家分析是人和人的一大特色。当事人上门咨询时，诉讼团队用 3 天时间对大量的文件材料进行研究分析并形成一套代理方案，为当事人详细讲解案件的整体情况和一审或二审败诉点，对后续审判走向基于大数据作出趋势预判。无论当事人最终是否选择人和人，这套分析都是免费的。很多当事人感言，听了人和人团队的分析才第一次把自己的案子搞懂。而经过前期研究，人和人诉讼团队对案件也作出了综合判定，以此决定是否承接。

案件第一道严把关使得人和人诉讼团队的胜诉率长期保持在 80% 以上，而一支极为精锐的团队则是实现这一胜诉率的根本保证。人和人的高端民商诉讼团队至今也仅有 6 名核心成员，且基本上都是前法官或检察官，拥有丰富的审判或公诉经验，熟稔诉讼案件中的各种流程和疑难要点。高端民商诉讼团队对人才招募也极为严格，仅招收清华大学、北京大学、中国人民大学和中国政法大学 4 所高校法学院的优秀毕业生。人和人为这些新进入诉讼团队的助手直接开出 20 万元年薪，并尽全力带教培养。一名诉讼律师的初级阶段培养一般至少需要五年，人和人在人、财、物等方面的大量投入，只为确保诉讼团队的高端定位和极强的战斗力。

如今，高端民商诉讼早已成为人和人王牌业务之一，也成为律所业务的“一个中心”。同时，诉讼团队的成功打造，也为江帆提供了非常宝贵的信心和经验，这样的经验可以用于其他团队的“复制”，即人和人只要继续研发开拓新的业务领域，团队的建设已经不是问题，更为多样化的业务部门架构将随着律所发展逐步形成。

政府经济综合服务

中国经济持续中高速增长，政府在地方经济社会发展中起着举足轻重的作用。

2003 年，国务院审批通过了《长沙市城市总体规划（2003~2020）》。但仅过了 7 年，规划中确定的 2020 年各项经济社会发展目标和城市规模便已提前实现。在国家中部地区崛起战略的整体规划和推进实施下，长沙以及湖南其他地市的整体发展速度超乎预期，并还将持续相当长的时间。

但是，市政建设中长期完全依赖政府投资的模式出现困境：地方政府普遍承担着过载的债务压力，基础建设和公共产品的巨大需求却远没有得到满足。这种困境之下，政府与社会资本合作（PPP）模式被推到前台。

2014 年，在中央政府和有关部委的积极推动下，PPP 模式开始流行。推广 PPP 模式旨在扩大国内基础建设投资，提高公共服务的效率，推动政府治理现代化，但其中涉及的主体众多，实操问题非常复杂，各方都没有完整项目的操作经验。

实际上，早在2012年，已经在建筑房地产领域积累了丰厚经验的江帆就嗅到了PPP业务的巨大潜力，开始提前布局，着手研发PPP全流程产品。市场一片空白，没有任何项目，江帆却无声无息地研发了整整2年时间。通过对国务院、国家发改委、财政部文件的仔细梳理，江帆发现整个PPP项目的脉络是以《预算法》为中心，与政府各经济主管部门直接相关，其间牵涉大量的法律问题。

2年后，当PPP模式"横空出世"，地方政府和律师业都对此知之甚少时，江帆站了出来，主动向省财政厅提出可以提供专业培训。2015年，由湖南省财政厅主办、人和人律师事务所协办的"湖南省第三届PPP沙龙"成功举行，汇聚了湖南省所有分管财政的副市长、副县长及市县两级财政局局长共400余人。此后人和人律师又在省内50多地开展讲座，广泛普及PPP模式中的相关法律知识。

"一个PPP项目里有很多专家，但最缺少的，是将所有专家组合在一起的法律专家，所有工作最后都要变成一纸合约，这当然应该由律师主导。"江帆说。

2016年，人和人正式承接了湖南省首个PPP项目。当年11月，国家发改委PPP专家库正式成立，时任人和人律所主任江帆、人和人PPP研究中心主任高科成为首批入库专家。2015年至2016年，人和人连续2年被评为"中国PPP项目十佳律师事务所"。2017年4月，江帆入选财政部PPP专家库，人和人诞生了首位PPP双库专家。所内十多名律师先后成为省市发改、财政专家库成员。潘萍、高科2名法学博士陆续分别主持了2个省级PPP研究课题。2018年，由潘萍、江帆主编的《破局：PPP模式风险与政府风险应对策略》一书由法律出版社正式出版。高科撰写的专业文章还获得了国家发改委全国PPP主题征文一等奖。

五年里，人和人咨询服务的PPP项目有两百多个。"我们做的是PPP项目的全流程服务，自主在团队内配置工程师、会计师、税务师等专业人员。"人和人执行主任高科说，"一般而言PPP项目多由工程类咨询机构主导，律师只是'配角'，但人和人有实力做到由律师主导的项目'一站式'服务，包括前期的项目策划、实施方案、物有所值评价、财政承受能力论证、合同体系编制，到后续的项目采购、合同谈判、项目公司组建、全生命周期绩效考核。"

"人和人可能是全国都为数极少的做PPP项目全流程咨询的律所。"江帆更加充满了自信。

在承办PPP项目的过程中，江帆又发现了法律服务的"新蓝海"。党的十八大提出，将法治政府基本建成确立为到2020年全面建成小康社会的重要目标之一。2016年6月，中共中央办公厅、国务院办公厅印发了《关于推行法律顾问制度和公职律师公司律师制度的实施意见》，要求全国范围内县级以上党政机关于2017年年底前普遍设立法律顾问，并纳入主要负责人问责范围。同时，地方政府承担了大量的经济管理职能，自身亦有多种类的投融资活动，也需要完成经济立法，制定规范性文件。

江帆发现，政府法制办能够非常专业地处理政府行政类法律事务，但对经济社会发展中涌现的各式复杂法律问题并不特别擅长，而律师恰在经济和商业领域拥有更丰富的知识和经验。“政府的大量经济活动急需一站式、全链条的法律综合服务。”

以此为切入点，人和人着手开发了一系列为政府重大经济活动提供综合服务的法律产品，提供包括政府方重大诉讼和仲裁的代理、政府重大经济项目交易结构设计和法律文书起草与审核、地方性立法和重大规范性文件的协助调研和起草、政府专项债的协助发行、政府债务化解及融资平台公司市场化转型咨询、事业单位转企改制咨询、国有企业混合所有制改革咨询等。

2015 年，现人和人党支部书记、执行主任高科的加入使得这块业务的迅速成型有了更有力的保证：经济学出身的高科先后在融资平台公司、县级政府、市级政法部门和高校工作，担任过多年领导职务，又先后获得法学硕士、博士学位，对于地方政府经济活动中所需的法律服务及如何服务政府有着深刻的理解和丰富的经验。

与政府法制办打好“配合战”，人和人律师深度参与到政府的经济活动中，为法治政府建设提供了有力支持。随着近几年形势的变化，政府债务风险化解成为新的急迫需求，政府投融资平台公司也亟待市场化转型，这些都成为人和人律师服务的重点。

省内各级政府均有着非常类似的需求，也为人和人的区域布局提供了重要的前提条件，而这块业务也自然上升到了人和人的战略层面——为政府方提供以法律为核心的综合咨询服务，为此人和人组建了湖南省首个政府经济综合法律服务事业部，配备了工程、金融、法务 3 个作业团队，每个作业团队又配备了大量“律师 + 工程师”“律师 + 会计师”等复合型人才。

目前，包括湖南省人民政府以及省发改委、省财政厅、省国资委等在内的省直经济主管部门，人和人律师都已为其提供了多年的服务。为了高度贴合实际需求，人和人安排律师在一些部门长期坐班，列席旁听重大决策活动，及时提供法律综合分析。同时，借助律所在省内各地的布局，人和人也自然承担起了省直经济主管部门和基层之间沟通的“桥梁”，不断上下传递基层信息和高层决策，帮助省内各项政府经济活动更加科学、合规地开展。

这样的服务一来难以为律所发现，二来需要律所对政府运行规则和政府经济活动有深入的了解和掌握，三来需要组建分工有序、长期稳定且具备一定规模的团队。如此三点便成了其他律所涉足政府经济综合服务难以逾越的高度，但同时也成就了人和人极富地域特征和竞争力的特色业务。

高端商事主体综合法律服务

以大诉讼为中心，以政府经济综合服务为主要基本点外，人和人还长期服务于优质民间资本和民营企业等高端商事主体，并以之构成人和人业务的另一重要支撑。

PPP 项目中，长期牵头全流程咨询的人和人拥有全局性项目经验，除了服务政府方，也能代理社会资本方。而对于社会资本方在其他招商引资项目上的投资，人和人更是能提供营商环境评估、全流程审批手续和项目合同等全套咨询服务。

发展情况良好的民营企业，公司治理、融资、并购、上市等各项服务，人和人以团队力量长期深入企业，熟悉经营状况，提供高度贴合的专业服务。而对于新经济形势下经营遭遇困境的企业，人和人担任管理人的破产重整项目经常资产规模高达几十亿元。

高端民商诉讼和政府经济综合服务的先后成型，商事主体综合法律服务的团队化，进一步实证了江帆关于人和人三大核心竞争力的精练概括：律师的专业硬实力，律所领导者团队打造与管理的软实力，律所紧跟客户需求甚至是预判新业务领域且能支撑长时间高投入研发产品、开拓市场的综合实力。

“连续开辟新市场，让我，让人和人的律师都更加确信自己抓住了律师职业的‘本来面貌’，就是一定要分工协作、团队作战。这个理念深入了人和人的骨髓。”江帆说。

而从组织建设上去确保和放大律所的核心竞争力，则要依赖于人和人坚持了十五年的一体化运营。

湖南首家一体化综合性大所

时至今日，中国律师业对于“公司化”“一体化”的内涵和外延都没有达成统一认识，甚至没有形成通说。但从各方论述和实践中可以大致看出，“公司化”侧重组织运作形态，“一体化”则侧重资源统一调配。两者互为表里，好比形与神，共同支撑了现代律所的整个肌体。

人和人是一家一体化综合性大所，说的是它是一家坚持“公司化管理、一体化运营”的现代化律所，并且在业务领域、分支机构和员工数量上都具有相当的规模。“公司化管理、一体化运营”在律所的不同发展阶段有不同的表现形式，是一个不断探索、持续建设的过程。创立早期的考勤打卡、发工资、团队统一调配作业已经具备了一个一体化团队的雏形，而通过十多年的建设，如今的人和人已经在多个方面都体现出更加成熟的一体化特征。

“人和人仍然是一家创业中的律所。”这一点，江帆和人和人律师们都很清楚。

如何处理律师事务所里民主和集中的关系，是中国绝大部分有一定规模律所的管理者都极为头疼的事。律师天生崇尚民主，但创业组织有其特殊性，必须设置并贯彻适配的阶段性安排。

人和人采用的是民主之上高度集中的日常管理模式，核心领导小组只有三个人——主任江帆、执行主任高科和运营总监王琳森。在核心领导小组的基础上，人和人设置了核心部门长联席会议制度。联席会议每周召开三次：周一晚上7点的会议雷打不动要求所有成员必须参加，当面研究、部署行政工作和业务工作；周三和周五晚上的视频会议只调度业务工作，供领导小组与核心部门长之间充分沟通信息、调度资源。高频次的会议确保了信息从上至下地充分传达，这是决策合理性的重要保障。

核心领导小组和联席会议机制，就像人和人的"大脑"和"小脑"，前者负责重大决策，后者负责整个机构的平衡以及各个职能板块之间的高效协调联动。这样精简的管理架构和充分的信息互通，确保了人和人创业期间决策与执行的合理与高效。

2018年1月，人和人董事局成立，江帆当选董事局主席，周光灿、张容、雷惠媛、张如泉担任董事局成员，晏军担任董事局秘书。董事局成员为五地分所主任，使得人和人作为总分所一体化的大型机构在统一管理和调配上更加周全、灵活。

目前，人和人设有8大专业部门，包括高端民商诉讼业务部、非诉业务部、政府经济事业部（含平台公司业务部、PPP业务部、金融证券业务部）、综合诉讼业务部、土地业务部、企业治理与破产业务部等。

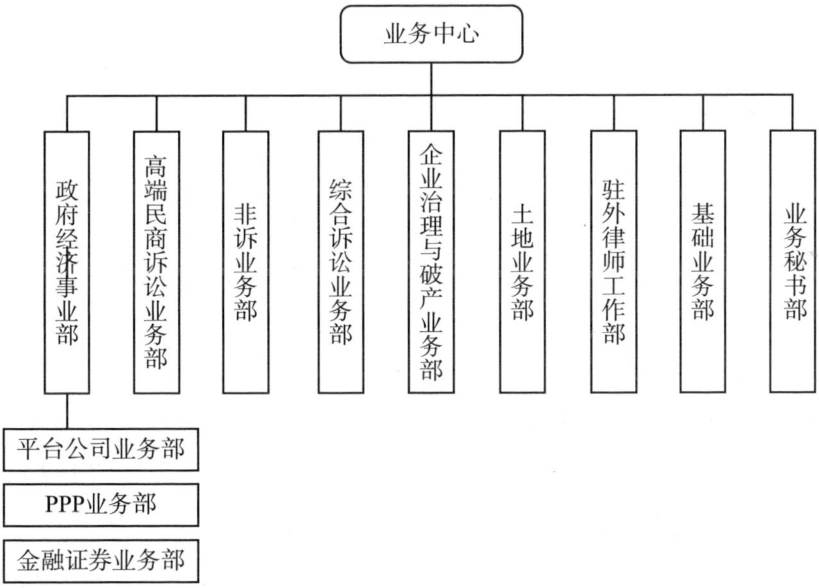

人和人业务部门组织架构

人和人专业部门的设置也与传统律所不同，非常能体现出其一体化的特征。通常在提成制律所中，业务部门的增减具有高度的人身附随性——随某些专业领域律师的进出而强或弱、有或无，律所业绩也随之带来携走。人员流动性高，律所没有公共积累，也很少在专业建设上加大投入，使服务的稳定性无法得到很好保证，而这恰是大型机构客户尤其是政府客户所最看重的。

很早便提出“三高”理念和目标并辅之以思路清晰的解决方案，人和人业务部门的设置是在向目标迈进的过程中，根据客户实际需求而逐一增设。高端民商诉讼业务部、政府经济事业部和非诉业务部即对应“一个中心、两个基本点”，综合诉讼业务部、土地业务部和企业治理与破产业务部则是顺应近年来市场新的业务趋势而设，但也都与人和人确定的核心客户群体紧密相关。

为了贯彻“三高”，给专业部门匹配高素质且高度适应人和人一体化体制的人才，如今人和人在每年招聘季只去往清华大学、北京大学、中国人民大学、中国政法大学、西南政法大学、湖南大学、湖南师范大学、中南大学和湘潭大学校招，并且坚持投入大量资源进行内生式　培养。

实习律师进入人和人并不会被直接划分到专业部门，而是被安排到基础业务部进行为期一年的“双向识别”。识别期内，他们除了学习人和人使命、愿景和价值观之外，主要是按培养计划充分参与到各个专业部门的业务实践当中，去发掘自己的业务兴趣和擅长方向。律所提供配套的各项专业培训，快速提高律师的专业能力和文化认同。同时，专业部门也以此直观地评判律师的能力。双向达成一致，经过一定的考评，律师在进入专业部门之后的匹配度和稳定性都非常高，人和人扎实的团队得以稳步形成。如果 1 年还没有被选中，律师将被自然淘汰。而其中表现突出很快便可以独当一面的精英人才，最快 3 个月便可以进入专业部门。

与此同时，人和人为律师设计了不同于传统律所的成长和晋升通道：从实习律师到助理律师，再到协办律师、主办律师，此时律师会面临两种选择：专业线——成为专家律师，管理线——成为专业部门副部长、部长。两条线路都通往合伙人。灵活的个人发展取向与开放的晋升通道，更利于所内人才选择自己的志趣所在及更为擅长的方向，使得所内分工更加明晰精准，集体作战的效能更高。

人和人实行全员授薪制，包括江帆在内的合伙人、律师和其他运营支持人员都是如此。部门完成当年的业务指标之后，律所将直接从纯利润中给予部门年终奖励，由部门长在内部再行分配。这样的薪酬与奖励机制，使业务表现突出的部门在全员授薪的基础上，还能享有与律所当年业务成绩直接相关的回报，使人和人员工的积极性得到了充分调动，克服了业内通常认为的一体化律所全员授薪存在的弊端。

统一管理、统一调配，管理架构、业务部门、分配机制和人才梯队四个方面的设置构成了人和人作为一体化律所与传统提成所之间质的区别。而配置相当规模的运营支持团队，则将人和人的公司制、一体化体现得更为透彻。

“1∶2.5”的强大运营支持团队

2013 年，高端民商诉讼队伍基本成型后，江帆开始尝试为人和人大量引进使用非律师人才。

亚当·斯密在《国富论》第一章就阐明了分工提高生产力的三个原因：熟能生巧、减少工种转换时间和发明机械。如今我们更熟悉的一般说法即“专业的人做专业的事”。其用之于律所，则对应着律师更专注于法律事务本身，而将管理和行政事务完全剥离出来，由非律师专业人士负责，组建一支对律所发展同样重要的运营支持团队，由律所负责管理并负担起全部的人力成本。

人和人长沙总所目前共有员工 140 余名，其中包括约 100 名律师和一支超过 40 人的运营支持团队，平均每名专业支持人员为 2.5 名律师提供支持（业内采用了类似形式的律所一般为 1∶6~1∶10），工作内容涵盖了市场、行政、财务、人力、品牌、党团建设、IT 建设、知识管理、档案管理等事务，设有多个细分部门，精细化运营。

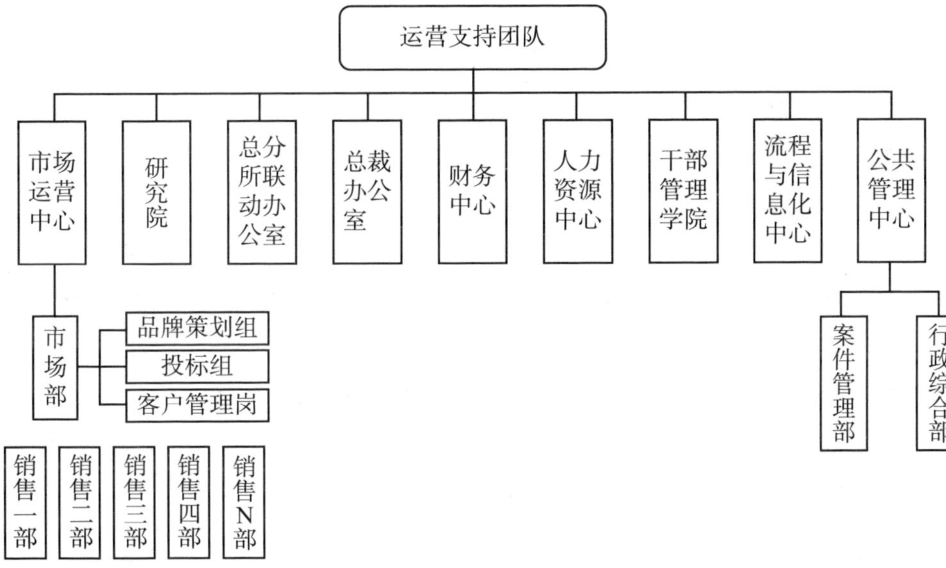

人和人支持团队组织架构

通常，一家律所至少也会配备几名行政和财务人员，而这类“非业务人员”都会被视为律所的成本。既然他们不能创收，当然成本越低越好，是大多数律所的认识。高科却说，人和人的运营支持团队还可以继续壮大，到 1∶2 都不为过。其背后的基本逻辑，是一体化的律所要去计算运营的“总账”。繁杂的大小各项管理运营事务都需要人去承担时，是让年薪百万级别的专业部门部长去劳神费力，还是管理专业出身的“非律师”来负责，答案一目了然。“运营支持工作的分工越细，每个岗位的专业化程度越高，实际上事务所是越‘节省’成本的。”高科说。

所以，在人和人，业内当下热议的律所“职业经理人”制度已经配备、运转了十几年。律所层面，现任运营总监王琳森就是一名典型的“非律师”管理者，此前担任律所执行主任时负责全所日常运营各项事务，现在重点牵头律所的市场工作。

不仅如此，人和人可能是国内唯一一家为业务部门也配备了“职业经理人”的律所。在人和人，每一个事业部都配有一名“政治委员”，其相当于副部长的角色，承担了原来“应当”由部长所做的各项部门管理事务，包括部门思想政治工作和律所价值观贯彻，以及人力资源、财务、市场开拓和客户维护等方面的配合性工作。政治委员一般为管理学相关专业出身，并且在律所的市场部或其他行政部门历练过数年后，才会被安排到业务部门。这时的他们对律所各方各面的事务都已经非常熟悉，并且专人专事，解放出部长的绝大部分精力，使之能专注在部门的业务带头工作上。此外，每个作业部门都还配备有业务秘书，承担日常工作中的资料整理、财务报销、表格填写等流程性事务。这样的精细分工只有在高度公司化的律所才有可能实现。

人和人还是湖南法律市场中最早设立市场运营中心的律所之一。目前，人和人的市场运营中心已有 30 多名成员。其又下分为市场综合部门和市场销售部门。综合部门配有大客户专员、招投标专员、品牌专员、活动专员；销售部门设有大诉讼、政府经济综合服务、国有资本和常年法律顾问等不同销售小组，通过各式各样的营销活动不断强化人和人在本地市场中的品牌形象。由市场部门开拓引入的案源最高可占据律所总案件数的 70% 以上，完全区分于传统律所中律师自给自足，甚至“看天吃饭”的零散状态。

“人和人一直坚持的‘大市场营销’，核心理念是找准律所的战略市场定位，锁定客户群体，开展精准营销，并以客户为中心组织作业活动。”高科解释，人和人的战略市场定位已经非常明确，即“一个中心两个基本点”。由此客户群体也非常清晰，专业产品打造、人才配备等随之明朗，整个律所管理运营计划性大大提高。

作为一家公司化管理的律所，多年来，人和人一直高度重视知识管理建设。江帆认为，在今天的市场经济社会中，一家律师事务所拥有的真正财富，是比资产和不动产更具价值的“知识”，知识管理做得好，才能保证律所更有效率地进行专业化建设、市场拓展及服务质量监控，进而获得更为稳健、可持续的发展。2010 年起，人和人开始设置知识管理岗位，选择用先有文化、后有内容、再有系统“三步走”的方式建设律所的知识体系。

在人和人，知识分享的文化氛围已经非常浓厚，知识管理的一系列活动有序展开；法律服务的“标准化”提炼出知识片段，“联动化”串联成事务所的“知识库”，律所制定了相应的知识管理流程规范及知识共享激励机制，鼓励律师最大化记录案件法律关系图、代理方案、谈话记录、案件讨论记录、参考资料、工作总结、办案心得等相关信息资料，由知识管理专员审核后整理归档；2013 年律所升级了管理软件，与软件提供商共同研发设计适合人和人的知识管理系统，建立起相关信息的数据库，如客户资料库、标准和流程库、案例库、案件研发资料库等。

这些年，人和人连续获得行业组织授予的各种行政管理类奖项，直观地体现了业内对于人和人坚持律师业务与运营管理并重的公司化管理模式的肯定。而人和人高质量运营支持团队的建设，也能给予更多还走在传统发展道路上的律所以一个具有强说服力的范本以参考。

湖南全覆盖，布点深圳，走向全国

对中国律师行业有一定了解的人，会发现各省份法律市场的区域性特征非常明显。其本质是律师服务与该地的人文、政治、经济、民生等因素有着千丝万缕的关联，甚至一家律所的服务特色就是该区域社会经济发展态势的缩影。

牢牢把握区域性特征造就一家区域强所，是江帆早就明确的人和人的定位。区域强所只是一个概括性表述。其基本思路是发端于省会城市的律所利用其在省内的区域优势地位，主动向地级市或经济较发达的县域地区拓展布局，在省内形成规模优势，在此基础上不断提升专业能力和团队协作优势。

打造一家区域强所，人和人需要结合目标客户群体的特点，通过分支机构网络实现服务的专业性、及时性。人和人服务的目标客户群体一是高端商事主体，二是政府方。对于前者而言，其可能涉诉的案件大多数发生在省内各地级市；而政府方的法律服务，尤因省内各市州市政建设的方兴未艾，其对于法律服务需求的及时性与综合性十分明显，尤其需要法律服务机构能深入了解当地的政治、经济、文化环境，为政府方提供更精准、更周到的“一站式”法律服务。

这两方面客户需求的特征决定了人和人在区域内分支机构的全覆盖。同时，省内的全方位覆盖，不仅是人和人作为一家一体化的法律服务机构在各地市州的延伸和“复制”，也为人和人整个“肌体”提供了更充分、更多元化的资源。

2012 年，人和人娄底分所成立，正式开启了人和人区域战略的第一步。娄底分所也成为当地首家采用公司制管理、一体化运营的律师事务所。

虽然目前总分所在财务上相对独立，但在管理模式、业务结构、人才培养等方面，尤其是律所文化氛围、精神特质的营建与打造上，任何一家分所都与总所保持高度一致，总所视分所为大的人和人团队在地理位置上的延伸，分所则在核心构建与内生血液上与总所一脉相承。

这使得人和人在多元化资源的调配上打破了地理阻隔，在省内实现了包括人力资源、业务资源、市场资源等多种资源在内的统一调配。目前，根据客户和项目的需要，人和人完全可以实现由总所决定，将业务骨干在省内分支机构之间自由调配，即人和人不仅能够在总分所当地根据业务需要去搭配最强的服务力量，而且能够实现在省域内专业力量的按需调度，这为人和人真正意义上实现律师作业的集团化作战提供了极为有力的保障。当别的律所还多是团队化作业、按项目单谈合作的时候，人和人是用集体的力量去为客户提供最及时的、全方位的优质服务。这样的战斗力，显然是传统模式的律所无法相比的。

人和人湘潭分所主任晏军对这一点感受颇深。2017 年年初加盟，人和人湘潭分所成为外地大所在本地开设的第一家分所。受限于地域、业务量、学习资源、实践经验和团队支持等多个因素，执业多年的晏军明显感受到本地律师在专业能力提升方面的“瓶颈”。“加入人和人一体化体系，一方面，能得到总所在主要专业领域方面强有力的后盾支持和带领提高；另一方面，分所擅长的部分细分领域也为总所提供重要补充。”晏军说，这样的互补为分所律师在专业上更加精深提供了充分的支撑。3 年来，湘潭分所的现代化管理不断优化，品牌影响力持续攀升，已经迅速成为本地知名的大所分支机构，其成功转型甚至带动了其他大所瞄准湘潭开设分所的热潮。

由于需要确保各个分支机构作为人和人整体一部分的高度一致性跟协调性，人和人在设立分所时十分谨慎，门槛较高。目前，人和人各地分所的主任基本上都是当地的律协会长、副会长，不少还是当地的人大代表或政协委员。

目前，人和人已经在娄底、郴州、怀化、永州、张家界、株洲、湘潭、邵阳、常德、岳阳设有分支机构，足迹遍布三湘四水，省内仅剩的益阳、衡阳和湘西土家族苗族自治州三地分所也都已在筹建中，即将实现湖南省域的全覆盖，呈现极具地区特色的分所布局形式。

2017 年，最高人民法院第一巡回法庭落地深圳，管辖湖南、广东、广西、海南四省的二审和再审案件。此前，代理最高人民法院的案件，人和人的高端民商诉讼团队需要经常往返于北京和长沙。“一巡”设立后，人和人迅速反应，设立了目前唯一一个省外机构——深圳分所。

深圳分所仍然是人和人区域强所战略的一部分，它的设立并不意味着人和人“进军”深圳本地市场，而是作为为湖南本地商事主体提供复杂疑难诉讼全流程服务中的一个机构上的延伸，其主要负责的也是与高端商事诉讼相关的案件代理流程，面向的仍然是湖南客户，而不去承接本地的法律顾问等服务。深圳的设点属于人和人的战略性布局，更加体现出人和人在贯彻区域强所战略上的定力。并且这样的分所布点思路也与目前中国律师业中大多数律所规模化发展的思路很不一样。

“如果完全把分所当成一个独立机构，设立深圳分所并不契合我们的战略定位，但如果把它当成人和人的一个部门，服务于总部的战略，那一切都顺理成章。”江帆说。

此外，深圳分所还担任了湖南省人民政府驻深圳办事处常年法律顾问，为湖南省招商引资活动提供法治支撑。

“北京和上海我们也有意向，但是这两处的布点思路和深圳截然不同。”江帆说，人和人的区域强所战略还需要再沉淀，本地还有很大的空间，同时，分所的设立需要人才和时机，但北上广一线城市分所乃至“一带一路”沿线机构的设立都已经在构想当中。

走在时代前面

“如果用一句话来总结人和人取得这些成绩的原因，我们可以说是走在了时代前面。”江帆说。

2016年，江帆在《律所现代管理之痛》一文中从六大方面总结了传统律所落后于行业发展，尤其是律师事务所的内部管理体系建设严重滞后的主要体现和根本原因。他指出——

“在行业壁垒和行业封闭性被打破的时代，在过程和结果同样重要的时代，在客户及其需求迅速更新换代的时代，在全面竞争和商业化运作成为主流的时代，在新技术、新工具改变以往法律服务方式的时代，中国律师行业和律所都必须及时调整和改革以适应越来越激烈的市场竞争。”

“构建以客户和市场为导向的商业化运作模式将大大促进中国律师行业和律所的产业升级和转型发展。”

这正是对人和人十多年坚持一体化道路探索现代律所转型升级的精准阐释。

15年前，人和人诞生。在全国范围内都没有一体化律所成功范例的时候，当律师行业整体还相对停滞在传统状态的时候，人和人的眼前并没有路，要自己去披荆斩棘开辟出一条路来。至少在中西部地区，人和人是最早探索一体化道路的律所之一。

从律所创立到站稳脚跟，从研发产品和打造队伍，从单点突破到区域布局甚至走向全国，人和人用了15年时间去探索，而近5年是其充分发挥战斗力高速发展，不断提升区域影响力和地位的5年。

“想走得快，一个人走；想走得远，一群人走。”人和人总所墙上挂着这么一句话。探索一条没有人走过的道路，其中必然有迷茫、有困惑、有挫折，但江帆的初心是不变的，人和人的初心是不变的。在律所的文化墙上，江帆还写下了这么一句话：“我们视律师业为毕生事业，如果您仅仅将律师看作一种简单的职业抑或一种谋生的手段，最好别进入这行业，至少人和人不欢迎！”

将律师职业作为事业，始终仰望天空拥有理想，始终保有虔诚的态度，始终充满斗志和激情，始终脚踏实地地去探索去实践，才使得人和人这支队伍从小到大一路发展成本地领先的区域强所，才使得这支队伍在十几年间面对种种困难，面对外界的质疑，始终没有停下脚步，而面对纷至沓来的各种荣誉和成绩，也没有喜形于色，而是更加砥砺前行。

影响湖南律师业，江帆认为人和人已经做到了。人和人用 15 年的时间证明了在北上广一线城市之外，在业务、人才和各方各面资源都相对缺乏的区域市场中，也能以公司化管理和一体化运营实现律所不断突破自身局限性的跨越式发展，在理念思路、管理模式、专业设置、市场定位、团队协作、品牌建设等诸多方面都给行业尤其是中西部地区的律所以一个富有启发性和参考价值的范本。

下一步，人和人还将不断提升为目标客户提供综合服务的能力，除了法律服务，工程、会计、税务、金融等其他相关服务也将通过自主建设、组织协同实现人和人的横向发展，向综合性的以法律为核心的第三方专业服务机构升级。

“单纯的专业知识对客户来说是没有价值的，人和人将提供的是跨知识领域、跨行业的以高端民商诉讼为中心的完整产品链，是综合解决方案，这是未来法律服务机构的应有样貌。”江帆说。

结　语

2019 年 8 月，人和人总分所的核心团队聚集开展了三天两夜的战略共创，明确了律所的使命、愿景和价值观，清晰了战略定位和未来三年的宏伟蓝图。

这是人和人“二次创业”的元年，是人和人阶段总结和长远发展承上启下的一年。2019 年 12 月 20 日，人和人 12 个办公室的 500 余人齐聚柳城常德，开展了为期三天三夜的年终总结大会。

江帆对大会的主题“聚焦、迭变、融合、共进”做了阐释——

“聚焦：人和人能取得今天的成就，得益于过去的聚焦。未来，我们更应把握聚焦的全局性、长远性、穿透性，进一步聚焦思维模式、聚焦知识结构、聚焦思想。

迭变：单打独斗的律师英雄时代日渐落幕，律师行业的未来必定以组织的形式欣欣向荣。我们应该抓住改革契机，增强实干能力。

融合：求同存异，团结一切可以团结的力量，是人和人未来的重点工作；谋求发展的最大公约数，与时代共舞，是人和人面临的最大挑战。

共进：每位员工都决定着人和人的未来，我们应该同心同德、同舟共进、同甘共苦、携手共进，打造人和人命运共同体。”

什么是律所发展的最好时代？无从定义，又或许要靠自己去定义。个体和组织的进步都是在不断解决新问题的过程中实现，江帆认为，从管理学的角度，新问题、新挑战的不断出现，恰是证明了组织正在发展，且还有发展的空间。

中西部破局，一体化立所。人和人还将不断定义属于自己的最好的时代。

四方君汇

十五载求索，一家天津大所的本土传奇

毛姗姗　周　正　蔡　凡

创始合伙人之一　沈兴政

创始合伙人之一　马弘

第一任监察委员会主任　高凤桐

现任合伙人会议主席　杨玉芙

四方君汇人其乐融融

“九河下梢天津卫”，天津人如此形容天津。地处多河交汇的扇形手柄位，天津这座码头城市，自古便有包容开放与开拓创新的基因。作为中国四大直辖市之一的它，是国务院确定的全国先进制造研发基地、国际航运核心区、金融创新示范区、改革开放先行区，享有各类经济政策红利。天津文化又被称为“俗世文化”——“天津卫本是水陆码头，居民五方杂处，性格迥然相异。然燕赵故地，血气刚烈；水咸土碱，风习强悍。近百余年来，举凡中华大灾大难，无不首当其冲，因生出各种怪异人物，既在显耀上层，更在市井民间。”① 天津作家冯骥才如此形容。

在这样的文化土壤下，要形成一家具有合力的“航空母舰型”律师事务所，从现今的视角来看，依然困难重重。但在 15 年前，就有几位律师怀着“打造天津本土律所品牌”的理想，成为建设天津本土大所第一批“吃螃蟹”的人们。

2005 年至 2006 年，天津法律服务市场上四家律所合并为一，定名为“四方君汇”。至此，承载着地方律所探索规模化道路历史使命的这家律所一路乘风破浪，有曲折探索，更有难关攻克，始终不断向前。

2019 年，拥有 220 余人的四方君汇成为天津法律服务市场上第一家本土“亿元所”。同年年底，她顺利完成了特殊普通合伙的改制，并开始着力推行专业化改革。

在新的时间节点上，属于四方君汇的时代正在来临。

十五载求索路　扛大旗守初心

千禧之交，中国法律服务市场已然发生变化。先是国内两起“三所合并”的案例引发业内关注热议，“律师集团”的出现，亦预示着中国律师行业规模化之路的开启。整个中国法律服务市场，正呈现着“北上大所拔锚破浪，标兵在前；国际律所抢滩登陆，追兵在后”的态势②。

而彼时天津这片“海域”，却依然“小舢板”星星点点。律所数量多、规模小、人员少，律师样样能却样样不精。在规模上，二三十人左右的律所在当时已然是“大所”。

“‘小富即安’和‘故步自封’的惰性正在部分成功律师身上滋长，‘初生牛犊不怕虎’的创造性逐渐消失，对律师事业的追求慢慢淡漠，前进的方向开始迷茫。”时任天津正奇律师事务所主任沈兴政已然看到天津律师行业的现状。

2000 年，一篇题为《中国律师 2000 年大会的思考——期盼打造天津律师界的航母》

① 冯骥才：《天津卫的“俗世奇人”》，载中国作家网：http：//www.chinawriter.com.cn/wxpl/2016/2016-03-11/267378.html，最后访问日期：2016 年 7 月 4 日。

② 参见沈兴政：《我们为什么要合并？》，中国第六届律师论坛。

的文章在天津律师行业传播开来。

星星之火，点燃了先觉者的雄心。

四所合并，四方君汇

无疑，沈兴政是先觉者，君恒所创始人马弘，君汇所创始人马克伟，至大所创始人何云选，法政牛津所创始人杨玉芙亦是。当时，几家律所均已进入天津律师业前十。创始人们对于天津法律市场的现状也达成了共识："前有标兵、后有追兵，形势喜人、形势逼人、形势不等人""天津，应该有自己本土的规模化律所"。

于是，几家律所的主任汇聚在天津一家宾馆的客房里，召开了如何通过合并做大做强一家律所的第一次会议。利用当年的周末时间，他们又开了三四十次会议进行缜密论证和协商，以期达成理念一致。其间，几人还曾分别走访了北京、上海、江浙、山东、广东、深圳等地的国内知名律所，认真学习研究发展经验。

2005 年 1 月 1 日，正奇、君恒、君汇 3 家律所的骨干力量重组合并，新章程正式签署，定名"君汇"，合并后沈兴政被选举为第一任事务所主任。

重组后的君汇拥有 30 多人，在其章程中确立了"以精英定体制，以体制聚人才，以人才创品牌，以品牌获效益，以效益促发展"的可持续发展战略，并摆脱主任负责制，超前地设计采用了决策、执行和监察在统一目标基础上相互独立的"三分法"管理架构。律所内部参考《公司法》设有"董事会"，重大问题由"董事合作人"商议决定，执行机关由主任、高级行政主管、各业务部长和质量监控委员会组成。

当年 10 月，原在一家律所担任主任的高凤桐以董事合作人身份加入君汇，并出任监察委员会主任。他正是《期盼打造天津律师界的航母》一文的作者。比沈兴政还年长 10 岁的"高老"离开了自己的律所主动加入君汇，既是对于当时远大理想的践行，也是对这家通过合并走规模化道路的本土律所的认可和支持。不仅如此，高凤桐也鼓励自己的儿女加入四方君汇，一同为这份事业献力。4 年后，已在其他律所担任合伙人的高爽，在父亲的感召下加入四方君汇，后成为该所的青年律师代表。

合并后的君汇顺利起航，她在天津率先采用了公司化的运营模式，这种管理模式在君汇内部称为"拉做维一体化"。"拉"指的是市场推广和案源拓展，"做"是专业分工的业务承办，"维"则指代维护客户的专门团队。这样的模式，在当时可谓先进。

合并第一年，君汇便实现了 600 多万元的创收，但离最初构想中"航母"般的规模大所，尚有明显的距离。看到合并效应后的创始人们信心倍增，干劲十足，随即希望趁着势头再次通过合并的方式壮大规模。

于 1993 年成立，在天津滨海新区业绩出色、承办了多个有影响力的重大案例，拥有自己办公楼的四方律师事务所成了当时看上去最合适的对象之一。彼时，四方所主任徐玉平在天津律协担任常务理事，同样有将律所做大做强的意愿。双方创始人便开始协商合并事宜。

这一次的合并进展迅速，不到一年时间，便敲定了大局。2006 年 5 月，“四方君汇”正式亮相。

合并后的四方君汇拥有 70 多名律师，是当时天津最大的律所。2007 年，四方君汇便实现了 1700 多万元的创收，较前一年，实现了 42% 的增长。

提成向右，薪金向左

高效合并带来业务增长的繁荣，也让人忽略了隐藏背后的危机。过快的合并，使部分合伙人在合并时并未对于发展核心机制达成共识，这为之后的发展留下了隐患。尽管对于合并后可能产生的问题，沈兴政、马弘等创始人已经做好了充分的心理准备，甚至在第一次合并时，合并总纲里就明确了六句四字箴言“富于牺牲、开诚布公、及时沟通、相互包容、依章管理、适时调整”，但现实总是超过预想。

争议的焦点在于是否能统一适用“拉做维一体化”制度。在该制度的设计下，合伙人需要放弃传统的提成制而采用“薪金制”，即律所合伙人以工资和奖金，而非创收所获得的提成作为收入来源。该模式下，合伙人们的年薪明显低于提成制模式下的收入。不仅如此，每月给员工固定发工资，刚刚迁址装修的律所面临巨大的现金流压力，几位合伙人都曾自掏腰包 50 万元来负担所里的开支。这样的模式本意是为了律所的长远发展，这也是采用公司化管理模式下律所必须支付的成本。但在当时的情况下，不少合伙人认为“过于超前而难以接受”。

为了解决合伙人对此的争议，时任律所副主任的马弘提出了“大业务部制”的改革方案，即以大业务团队作为创始的考核单元进行分配。该模式借鉴于上海的规模大所锦天城。锦天城在该体制下连续多年位居上海律所规模和创收两项指标排名的第一位，并很快设立了杭州和北京办公室。

在马弘看来，四方君汇遇到的困境或许可以用这样的模式来化解，“大业务部制”或是“历史的必然”。2006 年，四方君汇内部召开了董事合作人会议，投票决定是否对于律所进行“改制”。最终，董事会以八比一的票数通过了“大业务部制”的改制方案：以合并前律所团队作为不同的业务部门，原四方所变为滨海业务部。坚持“拉做维一体化”的沈兴政在当时是唯一一位投了反对票的董事合作人，但基于“少数服从多数”的原则，依然做了妥协。

没有一个制度能十全十美，改制后，在四方君汇执业的律师们积极性大幅提高，亦有更多优秀人才涌入。但同时，各个业务部门之间也立起了一道无形的隔墙，甚至在业务上存在相互竞争。

在该制度施行3年后，部分四方君汇的创始成员因理念分歧离开，四方君汇同时面临牌匾可能被分拆的重大危机。在紧急情况下，沈兴政、马弘、高凤桐等四方君汇老前辈们力挽狂澜，合力解决难题。终于，四方君汇的品牌保住了。

十年探索，三大革新

2010年，四方君汇迁址于峰汇广场22层，同年与明扬长缨律师事务所合并，再一次壮大了发展规模。2年后，时年60岁的沈兴政退休，马弘接任合伙人会议主席，接过“四方君汇”的大旗。在担任合伙人会议主席期间，他继续不断地寻找优秀律所与优秀团队，前前后后谈了不下20家律所，四方君汇也在不断扩大的规模中稳定发展。2016年，四方君汇与天津少晞律师事务所合并，律所人数突破150名，业务创收达5000万元。

事实上，经历过“聚散离合”，沈兴政、马弘等创始人们对于律所的发展方式，有了更深刻的思考。“规模化”依然是坚定不移的选择，但对于律所如何做强，成为更重要的命题。“单纯的规模化”已然不够，如何使用现代律所管理方式，促进律师的专业化发展，已经迫在眉睫。

四方君汇采取了三个行动，而这成为其近5年高速发展的重要原因。

第一，引入律所管理的职业经理人，搭建律所运营团队。2015年12月，曾任军事检察院检察长、有18年企业管理经验的强光田担任管委会主任，这是四方君汇内部管理升级的标志性事件。在此之后，四方君汇的各项行政、财务、人事等可归为律所运营后台的事项更有章法地运转。律所的运行效率得到大幅度提升，品牌凝聚力亦有质的飞跃。

第二，特殊普通合伙制改革。2019年，四方君汇完成了特殊普通合伙改制的启动和完成，见证了合伙人的高度一心，亦使律所在风险管理迈上一个台阶。

第三，四方君汇的管理层换届。2019年，马弘把四方君汇的接力棒交给了他最中意、也是其认为最合适的接班人——杨玉芙。

在加盟四方君汇之前，杨玉芙是天津法政牛津律师事务所创始合伙人，时任天津律协会长。而他亦是15年前一起商议合并的5位律所主任之一，当时因所内其他合伙人意见不统一最终未参与2005年的合并。但对于四方君汇的发展，杨玉芙始终关注。

在杨玉芙眼中，四方君汇在2019年正迎来最好的发展时刻，推动专业化改革，发展为一家现代化综合型规模强所，成为四方君汇最新的目标。他亦有信心，将新制度推行，与新的管理团队一道，带领四方君汇这艘航船驶向更广阔的海域。

现代管理蜕变 中台建设探索

15 年来，四方君汇的管理变革经历过三个阶段：早期为董事合作人领导下，施行“拉做维一体化”的业务管理体制和“决策、执行、监察”三分法的管理模式。中期为在升级“决策、执行、监察”三职能机构——由合伙人会议、管理委员会和监察委员会履行上述职责的同时，取消“拉做维一体化”和“董事合作人”制度，改为以“大业务部制”主导的分配模式。后期，向现代化律所管理模式转型。

2007 年，四方君汇加入了中世律所联盟（SGLA），该联盟由国内一、二线城市的精英所组成，汇集了中国律师界一大批精英人才，开创了中国律所做大做强的第三种模式，对中国律师业的发展作出了独特的贡献，是中国地区首家被国际评级机构钱伯斯收录的跨国律所联盟。自加入该联盟以来，四方君汇与联盟共同成长，学习和借鉴了联盟兄弟所诸多先进经验和创新做法，不仅促进了四方君汇的发展和国际视野的提升，也为四方君汇的管理改革提供了新思路。

2012 年始，为解决“大业务部制”带来的弊端，四方君汇开始进行内部组织架构的调整，成立合伙人会议常务委员会，以履行合伙人会议的部分职责，极大提高了决策效率。与此同时，马弘提出设置专职管委会主任的设想，这一设想在 4 年后得到落实，也使四方君汇成为为数不多拥有职业经理人的律所。

2015 年年底，强光田就任四方君汇管理委员会主任。初来乍到的强光田意识到，要彻底改变律所各业务团队相对分立的局面，不可能一蹴而就，应当按步骤、有计划地进行。他将注意力放在两件事上——一是“管人”；二是“管钱”。

为摸清律所“家底”，强光田先在律所内部组织了为期几个月的“座谈”，上至高级合伙人，下至年轻律师，全体面对面沟通以求全面了解律所现状与律师们的诉求。同时，在执行层面优化管理架构。

此前，四方君汇管理委员会下设行政事务部和业务发展委员会、青年工作委员会等多个专门委员会。但专职行政人员仅有 3~5 人，管理的事项多且烦琐，各职能部门之间也缺乏明确的分工。为此，四方君汇建立起由行政事务部，业务发展部及财务部三个职能部门组成的律所运营平台，由专职的行政团队来发挥律所管理的作用，做到专人专事管理。

同时，四方君汇升级了律所管理的 OA 系统，规定今后律所无论业务大小，均录入管理系统，由律所进行业务和案源的统筹管理，避免各团队之间的内部竞争和业务冲突。在强光田看来，业务冲突减少，业务量增加，是留住人才的根本之道。

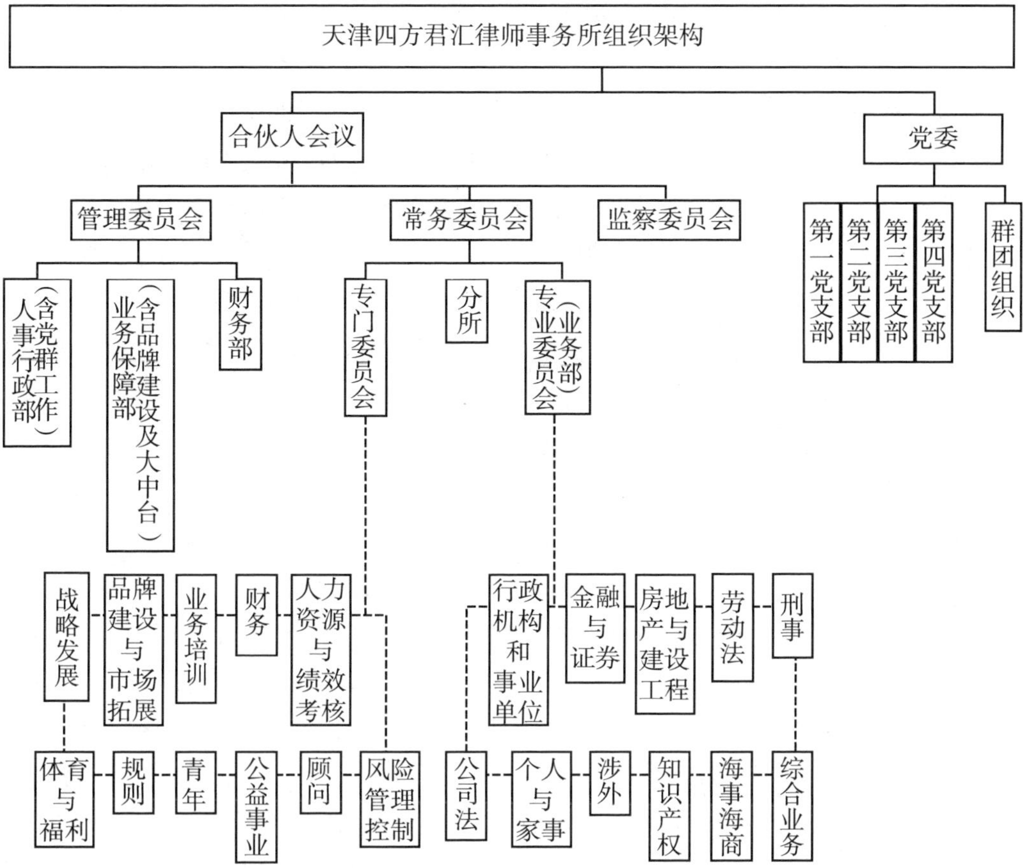

四方君汇律师事务所组织架构

在未来，四方君汇还将增加品牌拓展以及党群工作部门，将职能部门增至 5 个，使律所管理进一步优化升级。

此外，考虑到行政人员的薪资与投入不匹配的状况，管理委员会向合伙人常委会建议将所有的行政人员工资进行调整，为他们制定合理薪酬，也留住了大量优秀管理人才，让他们能够在岗位上充分发挥管理才能。

目前，四方君汇管理团队的理念是：律所不仅是一个执业与生存的单位，更是服务与管理相结合，为律师们开展业务提供更舒适、更高效环境的平台。

管理团队升级的同时，四方君汇的财务制度同样得到了升级。

自 2005 年 1 月 1 日君汇成立伊始便以合伙人身份加入四方君汇的张晓丽，可以算是律所的“老人”，作为分管财务的合伙人，她于 2006 年律所内部改制为“大业务部制”之后，便承担起业务部的财务管理工作，后又分管全所的财务工作。2008 年，四方君汇鼓励更多青年律师参与到律所管理，她是其中之一。

强光田加入后，与张晓丽一起对四方君汇的财务制度进行了升级和完善。在他们的努力下，四方君汇建立起律所统一的预决算制度，其中包括，“每年律所实行统一的预决算，每一案件提取一定比例的收入留存律所，作为律所层面的发展基金，为律所升级软硬件设备提供条件。”

改革过程中，四方君汇亦提出了另一项重要举措——律所的中台战略。中台战略在初期阶段，指的是形成一个律所的管理系统，通过大数据的方式将律所的品牌宣传体系、公共业务分配体系、业务辅助体系融合于一个统一的平台。中台战略的中期目标为中台本身形成一个运营团队并且能够为律师和律师团队们提供高效有偿的服务；中台战略的长期目标是将中台打造成一个律所管理的指挥中心，业务、管理都能在中台平台上落实。

在律所的行政管理团队集结完毕，财务制度升级之后，律所的管理初显成效，业务发展亦取得长足进步。2018 年，四方君汇创收突破 9400 万元，同年成立河西分所。2019 年，3 家当地律所的骨干同时加盟四方君汇，律所的总创收突破亿元大关。2015 年至今，四方君汇已连续 6 次被《钱伯斯亚太指南》评选为“公司 / 商事：东部沿海（天津）”第一等律所。

四方君汇在管理上的发展成果，也为专业化重组奠定了基础。2019 年以来，管委会根据合伙人会议的决议，在整个事务所层面进行专业化摸底，预先设定 12 个专业领域，让所内律师按照一主三辅的标准进行申报，为律所的专业化重组做准备。

2019 年 12 月 30 日，经天津市司法局批准，四方君汇由“普通合伙律师事务所”改制成为“特殊的普通合伙律师事务所”（以下简称“特普合”），成为天津首家“特普合”律师事务所。“特普合”的转制，在有效降低合伙人执业风险的同时，能够最大限度调动所内律师的积极性并提升律所的综合竞争力，为事务所今后的规模化和专业化建设铺平了道路。

值得一提的是，在“特普合”改制的过程中，协议中有一项内容事关绿色发展基金，即每位合伙人需要从创收中提取一定比例支持该基金。该基金的作用是“扶老携幼”，一部分针对退休高级合伙人，设定了退休补贴。例如，四方君汇拟定了沈兴政、马弘作为功勋创始合伙人，每月会发放退休金；其他退休的高级合伙人亦有退休金储备。而另一部分针对青年律师，所内鼓励青年律师撰写文章，研发产品，每一项都有相应的成长奖励，对于危困律师，律所也预留了专项资金予以补助。

在“特普合”改制之后，四方君汇的青年律师动力十足，一些参与律所管理的青年律师说，“我们想在四方君汇退休，我们可得把四方君汇看（管理）好了！”

党建公益并重　大所担当长存

党建和公益一直以来是四方君汇的重要工作。这两者相辅相成，均是四方君汇作为大所的自我要求。

自 2008 年四方君汇成立党支部以来，其党组织先后被全国律师行业党委授予“全国律师行业先进基层党组织”，被市委组织部、市“两新”工委授予首批党建工作示范点，被天津市司法局党委、天津市律师行业党委、和平区司法局党委、和平区律师行业党委等上级组织授予各类“先进党组织”。2019 年 4 月，四方君汇成为天津第一家成立党委的律师事务所。目前，四方君汇有党员律师已达 76 人，占律师总数的 48%，合伙人队伍中党员比例达 49%。

11 年来，四方君汇秉承“以党建促所建”的宗旨，在党建工作方面持续的投入，是四方君汇党建工作成果丰硕的重要原因。

时任四方君汇第一任党支部书记的王米娜表示，“党建工作的突出，促进了四方君汇的融合。律师们通过这些线下活动共聚一堂，打破业务部门之间的界线，相互了解、学习，并进一步促进律师间的业务合作”。

在具体的党建工作中，四方君汇还引进了经验丰富的专职党务工作者担任专职党委委员，以便更高效、更专业地推进党建工作。每年度设置专项活动预算经费，并设有党员活动室，为党建工作提供了资金和场地方面的支持。此外，党建活动对全所党员及非党员律师开放，进一步加强律所内部的融合。

2018 年，四方君汇党支部升格为党总支，2019 年升格为党委。两年时间，两次跨越，组织升级也促使四方君汇主动反思并总结过往的党建工作。现任党委书记的刘冀湘表示，党员律师的表率作用不仅要体现在组织方面，更要体现在业务方面。为提高党员律师的创收水平，四方君汇邀请了业内的专家教授举办讲座。2018 年是中国改革开放 40 周年，国内各项改革举措频出、国际上大国间相互博弈。结合时事特点，当年 9 月四方君汇就举办了“国内外政治经济形势及热点时政评析”的主题党课活动，为律师开展业务提供方向性、前瞻性的指导。

“四方君汇党建工作取得如今成效，刘冀湘功不可没。”马弘说。这位不张扬的党委书记，作为一名执业 27 年的知识产权专业律师，在繁忙的律师业务之外，已经从事了十余年的兼职党务工作，在低调之余尽己所能为律所的发展发光发热。党建工作繁杂多样，刘冀湘力求将每一件小事做好并落到实处。

2016 年，时任中共中央政治局常委、全国政协主席俞正声到四方君汇调研，对四方君汇的党建工作和公益工作给予了高度评价。这也让四方君汇在党建事业上更上了一个新台阶。

如何将加强党建工作与律所发展有机结合？四方君汇党委探索出了一项党员评分制度，并于 2019 年 10 月开始试行。在各支部推行《党员考评量化积分制度》和《实施细则》。从每一名党员政治信仰的忠诚度、守法遵章的执行度、组织活动的参与度、业务创收的增长度、业务能力的提升度、公益活动的热心度等全方面考评并形成个人量化积分。

积分以出勤记载、活动记录、网络数据、财务统计等有形资料为依据，形成有尺度的考核量化、有依据的个人积分。积分会定期在支部内公示，发挥彰显和鞭策的作用。

从最初成立党支部至今，党建已成为四方君汇的品牌和特色之一。在参与政府或国企央企的招投标项目中，高比例的党员律师队伍及党组织的各项荣誉，都让四方君汇获得客户更多的信任，大大提高了律师事务所社会信誉和律师业务发展的核心竞争力。刘冀湘谈道，“党建与律所发展是一致的，并且发挥了不可替代的作用。没有其他形式能够像党建这样，在律所中发挥强大的凝聚、示范作用，并让党员律师在改革阶段起到带头作用，甚至作出一些牺牲。”

公益活动是四方君汇另一个招牌。

在老一辈律师耳濡目染下，四方君汇的年轻律师不辱使命，在思维上也逐渐从“做一名好律师”到“建一个好律所”进行转变。如李岩、冯莉、李丹、范钦玫、王鹏、杜兆婷、杨磊等这些年轻律师，主动参加各类志愿者活动，王鹏、杜兆婷和杨磊三位律师在 2019 年主动报名援藏，在海拔逾 4000 米的昌都市丁青县地区，解决当地的法律服务需求。

2008 年汶川地震，2016 年“8・12 天津港大爆炸”案，四方君汇均组建了志愿者团队。不仅如此，四方君汇也是连续五次担任天津夏季达沃斯论坛唯一专业法律服务团队；2012 年第九届大学生运动会指定法律服务单位；2013 年第六届东亚运动会指定法律服务单位；2017 年第十三届全运会指定法律服务单位；2019 年全国第十届残运会暨第七届特奥会法律服务供应商。

为了更好地践行“公益”理念，四方君汇专设公益委员会，下分为院校、部队、社区、养老四个版块，以培训讲座和点对点咨询为主要形式。2018 年 7 月 27 日，四方君汇涉军法律服务中心正式设立，填补了天津市律师行业涉军法律服务机构的空白。该中心以军队、军人军属和退役军人为主要服务对象，一年以来，已有律师成员 40 名，开展了重大军地互涉纠纷的调处、部队基层普法宣传、军人军属维权法律援助、市退役军人服务中心信访接待律师值班等公益性法律服务，并延伸出军地互涉刑事、民事案件代理、涉军专项非诉法律服务等专业化法律服务。

公益事业往往需要律师们投入大量的时间和精力，为了让公益更持续性地开展，四方君汇提供了两方面的制度保障。其一，与公益平台对接，从而获得一部分财政支持；其二，所内提供资金支持，如全运会等大型公益项目，所内会为律师们提供补贴。现任公益委员会主任孙宏义表示，尽管这些补贴只是象征性的，但必须有。所谓“温暖在心，公益前行”，要让做公益的人感到温暖，不单单是精神上的号召，在资金上也要给予一定支持，让公益形成良性发展。

四方君汇开展的公益活动亦得到了党组织的大力支持，党员律师成为各项公益活动的骨干力量和有力支撑，公益活动已经成为四方君汇的靓丽名片之一。马弘说道，“大所应有大所的责任与担当。大所应该是地方的一面旗帜，‘本土最大’并不重要，重要的是真正把党建、公益落到实处。”这是四方君汇的自我要求，体现为党建工作的自觉性，也体现在以法律专业回馈社会的公益情怀上。

砺行深度改革　迎接崭新时代

2018年，作为天津律协会长的杨玉芙即将届满卸任，摆在他面前有三条道路：一是选择半退休状态，享受生活；二是加入一家全国大所的天津分所；三是加入四方君汇，带领这家老牌本土所改革求新。最后这一条，也是最为艰难的道路。

一年后，四方君汇的官方微信公众号发布了一则消息，杨玉芙律师加盟四方君汇。

在杨玉芙看来，四方君汇正在一个发展的关键节点上，经过多年的探索和奋斗，合伙人们逐渐明确何种模式更适合自己，也更为人心齐聚，心有所向。而放眼天津市场，天津律师行业的三大结构性缺陷，其中最为突出的就是律所结构不合理，规模化综合大所的数量与城市的定位和需求严重不符，中小所尤其是个人所占比过高。2015年，全市百人以上的事务所仅有2家，至2019年也仅有5家。

而推进天津律师行业发展，突破区域瓶颈的一个重要措施就是推动规模所的建设，以此拉动整个行业业务结构和专业结构的调整。“只有大所不断建立起来了，核心竞争力有所提升了，人才吸引过来了，客户的业务才会自然过来，整个行业发展才能更上一个台阶。”杨玉芙说。

和四方君汇合伙人们一道，将这家本土律所推向更高一个台阶，不仅对四方君汇，也对天津律师行业大有裨益。

15年，初心未变。这是杨玉芙答应马弘的原因之一。

2019年9月9日，四方君汇召开了全体合伙人会议，在这次会议中，产生了四方君汇新一届执业机构负责人和合伙人会议常务委员会组成人员，全体高级合伙人均出席会议。杨玉芙以全票通过当选为四方君汇的合伙人会议主席，这被四方君汇同人们定义为“空前团结”的时刻。

在《天津四方君汇律师事务所章程》中，明确规定了组织的机构设置，合伙人会议下设常务委员会（“常委会”）、管理委员会（“管委会”）和监察委员会（“监委会”）三个机构。

新的领导班子成员包括合伙人会议主席杨玉芙，合伙人会议副主席刘冀湘与丁立莹，常务委员：李嵘、邱凯、庞世耀、孙宏义、张晓丽、王剑锋、王震、李岩；管委会主任何树东和监委会主任高爽。

刘冀湘是四方君汇的党委书记，丁立莹是党委副书记，两人既是业务能手，也长期从事党建工作。

“老一辈带头人完成了四方君汇‘进京赶考’的历史阶段，我们将来要完成‘建所大业’，律所的文化与理念很大程度上取决于事务所的带头人，而对于带头人能力的认可，我们一致认为，这是一种不用提醒的自觉和默契。我们会发挥合力！”现同时担任天津市律师协会副会长的丁立莹对于四方君汇的未来发展充满信心。丁立莹有着丰富的执业经验和分管宣传的经验，选择加入四方君汇，亦希望能够将此品牌发扬光大。

过去在常委会中分管各项所内业务发展工作，现在担任监委会主任的高爽在所执业多年，对律所亦有深厚感情。“最初来所内，只是父亲高凤桐的推荐，他对四方君汇的热忱让我好奇，久而久之，看到前辈们为所的付出和牺牲，确实也深受感召。”高爽说。

杨玉芙在就职感言中即明确了四方君汇规模化、规范化、专业化、现代化、品牌化、国际化之路的新路径：“第一，以四方君汇发展为大局，凝聚全体合伙人和全所同人的共同力量；第二，认清大势，以‘特普合’改制、专业化改革及一体化管理为路径，深入调研、科学论证，稳步推动四方君汇改革升级；第三，加强党的自身建设和统战工作，以高质量服务、公益事业、特色文化为抓手齐心合力提升四方君汇品牌形象，最终实现四方君汇立足天津、面向全国、走向世界的目标。”

在杨玉芙看来，“专业化重组”是比“特普合”改制更为重要的一项改革。这个模式的实现将经过“三步走”：第一年，完成行政管理的对接；第二年，完成业务的对接；第三年，进行整合构建。此后，各专业部门制定相关的规范要求，包括但不限于业务指引、管理规则、操作指引、服务产品以及服务客户的标准等，由专业部门对接具体事项。同时，辅之四方君汇正在构建的“大中台”项下的人事、律师辅助、客户维护、客户拓展等系统功能，实现与专业部门相互衔接，形成新的管理体制。

事实上，四方君汇汇聚了诸多优秀律师，单个合伙人的业务能力和开拓能力在市场上口碑有佳。例如，在刑事业务领域、知识产权领域、公司商事和房地产业务领域、金融投资领域，都是四方君汇的优势业务领域。所内多名律师在律协专业委员会中任职。可以想见，在专业化重组完成之后，善于单兵作战的“大律师”们形成合力，无论在业务规模和业务质量上，都能够再上一个新台阶。

目前，四方君汇也正致力于为更多的执业律师设定、预留足够的上升通道与发展空间，让律师的执业行为与自我价值实现具有可期性。律师事务所能够成为业务拓展平台，为律师们赢得更多业务机会，拥有更美好的生活，从而形成良性的正向循环。

“这是四方君汇十五年来发展势头最好的时候，未来的蓝图等着我们去实现。”杨玉芙说。

2020 年 4 月，四方君汇的专业化重组准备工作已经顺利完成，以往“藩镇割据”的状态已经被打破，专业化的阵容已经就位。同年 4 月 8 日，四方君汇荣获《商法》杂志公布的 2020 年“卓越综合实力律所（天津）”年度大奖，这既是 2019 年四方君汇改制后的成果嘉奖，也是多年来的实力累积。

结　语

在中国律所的发展史上，律所的分合更名实为常态。但对于四方君汇而言，始终有着“过长征，扛大旗”的心态。无论遇到多少发展中的艰难险阻，直面困难，想方设法解决问题成为四方君汇人的一贯作风。在四方君汇的基因里，有着军人般朝着胜利目标前行的不竭动力，有战士般肯吃苦讲奉献的文化血统，更有律师身上天然的正义感和公益之心。

他们是高瞻远瞩最早就开始勾勒四方君汇雄伟蓝图的沈兴政；是急流勇退，不惜代价，不求回报，在担任主任十年间倾情奉献的马弘；是全身投入，主动接受难题，破釜沉舟推动专业化发展的杨玉芙；是为四方君汇党建尽心尽力，再难也要扛住的刘冀湘；是业务精湛，对于四方君汇未来品牌发展深思熟虑的丁立莹；是 60 岁加入四方君汇后毅然拉上儿女一起建设律所的高凤桐；是多年来为四方君汇的财务管理工作默默耕耘的张晓丽……

他们都是四方君汇最可爱的人，在过往的 15 年里相聚共生，铸就了四方君汇在天津的本土传奇。从最早守初心，建设天津本土品牌大所，到成为天津较早设岗专职管理者的律所，再至最先成为亿元本土规模所和完成“特普合”改制的律所。每一步，她都走在前列。

而今，站在新的发展起点上，他们万众一心，向专业化方向奔腾，他们也将吸引更多“可爱的人”，续写更传奇的故事。

金道

文化立所，中西合璧

毛姗姗　蔡　凡　伊晓俊

金道律师事务所前台

金道创始合伙人：胡祥甫（中）、王全明（右）、崔海燕（左）

金道律师事务所书籍

金道 2010 年 10 周年庆典时的部分律师合影

“中也者，天下之大本也。和也者，天下之达道也。致中和，天地位焉，万物育焉。”

在过往的三四年中，法律行业出现一个有趣的现象，区域性的律所逐渐朝着规模化方向发展，或密集地在省内扩张，或进行合并。总部地处杭州的浙江强所——金道律师事务所亦不例外。2016 年年初，仅有杭州一个办公室的金道，在短短 4 年之后，已经拥有宁波、钱塘新区、绍兴、台州、温州、湖州（筹建中，即将落地）等 6 家分所，人数规模超过 350 人。

有趣的是，诸多分所的设立均缘起于当地律师团队的主动上门，并希望加入。分所主任们在谈及为什么选择金道时，都给出了相同的答案：被金道品牌、办所理念和文化气质所吸引。

当问及几位金道创始合伙人，何为金道的独特之处时，他们强调的始终是律所文化。“守信如金，为业载道”，这既是“金道”二字释义的延展，也是金道人的执业教义。“金”为诚，诚信并对客户至诚，尽一切努力为客户提供解决方案，“道”为规则，遵守规范与规则，追寻正确的方法。而后也演化成，即使在高度市场化的现状下，律师的“匠心”精神，依然成为金道律师执业的首要倡导。

发展十五载，金道从诉讼强所到成为诉讼与非诉双翼齐飞，各业务领域全面发展的综合所，再至成为拥有浙江省内七地办公室的规模大所。它的成长史是一家区域性综合律所发展的典型缩影。

为业载道，15 年传承

2006 年 1 月，为了追求更为开放、更为现代的律所经营模式，胡祥甫选择与数位志同道合的合伙人一起创办了浙江金道律师事务所。

“名律师”办所，文人底色

创办金道时，胡祥甫已然是浙江省的一位“名律师”。

1990 年，27 岁的胡祥甫从复旦大学法学院研究生毕业，进入了杭州市第二律师事务所执业，成为当时全市仅有的两名具备法学硕士学位的律师之一。执业头 5 年，他即承办了全国首例弃婴状告父母遗弃案、“马家军”名誉权案、中国股市第一案等诸多当时影响力重大的案件，奠定了他在诉讼领域的地位，也使他在全国范围内成名。此后，他又于 2003 年开始担任全国律协民事专业委员会副主任，2005 年问鼎“全国优秀律师”荣誉称号，其在法律出版社出版的 3 本案例集《法庭风云录》记录了他近 30 年在民事、金融和刑事领域的经典案例。目前领衔服务的党委和政府法律顾问单位有中共浙江省委办公厅、浙江省商务厅、浙江省文化与旅游厅、浙江省交通运输厅、浙江省生态环境厅、浙江省民族宗教事务委员会等数十家，2020 年，司法部授予其“全国优秀法律顾问”荣誉称号。

名声在外，荣誉在身，但胡祥甫心里清楚，做律师，回归本质仍然是秉承“把每一个案子办好”的职业初心，对每一个案件精雕细琢，力求完美。“名气就像天上的云彩，如果你没有很深、很强的实力，你飘不了多远。”盛名之下的克己务实，是胡祥甫身上独有的“文人气质”，在他看来，律师办案无异于创造艺术品，一丝不苟，尽心竭力，且乐在其中。这不仅是他的自我要求，也在后来成为金道律师的办案理念。

不止于“名律师”，胡祥甫更是一名律所管理者。1995 年他即成为律所主任，深度参与律所的管理事务，站在一个更高的维度引领律所发展，这也使他对律师行业的发展趋势和市场变化有着敏锐的感知。21 世纪初，整个中国法律服务市场都在发生变化，杭州市的合伙制律所如雨后春笋般出现，“律所经营模式向合伙制发展是必然趋势”，在原来的国办所推动改革并非易事，胡祥甫决心创业。

一同创业的还有金道现任主任王全明、金道管理合伙人崔海燕。2000 年，王全明离开了原任职的浙江省公安厅，投身律师行业；崔海燕毕业于复旦大学，于 1998 年始师从胡祥甫。二人比胡祥甫年轻十多岁，在多年的共事经历中，三人形成了亦师亦友的关系，建立起高度的信任与默契。

创所之初，金道即定下了明确的发展目标——“传统业务与现代业务结合，诉讼业务与非诉业务两翼齐飞，成为省内一流、全国有影响力的律师事务所”。以此为奋斗目标，金道十余名律师铆足了劲向前，2006 年年底，全所创收就达到 1100 万元，“当时杭州市业务量超过一千万的律所也不过七八家”。

开局得胜，此后金道便吸引了众多优秀的律师人才加入，业务量逐年快速递增，并于 2009 年获得亚洲法律杂志（ALB）“浙江律师事务所大奖”提名，成为浙江律师界的一匹“黑马”。2011 年，成立第六周年的金道被司法部评为“全国优秀律师事务所”，值得一提的是，评选全国优秀律所的条件之一正是“该律所成立需达五年以上”。而金道刚满五年即获此殊荣，足以可见其发展势头之猛，这给金道人很大的信心。

把握市场需求，拓展非诉业务

服务精品化、业务综合化，这是金道较早就已明确的律所发展路径。在诉讼业务领域，胡祥甫具有极强的个人品牌，对外是品牌传播，对内是能力传承，进而打造了金道律师强大的诉讼业务实力，并确立了金道在诉讼领域的优势地位，成立第五年获得亚洲法律杂志（ALB）2010“中国诉讼律所大奖”提名。

金道发展早期，诉讼业务比例在全所创收中占据大头，“尤其在前5年，诉讼业务占比达到70%以上”。但金道并不满足于做一家诉讼强所，而是立足于诉讼领域的已有优势，积极开拓不同类型的非诉业务。

“比起‘专科医院’，‘全科医院’更符合我们的发展定位。金道要成为一家具有一流竞争力的综合性律所，为客户提供专业化、一站式、全方位的法律服务。”王全明说。

2012年前后，王全明率先带头转型，向非诉业务领域发展。立足于杭州市互联网经济发达这一特点，转型初期，王全明带领团队攻坚克难，在转型第一年就成功完成了数个电子商务和互联网金融领域的投融资项目。

2014年8月，金道担任浙大网新实业发展有限公司破产案件的管理人。王全明组建了20多人的团队，历时两年多，用10,000多个工作小时一路攻坚，最终助推重整计划以4个债权组每个近90%的高比例通过，该案也获得“2012~2016年度杭州市十大影响力案例”，被视为金道团队化运作非诉讼业务的重要案例。

此后，城市化建设和基础设施升级改造、企业投融资需求、浙江企业国际化发展等契机带动了PPP、房地产、涉外等非诉讼项目的增多。金道律师敏锐地捕捉到了这些市场机会，分兵作战，深入研究，逐步在破产重整、PPP、建设工程房地产、新三板、私募基金、知识产权、涉外、税务等多个业务板块取得长足发展，形成了诉讼与非诉并重的业务格局。

改革创新，再上新台阶

区域经济高速发展，客户面临的法律问题趋于综合化和复杂化，这也要求律所需通过分工协作和内部整合，进而对外输出整体性的法律服务。另外，规模扩大之后，律所的管理能力亦需要迭代升级，以更好地匹配进一步的发展。这是律所在发展至中型规模时期面临的重要转型关口。

五年前的金道，正处于这样的发展变革期。此前，金道采用的是“部门制”的管理模式，各部门各自负责内部的人员进出、收入分配等事宜。为了律所更长远的发展，则需要进一步整合资源，打破部门壁垒，在律所层面凝聚合力。

2015年年初，王全明接任金道的第二任主任，开始着手内部制度革新，目标是将原先的“部门制管理为主”转化为“事务所主导型的管理模式”。

在王全明的主导下，金道内部进行了一次全面的制度改革升级，重新调整管理团队，并将原来的部门制改为团队制，并对分配制度进行了优化调整，为金道此后的发展打下了坚实的制度基础。

改革举措大大激发了骨干律师的积极性。2016年，金道全所创收突破1亿元，律师人数超过160人，成为创所10周年的优秀成绩单。2017年，金道创收1.5亿元，实现了 50% 的增长。

为了更进一步发展，2016 年，金道购置了西湖国际科技大厦 10 楼，2019 年，继而购买了 11 楼，三层办公楼的总办公面积将达 3800 余平方米。在崭新的办公室里，金道的合伙人们亦筹划着下一阶段的律所发展蓝图，开始在浙江省内的城市落点布局，向着区域性规模大所迈进。

深耕浙江，辐射全国，如今已设有 6 家分所的金道人数已有 350 余人（其中律师人数超过 280 人），2019 年年底总分所创收突破 2.5 亿元，再创新高。金道也于 2019 年、2020 年连续两年登上“钱伯斯亚太排名：中资律所榜”。近 15 载风华，金道以“为客户寻求法律问题的最佳解决之道”为初心，在专业服务上秉持匠心精神，在律师管理上不断改革创新，凭借专业 + 管理的双轮驱动，金道如今正走在规模化的道路上，逐浪前方。

市场导向，专业有道

取名“金道”，其英文释义为“Seeking the Best Solutions for Our Clients”。在过往十多年发展中，金道律师怀着“案件无大小，每一个都很重要”的赤诚，尽己所能为客户提供服务。正因如此，在客户的长久信赖下，金道的业务也随着市场的变化和客户的需求不断升级和发展，现已经形成十大业务领域和十八支团队。

诉讼业务是金道的传统强项业务，金道诉讼业务的优势，不仅体现在胡祥甫一人身上，在金道律师中，有一批诉讼界的专家能手。此后多年，在浙江乃至全国范围内的一系列重大案件中，亦能看到金道律师的活跃身影。2015 年，记录金道律师在民商事诉讼和刑事经典案例的 2 本《诉之有道》在法律出版社出版，2019 年改版后的《诉之有道》记录了金道全所评选的 2018 年 13 个典型案例，2020 年的《诉之有道》即将出版，记录了金道 2019 年度的 10 个典型案例和 5 个典型项目。

金道刑事团队目前有 20 余名成员，其中 8 人曾供职于公检法司等政法机关，2 名兼职律师为高校教授。团队年承办刑事案件 300 起以上，其中团队负责人王晓辉律师承办的“杭州蓝色钱江保姆纵火案”，具有广泛社会影响，高质量的辩护获得各方赞誉。

诉讼业务的精益求精，不仅体现在庭审中慷慨激昂的陈词，还体现在对每份文本格式标准与质量的把控。在一起诉讼案件的立案环节中，收阅材料的法官对金道出具的证据文本赞许有加：“不论案件最后的胜负，单就金道所为诉讼准备的材料而言，好似‘金道’两字的谐音，确有‘精到’之处。”

业务上的高要求，为金道律师承接并成功代理重大、疑难案件打下坚实基础。据不完全统计，自 2006 年创所以来，金道律师承办最高人民法院案件达 13 起，其中涉及建筑工程房地产、公司股权、融资性贸易、民间借贷等多个专业领域。在民商事、行政、知识产权、劳动人事等诉讼领域，涌现了一批优秀律师。金道在诉讼领域的声誉，陆续吸引了从检察院、法院、政府机关加盟的 40 多位前检察官、前法官、前政府公务员，不断增强了金道的争议解决能力。

与诉讼业务同一时期发展的，还有金道的建筑工程和房地产法律服务领域。当时，适逢浙江当地房地产市场的勃兴时期，自 1999 年至 2009 年，浙江省商品住房平均价格净增长 3.14 倍。[①] 房价的持续上涨，吸引了大量实体经济资本涌向当地的房地产业。金道也紧握时代风口，在建筑工程房地产法律服务领域积极拓展，深耕细作。2009 年，金道荣获“2009 年度长三角地区工程法律服务突出贡献律师（团队）事务所”。此后多年，金道陆续入选全国多地区的 PPP 入库中介机构，高级合伙人史源、徐杨超等多名律师成为多个省市的入库专家。高级合伙人罗弘韬律师、钱雪慧律师和史源律师合作服务的亚运村建设项目受到客户好评。

2010 年之后，全球金融危机的余波波及了中小企业云集的浙江，也导致当地破产企业数量的增多。2013 年时，浙江破产企业债务总额达到 1595 亿余元，比 2012 年时增长了近 6 倍。[②]

金道律师关注到破产案件的攀升态势，一方面，为濒临破产的房地产企业化解债务纠纷，帮助企业“起死回生”；另一方面，加大人才投入，布局企业破产领域。当时，作为创始合伙人之一的王全明挑起重担，带领团队开拓破产重整业务。

2014 年，某房地产开发商资金链断裂申请破产，杭州市余杭区某小区项目成为“烂尾楼”，致使众多业主无法顺利入住。王全明带领金道律师担任该项目的破产管理人。经债权人会议表决通过后，该地产被成功拍卖给其他开发商并得以顺利复工。项目完工之后，房屋重新交付原业主。从项目停工到开发商申请破产，再到资产打包拍卖，历时 3 年多，金道律师助力该“烂尾楼”成功涅槃，也最大限度保护了业主的合法权益。

在破产案件中，重整及清算的方案设计往往考验律师智慧。在王全明看来，金道在破产等非诉业务的优势确立，实则同多年来在诉讼领域的积淀关系密切。“非诉业务办理中，以解决问题为核心的思维往往十分重要，在项目推进中能够清楚地知悉潜在的风险点，才能更好地避免争议发生。其次，当非诉项目涉及纠纷需解决时，金道诉讼团队亦能随时无缝介入。”将诉讼与非诉思维相结合，造就了金道律师在大型项目中“打硬仗”的实力。

---

① 参见《2009 年浙江百强民企 70% 涉足房地产业 房价 9 年涨 3 倍》，载中国新闻网：http://biz.zjol.com.cn/05biz/system/2010/11/24/017113596.shtml，最后访问日期：2020 年 9 月 10 日。

② 参见《2013 年浙江破产企业数量猛增 债务总额增长 6 倍》，载杭州网：https://ori.hangzhou.com.cn/ornews/content/2014-01/13/content_5084516.htm，最后访问日期：2020 年 9 月 10 日。

诉讼、破产重整、建筑工程房地产等领域之外，涉外业务是金道的另一张名片。金道创始合伙人之一崔海燕，在22年的执业生涯中，曾赴英国、美国和西班牙进行过3次培训，对英美法系和大陆法系的律所运作和律师工作均有深度了解，不断学以致用，在一个个重大涉外案件与项目中积累了丰富经验。金道成立之初，崔海燕的团队从仅有一名助理开始，逐步壮大，如今与申柱石、茅玮民等一批涉外骨干律师一起，带领着一支能够用英、日、法、韩、德五种外语作为工作语言的涉外律师团队。

2015年6月，加拿大太阳马戏公司与杭州新天地集团签约，未来将以常驻表演形式入驻杭州。2019年年初，离首演日期越来越近，但合作双方却在合同履行中出现分歧。当时崔海燕带领的涉外团队与江力律师带领的知识产权团队联合组建了一支8人团队，顶住压力，接手了这一“急难险重”的项目。2019年春节前夕，金道律师连续作战，完成了合计200多页的3份英文主合同的翻译校对和审核工作，梳理清楚3份合同项下双方的权利义务。最终，历时半年深入细致的工作，金道律师为客户出具了长达600多页的专项法律服务工作报告，助力太阳马戏亚洲首场驻场秀于2019年8月在杭州顺利开演。

2013年“一带一路”倡议提出后，作为中国经济重要推动力量的浙商迈开“走出去”步伐，不断开拓全球市场，金道律师也紧随企业家的脚步，将法律服务延伸到世界各地。崔海燕始终关注“一带一路”及与企业跨境投资有关的前沿、热点问题，不仅成功帮助浙江企业在非洲设厂，还在“中兴事件”后研究美国出口管制法律规定，制作了《中国企业应对美国出口管制法律服务指南》等合规法律产品，并研究美国外商投资国家安全审查制度，开辟“金道合规观察”栏目。为中国企业“走出去”出谋划策。

除继续对传统强项保持关注外，金道也顺应浙江本土经济的新特点，对互联网等新行业风向进行前瞻性谋划。因早年为众多互联网公司提供服务的机缘，高级合伙人李泉良积累起对该行业整体特点的理解，也逐渐利用自身优势成立了一支专门提供互联网与信息技术法律服务的团队。

同样，高级合伙人郑梁也关注到互联网大潮下“网红经济”这一新型经济模式，逐渐开发了针对互联网机构劳资纠纷、模特经纪、税务风险筹划、投融资等多类型的法律服务，并将涉及互联网行业新型法律风险的事前排查预防等融入法律顾问服务当中。

在李泉良和郑梁看来，互联网行业代表了中国经济发展的新趋势之一，技术、商业模式的涌现速度往往快于法律规则的变化节奏。想要在互联网领域“扎下根”，律师除具备一定的“行业化”思维外，还需要深度参与互联网企业的商业决策，站在客户角度给出整体性的解决方案，陪伴客户一同成长。

进入2019年后，全球范围内合规监管形势趋严，国内涉及合规监管领域的新规频发，企业越发注重内部合规体系建设，这些都对企业合规法律服务提出了更高要求。为满足客户在境内外的合规需求，崔海燕律师集结所内多领域的60多位律师，成立了跨团队、跨专业的合规法律服务中心，积极开展合规法律问题研究，从事相关服务产品研发。

在2019年杭州市律协举办的“法律服务产品”大赛中，大多数获奖产品均出自金道律师。高级合伙人陈能达就是获奖人之一，他结合多年来国企采购法律实践经验，带领团队研发了《国有企业采购操作手册》，其中涉及采购的执行、管理及监管等多个环节，为国企采购合规体系的精细化构建提供指引。

同民营企业不同，国有企业因所有权性质的特殊性，在诸如招投标、国有资产交易等环节往往存有一些特殊规范。“除满足国企客户的特殊需求之外，在新的政策形势下，我们将更加注重研发贴合客户需求的新产品，从内部合规管控到外部经营风险防范上，提供全方位的细致入微的合规服务。”陈能达说。

2019年，金道不断思考如何“更新”自己，建立“一站式”的服务链条，因此在资本市场业务领域开始发力。2019年，杭州新增IPO企业24家，数量居全国第三。[①] 在资本市场上，杭州逐渐成为具有潜力的市场。不同于北京、上海等地，中小、民营企业为主的经济结构决定了当地资本市场强地域性的特点。这些初创、成长型企业，要在市场竞争中立足、胜出，往往选择采用上市融资等高效途径，对于资本市场法律服务有着巨大的需求。

为此，金道一方面在内部培养投融资领域的专业律师，另一方面在外部积极引进优秀人才加盟——田志伟、朱嵘、邹泽兵等正是其中代表。田志伟曾在上海某知名律师事务所杭州分所担任主管证券业务的二级合伙人；朱嵘曾任职于国内知名律所的北京总所，在资本市场 / 证券、收购兼并、私募股权等领域拥有相当的从业经验；邹泽兵则具备律所和券商投行部的双重从业经历，善于从公司内外部的不同视角去评估法律服务需求。良将贤才的齐备，也使金道布局资本市场有了“底气”。

近年来，驶入“快车道”的浙江资本市场中，众多强所纷纷招兵买马在该领域展开较量，也为金道资本市场业务的开拓带来新的挑战。金道700多家常年顾问单位，将成为资本市场业务很大一部分“存量”客户。未来，如何在丰富的客户资源中做优存量、不断挖掘潜力，尽快积累起一批具有行业影响力的大项目，将决定金道资本市场法律服务的高度。

在多年的专业发展中，对于市场热点、客户需求始终予以关注，对待案件保持认真、审慎，对待文本注重精准、追求细节，在风口来临时适时而动，在大型项目中迎难而上，是金道律师对于“极致专业”的最好诠释。面对当地法律服务市场的多元需求，他们已做好准备。

---

① 参见《2019杭州新增IPO企业24家，数量居全国第三》，载杭州日报：http：//www.hangzhou.gov.cn/art/2019/12/26/art_812266_41282930.html，最后访问日期：2020年9月10日。

制度创新，管理有效

随着商业活动复杂性增加，客户法律服务需求往往是多领域同时推进或多领域交替进行，这就要求律所发展要在人员规模化、业务综合化的基础上，加强内部整合，对外提供一站式的法律服务。怀有强烈的发展意识，金道积极响应这一趋势变化，在业务综合化发展的同时，对内寻求制度革新。

2015 年年初，王全明肩负起律所新一任主任的重任，主导了内部管理制度的一系列改革。改革后的金道形成了一套科学规范的管理体制，形成了“事务所主导下的管理”，充分地调动了律师们参与律所平台建设的积极性，进一步加强内部的资源整合。

金道的改革转型具体路径主要包含了四个方面，分别为管理架构升级、分配制度改革、人才体系打造与专业化建设。

首先是管理架构升级，目前金道已形成以高级合伙人会议为最高权力机构，由管理委员会负责日常事务的管理架构，确保了律所的日常决策有序高效执行。

合伙人会议由首席合伙人胡祥甫担任主席，通常一季度召开一次，主要对事务所发展的重要事项进行决策商议。管委会则下设了 6 个专门工作委员会，分管品牌文化、分所建设、人力资源、业务质量、专业培训、信息化建设方面的具体工作。为了更好地评估效益和控制成本，2017 年金道还引入了预决算管理办法，进一步量化各委员会的工作指标，要求管委会每年度的工作目标清晰，且能够有条不紊地推进。

值得一提的是，金道采用自主报名、民主选举的方式鼓励所内律师参与管理，同时会对合伙人的管理成效进行考核评估，并将其管理贡献计入分配，这也极大地调动了合伙人参与公共事务的积极性，2016 年年底，所内合伙人队伍扩大，金道扩编管委会，新设 2 个工作委员会，并在委员会主任之外增设了副主任、顾问等职务。让王全明颇为意外的是，报名人数非常多，不少未能当选的律师还有些许遗憾。

2019 年年初，为加大律所管理投入，金道产生新一届管理委员会，注入新鲜力量，由王全明主任全面负责，委员扩大为崔海燕、王潭海、江力、史源、李冰冰、黄河，分管六大专门工作委员会，并相互协作。事务所组织架构进一步健全，支撑总分所整体规范有序运营。

此外，金道拥有党员律师 100 多人，党总支发挥了政治引领作用，律所还设有工会、青年工作委员会、团支部等机构，完善事务所管理架构的同时也调动了所内青年律师参与公共事务的积极性。例如，生于 1989 年的律师郑梁便担任青工委负责人，在金道高成长性的平台中，他提升迅速，执业第六年就已晋升为高级合伙人。让年轻力量参与律所管理建设，也是金道在组织架构升级的同时考虑到律所长远发展的有意为之。

品牌与文化专门工作委员会
主任
崔海燕律师

规范与人事专门工作委员会
主任
王潭海律师

信息与平台专门工作委员会
主任
江力律师

客服与拓展专门工作委员会
主任
史源律师

专业与培训专门工作委员会
主任
李冰冰律师

发展与协作专门工作委员会
主任
黄河律师

2019年金道新一届管委会成员

为了充分调动骨干律师参与律所建设的积极性，凝聚律所发展合力，金道调整了分配机制，重新建立分配导向；优化了原有的合伙人分级制度，并建立了清晰完整的晋升制度，以更好地吸引人才、保留人才。“金道是一家提成制为主的律所，但我们吸收了许多公司化运营的理念和方法，可以说我们的管理模式是介于传统提成制和完全公司制的中间状态。”王全明说。在他看来，提成制在激发律师个人积极性上有着独特优势，而公司制则有助于“集中力量办大事”。

在合伙人分配上，金道在传统的提成制之外，通过综合计点制的方式对合伙人进行考核及二次分配，打破原先部门内直接分配的模式，这也使原先各自发展的局面被打破，在团队发展的同时形成律所的发展合力。

金道在原有的初级合伙人和高级合伙人之间，增设了权益合伙人，为其提供了参与律所分配和决策表决，以及带教助理等权益，给予有才干的年轻律师更广阔的发挥空间，也提升了其对事务所的归属感。通过此举，金道凝聚了包括权益合伙人在内的更大范围的团队力量，进而形成全所人员齐心协力的发展态势。

在三级的合伙人分级制度之下，金道亦建立了三级的律师晋升体系，一名律师助理在工作满3年后即可申请独立执业，在通过管委会考核后可自主承接业务，也可选择做薪金律师；此后再逐步经由承办律师、主办律师、高级主办律师后晋升成为初级合伙人。而在常规的晋升路线之外，金道还为表现优异的律师设置了“跳级制”。在对律师晋级的考核上，金道会综合考量，既有可量化的“能力”评估，也有执业规范、务实认真等“品质”观察，以确保建立一支业务能力一流且有正能量的律师队伍。

在青年律师培养上，金道则是“软硬兼施”，在鼓励“传帮带”、鼓励精进专业的同时也通过一系列考核奖励制度予以更有效的落实，进而构建起事务所、团队、个人三位一体的培训体系。

在事务所层面，金道设立了专业与培训专门工作委员会统筹培训工作，并设立了“金道开讲”“金道研究”、法律服务产品评选活动等内部培训形式，此外还有多种形式的外派培训、培养机会。在团队层面，金道设立专项培训基金为各团队内部的个性化培训提供资金支持，并要求团队合伙人给予年轻律师案源支持，这些都有评估该团队业务量、培训成果的硬指标。在律师个人层面，金道将参加培训作为主要考核内容纳入年终奖励制度，制定了如“每位律师需参加一定次数的专业培训，才能获得全额奖金”等考核指标。

打造内生性的人才培养体系之外，金道在招聘律师助理时以高标准吸引优秀人才，并通过“差异化管理”方式引导团队设立较高的招聘门槛，以学历要求为例，律所会为团队内的高学历人员提供工资补贴。从律师入门到内部培养、成才的不同环节，金道都注入了“追求卓越”的基因。金道也致力于打造一个“有发展空间、有生活乐趣、有工作劲头”的律所平台，营造真诚开放、合作共赢的工作氛围。近年来，金道也从外部引入了诸多不同业务领域的优秀合伙人，并为其提供个性化的发展支持。

集合每个律师的专业能力，在律所内部通过分工合作、资源整合，进而对外输出以律所为整体的一站式的专业法律服务，这是综合性律所的独有竞争力。金道便是通过“专业化分工与团队化运作相结合”的经营模式实现整合，创造出独特的竞争优势。

专业化分工，金道确立了十大业务领域、十八个专业方向，并在所内推行“一主两辅”专业选择：权益合伙人以上的律师需强制执行“一主两辅”，超过这些领域的业务需和其他律师合作完成或者交出业务；普通律师虽不强制执行“一主两辅”，但普遍都对专业化分工认可度高，自觉形成了分工。如此一来，每一位金道律师都有一两个专业强项，并能在该专业项下持续精进。与此同时，律所也形成了相互间资源共享、合作共赢的良性氛围。

为了进一步提升优势业务领域的专业化水平，打造各领域内专业水平一流的律师队伍，金道设立了诉讼研究与发展中心、企业法律顾问服务支持中心、破产清算与重整法律事务中心、税务法律研究与服务中心以及合规研究与发展中心等五大中心，便于整合各领域的律师专业资源整合，从律所层面统筹开展理论研究。

在金道，所有律师都需加入团队且可根据自身情况更换团队。金道允许权益合伙人级别以上的人员单独设立团队且对团队人数不设限制，同时会对团队的业务量、内部建设等方面进行考核，规范引导团队的发展。

金道推动律师专业化的各项举措取得了丰硕成果，金道有 14 名律师在杭州市律师协会的专业委员会担任主任、副主任职务，有 10 名律师在浙江省律师协会的专业委员会担任主任、副主任职务；2018 年杭州市首届法律服务产品大赛上，金道律师斩获一等奖在内的 9 个奖项，2019 年杭州市第二届法律服务产品大赛上，金道律师又获得一等奖在内的 11 个奖项，连续多年的杭州市理论实务文章评选也是屡屡获奖。

在面对战略客户的多元化的法律服务需求时，金道能够纵横开阖，调度不同专业的律师组成团队，通过团队化运作为客户提供更有针对性的法律服务。目前金道有能力快速集合所内专业律师组成不同团队，不仅服务于党委政府，而且服务于央企、国企、民企、外企等各种类型企业，以及商会协会等 700 余家常年客户。“改革、创新，我们仍在继续。”王全明说。制度革新、管理有效，为律师打造有发展空间的、高成长性的平台；专业化分工、团队化运作，为客户提供一站式的、专业化的综合法律服务。以此为目标，金道紧密跟随律师行业的发展浪潮不断升级自我。

区域大所，规模布局

2014 年，对于金道的发展而言是个关键节点。一方面，因之前的快速发展与代际传承，使个别合伙人开始产生理念的分化，选择离开自立门户；另一方面，北京大所纷纷到杭城设立分所，亦给金道等浙江本土律所带来了竞争压力。

“规模化，既是律所发展的需要，亦是更好满足客户需求的需要。”金道新一届分管分所建设的管委会成员黄河说道。

事实上，在 2015 年管委会换届之后，金道就已经明确了未来的发展目标——向“品牌化和规模化”进军。规模化之后，律所将拥有更多资源、更多人才。经过多年的资源积累，每个高级合伙人本质上都是“关系网络”，在律师事务所合理有效的引导下，较易形成资源协同。

作为以稳健发展为第一原则的金道，在分所布局上，逐渐展示了自己的决心和信心。2016 年，金道在宁波设立了第一家分所；2017 年钱塘新区分所设立；随后，绍兴分所紧跟设立。2020 年，在疫情之下，金道的规模布局并未停滞：4 月台州分所设立，5 月温州分所设立，目前湖州分所也已在筹建之中。

五年六家分所落子，速度不可谓不快，但每一家布局并非盲目。布局的考虑因素包括当地的市场容量、合适的分所管理者和业务团队、当地的招商政策等。例如，6 家分所均为浙江省经济发展靠前的市，金道宁波分所、绍兴分所和温州分所设立均因有合适的律师团队主动加盟。台州、湖州分所的设立与招商政策紧密相连。

宁波是金道的第一家分所。从宁波分所团队与金道创始人沟通开始，至最后拿到审批，不到半年时间。宁波分所主任贺乃洵在加盟金道之前，有丰富的执业经验：曾在法院工作十年，担任审判员，亦在政府部门担任过领导岗位，兼具专业能力和管理经验。当然，贺乃洵还在浙江某律师事务所担任过多年合伙人。

“我们非常认同金道的理念，当时跟创始人们沟通时，我们认为金道规范、务实的文化很适合我们，我们相信总所能够给我们很多帮助。”贺乃洵说道。

事实证明，贺乃洵的判断是正确的。在 2016 年设立时，宁波分所仅有 4 名合伙人共 10 人团队规模。2017 年的分所创收仅 400 万元出头，2018 年年中改为直营，2019 年整年创收已经超过千万元，人员规模达到 19 人。

钱塘新区分所在 2017 年成立，齐聚青年才俊，2019 年的创收超过 700 万元，荣获钱塘新区优秀律师事务所称号。

绍兴分所亦如此。在 2016 年加盟金道之后，以刑事业务领域擅长的金道分所创收每年以 50% 的增速增长。2020 年上半年，金道总所和绍兴分所刑事团队联合开展刑事综合论坛，探讨前沿问题，在绍兴当地形成较好的刑事业务品牌效应。

今年上半年，台州分所在疫情背景下依旧破土而出，在椒江区政府引入高端法律服务业的背景下，金道台州分所依托总所专业优势，关注椒江区以及整个台州经济发展的特点，将以证券投融资、知识产权、房地产开发、大基建、国际贸易与跨境投资并购等非诉讼及重大疑难诉讼为主的差异化专业法律服务。

金道温州分所更是创造了“金道最快设立分所”的纪录。从初次接洽到获得审批仅 3 个月时间，体现了“温州速度”。金道温州分所主任曾竞孝在采访中提到，“第一次接洽是 3 月 19 日，到 4 月 13 日正式签约，只用了 37 天”。这之中有温州分所律师团队对于金道的品牌认可与对创始合伙人的信任，亦有金道对温州律师团队的信心满满。

温州分所 30 多人的律师团队主要是浙江温州某律师事务所的合伙人，他们出于对于金道“规范化、品牌化、专业化”的认可，在考虑了多家北京律所之后，曾竞孝和其他几位合伙人还是觉得金道与自己的办所理念最为契合。一个月内，双方谈了 3 次，最后一次谈判几乎温州分所所有合伙人都到场，亦能体现分所合伙人的诚意。

在金道总所看来，温州分所租下了 2000 多平方米的整层办公室，立志成为温州地区的标杆律所，这份冲劲和目标值得肯定。同时，温州分所拥有成熟的律师团队，合伙人们不仅在业务上各有所长，在公司法、房地产等领域已拥有成熟客户；也有相应的律所管理经验。较其他分所 3~5 人管委会的设置不同，金道温州分所有 7 名管委会成员，其中 2 名为总所人员。

目前，在学习借鉴其他律所设立分所的经验得失后，金道已建立起金道特色的总分所直营模式。这种模式下，好处是显而易见的：一是对于总所而言能够保证金道的整体品牌形象，能够实现总分所的行政一体化、财务一体化、案件一体化；二是对于分所而言，直营能够由大体量的总所分担部分成本，双方共同做大事业，促进分所发展。例如，宁波分所的迁址，温州分所租下 2000 平方米的整层办公室，都体现了金道特色的总分所直营模式的优势。

当然，对于分所而言，更实惠的益处在于，金道总所对于分所的支持。支持主要包含三个方面：一是对于分所专业部门的建设提供支持，总所会委派律师先行担任部分分所的专业部门负责人，以培养分所该专业领域人才；二是进行业务指导，总所定期会派相关专业律师到分所进行授课和培训，这些培训亦公开对外，以提升分所的专业品牌；三是进行业务协作，总分所之间目前已经形成良性的业务互助和协作。

为了促进分所内部的管理，总所还将经验传递到分所。金道要求每个分所都设置相应的管理委员会，总所至少有一名管委会成员参与到分所的管委会中，以促进分所的共同发展。

目前，各家分所都在总所的支持下受益匪浅，不仅在营业收入上有明显提升，在专业度和信心上均有提升。做当地的“优秀律师事务所”，成为各地金道分所的小目标。

未来，金道亦不会排除在省外布局，但是先发展好省内分所，与大家一道共建金道平台，是金道创始人们一致认为需要走好的第一步。

匠心独具，文化引领

正如浙江省各地分所加盟金道的原因之一是被金道的“文化”所吸引。金道人在谈及金道特色时，也对自己的文化颇感自豪。这种自信不仅源于外在认可，更在于内在价值观的确信。

匠心精神、注重传承与沉淀、浩然正气可谓是金道文化内核的概括。

“把案件当作艺术品来对待”，这是胡祥甫所倡导的律师执业所应秉承的工匠精神。其核心强调的是律师应始终对于业务怀有敬畏之心，控制好每一个流程，做好每一份文本，不辜负客户的信任。

这个理念，亦被金道的年轻一辈律师传承。或许在10年前，“工匠精神”是法律行业内的共识。但随着近年来，法律服务市场日益市场化，乃至工业化，“如何提高律师收费”“如何最大限度提高这个行业的生产效率”等命题开始颠覆律师们的传统认知，新思维在改变法律行业更为产业化、标准化的同时，也使部分律师把注意力更多放在如何降低客户预期，从而满足客户需求，而非提升能力，真正为客户解决万难上。

因此，在这样的趋势下，依然秉持“匠心精神”，以客户利益为先的文化内核令人赞赏，亦吸引着更多志同道合者。

创始合伙人胡祥甫和崔海燕律师合办的某一案件的经历，是金道文化的典型证明。2014年，金道接受了某央企浙江分公司（以下简称A公司）的招标申请，当时金道的方案“一针见血”，被A公司选为该案的代理律师。该案涉及造船预付款保函纠纷，看上去已无挽回余地，但是金道律师依然寻找了各类实体和程序上的抗辩点，据理力争。该案在一审败诉后，二审发回了重审，经历重审一败诉后，又至浙江省高级人民法院。起初对家原本只是请公司法务出面，后无奈请了好几家浙江本土知名律所律师轮番上阵。

在历时四年之后，金道律师帮助客户，通过债务重组方式“一揽子”解决了问题，案件得以撤回。当时，因客户本就濒临破产边缘，难以给律师支付很高的律师费，但却对金道律师产生了极强的信任关系。后续但凡有大案要案，客户总是会找到金道律师。“重要的是把事情做到极致，赢得客户的信任是关键。”崔海燕说。

民事案件涉及的家庭纷争和邻里纠葛，有时比商事案件还要难处理。金道的青年律师赵青航、龚家勇曾代理一个民事案件，为一位 80 多岁的老人争取到了房产，这个案件结束后，老人亲笔写了感谢信寄给金道党总支，信中提到，“在办案过程中，贵所律师坚持实事求是、依据法律规定，用数据讲话，做到理由充分，不强词夺理，切实维护诉讼双方当事人的合理关切，促进社会和谐稳定。人民律师为人民，群众的烦心事、操心事，你们耐心倾听、帮助！”

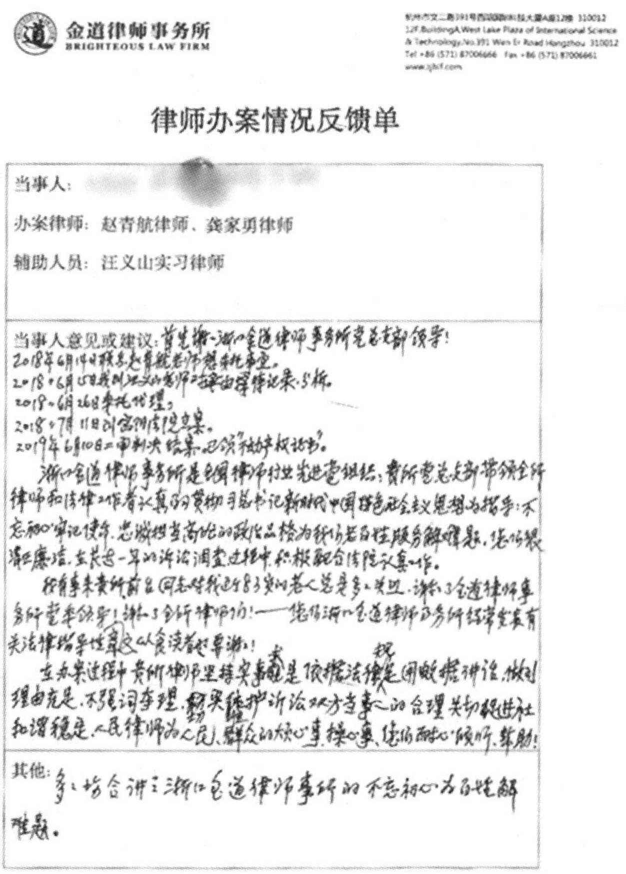

金道律师事务所
BRIGHTEOUS LAW FIRM

律师办案情况反馈单

当事人：

办案律师：赵青航律师、龚家勇律师

辅助人员：汪义山实习律师

当事人意见或建议：[illegible]

其他：[illegible]

2019 年 7 月，金道所党总支收到年逾 80 岁的当事人的一份《律师办案情况反馈单》，对承办律师表示感谢

案例总结是金道创所之初即有的习惯。这一习惯，经过15年依旧得以传承。从胡祥甫撰写的《法庭风云录》到更多金道律师参与的《诉之有道》，再到金道10周年文集《为业载道》，以及金道律师给孩子们编纂的普法读物《法律是什么？》等。金道以多年的知识沉淀为客户、律师和后代留下宝贵的知识财富。

输出亦有传承。“文以载道”是胡祥甫的信念，师傅的良好习惯影响崔海燕和“90后”合伙人赵青航，再被传递到更多的金道律师。赵青航师承胡祥甫，曾在最高人民法院实习，实习结束后回到金道，现已经出版《律师应是怎样的人？》《亲历法庭——民商事案件诉讼思维与代理策略》2本独著。

“虽然目前已经是信息时代，书籍看上去很old fashion（传统）。但是放之于历史长河，能够留下的或许还是这些文字。”崔海燕说。

每一本书的出版都要耗费金道律师的大量心血。在处理各类案件、担任各项社会兼职，处理律所管理事宜的同时，崔海燕还坚持把每本书的每篇文章都认真仔细审核完成，不仅要保证质量，版式精美亦是要义。“每件事都力求做好，这和办案一样，应当是金道品质的体现。”她说。

书籍之外，金道还有律所内刊。这是自2006年创始以来的传统，每个季度一期，目前已有43期。内刊记录了季度发生的金道大事，也分享金道律师的执业感悟、办案技巧和理论成果。

在王全明看来，“正气”也是金道文化内核中的重要一点。王全明担任书记的党总支，积极参与社会公益，捐资助学，在疫情发生后第一时间成立50万元专项基金，并倡导律所人员捐款达30万元；金道律师在疫情期间积极撰写了30多篇专业文章和业务指引，充分发挥专业优势，助力企业抗击疫情。所内律师讲规矩、讲规范、不唯利是图。在金道，自管理层到合伙人至律师和律师助理，包容开放，以诚为本。正是在这样的文化内核之下，金道正在吸引更多优秀律师加入。

结　语

在当下的法律市场，不同律所的定位与标签正在日益鲜明。“新潮”“科技感”“重大疑难”等这些词汇成为律所们的追逐。传统气质似乎在被否定。但恰恰是把传统的“合伙”的内核发挥到极致，并借助现代化的管理方式，才是一家律所能实现稳步发展的根源。

正如几位创始人自己描述的那样，金道看起来较“classical”（传统），始终保留着作为职业律师的传统礼仪和素养，所内既有代理重大疑难复杂的商事案件和高端涉外业务的律师，也有办理家事、服务社会各界的律师；既有深耕于传统行业的律师，也有聚焦新兴行业，如医药大健康、互联网等的律师。更重要的是，在金道，创始合伙人既有学院派，又有实务派；既有学校、政府机构的思维，又有海派思维，中西合璧融合得浑然天成，毫无割裂。

律所基业长青的秘诀究竟是什么？或许还得回到金道的文化信仰，“守信如金，为业载道”。

博和

中型律师事务所的升级蜕变

吴剑霞　吴梦奇

博和律师事务所前台

林东品、朱宇晖、叶松亭等初创团队合影

左：第五届博和论坛“改革　机遇　使命——司法改革与刑事辩护”；
右：第七届博和论坛“探索　创新　运用——大数据时代的刑法理论与实践”

博和判例研讨会现场

“博和讲坛”之蚌埠行公益讲座现场

21 世纪的第二个十年，律师行业仍在规模化的潮流中破浪而行。百人、千人大所层出不穷，在变幻的法律服务市场率先抢滩布局，成为行业中的一股强力量；而在 3 万多家律所中，占比十之八九的中小型律所却未能占据同比市场份额。

于后者而言，是收缩阵线，抱定已有的专业优势拓宽发展线，还是顺势而为，融入滚滚做大的浪潮之中？对于有一定体量，但却尚未达成规模效应的律所而言，这是一个两难的命题。

如果多年以后有人特地梳理一部 21 世纪 20 年代的“中型律所的突围史”，上海博和律师事务所应该会是其中显眼的一个名字。两难之间，这家律所选择了第三条路——戒骄戒躁，保持定力，在十年如一日的品牌、专业双重驱动下，闯出一条属于自己的生存与发展之道，也为更多中小型律所提供了破局的样板，树立了信心。

从最初的 3 位创始人、6 位律师、300 平方米的办公室出发，一场“裂变”悄悄开始谋篇布局——这是 2008 年，博和的起源。

从行业中来，到行业中去

谈到博和，就得谈到林东品。但并不能简单将林东品视作博和的缔造者——这位在法律界耕耘数十年的“东方大律师”，探求的不仅是刑事律师的发展，也是法律服务行业的发展——怎样才能让刑事律师乃至所有律师的能量和价值最大限度地得到实现？

博和，就是这份探寻的最大成果之一。

1984 年的上海街头，还没有什么私家车，耳畔多是叮当的自行车铃。也是在这一年，上海被列为首批沿海开放城市之一，开始了经济上的腾飞。此时，林东品正在华东政法学院（现为华东政法大学）研习刑事法，立志毕业后做一名优秀的青年教师。

一年后，林东品留校任教。当时，华政已经组建了上海市第四律师事务所（以下简称四所），很多华政教师都在四所担任兼职教师，但最初那几年，林东品更热衷于“站稳”讲台，并输出一些学术成果。因为这份心无旁骛，3 年内，他就完成了第一本法学教材《犯罪改造学》。“这是华政复校以后，第一本由青年教师撰写的专著，1988 年成稿，1989 年正式出版。”

此时的林东品不会想到，不久后，律师这个身份取代教师，会成为贯穿职业生涯的标签。20 世纪 90 年代初，全国律师人数虽然每年稳步增长，但也无法完全满足市场需求。因而，高校中从事法学类的教学人员、企业里处理法律事务的职工等，都被鼓励进入兼职律师队伍，科班出身、上过讲台、出过专著的林东品自然也被纳入。

但林东品的视野并不局限在律师这一角色——见证了《刑法》《刑事诉讼法》先后颁

布、多次修改的他，在长期的学术研究中，早已对行业发展历程深谙于心，也逐渐开始习惯从行业的角度思考问题，而这也为此后博和的建立注入了更纯粹的基因。

在相当长的一段时间里，上海法律服务市场以国办所为主：一是区属国办所，如原徐汇区的徐汇律师事务所、长宁区的新华律师事务所等；二是市属国办所，如原上海第一律师事务所、上海第二律师事务所等。后来创办了上海博和律师事务所的林东品，是从上海第四律师事务所出来的，即现在的上海市中信正义律师事务所[①]。

从 1991 年至 2008 年，十数载光阴见证了林东品从兼职律师到专职律师、从普通律师到刑辩大咖的历程，也促成他与一批志同道合之士的结识。叶松亭为原四所主任，辩护技巧独到而高超，是上海刑事辩护领域的元老级人物；朱宇晖是华东政法大学法学硕士，师从苏惠渔教授，2003 年毕业后便一直在中信正义工作；还有一批如杨兴培、张绍谦、薛进展、孙剑明等既有深厚学术素养又具备实务经验的教授。这些人物，决定了博和初期的刑事业务底色。

“通过辩护，有的人可以获得自由，有的人可以洗刷冤屈，这份价值观与成就感是巨大的。”这是所有刑事律师坚持的动力，也是原来立志做教师的林东品后来转行的原因。

2008 年，林东品已 45 岁，过了四十不惑的年纪，格局早已不限于自身业务的那一亩三分地，一直以来的行业意识此时赋予了他从更高角度审视行业的可能：放眼上海法律服务市场，当时仅有一家专注于刑事业务的个人所，尚无规模够大、专业实力够强，足以引领刑事业务领域发展的刑事强所。这一年，30 岁的朱宇晖迎来了生命中的第一个孩子。新生命的降临，也让他想要作出改变——这个改变既是对自己而言，也是对自己所从事的行业而言。

想要改变行业，最好的选择便是投身其中，成为践行者和引领者。

于是，林东品、朱宇晖、叶松亭并另外四位律师，“三四本证、五六个人、七上八下、十分忐忑”，创办了以“博采众长、和合天下”为宗旨的新所，踏上了“理论与方法兼顾，学术与实务并重”的征程。

根据每位客户、每个案件的不同特点，派遣不同专业领域的专家和律师，集中所需的专业知识和技巧，以团队负责制的服务模式为客户提供更有效的服务，此为“博采众长”。在与客户的沟通和服务过程中，充分理解客户商业诉求，在多种解决方案中选择最优解，实现客户的商业目标，此为“和合天下”。

“林东品确确实实是把律师当作一份事业在做，并不是单纯地把律所当作一个业务性机构去运营。”张绍谦是上海交通大学刑法学教授，也是中国刑法学研究会理事、上海市法学会刑法学研究会副会长。基于对博和办所理念的高度认同，当时身在他所的张绍谦说，“要么不转所，如果转，我肯定转博和。”

---

① 2001 年 1 月改制为合作制律师事务所。

随着教授兼职律师不断加盟博和，一支名副其实的“教授团队”奠定了博和深厚的学术底蕴。他们对业务慎重、对专业尊重、对行业看重，将一份“书生气”沉淀于博和的执业态度与律所文化中，他们与成熟资深的核心团队、高学历的年轻律师一起，构成博和的竞争力内核。

“我们不求走得快，但力求每一步都走得稳健，因此我们会特别强调专业性和学术性，这是一个硬币的两面，理论方面是学术性，业务方面是专业性。”朱宇晖认为，这是博和之所以能有如今行业认可度的核心。

很快，博和就在刑辩业务领域打出知名度，但其格局不仅要在这一城一池扎稳脚跟，更是将综合性业务布局列为目标。综观博和 12 载，“探索”“成长”“加速发展”这三组词恰可概括：

2008~2013 年，是对自身定位、品牌、业务的探索，在专注刑辩业务的同时，也开始布局民商事领域，这是 1.0 阶段；

2013~2017 年，“博和论坛”“博和讲坛”“博和判例研讨会”走向成熟，博和的业务认可度与品牌辨识度日益增强，这是 2.0 阶段；

2017 年年底，博和迁入新址，启动办公自动化系统，建立案件数据库，步入 3.0 阶段。

伴随着 3.0 阶段的开启，博和勃发出更强劲的生命力。2019 年，包括民商事案件、刑事案件、行政案件、非讼、仲裁以及法律顾问在内的各类案件收案总量全面发展，业务总创收同比增长 50.22%，其中，刑事案件创收占比虽然仍位居首位，但增速最快的二个业务领域分别为：非诉讼（同比增长 158.2%）和法律顾问（同比增长 81%）。

在“稳中求变”的方针下，博和在业务能力、人才储备、品牌价值三个方面协同发力，逐步向规模化、专业化、市场化、品牌化方面综合发展。

在行业内中小型律所普遍面临瓶颈、渴求突破的当下，博和的蒸蒸日上体现了这种发展模式的代表意义：这不仅意味着博和自身的成功，也意味着林东品办所的初衷——为行业探求律所发展之道，正慢慢得以实现。

12 载厚积，贯穿专业、人才、品牌

业务布局：由“刑”到“综”

在很长一段时间里，外界给博和打的标签就是“刑事所”，这与早期的人员构成及业务方向相关。在博和的专业架构中，除刑法学、刑事诉讼法学外，还包括侦查学、法医学、

物证和文字鉴定、刑事执行法学等，几乎涵盖了刑事领域的所有细分专业。即使甚少宣传，博和的刑辩之名也早已享誉业内。

但博和的业务蓝图显然不止于此。以刑事领域为突破口，塑造专业影响力，再用刑事业务的品牌效应助推其他业务在行业扎根。例如，博和副主任、高级合伙人朱宇晖原来学的是刑法，执业前 7 年一直是刑辩律师，曾经每周要去多个看守所见六七个当事人；但为了律所的综合发展，他逐渐转向非刑事业务。

“博和创所两三年后，我就开始转向民商事业务与政府法律顾问，现在这两块业务是我主要的创收来源。”在朱宇晖的领衔下，中车集团、北京银行、振华重工、特变电工、恒达科技、中昆投资等知名大型企业相继成为博和的客户，并成功办理了多个疑难复杂的重大民商事案件。

博和房地产与建设工程法律业务部执行主任、高级合伙人黄志伟曾先后在法院从事商事案件审判工作、在某大型律所担任高级合伙人，其 20 载深厚的司法及实务经验，极大助力了博和民商事诉讼业务的拓展，与多家企业、政府机构建立了良好的合作关系。

此外，博和的专家教授团队亦在向民商事领域发展的过程中立下汗马功劳：华东政法大学教授、博和兼职律师庄建伟从事律师职业 30 余年，裁决过多起上海、南京、无锡等地仲裁中心的重大案件；华东政法大学国际法学院副教授、博和兼职律师许凯在民商事领域耕耘已久，迄今为止已承办各类民商事诉讼与仲裁案件百余起，其中包括萧山奥兰多房产案、孟广美肖像侵权案等知名案件……

业务转向这一招棋，让博和的法律服务触角得以由“刑”向“综”延伸，资深合伙人们在业务领域上的不断开拓与积极分享，也让这一延伸过程越发顺畅、自然。张绍谦总结：“这不是律师业务的扩张，而是律所业务的扩张。”两者的区别在于，前者是让原来的律师团队兼顾更多其他业务领域，后者则是引进、培养新一批非刑事业务方向的律师。

为适应律所发展需求，2019 年，博和创设 12 个业务团队；2020 年，博和再度进行资源整合，形成 16 个法律业务部门，基本涵盖目前法律服务的大类，业务骨干均被任命为各部门主任、副主任。

水到，则渠成。除在民商事领域颇有建树的黄志伟律师外，专注于银行与金融的熊江江等众多优秀律师也早早加盟博和，如今已是团队中坚；为了谋求差异化发展的葛蔓、田思远、白树彩等新鲜血液相继亦加入博和，让博和的人才梯队越发壮大、健全。

从业务创收来看，原来刑事案件的比例远超过 50%，现在刑事业务与非刑事业务的比例已经基本持平，尤其是民商事案件在 2018 年、2019 年表现出高增长。可见，博和正在向更平衡、更综合化的方向发展，未来，非刑事业务或将会超过刑事业务。

梯队建设：青年律师的底气

“带教制的优势，是青年律师和资深律师的深度捆绑，促成双向的主动付出，既是资深律师给青年律师的传授，也是青年律师给资深律师和团队的回馈。”在带教制下，博和培养了一批出色的青年律师；但是，博和也意识到这种带教制的弊端，即无法避免带教老师的个人色彩，优势会随同劣势一起被继承。博和管委会执行主任王思维认为：“团队制下的带教制可以克服这种弊端。”

所谓“团队制下的带教制”，可简单理解为“多对一”模式，团队中的任意一位新人，既可以向资深专业人员请教、向合伙人学习，也可以和团队负责人一起参与案件实操，博采众家之所长；团队中每一位有经验的律师都会带教新人，交叉合作，多维交流。如此，方能充分盘活人才资源，促进初级人员快速且充分地成长。

缩短成长周期，是博和培养青年律师的重要指导思想。这种“缩短”，绝不是为了降低律所成本而盲目缩减青年律师的带教学习时间，相反，博和限定了“三年学习期”。行业的通行做法都是带教一年，因为时间就是最大的成本；但是对于诉讼律师而言，要学习的不仅是法律层面的判断问题，更是对经验性、认知性知识的积累与运用。而要完成掌握这些能力，365 天的时间显然很有限。

三年带教学习，完成在能力、知识、资源、综合素养方面的踏实积累，方能有之后的独立办案，快速且顺畅地完成职业转型。除了教授办案技能，博和更注重职业价值观的培养——“法律文书里的错别字，就是人脸上的麻子。”在字字句句斟酌再三之后，博和律师出具的法律文书总是规范、标准且专业。

在谈及团队建设时，林东品、朱宇晖、王思维都不约而同地提到两个词——“培养”“推出”。“培养”易懂，是上述“团队制下的带教制”，“推出”是什么？

在担任上海律协业务研究指导委员会副主任的林东品看来，“推出”是行业内中小型律所尤其需要思考与推进的方向——博和，则是业内一个典型的范例。

就王思维而言，是当他在律所内从助理到律师，从合伙人到执行主任一路进阶之时，也在行业协会经历了从秘书到委员，从副主任到主任的成长，在 2019 年当选为律协青工委副主任、刑事诉讼法与刑事辩护业务研究委员会主任；就朱宇晖而言，是成为普陀区律工委副主任、律协企业法律顾问业务研究委员会副主任，就田思远而言，是成为律协民事业务研究委员会副主任；就谢向英、胡婧、葛蔓、熊江江、赖碧君、罗欢、李冬颖、白树彩、于玮、薛宽、张翠翠、王凯、宋晨、黄继军、林生等博和其他青年律师而言，是参与行业事务中，而不是仅埋首业务。

这是博和创造的平台和机会。年轻人成长需要一个好的平台，这个平台既包括专业层面的实力，也包括向外推介、展示自我的机会。在上海律协的业务研究会名册中，占多席的博和律师，开始在不同业务领域开始发挥行业主人翁的意识。

“我敢负责任地说，我们这些还没有到三字开头年龄的律师，在未来的5年会成长为中坚力量。”当博和青年律师有了这份底气与信心，又何愁律所发展不好呢？

2019年，博和晋升胡婧、朱海峰、白树彩、熊江江、罗欢、赖碧君为高级合伙人，晋升王凯、张翠翠、林生、顾超逸、崔震宇、高鸽、孙岱泓、管瑜等多位青年律师为普通合伙人，同年引进余向栋、宋晨、吕彪、解琳等23名潜质律师，博和中坚力量继续扩大，合伙人队伍进一步扩充。

品牌培植：守成出新

“品牌建设是一个滴水穿石的过程，不会立竿见影地反哺律所业务，回馈亦是润物细无声的。”操办了多届博和论坛的王思维说。

博和论坛、博和判例研讨会、博和讲坛，是博和的三大品牌活动。

2009年，第四十一届世界博览会召开在即，重庆正在进行“唱红打黑”，以“平安世博·预防犯罪”为主题的第一届博和论坛应势举行。虽是首届，但论坛汇聚了60多位来自上海市委政法委、市公安局、市高院、市检察院、市律师协会、政法院校、律师事务所等各界重量级嘉宾，取得了不错的研讨成果与业内口碑。

初次尝试的成效，给了博和继续做下去的信心。不过，博和初期并未明确论坛定位，第二届研究的是企业法律顾问服务，第三届探讨的是律所党建与发展。到了2012年，所内开始出现不同的声音：是要办专业性、学术性的论坛，还是不限范围、不限主题？在共识未达成之前，博和论坛宁愿暂停一年。

经过一年的思考，博和确立了论坛的“三个性”：专业性、学术性、前瞻性。2013年，第四届博和论坛带着“企业刑事法律风险防控”主题回归，至2019年已连续举办七届，中间再无间断。

漫漫十年，厚积薄发。对律所而言，十届论坛锻炼了博和的律师队伍，给了青年律师崭露头角的平台，也形成了成熟的办会流程与经验。对行业而言，这是增强与司法界同人学习交流、推动职业共同体建设的契机，亦是提升博和在业内影响力和知名度的金字招牌。

如果说博和论坛着眼于宏观，承担着行业风向标的作用；那么，博和判例研讨会则落脚于微观，探讨个案或类案。

2016年，博和判例研讨会以P2P类非法集资案件为主题，开启了一场实实在在的业务讨论。后面三届，分别围绕涉黑犯罪与刑事辩护、虚假诉讼罪、涉私募基金刑事案件展开实操层面的深度交流，在实务界尤其是法检机关中形成正向口碑。在特定圈子中，判例研讨会的影响甚至超过了博和论坛。

博和讲坛则是纯粹的公益活动，通过走出去的方式，将办案经验、执业感悟输出到中西部地区，以每年2~3期、每期2~3天的频次保持与当地律师们的双向互动，彰显了博和人的专业情怀。

除上述面向执业律师的三大王牌活动之外，仅对法学研究生、本科生开放的博和夏令营也正在试水过程中。2018年是第一届，当年即举办了七期，从“如何与司法机关有效沟通”到“青年律师如何找到自己的专业定位”，旨在提高法学生在法律实务上的专业素养与行业认知。

2019年暑期，博和夏令营再度开讲。讲课这天，原本布局规整的会议室“毫无章法”，“桌子全部撤掉，椅子随便拿随便坐，讲师穿着T恤衫、牛仔裤，被学生们围坐在中间。”这天，大概是博和律师可以明目张胆地不穿正装的一天。

2020年，当突如其来的疫情阻断线下交流的可能，博和云学院之“刑辩新势代”系列微论坛取而代之，正式上线。“3人对谈+8个主题+13地律师+26位嘉宾=思维的无限可能”，将锐意进取的行业改革派和深耕细作的业务专家汇聚一处，同在云端交流执业感悟、行业热点、实务难题。这是第一次，还有不同主题的微论坛正在酝酿中。

5月，第一期“刑事法学名家巡礼”又如期开办。博和邀来国内著名刑事法专家刘宪权教授、顾永忠教授、劳东燕教授、黄风教授、刘仁文教授和张绍谦教授，在线对刑事法热点问题进行评析。未来，博和仍将坚持举办这类聚焦学术热点、旨在推动行业交流的活动，并不断创新，为行业输送更多成果与智慧。

要做好律所品牌，并不容易，坚持、凝聚力、奉献精神，缺一不可。朱宇晖说，“有可能没有回报，有可能回报不属于你，但你要坚持做，因为这是对律所有好处的事。”

乘风而起，“和合天下”的实践

要分析中国法律服务市场的发展，上海从来是绕不开的重要一章。从2008年至2019年，上海律所数量增长了700多家，律师人数翻了一番有余，总人数已达26,000余人。

2019年3月，在上海市第十一届律师代表大会第一次会议上，林东品当选为上海市律师协会副会长。他认为，在整体规模有了较大幅度增长的前提下，两个问题始终困扰着上海本地律所：一是规模化程度，上海虽已培育出数家有一定规模体量的律所，但与大所林立的北京相比，仍有不足；二是国际化程度，持续加强上海律师的涉外法律服务能力，培养大批具有国际视野、了解国际规则、熟练使用外语的律师，是服务国家战略的要求。

在当前这个时间点，法律服务市场的外部环境变化越发明显，许多中国律所开始进行转型升级——这种转型升级的最主要体现之一就是规模。在一众规模大所的攻城略地下，传统精品所、专业所继续生存虽然没有太大压力，但想要谋求更长远的发展，就得实现变革与突破。对于体量不大且初期以刑事辩护为核心业务的博和来说，这无疑是一个严峻挑战。

传承是另一个要求：行路12载，博和的年轻一代已经逐步成长起来，要充分发挥出他们的潜力，就需要一个更大更全面的平台。“只有人员达到一定规模，专业门类才能更加齐全，人才结构才能更加合理，才能更从容地应对市场挑战。”

内外的双重压力下，规模化战略逐渐在林东品、王思维、朱宇晖等人的脑中清晰了起来。

2019年2月23日，博和的核心合伙人团队齐聚一堂，召开了一场为期两天的内部会议，专门就律所的律所规模、分所建设、律师培养、管理架构、品牌建设等发展问题进行深入探讨。这次会议，确定了博和规模化发展的战略基调，是博和规模化进程的里程碑。

对于常年观察上海律师行业的林东品，律所的长远发展显然并非博和一家之事，而是行业内中小型律所面临的共同问题：规模大所已有一套成熟的管理模式，但在大多数中小型律所中，往往还是所内的灵魂人物说了算；当灵魂人物老去，律所也就难以为继。没有规范化的管理团队，就无法形成系统的梯队建设。当下的博和，在行业里立足没什么问题，但想要发展、变得更强，就必须进一步优化管理结构。

“过去十年，博和整体实现了稳健、有序的发展。但随着新的时代到来，博和所也理应顺应行业发展的趋势，步入更快的发展轨道。”朱宇晖曾在律所内部会议上如是说。

在逐步确立规模化战略的同时，博和也迎来了管理结构的调整更新——组建管理委员会，任命朱宇晖、王思维、谢向英、朱海峰为管理委员会合伙人，任命王思维为律所执行主任。

在过去5年，博和优势明显：人均创收名列前茅、业务增长量显著提升、品牌知名度不断深化，但是，律师人数较少、业务领域集中、律师创收聚集度高等现实也正在带来挑战。博和需要重新定位，从中等规模的精品所转型成为具有一定规模的综合性律师事务所。

从做专、做精，到做大、做强，新一届管委会的核心任务是：进一步提升品牌形象，不断扩大专业领域，积极培养与引进优秀人才。因此，律所管理工作被划分为10个层面，包括品牌建设、人才培养、业务管理等，分别由管委会成员负责。在“分工不分家”和“互为AB角”[①]两项机制的保障下，管理结构与效能得到了相当大的优化提升。

“律所的管理水平实际上是整个执行团队决定的，我们想要把合伙人从律所管理者的角色变成平台提供者与组织者，让更多人参与到律所管理中来。”王思维这样介绍博和现

① 即管委会成员互相作为A、B角，在A因出差等事宜无法处理相关工作时，由B代为管理执行。

下的管理方针。

在此之前，博和采取的管理模式是典型的金字塔结构，每个人向上负责，优点是效率高，但长期来看，降低了所内律师在律所这个利益共同体中的参与度，也使很多决策带有浓重的个人色彩。目前，博和吸纳了相当一部分非管理团队甚至是非合伙人律师参与律所管理工作当中，整体结构渐趋扁平化。

“未来随着人员规模的壮大，我们可能成立一些职能部门和团队，让不同层面的律师参与进来。”王思维表示，“尽管没有这些组织，也不会影响事务所业务发展，但如果有，事务所的味道，也许就会完全不一样。”

管理架构的调整升级，为博和的规模化战略奠定了扎实的基础。对于规模化的实现形式，博和计划以“合并 + 引进”两相结合为主：“引进”不必多说，随着博和品牌形象的进一步强化，越来越多的人才会被吸引过来，逐渐成长为博和的中坚力量；“合并”则是博和结合自身理解确定的实现规模效应的另一方式。

2019 年 10 月 27 日，上海仲悦律师事务所整体并入博和。这是博和规模化战略的第一步，也是一次经营许久的必然结果。

原仲悦所主任朱海峰与博和颇有渊源：在普陀区律工委，他就曾与时任区律工委主任林东品共事；王思维也是他 2011 年参加上海市律师辩论赛时的队友；此外，他与朱宇晖也因区内各种行业活动而交往甚密……亦与博和其他几位主要合伙人的私交甚笃，这样的亲密关系相当于早早给这次合并打下了一枚楔子——志同道合者，必然会在逐梦的过程中同行。

从仲悦成立的第二年起，博和就有意拉朱海峰入伙，朱宇晖每次碰见朱海峰总是会先打趣似地来上一句：“考虑得怎么样？要不合起来算了！”彼时仲悦还处于上升期，假以时日，或许会有更好的发展。不过，氛围和谐、崇尚专业的博和，还是给朱海峰留下了极深的印象。

此后数年，博和与仲悦都各自稳步发展着，尤其是博和，在 2015 年之后进入了一个高速发展期，而仲悦则逐步碰到了发展瓶颈。一边是博和逐步萌生的规模化意识；另一边是仲悦想要突破自身发展的诉求，现实驱使朱海峰开始认真起思考合并事宜。

与博和的密切联系，让朱海峰得以更细致地了解博和的全貌：“这些年里，博和的规模不断扩大，在刑事专业领域的品牌美誉度也一直在提升。更重要的是，博和的人才梯队培育相当成功，培养出相当一部分优秀的年轻律师。这种对新人开放包容、不吝提携的胸襟，让我非常向往。”

2018 年下半年，博和下定了由刑事精品所向综合所转型的决心，这让朱海峰意识到，“不能再裹足不前了。”2019 年 10 月底，仲悦正式并入博和，一群志趣相投的人最终走到了一起。

仲悦的并入给博和带来了大量的新鲜血液，加上博和在 2019 年里自己吸收的人才，截至 2020 年 1 月，博和的员工总数已达 96 人，突破百人大关指日可待。

战略升级，有质量的规模化

仲悦的并入，让博和清晰地认识到这种规模化手段的价值所在，也因此对后续的规模化战略有了更为明确的目标——有质量的规模化。在现有的基础上，未来博和将以更开放的态度迎接新的合并计划与人才引进，另外，博和也做好了加大内生式人才培养力度的准备。

与这种战略思维配套的是，2020 年 1 月，博和将现有业务团队进行重组，形成了目前的 16 个业务部门。值得注意的是，这些业务部门并不承担具体的创收考核压力。

“在我们的定位里，业务部门绝不能成为创收部门。”王思维这样阐释博和的“业务部门”概念。

将业务结算与部门考核相分割，是博和的一大创新。在博和，高伙团队是业务结算单位，高伙之间通过合作组成的业务部门，则主要承担业务研究和业务培养职能。当创收不作为业务部门的考核标准，部门与部门之间自然会形成合作。

在对业务部门的考核中，关注的是部门内开展了多少场专业研讨会、落地了多少次业务调研、形成了多少篇研究成果等。各个业务部门在本领域颇有心得，他们在理论与实务中不断深耕、切磋合作，逐渐演变成第 2 个、第 3 个比肩博和刑事团队的业务力量。

“除四个刑事业务部门外，其他 12 个部门如果能够在未来几年成长为 3 ~ 5 个专业化的业务团队，就称得上相当成功了。”王思维说。通过业务研究，于无形中强化各业务部门的专业实力，完成业务培养与升级。

从专业所到综合所，如何把刑事领域的业务经验“传递”到其他业务领域之中，是一个值得思考的问题。在王思维看来，这样的“平移”主要有三个意义：其一，博和刑事业务有相当丰厚的知识沉淀与成果积累，可供其他业务团队学习借鉴；其二，大力引进新人，博和刑事团队的律师绝大多数都是从助理做起的，新鲜血液的涌入将能更好地吸收博和刑事团队的成功经验；其三，团队内合伙人的贡献一定要够，要形成资源向下分配的团队。

“要种苗圃，而不是栽盆景。”朱宇晖在刑事领域和非刑事领域的丰富经验让他对这个问题体会颇深——只有“种好苗圃”，才能让博和发展得越来越快，并从规模化效应中获益。

怎么种？朱宇晖总结了三点：首先，持续引进其他领域的专家、教授，从根基上给非刑事团队予以支撑；其次，充分调动 12 个非刑事业务部门的负责人以及各位高伙的积极性，引导他们在业务承接、人才引进、活动开展方面投入更多精力；最后，鼓励各个业务团队产出各种丰富的学术成果，同时更多地参与各个行业协会中去，对于未来的业务蓝海提前布局、提前调研、提前策划。

“丰富的学术研讨活动是博和刑事业务得以愈发精深的重要因素，值得其他团队借鉴。”朱宇晖表示。2019 年的第十届博和论坛中，博和特地出品了 2 本《博和文集》，其中一本由刑事团队出品，另一本则刊载了来自博和非刑事团队律师的，涵盖行政法、婚姻法、房地产、公司商事等方方面面的专业文章。博和的非刑事业务，正循着刑事业务的历史经验，一步步发展壮大着。

走在规模化之路上的博和，对于自身战略转型期的思考变得越来越清晰、越来越具体。在“做一家在规模性上有所引领的律师事务所”这一前提下，博和更细致的中短期规划已逐渐形成：

其一，要迅速实现“百人所”“亿元所”的目标，即律师人数超过 100 人、人均创收超过 100 万元、全所创收超过 1 亿元。这个“小目标”的实现，将是博和由一家精品所向真正的规模强所转换的一个代表性标签。

其二，对于所内的人才引进、信息化建设、活动组织，要在资金上进一步予以扶持。对于各非刑事业务部门的资源倾斜，将是博和进一步向综合所转变的关键所在。

其三，要“做出成绩”“讲好故事”“提升地位”。这不仅仅需要宣传工作的进一步加强，也需要更多的博和律师主动走进行业协会、各业务委员研究会，深入行业之中，讲述博和人的故事。

其四，要主动对行业发展进行前瞻性预判，与律师行业乃至其他行业的从业者接触，多沟通、多交流、多学习、多互动。“我们应该‘放眼看世界’，随时了解整个律师行业正在发生的变化，了解技术进步与政策变动给整个社会带来的变革。”朱宇晖说，“做到真正的‘谋大事、成大局’，这是博和在战略转型期相当重要的一点。”

博和想要成为一家怎样的律所？规模大所？业务强所？是，但又不是，规模与创收也许可以用来衡量一家律所的业务硬实力，但要让这家律所形成自己的时代印记，单靠这些还远远不够。

靠着卓越的专业实力、深厚的学术底蕴与谦逊低调的作风，博和赢得了同行的欣赏与认同。不像很多所锋芒毕露的律师，博和的律师们温文尔雅，谦逊而低调，默默埋头做事，颇有“古君子之风”；另外，得益于博和人才梯队建设的成功，这又是一家相当富有朝气的律所，涌现出了谢向英、胡婧、葛蔓、田思远、熊江江、李冬颖、白树彩、罗欢、赖碧君、薛宽、于玮、张翠翠、孙岱泓、高鸽、王凯、宋晨、吕彪、解琳等一批青年律师翘楚。

刑事领域盛名在外，“博和论坛”十年磨一剑，这是卓越；学者教授如云，洞见行业潮流，这是睿智；深耕业务，不急不躁，砥砺前行，这是谦和。奉行“博采众长、和合天下”宗旨的博和，脚踏实地地践行着“海纳百川、追求卓越、太平睿智、大气谦和”的上海城市精神，在规模化的同时，也将自己的文化基因越植越深。

在博和 2019 年终总结会上，王思维用“举才”“问新”“守正”来概括自己对于 2020 年博和工作重心的设想。这家尊重人才、不断创新、专业为本的律所，显然会始终保留自己的独特，在这轮“裂变”进程中，将“博和”这个鲜明的印记继续延续。

目前，博和的分所规划业已提上日程，数家分所正在紧锣密鼓的接洽与筹备当中——未来数年，博和希望能通过一定数量分所的布局，探索属于博和自己的布局之道。

据悉，博和近期正与沪上一家知名度、美誉度极高的律所深入接触，一旦“联姻”成功，新博和将一步完成人员规模和专业布局的新跨越。

结　语

2020 年 1 月 11 日，博和 2019 年终总结会现场，王思维、朱宇晖、谢向英、朱海峰在近百号博和人面前，表演了一曲歌舞串烧《中年阵线联盟》。四位新管委会成员卸去了平时的管理重担，在轻松的年会现场放飞自我，笑容灿烂而惬意——这笑容里所包含的，不仅是为过去一年博和取得成就的自豪，也是对更广阔明天的期盼与希冀。

而一年之前的 2019 年 3 月底，林东品亦被评为第四届“东方大律师”。这一行业最高荣誉，不仅是对林东品数十年深耕法律、输出行业研究成果的尊重，也是对他立足行业高点，一手打造博和这一行业典型的肯定。

从 2008 年至 2020 年，博和完成了从零到一家中型律师事务所的成长。但这远非终点，而是一个跳板——一个迈向规模化之路的跳板：当下，身处夹缝，如何破局，不仅是博和一家律所面临的挑战，更是所有中型律师事务所共性问题。

道阻且长，行则将至。博和用 12 年的时间写好了一个答案，接下来需要的，只是用未来十年、二十年的实践来证明其道，如是而已。

靖霖

十一载攻刑以专，从长三角走向全国

伊晓俊　张宏妹　宁思甜

靖霖律师事务所创始人、靖霖刑事律师机构主席　徐宗新

上海靖予霖律师事务所

刑辩道场

靖霖书籍

上海靖予霖律师事务所 logo

2006年前后，我国律师行业掀起了一股专业化建设浪潮。一批综合性规模大所开始划分专业部门、实行内部分工、实现专业化转型；同时，一些定位于从事某一类型业务的专业律所也脱颖而出，在细分市场中树立领先地位。

刑事法律服务，关乎当事人的财产、人身和生命自由。为能从容应对案件本身、司法环境、执业风险等多种复杂难题，刑事律师需要经过长期的经验累积与扎实的专业训练。此外，科技发展日新月异，新型法律问题层出不穷，也使刑事业务的专业化需求更加迫切。

然而现实是，长期以来我国刑事案件辩护率低迷，加之刑事业务收费低、效果差、风险大，难以形成有效市场，很大程度上制约着刑事法律服务专业化和刑事诉讼法治化的实现。

2009年，徐宗新怀着打造法治“试验田”的理念，在浙江创立起一家专做刑事业务的律师事务所。11年来，律所秉持做“中国律师业发展探路者”的初心，深耕单一领域，注重内功磨炼，打造特色品牌，加速全国布局……实现了一家刑事专业律所的规模化发展。它的耕耘和奋斗，它的践行与突破，将在中国律所发展史与中国法治进程当中留下属于自己的印记。

打造法治“试验田”

2002年，在浙江嘉兴做了6年检察官的徐宗新面临人生的一次重要抉择。在他看来，这份“铁饭碗”工作虽然收入稳定，但内容较为固化单一。或许是天生喜好闯荡的性格驱使，他决定辞掉公职，“下海”成为一名律师。

一开始，为了让自己的知识和经历更加丰富，无论民商事还是刑事案件，他都有所涉猎。经过三年时间积累，他从嘉兴来到省城杭州发展。事业蒸蒸日上的他渐渐发觉，自己还是对“老本行”刑辩情有独钟，便开始把专业方向往刑事领域聚焦，并代理了一批在浙江省和全国范围内有重大影响力的案件。

21世纪初的浙江已是全国经济大省，腾飞的经济为法律服务行业带来巨大机遇。然而，浙江乃至全国的刑事律师却普遍面临收费低、风险高等执业困境。先后在杭州市和浙江省律师协会刑事业务委员会担任秘书长的徐宗新开始关注刑事律师的生存现状问题，并曾执笔撰写《浙江刑事法治报告》，对浙江省的刑事法治状况进行专题研究。刑事业务到底难在哪里？依据在哪里？如何才能解决？这些问题时常萦绕在他的脑海之中。

一个偶然的机会，徐宗新了解到张青松律师在北京创办了国内首家专门从事刑事业务的尚权律师事务所，这给他带来很大触动。“我想在浙江搞一块法治‘试验田’，办一家专做刑事业务的律所，来探究刑事辩护到底难在哪里。”徐宗新说。

于是，在浙江工业大学法学院的支持下，徐宗新同几位律师一同创办了浙江省首家刑事专业律所，将其命名为“靖霖”。“靖”寓指在他人特别困难之时予以有力帮助，“霖”为“甘霖”“恩泽”之意。他们把“攻刑以专，相靖予霖”定为所训，以“致力发展刑事业务，练就高超的专业本领，为客户提供明白、充分且优质的法律服务”作为理想与信念，并为之不断奋斗。

律所成立之初，创始人的想法是做一家20人左右的精品所，专攻刑事，将手头的案子办成精品。然而对于初创期的律所而言，“求生存”往往比“谋发展”的需要更为现实，要让律师抵挡住其他业务的“诱惑”而专攻刑事，也面临极大挑战。“一开始哪有这么多刑事案件给你做，亲戚朋友给所里的律师介绍民商事案件，有钱不能赚，律师也很痛苦。”徐宗新说。不久后，所内几位律师逐渐对这一理念失去了耐心，陆续转所离开了。

但好在，一批笃信刑事专业化并愿意沿着这条道路走下去的律师慕名前来，使律所在绝地之中得以存续，继续朝着心中的目标探索和坚持。

打造专业律师，靖霖首先从“练兵”起步。自创所开始，靖霖就推出“刑辩道场”等特色内训活动，坚持每周两训，周一例会练口才，周四轮流讲课做研讨，鞭策律师持续进步。此后，律所将这一传统一直坚持至今，期间从未中断，也使众多律师从中获益。靖霖杭州所主任孙立波就是其中代表。

孙立波大学时曾在靖霖实习，2012年刑法学硕士毕业后，获得了许多单位的留用机会。但出于对刑辩的热爱，他选择回到靖霖发展。

孙立波至今仍记得自己写第一篇辩护意见时的情景。当时“五院四系”出身的他，颇有自信地将撰写好的7000多字材料交到徐宗新手中。结果，这份文书除了抬头、署名以外，其他内容被改得“祖国山河一片红”。“不论是用词的严谨，对于证据论证的充分程度，还是形式上的美观度等，徐主任的修改都让我心悦诚服。”孙立波说。此后，无论在文书写作中，还是对待专业的态度上，他都在徐宗新等前辈的悉心指导与律所的系统化培训中不断受益，获得进步与成长。

专业之外，靖霖律师时刻关注并深度参与国家法治的建设。2016年，为切实解决律师“刑辩难”的问题，最高人民法院、最高人民检察院将杭州指定为刑事案件“认罪认罚从宽制度”的试点城市之一。此后杭州开始推行认罪认罚案件的法律援助工作，加大刑辩律师在法援案件中的覆盖力度。自试点成立至2018年年初，杭州共办理审判阶段刑事法律援助案件1628件，办案量同比增加1085件，增长率达200%。①

面对政策与法治环境的诸多变化，徐宗新提出“法援兴则刑辩兴，刑辩兴则律师兴”的观点。“只有在法援案件中发挥辩护作用，才可以让整个国家和社会看到律师群体的道

① 王春：《杭州破解推行刑事案件律师全覆盖“四难”》，载http://www.legaldaily.com.cn/index_article/content/2018-02/05/content_7468001.htm?node=5955，最后访问日期：2020年9月30日。

德水准和业务技能。”徐宗新说。

此后，靖霖律师在杭州市和浙江省法援中心承担了大量的法援案件，并参与当地法律援助标准化服务流程的制定。徐宗新本人也亲力亲为，坚持每年办理3起以上法律援助案件，并亲自出庭参与辩护工作。

几乎在同一时期，专业实力的突出和品牌影响力的扩大，为律所带来了丰厚的利润回报，律所的人才聚集效应也在提升。2016年起，律所平均每年加盟律师40名，创收平均增长60%。

队伍规模及创收的增长也让徐宗新将目光放得更远，他希望把律所从杭州开到浙江全省，进而进军全国。“当时的初衷是在全国每一个省会城市都建一家分所，把我们的刑辩技能传播过去，再培养当地的团队。”徐宗新说。于是在2016年，宁波、温州、南京等分所纷纷设立。

2017年，靖霖北上，在北京设立分所，为首都的刑事法律服务市场注入新鲜血液，也将律所的服务理念及产品进一步推广。

此后，贵阳、济南、昆明、武汉、广州，以及浙江义乌和绍兴等地分所也陆续设立。

在强所林立的中国法律市场上，北上广大所充分利用其品牌影响力，纷纷将触角延伸到全国各地的中小城市。然而，区域律所却因为各种因素，影响力难以覆盖全国。近年来随着全国规模大所进军浙江市场的脚步加快，本土律所的生存空间被不断挤压，也使徐宗新产生了一丝危机感。2019年，在律所成立10周年之际，为寻求更大的突破和更加广阔的发展空间，徐宗新带领一批骨干律师在上海“二次创业”，并将新所定名为“靖予霖”。

凭借专业和品牌，靖予霖很快在上海滩站稳脚跟。徐宗新也把“靖予霖”和“靖霖”两个品牌统一到靖霖刑事律师机构的旗下，并将靖予霖作为靖霖刑事律师机构的总部。来到上海后，专业、品牌的优势焕发出新的生机，律所的辐射能力也很快显现。

2019年以来，天津、福州等地分支机构纷纷设立，沈阳、长春、哈尔滨、西安、太原、厦门、苏州等办公室也在建立筹备之中。

从最初的8个人，到如今的全国10余家所300多人，规模的扩大并未稀释律所的品牌价值和专业水准。如今靖予霖立足上海，放眼全国，将“靖霖”刑事专业品牌进一步做大做强。

以专注造就专业

刑事律师，受命于危难之际，凭借自身专业本领，办案中力求化被动为主动，让阻路变通途，切实维护当事人的合法权益。然而现实中，即便是同样的事实、材料、证据基础，在不同的办案律师手中往往收效不同。重要原因之一，在于律师之间知识储备、技术与办案能力的差异。

徐宗新曾说，“唯有专门才能专业”。与其抱怨“刑辩难”，不如从自身做起，提高专业水准，方能赢得国家机关与当事人的尊重和认可。以提升案件的辩护质量为出发点，律所迈上了专业化发展的步伐，从大力抓业务技能培训入手，再通过理论研究来指导实践，进而发挥团队化办案优势。

“内训”打磨技能

律所培训项目，如果没有科学合理的安排与精心设计，常常难以达到相应的提升效果。靖霖的“内训”则围绕刑事律师的核心素养——“专业 + 口才”而开设课程，亦注重根据具体的业务需要和律师能力提升的重点来确定培训主题，使律师能够始终保有新鲜感，做到常学常新。

做好律师、争做教师、誓为大师的“三师”理念是靖霖对律师的成才要求。在侧重于专业知识共享的“刑辩道场”中，每位律师都要轮流讲课来分享专长。为锻炼初级律师，律所每月会安排新人来担任轮值主席，负责当月的课程策划和课后提问、点评等环节。

在靖霖，有很大一部分律师出自公检法系统。公职人员“转型”为律师，身份角色、思维方式都要经历重大转变。对于他们来说，系统化的培训更像是“全身体检”，能够及时找出不足，并通过针对性的训练来补足短板。“所里一位曾从检10年的律师，在培训中发现自己在口才、专业知识、辩护思路等方面都存在劣势，经过一年左右的针对性提升，迅速地获得成长。”上海靖予霖律师事务所党支部书记兼副主任王超强说。

不仅在上海，律所的特色“内训”传统早已被全国各地的靖霖办公室所沿袭，并带动了各地律师之间形成相互交流、取长补短的氛围。在靖霖北京所主任杨昆眼中，靖霖的培训重在打破固有的“师徒制”局限，能促进新老律师间“互学互补”。“在这里不论资历深浅、年龄高低，只要案子办得出彩，我们就拜你为师，请你来给我们分享。”杨昆说。

出于对学术理论研究的重视，律所还邀请了一批来自全国知名高校的专家学者组成靖霖学术委员会。在培训活动中，学者针对疑难问题进行专题讲座；在重大疑难案件中，他们亦能从研究维度提出一些全新的思路，为律师办案提供强大理论支持。“这种学术界与律师合作互动的新机制，能更好地促进刑事理论与实务之间的相互借鉴和深入交流。”靖霖学术委员会主任、靖霖北京所名誉主任刘静坤说。

为带动全国各地靖霖律师刑辩技能的整体提升，靖霖刑辩学院在传统内训课程之外，开设了拓展性的内部轮训项目。每期五天的课程，徐宗新都全程主讲和督学。每一位进入靖霖的新人，都能得到徐宗新本人的亲自辅导。

此外，旨在锻炼语言表达能力的演讲、辩论、配音训练，重在提升律师实务技巧的实操演练，干货满满的案例分享等，都能使律师更有针对性地补足自身缺点，获得脱胎换骨式的成长。

“研究”积淀内功

如今的法律服务已日趋精细化，刑事业务更是如此。对于刑事律师而言，除谙熟传统刑事法律理论之外，对一些细分领域的运营模式、技术特点亦要保有敏锐嗅觉。在此背景下，靖霖通过实践探索，将专业研究方向进一步细分，先后成立起传统犯罪研究与辩护部、网络犯罪研究与辩护部、毒品犯罪研究与辩护部、职务犯罪防范与辩护部、新型犯罪研究与辩护部、涉外刑事业务部等多个专业部门。

2020 年年初，新一届靖霖刑事律师机构专业部门出炉，数量增加至 32 个。专业部门的增设不仅符合律所日益精细化、专业化的业务发展趋势，也能让所内律师参与广泛的专业交流合作中，并搭建起自身独特的知识体系架构。

王超强是靖霖刑事律师机构涉外刑事业务部的副主任，在他看来，专业部门的带头人通过完成理论研究、专业知识输出、授课演讲等“硬性指标”，一方面可以将知识经验提炼升华，另一方面通过共享等方式，让其他律师从中获益。对于专业部门成员来说，通过参与理论研究和成果展示，参加沙龙、研讨会等行业交流活动，视野得到开拓，专业实力也在此过程中得到增长。

靖霖昆明所执行主任武广轶现担任靖霖刑辩学院云南分院的院长，她认为除传统的“以办案带动研究”的被动方式外，靖霖律师越发关注“主动式”研究，即关注行业发展趋势，主动选择某一领域进行钻研，逐渐将自己“标签化”。例如，靖霖昆明所主任牟卫鹏对虚开增值税专用发票类犯罪领域产生了浓厚兴趣，经过不断潜心研究，再以写文章、授课等形式输出成果，现已成为虚开类犯罪刑事辩护的专家。

此外，律所也有一个不成文的规矩，就是每年必须出一本书。例如，靖霖于 2014 年、2016 年和 2019 年分别出版了《辩护人认为》、《辩护人认为（第二辑）》和《辩护人认为(第三辑)》三部著作，当中汇集了所内律师多年来成功办理的疑难复杂案例和心得体会。2010 年出版的《刑事辩护实务操作技能与执业经验防范》，现已更新至第三版。从 2009 年开始，一本本凝聚着律师们心血的专业书籍，既是他们刑事专业知识的多年沉淀，也是对于国家刑事司法理论和实践领域的贡献。

从研究到实务，从理论到实战，在理论和实践的相互融合下，靖霖形成了一支专业实力强、善打硬仗的专业律师队伍。

“团队”发挥效能

刑事案件通常涉及当事人的财产和生命安全，必然更加注重律师服务的“精耕细作”。

具体个案又涉及分析案情、研究证据、寻找抗辩点等一系列复杂工作。要保证每一环节都有专业律师介入，并做到各个环节无缝衔接，并非凭借单个优秀律师一己之力所能完成，团队化办案的重要性就越发凸显。

靖霖内部没有固定的律师团队划分，所有案件皆根据案情需要，集结最适合的人员进行办理，为客户争取利益最大化。同时，“主办律师 + 协办律师 + 律师助理”的组合，能够使年轻律师在资深律师的“带培”下，深入参与案件，并在最大限度上得到历练与成长。在此基础上，频繁的交流与合作也使集体的凝聚力、荣誉感获得提升。

此外，如果案件涉及专业性较强，团队亦能吸收特定领域的专家人才参与办案，更加高效地解决问题。“如果需要电子质证方面的专家，我们就会安排精通该领域的律师在团队；如果在伤情鉴定、尸体检验方面需要技术支持，我们也会请相关专家一同办案。”杨昆说。

曾长期在检察机关工作的武广轶认为，这种团队化的刑事案件办理方式，同检察机关的专案办案模式相类似。“办理案件时，一名主办检察官带领两到三名核心检察官，以及两到三名助理的‘专案组办案模式’能够集中人力、物力办理重大案件。”同样，这种模式也使得律师团队成员各司其职、分工配合，达到案件办理的最佳效果。

专业建设是律所发展的基础，靖霖在加大内部培训力度的基础上，亦注重提升理论研究能力，同时，根据客户需求，以律所的整体能力为客户提供最优法律服务。徐宗新将律所的发展高度概括为五个“核心竞争力”：一是专一，二是培训，三是人才，四是产品，五是信念。在这五大核心竞争力之下，他们践行着将案件做到极致的信念。

把刑辩做到极致

刑辩是法治的风向标。近年来，靖霖律师以促进人权保障、推动国家法治建设为己任，凭借高超的专业本领，承办了大量刑事辩护案件，其中不乏全国范围内有重大影响的、疑难复杂案件。

铁肩担道义，公平正义为信仰

在靖霖承办的众多法律援助案件中，其中一起毒品案件较为特殊。在综合考量全案事实和情节后，靖霖律师认为，无期徒刑对被告人而言是较为合理的刑罚，然而一审法院判决被告人死刑。

得知判决结果后，靖霖律师在失落之余，更多的是惋惜。根据情节和事实，被告人的确存在争取较低刑罚的空间，靖霖律师希望运用专业技能助其一臂之力，说服被告人不要放弃，被告人决定上诉。但是，死刑案件上诉后的法律援助将由省级司法机关重新指定，意味着靖霖律师很可能无法继续担任辩护人。考虑到被告人家中的经济情况，靖霖律师提出"法援转委托"的方法，便主动联系其亲属，表示愿意免费为被告人二审上诉提供辩护并争取合理刑期。之后被告人母亲从边疆来到昆明签署委托书，靖霖律师还为她购买了返程车票。

"我们承接这个案件的出发点，不是为了获取利益，仅仅为了维护公平正义。"武广轶说。正是因为怀有赤诚之心以及尽职尽责的态度，靖霖律师收获了来自司法机关的尊重和当事人的认可。

善于钻研，疑难案件的解决者

靖霖律师擅长处理疑难案件,这在他们代理的"黄某某涉嫌污染环境罪无罪不起诉案"中可见一斑。

2016 年，A 公司黄某某因涉嫌环境污染罪被某区公安分局刑事拘留，警方认为黄某某在明知生产三乙基铝产生的焚烧灰渣不能直接倾倒至外环境的情况下，仍指使他人以非法填埋的方式将焚烧灰渣倾倒在公司附近土壤内，总量达 21 吨。几个月后，案件正式被移送检察院审查起诉。

靖霖律师介入案件之时，面对生涩的化工专业问题、庞杂的案卷材料，难免感到无从下手。但攻克疑难案件，是靖霖律师的常态。他们在迅速确定应对方案后，组建了由 5 位律师组成的办案团队，并吸纳具有化工背景的律师加入。而后在梳理辩护意见的过程中，多次与当事公司技术人员进行探讨，加深对整个生产工艺及涉案灰渣的认识，形成辩护思路。此外，靖霖律师还咨询了环保领域的专家，由有关专家辅助人的意见来增强辩护的说服力。

此后，公安机关经两次补充侦查，提出新的证据材料，靖霖律师从容应对，有针对性地提出了多份补充辩护意见。最终，检察院认为公安机关对黄某某的指控事实不清、证据不足，依法作出不予起诉的决定。

走在时代前沿，新型案件的研究者

靖霖律师有较强的跨法思维和综合素质，能够解决新型案件。"A 公司涉嫌非法经营千亿资金案"是典型的刑、民、行交叉案件，靖霖律师在审查起诉阶段破局，帮助当事人取得无罪不起诉的结果。

该案中，涉案公司开展股票配资业务，按照客户自有资金的 1~10 倍提供资金给客户，客户可通过该公司自主研发的微资管软件补充保证金或平仓，并向公司支付交易佣金以及服务费，并按照配资额支付 1 分至 3 分的月利息。

此后，8000 余名客户通过该公司的微资管系统进行交易，交易额共计 1600 余亿元。该公司向客户收取的交易服务费和利息总额达 4 亿余元，利润 5000 余万元。

该公司配资行为如何界定，是否属于“经营证券业务”并构成非法经营罪，是本案的核心问题。从表现形式上来看，涉案公司的配资行为与证券公司的融资业务非常相似，但并不相同，两者的不同之处正是案件的重要突破口。

靖霖律师对“证券业务”“经纪业务”“融资业务”等概念进行了深度解析，研究了配资行为在行政法和民法上的意义，依据《担保法》相关规定以及多数法院支持配资合同有效的民事纠纷案例，提出“公司提供资金在本质上是以股票作为质押的民间借贷行为，不属于证券业务。提供软件只是一种技术服务，不具有严重的社会危害性。”最终，凭借出色的法律运用与分析能力，靖霖律师顺利解决案件，维护了当事公司的合法权益。

上述案件只是多年来靖霖律师成功办理的众多刑事案件中的缩影。他们亦凭借自身多重本领，为弱者匡扶正义，在疑难案件中攻坚，于新型问题中破局。

其一，专业强、会创新。成功的辩护以坚实的理论、技能、经验为基础，优秀的刑事辩护律师必然要具备法律技能过硬、理论能力过硬、政治素质过硬的专业素质。

王超强认为：“律师应当拥有两个‘精神’，即学习精神与创新精神。”科技的进步加速了社会经济的发展与变迁，新的业态及新型法律问题不断涌现。法律具有一定滞后性，但律师应该具有创新思维，既包括辩护思路的创新，也包括辩护理论的创新。用前瞻性眼光关注市场变化，才能时刻保持专业及敏锐。

其二，不畏难、敢辩护。刑事辩护是捍卫公民尊严、守护公民权利的最后防线，成功与否关乎当事人的自由与生命。对于刑辩律师而言，临危受命，只有全力以赴；纵使困难重重，也要敢于担当和争取。同时，应始终做到合法合规，坚守住法律和职业道德底线，在有限的辩护空间内争取最佳的辩护效果。

其三，善沟通、懂博弈。刑辩案件中，为实现当事人利益的最大化，律师要懂得何时对抗，何时妥协。因此，充分把握时机至关重要。“刑事律师要善于发现问题、解决问题，要善于站在司法机关、检察机关的立场上全盘考虑案件，并同他们保持良好、顺畅的沟通。”杨昆说。

随着国家认罪认罚从宽制度的确立以及刑事诉讼程序的完善，法院审判阶段辩护的空间越来越小，“辩护重心前移”成为刑辩工作的趋势之一。靖霖律师认为，相比审判阶段的辩护，犯罪嫌疑人实施涉嫌犯罪行为到被侦查机关采取拘留措施前、拘留到审查逮捕、当事人被批准逮捕到检察机关将案件移送法院起诉前这三个时期，对于刑事辩护的意义更加重大。在此三个阶段进行投入与深挖，对于今后靖霖刑辩业务在全国版图的铺开将大有裨益。

让规模释放优势

10 年开 10 家分所，曾是徐宗新定下的目标。2016 年，宁波、温州、南京三子落下，律所迈开规模化的步伐。短短数年，十余家办公室地跨京津唐、苏浙沪、珠三角三个经济带，中部、西南地区亦有布点。

2019 年，上海靖予霖律师事务所成立，力求依托上海独特区位优势及其对周边地区的辐射作用，开拓更广阔的业务市场。根据 2019 年《上海律师行业大数据报告》显示，上海律师刑事业务的代理量从 2009 年的 1.81 万件跃升至 2019 年的 4.46 万件，增长约 2.5 倍[①]。对于靖予霖而言，如何利用专业、品牌优势在更辽阔的天地驰骋，将成为下一步发展的关键所在。

随着在全国的进一步布局，律所管理不得不面对不同地域间经济基础、人员规模、业务能力的差异等问题。若规模化发展不能充分发挥分所优势，布局的意义势必会打折扣。

为此，2019 年，由浙江靖霖、上海靖予霖等共同设立靖霖刑事律师机构，并将上海靖予霖作为机构总部。继而，靖霖刑事律师机构采取一系列管理办法，将更多自主权留给各个分所，充分释放各地的优势特色。

第一步，设置准入“门槛”以把控质量。除准入门槛如人员规模、办公面积、无处罚情况外，专业能力也成为吸纳律所和团队加盟时的重要考虑因素。徐宗新说：“在分所设立时，我们会好好考量当地律师团队的业务实力。”

第二步，充分发挥主任联席会议作用。主任联席会议由靖霖各所主任组成，决策实行“一人一票”原则，重大事项决策需由主任联席会议 2/3 以上票数同意才能通过。

第三步，在培训、产品、品牌方面提供支持，确保各分所的发展质量与律师专业水平。例如，“一周两训”这一优良传统在全国各地得以传承发扬。在此基础上，各地加强互动，增进实务与学术交流，实现资源共享。

三步下来，各分所在依托靖霖刑事律师机构的培训、产品、品牌影响力的支持基础上，充分发挥自身的灵活性与主动性，逐步提升自身业务质量。

靖霖北京所是发展典型之一。2018 年，杨昆扛起北京所发展的大旗，北上进京，担任主任一职。加入靖霖之前，他曾先后于军队、检察院工作，工龄满 27 年之际，辞去公职，成为靖霖律师中的一员，近年来成功办理多起具有重大影响力的刑辩案件。2019 年 1 月，北京所迁至大所云集的朝阳区，迎来更加广阔的发展前景。

靖霖昆明所于 2019 年正式开业。目前，昆明所有 14 位律师，其中公检法部门的转职人员达到 1/3，武广轶正是其中代表。她曾从检 19 年，荣获过第五届“全国十佳公诉人”

① 王庆雅：《2019 年上海律师行业大数据报告——律师篇》，载 https：//www.thepaper.cn/newsDetail_forward_7021382，最后访问日期：2020 年 2 月 29 日。

称号，是“淯公河惨案”的一审公诉人之一。未来，她希望同其他律师一道“用心做到极致”，将靖霖昆明所建设为云南本地刑事辩护的优秀代表。

靖霖济南所是总分所之间资源对接，协同共进的典范。执行主任王之虎曾在当地公安机关工作，有二十余年的侦查及公安法制经验；由靖霖杭州所派驻的主任杨汇曾于国内各类辩论比赛中取得佳绩。成立两年多来，济南所将靖霖长期坚持的内训传统发扬光大，积极开展辩论赛、模拟法庭、刑辩小讲堂等活动，培养起一支业务水平过硬的律师队伍，还与山东大学、山东财经大学、山东警察学院等高校建立了合作关系，在山东当地形成了一定的专业影响力。

自 2009 年成立至今，靖霖杭州所在刑事业务领域积累了一批高端客户。同时，他们不忘初心，十分重视法律援助案件的办理。在杭州所的客户群体中，既有公司法人代表、高管等高端客户，也有一定数量的社会弱势人群。2019 年，徐宗新去往上海发展之后，孙立波担起“革命根据地”杭州的发展重担，开始担任杭州所主任、党支部书记的职务。

对于未来分支机构发展，在徐宗新看来，专注于刑事领域的律所已实属不易，各办公室更应互相帮扶，一同建设“靖霖”品牌。也因此，“意志坚”“理念同”“业务强”将成为吸纳新所时最看重的因素。

分所的建设与管理，仍是靖霖当下和将来的重要工作。北京大学法学院教授、靖霖刑事律师机构总顾问陈瑞华认为，未来如果中国每一省份都设有靖霖的分支机构，将为我国刑事法律服务业的发展带来极大促进。但作为刑事专业律所，靖霖的规模化发展需格外注重品质把控，今后在设立分所时亦应适度放慢步伐、稳扎稳打，争取做到“发展一家成功一家”。

接下来，靖霖刑事律师机构仍将通过品牌、产品、专业等各个方面的支持，来促进各个分所的发展。坚定的刑事业务发展方向、高水准的业务能力，以及面对困难时坚定的意志，是律所 11 年来壮大的内核驱动，也将是其未来发展所秉承的信念。

探路者到领跑者

近年来在中国法律市场上，规模化趋势正在加速，致力于提供全方位、多领域服务的大型综合律所不断开疆拓土，占领市场。与此同时，也有越来越多律所定位于“小而美”，朝着细分专业领域纵深发展。

规模化与精品化，这两种路径宛如两条平行线，在各自发展方向上延伸。11 年前的靖霖，是一个律师行业的探路者，以一种全新的姿态奔跑在中国律所发展的“第三条道路”上。今天的靖予霖，实现全国规模布局，成为中国刑事法律服务市场的领跑者。

自创立以来，律所以“培养一批刑辩律师人才，研发一批刑辩专业成果，积极发挥刑辩律师作用，为法治中国添砖加瓦”为愿景，明确了自身战略定位，选择了刑事业务作为唯一的赛道，依托专业、培训、人才、产品和信念一路赢得客户信赖，在激烈的市场竞争中脱颖而出。

在明确未来战略定位之后，靖霖构建了良好的人才生态，已汇聚了一大批出自公检法队伍的优秀实务人才，以及在高校中从事理论研究的专家学者，并培养起一批业务能力出众，又擅长辩论、口才出色的青年才俊。在律所系统的培训体系下，多元化的人才结构能够优势互补、形成合力。

考虑到因专心做刑事，刚入行的律师在起步时难免生活拮据，靖霖始终坚持“不丢下一个人”，通过设置底薪、案件协调等措施，使他们收入有保障，对律所产生归属感。除此之外，疑难案件的参与机会、多方位的培训机制、公平的晋升机制等，都是其吸引和留住人才的关键因素。

良将齐备以后，靖霖希望依托业已形成的品牌影响力，为客户提供精细化、专业化的服务。在陈瑞华教授看来，刑事法律服务有其特殊性，“精细化、专业化”往往知易行难。“刑事案件的客户，通常陷于危难之中，要求律师具备高度的责任感与同情心，同时具有良好的沟通能力。如果只是在案件中简单走一遍流程，则无法满足客户的真正需求。”

此外，陈瑞华教授认为，刑事法律服务的特点在于它没有“回头客”，必须依靠过硬的专业本领和尽职尽责的服务来赢得当事人的信赖。靖霖抓住这一市场特点，通过不断修炼内功和完善业务流程来树立自身差异化优势。一方面，通过内部培训，有机整合法学科班出身的人才与资深司法实务工作者这两大群体，让他们取长补短，实现优势互补；另一方面，完善内部作业流程，无论是当事人会见、阅卷、调查，还是与公检法部门的沟通等，皆具备明确详细的规范指引，从而确保了服务质量。经过多年努力，“精细化的服务—理想的诉讼结果—客户满意度高—良好的市场口碑”的服务形态逐渐形成。

除持续匹配最优资源为客户提供专业的服务外，靖霖还以客户的需求为导向，在刑辩业务的基础上继续深挖，开发了刑事代理、刑民交叉、刑事合规等业务类型。

陈瑞华教授说，这一前瞻性战略定位既顺应经济发展趋势，也具有一定的社会政治意义。“尤其是刑事合规业务，能够汇聚大批国有企业、民营企业、合资企业客户，帮助他们避免重大经济损失，并为其提供更加长远的、整体的利益保障。”

专业之外，靖霖律师也以身作则，积极承担社会公益。2017 年，在成立八周年之际，律所在微信公众号公布多年专业心血《刑事辩护标准化服务文本》，供全国律师免费使用。

同年，靖霖刑辩学院正式成立。在成立仪式上，徐宗新说，刑辩学院的设立，是本着公益和分享的原则，将这些年的研发的培训课程等成果向律师界推广，与律师同行交流分享。

2020 年年初，新冠肺炎疫情肆虐，试图让每个人放慢前行的脚步。从大年初九开始，靖霖将培训转移至线上，连续推出 23 天在线授课。之后律所将视频汇集制作成 10 门精品课程，以网络义卖的方式募得 3 万余元善款，并全部捐献给上海市红十字会。

像这样的例子还有很多，靖霖律师通过多种多样的形式，将共享精神不断发扬。他们的慷慨分享也带来了丰厚的回报，近年来，在靖霖刑事律师机构律师承办的业务中，80% 左右是来自律师同行的推荐。

创立 11 年，凭借在刑事领域的坚守和深耕，靖霖已在全国范围内形成一定的品牌影响力，也凭借在刑事业务领域的坚持与精细化的服务，赢得了越来越多客户的信任。

11 载风雨兼程，靖霖实现了人员规模、创收、分支机构数量的突飞猛进，以刑事专业所的姿态实现了全国规模化发展。未来，在“全国每个省会城市开一家所”将是它的目标。在规模化的基础上，它将更加注重品质把控和资源整合，继续沿着刑事业务领域开拓与深耕。

进军沪上，靖予霖品牌知名度和市场影响力在持续提升，而专业的服务品质仍将是它的坚持，和迈向更高水平的奋斗路径。区位的优势、品牌的优势、专业的优势，亦将在相互转化与加持中呈现崭新的生命力。

结　语

一家律所的标识，往往是其精神与文化内核的凝聚。靖予霖的标识，其型为中国古代神兽獬豸，传说它能辨是非曲直，可识善恶忠奸，历来被视为司法正义的标志。但与多数“无翅膀”的神兽不同，靖予霖的标识长有翅膀，张开的双翼则寓意将公正带到当事人身边。在法治社会建设的今天，獬豸所体现的精神符合“公平、公正、独立”等现代司法理念，亦能在以靖霖律师为代表的刑事律师身上得到彰显。

对于许多刑事律师来说，这一职业身份不仅是一种谋生之道，也是超脱于功利的更高追求，他们维护公平正义和法律权威，他们捍卫当事人合法权利，他们有着“敢为天下先”的理想与悲天悯人的情怀。

多年前，为解决“刑辩难”，徐宗新在浙江开垦出一块法治“试验田”，坚持把刑事做到极致。而今，昔日一方土地成为沃野良田，靖予霖立足上海，依托“专业化—品牌化—规模化”的独特路径选择与发展模式，开启了一家刑事专业所全国布局的新篇章。

对于靖予霖而言，这是一个充满机遇的时代，也是一个可以放手拼搏的时代。今后，它也将心怀维护社会正义的理想，继续履行一家刑事专业大所的责任与使命，努力克服艰难险阻，为法治中国添砖加瓦！

2010~2019

中国律所访谈：四十周年纪念版

建领城达

专业立所，做面向全球的建工领域引领者

吴剑霞　吴梦奇　金玥瑶

建领城达律师事务所前台

创所初期建领城达团队在桂林的合影

建领城达部分荣誉

建领城达大讲堂培训活动现场

建领城达律师参加“建领城达”杯首届上海市律师马拉松赛的大合影

2010年，中国律师行业走到了恢复以来的第四个十年的开端。已是中国建设工程领域知名律师的周吉高站在车水马龙的上海滩街头，脑海里浮光掠影般闪过过去多年的各种片段——这是他做律师的第10个年头，也是他离开校园的第15年。

15年间，上海律师行业取得了足可称道的成绩，从为数不多到“百家争鸣”；15年间，中国建筑房地产行业亦发生了翻天覆地的变化，法律服务需求从北上广等沿海地区一步步扩张到了内地各省市。透过黄浦江的滔滔江水，周吉高看到了在整个神州大地上蔓延的建设工程业务机遇，也看到了律所公司化管理的前景。

“要办一家面向全国，乃至是面向全球的公司制建工领域专业所。”他这样想着，也这样做了。2010年6月29日，以自己原先的业务团队为基础，一家名为“建领城达”的律师事务所在车水马龙的延安西路正式开张。

一抹亮色，悄悄在上海律师行业这幅长卷上浮现。

因时而生，唯精唯一

与“律师”二字的结缘

如果让25年前的周吉高预测自己25年后的样子，他一定不会想到自己将在熙熙攘攘的上海滩，成为一名忙忙碌碌的律所主任。

那是1995年，仲夏，在中国科学院修习高温结构陶瓷的周吉高即将结束研究生的学业。

临近毕业，导师语重心长地对他说：“吉高，如果你愿意留在科学院，每天只要干足3个小时研究工作，研究能力就会非常出色了。”

但比起按部就班的安逸生活，周吉高更向往到社会磨炼中探寻理想。

离开校园的周吉高辗转材料公司、装修公司和房地产公司，中途发挥做学术的精神接连拿下了预算员证书和项目经理证书，但和自己理想中的职业生活相比，现实似乎总隔着一层薄幔而无从突破。

1996年，周吉高进入韩国三星集团旗下的三星建设株式会社。在三星，他参与了淮海路香港广场南座的建设项目，担任造价工程师，负责合同管理工作。这个合同金额在20世纪达到5000余万美元的项目，既是周吉高参与的第一个大型项目，也因为是我国香港地区投资、韩国建设的国际工程，涉及菲迪克（FIDIC）合同[①]，成为周吉高在建设工程领域的“入门作”。

1997年，周吉高离开三星，以工程造价合同主管的身份加盟某中外合资房地产公司。

① FIDIC条款为FIDIC编制的《土木工程施工合同条件》的简称，也称为FIDIC合同条件。

不巧赶上 1998 年东南亚金融危机，公司的项目被迫放缓施工，周吉高形容，“每天投资占用的利息相当于把一台全新的奥迪车开进黄浦江里”。

项目缓建，他便选择边工作边考证。在房地产企业的 3 年，周吉高成为全国第一批造价工程师，拿下了彼时通过率仅 0.4% 的注册会计师资格证，还顺利通过律师资格考试，获得律师行业的敲门砖。

对一位房地产公司的主管而言，似乎完全没有必要特地花时间考取律师资格。但彼时终日与各类合同打交道的周吉高却有着充足的动机：

一方面，他时常会在工程合同中碰见无法理解的条款和法律问题，驱使着他去通过学习法律来厘清个中疑惑；

另一方面，周吉高在工作中先后接触了彼时房地产企业的法律顾问——两位逻辑缜密、思维清晰的资深大律师，律师们渊博的学识和出众的风度给他留下了深刻印象，也直接推动了周吉高参加律师资格考试。

这一考，便为 10 余年后一家精品所的诞生，悄悄埋下了伏笔。

迎难而上，博采众长

虽然有了律师资格，但是否要走上律政之路，周吉高彼时并未作出决断。接触律所前，周吉高到一家香港地区的地产公司面试，通过后对方开出了税后每月 8000 元的薪资——这在 21 世纪初已经是颇为不错的薪水。

但当他通过同事介绍接触建纬律师事务所，薪资一下落到了每月 2000 元。选高薪？还是选理想？冲着对律师工作的憧憬，周吉高最终还是下定决心，选择进入建纬当一名实习律师，师从彼时的建纬所副主任殷之杰。

进入建纬的前 2 个月，周吉高并没有接到什么工作，便将主任朱树英的著作《建设工程法律实务》和其他几本专业著作翻了个遍，自觉律师也并不是很难。但当 2 个月后师父殷之杰给他布置第一份“作业”时——为一起建设工程合同纠纷案件起草一份答辩状，他的自信却荡然无存。起草三次、被大改三次，师父殷之杰从看一行到看一段，再到逐字逐句看完并修改得密密麻麻，最后通过口述形式让周吉高打出了第四份答辩状——周吉高意识到，法律服务与自己原先的工作存在巨大的行业鸿沟。

但他素来不是轻言放弃的人，尽管执业前几年“非常痛苦”，但周吉高还是咬牙坚持了下来——这种拼劲和韧性，也是他此后执业所一直秉持和恪守的品格，乃至融入了建领城达的律所文化。

2002 年，周吉高跟随师父殷之杰加盟申达律师事务所。在申达，周吉高接触到了陶武平、孔庆德、王嵘、黄海林等一批专业实力强劲的大律师。与这些行业贤能的合作，让周吉高在一步步夯实自身专业基础的同时，得以“融百家之长于一身”，吸收了其他律师身上的不少优点，并在这一阶段获得晋升，成为一名授薪合伙人。

随着建筑房地产非诉业务的增多，周吉高逐渐萌生出组建团队的想法，恰好他和同在世纪广场办公的海华永泰的冯加庆相熟，为了业务和自身的长远发展，2008 年，周吉高加盟海华永泰，并担任副主任和高级合伙人。

海华永泰的 3 年经历对周吉高此后的职业生涯影响深远：一方面，他顺利组建了自己的团队，吸收了俞光洪、王凌俊等一批优秀律师、实习生；另一方面，他申请参加了上海市律师协会建筑房地产业务研究委员会，参加并通过竞聘，成功当选为第八届建筑房地产业务研究会主任，开始在行业中逐步树立影响力。

在参与行业建设的过程中，周吉高发现，彼时公司制律所管理的思想已经开始在业内传播，但综观整个上海律师行业，却少有律所采取这一制度。

此时周吉高自己的团队正因上海房地产市场增量的下滑而接触了越来越多其他省市业务——在他看来，提成制律所因其相对松散的管理，拓展布局时难以维持业务质量的稳定，而公司制无疑是更能够帮助律所走向全国的管理机制。

于是，他带着志同道合的团队骨干独立出来，以“走向全国的公司化建工专业所”为定位，创办了建领城达。

建工领域的新锐力量

“从团队到律所，面临的最主要问题就是律所的制度建设，包括激励机制、梯队建设、规范设计、风险防控。”早年进入周吉高团队，后成为建领城达律师事务所创始合伙人、业务三部部长的俞光洪说。

对此，建领城达迅速完成了事务所初步制度架构的设计，并基于既有业务类型，组建了房地产、建设工程两个业务部门，还单独设立了负责产出知识成果、推进专业化、锻炼新人的研究部，并从此将重视专业研究注入了建领城达的基因之中。

至此，在周吉高和团队成员的努力下，建领城达顺利完成了从团队到律所的转变。创所头几年，建领城达每年都保持了较快的业务发展速度。

2016 年，建领城达在业内取得了一定的品牌积淀和行业影响力，拥有了一批稳定的大客户。彼时，随着业务的不断拓展，原先 2 个业务部门的模式已经不能满足业务发展的需求以及服务客户的需要，于是，周吉高重新划分、配置部门，将业务部门逐步改组拓展为 8 个业务部门，分为业务一至七部和保全执行部，培养了一批能够独当一面的合伙人和业务部长。

经过 10 年发展，建领城达循着“专注于建筑房地产领域的精品化律师事务所”这一发展目标，组建了一支精锐的建筑房地产法律服务团队，奠定了以建设工程为中心，房地产、PPP 为侧翼的发展格局，服务客户遍及全国 30 个省级行政区，并于 2017 年扩大律所办公规模，以适应不断增长的规模体量，持续吸引着优秀人才的加盟。

10 年发展期间，建领城达亦斩获了众多行业荣誉：2011 年，成立不久的建领城达即被《新民周刊》评为“上海十佳不动产律师事务所”；2013年至2019年，建领城达四度被美国《工程新闻纪录》（ENR）与中国《建筑时报》共同评为“最值得推荐的中国工程法律10家专业律师事务所”之一；2017年和2019年，建领城达两度被《亚洲法律杂志》（ALB）评为“年度中国十佳精品律所”；2019年，建领城达被上海市律师协会评为“2015~2018年度上海市优秀律师事务所”；2020年，建领城达又入选钱伯斯《2020亚太法律指南》“建筑工程”领域BAND3律所；入选亚洲法律概况（Asialaw Profiles）“建筑工程”领域知名律师事务所……

今年是建领城达创所的第10个年头——成功有着很多因素和理由，但对于一家律所而言，以不懈研究实现专业的精进、以实现客户目标获得客户的信赖，是永恒不破的真理与成功法则。“扎根建筑房地产领域”是建领城达的选择，也是过去10年里自己得以在强所如云的魔都立足的发展航标。

扎根建工领域，以客户目标为导向

经过十年发展，建领城达已设立了业务一部至业务七部及保全执行部共8个业务部门，服务于建工领域众多龙头企业客户，包括中国中冶、中建股份、中国铁建、中国交通、中电顾问、中国核建、中国船舶、上海建工、隧道股份、浙建集团、江西建工、红星美凯龙、绿地建设、龙元建设、锦惠集团、南通建工、融创地产、新城控股、瑞安地产、信达地产等，覆盖了众多央企、国企、上市公司。

近年来，建领城达在最高院、各地高院、中院代理的案件数量年均达百余件、标的额年均总计近百亿元，其中绝大多数案件取得了客户期望的诉讼结果，使建领城达广受客户认可与信赖。

建设工程为中心，房地产、PPP为侧翼

建领城达能有今天的行业地位，离不开“扎根建工领域”的专注。创所之初，建领城达就确定了“建筑房地产领域精品所”的自身定位。但从早期房地产业务为主，到如今建设工程为中心，房地产、基础设施投融资（含PPP）为侧翼的业务格局，建领城达的业务发展实则一直与行业变迁紧密联系，总能在敏锐洞察发展趋势的前提下进行拓展或转向。

2008年，为应对次贷危机带来的冲击，中国出台了扩大内需、促进经济平稳增长的十项措施，即“四万亿计划”。在这一系列措施的刺激下，房地产行业在此后数年迎来了一波强劲发展潮。彼时新成立的建领城达仍以房地产业务为主，因而也受益于这轮大发展，先后为数个重大房地产项目提供法律服务，开始在业内具备了一定的知名度。

随着上海房地产市场的成熟与饱和，万科、恒隆等大型地产企业纠纷逐渐减少，甚至没有纠纷，所需提供的诉讼代理法律服务也相对减少。同时，源于担任上海市建筑施工行业协会的副会长这一契机，周吉高能与各大建工企业成员进行沟通、交流，了解到建工企业有着大量的法律服务需求，于是逐步将业务重心由房地产法律服务转向为建工领域的国企、央企、上市企业提供法律服务。至2016年，建领城达已经与一批建工领域的大型龙头企业形成长期稳定的合作关系。

2016年，周吉高在北京参加了国家发改委组织的第一轮PPP专家培训。在培训中，他发现北京律师在这项逐步兴起的业务上已经走在了全国前列。周吉高意识到，想要成为建工领域法律服务的领跑者，建领城达就必须在PPP领域取得先机。

返沪后，他立即亲自牵头组织律所学习推动PPP业务，并成立了业务四部专门从事这一领域业务。由于建领城达客户覆盖了主要的地产商和建工企业，具备巨大的潜在业务挖掘空间，因此之后在PPP领域发展迅速。至此，形成了建设工程、房地产、PPP三大领域全面发展的业务格局。

在三大业务格局形成过程中，建领城达通过在各领域办理的知名案例或服务项目，得以逐步打开业内知名度、获得客户的认可与信赖。

在建设工程领域，建领城达成功代理了多起重大疑难案件，且该等案件对于类案的处理均有相当的启发借鉴意义：

在江苏高院某建设工程造价司法鉴定纠纷案中，建领城达代理律师最早在该案中提出了工程造价司法鉴定中“取舍原则”的适用，即在工程造价司法鉴定过程中，只要遇到需行使司法审判权的问题，鉴定人就应当出具两种或者两种以上鉴定意见，供审判人员依法行使审判权进行判定，而非由鉴定机构直接作出某一种鉴定意见，防止“以鉴代审”。该案为后续涉及工程造价司法鉴定案件的代理或裁判提供了启发性的思路。

在某施工企业建设工程施工合同索赔与反索赔仲裁案中，建领城达为施工企业赢得近千万的索赔款项，并成功驳回建设单位5000余万元的反索赔请求。在代理该案的过程中，代理律师对索赔过程中的证据固定、针对反索赔的应对思路进行了梳理、总结，为许多施工企业的索赔与反索赔应对提供了行之有效的处理建议。

在某央企与某企业EPC总承包合同及股权质押纠纷本诉和反诉案中，建领城达帮助客户在这起诉讼案取得圆满成功，对EPC总承包合同纠纷处理以及对于结算协议的效力认定等方面的类似案件非常具有借鉴性。原因在于，代理律师在该案中最大限度地避免了工程规划许可证造成EPC合同无效所致的不利影响，包括对结算还款协议的效力不利影响、对股权质押合同效力的不利影响，并克服了股权质押登记瑕疵、工程价款优先受偿权行使等重重障碍，最终实现代理目标，最大限度地维护了客户利益。

在某央企子企业疏浚合同纠纷连环诉讼案中，诉讼相对方起诉索要疏浚土超运距运费2500余万元，并恶意另行起诉要求支付疏浚土堆放和处理费7500余万元。在代理该案时，代理律师从案件事实、举证责任角度充分剖析，寻找案件的突破点，经历二审以及最高院再审，最终胜诉，为客户规避了 1 亿元人民币以上的经济损失。在举证规则的运用以及连环纠纷案件的破解方面具有借鉴性意义。

建领城达还成功代理了“某施工企业在最高院提起的第三人撤销之诉再审案件”。该案中，某施工单位在执行仲裁裁决时得知建设工程优先权受他人生效判决侵害，工程款债权无法实现，遂向法院提起第三人撤销之诉，但一审、二审均未获得法院支持。建领城达代理律师代表该施工企业向最高人民法院申请再审，通过详细分析第三人撤销之诉的构成要件、购房者优先权对抗建设工程优先权的条件，最终由最高人民法院裁定提审并判决撤销错误判决，成功维护并实现该施工企业的建设工程优先优先权。建领城达在该案中成功通过第三人撤销之诉的形式维护了施工企业的建设工程价款优先受偿权，是非常鲜有且典型的成功案例。

在房地产法律服务领域，建领城达为“信达·阳光海岸”、“巨人科技产业园”、“国信大厦”和海南洋浦经济开发区安置房与公共服务 EPC 等重大项目提供法律服务。此后，建领城达又代理了被称作“全国信托纠纷第一案”的昆山纯高与安信房地产信托纠纷案，最终帮助昆山纯高取得案件的胜诉，并系统梳理案件办理中的心得体会与知识成果，编撰成为《信托纠纷第一案全程办案实录：如何办理新型、疑难、复杂诉讼案件》一书，取得不错的业界反响。

在 PPP 法律服务领域，建领城达为中国二十冶、中国五冶、上海宝冶、中核五建、中船九院、浙江交工、昆山城管局、同济大学等大型央企、国企、政府部门和事业单位的多个 PPP 项目提供了从采购、合约谈判、项目公司设立到项目建设与运营阶段的全流程法律服务，再谈判、项目评估、尽职调查等专项服务，以及纠纷阶段的咨询和争议解决服务。

同时，在总结服务经验的基础上，建领城达针对新规热点发表多篇极具实践价值的实务文章，回应社会资本方面对政策调整所产生的疑惑和棘手问题，率先提出 PPP 再谈判等推动实质性解决项目困境的方案与建议。基于丰富“一线”服务经验与深度的政策、法律实务研究，建领城达在 PPP 法律服务领域已经颇具知名度。

“以客户目标为服务导向”

作为一家刚迎来创所 10 周年的“年轻律所”，建领城达何以在与众多房地产专业律所、团队同台竞争中居于前列?

诚然，这其中有周吉高自身及团队多年扎根建工领域的缘由，但作为一家律所，真正让建领城达脱颖而出的，还是其独具特色的“以客户目标为服务导向”的服务理念，以及由此自然衍生出的具有目标性、整体性、研究性和亲和性的服务精神。

目标性，是指建领城达将满足客户目标作为法律服务的核心和导向，并将此作为事务所的一项核心竞争力。“以客户目标为服务导向”。

作为合伙人、业务二部部长的王凌俊一直记着周吉高在带教他时反复叮嘱和践行的理念："律师要有目标思维。诉讼，就是要打赢，充分利用证据为客户争取最佳结果，遇到困难和极端不利时更要发挥主观能动性，既要有专业，也要敢于斗智斗勇。"此后，王凌俊一直将"目标思维"作为自己的努力方向和工作要求，和事务所各位律师一起保持着建领城达的高胜诉率和高度的客户粘性。

如今，王凌俊也把"目标思维"融入对部门的要求，希望把这项传统和优势传承下去："把事情'做完'是不够的，要'做成''做好''做到极致'，特别是年轻律师，让结果不断超越客户预期可以更快获得认可。"

近两年，王凌俊律师和业务二部的同事们从客户利益出发，成功代理了一系列工程纠纷中因自由裁量权大或司法实践不统一而导致结果不确定性强的典型案件，还在部分案件中通过推翻或大幅调整鉴定意见最终获得胜诉甚至二审改判。"办法总比困难多"这句经常用来相互鼓励的话已经成为部门共识，"不计较过程中的投入，才能用结果说话，客户也会从中感受到我们的责任感和担当，发自内心地信任我们的专业、能力、人品。"

此外，设立保全执行部也是建领城达有针对性地围绕客户目标开展服务的一大体现。"不仅要为客户打赢官司，还要能够帮助客户实现债权。"保全执行部副部长李越表示，"在实现债权的过程中，保全和执行工作尤为重要且充满困难，建领城达因此专门成立了保全执行部，集中优势力量，专业化、标准化地办理重大、疑难、复杂的保全和执行案件。"

整体性，是指建领城达能够结合客户需要，灵活组织各部门合作为客户提供服务。

建领城达律师事务所合伙人王敏作为业务一部部长，除了带领业务一部提供出色的服务外，还在多个项目和核心客户的服务中承担着与客户和所内各部门间牵头、协调和组织的工作。

例如，在今年，建领城达作为协办单位为"上海建工集团2020年度商务管理技能比赛"提供合同管理和法律法规方面的全程协助工作。因本项服务内容有着新颖性、紧迫性、工作量大的特点，王敏作为本项目的牵头人，根据各部门的特长，迅速组织一部、二部、四部、七部各部门成员组成了十余人服务团队，快速响应客户需求，顺利地对上海建工集团本次商务大赛提供了知识大纲编写、赛事题库编制、赛前培训辅导以及赛中协助等赛事保障工作。

"依托建领城达的公司化体制，我们所有团队都处于一体化管理下，当大客户有工作量较大或综合性较强的业务需求时，不同业务部门能够根据各自业务所长进行灵活组合并提供服务。虽然，建领城达目前各个部门的人员规模在3～5人，但却能够通过各部门共同协作形成一个覆盖更广、服务能力更强的'大团队'，对于越来越重视全链条服务能力的大型企业而言，这才是吸引他们的关键。"王敏说。

研究性，指的则是建领城达一直坚持通过专业研究处理疑难、复杂、新型法律问题的这一核心竞争力。

"建工律师如果没有研究，就没有真正专业的法律服务。没有深度思考，就不能围绕代理目标开展工作，不能满足客户的需求，也不能最终实现专业服务价值。"这是周吉高一以贯之的观点，他也是这样要求律所所有团队及成员。

创所之前，周吉高就出版过多部行业著作，包括被立志成为建工专业的律师奉为“红宝书”的《建设工程专项法律实务》。创所初期，建领城达就专门成立了研究部，组织律师专门研究建设房地产领域的前沿、复杂、疑难问题，文章、专著、期刊等研究成果不断涌现。同时，每个部门及成员必须以“研究”的视角对待每一个案件、每一次咨询和每一份法律文书。

今年春节，一场新冠肺炎疫情突如其来，对各行各业产生了重大影响，建领城达所立即组织专门人员研究新冠肺炎疫情引发或涉及的一系列法律问题，特别是对施工单位的影响以及应对策略。建领城达所通过研究形成了一系列研究成果，及时为施工单位起草了应对新冠肺炎疫情的法律指南和不可抗力通知的示范文本，获得了客户的广泛好评。

俞光洪作为创始合伙人之一、业务三部部长，全程参与和见证了建领城达所十年发展历程，深知“研究性”对一家“专业所、精品所”的重要性，他也一直努力以“研究性”要求自己及部门全体成员，以“研究支持业务办理”、以“研究驱动业务发展”、以“研究培养人才”、以“研究衍生法律服务新品种”。业务三部日常提供的法律服务中最常见的一种服务项目即为“专项法律评估”服务。即针对重大疑难复杂案件，业务三部均须全面梳理案件事实，归纳争议焦点、难点和重点，进行全面分析评估，为客户查漏补缺并向客户提出合理化建议和后续工作方向，或为客户科学、合理决策提供专业参考意见的服务项目。

在客户眼中，建领城达还是一家极具“亲和力”的律所。

律师工作是一项与人打交道的工作，很多时候需要律师与法官、客户进行良好的沟通，除了专业的法律素养和斗智斗勇的策略之外，良好的亲和力也是处理好法律事务不可缺少的能力之一。通过良好的沟通，能够让法官和客户更好地接受律师的观点，消除误解，避免矛盾激化，从而取得较好的结果。

作为合伙人、业务六部部长的程培新是建领城达所内年龄最大的律师，也是一位极具亲和力的律师。他擅长与法官和当事人交流，在办案和处理法律事务过程中能通过有效的沟通取得良好的效果。例如，他接手某大型国企的法律顾问工作后，通过有效的沟通，与客户建立起良好的合作关系，加强客户了对法律工作的重视，业务量逐年扩大，目前该客户已成为事务所的核心客户之一。再如，他在承办的某大型央企施工合同案件中，通过良好的沟通，最终说服法官，为当事人争取到500余万元的利润赔偿，远超当事人的预期。

日常工作中，程培新亦通过极具亲和力的沟通把部门成员紧紧团结在一起，大家齐心协力，使业务六部的工作蒸蒸日上。这种亲和性，也随之感染了所里的每一位律师。

能够“斗智斗勇”以客户目标为导向，也能够灵活组成“大团队”提供服务，更能够通过研究解决客户遇到的复杂疑难法律问题，还亲近客户、乐于沟通——这样的建领城达，既是客户眼中的“最佳法律服务供应商”，也是各大评级机构眼中的“优秀专业机构”。

近年来，建领城达在钱伯斯、ALB 等知名法律行业榜单上斩获颇丰，这家年轻而又“厚实”的律所，在业务遍及全国的同时，下一个目标将是“一家面向全球的建工领域专业所”。

自我驱动，共成长，同发展

不拘一格，助人成才

2018 年的一个深夜，万籁俱寂，延安西路旁的一座办公楼却依旧透着微弱的灯光。时钟指针已经划过零点，实习律师靳李玲仍伏在案前，在部长的指导下认真地准备着某个项目的相关材料，逐条梳理着合同风险点……明天，入职仅 5 个月的她将第一次完全独立地接洽客户，协助客户与合同相对方进行合同条件的谈判。

一名入职 5 个月的实习律师，在许多其他律所可能还停留在做基础检索工作的阶段，建领城达却已经敢于放手让他们承担更多更重要的事务。

靳李玲至今仍清晰地记得面试时的场景，周吉高坦诚地告诉她：“在建领城达，你不会因为没有资历而不被重视，如果你有能力，你就有机会去承担更重要的工作。只要你能独当一面，就可以被委以重任，而不需要按部就班地成长。”这次面试带给靳李玲深深的震撼，也坚定了她选择建领城达的决心。

这绝不是一句拉拢人才的空话。

入职仅一周，周吉高就带着她见了两个非常重要的客户，他不但让靳李玲全程对接，还鼓励她直接参与到案件的讨论中，勇敢地表达自己的观点：“说错了也没关系，只要能表达出你的观点，能够有所思考就可以了。”这让刚进律所的靳李玲感受到了莫大的重视和鼓舞。

入职 5 个月时，她已经有机会完全独立地去见客户。回想起那次经历，靳李玲坦言当时压力很大，有些紧张，但前一晚在部长和同事们的指导下做了充分的准备，因此第二天谈判时得以应对自如，赢得了客户的信任。“就把自己当作案件的主办律师，从头到尾的负责，在指导下充分准备，不要因为自己经验甚少而怯懦，也不要想着让上级律师来兜底。”正是秉持着这样的工作态度及责任心，靳李玲才得以顶住压力，超期望地完成工作。

彼时的她在处理案件时还带着些许青涩，两年过去，在周吉高、带教部长以及其他律师的帮助与扶持下，尤其是得益于周吉高“手把手”但又留有适当发挥空间的带教方式，靳李玲快速而又稳健地成长。

从一开始的检索研究工作，到相对独立地起草法律文书、独立接洽客户、主持并主笔《关于审理建设工程施工合同纠纷案件适用法律问题的解释（二）》相关问题以及疫情相关法律问题的研究撰文工作，再到后来成为数起疑难复杂的巨额建设工程价款诉讼纠纷、索赔非诉讼服务的主办律师，靳李玲出色的研究能力、处理问题时合理有度的判断力以及责任心也逐步凸显。

为了更好地发掘潜力，抓住更好的业务发展机遇，贯彻“共同发展”这一人才培养理念，靳李玲接过了建领城达业务五部副部长这一“重任”，成长为能够独当一面的律所新星。“让年轻人担负重任，是促进年轻人迅速成长的动力，建领城达深知并善用这种培养方式。”靳李玲说。

这种晋升速度在许多其他律所是难以想象的，但在建领城达却绝非孤例。

李瑞升也是建领城达近年来通过内生式人才培养实现快速成长与发展的实例。本科和硕士研究生学业均在北京完成的他，于 2017 年来到上海并作为律师助理加入建领城达。“与其他律所不同的是，建领城达非常善于发现成员的长处，并为新人的发展提供充分机遇和广阔舞台。”李瑞升说。

彼时正值 PPP 领域文件频发、新规层出之时，李瑞升除了办理建设工程诉讼案件的基础工作以外，还加入了建领城达 PPP 研究与服务小组。通过参与所内对 PPP 政策文件的系统学习与培训，并在服务过程中深化认识、深入研究，李瑞升迅速成为建领城达 PPP 研发与服务小组的核心成员。

在周吉高的带领下，李瑞升与建领城达 PPP 研发与服务小组的其他成员积极开展研究工作，第一时间针对新规热点发表多篇极具实践价值的实务文章，相关文章刊载于 PPP 知乎等行业知名媒体后，累计获得数万次阅读量，引发热议。

看到李瑞升在研究、带动小组成员协作开展工作等方面的潜力和主动性，建领城达本着“人尽其才、物尽其用”的人才培养理念，让李瑞升试水带领小组成员提供 PPP 法律服务。从一开始需要合伙人指导文件起草并加以审核修改，到审核修改幅度逐渐减小，再到文件基本无须修改，李瑞升带领小组成员快速提升了建领城达在 PPP 法律服务方面的能力；在律所文件模板优化、法律服务与报价方案范本制定等其他方面，他也充分发挥自身善于思考、精于细节的优势，为建领城达的业务规范化发展提供助力。

2018 年，在建领城达正式完成业务部门改革之时，李瑞升再获信赖，成为业务四部部长。可以说，李瑞升是建领城达“不设限制”的人才培养理念之下，实现了超常规成长与进步的生动实例。

完善机制，育木成林

育木易，成林难。建领城达成立至今不过 10 年光景，这样一家年轻的律所，仅靠晋升机制，显然还不足以在激烈的行业竞争中吸引足够人才，培养出大量优秀律师——一套完整的、系统的培养机制，是更让青年律师信服的证据。

在建领城达，无论是部门的助理还是律师，一般都会由两个部门负责，由部长甚至主任“手把手”带教。新人可以在亲身体会到两种不同的风格后自由作出选择，如果跟两个部门都很契合，也可以由两个部门共用，接触到不同类型的案件，获得更多的实践机会。作为律所主任，周吉高会关注并指导新人们办理案件，特别疑难复杂的还会亲自上阵，这对新人来讲也是无比宝贵的经验。

20 年的律师经历，让周吉高总结归纳出了一条合格律师的“4+1”法则——“4”，指的是法律事实的清晰认定、法律条文的准确适用、法律逻辑的缜密梳理和精准到位的表达手段；“1”则是基于当前司法环境和客户目标，必要时合理合法与诉讼或仲裁参与各方“斗智斗勇”。做好了这“4+1”，才符合了周吉高心中对“合格律师”的定义。据此，周吉高提出了“八二人才战略”，未来要将所内符合这一标准的律师比例提升到 80%。

为实现这一人才培养目标，建领城达对人才也舍得“放权”，为新人提供宽广的实战平台和充足的案源，让新人快速度过成长期。不管是业务的承接还是办理，周吉高都给予新人全程参与的机会，从接洽客户了解案情，到诉状、答辩状的起草，再到开庭，所有的流程都是敞开的，都可以亲身参与。“在别人身后一脚一脚地跟着走，那发展太慢了。”

当然，律所也有与之配套的严格风控制度，重大案件都会由部长和主任进行把关，因此，三年级以下的律师也能在律所风控体系下相对独立地承办简单案件。“建领城达为什么有底气让新人这么快深入参与项目？因为重视经验但不迷信于经验。律师一方面需要经验，另一方面需要专业技能，虽然新人经验不足，但如果你能很清晰地梳理案件事实，准确地理解适用法律，在带教律师适度地指导、把控下，案件核心问题基本都可以解决。”靳李玲深有体会地说道。

除了带教和实战训练，建领城达还有面向全所的专业培训。2020 年，建领城达开设了每周四举行的“建领城达大讲堂”栏目，无论是律师还是实习生，无论是对法律的理解、办案经验，甚至于案例的分析检索，只要有观点可以分享，都可以登上讲台。这种知识的共享能够帮助大家提升职业技能，从不同角度更全面地看待问题。

除此之外，一些资深律师还会结合自己制作的法律服务方案，进行事实梳理、法律适用等一系列产品化的培训，必要时进行一对一的指导等种种制度，都是为了让新人和年轻律师能够快速成长。

“大讲堂虽然正式诞生于今年 7 月，但早在我进入建领城达时，事务所就已经有新法出台、重要案件办理后，由资深律师为全所同事分享经验的优良传统。”李瑞升表示。在他看来，将建领城达精于学、专于业、以学带业、以业促学的传统以更好的方式向未来传承，就是“建领城达大讲堂”创设的初衷与意义。

有相对完善的带教和培训制度，但是如何最大限度地调动人才的主观能动性？这是一个难题。在建所之初，律所的人才培养也遇到过“瓶颈”，由于公司化管理，律师有保底工资，经济压力较小，难免渐生惰性。

周吉高回忆起自己实习的情景，“我不就是跟在师父后面当了一名实习律师，后来就自己独当一面了吗？他们都是科班出身的，都是本科、硕士，毕业于好学校，法律功底比我当初好，他们一定也可以，关键是要有这样的一个机会和心态。”

因此，建领城达提出一个新的理念——所有律师要按照提成律师的模式要求自己，让自己快速成长。这种成长不但体现在自身的专业能力上，也切实地落实在了晋升制度上。建领城达采取分级制度，律师共分为6个级别，从1级至6级，工资有“优秀”和“卓越”两个档次，卓越人才的工资甚至可能会比上一个档次的优秀人才还要高出很多。

这个分级并不完全按照年限“熬资历”，律所也为人才提供了“跳级”的机会，建领城达每年都会对律师进行考核，要求总结今年独立办理的案件及协助办理的案件，根据这些案件办理成果评估下一年是否可以晋升。跳级的评判标准也不仅仅限于业务能力，建领城达更看重人才独当一面的能力和个人特长——靳李玲就是这一理念的受益者。

在这样的人才培养制度下，一株株“幼苗”渐渐长成“参天之材”。而这些在资深律师及合伙人的庇护下快速成长的律师无不心怀感激，并开始思考如何用自己的力量“反哺”下一批新人，为他们提供良好的成长环境，踏踏实实地钻研业务、实现自我成长。

自我驱动，共成长，同发展，越来越多的新人在这里得到了实现自我价值的机会。如今，建领城达已然打下坚实的人才根基，形成了正向的良性循环。

双架构驱动，“拼搏”向未来

“公司—合伙”双架构驱动律所发展

有了人才，就有了未来发展生生不息的动力源泉。但想要充分激发这股源泉的活力，一个高效而科学的管理体系不可或缺。目前，建领城达采取“公司—合伙”双架构管理模式——这套基于律所实际情况设计的管理体系，是周吉高基于过去多年管理经验总结和借鉴英美合伙制的精髓提炼而成。

建所初期，律所的运作基本是单核驱动，很多事情都需要主任周吉高一个人去处理，管理模式简单粗放。随着客户量和业务量的增加，他的精力难以同时兼顾所有事务，便开始探索适合建领城达的管理模式。

2018年，律所的部门架构正式形成，周吉高开始将具体事务下放到各个部门，通过部门化的形式来管理整个律师事务所。在各部门内部，周吉高又提出应用合伙制的精髓助力律所管理，从而实现了这套“公司—合伙”双架构管理体系。

在周吉高的眼中，公司化管理的落脚点应该是律所的组织架构。“当一家律所拥有多个职能部门，各部门有其具体分工，且根本目的是扩大再生产，能够把市场做大，那这实际上就是一个公司化的组织架构。”他这样解释。

对此，建领城达分为7个业务部门，以及保全执行部，这实际上就是周吉高心中的公司化组织架构。在这种架构下，部长将逐步成长为总、分所负责人，而部员则逐步成长为部长，形成一套分工明确、晋升通道畅通的合伙人体系。同时，合伙人及部长“以点带线，以线带面”带动律所全面自我提升，从而能够为律所和人才发展开拓更多空间。

合伙制管理的着眼点即是合伙人的三项资产：第一个是合伙人的声誉，知名度能带来业务；第二个是合伙人的业务技能，办案能力决定了客户是否信赖；第三个则是客户资源。

因此，建领城达的部门设置以部长为核心：通过将负责人、部长的业务技能、客户资源向下输送到各自部门成员，让部门成员共享声誉、习得技能、开拓更多业务，将负责人、部长的资产放大。循环往复后，律师个人、律师团队及律所的能量会越来越强。

周吉高将自己定位成律所里的“权威者”“造雨者”“领导者”，“权威者”代表了业务能力，在建设工程领域要达到权威的标准；“造雨者”代表了客户资源，这实际上也是对合伙人的要求；“领导者”则更多体现了公司化管理的要求。在建领城达的管理机制下，公司化和合伙制的优势两相结合，并在律所发展中得到充分的应用与体现。

周吉高心中最理想的合伙模式是，在合伙人与律师配比达1∶4、下设助理秘书团队的情况下，所有合伙人都能在平等基础上带领团队实现对外服务的可持续发展。

除了业务部门之外，律所还配有综管部，负责财务、行政以及人事招聘等事务的处理。周吉高对综管部的定位很简单，“我们律师是服务客户的，综管部就是服务我们整个律师的，这个定位不能改变。”

崇尚“拼搏”的律所价值观

2017年2月26日，由上海市律师协会主办、建领城达律师事务所承办的“建领城达”杯2017首届上海市律师马拉松赛在浦东世纪公园如期开跑，来自13个区县的200名律师、律所从业人员参加了这次活动。

“承办这次马拉松的起因是我们所里律师自身喜欢跑步，长此以往，便萌生了举办一届律师马拉松，给上海律师们一次放松自我、发扬爱好的机会这一想法。”合伙人王敏表示，“截至去年，我们已经成功举办了3届律师马拉松，人员规模也扩大到了300人。不仅实现了较好的行业效应，也一定程度上宣传了建领城达自身的品牌。”

创所之初，建领城达便确立了“专注、专业、忠诚、共同发展”的核心价值观。在不断参与马拉松的过程中，周吉高对“马拉松精神”有了越发深刻的理解：“跑马拉松不单单有益身体健康，其运动精神也是与我们律师自身高度契合的。我们律师在办理案件时会遇到各种困难和挫折，唯有向前推进并坚持下去，才能最终实现目标，而这正是马拉松精神所崇尚的。”

基于此，2018年，建领城达将价值观中的“忠诚”替换成了“拼搏”。在上海律师行业这样的大环境下，想要做一家专注建工领域、能够长远发展的律所，就必须不断拼搏、不断提升自我。

王敏就是一例“拼搏”的典例。在2012年加盟建领城达之前，王敏主要处理相对较为简单的借款合同、租赁合同、买卖合同等诉讼业务，但加盟后却需要处理远比前者复杂的建设工程诉讼、仲裁，因而经历了一段痛苦的磨合转型期。但如今，她已经是业务一部的部长，部门近三年每年新签合同数量逾50件——这样的结果，离不开过去8年里不断的拼搏。

程培新曾在申达律师事务所执业，与周吉高共事6年。2016年，在周吉高的力邀之下，他选择加盟建领城达。在他看来，建领城达是一家年轻人居多的律所，相对于其他律所，建领城达的冲劲会更加明显。

“我们是一家年轻的律所，所里的年轻人希望通过自己的拼搏实现快速发展，希望通过自己的努力实现理想生活，这种对于未来的憧憬，对于律师这份事业的坚定，让拼搏成为建领城达律所文化的主旋律。”程培新说。

建领城达的“拼搏”文化给整个律所都带来了昂扬向上的氛围：在各类学习培训制度之外，建领城达律师常常会在办公室各个角落就地“闲聊”，但聊的内容往往都是案件经验的交流分享——值得一提的是，这种分享常常会“一呼百应”，由一次双人面谈演化成整个部门乃至更大规模的交流互动活动，周吉高、程培新作为经验丰富的“前辈”，也会积极参与这类讨论，向这些朝气蓬勃的年轻人输送自身的执业经验。

“罗马不是一天建成的。今天的建领城达，也正是靠着每天进步一点点的理念，一步一个脚印走出来的，是从量变到质变的过程。”业务七部部长萧亮说，“在我看来，建领城达十年如一日地拼搏——用心服务好每一个客户，以及努力感召并培养好每一名成员，这是真正令我心悦诚服的律所精神与文化。”

此外，建领城达此前每个工作日的工作时长要求是7小时，但建领城达律师往往会主动在业务中投入更多时间，即便是休息日，律所各个办公室也常常是灯火通明。“今年，我们将工作时长和薪资水平做了相应调整，向业内的头部大所们看齐。”周吉高说，“我们不能辜负这些愿意拼搏且有能力自我提升的年轻人。”

“为乐于拼搏者铺路”，亦是践行“拼搏”价值观的一种体现，使“拼搏”这一文化理念能够在未来更好地得到传承与延续。

成为全球建设工程领域顶级的专业律师事务所

如何让事务所稳步发展并逐步实现成为全球建设工程领域顶级的专业律师事务所的愿景？

近年来，这个问题一直萦绕在周吉高的脑海之中。随着对行业趋势的洞察、对自身经验的提炼，关于律所未来的想法也在他脑海里日渐清晰。

在 2020 年 6 月建领城达举行的 10 周年庆典上，周吉高公布了未来十年建领城达的发展规划和目标：

规模化方面，建领城达将遵循适度规模化原则，基于“以客户目标为导向”的理念，在条件成熟、有利于总所发展和便于服务客户的前提下进行分所布局，从而在服务客户的同时推进律所发展战略。

国际化方面，建领城达将依托建立合作关系的境外律所以及新近成立的国际化人才小组，寻求由“国内领先”向“国际领先”过渡的途径，从而在远期规划中具备为大型央企、国企、民营上市公司“走出去”提供跟随服务的能力。

为了顺利实现未来十年规划，周吉高给未来 3 年的建领城达逐年设置了明确而务实的发展目标。到 2022 年，建领城达计划拓展至 9 个业务部门，每个部门配齐人员，实现业务总创收倍增。

同时，建领城达也正在合伙制度、部门成员架构等方面重点进行优化和完善。到 2029 年，建领城达希望初步实现建设工程领域全球顶级律师事务所的发展愿景，事务所总人数达到 2019 年的 8 倍，即 175 人，同时要建设 10 家分支机构，其中包括 1~2 家国际性分支机构。

“短短十年间，建领城达取得了可喜的发展成就，但建领城达的愿景，是成为全球建设工程领域顶级的专业律师事务所，这仍是一条漫长且荆棘丛生的道路。”周吉高说，“我们希望打造一个专业服务平台，未来能够与更多有志于建工领域法律服务的优秀人才携手共进，实现共同发展。”

结　语

回想起新世纪伊始的 2001 年，刚成为执业律师的周吉高在意气风发准备大展拳脚的同时，也在自己“传道授业”的愿望驱使下立下了一个决心：“今后，要将我所知所学通过法律、通过教育传播出去，影响更多人。”

如今，这个决心有了新的载体：建领城达。尽管创所仅 10 年，这家律所已经完成了从一个房地产建工服务团队，到如今这家专注建工领域、业内外闻名的精品法律服务平台的蜕变，持续为业内输出着优质的法律服务产品与独到的法律研究成果。

这还远不是终点——未来，在朝着“全球建设工程领域顶级的专业律师事务所”这一目标讲发的同时，建领城达也将与更多志同道合的优秀年轻人一道，聚沙成塔，积露为波，以个体之力服务与法治建设，直至建领城达的第 20 年、第 30 年，直至目之所及的无数个明天。

拓维

一家福建律所的十年征途和战略突围

林　戈　伊晓俊　宁思甜

拓维律师事务所

拓维办公室一角

拓维合伙人

拓维客户墙

印尼投资服务中心成立

在福建，有一家具有独特气质的律师事务所，它的名字叫拓维。

一方面，其立足于海峡西岸经济区，且规模体量并不大，却拥有了一定的辐射全省乃至全国的品牌影响力和知名度，尤其在税法、合规、知识产权等领域已具备了全国领先的实力；另一方面，如今中国法律市场上耳熟能详的公司化、一体化律师事务所，大多位于北上广，而拓维早在创立之初，就定下了公司化运营的基调，一路践行，成为福建法律市场的一个“另类”。

如今，拓维已走过 10 个春秋，其之所以能够不断开拓、进取、创新，离不开创始合伙人们的不断思考、不断践行。

客户需要什么样的律师；市场需要什么样的服务产品；律所内部如何能在专业化协同上更进一步；中国法律市场的未来发展趋势究竟如何；作为一家从福建起步的律师事务所，拓维如何能够走出福建，让自己的服务和品牌辐射全国，走向世界……这是拓维永远都在思考的问题。

过去 10 年，拓维走得足够稳健，成就了其区域领先的地位；未来 10 年，拓维要面对的，将是如何通过探索、创新与改革，实现战略突围。

立足海西，拓新笃行

2000 年，担任了 8 年法官的许永东决定去尝试一份更具挑战性的工作——“下海”当律师。从法官转型为律师，对于多年来在体制内工作的他来说并非易事。

“*做法官，最大的感触就是合作和规范。在法院，‘新老传承’是个有序而完整的过程。*”许永东说。但是，做律师几年下来，他感受到当时市场上许多律所的律师之间缺乏合作和分工，更多的是单打独斗，而在律所管理层面，则更多的是“粗放式发展”。

类似的经历，也发生在同样从体制出来做律师的苏小榕身上。

2001 年，28 岁的苏小榕离开已工作 6 年的国税部门。曾经就读法学专业的他，对于律师职业始终抱有一份向往。但做律师之后，他才发现，在这个行业想要生存，必须承接各类案件，用更多的业务量“喂饱”自己。

福建是中国经济较发达的沿海省份之一，但法律市场却与经济发展状况不相匹配。2008 年前后，福建省共有律师 4000 余名，律所 360 余家，律师普遍集中于福州、厦门等大城市。福建当地的律师，大多没有实现真正意义上的专业化分工。律师成为挂靠在律所的“个体户”，彼此之间都是竞争关系。此外，长期以来，福建本地法律市场太小，甚至无法吸引国内一流律所进入。

律师业的“顽疾”，成为许永东执业初期的困惑。对律师行业的不理解，也让他在执业几年后走入了事业发展的“瓶颈”期。当时，他几乎天天都在琢磨市场、组织架构、运营战略等问题。但是旧有的模式之下，很难有机会去尝试和突破。

这个行业为什么大家都是各干各的？律所能不能实现组织化？能不能实现公司化管理？许永东在几年当中不断思考着。

虽然，关于“公司化”，他当时也仅有一些大致的构想，例如，律所应该是一个专业分工明确，标准统一的组织。但或许只有新创立一家律所，才有可能去实践自己的“大胆”想法。于是，2010 年 7 月，许永东和苏小榕、李文希等几位律师达成一致，决定“换一种玩法”，毅然踏上了“二次创业”的路。

2010 年，拓维律师事务所创立。“拓维”二字，意为“拓新笃行、维众至诚”，寄托着拓维的创始人们对创新实践和团队合作精神的不懈追求。自创所开始，“拓维”二字，如两盏明灯，指导着几位创始人在创所早期对律所发展的不断尝试。

地处福州，如何立足区域打造一家强所？许永东等人在思考中摸索。拓维创立初期，他们便着手尝试一些不同于当地法律行业传统的管理方法。那时，所内只有 10 名左右律师，许永东等合伙人在所内设立了公司、保险海商两大部门，并设置了比较细化的专业分工。

在明确专业定位之后，拓维也将目标客户瞄准两大类型：大型企业和政府。定位于大型客户，一方面，帮拓维避免了同当地市场律所的低价竞争；另一方面，也让更多的客户认可了拓维的专业实力。此外，拓维完全废除了“提成制”的分配模式，开始在律所试行统一接案件，再按专业分工办理案件，按工资再加考核的方式确定薪酬，进行利润分配。

立足本地，树立差异化优势。这一理念成为拓维进行市场定位、瞄准客户、搭建业务部门等动作的出发点。

成立不久，拓维通过清晰的市场定位，争取到许多大型客户的认可，办理了包括华润电力收购福建能源集团泉惠发电 6×100 万千瓦发电及风电、码头、海水淡化等在内的“百亿级”大型项目。创所第三年，拓维当选《亚洲法律杂志》（ALB）2013 年度“中国十佳成长律所”，所内多名律师也获得“福建省十大杰出青年律师”“福建省优秀律师”等殊荣。

业务的持续发展，也让拓维敢于把眼光放到了福建之外的市场上。2011 年，拓维和北京德和衡律师事务所、四川恒和信律师事务在北京联合发起成立“中国德和精品律所联盟”[2018 年已升级转型为“全球精品律所联盟（EGLA）”]。该联盟以联盟资源整合为起点，以成员所间共同业务培训、共同业务标准、共同业务研发、共同业务拓展为主要方式，致力于实现联盟专业法律服务的最大化融合，成为中国律所跨区域开展合作的一次尝试。

“当时，联盟成员间比较深入的业务交流，为拓维带来了‘向外看’的视野，和更高维度的战略思考。”许永东说。

2015年10月，全国第一届青年运动会在福州举办，这也是福建首次承办的全国大型综合性运动会。当时，许永东看到了这一机会：“拓维可否成为该赛事的法律顾问？”

许永东进一步了解到，国际奥委会等机构在采购法律服务中，存在“资源置换”的通行做法，即法律服务机构通过专业服务来换取赛事的广告资源和特许权。于是，他便找到当时青运会组委会的领导，对该方案进行了详细的阐述。终于，在许永东的不断努力下，拓维争取到做赛事组委会法律顾问的机会，还成为该赛事的法律服务独家供应商。

为满足青运会的法律服务需求，拓维采用“专业律师 + 法律服务志愿者”的服务模式，一方面，充分调用全所30多名专业律师；另一方面，公开选拔20名优秀在校法学生作为法律服务志愿者，与拓维律师共同组成法律服务编队。

2015年10月27日，第一届全国青年运动会圆满落幕。从拓维与组委会签订协议到服务全部结束，历时10个月之久。最终，拓维为青运会处理法律事务近百件，提供服务近3000工作小时。拓维也用专业服务，换取了价值300万的赛事广告宣传。这一项目对于当时的拓维来说，不仅提升了在全国范围内的品牌影响力，也让拓维的专业服务经受住来自市场的检验。

“拓维让行业看到，大型综合性赛事引入法律服务的创新模式将成为未来法律服务新方向。”许永东说。

专业、品牌、业务实力快速增长的同时，拓维也进入了快速的发展时期。

2016年，苏小榕、孙明等人组建拓维税法团队，并逐渐拓展涉税法律服务市场，在全国范围内成功办理了多起颇具影响力的税务争议解决案件。

2017年，在中国和印度尼西亚两国政府的支持下，拓维响应国家“一带一路”倡议，在印尼成立“印尼投资服务中心”，立足印尼，为中国企业到印尼投资提供涉及法律、商务、税务等全方面服务的同时，进一步拓宽了自身的国际化视野和服务能力。

10年过去，从各项数据上看，福建律师业取得了快速发展，但“草莽生长”环境下的律所管理粗放、团队合作少、缺乏凝聚力等难题，至今仍是行业发展的桎梏。在这样的大环境中，拓维一路不断探索，并实践着创新管理模式，其特色鲜明的内部治理、市场定位、专业化发展等机制构建，使之成为福建海峡西岸地区律所发展的一个典型样本。

公司化运作，以管理驱动发展

时至今日，福建法律市场上对“公司化”“一体化”的实践者为数尚少，大多数律所仍然保有过去相对传统的作业模式，有些甚至通过“超低价服务”来应对市场越发激烈的竞争，从而导致当地律师的执业环境不断恶化。

近年来，全国规模大所开始不断将触角向二三线城市延伸，又进一步加剧了许多区域法律市场的竞争局面。对区域律所而言，坚持公司化管理，推进专业化方向，不断提升律所品牌，似乎成为实现突围的唯一选择。

公司化管理，一种先进的律所内部管理的模式，已被一批中国最顶尖的律所采用，并造就了它们作为中国法律市场“第一梯队”领跑者的姿态。在这一模式的探索方面，拓维无疑是福建当地市场的先行者。目前，拓维仍是福州少数在公司化经营体系下运作的律所。这套体系在拓维的内部管理、利润分配、人才培养和专业建设等方面发挥着至关重要的作用。

在内部架构上，高级合伙人会议是拓维的核心决策机构。管理委员会的设置，又使拓维在统一管理的基础上更加高效、灵活。在管委会之下，拓维设有业务指导委员会、考核委员会和青年律师指导委员会。“三大委员会”的存在，保证了律所在业务品质把控、绩效管理和人才培养三方面并举，最大程度为团队和律师赋能。

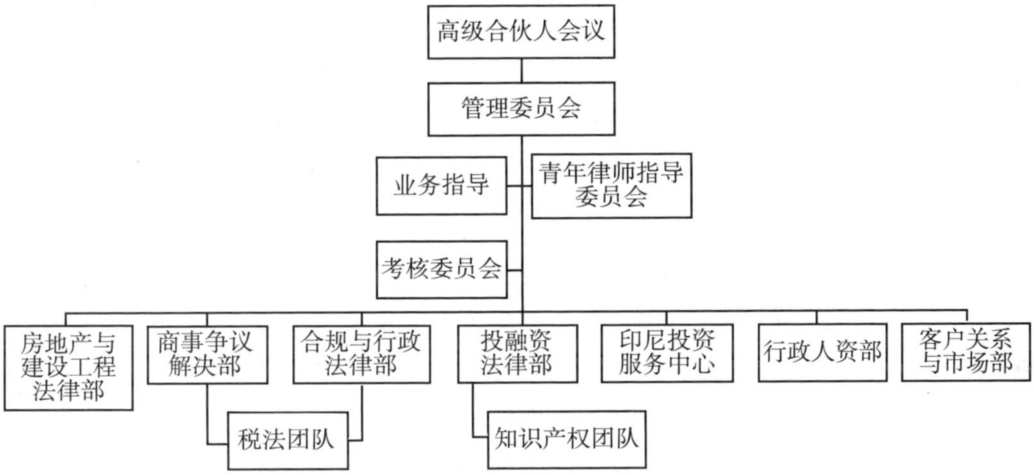

拓维内部架构和专业部门

分配制度上，拓维推行全员授薪加项目提成的形式，包括许永东在内的创始合伙人均是如此。项目奖金的设置上，为更多鼓励合伙人之间互相合作和开发新业务的积极性，律所分配时并不单纯考虑合伙人的当年度创收，而是综合考察此前三年的综合业绩指标。

“在律所中，合伙人往往身兼多重角色，既是团队管理者，又是律所制度的传承者，还是创新的实践者。我们要在制度设计上尽可能激发他们的积极性和创造性，为他们的发展提供绝对支持。”许永东说。

这样的薪酬与奖励机制，结合了律所两大分配制度——授薪制和提成制各自的优势，使拓维律师在案件办理、市场开拓方面的能动性和创造性得到充分调动。

为了实现“具备国际执业水准的一流律所”的目标，并为各专业部门匹配适应公司化模式的优秀人才，拓维打造了从律师助理到高级合伙人共五个类别十级的人才晋升通道。在其中每一阶段，拓维对于律师的考核标准各有不同，对于律师助理和律师，主要关注其勤勉度；而对主办律师，则分别以办案能力、团队管理、市场开拓三个方面进行考察，当然在这一层级，仍以办案能力为关注重点；到了合伙人层面，除了办案能力之外，其团队管理、市场开拓能力将会是更为重要的考核维度。

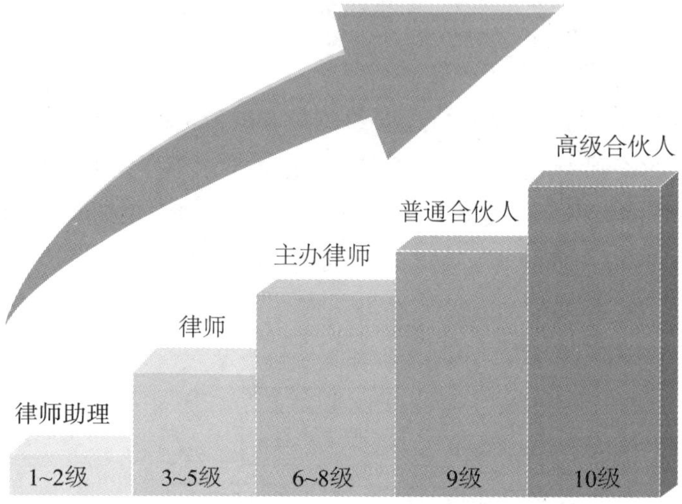

拓维“五类十级”人才晋升通道

在这样一套清晰完整的体制下，律师并不是逐级地“熬年头”，表现优异者甚至可以实现跳级晋升。灵活而科学的考核标准与明确的晋升通道，使所内分工、角色定位更加明晰精准的同时，团队化作战的效能也在逐步提高。

“一流的组织靠文化。”许永东也深刻地理解，组织作为人的集合体，唯有依靠文化才能将组织中的人真正黏合起来，因此多年来，他也在树立拓维的文化上投入了极大的时间和精力。

“传统的模式下，同行是对手、同事是对手、师徒是对手。但借助公司化管理和律所浓厚的文化氛围，我们才能真正成为一支团队。”许永东说。

为打造有力的组织文化，促进团队成员能随时保持沟通，拓维将办公室设置成一个团队一间。此外，律所还通过所内定期的学术、培训活动不断增加内部交流的机会，让全所员工产生互相依赖之感。

拓维在所内布置了模拟法庭活动室，用于进行模拟法庭展演。通过模拟法庭，不仅帮助律师积累庭审实践经验，把握庭审对战技巧，增强实战能力，也让当事人从审判员的角度，听取原被告双方的抗辩，深度理解案件推进流程及争议焦点。

2011 年，拓维创造了独特的“1+1+1 项目团队工作制”，每个项目组由项目负责人、项目主办人、项目助理组成，通过分工协作把控服务质量。具体而言，项目负责人由合伙人或业务部门总监担任，牵头负责整个项目的总体实施和组织协调工作，包括审核法律文件、指导主办律师及律师助理开展业务等；项目主办人通常由 1~2 位执业 3 年以上的律师担任，负责日常法律事务的具体工作，起草法律文书、提出初步法律意见等；项目助理由实习律师或律师助理担任，他们作为客户与拓维之间的直接交流的窗口，协调和配合项目组内的各项基础性工作。

"1+1+1 项目团队工作制"的优点在于，一是通过个案中的分工协作带动青年律师快速成长；二是推动办案流程标准化及规范化，形成统一的品牌形象。

青年律师全程参与案件，观察学习项目负责人如何对接客户，如何把控案件方向，既能获得法律实务层面的精进，也能掌握律师职业方面的技能。拓维对青年律师的培养系统且全面，从进所之初的新人培训到各类进阶式的专业课程，从项目团队中的个案跟进到导师制中的师徒传承，一批批青年才俊在拓维成长起来。"这样的工作模式，也在每个拓维人潜意识中埋下更深厚的团队意识，增强了青年律师的认同感。"许永东说。

拓维"1+1+1 项目团队工作制"也推动了律师办案的规范化，标准化的文档、格式化的文件都在给客户一个信号——拓维出具的所有法律文件都会经过律所内部严格的内控程序。以"1+1+1 项目团队"为单位对外提供服务，确保办案流程标准化、业务要求规范化，有助于全所律师共同打造"拓维品牌"。

在提出"专注于为政府机构、商业客户及国内外投资者提供服务"的理念后，拓维的几大业务部门，也是为匹配客户多年来的实际需求而一一设立。例如，"合规与行政法律部"即对应政府部门和大型商业客户，"印尼投资中心"则是顺应近年来中国企业"走出去"的大趋势而设，亦与拓维确定的两大核心客户群体密切相关。

对于律所的发展来说，管理是根基，分配是保障，人才是关键，专业是动力。各家律所的情况千差万别，决定其内部性状的基因也成千上万。而管理、分配、人才、专业，这四者则构成了律所最基本的"基因结构"，也造就了拓维这家公司化律所与福建法律市场其他竞争者质的不同。

差异化布局，区域强所的精品之道

目前，拓维拥有房地产与建设工程、商事争议解决、投融、知识产权、合规与行政法、劳动、税务七大业务部门，专注为商业客户、政府客户提供全方位的法律服务。拓维致力于推动这些专业方向的细分与发展，如今，拓维在房地产与建设工程、合规与行政法、涉税争议解决业务上培养了独一无二的业务优势，并向逐步向全国市场拓展品牌影响力。

房地产与建设工程：做市场交易的促成者

房地产与建设工程是拓维的传统优势业务，发展十余年来，拓维在该领域上代理了诸多成功案例，积累了众多知名房地产企业客户，还曾在《亚洲法律杂志》主办的2014年中国法律大奖上，荣誉入选ALB“年度房地产律师事务所”。

“拓维号称自己是房地产法律服务领域的专家，自然要具备知名房地产企业客户和一系列成功案例。”房地产与建设工程部门负责人李文希说。于是，发展房地产领域标杆客户便成为了部门成立后的第一个目标。事实证明，这一战略方向是正确的，拓维房地产与建设工程团队的努力也取得了正向的结果。如今，拓维与万科、碧桂园、华润置地、中海地产、金茂、建发、泰禾、正荣、新城控股、中梁、旭辉、融侨、金辉、三盛、国贸地产等众多全国知名房地产企业客户都建立了长期的合作关系，并且为诸多一级施工企业提供建设工程领域法律服务，市场占有率与品牌知名度双双提升。

做房地产业务律师，首先要了解房地产行业的商业模式以及房地产企业的管理模式。李文希坦言，在决定涉足房地产领域时，他曾考虑能否在房地产公司工作一年半载，在不同部门之间轮岗，以熟悉房地产开发的全流程、各个部门之间如何分工协作。要成为一名优秀的房地产业务律师，除了房地产相关的法律法规及典型案例之外，房地产开发的整个商业模式也是必须掌握的背景知识，这也是李文希对于部门成员的要求。“客户期望的不是从法律的角度上给出的一个肯定或否定的答案，而是实现商业目的下的一个解决方案。”李文希说。充分理解客户的诉求，在控制风险的同时为其提供解决问题的答案，帮助客户进行商业决策，是拓维律师的服务态度，也是拓维赢得客户认可和信任的原因。

拓维房地产与建设工程团队注重知识管理，通过对同类化的法律问题和服务方案进行总结梳理，提升后期的使用效率。比如，拓维房地产与建设工程团队于2015年制作了房地产法律培训清单，包括土地取得、销售、交付、产权办理、物业管理等各个环节，供客户选择所需要的法律培训内容，团队多年来为万科、碧桂园等房地产客户持续开展专题讲座或法律实务培训。团队还研发、整理了“百问百答”，将案件处理中遇到常规性或者疑难性的问题以问答形式进行汇编，将法律审查备忘录、法律执行备忘录等法律文件进行汇总。这些总结与梳理既能保证在面对类似问题时快速给予客户解答，也能帮助团队律师不断温故知新。

拓维房地产与建设工程团队目前有6名律师，借助一体化管理之下部门分工协作的优势，依托律所的全部资源服务于房地产客户；通过对知识管理的探索，形成标准化法律服务产品，不断巩固和积累业务优势，强化团队战斗力。

合规与行政法：做市场秩序的维护者

2011 年，拓维就把行政法作为一大重要的业务方向，设置了行政法律部并陆续完成人员配备。彼时的行政法律市场还是有待开拓的新蓝海，拓维希望借助行政法律部门为房地产、公司法等业务提供帮助，对行政法律部门的发展并没有过高的期待，但行政法律部门迅速扩大了影响力，对律所其他业务上的支撑也远超预想。

刘晨璐在拓维筹建行政法团队筹建之初加入团队，经业内前辈推荐，她认为拓维专业化程度高，有助于青年律师心无旁骛地提高专业能力。进所之后，她惊喜地发现拓维的行政法业务远远超出了自己的理解，它不仅有传统上的行政诉讼、复议或法律顾问业务，还具有其他更多的可能性。

如今，作为拓维合伙人、行政法律部总监的刘晨璐，已成功办理了行业内多个“首例”案件，比如，接受国家外汇管理局福建省分局、黑龙江省分局、天津市分局的委托，代理福建省、黑龙江省和天津市第一宗非法结汇行政处罚案件；再如，接受中国证监会福建监管局委托，代理福建首例股票内幕交易案。

这些“首例”案件涉及商事主体的市场行为在行政法上是否合规的问题，归根结底仍属于行政法问题。有别于传统行政法业务，这类案件除了行政法专业壁垒之外，律师还需要懂民商法、国际贸易规则，甚至需要律师打破传统思维，以全新的办案思路应对市场主体监管的新问题。拓维律师就这样通过一起起“首例”案件打开了行政法服务的新市场，案件办理的思路及经验在全省甚至全国都极具价值。在福建省第一宗非法结汇行政处罚案件胜诉之后，拓维在该领域的专业性和品牌知名度得以进一步提升，拓维律师还受外汇管理局的要求给全国外汇执法人员授课。

“我们从来没有停下钻研法律问题的脚步，时刻关注行政法领域的前沿问题。”刘晨璐说，“我们既探究学术界的学理观点，探讨司法界的裁判依据，也尊重行政机关的办事规则，最大限度地保护当事人的合法权益”。

正是拓维人这种持续学习、追求极致的心态，促使拓维将业务优势推向全国，走向行业前列。拓维代理的厦门海关商品出口税则归类行政案件被列入“2018 年度福建省法院十大典型案例”，代理的古田县人民政府与古田翠屏湖爱乐置业有限公司与福建爱乐投资有限公司间的行政协议及行政赔偿案入选“最高人民法院涉产权保护行政诉讼典型案例”“2019 年度福建法院十大典型案例”“福建法院保护营商环境八大典型行政案例”，并被列入《全省法院行政案件司法审查报告（2018 年）》中的六件行政审判典型案例之一。

拓维律师在行政立法上亦颇有建树，曾接受福建省人大、福州市政府委托，参与《福建省物业条例》《福州市志愿者服务条例》《福州市邮政条例》《福州市控烟条例》《福建省湿地保护条例》《福州市三坊七巷保护管理办法》等项目的立法工作，开创律师行业为政府立法机关提供立法服务的新模式。

《福建省物业条例》修改是福建省人大首次委托律所作为第三方机构立法。当时，拓维专门组建了一支专家团队，从大数据角度进行调研，收回有效样本一万多份；开设了业主委员会专场、居委会专场、房地产公司专场、物业管理小区专场等，广泛听取各方意见，从科学性、民主性、广泛性来说都作出了突破与创新。

近几年，政府法律顾问制度普遍建立，行政法律服务迎来了一波高潮。拓维也在思考自身如何形成行政法领域的核心竞争力，如何从繁荣市场中挖掘有活力的业务去生根发展，最终锁定了合规业务。

合规业务既囊括了外汇、证券、海关、市场监管、自然资源保护等行政法合规需求，也囊括了商事主体的行政法合规需求。拓维律师也因此将视野从行政机关身上转移到更广泛的行政机关与行政相对人上去，为政府客户及商事主体提供服务。

“从行政法律部门到合规与行政法律部门，回归了拓维律师办理行政法业务的初衷——让整个市场秩序更加合规。”刘晨璐说。拓维合规与行政法律部门的客户量也有所增加，政府客户与企业客户数量基本持平，企业客户的业务创收已占部门总创收的百分之六七十。

未来，拓维希望建立起行政法的品牌形象，不仅取得客户信任，实现自身的发展与超越，更要能推动营商环境的优化，促进行政法律服务市场更有序、良性地发展。

税务争议解决：做企业税务危机的解决者

拓维商事争议解决团队对各类复杂的争议解决拥有丰富的实务经验，团队中多名成员具有在法院从事多年民商事审判经验的专业背景，团队在公司事务、合同纠纷、房地产、建设工程、破产清算、公司解散等方面的争议解决拥有领先的优势。

拓维商事争议解决法律团队负责人苏小榕，成为律师之前曾长期在国税部门工作，还拥有注册税务师资格。近十年来，他逐渐将争议解决业务优势与税务实务经历结合，将工作重心向涉税争议解决的方向转移。

拓维于2016年成立税法团队，是福建省唯一一家设有专门的税务法律服务团队的律所。拓维税法团队的律师孙明，于2011年加入拓维，此前在法院有长达15年的审判实务经验。先后在行政审判庭、审判监督庭、民商事审判庭、刑事审判庭的工作经历，使他能够迅速抓住案件的主要矛盾点，无论在梳理案件审理思路还是撰写法律文书上都有极大的提升。

或是核心人员的定位使然，拓维税务团队主要做涉税争议解决。团队构建初期，孙明和苏小榕分工明确，孙明熟悉行政诉讼，苏小榕精通税法，因此经常一起搭档出庭，诉讼技巧跟税法实务两手抓。

拓维税务团队专注做纳税人的代理律师。成为“中国税务收争议解决的第一品牌”，是拓维税务团队的发展愿景；成为纳税人的保护者，企业重大税收危机的解决者，是拓维税务律师的共同使命。

拓维税法团队接连接触了多起有重大影响力的涉税案件，四家福州外贸企业诉福州市国税局出口退税案、聚善堂（福建）药业集团公司不服漳州市国税稽查局税务行政处罚案等，引起了广泛关注，取得了良好的社会效果。

2016 年，阿里巴巴集团旗下外贸综合服务平台深圳市一达通企业服务有限公司与拓维律师事务所建立战略合作关系，拓维所入选阿里巴巴集团的入库税务律师，为一达通公司外贸综合服务业务提供税收法律服务。在一达通看来，拓维专业且坦诚，有 10 年以上税务、争议解决的业务积累，对法律实务有思考、有观点，最重要的是业绩过硬，拓维过往诸多的胜诉判决对客户而言更是值得信赖的保障。最终，拓维律师也不负所托，通过行政复议为一达通赢得案件并挽回损失共 8000 多万元。经此一役，拓维充分取得了一达通的认可与信赖，也因此拿到了阿里巴巴（中国）网络技术有限公司的法律顾问业务，除了税务之外，海关、外汇相关法律事务也交由拓维律师负责。如今，拓维在税务争议解决讼上已经走在全国前列。拓维律师的经验是，采用行政复议方式远比税务行政诉讼方式在解决税务纠纷上效果更好。“行政复议或行政诉讼只是律师解决问题的一个手段，目的在于实现客户的经济利益。”孙明说。

拓维税法团队与国内财税法前沿的专家学者保持密切合作，与北京大学财税法中心、厦门大学两岸比较税制研究中心、武汉大学财税与法律研究中心建立长期的合作关系。此外，许永东担任福建省法学会财税法学会的副会长，苏小榕担任中国财税法学研究会理事、福建省法学会财税法学研究会常务理事，孙明担任福建省法学会财税法学会的监事。

2018 年，拓维承办了首届“中国税法实务论坛”，来自全国各地的百余名法官、学者、税官、税务律师以及会计师齐聚一堂，就税收争议解决中的法律实务问题进行深入研讨。一方面，通过与专家学者的个案研讨，提升理论及实务支撑，精进业务；另一方面，向外开拓市场，创下拓维财税法品牌，奠定“江湖地位”。

拓维税法业务已遍及全国各地十余个省市，北至内蒙古，南至广西，西到四川，东到浙江，业务量高速增长，品牌知名度日益提升，也吸引了大量优秀人才。

根据 2019 年和 2020 年《钱伯斯亚太法律指南》，拓维凭借突出的成绩，连续两年入选税务领域的受认可律师事务所。

拓维律师认为，税务争议类案件还有非常大的提升空间，税收管理有哪些执法难点，如何帮助企业维权，如何完善税收立法等，都是他们共同考虑的问题。拓维律师也将进一步贴近市场与客户，做好每一个案件，不断总结复盘，提供高效、优质的法律服务。

印尼投资服务中心：国际化的桥头堡

印尼是“21世纪海上丝绸之路”首倡之地，2013年10月，习近平在印尼首次提出共建“21世纪海上丝绸之路”，中印尼双边关系提升至全面战略伙伴关系。而投资已成为两国双边经贸合作的最大亮点。

2017年，拓维在中国大陆设立了印尼投资服务中心，并在印尼成立了印中商务中心。印尼投资服务中心不仅是福建省政府有关部门的大力支持与推动下的重大成果，也是拓维在实行“走出去”战略、全面推广“拓维品牌”的背景下的主动选择。

拓维印尼投资服务中心主要对接中国企业在印尼市场投融资相关的法律服务需求，涉及交通、能源、基础设施以及互联网制造业等领域。成立以来，拓维印尼投资服务中心惠及的中国企业已遍及福建、天津、北京、安徽、广东、江苏、江西等地区，服务行业涵盖电力、建筑、电子商务、制造业、钢铁等。

3年来，拓维印尼投资服务中心的影响力不断加深。2019年，拓维印尼投资服务中心与福建省国际投资促进中心共同承办了“中国（福建）－印尼双向投资合作推介会”，参会嘉宾逾300人，印尼方领导、企业家代表接近100人，会议得到了主办方福建省商务厅和印尼驻广州总领事馆的大力支持，反响良好。由于在印尼法律市场的杰出表现，拓维还入围了2019年ALB“年度印尼法律事务中国律师事务所”大奖。

拓维印尼投资服务中心是拓维未来发展的重要桥梁。拓维通过在印尼市场与中国企业深入接触，加深合作，增强客户黏性；同时通过印尼投资服务中心逐步将影响力推向东南亚法律服务市场，也将为拓维的业务发展、客户开拓、品牌塑造等方面带来极大的助益。

“拓维不求各领域全面开花，只求打造有拓维特色的拳头产品，开拓并走出最适合自身发展的路径。”也正因如此，拓维选择布局房地产与建设工程、合规与行政法、涉税争议解决等业务，创造先发优势，并在全国形成品牌影响力。“律师必须到市场最需要的地方去，那里才有机会。”许永东说。未来，拓维还将着力布局石油化工、钢铁、基础建设、电子信息等行业，凭借专业分工和既有优势，满足客户全方位的法律服务需求。

下一个10年：战略聚焦，从区域领先到放眼全国

在《竞争战略》一书中，迈克尔·波特写道：“一旦明确了主要的运营策略，战略的概念就可以用来指导公司的总体行为。就像一个轮盘一样，辐条（企业的政策）必须源自轴心（目标），反映轴心，而且辐条必须紧密相连，否则轮盘无法运转。”

拓维的愿景是——聚焦于政府和商业客户，成为客户信赖、行业领先、具有国际影响力的一流律师事务所。基于这一愿景，拓维需围绕业务形态、规模化布局、管理模式、人才培养、品牌管理、信息化建设等方面制定下一个10年的发展战略。

截至2019年年底，福州市共有律师事务所266家，其中律师50人以下的律师事务所共252家，占94.7%；律师50人（含）至100人的律师事务所9家，占3.4%；律师100人（含）以上的律师事务所5家，占1.9%。从市场的规模分布来看，中小型律所占据了绝大多数，律师50人以上和100人以上的、具有一定规模的律师事务所凤毛麟角。从业务收费来看，福州全市律师法律服务业务收费合计14.4亿元；人均业务收费39.3万元。律师人均创收是评价一家律所实力的重要指标之一，目前拓维的律师人均创收已位列福州市前列，超越了国内许多区域性大所、强所，达到了京沪律师业的平均水平。

创立之初，拓维就目光聚焦、定位精准，立足海峡西岸经济区，专注于为政府和商业客户解决复杂的法律问题，这也让拓维的业务呈现了高端化、差异化的形态。而提供该类法律服务的关键要素在于——具有创造力、创新意识，并能在探寻新方案、新概念及新技术的过程中发挥市场引领作用。

在谈及业务布局时，许永东说："首先，目前福建正在切实加快构建现代化经济体系，深入实施创新驱动发展战略，推动制造业高质量发展，依靠市场机制和现代科技创新推动服务业发展，拓维作为一家植根于福建的律师事务所，在已有的竞争优势和核心领域之下，根据福建的经济发展和本所的实际情况，在石化行业、钢铁行业、电子信息产业、新基建、政府法律顾问等领域重点发力。其次，由于印尼是东南亚最大的法律服务市场之一，拓维会立足印尼投资服务中心，在印尼法律市场站稳脚跟后，辐射整个东盟地区。"

专业的团队、长期从事相关领域法律服务的经验、不断积累的经典案例、日益提升的社会影响力，让拓维在政府法律顾问、海关、外汇、证券、房地产、税务争议解决等众多领域形成了竞争优势，始终紧跟市场的需求，实行差异化的发展策略，围绕核心领域，拓展特色服务，关注新兴市场，形成"人无我有，人有我优"的产品和服务，在区域市场、特定的行业和业务领域内占据制高点，将是拓维未来十年业务发展的主旋律。

律师事务所的规模化布局需从宏观和微观两个层面进行分析。从宏观层面来看，区域性法律服务市场的产业结构、经济总量和营商环境是规模化发展的充分条件；从微观层面来看，律师事务所的文化基因、业务结构、管理模式则是扩张的必要条件。

眼下，福建的经济发展、产业布局带来了许多新类型的法律服务需求，打造市场化、法治化、国际化营商环境的改革举措进一步推进，为律师行业的发展带来了重要的机遇，但目前福建法律市场的整体规模与区域经济发展的程度并不匹配，仍然有着较大的提升空间。对于福建律师来说，问题的关键在于，能否发现市场的新需求，应当如何满足这些需求。

从律师人数规模来看，拓维目前的规模仍然较小，尚未形成规模大所的格局和发展速度。基于稳健、务实的发展基因、高端化的业务形态、公司化的管理运营模式，未来拓维可从三个方面着手进行适度规模化：其一，根据福建经济发展和产业结构的实际，完成在福建省内的布局；其二，基于当下已经形成竞争优势的拳头产品（如合规与行政法、税务争议解决等）走出福建，力求在全国范围内形成品牌影响力；其三，将印尼投资服务中心作为国际化的桥头堡，逐步完善拓维在东南亚法律服务市场的布局。

作为福州最早实行公司化运营的律所之一，拓维用 10 年时间构建了高效的人才生态、专业化的分工与协作、严密的管控体系、快速的市场反应、良好的客户关系，在福建乃至全国法律市场形成了一定的品牌知名度，但在许永东看来，拓维的发展还未达到理想的状态，未来拓维在人才积累、品牌建设、知识管理、信息化建设方面仍需进一步提升。

组织是以人为基本构成要素的社会实体，而人是战略和执行的最大连结点。拓维目前已经构建了从律师助理—律师—主办律师—普通合伙人—高级合伙人的晋升体系，在“立足海西、走出福建”的战略之下，应在人才梯队建设方面加大投入，为青年律师搭建成长的平台，不断提升律师的幸福感和归属感，对高素质的法律人才形成持续的吸引力。

在市场经济日趋成熟、竞争日益激烈的当下，律师事务所作为法律服务的提供者也面临着同行的竞争与挑战，品牌的重要性不言而喻。但品牌管理同时也是一项系统性的工程。在过往 10 年里，拓维通过卓越、细致的法律服务，缔造了一个又一个经典的案例，通过发起设立 EGLA 以及举办大型专业性的法律实务论坛，传递了专业的形象，提升了市场知名度和美誉度。许永东说：“律师事务所的品牌是一个水到渠成的过程，每一个案例、每一次服务、每一个细节都是一次品牌宣传的过程。”未来，拓维将会针对品牌的建设、管理、传播与维护构建一套系统，同时在法律评级和榜单上形成更多的曝光度。

虽然法律服务具有极强的个性化特征，但根据类案形成知识管理，可以让律师事务所针对市场的需求快速推出新的产品和服务模式。未来，拓维可以通过在房地产与建筑工程、合规与行政法、投融资与并购、商事争议解决、税法等领域的项目经验积累，以及与同行、高校之间的互动，提炼法律服务中的关键要素，形成专业化、标准化、流程化的作业模式，实现法律服务产品化。同时，由拓维律师形成的对法律实务问题的研究和观察，可以 Know-how 的形式为客户提供增值服务。

当前，法律科技已渗透法律服务流程的不同环节，“以科技为律师赋能”已成为行业共识。在信息化建设、智能工具的运用上加大投入，以提高法律服务的效率，增强规范化管理也将是拓维的重心之一。

可以说，市场化、规模化、品牌化、规范化是拓维下一个 10 年的主题。

结　语

我们可以看到，在过去10年，拓维的发展有一条清晰的脉络和轨迹。在战略上，拓维立足海西，专注于对法律服务需求很强的商业客户、政府客户，提供高品质、符合市场预期的优质服务；在制度设计上，拓维拓新笃行，成为福建最早实行公司化管理和运营的律师事务所之一；在发展理念上，拓维秉持稳健、务实的作风，不盲目扩张规模，致力于在本土市场做强。拓维用战略、制度、文化上的均衡发展，取得了快速的发展和不俗的成绩。

区域性律师事务所如何提升品牌辐射力，放眼全国乃至国际市场？拓维一路在思考、一直在探索。

许永东说："拓维希望能够在区域性市场、在已形成竞争优势的领域处于持续领先的地位，不断响应并满足市场的需求；能够走出适合拓维的适度规模化的道路，在省内、全国的布局上取得突破；能够在国内外形成品牌知名度和影响力；同时充分发挥公司化管理的优势，形成规范化、标准化的作业模式，在市场推广和客户关系维护上做深、做好。"

"用规则创造价值，以法律实现传承"，这是拓维的使命，是拓维律师内心一直践行的准则。十年磨一剑，拓维用精湛的法律服务、公司化的管理模式和稳健务实的文化，走出了一条区域律所的特色发展之路；下一个10年，拓维已踏上征途，期望他们能够朝着全国乃至国际一流律所的目标更进一步。

在明

弘毅致远，立足不动产征收业务的行政法翘楚

林　戈　蔡　凡　宁思甜

在明办公室

杨在明代理的“青岛平度 3.21 征地纵火案”和“许水云案”被央视报道

郭道晖教授题字

在明发布的短视频内容

当事人赠予在明律师的部分锦旗

2016 年在鸣行政法治论坛成立大会

1985年，浙江省苍南县农民包郑照因为房屋被强拆，将县政府告上了法庭，被称为中国行政诉讼第一案。

20年后，一位初到北京的年轻律师在偶然间接到了一起强拆案件，从此与行政法结下了不解之缘。

“官告民，一告一个准，民告官没门。”这句话曾因推动将行政案件准用民事诉讼程序入法而留名新中国行政法史。但即使《行政诉讼法》《行政复议法》等法律早已通过，这句话仍然是律师们从事行政法业务的一个心结。可那位年轻律师却偏偏不信邪，将行政法当作自己律师执业的主攻方向。

他的名字叫杨在明。

多年后的2012年，杨在明和认同他“只为被拆迁人维权”理念的同道律师成立了北京在明律师事务所，朝着行政法专业律所的愿景出发。

一边是随经济迅猛发展不断推进的城镇化进程，另一边是面临土地被征收、房屋被拆除的弱势群体。如何在法律的框架内维护当事人的合法权益？如何化解激烈的征迁矛盾，实现经济发展和居民美好生活的共赢？

坚守法律底线，于法庭上慷慨陈词，于谈判桌上把握时机，在明律师怀一腔孤勇，练一身赤胆，在复杂的法治环境中坚持了下来，因为他们始终相信自己对法治进步和行业趋势的判断。

短短8年间，在明承办的案件超2万余件，律所营收在2018年早早破亿，成为国内目前承办征地拆迁案件数量最多的律师事务所之一。

博观而约取，厚积而薄发。从事征地拆迁业务十多载，以杨在明为代表的在明律师树立了业界口碑，亦积累了在行政法领域的先发优势。从征迁案件拓展至行政法业务领域，在明所将如何内修外炼，升级战略，抢滩布局新蓝海？

主攻行政法，将拆迁维权服务做到极致

“做拆迁案件，有时觉得自己是在高空中走钢丝。”杨在明对此深有体会。

征收拆迁代理律师要与更加强势的拆迁方或地方政府谈判、博弈、打官司，甚至还可能面临许多专业之外的挑战。在早期的法律服务市场中，拆迁法律服务属于“北京律师不愿做，外地律师不敢做”的业务。但是，杨在明却作出了截然相反的选择，他一头扎进这项事业中，十几年如一日，也正是如此，成就了杨在明和在明律师事务所。

当许多人不看好的时候，依然选择坚持，不仅需要勇气，更需要独到的洞察。

20世纪90年代初，还在国企工作的杨在明自学法律，最终考取了山东大学的民商

法学专业。1995 年，杨在明开始执业，创办了当地第一家合伙制律师事务所；10 年后，律所已从最初的四五名律师发展至二十多人，并在当地名列前茅，杨在明也成了小有名气的律师。事业蒸蒸日上的时候，杨在明却选择了离开。因为他想要的，是更为广阔的发展空间和专业化的发展道路。2005 年，杨在明北上进京，开始涉足拆迁案件，并组建房地产律师团。

2006 年，杨在明接到一宗位于北京南城的四合院强拆案，由于补偿低，住户不愿意搬。在攸关强拆的裁决前听证程序中，杨在明旁征博引，详述拆迁中的违法之处，听证会在拆迁方代表的无言中结束。然而，几日后，当事人照常接到了违背拆迁人利益的裁决书。杨在明当即提出复议，在复议中撤销了裁决，当事人也获得了合理的补偿。

此案耗时一年半，杨在明打赢了这一案，声名鹊起，拆迁类案件也成为他的主攻方向。

“我发现这是一块崭新的法律服务市场。”杨在明对此很坚定，“很多律师不愿做，认为一是代理此类案件有一定风险，二是当事人支付能力不足，收费不高。我的判断恰恰相反。”

在杨在明看来，拆迁类业务风险大只是表象，行政诉讼的本质是推进国家的法治进程，而中国的法治环境在不断进步。而且，在北京这样更开放、包容的大都市里，法治理念和政策制度均较为领先。法治环境的改善给行政诉讼业务带来了更大的发展空间，而所谓的风险大更多是主观臆想的结果。另外，与很多律师认为的“老百姓的支付意识和支付能力不足”不同，杨在明看到的是不动产征收案件中巨大的市场空间，不动产的价值往往较大，尤其在土地价值上升的时期，案件标的额也在攀升。

2007 年，杨在明作为合伙人之一创建了盛廷律师事务所，开启了“只为被拆迁人维权”的创业道路。

改革开放，破旧立新，城镇化之势不可当。世纪之初，中国的福利分房制度告终，住房制度改革稳步进行，直接刺激了房地产市场的火热发展。但此时关于拆迁的法律法规还不尽完善，征地拆迁作为城市发展中的重要方式，往往涉及多方利益的缠斗。高楼拔地而起的背后，产生了许多民众面临拆迁时的维权之需，时代的发展趋势验证了杨在明最初对市场的判断。

从因缘际会到声名鹊起，杨在明及其律师团队的业务量迅速扩大、遍布全国。在盛延所时，杨在明带领的律师团队连年取得耀眼的业绩。团队的第一年创收就突破了百万，到了 2009 年更是突破千万。业务高速发展的背后，是民众面临拆迁的法律需求激增，杨在明及其律师团队以专业的服务能力和精准的市场定位打出品牌。

从业多年，杨在明及其律师团队在办案过程中也更真切地体会到普通百姓们面临拆迁时的维权不易与生活疾苦，因此，杨在明团队的律师们将“只为被拆迁人维权”的服务理念贯穿在案件中的方方面面。后来加入团队的宁志武回忆起与杨在明一同出差时，常常会去偏远地区，住宿条件简陋，有时就在当事人家同吃同住，在这些经历中，他真正领会到“只为被拆迁人维权”这一承诺的重量。

做一家主攻行政法的专业律所，为中国的行政法治建设贡献力量的创业初心，杨在明二次创业，带领十几位律师创办了北京在明律师事务所。

在杨在明身边，有他在北京的第一位“徒弟”马丽芬，她能以细腻敏锐的办案风格捕捉案件的本，而且擅长对案件做全局统筹。她带领的团队无论在规模和创收上在所内都位列前茅。

同为创始合伙人，曾在法院任职 11 年的聂荣转职律师之初，就开始专职办理征地拆迁案件。法官出身的他总能够以裁判思维为出发点剖析案子，其优秀的开庭效果是在明所的招牌之一。

“我们要把征地拆迁这一细分市场做到极致，将其边际效应最大化。”对于在明所的业务定位和方向，杨在明有着清晰的思考。

在明所的拆迁维权业务不断拓展，涵盖了国有土地上不动产征收、集体土地征收、农村房屋拆迁、企业厂房拆迁、土地使用权争议等诸多业务领域，执业地域覆盖了全国 30 个省级行政区。

我国国民财富中超过 60% 集中在土地房产上，而大拆大建是中国城市发展的必然之路。“拆迁法律服务市场是一块大蛋糕。”杨在明表示，“而且北京律师因为不易受地方的干扰而更具有业务拓展优势。”

在明所不到 6 年的时间里，于 2018 年创收破亿。如今，在明的执业律师团队也由十余人壮大至一百多人。

长期服务中国征地拆迁法律市场，使在明所形成独特而高效的业务协作制度督导团队制，也让在明律师获得了在征地拆迁及行政诉讼相关领域的大量实践经验。杨在明说：“拆迁业务以‘民告官’模式为主，这也形成了在明所拓展行政法业务的独特优势。”

从征地拆迁向外延伸，在明律师形成了自己独特的办案思路，如民商法案件也可以用行政诉讼的方式切入，而且效果显著。“大范围的行政介入是我国经济发展和社会管理一个显著特点。在这样的行政管理体制下，行政权力也意味着行政责任。通过追究行政责任，可以有效解决民事案件。”聂荣说。

比如，在杨在明早期接手的一个疑难案件中，一户农民对建筑施工单位向土地倾倒建筑垃圾不堪其扰，几经民事诉讼未能解决问题。杨在明独辟蹊径，通过起诉土地管理局对耕地保护的不作为这一行政诉讼，成功促使执法部门、建筑单位消除妨害，恢复了当地农民的正常生活。

近年来，中央及各级政府高度重视法治政府建设，尤其是在立案登记制等改革举措的利好下，我国行政法诉讼案件呈现大幅增长态势。但与民商法、刑法等领域相比，我国行政法领域的律师队伍人数相对较少。在明所的发展策略是，以拆迁业务为支点，横向拓展至各个行业领域的行政法业务。

披荆斩棘，锤炼成家，只为被拆迁人维权

征地拆迁法律服务市场有其独特性，在明所合伙人闫会东把它概括为三点："其一，市场需求的去区域性，被拆迁方通常倾向于选择来自大城市的律师，而非当地律师；其二，服务需求的精细化，随着国内拆迁业务的发展，当事人尤其是企业客户，对法律服务的要求更多样、更细分；其三，案件双方的地位不平等，拆迁案件中被拆迁方通常是弱势的一方，面临更大的心理压力，因此拆迁律师在为当事人解决法律问题的同时也要承担心理疏导工作。"

正是凭借对征地拆迁市场的深刻理解和专业的服务，在明所成为拆迁维权领域的佼佼者，这背后亦离不开律师卓越的综合能力以及律所在学术上深厚的法学积淀。

秉持专业主义，厚积薄发

在明所的成功并非偶然。所内有超 20 名"60 后"、"70 后"的资深律师、法律顾问，他们浸淫拆迁法律市场十余载，见证了在明所一路披荆斩棘，走向行业前列。专业能力的提升，优秀人才的汇聚，使在明所具备了拆迁领域新参与者无法比拟的优势。

20 世纪 90 年代初，为了与《城市规划法》相配套，国务院颁布了《城市房屋拆迁管理条例》，以规范城市房屋拆迁行为。在这之后，国务院两次启动《城市房屋拆迁管理条例》的修法程序。2011 年，被称为"新拆迁条例"的《国有土地上房屋征收与补偿条例》颁布施行。新拆迁条例是政府在土地纠纷引发的群体性事件不断增加的压力下作出的改良尝试，具有积极意义。

在明律师的成长期恰恰经历了新旧法的交替，在业内积累了丰富的经验，对拆迁制度演变的认知和行业发展的理解也更加深厚。对于征收主体由拆迁项目的开发商向地方政府的转变、拆迁许可证废止转由征收决定代替、行政强拆如何废止、公共利益如何界定等，在明律师了然于胸，在谈案中自然赢得了当事人的高度信赖。

尽心竭力，代理重大拆迁案件

轰动一时的"青岛平度 3·21 征地纵火案"是可以载入在明史册的案件。因对开发商征地手续有异议，没有拿到征地补偿，山东省平度市杜家疃村村民在已被圈占的被征地施工入口搭起帐篷，阻止施工。2014 年 3 月 21 日凌晨，帐篷起火致 1 死 3 伤。3 月 25 日，青岛市公安局宣布案件告破。

通过代理该案的在明律师杨在明、刘勇进、金长胜的努力，2015 年 3 月 19 日，山东省青岛市中级人民法院一审宣判，1 人被判死刑，2 人被判无期，其余 4 人均被判有

期徒刑，附带民事诉讼原告人及被害人也赢得了相应的附带民事赔偿。该案成为全国首期判处暴力逼迁犯罪分子死刑的刑事案件，具有重要的标志性意义，后被评为“2014 年度中国十大影响性诉讼案例”。

2018 年，由杨在明等在明律师代理的最高人民法院案件“许水云案”，再次打响了在明律师征地拆迁维权领域的品牌。

“许水云案”可以追溯到 2014 年 10 月，当时浙江省金华市婺城区政府发布房屋征收决定，将居民许水云的房屋纳入旧城改造征收范围。但在征收决定发布前一个月，这套房屋已被拆除。这显然违反了国务院公布的《国有土地上房屋征收与补偿条例》。

但是，这一判决结果的得出并非如此简单。历时 3 年，从金华市中级人民法院、浙江省高级人民法院，一直打到最高人民法院，这起看似普通的违法强拆案件，却正因具有普遍性、代表性吸引了公众的目光。

最终，最高人民法院确认区政府的强拆行为违法，并责令依据实际赔偿时点的周边类似房地产市场价格确定行政赔偿标准。这一重要裁判体现了法律对产权保护的决心，“许水云案”成功入选人民法院报评选的“2018 年度人民法院十大民事行政案件”及最高人民法院发布的“人民法院充分发挥审判职能作用保护产权和企业家合法权益典型案例（第一批）”，之后又被最高人民法院、中央广播电视总台联合评为“2018 年推动法治进程十大案件”。

“这个案件寄托了当事人对我们的信任”，杨在明说：“许水云案作为在明所承办的典型案件，体现了在明律师‘正义、诚信、融合、责任’的理念。对于每一个案件，无论程序多复杂、多难，花费时间多长，我们都将尽心竭力地完成。”

正是因为在明律师代理的案件影响深远，吸引了更多的当事人慕名而来，专程找在明律师解决征地拆迁难题。比如，由在明律师代理海南陵水县国茂房地产项目开发系列案件，由于房地产合规漏洞和土地使用权争议，该房地产企业陷入困境，当事人慕名找到了曾在央视报道中多次出现的杨在明。“在明所对弱势民营企业与企业家的关注是一以贯之的，从云南洱海客栈环境整治到海南国茂项目，我们认为生态保护、经济发展、企业家权益保护并不矛盾，而律师的作用就是在法治的框架下为三者的和谐发展提供综合解决方案。”杨在明说。

在明律师代理的诸多典型案例均得以圆满解决，如大兴机构拆迁案件、中央电视台拆迁案，由杨在明、刘博韬律师代理并获评江苏省人民法院 2016 年十大典型案例江苏如皋市拉钢企业房屋被拆案等。

当事人想要在行政诉讼案件中胜诉并非易事，这需要代理律师挖掘案件的突破口，掌握更多的筹码，制定合适的诉讼策略，并在法庭上充分表达观点和立场。

关于如何制定诉讼策略，在明律师颇有研究。在行政案件中，诉讼类型繁多，负有法定职责的行政机关范围广。从国务院规章到地方性法规，从行政部门的内部规定到司法机关的裁判案例，从上到下已经形成了一套较为完善的法规体系来规范城市房屋拆迁及补偿的合理进行和有效救济。具体而言，合法拆迁需要取得一系列的审批文件。为探究拆迁是否违法，律师必然要不断向前追诉，以溯及问题的根源出现在哪一审批环节。

在马丽芬代理的一起连环诉讼的案件中，她先是起诉要求撤销补偿协议，再主张补偿协议无效，同时提起拆迁许可证违法的行政诉讼，作为证明拆迁补偿协议无效的理由。在质疑了拆迁许可证之后，律师又转而追诉取得拆迁许可证需要提供的建设用地规划许可证的有效性。随着诉讼的逐步推进，律师掌握的信息越来越多，拼凑起的事实更加完整，案件背后的违法点亦浮出水面。经过多番交涉之后，该案当事人与有关政府部门最终达成和解，在明律师为当事人争取的拆迁补偿款也从最初的 140 万元提高到了 316 万元，深受当事人好评。

博弈与平衡：拆迁律师的审慎和考量

诉讼策略固然重要，但诉讼并不能解决全部问题。因为拆迁案件案情复杂、耗时长，被拆迁人要面对行政机关、开发商、其他拆迁户等多方面压力，还要面对诉讼结果的不确定性。对政府而言，纠纷解决不善容易引发征地拆迁恶性事件、群体性纠纷，将直接影响社会和谐稳定。因此，律师代理拆迁案件需要更多的审慎与考量。

在合伙人律师杨念平看来，在明律师工作的核心在于协助各方达成利益的博弈与平衡。通过“有理、有利、有节”的斡旋，在政府与民众之间寻求利益的平衡点，既能维护当事人的正当权益，客观上又帮助政府解决难题。

懂得如何寻求平衡点，把握最佳时机，是拆迁律师必须具备的能力。而在博弈中找寻平衡，必先能洞悉相对方的心理。“拆迁案件不是一个纯粹的法律问题，拆迁律师需要懂得分析对方的心理活动，对方言语和行为背后往往会折射出他的真实想法，洞察对方的期望，也是办案的一部分。”合伙人律师宋晓峰善于多角度分析、解决问题，耐心细致，这也是其办案优势之一。

被拆迁人提起诉讼后，政府可能自知拆迁过程中存在一些法律瑕疵，或自认给予当事人的补偿金额与市场价格有较大差距，又或者考虑到拖延工期将造成较大损失，政府可能会主动与被拆迁人及其律师谈判，并作出一些让步。

懂得何时妥协是一门实践学问。一向稳重理性的合伙人律师李顺华称之为“谈判的艺术”，“当被拆迁人手里的维权筹码最大时，对方妥协的可能性就越大，这时做出适当的让步会更有助于达成对当自身有利的结果。一旦错过这个点，对方妥协的可能性降低，要妥善解决矛盾就不得不做出更大的让步”。拆迁律师通过帮助当事人把握关键时机，寻求经济利益与法律权利的平衡，既能避免案件拖延不决，又能获得相对理想的结果。

拆迁律师作为政府和老百姓之间沟通的桥梁、联系的纽带，追求的是一种息诉的理念。

合伙人律师梁红丽在执业前曾于餐饮、建筑跨行业工作多年，每天面对形形色色的客户，面对解决各式各样的问题与需求，使她具备了优秀的人际沟通能力和机敏的应变能力。作为同行眼中谈判协商解决案件结案率最高的律师之一的她表示，拆迁案件的解决不是非黑即白的，“黑和白的中间其实还有‘灰’，我认为这种‘灰’其实是能够解决问题的最佳方案。通过协商或者其他方式和平解决问题即可达成共赢的局面”。

这种“共赢”不仅在于被拆迁人赢得合理的补偿，也在于行政机关妥善解决矛盾并顺利推进经济发展所需的重大项目。

参与立法，推动行政法治的进步

一路走来，在明律师见证了拆迁工作法律法规逐步完善，行政法律服务市场日益向好。尤其是2011年《国有土地上房屋征收与补偿条例》颁布施行之后，规定市、县级以上地方人民政府为征收与补偿主体，不再由开发商实施拆迁。从开发商直接面对被征收人，到由政府出面负责组织进行房屋征收与补偿工作，加之行政强制拆迁的废止，暴力拆迁的现象大大减少。

行政法律制度与法治环境的改善，本质上与包括在明律师在内的拆迁律师的推动密不可分。不管是在法律、地方性法规中，还是行政机关的工作会议上，从《不动产征收与搬迁法》的修订，《行政程序法》《违法建筑认定与处置法》的立法，到《土地管理法》的立法和修改，在明律师对于业内相关法律法规的制定保持极高的关注度和参与度。因为除了创全国领先拆迁律所之辉煌外，在明人更加期望的，是见证并推动中国行政法治的进步。

其实，杨在明在10年之前就已在践行这一愿景。2009年12月，北京大学姜明安、沈岿、王锡锌、陈端洪、钱明星等5位教授向全国人大常委会提出审查国务院《城市房屋拆迁管理条例》的建议。彼时，杨在明牵头成立了拆迁立法民间起草小组，带领40多位律师从过往办理的案件中总结归纳遇到的问题，搜集大量法律文献，先后召开了5次专家论证会，汇集了国内知名法学专家的大量意见。

一年之后，这份融合了实务型法律专家和学术型法学专家的《不动产征收与搬迁法（建议稿）》最终形成，其中的不少条款在2011年颁布的《国有土地上房屋征收与补偿条例》中被采用。著名法治思想家郭道晖教授将其亲笔书写的横幅“中国律师参与立法第一人——杨在明”赠与了杨在明。

就在今年不久前刚刚结束的《中华人民共和国土地管理法实施条例（修订草案）》（征求意见稿）意见征求活动中，由杨在明领衔的13位在明律师撰写了一万五千余字的立法修订建议，提交给自然资源部，希冀将司法实务经验融入新条例中，为土地法的法治进步贡献来自律师的力量。

“如果这样的民间立法与阐释能够起到类似西方法官造法的作用和意义，这可能是拆迁律师中最高的职业形式表现。这样的作用不是律师办理一千件案子所能替代的，这将推动整个法治的进步。”杨在明说。

丰富的诉讼经验、娴熟的谈判技巧、深厚的法律理论积累，在明律师早已走过了摸着石头过河的阶段，形成了一系列有依据、可参照的诉讼策略，在全国的行政法律服务市场占据一席之地。

数字化营销，打响在明品牌

在征地拆迁中，被拆迁一方的老百姓处于弱势地位，因而对律师的信赖也更为脆弱。他们最大的担心是律师如何保证始终站在他们一边，而不投向强势方？

在这个问题上，在明所在创立以来就明确了自身的定位。为更需要律师的弱势者服务，这是在明律师的共识。由此，如何将“只为被拆迁人维权”这一理念传达给客户成为律所的品牌传播的重中之重。

在社交媒体兴起之前，在明所主要通过“上电视”的方式宣传品牌。路一鸣、董倩等央视知名主持人都曾对杨在明做过专访，借助中央电视台的专业拍摄能力为在明打造了专业的形象宣传片。“向观众展现真实的律所情况，让大家感受到当面临拆迁时、当自身利益受到侵害时，会有人能够与之并肩战斗，而且能够维护他们的合法权益。”杨在明说。

在明所还同北京广播电视台达成合作，由在明律师制作案例说法类的电视节目——《置业法眼》，围绕房地产的法律、政策解读，讲述真实案例中遇到的拆迁问题和应对方式，前后录制了约五十期节目。在节目播出的一年后，陆陆续续有客户慕名而来，让在明律师代理其案件。这也让杨在明深刻地体会到，营销和品牌都是需要长期投入的，需在质量上下功夫，要着眼于中长远，“律师和律所的品牌，是通过一点点积累而来的，这是一个不可逾越的过程”。

随着时代的发展，互联网浪潮也席卷法律领域。以前，一位有法律服务诉求的委托人主要依靠其身边的熟人关系网络找律师；如今，越来越多的律师业务源于网络曝光。

在自媒体兴起之初，在明所早早行动，于2013年便开设了律所的微信公众号，至今已发布了2000多篇原创内容。时代趋势下，在明所选择拥抱变化，建立律所咨询网站、搭建模块化的普法内容、设置在线服务窗口、优化搜索引擎等，拆迁客户能够通过网站直接与专业律师进行沟通，了解自己想要了解的问题。在明所通过对外服务端口的一系列的模式创新和业务升级，以便更好地服务这些看不见的陌生人。

内容领域传播趋势瞬息万变，2018年短视频异军突起，在明所看到抖音、快手等平台在客户间的传播力，组建了律所内部的视频制作团队。从编导、剪辑直至发布，打造了《在明说法》《在明普法》《拆迁剧场》等多个自制短视频 IP。

在这些视频中，有的是律师讲解某个拆迁领域的小问题，缓缓道来，明了易懂；有的是根据拆迁场景编排的情景短剧，代入感强，以讲故事说法。这些“接地气”的视频获得了许多网友的关注和点赞，其中一期讲解农村宅基地的短视频在抖音上还达到了 1000 万的播放量，获得了近 20 万点赞。目前“北京市在明律师事务所”这一账号在抖音和西瓜短视频平台上拥有将近 40 万垂直粉丝。以法律评论“出圈”，以专业知识服务征地拆迁垂直领域读者，在明所形成了自己独特的自媒体运营打法。

互联网营销像一个漏斗，网络上的看客来来去去，沉淀后留下基础粉丝，而在这些粉丝之中，又分为普通粉丝和强黏性的粉丝，并最终产生有切实法律服务诉求的客户。在制作这些普法内容的过程中，在明所树立了在征地拆迁垂直用户群体中的专业形象，并将品牌影响力转化为了咨询流量。来自互联网的咨询线索占据律所业务量的一半。

“无论是在传统媒体上做法律节目，还是建立自己的自媒体矩阵，在明所的品牌塑造战略始终围绕着用户群体在着力。希望能以准确、易理解、专业的方式将法律知识及服务触达客户。”杨在明表示，内容无论是什么表现形式，首先必须是专业、可靠的；其次要活泼、有趣，以讲故事的方式去呈现。

营销最终是为品牌服务，是为了削弱信息的不对称性。“通过宣传的渠道，我们希望让客户更加了解在明所，这其中要传达三个信息：第一，我们只为被拆迁人服务；第二，我们是一支专业做征地拆迁的律师团队，在这一领域执业十几年，经验丰富；第三，我们的态度是踏实做事、老实做人。”杨在明如是说。

拆迁类案件中的当事人大多为普通民众，他们散落在全国各地，并且通过搜索、熟人介绍、媒体报道、网络浏览等多种方式接触法律咨询。用互联网“用户思维”的话来说，在明的品牌营销策略便是从拆迁类案件的用户特点出发，采取了多元化的营销方式。科技进步，用户习惯变化，在明所的营销手段也随之改变。

品牌营销的方式和渠道会随技术、平台的发展而变化，而这背后的驱动力恰是在明所始终坚持的以当事人需求为出发点的“用户思维”和品牌理念。

从当前的市场格局来看，拆迁领域的法律服务竞争较为激烈，不少律师看到了拆迁业务的市场，认为其门槛较低，纷纷入场，造成了低价竞争，过度承诺的情况也时有发生。但在明所仍然坚持“下笨功夫、下慢功夫”，坚持办案的品质，不该接的案子不接，不为了尽快收到代理费而胡乱承诺。“踏实做事、老实做人”是在明所合伙人之间高度一致的共识。

杨在明说：“最终的竞争是落脚于品牌的竞争，我们将加强自身的服务质量，规范各方面的服务流程，通过品牌来竞争。而当前竞争带来的谈案难度也只是短暂的困难。”

大浪淘沙，直到潮水退去的时候，方能看清谁在裸泳，谁是金子。拆迁律师，看似门槛低，但实际上对其综合素质有着更高的要求。拆迁中面临多方的利益博弈，要求拆迁律师既是一个心理医生，又是律师，还得是谈判专家，同时还需要站在行政机关的角度思考问题。“一位资深的拆迁律师是不可多得的财富。”在明所多年专注形成的团队基础和品牌积淀构建起律所的竞争壁垒，在这众人逐鹿的市场中发挥了自身的独特优势。

2020 年新冠肺炎疫情期间，传统的客户来所咨询由于居家隔离政策受到很大影响，在明所督导律师领衔开启法律直播，通过主题讲解和网络问答触及需要法律知识的客户。不断尝试新的媒介与传播手段，在明所一直走在专业形象塑造前列。

迈向卓越的根本：督导律师团队制和“在明精神”

创业之初，在明所已拥有一批在拆迁领域具有丰富经验的“老”律师，他们为律所的发展打下了基础。“老”律师希望实现自己从事律师职业的理想和初衷，年轻律师则需要一个能够让自身快速成长的平台，只有律师事务所的发展理念与律师个人的职业发展理念相一致，二者才能相得益彰，共同向前。在明何以能将如此多的优秀拆迁律师凝聚在一起？秘诀在于在明所的制度与文化，即督导律师团队制和以“正义、诚信、融合、责任”为内核的“在明精神”。

督导律师团队制：三层金字塔结构，聚力发展与传承

在明所经过多年的摸索，形成了督导律师团队制，团队内部形成三层金字塔型的结构，包含一位督导律师或合伙人、多位主办律师及多位律师助理。这是在明所专业化发展的核心制度。每位督导律师都肩负着监督、指导的职能，既要负责案件承办、风险把控，又要承担团队管理、青年律师带教的工作。

“从适用不同法律程序的法律文书模板，到沟通案情、制作法律文书、检索法律法规、完善证据目录、准备质证等，督导律师会全程把控案件质量，帮助实习律师掌握职业技能、积累办案经验，成长为能独当一面的执业律师。”青年律师黄艳说。

团队协作是律师专业化发展的必然要求。在具体案件中，督导律师团队内部施行专业化分工，形成极强的协作能力。律师助理主要负责与当事人对接，了解案件事实、收集证据，据此准备相应法律程序的文书材料。在诉讼阶段，督导律师会要求律师助理出庭陈述起诉事实和理由，质证和辩论等环节则由督导律师来完成。

此外，督导律师还主要负责谈案工作、制定维权方案设计、调整诉讼策略等。根据拆迁维权案件的进度、形势变化，诉讼策略的设计与调整主要由督导律师与当事人进行

沟通。在办案流程和风险控制方面，督导律师会协同另外主办律师共同制定方案。

通过督导律师团队制赋予督导律师较大的自主权，在明所最大限度地调动了各个团队的主观能动性。以在明所统一的管理制度和文化理念为基础，团队负责人可根据团队的特点自行制定规则，协调团队自身的发展，实现规律有序的扩张。因此督导律师团队制在面对市场时，展现出了极强的生命力和灵活性。在明所拥有的资质10年以上的这批督导律师是律所发展的内核。

除了个案跟进中的言传身教之外，在明所还会通过定期的业务培训提升青年律师的专业能力。业务专题培训、模拟法庭、案件研讨、辩论等，都是青年律师需定时、定量完成的作业。在明所也为年轻律师提供了从律师助理到实习律师到职业律师，从主办律师到督导律师，再到形式合伙人、实质合伙人的晋升机制。在在明所，成为主办律师通常需要一年至三年的时间。在职业技能和职业精神的传承中，谢瑞青、冯振兴、毕文芳、王家才等一批青年律师崭露头角，在明所老中青搭配，晋升通道明确的人才梯队业已成型。

在明精神："正义、诚信、融合、责任"

从创立至今，在明所秉持着"正义、诚信、融合、责任"的精神，这8个字既是律师自身业务属性的综合考量，也是在明合伙人的理想所在。

律师应当固守正义根基，不畏权势，公正为民。律师是维护人权和维护社会正义所必不可少的重要力量，当在明律师代表被拆迁人在法律层面与各方进行博弈之时，对正义的渴求是支持他们不懈坚持的最大动力。

"诚信"意为"精诚所至、金石为开"，恪守诚信品质，才能博得老百姓的信赖。全心全意为广大拆迁户提供专业法律维权，是在明人一直秉持的工作宗旨。"这一宗旨看似简单，实则非常有力。在明人不忘初心，负重前行，客户的信任始终是我们努力的动力。"杨在明说。精心打磨的在明品牌，依靠的是一点一滴的积累取得老百姓的信赖。

"融合"基于合作，超越合作。在明所通过督导律师团队进行分工合作，协同创新，博采兼容，共同提升案件质量。这种融合还体现在在明所的高度包容性，融合的精神使不同特点、专长、性格的律师聚合在在明，达成优势互补的效果，推动律所稳步发展。

在明律师的责任心贯穿在案件代理过程中的各个方面。开庭准备是否充分，是否及时沟通反馈，文书写作是否规范，这一系列细节在明律师都尽职尽责去完成，这既体现了在明律师的专业度，也决定了当事人对在明的认可度。

不忘初心，恪尽职守，在明所在法律市场上站稳了脚跟，也打响了招牌。然而，颇具规模、声誉渐隆的在明不会止步于此。

2016年，在明发起设立了中国行政法治"学术+实务"新平台——在鸣行政法治论坛，汇集了一众行政法学领域的一流学者、资深法官及业内律师，该论坛如今已成为学术界同司法界的交流平台。

杨在明极为重视学术研讨活动，他说："每次研讨会既是对行政法律师理论基础的培养，也是解决客户重大疑难法律争议的一个有效方式。关于一些重要的、普遍性的行政法热点问题，通过专家与律师的呼吁，对行政法治建设也将起到推动作用。"在成为一家行政法强所的道路上，杨在明看得更远，越往高处，律所将面临的是专业能力、律所文化、人才培养的全面竞争。

战略升级：一纵一横，打造行政法强所

在保持征收拆迁法律服务市场竞争优势的同时，在明所将目光转向了更为广阔的行政法律服务市场。"借助在征地拆迁业务上的领先优势，带动在明所向其他行政法领域拓展，我们完全有能力在行政法市场上进一步打造在明品牌。"杨在明说。

在行政法领域内，在明所已着眼于向环境法、知识产权等细分方向拓展。之所以如此布局，一方面，基于其背后庞大的市场需求；另一方面，涉足这些领域的律师数量较少，法律研究和市场实践相对比较薄弱，因此也是在明律师眼中的新"蓝海"。

"在领先征地拆迁市场的基础上，完成'一纵一横'两个战略升级，一是串联整个房地产法律服务业务的链条，使之形成一个闭环；二是横向联合整个行政法体系下的各类法律业务。"杨在明说。

战略管理不是一个魔术盒，也不只是一套技术，战略管理是分析式思维，是对资源的有效配置。从外部环境来看，律师事务所需要基于市场的趋势与变化，进行研判，开发契合市场需求的法律服务产品，并打造统一的品牌形象；从内部管理来看，合伙人应当保持专注，对业务的决策、管理与监督，能够代理疑难、复杂、大型的项目，而针对市场、品牌、运营、客户关系维护等事务，则应交给专家人士。

"行政、营销、市场、品牌等部门各司其职，真正为律师服务。律所在方方面面都为律师打理得挺周到，律师们不用操心办案之外的事情，可以集中精力做案子。"2017年进入在明所的督导律师黄晓丽如是说，她的团队在短短几年间成为律所创收的一匹"黑马"。"在明所会给每个想做事的律师提供平台，把大家的潜能都激发出来。"

基于未来愿景和战略布局，2020年，在明所进行了大刀阔斧的改革，向更加精细化的管理模式转变。

为了进一步明确市场定位，在明所在合伙人会议下新设了品牌部，主要负责律所的知识管理、对外产品研发、律所形象管理等。品牌总监直接负责管理品牌部，另设运营总监负责统管律所运营事务。

分工更为精细与明确的客服部、营销部和市场部也是此次改革的产物。客服部负责客户管理与沟通，既为客户对接律师，协调人员配置，也帮助律师取得客户的配合。营销部主要通过线上平台进行精细化的运营，提高案源质量。市场部主要进行市场调研，针对不同区域市场进行分类管理和调研分析。

各个部门肩负不同的职能，除了品牌管理、营销管理，还有案件质量管理、培训管理、对外联络管理、人力资源管理等板块，每个板块由一位合伙人主管、一位合伙人协管。

“让专业的人负责专业的事”，是在明合伙人达成的共识。这句话不仅适用于律师专业化分工，也同样适用于律所管理。在明所广阔的发展前景也吸引了大量优秀人才的加入，根据本次战略调整和组织架构调整的思路，在明所吸纳了前政务新媒体主编、外企资深高管以及互联网数字营销总监等管理人才，可谓英才云集。在明所还聘请了外部专业税务咨询机构改造所内财务系统，并引为民商事案件税务问题的外部智囊。由专业人才提出专业方案，再由合伙人决议，这一科学决策流程为在明所的下一步发展奠定了坚实的基础。

成功代理的一个个典型案件，羽翼渐丰的优秀人才，独特的品牌优势，都成为在明未来发展的良好积淀，在督导律师团队制、“在明精神”、数字化营销模式的加持下，在明所定将奋勇向前，承载着在明的愿景，迈向更远的未来。

以行政诉讼捍卫当事人的合法权利，以司法实践推动法治进步与法治政府的形成。中国律师 40 年，行业发展的历史中，要有一笔，记录这些为法治中国作出贡献的行政法律师。他们的理想、他们的声音，值得被书写，值得被听到。

弼兴

炼内功，创新所，辅弼行业发展

吴剑霞　林　戈　李晓雨

上海弼兴律师事务所环境

薛琦与美国休斯敦办公室负责人叶琏刚（左）合影

薛琦、王卫彬、徐婕超参加国际商标协会年会

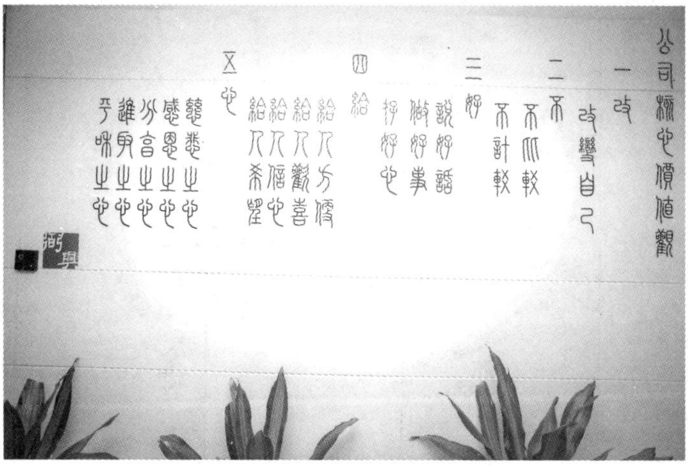

弼兴核心价值观（一改二不三好四给五心）

弼兴愿景（为中国法律事业及科技文化之振兴而奋斗）

故事要从 2010 年的夏天说起。

这一年，薛琦的事业小有所成，但下一步往哪儿走并不明确。8 月的上海暑气正盛，知了声声不止，家中女儿安睡，一通来自昔日同窗的电话打破了这份安逸。

挂完电话，他动了去北京学习的念头。

在长达 20 多年的职业生涯中，出现过好几个转折点；但对于上海弼兴律师事务所而言，2010 年发生的事奠定了这家律所的制度特点、发展模式与文化底色。

从 1999 年到 2020 年，其个人的成长轨迹暗喻了弼兴的发展路径：承前，是修炼内功；启后，是为行业奋斗。

风起华东，从单兵到团队

在安徽师范大学的那几年，薛琦很多时候都是在做实验，而实验结果充满不确定性。学到第 3 年，他觉得自己实在不喜欢随机的东西，于是和母亲摊牌，想换个专业方向。

在法律、计算机、管理之间，薛琦明显对法律更感兴趣，在复旦大学学习法律的当年就通过了律师资格考试。在还没有法律硕士制度的年代，他用 6 年时间拿到了安师大理学学士学位和复旦大学法学第二学士学位。

毕业那年，很多人都往上海专利商标事务所（现为上海专利商标事务所有限公司，以下简称上专所）挤，同样是国有单位，200 人规模、起薪 3000 元 / 月的上专所，显然比不到 20 人、1500 元 / 月的华东专利事务所（现为上海智信专利代理有限公司）更有吸引力。但他一门心思都扑在学习上，选了后者。

“那个时候华东所有四个人很厉害，分别搞电学、化学、流程和市场开拓。我没事干，中午吃饭就和他们一起，问东问西，问了一年以后发现问他们也答不出来了。”最笨的办法就是最好的捷径，前 4 年，他不干别的，就埋头练内功。日复一日，年复一年，一个案子接一个案子，一个客户接一个客户，想成为业内翘楚，再聪明的人也跑不掉这个过程。

薛琦一向手不释卷，挑选文件包的唯一标准，就是一定要放得下一本书。2000 年，恰逢全国专利代理人资格考试[①]、全国商标代理人资格考试[②]同年举办，抱着“保一争二”的心态，他两场考试都报名了。也是这一年，母亲生病住院。一边要备考，一边要照顾母亲，他就在往返办公室和医院的间隙看书。

结果没有悬念，两门都通过了，其中专利代理人资格考试的成绩在全国名列前茅。“三证”在手的他被中国科学院上海分院的管委会主任“看上了”——彼时全国推行“脱钩

① 现为全国专利代理师资格考试。

② 现已取消。

改制”[①]，隶属中科院上海分院的华东专利事务所也在改革其列，管委会主任想要替换原来的所长，让薛琦上任推进改革。

刚工作两年的薛琦一下子蒙了。何去何从？

这时候，好友的一句话启发了他——“位置比能力更重要”。他决定试试。带着“常务副所长”的头衔，薛琦开始参加各种会议，看到了不一样的世界。第二年，华东专利事务所改制为上海智信专利代理有限公司，他成为 5 个股东之一。

打开格局后，薛琦很快就迎来了他职业生涯中的第一个转折点——2003 年，他开始招人，实现从单兵作战到团队协作的转变。

胡美强、朱水平是团队的两位“老人”。胡美强和薛琦有着相似的教育经历，同济大学物理学学士，上海大学法学学士，都是先理后文。胡美强进入这一行时，已经过了四十不惑的年纪，但他活到老学到老，业务能力毫不逊色。朱水平则是薛琦招的第一个人，在这之前已经在中山医院当了 7 年医生，已升至主治医生。朱水平是个妙人，学生时代就放弃复旦附中保送复旦大学的机会，自行考入上海医科大学（现复旦大学上海医学院），后又放弃复旦大学附属中山医院的稳定工作，出来创业。

也是在这一年，薛琦成为上海市知识产权服务中心专利代理师考试培训班的特聘讲师，从年纪最轻的讲师到年纪最大的讲师，一讲就是 16 年，从未间断。这个过程锻炼了其归纳总结、优化升级的能力，面对不同受众，同样的问题可以讲出不一样的内容。他用搭积木作比，“我手上有一百块积木。你喜欢大象，我就搭得跟大象差不多；你喜欢小鹿，我就搭得跟小鹿一样。不同的顺序，不同的角度，用更能让你理解的方式去讲解。”所谓因材施教，大抵如此。他是唯一一个会拖堂的老师，但是 90% 的人都会听到结束。

春风得意之时，三十出头的薛琦遭遇了第一次团队出走的打击——2004~2005 年加入的那一波人，在 2006~2007 年几乎都走了，其中还包括有潜力成为商标法律部、机电部、化学部三个部门主管的 3 位核心骨干。来不及感伤，薛琦不得不马上重建团队，钟华、杨东明、王卫彬、余化鹏就是那个时候加入的，奠定了后来弼兴的团队基石。

钟华刚到团队实习时，是 2006 年，期间让她做本职工作之外的中翻英，薛琦看完她的翻译，就认定是“一路人”。后来，钟华从一名化学专业的专利代理师做起，在弼兴逐步成长为化学部的带教老师、团队管理者，相继参与管理专利代理部、流程部、涉外专利部，王卫彬、余化鹏也都是钟华带教的。杨东明最初属意的并不是智信，但在与薛琦聊了两个小时后选择加入。徐婕超、罗朗、李婕也都是关键时候来的，现在分别负责涉外专利部、电学部及客户管理服务部。

后来那几年，薛琦开始重视制度和培训。

① 2000 年 7 月，国务院办公厅发布国务院清理整顿经济鉴证类社会中介机构领导小组《关于经济鉴证类社会中介机构与政府部门实行脱钩改制意见的通知》［（2000）51 号］，要求国办的中介机构脱钩转制。

先是推出针对专利代理师的“房贴制度”，在代理人购房时给予一定的购房补贴。11年前，这项“房贴制度”帮助杨东明、王卫彬在上海买了房、落了根。出台7年后，这项制度作出革新，从只惠及专利代理师扩展至律师、商标代理人、流程辅助人员、IT、财务等。

再是组织专利代理师培训，提高团队专业技能。薛琦研究了从有专利代理资格制度以来市场上出现过的所有专利代理师考试题目，把涉及新颖性、创造性、支持问题、公开充分问题、PCT国际申请、复审无效等不同主题的题目全部做了一遍，分门别类，找出规律，利用晚上和周末的时间集中培训。

大夏天，一群人挤在没有空调的狭小办公室，薛琦汗流浃背地讲，其他人汗流浃背地听。后来的“新人集中式授课培训”即脱胎于此。

“任何一个行业发展到最后，不是比质量，是比速度，天下武功唯快不破。都能做到80分的质量，一个人2个小时做好，另一个人要2天，你说客户要谁？到法庭上，你说我想10分钟、翻个审查指南，谁给你这个时间？你要马上反应，功夫在平时。”薛琦说。

创设弼兴，“一改”是首位

时间到了2010年。此时，薛琦的团队已经是智信最大的团队，贡献了近一半的创收；但作为五位合伙人之一，他的话语权也只有1/5，少到即使自己出钱也无法决定网站改建。团队里的30多号人，他们的未来怎么办？

又一次，薛琦面临是走是留的问题，只不过这一次，不再是一个人。

这个问题他没想好。但他在这一年听从故友推荐，去北京上了一个培训班。“原来只想到1年、2年，现在会想到5年、10年。”薛琦这样评价这个培训班的作用。时至今日，薛琦仍然很感念故友，也很庆幸自己让朱水平也去上了这个课，虽然他曾一度纠结共事八年的朱水平会不会上完课后就自己出去创业。

薛琦和朱水平是完全两种不同的人，薛琦感性，朱水平理性。如果没有那次培训，他们或许会往两个极端走下去；而自那之后，他们开始有了相似的思维方式，关注的问题从单一案件质量转向团队未来发展。

他们发现，很多律所在适用分配制度时“一刀切”，几乎不考虑案件难易、类型、质量、客户需求、技术领域等因素，这不是公平、公正、公开的分配机制。思虑再三后，点数制度在团队内部试行。此时还是2012年，弼兴尚未创设，点数制度还只是“丑小鸭”，但实践证明，这对人才激励及后续的绩效考核的出台有非常大的助益。

当年下半年，薛琦、朱水平等人就寻思着找办公场地的事儿。薛琦看中一幢大厦，托了几层关系接触到投资部副总。在 2 个小时的午餐中，他只吃了三口菜，其余时间都在谈“一个月的免租期”，在几乎要放弃的最后 10 分钟，这位副总终于点头了，这为弼兴省了一笔不小的钱。

次年农历二月二——2013 年 3 月 13 日，“龙角星”从东方地平线上升起，上海弼兴律师事务所在这一天正式成立。

弼者，辅也，古喻之臣佐于君。兴者，起且隆也，言自勃发、经兴旺、达辉煌之诸盛况。合“弼、兴”二字者，恰应法律代理之宗旨：为律师者，当视客户为其君，尽其诚、殚其虑、竭其力，以维护其合法权益、辅弼其事业兴旺。英文名称“Beshining”取“弼兴”音之谐，亦作“闪耀、光亮”之解，与“弼兴”本义互为表里。

这是一个新的开始，也是又一次“阵痛”——初创头两年，因支付高额房租、垫付官方费用等，资金周转出现断档，中层到合伙人不得不普降工资，发完年终奖后，薛琦的三张信用卡都透支了。饶是给基层员工涨薪，团队依旧走了 20%，薛琦再度体会人员流失的无力感。

痛定思痛，改进制度，提升客户质量，优化业务结构。

2014 年，弼兴的几位合伙人“倒腾”3 个月，在导师带教的基础上建立“新人集中式授课培训”，出台代理人升级制度。也是在这一年，薛琦、王卫彬第一次去我国香港地区参加国际商标协会年会（INTA），发展了弼兴第一批国外客户。

其间，弼兴一直没有停止对绩效考核的思考。两年后，保底分红制度出台，与绩效考核制度并行，员工可择其一适用。“我们希望个人可以跟着团队的成长而成长，团队的成长会惠及跟着律所持续发展的每一个人，即使不是合伙人，也能享受到律所的利益。”士气高涨的同时，也涌现出一批人才。

不难发现，弼兴始终在“改”。薛琦说：“在‘一改二不三好四给五心’① 的核心价值观里，‘一改’一定是放在首位的，愿意改变是我们团队一个很突出的特色。近几年这种改变越来越频繁，也越来越迅速，发现问题后不是三五个月才去改，而是可能一两个月内通过几次会议就完成决策、落实执行。”

这种“改”不仅体现在制度优化上，也体现在工具升级和“外脑”入驻上。

“你开着宝马，跑得快；但是如果你在田野上跑，还能跑得快吗？我们这套软件就是高速公路。”虽然市面上已经有很多针对专利代理机构的管理软件，但并不完全契合弼兴的制度和模式。2016 年下半年，手头刚有“闲钱”的弼兴就投入 100 万，由杨东明、钟华牵头带队，启动了管理软件的“私人订制”开发工作，以实现团队管理的智能化、系统化和规范化。

---

① 一改：改变自己；二不：不比较、不计较；三好：说好话、做好事、存好心；四给：给人方便、给人欢喜、给人信心、给人希望；五心：慈悲心、感恩心、分享心、进取心、平和心。

引进“外脑”，是朱水平说服薛琦做的。朱水平认为：“团队成长到一定程度后，必须借助一些更为先进的理念或者更为专业的管理团队，以实现团队管理的科学化正规化，配合团队在业务领域达到高度专业水平，做到‘两条腿走路’，走得更加稳健。”

这一阶段，弼兴的人数规模在“百人”这条线附近浮动，却总难突破；而一旦破百，管理的难度将又上升一个台阶。2018 年下半年，专业咨询机构进驻弼兴，对上海总部以及各个分所的绩效、薪酬、文化、股权等九大模块进行梳理。其中，股权是“龙头”，“它搞活了，其他都活了”。

既要能产生激励效果，又不能让大家躺在过去的功劳簿上不思进取，股权应该如何设置？弼兴的答案是——“浮动股权制度”。

浮动即不固定，充分激发人的积极性和进取心。股权比例的设定会综合考虑过去的贡献、现在的贡献、将来的贡献、学历、职位、级别、资格、语言等要素，每年的股比都会根据上一年的表现进行调整。在成立六周年的庆典上，弼兴召开第一次股权大会，每个人一个小本子，上面写好了各自的股权比例。2020 年 3 月，“股东们”拿到了第一次分红。

这一次咨询，确立了坚持涉外业务、提升诉讼业务比例、做高附加值业务的发展战略，极大缩短了弼兴的变革探索期。

开拓涉外，启“三审”经典

2019 年 4 月，美国休斯敦办公室落成，负责人是叶琏刚。其在海外知识产权法律服务业超过 20 年，拥有美国律师、美国专利代理师两重身份，机缘巧合之下，成了弼兴人。这一落子，意味着弼兴有了真正意义上的海外分支机构，可与上海张江、西安、武汉等地办公室形成联动效应，为中国企业走出去申请专利商标提供更便捷的服务。

弼兴很早就意识到开拓国际市场的重要性与必要性，在我国香港地区成为第一个举办国际商标协会年会（INTA）的亚洲城市当年，薛琦就和王卫彬就一起去“碰碰运气”。没有熟悉的客户，没有足够的人手，他俩就每天给自己安排不下 10 场的客户拜访量。当年，就发展了弼兴第一批国外客户。

从香港地区、圣地亚哥、奥兰多，到巴塞罗那、西雅图、波士顿，弼兴已经成为 INTA 的常客。在连续 6 年的互通有无中，弼兴展现了自己的专业实力，收到国际知名律所的合作要约，更是借此打开了涉外业务的新局面。

随之而来的是，大量能够以外语为工作语言的优秀人才不断加入弼兴。目前，90% 的律师、专利代理师都能以英语为工作语言，其中不乏掌握日语、韩语、法语、德语等语言的人才。

建成国际一流的以知识产权及涉外法律业务为主的综合性律师事务所，是弼兴一直以来的目标。而知识产权是一门交叉性与实务性极强的专业，交织着法律、科技、管理等多门学科，不仅要应对法律上的侵权诉讼，还会涉及许可、运营、布局、申请等全方位服务，这决定了这一领域多为复合型人才。目前，弼兴团队由律师、专利代理师、商标代理人等近 200 人的法律和技术专家组成。

律所之间的角逐是人才之争，但本质上也是管理之争。如何保证为客户提供高质量的法律服务？这就需要从制度层面进行约束和把关。由此，弼兴形成了“五层培训制度”“形式质检和半实质质检制度”“代理人升级考核制度”和“客户满意度调查表”四位一体的质量保障体系。

所谓“五层培训制度”，是指由新人集中式授课培训、带教导师制度、内部培训、外出培训以及部门定期总结培训所共同构成的培训制度，以培养员工的专业技能和专业能力。这是弼兴质量保障体系的重要一环。对于 1 年以内的初级律师、专利代理师，弼兴并不急于要求其在业务量上取得重大突破，为团队带来高额创收，更多的是要求他们学习和理解，尽快从“菜鸟”成长为“专家”，唯有如此，才能为客户提供更好的服务。

在专利实务工作中，弼兴仿效专利局组建团队内部的质检制度，包含形式质检和实质质检两个维度。形式质检针对法律上最基本的形式要件，由专门的形式质检岗参照《专利审查指南》的初步审查范围，结合正在处理的案件的实际情况建立《形式质检标准》，只有通过形式质检的案件，才能进入下一环节。实质质检相对复杂，主要针对专利的新颖性、创造性等实质性要求。这一道质检由资深专利代理师组成的实检小组负责，每次实检 1~3 小时，确保不放过任何一个细节。

代理人升级考核制度曾在 2016 年经历过一次改革。该制度的原先设置是职级与工资相挂钩，初衷是保证弼兴的业务质量。但在制度施行过程中，出现了部分代理人已在专攻领域出类拔萃，但多年都无法通过升级考试的情况。为了激发他们的积极性，弼兴对制度进行了优化，即未能通过升级考试的代理人也能提升工资待遇，或为其通过考核提供过渡期。

在知识产权领域，几乎每天都有新型案件在发生，业务能力之外的研究能力同等重要。早在成立之初，弼兴就在合伙人会议之下设置了学术研究委员会，统筹团队的学术研究工作。2016 年，弼兴承接了最高人民法院司法案例研究院知识产权司法案例研究的重大课题，用时两月即完成了涵盖 454 件案例的《知识产权司法案例研究状态报告》。2015 年，弼兴着眼“创造性”这一专利领域中最为复杂的问题，启动《创造性》一书编撰与出版工作，历时 3 年，最后成稿共计 120 万字、1000 多页，总结了四十多种论证专利创造性的方法，赢得国家知识产权出版社的三字评价——“很不错”，该书将于 2020 年正式出版。2020 年 5 月，《现代中药制剂设计》出版，该书对现代中药制剂设计作出全面深入介绍，可作为中药制剂相关专业的硕士、博士研究生教材。弼兴团队承接了其中专利相关章节的撰写工作。

自创立以来，弼兴的专利申请量几乎每年都维持在3000件以上，其中发明专利申请量占据了50%以上。发明专利的授权率保持在75%左右，生物、化学等领域的授权率更是超过90%，远高于全国范围内30%多的平均授权率。2013年到2016年，弼兴团队的诉讼业务量就大幅上升，呈倍数增长；近3年来，弼兴所代理的诉讼案件的胜诉率更是高达81%，其中不乏高端、复杂、争议焦点带有强争议性的案件。

在女儿出生那一年，薛琦接到两个大案，中誉电子（上海）有限公司与上海九鹰电子科技有限公司侵犯实用新型专利权纠纷案、浙江永宁制药厂与日本武田药品株式会社专利无效行政纠纷。

前者薛琦称之为"五毒俱全"，弼兴代表专利权人中誉电子，历经3次侵权诉讼、4轮专利无效、4次司法鉴定，从上海第二中级人民法院一审一路打到最高人民法院再审，终获胜诉；后者涉外，弼兴代表浙江永宁，历时6年，从国家知识产权局专利复审委员会到北京第一中级人民法院，从北京高级人民法院到最高人民法院，使对方相应的专利无效。

如果只是因为案情复杂，历时时间长，那么还不足以堪称典型。之所以经典，是因为中誉电子一案为之后的司法裁判为在何种情形下会导致专利侵权判定中的禁止反悔原则[①]的适用提供了一个更加明确统一的标准；浙江永宁一案适用《专利法》第26条第4款把专利无效，保护了"国家火炬计划"重点高新技术公司。两个案件也因此分别入选"2012年度最高人民法院十一大专利侵权典型案例""最高人民法院知识产权精选案例"。

回顾中誉电子一案的承办过程，薛琦坦言，在最高人民法院进行再审并不容易，客户虽然心中忐忑，但最终还是选择信任他的团队。中誉电子在美国的第一个专利就出自薛琦之手，这是一个具有里程碑意义的专利。时至今日，中誉电子在国外的专利、商标业务、外国专利申请、PCT申请都由弼兴在负责处理。从代理业务到诉讼业务，从国内业务到国际业务，类似中誉电子这样长期保持合作关系的客户，弼兴还有很多。

"征战法庭，取得胜利"是律师的天然归宿，秉持"用质量说话，靠专业取胜"原则的弼兴打造了一个个经典案例。在激烈的竞争中，弼兴用团队化、制度化、流程化、标准化突围，用专业品质走出了一片自己的天地。

① 最高人民法院《关于审理侵犯专利权纠纷案件应用法律若干问题的解释》第6条规定了禁止反悔原则，即专利申请人、专利权人在专利授权或者无效宣告程序中，通过对权利要求、说明书的修改或者意见陈述而放弃的技术方案，权利人在侵犯专利权纠纷案件中又将其纳入专利权保护范围的，人民法院不予支持。

根植信仰，凭良心做事

杨东明现在依然记得第一次和薛琦见面的场景——“当时薛主任和我沟通了两个小时，从行业发展、团队发展到我个人的未来规划，都讲得非常详细，这在我以前的面试中从来没有经历过。”知无不言的坦率，打动了当时手中已有另外一份 Offer 的杨东明。随后，杨东明成为弼兴团队重组后的第一批核心骨干。

薛琦会亲自把关每一位候选人。“我们招人从来不先给别人发 Offer，都是由应聘者发邮件告知我们是否愿意来弼兴，我们会从愿意来的人里面去选择。”薛琦笑言，招聘就像是谈朋友，要互相喜欢才行，而价值观上的互相认可是共事的前提，这也正是弼兴离职率低的原因所在。

与叶琏刚的一拍即合，也印证了文化认同所带来的效率——从初次见面到休斯敦办公室落成，只用了两个月的时间。回忆起今年 4 月休斯敦办公室开业的情形，薛琦说:“我和叶律师是‘一见钟情’,沟通交流都在同一频率上,尤其当我们谈到弼兴文化时。”当时，薛琦觉得，就是他了。

很多人接触薛琦后的第一印象是坦诚。这可能与薛琦做了 16 年的讲师有关，乐于分享、成就别人已经成了无须思考的习惯。

这一点也是“分享之心”的诠释。“如果说整个团队是张‘皮’，那我们几个合伙人也不过就是‘皮’上的几根‘毛’而已，‘皮之不存，毛将焉附’？所以我们要首先满足团队的需求，把好的东西先分享给团队。”胡美强如是说。

秉承“分享之心”的理念，依托人才培养制度，弼兴培养了一大批知识产权人才。如今负责涉外业务部门的王卫彬，正是弼兴第一批内生培养的优秀骨干。与传统律所的一对一带教不同，为了让新人博采众家之所长，弼兴采用多位导师带教的创新模式。王卫彬初到弼兴的 2 年间，就同时由钟华、朱水平、薛琦对其进行指导，在此基础上，王卫彬开始独立承办案件、参与带教、带领团队，逐渐成长为兼具专利代理师、商标代理人及律师多重角色的知识产权精英。

“薛老师不仅在专业和其他工作上常常一针见血，指出我的问题，并且对我整个思维方式都有深刻影响；朱老师的细致全面准确，以及常常如神来之笔的发散和灵感让我深为触动，拓展了我的思考维度；钟老师指导并奠定了我在专业工作中的高标准，并深刻地影响和奠定了弼兴生化以及涉外团队的专业度。”今年教师节，王卫彬作为弼兴培养体系的受益者，写下了对其专业成长道路上 3 位带教老师的感谢。

在人才培养这件事上，弼兴从来不计较时间、金钱及人力，唯愿助力他们快速成长。随着律所的发展，弼兴的人才培养机制不断优化，在原“新人集中式授课培训”基础上升级为“五层培训制度”，为每位新人设计好从初阶到高阶的成长路径。

定期对外提供培训，也是弼兴多年来不遗余力在践行的事。截至 2018 年，弼兴开展的公益讲座累计已达 300 余场，仅薛琦一人在各类知识产权培训中的培训时间总和已经远超 1000 小时。从企业拓展到高校，坚持做这件事是因为——“高校里的本科生以及研究生们有着比较扎实的理论基础，但是相对缺乏实践经验；而我们属于经过二十年多实务经验打磨出来的‘实践派’，可以给他们提供不一样的视角，为他们后面进入行业做好铺垫。”

“把有理想、致力并热爱知识产权事业的人，聚集在弼兴，做好知识产权人才的汇集与培训，使他们在弼兴互相学习、互相帮助、共同进步、共同发展后，如同‘星星之火可以燎原’的火种一样，散播到各个领域、各个角落，共同推动中国知识产权的发展。”质朴的话语中，传达出他对“为中国法律事业及科技文化之振兴而奋斗”18 个字的坚定。

文化建设在弼兴并非空谈，“慈悲之心、感恩之心、分享之心、进取之心、平和之心”让这个团队充满服务意识与专业精神，它已融入弼兴人的血液和骨髓，每一件小事你都能感觉到“将弼兴建设成为幸福指数最高的律所”的用心。读书俱乐部、电影俱乐部、体育俱乐部、志愿者俱乐部、导师俱乐部和家庭俱乐部六个俱乐部的设置，恰是弼兴对员工的“承诺”。也许只是因为一本都喜欢的书、一部都爱看的电影，同事就升华成了知己。

“我们所能看到的物质仅仅占所有宇宙物质的 5%，95% 是看不到、听不到、测不到的。这 95% 是什么呢？是意念、思维、热情，这些都是能量。”坚持这些能量的弼兴人，扛过“阵痛期”，突围“过渡期”，进入高速发展阶段。

努力的意义是，拓宽人生的深度、广度、高度、厚度。弼兴的目标有三：建成上海乃至全国规模最大的以知识产权为主的律师事务所，打造最专业的服务团队，成为幸福指数最高的律所。

结　语

“一棵苹果树，终于结果了。

“第一年，它结了 10 个苹果，9 个被拿走，自己得到 1 个。对此，苹果树愤愤不平，于是自断经脉，拒绝成长。

“但是，它还可以这样：继续成长。第二年，它结了 100 个果子，被拿走 90 个或者 99 个；第三年，结 1000 个果子……

“等苹果树长成参天大树的时候，那些曾阻碍它成长的力量都会微弱到可以忽略。真的，不要太在乎果子，成长是最重要的。”

这个寓言故事来自薛琦推荐的一本书。

“这些年我一直在不停地往上攀登，现在攀登的速度越来越慢，那是因为上面空气越来越稀薄，不容易上去。虽然进步慢，但我会继续，弼兴也会继续。”

虽然弼兴只有 7 年，但那个从 2003 年就启航的团队已经走过 17 载。以“改变自己”作为核心价值观首位，以“为中国法律事业及科技文化之振兴而奋斗”为愿景，弼兴的格局不仅仅是做好自己。

我们期待，十年后的弼兴，十年后的知识产权行业。

明炬

雄踞西南，一家正在崛起的“航母型”律师事务所

林　戈　宁思甜

明炬成都总部

明炬办公室全景

明炬党建活动室

明炬大讲堂

明炬获得的荣誉

眼下的中国法律市场，大所云集、强所环绕，律师行业的业态呈现多元化的特征，法律科技大潮此起彼伏，中国律所的数量以每年 10% 的速度在增长，执业律师每年新增 5 万人。与此同时，东部与中西部由于经济水平的差异，律师行业的发展也迥然各异，以北上广深律所为主力的大所正在“进军”全国市场。

身处这样的时代洪流之中，该如何定位、如何做大、如何做强、如何突出重围？

在四川，有一家名叫明炬的律师事务所，其由 30 多家本土律所重组而成。7 年时间，他们开创了“明炬模式”，强势崛起，走出了一条属于自己的发展之路。

明炬的集结是中国律师行业的一个“现象级”的事件，是以王宗旗为代表的四川本土律师基于专业主义的理想和情怀而造就，但同时也与市场环境的变化等外部因素的压力相关联。一切，都要从 2012 年四川法律市场的变化说起。

风云际会：“航母”的集结

成都，一直是西部地区的首要城市，其法律服务市场吸引着众多北上广大所。截至 2012 年年底，抢滩成都的外地律所达到了 30 余家，本土资深律师纷纷加盟，抢占了许多涉外和非诉领域的新型案件。在竞争白热化之下，让四川律师行业产生了执业理念和管理理念上的巨大冲击和震动。

彼时的王宗旗正在大家律师事务所担任主任，明炬的其他创始合伙人也都在原先各自创办的律师事务所中执业。对于这些中小型律所来说，都有着共同的困难，共同的痛点——能够承接的案件和项目越来越小，基本不具备竞争优势；留不住优秀的青年律师，人才多向大所流动；律师人数少，业务模式多为“万金油”，无法进行专业化分工。

如何解决、如何突破，是各位律所主任、管理者一直苦苦思索的问题。区域性的中小型律所规模小，通常只有 10~20 名律师，内部难以形成合力和效益。能够拥有 30 名律师以上的律师事务所，已属少数。当外来大所抢滩和抢占自己市场的时候，这些本土的中小型律所感受到了前所未有的压力。外部条件的变化，导致他们必须作出历史的选择。

彼时，摆在四川本土律所面前的路有三条：第一条，继续走当前的发展道路，继续沿用现有的管理模式；第二条，转向、缩小，变成一个精品化、专业化的小所；第三条，加盟北上广大所，利用其品牌优势和先进的管理模式成为自身的发展平台。但以上三条道路，明炬都没有选择，他们选择整合，开辟出一条具有自身特色的道路，这是一条最难走的路。他们能够作出这样的选择，与王宗旗这批人身上独有的气质是分不开的。

1984 年，王宗旗毕业于西南政法大学，是中国自恢复高考以来最早的一批法学毕业生。他们的心中充满着学术至上、专业至上、改造世界的理想主义情怀。与王宗旗一样，明炬的许多合伙人都毕业于著名法学院校。二十多年的律师执业生涯让他们对于律师行业已经有了十分深入的理解，看多了，自然也就懂了。然而，他们心中的那团“火”尚未熄灭，加之川人的豪迈，还想基于理想和信念，在有生之年闯出一番事业。明炬能够得以诞生，与创始合伙人身上的气质有着莫大的关联。

2013 年，在成都市司法局的倡议下，由王宗旗牵头，与刘力、颜波、李洪斌、梁开阔、明向阳、范自力、胡波、张晓峰、张锋、龚勇、王德波、叶江雄、彭慧英等创始合伙人一起，开始了打造四川本土“律界航母”的征程。

过程不可谓不艰辛，创始合伙人们作为每个个体都很强，但如何应对现代经济条件下的律师行业的服务模式和服务精神的变化，是摆在他们面前的难题。在正式开业之前，为了勾画明炬的未来，他们总共开了 28 次合伙人会议，筹备组会议更是超过了 100 次。从筹备组的微信群取名“我们的明天向太阳”，可以看出，王宗旗等人是抱着怎样的期待在筹备明炬的创立。

明炬的成立是 30 多家律所战略共创的结果，无数次的思想碰撞与头脑风暴，产生了称之为明炬“立身之本”的《建所大纲》，解决了所有人最关心的问题是——模式如何定位，制度如何建立，利益如何分配，业务如何管理。这一顶层设计的确立，使明炬人完成了从“合”到“和”的蝶变，成就了“明炬模式”的横空出世。

2013 年 5 月 22 日，在成都蜀汉路的龙抄手餐厅，16 位合伙人放弃了自己的“山头”，庄严地在六易其稿的《建所大纲》签上自己的大名，成为第一批明炬人。这一时刻定格成为明炬的历史。这一次会议标志着明炬的开始，也被称为明炬自己的“费城会议”。

王宗旗说，《建所大纲》是明炬的一段历史，但它又承载着未来，是明炬人心中永远的准绳。《建所大纲》也是一份最接地气、最具实操性的纲领性文件，是明炬人的“最大公约数”。参与发起整合明炬，对于创始合伙人们而言，是一次可遇不可求的机会。其间，他们倾心交流，反复探讨，着力勾画明炬的战略与蓝图。其中既要遵循《建所大纲》确立的原则，又要博采众长，还要兼顾个别实际情况，坚持、吸纳、妥协、创新贯穿于明炬整合的全过程。探讨的过程也是完成融合的过程。这种磨合与共创，也让明炬的精神包含了“平等、民主、团结、和谐、担当、梦想”等特质。

明炬闯出了一条中西部中小型律所改革突围之路，也在每个明炬人的身上，都烙下了“和合共生”的印记。创所之初，王宗旗等明炬的创始合伙人们就约定，将明炬作为他们律师生涯的最后一站，对于他们来说，明炬是一种理想，一种精神寄托，也是心中的伊甸园。

当然，若是仅仅基于一种理想和情怀，明炬并不会引来中国律师行业如此广泛的学习和关注。明炬人的骄傲，更寄托在了“明炬模式”之上。

王宗旗说，“明炬模式”，本身就代表了一种律所发展模式。

“明炬模式”，本身就代表了一种律所发展模式

创所之初，王宗旗等创始合伙人们就在思索，明炬人心中期盼的律所是什么样，如何生存与发展。在明炬重组稳定之后，如何能够做大、做强。

在充分对比分析了北上广大所管理模式、分配机制、业务类型、客户类型之后，明炬决定立足本土优势，充分利用本土所在客户资源、人脉资源、市场潜力和区域化特征等各方面的优势。在《建所大纲》中，明炬确定了自身的定位，把合伙人作为律所的灵魂，把建立一家真正属于自己的规模化、专业化、品牌化强所作为奋斗目标。《建所大纲》还对明炬的组织架构、分配模式、人才培养、业务模式进行了详细的规定。

明炬的律所人员被分为投资者团队、管理者团队、生产者团队和后台支持团队，共同为明炬的发展和未来负责。由于律师事务所并不是一个“资合型”的机构，而是一个以“人合”为纽带的、兼具法律与情感的组织，因此，明炬选择了份额均等的出资模式。哪怕是身为主任的王宗旗，也没有超越其他合伙人的出资份额和投票权。

明炬的合伙人分为一级和二级，在律所发展的重大问题决策中，一级合伙人拥有 1 票，二级合伙人拥有 0.5 票。在此基础之上，明炬组织架构也就呼之欲出。

合伙人大会是明炬的最高权力机构，决定包括章程和相关制度制定在内的所有重大事项；合伙人大会下设管委会和监事会，管委会实行日常管理权，监事会则代表合伙人大会对管委会进行监督。

明炬监事长范自力说，监事会未来会继续起到监督的本职作用，充分听取合伙人、律师、行辅人员的意见，围绕明炬的业务、品牌、专业化提出建设性的意见，促进管委会按照既定方向充分履行职责。

在《建所大纲》中，还有一条特殊的规定，那就是：党组织负责人可以不经合伙人会议选举而直接成为管委会委员。这一规定，是为了确定党组织在事务所管理中的核心地位，保证党组织在事务所管理中的参与权和话语权，确保事务所发展的政治方向。据明炬介绍，这在全国律师行业尚属首创。目前，明炬总所共有党员 167 名，占总人数比例的 37.19%，分所另有党员 92 人。党建工作成绩斐然，2018 年荣获“全国律师行业先进党组织”。2019 年 9 月 19 日，经中共成都市律师行业党委批准，明炬党委正式成立。

现明炬党委常务副书记颜波说：“所谓‘党建促所建’，它的含义就是要通过党建工作的开展，促进事务所事业的发展，而不是就党建而抓党建。抓好党建的终极目标，就是要促进行业的发展，社会的稳定，真正地做到‘因所制宜抓党建，抓好党建出发展’，实现党建和事务所的发展双丰收。”

在律师行业中，有不少人将“提成制”视为“万恶之源”，但许多中国律所乃至欧美

的许多老牌律所都在实行这一分配机制。为了能够更好地适应明炬的战略目标，明炬决定保留三种律师身份，并相应实行三种利益分配机制：其一，合伙人及其团队律师，以合伙人为专业带头人，以专业为纽带逐步形成的专业团队。其二，公共律师，借鉴公司制管理办法，实行考勤考评制、级别工薪制。其三，则是“提成律师”。

明炬的公共业务部除负责所内公共案源业务的办理和所内承担的公益性、政府业务的办理，更为其他律师和团队提供有偿服务，在内部实行购买服务制。公共业务部目前共有人员 27 名，占全所律师人数比例的 8%，日常工作内容主要有三个方面：其一，承担市信访局、市区部分公共法律服务中心、市总工会、市妇女联合会、市中级人民法院、多个派出所及社区等单位的坐班法律咨询工作，包括“12348”公共法律服务热线的值班；其二，代理省、市两级法律援助中心指派给事务所的法律援助案件；其三，承办律所和合伙人指派、转介的案件。

明炬所作为西部的知名大所同时也承载着更多的社会责任与担当，而公益法律事务则是明炬公共业务部的核心工作内容。在四川省、成都市、高新区三级法律援助中心的律师名册中，明炬所均是律师人数最多的律所之一，而公共业务部律师的占比也最高。

青年律师对于律师行业或者法律服务行业来讲，是未来的合伙人、未来的法商领袖。青年律师是一个很大规模的群体，以成都市为例，在 15,000 多名律师中，80% 是 40 岁以下的青年律师。在明炬，40 岁以下，执业不满 5 年的律师达到了 60%~70%。如何进一步扶持青年律师的发展，激发青年律师干事创业的活力，一直是明炬管委会高度关注的焦点问题。

作为一个合并重组后，刚刚“蹒跚学步”的大所，明炬将人员的稳定性摆在首位。如果明炬大量通过吸收外部合伙人团队加盟的话，事实上会对既有合伙人队伍带来“断代”、分裂的危险和可能性。因此，明炬更加注重从优秀的青年律师或者说青年领军人物中，培养合伙人。如果引进外部合伙人的话，明炬更看重的是加入者是否能融入明炬的文化、理念，而不是他能否带来高额创收。

青年律师在发展的过程中，面临最大的问题是专业技能的掌握与职业规划上的定位，正所谓“前三年靠师傅，后三年靠平台”。明炬每年都提供九天八晚的实习律师上岗培训、八天七晚的青年律师培训，还有各种各样的专题培训、业务沙龙，其中第一课恒定不变，都由创始合伙人讲授“明炬的精神与发展理念”，其目的在于让参训人员能够认同明炬、了解明炬。“让青年律师了解到我们的律所从哪来，到哪去，你的定位是什么，这个是解决精气神的问题，而不是简简单单解决收入问题，或者是所谓的待遇问题”。

“蜀中无大将，廖化作先锋”，蜀国灭亡的教训，让明炬创始合伙人们达成了培养接班人是律所头等大事的共识。明炬表示，如何在管委会第二个或第三个任期中，培养出律所方方面面的接班人，如何把明炬这个大旗杠下去，是事务所做大做强和可持续发展必须解决的重大问题。因此，青年律师培养是明炬发展战略的重中之重，不仅体现在培训上，还体现在公共案源分配、律所管理岗位和优秀人才储备与政策倾斜上。比如，在各级律协任职的推荐上，明炬都是优先和大胆地启用优秀青年律师，力图为他们提供更多的锻炼机会、更高的发展平台，成为他们未来职业发展过程中的引路人。青年人为什么能看得更远，因为他站在巨人的肩膀上，而明炬的创始合伙人们，愿意当这个巨人。

邱永兰是明炬的“80后”年轻合伙人，其对于高端商事争议解决中的再审抗诉案件有着极大的兴趣，希望通过定位专业方向取得市场的生存空间。于是，她向管委会提出申请，希望能够主攻这一方向。其实邱永兰的心里也没底，明炬的其他年轻律师也对青年律师能否获得支持感到好奇。但事实证明，她成功地获得了事务所的支持。目前，邱永兰拥有了一支自己的团队，主攻合同类、公司类案件的再审抗诉。邱永兰说，是明炬，给予了她实现梦想的空间和机会。

明炬是一家综合性大所，强所是综合性大所的应然目标。然而，明炬所的创始人单元原本都是中小型律所，律师发展也基本是传统业务加“万金油”模式，“挤不进”重大、高端的业务，尤其在重大项目的非诉业务上鲜有业绩。如何做强，是明炬苦于思索的问题。

为此，明炬选择走专业化发展的道路。专业化分工，是王宗旗等创始合伙人在商讨合并事宜时就决心一定要坚持的东西，也是律所发展的必然趋势。

围绕着专业化分工，明炬推行了一系列业务制度，如办案“一拖三”模式和业务强制转介制度等。目前，明炬的业务共划分为14个门类，所谓案件承办的“一拖三制度”，是指一级、二级合伙人只能选择1个为主、3个为辅共4个业务门类，其余10个不属于自己的业务门类，则必须转介给其他申报了相应业务部门的合伙人承办。

强制转介制度既包含了业务门类转介，还包括了总分所之间的地域业务转介。明炬系各分所不能超出地域范围去独立承办其他已经设立分所地域内的案件。这样一来，明炬分所的业务来源就不仅限于总所和分所自身之间，而是总所和所有分所之间的联动，大大拓宽了业务范围。这些制度推动了明炬的专业化发展，降低了办案成本，也加强了总分所的业务合作。

虽说明炬的目标是成为一家覆盖云贵川，放眼全国的规模化律所，但明炬并不会采取激进的扩张策略，而是成熟一家，发展一家，并且根据各地的经济水平因地制宜。唯有如此，“明炬模式”才能落地生根。在分所设立之时，明炬除了在管理费用上实行减免政策外，总所还会将开办费用的1/3专门用于改善分所的软硬件设施，并从管委会派遣管秘、人力资源部派遣专员、财务部派遣总监、行政部派遣IT等人员，对接分所的设立工作。

在明炬看来，在业务上要“做蛋糕”，而非一味地“抢蛋糕”。除了不断巩固和拓展已有的优势领域之外，明炬紧跟时代因势利导，注重研发新产品，欲占据业务新领域的制高点。

明炬深知北上广强所在IPO、高新产业等领域的竞争优势，采取了发挥本土所特色的差异化战略。对接民营企业的法律需求，护航民营企业健康发展，明炬律师责无旁贷。根据四川省人民政府民营企业建立现代企业制度的工作规划，捕捉到政府对民营经济的大力支持，明炬成立了民营经济研究院，为“省民营办”研发了培训教材和诊断、验收标准，并组织力量投身该项法律服务的推广之中。目前明炬的这项新产品研发带来了非常可观的收入，未来几年仍然可预期、可持续。

在涉外法律服务领域，明炬则分别从内外两个方面进行突破。对内，积极寻找自身的业务与外国元素的契合点，比如，把明炬在涉外和刑事诉讼方面的优势与法律援助结合起来，接受四川省法律援助中心和成都市法律援助中心的委托，向需要帮助的外国公民提供涉外法律援助服务，建立了省内唯一一个涉外法律援助工作站；又如，把私人财富中心的优势与跨境投资结合起来，作为国内的高净值客户的卖方律师，协助他们把自己的事业和外国资本连接起来。

对外，明炬发挥自身在各市州的影响力，响应国家号召，配合中国企业走出去，协助将外国企业引进来，为境内和境外的客户保驾护航，发挥明炬“一带一路”法律服务联盟发起人的优势，为响应“一带一路”倡议贡献力量。

业务版图：捕捉市场需求，打造拳头产品

7 年时间，明炬已不再单纯是当初那个由小所聚集而成的律所，而成为一家立足西部地区、具备一定竞争优势、拥有许多王牌业务、拳头产品的规模化律师事务所。

刑事辩护：打造“双师型”团队，精益求精

刑事辩护是明炬的王牌业务。明炬目前拥有包括 20 余名合伙人在内的 80 余名刑辩律师，每年承办刑事案件 500 余件。

明炬在承办刑事诉讼案件时，并不是单纯站在辩护人的角度去办案，而是强调综合判断和辩护的有效性。在审查起诉阶段，刑辩团队往往会组建几个小组分别阅卷，从多方角度进行分析论证，同时出具辩护人意见、公诉人意见、学术界意见和模拟法庭的意见，再将这四份意见总结归纳，最终形成一份最具实战性、实操性的辩护意见。明炬汇集了一批经验丰富的执业律师，加之公检法出身的比比皆是，综合能力极强。因此，明炬刑辩律师对于重大刑事案件的收费也较高，直逼北京一线律所的收费水平。

明炬还很重视律师的学术能力，主张律师不应当成为“办案机器”，应当走学习型、

学术型甚至专家型的律师之路。为此，明炬专门设立了刑事辩护研究与发展中心，从强化技能训练、出版法学专著、完成省刑法学研究会部署的调研课题，到与同行及法律职业共同体交流、研发刑事风险防范诊断等刑事法律服务产品。明炬所内“律师＋教师”的“双师型”辩护律师层出不穷，代理的重大敏感案件越来越多，辩护效果显著，业界影响力日益增大。

征地拆迁：探索第三方司法征迁模式，独树一帜

建所之初，高级合伙人黄勇组建律师团队进入拆迁领域。经过多年的实践，探索出了一条有效化解拆迁矛盾甚至冲突的征地拆迁新模式——“第三方司法征迁模式”。律师不再似从前那样作为政府代理人的角色与被征迁人进行沟通，而是作为独立第三方协商平台介入拆迁纠纷。

征地拆迁是城镇化、旧城改造、棚户区改造等的基础性工作，而城镇化又是产业发展的必然之物，是实现现代化的必由之路，对促进经济结构转换、生活方式和生产方式的升级发挥着不可替代的作用。

长期以来，征地拆迁工作矛盾尖锐、冲突不断，不稳定因素良多。在政府征收拆迁工作陷入路径选择困境之时，急需法律的保驾护航，寻求新的解决之道。

黄勇认为，政府与少数被征迁人之间之所以存在强烈对抗和利益冲突，主要是因为在原来的征地拆迁和补偿安置过程中，被拆迁人始终处于被动和弱势地位，由于拆迁补偿工作不透明、不阳光，导致双方信息不对称，被征迁人对征地拆迁工作人员缺乏信任。

律师懂法律、讲政策，与双方又不存在利益冲突，在拆迁工作中能起到很好的作用。于是，黄勇决定从第三方视角介入征迁协调工作，借鉴仲裁的理念，实现利益平衡。经过多年的探索总结，明炬形成了以非对抗方式、独立第三方视角为指导，行政、民事、司法多位一体，基层组织、专家学者、专业律师团队、政府部门、司法机关多级联动的征迁模式。

这一模式在政府和被征迁人之间架起了一座平等沟通、谈判的桥梁，成为政府征迁工作的有力武器。在成都高新区试点以后，已逐步在四川省内外爆发式推广开来。

依托“第三方司法征迁模式”的核心竞争力，明炬还将延展服务领域，积极在土地供给方式优化、征迁业务综合价值评估、征迁用户大数据收储、征迁业务合理优化利用等方面的司法服务，引领创新。

知识产权：定位考究，聚焦竞争法及疑难案件

知识产权也是明炬最具特色与竞争优势的律师业务之一。高级合伙人张锋是明炬知识产权业务带头人，2001 年，他创立了四川名川律师事务所，是参与明炬合并的 30 多

家律所之一。张锋对知识产权业务颇有建树，他接触的广播影视文化领域的客户相对较多，经验丰富，于是在加入明炬时，张锋就决定把知识产权作为自己团队的专业定位。

知识产权是一个小众市场，法律需求相对较窄。明炬在对知识产权业务的开拓中逐步摸索出了一套行之有效的路径，即摒弃一些批量大但专业性弱的传统商业维权案件，将疑难的知识产权案件作为主攻方向，并从一些相对热门的细分领域着手，将目光转向竞争法领域。

业务领域细分程度越高、越个性化，就越少有人涉足，尽早介入其中有市场潜力的业务，培养专业优势，反而能够抢占市场先机。如今，明炬在商业秘密领域的布局已初见成效，服务内容进一步丰富，专业化程度也逐步提高。

明炬认为，未来竞争法的市场需求也将迎来新一轮的增长。反不正当竞争类的案件增多，针对竞争对手的仿冒行为、虚假宣传、侵犯商业秘密和商业诋毁行为主张权利，成为一种竞争手段、竞争策略。这一系列知识产权权利竞争的背后，核心都是企业对市场份额的争夺。

著作权业务中也存在一些复杂的业务类型，比如网络著作权业务，由于受到技术因素的影响，办理网络著作权业务需要更高的专业能力。在日新月异的网络环境和政策条件下，需要律师时时跟进、不断学习。就网络游戏来说，如果要对两个游戏进行知识产权司法鉴定，无论是侵权纠纷也好，刑事主张也罢，都需要进行对比分析。无论是游戏界面、游戏规则，还是后台运作、源代码，律师都需要学习、研究，才能以此举证，作为向法院主张权利的基础。

未来，明炬将继续聚焦于高端疑难案件、与竞争法有关的案件，并关注一些新型案件。为了打通各层级的知识产权服务，明炬拟成立了知识产权鉴定机构，以获得细分市场的资源和信息。知识产权司法鉴定与知识产权法律服务之间存在上下游的关系，客户在做了知识产权鉴定之后，后续涉及的诉讼纠纷代理、法律咨询等事务便离不开律师的协助、辅导，自然推动了下一步的业务合作。

食品医药：跨界融合，组建律师、医师、博士相结合的专业团队

近年来，由于药品、食品安全事件时有发生，国家对药品食品安全监管力度加大，食品药品的法律风险防控也是监管部门和药企日益关心的问题。

鉴于市场的需求，明炬在重组之初便设立了食品医药法律部，由合伙人张雪梅、赵因领衔。加入明炬之前，张雪梅、赵因都曾在大所执业，系省、市律协医专委的委员。

医药技术的发展离不开科技人员的创新，但是如何保护科技人员的知识产权让他们勇于创新，如何让科技人员的科技成果转化为产品，如何帮助一些孵化机构孵化医药技术成果等都需要专业医疗律师的介入与帮助。医疗机构、医药企业、食品药品监管部门

的需求就是明炬医药律师服务的契机。

赵因毕业之后就在医院从事临床医生工作，后来参加大型医院筹建，担任过董事长助理、策划部主任、门诊部主任。转行做律师之后，赵因在医疗机构、医药企业的举办、设立、改制、重组、并购等法律事务积累了丰富的经验。

正因为深知医疗服务行业需要怎样的专业背景，也深刻感受到医学实践经验对从事医疗法律服务的积极作用，在招聘新人时，赵因会将拥有医药专业背景作为主要考量因素之一。

目前，明炬医疗服务团队有一半的业务是医药大健康业务，团队由一群具有医学、药学背景的专业律师组成，其中不乏医学博士、医学硕士、药学硕士、医事法律硕士、执业医师、执业药师等。

私人财富：创新业务，抢占市场机遇

私人财富法律管理作为一个新型的复合律师业务，在四川法律市场尚处于起步阶段。由于较大的市场需求和良好的发展前景，私人财富领域便成了明炬律师开拓新市场的突围之路。

对于城市中产家庭、企业家来说，婚姻家事、保险信托构架、公司接班、子女教育、家庭身份规划等都不是一件事，而是一个系列、一个全周期的问题。要解决这一系列问题，仅靠某一领域的律师很难提供全流程高水准的服务，明炬正是看中了这一机会风口，顺势布局私人财富管理业务。

2019 年 7 月，明炬成立了私人财富中心，由全国律协婚姻家庭法专业委员会副主任、合伙人张承凤任主任。目前有 20 名执业律师，涵盖了婚姻家事、金融、证券、保险、投融资、并购、房地产、税务、移民、刑事等业务领域以及注册会计师、注册税务师、高级会计师等跨界人才，与银行金融机构、保险公司、信托公司、公证处、境内外会计师事务所、税务师事务所、移民公司展开合作。

私人财富中心的布局与明炬的分所布局相结合，以成都总部为核心，做好产品研发和对外推广，包括根据高铁线路，以及成都的财富聚集效应，组织力量在邻近省份展开业务复制工作。

未来蓝图：何以做大，何以做强

智合：怎么评价明炬第一个五年的发展？明炬的下一个五年将会以什么为重心？

王宗旗：明炬的第一个五年，不仅解决了生存问题，而且成了一家拥有 700 余名执

业律师、20 家分所、创收规模过亿的大所，可以说“做大”是明炬第一个五年的主题。

2013 年创所之时，明炬的《建所大纲》引发了中国律师行业强烈的关注，这在当时，是一份最接地气、最具实操性的纲领性文件。5 年来，业界广泛讨论、研究“明炬模式”，但是，当一个制度的神秘面纱被揭开之时，也就是它必须改革升级之际。

明炬整合的目的在于“做大”，更在于“做强”。目前，明炬已经出台第二个五年的《强所大纲》，在发展理念、管理制度、规模布局、产品研发等方面进行彻底的升级，明炬下一个五年的主题是“做强”。

智合：明炬目前已有 20 家分所，未来在地域上还会进行怎样的布局？

王宗旗：分所战略是明炬发展最为核心的重点，自创立之初，明炬就确立了规模化、专业化的发展目标。正是分所及其实现过程本身，成就并开创了“明炬模式”。目前，明炬已在四川各市、州设立了 18 家分所，基本形成了四川法律服务的全覆盖，并在四川省外的上海、西藏设立了分所，海南、重庆等分所也在筹备之中。

未来，明炬的规模化发展还会从三个方面进行。首先，以四川为整体性的法律服务市场，完成在各市州的全覆盖，向目前尚未设立分所的绵阳、眉山、广安等地布局。其次，辐射大西南，形成云贵川全覆盖，分所的数量达到 30 家，执业律师人数突破千人，总所律师超过 500 人。最后，充分利用明炬的平台优势和业务制度，与国内的 12 大中心城市的律师事务所建立战略合作关系。

不仅如此，明炬对于分所设立的标准也将提高。一方面，分所负责人至少是当地市、州律协副会长、副监事长的身份，或是有一定影响力的知名律师。另一方面，从事务所的综合指标来看，有意于加入明炬平台的律所人数不得低于 20 人，同时必须有 3~5 个具有专业特色的团队。

明炬的总所就像是大脑，分所就像是总所的延伸和躯干，总所和分所、分所与分所之间形成合力，互相辐射，让明炬的品牌和影响力在西部地区乃至全国都更加牢固。

智合：律师人均创收是衡量律师事务所业务能力的关键指标之一。那么，未来明炬将如何着力提升律师的人均创收？

王宗旗：2019 年，经过三天三夜封闭式战略共创会的召开，明炬合伙人会议已经达成共识，将会从三个方面提档升级。第一，在分配机制上，提升每位合伙人及其团队的业绩指标，并对其专业方向、案件质量、产品研发、与其他合伙人之间的关系等，综合进行评判。第二，保持明炬律师的业务增长与事务所的发展速度相一致，形成合理的末位淘汰机制。第三，引入符合明炬理念、更加具有竞争力的执业律师和律所管理人才。

所谓“强所”，应当是指能够让律师的整体业务能力具有较强竞争优势的律师事务所；而且，其在产品研发和专业资源整合方面，能够形成生态化的良性循环。

智合：明炬未来将如何进一步提升产品研发能力，并进行专业资源的整合？

王宗旗：从数据目标来说，当前，明炬的创收体量已达到预期，并以每年 26% 左右的速度在持续增长，但我们的业务模式仍然较为粗放，理想的状态是通过产品研发所带来的经济效益能够达到 30% 的比例，在专业资源的进一步整合之后，每年能够维持 30%~40% 的业务增长。

从机构设置来说，未来明炬将以产品研发中心为龙头，针对 14 个专业门类设立对应的产品研发分中心，计划有组织、有计划地推出一批明炬特色的拳头产品，稳步提高经济效益，并达到一定的年创收增长率目标。

从制度构建来说，所有产品的研发都由合伙人自愿、自由组合进行申报，产品研发中心根据考核跟踪体系，跟进每一项产品研发的进度和成果。而且，在分配机制上，产品研发的比例将会提升；在奖励机制上，明炬会更加完善“知识产权”保持制度，一旦产品研发审定小组认定，产品研发成功，明炬将会给予新产品五年的保护周期，在五年之内，明炬任何其他团队和执业律师想要使用该项产品，至少要向研发团队上交 20% 的使用费用。

在目标、机构、制度都确立之后，明炬将会逐步淘汰 10% 低附加值的业务。如此一来，明炬未来的产品研发能力、专业资源整合将会得到质的提高，这也从产品端解决了明炬下一个五年如何“做强”的问题。

智合：业内对于明炬的评价是“西部律所的航空母舰”，将明炬的发展模式概括为“火炬做大”。作为明炬的主任，您怎么看待明炬？

王宗旗：明炬是一家“吃螃蟹”的律师事务所，由 30 多家四川本土律所聚合而成，闯出了一条中西部中小型律所改革突围之路，产生了轰动效应。明炬用 5 年时间，成为西部地区拥有较高知名度和影响力的律师事务所。而且，明炬的发展理念和管理模式自成体系，已经深入明炬人的心髓。

规模化、专业化、品牌化和“用心做一家真正属于自己的律所”既是对明炬的概括总结，也是明炬未来将不断追求的目标。

我们用行动证明了聚合的力量、专业的力量、理想的力量。无论业内对于“明炬模式”有什么样的定义和评价，明炬都是明炬人心目中圣洁的存在，也是明炬合伙人律师职业生涯的终点站。

结　语

明炬就像是一块磁石，不断地吸引着优秀律师的加盟，成为其有机的一部分。在这些加入的律师中，有的是基于王宗旗的个人魅力，更多的是基于明炬的理念和品牌。

西部地区的法律服务市场，有着与东部地区完全不同的生态格局，需要地处西部的律师事务所走出不一样的道路。律师事务所的发展模式本就不是一成不变，而是各家有各法，只要能够满足市场的需求，就好。

对于明炬来说，第一个五年安身立命，得以扎根四川，雄踞西南，放眼全国，在下一个五年乃至十年，则要完成其“做强”的目标，实现成为中国顶级综合性律所的愿景。如何深化布局，进一步优化专业资源整合，改革并升级其内部管理机制，是明炬管理层必须要思考的问题。

三流的组织基于共同规则，二流的组织基于共同利益，一流的组织基于共同信仰，顶级的组织则至情至性。王宗旗原来所在的“大家”所，取名大家，就是取“专家”与“大家庭”之意。王宗旗将这种文化也带到了明炬，他说，要让每个明炬人都感受到专业的力量和凝聚的温暖。

不管怎样，以王宗旗为代表的明炬合伙人们都在朝着打造一流机构和顶级组织的目标在迈进。下一个五年，他们还要继续书写属于明炬的故事和传奇。

在明炬成都总部的正门，挂着一幅字，是被誉为“当代赋骨”的苍山牧云为明炬量身打造的《明炬赋》，赋曰：

“明炬既举，借光源以暖寒骨；先河已开，辟沃壤而耕良田。律所广结天下才俊，卫公平，安民于厚土之上；敬法典，止息于诉讼之争。天窗启处，为开良心之口；仰望星空，兼济苍生之需。”

赋中所写，既是明炬的信仰，也是明炬的使命。

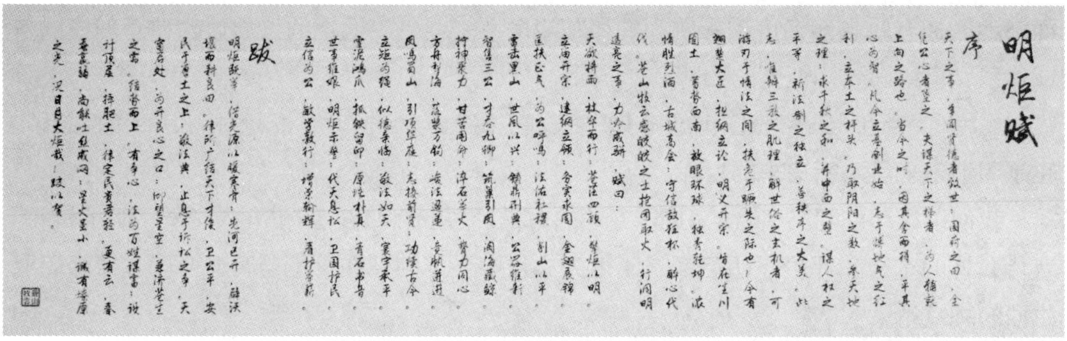

明炬赋

日盈

六年百人所，沪上新秀的飞跃之路

毛姗姗　伊晓俊

日盈管理委员会律师成员

日盈举办上海金融法律国际论坛

日盈律师事务所办公环境

日盈和华荣合并

日盈管委会成员

2011年，上海律师辩论大赛曾轰动律界。当年在决赛场上叱咤风云的辩手们，如今也成为上海律师界的优秀律师。而这之中，从“复联队”走出来的三位青年律师毕玥、吴皓、江德立在参赛前并未曾想到，未来，他们会一起成立一家律所；更未曾想过，在创办律所六年之际，他们的律所已成为创收接近亿元，全所人员规模近200名的综合型律师事务所。

“日盈”，寓意晴空朗朗、蒸蒸日上。所如其名，在短短五年多的时间，这家年轻的律所从创立之初的“5本律师证”到成长为普陀区知名大所；现坐落于普陀区CBD写字楼长风国际大厦18楼的日盈所总部历经4次迁址，办公面积从最初的100平方米扩至3000平方米整层；又在发展过程中，邀请到刑法学届举足轻重的人物——刘宪权教授加盟；由刘宪权教授领衔的日盈刑辩业务中心从无到有，两年内由500平方米扩展到1000平方米的发展规模；并于2018年年底，与拥有着20多年历史的杨浦区数一数二的大所华荣律师事务所团队完成合并。

日盈，正在以她的方式，书写新的上海速度。

缘起“复联队”：年轻有为，开局得胜

2014年夏天，在经历了几个月的等待后，毕玥、韦玮、吴皓、江德立四位律师终于迎来了日盈律师事务所的营业执照，真正开始了他们的创所生涯。然而，提起日盈的创始合伙人们，不得不回到2011年。当年在上海律师辩论大赛上结下的友谊，才是日盈故事的开始。

缘于辩论赛，合作奠基石

11年前，上海律师协会组织了首届上海律师辩论大赛，参赛成员是来自上海各区的优秀青年律师。毕玥、吴皓、江德立分别代表普陀区、杨浦区、闸北区（现已并入静安区）参赛，他们各自的代表队在和其他区的比赛中惜败，但每支队伍中较为优秀的队员最后组建了一支“复联队”——复活选手联队，三位均为其中的成员。

江德立早在华东政法大学就读大一时就获得过最佳辩手，其一到辩论场上就逻辑清晰，妙语连珠。吴皓自从业起，一直专注于刑事辩护，口才了得。果不其然，“复联队”一出马，就拿下三个“十佳辩手”。

毕玥在后续回忆时笑说：“那次比赛，最后我们的吴皓同志和江德立同志都获得了‘上海市的十佳辩手’，我没评上，看似有遗憾，但其实我才是那场比赛收获最大的人，因为

我收获了两位优秀的合伙人与战友。”

“复联队”的前后两任带队教练先后分别是，首届“东方大律师”之一、协力律师事务所创始人游闽键与现任上海市律师协会副会长、浩信律师事务所首席合伙人杨波。赛后，在游闽键律师的邀请下，吴皓和江德立加入了协力律师事务所。

当时，毕玥和韦玮执业于一家小所。经过辩论赛之后，4 名创始合伙人从相识到相知，再到业务上不断增多的合作，最终决定走在一起筹建一家自己的律师事务所。

4 名创始合伙人年龄相仿，均出生于 80 年前后，已经有专业积累和客户沉淀，各自均获得过所在区的“优秀青年律师”荣誉，正是大展宏图之际。

很快，律所的筹建工作顺利启程。

定位金融与争议解决，开局飞速奔跑

2010 年以后，随着法治化理念的不断深入，司法环境日渐完善，高端的民商事法律服务以及公司类法律服务市场进入了一个高速发展时期。凭借自身对大型民商事争议解决以及公司法律业务的积累，毕玥敏锐地觉察到，上海市场的繁荣势必会为法律服务业发展带来机遇。因此，在创立之初，日盈就将业务聚焦于民商事争议解决和公司法律服务两大板块，并重点关注大型企业及高管等高净值客户，并尝试与同一批重点企业加强业务合作。另外，在该领域的发展中，通过与同一流律所开展竞争，在实战中锻炼团队。

在创立后的两年多时间里，日盈先后参与了各种大型法律服务的招投标 50 余次，中标率达到了 20%。

“跟高手过招”也换来了些许声名与能力的提升。在不断的努力下，日盈承接了高端法律服务领域的诸多大案，其中颇具代表性的是台湾鼎新集团收购黑石基金在静安寺地块的整体开发项目，该项目是中国工商银行在全国范围内单笔投资金额最大的项目，标的额达到 50 亿元人民币。作为中国工商银行的法律顾问，日盈为该项目提供了从境内标的转让到境外的跨境股权交割等法律服务。

2015 年 6 月，成立未满一年的日盈主办了上海金融法律国际论坛，会议除却有众多领导和同行参与，更是邀请到了美国宾夕法尼亚大学刑法研究中心主任保罗·罗宾逊教授和华东政法大学法律学院院长刘宪权教授。中美两位刑法学教授就当前金融法律领域的前沿问题进行了深入的交流，日盈团队也第一次和刘教授相遇与结缘。

2015 年年底，日盈开业一周年时，律所交出了年业务总收入 1500 万元的答卷，执业律师的人均创收亦在全市范围内名列前茅。

迎着曙光的日盈，开局便打了漂亮一仗。

一年一跨越，广聚律界英才

“我们或许是上海律师界装修最多的律师事务所，几乎每年一次，并非我们喜欢折腾，而是律所的发展速度要求不断扩租。”毕玥说。

“筑巢引凤”在律师界并不鲜见。虽然对于事业发展和业务开拓，日盈采取“敢打敢拼”的作风，但在律师事务所的管理和成本控制上主张审慎、稳健发展的原则。

“我们并未尝试‘虚位以待’的扩张策略，扩租速度依然略滞后于或同频于发展速度，”毕玥补充道，“日盈只出现过‘人等位’的情况。”

2014 年日盈刚装修完天地软件园的办公室，便在考虑客户定位后果断放弃，咬牙租下了地理位置更加优越的天洁大厦 12 楼两个单元；仅一年多后，又租下该大厦 15 楼。2017 年，日盈迁址到长风国际大厦 18 楼，并随着人员规模扩大，不断扩租。每每扩租，即刻满员。2020 年疫情过后，日盈积极响应中央关于“保复工、促生产”的指示精神，将长风国际大厦 18 楼整层作为自己的办公室，进行了整体的装修改建；同时，位于金廷 88 的日盈刑辩业务中心也扩租了一倍以上的办公面积，使日盈所“一体两翼”的办公格局得到了进一步的提升。

一部迁址史正是一部发展史，见证着日盈成长的每一步。律界英才们涌入日盈，共筑日盈新的明天。

大咖加盟

对于日盈而言，2015 年金融法律国际论坛的意外收获，是结识了刘宪权教授。刘宪权教授是华东政法大学刑法学教授、博士生导师、荷兰艾柔默斯大学法学博士，并享受国务院政府特殊津贴，在刑法学届声望卓著。2019 年，刘宪权教授还被授予“庆祝中华人民共和国成立 70 周年”纪念章。论坛时，刘宪权教授曾提到将理论研究发挥于实务案例的期冀，毕玥、吴皓获此消息，便登门拜访，希冀刘教授加盟日盈。

跟诸多大所比，当时的日盈或许只能算“一穷二白”，没有大所的光环，亦无响亮的品牌知名度，有的只是年轻人的闯劲和对于前辈的尊重与赤诚。

“我看到他们的真诚，与对专业人士的尊重。同时，我亦看到以毕玥为首的这帮年轻人，对于事务所发展的规划。我们不缺专业，缺的正是平台。我相信日盈是个好平台。事实证明，我没有看错。”刘宪权教授在采访中说道。

在刘宪权教授团队加入后，日盈从 2015 年年底的十多人发展至 2016 年的 50 人，从小型精品所一跃成为一家“中型所”。

为此，日盈首先在原来天洁大厦的 15 楼扩租了半个楼面，加上 12 楼，共计约 1000 平方米。而后，随着刘宪权教授团队的加盟，为配合日盈所日益增长的刑辩业务需求，日盈又在长宁区租下了金廷88大楼中近500平方米的办公地，设立了日盈刑事辩护中心。一方面，为刘教授团队的后续进一步扩大筹谋；另一方面，因该楼离华东政法大学和刘教授居住的小区颇近，也方便刘教授安排教学研究和律师实务工作。

刘宪权教授团队的加盟，标志着日盈从民商事方向为主，转型为刑民并举的综合方向，业务结构逐步健全。而刑事辩护业务，尤其是复杂疑难案件的刑事业务，亦日趋成为日盈的一块金字招牌。

群英荟萃

发展蒸蒸日上的同时，日盈迎来更多优秀人才的加入，有来自司法系统的实务人士，也有来自律界的同仁和高校法学教授。加盟前，他们都已在各自领域累积了众多成就。许美、夏琛、高原均是典型代表，目前他们担任管委会成员，是日盈的高级合伙人。许美是华东政法大学法学博士，曾任上海市虹口区检察院、上海市检察院检察官，上海检察改革试点工作推进办公室成员，长期从事刑法理论研究和办案实务工作，共办理各类案件500余件，亦发表过多篇学术论文。2016年年初，他因刘宪权教授的引荐，加盟日盈。而在跟毕玥的交流过程中，律所主任的大局观和行动力，对于事务所清晰的规划与领导魅力，均给他留下了深刻印象。

夏琛，曾是上海市公安局第一届、第二届涉诉涉法项目特聘律师。他专业功底扎实，曾参编《中国刑法学演讲录》《金融犯罪案例研析》等书籍。在过往执业经历中，他办理过重多大案要案，包括：中晋资产、大大集团案等，海关总署“正义14”特大走私奢侈品案，上海海关“1609”特大日本香烟走私案、“沪缉1902”走私案、美国生物医疗实验设备走私案、上海特大文道熏香走私案、加拿大冷冻海鲜走私案，宁波某上市合同诈骗案（案值数十亿元），虹口首例非法汇兑外汇案（案值4亿元），普陀首例非法汇兑外汇案（案值1.3亿元）等，是沪上刑事辩护领域不可多得的一位青年英才。

同样是2016年加入日盈的高原，是目前最年轻的一位管理委员会成员。高原及其团队的主要服务领域为金融、类金融、资产管理、不良资产处置。他担任着多家银行、信托公司等金融机构及类金融机构的常年法律顾问，为顾问单位的日常事务、重大纠纷、谈判等与法律有关的事宜提供专业的法律服务。高原的到来，补强了日盈不良资产处置的业务板块，也使其团队自身的专业能力和业务体量得到了跨越式的增长。

跨区合并

2018年，日盈合并杨浦区第一大所——华荣律师事务所团队，这在中国律所合并史中颇为少见。当时，中型规模的日盈成立仅4年，而作为“上海市优秀律师事务所”的华荣已有二十多年的历史，曾多次获得过“上海市司法行政系统先进集体”等荣誉。华荣主任吴益民是“上海市劳模”“上海市十佳优秀律师”，曾当选一届杨浦区政协常委、三届杨浦区人大代表。

日盈和华荣早有渊源。日盈创始合伙人之一的吴皓，早年执业于华荣，师从吴益民。2017 年，吴皓得知吴益民正在和其他律所洽谈合并，希冀让律所更上一层楼，便跟毕玥、江德立等合伙人分享此消息。几人遂想，如果这样，日盈不妨试一试。

合并洽谈非常顺利，决策之快让毕玥印象深刻，“第一次，我们跟吴主任聊了不到一小时，就做好了合并的决定，在第二、三次的商谈中就已经确认了具体细节的执行。”

洽谈过程中，吴益民看到了年轻人的朝气和诚意，更看到了这家律所对于未来发展的清晰规划和对于做一家规模化、品牌化、国际化律所的共同理念。“他们有活力，有事业心，值得信任。”吴益民说。

2018 年 12 月 21 日，日盈和华荣举行了合并仪式，来自司法局、全国律协、上海律协的领导纷纷到场祝贺。合并之后，两家律所的资源整合充分，综合实力大幅度增强。而日盈也向着全市一流的综合型高端法律服务平台这一目标又迈出了一步。

保持核心优势，业务全面布局

日盈的业务优势起源于早期商事争议解决，而随着其在重大疑难复杂的刑事案件取得突破性成绩，日盈现已形成“刑民并举”的格局。当前，日盈拥有十大完整业务板块，涵盖大型民商事争议解决、疑难刑事案件辩护、金融并购法律服务、公司类业务、知识产权及文创娱乐法律服务、海商海事法律服务、涉外法律服务、资本市场法律服务、建筑工程法律服务、劳动争议解决业务等领域。

刑事和民事综合业务是日盈当之无愧的两大王牌，更多新兴业务领域，如涉外法律服务，知识产权等业务亦是布局重点。

传统长项：民商事争议解决

日盈创始人之一，现律所执行副主任韦玮同时担任民商事业务部主管，擅长处理重大、疑难、复杂的经济类诉讼纠纷。近年来，其每年承办的诉讼类案件数量都超百件，承办案件的年度总标的额在 10 亿元人民币左右。

从 2019 年开始，已经有 20 多人规模的民商事业务部门开始试点推行明确的专业分工，分为三个专业小组：民事、婚姻家事法律服务组，公司商事法律服务组和民刑交叉业务组，三位资深律师分别担任组长，分管团队内授薪律师和助理。“通常业务进来以后，由负责人直接交给组长，再由组长去调动下面的人员办理业务。组员对组长负责，组长对部门负责人负责”，韦玮说道。

此外，在涉及专业化程度较高的业务，例如，建筑工程、知识产权等，民商事部门也会同所内一些律师团队进行横向合作，以项目或案件为导向组建任务小组，办理相关业务。

日盈民商事业务领域服务的客户包括工商银行、农业银行、中信银行、东方航空公司、新华保险、上海机床集团、上海电气企业发展公司、吉林市铁路投资开发有限公司等在内的国内大型企业单位，以及 IGM、巴斯夫化工、韩国现代等在内的世界 500 强企业。

未来，日盈将在保持目前民商事争议解决业务优势的同时，拓展并购、发债等非诉业务领域。“我们将会引进更多资本市场、金融领域的优秀人才，和现有的争议解决板块形成合力优势。”韦玮说。

“一体两翼”，打造王牌刑事业务

刑事辩护是日盈几年来发展的核心板块，依托于刘宪权教授领衔的刑辩业务中心，日盈在几年内承办了一大批有影响力的刑事案件，特别是办理了一批一审判决有罪，通过二审、再审再改判无罪的经典案例。

无罪辩护对于刑辩律师来说，无论从难度还是可操作性上，都不是首选方案。一审判决有罪，通过二审、再审改判无罪的案例更是屈指可数，办案难度可想而知。日盈刑事辩护团队专门承接全国范围内重大、疑难、复杂的刑事辩护案件，近年来，经办了众多涉案金额特别巨大、在全国范围内具有影响力的犯罪案件，其中不乏经历二审、再审成功无罪辩护的案件。团队的刑事辩护意见，不仅在众多疑难案件的判决中被采纳，还能对全国范围内同类案件的审理起到指导作用。

“刑事辩护往往需要以扎实的理论功底为支撑，在疑难案件办理中，一些律师往往看不出问题，从而在案件辩护中错失机遇。”刘宪权教授说。在日盈刑事辩护团队中，担任兼职律师的法学院教授和从事理论研究的专家学者有较高占比，丰富的理论研究成果以及不定期案件研讨会的召开，都为疑难案件的办理提供了强大支持。“一方面，依托于日盈刑辩中心丰富的学术底蕴；另一方面，在实践当中一系列大案要案的办理，使得日盈的刑辩团队具备了打硬仗、打大仗的实力。”吴皓说。

日盈刑事辩护团队中，也有不少原任职于公安、检察院、法院的公职人员。他们认为，过去从事司法实务工作的经验、办案习惯和思维模式，为其从事律师职业、办理刑事业务提供了不同的视角。在刑事辩护案件的办理过程中，基于对司法实务、政策背景的熟悉，他们更能深刻理解具体刑事案件的度量空间。

2018 年，日盈刑事辩护中心于上海长宁区落成后，以刘宪权教授为领军人的刑事辩护中心与位于普陀区的刑事业务团队间形成“一体两翼”的全新结构。在业务方面，双方时常就重大刑事辩护案件展开交流讨论；在民事、经济类案件中，刑事辩护中心也经常同日盈的其他业务团队就“刑民交叉”等复杂案件开展业务合作。刘宪权教授认为,“一体两翼”格局对于日盈更好地打开业务局面，辐射更广的服务区域都具有积极作用，“通过这种科学合理的安排，我们的业务量和创收也突飞猛进。”

随着刑辩业务团队人员规模的扩大，以及新型刑辩业务的开展，日盈将在巩固刑事辩护等传统优势业务的基础上，继续做大做强刑事非诉等新兴业务板块，吴皓说。

新的机遇：涉外业务

对于日盈而言，在成立初期，已经有少量的涉外案件。但真正将涉外板块作为单独一个业务领域是在转身为综合所后。“一方面，两所合并带来了团队资源整合;另一方面，办公场所的升级，让我们在接待外方客户时心里更有底了。”在江德立看来，“软硬件”的兼备为日盈涉外业务的开展打下了坚实基础。

目前日盈的涉外团队能够使用英语、法语、日语、韩语、意大利语五种语言为客户提供专业服务，在江德立看来，目前日盈提供的涉外服务以本土化法律服务为主，帮助外国客户处理在中国的法律事务。“对于这类服务来说，如何能让外国客户充分理解专业的法律知识，能够无障碍沟通，并取得客户的信任，语言能力至关重要。”

日盈在创所早期便已为韩国商会上海分会提供专项法律服务，涉韩业务团队从那时起步。目前这支团队中，既有持有韩国执业资格的律师，也有专职的韩语翻译。在提供其他小语种法律服务的律师当中，有在高校任教、精通多国外语的人才，也有具有多年国外留学经历的律师，以及专门承接特定国家客户业务的专业律师。

在业务合作方面，日盈还与由全球公司、会计师事务所、律师事务所等组成的行业联盟平台“PKF 国际集团”及旗下中国区唯一一家律师事务所德美律师事务所开展合作。PKF 国际集团在 5 个地区 150 个国家拥有超过 440 个办事处，借助该平台搭建的网络，日盈可以同全球各地的企业客户、律师事务所在业务方面直接开展合作。

在业务布局上，日盈之后将秉承“强者恒强，弱要变强”的理念。高端刑事辩护等优势业务领域，要继续树立在行业内的优势；一直以来重点打造的金融、资本市场等业务板块，经过数年的“厚积”，将会在不久迎来“薄发”；而众多新兴业务领域，则需在板块已初步形成的基础上，做到进一步补强。“这是日盈定位于综合性律师事务所发展的必然选择。我们需要做到均衡发展，打造高水准服务质量。”毕玥说。

律所“家文化”，共赢谋发展

毕玥认为，日盈之所以能在短短几年内取得快速发展，除了宏观政策、营商环境、普陀区政府的大力支持外，也得益于管理层的高效决策，志同道合的律师团队，以及律所内部“肝胆相照、荣辱与共”的氛围。而这些“软性”的治理，融合于日盈的点滴文化与制度中。

日盈的日常决策依托于管理委员会。在管委会中，除四位创始人外，还有四位管理合伙人、一位行政人事总监，刘宪权教授、吴益民荣誉主任两位“前辈”亦坐镇其中。平时律所层面的重大事项决策和政策制定，均在管委会层面进行充分的讨论。

刘宪权教授和吴益民荣誉主任在日盈的日常管理中更多承担着“家长”角色。刘宪权教授作为业内刑辩领域的领军人物，时常会在重大、疑难的案件中为年轻律师指路。吴益民律师则担任日盈荣誉主任一职，指引律所发展的大方向，并以丰富的管理经验，为所内年轻人提出可行建议。在各司其职的“大家庭”氛围和丰富多元的管理架构中，日盈得以保持近年来稳健而高效的发展节奏。

青年律师在执业早期，尤其是实习期，很容易承受较大的经济压力。“让青年律师安心成长，放心执业”是几位创始人在访谈中不约而同提到的宗旨。

在日盈，小到打印纸，大到租金成本，再到结算周期上的承诺，均致力于减轻律师负担，日盈通过理念上的创新和财务制度的保障，为律师提供了家一般的安全感。也正因如此，成立不久的日盈吸引了源源不断的优秀同行。

曾经一位初创期加入日盈，同几位创始人共同奋斗、打拼过的律师，因自身原因，决定离开上海回老家工作。考虑到她离开上海后，面对新环境可能需要重新打理事业，几位创始人送给她一份特别的礼物——一家法律顾问单位。这份特殊的礼物也代表了几位创始人对于往昔“战友”的一份情谊。

日盈独特的文化氛围也日益成为其名片之一。每年日盈的年会都让所内律师期待万分。2020 年度的年会晚宴，除了律师们各显身手、各展所长的才艺展示外，最引人注目的是全所一百多名人员的英雄角色 cosplay 展示环节。

在舞台上，精心装扮后的律师，纷纷化身心目中的英雄形象——有的青年律师以《灌篮高手》《千与千寻》《火影忍者》等经典动漫造型登台；有的身着超人、蝙蝠侠、蜘蛛侠、黑武士等欧美超级英雄的装扮亮相；也有律师身着中国古代传统服饰，化身古装英雄豪杰。日盈管委会部分成员更是“身先士卒”，借助墨镜、街舞服饰等道具，表演了精心准备的融入嘻哈元素的集体舞，瞬间点燃了全场氛围，也将整个晚会推向高潮。

平日里工作一丝不苟的律师，在繁忙的工作之余，于舞台上尽情挥洒个性。尊重多样化发展，让每个人做自己的“英雄”，成为日盈所内文化氛围的一个缩影。而让每个人真正融入律所大家庭的氛围中，则是日盈的管理者们希望实现的目标。

日盈融洽的律所氛围和多元的业务结构也为律师团队间的无障碍沟通提供了保障。“高伙和高伙之间平时沟通都比较多，平时一块打球、吃饭的过程中，有些业务问题直接就能够解决。工作中比较重要的事情，基本上推开办公室门进去就可以沟通。”吴皓谈到所内律师在业务上的交流时说。

日盈“以律师为本”的管理模式和兼容并包的文化氛围为律师们在业务交流、横向合作方面带来诸多益处。新进律师因所内团队间的业务交流而受益，资深专业律师倚重日盈所内的合作资源，加盟之后同现有的业务形成互补，在业务收入上实现增长。这使日盈形成人才“只进不出”的现象，成为日盈近年来人员规模保持高速增长的“秘籍”之一。

人才战略：多元模式共促发展

日盈的原定所名是“明天”，意味着希望，意味着“Tomorrow is another day”。因重名改为“日盈”，无意间在字音和寓意上均有了升华。这家年轻的律所，以其拼搏、奋进、朝气蓬勃和欣欣向荣吸引了业界德高望重的前辈和业务能力精干的同行，同时亦希望招募更多的优秀青年才俊成为日盈家人，一起共建日盈这艘大船。

2019 年 5 月，“日盈杯”第七届全国大学生模拟法庭竞赛在华东政法大学成功举行。中国政法大学、西南政法大学、华东政法大学、四川大学、中山大学等全国 20 支高校代表队成员在两天时间里，用唇枪舌剑展开一场场激烈对决，展现了高校法学人才的风采……

自成立以来，日盈多次举办、冠名各类辩论赛和模拟法庭竞赛。近年来，还成功举办了第四届、第五届上海市高校模拟法庭竞赛和首届上海市研究生模拟法庭竞赛，将该类比赛作为自己支持高校法学教育及发掘培养人才的重要阵地。

日盈几位创始人因辩论而结缘，亦希望通过支持此类比赛，为法律人才培养贡献一份力量，助力法学生实现职业化的深刻转型。模拟法庭和辩论赛能够打破理论和实务壁垒，更好地展现法学生的能力。

不仅如此，日盈与复旦大学、华东政法大学、上海大学、上海对外经济贸易大学等高校签约，通过设立“日盈奖学金”、开展合作共建、建立科研实习基地等方式，帮助有志从事法律事业的莘莘学子。日盈还连续四年支持举办了上海市刑法学博士论坛、第二届中国网络法治 30 人论坛、第二届大数据与人工智能技术及其法律问题研讨会等一系列学术活动，为上海的法学教育和实务型人才培养贡献了一己之力。

对于刚毕业的年轻律师予以更多的培训带教，对于从公检法转到律师队伍的优秀人才以业务支持。日盈对于不同人才采用不同的合作方式。在从体制到体制外的两年竞业期限内，日盈充分给予“新律师们”熟悉律师业务的机会，让他们在带教律师的指导下，充分观摩、学习案件办理。通过“传帮带”的教授方式，帮助他们完成职业生涯的转型和过渡。

许美坦言，当时刚从体制内出来，面对陌生的律师行业可以说是“两眼一摸黑”，基本无从下手。所内的资深律师，时常同他分享开展业务、跟客户沟通的方法和技巧，使他在短时间内适应律师职业，平稳度过了“转型期”。

日盈重视对于青年律师的培养。在刘宪权的刑辩团队中，要求所有实习律师在一年多的实习期内“跟 10 个案件，看 10 份案卷，写 5 份辩护词”，同时所内资深律师给予相应指导，帮助他们完成职业化的蜕变。此外，通过一系列有体系性、计划性的安排，保证团队中青年人才的培养质量，让日盈成为他们走出大学、走向职场的另一个重要课堂。

“日盈目前已汇聚了一批高校中从事理论研究的学术精英与公、检、法领域的优秀实务人才。在日盈团队中，既有实务经验丰富、业务能力出众的骨干律师，也有擅长辩论、口才优秀的人才。”行政人事总监孙慧玲补充到。

谈到未来日盈的人才战略时，毕玥认为，目前律所已形成较为完整的人员梯队。今后日盈将由外部人才引进为主，转变为内外并举。“一方面，有好的人才、团队，我们还要坚定不移地吸引、挖掘。另一方面，日盈将更加侧重于提升、培养所内青年律师，为他们提供更好的土壤和发展环境。”

结 语

2020 年 10 月，位于长风国际大厦 18 楼的日盈四期办公区正式投入使用，至此，日盈长风办公中心的整体面积已达整个楼面，面积超过 3000 平方米，同时，位于长宁金廷 88 商务中心的日盈刑辩业务中心办公面积也扩展到半个楼面、1000 平方米，日盈所整体人员规模达到 200 人。日盈已成为一家兼具规模和品牌效应的综合性律师事务所。

纵然日盈的发展仿佛坐上了一列快车，但其今日之功并非偶然。有来自创始人之间的互信，有创业之初律所的“家文化”和“奋斗者文化”，有来自对于业务风口的准确判断，也有真心实意与律师们共进退的大格局。

他们年轻、团结，他们敢闯敢拼，他们肝胆相照。他们朝着“规模化、品牌化、国际化”的目标奔跑，希望“能在不久的将来，大家今后提到日盈，都会觉得是个响当当的名字。”

在日盈的身上，我们看到了上海年轻律所的风貌。

植德

新生力量，未来之星

周　正

植德律师事务所前台

北京办公室开业酒会

植德历届特训营纪念照片

植德 2 周年跑步活动

植德年会

中国律师业高速发展的今天，每天都有律所新设成立。2017 年 4 月，一家名为植德的律师事务所重组开业时，并未引起业界过多的关注。然而到 2018 年年底，不到 2 年，它已实现全所创收破亿元，以高增速业界新星的姿态闯进了中国律界前沿市场的视野中。

业内或许好奇，它是如何在原昊凯律师事务所的基础上重组而成的一段故事，也会好奇，所谓的“理念打底、制度先行”，究竟旧瓶里装的是什么新酒？

近两年植德的曝光度越来越高。自创立起，植德就在品牌建设方面下足了功夫，但植德给业内的印象却又始终低调。正如创始合伙人之一金有元所说，植德只是一家年轻的律所，很多东西都尚在探索之中。

2019 年，植德总创收突破 1.5 亿元，也由初创的 40 余人快速壮大至目前的 200 多人，并已设立了珠海、上海和深圳办公室。走过创业的前 3 年，2020 新年致辞里，植德为自己写下“道阻且长，行则将至”8 个字。2020 年，植德带着“一五规划”正式开启自己的 2.0 时代。

重组新设，业界新星

重组新设

2003 年的北京秋天，金有元和龙海涛走进了对外经济贸易大学法学院男生宿舍楼的同一间寝室，成为上下铺的室友。男生们的宿舍夜话，天南海北，胡吹海侃，但也聊到了未来的职业理想都是做律师，甚至还畅想了未来什么时候 4 个人能一起开一家律所。

毕业后，金有元入职金杜，5 年后又到中伦文德成为合伙人，之后又进入通商。龙海涛则在进入中伦 3 年后离开，加入了师兄创办的植德前身——昊凯律师事务所。

一晃 9 年过去，男生们都已过而立。2012 年的一天，金有元到龙海涛家吃饭。龙海涛问他，咱们开所的理想何时实现？金有元说，等创收都到千万级别再说吧。背后的担忧是，创办一家律所和在大所里担任合伙人是截然不同的两件事，办律所需要一支业务互补且均有一定创收能力的创始合伙人团队，共同扛起创业的大旗，共同抵挡创业的风浪。

那一年，正是师兄转行投资后龙海涛执掌昊凯的第一年。扛起团队发展的重担，兢兢业业地跑客户做业务，没想到几年内他就将律所拉到了创收千万级别。但是小型所的平台有限，无法应对大型客户越来越综合化的需求，龙海涛感觉到想要突破发展的“瓶颈”，就需要有新的平台和新的机制。

另一端，在经历过几家不同体制的律所后，金有元也越发感受到各种体制机制存在的问题。一是律所内部仍然不是一个完全紧密的整体，虽然有一定的专业分工，但很难形成合力；二是对于年轻人来说，成长空间有限，晋升路径太长，成为合伙人动辄需要10年以上，但同时却又缺少系统性的培训。

此时的金有元已经执业10年，也拥有自己七八人的团队，继续做下去，事业只会是量的变化而不会有质的改变。站在35岁的当口，正是他思考人生道路去向的年纪，他也希望尝试做点不一样的事，甚至对这个行业有一点影响。在原有的律所机制中去改变现状、改变自己几乎不可能，他创办一家新所的愿望越来越强烈。

理念打底，制度先行

2015年，兄弟二人终于开始着手筹备一家新所。而当他们将想法和身边的人沟通分享时，却发现同龄人当中很多也有着类似的思考和愿望。金有元的同事，年长一轮、一直在鼓励他们创业的舒知堂也加入了创所队伍，连同当时还在通商的姜涛、中伦文德的王伟、天伦怡达的张文良，2016年4月起，6个人开始召开务虚会，讨论事务所创建方方面面的问题。

不断地沟通，不断地脑力激荡，彼此鼓励和激发，最初那个模糊的创所愿望变得越来越清晰，最终由金有元执笔写下12页的核心理念和制度，形成了“体面、专业、合作、进取、友爱”的核心价值观共识。

体面，是植德希望律师因为在植德工作而感觉体面，既有较高的薪酬和福利待遇，又有团结互助的职场氛围和集体感，另外也希望客户因为植德专业、高效而具有附加值的服务而感觉体面。友爱，是植德希望律所的工作环境单纯而简单，同事相处融洽，并能够互相帮助，彼此扶持，共同成长，而事务所则会给予员工以体贴的人文关怀。合作，既包含了事务所与客户之间是事业合作伙伴关系，也意味着合伙人和律师之间也是合作关系，植德希望律所内部“去等级化”。专业和进取，则代表了植德律师在服务中的匠人精神和持续精进的态度。

2016年7月开始，在基础理念和文化之上事务所具体的规章制度被一一设计出来。在植德，“共担成本与风险，共享成长与收益”是基本共识。为了实现可持续的共同收获，事务所的规划一定要出于全局性、长期性、系统性的思考，“利他”成为创始合伙人们自身的行为准则。体现在制度中，则是植德一切的发展规划和制度设计都是为了共同将事业做大做长，要将律师作为事务所最重要的“资产”而尽可能地为其提供良好的环境、有竞争力的待遇，要让不同级别的律师都可以在植德规划自己的事业和未来。

同时，创始合伙人们认为，要做一个百年植德，就一定要尽可能降低人为因素的影响。“初创阶段团队的心态是最好的，创立共同事业的愿望是最纯粹的，所以一定要在这个关键时期先将一些制度固定下来，以‘自我防范’未来可能发生的立场和想法的改变。”金有元说。为防止管理团队老化，植德在制度上要求管委会合伙人中45岁以下的成员数量不能低于1/3，为了事务所队伍的整体竞争力，制度中也设计了合伙人65岁强制退休但按条件享有退休保障的相应安排。

如今，《植德核心理念和制度》已经扩充完善至16页，确定了律所的使命——精益服务、成就客户，愿景——成为客户的首选律师事务所，价值观——体面、专业、合作、进取、友爱，明晰了事务所的战略定位和10年规划。

制度设计中，除了基本制度外，还包括了律所的运营模式、律所组织架构与管理、合伙人/顾问制度、律师招聘与培养、品牌与市场、业务研究与知识管理、风险控制与利益冲突等十一大方面数十条细则。“理念打底，制度先行”已经成为植德闻名于业界的一个醒目标签。

业界新星

2017年4月，植德正式开业。植德的英文名“Merits and Tree”，“Merits”寓意植德律师专业服务的品格和良好的服务品质，“Tree”则代表了生机和成长。

这家由“80后”创立的新生代律所主要面向国内外公司、金融及资本市场客户，致力于围绕“资金端”、“交易端”以及“退出端”这一闭环，提供全周期立体化的法律服务。开业后，植德“一路开挂”，迅速在私募股权和风险投资、投资基金、资产证券化/结构性融资和争议解决等专业领域斩获了钱伯斯和The Legal 500等诸多国际法律评级机构的重量级奖项，并以不到两年即创收破亿的超高速发展赢得业界瞩目。

专业领域获奖之外，植德所呈现的蓬勃生命力和强劲发展势头还为它赢得了诸如“年度潜力律所”“年度新锐律所”“十佳成长律所”等律所奖项。而从创立之初就确立要让年轻律师因为在植德工作而“值得”，植德三年来为年轻律师提供的良好的工作环境、融洽的工作氛围、合理且富有竞争力的待遇以及成体系的完善培训机制，更是让植德2018~2020年连续三年蝉联《亚洲法律杂志》(ALB)“年度雇主”大奖。

2018年，植德重组后的首家分所落定上海。2019年，植德深圳办公室也已落成。事务所年度创收超1.5亿元，再次实现了高速增长。如今的植德已有越来越多的同行到访交流，也成为越来越多优秀年轻律师的向往之地。

一体协作，制度管理

如今，商事领域法律服务市场日趋饱和，竞争日趋白热化。随着客户机构商业活动的不断升级，越来越多大型复杂跨领域的法律服务需求涌现，也迫使律师事务所必须采用新的机制，以应对新的“战役”。

这是创始合伙人们几年前就对市场做出的判断。而相较于传统的个人或团队式的服务模式，为了应对新的客户需求形态，植德认为只有公司制一体化，才能在最大程度上打破局限和藩篱，真正整合全体合伙人和律师的智识、专长和经验，在专业化分工的同时，实现紧密协作，尽可能在不同项目中匹配所内最专业的队伍和资源。植德希望以每一个项目 120% 的实在付出在市场竞争中赢得一席之地。

公司制一体化管理被作为植德的基本制度之一。事务所治理结构上，植德采用的是三层结构：一级合伙人决策会议—管理委员会—业务部门和职能部门。即植德的最高权力机构是一级合伙人决策会议，但并非所有一级合伙人都有表决权，必须满足一些筛选条件。这样兼顾民主和集中、公平和效率的决策机制，是为了在事务所发展中，既能够囊括多元的决策考量维度，同时创业阶段也需要一定的集中度，以避免泛民主下的决策低效或失灵。二级合伙人没有表决权，是除了防止泛民主之外，还考虑到二级合伙人需要进一步加强自己的市场能力以及加深对事务所文化的理解和决策的训练。市场中，真正采用公司制一体化的律所为数甚少，他们之中的绝大多数也都设置了类似的民主集中制决策机制，以适应事务所创业阶段的发展需要。

而在事务所的具体运营方面，公司制一体化意味着植德的运营管理（包括财务、行政、人力、IT、知识研发与管理）、品牌建设与市场拓展、律师的招聘与培养、合伙人的晋升与考核，风险控制和利益冲突等方面均统一管理，并且各地办公室的统一运营管理机制也实现了总分所的紧密一体化运营和管理。

“植德有这样一种理念，即给予律师以最为纯粹的工作环境，让律师只会因为专业工作的勤勉付出而感到辛劳，而不用为其他事项操心，事务所在运营的各个方面统一投入和运作。”龙海涛说。但在专业分工上，植德建立了硬性的“一主二辅”专业化分工制度，在 13 个业务领域中要求每位合伙人只能根据自己真实的业务能力选择一个主要的业务领域，和最多两个辅助的业务领域。“一主二辅”范围之外的业务领域的案件都必须与所内对应领域的合伙人合作，让客户能够得到事务所的相关专业领域最高水准的服务。

紧密协作制度，作为植德的基本制度之一，强调事务所各部门之间的协作、各地办公室之间的协作、各业务类型之间的协同、各合伙人之间的合作，以及合伙人 / 事务所资源的整合与协同利用，目的是通过紧密协作提高事务所的运营效率，包括运营的资金与成本的效率，提高合伙人 / 事务所资源的利用率，进而实现“1+1>2”的效果。

有了专业化分工作为基础，有了紧密协作作为常态化的服务方式，“抱团打怪”也是植德特色之一。“打怪”，打的是客户所面临的棘手法律问题，“抱团”则不仅意味着在开发客户或争取项目时，植德鼓励由若干相关合伙人共同组团，争取在更好地展现植德整体实力的同时，提升客户开发与项目争取的成功率，也体现为植德的项目承办都是统一调配优势资源形成所内的“最强服务力量”团队，使植德对外始终是以一个整体的姿态参与市场竞争与业务承办。

而为了真正实现这支战队整体实力的不断提升，则必须构建一套合理的人才成长和晋升体系：这套体系应当让处于不同阶段的律师，都能清楚明了地看到自己对应的要求和待遇，这套体系也应当能够适应处于不同年级、不同层级的新加盟律师无缝衔接进入植德的晋升序列。

在植德，律师被分为"三档七级"，从助理律师、主办律师到资深律师，七年级之后，律师有资格申请成为薪酬合伙人。薪酬合伙人再往上，希望成为兼有市场能力和业务能力的独立合伙人，可以选择申请晋升二级合伙人；而如果更希望在专业上持续深耕，也可以选择申请晋升为专业顾问。植德为这两种职业方向的选择都提供了对应的晋升渠道。

而对于这些快速成长起来的优秀年轻人，在刚成为二级合伙人时，植德也考虑到了他们可能需要一段适应和过渡的时期，在他们自主选择的前提下，事务所设置了不超过两年的对于新晋二级合伙人的帮扶阶段，其间将为其提供一定比例的创收分配保障，以帮助这些新晋的年轻合伙人们度过适应期。而最终，事务所希望二级合伙人们都是兼有市场和业务双重突出能力的精英人才。

公司制一体化的律所，首先在事务所层面解决了统一运营管理的问题。而事务所的分配机制则很大程度上决定了事务所是否真正对年轻才俊友好，并且能够确保合伙人队伍的长期稳定。

在植德，30 岁以下的律师占近四成，30~35 岁的律师占约六成，合伙人也大多为"80后"。为了贴合年轻化的队伍的实际情况，兼顾保障和激励，不同于传统公司制分配时以年资作为主要标准，植德采用的是一套混合计点制的分配模式，并且创新性地采用了两级利润池的制度。两个利润池意味着一级合伙人和二级合伙人在各自不同的利润池中分配。二级合伙人的利润池，分配时没有点数的设置，完全按照绩效业绩考核分配。同时，植德的绩效业绩不等同于创收数额，而是结合了合伙人所使用律所的人力等资源成本后，按一定算法得出的相应指标，其目的是反映合伙人的"创收效率"，而不单纯只看创收总额。这样完全凭表现论分配的设置，对于新加入或新晋升的年轻合伙人非常友好，也成为吸引众多年轻优秀律师加盟的一个重要原因。

一级合伙人分配池，则是综合了绩效业绩和合伙人贡献点数按一定比例予以分配。合伙人贡献点数，则又包括了创始点数、年资点数、当年贡献点和历史贡献点等多个维度，在点数的权重比例中，相对弱化创始点数和年资点数，而相对强调业绩表现，整体导向上仍然鼓励合伙人为整体"蛋糕"的做大而努力。

两个利润池的设计，有效解决了不同资历、不同级别的合伙人在利润分配时的不同特点。植德鼓励年轻合伙人以业绩表现为优先目标，晋升一级合伙人后，也要参与事务所的发展和管理。

值得一提的是，在制度设计之初，植德就已考虑到事务所长远发展的公共积累，且为了进一步深度捆绑所有合伙人的短、中、长期利益而设置了“长青基金”——当事务所创收破 2 亿元起每年从总创收中提取一定比例放入。“长青基金”为全体合伙人共有，不参与分配，用于支出退休金、执业风险金、战略性投资金、卓越贡献补偿金、公益捐赠等。此外，植德设立了事务所的管理费用，参与管理的合伙人按其综合考评的管理贡献点予以分配。但在 2020 年，疫情特殊时期，管委会一致决定不再分配上一年度的管理费用，全部投入“长青基金”，用于事务所长远发展整体建设投入。

除了核心理念和制度的 16 页文件外，植德还在业务合作等事务所各方面设立了更为细化的实操制度准则，并且不断予以优化。理念的共识统一，制度的科学合理，实践的贯彻落实，是植德的公司制一体化得以高效运转，并且迅速发挥出巨大效能的重要原因之一。

从创立之初，植德就重视战略的重要性。3 年的高速成长期后，2020 年年初，植德引进首席战略与发展官、战略合伙人何佳伟，并扩大了原有综合支持部门“FU 部门”的内涵，成立新的“战略与发展部”。中国律所加速转型的当下，专业管理人才的价值越发得到认可。何佳伟具有法律、咨询、培训、媒体、科技等跨学科的专业知识和经验，对于律所战略定位、组织管理和未来变革具有丰富的经验，曾为国内外数十家律所提供专项的培训和定制化的咨询。

加入植德之后，何佳伟将带领战略与发展部从战略规划、赋能体系、未来变革三个角度，围绕品牌、文化、市场、客户、人才、培训、知识、产品、合作等各个方面，为植德全所的合伙人、律师和事业伙伴提供全生命周期、立体化、精准性的赋能，全方位提升植德的综合专业实力、品牌感召力、人才凝聚力和客户美誉度。

管理、制度、创新、赋能，从最初的朴素愿望“做一家不一样的律所”到如今，植德也紧密跟随律师行业的浪潮汹涌而不断升级自我。

事业伙伴，高速成长

植德将每一位年轻律师都当成植德共同事业的合作伙伴，而事务所要做的就是尽全力帮助他们成长。

植德对于人才有自己的筛选标准，而对于加入植德的年轻律师，也会给予比肩“红圈所”的待遇和福利。植德的办公室选址很有讲究，北京办公室选址在东直门来福士，目的是让律师通勤方便；上海办公室选址时，避开了拥堵的浦东和静安，而选择落在长宁来福士；深圳办公室选址时，也选择了南山区的春笋大厦，这是一个科技企业环绕、大批年轻人奋斗打拼、朝气蓬勃的地方。植德致力于为律师提供良好的办公环境。在植德，所有的律师办公位都是靠窗的，而合伙人却被分在了相对靠内的区域。北京办公室近两年队伍不断壮大，创始合伙人的办公位一挪再挪，如今已经挪到了公共区域。

除了办公环境和薪资待遇的体面，植德创所最想解决的是年轻人的成长问题。一方面是晋升的空间开放和时长压缩，另一方面则是在一路成长当中，事务所给予每个律师实实在在的帮助。

在植德，律师由事务所统一招聘，统一培养，统一负担相关的人力成本。每一名经过层层筛选正式入职植德的优秀年轻律师，在开始高强度的专业技能锻炼之前，事务所也尤为重视他们职业信念、思维方式、处事态度、基本规范等方面的综合提升，给予相应的指导。有的部门还会专门制作发放小手册作为执业入门指南，帮助这些年轻律师们在进入植德时便树立意识和行为的高标准。

植德目前基于13大专业领域的内在联系性，形成了5大专业大部门，以便更好地“抱团打怪”、资源整合、人才互通。结合这5大业务大部门的设置，各自形成了5个大的“人才池”。每个大专业领域的人才池由选择了这一领域的律师、助理和长期实习生组成，由以该业务领域为主业的权益合伙人共同培养、管理并协调使用。每名权益合伙人根据业务情况配有相对稳定带教培养的律师或助理，形成“导师”关系，而在不同律师工作组之间也仍然会根据项目需要流动调配，一方面合伙人们可以合理、充分地运用事务所的人才资源，另一方面律师们也能在不同的项目中获得不一样的历练。

律师事务所中年轻律师的培养模式，传统上有实战演练式和传统学院式两种。前者侧重在实战项目中训练，后者则为年轻律师安排3~4年的成长期和系统性培训，根据律师年级安排不同的工作。植德希望结合这两种模式，找到一条折中的融合路线，形成法律知识和实战相结合的系统化培训。2017年8月14日，植德首期“特训营”如期开班。在不耽误本职工作的前提下，律师们被要求每周一到周五7：30，周六13：30至18：00严格打卡，集中培训。

这样的苦日子持续3个月，从法律基本功到专题培训，再到实战演练和对抗训练，律师们在3个月的时间里经历了一场极高强度的专业集中培训。特训期间，特训营学员还必须同步完成百余公里的跑步健身计划，这也是对年轻律师们一次身体和意志的锻炼。特训营还达到了另一重效果，是合伙人们在短时间内将自己十余年的专业经验体系化地输出，形成属于植德自己的Know-how，沉淀成为律所的知识财富，延续使用下去。

以特训营的方式集中培训律师，在律师行业里植德可能属于首创。除了形式上的创新，植德更希望通过特训贯彻的是事务所对于年轻人才的重视和在培养上的高度投入。严师高徒，植德希望将事务所作为每位年轻优秀律师成长中的严师，让他们知道今天执业环境的体面源于事务所，而未来的体面要靠自己的意志、汗水和过硬的专业知识去争取。此后，植德的特训营已经连续开办了多期，每期有不同的专业主题，已经形成了植德极具特色的常规培训。这个魔鬼般的培训也成为吸引众多优秀人才的亮点之一。

除了专业上的培训，在植德律师职业晋升的关键期间——比如入职满 1 周年、律师跨档晋升的时候，植德都会为年轻律师安排三名合伙人的谈话，不仅帮他们答疑解惑专业问题，还会帮他们复盘过去的成长与不足，帮他们设立下一阶段的目标和规划。

“三档七级”的常规“升级”路线之上，植德还为表现特别优秀的律师设有“跳级制”。同时，晋升合伙人的通道也是始终透明、开放。植德想让年轻律师感受到的是他们在植德成长的每一小步，都有人引导、指导，甚至在背后规划、推动。在植德，律师像进入了一个高速运转的跑道，也必须要自身付出十分的努力，才能跟得上组织的优秀和成长的速度，才能够为集体贡献自己的力量，才能够在获得自身成长的同时，彼此成就植德共同的事业。

产业链条，立体服务

2019 年年底电影《少年的你》热映，收官票房高达近 16 亿元，掀起了一阵关于校园霸凌问题的全社会热议。电影背后，正是植德律师提供了从电影筹备、融资到最后院线上映的全程法律服务。

这只是植德大量提供过全流程法律服务的项目中的一个。创始合伙人们在 PE/VC、投融资并购，投资基金、结构化融资、证券与资本市场、私募基金、破产重整等业务领域各有所长，确立了植德的业务定位和业务特色，即希望借一体化运营优势，整合事务所最优质的专业力量与资源，面向境内外公司、金融与资本市场业务的参与者，围绕“资金端（发行端）、交易端（资产端）、退出端（争议端）”的产业链条，提供全周期立体化的法律服务。

重组创立之初，植德给自己的描述是一家精品律所，而随着贤才良将持续加盟，植德越发呈现综合商事强所的特征，围绕全链条的法律服务业务领域不断完善，拓展了银行与金融、不动产与基础设施、知识产权、家事服务与财富管理、人力资源与劳动关系、税务、跨境交易、政府监管与合规、反垄断与竞争法及争议解决多个领域。

2017 年植德重组开业时，罗辑思维 CEO 脱不花到场祝贺。不仅帮助罗辑思维完成 B 轮和 C 轮融资，植德还服务了好未来等国内一线新型教育培训机构。专注于服务有活力、有成长性的企业，植德围绕教育与培训、文化娱乐与传媒、科技电信与互联网、生命科学与医疗健康、消费品与零售、房地产与基础设施、先进制造、新兴行业、能源化工与环保、海洋经济等十大行业持续深耕，面对这些行业的高速发展和新型法律问题层出不穷，植德还特别强调专业的法律知识与技能同优秀商业思维与判断力的结合，致力于提供专业、前瞻和创新的法律服务。

随着中国经济持续发展，“自由贸易区”“一带一路”“中国企业走出去”等如火如荼开展，跨境交易越来越多。20 年前，外资所代表外企在华开展业务，如今，中资律所迎来了前所未有的机遇，法律市场对于能够精通多个司法领域专业知识的人才需求明显增多。近年来，陆续有具备国际教育背景和法律服务能力的精英律师加盟植德，使植德的跨境法律服务实力不断增强。

2018 年 10 月，植德正式成为国际律师联盟 LAW（Lawyers Associated Worldwide）的会员。这代表着植德与国际法律服务网络对接迈出的重要一步。借鉴国际律所先进的管理经验和标准化服务流程，促进自身在管理制度、职业培训体系等方面的完善之外，植德也有机会利用全球合作律所及其律师资源，为境内外客户提供具有国际水准的专业服务。

专业与行业的深度融合和持续深耕，成立 3 年来，植德凭借精专的业务水平、良好的行业口碑及客户评价，不仅在钱伯斯、The Legal 500、ALB、商法等国内外多家知名法律评级机构的榜单的私募股权和风险投资、投资基金、资产证券化 / 结构性融资和破产重组与特殊资产等专业领域斩获荣誉，也获得了体育娱乐、教育、医疗制药及生命科学、金融科技及区块链等行业领域的重量级奖项。

共建、共享、共进、共赢，经常有客户评价说，植德律师很“不像乙方”。这也正是植德的特点，它既是一家专业的律师机构，又是能将成长型企业与资本机构无缝衔接的连接者；既能出具专业的法律意见，又能融合商业活动的判断与建议，在整个服务的过程中与客户共同建设、彼此分享，最终达到一起进步，携手共赢。

战略设点，谨慎布局

《植德核心理念与制度》中关于发展的基本思想明确写到“质量为重，不刻意追求规模与速度，但同时也不拒绝做大做强，要把握机会，顺势而为”。

在最初设定的 5 年规划当中，植德已经非常明确自己北京、上海、深圳、香港地区四地的布局，并有节奏地陆续落实。上海办公室负责人、同时也是全所创始合伙人之一的姜涛曾与金有元在金杜和通商共事，是多年的老友，从最初即全程参与了植德品牌从无到有的创建过程，在律所管理制度和文化的探讨中发现和其他几位创始合伙人们是“一类人”——即使物质回报上有所牺牲，也愿意投身律师行业的改革中来。

2018 年 6 月，植德上海办公室正式成立。2 年来，上海办公室从最初的 10 余人扩展到如今的 40 余人，包括合伙人 10 多位，主要业务领域集中在证券资本市场、私募基金、投融资并购以及争议解决等方面，进一步扩充了植德在这些核心业务领域的服务能力，以期为客户提供地理上和业务上更全面的覆盖和更优质的服务。

近年植德斩获的各项法律评级机构荣誉中，来自上海办公室合伙人和律师贡献的名额也为数不少。下一阶段，植德上海办公室将加快步伐，在清晰的规划和赋能下，巩固长三角这块法律高地。

2019 年秋冬之交，植德深圳办公室已经完成“法律、物理、人员”三个实体的筹建工作，并于 2020 年上半年正式起航。深圳是新中国进一步改革开放的起点，2019 年国务院印发《粤港澳大湾区发展规划纲要》和《关于支持深圳建设“先行示范区”的意见》，再次赋予了深圳新的历史使命和新的战略定位。

作为植德 5 年布局规划中的重要一站，也作为粤港澳大湾区桥头堡，植德深圳办公室希望抓住历史机遇，顺应时代的要求和客户的需求，在植德一体化战略管理、业务协同和平台资源的支持下发挥自身的差异性优势。

植德深圳办的业务领域规划将围绕“大湾区规划纲要”和“示范区意见”展开，在银行与金融、投融资并购、投资基金等已有的金融优势领域将助力实现“粤港澳金融创新、协同合作、互通互联”的规划，助力深圳以金融业作为核心内容的现代服务业产业体系完善；在知识产权领域希望以专业法律服务助力科技创新企业的创设与发展，促进国际科技创新中心的建设与不断成长；在新经济、新产业、新技术领域，植德也希望能紧跟时代潮流，积极开拓创新，以专业的法律服务助力大湾区行稳致远的发展。

至此，植德已经践行了自己对客户的“承诺”，在创立 3 年的时间里即实现了对京津冀、长三角和粤港澳大湾区三个重要地理区划的办公室布局，以一体化的运营管理调度、集中优势资源为客户提供全周期立体化的服务。

植德香港办公室的设立已在持续筹划之中。植德对于办公室的设立尤为谨慎，初期的“四地桥头堡”布局设计是紧密贴合植德面向境内外公司、金融和资本市场客户提供服务的律所定位，在战略要地和客户实际需求高频地形成稳定布局。而更多国内办公室的设立，植德则会审慎考量当地是否有相关业务领域的需求，是否有符合律所定位的客户。

未来，植德希望不断锤炼自身跨境法律服务能力，真正跃上新的台阶，为中国企业走出去贡献更专业、全面和精准的现代化国际法律服务。

植德，值得

专注、踏实、有干劲，3 年的高速发展让业界对于这家“理念打底、制度先行”的新锐律所有不少赞赏之辞，也寄予厚望。

有人说，植德代表了律师行业发展到 2020 年，在外部环境和内部环境都处于高速变化的关口，律师行业的各种传统做法已经面临越发严峻的挑战时，所催生出的一家新生代的律所——它的律师队伍年轻，理念具有前瞻性且形成了高度共识，制度设计合理且有活力，对于年轻律师的培养倾注了全所之力。很多人都期待植德能够成为下一个十年、二十年行业中新型律师事务所的一个范本。

这些都是落在植德管理层肩上的压力。过去三年的发展速度高于创所时的预期，植德欣喜于自己在激烈竞争的市场中还能立身，并且取得这样的成绩。但同时，植德也在不断反省自己是否“名副其实”。

植德三年初长成。2020 年上半年，植德经过内部长时间的头脑风暴和商议打磨，反思三年的所得所失，制订形成了事务所新的五年规划。植德正在为成为一家综合实力领先、最能成就人才与客户、坚持不断创新与共享、缘起并立足中国的伟大的国际律所而不懈奋斗。

植德始终希望，客户值得，人才值得。

植德的未来，值得期待。

澄明则正

以资本市场为始，新锐律所的精品之道

林　戈　伊晓俊　蔡　凡

澄明律师助力斗鱼成功登陆美国纳斯达克

澄明律师助力艾迪药业成功登陆科创板

澄明客户墙

澄明办公室

澄明律师参加培训

当前中国法律服务市场就像一座初长成的森林，虫鸟百兽、树木林立，构建起自循环生态。森林广袤、有空间，为后来者提供了阳光、雨露和土壤的成长机会；市场有纵深，潜藏着多元化、多层次的服务需求。

主办众多知名度颇高的重大项目，斩获多个国际法律评级机构奖项，为年轻人提供实现职业梦想的发展平台……当人们发现，这些成就的背后还是一家品牌创立未满两年的律所，进而也看见了现有市场中一股新的活力，和这家名为“澄明则正”（以下简称澄明）的律所的未来潜力。

互联网技术发展，新兴传播方式兴起，这些外部变化也影响着律师专业服务供需关系的形成，市场透明度越来越高，企业能够更精准地挑选高契合度的律师和律所。这样的变化为澄明这类有专业实力，满足企业客户不同发展阶段的法律服务需求，并能够为客户提供全方位整体法律服务方案的精品律所提供了显露头角的机会。在中国法律服务市场这座森林里，澄明发现并抓住了属于自己的时代机会。

森林风声不息，市场变化不止。如今的澄明如良木新发，根基稳健，枝叶舒展，树型渐成，阳光下，其树衣、枝干、叶芽上跳跃着希望——它处于高速成长期，根须向下、树枝向外、努力生长、直指向未来。

大潮初起，以法律视角洞察商业本质

2020 年 4 月,《商法》月刊公布的“2020 年卓越律所大奖”中,澄明在“教育行业”“医疗、制药及生命科学”“互联网及电商”榜上有名；2 月，在法律评级机构钱伯斯发布的《2020 钱伯斯全球指南》（Chambers Global Guide 2020）“资本市场:境内发行”领域获得推荐；1 月，入选“2020 ALB 中国精品律所”。2019 年 12 月，在钱伯斯发布的《2020 亚太法律指南》（2020 Asia-Pacific Guide）“资本市场：债务与股权（境内发行）”领域获得推荐；9 月，荣获 2019 ALB 中国十佳成长律所，上榜《国际金融法律评论》（IFLR1000）发布的 2020 年度律所排名中的“资本市场”“私募股权”“收购兼并”三个领域……

这是澄明——这家品牌创立未满两年的律所过往荣誉、奖项的不完全统计。短短一年多的发展，澄明凭借在商业法律服务领域的出色表现和强劲的业务增长，已陆续斩获钱伯斯、汤森路透 ALB、《商法》等法律评级机构的奖项，并已在上海、北京设立了办公室。

澄明，一个全新的律所品牌，吸引一众法律精英，完成多个重大项目，并揽获众多奖项。澄明何以能在短时间内快速崛起？在未来，其又将迸发出怎样的潜能？

以法明商，成为一家独具辨识度的年轻律所

创立之初，澄明就提出“以法律视角洞察商业本质”的理念，即“以法明商”——法律知识技能同商业思维与判断力相结合，致力于提供专业、前瞻和创新的法律服务。

目前，我们正经历一个高速变化的时代。新事物从诞生到产业化应用，时间短，迭代速度快。面对不断变革的技术、驶入“快车道”的经济发展，法律的滞后性尤为凸显。新技术、新业态、新模式层出不穷，为律师带来新的机会和挑战。

在快速革新的常态下，创新成为稀缺能力。律师如何理解新兴商业模式，如何解析其背后的法律逻辑，需要律师能够立足于法律专业能力，穿透经济现象看到商业本质，进而为企业创造价值。响应市场变化的创新能力，成为澄明对自我的要求。

中国经济的转型升级与资本市场的活跃催生了大量法律服务需求，为中国律所留下了多元化的发展空间。虽说市场中早已强所林立，竞争激烈，但从长远来看，中国法律服务市场正是大潮初起时。

“我们经历的不是历史，我们经历的仍是现在，一切才刚刚开始。”随着中国经济的发展，法律服务市场刚刚开始充分竞争，正蓬勃向上，未来将会有更多新兴律所品牌出现，对于有实力的新创精品所是非常好的契机。澄明恰是抓住这一契机，聚焦蓬勃发展的新经济领域，在短时间内打开市场，打响品牌，成为一家独具辨识度的年轻律所。

“我们亲历着资本市场的奇迹，我们见证着一个个优秀企业的成功……”澄明管理合伙人吴小亮曾在《我们为什么做律师》一文中如是写道。21世纪初，中国的发审委制度正逐渐走向成熟与完善。中国资本市场快速发展与变化。以吴小亮为主的澄明团队核心人员在执业初期，也正是中国PE/VC的发展热潮，在资本市场具备一定优势的她们承办了大量相关项目，业务范围逐步向资本市场的前后端延展，成为近年来中国资本市场中最为活跃的律师团队之一。

多年来，吴小亮与同在资本市场领域精耕的韦玮、李勤等律师携手，主办了多项重量级的资本市场项目，并肩作战而建立起充分的信任，结下相知互赏的友谊。亲历了飞速革新的时代，怀有对创新的渴望，她们决心创业。

有市场机会、有业务能力、有创业愿望，澄明由此而生——立足于创始团队在资本市场领域的已有优势，致力成为新经济领域创始人、投资人、发展型企业的战略伙伴和最具价值创造力的律所，是澄明的战略定位。

澄明笃信“以法明商”的原则，在扎实的法律专业技能基础上，深入理解商业社会和新经济行业，为客户提供一体化和全生态商业法律服务，包括并购、私募股权投资融资、交易结构设计、重组、股权激励计划制定、融资、合规、法律法规相关事务、风险管理以及争端解决，同时涵盖企业初期投融资、首次公开发行前投融资、首次公开发行及二级市场投融资。

澄明在境内外私募股权交易方面拥有丰富经验，并在国内外资本市场领域已成为业内领导者。同时，澄明还利用自身在合规、风险管理和争端解决方面的专业知识，不断助力客户发展。

构建充分互信、高度契合的合伙关系

律所作为专业服务机构，人才是其最为重要的资产。当一名律师加入某一家律所，不是为了获得一份工作，而是选择一项事业。作为律师打拼事业的平台，律所的提升能够助推律师，相应地也正是一群律师的共同努力成就了律所平台的自我提升。打造一个律师与律所高度契合、共同提升的发展平台，是澄明的前进方向。

正因此，澄明的人才理念不仅是“找最优秀的人”，更是“找最对的人”。在合伙人层面，澄明追求的是一种充分互信、高度契合的合伙关系，所有新加盟的合伙人必须由原合伙人全票通过。新合伙人需要认同澄明的发展理念、管理制度、内部协作和收入分配机制。当然，除了彼此的认同，澄明也看重新合伙人是否可以为律所未来的发展带来正向推动。

2018 年，吴小亮、韦玮、李勤着手筹备新所。她们意识到，面对行业的高速发展和层出不穷的新型法律问题，办一家新所，合规和争议解决业务的布局必不可少，但眼下还需要合适的人选补强这方面的业务实力。随后，在法院系统有 20 余年工作经验的董更作为创始合伙人加入，给予吴小亮等人以极大的信心。

“一家律所如果没有强大的争议解决部门，总觉得会少一些底气，是挺大一个缺陷。董律师的加入，给了当时还在思考创业选择的我们很大勇气，帮助我们坚定了信心和决心。”李勤说。在北京法院系统任职期间，董更主审过众多国内外有重大影响的、疑难、复杂案件，很多案例被最高人民法院及北京市高级人民法院作为参考案例予以收录，作为专家型的法官，曾获得过五一劳动奖章、法院系统模范法官、先进法官等多项荣誉。他表示，之所以下定决心跳出体制，除同其他三位创始人较早熟识、志同道合外，喜欢接受挑战，希望换一种思考方式去参与更全面的法律服务是另一重要原因。

共同的价值观、互相认可的文化和制度、趋同的管理理念、强整合且互补的业务领域，秉承着这些理念，澄明迎来了多位志同道合的合伙人加入。

他们均是行业内的资深专家，具备丰富的全球法律服务经验——拥有十余年投融资、并购重组和资本市场业务经验的合伙人王绍凯；在私募基金投资、并购重组和资本市场领域拥有丰富经验的王玉婷；拥有 10 年执业律师、5 年私募基金法律合规负责人经验的李锐。

王绍凯曾先后于国际国内知名律师事务所工作多年，并曾就职于一家知名私募基金投资机构。投资机构从商业角度来审视法律风险的工作模式，让他能更好地了解客户的需求，有的放矢地为客户服务。

他曾主办过国内共享经济、本地综合服务、游戏直播、医疗、教育等领域的众多全球领先企业融资、收购、出售等项目；并为超过十家行业领先的私募基金机构或战略投资人提供在境内外的投资、资产或股权收购服务。他表示，之所以选择加盟澄明，正是看重律所的活力以及律师们的拼搏精神。“律所具有‘创业’的危机感和打造一流所的使命感，使我觉得加入这样一个集体更有前景。”

2019年，王玉婷以私募基金投资和并购重组领域顾问身份加入澄明，在相关专业工作方面担任项目负责人，同时协助团队管理和律师培训工作。

她在私募基金投资和并购重组领域拥有八年的工作经验，对TMT、医疗等行业有着深刻研究，擅长全方位、多角度地解析客户需求并提供针对性的法律解决方案。“澄明的平台有非常优质的业务资源，合伙人心态开放、专业能力强，这里让年轻的律师得到快速的成长，澄明让一群理念相合的、专业的人聚在一起，漂亮地做专业的事儿，成为行业和客户认可和依赖的专业律师团队。”王玉婷说。

2020年7月，澄明迎来合伙人李锐的正式加盟。他同澄明的机缘，源自对澄明律师服务的“客户体验”。此前，他曾任国内某私募管理公司法律合规负责人，该公司曾是澄明的客户。在接受服务的过程中，李锐切实感受到澄明的专业度和团队凝聚力，同时对澄明在资本市场的专业服务能力印象深刻。

近期，他了解到澄明布局基金合规领域的规划，同合伙人多次深入交流后，大家对于律所发展理念高度契合，对于澄明在相关领域的发展充满信心，他决定加入澄明。

更早之前，李锐曾在某知名律所执业10年。兼备甲方和乙方的职业经历，让他更能深刻理解双方对于法律服务需求的差异，并能够切换到甲方客户的视角去评估法律需求及其背后的商业目的和业务逻辑，这也同澄明一直倡导的理念不谋而合。

澄明注重团队质量和专业度，致力于成为一家“全生态商业法律服务机构”——以资本市场法律服务为核心，提供综合法律服务的精品律所，这也是澄明全体合伙人的共同愿景。

投资未来，为有职业理想的年轻律师提供发展平台

2020年，澄明为一年级律师即开出了2.5万元/月的起薪，这一待遇超过了中国绝大部分律所，甚至超过部分“红圈所”的薪酬水平。这一举措，引得业内的广泛关注和讨论。高薪只是表现之一，澄明真正追求的是——为有职业理想的年轻律师提供好的发展平台。

在2.5万元起薪的招聘要求中，澄明抛却常规律所招聘中所设定的条条框框，而将目光投向年轻律师的发展潜力。澄明所需要的，是市场中“渴望成为佼佼者”“渴望被优

秀的人认可”“渴望成为顶级律师”“渴望超光速成长”的年轻人，这恰是澄明年轻有活力的体现。

律师服务是以人为本、以专业知识为核心的服务体系，可以说专业是律师的立身之本。如何理解律师的专业能力？在吴小亮看来，从狭义上，专业能力是指一名律师的法律基本功、逻辑思考能力等技能；而从广义上，敬业、乐业更是律师专业能力的重要组成部分，对律师行业有热情的人，往往更愿意继续走下去并有所成就。

专业、敬业、乐业，形成了澄明的工作氛围。而具备这样特质的年轻律师，也是澄明所欣赏的——“我们希望找到对的人——认可欣赏澄明文化、自我驱动力强、愿意持续在律师道路上前行的人。”吴小亮说。

相应地，澄明也在律所内部建设了适应年轻律师成长的培训制度，以及团队协助、友好沟通的合作机制，助力律师成长。

澄明会定期给律师们提供资本市场、私募、并购和诉讼等方面的培训，遇到值得分享的项目，也会组织项目上的律师在律所分享具体经验。项目是最好的培养人才的方式，澄明的业务量和业务类型也是对年轻律师的锤炼，进而培养出优秀的律师。

此外，澄明团队管理的理念，是以项目和客户需求为优先考虑、以专业地解决客户问题为共同目标，这也使得所内合伙人、律师之间的业务交流和跨团队合作十分顺畅。

澄明凭借在资本市场的出色表现与强劲的业务增长，及其定位“以法明商”，打造的境内外上市、私募股权投融资、收购兼并、争议解决、合规全生态商业法律服务的发展策略，成为中国律所中一颗冉冉升起的新星。

异军突起，提供专业、前瞻和创新的法律服务

当下，企业对于律师的“辨识能力”越来越高，更倾向于、也能够挑选与自身不同发展阶段的法律服务需求高度匹配的律师，并基于长期发展战略更加注重律所在资本市场上下游的“全链条”法律服务能力。

资本市场：崭露头角，占领制高点

作为一家围绕资本市场上下游进行布局的精品律所，资本市场团队的整体实力无疑将决定其服务的质量和高度。

几位创始人在职业生涯中，曾赶上过 A 股、港股、美股等境内外资本市场一波波的发展热潮，并持续深入地参与其中。行业领域方面，团队与 TMT、医疗、教育行业资本

市场共同发展，带领团队完成了众多具有创新性和行业标杆意义的交易，在业内崭露头角。

2017~2020 年《钱伯斯亚太指南》“资本市场：债务与股权”“私募股权与风险投资”“通信媒体”三个领域重点推荐律师、2019 年《商法》“A-List 法律精英”、2019 年“ALB China 客户首选律师”……一次次沉甸甸的奖项便是对吴小亮业务能力的认可与褒奖。

韦玮亦凭借其多年的业务经验和极强的执行力，服务过众多涉及香港联交所、纽约证交所、纳斯达克证交所、新加坡证交所、澳大利亚证交所等境外上市地的项目，涉及金融、金融科技、医药医疗、文化娱乐、能源、制造业等行业。

三只松鼠创业板上市，艾迪药业科创板上市，赛克赛斯拟科创板上市，读客文化、果麦文化、兰卫检验等行业优秀企业拟创业板上市，斗鱼、富途证券、新氧、蘑菇街成功登陆美股，浙能集团战略入股新加坡上市公司锦江环境，开拓药业港股上市等。在一年多的时间里，澄明在资本市场完成了一批有影响力的项目。

正如吴小亮所说：“资本市场律师对规则、技术、商业模式、经济发展中企业角色等方面的理解往往决定其服务高度，而新经济企业客户对这些方面的要求则更高。”在未来资本市场业务布局中，澄明将坚持有重点的原则，侧重于更富有挑战性，更考验律师将技术和商业思维能力相结合的新经济领域。

私募、投融资：力争“上游”，迎接新机遇

私募股权基金等市场的兴起，能为企业提供发展资金，催生新行业，并促进产业结构调整和消费升级。因此，从事相关领域法律服务，除对项目本身合法合规性的把握外，对行业、市场和经济发展趋势亦需保有敏锐的嗅觉。

目前在澄明 50 多人的律师队伍中，私募投融资团队占到 1/3 以上。澄明合伙人李勤在投融资、并购重组和资本市场领域拥有丰富经验，主办的多个项目均获得国内外知名评选机构奖项。据她介绍，无论是早中期的天使轮和风险投融资，还是较为中后期的私募投资领域，澄明都具备经验丰富的人员配置。

在合伙人王绍凯看来，澄明在私募、并购重组领域的优势明显，如尽职调查方面，能从公司未来上市前景的角度对其各业务线条进行核查，以保障股东有切实可行的退出路径。其次，澄明律师拥有把各领域经验整合，并为客户提供全方位、高质量服务的能力。此外，律所的精品化路线保证了其作业的标准统一，不会出现交易文件或法律服务质量参差不齐等现象。

2020 年，新冠肺炎疫情席卷全球。受疫情影响，全球私募股权投资市场持续降温。近期随着国内疫情好转，市场对医疗健康、人工智能、食品、快递等行业的青睐程度出现回升。与此同时，国内美元和人民币投资市场结构也在悄然发生改变。

面对变化，澄明私募团队顺势而为，及时调整美元和人民币业务架构，并与客户共

同探索灵活投资方案。同时，把握疫情期间企业通过兼并收购优化资源配置的契机，积极探索并购领域的业务机会。

“目前的变化不是市场大环境对私募基金投资领域的首次影响，该领域对环境变化一向敏感，并且会快速反映到投资结构、投资节奏等项目情况中，这就要求律师团队保持对行业和市场环境变化的敏感度。”澄明私募基金投资和并购重组领域合伙人王玉婷说。

面对新情况和新变化，澄明的律师团队时刻保有对行业趋势的敏锐判断，继续挖掘业务需求，保持同客户的“黏性”。同时，鼓励所内律师全面而深度地参与到资本市场上下游业务的“打通”。

“我们的优势是对一级加二级资本市场的完整业务链接有着精准、深入的理解和深耕多年的专业经验积累。在过去的一些年，我们陪伴了很多初创企业一轮轮往上走，我们的律师团队也在这个过程中练就了解决复杂问题的综合能力。”李勤补充道。

合规与争议解决：立足三大业务板块，打造品牌形象

在法律服务市场竞争日趋激烈的今天，律所提供全方位、多领域法律服务的重要性不言自明。多元化布局，不仅能满足客户更加全面的需求，也是律所在经济下行期抵抗风险的重要手段。澄明在创所之初，即以此理念为支撑，布局了合规和争议解决领域。

澄明争议解决和合规部门依托现有业务结构，已衍生出三大服务板块：其一，围绕资本市场、并购重组、投融资等业务以及金融、房地产等行业而开展的民商事诉讼、仲裁业务；其二，围绕银保监会、证监会等监管机构针对公司、企业及创始人、高管进行的行政调查、行政处罚等，而提供的行政调查应对、行政处罚听证、复议以及行政诉讼等法律服务；其三，针对国有、民营企业及相关企业的创始人、高管而提供的行政、刑事风险合规梳理、金融、证券等领域刑事犯罪辩护服务等。

澄明在公司化的运作模式下，澄明的诉讼与非诉团队之间得以实现资源共享和紧密高效的配合。例如，在为某美股上市的企业提供行政与刑事风险合规梳理项目中，因客户需求增加，澄明资本市场团队曾给予很大支持。“项目前期原本是企业高管团队的行政、刑事风险梳理，在资本市场团队介入后，进一步拓展到整个公司的产业链服务，最终取得让客户满意的结果。”董更介绍说。

目前争议解决、合规部门主要围绕两类客户——以银行、券商、保险公司为代表的金融机构和新经济领域的公司企业提供服务。在防范化解金融风险的大背景下，金融行业以“强监管”为支撑，这对金融企业客户日常经营的合法、合规提出了更高的要求，澄明能够充分发挥自己在相关领域的专业优势，为客户提供优质的服务。而在新经济领域，初创期、成长期的企业，往往对企业合规等方面缺乏足够认识，缺乏足够的风控意识，继而引发投资风险和争议，亦会对合规梳理以及诉讼、仲裁等产生较大需求。“这两类客

户，目前占到争议解决部门客户总量的一半以上，未来仍将是我们重点关注的领域之一。”董更说。

“基础做好，再谈规模。”对于律所来说，争议解决业务属于需要深耕细作和长期积淀的业务类型。通过不到两年的布局和拓展，澄明争议解决和合规业务取得了一定的成绩，赢得了客户的信任。未来澄明在该领域内将继续保持“精品化”步伐，首先立足于现有业务板块向纵深发展，全力打造在争议解决领域的品牌形象，在通过多种渠道吸纳和储备优秀人才的基础上，搭建更为科学的团队层级和人员架构，同时也会根据市场的需求开拓新的业务领域。

基金合规：风口中布局，未来可期

合规运行是对资本市场各类参与主体的基本要求，根本目的是维护资本市场的正常秩序，保护投资人合法权益。合规是资本市场的永恒主题，也是基金行业有序运营和基业长青的基石。

近年来，中国证监会、基金业协会、证券业协会等监管部门和行业自律协会不断完善合规监管制度，要求对证券公司、基金公司等证券期货经营机构，以及私募基金管理人建立优化合规管理体系。

监管合规要求从来不是孤立的规则，市场经济规则下以契约为核心的商业规则，经过监管视角的利益再平衡，提炼出规范市场主体设立、运行、管理、投资和交易的各类规范，并通过各类业务场景持续规制各市场主体的内部经营和对外业务。以私募基金为例，私募基金投资管理过程中，投资人、管理人、托管人、交易对手、被投主体等多方在现行法律法规和监管规范体系下的相互关系、权益配置，从不同的角度切入思考评价，得出的结论不尽相同；同时，由于私募基金的内部运营和存续管理也是内部职能部门相互配合持续运行的过程，这与追求基金整体绩效的终极目标一致。但在基金所面临的各类具体问题和个案决策面前，基金投资、运营和内部管理团队之间，具体目标的优先排序和解决路径选择可能“和而不同”。

当基金团队向外部律师需求法律合规支持的时候，需要律师了解客户所需，锁定“问题”背后的“真需求”。如果律师能够深入理解业务，具备统筹观念与全局意识，对于服务好客户大有裨益。这些对相关领域的法律服务也提出了更高要求。

紧随行业风口，在基金合规领域布局，成为澄明沿着资本业务链条延伸的重要一环。曾在国内某私募管理公司和某知名律所工作过的合伙人李锐，目前负责拓展澄明相关领域法律服务。企业、律师，不同视角下，对法律服务需求的理解是有差异的。“做律师时，更多是以外部视角，为客户提供咨询建议和方案。而内部法务、合规团队，作为公司内部的职能部门，提供的咨询服务，颗粒度更细，延展性也更强。”李锐认为，深刻了解这种差别，使澄明基金团队能切换到甲方客户的视角去评估一项法律服务需求，并能理解这背后的商业需求和业务逻辑。

未来，澄明基金合规业务的发展将围绕以下方面开展：

首先，澄明感知到基金行业是巨大的市场，而且基金法律需求是一个阶段性服务（如基金设立、基金各项目投资）和持续性服务（存续期法律合规常年服务）需求相结合的领域，因此法律服务的需求体量很大，也具有持续性。澄明从基础服务切入，让市场、行业了解和认可澄明在基金领域的服务能力。

其次，一方面从服务经历总结提炼，另一方面从行业跟踪研究做前瞻性思考，围绕细分的一些领域从事相关行业研究，为客户做更深入、更持续的思考研究，为客户站高一线，为客户躬身而行。

再次，澄明承办了资本市场和私募股权领域诸多具有行业影响力的大型项目，陪伴众多初创期、成长期的企业一路成长为行业内的独角兽，同客户一道不断探索着未来发展的可能性。基金在资本市场生态中一直扮演着非常重要的角色，在资本市场全流程的法律服务“生态闭环”中，澄明将业务定位于资本市场，并向上下游延展，去挖掘律所尚未完全开发的资源，并在不断变化，充满机遇的基金市场中寻找更多潜在客户资源，希望为客户提供尽可能多的“增值服务”，更好地为客户服务。

最后，人才培养和建设是律所发展的基础，基金法律服务是一个比较成熟的市场，人才济济。在培养内部团队的基础上，不断吸纳业内优秀律师和合伙人加盟，将形成澄明良将如云，弓马殷实的新局面。同时，澄明能够根据客户需求，发挥公司制律所的特点，集结最优力量提供优质服务，在企业发展的不同重要阶段，无缝衔接配置不同专业领域的律师，以律所的整体能力提供企业发展从私募投融资到企业上市的全周期、全生态链的法律服务。

法律创造价值，服务资本市场全链条

创立之初，澄明即在境内外资本市场集中发力，拿下业内多个“首例”。继而围绕该领域逐步拓展，延伸了私募股权、并购重组、合规及争议解决等业务链条，具备了“资本运作全流程”的专业团队和服务能力。

澄明这样的选择，即是精品化律所在竞争激烈的法律行业丛林中突破重围的路径探索，也代表了法律业发展的一种创新模式。创立以来，澄明用一件件大型项目向外界证明了自身定位和发展道路选择的合理性。

2019 年 7 月，澄明助力游戏赛事和视频直播平台斗鱼在美国纳斯达克上市，斗鱼作为一家弹幕式直播分享网站，以游戏直播为主，涵盖了体育、综艺、娱乐等多种直播内容，是泛娱乐领域的代表企业。

助力斗鱼美国上市是澄明律师团队为阅文集团、腾讯音乐、东方明珠、上海电影集团、YY 欢聚时代等企业境内外上市、投资并购提供专业法律服务的延续。也证明了其在 TMT 领域、泛娱乐行业法律服务领域经验丰富。

2020 年 7 月，澄明助力创新药企业艾迪药业挂牌科创板，成为 A 股市场首个抗艾“新兵”。澄明律师担任艾迪药业科创板 IPO 专项法律顾问，全程参与了艾迪药业于科创板公开发行股票上市的各项法律合规工作，为本项目提供了专业、高效的法律服务，协助艾迪药业成功登陆科创板。

本项目也是继助力开拓药业成功在香港联交所上市之后，澄明律师 2020 年在医药行业的又一重要项目，再次证明继新经济领域之后医药与生命科技领域成为澄明律师又一优势领域。

这些只是澄明创立不到两年服务众多“首例项目”的缩影，也是澄明为客户提供长链条支持的代表。“澄明的客户，许多是从天使轮即开始服务。从天使轮到上市前多轮融资，再到上市，包括此后其他法律服务，都是亲力亲为。”李勤说。

近年来，不断增加的新经济企业上市需求带动了资本市场的发展。同时，中国经济升级，监管趋严，新规频发，对资本市场、投融资法律服务提出了更高的要求。相关领域的诸多不确定性，又对律师在无先例可循前提下的专业服务能力提出了更高要求。

何以保证律所和律师在资本运作中，提供多种类、全生命周期的服务？澄明律师又何以做到这一切？

其一，是对规则与技术的谙熟与把握。无论是企业中早期的投融资，抑或是 Pre-IPO 和上市阶段，任何阶段和项目都要以法律合规为基础，这就需要专业人士协助把关和提出解决方案，用法律视角解读规则。

过往澄明办理的诸多上市项目，往往涉及包括多个国家和地区的资本市场法律制度，合法与合规的边界十分模糊。“例如，有些要求和机制在香港特区可行，但在内地就不然，或者需要变换。懂得不同的‘游戏规则’，才能切实为客户衡量风险并提供法律建议。”王绍凯说。

因此，厘清模糊边界背后的合规风险，已是律师为客户提供解决方案最为基本的法律专业要求。

其二，是对商业模式的深刻理解。如今投融资、资本市场领域的律师，越发像古代战场上的“军师”或“谋士”，成为客户在商业战场决胜于千里之外的得力助手。部分律师提供的解决方案已不限于法律意见，更多的是建立在长期对于客户商业活动的参与和了解之上，甚至站在商业底层逻辑角度，并结合国家政策、企业发展实际情况给出商事活动的整体解决方案。

澄明的律师，有多位曾有任职于投资机构的经历。他们表示，投资机构时常会让律师将风险“数量化”，以便其更好地作出相应决策。从商业角度来审视法律风险，往往能使律师有的放矢地为客户服务。

其三，是对客户需求的真正了解。在公司与商事领域，律师需要解决的问题已远远超出自身“职责范畴”。除提供法律文本、监管合规等问题解决方案外，站在经营者角度，帮助企业完成实现商业目的，越发成为律师的必备技能。

“就私募而言，律师往往仅关注企业当下的融资需求。但如果是伴随企业长期成长，就需要帮企业做好远期规划，放眼于未来资本市场的维度，这样就能更好地对现在的问题做预判，尽量避免为未来发展埋下‘后患’。”李勤说。

此外，了解经营者上市意愿，确认企业“质地”——保证业绩、财务指标、合规等方面是否满足上市要求，以及资本市场对该类企业接纳程度都是律师需要帮企业去评估的内容。

其四，是对于市场机遇的捕捉与行业趋势的洞察。澄明专注于资本市场之下的细分业务领域，包括互联网、TMT、金融科技等新经济领域。

当下，这些领域代表了中国经济未来的发展方向，也汇集了当下最优秀的高科技企业和投资机构。新经济企业和新兴行业，技术与商业模式的发展往往比法律和规则的发展更快。这些都对法律服务的广度和深度都提出更高的要求，也更加考验律师跨领域服务的知识储备，和在法律的框架范围内帮助客户去寻求解决方案的能力。

澄明的律师们坚信“法律创造价值”。对此，吴小亮说：“澄明现在和今后要做的，就是从客户更深层的需求出发，不拘泥现状，为其创造高于其期待的价值。而为达到这一目的，除了运用专业实力为客户提供全方位的整体服务方案外，还需继续担当企业的战略伙伴，为公司各个阶段的发展保驾护航。”

精品化战略，公司化管理

在中国法律市场发展的早期，许多律所通过急速的规模化扩张追求绝对竞争优势；而时至今日，当规模化的成本越来越高之时，有越来越多的中国律所在新兴领域、细分行业、区域市场追求相对竞争优势，通过精品化战略、公司化管理得以快速崛起。澄明，正是其中代表之一。

自创立以来，澄明的合伙人形成了共同的愿景，明确了战略定位，选择了核心战场。

无论是资本市场法律服务的特点，还是澄明当下所处的创业阶段，都决定了澄明并不追求规模化的扩张，而秉持精品化战略，为客户提供精细化的服务。

作为一家新锐律所，其发展战略必须有所选择，作出取舍，强调业务的综合化通常并不能凸显优势，而差异化的战略思路反而容易在激烈的市场竞争中脱颖而出。由此，在资本市场、私募股权、投融资、合规与争议解决、基金合规等彼此关联的领域，澄明以客户的需求为导向，以成熟的产品为导向，从深度和广度两个维度出发不断拓展，构建了专业团队，形成了较高的品牌知名度和核心竞争力。

在明确了愿景和战略定位之下，澄明构建了良好的人才生态，打造了高效、合作的律所文化。

澄明希望，能够打造一个适合年轻人共同成长的平台。正如吴小亮所说："澄明是一个平台，不仅为每一位律师在团队中找到准确的定位，更希望突出每个律师个体的成长和职业规划。我们的目标，是聚集一批志同道合的精英人才，给予他们良好的环境和充分的资源，为其赋能、加速其成长，共同创造、建设澄明的未来。"

人才是澄明的第一资源，核心竞争力，发展之本。澄明一直秉承着以人为本的原则，打造良好的平台和发展空间吸引人才、培养人才、提拔人才。

澄明的人才素质模型主要分为三个维度，分别是事业发展、团队发展和自我发展。

所谓事业发展，是指以法律专业为重点，考察核心人才人员对行业、公司、客户服务能力的理解把握，并基于此担当作为的能力；团队发展，是考察核心人才人员激发团队动力，提升团队效能，培养团队人才，合力完成任务的能力；而自我发展，则重在考察其在对于自身未来发展的原动力，能否开拓新领域，运用新方法的能力，以及抗压自省的意识。

在青年律师的培养方面，澄明保证了每周 1~2 次的培训，自创立以来从未中断，培训内容从法律研究到行业社会热点再到法律实务问题，多元且完善。

活泼严肃、文化友善、氛围纯粹、和谐友爱是澄明一贯以来倾力打造的工作环境。复杂交易的参与机会、案例实战的带教制度、多方位的培训机制、有竞争力的报酬、公平的晋升机制等，都是其吸引和留住人才的关键因素。

创立以来，澄明一直致力于打造一个新平台、新模式，定位于"专而美"的精品化路线，管理运营公司化，人才统一招聘、统一培养。基于共同的愿景和理念，澄明的合伙人愿意走在一起，携手成就一番事业。

2019 年 10 月，澄明设立了北京办公室，开启了京沪两地的一体化管理和运营。澄明的管理模式，有效地保证了其跨地域、跨团队的协作。

澄明能够异军突起的原因，还包括了其能够匹配最优资源，给予客户专业的服务和极致的体验。

对于客户来说，一宗交易项目、一起诉讼案件，通常只是一次单一性的行为。而从律师的角度出发，由于持续的深耕和经验的沉淀，往往会将其看作一个类型化的事件。在给予客户解决方案时，律师要能站在客户、市场、监管的多个维度进行思考和判断，了解具体的实操流程和项目在全生命周期内的运转。

懂规则、懂技术、懂商业、懂客户、懂行业、懂市场，已日益成为澄明律师在业务上的不懈追求。这也正是澄明的法律服务的特点，它既是一家专业的律师机构，又是能将企业与投资机构衔接的“媒介”，既能出具专业的法律意见，又具有对商业模式的深层思考。

创立一年多来，凭借专业与行业的深度融合和持续深耕，澄明在国内外知名法律评级机构的榜单中屡屡斩获荣誉，也凭借在资本市场以及新经济领域的强劲表现，获得了“教育行业”、“医疗、制药及生命科学”以及“互联网及电商”等行业领域的殊荣，澄明的品牌知名度在业内持续提升。

此外，为了进一步满足内部管理和服务客户的需要，澄明在信息化建设方面投入巨大。除了合规、风控要求的相关信息化配置外，还与专业的系统供应商联合开发律所管理系统。在日常工作中，澄明采用了法律科技产品来辅助提高律师的工作效率。澄明认为，科技产品和工具对律师工作效率的提高，律所业务管理的流程优化有着巨大的作用，但律师业务的核心仍是为客户提供创新的解决方案，从这一角度出发，现阶段的科技产品的作用根本上还是服务律师，让律师的工作更为便捷化和智能化。

结　语

从市场的角度出发，会如何评价一家律所的专业实力？

其评价标准包括了——是否拥有极强的处理最复杂、最富创新性和挑战性的法律问题的专业能力，是否拥有行业内最具影响力的客户，明星合伙人及团队的整体构成和实力，曾经办理过的重大交易项目 / 案件，在某一专业领域的市场份额，在业界的声誉，未来是否针对其核心业务领域进行了清晰明确的投入等。

如果从这些标准出发，澄明已经具备成为一家精品化强所的潜质。其具有市场判断力，能够从法律视角洞察商业本质；其具有创造力，能够于复杂的交易和案件中为客户提供综合性的解决方案，全心全意致力于客户的最大利益；其具有活力，致力于为年轻人打造一个良好的职业发展平台。

随着中国经济的发展，中国法律服务市场进入了高速发展、全面竞争的历史阶段，澄明则正将会继续秉持初心，做客户信赖的伙伴、人才向往的平台、同行尊重的朋友，在这群雄逐鹿的时代，成为中国领先的全生态商业法律服务机构之一，赢得属于自己的未来。

图书在版编目(CIP)数据

中国律所访谈:四十周年纪念版:全两册 / 智合研究院编著. -- 北京:法律出版社,2020
ISBN 978-7-5197-5127-2

Ⅰ.①中… Ⅱ.①智… Ⅲ.①律师-访问记-中国-现代 Ⅳ.①K825.19

中国版本图书馆CIP数据核字(2020)第223211号

中国律所访谈:四十周年纪念版(全两册)
ZHONGGUO LÜSUO FANGTAN:SISHI ZHOUNIAN JINIAN BAN (QUANLIANGCE)

智合研究院 编著

策划编辑 周 洁 林 蕊
责任编辑 周 洁 林 蕊
装帧设计 鲁 娟

出版 法律出版社
总发行 中国法律图书有限公司
经销 新华书店
印刷 中煤(北京)印务有限公司
责任校对 周合芝 周诗湄 杨锦华 王沁陶
责任印制 胡晓雅

编辑统筹 司法实务出版分社
开本 787毫米×1092毫米 1/16
印张 77.75
字数 1606千
版本 2020年12月第1版
印次 2020年12月第1次印刷

法律出版社/北京市丰台区莲花池西里7号(100073)
网址/www.lawpress.com.cn
投稿邮箱/info@lawpress.com.cn
举报维权邮箱/jbwq@lawpress.com.cn
销售热线/400-660-8393
编辑电话/010-83938103

中国法律图书有限公司/北京市丰台区莲花池西里7号(100073)
全国各地中法图分、子公司销售电话:
统一销售客服/400-660-8393/6393
西安分公司/029-85330678
上海分公司/021-62071639/1636
第一法律书店/010-83938432/8433
重庆分公司/023-67453036
深圳分公司/0755-83072995

书号:ISBN 978-7-5197-5127-2
定价:350.00元
(如有缺页或倒装,中国法律图书有限公司负责退换)

你戴着荆棘的王冠而来　你握着正义的宝剑而来

中国律所访谈

四十周年纪念版

（上册）

智合研究院　编著

法律出版社
LAW PRESS·CHINA

本书编委会

总编辑

洪祖运

本书主编，负责本书的总策划和总指导。智合创始人、董事会主席、首席执行官，华东政法大学律师学院特聘教授，曾在某国际律师事务所香港办公室执业多年。斯坦福大学科技法硕士（LL.M.）、华东政法大学法律硕士、上海交通大学经济学学士。

副总编

洪　钧

本书副主编，负责本书的策划和指导。智合联合创始人、董事会成员、首席信息官，长期专注法律服务行业的互联网化和教育培训。曾任科罗拉多大学IT主管、IBM项目经理。科罗拉多州立大学理学硕士、上海师范大学文学学士。

刘启铭

本书副主编，负责本书的策划和执行督导。智合联合创始人、首席运营官，法律服务行业观察家，对于律所管理和发展有先进独到的理解。上海交通大学安泰管理学院MBA、对外经济贸易大学经济学学士。

责任编辑

吴剑霞

本书责任编辑，负责本书的前期策划、书稿撰写与统稿工作。智合主编，曾参与撰写“大所之路——中国杰出律所访谈”，《中国法律市场观察》系列丛书作者之一，采访过近百位中国律所主任或高级合伙人，对法律服务行业有深度见解。华东政法大学知识产权硕士。

毛姗姗

本书责任编辑，负责本书的前期策划和书稿撰写工作。智合主编，曾主导撰写“大所之路——中国杰出律所访谈”栏目，《中国法律市场观察》系列丛书作者之一，采访过近百位中国律所主任或高级合伙人，发表过上百篇法律行业观察文章。华东政法大学知识产权硕士。

林　戈

本书责任编辑，负责本书的前期策划和书稿撰写工作。智合主编，专注于律师事务所管理研究及法律市场宏观趋势分析，曾主持编写《中国法律市场观察》及多篇律师行业发展分析报告。华东政法大学知识产权硕士。

李俊辰

本书责任编辑，负责本书的前期策划和书稿撰写工作。智合主编，有多年国际双语法律媒体工作经验，主导报道企业法务和律所管理者关注的话题。香港中文大学英语应用语言学硕士。

编　辑

吴梦奇

本书编辑，参与本书的书稿撰写与书稿校对工作。智合资深编辑，曾采访或参与采访过众多国内一线律所的主任、合伙人，并撰写或参与撰写多篇行业观察、专访报道文章，输出了一系列独家内容。武汉工程大学对外汉语学士。

蔡　凡

本书编辑，参与本书的书稿撰写与书稿校对工作。智合资深编辑，曾采访或参与采访过众多国内一线律所的主任、合伙人，并撰写了多篇行业观察、专访报道文章，输出了一系列独家内容。华中农业大学理学学士。

伊晓俊

本书编辑，参与本书的书稿撰写与书稿校对工作。智合资深编辑，曾采访或参与采访过众多国内一线律所的主任、合伙人。曾在苏州某外资企业从事法务工作。苏州大学法律硕士。

宁思甜

本书编辑，参与本书的书稿撰写与书稿校对工作。智合研究院研究员，专注于法律行业研究，参与撰写多篇行业分析报告。曾先后任职于国内某知名律所及某知名互联网公司法务部。上海对外经贸大学法律硕士。

陈琼青

本书编辑，参与本书的书稿撰写与书稿校对工作。智合资深编辑，曾采访或参与采访过众多国内一线律所的主任、合伙人，并撰写或参与撰写多篇专访报道文章。重庆人文科技学院新闻学学士。

董宇洲

本书编辑，参与本书的前期策划和书稿撰写工作。智合研究院高级研究员，具有多年法律行业研究经验，专注于律所管理研究。上海海事大学硕士。

蔡宸劼

本书编辑，参与本书的资料收集、书稿撰写和书稿校对工作。智合编辑，曾采访过多名国内一线律所律师。上海大学文学学士。

金玥瑶

本书编辑，参与本书的资料收集、书稿撰写和书稿校对工作。智合编辑，曾有百万字以上文字撰写经验。上海财经大学法学学士。

张宏妹

本书编辑，参与本书的资料收集、书稿撰写和书稿校对工作。智合编辑，曾采访过多家国内一线律所的知名律师。英国利兹大学法律硕士（LL.M.）、华东政法大学法学硕士。

砥砺前行四十载，心怀梦想再出发

李公田

中国法学会律师法学研究会副会长

随着我国民主法治发展的进程，40 年来，我国律师行业从无到有。如今，我国已有近 50 万名执业律师，服务领域覆盖经济、政治、文化、社会及生态文明建设的方方面面，而律师事务所也已有 3 万多家，呈现一片欣欣向荣的态势。全国各地律师事务所的规模与管理模式各不相同，在探索各自发展的道路上都留下了宝贵的经验。由于在北京市司法局分管律师工作多年，现在仍然通过中国法学会律师法学研究会为律师行业做一些事，我对律师和律师行业有深厚的感情。我见证了不少律师事务所成功发展的典型，也认识许多律师事务所的管理者和杰出的律师，他们经过探索都找到了适合自己发展的方向与路径。这些无疑都成为我国律师制度发展史上的重要财富，为我国律师事务所的发展提供了深刻启示。随着党中央全面依法治国总目标的提出，社会主义法治国家的建设在不断推进，各方面都取得了显著的成效，律师制度的改革也在这一过程中得到了深化。站在新的历史起点上，回顾我国律师事务所波澜壮阔的发展历史，既是对过去律师事务所发展的阶段性总结，也是对探索未来律师事务所管理与发展的展望。

回首我国律师制度40年来的发展历程，可谓其兴也勃焉。自1979年恢复建立律师制度以来，我国律师人数增长了几百倍，律师的地位与作用随着法治事业的发展壮大与日俱增。40年来，我国先后出台了《律师法》《关于依法保障律师执业权利的规定》《律师执业管理办法》《律师事务所管理办法》等一大批重要的法律、部门规章，律师制度的不断健全正得益于此。由于律师执业行为越来越规范化，律师执业权利在制度层面和司法程序中得到了越来越多的保障，广大律师也因此在司法纠纷的解决及其他法律服务中发挥了更大的作用，扮演着日益重要的角色。如今，律师对于法治建设具有重要作用的观念早已深入人心，律师队伍也成为我国社会主义法治工作队伍中不可或缺的组成部分。党的十八届四中全会指出，要加强法律服务队伍建设，构建社会律师、公职律师、公司律师等优势互补、结构合理的律师队伍。律师制度与律师行业的发展越来越繁荣，这是新时代中国特色社会主义事业发展的必然要求。

40年来，律师地位和作用的变化成为律师事务所发展的大背景和先决因素。20世纪80年代，第一家国办所改制，正所谓星星之火可以燎原，从此以后，全国各地的律所如雨后春笋般涌现出来。到了90年代，我国律所开始真正走向市场化，一大批优秀的律所在这10年的时间里诞生并迅速成长了起来。而在世纪之交，随着我国加入世界贸易组织（WTO），经济进入了高速增长的时代，律所的发展也开启了一个新纪元。不仅有越来越多的律所开始成立，而且更多的律所开始探索变革管理体制。就律所的外部形式而言，为适应不同的发展战略，规模所或精品所各有千秋；就律所的内部架构而言，公司制、提成制、计点制不一而足。当然，任何一种模式或架构体制并无孰好孰坏之分，只有合适与否之别，但是，根据蝴蝶效应，只要任何一家律所在发展过程中选择了某个方向，都会对我国律所发展的整体格局产生不可忽视的影响。

管理好一家律所难，持续管理好一家律所更难。在当今竞争越来越激烈的市场经济环境下，律所之间的竞争、洗牌、兼并、重组等将不可避免，且有加剧的趋势。一家律师事务所要想乘风而行开辟新的海域，找到自己立足的一席之地，就必须适应时代发展潮流，找准自己的定位，创新管理模式，走一条符合律所实际情况的发展路线。这就要求律所的管理者有高瞻远瞩的判断和审时度势的能力，跳出行业的小圈子：

第一，不能眼光太窄。律所管理者要善于在每一项国家重大战略的实施中寻找机遇，捕捉每一项改革背后的法律服务增长点，开拓市场。要及时了解党的方针政策，时刻秉持心存大局的观念，培养创新意识，学会兼容并蓄，及时调整发展战略，来适应风云变幻的形势。

第二，不能眼光太浅。律所是一个整体，在市场经济中是一个团体，而且是智者的联盟。强化管理知识的学习、更新和运用，是当前律所面临的一个重大课题，既要学习借鉴成功的经验，又要杜绝盲目照搬的情况，必须找出最适合自己律所的管理模式。

第三，不能眼光太钝。当前新兴科技带来生活方式的深刻变革影响包括律师行业在内的每一个行业。律所管理者需要学习和掌握现代科学技术知识，更好地宣传塑造品牌，提升服务效率与质量，实现知识管理和知识共享，积累律所软实力，提高律所生存能力。

未来已来。经历了 21 世纪的两个 10 年，我国律所既抓住了很多发展机遇，也抵御了不少风险挑战。在面临经济发展新常态、社会发展新情况以及对外经贸交往新形势时，致力于专业化强所建设应当成为律所管理和竞争的核心要素。在当今律师服务市场，专业化服务要求越来越高，越来越需要深耕细作、深度挖掘的专家型律师、律所。专业化，从律所发展的主观上来说，是找准主攻方向、塑造品牌、提升律所竞争力的需要。从法律服务市场的客观上说，是市场细分、精细服务、深度服务的倒逼。在国家重大战略的引领下，选取一个或几个课题做精做专，有利于把握建设专业化强所的正确方向，在市场中站稳脚跟。此外，社会发展新需求也是律所做精做强的源泉。伴随改革的推进，社会新领域出现的新问题同样带来新的发展机遇。加强对涉外法律服务的关注，是律所提升专业化建设的必由之路，这涉及经贸、外交、投融资、并购、国家海洋保护和争端解决、WTO 诸多方面。

律所的发展始终与国家的发展同呼吸、共命运。我国越来越开放、营商环境越来越好的时代大背景为律师业的发展带来了机遇。随着“一带一路”倡议的实施，我国走向世界的步伐不断加快，律所的发展也必定会呈现出新的趋势。2020 年 6 月，党中央、国务院印发了《海南自由贸易港建设总体方案》。海南自贸港的建设对法律服务行业产生了深刻影响，诸多律所开始涌向海南开设海南分所。作为我国律师业的新桥头堡，各地律所海南分所尝试的创新管理，正在加快我国律师制度探索的步伐，极有可能成为律师行业变革的先导。当我们着眼于关注律所的发展、管理与业务开拓时，就已经有了继往开来的勇气和魄力。我相信，在全体律师的共同努力之下，律师行业与律所的发展必将能够开启新的篇章，描绘出一幅崭新的蓝图，在新的时代继续焕发出勃勃生机！

智合在 2019 年启动了面向杰出律所的访谈项目，邀请了全国领域内具有代表性的律所进行深度访谈，形成并出版了本书。因此，本书全面呈现了不同规模、不同区域和不同特色的律所发展足迹，并着重关注律所在特定时代背景下的发展路径，以及目前正在进行的建设和未来的发展战略等内容。本书所展现的部分律所的发展轨迹一定程度上是过去 40 年来我国律所整体发展的缩影，既反映了时代的不断变迁，也反映了律师行业顺应时代需求快速发展的现状。作为行业翘楚，本书所刊载律所的发展路径值得全行业学习和借鉴，不同律所的管理模式也同样值得行业内共同探讨和思考。在我国律师制度恢复 40 年之际，本书的出版具有纪念意义和重要价值。故此，我将此书推荐给各位读者。

是为序。

中国律师四十年，谁是见证者？

刘桂明

《民法与法制》周刊总编辑

智合创始人、首席执行官洪祖运约我为本书作序，我没有任何犹豫便立即答应了。其中既有我们同为华政校友之缘分，更有我们同属律师之友之本分。

近年来，洪祖运所创建和领衔的智合平台，不仅为律师管理提供了大量科学而丰富的数据分析研究资料，更重要的是还为律师发展贡献了诸多翔实而有效的实证研究参考样本。同样，智合平台即将推出的《中国律所访谈：四十周年纪念版》一书，正是一部聚焦律师管理与总结律师发展的经典之作。

这部经典之作，看起来只是一部中国大所的成长之路，其实也是中国名所的成功之路，更是中国强所的成就之路。简言之，就是中国法律服务机构不断做大做强的成果展现和经验呈现。通过智合公众号此前的部分披露，也通过这部新书此时的完整展示，我们可以看到，这些故事既有值得可歌可泣的律师成长故事，更有值得大书特书的律所发展故事。

作为序文，本文落笔之日，既是《中国律所访谈：四十周年纪念版》一书即将出版之时，更是许多与律师制度有关的日子巧逢之际。

今天是 2020 年 7 月 7 日，我想起了 34 年前的今天，正是一个值得纪念的日子。1986 年 7 月 7 日，中华全国律师协会在北京正式成立。这是中华人民共和国成立以来第一个全国性的律师群众性社会团体，也是按照1985年7月25日中央书记处第221次会议决定精神成立的。时任中央政法委员会副书记兼秘书长刘复之任中华全国律师协会名誉会长，时任司法部部长邹瑜当选为首任中华全国律师协会会长。

无巧不成书，智合此次推出《中国律所访谈：四十周年纪念版》一书的缘由，正好来自智合为全国律协撰写发展报告中的启发。2019年3月，智合受全国律协委托，开展《中国律师行业发展报告（1979~2019）》的调研和编写工作。为此，他们曾经走访了数百位律师和有关专家，收集阅读了几百万字的相关文献。在发展报告的撰写过程中，他们感觉到，在恢复律师制度40周年的时代节点下，需要记录的不仅仅是历史的数据。作为历史进程的参与者和创造者，中国律师事务所的故事更应该被记录。于是，他们立即启动了“中国杰出律所访谈项目”。因为这个项目，他们又产生了将这些访谈结集成书的策划创意。

更具巧合意义的是，他们又选择于2019年8月26日在北京大学法学院，联合法律出版社共同举办《中国律所访谈：四十周年纪念版》编写交流会，就该书编写及出版一事进行学术交流和新闻发布。在这场以“四十年来谁著史”为主题的交流会上，智合创始人、首席执行官洪祖运和法律出版社相关领导分别代表主办单位致辞，并对丛书编写背景及情况做了介绍。来自中伦、环球、金杜等律所的代表分别围绕“激荡四十年——回眸中国律所的历史瞬间”“击浪三千里——遥望中国律所的基业长青”的主题，进行了交流分享。北京大学法学院副院长杨晓雷发表了“法商人才发展的价值、趋势与模式”的主题演讲。百度公司副总裁兼总法律顾问梁志祥分享了从互联网视角对法律行业的观察。中国法学会律师法学研究会常务副会长李公田从中国律师定位及律师执业机构设置的变迁发表了闭幕致辞。

了解中国律师发展的业内人士都知道，中国律师制度的标志就是1980年8月26日第五届全国人民代表大会常委会第15次会议通过的《律师暂行条例》。1996年5月15日，《律师法》审议通过，从而取代《律师暂行条例》，成为我国首部真正意义上针对律师群体制定的法律。在2007年、2012年、2017年，我国先后三次对《律师法》进行修订，基本形成了覆盖律师执业和律师管理工作各方面、各环节的律师法律制度和配套规章体系。尽管如此，谁也无法否认其巨大的历史意义。可以说，《律师暂行条例》的颁布通过，既是我国改革开放40年来的起点，更是我国律师制度恢复重建40年来的起点。

自1979年12月开始恢复重建的中国律师制度，从此开始真正步入了法制轨道。40年来，中国律师事业伴随中国经济社会的发展而发展，跟随中国民主法治的进步而进步。40年来，我国律师事业从无到有、从小到大、从少到多、从内到外，都取得了历史性成就。在服务经济发展、保障人民合法权益、维护社会公平正义、推进社会主义民主法治建设等方面发挥着重要作用。

2020 年 6 月 28 日，司法部发布了最新的中国律师业统计数据。截至 2019 年年底，全国共有执业律师 47.3 万多人，共有律师事务所 3.2 万多家。在律师数量上，从当初的寥寥 200 多人发展到 2019 年年底的 47.3 万多人；在律所数量上，从当年 70 多家发展到 2019 年年底的 3 万多家。这是一个多么了不起的进步啊！所以，确实值得可歌可泣与大书特书。

智合推出的《中国律所访谈：四十周年纪念版》一书，可谓正逢其时、恰逢其盛。这部新书的出版，既顺应了中国律师发展的趋势，也回应了中国律师发展的需求。尤其值得一提的是我国律师事务所数量的发展变化。根据此次司法部公布的数据，在 3 万多家律所中，合伙所 1.94 万多家，占 59.55%；国资所 970 多家，占 2.98%；个人所 9200 多家，占 28.47%。

数据的变化就是发展的标志，数字的增长就是发展的见证。中国律师制度恢复重建 40 年来的历史，与其说是中国律师制度发展变迁的历史，不如说是中国律师机构发展变迁的历史。如果说律师都是我国律师制度发展的参与者，那么律师事务所就是我国律师制度发展的见证者。

1979 年 9 月，司法部恢复重建。当年 12 月 9 日，司法部发出《关于恢复律师工作的通知》，通知要求各地抓紧时间把“法律顾问处”建立起来。那时，律师组织机构只有“法律顾问处”一种形式。所以，在各地的法律服务机构多被冠以“第一”“第二”的序号或“对外经贸”“金融贸易”等类似的前缀。后来，按照司法部的有关规定，对律师事务所名称要求规范化。于是，就出现诸如“北京第十律师事务所”改为“北京地石所”、“天津第一法律顾问处”改为“天津依法所”、“西安第一律师事务所”改为“西安帝意所”的特别现象。

1983 年 7 月 15 日，广东深圳蛇口律师事务所正式挂牌成立。这是改革开放后中国设立的第一家叫作“律师事务所”的法律服务机构。最初，蛇口所是国办所，后分别于 2002 年、2007 年两次改制，最终由合作制律所改为合伙制律所。如果说，蛇口所的发展变迁是中国律师事业发展的一个缩影；那么，我同样可以说，被列入智合访谈的杰出律所则是中国律师事业发展的见证。

40 年来，我国律师事务所的组织形式，从恢复重建之初的法律顾问处到国家出资设立的律师事务所即国办所或国资所，从合作制律师事务所的探索到合伙律师事务所的兴起，从普通合伙律师事务所的出现到个人律师事务所的亮相，构成了我国律师机构 40 年来的发展变迁图。可以说，我国律师制度恢复重建的 40 年，既是律师制度改革不断深化的 40 年，也是律师职业定位不断深化的 40 年，更是司法行政管理和律师协会行业管理“两结合”管理体制逐步健全的 40 年。其中，律师事务所组织形式的不断完善正是这改革创新 40 年的重要见证者。

我曾经对我国律师制度恢复重建后的中国律师做了一个这样的代际划分：第一代是

从1979年或1980年到1991年,属于创业探索派;第二代是1992年或1993年到2000年,属于改革创新派;第三代是2000年到2012年,属于提升完善派;第四代是2012年到现在,属于规范回归派。我认为，跨越了这四个时代的律师，就是真正意义上的中国律师界的老律师，就是完整意义上的中国律师业的参与者和推动者。

那么，律师事务所是什么情况呢？阅读本书，我们会发现，被列入此次访谈的杰出律所，既有第一代、第二代律师发起的，也有第三代、第四代律师创办的。但是，从时间轴来看，大多是20世纪90年代成立的。由此可见，律师与律所的发展一定是同步同频的。对于律所的成长发展，每一代律师都有其独特的贡献。

毫无疑问，智合此次访谈的律所基本上都是大所。所谓大所，就是无论在人数上还是专业上乃至品牌上，都具备了一定而客观的规模。根据司法部的最新统计数据，从律师事务所规模来看，律师10人（含）以下的律师事务所有2.1万多家，占65.57%；律师11~20人的律师事务所有6860多家，占21.06%；律师21~50人的律师事务所有3420多家，占10.48%；律师51~100人的律师事务所有620家，占1.90%；律师100人（含）以上的律师事务所320多家，占0.99%。显然，所谓规模所，其人数一般应该在100人以上。当然，在某些地区，也有50~100人的情况。所以，在此次智合组织的杰出律所访谈中，也有部分中型律所。

2019年1月11日，在“2019桂客年会”上，我们发布了我国律所40年来逐步走向规模化的10种模式：自然做大、一元做大、合并做大、联盟做大、联邦做大、联姻做大、布局做大、火炬做大、巡回做大、专业做大。其对应的律所代表君合所、岳成所、国浩所、中世律所联盟、瀛和律师机构、大成所、盈科所、明炬所、天同所、建纬所，分别在年会上介绍了各自的发展成长之路。当然，中国律所的做大之路，远不止这些律所。

于是,摆在各位面前的这部新书,正是一部展现中国律所走向规模化、品牌化、专业化、规范化之路的经典范本和实用样本。出现在本书中的杰出律所，既有天达共和、康达、天册这样的老字号，也有方达、隆安、天元这样的中生代；既有泰和泰、华商、德和衡这样的独立做大，也有浩天信和、天衡联合、法德东恒这样的合并做大;既有文康、六和、博和这样的东部精英,也有索通、百君、树人这样的西部翘楚;既有从京城向外扩张的盈科、道可特、兰台，也有从省城向外辐射的明炬、功承、坤源衡泰;既有学院风格的东卫、安理、高文，也有专业风范的观韬中茂、中伦文德、联合信实……它们或是经历了合伙人的共同创业，或是经过了合伙人的磨合重整。值得羡慕而致敬的是，风雨过后，它们都见到了彩虹。总而言之，每一家律所的成长都是有故事的。所以，它们的故事或传奇或惊喜或炫目，都是有价值的，都是应该记录的，都是值得分享的。

我曾经对中国知名律所的所名做过一番有趣的研究。研究之后，我将出现频率最高的56个字编成了这样一首打油诗：

中国人明泰和康，
华天环京通金方。
大力建德常卫冠，
君师衡信盈海商。
致成元典星河安，
同升平台融功章。
道法尚谦善理业，
合众浩汉齐兴邦。

在我看来，在这首打油诗里，能找到一个字的可能就是一家知名所，能找到两个字的可能就是一家品牌所，能找到三个以上的应该就是一家杰出所。对照智合访谈的第一批律所，基本上都能在这里找到自己所名中的字。

当然，在这里是否找到自己的字并不重要，找到适合自己成长发展的道路才更重要。从 20 世纪 80 年代国资所的创业到 90 年代合伙所的改革，从 21 世纪中国律所走向市场化到新时代实现差异化布局和平台化交流乃至信息化建设的目标，中国律师事务所开始寻找自己追求的定位，确定自己发展的方位，确保自己服务的到位。出现在本书中的杰出律所，显然已经找到了自己的方位。它们之所以杰出，是因为它们找到了适合自己发展的道路模式。它们不仅找到了适合自己发展的道路，更重要的是，它们是真正意义上的中国律师 40 年发展的见证者。

如何让更多的律所找准定位、找到方位，正是推出本书的目的。因为律师，洪祖运及他所领衔的智合团队适时推出了这部新书。因为律师，我为洪祖运及他所领衔的智合团队而点赞叫好。他们与我一样，都对中国律师有一种使命感和责任感，我们都愿意为中国律师业做一些实实在在的工作，我们都希望中国律师界涌现出更多的杰出律所。

在我们看来，做大只是形式，做强才是目的，做好则是目标。只有做得更好，才能成为杰出律所。

是为序。

2020 年 7 月 7 日于北京皂君庙

书写属于中国律师事务所自己的历史

吕红兵

全国政协委员，全国律师行业党委委员、中华全国律师协会副会长

这是中国律师事务所的发展史。

这是中国律师事务所的改革史。

这是中国律师事务所的开放史。

中国律师事务所的发展、改革与开放的历史，正是中国律师制度的历史。

每一个律师事务所的故事，都是中国法治建设画卷的缩影；每一个大律师的茁壮成长，都让我们看到勤劳勇敢的中国人奋斗不息的身影；每一个成功的经典案例，无不包含催人奋进的励志事迹；每一个扼腕叹息的失败教训，都足以成为后来者向更高处攀登的阶梯。

风云际会，时空交织；你方唱罢，我又登场；星光灿烂，花开满园。浓墨重彩为中国律师事务所群芳谱，荟萃精华成中国优秀律师群英会。

中国律师事务所的发展，离不开中国法治建设的进程；中国法治的进步，总是伴随着改革开放的铿锵。再回首，恍然如梦；再回首，我心依旧；再回首，轻舟已过万重山。

改革开放 40 年，法治进程 40 年，律师发展 40 年。我们每一个律师，都有幸亲历这段法制时光或法治历程，我们都是时光闪现的经历者、见证者，也是历史成绩的建设者、受益者。在创新法律服务、创建法治大厦的同时，我们律师及我们的事务所自己，也在成长、成熟、成就。

1979 年 7 月 1 日，五届全国人大第二次会议通过《刑事诉讼法》，明确规定，“被告人有权获得辩护”，被告人“可以委托”律师“辩护”。1979 年 12 月 9 日司法部发布关于恢复律师制度的通知，标志着中国律师制度的重建，虽然当时全国只有 212 名律师，虽然律师业务仅限于刑事辩护、民事代理、代写法律文书、法律咨询等简单而又传统的项目。

当我们今天再次翻阅 1980 年 8 月 26 日的《人民日报》，头版的消息仍可以清晰地呈现在我们面前：“五届全国人大常委会第十五次会议决定，同意在深圳、珠海、汕头和厦门设置经济特区。……这次会议还通过了《中华人民共和国律师暂行条例》。”不经意间，中国律师又搭上了改革与开放这艘顺风大船。也就在 1980 年，在对“四人帮”的公审中给予被告获得律师辩护的权利，不仅体现了对宪法的尊重、对人权的尊重，而且使久违了的律师登上了主流媒体与街谈巷议的双重舞台。

16 年后的 1996 年 5 月 15 日，《律师法》颁布实施。而此后 20 年，律师法不断修订，与时俱进，越发完善。2007 年，也就是我担任上海市律师协会会长的第三年，十届全国人大常委会第 30 次会议通过新《律师法》，“三个维护”入法：“维护当事人合法权益，维护法律正确实施，维护社会公平和正义”，为律师事业发展指明了前进的方向、奠定了坚实的基础。在我卸任会长的 2008 年，上海律所数量 889 家，12 年后的今天已增长到 1660 多家；律师人数从 1 万名增至近 2.65 万名；业务收入从近 50 亿元上升到 250 亿元。

数字是枯燥的，但数字最有说服力。1978 年，中国的经济总量占全球 1.8%，律师制度第二年恢复时仅有 212 名律师；2019 年，早已成为全球第二大经济体的中国，经济总量占全球 16.6%，而与此同时中国律师人数猛增至 47.3 万人。1978 年，中国人均 GDP 只有 384 美元，此后的 1979 年中国每万人仅拥有 0.0022 名律师；2019 年，中国人均 GDP 将超过 1 万美元，而此时中国每万人拥有律师数升至 3.4 人。这个数字，是值得大书特书的：截至 2019 年年底，中国拥有 47.3 万名律师，拥有 3.2 万家律师事务所。

可以说，律师制度的不断完善，律师事业的蓬勃发展，正是“中国特色社会主义法律体系日益健全”的一个缩影，也是“全面依法治国深入推进”的重要标志。正可谓，法治兴，则律师兴；也可谓，律师兴，则法治兴。

40 年中国改革开放，春风化雨，春华秋实；40 年律师事业发展，波澜壮阔，乘风破浪。这是我们的回忆，也是我们写下的中国律师记忆；这是我们的足迹，也是我们走出的中国律师奇迹。习近平总书记说，中国的今天是中国人民干出来的。同样，中国律师事业的今天也是中国律师干出来的。

与改革开放一样，中国律师事业的发展，也包括律师事务所的发展，也是坚持摸着石头过河和顶层设计相结合，坚持问题导向和目标导向相统一，坚持试点先行和全面推进相促进，一步一个脚印踏踏实实干出来的。

早在2005年担任上海市律师协会会长的时候，我就一直思考这样一个问题，在一个城市是需要有一批规模大所、专业强所和品牌名所的；这三种类型的律师事务所一个都不能少，并且基于它的存在、发展与壮大，来引领一个城市律师事务所的发展和现代服务业的进步。

我们欣喜地看到，“智合榜”上，全国性乃至世界性的规模大所已经涌现，全方位尤其新领域的专业强所层出不穷，而飞入寻常百姓家的品牌名所也是纷至沓来。

无疑，今天登上“智合榜”的每一家律师事务所，犹如幸福的家庭总是相似的，都有自己的幸福之处，都幸福着自己的幸福。采用数学上“提取公因式”的方式，我们高度概括、精度提炼，以总结出有关律师事务所发展的规律性认识，并以此指导中国律师事业发展的实践。或许，这就应该是那么多律界大咖坐而论道的原因，也应该是智合全力并倾情制作这一宏大巨著的初衷，更是中国律师尤其是青年律师发展成长需要的热切呼唤。

作为一名始终战斗在法律服务第一线的执业律师，也作为一名长期从事行业服务和管理的工作者，我的体会是，这种规律性的认识，既包括目标与方向的定位，也包括战略和战术的选择，另外也有体制与机制的安排，综合起来就是律师事务所发展的基础性模式。而在这一基础性之上，又呈现出百舸争流、千帆竞发，百花齐放、争相斗妍的局面。

第一，把握律师制度本质，知行合一，谋求事业发展。

从20世纪80年代的“国家法律工作者”，到90年代的“为社会提供法律服务的执业人员”，再到21世纪的“三个维护”，我们的认识不断深化；从十六届四中全会提出发挥律师机构作为社会组织“提供服务、反映诉求、规范行为”的作用，到国家“十一五”规划将律师业界定为“现代服务业”以推进发展，再到十八届四中全会明确律师的“法治工作队伍”定位，我们的理解更加全面。这一规律性认识和本质性把握，一并体现在律师的执业行为和律所的管理之中，成为中国律师事业发展的基础，也使律师队伍迸发出内生的活力、动力和魅力。

我们欣然所见，有的律师事务所就把“重政治、高站位、大格局”作为立所之本，而有的则说要“讲政治、重专业、比奉献”；有的律所遵守“忠于宪法与法律，忠于当事人利益”的格言，有的律所“将职业作为事业”，“把当事人的需求作为律师责任”。秉持如此信念，恢复之初的中国律师事务所可谓“雄关漫道真如铁”，40年发展至今则见“人间正道是沧桑”，而展望明天一定会“长风破浪会有时”。

第二，投身改革开放大潮，建功立业，发挥职能作用。

没有一项事业，如改革开放之伟业如此呼唤律师；没有一个时代，如法治中国之新时代如此成就律师。中国律师从恢复创建的第一天起，就同改革开放同呼吸、与法治建设共命运。服务经济建设，参议政治建设，顾问文化建设，参与社会建设，投身生态文明建设，中国律师处处有形，时时有为，进而有为，力求有效。法治中国建设中，律师不是万能的，但没有律师却是万万不能的。

例如，“一带一路”，法律先行，律师当先，正成为上上下下、里里外外、商界法界的通识。而今天我们欣赏的这些律师事务所，无不在大踏步地走向海外，为中国律师事务所的国际化勇做探路者。再如2020年“两会”后，39名律师全国人大代表和政协委员，以及成千上万名执业律师，进工厂、上学校、入军营、赴农村，掀起宣讲民法典的高潮，发挥了律师不可或缺、无法替代的独特作用。

只有为国家改革开放保驾护航，只有与法治中国建设同频共振，服务大局、服务民生，才能定准中国律师的方位，才能明确律师工作的航向。有的律师事务所就说，“与客户一同成长，在业务上不断深耕”，有的律师事务所则“以专业服务为客户创造最大价值”。在服务中奉献，在奉献中提升，我们的律师事务所踏着时代的节拍，日新月异地成长着。

第三，加强律师队伍建设，德才兼备，推进基业长青。

改革开放和法治建设，对中国律师而言，既是机遇也是挑战，既有压力更有动力。“打铁还要自身硬。”律师就是要有本事、靠得住、过得硬。党和政府始终关怀律师队伍建设，2007年4月26日，习近平同志履新上海市委书记仅一个多月，就专程来上海律师协会调研，亲切接见首届“东方大律师”。总书记当年的谆谆嘱、殷殷情、切切意，令上海律师至今念念不忘、时时回响。

队伍建设，是事业发展的命脉，是基业长青的根基。对于这些律师事务所而言，几乎都把人才战略作为律师事务所发展的首要战略。有的律师事务所，“专业之星”璀璨、“希望之星”闪耀；有的则推进“人才国际化”战略，让年轻人“有负责任的精英感”；更多的律师事务所把文化理念、管理模式、人才培养作为事务所发展的“黄金三角”予以“三足鼎立”。

第四，着力律所文化培育，润物无声，保持昂扬正气。

衡量一个行业的成熟度，可以把握两个标准。一个是规范、完善的自律规则体系，另一个是有底线、能包容的行业文化建设。一个具有近40年恢复并发展的历史，一个拥有逾40万成员的队伍，一个每年发展速度超过国家经济发展指标的行业，是迫切需要加强文化建设、培育职业精神的。有一句谚语说，当我们走得太快的时候，要停下来等一等我们的灵魂；另有学者说，我们的路走得太远太快，但忘记了为什么出发。因此，我们应倡导并践行“忠诚”“为民”“正义”“明法”“厚德”的价值观，当社会良心，做道德之师。

在文化建设方面，各家律师事务所独辟蹊径，百家争鸣，但其中却都贯穿着上述核心价值观。有的立志“做受人尊重和值得信赖的律师事务所”，有的则要求律师们要“做客户信任和信赖的律师”；有的律所行“学者风范，君子之道”，有的律所则是“贵族精神与江湖义气”的统一；有的律所推行“谦抑厚重，和衷共济”，有的律所则倡导“牺牲精神”与“人合之道”；有的律所希望“开放性，无等级”，有的律所则信奉“提携文化”“师承传统”。还是瑞·达利欧在《原则》一书中写得到位：“一个机构就像一部机器，主要有两组部件构成：文化和人！”

第五，完善律所自治管理，规范持续，营造律师家园。

历史，总是在一些特殊年份给人们以汲取智慧、继续前行的力量。“1986”“2016”，这两个普通的数字对于中国律师却象征着重要的时间节点，串联起翻天覆地的30年。1986年中华全国律师协会成立，而30年后协会拥有了小平同志强调的具有标志性的30万名律师。

“三十而立”，在新的历史起点上，律师协会如何深化改革，以符合每年以10%增长的会员事业发展的期待，适应全面深化改革和法治中国建设的需求，理应做出深刻性的反思与前瞻性的抉择。而行业集中统一的认识就是，律师行业的管理基础在于律师事务所的管理，再进一步分析，律师事务所管理的重点是合伙人的管理，合伙人管理的关键是分配制度的安排。

从合伙制律师事务所诞生之日起，管理者们不间断地探索着符合自己所情的分配制度。诚如大家所言，“提成制”不是洪水猛兽，“公司制”也并非灵丹妙药。问题的关键在于，合时、因事、应势。探索无止境，发展是关键；实践来检验，持续显效果。引人、留人、养人、用人，近悦远来、其乐融融，靠的是文化以及具体化的体制与机制、行为化的治理与规范。新故相推舒画卷，丹青妙手向翠峰。新形势下，律师事务所的管理和治理仍然需要我们下功夫、做文章、求突破、谋发展。

智合是一个有思考的机构，是一家有责任的媒体。其创始人洪祖运先生的经历和阅历，决定了智合的魅力与潜力。不过，我本人一直没有把洪总当“外人”——“业外人士”，我一直有个观点，律师行业也包括法律媒体人，这些法律媒体，特别是专业化的法律新媒体，在为律师事业发展鼓与呼的同时，也成长着自我、成就着自己。我只能说，洪总作为“业内人士”做了一份应为但难为的工作，做了一个应有但难得的贡献！

实现中华民族伟大复兴的中国梦这场精彩大戏才刚刚拉开大幕。诗人艾青在1978年便写下了《光的赞歌》，“我们的心胸燃烧着希望，我们前进的道路铺满阳光”“让我们从今天出发飞向明天，让我们把每个日子都当作新的起点”。

岁月不老，初心不变。对历史的最好纪念，就是创造新的历史。我们书写，我们总结，我们提炼，我们提升。中国的律师、中国的律师事务，一定会锲而不舍、一以贯之，时不我待、只争朝夕，再接再厉、再创佳绩！

2020年7月16日

中国律所四十年

本书编委会

1979 年 9 月，司法部恢复重建。当年 12 月 9 日，司法部发布《关于律师工作的通知》，明确规定，当前首要的是抓紧时间，先把大、中城市的法律顾问处建立起来，迅速开展工作。这一年，被视为中国律师制度恢复的元年。

1979~2019 年，是中国律师发展史上不可替代的独特年代。第一个十年，律师暂行条例颁布，中国律师制度正式确立运行，第一家律师事务所挂牌成立，完成从“法律顾问处”到“律师事务所”的过渡。第二个十年，中国第一部《律师法》审议通过，国办所、合作制律所、合伙制律所并存发展。第三个十年，中国“入世”，外资进驻，在经济加速转型背景下的两次改制，让中国律所正式完成合作制向合伙制的转型。第四个十年，中国提出“一带一路”倡议，中国律师行业的国际化进程再次提速。

探索，转型，创新，博弈，时代激荡出一条大河，裹挟着法律人摸着石头过河。恢复，重建，开拓，整合，四十年的艰难和辉煌，承载了法律人的光荣与梦想。那些活跃在中国法律服务市场的律所，它们当中有的与中国律师制度恢复同期成立，占据了涉外法律服务业的制高点；有的以规模化为发展路线，在境内外构建了完整的服务网络；有的将自身定位为“高端的商事律师事务所”，构建了全产业的法律服务链条；有的则在某些领域做精、做深、做强，成为专业品质的代表；有的立足本土市场，以专业化、市场化、规范化为发展路线，成为区域性律师事务所的标杆……

每一步的尝试，交织成中国律师行业发展的横纵坐标。每一笔的精彩，勾画出过往40年的多样辉煌。在40年的时间里，中国律师行业有太多的故事可以挖掘。是以，我们于2019年启动《中国律所访谈：四十周年纪念版》丛书编写工作，以期记录一部分中国律所的发展历程。

1979~1989：萌芽

1979~1989年这十年间，中国律师业表现出四个发展趋势：其一，中国律师逐渐匹配并满足国家和人民群众对于法律服务的需求，在中国社会经济发展中所发挥的作用越来越重要。其二，中国律师开启了与国际律师平台的交流，为中国律师的国际化发展打下基础，不仅如此，当今许多在涉外法律服务领域颇有建树的律所均于20世纪80年代开始起步。其三，中国律师制度不断改革与完善，而且，在1986年，全国性的律师行业自律组织——中华全国律师协会成立，这标志着中国律师业进入一个新的发展阶段。其四，全国律所和律师队伍持续增加，全国各地涌现出许多“国办所”（法律顾问处），而中国律所发展的第一波浪潮正是起源于体制内。

1980年元旦，12名“归队”律师组建的南京第一法律顾问处正式开业，刚刚退伍的谈臻于这一年加入并成为一名律师。1987年，“南京第一法律顾问处”更名为“南京第一律师事务所”。10年后，再度更名为“法德”，成为“自收自支，自负盈亏”的江苏律所排头兵。

1982年，武汉市法律顾问处成立，下设经济组、民事组和刑事组。1985年，法律顾问处以原经济组部分人员为主力队伍设立了“武汉市对外律师事务所”，2年后，蔡学恩加入其中，并在1994年成为律所主任。后来与“君尚”合并成为得伟君尚的“得伟”即是在此基础上改制成立的。

1983年，吕梁地区律师事务所（后改名为“中吕”）成立。4年后，有多年政府工作经验的高剑生调派到此处，开始他的律师生涯。2001年，走过18年历程的中吕律师事务所从国办所改制为合伙所，已经担任7年律所主任的高剑生开始了新的创业之路。

1986年，司法部在《关于加强和改革律师工作的报告》中提到，要大力发展律师队伍，一方面，通过增加编制的方式扩大律师队伍；另一方面，通过不占用国家编制的方式，从社会中招聘一批自学成才的法律人才从事律师工作。同年9月27日和28日，我国举办了首次律师资格全国统一考试。

当时，浙江这个民营经济发达的省份正在引进外资，对于能够提供涉外法律服务的律所和律师具有巨大的需求。“杭州市对外经济律师事务所”便在这一背景下诞生，王秋潮担任第一任主任。1994 年，浙江实行第一批合作制律所试点，王秋潮所在的律所更名为“天册”。

20 世纪 70 年代末 80 年代初，国家的立法工作全面展开。付洋正是在 1979 年进入全国人大法工委工作，见证并参与了 40 余部法律的制定和修订。在工作过程中，付洋逐渐萌生创办一家律师事务所的想法。1988 年，在法工委工作 9 年后，付洋创办了康达。

随着 1988 年《司法部关于下发〈合作制律师事务所试点方案〉的通知》的发布，王之龙、武晓骥、肖微、储贺军、段海海等人于 1989 年一起创办了君合。5 位创始人中有 3 位具备海外留学背景，在国际视野、跨境法律服务和语言交流上占据优势，将涉外法律服务确定为早期业务定位。

1989 年，厦门市湖里区律师事务所成立，后于 1996 年整体转制并更名为“信实”。2000 年，信实与群贤律师事务所（原厦门第二律师事务所）整体合并，改名为“联合信实”。

还是在 1989 年，济南市涉外律师事务所获批设立，这是众成仁和的前身，其创始合伙人王广仁是这家律所的核心人物。1994 年，王广仁推出“一所两制”，向社会公开招聘不占编制的人才，使众成仁和成为山东首批两家省级文明律所之一。

法德东恒、得伟君尚、中吕、天册、康达、君合、联合信实、众成清泰……它们分布于全国各地，均是 20 世纪 80 年代中国律所设立、改制、转型的代表；它们从“国办”时代走来，一路见证历史、参与历史、书写历史。

从全国形势来看，截至 1989 年年底，全国已建立律师事务所 3653 家，有专职人员 29,580 人。自 1979 年以来的十年时间，律师刑事辩护案件达 120 万件，民事代理案件 132 万件，解答法律咨询 1.26 多万件，代写法律文书 263 万件，办理非诉讼法律事务 35 万件，办理涉外法律事务 8 万余件。全国有 10 万余家企业、事业单位和 1500 多个区、县以上政府聘请律师担任法律顾问。① 市场的需求不断增加，律师队持续壮大，专业主义受到推崇，中国法律市场呈现出一派欣欣向荣的景象。

1990~1999：崛起

如果说 20 世纪 80 年代是现代中国律师行业的萌芽，那么 90 年代则是中国律所走向市场化的起点。1992 年，大批政府机构、科研院所的知识分子受邓小平南方讲话的感召，纷纷下海创业，出现了一大批知名企业家，即所谓中国工商界的“92 派”。这一时

① 参见李必达编著：《律师的足迹——新时期律师制度沿革》，工商出版社 1997 年版，第 277 页。

期创办的律所，亦成了律界“92 派”。

这一年，刚离开最高人民检察院的徐家力想办一家律师事务所，他游说了李京生、潘忠仁一同创办隆安。由于 3 位创始合伙人均为研究生学历，《法制日报》还特地报道：“我国第一家全部由法学硕士组成律师事务所经北京市司法局批准在北京成立。”后来，随着李大中、黄永庆、丁朋、张炳昆、陈旭等人的加入，隆安第一代合伙人逐渐形成“七匹狼”格局。

4 月，北京市司法局批准第二批合作制律所试点，彭雪峰递交了“大成”的申请材料。第一年，大成的全部工作人员不足 10 人；但不到两年的时间，大成即拥有 72 名执行律师，被《法制日报》头版栏目“中国政法之最”报道为“中国最大的合作制律师事务所”。

5 月，韩小京、刘钢、邸晓峰基于相同的理想与愿景，汇聚在北京赛特购物中心一个环境简陋的夹层办公室里，通商在这一天正式成立。他们将目光锁定在资本市场，寄托的是对于中国经济发展的期望。

同样是这一年，北京，于德彬、庞正忠、刘治海、贺宝银、田予、杨建津六人提交办所申请，以科技法为主打业务的金诚由此成立。20 多岁的刘红宇亦在此时选择离开前途一片大好的金融系统，创办了以银行等金融机构为主要服务对象的同达。12 年后，这两家律所合并，“金诚同达”的正式登上历史舞台。

同年年底，王立华、宁成、李鹏等在北大任教的兼职律师递交的办所申请材料正式获批通过，天元由此成立。预见到投融资和兼并收购的趋势，天元早早明确了专业化发展之路。第二年，天元作为唯一一家代表中国企业参与联合国伊拉克索赔案件的律所，打下了漂亮的一仗。

对外开放趋势与日俱增，这既体现在经济发展上，也作用在法律市场的崛起上：1993 年，国务院批准了《司法部关于深化律师工作改革的方案》，1996 年，新中国第一部《律师法》颁布，随之而来的是北京、上海、广东、福建、宁夏、陕西、重庆等地律师行业的蓄势待发。

北部：国际大所的摇篮

1993 年年初，在国家经济体制改革和司法制度改革政策的鼓励下，王俊峰和 3 位贸促会环球律师事务所的同事合伙创办了金杜。基于贸促会背景，金杜形成了以外商投资、银行融资、涉外业务为主的业务主线，逐渐成为日后中国国际化程度最高的律师事务所之一。

作为司法部部属国办所，天达亦在 1993 年成立，囿于体制始终无法做大，且体制改革呼声渐高，天达向司法部提交合伙制改制申请并迅速获得批文。两年后，类似的故事发生在另一家律所身上：几位律师选择辞去公职，创办共和。后来，两家律所成就了一段律界佳话。

这一年，从警10年的栾少湖离开公安队伍，参与创办了“中国律师事务中心青岛德恒律师事务所”（山东德衡律师事务所前身）。很快，德衡成为青岛律师行业的领航者。16年后，山东德衡又以“德和衡”之名进军北京，完成了再一次创业。

在山西，孙智于这一年从日本留学归来，正式成立“山西科贝证券商务律师事务所”（后改名为“山西科贝律师事务所”）。23年后，在京沪大所的冲击之下，科贝、锋卫、墨法世家走到了一起，三江汇流，华炬诞生。

1994年，杨晓明离开原所，创办天驰；1999年，君泰、广住在北京挂牌开张；2004年，洪范设立。至此，天驰、君泰、洪范、广住四块拼图一一就位，成为现在天驰君泰的主体，并以规模化综合大所的姿态活跃在全球法律市场上。

同年，在国办所已经有多年律师执业经验的韩德晶辞去法律顾问处主任职务，与杨光、崔利国一起成立观韬。两年后，观韬明确律所定位，以商事争议解决业务为专攻，从此走上了一条专业化发展道路。

1995年，一家名为“炜衡”的新设律所，以10万元起家，在朝阳区的三星饭店正式营业。“炜”者，盛大之火也；“衡”者，公平之器也，取名“炜衡”，寓意“以光明磊落衡情度理”。伴随四次迁址，炜衡正一步一步实现律所的百年大计。

在天津，李海波创办金诺时本想就做一家个人所，但他很快便调整想法——办一家开放式的合伙所。十年思考，金诺于2005年正式启用公司化的管理模式，在律师层面开始采用全员授薪制。历经“休克式”改制，历经“人事地震”，金诺用自己的经历为中国律师行业一体化提供范本。

同样是这一年，青岛的黄海之滨，3位不足30岁的年轻人初创了一家名为“文康”的律师事务所。后来，文康聚集7位高考状元、5位北大法律系高才生，成为首批“全国优秀律师事务所”之一。

1997年，贾春生离开原所，同马晓刚、权绍宁创立了一家“区别于传统形式”的律师事务所，定名为“浩天”。2007年，浩天同专攻涉外业务的李文合并，更名为“浩天信和”，揭开了此后律所业务飞速发展的序幕。

东部：海派文化的兴起

1993年，正值上海法律市场开放不久，在美国读完硕士的段祺华深感历史使命，决定回国办所，开拓涉外市场，推动中国经济发展。4月8日，段和段律师事务所挂牌成立，并很快在涉外业务领域打响品牌。

刚从复旦大学毕业的周志峰、吕晓东在这一年结识了年轻律师黄伟明、李骐等人。谈到未来理想，他们一拍即合，决定共同成立律所。一年后，他们拿到了上海市司法局的批文，一家名为“方达”的律所就此成立。

1994，金鹤山辞去上海工贸经济律师事务所主任的职务，下海创办精诚。经过与海众、众华这两家上海中型本土律所的前后两次合并，新“众华”以全新的姿态活跃于法律服务市场，薛国财、张尔东等年轻一代律师走上管理层，推动下一步发展。

在浙江，1995年，原于电力局任职的陈臻“奉命”创办阳光时代。发展初期，阳光时代即提出了打造4个“1/4”（1/4法律背景、1/4工科背景、1/4财经背景、1/4国际背景）业务团队的目标，也因此成为能源、环境、基础设施领域当之无愧的专业强所。

1998年，郑金都和朱亚元、俞国根、李静一同创办六和。“以法律顾问为基础，以非诉讼为发展方向”，六和不断研发“法律体检”等服务产品，逐渐成为浙江区域强所的代表。

在江苏，1996年，何丹、吴海春、严文戟三位年轻律师一道创立当时吴江市第三家合伙制律师事务所，后更名为“剑桥人”。20余年后，剑桥人与颐华合并，更名为剑桥颐华。至此，苏州第一家百人大所诞生。

临近新世纪，中国“入世”的呼声越来越高，法律市场中也越发活跃起来，1998年，俞卫锋、韩炯、秦悦民等人决定在上海创立一家能够从事国际性业务的新型律所，通力由此诞生，以“专业化”“精品化”“一体化”战略为发展导向，成为涉外领域的一支强力军。

一年后，曾任教于华东政法学院（现为华东政法大学）的杨国胜决意辞职，在方兴未艾、新所林立的上海法律服务市场开启征程，“汇聚四方英才，成就百年大业”，是为汇业。

同样是在这一年，为了实现上海本土律所做大做强的目标，锦联、天和、长城3家律所合并为锦天城。第一个10年，锦天城发展成为上海本土最大的律所；第二个10年，锦天城朝着规模化、国际化的道路不断前行，逐渐成为一家发端于上海的“航母级”律所。

南部：律所改制的前沿

1993年1月29日，广东省律师制度改革第一批5家合作制试点律师事务所，广信、金鹏分列其中，广东律师行业改革的大幕由此正式拉开。17年后，广信与信利盛达、安道永华3家律所重组合并，广东航母广信君达正式扬帆起航。而金鹏亦在王波的关键决策中，把握国家发展态势，内生增长，稳步前进，在华南法律市场中披荆斩棘。

随着合作制试点的成功，1993年年底，广东省司法厅批复同意了首批12家合伙制律师事务所，华商便位列其中。很快，在创始合伙人高树的带领下，华商迅速积累起国际视野、本土优势，从深圳迅速崛起。

1995年，童新在深圳创立了广和。在接下来的25年里，广和依靠“平台化建设、律师团队化、团队公司化”创造了许多华南地区的“第一”，以“千人大所”的姿态领跑华南法律服务市场。

在福建，1993 年 7 月 20 日的《厦门日报》整版报道了天地的诞生。孙卫星、李明、胡东林、吕今朝 4 位年轻律师放弃了厦门大学任教的“铁饭碗”，投身法律市场的未来。2001 年，天地与衡峰完成合并，天衡联合律师事务所由此登上历史舞台。

1996 年 7 月，作为改革创新高地的海南率先颁布了《海南经济特区律师执业条例》。为了建设一家制度更开放、经营更自主的律所，这年 10 月，王航兵创办了海南昌华，后更名为“海南昌宇”，带领海南律师走向“规模化、专业化、品牌化”发展道路。

西部：区域强所的成立

1993 年，在西安，海普睿诚正式成立，象征着陕西法律市场的正式起步。22 年后，又是海普睿诚，以完成陕西首例大规模合并的方式，将陕西本土律所的名号在全国范围内打响，再次领跑西部法律市场。

同年，在宁夏，正值我国金融体制变革，工商银行宁夏分行法律事务处处长祖贵洲在取得了律师资格后，与卢志斌、涂国城、杨凝华一起创办了兴业。以商事为核心，不断扩展业务领域，实现从区域强所的身份向规模大所的迈进。

1994 年，陕西第三家合伙制试点律所和信成立，7 年后，律师行业又迎来了一个新的十年黄金发展期。在创始人韩永安的力排众议下，和信内部重整，正式更名为“永嘉信”，开启了全新征程。

1995 年，韩德云创办重庆索通。这是中国西部第一家由留学归国的法律专业人士设立的合伙制律师事务所，对重庆律师行业带来了深远的影响。以涉外业务为核心，以公司化为保障，索通正实现从区域向全国的跃进。

1996 年，合伙制律所被正式写入律师法，顺应国家政策的支持，彭静与其他几名同样怀着律师梦想的年轻人一道，在山城重庆创办了一家名为“静昇”的合伙制律所，寓意“蓄锐以静、喷薄而昇”。

1997 年，重庆直辖，带动了西南地区和长江上游地区的发展，给法律服务市场带来了新的契机。在这样的背景下，袁小彬创办的中豪正式成立，立足先进的公司化管理模式，向国际化综合大所稳步发展。

一年之后，留美归来的张弘敏锐地察觉到了重庆直辖中隐藏的良机，志和智在重庆临江门的一间办公室正式启航。凭借自身的经验，志和智主攻涉外与房地产业务，迅速在重庆法律市场立稳了脚跟。

同年，面对重庆直辖所带来的机遇与挑战，执教于西南政法大学的孙渝和杨泽延毅然决定辞职下海，积极投身法律市场，创办重庆百君，以刑法和商事为主攻业务，双线并行，刚柔交济。

轴心时代的 10 年

1990~1999 年的十年间，中国律所迎来了“轴心时代”，从刚开始的零星几家，到临近千禧时全国井喷，中国法律行业正面临最激动人心的 10 年。

在这十年间，我们可以看到，日后的区域所如何起步立足，不断变强；专业所如何明确定位，占据优势；规模所如何实现突围，走向国际。正是这 10 年打下的基础，为未来 10 年中国法律行业的腾飞奠定了契机。

2000~2009：飞跃

对于法律服务行业而言，2000 年的意义不仅仅是新千年的开始。

刚刚过去的 20 世纪 90 年代里，一批如今称得上“老牌大所”的律所先后诞生并完成初始积累，而各地的法律服务市场亦随着探索性政策的公布，开始有了觉察潮水走势的“春江之鸭”，也开始有了原野上含苞待放的锦簇之花。

而在即将到来的新世纪 10 年，法律行业才真正步入了朝气勃发的“生长期”：早早扎根的“乔木”们日渐枝繁叶茂，撑开一片绿荫；孕育成熟的“花苞”也开遍四野，神州大地的气息越发不同——这是属于中国律师行业的快车道，也是中国律所们从蓄力到飞跃的新一轮发展变革。

2000 年，司法部下发了《律师事务所社会法律咨询服务机构脱钩改制实施方案》，敦促“国办所”“合作所”改制为合伙制律师事务所——20 年后的今天，我们把它定义为“国办所”“合作所”们脱钩改制的楔子；

2001 年，中国成为世界贸易组织的正式成员，“和平与发展”的大潮正式来临——19 年后的今天，我们知道这给资本市场为代表的非诉法律服务带来了前所未有的发展契机；

……

世纪之交，制度变革和经济增长，给律师行业一个信号，需求更多、市场更大、竞争也将更为激烈。如果说早期律所的掌舵者们尚可根据当时的成立基因选择方向，新形势下，不同的战略指向不同答案，分化也随之而来。

综合化、规模化：基于共识的群体探索

未来的律所发展方向究竟是怎样的?

迄今为止，对于规模化发展的认知或许已经普及，但在那各路思想激烈碰撞的世纪之交，部分律所已经隐约有所觉察：综合化、规模化，将是行业内一个必然的发展趋势。

积极在全国范围布局扩张的金杜等老牌律所，新晋合并诞生的上海本土大所锦天城，都在印证着这一共同思路。

2000 年，金杜率先在硅谷收购了一家当地律师事务所，设立金杜美国办公室，开始了自己的全球规模化布局。

2004 年，肖微发现客户们已经不再青睐单一领域专业服务，而期待律所能够为自己提供多领域乃至全面的解决方案式的法律服务。次年，君合开始转型为综合律师事务所。

同年，方达的周志峰、深圳办公室的丁继栋、从谢尔曼・思特灵香港办公室加盟的周传杰和从美富北京办公室加盟的季翔一起“移师”北京，用 10 年时间，让方达北京办公室的人员规模和创收均得以和上海办公室持平。

不仅仅是“红圈所”，在新世纪的头十年，亦有更多律所，早早开始为自己未来的综合化、规模化之路打造地基。

2001 年，以承办军队业务为主的北京蓝天法律顾问处改制成为蓝鹏律师事务所，空军出身的张起淮也自此带领蓝鹏，以航空业务为支点，一步步打造出一家涉足众多领域的综合性律所。

也是 2001 年，有多年司法局管理经验和国办所管理实践的郝惠珍跨入律所新设的浪潮，与赵兴仁等人一起创办了盈科。9 年之后，这家在北京规模尚小的律所，开始规模化道路，又在 10 年后凭借职业经理人制度、合伙人股权制、分所“直投直营”这三驾马车发展到万人规模，成为中国律所快速规模化的代表。

还是 2001 年，7 月 13 日，伴随北京申奥成功的欢呼声，中闻正式登记成立，志向远大的吴革和孙成霞、周唯、温继强等几名律师成为第一批班底。历经 19 年探索改革，中闻保持稳步发展，坚持打造法律人的“微型理想国”——一家提供综合性法律服务的大型律师事务所的发展方针。

2002 年，抱着“在中国建立一家各法学专业精细化分工、综合型的一流大所”的理想，一家名为东卫的律所在郝春莉、张世国、张敬明 3 位创始合伙人的张罗下宣告诞生，并以众多教授的加盟奠定了“学院派”的律所基因。

2004 年，已在房地产、金融等领域打响知名度的陈文，从律师行业的变迁中嗅到了律所综合化的发展趋势，中伦文德随之应运而生。15 年后，中伦文德已拥有 2000 余人的专业服务团队，朝着“大规模、综合性、国际一流的律师事务所”不断前行。

这些信奉综合、专业、规模之道的律所，汇聚成了一股强大的力量，让规模化逐步成为中国律师行业中的发展主流之一。

精品所：大潮之下，行己之道

大，即是强吗？至少在许多认真思考过的律所管理者眼里，这并不是一个有标准答案的问题。

也因此，在新世纪综合化、规模化的大潮下，同样有一批以“精品化”“专业化”作为自己发展目标，为自己量身打造发展战略的律所——它们用自己的实例证明，律所的成功也可以很多元。

2000年1月，新千年伊始，颜羽、徐莹、郭斌、贺伟平4人在新世纪的北京组建了一家专注资本证券市场的律所，名为“嘉源”。20年间，嘉源紧紧把握中国资本市场脉搏，有传承，亦有开放，是守望者，也坚持融合与创新。

2001年，王清友和其他6名想要开创一番事业的年轻律师，在朝阳门开办了一家律所——安理，19年后，安理已然成为中国传统中等规模律所在“一体化”之路上的先行者，不断探索自我成长、蜕变升级的可能性。

同年，高文的前身——高博隆华正式设立，并早早确立了综合化的发展方针。如今，在王正志的牵头下，脱胎于高博隆华专利代理所的高文，已是一家覆盖知识产权等多个业务领域综合性律师事务所。

2004年，何永刚、王佐林、曲伊生、彭友谊、李鹤、张庆华这6位执业多年的律师，在使馆区共同创办了海勤。16年，海勤始终保持“高端民商事精品律所”这一定位，在规模化的行业趋势下保持自己的活力与生机。

与其他精品律所不同，2007年才进入北京的百宸，源自陈亦工在硅谷设立的个人所PacGate。自诞生起便带着国际化基因的百宸，一直深耕私募基金与风险投资，见证了中国创投行业的起步、发展与兴盛。

2008年，一家名为“博和”的律所在上海诞生。林东品、叶松亭、朱宇晖几位创始人，带着一批深厚学术素养又具备实务经验的教授，奠定了这家专业精品所的刑事业务底色。

一年后，徐宗新怀着打造法治“试验田”的理念，在浙江创立了同样专做刑事业务的精品所——靖霖，在集聚了一批优秀刑辩律师的同时，也实现了优秀的品牌效应。

但此时，两家专攻刑事业务的精品所都尚未意识到，自己亦会在10年后的规模化浪潮中，做出怎样的突围选择——2019年，仲悦并入博和，开启了博和的裂变突围之路；靖霖在上海设立了靖予霖，并以此为总部和支点迈向全国。

路虽不同，“道”却相同。时至今日，精品化和综合化、规模化的讨论仍是各执一词，但核心立足点都是律所的健康、长远发展。

管理模式的探索：公司制、一体化的本土萌芽

新世纪的律所发展潮流，不只有规模化或精品化的战略方向分岔，还有“公司制”“一体化”的新锐管理思路。在“脱钩改制”的大潮过后，合伙制成为了律所的主流经营模式。但与此同时，关于“公司制”“一体化”探索的思潮，已经在律师圈逐步蔓延开来。不同

于最早尝试一体化的金杜，步入新世纪，新生代律所们对于如何打造更“本土化”的“公司制”“一体化”律所有了更多的思考与尝试。

2002年，杨光找来姚晓敏、杨强等几位志同道合的朋友，一起创办了兰台。此后十余年，在“边摸索、边打补丁、边优化”的发展中，兰台摸索出了具有自身特色的一体化运营机制，给市场注入了自己的思考与创新成果。

一年后的2003年，“非典”汹汹来袭，29岁的刘光超在东四环购置的写字楼因此无人问津。以此为契机，他创办了自己的律所——道可特。如今，经历了公司化、专业化、适度规模化三大发展阶段的道可特，不断在业内分享“道可特模式”，力图改变法律行业的传统生态。

也是2003年，在比北京更北的吉林，迟日大婉拒了众多好友同窗的加盟邀请，创办了功承。11年后，基于此合并诞生的“新”功承，在东北地区率先踏进了公司制运营的大门，也掀起了律所治理模式和合伙理念创新时代的浪头。

还是2003年，在高原之上的青海西宁，陈岩创办了青海第一家采用“薪金制”运营的律所青海树人。此后17年，有过初创期探索的艰难困苦，亦有不断耕耘后收获的硕果累累，但坚持一体化的信念，始终未曾动摇过。

如今，站在第三个10年的开端，我们看到了行业内越来越多关于“公司制”“一体化”的探讨与实践，但回顾过往时，我们会发现，如今的硕果累累在当初一家家律所克服困难咬牙坚持之时便已埋下伏笔，之所以有收获，不过是因为那日复一日、年复一年的耕耘。

百花齐放：区域所的崛起

新时代总是孕育新生态与新机遇，这种机遇可能因为地域环境、政策的不同而有大小之分，但有机遇，就会有抓住机遇者，新世纪的第一个10年，不仅仅属于那些北上广成熟市场的卓越律所，亦属于涌现在大江南北全国各地、堪称中流砥柱的一批区域律所。

它们有的立足本土，专注挖掘本地潜在需求；有的面向全国，以地域为轴心辐射四方。相同的是，它们与天册、索通、中豪等最早一批区域所一样，有鲜明的区域特征，视野却早早触及更广阔的天地，以自己的力量和意志一点点改造整个市场、整个行业。

2000年，一家名为“康桥”的律所在齐鲁之地诞生。没有人会预见到，这家律所会在日后成为山东数一数二的综合大所。11年后，张巧良代表新一届管委会提出了康桥的“核心价值观”，“康桥梦”与“百年康桥”宏图的序幕，也由此徐徐拉开。

也是2000年，川蜀盆地的成都，程守太、倪弘和刘俊等几名毫无背景资源的年轻律师创办了泰和泰，并在当地最贵的写字楼之一世贸中心买下800平方米的办公场地——以此为起点，循着“先西后东”的差异化战略，泰和泰稳扎稳打，成为了如今唯一崛起于西部的全国性大所。

2001 年，在与成都相去不远的重庆，也抽出了类似的新芽。辞去西南政法大学教职的刁太国与离开央企的谢鹏选择投身“律师的生意”中，创设了坤源，一年后，西政毕业的何洪涛则与同事盘莉红一同组建了衡泰——而此时，距这两家律所合并为区域翘楚坤源衡泰尚有 12 年。

2001 年 1 月，一家名为发现的律所诞生于川渝盆地。年仅 28 岁的罗毅成为了当时四川省最年轻的律所主任。立足经侦案件刑事诉讼业务，发现一面锤炼专业、打响名声，另一面执着于法治精神、法治文化的建设与探求，打造出了“做一个有灵魂的法律人”的律所信条。

值得一提的是，彼时的区域所已经不仅仅局限于粗放式增长，而开始关注制度建设和现代化管理体系的搭建。

还是 2001 年，六朝古都西安，50 岁的毛璟文与刘风云等律师依托改制的市铁路局下属陇海所，建起了新生的至正。立足本土，在做好专业的同时不断筹谋发展与改革，即便与各地区域所同台比较，至正亦走出了自己的特色，且不断奋进革新。

同年，诞生在济南的豪才，则在周长鹏的统领下走上了“温和而坚定”的改革之路。如今，豪才秉持着“一所两制”的发展模式，朝着“百人所、百强所、百年所”步步迈进。

2005 年，湘江之畔，怀揣着现代化律所管理情怀的江帆踏上创业之路，创立了人和人，并以与其他律所完全不同的管理手段，成为颠覆长沙律师行业的“破坏者”——与旧秩序一同被打破的，还有区域所的思想桎梏，如今，人和人已成为湖南律所的管理典范。

当然，在离北京、上海更近的天津、浙江，优秀管理和规模化的思潮得以同时体现。

天津，毗邻北京，却囿于种种原因，法律服务行业发展相对滞后。2006 年，由沈兴政、马弘、杨玉芙等人商讨重组成的君汇，与徐玉平带领的四方完成了合并，成为了当时天津最大的律所。如今，四方君汇是天津第一家亿元律所，亦是在天津这一区域市场探索规模化的先行者。

在江浙一带，即便天册、六和等老牌大所已经陆续完成初步积淀，开始与其他律所拉开身位，但这片潜力无穷的市场仍不乏入局开拓者。2006 年，胡祥甫、王全明、崔海燕一同创办了金道，从诉讼拓展到非诉，发展势头迅猛——但这仍是金道的“筑基阶段”，距离它在省内的全面扩张还有整整 10 年。

“10 年代”的前奏

事实上，在这一阶段“筑基”的又何止一家两家——唯有未雨绸缪，方能行稳致远，是亘古不变的真理。但也理应如此。2000~2009 年，在“后浪”律所们不断翻涌的同时，海平面以下的暗流已经在悄无声息地改变业内生态：大所的规模化运作、信息化的曙光……只有看得最透彻的律所，才能够洞悉暗流中潜藏的未来方向与机遇。

新世纪的第一个10年，选择不同路径的律所，尚看不出差距。但“谁先考虑管理问题，谁先开始长线布局，谁就更容易走得远”这一判断，却在往后10年得以印证。

2010~2019：转型

2010年，中国GDP超越日本，成为全球第二大经济体，此后继续一路高歌猛进。伴随经济的繁荣，中国法律市场也飞速增长。2010年，中国律师的整体创收突破400亿元。2019年，这一数据飞升至1558亿元，不到10年间增长了近3倍。

管理升级、规模化布局、专业化改革、合并联盟、征战国际等主题，都是最近这10年间中国律所频繁讨论的趋势。

在2010年之后，中国律所掀起了一波并购的热潮。在北京，天达与共和于2014年合并为天达共和，天驰洪范与君泰于2015年合并为天驰君泰。2016年，观韬与中茂跨越了北京与上海两市的地域界限，正式合并为观韬中茂。2019年，法德与东恒两家本土“亿元大所”合并成为法德东恒。

与此同时，北京、上海的大所不断加快在全国范围内的落子布局，各区域市场的竞争压力陡然增加。区域律所不断摸索自身的发展道路，或加入全国大所，或建立跨地域联盟，或与本地律所联手做强。

继2007年中世联盟成立之后，2011年9月，国内又一重要律所联盟成立——北京德和衡、四川恒和信、福建拓维、陕西博硕、辽宁观策（原辽宁同格）等8家律所在成都组建成立了“中国德和精品律所联盟”（ECLA）。2018年5月，成员所希望打造一家由中国律所主导的全球百家律所联盟，联盟升级转型为“全球精品律所联盟”（EGLA）。

2013年，面对全国大所入驻本地市场的竞争压力，30多家四川本地律所重组合并而成明炬律师事务所，开始了打造四川“律界航母”的征程。经过多年耕耘，明炬成为了整合律师最众、整合律所最多、整合力度最深、整合后最为稳定的律所之一，目前的创收规模已经过亿元。

同样为了增强区域所的竞争力，重庆的坤源和衡泰于2013年合并为坤源衡泰，山东的众成仁和与清泰于2015年合并为众成清泰，山西的科贝、锋卫、墨法世家于2016年合并为华炬。

也有区域律所通过自身内部的管理升级，依托本地市场闯出了属于自己的一片天空，此时，也正好是“公司化”“一体化”等概念在法律服务市场兴起之时。

2010年，拓维设立，成为福建法律市场一家颇为“另类”的律所。创始合伙人许永东、苏小榕、李文希等律师创立拓维的初衷在于改变“个体户”式的律所模式，在当地开创一家公司化模式运营的一体化律所。

在全国范围内，2010 年起的这 10 年间，法律市场上新的竞争者也不断涌现，冲击着传统的市场格局。面对已经强手如林的法律服务市场，这一时期的新起之秀，往往着力寻找充满机遇或潜力的细分领域，并以此作为战略发力点。

2010 年，周吉看着车水马龙的上海滩街头，联想到中国建筑房地产行业 10 余年来发生的翻天覆地变化，决意创立一家面向全国乃至全球的公司制建工领域专业所。建领城达，缘此成立。短短 10 年，建领城达已经由一个团队，成长为一家业界闻名的精品法律服务平台。

2012 年，杨在明带领十几位律师，在北京创办了一家主攻行政法的专业律所——在明，以拆迁业务为支点，横向拓展至各个行业领域的行政法业务。杨在明判断，行政诉讼的本质是推进国家的法治进程，中国的法治环境在不断进步，因此行政诉讼领域一定大有可为。短短 8 年间，在明承办的案件超 2 万余件，律所营收早在 2018 年就已破亿元。

2013 年，薛琦带领一支并肩奋斗了近 10 年的团队，创立了弼兴，专注于专利领域，业务来源逐渐由国内客户为主，发展到涉外业务占半壁江山。在机械、电子领域，该所代理的发明专利申请授权率超 70%，在化学、生物领域的授权率超 90%，更有多起获最高法院再审胜诉的案例。

创立于 2018 年的澄明则正是一家迅速上升的新锐律所。澄明则正秉持“以法明商”的原则，锚定新经济领域的资本投资热潮，在短时间内建立起了市场品牌。在建立短短不到两年的时间里，该所已在多个领域获得国际评级机构的认可。

特别值得一提的是，这一轮兴起的律所，其“新”不仅在于成立之新，更在于充满冲劲与活力的年轻力量开始崭露头角，彰显着法律行业源源不断的生命力。

2014 年，四位 1980 年前后出生、曾在上海律师辩论大赛中并肩作战的年轻律师创立了日盈。这家新锐律所成功抓住上海自贸区成立而带来的金融市场机遇，开局便迅猛发展，此后更邀请到了华东政法大学知名教授加盟，与上海本地大所合并，规模不断发展，业务范围不断扩大，在创办律所 6 年之际，已成长为创收接近亿元的综合律所。

2017 年，一家名为植德的律所重组开业时，可谓默默无闻。而截至 2018 年年底，植德已实现全所创收破亿元，以迅猛崛起的姿态引起业界关注。这家由“80 后”创立的新生代律所主要面向国内外金融及资本市场客户，在开业后迅速在私募 / 风投、结构性融资、争议解决等专业领域斩获了多项殊荣。

自 2010 年起的 10 年，也是法律行业充满变化的 10 年。以互联网、大数据、人工智能为代表的新一代技术，冲击着几乎各个传统行业，法律服务业也不例外。

有前瞻眼光的中国律所已经纷纷行动起来，将最新科技应用于内部的行政管理和知识管理之中。智能合同库、律所管理系统、法律服务流程外包等法律科技产品如雨后春笋般冒出。

更有律所投资于法律科技，法律互联网创业的浪潮兴起。金杜和理脉、君合和律携、盈科和律云，都是这片蓝海中最初的开拓者。未来，相信会有更多律所投身这一领域。

结　语

中国的法律市场正在迅速走向成熟，随着优秀的全国及区域所不断站稳脚跟，相对轻松的野蛮生长时代已经结束。中国律所在新阶段的发展特征，将会更多体现为“修炼内功”，即对内部治理和专业化建设的重视和探索，以及对法律科技和信息化建设的投入。

与此同时，外部的发展环境也在变化，国与国之间在经贸与科技领域的摩擦日趋激烈，中国企业在海外发展的法律需求也在变化。如何适应新的形势，在法律层面为中国企业的海外投资利益保驾护航，将是未来客户对律师的集中需求。

本书的故事只是一个开始。在中国，还有很多各具特色、值得观察的律所。未来，我们将与各位读者一起，持续关注并记录中国律所的发展与变迁，见证并参与新时代下中国律师行业的转型与升级，向世界讲述中国律所的故事。

目录

2000~2009

2010~2019

1979~1989

中国律所访谈：四十周年纪念版

法德东恒

整合后的腾飞，江苏法律市场的领跑者

林　戈　李晓雨

法德东恒 40 周年庆典

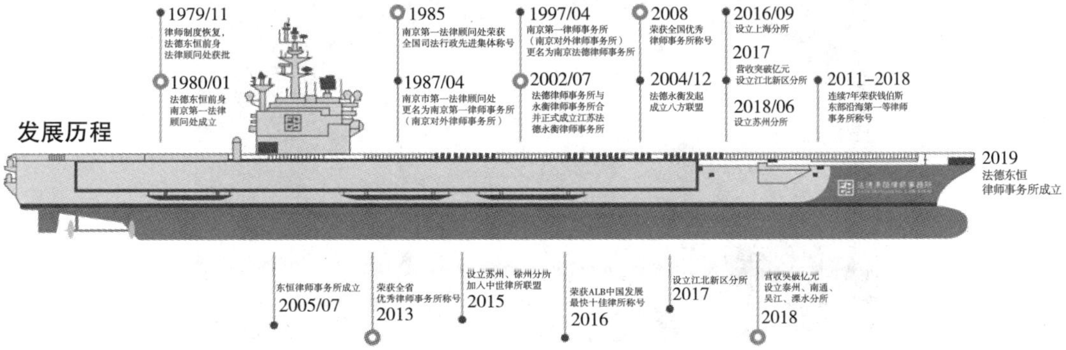

1979~2019 年，法德东恒 40 年发展

2019 年 6 月 6 日，法德永衡与东恒正式合并

法德东恒 40 周年庆典

2019 年 8 月 19 日，法德东恒党委成立

金陵形胜，虎踞龙盘，六朝古都南京，不仅产生了帝王朝代、忠人义士，其法律服务市场也涌现一批杰出代表。

法德永衡律师事务所，肇建于中国律师制度恢复的元年，行稳致远，历久弥新，书写着波澜壮阔的行业发展史；东恒律师事务所，勃发于世纪之初，深耕南京，布局江苏，一路成长为区域律所引领行业发展的弄潮儿。2018 年，法德永衡与东恒双双迈入了“亿元大所”的行列。

2019 年 6 月 6 日，法德永衡与东恒两相携手，合并成立了江苏法德东恒律师事务所。

它们因何而并，因何而变？它们的融合与创新，会给江苏法律市场带来什么样的影响？法德东恒，站在法德永衡与东恒的肩膀上，又将书写怎样的律界传奇？

风起云涌：“学院派”与“市场派”律所的创业史

对于中国律师行业来说，“变”是主题，纵观两者历史，从创所之初，到如今合并，虽路径大不相同，但每一个时间节点应变而变，因势利导的哲学思维却一脉相承。

法德永衡 40 年：厚德载物，星火传承

“法德”二字的故事起于 1979 年的春天，正值中国律师制度开始复苏。

那一年，改革的浪潮里，法治一马当先，曾一度空白的律师制度被率先提上恢复日程，4 月，全国人大常委会法制委员会成立负责起草律师条例的专门小组，对 20 世纪 50 年代草拟的《律师暂行条例（草案）》进行修改，同年 9 月，司法部重建，各地组建律师队伍和机构的工作被提上日程，11 月，司法部批文，在南京成立市级法律顾问处。

这一年，中国律师人数公认的数据是 212 人，高校和法院等司法行政机关以及部分被平反的 20 世纪 50 年代老律师成为主要的律师群体，这其中有很多人都是兼职，而南京改革开放初期的律师也仅数十人。

1980 年元旦，南京马府街的市法院大门旁小二楼，12 名归队律师组建的南京第一法律顾问处正式开业，沉寂了 22 年的南京律师工作由此掀开新的扉页。

彼时，市法律顾问处与市公证处同属一楼，还是事业单位，是南京唯一能提供法律服务的单位，转业军人和高考恢复后政法院校毕业生成为其主要新生力量，这一年 10 月，从河北定县 38 军 114 师 342 团特务连退伍，在南京市玄武区委办公室工作 4 年的谈臻进入法律顾问处，正式转职成为一名律师。

1987 年，“南京第一法律顾问处”更名为“南京第一律师事务所”，而刚从市司法局

归来的谈臻，率先带领律师事务所开始尝试脱钩改制工作，开启了律所快速发展的下一个 10 年。

1997 年，应司法局要求，“南京第一律师事务所”改名为“法德律师事务所”，此时法德已完全是一家“自收自支，自负盈亏”的江苏律所排头兵。

“尊法，崇德”是对法德律师事务所这一批胸蕴家国的律师最好的诠释，从 2000 年起，法德接受南京大屠杀幸存者夏淑琴老人的委托，组建了律师团队，历经 10 年不懈努力，取得了国内法院、日本法院的全部胜诉，此案之后，谈臻与法德的名望遐迩南京城内外。

除承担社会责任的名声之外，法德的房地产业务在南京也是开创性的，1996 年夏天，法德的房地产团队便将香港地区房地产建设的操作方法融会贯通，在南京当地开发出商品房银行按揭服务、精装修住宅建设与销售的法律模型，开始为房地产项目提供“一条龙”的法律服务。

2002 年，“法德”和前身为第二律师事务所的“永衡”律所强强联手，合并为法德永衡律师事务所，之后凭借“老二所”的证券从业资格，其业务由传统的诉讼领域，逐渐向非诉领域拓展。

2004 年 12 月，法德永衡律师事务所联合全国八大城市极具影响力的 8 家律师事务所成立超大型法律服务平台——“八方律师联盟”，以联盟为基础，放眼全国市场。

然而，随着人数激增，原办公楼已不适合法德永衡进一步发展，摆到谈臻面前的是两个选择，失去证券业务团队继续拓张，还是保留现有团队原地踏步？2009 年，谈臻带领法德永衡核心团队搬入玄武湖畔，紫气东来之地，继续在规模化道路上不断求索。

筑巢引凤，2012 年，搬入新家的法德永衡引入万永松带领的新玄武律师事务所团队，此后，法德永衡每年以 30% 的增速迅猛发展，2017 年法德永衡实现业务创收 10,813 万余元，成为江苏省内首家年创收过亿元的本地律师事务所。

东恒：律所团队化，团队公司化

20 世纪 90 年代末，南京律师界由律所脱钩改制引起剧烈动荡，并未波及高校无数志愿从事法律工作的新生军。

成为一名律师，这在工科学子的就业选择中并不常见，但因一本《中国当代刑法学》与法律结缘的张利军很快发现律师才是他的职业兴趣所在，在“南京第一律师事务所”改名为“法德律师事务所”的第二年，船舶制造专业的张利军顺利通过了律师资格考试。

新千年的南京随着长江流域城市群战略开放，正迎来一波新的房地产开发浪潮，当时的张利军已经成为一名专职律师，凭借着此前的船舶工程专业知识，他在建筑房地产领域备受青睐，很快便在这一领域积累了足够的经验，拥有了自己的团队。奥体最早的楼盘——金马郦城、最高的写字楼——新地中心都是张利军代理过的至今感到自豪的项目，如今他也仍为其提供常年顾问服务。

“创办一家专业的建筑房地产律师事务所”成为张利军与团队成员的共识，2005 年 7 月 1 日，江苏东恒律师事务所挂牌成立，自此南京的法律市场有了一家以“律所团队化，团队公司化”为发展理念的新锐律所。

东恒的第一个 10 年，定位是“做一个规模不超过 50 个人的精品律所”，因此在一开始律所更强调的是建筑房地产领域的专业化，2008 年东恒人数达到 50 人后，直到 2014 年的 6 年时间内，东恒人员基本稳定在这个范围，其间是东恒修炼内功创新发展的 10 年。

2008 年 1 月，《东恒律师》杂志创刊。此后，每一年春节前《东恒律师》都会如约而至，2020 年，《东恒律师》蜕变为《法德东恒人》，相比以往对人文有了更多的思考与关注，继续承载着他们的初心、使命与梦想前行。

2009 年，东恒律师人数和创收开始跻身于南京众多律所的前十之列，多名业界知名律师认同东恒的发展理念，纷纷加盟。正所谓能用众力，则无敌于天下矣；能用众智，则无畏于圣人矣。东恒能够获得长足发展，除了专业定位上的竞争力外，一定也仰仗于管理模式的创新以及整个队伍的精诚团结。

东恒的品牌化建设一直着眼于长远发展，因为他们深知，品牌意味着市场定位，也体现着律所的经营理念和文化氛围。唯有良好的品牌效应，才能打开市场，极大地促成律师与客户之间的信任感。在律所稳步扩张的同时，东恒会更加注重律所整体水平的提升，在关注律所营收的同时，会更加关注客户满意度的提升。

2014 年，东恒重新规划和明确了自身的定位，“做江苏区域最好的律师事务所”。便是东恒新的愿景，扩大规模、设立分所、开拓业务成为东恒在下一个 10 年新的方向。

厚积而薄发，是对东恒 2014 年的注解，这一年东恒搬入新的办公大楼，面积比原来的 900 平方米扩大两倍，张利军当选南京市律师协会会长，成为全国最年轻的副省级城市律师协会会长。东恒也凭借 25.8% 的人员增长率、50% 的营业额增长量、4 个新增的业务领域，被 ALB 评为“中国十佳成长律所”，在南京当地律所的发展速度无出其右。

规模到了一定程度，公司化管理的效益才更加明显，在东恒第二个 10 年的开始，东恒的高级合伙人王磊正式成为律所的专职管理者。专业的事交给专业的人来完成，让律师从纷杂的行政事务中解脱出来专注于业务，让行政岗充分发挥专长，让运营岗获得平台，成为东恒高速成长的秘诀。

2015 年，东恒成立 10 周年，整个事务所又迈上了更高的台阶。2 月，苏州分所成立；5 月，徐州分所成立；6 月，加入中世律所联盟结交更多法律圈朋友，收获了比以往更多的荣誉与关注，这也为东恒立足南京、布局全省写下了重要的一笔。2016 年东恒在博采众长的基础上启动了律所合伙人的分级考核机制与补充养老基金投资机制，这种创新的管理运营模式为东恒的继续腾飞插上了翅膀。

2018 年，东恒年度营业收入突破亿元，成为江苏第五家亿元所。

法德东恒：巨轮下海，顺势而合

“法德”与“东恒”的合并，既有偶然性，也有必然性。

随着以北京、上海律所为主力的全国性大所纷纷布局南京，南京本土律所如何突围，成为法德永衡和东恒共同考虑的问题。

对法德永衡来说，一直以来实行的“无为而治”已经无法适应律所发展趋势，其对南京本土高校人才的吸引力也逐渐下降，若任其发展将对律所传承造成致命打击。对东恒来说，在“做江苏区域最好的律师事务所”的愿景下，无论是律师人才队伍，还是从全省布局来看，东恒均有很长的路要走，而今南京大所林立，若想进一步布局省内，也是困难重重。

正是在最高人民法院第三巡回法庭落户南京，大所进军金陵之际，彼时的张利军作为南京律师协会会长，到法德永衡拜访老律师，作为南京市本土律所的“领头羊”，法德永衡营收刚刚破亿元不久，市司法局领导提出如何在其成绩之上更进一步的问题，张利军忽然灵光一现，将法德永衡，换上一个“东”字，便可将营业额提到 3 亿元左右。

这本是机缘巧合下的一句话，却在法德永衡引起了讨论，一周后，法德永衡主要合伙人到东恒考察，深入交流后发现，东恒内部现代的律所管理体制与业务开发模式恰恰是法德永衡要突破自我需要引进的活水。在法德永衡的合伙人会议上，谈臻提出合并意见，有东恒 13 年破亿元的成绩佐证，在场合伙人都表示支持。2018 年 5 月，法德永衡的代表和东恒的代表便就合并事宜进行多次谈判，其间不下几十次的磨合，双方坦诚直接，将优点与缺点毫无保留地呈现给对方，而以东恒模式作为合并后律所的核心管理运营制度成为双方确认的基本准则。

为让两家律所能顺利融合，两家律所每个月都会各安排 5 名到 6 名合伙人凑成一桌吃饭畅聊，互相熟悉起来，这种饭桌上的交流一直延续到合并前。

2018 年 10 月法德永衡搬入河海科技大厦 5 楼，实现合署办公，2019 年 1 月 1 日两所财务并表，6 月 6 日，法德东恒正式注册成立，8 月 19 日法德东恒党委成立，11 月 24 日法德东恒 40 周年庆系列活动广受好评，真正让业界看到了一家江苏本土大所的风范和影响力。

法德永衡四平八稳的工匠精神和“厚道文化”更具有“学院派”的气质，而东恒以敏锐的市场嗅觉一路披荆斩棘，更像是一群敢冲敢闯的“开拓者”，当它们碰撞在一起，又会为法德东恒的未来注入什么样的气质和灵魂？

融合创新：两家“亿元大所”的碰撞

中国律师行业发展至今，律师事务所的管理、运营越发受到重视。在现代律所管理中，“平台化发展”起到了极为关键的作用。一家律师事务所只有形成职业化和专业化的运营和支持体系，让管理能够真正产生效益，才能走得更远。

法德东恒的发展离不开律师业务的专业化，当然，也离不开律师事务所管理的专业化。

民主与效率（或执行力）是律师事务所管理过程中一直存在的最难平衡的矛盾，律师事务所的发展需要律师们建言献策，但没有效率的民主则会“贻误战机”。精准、高效的决策和强大的执行力是律师事务所能够快速发展的强大引擎。每一家律所都应当形成专业协同，找到适合自身发展的模式与体系。

法德东恒目前的制度设计充分考虑了民主与效率之间的关系，并且吸收了原法德永衡“无为而治”的厚道文化气质和东恒“律所团队化、团队公司化”的制度优势。

在治理结构上，法德东恒在合伙人会议之下设立了执委会和监委会。考虑到法德永衡与东恒“对等合并”的特性，执委会和监委会的委员均由原法德永衡和原东恒的管理层共同担任，其中执委会为“3+3”，监委会为“2+2”。目前，法德东恒的荣誉主任由谈臻担任，律所主任是万永松，执委会主席为张利军，全职负责事务所管理运营的是王磊。值得注意的是，法德东恒目前已拥有一位“90 后”高级合伙人——汪源，汪源同时也是执委会成员。

真正能够体现法德东恒在制度层面的创新的地方在于其投票权制度。法德东恒目前实行的投票权制度既充分考虑了两家律所的“对等性”，融合了原法德永衡和原东恒的特点，又将合伙人创收的贡献度和对事务所管理的贡献度作为制度的基础。

在现有的制度下，法德东恒共有 100 个投票权，原法德永衡与原东恒各占 50%；在这 50% 的票数之下，由合并之前的两家律所的合伙人自由分配和协商。具体而言，高级合伙人自然拥有 1 票，再以创收超过 160 万元为基数，结合律所贡献、合作精神、服务年限、个人申请等主客观评价，最多达到总票数 10% 时封顶。此外，根据合伙人对律所管理贡献及行业事务参与度再行增加 1 票。在决策时，修改律所章程、新合伙人入伙、预决算、基本制度等重大事项需经投票权过 2/3 的合伙人通过，其他日常事务 1/2 通过即可。

这样的治理结构和决策机制，保障了法德东恒在决策和管理运营之时，能够兼顾民主与效率。

一家好的律师事务所，应当相信年轻人，给年轻律师更多的发展空间，委以他们重任，给予他们良好的带教、培训和生活保障，才能在律所走向规模化的同时保证精品化。对于律师事务所来说，人才就意味着未来。

1999 年，法德永衡开始实行“九把刀”培训，即由事务所 9 位资深的合伙人从历史、文化、理念、规章、制度、业务等不同方面对年轻律师进行培训。“让律师感到自豪，让律师的父母感到放心，让律师的亲友感到羡慕”是法德永衡在过往一直秉持的理念。现在，这些理念也被带到了法德东恒，目前已经形成 12 门专业课程，每一位新进员工都要脱产进行全面的学习并考核，这也无形增加了其对法德东恒的认同感和归属感。

法德东恒在创立之初，就创设了“青蓝会”。每周，法德东恒都会有一名高级合伙人邀请 6~8 名青年律师，举办沙龙或组织晚宴，面对面解决青年律师执业中的困惑，通过分享，惠及更多青年律师。之所以命名为“青蓝会”，则是取自“青出于蓝而胜于蓝”之意。

眼下，围绕新人入职培训、青年律师培养计划、法德东恒沙龙、对当下社会热点进行法律探讨、法德东恒读书会、青蓝会等，法德东恒构建了一套完善的培训体系。各项活动的安排都充分考虑了律师不仅需要具备深厚的专业素养，也要兼具对国家政策社会民情的关注，处理复杂法律问题的能力，在保持良好学习状态的同时，用更专业的态度服务客户，守护公平正义。

律师行业是中国司法的重要一环，更是落实全面依法治国的践行者和开拓者。只有律师们做到拥护党的领导，有责任、有担当、有精神层面的触动，立住了根，一家律师事务所才能发展得更好、走得更远。党建领航，行稳致远。法德东恒始终坚持以党建促所建，把加强律师队伍党建工作作为政治任务重抓落实，积极探索新时期律师事务所党建工作的新思路和新方法，全面加强思想、组织、作风建设。

2019 年 8 月 19 日，法德东恒党委成立，党委书记由谈臻担任，开启了法德东恒党建工作的新篇章。

2019 年 9 月，法德东恒党委聘请中共南京市委市级机关工作委员会政策研究室主任王文年同志、江苏陆军预备役高炮一师三团原政委殷海忠同志为党建顾问，通过扎实地推进党建活动，培养有信仰、有良心、有追求、有品位的律师。党建工作朝着“行业标杆、律政先锋”的目标积极努力，为法德东恒强根铸魂。

谈臻说，法德东恒已经设立了律政先锋研究院，目标是成为培养党员律师的“小黄埔军校”。入党积极分子，作为研究院的助理研究员，研究我党的历史、我党的宗旨和精神与律师行业党建的未来发展。

开展“政治生日会”活动，是法德东恒长期以来推进“两学一做”学习教育常态化、制度化的有效载体，是“不忘初心，牢记使命”主题教育活动的重要抓手。不断加强党员律师的教育管理，引导全体党员在全面依法治国的潮流中争当合格党员。

文化理念、管理制度、律政先锋为法德东恒的发展注入了魂，法德东恒也为自己在战略上进行了精准的定位。

精准定位：覆盖全江苏，锻造“500 人大所”

当前，中国法律市场总体是以省级单元为主的区域市场相互辉映的格局，与律所品质不均衡发展相互交错的竞合。专业品质提升之路，任重道远；区域市场发展前景，宽广无比。立足本土，将省级区域作为一个整体性的法律服务市场来经营，是当前许多区域性大所的选择。

2016 年，对于江苏法律市场是一个破局之年。因为在这一年，最高人民法院第三巡回法庭落户南京，以便高效集中审理跨行政区域的重大行政和民商事案件，将矛盾纠纷最大限度地解决在当地，保障江苏及周边省份经济社会发展。

从江苏律师行业的整体数据来看，2016 年，江苏律师的整体创收为 64.2 亿元，2017 年，达到了 76 亿元的规模，2018 年超过了 90 亿元，与 2017 年相比，增长率为 22.9%。截至 2019 年年底，江苏已有律所 1900 多家，执业律师突破 30,000 名。可以说，江苏是一个充满活力且连年不断增长的法律服务市场，具有无与伦比的战略地位。

与此同时，以北京、上海律所为主力的全国性大所纷纷进驻江苏，尤其是省会南京，一时之间，大所、强所云集。这些全国品牌的到来，对江苏本土律所产生了深远的影响。首先，这些大所的品牌和业务模式足以让其提供更加高端、复杂的法律服务；其次，大所先进的管理模式也对江苏本土律所产生了借鉴意义；最后，大所产生了较大的人才聚集效应，江苏市场上的许多优秀律师人才纷纷选择加入大所。

在这一“鲶鱼效应”下，江苏律师业的朝气与活力逐渐被激发。虽然，京沪大所以它们强大的平台优势开始涉足江苏市场，在“规模”“业绩”“资质”等方面，往往胜过本地所，但在本地化服务上，仍然存在一些不足。由此，组建江苏本土的品牌大所势在必行。

在合并之前，法德永衡与东恒的律师人数规模均达到了百人以上，创收体量均过亿元；合并之后的法德东恒在江苏法律市场可谓是首屈一指的大所。

目前，法德东恒共有律师 308 名，并在上海、苏州、徐州、溧水、南通、泰州、吴江以及南京的江北新区设有分所，同时是“八方律师联盟”的发起所和“中世律所联盟（SGLA）”的成员所。

对于法德东恒来说，其当然不满足于当前的规模和发展水平。法德东恒的目标是跻身江苏法律市场上规模最大、专业能力最强的律师事务所，成为一家国内区域性律所中的标杆和旗帜。

法德东恒的分所布局策略是率先在江苏省内 GDP 超过 5000 亿元的城市设点，先围绕苏南、苏中地区，再进军苏北地区。眼下，法德东恒无锡、宿迁、连云港的分所已经筹建完成，只等最后司法行政批文便可正式运营，其他各地拟建分所也在积极接洽中。在管理模式上，法德东恒采取完全一体化的方式，总所与分所之间采用统一的管理制度和标准化运作模式，进行统一的资源调配和专业化分工。而且，根据当地的经济发展情况，法德东恒会针对性地开发 1~2 个拳头产品，并与当地的头部企业进行合作，以产业和行业为背景，形成自身的核心竞争力。例如，大数据、物联网、生物制药、环境资源保护等领域，均是法德东恒未来业务布局的重心。在人数规模上，以 500 名律师为上限。

那么，为什么是以 500 名律师为上限呢？其原因在于：首先，500 名律师是法德东恒当前的管理模式和资源调配可以承受的人数范围；其次，一家拥有 500 名律师的律所是江苏法律市场的体量和规模相对能承受的范围，不会产生严重的利益冲突问题。

在这样的市场格局之下，法德东恒的战略定位也就呼之欲出，那就是一家覆盖全江苏、拥有 500 名执业律师的综合性律师事务所。针对这一目标，法德东恒设定的达成期限是 5 年（2024 年）。

任何愿景和战略的实现，都必须依托于制度和执行。为了承载这样的规模化布局策略，法德东恒开启了特殊的普通合伙制的组织形式变革。

特殊的普通合伙制将中国律所此前长期以来形式单一的“无限责任”变为“有条件的有限责任”，缩紧了风险敞口。根据司法部《律师事务所管理办法》的规定，设立特殊的普通合伙制律师事务所，应有 20 名以上合伙人为设立人，有 1000 万元以上的资产。各省、自治区、直辖市司法行政机关还可根据本地需要调整资产数额，报司法部批准后实施。

从普通合伙改制为特殊的普通合伙制，是中国律所开启规模化布局时在制度层面的一种选择和铺垫，这既需要合伙人对事务所的未来发展达成高度的一致，同时也是事务所整体实力的一种体现。

虽说法德东恒的战略定位已经清晰，但跟随“一带一路”倡议和中国企业“走出去”的时代背景，法德东恒将目光也投向了海外。目前，法德东恒已在埃塞俄比亚开设了法律服务中心，真正派遣涉外律师长期驻点提供法律服务。

谈臻说：“中国律师一定要具备国际化的视野，打造国际型、航母型的律师事务所，促进国家的对外开放，推动全球化的进程和人类命运共同体的构建。2019 年，既是中国律师制度恢复 40 周年，也是法德东恒的元年，我们要抓住这一历史机遇，拥抱时代的浪潮。”

在战略、组织、制度落地之后，对于律师事务所来说，最为重要的是为市场输出什么样的价值，提供什么样的产品和服务。当前，法德东恒正在融合原法德永衡和原东恒的优势业务领域。

优势业务：资源整合，聆听市场的真实需求

合并之前的法德永衡与东恒，在江苏法律市场均是规模较大、行业领先的专业化、标准化、流程化管理的综合性律师事务所，在建筑房地产和商事法律服务领域具有较强的行业竞争力。

为了更好、更快地产生“1+1 ＞ 2”的集聚效应，法德东恒决定以业务研究会为载体来进行业务模式和产品类型的融合与改革。同时，法德东恒规定了“一主两辅”的制度，确保律师们在一个主攻方向和两个相关的辅助方向上持续深耕。

业务研究会所承担的功能，不仅是法德东恒律师进行专业研究、学术探讨的内部学校，更是法德东恒在专业化发展和产品研发方面的动力引擎。目前，法德东恒共有十大业务研究会，所有律师均必须加入所在业务领域的业务研究会，但每位律师最多只能同时加入两个业务研究会。业务研究会每月均要组织专题研究、实务培训，并在法德东恒的微信公众号上发表 2 篇专业文章，以此向执委会提交述职报告，汇报当月所取得的成果。

在业务研究会之下，法德东恒将逐步孵化出一个大的业务部门，再在该业务部门之下产生相应的细分团队，以此形成法德东恒的业务架构。

专业化的前提，是拥有一定的体量和规模。在合并之前所打下的业务根基和合并之后的制度整合之下，法德东恒已经颇具大所、强所的格局和气象，在建筑房地产、企业破产、知识产权、政府法律顾问等诸多领域，走在了江苏法律市场的前列。

建筑房地产：市场化、产品化，提供全链条服务

就建筑工程与房地产业务而言，原法德永衡和原东恒均是该领域的强所。

法德永衡自 20 世纪 90 年代就开始关注并布局该领域，1993 年率先在南京市引入新加坡社区物业管理模式，1998 年又创设精装修住宅建设与销售的法律模型，在实践中获得成功，并不断加以改进，为市场所普遍接受。自 2006 年以来，法德永衡在交易模型设计与交易费用、交易进程的策划方面，积累了丰富的经验，成功推进了多起重大并购重组的进展。

东恒自 2005 年创立以来，就在建筑工程与房地产领域发力，形成了一整套卓有成效的工作方法和工作程序，并与有关政府主管机关、公证机构、金融机构及香港地区和内地的专业物业代理机构，都形成了良好的工作关系或合作关系。建筑房地产业务占到了原东恒总业务量的 38% 左右。

如今，经过强强联合的法德东恒已经具备为客户提供从房地产前期开发、建筑工程到房地产交易、物业管理，再到项目融资的全链条法律服务。未来，法德东恒将会持续完善该领域的团队建设和专业资源整合，并在房地产金融领域进一步发力。

破产业务：组建专业团队，专注解决疑难重大项目

2014 年，随着东恒的业务结构进一步多元与拓宽，破产重整与清算领域成为东恒又一业务增长点，东恒成立了专门的企业破产项目中心。2015 年，东恒就承办了一个重大案件——江苏省纺织业（集团）进出口有限公司等 6 家企业合并重整案。该案的合并重整方案创新性地将通常用于上市公司重整的“现金清偿 + 以股抵债”的偿债方式灵活运用于其中，化解了 20 亿余元债务，有效防范金融风险，6 家企业实现整体脱困重生，为国有企业深化改革提供有益经验的同时，也实现了法律效果与社会效果的统一。

2018 年 1 月，最高人民法院公布了 2017 年度全国十大破产案例，该案位列其中。该案不仅是江苏首例“1+5”合并重整成功案例，也是有限责任公司重整同时完成重大资产重组的首个案例，在案件处理的参考性以及对于市场和社会的整体影响方面均具有重大的意义。由此，这一案件也奠定了东恒在该领域的“江湖地位”。

当东恒与法德永衡在破产重组与公司商事领域的优势相结合，破产重组并购业务就成为法德东恒大力发展的核心领域。法德东恒依赖团队的专业实力，立足广泛积累的商业资源，为境内外各种规模、类型、行业和性质的客户在该域提供完整的法律服务。

由于破产重组项目的难度往往较大，涉及综合性的法律问题的解决和多方利益的沟通协调，因此从事破产重组业务的律师通常都是从业 10 年以上的“精兵强将”。

目前，法德东恒在破产领域共有 6 名合伙人、20 名律师，以项目经理负责制的方式管理每个项目。项目经理通常要经过严格的选聘程序，而且必须是愿意将 50% 以上的精力投入该领域的合伙人。不仅如此，通过选聘的合伙人还必须签署章程，并共同出资用于项目中心的成本支出和日常运营。选聘的程序、文件的签署、出资的条件，其核心目的均是产生约束力，保证合伙人能够全力以赴。可以说，这也是法德东恒保障其专业化和服务质量的制度创新。

知识产权：巩固传统优势，围绕新型产业，布局大数据、物联网

知识产权是法德永衡和东恒的传统优势领域，知识产权团队成员均毕业于国内外知名学府，拥有知识产权或民商法硕士学位，团队执业律师同时具有知识产权代理资格。合并之后，法德永衡在知识产权代理业务方面的优势，加上东恒在知识产权争议解决方面的实力，让法德东恒在该领域一开始就产生了“合并红利”，形成了完整的知识产权法律服务体系，具备为各类客户提供全方位服务的综合实力。

就知识产权领域而言，法德东恒未来有三个发展方向。

首先，对知识产权业务进行统一的精细化管理，对代理、维权、诉讼、合规等不同的产品进行流程化管理。依托业务研究会，法德东恒正在构建知识产权中心，进行专业

资源的整合，并根据知识产权项下的细分领域形成专业化的团队。

其次，围绕江苏省的产业分布，尤其是大数据、物联网、生物医药等新兴产业，进行统一的布局。例如，目前的江北新区，就是集成电路和生物医药的科技成果产业化基地，截至2018年10月，江北新区已拥有2个国家级企业技术中心，186个省级企业研发机构；在江北新区，每万人发明专利拥有量达50件，企业产学研合作开展率超过90%。法德东恒在江北新区的布点就为知识产权业务的增长带来了机会。

最后，基于法德东恒目前所拥有的国有企业资源，提供具有针对性的服务。虽然，国有企业与民营企业的知识产权法律服务需求并没有本质性的区别，但国有企业的资产监管属性给知识产权法律服务增添了更加复杂的政策背景，这对律师的要求又进一步提高。

政府法律服务：发挥专业优势，推进法治政府建设

随着国家法治进程的不断提高，政府部门对于政府法律顾问的需求持续加大，对政府法规、规章、制度和相关决策的合法性越发重视。2016年，中共中央办公厅、国务院办公厅印发《关于推行法律顾问制度和公职律师公司律师制度的意见》，要求各级党政机关普遍设立法律顾问、公职律师制度，越来越多的律师将目光投向政府法律服务这片蓝海。

法德东恒系较早关注并深入参与政府法律服务的律师事务所，担任了江苏省政府、南京市政府及多个区县政府机关的法律顾问，参与了多个江苏省内地方性法规、规章的起草和讨论，以及众多外商投资、征地拆迁、土地挂牌出让项目的推进。不仅如此，法德东恒还参与了众多城市建设中的PPP项目运作，具备了较强的方案设计、管理咨询、风险控制能力。法德东恒以其专业能力获得了各级政府部门的广泛认可。

作为江苏的头部大所，法德东恒充分发挥了其本土化的优势，又结合其自身的专业化、市场化、产品化基因，具备了提供多层次、综合性、高附加值的法律服务的能力，闯出了一条属于法德东恒自己的发展道路。

未来航向：区域龙头，百年大所

智合：党建对法德东恒有怎样的作用？法德东恒在党建工作方面有怎样的创新和规划？

法德东恒：党建对法德东恒更多的是一个保障作用。律师作为依法治国、建设社会主义法治国家的一分子，最首要的是三观要正确，而党建工作的目的正是端正三观。

在法德东恒有九个字“明白人、厚道人、专业人”，“做明白人”是前提，只有在政治上是明白人，立场坚定，三观明晰，才能在处事上成为厚道人，得到客户信任，在业

务上能够脚踏实地，成为专业人。

法德东恒党委成立后，一方面开展党组织结对共建，引进党建顾问，开发外脑，积极探索新时代下党建工作新路径，另一方面筹建了“律政先锋研究院”，打造法德东恒内部的“黄埔军校”，将党建教育落到实处，把握好内外两个抓手，积极响应省律师行业党委对律师事务所党委提出的要创建“行业标杆、律政先锋”的高要求。

智合：基于战略和愿景，法德东恒的短期、中期、长期规划分别是什么？

法德东恒：近期规划是：先完成合并后的平稳过渡，加强人员的交流沟通融合，两家律所合并后的工作都很顺利，2019 年 11 月 24 日，举行了盛大的法德东恒 40 周年庆，备受业界瞩目，也充分展示了合并后的法德东恒的活力和风采。2020 年法德东恒将进一步完善规章制度和组织架构建设，申请特殊普通合伙组织形式，并完成无锡、宿迁、连云港等各地分所的建设。

中期规划是：引进和培养事务所紧缺的专业人才，有领军作用的领导人才，打造一支在行业内有影响力的律师队伍，将是法德东恒的首要目标，因此法德东恒将按照行业化组建专业团队，实现作业方式的标准化，扩大高质量客户、标杆客户的比重，将非诉业务比重提升到 50%，实现总业务收入突破 4 亿元。

长期规划是：律师人数达到 500 人规模（上限），完成全省布局，在各业务领域均有比较突出的律师团队，探索混业经营，引进注册会计师、审计师等专业人士为特别合伙人，进一步加强律所服务客户的能力和市场的竞争力，实现品牌的再升级，真正成为江苏律师行业高质量发展的典范。

智合：法德东恒的使命和定位是什么？致力于打造一家什么样的律师事务所？

法德东恒：在时间纵向上，未来法德东恒要打造一家“百年大所”，这是憧憬的未来。

在地理位置上，法德东恒要打造江苏区域内最好的律师事务所，这是一如既往的愿景。

在律所定位上，法德东恒要打造一家综合性的区域性大所、强所，这是既定的战略。

结　语

2018 年年底，江苏省第九次律师代表大会召开，大会明确了“努力推动江苏律师行业高质量发展走在全国前列”的新目标。之后，江苏省律师协会发布了《江苏律师业高质量发展实施纲要》，要重点培育规模大、品牌好、实力强的规模所，实现律所品牌建设高质量发展，既是时代潮流的大势所趋，也是行业发展的内生需求。

正是在这样的背景和市场格局之下，法德永衡和东恒的管理团队决定强强联合，携手并进。未来，法德东恒将通过一体化的管理运营模式，打造江苏律师行业高质量发展的模范律师事务所。这是法德东恒在律所战略层面的明晰。我们看到了，这是一家有雄心、有能力、正在快速成长的律师事务所。

从业务布局来看，通过专业资源的整合，立足江苏本土，法德东恒推出了一系列反映市场真实需求的拳头产品，形成了自身的明星团队和王牌业务。

两家律师事务所的结合，不仅仅是规模之合、制度之合，更为重要的是文化之合、理念之合。如果说法德永衡的“厚道文化”像是水，那么东恒的“创新文化”就像是火，水火交融，刚柔并济，造就了现在的法德东恒。不仅如此，法德东恒还将两家律师事务所过往的历史沉淀和文化理念传递到了青年律师的身上，当青年律师“青出于蓝而胜于蓝”之时，法德东恒的未来也将基业长青。

得伟君尚

厚德载物，君子不器，中部大所的担当与使命

周　正　吴梦奇

得伟君尚律师事务所前台

1995 年，得伟君尚担任武汉市第一家外资购物中心法律顾问

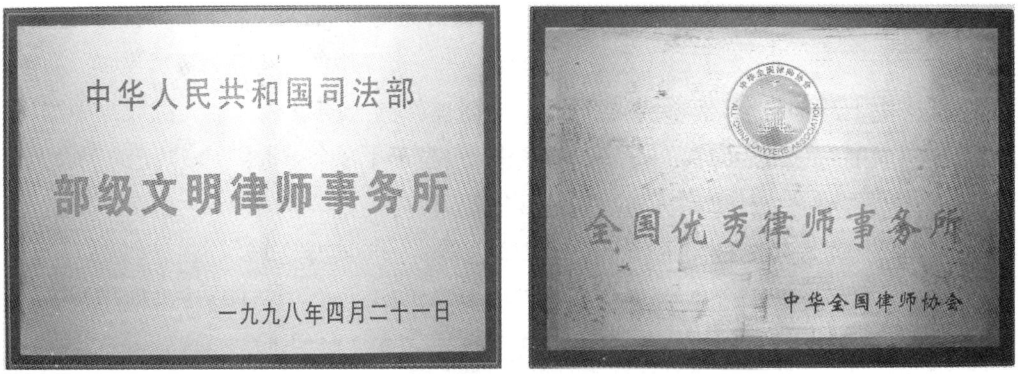

得伟君尚所获部分荣誉奖项

2007 年得伟君尚第一次合伙人会议

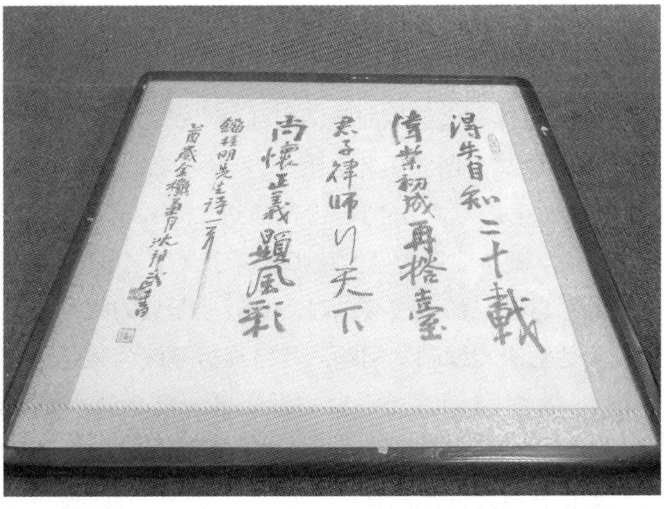

《民主与法制》周刊总编辑刘桂明为得伟君尚所题藏头诗

“一定会有一家区域大所承担这份使命，这是历史的必然，那为什么不能是我们？”

——湖北得伟君尚律师事务所主任　蔡学恩

中国历史上，常言谓之“大”的城市只有两座，其一便是武汉。大武汉，中国城区面积最大的城市，总辖区面积 8500 平方公里，相当于 1.3 个上海，11 个纽约；大武汉，三镇鼎立，九省通衢，孙中山先生曾惊叹：“武汉一呼，四方响应”；大武汉，辛亥革命爆发地，新冠肺炎疫情防控主战场，一座革命之城，一座英雄之城。

近年来，武汉还有几个关键词频上热搜：世界军运之城、长江经济带枢纽之城、国家中心城市。任何行业的兴盛、事业的腾飞，都离不开彼时彼地的经济发展，法律服务业自然也不例外。改革开放 40 余年，武汉律师行业的起步、发展与兴旺，都与大武汉辖区体量庞大、地理区位独特、历史地位显赫等诸多因素有着密不可分的关系，都与武汉功能提升、社会多元、经济增长紧密相连。

“君子律师行天下。”作为武汉如今唯一传承了国办所基因的区域大所，作为中部大所的典型代表，湖北得伟君尚律师事务所伴随大武汉法律市场的兴起与繁盛，用 38 载光阴见证并守护着这座伟大城市的发展进程与法治理想，用 38 个春秋开拓市场，稳扎稳打，逐渐树立了属于自己的法律市场地位，且还将用更长的时间去践行自己的担当与使命。

三十八载　区域领衔

源起“外所”　荣誉满墙

1979 年，中国律师制度恢复。1982 年，武汉市法律顾问处成立，下设经济组、民事组和刑事组。1985 年，法律顾问处以原经济组部分人员为主力队伍设立了“武汉市对外律师事务所”，业内闻名的“外所”由此诞生。

1987 年 7 月，江城烈日炎炎，“外所”大门走进了一位名叫蔡学恩的年轻大学生。当姚啟超老主任知道他法学院毕业后为了做律师放弃了大学老师的“金饭碗”，在酷暑中跑遍了城区法律顾问处“自荐”都不被接纳时，看着他坚毅的眼神，姚主任怀着惜才之心亲自奔波于各部门为他解决“编制”问题，几经周折最终为蔡学恩争取到了难得的工作机会。

事实证明，姚主任的眼光没有错。随即司法部举办全国首次面向社会的律师资格考试，蔡学恩一举通过，成为正式执业律师。其后几年间，年轻的蔡学恩迅速在律师队伍中脱颖而出：一是在老主任姚啟超的带领下，凭借自己出色的表现成功代理了武汉长江二桥建设项目和中外合资长江大酒店等多起难度颇大的律师业务；二是在 1992 年参加司法部涉外英语培训班后，又在没有名额的情况下旁听司法部首届证券资格律师培训，并以优异的成绩通过结业考试，成为中国首批也是武汉市最年轻的证券从业资格律师。学成回汉，他随后完成了黄石康赛、湖北宜化和内蒙古伊利等 20 多家公司的上市业务，成为本地最早的知名非诉律师之一。

1994 年，武汉市司法局任命年仅 29 岁的蔡学恩为“外所”主任。在事务所那几年人才流失频繁且有负债的情况下，这位全市最年轻的律所主任接下了“外所”发展的重担，不仅用一系列方法留住了准备离所的律师，还实现了事务所收入快速增长的目标。

1995 年，在“外所”的基础上，蔡学恩与魏著伟、邹明春、冷春燕、刘敏、李剑、杨帆和李威等律师共同合作改制成立了合伙制的“得伟律师事务所”。得伟的名字，音谐“对外”，又表达了“做得更好”（律所英文名旧称“Donewell”含义）的意愿。

以“建一流律所，创律界品牌”为宗旨，得伟所建立了 30 多项管理制度，其中包括为律所在党政机关、司法系统、顾问单位和新闻媒体等机构聘请了 20 多名社会监督员以监督律师执业行为，并对外公布法律服务质量投诉电话，设立了律师过错赔偿基金……多项举措都开创了湖北律师界的先河。此后几年间，得伟所一路高速发展，一年一个台阶地往上攀升，并陆续引进了多名优秀法律人才，其中不乏多位拥有海外教育背景学成归国的高学历律师。“高学历、高素质”成为得伟所在业内的显著标签。

1996 年，得伟所即在内部着手机构改革，在业内较早地设立了业务部门。同年，事务所以市场空白点为改革切入口，撤销了优势不强、效益不明显的 3 个部门，选派了 4 名硕士和 1 名博士充实涉外法律部和金融证券部，新增了房地产法律服务部、公司法律部和综合业务部，推出以涉外服务和金融证券为龙头的五大法律服务系列。

1997 年，事业发展蒸蒸日上的得伟所斥资 200 万元购买了位于“环亚大厦”拥有自主产权的办公楼，成为整个中西部地区极少数买楼的律所之一。

1998 年 5 月 4 日，成立仅 3 年，得伟所就荣获司法部授予的“部级文明律师事务所”称号，这一称号堪称当时律师行业的最高荣誉，如今早已“绝版”。全国第一批获此称号的律所不过 20 家，其中一半如今都已难觅踪迹，其余的目前均已是国内知名的大所、强所。同年，事务所被湖北省司法厅授予“省级文明律师事务所”称号，被湖北省人事厅、司法厅评定为“省先进集体”；1999 年，事务所又荣获了共青团中央授予的“全国青年文明号”荣誉，其后连续几届被共青团武汉市委授予“青年文明号”……蔡学恩本人也先后获评“全国优秀律师”“全国优秀仲裁员”“湖北省十大杰出青年”“湖北省十佳律师”及湖北省五一劳动奖章等荣誉。同时被湖北省司法厅荣记“个人一等功”，湖北省司法厅党委作出《关于开展向蔡学恩同志学习的决定》。

改革求索 区域领衔

1999 年，蒲圻电厂项目面向全球律师招标，律师费高达百万美元以上。蔡学恩率队竞标失败，他第一次见识到了国外律师的从容和专业，感受到了中国律师行业与国外同行之间的巨大差距。这位“命中注定做律师”的年轻法律人开始深入反思，中国律所如何才能与超高速发展的社会经济相匹配，何时才能赶超欧美同行？

2000 年 6 月，为了学习国外律所的先进经验，蔡学恩毅然登上飞机远赴大洋彼岸，来到纽约大学法学院师从著名教授孔杰荣（Jerome A.Cohen），成为一名高级访问学者。两年里，在导师的帮助下，他先后拜访了纽约、芝加哥、华盛顿等美国东部城市最顶尖的律师事务所，亲身感受西方律所先进高效的运作模式和科学规范的操作规程。2002 年回国后，蔡学恩即着手准备得伟律师所和君尚君律师所的合并及改革事宜。

“我们的理想是打造一家与武汉这座城市相匹配的，同北京和上海大所比肩的区域性领先律所。”蔡学恩说，规模化是其中重要且必要的动作之一。有了这样的理想，才有了其后事务所一系列开创行业先河的动作，才有了其后数十年的风雨兼程，一路无悔。

经过两年筹备，得伟与君尚君成功合并为“得伟君尚律师事务所”，君尚君所老主任王海漫担任事务所主任，蔡学恩担任首席执行合伙人，并于 2005 年 1 月 1 日正式合账。得伟所以涉外和证券为核心业务，君尚君所以知识产权和海商海事见长，双方不仅业务互补，没有客户冲突，且执业规范、崇尚专业，文化气质高度契合。邹明春律师、张天武律师、姬建生律师、姚声雄律师以及张曙光律师在此次律所的合并中，特别是在相当长一段时间内把律所做大做强的过程中起到了重要作用。蔡学恩说：“我们一直对这些老战友们心怀感恩，他们把最好的青春时代留在了得伟君尚。现在他们分别在武汉的中伦、天达共和及海华永泰等多个不同律所中工作，在为本地区法治建设的奋斗征程中，我们永远是同路人。”

合并后的得伟君尚即成为武汉市第一家执业律师超过百人的律师事务所，并于其后融合得不分你我，成为区域乃至全国律所成功合并的一个范本。同年，得伟君尚荣获“全国优秀律师事务所”称号。

2005 年得伟君尚在中西部律师行业中率先开启了公司化律所的尝试，主要有三个大的动作：一是采用了专业分工之上的统一案源分配等公司化管理模式，二是设计并采用了一套公司化的分配机制，三是清退了所内的独立执业律师，只保留律师团队。

合并后的得伟君尚进入了高速发展期。为了让事务所的视野、格局和服务边界都跨出湖北乃至走出中部，2007 年，得伟君尚作为创始单位之一参与创办了中世律所联盟。也正是在那一年，乘着事务所的良好发展态势，得伟君尚信心满满、气势十足地决定在上海和北京“逆向设点”，先后设立了分所，开启了中部律所如此布局的率先尝试。

但是，事物的发展往往需要与时代背景和市场环境相匹配，先进的理念和制度既需要土壤，也需要时机。事务所高速发展的势头之下，潜藏的是公司制在区域市场“过于超前”的隐患。运营一年多后，隐患集中显现出来：其一，有的客户往往根据熟识和信任指定律师团队，这与公司制律所中严格按专业分工配备的核心制度相矛盾；其二，部分创收能力特别突出的律师的个人收益在公司制的分配机制下远低于提成制所得；其三，失去独立执业律师队伍后事务所的人才多元化程度大大降低，且人才的储备和培育失去了基础。对律师事务所而言，这些隐患将产生巨大的影响。

当时，一些北京大所已经开始谋求全国布局，四处物色合适人选。得伟君尚当年派往北京设立分所的一支精锐队伍被“整团收编”后“发回武汉”另立门户，区域大所得伟君尚遭遇了发展历程中第一次与北京大所的正面交锋。2008 年，5 名高级合伙人携团队一共 20 余人离开了得伟君尚，创立了北京市中伦（武汉）律师事务所。加之此前不适应公司制而被调整离所的二三十名独立执业律师，共有近 50 名执业律师先后离开，事务所遭遇了改革以来的重大人事挫折。

经过这一场变故，得伟君尚深入反思：事务所的发展应当与地方经济市场化及法治化程度高度适应，理念超前可能并非最好的选择。2009 年，事务所又将分配制度改回更为适合实际情况的提成制并沿用至今，且恢复了专职律师制度，开始以更深度贴合区域市场和自身实际的、更为稳健的方式运营发展。

立足武汉　扎根湖北

2010 年，蔡学恩接任事务所主任，龚顺荣律师担任首席执行合伙人。2014 年，律所合伙人制定了“服务内容产品化，服务主体标签化”的专业化建设方针。经过此前的种种发展历程，得伟君尚更加意识到自己的发展务必立足本地，不能盲目扩张。此外，人才的多样性以及储备和培养是事务所得以稳固且长久发展的重要根本，得伟君尚开始大力着手专业和人才建设。

2015 年，区域法律市场格局受到外地律所的进一步搅动和冲击，大批北京、上海律所进驻武汉设立分所，营造出新的竞争氛围。眼见市场环境变化的势头有增无减，已经是本土领先大所的得伟君尚进一步明确了自身定位——立足武汉，扎根湖北，成为区域“领头羊”。

2017 年 6 月，得伟君尚积极响应中央关于批准设立湖北自由贸易试验区的政策，成立了湖北自贸区武汉片区第一家实施一体化管理的律师事务所——湖北得伟君尚（湖北自贸区武汉片区）律师事务所。

同年 10 月，得伟君尚与安格所合并，进一步扩充了专业律师队伍。安格所主要组成人员都是当年曾在得伟君尚工作过的律师，余晖、顾恺、方芳、曾黄彪、郭剑等合伙人在省内外金融证券法律服务领域，有较大的影响力。他们创业成功后又有了强强合作的新的发展思路。近年来，律所先后邀请了部分原高级合伙人携团队“回归”。蔡学恩说，这是因为在得伟君尚执业过的律师都有相近的职业理想和执业习惯，从气质上始终相合融洽，得伟君尚始终开放、包容，在行业内正常的人才流动中汇聚出一支不断壮大的专业队伍。

2018 年年初，得伟君尚（宜昌自贸片区）律师事务所正式挂牌成立，该分所由得伟君尚委派以知名律师何昌林为首的资深律师及其他涉外法律服务人才组成，以满足宜昌市自贸区的高端法律服务需求。目前，得伟君尚湖北自贸区襄阳片区分所也已在筹建当中。届时，得伟君尚将拥有 5 个分所，形成区域领衔，兼顾北上，借助联盟将服务触角延伸至全国乃至海外的服务格局，进一步彰显区域综合性大所的实力，展示地方律师业领先律所的风貌。

中部大所的行业担当和历史使命

1999~2003 年间，随着中国加入世贸组织的谈判、磋商、落实进程的推进，作为法律服务领域内的中国律师业面临着前所未有的机遇，也面临着前所未有的挑战和冲击。

一方面，为适应加入世贸组织的需要，我国立法和行政部门对相关的法律法规做了大量的立、废、改工作，我国年轻的律师面临学习、研究、掌握和运用这些法律法规并要承担全力为我国政府和产业提供与 WTO 相关的法律服务的艰巨任务。

另一方面，外资律所来势汹汹，它们无论从规模体量、专业能力还是管理运营上都领先国内律所至少数十年，而国内律师行业竟然少有律所足以与之抗衡。一个沉重又沉痛的问题摆在了所有怀揣法治理想和事业梦想的中国律师面前——面对新的市场环境和竞争格局，地方本土律师事务所接下来的路该怎么走？ 2002 年，在美国做了两年高级访问学者归来的蔡学恩同样也在思考这个问题。

2002 年的武汉，不仅东亚银行、汇丰银行、神龙汽车这样的大型外资企业的法律服务业务被外资律所垄断，就连武钢、武锅、武重这样的老字号大型国企的法律服务业务也被外资律所瓜分得所剩无几。

面对此情，对武汉这座滋养他成长、求学和创业的城市怀有深深眷恋和浓厚情感的蔡学恩，从内心深处不可抑制地生出了一种使命感——武汉需要一家综合性区域大所，湖北呼唤一家综合性区域大所，对内深耕细作、与时俱进，对外与外资律所分庭抗礼。

于是，归国后原本可以在北京或上海这样更容易获得丰厚经济回报的城市再度创办一家大所的蔡学恩，毅然回到了武汉。

学成归来的蔡学恩站在地方城市建设和全国律师业整体发展的角度，对自己心目中的“综合性区域大所”进行了分析和定位。他觉得，只有深度了解所在区域的经济、政治、文化和人文特点，高度匹配其区域特征的律师事务所，才具有长足的生命力，才能在这片土地上生存、发展、壮大，并有能力参与推动整个社会的建设和发展。

“一定会有一家区域大所承担这份使命，这是历史的必然，那为什么不能是我们？”蔡学恩说。正是这份铭刻于领头人内心深处，并且已经融入组织血液中的行业责任感和历史使命感，支撑得伟君尚数十载如一日坚持至今，在深刻了解地方市场的特征和局限性之下持续履行和实践。

武汉虽“大”，但仅就法律服务市场而言，却有与“大武汉”之称不尽匹配的区域特点。38年的发展，得伟君尚人一直在观察与思考，他们分析得出若干研究成果：

一是明显区别于北上两地，地方经济整体市场化程度不高。这就意味着在本地，官本位思想和人情关系仍然是市场活动当中的重要组成部分，整个市场经济并非高度开放、平等、自由的，尤其是法律服务这类智力专业服务，其价值更难以得到认可。这不仅深度影响了服务关系的形成与否，也导致同样的法律服务，武汉律师的收费可能是北京和上海同行的几分之一，甚至是几十分之一，低价竞争的情况自始不绝。

二是市场主体的法治化程度不高。无论是政府机关还是企业机构，其法治意识以及对于律师作用的认识，都还处于发展中水平，这严重影响了重大经济活动和政府事务中律师的参与程度。几十年来，得伟君尚律师靠着一点一点的自我开拓，才慢慢打开了一部分市场，而整个市场都尚处于一种等待充分开垦的状态。

三是区域经济缺乏显著特点且缺少创新。不似沿海省份民营经济发达或部分省份能源经济领先，且由于地处中部，经济总量和增长速度也无法与之相比，省经济总量长期处于省级行政区划第一梯队中的后位。律师业务往往伴随经济活动的需要而出现，地方经济缺少特点导致律师业务缺乏核心主干，而缺少创新则意味着律师业务难以不断出现新的有力增长点。

这三个方面的特点，决定了在湖北做一家区域大所，无法像北京和上海享有天然的政治和经济资源优势，并且还需要律师承担培养市场主体法治意识，传递专业服务价值理念，提升本地市场化程度的工作，扮演“开垦者”的角色。

履行区域大所的行业责任和历史使命，在以下几个事件中得以充分体现。1999年，从报纸上得知“武黄高速经营权”即将整体拍卖给马来西亚公司，蔡学恩当即带着两名律师拜访了湖北省高速公路管理局，自荐寻求合作。在主管局长以“这是经营项目，没有法律纠纷”为由拒绝后，蔡学恩提出请求送他一套业务资料以供学习，律师团将免费出具法律意见书。4人的律师团中有两个经济学硕士、两个法学硕士，3人有海外留学经历。两个星期后，一份3万字的法律意见书放在局长的案头，其中“律师的十个专业建议”让局长惊出一身冷汗：这些问题稍不注意很可能会酿成重大后果，而合同总金额高达4亿多元！三天后，蔡学恩接到了电话，对方表示希望合作。之后，律所专门委派律师代表湖北省高速公路管理局赴马来西亚进行项目谈判，首开了中部地区国有企业聘请律师赴境外服务的记录。

历史的车轮滚滚向前，社会的不断变革中一批批涌现着新的时代需求和机遇，得伟君尚总能预判和把握。2003年5月，当蔡学恩得知国家有关部门制定发布《关于进一步加快国有企业改制重组工作的意见》后，他意识到这将是国家宏观经济运行中的一项重大决策，是史无前例的大变革，蕴含律师业务的无限机会。其后国企改制大幕拉开，得伟君尚律师已经做好了充分的准备，在武汉市政府和国资局领导的强力支持下，全面进军武汉建机、武汉内燃机厂、武汉客车厂等国有企业改制重组和武烟集团的股份制改造等重大项目，还研究制定了一套国有资产交易规范性程序。该程序与此后国家颁布的《国有资产交易暂行条例》中规定的主要交易程序不谋而合。如今，得伟君尚已经服务武汉国资委近20年，他们拓展出为国资领域服务的广阔战场，吸引本地律师们纷纷参与其中。担任武汉公交集团法律顾问的律所合伙人李剑律师和长期深耕国资服务领域的合伙人戴北平、梅灿军、曾黄彪和田硕等律师都非常感慨：我们律所用创新精神走出了律师国资服务“武汉模式”的新路径。2020年8月，湖北省人民政府国有资产管理委员会正式付费聘请湖北得伟君尚律师事务所蔡学恩律师团队作为常年法律顾问。

打造一家与区域发展相匹配的律师事务所，得伟君尚还为武汉市商务局提供了15年以上的长期法律服务。从法国回来的冷春燕律师带领涉外团队，深度参与了地方招商引资尤其是涉外方面的各项事务，如为富士康、通用汽车和中芯国际等重大项目的招商引资而给予专业支持。20多年来得伟君尚参与全市乃至全省各项重要经济社会建设活动，也从一定程度上促进了本地法治环境的优化。

首席执行合伙人龚顺荣律师和合伙人章科峰律师携行政主管冉茂渝、陈靖和楼婷等不断探索律所管理新模式。他们一直坚持：作为一家地方大所，得伟君尚的大门也始终向同行敞开，从不吝啬将自己在律所运营管理几十年积累的经验分享给同行。

2015年起，5年间已有几十家北上大所的分所在汉设立。基于武汉的地方特点，这些大所的分所几乎全部采用了由本地律师组团并进行品牌更名的方式组建。武汉的地方特点也决定了北京和上海的律师很难适应本地市场，这样的土壤更加凸显一家“土生土长”区域大所的重要性：其不仅要理解、适应本地环境，甚至要扮演超出法律服务机构的角色，推动地方经济社会发展。在蔡学恩看来，得伟君尚正在扮演这样的历史角色。

2016年8月下旬，国务院决定设立中国（湖北）自由贸易试验区，申报面积包括三个片区：武汉70平方公里、宜昌28平方公里、襄阳22平方公里。律师可以从中获得什么业务？蔡学恩的思考方式和别人不一样：其他律师往往是自贸区有什么产业跟进提供什么服务，而“老蔡”却说，他要联合前海蛇口自贸区和上海自贸区的律师将两地已有的经验向中部传输，哪一领域律师业务兴盛即代表了对应产业的发达，他要做的不是“守株待兔”等待这些产业在湖北自贸区“冒出来”，而是要以中介机构的身份引导这些产业在自贸区落地。

已经布局武汉和宜昌两个片区，2020 年襄阳片区分所的设立将标志着得伟君尚正式完成省内自贸区的全点布局。“我们有义务，也有能力将三个片区平台打造成湖北自贸区真正意义上的大平台，打造出湖北自贸区的特点。”蔡学恩自信地说。

在参与推动国家建设和法治进程中，得伟君尚有着一批以蔡学恩领衔的律师人大代表和政协委员。其中，蔡学恩在 2002~2012 年先后被推荐和选举为湖北省政协委员、省政协常委，当选第十二、十三届全国人大代表，长期活跃在国家最高参政议政舞台上。担任全国人大代表期间，他对完善环境法立法、环境司法专门化和法律职业共同体建设长期积极提出大量富有见地与创新的建议，不少都得到了采纳甚至是立法中的回应。龚顺荣律师当选政协湖北省第十二届委员会委员，在本次疫情期间，其撰写的《突发事件应对法适用于公共卫生事件应对活动的法律实务分析》受到全国政协的高度肯定。罗向阳律师当选为湖北省政府参事，他的数篇建言献策发表在国务院参事室《国是咨询》刊物上。此外，合伙人刘祥斌律师当选为武汉市政协委员，祁飞律师当选为武汉市江汉区人大常委。合伙人周迪律师以及戴北平律师、曹剑刚律师等 12 名律师分别参加各民主党派并成为各民主党派中的法律专家。得伟君尚的这批人大代表和政协委员们长期以来在坚守法律人特定职责的同时，以律师身份积极参政议政、参与立法，为国家法治建设的进步和地方社会经济的稳定发展贡献出了作为大型区域性综合律师事务所应有的力量。

所谓行业担当和历史使命，其实都是主动选择的结果。武汉这个 1300 万人口的特大城市，湖北这个中部核心省份都需要一个与之匹配的现代化法律服务机构，成为这样一家机构正是得伟君尚最朴素的心愿，也是最宏大的理想。

服务本土的行业引领者

从专业的角度而言，如何才能做一家与大武汉相匹配且具有引领性的现代化法律服务机构？

得伟君尚的做法，是选择一条与大部分武汉律所不同的道路，成立之初即重视专业化能力并开始利用业务拓展来引导律所乃至本土市场变革：在大多数本土律所仍以传统诉讼为主打业务时，得伟君尚率先投身非诉领域；国企改制的大幕下，得伟君尚又以首开与国资委合作先河为重要起点并予以延展，在政府法律服务领域走在了本土律所前面。

一步先，步步先。经过多年发展，得伟君尚在“服务内容产品化、服务主体标签化”

的理念下，形成了以政府与国有经济、金融及财税、涉外业务、公司业务为特色，争议解决、刑事法律服务、房地产与建筑工程、知识产权、TMT、财富管理等领域齐头并进的业务服务体系，并据此组建了 10 个对应业务部门，不断发展补强，组建起一支近两百人的律师队伍，其中包括法学博士 5 名，法学硕士和双学士 50 余名，先后有 7 名律师在美国、英国、德国、法国、新加坡、我国香港特别行政区等国家和地区接受了至少一年的法律专业学习和法律工作培训。得伟君尚律师均属于懂法律、懂经济、懂英语、懂科技的复合型人才，部分律师还具有注册税务师、注册会计师、工程师资格，从事证券法律业务资格和从事国家基本建设大中型项目招标投标法律业务资格。

政府法律顾问：高站位　早布局

政府法律顾问是得伟君尚最具特色的业务领域之一。除了担任武汉市国资委的法律顾问外，得伟君尚作为一家法律服务机构，还服务于包括湖北省人民政府、武汉市人民政府、湖北省审计厅、湖北省公安厅、湖北省国税局、湖北银保监局、武汉东湖风景区管委会、武汉经济技术开发区、武汉东湖新技术开发区、武汉化工新区以及长江新城管委会在内的多家政府机构和部门。在长期合作中，得伟君尚的专业化服务得到了各级政府机构的肯定和好评。

2015 年，湖北省公安厅计划组建由法律专家学者及其他法律专业人士组成的法律专家顾问团，在多家律师事务所参与竞标的情况下，得伟君尚律师事务所以其压倒性的专业优势和多年来积累的良好行业声誉胜出，与省公安厅签订了《聘请常年法律顾问合同》。得伟君尚作为执业律师团队担任省一级公安厅的常年法律顾问，不仅开了湖北省公安厅和全国省一级公安厅的先河，也开了律师界与公安专业合作的先河。

自此，得伟君尚合伙人陈晶、彭振军、王煜及周克非带领 20 多名执业律师长期值守在省公安厅法制总队、信访部门及督察总队，及时提供专业的法律服务，为公安事业的发展保驾护航。在工作过程中，陈晶律师带领这支队伍强调职业“利益冲突”的理念和规范，得到了公安系统各级各部门干警的一致好评。

近年来，得伟君尚正借鉴以往服务省级、市级政府机构的成功经验，将区级政府纳入自身的服务范围，这使伟君尚律师能够下沉到更细分的政府法律服务市场，为更基层行政机关依法行政提供专业支持，在推动市场化的同时参与并服务于法治建设。

2015 年以来，得伟君尚入选武汉市硚口区人民政府、江汉区人民政府、江岸区人民政府、洪山区人民政府、青山区人民政府、武昌区人民政府、东西湖区人民政府和蔡甸区人民政府等法律顾问机构库。合伙人罗向阳、刘祥斌、王荣杰、夏宁、李剑龙以及王珏律师的专业服务得到各地区政府机关的认可，体现出得伟君尚在政府法律服务领域的深厚积淀。

在提供法律服务的过程中，得伟君尚参与了政府机构一些主要项目的决策，为政府的开发区建设、政策制定出具法律意见。近年来，律所中标并承接了武汉市政府法制办所有的行政复议项目。孙涌律师带领团队律师，每年办理各类行政复议案件400多件——这让得伟君尚律师们通过专业服务切身参与到了社会治理结构的建设之中。

值得一提的是，得伟君尚还为武汉市委统战部、武汉市委政法委等党委部门提供法律服务。在长期的党建工作中，得伟君尚积累了丰富经验，理解党委部门的特殊性，因而能针对党委部门的实际需求，提供具有特色的法律服务产品。武汉市委组织部连续五年聘请胡燕早律师团队作为常年法律顾问。这使伟君尚的党和政府部门法律服务业务得到了进一步的拓展与延伸。律所与武汉大学党内法规研究中心合作，打造“党务律师”的新标杆。

金融证券与公司商事：传统优势 全面覆盖

金融证券亦是得伟君尚着力打造的拳头业务之一。经历20世纪90年代的辉煌后，得伟君尚通过在金融证券领域的长期积累，逐步取得了相对本土律所的竞争优势。

截至目前，得伟君尚为众多本土金融机构提供了法律顾问服务，包括湖北省银保监会等政府监管机构，汉口银行、交通银行、渤海银行、农业银行等中资商业银行，国家开发银行等政策性银行，以及法兴银行、汇丰银行、渣打银行、东亚银行等外资银行业金融机构，同时担任中国平安、长江财保和新华人寿等数十家保险公司法律顾问。合伙人董水生律师和张弛律师作为保险法律领域的“老兵”，他们常自豪地介绍：“服务于金融证券领域已经成为得伟君尚的拳头产品。”

首席执行合伙人龚顺荣律师连续多年被湖北省银保监会聘请为常年法律顾问，他组织律所金融证券服务领域的专业力量，攻克一个又一个专业发展中的堡垒。作为湖北省律师协会金融证券专业委员会主任的龚顺荣律师长期聚焦金融法律服务领域，不断创新服务模式，被业界公认为律师业务“专业化”的领航者。他先后获得“全国优秀律师”等数十项荣誉。在他的带领和影响下，合伙人盛捷律师、潘乐律师、郭剑律师、罗轶群律师和熊为维律师一个个都成为本地区银行、保险和不良资产处理法律服务方面的翘楚。

维护投资者特别是中小投资者的合法权益是律师的使命。中小投资者与上市公司及大股东、中介机构和投资者相比，在资金实力、信息获取和风险承受能力等方便相对弱势，容易受到不公平对待甚至违法违规行为的侵害。合伙人余晖律师组建投资者维权律师团队现已成功代表多批股民，针对大智慧、方正科技等上市公司的虚假陈述行为主张损失赔偿。因受新冠肺炎疫情及武汉封城影响，余晖律师参加由上海金融法院组织的线上庭审活动，取得了良好的效果。

近年来，律所先后助力数十家企业完成了新三板上市，客户覆盖中冶南方、武汉中百、华中科技、东湖高新等国有企业、民营企业。胡燕早律师带领团队对“良品铺子”公司上市进行辅导，取得良好效应。合伙人杨帆律师、祁飞律师和张卫明律师等近几年承办了数十家公司的“新三板”上市业务。

2019 年 6 月，汇绿生态科技集团股份有限公司（以下简称汇绿 5）向深交所递交了重新上市申请及相关材料，并聘请得伟君尚聂文君律师等为其提供法律服务。这起拟重新上市项目，是近 10 年来武汉市首个由武汉律所提供服务的主板 IPO 项目，对本地区律师行业而言意义重大。

“汇绿 5 主板重新上市项目，将成为本地区律师重回 IPO 市场的一个代表案例。”蔡学恩说。在进军主板 IPO 市场的同时，得伟君尚也承接了数起港股 IPO 项目，目前已处于紧张的筹备审批之中。

不仅仅是非诉领域，在复杂商事诉讼领域，得伟君尚凭借过往多年里立足本土，“对症下药”的精细化服务，同样赢得了多家客户的认可，包括但不限于烽火通信科技股份有限公司、中国烟草总公司湖北省公司、武汉武商集团股份有限公司、武汉市公共交通集团有限责任公司、湖北能源集团股份有限公司，类型涵盖大型央企、大型国企、上市公司，并代理了多起具有社会影响力的重大疑难复杂商事诉讼案件。近年来，得伟君尚每年代理在最高人民法院审理的案件高达数十起。

2013 年 12 月，原“武汉广场”股东国际管理公司以武汉武商集团损害公司利益为由将武商集团告上法庭，并于 2015 年变更诉讼请求，申请赔偿损失共计 9.7 亿元人民币。双方争议焦点武商广场（原武汉广场）连续多年单体销售额居全国第一，因而案件关注度高，具有一定的社会影响力。

在得伟君尚的努力下，湖北省高级人民法院在 2020 年 4 月作出维持原判的二审判决，驳回了原告的全部诉讼请求。这起历时 8 年的大额诉讼案取得圆满成功，获得了客户武商集团的高度评价，也彰显了得伟君尚律师在商事诉讼领域的专业素养。

合伙人章科峰律师、张发坤律师、袁良明律师、鲁黎律师、李斌律师和黄晨律师在民商事法律领域下大力气探索规律、研究特点，他们用每一起案件诠释“法律职业共同体”的理念，他们的专业能力和职业风范赢得了法官们的肯定。

涉外业务：内地先驱　一以贯之

沿袭“外所”的涉外优势，得伟君尚在涉外领域长期耕耘，代理过众多跨国项目，包括西门子收购长动集团跨国并购项目，比利时中比科技园、澳大利亚布里斯班黄金海岸、俄罗斯 MMK 热轧水处理等境外投资项目，以及肯尼亚内马高速公路国际工程承包项目等跨国商业活动，积累了丰富的涉外业务经验。

合伙人邵学军律师自1999年至今，一直为麦当劳在湖北及中部地区投资业务提供法律服务。此项目已经成为律所涉外法律服务的“形象代表”。持续为一家客户服务20多年，受到客户高度肯定，邵学军律师创造了行业的“标杆”。

2010年6月，美国加州洲际产业公司（以下简称IIC公司）在加州中部地区法院起诉了湖北省政府和原武汉工业国有控股集团，要求赔偿其于2005年通过招商引资并购接收武汉机床厂后产生的一系列损失，总请求赔偿额达1亿美元。

蔡学恩和鲁银科律师带领一支平均年龄仅30岁左右的工作小组，与外交部、驻外使领馆以及美国当地律师紧密合作，针对IIC公司诉状提交了主权豁免的主张和驳回诉讼的动议，短短两天里提交了6份支撑意见，成功拿下一审胜诉。最终，经过6年多的“马拉松”审判，加州中部地区法院于2016年10月二审维持原判，标志着湖北省政府的积极应诉取得最终胜利。作为一起涉及中国政府机关的跨国索赔案，本案的胜诉不仅为此后类似案件的处理提供了参照范本，同时也为得伟君尚的涉外业务打响了名头。

此外，得伟君尚还是湖北省商务厅指定的省内唯一一家“国际贸易摩擦法律援助平台”，帮助处理了戴蒙德电力机械（湖北）有限公司、哈金森（武汉）汽车橡胶制品有限公司等多家外商投资企业的涉外争议解决事务。作为本地区最早一批涉外律师，合伙人王越兵一直扎根在进出口贸易及外商投资领域，担任数十家国有和民营、涉外企业的法律顾问，奠定了本地涉外法律服务的坚实基础。

除各类涉外诉讼、非诉业务外，得伟君尚还担任了备受关注的第七届世界军人运动会的法律服务供应商。2017年10月，经过公开招标选拔，得伟君尚被确定为军运会执委会唯一的律师服务团队，为军运会组织筹备提供全程法律服务。

军运会涉外因素丰富，不仅要求律师精准翻译法条，保障谈判顺利进行，还需要律师对国外客户有深入了解，能够迅速摸透对方的想法。对此，蔡学恩亲自挂帅，专门组建起一支20余人的高学历“律师服务团”。

从军运会开始筹办到赛事圆满落幕，得伟君尚在2年多时间里顺利完成了各类法律服务工作。特别是专门派遣律师赴比利时国际军体总部，参与军运会所有的涉外谈判。担纲军运会法律服务，不仅体现了赛事主办机构对得伟君尚的认可，亦是重大国际赛事领域的一大突破：继北京奥运会部分启用国内律师提供法律服务后，军运会系在国内举办的大型国际赛事中首次全部启用“本土律师团”提供服务。得伟君尚在军运会法律服务中的优秀表现，对此后更多大型赛事引入甚至是全部使用国内律师团亦具有推动作用。

目前，律所积累了一批从国外学习培训归来的涉外律师，其中某些律师考取了美国、澳洲、英国及法国等多国律师资格。肖乾律师拿到纽约州执照后回到了武汉，他说要为这座城市的国际化建设贡献法律人的力量。

此次抗疫期间，美国个别组织和个人在美国7个州分别起诉中国、湖北及武汉的相关机构。合伙人鲁银科律师带领一批从国外回来的青年律师，积极为相关部门提供应对涉外诉讼的综合性咨询意见，团队的涉外专业能力受到广泛肯定。

新兴领域：高度关注　先发优势

除上述几大板块外，得伟君尚也积极在TMT（互联网、新媒体与科技制造）、资产处置、PPP（政府与民间资本合作）和税收业务等新兴业务领域进行探索。

由武汉自贸区分所执行主任万方牵头的得伟君尚TMT事业部是湖北省首个专门为TMT行业提供全流程、全生命周期法律服务的专业化团队。事业部设有TMT行业研究院和网络法中心、股权中心、IP中心、公司法中心四大中心，拥有一批具备技术、法律、金融及管理等多学科的复合型人才，多人具有互联网“独角兽”企业、上市公司、风险投资机构及国内顶尖律师事务所工作经历，服务了包括湖北省楚天云有限公司等在内的多家大型机构客户，承办了涉及著作权侵权案等一批具有影响力的项目，并出版了《网络安全法合规操作指引》《法槌下的游戏江湖——网络游戏行业典型案例裁判要旨汇编及解析》两本实务专著，得到了业内外高度肯定。

合伙人李兵律师牵头的PPP业务也是得伟君尚的优势业务。他在政府与社会资本合作（PPP、特许经营）、项目融资（含债券、资产证券化）及有关争议解决方面实务经验丰富，自2015年以来承办了包括武汉东湖绿道二期PPP项目在内的湖北、湖南等地数十个PPP项目全流程法律服务。其22万字专著《政府和社会资本合作（PPP）合规运作与法律风险防控》等已由武汉大学出版社出版。个人被选为湖北省PPP专家库专家，被任命为武汉市律师协会PPP专业委员会第一届主任。

目前专业税务法律服务已经成为相对独立的律师业务门类。本地区最早专注于“税务专业”的合伙人黄俊律师将税务法律服务做到了专业化的程度，其以扎实的专业能力被湖北省国税局、武汉市税务稽查局等部门聘为法律顾问。其主办的公众号“财税律智”受到业界的广泛关注。

新《土地管理法》实施后，合伙人刘劲松律师在城市建设中涉及的征收工作方面彻底改变了传统的模式，依照新的法律设计规范了新的程序规则。近两年，刘劲松律师和祁飞律师带领20多名律师奔驰在征收拆迁工作的主战场，为政府征收拆迁工作规范了行为、提高了效率，同时为成千上万户老百姓的利益维护起到重要作用。相关政府部门认为每个征收拆迁项目花几百万元律师费聘请律师团队开展工作“太值得了！”目前，律所分别组织了合伙人彭晓刚律师团队、李威律师团队和王煜律师团队全力扑进这个律师业务的“蓝海”。此项业务也随着《民法典》的颁行将在城市建设领域中全面铺开。

新时代，社会治理体系法制化和现代化水平越来越高，社会治理对法律服务的要求已成为“刚需”。近年来，通过向各个新兴业务领域的不断深入拓展，得伟君尚敏锐地捕捉和感知到：随着包括从“土地开发”等多种传统业务的创新到互联网社会新的业务形态不断出现，这个时代为年轻律师的发展提供了广阔的发展空间。李厚轩、李伟、尹述杰、唐立宏、冷秀丽、伊毅、王红霞、柏桦、李贝、向继军、林玲、高亮、柯炳潭、明松、肖小勇，余学军、王绘、朱建敏、许水玲及况怀波等一大批“80后”“90后”合伙人律师们正在前进的冲锋号中乘风破浪，奋勇向前。

多年来，得伟君尚在专业上的实力也得到了业内专业机构的高度肯定和认可。2014年，著名国际法律评级机构钱伯斯发布的中资所排名中，得伟君尚成为中部地区唯一上榜律所（公司商事领域）。2019年，得伟君尚被钱伯斯评选为公司商事领域中部地区Band1律师事务所。

律所党建“得伟君尚模式”

1982年成立时，律所就成立了党支部。之后，无论律所体制机制如何变化，管理模式方法如何创新，党建工作一直作为支撑律所稳定、健康、快速发展的核心工作受到高度重视，党员先进性被得伟君尚视为律所的核心竞争力。

2017年2月，经武汉市司法局律师党委批准，得伟君尚成立党总支，成为湖北省首家律师事务所党总支。2018年6月律所成立党委，亦是湖北省首家律师事务所党委。其间，得伟君尚的党建工作得到了各级党组织的高度肯定，律所曾荣获“武汉市五星级基层党组织”称号，被全国律师行业党委授予“全国律师行业先进党组织”荣誉称号。

目前，得伟君尚律师事务所党委班子9名成员中有7名高级合伙人，分设5个党支部，其中总所4个，自贸区分所1个，选优配强5名党支部书记；全所共有人员228人，党员占比51. 3%，其中“80后”“90后”党员91人，占党员总数近80%。

虽然蔡学恩和龚顺荣均为无党派人士，但对律所的党建工作却有很高的站位，并从实际行动中全力支持党建工作深入推进。蔡学恩说：要想做一家百年律所、红色律所，我们的思想与行动就要和党委政府同频共振，以专业能力为其分忧解难。在龚顺荣看来，律师行业具有一定的特殊性，律所专业性、社会性较强，律师思维活跃，人员流动性较大，只有通过党建引领才能将律师队伍加以整合，引领律师队伍成为坚持正确意识形态、坚守法治理想、坚定执行律所规章的中坚力量。

2009年至今，胡燕早担任得伟君尚党委书记，她同时也是武汉市律师行业党委委员，并兼任武汉市律师协会副会长。30多年的律师生涯，作为律所高级合伙人，她在房地产、环境资源和能源、金融证券等诸多领域的法律事务上具有精湛的业务能力；30多年的党龄，担任得伟君尚党委书记11年，她对律所党建工作多有建树，对得伟君尚的党建工作如数家珍：我们有多项支持党建工作的“硬核”条款被写进律所章程，着力推进律所党组织参与律所决策管理，这在全国也不多见。

得伟君尚对党建工作的重视还体现在一些活动中。每年“开工第一会”，一定是律所党组织扩大会议，律所执委会全体委员列席该项会议。会上制定律所党组织当年全年度的工作目标并全面部署工作任务。

律所开展党建活动，经费保障是重要前提，这一点已经在合伙人中达成高度共识。得伟君尚对党建工作始终做到“出人、出钱、出面、出招”，近几年律所每年的党建活动预算经费都在 20 万元人民币以上，且已列为律所的常规开支。

近几年来随着社交媒体和互联网不断在律所工作中适用，律所党委利用微信群、微信公众号等新媒体开辟“红色阵地”，律所办有“微信党支部”“网上党课”“红色律师”微信公众号等“指尖上的党建”。律所担任华中科技大学法学院 18 个支部的校外红色领航员，是一个深受大学生欢迎的好模式。

多年强化党建工作的生动实践，得伟君尚获得了属于自己的独特感悟，积累了律所特有的党建工作经验。从事律所管理 20 多年的律所党委副书记万红星说，得伟君尚注重将业务骨干培养成为党员，把党员培养成为业务骨干或中高层管理人员，遵循“重要业务党员律师优先，重要荣誉向党员律师倾斜”的原则。

律所注重培育“红色头雁”，激活“红色细胞”，打造“红色文化”，培养了一支在政治和业务上双过硬的律师队伍。刘松律师 2014 年参加司法部法律援助“1+1”活动赴贵州黔西南州望谟县提供法律援助，“90 后”党员律师付毓 2017 年作为“1+1”志愿者到南疆和静县提供法律援助，受到司法行政部门的肯定；党员律师曾长明参与长江公益律师团，被武汉市律师协会评为“武汉市十大公益律师”；党委副书记李剑、刘祥斌带领党员律师走进社区、科技工业园提供免费咨询服务，已经成为武汉市律师界公益品牌。事务所党员律师捐资百余万元在武汉大学、中南财经政法大学、华中科技大学及江汉大学设立奖学金，助力法学学子们圆梦。

2020 年新冠肺炎疫情突然来袭，得伟君尚党委在大考面前向党和人民交出了一份满意的答卷。疫情发生后，党委及时组建“党员突击队”随时待命。党委委员率先垂范，第一时间加盟为医护人员服务的各类志愿者团队；10 多位党员律师为火神山、雷神山医院及方舱医院建设提供法律服务，特别是在封城期间党员律师们配合相关部门发行湖北省武汉市疫情防控债券提供专业法律服务；及时指派党员律师 24 小时值守武汉市疫情防控指挥部，为市委市政府一线依法抗疫提供专业服务；律所联合全国律师同行，组建 500 多人跨省域抗疫法律服务团，为滞留外地湖北人和滞留湖北外地人提供义务法律咨询。

在疫情最吃紧的时候，多名律师冒着生命危险多次义务献血；人大代表、政协委员积极履职，参政议政，提出《将反就业歧视纳入检察公益诉讼范围的建议》等多项议案和提案，为城市疫后重建依法重启建言献策；特别是律所组织律师捐款 12 万元，通过黑龙江省律协捐给牡丹江市律协，专项用于绥芬河市律师疫情防控，受到了全国律协的肯定和表扬。

律所专门为协助武汉市新冠肺炎防控指挥部社区疫情防控组制作的抗疫普法动画《防控疫情　人人有责》，第一天点击率即斩获“10 万 +”，被“学习强国 APP”推荐。疫情后期，协助武汉市律协整理编写了 10 万余字的《武汉市抗疫复产惠民惠企政策法律知识 300 问》，聚焦疫情“精准防控”尤其是助力疫后经济社会“重启恢复”。

律所多次收到武汉市新冠肺炎疫情防控组指挥部的表扬信，抗疫事迹十多次被《人民日报》、新华社、中央电视台、“学习强国”学习平台、《法制日报》、光明网、人民政协网、司法部官网、中国律师网、《湖北日报》《长江日报》《中国妇女》《民主与法制》等重要媒体报道。

2020 年 7 月 1 日，得伟君尚在“永远跟党走”——庆祝“七一”建党节暨抗疫表彰大会上发布了抗疫宣传画册《战疫中的律师——律己助人，得伟君尚抗疫纪实》。画册以图文并茂的形式展现了全体得伟君尚人在疫情防控阻击战中的勇气、担当和智慧。画册中有这样的一幅“抗疫大事记”图表，清晰记录了得伟君尚从武汉封城当晚至 4 月 8 日律所恢复有序法律服务期间所做的每一件抗疫大事。的确，律所全体律师非常自豪，他们认为律所将党建活动与社会担当高度融合，在社会担当中强化红色氛围，在红色氛围中强化社会担当，得伟君尚赢得了全社会的广泛赞誉。

在中国共产党成立 99 周年之际，中共湖北省委发布了《中共湖北省委党的建设工作领导小组关于通报表彰“2018-2019 年度全省党建工作示范单位”的决定》，受到表彰的共有“省直机关”“高校”“国有企业”等七大类别。各类别表彰十家单位，号称“十面红旗”。在“非公有制经济组织和社会组织”类别中，得伟君尚律师事务所被授予“党建工作示范单位”称号。

君行天下　浩气长存

2011 年，现《民主与法制》周刊总编辑刘桂明到访得伟君尚，题下藏头诗一首——“得失自知二十载，伟业初成再搭台。君子律师行天下，尚怀正义显风采。”其中第三句“君子律师行天下”中“君子”一词与得伟君尚律师事务所名称中的“君”字正好为一种契合。

“君子”一语，广见于先秦典籍，在先秦典籍中多指“君王之子”，着重强调地位的崇高。而后“君子”一词被赋予了道德的含义，自此有了德性。

德才兼备，文质彬彬，有所为有所不为，达则兼济天下，穷则独善其身，是为君子。

得伟君尚的“君”字，恰恰是 38 年来，一代又一代得伟君尚人所秉持的做人之本，也是立所之精髓。

结合当下律师行业的现状和大环境，蔡学恩为“君”字赋予了看似普通却有特定含义的诠释，那就是——正派。

在得伟君尚，对律师个体来说，正派，既是最低底线，也是最高追求；对律师事务所而言，正派，是立所之本，也是得伟君尚几十年来能够凝聚一批志同道合的高素质法律人一起稳步向前走的秘诀。

创所近 40 年来，得伟君尚的律师，对内，相互帮扶，相互激励；对外，在与司法行政机关和客户的来往中，恪守法律底线和职业尊严，从不“走关系”，甚至极少应酬。每一名加入得伟君尚的律师，不仅要接受专业知识和能力的测评与考核，更要接受品德和价值观的考评。

君子处世，刚毅坚卓，发愤图强，永不停息；君子为人，厚实和顺，仁义道德，容载万物。

而之于得伟君尚人，君子，意味着目光长远，视野广阔，胸怀包容；君子，意味着为国家利益而考量，为庶民苍生而忧虑；君子，意味着满怀公平正义，满腹法律智慧，满腔社会良心。

厚德载物。38 载一路风雨一路歌，印证了得伟君尚人不变的初心，见证了得伟君尚人执着的坚守。

君子不器。38 载再起征程，得伟君尚还将继续履行自己区域大所的行业担当和历史使命，继续在探索中变革，在变革中创造属于自己，更属于武汉和湖北的行业辉煌。

山西中吕

三十七载精一守正，能源强所的矢志不移

毛姗姗　伊晓俊　陈琼青

“中坚脊梁”

中吕律师事务所前台

中吕律师事务所执行合伙人　高剑生

晋阳能源法务高峰论坛

山西太原，“控带山河，踞天下之肩背”，自古既是交通要道亦是文化重镇。作为能源强省，山西正经历从“煤炭大省”到“能源革命排头兵”的历史性跨越，而在这背后，一家专注于能源领域的精品强所见证了这一切，亦成为山西能源革命的法治推动者和参与者。

它便是中吕律师事务所。“中吕”二字,“中”为“中坚”,“吕”为“脊梁”,“中坚脊梁”寓意担当，以专业服务贡献法治力量。所如其名，中吕做到了。

在过往的多年发展中，中吕伴随山西的两次煤改和资源整合，经历了国家的电力改革和“腾笼换鸟”以及当下山西的能源革命和资源型经济转型。多年来，中吕见证了山西经济结构调整和法治的进步，从精研专业到深耕行业再至把脉产业，现已成长为山西能源领域重大案件和项目的领跑者以及外来客户来山西投资能源的首选法律顾问。在“能源与矿产资源领域”，中吕连续两年上榜《钱伯斯亚太指南》。

在区域市场,如何选择自己的赛道,铸就卓越的法律服务？如何在激烈的市场竞争中,坚持自己的选择？中吕有自己的秘密。

37 年，一家行业律所的不辍创新

无论是个人、企业还是律所的发展，未来道路往往由几个关键选择决定。于 37 岁的中吕而言，最重要的战略选择，即在于 2005 年立志成为一家专注于能源领域的精品律所，并且在往后的 15 年，一以贯之。

但中吕的故事还应该从 20 世纪 80 年代说起。

1983 年，吕梁地区律师事务所（后改名为“中吕律师事务所”）成立，当时的它尚是一家国办律所。4 年后，已经有多年政府工作经验的高剑生调派到此处，开始他的律师生涯。

1992 年，山西省吕梁地区率先推出拍卖“荒山、荒坡、荒沟、荒滩”使用权，加速小流域治理的重大举措，在全国引起了强烈反响。中央农村工作领导小组、林业部、水利部先后在吕梁地区召开“四荒”拍卖工作现场会。1994 年年初，中共中央总书记江泽民视察吕梁时肯定了这一做法，同时指出，“拍卖‘四荒’，卖掉的是使用权，得到的是农民治山治水的积极性”。

这其中有关“四荒”拍卖的法律可行性论证分析、集体土地使用权的行使方式等方案设计正出自高剑生的手笔。这次出色的法律服务不仅让高剑生个人名声大噪，后被吕梁市委书记聘为个人法律顾问；更重要的是，让高剑生对自然资源法律关系产生了浓厚的兴趣，冥冥之中为其日后转型资源能源法律专家，中吕定位能源律所做了铺垫。

2001 年，已经有 18 年历史的中吕律师事务所从国办所改制为合伙制律师事务所，并迁址太原。彼时已经担任了 7 年律所主任的高剑生开始了新的创业之路。

山西历来以煤炭资源丰富著称，2003 年，山西的大小煤矿大概有四五千个。已经有多年法律实务经验的高剑生判断，煤炭资源是我国的主要能源，是国家可持续发展战略实施的资源保证，受到《矿产资源法》《煤炭法》《矿山安全法》《安全生产法》《节约能源法》和《煤炭经营监管办法》（已失效）等 300 多部法律、法规、规章的监管。从探矿权、采矿权的取得到转让，从煤矿企业的审批到生产经营的许可，均有特别法和部门规章的调整。山西作为能源大省，应该要有提供该领域法律服务的专业律所。于是，中吕在山西省煤炭厅不远处的一座写字楼租下了半层，在这里开始探索专门从事煤炭行业法律服务的最佳选择。倘若说 2003 年，高剑生对于律所定位的选择更多的是基于经验得出的市场分析，2005 年，山西煤炭改革的启动，则真正坚定了中吕想要成为一家专精于煤炭、能源业务领域律师事务所的决心。

2005 年，《山西省人民政府关于推进煤炭企业资源整合和有偿使用的意见（试行）》发布，提出“到 2010 年全省形成 2 个亿吨级生产能力的特大型煤炭企业集团、1~3 个 5000 万吨级以上生产能力的大型煤炭企业集团和全省 30 万吨 / 年以上矿井煤炭产量占总产量的 90% 以上”的目标，2006 年，山西省人民政府正式发布《山西省煤炭资源整合和有偿使用办法》（以下简称《办法》），山西的煤炭行业改革启动。在过去，一个煤矿只要经过审批便可以开采，《办法》出台之后，意味着每一个矿可以明码标价，采矿权成为一项核心的经济权利。在这个过程中，明确了行业定位的中吕一头扎进行业法律服务的深海，开始不断地业务创新探索。

为防范客户交易风险，中吕率先在山西开发了相关的合同样本，制定了交易流程。在进行煤矿资源整合的协作同时，中吕研究了大量的政府文件，对于非诉业务深入研发，将煤炭公司合并过程中所需要的细节推敲落实，形成文本。当时，因整改的体量非常大，山西多家律所参与到煤炭资源整合的业务中，中吕研究的文本在当时被同行作为范本参考。

在业务风口时，人们一拥而上。在第一次煤改时期，大量律所想在热门业务中分一杯羹的队伍当中，又在浪潮之后退去。唯独中吕，既然选定方向，就毅然坚持，浪起时勇立潮头，浪退时潜心钻研。

两年后，第二轮的煤炭资源整合来临，中吕再次赶上这一风口。一方面，在山西省内开启并购投融资业务；另一方面中吕的争议解决实力亦在各类交易频发的过程中不断增强。通过主动向行政主管机构、企业进行培训输出，召开研讨会，参与当地法规、政策制定等方式，中吕在煤炭法律领域的专业性日益体现。“大家开始感觉到专业化的优势，中吕在这一领域，逐渐形成专业话语权。”高剑生说。

2013 年，国家推行电力改革。国家能源局将低热值煤的发电核准权限下放到山西省，由省发改委直接核准。核准权下放之后，山西省核准了 1920 万千瓦的电力容量，批了 40 多家电厂。五六年后，电力装机容量过剩，当时为管道建设、电厂基建等形成的建设工程合同纠纷、公司股权纠纷等问题屡屡产生。同时，在 2017~2018 年两年内，国家对于新能源领域的加大投入，也使在后几年就新能源相关的投资纠纷增加。当时，国家要求所有的火电发电机组必须有配额，大集团必须有 9% 的新能源运用。中吕再次抓住了这次机遇，布局电力领域的争议解决业务，从为客户提供火电的常年法律服务顾问延展到更多业务。

近两年，山西省政府提出“腾笼换鸟”的号召，其核心主要是通过处置低效无效资产，有效盘活沉淀资金；通过出让部分股权，收回现金的同时引入各类资本，实现股权多元化；通过出让上市公司部分股份获得资金，优化上市公司股权结构等。投融资业务成为中吕新的布局，中吕为更多电力企业进行股权架构的设计，在深耕矿业行业的同时，也在金融与资本市场领域发力。

2015 年，《民事诉讼法》修订后明确：社会公益组织满 5 年可以进行公益诉讼。中吕在此时发起设立“山西省生态环境保护法律协会”，并设立了专门的环境法律部门。短短几年时间里，该部门已经承担了五台山风景名胜区总体规划范围调整论证项目等多起专项法律服务，并代理了多起案件，包括代理北京市丰台区源头爱好者环境研究所诉被告某电厂环境污染损害纠纷一案诉讼案件，为浑源县人民政府、当地检察机关就恒山保护区生态环境造成损害的处置提供法律服务。

每一次抓住机遇，对于政策的精准把握，均成就了中吕朝着能源全产业链发展。中吕亦在专业领域取得了多项荣誉。2019~2020 年，中吕两次登榜《钱伯斯亚太指南》；由中吕律师承办的“华润大宁能源有限公司重组项目”被 ALB 提名“年度能源和资源交易大奖”；在中世律所联盟涵盖 20 多个省市律所的评选中，荣获“中世律所联盟 2019 双年奖”能源资源法律服务大奖、行政诉讼法律服务大奖、投资并购法律服务大奖等 12 项大奖……

当然，奖项只是过往荣誉的证明，对于中吕而言，为客户提供更精准且优质的服务，是其不断的追求。

专业、行业、产业，缔造全链条服务能力

中吕创始人高剑生在演讲中曾多次强调，“中吕所要走一条从专业到行业，再走向产业服务的发展道路，目前已经跨出了第一步，还要坚定地继续走下去”。

目前，中吕已形成围绕能源产业的全方面业务发展，包括矿业投资与并购、电力项

目建设投资、资本市场与金融、国际贸易与境外投资、生态环境与资源保护、税务法律事务与争议解决、资源类刑事辩护、政府法律服务八大业务领域，客户覆盖中共山西省委、山西省人民政府、山西省纪委监委、山西能监办、山西煤监局、山西省能源局等重要政府部门，以及中煤能源、华润集团、山西焦煤等大型能源公司。

在中吕的老牌业务矿业和电力两大领域，目前正随着产业的延伸，形成全链条的服务。从矿业领域的纵向看，从早期以煤炭企业为主，提供相关境内探矿权和采矿权的申请及转让服务至今，围绕煤炭企业形成各类投融资、基础设施建设、内部合规体系构建、争议解决，以及碳资产开发与管理、碳排放交易等全链条服务；从横向看，目前涉及的矿业企业已经涵盖煤矿、国内外有色金属和非金属矿项目。

在电力领域，随着能源产业而动的特点更为明显。在横向客户维度，从早期的火电企业到现在的天然气、新能源企业；在纵向法律服务维度，中吕的电力部门为客户在发电价值链的各个环节（上游、中游和下游）提供全方位的法律服务，包括各类项目的准备阶段，合同招标阶段，勘察、设计、施工、采购合同履行阶段，工程验收，结算阶段等。

当然，全链条服务能力的缔造，是一条不断求索精进之路。它依赖于每个业务板块的专业深度，强大的业务研发能力以及与行业密切联动、构建平台的能力。多年的积累沉淀，中吕已具“造钟”之基。

能源领域的难题解决者

“这个案件太难了，只能交给你们做了。”一个客户电话给中吕律师事务所主任李艳红。多年的沉淀，中吕已经给客户留下解决重大疑难案件的印象，中吕从未辜负客户的期望。

在一个煤矿兼并重组遗留的纠纷案中，客户选择律师时明确要求，承办团队需熟知煤矿整合以及去产能政策，并具备重大商事诉讼能力。该案件时间跨度长达 10 年之久，收集证据难度巨大；同时山西省矿业政策复杂，受煤炭资源整合影响矿权权属、边界范围存在较大争议，需要对于法律运用能力有较高智慧。最后中吕突出重围，接受客户委托。代理律师们从合同履行、政策限制、矿权权属、损失认定多角度提出代理意见；最终审判部门采纳了代理观点，最大限度地维护了委托人权益。

在一起股权转让合同纠纷案件中，客户于 2011 年就股权转让事宜与受让方协商一致并签订《协议书》。《协议书》签订后，因山西省政策因素导致目标煤矿股东变更登记一直未能办理。2018 年，中吕律师受客户委托，以工商行政部门不作为为由先后申请行政复议、提起行政诉讼。在行政诉讼审理过程中，省人民政府原则上同意了该股权转让事宜，为涉案股权转让事宜继续办理、该公司取得剩余股权转让款提供了政策支持。但由于股权受让方不配合出具相关手续，目标煤矿股东工商登记一直未予以变更，股权转让款也迟迟未支付。为了进一步推进该事项，代理律师提起民事诉讼，一审判决认为案涉股权具备办理股权过户手续的前提条件，并判决受让方向该公司支付剩余股权转让款及债权款共计 3 亿余元。

该案涉及在山西煤炭资源整合后，煤炭资源整合政策对煤矿企业股权转让行为产生的政策影响。通过多方努力，最终在股权转让相关协议签订 7 年之后，取得了省人民政府的同意，为涉案股权转让获得了政策支持，同时也使某公司取得剩余股权转让款的诉讼请求在民事诉讼中获得支持。该案也为山西煤炭资源整合背景下煤矿企业股权转让事宜处理提供了可借鉴的实务经验。

在涉及重大非诉能源项目时，中吕亦是客户们的首选。2019 年，华润电力控股有限公司为专注于电力业务发展，希望转让华润大宁的煤炭业务。华润大宁能源有限公司的前身引入了第一个中美合资煤矿项目，具有历史意义。该交易项目涉及山西省复杂法律环境下煤矿企业的跨境产权转让，这要求律师团队具备矿业资源法、税法、国际法跨专业合作的能力。因该案涉及内地与香港特别行政区，涉及矿业权流转、税收、公司等多个专业，客户委托中吕律师代理此项目。中吕律师出具的法律意见全面展示了在现有法律、政策下可行的矿业权转让途径以及风险、税负。客户根据中吕律师的意见，最终通过域外间接转让的方式实现了核心资产的转让和税务的最优处理。该项目不仅受到客户的赞许，亦荣获了 2019 年 ALB“年度能源和资源交易大奖”提名奖。

诸如此类的案件还有很多，尽管更多客户选择在有难题时在寻求中吕律师帮助。但是对于中吕律师而言，“案件无大小，力尽专业之事”是所内坚持的执业教义。

行业立法的参与者与推动者

律师参与立法不仅是对于律师专业能力的肯定，更要求律师能够对行业的深入钻研并具备市场前瞻性。自定位能源领域以来，中吕在参与行业立法上一直走在前列，亦受到山西各立法机关的信任。李艳红对此深有体会。在中吕的近 20 年执业中，她参与了各类立法课题研究，印象最深的，莫过于她主笔的第一个中吕立法项目。

2007 年 12 月，山西省临汾市洪洞县原新窑煤矿发生瓦斯爆炸事故，105 人遇难，15 人获救。事故发生后，矿方迟迟没有上报，后导致事故扩大。该事件受到全国的关注，山西省人民政府压力倍增。事故发生之后，中吕律师们认为要杜绝矿难，最核心的在于提高矿工自身的安全意识。因此，中吕进行了立法建议的起草，并将该建议寄给了时任山西省代省长孟学农和原国家安全生产监督管理总局局长李毅中。该立法建议获得了认可，局长委托其办公室主任亲笔给中吕律师回信，表明了两点感谢：一是表明中吕以律师视角关注到矿工安全意识，非常专业；二是对中吕律所就安全工作的关注予以感谢。

这一出于“身为法律人要对社会公共事件有担当”的初心，点燃了中吕参与立法的星星之火。在此之后，中吕便接到山西省法制办的立法课题，成为《山西省煤矿职工行使安全生产权利办法（草稿）》的主要起草者。该课题的验收结项会议在中吕成功举行，亦让更多的山西政府部门看到了中吕的研究能力。此后，参与立法课题，参加专家论证会与立法评估等事项，已成为中吕的常态化工作。例如，《矿产资源法》《煤炭法》《山西省煤炭资源矿业权出让转让管理办法》《山西省企业国有资产监督管理条例》《山西省石油天然气管道建设和保护办法》《太原市生活垃圾分类管理条例》等立法论证工作均有中吕律师的参与。此后亦有更多的政府部门成为中吕的客户，由中吕提供法律顾问服务。中吕亦有多名律师受聘成为山西省人大、太原市人大立法专家库成员。

高端论坛，专业输出

2015 年，由中吕律师事务所主办的第一届晋阳能源法务高峰论坛在太原成功举办，该论坛邀请了国内能源、大数据和律师行业领域的专家学者为山西改革发展建言献策，从专业角度共商转型之道，自第一年开办，该论坛就引起巨大反响并受到业内好评，行业交锋、观点碰撞、智慧分享、专业务实成为该论坛的标签。该论坛每两年举行一次，目前已经举办了三届。

2019 年，第三届晋阳能源法务高峰论坛顺利举行，论坛汇集了来自全国能源企业、能源研究机构、能源法律实务界的 200 多位专家学者，“法治视角下山西能源革命的路径选择”这一主题成为大会的核心议题。国家能源局原副局长、中国能源研究会副理事长吴吟、国家发展和改革委员会能源研究所能源经济与发展战略研究中心主任高虎博士、华东政法大学博士生导师、国家能源领导小组办公室《能源法》起草专家肖国兴教授等专家均作为嘉宾呈现了干货十足的研究成果，令听众获益匪浅。

在高峰论坛之外，2016 年，中吕牵头创办了“晋阳法务圈”，以改善山西企业法务们相对孤军奋战的局面。该理念提出后，即得到广大法务们的认可和欢迎。中吕律师事务所以通过微信群建设，在线讲座及线下专题研讨会、沙龙、培训、组织外出考察等形式将法务们汇聚一起，形成共探专业，共讨职业发展的良好氛围。

“中吕始终希望能够发挥专业价值，为企业真正解决一些事儿。‘晋阳法务圈’促进了企业间的互联互通，很多实际问题，大家可以一块探讨去研究和解决。”李艳红阐释道。

一体化改革，聚焦业务质量与人才培养

律所最核心的资产是客户与人才。律所的定位决定了客户群体，而律所的管理影响人才的吸引。较中吕的发展而言，自 2014 年开始，在律所进行一体化运营改革，是重要的一步。

改革的主要原因有两个：一是能源领域产业链的延伸和新业态的出现，需要律所提供更为综合全方位的服务；二是日益增多的项目和市场竞争的激烈也让中吕越发认识到人才培养和人才稳定的重要性。

改革从业务部门调整开始。第一年，中吕将行业客户集中度较高的电力、矿业两个领域的客户资源和团队进行整合，设立电力与能源建设投资、矿业投资与并购两大部门；第二年，生态环境与资源保护部和政府法律事务部也相继设置，多数律师也根据各自业务专长被划归到各个部门之中。

专业部门，标准流程

在按照专业部门划分后，中吕对于各个业务领域的服务能力又有了增强，同时，在业务管理上设计出了一套完整的标准化工作流程。首先是业务质量管理办法的制定，办法规定了统一收案、结案、收费管理、重大案件讨论、客户回访等行为。诉讼案件的办理则被拆分为 10 多个步骤，每一分解步骤都有明确要求。“庭前应如何汇报，答辩状何时提交、谁来验收，开庭后如何汇报等，每一步骤都有标准化的流程和相应的评价考核机制。”李艳红说。

为保障办案质量，中吕制定了重大案件讨论制度。重大疑难案件将会提交给业务工作指导委员会，由经验丰富的律师对疑难复杂案件进行讨论和确定。每周委员会还会召开面向全所律师的案件讨论和汇报会议，每季度也会对律师经手的业务、出具的法律文书进行抽查，使律师办案质量切实得到保证。

懂专业、懂管理的领导者

一体化管理的最大优势在于能够形成稳定的人才梯队，培养律师的办案能力和专业水准。能源领域相较于其他民商事业务，更具行业特性，对于能源行业，如电力、矿业行业的深入了解程度应不亚于该行业的从业人员。因此，就诸如此类专业领域的青年律师成长，需要更多的成长时间。

在中吕，已经有一批 2010 年左右加入的优秀青年律师成为中吕的中流砥柱，10 年专注成长，已经让他们成为这个领域的专家。例如，矿业投资与并购部部长吴强，电力

与能源建设投资部部长逯尧，政府法律事务部部长李劲。

2010年加入中吕的吴强，当时就被中吕的清晰定位所吸引，在中吕的10年中，在电力和矿业两大领域的潜入研究，专业精深已经成为他现在的标签。他曾在《中吕十年》一文中指出，“专业化的过程是痛苦的，它所要求的时间付出倍于一般的法律学习，但公平的是它所给你的回报也同样慷慨，你看待问题的视角和客户更有共通，解决问题的路径对客户更有帮助，专业化最终体现到律师的服务价值上”。

长期致力于为煤炭、电力、天然气等资源、能源企业提供并购重组、融投资以及常年法律顾问等法律服务的吴强，目前已经是山西省律师协会破产与重组专业委员会副主任，近年来先后为华润煤业、保利能源、晋能集团、焦煤集团等多家省内外企业，提供了几十次专项法律服务。正因为业务能力出色，他在管委会分管业务，以监督各类案件的质量。

在专业部门建立之后，带教任务便集中于部门负责人，由他们对下面的年轻律师进行业务指导。从“手把手”的项目中师徒带教，到每周“雷打不动”的事务所培训，近年来，中吕也充分运用外界资源，如选拔所内优秀律师参加中世律所联盟的“百合沙龙”“优才集训营”等活动，为青年律师创造更多成长的机会。

2017年大学毕业后来到中吕的王静便是例证。在政府法律部门部长李劲的带领下，王静成长飞快，律所的内外部培训亦让她受益良多。在2019年“中吕律师”辩论赛中，她所在的团队赢得“最佳辩论团队”。中世律所联盟“青年优才集训营”活动，也使她在全国同行的交流中收获颇丰。

在实习期的一段经历至今令王静记忆犹新。一次，她负责撰写给客户的服务方案书，由于是头一回上手，加之案件本身疑难复杂，她对于其中很多细节和背景知识都是一知半解。当时，李艳红给予她很多修改建议，并指导她完成了六轮修改，直到形成一份能令客户满意的文本。如今业务技能日臻成熟的她，希望未来成为一名中吕的合伙人，为律所发展贡献更大的力量。

在中吕，成为合伙人并非一件容易的事，业务收入之外，还有管理能力、市场开拓力、工作年限等综合因素的考察。“我们认为，对合伙人的选拔标准应是多元的，尤其要突出对于事务所发展的参与、贡献等因素，这样才能够将律所打造成一个持续发展的平台。”李艳红说。

在多元选拔标准的指引下，一批愿吃苦、肯上进、时刻把律所发展扛在肩上的年轻人脱颖而出。2019年8月，中吕合伙人会议选举产生新一届管理委员会，逯尧当选管委会主任，吴强、李开瑞、李劲等青年律师担任管委会成员。值得一提的是，这届管委会的平均年龄仅33岁。

现任管委会主任逯尧的成长经历和吴强类似，在中吕从实习律师到律师助理、协办、主办律师再至合伙人，在过往多年发展中他参与编写《煤矿企业设立并购指引》《能源企业合同风险提示》《加气站建设运营风险防范及实务研究》《政府和社会资本合作模式法律实务研究》《火电项目建设运营风险防范手册》等书籍，也愿意承担更多律所管理的事务。

对于中吕的青年律师来说，律所开放的管理理念为他们营造了成就自我事业的平台，他们也将为管理制度中注入更多的新鲜血液，为律所的基业长青贡献力量。

2019 年 1 月，以“新发展，赢未来”为主题的中国律所高质量发展高峰论坛暨 2019 桂客年会在北京顺利召开，在该论坛中，中吕与其他 9 家国内知名律所获评“年度律所管理奖”。这是行业内对中吕近年来求新求变，探索适合自身管理模式的褒奖与肯定。未来，中吕也将依托其品牌战略和发展理念，去探索升级，去赢得更高质量的发展。

党建为律所持续发展注入强大动力

自 2004 年党支部成立以来，中吕就将党建摆在十分重要的位置。高剑生认为，律所党建工作的意义体现在两个层面：首先，党建能为律所发展提供重要政治保障，党组织“战斗堡垒”作用的发挥，既可以提升律所在全社会的公信力，也为律所长远发展提供了源源不断的精神动力；其次，对于律师个人而言，党建能让每位成员确立正向态度，始终与党的信念、价值观保持一致，继而在信仰力量的指引之下，迸发出更大的工作热情与创造力。

中吕人对待工作认真负责，把各项事务落到实处，这种品质亦充分体现在中吕的党建工作中。他们将党建与法律行业、律师工作特点紧密结合，开展了一系列符合行业发展规律、体现职业特点、生动且卓有成效的活动，也在方式方法上持续探索，先行先试，将“创新”融入党建。

其一，高屋建瓴，充分体现党支部在律所的政治核心地位。中吕实行合伙人会议与党支部“并轨”运行，党支部委员会成员主要由律所合伙人担任。在律所决策的表决机制中，充分发挥党支部的指导作用：涉及吸纳合伙人、重要人事任免、评优、薪酬等重大问题时，首先听取党支部意见；当合伙人会议与党支部联席会议意见不一致时，若事项紧迫，则以党支部委员会单独表决结果为准。

其二，相辅相成，以党建带动律所发展。2017 年以来，中吕同省司法厅多个处室党支部和山西煤监局以及企业和社区基层组织等单位一道，开展联合共建，并形成党建、业务双重合作的“共赢”局面。促进党建与律所发展的进一步融合。这种共建形式，既能实现双方优势互补，提升党建工作的整体水平，也进一步增强了双方党支部的凝聚力，为未来深化交流合作奠定了基础。

其三，同心合力，营造党建浓厚氛围。“*每次党建活动的主题与形式都会‘绞尽脑*

汁’精心准备，既要结合当前实际，又能起到一定教育意义。”中吕党支部书记周海东表示。为激发所内年轻律师的参与热情，中吕形成以“互联网 +”为特点的党建工作新模式，建立了“中吕微党校”“中吕党建公众号”等平台。在形式上摒弃了以往枯燥的“说教”方式，通过打造开放的交流平台，让支部建设更富朝气与活力。在 2020 年 4 月举行的“最美逆行者归来”主题党日活动中，中吕邀请山西省支援湖北医疗队队员何梅分享她的武汉“抗疫”故事，让每一位在场听众都深刻领悟到共产党员的奉献精神。

多方面举措下，中吕的党建工作取得了满满的成就，也获得了来自社会各界的肯定和赞誉。2017 年起，中吕开展的“不忘初心·牢记使命”系列活动受到党政机关、同行、企业客户的学习和借鉴，并作为党建工作的先进代表在省委召开的全省律师行业经验交流会上发言。2019 年，中吕党支部先后荣获全国律师行业先进党组织、中共山西省委组织部颁发的全省非公经济组织和社会组织“‘双强六好’省级示范党组织”等荣誉称号。

发展新党员、壮大党员队伍历来是中吕党支部党建工作的重点。在中吕，党员律师共 29 人，占到全所人数的 1/3 以上，也有越来越多年轻的中吕律师在“忠诚为首、担当有为、创新发展”的精神感召下，对党的先进性、党员的先锋模范作用有了更深刻的认识，纷纷表达出强烈的入党意愿，仅 2018 年、2019 年两年就培养发展了 6 名党员。周海东说，今后中吕党支部亦将不忘初心，继续做好党员的发展工作，为党支部注入新鲜血液，促进党建工作的创新发展。

多年来，中吕不断丰富党建文化，将文化建设嵌入党建活动，提升了党建质量和效率。“执于品质、修于品位、臻于品牌”作为中吕的理念和目标，与中吕党支部所倡导的“品质中吕，幸福中吕”的文化理念相契合。高剑生曾对这一文化理念做过准确诠释：“品质中吕”，体现在人品高尚为先，产品优质为本；“幸福中吕”，则体现了理想信念为要，感恩回报为尚。

在中吕，无论是从业三十多年的高剑生，还是近 20 年的李艳红，抑或是进入管委会的一批年轻人，都有一种近乎相同的特质——为人谦和质朴，不喜“张扬”。这样的气质，也体现在他们对待工作的态度上：潜心执着于专业本身，提供的法律意见往往贴合客户实际需求；严格把控对外出具文本的质量，将品质寓于每一细节之中。

高剑生认为：“在法律服务中，要始终围绕‘品质化’，建立流程化、高标准的质量评价体系和高质量的跟踪服务。在保障了‘品位’和‘品质’后，中吕的‘品牌’也就随之确立。”也恰是这样的理念，为中吕赢得了来自客户的信赖与敬重。

除了坚守品牌，给予客户高质量的服务之外，中吕还以感恩回报为尚，勇于承担社会责任，履行着一家大所的使命和担当。近年来，中吕成为众多社会公益活动的组织者与筹划者，亦发挥专业优势，参与立法活动，致力于法律规则的制定完善。

2015 年，中吕发起成立山西省生态环境保护法律协会，同步启动以“法律让呼吸更自由”为主题的活动。此后，中吕成立了由 10 余名律师组成的志愿服务团队，为一线环保工作者特别是环卫工人提供免费法律咨询服务；走进企业，深入社区宣讲环境与资源保护法律知识，为企业经营答疑解惑，为百姓维权释法明义。

2016 年，中吕承办由各级环保部门、法检系统、企业代表以及法律专家学者共 220 余人参加的“生态环境保护与法律保障”专题讲座，交流环保法律资讯动态，研讨推进环境法制建设，为山西转型发展献计献策。

2020 年年初，新冠肺炎疫情蔓延全国，山西省律师协会发出《关于做好新型冠状病毒感染肺炎疫情防控工作的通知》，抽调专业律师组建防控疫情法律服务团队，中吕律师勇于担当，担任环境法律方面的咨询律师。1 月 28 日，中吕向全体员工发出“同舟共济，共克时艰”的募捐倡议，短短两天，全所共 51 人参与捐款捐物。1 月 29 日，中吕“疫”情防治法律宣讲团成立，对涉疫法律问题开展研究，为能源企业复工复产提供服务，为抗击疫情贡献力量。

近年来，中吕律师围绕山西省委省政府“生态文明建设立法先行”的战略部署，先后参与《山西省保护区内矿业权退出方案》《太原市生活垃圾分类管理条例》等多部环保立法，促进环境保护的法治化进程。

像这样的事例还有很多，长期以来，中吕律师积极投身公益活动，参与扶贫工作，担当着推动区域经济社会发展的“中坚脊梁”。同时，一批年轻的中吕律师在律所独特精神内核的感召与鼓舞下茁壮成长，受益于律所日臻完善的管理、培训制度以及充足的发展空间，幸福感与成就感也在日益增强。

未来，中吕将继续依靠党建立所、专业强所、文化兴所这“三大法宝”，努力将品牌化这条主线贯穿于律所发展的始终，锻造独具特色的“中吕”品牌。同时，中吕人亦将紧密团结在党支部周围，在信仰力量的指引下持续创新，勇于尝试，获得精神和物质的双重提升，并朝着未来不断迈进。

做中国一流的专业强所

近几年，全国范围内的规模化浪潮让很多精品律所开始思考自身定位和发展战略。对此，中吕适时提出了自身的应对之道——“坚持精品化，适度规模化”。“适度规模”的核心要义在于凭借专业优势到下沉市场进行扩张，以业务品牌影响力进行辐射，而非直接以律师人数迅速增加作为发展方针。

中吕布局的思路是，分所发展要基于总所的既定战略——“做中国一流的专业强所”，专业为先，精品不变。布局地点从省内开始，中吕核心业务围绕能源、矿产资源具有属地化的特点，太原一个城市难以辐射山西所有矿产资源丰富的市、区，中吕将目标瞄向了长治、朔州等地。中吕期待在分所发展时，能将总所的专业优势进行发挥，但同时亦不完全限制分所的特色发展。目前，中吕在省内的业务占比达80%，日后，中吕亦有向省外扩张的计划，以期待更多的优秀人才加入，同时也将中吕在能源领域的专业经验得以传递。

如果说“适度规模化”是中吕打的第一张牌，“继续加深壁垒”则是中吕出的第二张牌，从专业到行业，加深律师在能源行业的研究能力与深耕市场。目前，中吕在八大部门项下，细分的专业类别可以达到60多项。

“在扩大规模的同时，我们将进一步细划能源业务，深耕市场。例如，以矿业权流转举例，它是一个单独的业务，从矿业权设立、抵押、退出是一个完整的产品。此外，矿业权的融资，矿业权所涉及的行政纠纷、矿业公司的公司治理均为不同的产品。”李艳红说道。不仅是矿业，电力、金融、环境、政府法律顾问板块均朝着业务细分的方向发展。

至于第三张牌，中吕的答案是：发挥中吕的优势——审时度势，紧抓新的市场趋势。

2020年，习近平总书记视察山西时强调，要把实体经济特别是制造业做强做优，发挥重大投资项目带动作用，落实好能源革命综合改革试点要求，持续推动产业结构调整优化，实施一批变革性、牵引性、标志性举措，大力加强科技创新，在新基建、新技术、新材料、新装备、新产品、新业态上不断取得突破。

在习总书记提出“六新”理论之后，中吕将“加强数字化建设，拥抱科技”的倡导调到更高的优先级。将所内部分发展基金用于行业研发。“目前智能型电厂、智能型煤矿将作为我们下一步服务点做开发。我们也正在和相关合作伙伴研发智能数据平台，以数字化方式，将能源市场做深做细。”高剑生说。

结　语

在过往的多年发展中，炼成一家有口碑的专业精品律所，中吕是成功的。在客户的维度上，它构筑了自己的“飞轮”，通过律师深入研究立法和市场现状研发形成法律产品，为政府或企业解决问题，而后赢得信任后再进行知识沉淀，以便继续深耕本行业的法律产品，为客户提供更卓越的服务。

在人才梯队建设上，中吕营造了一个成长与成才的环境，又辅之以事务所非常宽松友好的文化氛围，让合伙人之间、律师与律师之间相互信任，共同成长。

作为一家历史悠久的律师事务所，走过37个岁月的中吕，已历经三代，蒸蒸日上，并且第四代中吕管理者也正在培养中，这在中国律师行业内里可谓鲜见。若定要问能够形成稳定梯队的原因，其中之一，依然是在中吕的培养机制下，中吕的青年律师们对于深耕能源行业的坚守，对“做中国一流的专业强所”愿景的矢志不移。

天册

三十三年，从区域标杆到全国领先

毛姗姗

天册律师事务所成立 30 周年合伙人合影

1991 年，天册前身对外经济所成立五周年茶话会

2002 年，天册改革方案发布会

2004 年，天册上海分所开业仪式

天册深圳办公室

2017 年 1 月 21 日，杭州香格里拉饭店，高朋满座。时年 65 周岁的王秋潮站在台上，一字一句地念着他的答谢词。这是天册全体律师们为第一代创始人王秋潮举办的退伙仪式，致敬其多年来为天册的奉献和付出。

这不仅是天册历史上的首次，在律师行业内亦属罕见。就在举办王秋潮律师退伙仪式的前一年，这家被誉为是区域性大所的标杆律所，刚完成了它 30 周年的庆典。回顾过往，天册一路从小到大，从弱到强，从传统走向现代，从追赶者成为领先者，33 年，成就斐然。

连续 20 年成为浙江法律服务市场领军者的天册，无论从人均创收还是总创收来看，至今均已在全国前列。而作为创始人的王秋潮，以“当事人需求就是律师责任”的敬业精神、“将职业作为事业”的价值观念、“职责决定战略”的使命感，影响了一批又一批的天册律师，也指导和见证了浙江律师行业的成长和壮大。

“无论您退与不退，无关您在与不在，天册的基因里面有您，天册的文化里面有您。”天册律所主任章靖忠在现场致辞中说，“我们以这样的方式既是在表达对秋潮的感谢和尊敬，也是在告诉大家，只要是对天册作出贡献的人，就应当享有一份荣耀，享受一份激励，得到这份尊重，它传递的是一种导向，一种文化，一种传承”。

天册为第一代创始人举行这样隆重而又温暖的退休仪式，正是体现了天册特殊的气质与文化精神。律所的传承在中外都是难题，天册有自己的选择。

33 年，天册为何杰出？它又如何从区域领先走向全国领先？未来 10 年，它又将往何处去？本文将给出答案。

发展起点：涉外业务的先机与早期

对于律师职业而言，业务本身无高低之分。但对于法律服务市场而言，业务类型和结构在实质上影响着律所的发展。在创所之初就接触到涉外业务和三资企业相关的非诉业务，并抓住每次市场风口，为天册的发展奠定了基础。而天册的故事也得从其前身——“杭州市对外经济律师事务所”说起。

天册前传：杭州最早的涉外所

1984 年，在邓小平南方谈话之后，中央宣布“向外国投资者开放 14 个沿海城市和海南岛”。两年后，中央提出要参与“国际经济大循环”的口号，将原先“闭关锁国”的大陆国家，打开国门走向大海，走向蓝海。再次从政策上促进了对外经济开放。

为了适应经济开放的变化，1984 年，司法部组织律师前往上海外贸学院进行涉外法律知识系统培训。浙江省当时选派了3名有英语基础的律师参加，其中也包括1982年从历史专业毕业后，就被分配到杭州市司法局的王秋潮。

1985年，王秋潮学成归来，作为主要成员之一负责创办组建“杭州市对外经济律师事务所”，并在其后担任事务所的主任。和当时成立的其他市属国办律所不同的是，这家杭州市第三家成立的市属国办律所，在当时扮演的主要角色是接受国内企业对外贸易和国外企业进入中国市场的相关法律业务的委托。除此之外，较多的便是企业法律顾问业务。

吕崇华，现任天册管理合伙人，回忆起1986年自己分配到杭州对外经济律师事务所工作时的情景，仍记忆犹新。“那会儿能够从事外商投资企业相关业务的律师真是少之又少，学历、背景等各方面的要求都很高。”

两年后，现任天册律师事务所主任章靖忠从浙江省政法委来到“杭州市对外经济律师事务所”，并在之后担任了事务所的副主任。日后，他在天册的发展过程中和创始合伙人一同发挥了举足轻重的作用。

变革节点：更名与改制

1994年，杭州市对外经济律师事务所改制为合作制，这是浙江省第一批改制试点，全所人员整体转制，从国家干部全部转为非公职人员的律师或行政人员。改制后的律所，更名为“浙江天册律师事务所”，包括行政人员在内，当时共十五六人。但成为浙江省一流的综合性律所，成为中国律师界的“甲A”队伍在1994年就已经是王秋潮、章靖忠与同事们的共同目标了。

只不过，因为当时整个浙江法律服务市场的发展程度，律师的发展规模、专业水平、团队分工均未达到综合型律所的要求，尚处于分立的“小打小闹”发展阶段。但即使是这种“小打小闹”，因为体制的改革——国办律所“统一薪酬”的制度改为了合作制，律师的积极性被大幅度激发，天册当年的创收就名列全省第一，创收数额达到了300万元左右。

硬币总有两面，“‘合作制’这种纯粹的、做多少提多少的‘提成制’，极大地提高了律师创收的积极性，在很大程度上也推动了事务所的发展。但同时也导致部分律师什么业务都接、什么业务都做，成为万金油律师”。章靖忠说。

1999年的天册，作为浙江省第一个创收超过1000万元的律师事务所，人数规模已近40人。虽然同年，阿里巴巴、盛大、携程、当当相继创办，新浪美国上市，中共十五届四中全会通过《中共中央关于国有企业改革和发展若干重大问题的决定》，一切发展势头欣欣向荣，但还是避免不了在2002年，5位业务能力比较强的合伙人和部分律师因理念不合离开了天册的事情发生。

部分合伙人的离开很大程度上触动了担任主任第二年的章靖忠，他开始深刻反思，进而意识到“合作制”下单打独斗模式的弊端，包括律所整体定位不够清晰、专业分工欠缺等。

改制势在必行。而事实上，正是 2002 年的改制，奠定了天册日后十几年高速发展的基础。

天册在 2002 年的改制 / 改革主要分为三个方面：一是将“合作制”改为“合伙制”，并设置合伙人条件。原先因整所转制时，无论是律师还是行政文员，乃至单位司机都属于合作人，这种完全“平均”的方式显然并不符合现代律师事务所的管理和分配模式。通过调整，原先的行政人员和不符合合伙人条件的律师就不再进入合伙人队伍。

二是从分配制度上入手，按照合伙制律师事务所的分配模式进行了改革。在合伙人层面除却成本后进行利润的分配，而在律师助理与行政层面按照纯粹的公司制的薪酬模式。同时也保留部分律师仍适用“提成”的空间。灵活又整合的分配模式在很大程度上保证了天册的文化和日后团队的稳定性。

三是对律所进行了发展定位、事业定位和模式定位。明确了天册打造区域性大所、强所的目标，在当时明确了五大专业核心的业务，包括国际投资与贸易、金融证券业务、建筑与房地产、公司并购和争议解决，之后又加入了知识产权业务。这些领域被视为天册的核心竞争力，据此，天册在内部划分为 6 个业务部门，服务模式上实行团队化、专业化，并以专业化促进团队化建设。

也正是改制那一年，天册将办公地点从原先杭州城最好的写字楼耀江国际大厦迁入到杭州 CBD 中心的黄龙世纪广场，并随着日后不断地发展壮大。

此后，天册便驶入发展的快车道。

管理与文化：传承有爱，取舍有度

2002 年迁址之后的几年中，一大批杭城优秀的专业律师加入，也是天册在此后十多年保持较快发展速度的原因之一。2003 年，黄廉熙、王立新、刘斌和他们的团队加入到了天册，其中 4 人先后发展成为天册的权益合伙人，并且其中两名先后担任天册的管理合伙人。2004 年，徐国宁加入到了天册；作为一名在房地产业务领域业界领先的律师，在他的带领下，天册的建筑与房地产业务逐渐取得了显著领先优势。徐国宁也曾连续多届担任天册的管理合伙人，为天册的发展、管理作出了重要贡献。人才的涌入，为天册在新世纪第一个 10 年的发展奠定了基础，而同时，人才的不断引入和内生力量的成长，均离不开良好的管理制度与律所文化。

管理：有组织有纪律下的柔性管理

2003年，天册设立管理委员会，负责事务所的日常事务。首届管委会由5位合伙人组成，章靖忠负责总协调，其余4人分别管理财务、业务、行政后勤以及人力资源。随着天册整体人数规模的扩大，目前已经发展到9人组成的管委会。

从20世纪八九十年代成长起来的律师事务所，其管理方式、制度和创始人的基因密切相关，天册也不例外。王秋潮律师在为人上非常值得尊敬，他与人为善、心胸开阔，同时又勤奋、低调；在专业上，他做事认真，并且在多个专域领先业内；同时他把事务所当成是自己的家一样爱护，为了事务所发展注入了全部的精力和心血。而这，也构成了天册合伙人，尤其是管理合伙人的底色。

1999年，48岁的王秋潮将主任位置交棒给章靖忠，但同时依然担任管理合伙人并在管理上给予很多指导；直到2013年年底，王秋潮正式退出管委会。与此同时，天册的第三代管理合伙人也进入管委会，开始实质性地参与到事务所的管理与决策中。

在章靖忠看来，律所管理者的培养，“传承不能太迟，也不能太早”，需要有提前量，也需要有一定的过渡期，他希望自今年开始，再两届之后，“60后”逐渐退出，形成以“70后”为核心，“80后”占1/3的年龄结构的管理团队。

“作为事务所的管理者，最重要的是为人，即人品。在‘人合’组织中，合伙人、律师的加入很多时候奔着‘人’而来，而非所前来。掌舵者的人格魅力非常重要。其次，业务能力一定要强，这是让人信服的核心。最后，愿意为事务所付出，对于事务所有真感情和真投入。”这是章靖忠认为天册的管理者应具备的素质。

2013年，在天册已经工作了8年的沈海强作为最年轻的管理合伙人进入了管委会；3年后，他被选任为天册的执行主任。在天册工作之前，他在内外资银行有丰富的金融工作经验，这使他在从事投融资和并购法律实务时得心应手。在2016年，沈海强被汤森路透《亚洲法律杂志》（ALB）评选为“中国十五佳律师新星”，这也是浙江省第一位获此殊荣的律师。

“一个组织始终需要有担当者。我自身是这个平台成长起来的，对这个平台有很深的感情，也愿意和各位合伙人共同去发展好天册。”沈海强说，“同时，章主任也一直提倡律所需要柔性管理。天册采用的管理方式就是有组织有纪律下的柔性管理”。

有组织有纪律体现在天册的章程和各项管理制度上，例如，有明确的分配制度和薪酬体系，明确的专业执业规范和风控、财务和人事管理制度。但同时，天册也始终在创造一个“有归属感”和“有人情味”的平台。例如，天册不会对除行政人员之外的律师们进行强制性的打卡，也不会设定合伙人硬性的创收指标。

正如德鲁克所言，“管理的本质，是激发和释放每一个人的善意”。不符合人性的管理，在天册人看来，并不科学。

“律师事务所的精细化管理更多地应该体现在业务的规范发展、质量管控和风险控制上，以及律所内部（符合发展阶段的）人性化的制度设置上，而非其他的‘细节管理’。”沈海强补充道。

文化：创业精神下的“大气”与“和谐”

“和谐、专业、大气、进取”是天册的文化理念。“专业”和“进取”作为律师职业本身的要求，也为多家律所强调和倡导。然而，提倡“和谐”和“大气”者并不多见。而这却恰恰构成天册独有的文化。

“气度决定高度。”这是章靖忠反复跟合伙人们所强调的，文化需要叨念，耳提面命后，在行为上体现，才会融入一家律所的血液。

“一个律师最美好年华的很大部分时间在律所，如果单位氛围很紧张，人际关系很紧张，一则不利于发挥个人的潜力，也不利于个人的身心健康；二则就容易分化，既留不住人，更不能吸引人。能力可以有大小，志趣可以有不同，但沟通必须无障碍。在天册，我们提倡快乐、自由、合作、共享，无论你是合伙人还是普通律师或是行政人员，大家都是平等的。”章靖忠说。

天册所倡导的“大气”指的是三个方面：第一，要看淡利益，舍得利益，特别是合伙人不能斤斤计较，要更加大气；第二，要大胆吸引更多优秀的律师进来，即使这可能会对原有的律师造成冲击，并且无论这名律师曾经是否离开过天册，加入天册时的资历如何，都不会影响大家对于他的评价；第三，作为老律师要将培养年轻的律师当成事业，教他快速成长，乐见青出于蓝而胜于蓝。

无论是前任天册主任王秋潮还是现任主任章靖忠，他们的客户都是律师事务所的客户。根据客户需求，让年轻专业律师去承接，去维护。而这是需要牺牲精神的，但这种牺牲换来的是事务所的专业化、律师队伍的职业化以及律师事务所的壮大，章靖忠认为这种“牺牲”是值得的。

当然，天册“大气”与“和谐”的文化，并不意味着天册的合伙人在市场上不具备竞争力。相反，恰恰是天册合伙人们的创业精神，彰显了“大气”文化的优越性。“自我驱动”“自我激励”“暗自拼搏”是天册合伙人们的共性特点。连续多年平均创收超过千万元的天册权益合伙人们，始终充满了向上的创业精神。

“我们不会给合伙人很大的压力，不会告诉他今年一定要创收多少；事实上，大家的业务创收都非常不错。并且，有好几位‘80后’合伙人的业务增长飞速，创收高于权益合伙人的平均水平。”沈海强这么来解释天册的“和谐”文化之下的业务发展状况。

创业精神意味着激励机制，“大气”“和谐”与共享机制挂钩。加之多年发展下来，天册在长三角法律服务市场上独一无二的口碑与客户沉淀，很多红圈律所的合伙人、律师也纷纷加入天册。

而这种包容的文化特性还意味着，不少曾经离开过天册的合伙人、律师，很多在日后又回到了天册。之前的离开并不会对他们产生任何影响，回归之后的他们和其他同事一样依据个人能力获得成长和晋升。在这样的文化倡导下，天册也成为大型律所中人员流动率最低的律所之一。而专业人员的低流动率，更有助于形成稳定的文化和气质，从而也更有利于吸引优秀人才的加入。

黄金十年：良将如潮，业务齐发

“在过往十年中，有什么是您意料之外的事？”

“那应该是创收了，这十年的创收超过了我们的预期目标。”章靖忠说。

2008 年，天册第一次创收过亿元，10 年之后，这个创收翻了 6.8 倍，每年的复合增长在 30%。这一个 10 年，是天册迄今为止发展最快的 10 年。若究其原因，除却上文提到的管理制度和律所文化的熏陶，“保持市场敏感度”和“新生力量的持续成长”是其两大秘密武器。

无论是最早期踩准涉外法律服务的先进，还是在 2002 年改制之时，定位高端民商事业务，确定了五大业务领域，后又在杭州市科技企业兴起之时，加入了知识产权业务，形成六大业务板块齐发力的态势。天册对于市场业务的切入，从未失手过。

与此同时，各大业务板块在“70 后合伙人”作为中坚力量的基础上，也正不断涌现出“80 后”优秀合伙人。在天册，想要成为合伙人并不容易，发展 34 年的天册，至今仅 43 位权益合伙人。而这些年轻的合伙人们，也代表了天册的未来。

国际贸易与国际仲裁领域

2008 年，曾在中国国际经济贸易仲裁委员会华南分会供职多年的年轻人傅林涌加入天册，他至今还感谢当年的幸运。当时，天册从事国际仲裁业务的人才并不多，傅林涌在执业之初，就受到事务所大量国际业务的资源倾斜和悉心栽培。最开始作为承办律师的他，就已经能够接触大量高质量案件，包括浙江恒逸在文莱的实业投资项目。

在该项目中，天册国际部和金融证券部两个业务部门均参与其中，在天册律师们共同努力下，取得了不错的成果。该项目也是中国“一带一路”倡议与文莱“2035 宏愿”的完美融合，同时也是中国企业“走出去”合作多赢的样本。

近期在处理一个国际贸易仲裁案件中，傅林涌带的团队为客户在管辖权和律师费两个焦点上都取得了很好的结果。该案中天册国际部已经实现律师队伍全华班阵容，涉及的英文文件以及法律研究均由天册团队独立完成。在大部分案件还需要和英美的律所合作的情况下，该案件具有开创性意义。基于精湛的业务，傅林涌入选汤森路透《亚洲法律杂志》（ALB）2018 年“中国十五佳律师新星”榜单。目前，傅林涌已进入天册新一届的管委会，担任管理合伙人。

目前天册的国际业务部门已经兵强马壮，29 人的团队中有 6 名权益合伙人，2 名授薪合伙人，60% 以上有海外教育背景，80% 以上为硕士学历。近年随着郑发国、郭芳、郑彦、王晓明等“80 后”年轻合伙人或顾问的加入，天册在国际贸易与投资、国际仲裁等业务领域的团队力量得到了进一步充实与加强。天册的国际业务无论在数量还是质量上，在浙江省均位于领先地位。

争议解决

2009 年加入天册的卓广平也是一路从律师助理成长起来的天册人，目前是天册的权益合伙人和北京办公室的负责人。对于争议解决领域有着丰富经验的卓广平在近年来日益感受到该领域的变化，复杂类型的案件、新型案件的增多也日渐也考验着律师们的专业能力。

2015 年，股市行情险恶。股灾期间，卓广平代理了第一个伞形信托的纠纷案件。当时，时间敏感，法律法规亦相对滞后，在此情形下，律师对政策的把握能力以及如何让法官理解金融专业名词都将对案件结果产生直接影响。在经过深入研究之后，卓广平和他的团队在 2017 年圆满取得案件胜利，该案成为行业内的风向标案件，在当时受到媒体的广泛报道。

天册争议解决团队基于长久以来在商事领域上的研究，在商事诉讼中亦有较好成绩。占比 35% 左右的业务规模，在绝对体量上并非小数目。近年来，天册的争议解决业务正呈现一个快速上升的趋势，并逐年增大。随着卓广平、谢涛、孙莉、朱剑宇、汪凌萍、郭超、黄立寅、王登远、宋峰等“80 后”的争议解决领域的年轻合伙人的出现和成长，加上天册超过 80 人的争议解决团队，天册在争议解决领域正在发挥更大的作用和市场影响力。

金融与证券

金融与证券业务作为天册的王牌业务，始终站在浙江潮头。早在 1997 年，天册就承办了浙江沪杭甬高速公路股份有限公司（00576.HK）H 股在香港联交所挂牌上市项目。当时，该项目首次募集资金达 36.85 亿元人民币，可被称为是开辟了一条交通产业与国际资本市场接轨的融资渠道。5 年后，公司 H 股加入英国上市机构的正式牌价表及在伦敦股票交易所进行交易，在伦敦证券交易所作第二上市，背后同样有天册助力。

在证券市场领域经验丰富的吕崇华至今还能回忆起自己跟进的中国中小板上市企业第一股（公司简称：新和成；股票代码：002001）。浙江新和成股份有限公司是一家从事营养品、香精香料、高分子复合新材料和原料药的生产和销售的国家级高新技术企业。1999 年，它成为资本市场的 IPO 备选企业。同年，天册为其在境内证券市场发行 A 股并上市提供法律服务。2004 年，该公司在深圳证券交易所挂牌上市，成为境内中小板上市企业第一股。

近些年，随着业务的精细化和团队的协同化程度不断加深，该业务领域创收占全所比重达到 25% 左右。其中，不乏像孔瑾、童相灿、张声、赵琰、黄洁、黄丽芬等有着法律与金融证券双背景的复合型优秀的“80 后”年轻合伙人出现。天册的金融与证券业务还可以细分为证券发行上市、上市公司重组与再融资、信托与基金、资产证券化、结构性融资、银行金融等领域，而且大多数的业务代表的是证券发行人、上市公司和金融机构。

2010 年，在安永做了两年财务工作的孔瑾加入了天册。在天册的近 10 年时间，孔瑾一直深耕于资本市场相关业务，在大量的项目训练中专业也逐渐铸成，目前已成为天册最年轻的权益合伙人之一。目前，天册平均两个律师就要承担一个项目，人均项目量非常高。在孔瑾看来，“做证券业务像是在创造一件艺术品，一个律师的素养、专业甚至文学造诣的差异都在工作成果上体现出来”。

天册目前的金融、证券法律服务团队有将近 100 人；证券综合业绩稳居业内前列，成为在国内证券与资本市场领域具有重要影响力的律所。在为企业提供融资、并购业务过程中，天册律师充分发挥资源、专业协同的能力，在提供专业法律服务的同时帮助客户解决企业经营管理中的衍生问题，从而通过给客户的综合服务而带来四五倍量级的利润增长。

投资与并购

2014 年，在一家“红圈所”已经执业 7 年的童相灿加入了天册。在这家“红圈所”时，童相灿就是当时成长得最快的年轻律师之一。天册良好的激励机制与和谐大气的文化吸引了他。极具商业思维的童相灿对于客户的业务模式类型研究深入，因而在并购法律实务中得心应手。加入天册之后，他以更快的速度向前冲。一般人需要 10 年左右的时间才能成为天册的权益合伙人，童相灿只用了 5 年。

这种飞速成长和团队的超高创收并非偶然，童相灿有自己的秘诀。他习惯带领团队深度参与到上市公司对并购的需求当中，而非仅仅提供法律意见。基于其复合背景和长久以来的商业洞察，他常常协助客户选择并购标的，甚至主动引导客户，通过并购来进行转型和提升上市公司质量，协助客户搭建整个并购框架，乃至筹划好整个并购所需要用到的资金。

2017年，童相灿团队代理了某传统电力企业转型项目。在该项目中，童律师团队为客户指定了转型方向，并帮助客户挑选出两个相当优质的并购标的。完成并购后，客户的业绩实现了从6000万元到现今每年3亿元的大跨越。而起到关键作用的两个并购标的公司本身也是童律师的客户。通过资源的完美对接，真正创造出远远高于客户预期的价值，这是童相灿律师带领的并购团队正在做的事儿。

目前天册投资与并购业务已经实现了整体创收过亿元，是名副其实的“核心”部门。事实上，无论是融资并购还是IPO，天册律师早已经打破传统的专业领域的壁垒，朝着全方位服务模式发展。

“专业融合的综合法律服务模式、纵向延伸和多元化的整体服务理念以及主导型法律服务模式应该是我们天册投资与并购领域的核心竞争力。”童相灿补充道。

基于优异的业务和专业表现，童相灿被汤森路透《亚洲法律杂志》（ALB）评选为2019年度“中国十五佳律师新星”；并在浙江省第三届钱塘江论坛上当选为“浙江青年金融才俊”。而随着陈婧元、郑彦等优秀的并购与投资领域的专业律师的加入以及内生发展的赵琰、李晓等年轻合伙人的成长，天册的并购与投资团队更加完善和强大。

如傅林涌、卓广平、孔瑾、童相灿这样的优秀“80后”年轻人在天册还有很多，他们分布在天册的每个专业领域。目前，天册已形成高素质、规模化、梯队式的专业团队。出色的年轻人们在各个业务领域不断地涌现和成长，逐步成为合伙人。而他们，也逐渐成为驱动天册持续发展的中坚力量，并以一种榜样的力量激励着更多天册的年轻人奋勇向前。

布局与改变：从区域到全国，新的步伐

自创所以来，服务浙商，成为一家高品质区域性大所一直是天册的定位。在这个定位的基础上，天册立足浙江本土市场，放眼全国，通过中世律所联盟（SGLA）的平台和与国际律所的合作，服务浙商走向全国和世界。

近三年，我们也看到天册正在发生变化。2018年，天册的宁波办公室设立，辐射舟山自贸区；同年，天册的北京办公室设立，辐射京津冀；2019年11月，天册深圳办公室设立，服务大湾区。至此，天册在全国拥有杭州、上海、北京、深圳和宁波等5个办公室，并以杭州作为总部办公室。

根据章靖忠的说法，“天册立足浙江，服务浙商的宗旨和定位一直未变，但是国家三个重要战略布点，一定是今后浙商发展的重头。我们同样需要做布局。因此，京津冀、长三角、粤港澳这三个区域我们分别新设了站点。以此为客户提供更好的，一站式的法

律服务”。

天册在定位设置上，从来不是考虑自己想要什么，而是客户想要什么。也恰恰是以成就客户为己任的想法，使其深受客户的信任。

2018 年 5 月，天册的宁波办公室正式开业。宁波办公室的设立意图在于深耕浙江，第一，宁波的经济总量位列全省第二，民营经济的集中程度和开放程度较高；第二，舟山自贸区之后，对外贸易会更加频繁，亦带来更多的市场机会。

2018 年 7 月，天册北京办公室开业，成立 2 年多以来，北京办公室的人员规模已接近 40 人。北京办公室定位高端争议解决和不良资产处置等两大核心业务，依托总所资源，在北京进行开拓和深耕。

2019 年 11 月，天册的深圳办公室正式启幕开业。对于天册而言，华南市场一直是一个待开发的战略要地，也是在“一带一路”倡议和“涉外法律服务”重点发展时期的重要窗口。加之，在粤港澳大湾区的政策推动下，布局深圳更显必要性。

深圳法律服务市场竞争激烈程度不亚于北京和上海，如果说北京、上海已然是一个相对成熟型的市场，在深圳，则是一个传统逐渐形成的过程，这引得更多头部大所抢滩中国南部战略堡垒。

天册希望深圳分所可以打造出一支“具有创业精神并拥有归属感的律师团队”，同时与总部形成一体化管理机制，在业务板块上形成四驾马车齐发的态势，并发展具有当地特色的重点领域。

“我们的各个办公室都在考虑扩大规模，吸引优秀的人才加入。如此一来，各地分所办公室的人员加起来，将有 170 人左右，天册也不仅仅是一家区域性律所了。”沈海强说。

勇立潮头：三代百年，更远的未来

近 5 年，持续有从红圈律所离职的律师加入天册。沈海强认为，天册的激励机制、共享文化、创业精神，加上已经形成的良好口碑和优质的客户群，是吸引这些优秀年轻人的核心要义。

事实上，多年的发展，已经促使天册形成一个“自我发展”的生态系统。基于早期相对稳定的业务发展与较好的客户积累，天册在浙江市场形成一定的知名度；随着浙商客户（浙江民营企业）的发展壮大之后，相互促进，形成更丰富的业务和更优质的客户资源；优质客户和优质服务形成逐年陡增的创收，较好的收入回报与大气和谐的文化又吸引着一批又一批优秀的复合型人才加入，优秀人才形成更多业务和更好的服务。如此，对于律所发展有着至关重要的要素：客户、人才、业务、文化不断循环和互相影响，形成一个有机的生态系统。

当然，在随着浙江走向全国的过程中，天册必不可少地将与全国性优秀大所乃至国际性大所竞争，章靖忠坦言，“加大在品牌建设上的投入和后台行政体系的升级，将是天册下一步要提升的。目前，在品牌建设上相较于北京、上海的红圈律所，依然差距较大”。

但这不足为惧。天册始终是一家不断成长中的律所、一家持续具有创业精神的律所。例如，3 年前，当我们拜访天册时，其尚只有上海、杭州两个办公室。3 年后，天册的足迹已经遍布北京、上海、深圳、宁波几个重要城市的律所。这不仅仅是分所的扩张，更是天册审慎扩张、迈向全国的重要的一步。

谈及对于未来的隐忧，章靖忠认为对于在北京、上海等地同行间的竞争，将愈演愈烈。如何将几个分所扎实发展好，是他们的焦点问题。

“有一代将职业视为事业的合伙人和律师，事务所就有 30 年的发展；有两代这样的人，事务所就会有 60 年的兴旺；要有三代坚持不懈做事业的合伙人和律师，事务所必定会有百年的辉煌。”

这是王秋潮在任时，多次跟天册人所传递的思想。天册的合伙人也谨记着这样的教诲。一群有创业精神的人，兢兢业业践行天册的事业。

从区域强所到全国领先，天册，更远的未来在等着它。

康达

一家律所与中国法治进程

毛姗姗　吴梦奇

康达创始人　付洋

康达曾经的办公点——工体院内西侧小红楼

如今康达的前台

20 世纪 90 年代末，康达部分合伙人、律师合影

康达管委会主任　乔佳平

2019 年康达合伙人大会集体照

在律师行业，律所的办公地选址均被视为一件大事。办公场地作为律所品牌的载体，往往承载着自身的文化与气质。一般而言，在成本能够负担的前提下，律所选址通常瞄准市区最繁华的地段、最新锐的写字楼，如北京国贸、上海陆家嘴、香港中环等都是中外律所的首选。

但康达——这家有30多年历史的中国律所，却秉持不一样的选址思路。早在1993年，中国律师业才刚起步时，创所近5年的康达就因人员规模增加而面临迁址的问题。康达人没有选择当时热门的高档宾馆与写字楼，而是租下了工人体育馆院内西侧小红楼中的两层用作办公区——小红楼面积不算大，红白相间的方正造型更是朴实无华，却十分契合老一代康达人低调、务实、稳健的办事作风。21年的小红楼时光，不仅营造出了康达家庭般的和睦氛围，也形成了康达人互帮互助的习惯，更让“忠于宪法和法律、忠于当事人的利益”这两个由创始人定下的原则，在一位位律师的一个个案件中发扬光大，又在一代代的律师中得以传承。

如今，小红楼已成为老一代康达律师们的回忆，成为一个康达独有的文化印记，但在小红楼中发扬光大的康达律师使命，却已凝练为康达每一位律师的行为准则。

从致力于实现个案正义到推动立法，从号召律师以专业为己任至以更规范化的方式管理律所，康达，紧随着中国社会发展的每一步，为40年中国法治事业贡献着自己的一份力量。

想全面了解康达，还要从它的创始人开始讲起。

激荡30年，紧跟时代步伐

媒体在介绍付洋的时候，都喜欢加上“彭真之子”这个称谓。作为我国社会主义法制主要奠基人之一，彭真不仅以一名共产党员的世界观、人生观深刻影响了付洋，同时也将法治这枚种子早早种在了他心中。

1979年，彭真平反，回到全国人大常委会，担任法制工作委员会主任和副委员长，7个月主持完成了《刑法》和《刑事诉讼法》等7部法律的制定和修订，主持了“八二宪法”的制定。从这一年起，中国律师制度逐渐恢复，律师事务所也开始陆续登上历史舞台。

也是在这一年，付洋进入全国人大常委会法制工作委员会工作，亲身见证并参与了《宪法》《刑法》《民法通则》等40余部法律的制定与修订工作——这是段激情燃烧的岁月，身边所有人都在为法治事业奋斗着。但与此同时，一个想法也逐渐在付洋脑海中萌生：“当下，法律在现实社会经济生活中的运用情况到底是怎样的？”

想法如春草，一旦萌生，便迎风猛长。1988年，在法工委工作9年后，付洋决定“出去看看”。适逢国务院批准设立中国康华发展总公司，公司邀请他前来主持法务工作，这与付洋从事法律实务工作的想法不谋而合。

但在那个年代，整个行业律师总人数不足 3 万人。企业对于自身法律事务部的工作内容并没有明确概念，法务工作无章可循、业务甚少。一次偶然的机会，付洋给一家合资企业提供法律咨询，挣了一笔不大不小的咨询费——既能锻炼业务，又能给公司创收，何乐而不为？他便向公司提议，由康华和司法部合作，组建一家双重领导的律师事务所。

律所最初沿用总公司的名号，称康华律师事务所。付洋拉上郑小虎、李磊、张朝等十余个从机关、部队、学校、公检法出来的人，在春秀路空军干休所的大门南边，租下了一间 30 余平方米的临街门脸房，挂上一块招牌，上书中英文字样的“康华律师事务所”。这便是康达最初的模样，付洋从父亲那里继承而来的法治意识，自此有了新的传承载体。

1989 年，康华发展总公司撤销，律所划归司法部直属，付洋便提议改名。在一众“五星所”“太平洋所”“同仁所”等五花八门的提议中，最终还是“康达”博得了大家的一致认可：“康”代表继承，“达”寓意兴旺发达。带着这样的简单愿望，1990 年 1 月 1 日，律所正式更名为“康达律师事务所”。此后 30 年，“康达”这个名字以它独特的方式，在法律圈一点点烙下了属于自己的印记，并从法治进程的见证者，一步步朝着参与者、推动者的目标迈进。

创所初期，康达的业务来源并不多，靠着点滴摸索前进，康达积累起了属于自己的第一批客户来源，并在刑事领域小有名气。

康达在创立初期走得颇为稳健，但在司法部“建设世界性的综合性大所”的倡导下，康达遵循着“有质量的规模化”方针，早早开始了全国范围的分所布局：1993 年 4 月，康达的深圳办事处获批成立，由张朝担任主任；一年后，康达西安办事处正式成立，由李磊担任主任，这也是北京律所在西北地区设立的第一家分所；1995 年，康达成立了海口分所。此后，康达又相继成立了上海分所、成都分所等共 15 家分所。

“康达早期的分所建设，基本是与经济社会发展相同步的。”付洋表示。入局“早”与选址地在某种程度上体现了这一点。在入驻特区尚需要准入证的年代，康达就积极筹措深圳、海南两地的布局，这是康达对国家政策的精准把握：20 世纪 90 年代初期的深圳处于改革开放前沿，经济贸易活跃，法律服务需求量大；海南则是唯一一个省级经济特区，发展潜力不容小觑。

康达的分所除战略上契合经济社会发展的进程外，管理思路上也与总所一脉相承。与深圳、海口分所相比，康达最早着手筹办的分所——西安分所，就是康达早期分所发展的一个缩影。合伙人吕延锋是西安分所最早一批人员之一，他印象最深刻的便是付洋在西安办事处成立大会后对他说的一席话：“这是康达第一次设立分所，不知道会怎样，不要求你们挣多少钱，但务必请维护好康达的声誉，拜托了。”

付洋强调的重视声誉，本质上是康达重专业、重信誉、重品质的追求。“对于分所的设立，康达始终强调要顾及律所的整体利益。”付洋对此这样阐释，“如果分所不能在业务上、口碑上对律所整体品牌起到正向作用，那这个分所战略就是没有意义的。因此，从品牌和服务质量角度，整个律所内部是要统一的”。这种思想在往后数十年里也一直贯彻于康达的分所布局当中。

在付洋看来，康达伴随中国法治成长的30余年里，大体经历了三个重要节点。这三个节点层层递进，让康达在瞬息万变的时代浪潮里始终能有序地发展壮大。

1991年是康达创所以来第一个重要节点——9月，司法部明确康达律师事务所为事业法人单位，主任由该所律师选举并报司法部审批。康达设立五部一处一室，开始实行独立核算、自主执业、自担风险、自我约束、自我发展的自收自支管理办法。

“实现自收自支，代表康达正式脱离了原来从机关里带出来的那套体系。”付洋说。采用自收自支后，康达的运行机制本质上已经逐渐与合伙所并轨趋同，亦是法律服务市场的根本要求。数年后，合伙制律所纷纷涌现，足见康达的预见性。这是康达在法治进程中的第一次“弄潮”。

世纪之交，康达迎来了第二个关键节点。2000年4月，康达开始脱钩改制，9月即召开首次申请合伙人会议，确定了付洋、郑小虎、李磊、张朝、高子程、乔佳平等人在内的最早的23名合伙人、出资人，并整所改制为合伙制律师事务所。2001年，康达顺利改制，人员没有离散，组织架构更为坚实，肌体更加稳健。

改制意味着康达彻底摆脱了国资所的属性，合伙人大会成为所里的最高权力机构，新选举的管委会则正式接手康达的经营管理工作。10年，康达又一次顺着法治的激流，投身下一个时代。

如果说前两个关键节点中，自收自支使康达真正开始作为一家律师事务所进行经营管理，脱钩改制使康达全面投入市场化之中的话，那么，第三个节点，则是康达立足当下、迈向未来的一次换乘，即管理层的交接换代。2016年，以乔佳平为代表的康达第二代领导班子从付洋手中接过了管理担子，康达也正式告别“小红楼”，搬进目前的办公点——首开幸福广场写字楼，开始了规模体量上的快速扩张。此后，规模大所不断涌现，律师界迎来新的变革，而康达亦身处其中。

规范化治理，建设与革新

管委会换届，班底年轻化

康达早年的班底大多是从机关、部队里走出来的精英，因此对于“行稳致远”重视有加，对服务水准和内部协调也有着较高要求。在这样的思路下，康达已经建立起了一整套管理制度，涵盖风险分析、利益冲突、集体讨论、风险管理等多个维度。对于重大疑难案件的讨论，康达则从业务管理的角度出发，多年以来一直坚持集体讨论的制度，群策群力，保障业务处理的高质量。风险管理是这套制度的“后卫”，也是以刑事辩护闻名的康达特别重视的一点。

“律师这个行业本身风险并不低，尤其在刑事辩护方面，更需要树立起较强的风险意识。”付洋说。此外，即便是在媒介高度发达的当下，在付洋的倡导下，康达律师在对外发声时也相当谨慎与克制：“律师作为专业人士，要选择适当的方式来发表自己的意见，不能误导公众，要对自己的言论负责。”

在规范、严格的制度保障下，康达创所30余年里从未受到过任何一起处罚，并一直稳步发展，逐渐壮大。

随着康达律师在一个个案件中的出彩表现，“康达”二字的品牌效应也吸引着更多有志者的加入。至2014年，康达全所律师人数已达数百人，同时每年依然有百名左右的优秀律师加盟。更大的康达，也需要有更现代化的管理进行支撑。

与此同时，康达的管理层也面临着年龄结构偏大的问题。所里越来越多年轻而朝气蓬勃的面孔，让付洋深受触动：“我们老一代的管理思想整体还是比较守成，怎么稳健怎么来，但这么多年轻人进入所里，康达如果不好好求发展，就等于是耽误了他们、辜负了他们。”

在最近的10年时间里，中国法律服务市场发生巨变，超级大所正在涌现，品牌王者角逐神州，区域性大所亦躬身入局。同时，移动互联网时代来临，科技力量正在改变传统的法律业态，早期以“口耳相传”的法律服务品牌传递模式的效用正在减弱。

这对于一直贯彻“稳健发展”“低调谦和”“少做宣传”的康达而言，是个挑战。康达的合伙人们也逐渐意识到这个问题。5年前，他们总结了康达在当时面临的问题：第一，品牌价值与影响力有所下降，宣传滞后，很多年轻人并不了解康达这家律所；第二，发展过于稳健，2004年，康达还是全国分所数量最多的律所之一，到2014年，康达也仅仅在原有基础上发展了2~3家新分所；第三，业务共享度低，资源无法有效整合，组织管理效率还有待提高。

是时候做出改变了！

本着建立一个能够让康达律师充分发展的平台之初衷，康达在2016年采取共同推荐、差额选举的形式进行了管理层的交接：由乔佳平从付洋手中接下了律所主任的担子，同时组建了新一届管委会。“人才永远是第一位的，你一定要栽好梧桐树，才能引来金凤凰。”乔佳平说，“我们要吸引人才、团结人才、留住人才。”

新管委会的年龄结构发生了较大变化，“70后”成为管委会的主力军，“80后”也进入了管委会，共有11名管委会成员开始承担相关管理工作。

在付洋看来，律所的管理人员应当是一个大局观强，有牺牲精神，理解力、决断力和团结内部的能力均堪称优秀的管理者。而“要成为一个优秀的律所管理者，牺牲精神是必须的”，付洋说。

建设信息化律所管理体系

康达新的管理层不争个人利益，始终致力于律所建设，给康达带来了一系列变化：文化建设更加丰富、分所联系更加紧密，云办公平台等一系列新系统、新制度也先后投入使用。

早在 2012 年，康达第一套云办公平台就已经投入使用，但此管理系统相对落后而原始，用起来并不方便。在管委会委员栗皓律师的积极推进下，经二次开发升级的新的云办公平台于 2017 年 1 月 1 日全面投入使用。

目前，康达内部通过云办公平台和二维码系统两套并行的机制，基本实现了主要管理流程的信息化与数据化，涵盖立案、法律文书报审、创收管理、费用报销、结案流程等方方面面。康达还将近 3 年里 4 万多件案件的数据录入了云办公平台，方便律师们查询。时至今日，任何新入职的康达人员，云办公平台都是入职培训中首先要进行的一项；确定要建设的分所，也会第一时间进行云办公平台的学习使用。

面向市场，重视宣传

“从一代到二代，最重要的变革就是开始重视市场。”连艳表示，“以前康达更重视业务的质量与口碑，不会刻意去做宣传，有些‘酒香不怕巷子深’的味道”。此前，康达口碑好，业务量也接近饱和，很多重大案件的当事人慕名而来请康达代理，但随着时代的变化和康达自身规模的扩大，中青年律师需要更多的业务量和更大的市场份额来支撑自己的发展，因此，新一代管理层开始注重市场宣传，品宣工作逐渐规律化、常态化；还组建了专门的品牌宣传委员会，由连艳担任负责人。

宣传委员会的组建刚好赶上康达 30 周年将近，因此，从 2015 年起，由宣委牵头，调动全所力量推出了一次持续 3 年的系列宣传活动：从征集文章整理成康达故事文集，到设计制作装帧精美的康达 30 周年纪念册，再到 30 周年庆典的高潮，宣委的这次大动作，甚至颠覆了业界对康达的认知——此前大家都对康达知之甚少，现在才发现康达原来做了这么多事情、诞生了这么多故事。

30 周年时，康达举办了一次“新老朋友座谈会”，王俊峰、李大进等多位律界领袖齐聚一堂，热切地讨论着康达的这次“大动作”。康达变了，变得越来越“先进”与“现代化”，这是所有到场的老朋友们的感触。之后，甚至有大所专门就云办公平台来向康达考察取经。通过这一系列主动“走出去”，康达的新面貌在业内树立起来。

新管委会的另一个大动作是人才培养机制的健全，这也和换届的初衷相契合。针对全所律师的“观止讲堂”“公益讲堂”和针对所内新人的“青年律师培训营”先后建立，内部评选优秀成熟律师的“专业之星”和优秀年轻律师的“希望之星”计划也投入实践，给康达的新鲜血液提供了全方位的成长平台。

2016 年起，康达开始举办“观止讲堂”和“公益讲堂”。“观止讲堂”由康达党委、宣传委员会及各专业委员会共同承办，邀请本所优秀律师及各行业专家人士登台授课。截至 2019 年年底，“观止讲堂”已经举办到第 16 期，“公益讲堂”也举办了 26 期，给所内律师输出了大量实务技能、司法动态与行业分析及律师执业素质教育。康达还将“观止讲堂”产出的专业内容整理装订成册，推出了系列书籍资料，便于所内律师形成系统的知识储备。

“青年律师培训营”则是基于康达目前的人员增长现状，于 2019 年开始落实执行的新机制。康达每年将迎来上百名新人，为了解决他们的适应与成长问题，“青年律师培训营”应运而生。“对所有新加入康达的青年律师，我们会进行为期一周左右的集中培训，就康达的规章制度、发展历程、品牌文化等让他们进行全面而深刻的了解，帮助他们更快地融入康达。”连艳说。

康达的第一届“专业之星”和“希望之星”评选始于 2016 年，当年度 38 名“专业之星”与 23 名“希望之星”脱颖而出。评选这“两星”不仅是对付出了努力的律师们的一次集中褒奖，也是对未来更多康达律师不断努力、取得更高成就的一种鼓励。此外，康达还希望通过这种尝试，为所内律师尤其是青年律师营造一个开放、平等、相互扶植、公平竞争的环境与氛围。

此外，在康达 30 周年的系列活动中，宣委还组织全所青年律师们举办了第一届辩论赛。各个部门、各个分所全部派出代表队，进行了一系列激烈的专业辩论，并邀请法检机构的专业人士来给他们一一进行评价。这次活动取得了康达青年律师的普遍好评，他们自我提升的愿望超出了组织者的想象。因此，未来将定期举办此类活动。康达还专门将所内豪华的会客室改造成了模拟法庭，并从 2019 年开始使用，以让青年律师们能够有更多机会和场所进行实战演练。

“既要快乐，又要学习，让他们在快乐中学习成长，这也是我们的愿望。”连艳说。

规模化建设，康达分所布局

新管委会上任后，康达的分所建设有了新的面貌。在遵循“有质量的规模化”这一方针的前提下，康达完成了沈阳分所、天津分所、广州分所、南京分所等数家分所的重整。

沈阳分所早几年因市场等原因，业务与规模有所缩减，完成整合后，沈阳分所搬进了沈阳最好的写字楼之一并吸纳了新的人才与团队，呈现欣欣向荣的态势；广州分所原先仅有十几人，在重整发展后，目前人员规模已突破百人，并被评为“广东省优秀律师事务所”；在广州分所之后，以年轻律师为主力的深圳分所也迁入新的办公地址，蓬勃发展，方兴未艾；天津分所完成了人员调整、迁址办公，重新扬帆起航；近期，南京分所也进行了大规模重整，即将入驻当地地标建筑，续写新的篇章。

康达的分所整合不仅仅是办公场地、团队的更新。一家分所的重新整合往往涉及核心合伙人的更替，通过管理的优化自上而下使整个分所凝聚新的力量，焕发生机。2019年秋，康达山东菏泽分所购置了新的办公场所；同期，康达又借杭州分所乔迁新址之机，在杭州召开了分所主任联席会议，大家充分沟通情况，查找问题，制定目标，进一步明确了康达未来的发展规划。

近两年，康达新设立了苏州、呼和浩特、武汉和香港等分所。香港分所和国际业务部的设立亦成为康达走向国际化，补强涉外业务的重要举措。

“实际上，在付洋主席的感召和技术手段的升级下，目前康达内部联系越来越紧密，大家团结一心，工作热情高涨。”乔佳平表示，“2020年，我们还会设立好几家新分所”。康达逐步提升的品牌力正吸引着越来越多同行的关注，甚至有相当优秀的当地中小型律所锲而不舍地连续3年申请，希望成为康达的分所。即便如此，康达并没有盲目去扩张，而是更看重发展质量。目前，长沙分所与郑州分所都在紧张的筹备当中，布局中部地区，亦是2020年的康达分所发展重心。

作为规范化建设的一部分，康达对于分所的管理也随着时代更迭而不断更新。早期，康达的分所多采取总部人员派驻的方式，但在实践过程中，康达已经摸索出了分所本地化发展的一整套方式。“分所一定要走本地化的道路。”乔佳平这样阐释康达的分所发展思路，“这包含着两层意思：第一，分所骨干一定得以本地律师为主；第二，核心管理人必须逐渐过渡到本地化”。

在本地化的基础上，康达始终坚持总所、分所的“全国一盘棋”观点，始终坚持总所对分所予以全方位支持，实现“总分联动，资源共享，共同发展”。

此外，康达还用近一整年的时间，通过规划、调研、统计，每年用数百万元为总所、分所包括行政人员在内的全体1000多名康达员工每人购置一份商业医疗保险。每一位康达人的幸福安康都是康达所关注的，这也让更多的人愿意加入康达大家庭。

2020年1月10日，康达在北京凯宾斯基酒店举办了全所层面的大年会。在一系列颁奖、任命、总结与演出活动中，全所人员欢聚一堂、其乐融融。在乔佳平看来，“温暖”是康达这一大家庭所想传递和营造的氛围，而这种文化也正令整个康达变得更为紧密。

以专业为基，尽显律师本色

如果说，康达的分所建设和内部管理追寻时代的发展脚步，不断革新。那么，康达律师的专业精神和敬业精神则自老一辈律师创所以来，始终一脉相承，至今未变。

2006 年，已经从南京大学研究生毕业两年的张保军加入康达，从事刑事业务一直是他的理想，而康达在当年，就已在刑事辩护业务领域颇有声望。张保军至今仍记得，刚进所时自己的带教律师年过半百依然坚持自己会见客户、自己推敲文书，即使晚上整宿不睡，也依然要把所有卷宗阅读清楚。这样的敬业精神和“活到老、学到老”的探索精神让张保军印象深刻。也正是一个个律师的“较劲”，使康达在多个业务领域均有建树。

康达以诉讼业务起家，在股份制出现后开始做上市、并购等非诉业务。目前，康达已形成 11 个专业部门的业务格局，同时，康达的专委会建设正推动业务的专业化。

王牌领域：从刑事辩护到刑事业务

在中国律师业发展的初期，“专业化分工”还是个“只可远观”的名词。创所之初，康达的业务也多为民商事诉讼、刑事诉讼以及法律顾问相关的业务。但经过 10 多年的发展，一位位大律师先后涌现，康达的刑事辩护业务逐渐成为一面旗帜，树立了良好的业内口碑。

和康达一起走过 30 多年的张朝，早年在刑事审判庭的经历让他积累了大量的实战经验。当年康达为天津大邱庄禹作敏（时为全国农民协会会长）案进行辩护，张朝即是主力。他曾在文章中提到，当年参与该案辩护的 13 名律师被认为是康达刑事团队的基础和雏形。

现康达刑事业务委员会主任张保军不仅是最年轻的管委会成员，同时也是康达“第二代”刑事律师的代表，在过去的几年中，他成功代理了数个大案要案。

在张保军看来，一个优秀的刑辩律师，尤其是想在经济犯罪领域有所建树的律师，必须对商业背景、交易结构以及商事法律相当熟稔，并将其与刑事法律相结合，才能够称得上专业。

因为经济市场风云变幻，客户需求也在不断调整。2014 年，康达的“刑辩专业委员会”建立；2018 年，康达将“刑辩专业委员会”改为“刑事专业委员会”，一字之差，意义非凡。

随着经济活动越来越复杂化，法律关系日益复杂，大量的刑民交叉、刑行交叉的案件出现，使得律师的服务也发生改变。早期的刑事辩护，主要作为一种事后救济，但此类救济当事人可能付出惨重的代价。随着社会的发展，在刑事风险爆发之前，就需要刑事律师介入来防患于未然，因此，刑事合规业务便应运而生。

“再如刑事控告，需要律师以侦查人员、调查人员的身份来介入调查，其角色类似于侦查员，包括内部的反腐败调查或反舞弊调查，外部的对商业对手、合作伙伴进行调查，亦是现在刑事业务的新领域。”

这便是改字的动因。目前康达刑事团队规模 80 余人，均归属于刑事业务委员会。在刑事业务委员会下，刑事辩护、刑事合规、刑事控告将作为康达刑事业务的三大核心细分领域，而后两项是康达刑事业务委员会正在着力布局和重点培育的。

“作为刑事业务律师，办理刑事案件，特别是重大刑事案件，不仅需要具有扎实的法律专业知识和业务能力，同时也需要具备一定的政治高度和大局意识，准确把握政策导向，才能办理好案件，实现法律效果和社会效果的统一。”张保军说到。

另一只手：稳健高质的证券业务

诉讼业务出明星律师，诉讼律师也希望名满天下。非诉律师更希望服务好每一个项目，在业内有相应的美誉度。这两种业务的特性也导致，光芒四射的康达诉讼业务，在大众面前掩盖了非诉业务，尤其是证券业务的光芒。

而事实上，康达在证券业务上早早布局，其项目质量在业内有口皆碑。

1993 年 4 月，股票异地发行上市正式揭开序幕。康达是司法部和证监会核准的第一批具有证券资格的律师事务所。当时在北京，司法部直属所和市属所，有证券业务资格的一共 12 家。

在康达很长一段发展过程中，证券部是唯一一个专业化分工的部门。2003 年，现管委会成员、证券业务负责人江华与其他几位同维律师事务所的创始人鲍卉芳、郭文氢、杨健等律师一起加盟康达，迅速增强了康达资本市场领域的业务实力。

同维所规模不大，但自创立之日就专注于资本市场，是一家专业化程度颇高的精品所。加入之初，康达的证券部只有 20 余人，现已经发展到总部即有证券律师 130 余人，包括 10 余名高级合伙人与 20 多名合伙人。

江华认为康达证券业务一直保持低调稳健的发展思路，十几年来始终位于资本市场法律服务的前列。同时，康达的证券业务体量和人员规模也都保持合理的增长。

目前，康达证券业务当中，国内业务占比超过 80%，服务对象以民企为主，客户遍及全国各地，其中长三角、珠三角居多。

在证券领域，康达重视风险控制和业内美誉度的追求。在付洋主席还担任康达主任期间，根据他的提议，在康达自身已有风控委员会的基础之上，康达又组建了证券委员会，由付洋担任主任，负责全所证券业务的质量控制和风险把关，这是付洋担任康达主任期间唯一兼任的一个专门委员会主任。这项制度安排一直延续至今，而且不断加强和完善。现今康达在证券业务领域，从项目立案、项目负责人资格、项目承办当中疑难法律问题讨论汇报、项目内核和文件存档等方面，康达均有非常详细的制度规定。2018 年、2019 两年当中，康达接受证券监管部门 IPO 业务的两次抽查，均因较好的项目质量和文件质量获得了相关部门的认可。

“所谓业内，一是客户对你的评价；二是监管机构对你的评价；三是其他中介机构如券商、会计师以及投资机构对你的评价，如果认可度高，业务就有保障。”江华说。

康达先后有4位律师担任过证监会发审委的委员。受聘发审委会员，本身即是监管机构对于律所和律师声誉及专业能力的认可。另外，在2020年钱伯斯发布的《钱伯斯亚太指南》中资所律师榜单中，康达及娄爱东律师在“资本市场：债务与股权”领域均有所斩获。

在谈到证券业务发展规划时，江华提出，“第一，风险控制依然是我们的重中之重。多年来康达从未受过任何处罚，我们将保持这个优良传统；第二，在分所层面的证券业务管理上，我们也将花更多的精力去研究和落实，保证康达总体业务的服务质量和水准；第三，在保证业务质量的前提下，争取引进一两个证券业务团队，进一步巩固和提升康达的市场地位”。

百花齐放：多元业务尽显其长

作为一家大型综合性律师事务所，一家始终秉承敬业精神、以“以当事人为本”“以客户为中心”为执业理念的律师事务所，康达的各项业务均衡发展。

康达的品牌在法院系统非常受认可。不仅仅是刑事诉讼，重大疑难的民商事案件同样是康达的亮点业务。加入康达不久即担任业务十部负责人的连艳律师，对此深有感触。她代理了大量在最高人民法院开庭的案件，这些案件具有新颖性，同时也是当下的热点问题。与此同时，因康达律师们对于文本十分重视，很多代理词被直接引用在法官的判决之中。“我们的律师一定是想尽各种办法，为当事人争取一个更好的结果，我们有这样的责任与使命。”连艳说到。

政府法律顾问业务同样是康达的长项业务。自创所之初，从国办所转至“下海”，从各个部委到市、县区各政府部门，大大小小的业务均有康达的身影，康达也深受政府客户信任。目前，由康达高级合伙人孟丽娜、刘文义、赵小龙、于婧思等律师作为团队负责人专门组建了拥有20多名专业律师的“政府与行政法律业务部”，该业务部在政府信息公开、行政复议、履行法定职责、国有资产处置、政府采购、信访接待、房屋征收与拆迁、不动产登记、公房管理、不动产交易、住房保障、社保稽核、金融服务等细分领域均有丰富的实践经验。

在2019年《最高人民法院关于审理行政协议案件若干问题的规定》及十大参考案例中，由康达律师代理的典型案例排名第三。

对于目前的新兴领域，康达亦未落后。2018年起始，康达组建了一支名为“i（intelligence智能+innovation创新+individual个性化）医”的行业化法律服务团队，其专注于医疗大健康行业，以智能化的方式为客户提供法律服务。现有11名律师成员的“i医”团队已经完成多个并购项目，同时也依托智能化系统提供7×24小时的在线医疗健康行业相关的法律咨询服务。

该团队客户包含了传统的公立医疗机构、发展中的非公医疗机构、医生集团以及新兴互联网医疗平台、药品/医疗器械企业、新兴生物技术公司、合同研究组织（CRO）等学术性或商业性科学机构等医疗大健康行业相关企事业单位。同时，依托康达国际部在日本法律服务领域的多年积累，“i医”团队也启动了特色的国际化医疗法律服务，协助中国医疗大健康企业在日本的投融资业务，以及日本介护养老服务在国内的推广，促进两国生物技术和医疗服务的双向交流。

这支具有行业化、专业化、智能化特点的康达律师团队也受到相关媒体的认可，在2019年度商法卓越律所大奖的评选中，该团队荣膺“医疗、制药及生命科学”领域的律所奖项。

实践推动法治，温暖中铸荣光

在中国律所40年发展中，每家律所各有千秋。康达的特殊性在于它始终将律所发展和中国法治发展联系在一起。“重政治、高站位、大格局”的思维因这家律所的创始基因，也镌刻在越来越多康达律师的心中。

“重政治”，意味着要理解国家的战略方针与政策导向，理解立法、司法文本的倡导及背后的深层原因；“高站位”，意味着要有历史发展的眼光，不因过往的成就而骄傲，与时俱进，跟随国家发展的方向自我发展；“大格局”，意味着律师办案的眼光不仅仅限于一个案件的成败得失，更在于从个案中发现问题，进而以更有效的方式去推动立法。

在康达的历史上，有太多推动着法治进步的事例。从早期付洋针对“律师法草案”中一条“律师不得规避法律”的规定，经多方反映意见，并给法工委写信陈辞，使“规避法律”的概念最终没有写入律师法，促进了律师执业权利的保障；再到彭真基金会的建立，专门通过一个非营利性公益基金，支持与国家立法、执法、司法相关的重要课题的研究，支持我国法学研究、教育面临的重要课题的研究。种种事例足见康达对于推动立法的重视。

“每年，我们都在彭真基金会上有大量的投入，在推动立法这件事上，连财务都不遗余力。”

付洋在采访中也多次强调对于律师参与到国家立法中来的推崇。在民法总则讨论稿刚出台时，付洋就要求所内的律师们集体讨论，形成反馈意见。“律师是离案件最近的，这样的意见才能对于立法有促进作用。律师发声，可以通过更好的渠道。”久而久之，这成为康达律师们不成文的传统和习惯。

在通过个案实践，以专业提出新的答辩思路，推动最高人民法院相关司法解释的出台的实践上，康达律师亦有诸多故事可以分享。

多年来，康达成功办理了许多重大案件，尤其是近年来社会比较关注的、具有影响力的案件。比如，股东责任的追究、循环贸易的认定、刑民交叉以及营业型信托等新型案件，康达始终坚持不仅仅在实践中代理案件，还会将案件出现的焦点问题及时反馈到最高人民法院，使最高人民法院根据新型案件的发展出具指导性案例和审判规则，这些反馈在《九民纪要》中均已有所体现。康达律师不仅在法律实践中取得了良好的突破，同时参与立法、为推进司法建设作出的贡献，这也是康达在业界和客户间取得好评的原因。

在一个涉及股东责任诉讼的案件中，公司眼看濒临破产，企业主直接跑路，公司尚未注销。债权人利益受到损害——债务人找不到企业主，就开始追究股东的清算责任。如此一来，公司的有限责任被突破了，这个界限究竟在哪里？康达律师团队经过大量深入研究之后认为，这个问题若不解决，将会引发系列案件，于是该案可能引发的后果报送最高人民法院。最高人民法院后组织研讨，出了相关的指导意见，厘清了责任边界。这对于维护正常的经济秩序，减少未来错案的发生，大有裨益。

在一桩循环贸易纠纷案件中，康达律师团队在原二审判决之后才介入该案代理再审。通过证据补齐，再现融资贸易过程，成功向法院说明了该案件融资贸易的实质，并获得了法院的支持，在为客户挽回巨额损失的同时，也为对于融资性贸易案件的事实认定及诉讼思路提供了参考，为后续系列同类型案件打下了裁判的基础。

“有时候很多事似乎已经超出了律师本职，但是看到现存问题，想要推动司法的进展，你就得去做。”

康达有很多这样的律师，把律师的公共属性看得很重，并且自得其乐，这也是康达文化多年来熏陶的结果。

在康达，高级合伙人、合伙人们虽然有业绩指标，但以律师身份做好律师职业，为当事人维护好利益一直是康达律师的首要目标。这也成为很多律师来了康达就不想再走的原因之一。这个像家一样温暖的组织，可以真切践行一名律师朴素的执业理想，何乐而不为呢？

康达还流传着一个有趣的故事，在康达海口分所，有位主要负责做饭的陈阿姨，20世纪90年代应聘到康达，至今已经30多年。虽然如今陈阿姨年事已高，但是她舍不得康达这个温暖的大家庭。在康达30周年的庆典上，康达隆重地向陈阿姨颁发了奖牌，感谢她多年来为康达的付出。

乔佳平十分认同余秋雨对于文化的定义，“文化是一种习惯的生活方式，进而演变成一种精神价值，最后形成一群人、一个团体最后的成果——集体人格”。康达的文化事实上沉淀在30周年纪念册中，每位老康达人的点点回忆，没有人曾因为利益问题不欢而散。而老一辈康达人，是康达最宝贵的财富。“青春已随康达去，白发仍伴康达行”。张朝律师说，这正是老一辈康达人情怀的真实写照。

“开放包容、勤勉谨慎、谦抑厚重、和衷共济”这16个字，或许就是对于康达文化最好的诠释。

结 语

康达的官网首页上，“尽心服务中国法制三十年”几个大字分外显眼。从当年十几个人在春秀路擦出的一缕星火，到今天盛名在外的综合大所，康达这一路走来的发展历程恰如一面镜子，映照着30多年来中国法治进程的每一步。在始终切身体会并参与这场变革的同时，康达用30余年的不断探索、实践与坚持，树立起了专业、规范的律所形象，也将“服务法治”的信条深深刻在了律所的文化基因中。

而今，在新的互联网科技时代，康达正迎头而上，采用更先进的律所管理系统，更现代化的管理方式，更完善的培训制度，培养着一代又一代对法律有热忱的年轻人。

“世界始终是年轻人的。”此时的乔佳平也正在考虑，在下一届管委会中，要吸纳更多的“80后”律师，把更大的舞台交由年轻人。

有着深厚历史积淀的康达，将伴随新鲜血液的不断涌入，继续为中国法治的下一个30年，乃至一个又一个30年尽心服务。

君合

一体化大所的稳健与创新

吴剑霞　蔡　凡　毛姗姗

君合律师事务所前台

右起：创始合伙人肖微、王之龙、段海海、武晓骥、储贺军及君合第一位律师张涌涛

位于北京和平宾馆 19 层的君合办公室

1994 年，君合上海分所开业酒会

1988 年，司法部发布了《关于下发〈合作制律师事务所试点方案〉的通知》，恰如万物苏醒的第一声春雷，中国第一批被批准合作制试点的律师事务所开始登上历史舞台，它打破了由国家出资设立律师事务所的律师行业业态，开启了中国律师制度改革的重要一步。

第一批被批准合作制试点的律所共有 4 家，分别是北京市经纬律师事务所、北京市北方律师事务所、北京市君合律师事务所和北京市大地律师事务所。

1989 年创立的君合律师事务所，正是在这样的背景下，挑开历史的大幕，走到了中国律师行业发展的台前。①

站在历史长河的当下，回溯过去，似乎每一家律所的创立都是当时政治和经济情势交互影响结合而成的产物，有着历史的偶然和必然。作为第一批被批准的合作制试点的律所，君合至今仍走在行业前列，其成功背后，有必然性。

君合前传：创始人集结②

1987 年，司法部将一份关于律师体制改革的报告上报国务院。不久，国务院批复：有条件的地方可以做改革试点，建立“两不”（不要国家编制、不要行政经费）、“四自”（自主经营、自负盈亏、自我约束、自我发展）的律师事务所。

就在同一年，首都经贸大学教授王之龙在纽约、波士顿的大学教学时，与正在美国访问学习的武晓骥见面，并谈起想要在国内办一家像美国一样、非官办的律所。

1988 年春节前后，王之龙由美国返京，带回了武晓骥的两封信。一封给了武晓骥当时在司法部律师公证工作指导司工作的一位中国政法大学的同学，另一封给了肖微。此时的肖微已经从中国社会科学院毕业，在中国法律事务中心工作的他，奉命去海南设立办事处并担任主任“打天下”。

中国法律事务中心是司法部直属律师事务所，行政级别是司局级，是由司法部直接批准的五家律师事务所之一，工作证上印着大大的国徽。当肖微激动地和朋友谈起自己要创立“非官办律师事务所”的想法时，朋友一度怀疑“是不是海南的气候把他热糊涂了”。

与此同时，在美国过春节的武晓骥向国内发回了 13 封信件，通过不同渠道呈送几位中央领导。信中，武晓骥将自己的观点——“律师体制应该改，律师不能继续是国家工作人员”做了系统阐述。

1988 年 7 月 30 日，武晓骥回到睽违 3 年的北京。回国当天，肖微去机场接的武晓骥。

① 其他 3 家通过合并等其他方式，基本丧失其原有的品牌。

② 君合前传部分主要来自君合 30 周年系列文《光阴的故事之 1988、1989 年》，文字略有调整，经授权纳入书稿。

回到家中放下行李不到一个小时，武晓骥就急着将肖微拉到前门附近的一家茶室去聊开办新所的可能性。因为就在两天前，全国第一家合作制律师事务所“段武刘律师事务所”①已经在深圳成立。多少有些失落的他们约定：“不能办全国第一家，就办北京市第一家。”

8 月，北京进入了一年中最燥热的时节，但这并未影响王之龙、武晓骥、肖微 3 人起草律师事务所章程的热忱。这个夏天，肖微在社科院法研所的同学储贺军也加入了君合初创的队伍。

试点方案公布后，司法部已经收到了全国各地多家律所的申报，为了争取尽快递交申请，几位创始人加班加点制定章程。

1988 年 11 月，申请成立律所的报批材料正式递交司法部，曲折的报批流程开始了。是年圣诞节，武晓骥到美国和家人一起过节。在与王先生家里通话时，肖微告诉他，批文恐怕拿不到了。筹划了那么久的时间，眼见律所可能办不了，电话里的肖微异常沮丧。武晓骥只说：“等我回去。”

1989 年 1 月开始，肖微和武晓骥和其他创始合伙人一起，因为批文的手续，辗转于各个部委办公室。这期间，批准试点的程序发生变化，又带来了更多的难题。

首先，根据北京市司法局的要求，成立申请上的律师人数要求由 3 人增加至 5 人。这时，经肖微的推荐，他另一位北大的同学段海海加入了创始人团队。

此外，要拿到批文，司法局要求出具办公场所的租房证明。如果要租办公场地，当时的出租方都要求出具介绍信。但因为没有批文，司法局不能给没有营业执照的君合开具介绍信，没有介绍信就不能租办公场所，没有办公场所的证明就无法拿到北京市司法局的批文。“先有鸡还是先有蛋”的千古难题，让当时君合的几位创始合伙人挠头不已。

几人从贵友大厦，到东三环一个独立的小院，又去过赛特、和敬公主府和复兴门桥附近的工美大厦。后来终于通过武晓骥一位朋友的关系，在友谊宾馆的科学会堂租到了一间办公室。租金一年 4 万元，50 平方米。

办公场所的事情终于解决了，但接下来报批的过程亦充满挫折，肖微和武晓骥骑着自行车在北京的大街上奔波了数月，辗转于各部门提交申请材料。1989 年北京的春天，现在谈起来武晓骥还记得：“风特别大，沙也大，夹杂着一起吹到脸上。”

在君合成立 20 周年的活动上，北京市司法局原局长孙在雍也动情回忆起当年君合审批的情况：“提出组建合伙制律师事务所，君合是第三个，已经超出了司法部规定的数额。批还是不批，当时我们也还是有些犹豫。但当时的发起人武晓骥、肖微他们决心很大，翻来覆去地提出申请。从当时的情况看，他们要丢掉铁饭碗、要‘下海’、自谋生路，行还是不行，还是两可，没有定论。所以我们也是有些犹豫，但经过再三斟酌，他们有这

① 参见石心：《徐建：如果有来生，还愿做律师》，载搜狐网：https://www.sohu.com/a/205679872_434128，最后访问日期：2020 年 7 月 8 日。

个愿望，决心又那么大，那还是批吧。”

1989 年 4 月 15 日，批文终于通过了，君合成为北京市第三家合作制律师事务所。

君合就这样红红火火地开张了，但在成立伊始就遇到了异常严峻的经济和政治形势。“现在回想起来，在这种情况下能坚持下来，就是因为不服输，不愿意灰溜溜地跑路。”肖微在君合 30 周年的纪念文章中如是写道。正是“不服输”，让君合的创始人们排除万难拿到律所成立的批文，也让君合在三年后转危为机，持续破浪，成为如今“国际上很有影响力的律师事务所之一”。

从涉外为重，到业务综合

中国第一批涉外律所

20 世纪 80 年代末至 90 年代初，外资进入中国，习惯“凡事找律师”的外资企业也将涉外法律服务需求带到中国律师行业。但这块业务有较高的专业和语言门槛，除了直属于司法部的中信律师事务所、[①] 长城律师事务所、中国法律事务中心 [②] 等几家国办律所外，能够提供涉外法律服务的律所很少。

作为第一批科班出身的法律人，君合的 5 位创始人中有 3 位具备海外留学背景，在国际视野、跨境法律服务和语言交流上都占据优势，在与外企一来二往的对外沟通中，感受到了涉外业务的机遇风口。于是，涉外法律服务成了君合早期的业务定位。肖微回忆：“外资企业到中国的时候，一般也带了外国律师，但涉及中国法律问题，还是要找中国律师。他们业务需求旺盛且稳定，法律意识、付费意识强，直接按小时付费。当时君合律师能收 100~150 美元 / 小时，算很高了。”

君合成立后的第一单大型涉外业务，是美国西方石油公司董事长阿曼德·哈默博士投资的山西平朔露天煤矿合资项目。这单合资项目业务也是当时第一个大型涉外投资合同。[③] 煤矿开工曾一时令世界范围内轰动，颇受党和国家领导人的关心和重视，为当时

---

① 中信律师事务所的前身是始建于1981年的中国国际经济咨询公司法律顾问处。1985年年初经中华人民共和国司法部批准，在法律顾问处的基础上，正式成立中信律师事务所，成为直属于司法部的涉外律师事务所。

② 当时司法部直接管理的律师事务所有8个，分属于部委和省部级企业，如司法部直接下属的中国法律事务中心，中国法学会下属的天平律师事务所，中国国际贸易促进会下属的环球律师事务所，对外经济贸易部下属的长城律师事务所，中国国际信托投资公司下属的中信律师事务所。

③ 参见张羽、刘琦：《君合肖微：三年改制只为将资源整合在对客户深度服务上》，载中国律师网：http://www.acla.org.cn/article/page/detailById/22577，最后访问日期：2020 年 7 月 3 日。

世界最大的露天煤矿项目。最初，非国办所的君合并不在服务机构名单上，是肖微、储贺军等人的专业服务精神，打消了客户对“个体户”的疑虑。

平朔煤矿的项目打响后，正确的战略定位，良好的专业技能，让君合拿下一单又一单的业务，在创所头两年就取得了令业界瞩目的业绩。在鲜有律所能将办公地设在写字楼或高级宾馆里的20世纪90年代，君合就大手笔搬进坐落于北京市中心黄金地带的超高标星级宾馆——北京和平宾馆，[①] 与两家外资律所分租19层。司法行政机关和律师协会领导常带中外友人到君合参观，以彰显中国律所的发展水平。君合也因此一时风光无两。

作为成功样本，君合促成了一批后来创业者开办律所，包括当时在君合执业的律师。1992年，北京市司法局批准第二批合作制律所试点，不少君合律师看到中国法律服务市场的发展潜力，开始自立门户，且大多数都成为后来大名鼎鼎的律所——如海问律师事务所、通商律师事务所、竞天律师事务所[②] 等。

而彼时的肖微正参加司法部和英国文化协会安排的交流培训项目，在英国进修法律。得知这个消息，肖微担忧人才的流失会给君合的成长带来一定的影响，因此未待培训计划结束，便紧急申请回国。在肖微眼里，这也是君合30年创业过程中“二次创业的艰难时刻”：“这完全就是一次再创业，而且比创业更难。”

多名涉外骨干律师的离开，让君合陷入“尴尬境地”——虽然离开的律师带走了部分业务，但当时君合的名声已经打响，仍有许多外企、外所前来委托业务。可是新人尚未就位，业务来了没人做。“业务多，是好事，却也很要命。”

1993年肖微赶回北京后，一方面稳住了还留在君合的律师们，另一方面马上启动招聘，重整旗鼓。这一时期，君合陆续吸纳了一批优秀的海外人才，如周晓林、巩军、刘林飞、刘歌、马洪力、白涛、邵春阳、桑滨学等，同时，国内的一批优秀人才，如宋滨、赵燕士、胡英之、崔立新、张薇、石铁军、邹唯宁、魏瑛玲、陈子若等也壮大了君合的律师队伍。在旧人坚守、新人加盟的共同努力下，君合的业务“没有掉在地上”，声誉不仅没有受损而且还得到了更多认可。

创业初期的困难，往往是塞翁失马。1992年部分人才的流失，在某种意义上促成君合人才骨干换血新生。重建之后，涉外业务成为君合的业务重心。据君合内部资料显示，1994年君合全所立案257个，涉外业务为192个，占74%；代理外方的业务178个，占70%。

1996年，司法部发布《关于从事证券法律业务律师事务所及律师的核查公告》，全国仅有169家律师事务所可从事证券法律业务，其中北京仅有18家，君合位列其中，成为第一批获得证券法执业许可的律所。最早拥有该从业资格的一批律所，拔得了中国

① 北京和平宾馆位于王府井商业街，始建于1952年，是历史较长、知名度较高的四星级豪华合资酒店。

② 原竞天律师事务所，后于2000年与公诚律师事务所合并，并更名为“竞天公诚律师事务所”。

资本市场的头筹。彼时，君合的证券业务主要靠肖微、吕家能、赵燕士开拓、承办。

在实行“额度制”的年代，股票发行由中央将额度分配到省、自治区、直辖市、计划单列市人民政府和中央各部委，再由地方政府和中央各部委初审后推荐给证监会。在这种情况下，企业通常不会整体上市，而是“拿一只胳膊、一条腿来上市”。肖微总结证券业务是“好听好看不好吃”。“中国企业上市的事情很多，周期较长，但收费不高，尤其是和涉外业务相比较，收入差距极大。从单位小时效率和成本效益上来讲，证券业务和其他业务是相比是较弱的；但从战略角度出发，证券业务必须要做。”

1999年，《证券法》正式实施，同年出台的还有《中国证券监督管理委员会股票发行审核委员会条例》，发审委的组成人员中多了“证监会以外的有关专家以及社会知名人士”。[①] 肖微正是在这个时候成为证监会发审委委员，那一届仅有两位律师入选；后来，肖微又被聘为上市公司重大重组审核工作委员会委员。在不断坚持的过程中，君合也逐渐培养出自己的证券业务骨干——时至今日，绝大部分合伙人都是君合内部培养起来，而非外聘的。

在此后的十多年中，君合不断强化这种优势，并通过内部培养、继续引进海外人才和吸引外部优秀人才这三种方式打造不同领域的强专业律师队伍。

有市场敏感度的综合化

历经加入世界贸易组织之后的经济热潮，外资企业的法律服务需求由原来的传统业务升级为投资性业务，技术转让、知识产权、劳动雇佣、兼并收购、资产出售等业务形态愈加丰富综合；与此同时，国内企业也乘势起飞、蓬勃发展，急需专业律师的保驾护航。看起来是法律服务需求的增多，但同时提高的还有客户的要求：企业客户们不再青睐于单一领域的专业服务，而期待律所能够提供全方位、一站式的解决方案，这就要求律所在多个业务领域都卓有建树。

中国的法律服务市场已发生变化，及时捕捉到时代变化的君合开始有意识地转型，一方面继续强化对外商的服务能力，另一方面抢占国内法律服务市场，拓展新领域、开发新部门、招聘新人才、积累新业绩，逐渐由以外商投资业务为主的律所升级为全面发展的综合律所。

“有的业务属于规模小但综合效益强的，如劳动法。劳动法是起步很早的法律业务，一开始我们觉得劳动法相对低端，但事实上相关的案件，以及延伸出来的合规业务等都有很大的需求。于是我们就决定进行重点突破。”肖微说。

2001年加入君合的马建军，推动了君合的劳动法业务蓬勃发展。这位早在1995年

---

① 《中国证券监督管理委员会股票发行审核委员会条例》第4条第1项：发审委由中国证券监督管理委员会的专业人员和所聘请的中国证券监督管理委员会以外的有关专家以及社会知名人士组成。

就创办东华律师事务所并专注于劳动法业务的律师，早在这一领域名声斐然。加入君合后，他形容自己“看到了劳动法的无限可能”，因为这里有更多、更大的客户和更复杂的问题。

随着国内企业的蒸蒸日上，君合也相应调整战略，开始围绕国内企业提供综合化服务。“你必须要去满足客户的不同需求，在法律服务供给端具备足够的业务能力；如果长时间维持在单一业务模式，就会逐渐丧失竞争力。”事实也证明，很多20世纪90年代同样在公司、金融、并购领域发展得不错的律所，因未及时感知市场的变化，困于此前的优势领域中，在21世纪的第一个10年即出现后劲不足的疲态。

前10年，外资企业的付费意愿和能力明显高于国内企业，君合的客户构成中，外企客户也独占鳌头；但其并没有因此放弃国内市场，而是在一开始即适量布局，伴随国内企业一同成长。现在，君合的国内企业客户比例明显上升，业务需求也更加综合化。

“业务发展还要考虑其综合性和增长性。”在肖微看来，综合性是为了满足客户的整体需求，增长性是源于对国际律所发展轨迹的观察，要做到中国领先，需不断研究有潜力的业务，并加强人才引进。

君合用31年的时间，从最初的5位创始人发展至现在1100余人，扩增速度不算快，但稳健、扎实，一如其对专业的要求。“我们很注重业务质量的综合平衡性，在客户维护、人才培养上都是奔着长期目标去的，并引入数据系统对专业领域、律师、客户进行运行和管理，根据数据结果设定目标营业额、开发新业务或配置业务部门需求等。”

目前君合已经有包括外商投资、公司与并购、资本市场、银行金融、基础设施与项目融资、房地产和建筑工程、知识产权、国际贸易、矿产、资源和环境保护、劳动法、娱乐和传媒、争议解决、税法、海关业务、私募股权投资与风险投资、境外投资、破产与重整、反垄断、生命科学与健康、合规、环境、健康与安全、商业刑事案件、家族财富与传承等20多个专业法律服务领域。

保持市场敏锐度，准确把握客户需求，注重专业领域的质量平衡，是君合取得成功并逐步壮大的关键之一。在《2020钱伯斯亚太法律指南》（Chambers Asia-Pacific 2020）中，君合在公司与并购、国际与跨境交易、能源与自然资源、项目与基础设施、银行金融、航空金融等共21个领域获重点推荐，43名律师在不同业务领域获得重点推荐。①

在业务领域综合发展的情况下，仍然保证每一个项目的优良品质，是很多外所的律师，乃至是其他大所的合伙人、律师加入君合的原因——在服务口碑上受人尊重。很多大型项目背后都有君合律师团队的身影，而能够做到这一点，和君合一如既往秉承“自生长”的发展模式息息相关。

① 全球著名法律评级机构钱伯斯（Chambers and Partners）将不同国家及不同执业范围的律所和律师进行排名，评选出各个法律领域的全球知名律师事务所和顶尖级律师，排名范围涉及185个国家的律所和律师。钱伯斯榜单一直以其独立公正受到广大律所以及客户的认可。钱伯斯的调研和评价体系客观公正，其研究结果在全球具有卓越声誉，受到众多法律专业人士及客户的信赖肯定。

自生长下的规模化

2019 年 11 月，《亚洲法律杂志》（ALB）公布了 2019 年亚太规模 50 强律所。在这个以律所人数规模作为律所排行维度的榜单中，君合以 714 名律师的规模位列第 27 名，榜单中的前 12 家律所均律师人数上千。“我们应该是‘自生长’的律所中，规模最大的了。”肖微说。

这 12 家千人律所，它们的发展路径可归为两类：一是通过不断合并发展壮大形成规模，二是不断在各地以“翻牌”的方式开设分所。就形成规模而言，这两种方式均是成功的。

相比之下，君合并没有把规模本身作为核心目标，而是选择了一条“自然生长”的发展道路，追求并保持卓越“品质”和综合及人均效益前提下的规模。即不通过合并，而是通过设立一体化分所的方式发展，分所和总所只是地理上的不同，人、财、物均统一管理。

说起来，君合算是中国律所开设分所的先行者。1992 年，君合设立了“海南君合律师事务所”，时任司法部部长蔡诚亲自赶往海南参加开业剪彩。[①] 当时尚无律所设立分支机构的相关政策，“海南君合律师事务所”在法律上与北京市君合律师事务所相互独立、无总分所关系，只是实际内部管理中遵循一体化。

两年后的 1994 年 7 月，司法部发布《律师事务所设立分所管理办法》，明确规定“符合条件的律师事务所可在本所所在县、市行政区划以外的地区设立分所”，[②]“海南君合律师事务所”便立即更名为“北京君合（海口）律师事务所”。这也是君合设立的第一家分所，其最辉煌时期人数基本和北京总部的规模相当。20 世纪 90 年代，正值海南经济特区的高速发展时期，君合参与了当地众多项目，如三亚凤凰国际机场和海口美兰国际机场建设、洋浦开发区项目、文昌电厂项目、亚龙湾等大型房地产项目以及高尔夫球场等项目。

1993 年，君合纽约分所设立，这是司法部特批的中国律所第一家在海外设立的分所。[③] 纽约分所由君合合伙人周晓林担任主任，人、财、物和业务仍然保持一体化。

无论是从当时还是现在来看，君合纽约分所的设立都意义重大。它作为君合的“对外窗口”，使君合在创业初期就在国外获得一定影响力，同时也为增加涉外客户和为在国外的中国客户提供境外法律服务打下基础。而率先海外布局，亦为君合之后宏远的战略

① 《君合三十周年丨时光的印迹之 1989—1999》，载 https://mp.weixin.qq.com/s/94rkZtvAeyoVAtSvBDDBsw，最后访问日期：2019 年 3 月 16 日。

② 1994 年 7 月 2 日，由司法部颁布并实施的《律师事务所设立分所管理办法》第 2 条第 1 款规定，“律师事务所根据业务发展需要，可以在本所所在县、市行政区划以外的地区设立律师事务所分所。”

③ 同上。

规划及国际化合作奠定了基础，难怪当年的美国《华尔街时报》惊呼，“中国对美国不但出口商品，现在开始出口律师了”。[①]

1994 年，君合上海分所正式开业。这是第一家进入沪地的外埠律所，[②] 也是管理办法发布以来设立的第一家分所。在那个“律所创业”刚刚兴起的时代，分所是很超前的概念，因而当君合找到上海市司法局沟通时，已经做好了遇到一定阻碍的心理准备。没想到，其顺利程度远超肖微预期，这倒也是个好彩头。上海分所设立至今，一直是君合规模最大的分所。

此后，君合还陆续设立了深圳、大连、香港、硅谷分所——至 2010 年，君合已在国内外拥有 8 家办事机构。此时，已有深圳、香港分所的君合，开始考虑是否入驻广州。

因为君合施行分所管理一体化的模式，分所的设立除了当地的市场与客户需求之外，找到合适的人非常重要。广州虽然和深圳、香港特区在地理距离上很近，但是三地的业务类型也相对独立。而现任君合广州分所主任张平更像是在合适的时间，自己“送上门”的优秀人选。

加入君合前，张平已经是其参与创建的、中国华南地区一家领先律师事务所的执行合伙人。他给肖微写了一封邮件，阐明了自己想加入君合的想法。让他没想到的是，肖微很欣赏他对于广州分所的设想。几次深聊后，一拍即合。君合管委会也同时对广州及周边的市场进行了充分的调研。2011 年 7 月，广州分所成立后，迅速完成了君合制度和文化的落地，在一体化的平台上，广州分所实现了快速发展。

2017 年 9 月，张平作为首位来自广州分所的合伙人入选成为君合第 14 届管委会成员。截至目前，广州分所已经具备了 80 多人的团队规模，其中包括 60 余名业务人员。

因早期以涉外业务为主的立所理念，君合的分所多在发达地区以及沿线港口处开设。结合经济政治形势的变化更迭，在业务需求较多的沿海城市布局始终是君合分所设立的大原则。

在完成了一线城市的基本布局后，君合启动了二线城市的部署工作。2016 年，君合天津分所成立；2017 年，君合先后在青岛、成都两地设立分所；2020 年，君合杭州分所落地。这些分所仍然保留了君合的一体化特色，在充分实现了本土化基础上，一步一个脚印地发展。

在一体化的运作机制下，君合所有分所均为一个整体，完全共享平台，也因此，君合几乎未曾大量吸收各地律师并以此扩大人数和律所规模。各分所的人员要求精干，有相当的市场开发能力和业务组织协调能力，而具体业务可由君合的业务调度系统统筹全

① 兰心：《1993—1994 · 君合记忆”》，载 http://www.junhe.com/humanities/114，最后访问日期：2014 年 11 月 1 日。

② 《君合三十周年丨时光的印迹之 1989-1999》，载 https://mp.weixin.qq.com/s/94rkZtvAeyoVAtSvBDDBsw，最后访问日期：2019 年 3 月 16 日。

部资源来保证实施和完成。增设分所是为了进一步扩大市场基础，把君合的整体优势延展到当地市场，高效地提供高价值法律服务。从而在市场基础扩大的同时控制业务人员的增长速度，使人均效益大大提升。

2018 年 9 月，君合正式宣告入驻四川，在成都设立了分所。在这一年，成都已被《福布斯》杂志评为“未来 10 年全球发展最快城市”第一名，而 2017 年赵雷的一首《成都》在湖南卫视《我是歌手》栏目中又一次爆红，成都迎来越来越多的关注。在成都已经成为新的科技城乃至未来的代名词时，西南地区的法律服务市场终于迎来了君合成都分所的正式设立。

发展至今，君合已经有包括北京总部在内的共 13 家办公室，拥有 240 多名合伙人和顾问，640 多名执业律师，助理、翻译、专利和商标代理人在内 880 余人的专业法律服务团队，再加上 200 多名行政人员，员工总人数已经过千。

大所的一体化

走出来的一体化

“君合以一体化的方式走到今天，既是出于大方向上的考虑，也与君合的管理者、运营者的具体操作有关系。”肖微说。实行一体化管理不容易，在规模大所实行一体化管理更不容易，君合正是为数不多的成功案例之一。

律所的管理、运营方式与创始人的理念、性格有千丝万缕的联系。“君合，君合，君子之合”是创始人们当年的共同理念。基于“合”的共同目标，在律所发展早期，创始人们就倾向于一体化管理。在这之后，一个个以君合整体价值为出发点的决策，加强并深化了大所君合的一体化管理理念。

在 1992 年海南分所正式设立前，如何管理各地分所成为君合合伙人们最主要的议题。当时身在海南的律师团队主张财务、人员等事项由海南分所独立管理，这也符合中国律师行业初期的律所运作惯例，但肖微认为，这种运营方式下建立的分所就只是君合的一个加盟团队。“不行。要么实行总分所人财物一体化管理，要么就不做。”君合创始人们的态度很坚定。

之后，君合又相继在纽约、上海、香港特区等地设立了分所，都采用了总分所一体化的管理方式。财务方面，实行同一套制度，并由总部对各地分所的财务进行统一管理；人事方面，合伙人吸纳和律师招聘均由管委会统筹安排；收支方面，成本由律所层面统一进行预算、支出，并在全所范围内建立统一的业务、收入管理体系。同时，为了避免一体化管理下欠缺自由度和灵活性的问题，君合采取了“集中管理”加“灵活政策安排”相结合的方式——各地市场情况不同，在充分理解分所业务、市场、文化的建设性需求的前提下，由律所层面按需给予因地制宜的政策安排。

值得注意的是，过往 10 年大批律所进入人数扩张、广设网点的规模化发展阶段，但君合——这家最早走出国门开设海外分所的律所，却选择了克制审慎的态度。这在于其追求的是为客户提供整体的、高质量的法律服务，而若律所不能实现一体化管理，就不能充分整合内部资源，并将其运用在对客户的深度服务上。

“君合坚持绝对一体化，希望分所‘开一个消化一个’，因此并不会快速扩张。”

肖微认为，一体化包含两个层面，一是一体化管理，包括能够打破分所间、部门间、团队间管理门槛的架构设计、分配机制等；二是具备实现一体化的能力，如数据化系统的建设、后台支持部门的设立等。

在发展过程中，需要特别警惕制度僵化和决策“一刀切”的情况。除了科学合理的架构设计、决策机制外，管理者还需要大量的数据作为决策依据。君合很早就有意识地建设数据运行机制，如财务系统，之后也曾专门从国外的软件供应商购买管理软件，在智能化管理方面走在国内律所前列。2011 年，肖微又力主引进汤森路透的“Elite 3E”作为律所财务管理系统，并投资组建了一个近 30 名员工的 IT 部负责系统的技术开发。

“多年的经验告诉我们，没有数据建设，君合作为一体化的律所就运营不动。”肖微说。当年，他力主引进“Elite 3E”时有很多合伙人不能理解，但系统运行至今所取得的成效，让不少合伙人认同这一举措的先见性和重要性。

当律所规模越来越大，依托于大数据分析的管理优势就更加明显，有助于整合更大范围、更深层次的全所资源，充分扩大律所整体价值。经过数年完善，现如今这套数据系统能够精准统计任一时间段、任一分所、任一专业组、任一律师的创收额、工作小时数、成本构成、客户分布等数据，并可对这些数据做更深入的分析研究。

这也为君合后来的“实验田”改革沉淀了有效的基础数据。

2014 年，为了在规模化过程中实现最大程度的一体化管理，肖微主导了“实验田”改革。

与此同时，为推动行政后勤团队的专业化和职业化，君合设立了市场部、研究部、IT 部、行政部、人事部等部门，每个部门下设细分小组，为律所发展提供相应支持。以君合市场部为例，目前已下设活动、新媒体运营、公关与媒体、客户关系管理四个小组，市场工作按专业内容分工，并在具体实践中逐步深化。

从分所设立、数据管理系统建设到分配机制改革、行政团队建设，君合的一体化从创所之初的理念，逐步在律所发展实践中深化，最终成为君合清晰的战略选择。

决策机制：民主授权下的集中管理

创所初期，君合的财务、业务、行政等工作由5位创始合伙人分管，律所管理事务则由5位创始合伙人“一块儿说了算”。当时，君合总人数不过十余人，这一机制尚足以适应律所发展。但在1992年发生的“人员流失事件”，促使合伙人们反思君合的决策管理模式。

这一年，几位在君合执业的律师希望申请成为合伙人，但肖微在国外参加培训无法投票，在国内的合伙人们则表示“缺一人投票，暂不好做出决定”。因合伙人申请未能通过，又恰逢“合作制”律所试点的范围逐步扩大，有些律师选择了离开君合自立门户。这一事件让肖微意识到律所中以承办业务为主的合伙人未必是管理人才。而完全民主的决策机制，也未必适合律所发展。在施行一体化管理模式的律所中，若没有专业、高效的决策和管理，相应的制度、举措便难以落实，一体化也无从谈起。

1993年，君合内部计划设立管理委员会，但在管委会的组织原则、决策方式上产生了重大分歧。有合伙人认为：“设立管理委员会不能违背集体民主管理这一君合的基本精神和原则，管委会各委员在平等的基础上对全局进行决策、管理。”但是，肖微则持不同意见：“为保证工作效率，这种体制不能互相扯皮。假如管委会没有集中，就等于将大合伙人会议的一些权力下放到小合伙人会议而没有转变机制和解决问题。”①

多次讨论后，君合确立了“民主集中制”的管理模式——合伙人会议投票选出管理委员会，日常管理由管委会负责，实现民主授权下的集中管理。9月，君合第一届管理委员会设立，肖微担任首届管委会主任。

20世纪90年代，中国律所尚处于野蛮生长和粗放式管理的时期，有“合作”“管理”意识的律所少之又少，而君合已经开始探讨律所管理模式，并先人一步地设立管委会这种与国际律所接轨的管理架构。这与君合创始人曾留学海外、具备国际视野有关，创始人的理念、经验，在很多时候几乎决定了律所的发展走向。

初期，君合管委会的任期为两年一届，但管委会的人员数量并不完全固定，通常为2~3人。随着律所规模扩大，管理事项数量日益增加，复杂性也日渐提升，原管委会配置难以满足需求。

2006年，君合管委会施行“一名主任和五位委员”的模式，任期先是两年一届，后调整为三年一届。改革后，管委会成员数量增加，能够吸收、平衡多方面意见，促进更好地决策；具体的管理工作也有了细化分工，能够更高效、准确地落地执行。这一管理模式也延续至今。

“民主集中制”的管理模式，顾名思义，“民主”是合伙人会议决策中的重要理念。合伙人在会上就某一事项充分发表意见，并采取不记名投票的方式进行表决。后因合伙

① 兰心:《1993—1994·君合记忆”》，载君合官网：http://www.junhe.com/humanities/114，最后访问日期：2014年11月1日。

人队伍数量的增加，决议由最初的“4/5 通过”过渡为“重大事项 2/3 通过，一般事项 1/2 通过”。而“集中”则是建立在权责分明的基础上，合伙人会议和管委会划定了明确的权力责任边界——哪些事项由合伙人会议决定，哪些由管委会决定。制度确定后，律所管理工作实现了按规则推进，即使存在不同意见和声音，也能在制度框架内解决问题、推进改革。

分配制度：改革，更好地一体化

分配制度，是律所管理中公认的难题。现代管理学之父彼得·德鲁克认为，管理的本质是激发善意，其核心在人，而人具有私利性，好的管理能够引导私利与公利相容。

最开始，君合合伙人们的利润是平均分配的，但“吃大锅饭”的方式势必造成对创收高者的不公平，且缺乏激励作用。后来，君合对分配制度进行了调整，将业绩纳入分配制度的考核要素，同时由合伙人平均分摊律所的运营成本。这在合伙人彼此创收相当时，可以在律所发展事项上形成合力，但当合伙人创收差距拉开，低创收合伙人也要与高创收合伙人承担同样的公共成本时，不同的声音就出现了。

“律所成本往上摊，有人摊不住，就会不同意律所发展，这也是合伙人的合理性。”1996 年，君合设计了一套新的分配模型——律所发展成本不再由每个合伙人平摊，而是根据合伙人所占公共资源和业务量来评估其应担成本，基于此评估，设计了若干档次的利润计算公式。在此模型下，君合围绕合伙人业务开发、执行、业务组织、管理和资历，划定了 5 个利润分配池，合伙人根据收入情况填写“分割单”，套用前述公式后便可估算出自己的利润分配。

这一分配制度在最大程度上将律所发展的公利和合伙人追求利润的私利相结合，给予了合伙人一定的发挥空间，产生了较好的激励作用。运行 10 余年来，君合发展快速。

规模扩张，为君合带来了更多的资源、名声，但也带来了诸如利益冲突、人员难管理、人均利润被拉低等问题。在“5 个利润分配池”下，合伙人自主行使“分割权”，为了实现个人利益的最大化，合伙人会尽可能抢占更多资源，尤其在业务承办过程中，会有个别情况下出现合伙人只负责开发，而具体执行交由工资制律师或年轻律师承担的现象。

“合伙人行为模式围绕着个人利益转，而不是从如何能更专业化、如何把客户服务得更好出发。这种‘地主’模式，影响业务质量，激发新老矛盾，律所的合作氛围越来越差，不利于团队和律所建设。”

面对此种情况，君合内部尝试过分配机制改革，但总是停滞于议论阶段，迈不出步子。分配机制改革，需要超过 2/3 的合伙人不记名投票同意。而此时君合的合伙人队伍已扩张了许多，要达到如此高比例的通过率着实困难。有改革之决心，无改革之合力。

2014 年，《君合人文》编辑部采访了 85 岁依然精神矍铄的王之龙先生，在谈及君合的历史、现在及未来发展时，王先生一针见血指出了君合当时的问题："君合现在处的环境变了，不再是20年前的一枝独秀、任你横冲直撞的年代了，竞争对手多了，客户对律师要求也更高了……君合，君合，问题就出在一个'合'字上。"国内法律服务市场经过30余年的发展，涌现了越来越多的规模化高端律所，君合的竞争压力今非昔比。客户对法律服务的专业度和综合性的要求提高了，市场需求的升级对律所的整体价值提出了更高的要求。

"不改革，君合是没有未来的。"这不仅是已经退休的王之龙，也是肖微及当时不少合伙人的共同想法。"它会越来越散，这条船会失去前进的内动力和自我创新的能力，所谓大所的价值也就失去了。"

改革，呼之欲出。当年管委会换届选举前，很多人希望肖微回来主持大局。对此，肖微表示，"如果你们愿意改，我回来做；如果不愿意改，那我就不回来做"。

作为君合"大诸侯"的肖微，当时即使不改革，利益上也不会有影响，但他主张改革，且对如何改革有具体想法和强执行力。而君合的大部分合伙人也认为要把律所利益放在第一位，并表示愿意放弃既有利益，支持改革。共同目标下，肖微再次出任管委会主任，"实验田"改革拉开了帷幕。

作为改革的开端，肖微创设了"实验田"并任CEO，合伙人们自愿选择是否加入"实验田"并遵从新的分配方式，"实验田"之外的人仍可以按照旧有分配体系运行。新的分配方式下，依然会考核"实验田"成员的资历、管理、业务等要素，但在具体考核方式上为了避免人为切割，调整为客观的数据统计——通过"Elite 3E"精准地统计每个人在不同项目中的价值贡献，并进行汇总分类；评价委员会根据系统的记录，并综合总体业绩的情况，给出最后的评价和分配。"实验田"成员都会有基础分配分值，评价委员会对每位成员的基础分值和奖励分值进行评价和调整。

肖微的初步设想是做一个小型尝试，所以称为"实验田"。但开始试行后，自愿加入的合伙人数量超过了他的预期。虽然期间有合伙人进进出出，但"实验田"内的合伙人比例基本都维持在70%以上。前不久，君合专门做了一次不记名的民意调查，其中"你认为实验田有价值吗"这一调查项得到了96%的正面反馈。

如此高的满意度与"实验田"施行以来取得的成效密不可分。与2014年相比，在人员增幅不大的情况下，2019年"实验田"的总创收翻了一番，高于人员扩张速度的创收增长用数据证明了改革的阶段性成功。"很可喜的一个变化是，'实验田'吸收的年轻人多，可以看见的是这些年轻人上升得很快。"

"实验田"改革的一个重要作用是促进生产力发展和团队协作，从而实现律所整体效应的提升。其目的是让君合在规模化过程中实现最大程度的一体化管理，将所有资源整合在对客户的深度服务上。通过一体化建设，实现资源整体化、团队协作化、专业标准化、业务统筹化、后勤中心化、人员流动化、规模适度化、效益有规划、成本控制化。

当前，实现"实验田"内外的融合的呼声越来越高，从理念上来说这也是更好的选择，但肖微认为，融合之后许多“麻烦事”难以消化，“实验田”改革仍处于过渡时期，需要律所层面更多人认可集体主义精神。这个过程不能急，不能躁，需得慢慢来。

君子气质养成记

君合成立至今已经 31 年。在 31 年中，有人加入，亦有人离开，更多的是加入君合后，把这儿当成家的年轻人。

北京大学法学本硕毕业的唐越，在君合已经执业 22 年之久。这位在房地产投资领域有丰富经验的专家，早年就跟着肖微和赵燕士做中国第一批 H 股项目，而赵燕士和肖微是君合早期仅有的具有证券业务资格的合伙人。

至今唐越还能回忆起赵燕士写的法律意见书有多严谨和与众不同——文字干净利落，无懈可击，没有一个多余的字，没有一句废话。多年后，即使很少再做上市项目，唐越依然把备忘录当作法律意见书对待，起草或修改备忘录也都一字一字进行推敲。

当然，还有很多像他们那样在君合一步一步成长起来的律师。君合的律师级别实行 3 级 9 档制，每一年为一级。律师分为初级、中级、资深三级；初级律师又分为初级 C、初级 B、初级 A 三档；中级律师分为中级 C、中级 B、中级 A 三档；高级律师分为资深 C、资深 B、资深 A 三档；如果高级律师之后没当上合伙人或顾问，就变成 A+，每一年增一个加号。

君合的年轻人在律师之后的上升通道通常有两个，一个是合伙人，另一个是顾问。年轻律师想上升到合伙人要经历一个成长的过程，大部分要在 9 年以后才能实现从律师到合伙人的转变。

虽然看上去升合伙人并不容易，但在君合升合伙人还算比较快。这两年，每年均有超过 10 名律师成为合伙人。

君合设有职业发展委员会，负责制订律师的培养计划，有培养、关怀、规划的功能，也有选拔、推荐合伙人的功能。职业发展委员会推荐合伙人人选给管委会审核，经审核同意，就推荐到合伙人会议。合伙人会议举行正式会议，由候选人介绍自己，展示个人各方面的业绩指标。然后由合伙人再讨论，进行无记名投票，合伙人会议中有半数合伙人同意视为通过。

2017 年 3 月，君合宣布对于初年级的律师涨薪，起薪达到每月 2 万元，对于中年级、高年级的律师根据表现实行浮动制。这在当时引来律师行业内一阵激烈竞争，随之而来，其他一线律所也纷纷涨薪。

一线律所的涨薪，被法律行业观察者视为是 2017 年律师行业的一个转折点，而“导火索”正源于君合。在对于人才的重视上，君合确有优势。

在过往几年中，君合每年晋升12~14名合伙人，并且有大量的外部顾问和合伙人加入。有律师在采访中表示，君合对于自己的吸引，除了源于品牌美誉度之外，还有它的文化气质。

外表谦和有风度，内心有着对于专业品质的执着和对于自我的高要求，这些都融在君合人的血液中。

前方，看得见的曙光

几年前，律师业内有人会觉得君合“偏于保守”，但很快，君合就不断地用事实证明：自己不但不保守，相反还很“大胆”。

自改制以来，全新官网上线、“律携APP”上线、“君合好友圈计划”（君合律师事务所推出的一项旨在加强与国内中小律所律师进行业务交流，共同提高业务水平，推动中国律师行业业务发展水平的一项带有公益性质的活动）、君合法律人工智能的开发以及君合的涨薪事件，每一件都足以震动业界。

“目前市场上的创新，大部分是规模化的。如果君合要加盟，要规模也很容易，但这种无法控制的扩大并非君合所需要的。事实上很多‘创新’我们在做。中国律师发展的这个过程，总让我们认为自己没走踏实，没把律所真正做到稳健和成熟，无论是在分配制度、内部体系、内部调整、业务专业等方面，还是在成长中的一个阶段。”

踏实地把事情做好，真正讲究内功和质量，这是君合创所至今始终秉持的理念。先整合自己，将内在平台拧成一股绳，然后再引进人才，扩大规模，这是君合内部在发展上达成的共识。正因如此，我们看到的是一家大所在规模化浪潮前的稳健，和一次次引发业内讨论的创新之举。

中国律师行业还年轻，最年长的律所也不过刚满四十，君合的年岁已是三十有余。三十而立，君合有积淀、敢创新，正值当打之年，而作为一家见证市场变迁的“老牌”律所，传承，也是一个重要的发展主题。

“一家律师事务所，将来能不能传承下去？这是我们要努力去做的一件事。如果说君合是一座殿堂，创始人、其他合伙人、全体律师及行政人员都是殿堂的建设者和维护者。大家在这座殿堂中工作、生活，这座殿堂为大家遮风挡雨。我们期望，殿堂中的人员一代代会离开，但殿堂会带着前人的精神一代代传承下去。”

以前，即使作为创始人之一，肖微不会形容君合是家“百年老店”，毕竟，那时君合尚处于青春期。但君合创始之初“那些小孩似的远大理想”他从未忘记过，现在，君合31周年，“百年所”已经看到希望。

福建联合信实

海西强所，三十而立

林　戈　陈琼青

1989 年的联合信实

信实厦门总部

2001 年和 2019 年的泉州分所

信实与霍金路伟联营

信实律师学院授课现场

2019 年，福建联合信实律师事务所（以下简称信实）迎来了自己 30 岁的生日，律师人数规模突破 300 人，业务创收突破 2 亿元。

从 2016 年 11 月，信实在福建律所中率先尝试与霍金路伟国际律师事务所在上海自贸区联营设立“联合信实 · 霍金路伟”（Hogan Lovells-Fidelity）办公室，到 2019 年基本完成了在福建省内九地市的分所布局，信实以这样一个强劲的发展势头，在三十而立之年之后，跨入 2020 年。那么，信实在过去 30 年，是如何打破区域性法律市场的限制，扩大品牌的辐射范围？又将如何通过战略、布局、业务管理和文化迎接未来？

三十而立，立志打造海西强所

1989 年，厦门市准备在湖里特区成立一家律所。

“年轻人那个时候也没有特别的想法，只是觉得湖里是一片热土，创业的热土。”信实创始合伙人王平说。

于是，厦门市湖里区律师事务所（信实的前身）应运而生。一开始，信实的业务以诉讼为主，主要处理传统的民事案件和刑事案件；同时，信实也涉足了厦门许多企业在贸易、房地产、投资等方面的法律顾问业务。1996 年，《律师法》颁布，厦门市湖里区律师事务所第一时间选择了整体转制，从国办所转成合伙制律所，以“为人做事诚信为本”为初心，对转制后的律所取名“信实”。而由此，“诚信务实、专业优质”的服务宗旨，也成为信实律师几十年来的行事准则。

在 1996 年至 2005 年这 10 年，信实一直以平稳的速度在发展。这 10 年时间也让信实创始合伙人王平意识到，信实需要一个所有信实人都认同的文化理念，需要制度上的革新。由此，从 2006 年开始，信实着手建章立制，对分配制度到合伙人的入伙、退伙制度等，进行了全面的修订。

早期信实的管理模式为主任负责制，随着规模不断扩大，2005 年后开始实行主任领导下的委员会负责制，信实建立了 3 个委员会，包括行政、人事薪酬和业务，3 个委员会共同运行。在当时，信实的管委会采取全员民主的形式，但这样也使日常决策的效率较低，每个人的意见不同，那么执行层面的配合度就会出现问题。

由此，信实意识到，需要对管理体制进行进一步改革。在 2012 年，信实确立了实行至今的管理架构，合伙人会议管战略、管决策，律所主任负责召集和主持合伙人会议并对外代表律所，管委会是合伙人会议的执行机构，负责律所日常经营运作。律所主任由合伙人会议选举产生，管委会主任是由律所主任提名，合伙人会议任命，管委会委员是由管委会主任提名，合伙人会议任命。

跟传统的主任全权负责制相比，信实的律所主任不再管理日常具体事务，而是更集中精力关注律所发展的战略层面，同时主任有管委会主任的提名权，并且主持合伙人会议，这就对管委会形成了一种监督。另外，管委会实行委员会制，主任也只是主任委员，在重大决策上，主任委员也会受到其他委员的制约。随着各个分所的发展达到一定规模，这种管理模式可在分所直接复制。这样的管理架构就实现了民主管理与管理效率的平衡，使律所在重大决策、战略规划、制度执行及日常运营能够高效、有序进行。

在建章立制的同时，信实也渐渐厘清了未来的发展方向与定位。

对于一家律所来说，业务、规模、管理、品牌，这些律所阶段性发展的成果，都必须立足于整个律所定位发展的基础上进行规划。那到底是做“精品所”还是“综合所”？是“走向全国”还是“扎根区域”？在深思熟虑后，信实给出了自己的答案。

2011 年，信实提出了要建成福建省乃至海西地区规模最大、专业最强的律师事务所的目标。

雄踞八闽，内外布局

规模化本身也是一种战略眼光和实力。30 年来，信实扎根福建，先后开设分支机构 13 家（含两个联营办公室）。福建省共有 9 个地市，其中的 8 个地市的分所已设立完成，信实在福建最后布局的南平市的分所，也正在筹备之中，信实的省内全覆盖已趋于完成。

合并群贤所

1996 年转制成功后的信实，开始着手谋划未来的发展。20 世纪 90 年代末，信实开始有意识地顺应市场，寻找市场中需求较大的业务。除了传统的刑事、民事诉讼之外，信实细分了房地产与建筑工程、金融证券、海商海事等专业化方向。2000 年左右，随着信实所涉足的业务领域增多，专业化发展成了信实最为关心的大事之一。

2000 年，厦门大学法学院设立的群贤律师事务所（原厦门第二律师事务所）整体与信实合并，进一步壮大了信实的实力，信实由“信实律师事务所”正式更名为“联合信实律师事务所”。

落子泉州

2000 年，信实已在厦门站稳脚跟，萌生了“走出厦门”的想法，其选择的第一个城市就是泉州。相比厦门以发展出口业和加工业为主的经济市场，泉州发达的民营经济以及传统行业的优质发展，使泉州的经济业态与厦门完全不同，这让信实看到了一个与厦门不一样的法律服务市场。

2001 年，泉州分所正式成立，信实成为厦门第一家到市外开设分所的律师事务所。一开始泉州分所的建设也非常艰辛，没有经验加上信实当时本身还不够强大，使信实泉州分所的成长较慢，但好的是，信实通过本土化战略，慢慢地在泉州扎根下来，也为下一步分所布局积累了经验。

厚积而薄发

在 2013 年，信实发现，全国性的品牌所纷纷开始抢滩福建，尤其是福州、厦门、泉州这些主要城市，福建本地所都面临较大的竞争压力，信实同样也面临竞争挑战。2014 年开始，信实着手加速全省的布局。从 2015 年至 2019 年，信实成立了厦门湖里、厦门集美、上海、福州、龙岩、漳州、三明、莆田、宁德分所、霍金路伟联营办公室、中国台湾广和联营办公室等 11 家分支机构。

2015 年，刚好有一个设立龙岩分所的契机。信实有一名合伙人是龙岩人，再加上龙岩的工业基础，信实就以此，在龙岩开始了版图开拓。2015 年，信实的第二家分所——龙岩分所设立。

龙岩分所建立后的发展势头十分迅猛，在不到 4 年时间里，从初期的 7 名律师发展到了如今的 35 名律师，业务总量与人员规模都已进入了龙岩所有律所中的前三名。

龙岩分所最重要的一个举措，就是参与和融入当地司法行政系统的公益法律服务中去。例如，由信实投资建设的公益法律书吧，这是目前福建省内唯一一家由律师事务所跟当地司法行政部门合作，以律所简称命名的书吧，实现了调解、咨询、服务三位一体的功能。龙岩分所此举，真正意义上将律师调解工作室的功能从事务所之内搬到了事务所之外。

不仅如此，龙岩分所在服务理念和方式上也进行了创新。传统的诉讼业务不放弃，同时拓展非诉法律服务。从市场情况来看，非诉法律服务在龙岩这样的山区城市较为缺乏，信实则看到了其中蕴藏的机会——基于龙岩市富裕的矿业资源，在龙岩率先开始从事矿业法律服务，并根据龙岩当地的特点，成立人身损害法律事务部等，为龙岩山区提供非诉法律服务。

随后，在 2015~2019 年，信实成立了 11 个分支机构。

当时，信实已经发现，单纯依靠厦门一个市场很难让信实更快地成长，厦门每年律师人数的增长规模就在 300 人左右，行业竞争已经相当激烈。为了应对这样的市场竞争格局，信实采取了两大举措：第一，就是做“产品”，将信实优秀的专业领域优势输出到各个地区。第二，则是做“规模”，走出厦门，让信实扎扎实实地生长于福建的各个地方。

基于这两个举措，信实作出了自己的布局战略，即把福建当作一个整体性的市场来经营，将信实建成海西规模最大的律师事务所之一。

国际化

当已经具有一定规模时，许多律所就会开始考虑省外布局，以此进一步扩大辐射范围。但信实却并不着急于进行省外扩张，30 年来，信实也只在上海设立了唯一一家省外分所，此与在 2015 年年底国家政策开始允许国内律所与外国律师事务所开展联营的政策紧密相关。

2016 年 3 月，信实上海分所在上海自贸区设立。之后，与霍金路伟达成联营协议，并向上海市司法局提出联营申请，双方于 2016 年 9 月 30 日获得了上海市司法局颁发的《中国（上海）自由贸易试验区中外律师事务所联营准予证》，信实成为福建省首家、国内第三家与外国律所联营的律师事务所。

霍金路伟是一家全球排名前十的国际律师事务所，在全球各地设有 49 个办事处，拥有 850 多名合伙人和 2500 多名律师。作为首批在中国市场布点的国际律师事务所之一，霍金路伟了解中国的文化和监管环境，具有真正的跨学科和行业的技能，无论是在教育、金融机构、基础设施、生命科学、房地产、知识产权还是 TMT 行业，均是业内公认的行业引领者。

信实与霍金路伟的联营并非偶然。早在 2004 年，信实就已经开始了与霍金路伟的合作，双方的合作主要集中在跨境并购与投资业务方面。在长达 12 年的业务合作中，双方共同创造了不少优秀的成功个案，建立了深厚的信任关系。在经过 10 多年的合作后，信实和霍金路伟都发现，个案式的松散型业务合作已经不能够满足双方业务发展的需求，双方都希望能找到一个更为紧密的合作模式。联营就成为让信实与霍金路伟的合作更上一层楼的最优解。

联营后的短短 3 年内，信实上海联营办公室的业务收入就超过了当时预期收入的一倍以上。双方也会互相探讨怎样开发产品来满足市场的需求，把蛋糕做大。通过上海分所，让信实接触到了更多的国际律所的管理与发展模式。信实也从市场的营销、律师培训、客户管理、合伙人制度等各方面向霍金路伟借鉴，优化自身的管理体系，并具备了能够为国际、国内客户提供跨境一站式法律服务的能力。

2019 年，信实与中国台湾广和两岸法律事务所联营，成为全国首家依法与中国台湾地区律师事务所联营的律师事务所，该事件被中华全国律师协会评选为 2019 年度中国律师行业最受关注十大事件之一。

除了两个联营办公室外，“一带一路”也是信实国际化布局和拓展涉外法律服务非常重要的一环。早在 2013 年，国家提出“一带一路”倡议时，信实就紧跟国家政策。信实的“一带一路”布局主要集中在从中国到东南亚的业务，一是中国企业在东南亚地区开办工厂所需的法律服务，二是关于东南亚地区的土地和矿产开发。下一步，信实在“一带一路”方面，将会重点拓展非洲市场与欧洲市场的法律业务。

经历 10 年的布局，信实立志成为福建省乃至海西地区规模最大、专业最强的律所。

2 亿元营收背后的区域领先

要想做强所，那就要持续提高律所的专业水平和服务能力。从 2011 年开始，信实一直埋头苦干，致力于做强自身的业务，提高律师们的专业性。以业务来打造律所品牌，以专业来促进律所发展。

2019~2020 年，信实连续两年在《钱伯斯亚太指南》的“公司 / 商事：东部沿海—福建”领域名列 Band 1。钱伯斯对信实的评价是：“在公司债券以及重组和破产案件方面有着强大实力，在房地产法方面有着额外的专业知识。其与霍金路伟律所在上海自贸区的正式联盟受到关注。”

2020 年，中国贵州茅台酒厂（集团）有限公司外聘律师。在全国 8 个区域共计 252 家参与申报的律师事务所中，信实脱颖而出，成为华南区域入库的 6 家律所之一，也是福建省唯一入库的律师事务所。信实入选的四大专业领域分别是：公司 / 商事业务，上市公司业务、金融证券业务，企业合同法律管理风险和纠纷，房地产与建筑工程业务。

为确保专业领先，信实有自己的一套管理理念和措施：信实结合区域性特点，细分了 16 个业务领域，在这些领域内，每位律师都可以建立自己的团队。就专业化而言，信实设置了“一主两辅”制度，一名律师可以有一个主营业务、两个辅助业务。

此外，信实实行一体化管理，投资是直投，管理是直管。对分所的管理通常是日常的业务质量风控，一般情况下，业务的进行是由分所独立进行，遇到疑难复杂的法律事务，则总部与各分所之间将进行专业协同，进行专业的配合和业务资源的整合，以客户为中心，为客户提供超越客户预期的专业优质法律服务。

基于这些科学的发展理念、规划和措施，信实逐渐形成了一批核心专业律师团队，打造出一系列拳头产品、王牌业务、特色业务。

并购业务：市场驱动，为客户创造实质性的价值

厦门作为经济特区，自 20 世纪 90 年代开始就有许多外商进入厦门，随着公司法和三资企业法的颁布，当时的并购业务主要以服务外资和本土企业设立中外合资企业的方

式进行。而更广泛的并购业务发展，是伴随国内经济和中国企业的发展逐步演变而来的。

2000年以后，中国企业和国内的证券市场飞速发展。有部分企业从证券市场募资或者发展较为顺利的时候，就开始进行纵向或是横向的发展，收购上游、下游的企业，甚至收购竞争对手。国内经济发展到这个阶段，市场需求就开始慢慢地浮现，并购律师们也才有了施展才华的地方，信实也基于此抓住了市场的机会。

对于信实来说，并购业务的发展，也离不开其规模化的战略。首先，在福建，信实已经具有了一定的规模，这也就意味着信实已经积累了不少稳定的客户。其次，信实给客户带来的良好的经济效益，依靠口碑让信实在并购业务上稳步前进。最后，信实经常会针对行业协会和企业进行法律实务培训，这也为信实打下了不少潜在客户的基础。

“发展并购业务，最主要的就是解决两个问题，第一，通过设计合理可行的并购方案、整合相关资源等，能够为客户创造价值，而且让客户感受到律师服务实实在在创造了价值；第二，要能够跟客户之间建立包括专业和品行在内的全面信任关系。”信实上海分所主任陆贵亮说。

信实的文化和专业能力，使得信实拥有许多的相互信任的长期客户，这是信实并购得以发展壮大的基础。近年来，信实处理了200多个大中型并购案件，是福建省处理并购案件最多的律师事务所之一。在这些案例中，不乏具有影响力的经典并购案例，例如，厦门钨业（股票代码:600549）打造完整钨产业链而实施的涉及钨钼矿和稀土开采、冶炼、光电等领域而进行的系列并购项目、福信集团收购大唐地产（包括20余家海内外房地产公司）大型并购项目等。

高端商事争议解决：发挥传统优势，占据制高点

在信实，高端商事争议解决团队是一个特别的业务团队。由于高端商事争议解决跟很多专业相互交叉，因此，信实将相关专业部门里的骨干律师抽调出来，组成业务团队，专注于解决重大疑难复杂的商事争议案件。

据高端商事争议解决团队负责人陈昱介绍，有效地解决高端商事争议是信实的传统优势，常有信实承办案件入选《人民法院案例选》《中国法院年度案例》等，而促成信实将骨干律师集中在一起做进行项目团队运作，是基于了两点考虑。首先，2019年最高人民法院发布了《关于调整高级人民法院和中级人民法院管辖第一审民事案件标准的通知》，其中规定了“中级人民法院管辖第一审民事案件的诉讼标的额上限原则上为50亿元（人民币）”，这就使绝大多数重大争议的一审案件得以下沉到地方中级人民法院，这对于律师的业务有着重大的影响。其次，信实近年来已基本完成了全省布局，在福建各地均有分支机构。基于这两个因素，信实集中自身的优势力量，整合全省的资源，把高端商事的争议解决做到福建省前端。

“以往，此类高端的诉讼一审在省高院，二审就到最高院，所以北京地区的一些大所就比较有优势，现在一审下沉到中院，区域性大所、强所的优势就凸显出来了，而且我们又在全省有布局，这是省内很多其他律所没有的，所以我们要把这个优势集中发挥出来。”陈昱说。

不良资产：连接全国网络，提供全链条服务

2000 年起，信实的不良资产领域专业律师就开始开拓不良资产业务。

据信实不良资产法律事务部负责人陈昱介绍，按照时间的发展轨迹，不良资产业务在我国经历了三个发展阶段，第一个阶段是政策性剥离阶段，第二个阶段是商业性剥离阶段，第三个阶段则是市场竞争化阶段。而信实的不良资产业务是从政策性剥离阶段就已开始布局。

最初，信实的不良资产业务主要是处理“处置”业务。随着业务的发展和市场的需求，信实开始了贯穿不良资产投资、交易、管理与处置的全链条布局，并对接不良资产业务上下游整个生态圈。2007 年，信实成立不良资产法律事务部，信实的清算及破产法律事务部和不良资产法律事务部从业务关联运作转变为两个部门并行运作，互相交叉，协同配合。

2015 年后，信实加快了全省布局进度，不良资产业务也因此进一步发展。由于不良资产的处置有很强的区域性，其核心最终还是要落到处置的端口。当信实在全省的布局开始趋于完善后，就拥有了能够在全省范围内进行不良资产处置的能力和优势，将全省网络连接起来，并联合主办全国性的不良资产论坛，进一步与全国的不良资产网络形成紧密对接。

破产重整：抓住业务风口，打造王牌业务

2007 年，新《企业破产法》实施后，信实及信实主任王平率先取得福建省高级人民法院首批单位及个人破产管理人资格认定。

2008 年，信实作为管理人直接操盘的厦门星星工艺品有限公司和厦门星星实业有限公司破产重整案重整成功，该案是新《企业破产法》实施以来福建省第一起破产重整案件，被最高人民法院评为“全国法院践行能动司法理念优秀案例”。

2015 年，信实又取得福建省厦门市中级人民法院首批单位及个人破产管理人资格认定。信实泉州分所、龙岩分所、福州分所、漳州分所和宁德分所也陆续取得所在地市中级人民法院首批破产管理人资格认定。在此之前，信实总部承办了福建省内绝大部分破产重整案件。2016 年，信实发起成立厦门市破产管理人协会，这是当时福建省第一家、

全国第四家破产管理人协会。目前，信实清算及破产法律事务部拥有一支专门处理清算、破产法律事务的 50 多人的律师团队，团队律师具有经济、会计、税务、资产评估等多学科专业背景，这样的专门化程度和团队体量在福建省内乃至全国都为数不多。

知识产权：发挥“属地优势”，捕捉市场需求

2017 年 3 月，信实获得专利代理资质，这也使信实知识产权业务的发展进一步加速。

在福建，拥有专利代理资质的律所并不多。在信实获得该资质之后，产生了集聚效应。第一个集聚效应是人才的引进，目前信实拥有五位“双证”（律师执业证 + 专利代理师执业证）律师，而且执业经验非常丰富；第二个聚集效应是客户的集聚，当客户知道信实拥有该资质及人才团队优势后，就会对信实的服务能力更加认可。律所能够给客户提供专业的判断，从法律及知识产权相关技术本身的理解，两相结合，能够为客户提供更全面更有价值的服务。

在邵建新看来，福建知识产权法律服务市场应该分为两大角度来理解，第一个角度是本地的服务机构，第二个角度则是市场的需求。

信实拥有人才团队以及属地优势。所谓“属地优势”是指，信实在福建已经搭建起来的平台。基于这一平台，信实在提供知识产权法律服务的过程当中，就会发挥贴近客户需求的优势。

从国家层面上以及企业自身需求出发，法律服务市场确实很大，但该类市场需要培育和引导。所谓的培育和引导，主要是指让客户有正确的知识产权布局思路，培育和引导客户对知识产权需求的正确认识。信实知识产权法律事务部自从成立以来即一直为许多著名公司、高科技公司提供知识产权法律服务，并以其高效优质的服务赢得了客户的信赖。近年来，信实尤其专注于为高科技企业类提供全程法律服务，从企业设立开始，即为企业制定知识产权策略，协助企业加强知识产权的开发、管理和运用，使知识产权发挥出其应有的作用，极大提高了企业的竞争力。

农业农村法律服务：新兴业务，天地广阔

2016 年 12 月，国家出台了《关于稳步推进农村集体产权制度改革的意见》。该意见出台后，信实就看到，未来农村将会进行深层次的改革，尤其是权益性改革，这是律师应该介入的一个服务领域。但在当时，中国做涉农业务的律师本就很少，而且很难找出一个专业的团队以农业法律事务为主攻方向。

2018 年 2 月 4 日，信实成立了一个专门以农业法律事务为服务对象的团队。此后，信实迅速将农业农村法律服务产品化，该领域发展迅速，在业务量和专业性上均领先同行。

目前，信实农业涉农法律事务部拥有19位合伙人、71名律师。

信实的涉农业务涵盖了国家级的试点，而且，信实律师还参与到许多当地政府的政策制定过程中。在处理涉农方面的法律问题时，信实律师通常会下沉到村，真正地到村级里面宣传政策，手把手地教农民如何改革。

农业农村部下设集体土地开发、土地承包权“三权分置”、集体经济组织股份合作制改革、农村金融四个项目部。信实在集体产权制度改革法律服务已走在全省律师前列，为福建省内多个地市的示范村居提供集体经济组织股份合作制改革专项法律服务，取得了良好的成效。

目前，信实已将农业农村法律服务产品化。信实农村农业法律服务部负责人李航谈道：“农村是一个广阔的天地，在那里可以大有作为。产权制度改革之后，涉农法律服务仍然有巨大的市场需求。中国的城市改革到今天，已经非常完善，但针对农村的改革才刚刚开始，那么一个懂得农业政策、农业法规的律所、律师将会有巨大的发展空间。”

基业长青的根本

信实用自身的发展模式，说明了区域性律师事务所也能走出一条特色之路。这条道路虽然不会以急剧的速度为信实带来体量的增长，但却能为信实雄踞八闽，夯实根基。而多维度的利益分配机制、包餐式的人才培养、“家”文化，可以说是信实得以基业长青的根本。

多维度的利益分配

利益分配机制是律所管理的核心，追求相对公平是信实在分配制度上的基本理念。在信实一体化的框架下，信实的分配机制为“业务提成＋年终分配”和“业务提成＋年终奖金”两种模式，分别适用于合伙人和聘用律师，未来可能会将二者统一为“业务提成＋年终奖金”的模式。其中，信实合伙人的年终分配是在保证律所发展需要的情况下，形成的再分配机制。合伙人的年终分配是在保证律所的发展需要，同时考虑律所管理层、参与公共事务的律师、行政辅助人员的贡献及合伙人的业务创收等情况下，形成的再分配机制。长期以来，在信实的分配制度中，始终保持有一项“发展基金”，其来源包括所有新入伙合伙人的入伙金，以及按确定比例计算的留存利润。通过这一制度设置，信实在未来进行再投资时会更加科学。

信实管委会主任龚泽旭说：“以前，我们更多的是基于厦门信实，后来，我们是基于福建信实这样一个概念来发展。在这个过程中，规模化是首先要考虑的，要做规模，创收肯定会有高低差异，作为创收多的合伙人，也认识到往往是基于规模化的平台和创收的体量而受益，因此也愿意为律所未来发展有更多的投入。”

不追求绝对公平是信实在分配制度上的基本理念。基于这样的分配制度下，信实既解决了“分配大锅饭”的现象，又确保资源共享、平台共建的经营理念得以实施，律所因此不断发展壮大。

包餐式的人才培养

在人才培养方面，信实创造性推出“黄包餐”“红包餐”“青训营”的概念。自2013年起，信实创新性地组织“黄包餐”，旨在倡导高级合伙人或邀请外部专家学者开展专题讲座，开拓信实律师在重点或新兴领域的视野，增强律师对重大疑难法律问题的分析和处理能力。而后推行的“红包餐”，则重在鼓励青年律师上台讲课，辅之以合伙人点评，渐进式地培养青年律师的专业知识能力和演讲能力，同时做到知识共享和经验交流，并间接提升所内律师对授课律师的了解程度乃至业务机会。所谓“包餐”，顾名思义，既包参与者的晚餐，又包精神食粮。这样的培训活动，每两周左右就会开展一次，其他律师可根据自己的时间安排和感兴趣的主题自由选择参加，参与律师能够打破“师父带徒弟”的局限，在良好的培训氛围中快速成长。

除了为总部律师提供培训支持外，信实的内训活动还借助信息化覆盖全所。分所也结合自身特长和区域特点执行相应的培训和指导，但这样的培训活动相对零散。信实管委会决定，打造一个统一的机构来体系化地规划和管理这些培训活动。

为了让人才培训更加体系化，2016年，秉持“分享、交流、共赢”理念的信实律师学院成立，肩负对内和对外培训的职责，将“人才培养”“知识营销”作为信实品牌建设的支撑。信实律师学院既让青年律师学习到相关专业领域的知识技能，又将优质的内训课程对外开放，推进行业共享，满足客户根据专业领域和培训规划进行选择或订制的需求。

2019年，信实还设立“信实研究院”，全力整合所内外研究力量，致力打造信实“智库”。“信实研究院”是综合展现信实律师专业技能、业务研发、参政议政水准以及律所文化的平台，通过调查研究、法律服务产品研发创新、论文编辑、学术交流、参政议政等多种方式，实现“为律师创新赋能、为客户创造价值、为社会善尽责任”的目的。

信实“家”文化

在信实30年的发展历程中，不管是人才的选用，还是律所布局的发展，信实最先考虑的因素就是文化理念。毕竟每个地区的文化都是有差异的，律师执业的理念、风格也有所不同，信实在人才的吸收，包括在分所加盟律师的选择上，更注重的是理念的一致，而不是简单的强强结合，如果没有相同或相近的文化理念以及很好的机制，律所就很难走远，会产生很多“争夺”。

信实人对信实文化是这样表述的：“关注社会，具有诚信正直的道德理念；始终关注中国法治进程，影响中国法治建设；在专业分工的基础上开展团队合作；相互尊重，坦诚交流，互相关爱；发自内心的归属感；通过努力让自己富有成就感；在享受工作的同时，享受生活。”

对于信实来说，一个律所想要做到“人和”，那么就要让律师们产生对律所的归属感，而“家”的形式最能让人产生这一感觉。

“文化的形成更像是一种共振运动，基于人生观、价值观的碰撞而形成的共振。只是我们回过头一想，我们把它总结成什么呢？那就是‘家’。我们把信实定位为一个大家庭，所以信实文化的中心内涵就是‘家’。”信实管委会主任龚泽旭说。

信实“家”文化的形成，其实并不是信实后期刻意的营造，更多的是信实这30年来的发展的自然形成，前后几百名信实人的成长与壮大，这过程有过冲突碰撞，也有交流沟通，可谓是九层之台，起于累土。

这种“家”文化模式，与信实利益分配、人才培养的一体化相辅相成，相得益彰，为信实未来的一体化战略以及基业长青夯实了基础。

辐射海西，突围之道

智合：福建法律市场有哪些特点，与信实未来的发展有什么样的联系？

信实：福建法律市场的整体情况越来越好，其对于法律服务的需求也在不断增大。首先，随着中国法治进程的不断推进，从政府法律顾问、政府及国企采购领域到民营经济的发展，已经形成了较大的市场。其次，目前福建法律服务市场呈现高速发展的态势。最后，福建拥有丰富多元的经济发展形式和许多特色产业，如果将福建作为一个统一的市场，将福建近4000万人口作为统一的服务对象，持续加强信实作为福建本土律所的品牌效应，那么对于信实未来的发展将会不断产生竞争优势。

智合：目前信实已经是一家拥有300多名执业律师的区域性大所，未来的人才战略是怎样的？

信实：目前福建的青年律师人才主要来自福建本地高校的毕业生，我们在青年律师的人才引进方面，也会采取校招的方式来引进青年人才。现在很多律所都希望招收高学历的人才，但在我看来，人才还是要呈现梯队，律所的人才应该遵循“人尽其用”的标准，需要负责高端业务的律师人才，也需要负责基础工作的律师人才。所以，律所人才引进，并不是都要“金字塔尖”上出来的人才是最好的，应该根据律所的需求与层次，适配相应能力的律师。现在信实除了诉讼业务外，还有很多的非诉业务，就会出现不少混合型业务，那就必须搭配不同能力、不同层次的律师进行合作，这才能使律所人才实现合理优化的资源配置。

智合：在完成了福建省内的布局之后，信实未来将会如何扩大自己的辐射范围？

信实：信实首先要扎实自己的根基，将信实的专业品质、业务质量、风险控制做好。目前，信实在福建法律市场的布局已基本完成，那么接下来的目标是能够辐射海西地区。辐射海西地区，不仅仅是覆盖福建地区，还包括浙江南部、广东北部和江西部分地区，这才是完整的海西区域。未来，信实也依旧会考虑“走出去”的发展，但“走出去”首先要做的是选择，选择合适的地域、合适的土壤，只有能扎根生存，才是重中之重。如何“扎根”？那就要靠专业、靠质量、靠勤奋。其次就是考虑城市的“气质”是否与信实的风格相匹配，城市的包容性越强，我们就会优先作为准备辐射的区域。

智合：在拥有了16个业务板块和一系列拳头产品之后，信实还会拓展、深化哪些业务领域？

信实：从业务上来看，我们未来可能会选择深化如破产、不良资产、知识产权、并购和高端商事争议解决这五大业务板块，不仅要做大，而且要做强，最终使之能成为可以和一线律师事务所相竞争的拳头产品，这也是信实未来努力的方向。因此，信实现在要做的是，把基础打牢，把品牌做大，这也是信实要把福建省当成一个统一的市场，要把福建的3900万人口当成一个统一的服务对象的原因。

智合：未来，信实在国际化发展和涉外法律服务领域将会有哪些布局？

信实：未来信实第一步就是响应“一带一路”倡议的号召，并且在此基础上做一些开拓与尝试。信实拥有非常强劲的律师人才储备军，在2019年，司法部公布了全国千名涉外律师人才名单，福建省共有26名律师入库，其中信实共有7名律师入选。而且，信实自身在东南亚就有业务发展，接下来信实会利用已有的资源，继续开拓东南亚的法律服务市场。除了东南亚，信实也开始了非洲法律市场的开拓，如肯尼亚等地区。此外，信实会继续加强与霍金路伟之间的联营合作，积极运营上海联营办公室。霍金路伟作为国际大所，是信实看世界、“走出去”的一个窗口，联营办公室可以帮助信实更快地汲取涉外法律服务的经验，同时也可以帮助信实更快地走向国际。

结　语

信实的风格，既注重专业品质，又颇为崇尚谦和低调的君子之风。在 30 年的沉淀过程中，信实秉承“诚信、卓越”的核心价值观，更注重提高业务质量和风险控制，每一步都走得很扎实，始终将客户的满意作为信实法律服务的最低要求。

30 年来，信实以规模化、规范化、专业化为发展理念，推进其在福建省内的布局，基于区域市场的特点，发展优势业务、新型业务、特色业务。在时机成熟之时，信实设立上海分所，与国际大所霍金路伟在上海自贸区建立联营，作为其开眼看世界的窗口。

在管理模式上，信实以资源共享，平台共建为经营理念，设置 16 大业务部门，确立专业化分工，为客户提供更优质高效的服务，建立信实律师学院和信实研究院，以产品研发和业务创新驱动未来的发展。

信实的 30 周年之后，迎来变化更加迅猛的市场、更加复杂多元的律师业态，信实将与客户一道，开拓更广阔的天地，共赢更加光明的未来。

众成清泰

临五岳之尊，观山海起伏，一家山东大所的整合与攀越之路

陈琼青　吴梦奇

众成清泰律师事务所前台

2019 年合伙人大会

众成清泰党建活动

众成清泰荣誉奖项

“岱宗夫如何，齐鲁青未了。造化钟神秀，阴阳割昏晓。荡胸生层云，决眦入归鸟。会当凌绝顶，一览众山小。”

约1300年前，青年时代的杜工部至东都洛阳应进士，憾落第而归，于是漫游齐赵之地，行至泰山，仰望五岳之首的气势磅礴，燃起激昂向上、自强不息的壮志豪情，留下了以上传世诗句。

巍巍泰山，雄雅耸峙，豪迈自立，积天地之灵气，聚日月之光华，几千年来孕育着齐鲁儿女不惧艰险、迎难而上的精神风貌。

对于山东的法律服务市场，2014~2015年是一个特殊时期，其时，全国性大所加强了在山东的布局力度，本地所面对着更残酷的市场竞争。作为立足山东、根基深厚的两家区域强所，众成仁和律师事务所与清泰律师事务所当时的发展遭遇全国大所山东布局的巨大竞争。为了保持在山东法律服务市场的竞争优势，是选择孤军奋战，还是被全国大所纳入麾下，抑或寻找同伴联手做强？这是两家所必须作出抉择的紧迫问题。

山东经济可分为两大主要区域，一是省会经济圈，二是胶东半岛经济圈，两个区域分别以济南和青岛为核心。总部在济南的众成仁和与总部在青岛的清泰各自皆不具备覆盖全省的业务规模，但若能合并，便能打造出一家山东规模最大的航母级标杆律所。

虽然两家律所当时都曾有全国性大所前来接触和洽谈，但是毕竟同生于齐鲁大地，出于对本地品牌的浓厚感情，以及打造一家发端于山东的全国大所的愿景，众成仁和与清泰决定强强联手。

合并过程进展迅速。谈判自2014年七八月开始，至同年11月，两所便签署了合并协议。2015年3月，两所的合并正式获得批准，众成清泰律师事务所正式成立。合并得到了当时两家律所共近100位合伙人的力挺，投票支持率高达99%，只有合伙人弃权，无人反对。

众成清泰律师事务所主任韩洪钢表示，合并之利，在于连通了山东内陆和沿海两大经济区各自的优势，更整合了原来两家律所的人才、市场及业务资源。

省会经济圈，拥有济南作为山东政治中心的优势，是山东省高级人民法院所在地，还是许多省管国企总部、央企和大型全国民企的区域总部。以青岛为中心的胶东经济圈，倚港傍海，有着开展对外业务的天然优势，市场主体数量更多，经济更为活跃，商业规则意识也更浓厚。

“济南的众成仁和，拥有省会、资源、业务、规模方面的优势，青岛的清泰在机制、涉外、创新方面有优势，两者的业务也存在差异化，所以两者的合并可以实现优势互补、强强联合。”众成清泰管委会主任宫立新说。

众成仁和包容和谐大气的团队文化、清泰行之有效的管理经验和分配制度，在新的平台得以推广。两家全国优秀律师事务所的合并，夯实了他们在山东法律服务市场的领先地位和品牌影响力。

合并后，随着实力的增强，众成清泰的眼界与格局也因而提升。“规模扩大之后，参与决策的精英也多了，大家谈论的问题更有广度和深度，更容易产生一些有价值的观点。”韩洪钢说。

济南市律师协会会长、众成清泰济南所主任耿国玉介绍：“合并之初，我们的眼光只是放在山东，在于取得山东市场的优势和领先地位。合并之后，我们的目光由区域转向全国，思考如何在全国乃至海外布局，力争成为国际化的全国一流大所。”

众成清泰的眼界与格局，也来自他们在中世联盟与优秀同行的交流。2012 年，众成仁和加入了中世律所联盟（一个由霍金路伟律师事务所与中国各主要城市的领先中国律所组成的法律联盟）。合并后，众成清泰继续作为联盟在山东省的成员所。加入联盟的初衷，是为山东本地客户提供一个全国法律服务平台，在跨区域项目中能找到稳固可靠的合作伙伴。

加入中世联盟，帮助律所迅速拓展了在全国各地优秀律所之间的影响力，并且更重要的是，联盟内部的信息互通与交流，让众成清泰也能掌握最新的市场信息、业务信息，以及其他联盟成员律所的发展模式与战略，得以与全国优秀律所保持同步。

着眼未来，精心设计管理制度

举众人之力，方成长久之功。合并后，如何实现内部整合、进行有效管理，是众成清泰面对的首要考验。在合并的最初三年，即 2015~2017 年，众成清泰律师事务所的工作重点便在于融合。

来自同一省份两大核心城市的强所进行跨地合并，就全国而言，鲜有先例可供借鉴。众成清泰注定要付出更多的心力和智慧，在上下求索中成长。

众成清泰管委会副主任、北京所主任董一鸣认为，一家律所选择怎样的管理和运行模式，首先取决于这家律所的愿景和自我定位。“不同的律所对自己想发展到什么程度有不同的规划，众成清泰为自己制定的方向就是走规模化、专业化、品牌化、国际化、科技化的道路，为此我们也制定了相应的近期、中期和远期的发展任务。”

为了完成这些目标和任务，众成清泰需要摆脱传统的律所管理模式，在管理制度上更强调一体化、专业化运营，在分配制度的设计上更注重律所的长远发展需要。

众成仁和与清泰原本分别隶属于济南司法局和青岛司法局管理，合并之后，两家律所在原有基础上成立了一家管理型的总所平台，由山东省司法厅直接管辖。原来众成仁和的济南总部和清泰的青岛总部，与原来的各地分所一起，都成为新总所平台下的分所。

在总部层面，众成清泰律师事务所与其他许多律所一样，设置了合伙人会议、管委会、监事会等机构。管委会的成员是各个分所的主要负责人，每个季度召开一次会议。

为了提高管理工作的效率，众成清泰在管委会之下设立了主任办公会，每 1~2 个月召开一次会议。“这个主任办公会就相当于管委会中的常委会，是我们的决策核心层，否则以我们目前 700 人左右的庞大体量，30 人左右规模的管委会如果事事过问，效率太低。”宫立新说。

由于分所较多且各地市场的情况各异，众成清泰在保证总所统一管理的同时，本着“求同存异、和而不同”的原则，允许各地分所因地制宜，在不违背全所层面统一安排和决策的前提下，可作出适应自身情况的安排和决策。

除了管理架构的重新构建，随着合并后的规模扩大，案件利益冲突问题和风险控制问题也会产生。众成清泰在这两方面都设立了相应的处理机制。

众成清泰强调全所 500 多名律师是一个大团队，因此在总所层面，成立了九大跨分所业务中心，每个业务中心都覆盖各个分所相应领域的部门和律师。

“归根到底，律所管理的核心价值就在于整合，无论是管理目标，还是分配机制，都是为了整合，这是推动律所发展的内因。”耿国玉说，“内因是主要的，只要内部发展做好了，外部发展自然就会顺利。目标确定了以后，人可能是第一位的因素，怎么把人才有效地进行组织、整合，可能是最主要的”。

为了加强业务合作与人员整合，也为了专业化建设，合并之后，众成清泰的各地分所在合伙人利润分配制度上主要采用的是计点制。这套分配方法是为保障律所的长远发展而制定的配套制度。

根据众成清泰目前的合伙人分配制度，扣除公共成本后的律所利润，分为工作业绩、合伙人资历、合伙人均分三大部分进行分配。

其中，最主要的分配部分是工作业绩，所占比重最高。在基于工作业绩进行分配的部分，众成清泰采用的是“案源或创收”的双轨制计点方式。开拓业务、获得合同被视为“案源”贡献计入点数，承办业务、服务客户被视为“创收”贡献计入点数。

“合伙人分不同类型，有些人市场触觉敏锐、善于开拓业务，有些专业功底扎实、善于承办业务，有些可能两者都擅长，实行双轨制，可以鼓励不同类型的合伙人优势互补，增进合作。”宫立新说。

在基于合伙人资历分配的部分，众成清泰主要考核执业时间和成为合伙人的时间长短，以认可合伙人在律所传承和长远发展中的作用。

此外，鉴于律所的发展是合伙人共同努力的结果，每一个合伙人皆有贡献，且有些贡献难以量化，因此，众成清泰留出了一部分利润用于平均分配，让合伙人共享律所发展的成果。

“计点制”的分配模式，以及工作业绩部分“双轨制”的考核标准，让整个律所成为一个富有战斗力的集体。近年来，众成清泰全所的业务服务能力、业务创收规模都有显著的提升，这与其科学的考核制度分不开。只要有付出的人，都能在众成清泰得到合适的待遇与收入。

在律所管理方面，众成清泰也十分重视党建的引领作用。众成清泰坚持从党建的视角谋划律所发展，从律所发展的视角谋划如何发挥党建作用，把促进律所发展和提升服务经济社会发展的能力作为党建工作的出发点和目的地。

“我们认为，党建就是生产力，党建就是凝聚力，我们今年提出了一些新的党建模式，包括‘党建+’‘党员+’的概念。”韩洪钢说。

“党建+”模式，就是将党建与律所管理与业务的各个层面相结合。例如，通过“党建加管理”，管委会成员大部分身兼党委成员，参与律所重大事务的决策；通过“党建加市场”，将党建的认同与业务的合作结合起来，把党建作为拓展业务的平台；通过“党建加项目”，众成清泰在成立项目组时设立临时党支部，作为项目的中坚力量。

“党员+”就是指党员要在各个方面，尤其是业务领域，成为所内的骨干和其他律师学习的标杆。“众成清泰一直致力于将优秀的党员发展成业务骨干，把业务骨干发展成党员，以及把优秀的党员业务骨干发展成律所的合伙人与管理者。”韩洪钢说。

科学体系，培育全面律师人才

在行业刚刚起步的阶段，生存是律所的核心目标，能为律所带来创收的即可视为人才；但在今天的语境下，人才的定义早已不应被单一的评价标准所束缚。青年律师是律所未来发展的中流砥柱，这已是行业共识。在人才快速流动的法律圈，如何引进、培养并留住人才，更是行业面对的共性问题。

众成清泰曾在所内做过一个调研，发现仅青岛分所，35 岁以下的青年律师就有 97 人，占全部律师的一半，青年律师已逐渐开始成为律所的主要力量。“众成清泰未来发展能否持之以恒，就要依靠这群年轻人。”众成清泰管委会副主任、青岛所执行主任林扬说。

经济保障是留住青年才俊的前提，因此律师收入是被优先关注的问题。对于律师收入的安排，众成清泰制定了清晰的制度，所有律师全部采取授薪制度。律师基本薪酬根据其在过往一定时期内的表现厘定，在此之上，还会根据律师在项目中的具体表现给予奖励。

“采取授薪制，是为了完成律所专业化再造升级，让律师不需要去考虑自身温饱问题。”林扬说。如果采用提成制，律师就会经常思考自己与律所之间的分配，计算自己的“小账”，以至于什么案子都要争取承办，成为“万金油”律师。授薪制则可以很好地解决律师的后顾之忧，从而间接引导律师走专业化道路，提升律师本身的专业能力。

董一鸣表示，虽然目前律师的收入水平不断提高，但生活成本也在提高，刚入行的年轻律师面临着不小的财务压力，在北京、上海等城市尤其如此。“为了帮助年轻律师渡过最初的这样一个困难期，我们除了提供薪酬保障，也会尽量给年轻律师更多的业务机会，从个人成长的角度看，后者可能更重要。”

在马斯洛需求层次理论的金字塔中，由下至上的五个等级分别是：生理的需要、安全的需要、归属与爱的需要、尊重的需要、自我实现的需要。处于不同执业阶段的律师，其诉求必然存在差异，或关注起薪福利，或聚焦技能提升，或追求价值实现。

促进良性工作氛围的形成，提升律师幸福感；设计全方位、系统化的培训机制，帮助青年律师实现专业进阶；搭建公开透明的晋升路径，给予律师充分的成长空间，这些无疑是吸引并留住人才的又一关键点。

“律所的人才培养问题是决定律所能否发展、是否可以持续发展所需首要解决的问题。”德州市律师协会会长、众成清泰德州分所主任艾宪松说。

在众成清泰，每一位年轻律师加入后，律所都会为其确立一对一的带教合伙人。“师傅带徒弟”虽然是一种传统的培养方式，但依旧是律所培养年轻律师的高效方式。众成清泰要求年轻律师一对一跟定合伙人，由合伙人作为其入门导师。

对于有一定执业经历的律师，众成清泰鼓励其沉淀基本功，深耕专业化发展，确定“一主两辅”的执业方向，即选择一个主专业作为执业方向，同时最多可以选择两个辅助专业。“比如主专业选择‘刑事’、辅专业可以选择‘金融’‘劳动人事’。在主专业领域，我们鼓励律师对实务经验进行归纳整理，发表论文或专业文章，打造‘专家型’律师。”艾宪松说。

为了更好地满足年轻律师的发展需要，众成清泰还专门设立了青工委这一平台。青工委的主要职能是负责设计、组织青年律师的培训工作，这些培训包括两类：一类为专业培训，另一类则是非专业培训。通过全方位、多方面的培训体系，众成清泰为年轻律师的能力培养和提升搭建了一个坚实的平台。

年轻人在成长过程中，相对而言处于比较迷茫的状态，对于未来的执业规划也并不是十分清晰，除了薪酬分配、培训平台，如何帮助年轻人融入律所，感觉心有归属，是众成清泰在人才培养上做的第三件事。

首先，为青年人打造一个“家”，且能让他们体会到律所的“温暖”，这是众成清泰一直在努力的；其次，是培养年轻人对于律所文化的认同感，感受到律所文化的力量，受到律所文化的鼓舞；最后，则是律所的文化氛围能让年轻律师看到自己的未来，让律师们有目标感。

青工委便是直接由年轻律师自己进行管理的，让年轻律师可以尽早参与到律所的管理过程中，让其通过最初的自己管理自己，逐渐演变成自己管理团队、管理部门，让其提升眼界，能够成为律所的接班人。

众成清泰还为年轻律师创造更多的机会，让他们有更多的机会接触市场、打造自身品牌，众成清泰的年轻律师们正在竞争激烈的法律行业内逐一崭露头角。

在人才引进上，众成清泰与各大高校、社团建立合作关系，搭建人才、智力支持平台。目前，众成清泰已经与山东大学、山东建筑大学、山东财经大学、济南大学等高校建立了全面协作关系，设立奖学金、科研基金，发起设立山东省法学会企业商事法律研究会、济南市法学会知识产权研究会和房地产研究会，开创了法学院校与法律实务界的密切合作模式，通过利用高校、法学研究机构的人力资源、知识资源，为事务所发展搭建智力平台。

融合创新，打造山东法律旗舰

合并前，众成仁和、清泰已分别在多个领域做到了山东法律服务市场的最前列。众成仁和在房地产、公司业务、政府服务、争议解决等领域取得了业务优势，清泰则在日韩业务、土地征迁、国企改制等领域有着自己的独到之处。此外，双方均在知识产权领域有着出众的法律服务实力。

两家律所合并后，在业务上既有优势互补，也有强强联合，展现了比以往更强的业务实力。“在专业实力方面，众成清泰已经具备了具有全国影响力的综合性大所的实力。”耿国玉说。

实力综合，多点绽放

在房地产与建设工程领域，众成清泰亦耕耘已久。十余年前山东进行城中村集体资产的改制试点时，众成清泰律师就参与其中，完成了数十起农村集体资产公司化改制项目。

当前，众成清泰拥有一支精干的房地产建工律师团队，其中李恒、杜文堂律师分别在 2015 年、2017 年、2019 年三度入选“ENR/ 建筑时报最值得推荐的中国工程法律 60 位专业律师”，众成清泰（济南）所也三度被 ENR/ 建筑时报评选为“最值得推荐中国工程法律 10 家专业律师事务所”。

目前，众成清泰常年为龙湖、中海、绿城、金地、绿地、中南、世茂、金科、恒隆等一系列知名房地产开发商提供服务，并为济南泉城广场、济南 CBD、青岛市红岛经济区、青岛市蓝色硅谷核心区等多个建设工程项目提供全程法律服务。

在山东土地征迁领域，众成清泰也拥有首屈一指的服务能力。国务院出台城市征迁条例后，众成清泰代理了全国第一单征迁项目“青岛火车北站征迁”，负责这起涉及近 3 万人的项目，并在 3 个月内完成了从筹备到收尾的各项工作，开全省之先河；2014 年世界园艺博览会在山东举办，涉及 3000 多亩地的征迁，亦由众成清泰提供法律服务；近年济南遥墙机场二期扩建、济南中央商务区征迁、青岛高新区 3 个街道、100 多个村庄的拆迁工作，也在众成清泰提供的法律支持中得以圆满完成。

政府法律服务方面，众成清泰担任了 100 余家各级党政机关、部门的法律顾问。其中，一名律师担任中共山东省委法律顾问和山东省人民政府法律顾问，多名律师受聘担任山东省人大、省政协多个委员会的法律顾问，多名律师担任多个市委、市政府法律顾问。在服务政府机构的过程中，众成清泰律师多次就经济社会发展中的重大问题提供专业法律意见。

根据政府需求和委托，众成清泰先后为济青高铁、济南轨道交通、济南 CBD、济南奥体中心等省市重点建设项目提供各类法律服务。在服务新旧动能转换区域性国家发展战略的大背景下，众成清泰律师还发挥专业优势，组织举办了“新旧动能转换法律论坛”，参与过多项政府法治课题，为政府单位提供了来自众成清泰律师的知识成果。

2014 年以来，诉讼业务在众成清泰所占比例逐步增高，律所每年都会代理数十乃至上百起诉讼标的额过亿的大额项目，涵盖最高院、省高院及各地中院等各级法院机构。

例如，众成清泰曾在最高人民法院、山东省高级人民法院代理某公司股权转让纠纷一案，标的额达 3.1 亿元；在最高人民法院、山东省高级人民法院代理两金融机构之间信托受益权转让纠纷一案，标的额 3.8 亿元；在山东高院代理被告某区政府与某集团公司土地熟化合作纠纷一案，标的额 3.6 亿元……众成清泰用一个个鲜活的案例，赢得了客户的信赖与认可，得到了司法机构的赞赏与尊重。

在公司、金融与资本市场领域，众成清泰为山东省多家省管企业、央企、大型民企区域总部担任常年法律顾问或提供法律服务。尤其在并购、发债方面，众成清泰每年发行的各类债券融资工具总体规模近 1000 亿元，涵盖了公司债、企业债、短期融资、中期票据、资产证券化、CMS 等各种品类的融资工具，拥有满足客户各种不同种类需求的服务能力。

由于山东的区位原因，相较北京、上海、深圳等地的律所，山东律所在资本市场 IPO 领域优势不明显。但众成清泰在新三板及各个层级的资本证券市场均取得了不错的业务成绩，先后为 50 余家企业提供过新三板挂牌服务。

众成清泰也是山东省规模最大的获得国家专利代理资格的律师事务所之一，为 1700 余家客户担任知识产权法律顾问，办理了多起有影响力的案件，例如，华鲁恒升专利维权案、美盛农资（中国）有限公司不正当竞争纠纷案、360 奇虎公司与山东卫视名誉侵权及不正当竞争纠纷案、博奥斯电器商业秘密刑事司法保护案等。

每年各级法院发布的“知识产权十大案例”中，都会出现众成清泰律师的身影。众成清泰知识产权团队，先后产生了山东律协三届知识产权委员会主任，有五名律师担任全国律协知识产权委员会委员，多名律师在省、市律协知识产权委员会和省内外多地仲裁委任职，在山东省内堪称“无出其右”。

洞见潮流，聚焦专业

在统一的律所管理体系下，众成清泰的业务资源得到了很好的融合，通过不同地域资源的对接，实现了各类资源的打通。

目前，众成清泰依托总所的统筹作用，强调将全所500余名律师打造成一个大的团队。如前所述，在各领域业务部门之上，众成清泰成立了9大业务中心，各个分所的律师均参与到业务中心之中，组织各类研讨活动、分享市场前沿信息，乃至组建联合团队对重点项目进行攻关。例如，"为齐星集团等27家公司提供破产重整法律服务"便是其中代表。

近年来，国家提出了济南新旧动能转换先行区的发展规划，将济南乃至山东作为国家新旧动能转换综合试验区的先行先试者。立新必先破旧，因此，山东在过去几年里经历了痛苦的变化转型，出现了大量企业破产重整的事务。

2017年，山东省知名的大型企业齐星集团及部分下属企业因资不抵债，向山东省邹平县人民法院申请破产重整。此时的齐星集团，已经背负了上百亿债务。众成清泰作为其破产管理人，协助齐星集团等27家公司制订《合并重整计划草案》并获邹平法院批准，顺利实现合并重整。

整个破产重整过程中，众成清泰通过跨分所整合资源、打造团队，组建了债权债务组、资产组、法律组、财务组、办公室五个小组，共派驻律师30余名，克服重重困难，完成了7000余笔债权的审核、6000余份未履行完毕合同的审查，近170件诉讼、仲裁案件的处理，以及其他各类法律事务工作，赢得了党委政府、人民法院、债权人、债务人、重整投资人等各方的一致好评。

除组建业务中心外，众成清泰还提出了"三个一"的专业发展指标：每个专业部下每名专业律师每年都要完成一篇专业论文，每年至少完成一个专业类案件，每年至少参加一次全国性的专业化培训，并根据律师完成的专业案件数量、影响力对其进行奖励。

随着众成清泰业务实力逐年稳步提升，山东省现有的法律服务版图已不能满足其发展需要。既要"走出去"，也要进一步挖掘本土市场。在推进专业化建设的同时，众成清泰也一直关注着行业发展趋势与新兴业务发展前景，组建了律所自己的业务创新中心，作为新兴业务产品的孵化器。

"我们根据对新兴业务的研判，设立了数个新兴业务工作室和多个业务中心。这些工作室没有达到作为律所专业部门的要求，但我们努力将它们培养打造成律所未来的全新业务方向。"林扬说。

"目前，众成清泰已经建立了海关、家事财富传承、行政法、合规等多个业务工作室，探索更丰富的业务类型，进一步巩固众成清泰综合性大所的业务实力与律所形象。创新是一家律所生生不息的源泉。在守正的同时，做好创新工作，会是未来众成清泰的业务发展方向。"

聚沙成塔，律所文化凝合人心

众成清泰文化理念

众成清泰律师职业理念：
做律师先做人，律师是一项崇高的事业

众成清泰律师价值观：
诚信、合作、创新、卓越

众成清泰发展愿景：
打造高端商务律师事务所，成就山东法律服务第一品牌

众成清泰使命：
提供卓越法律服务、维护社会公平正义，成就员工发展梦想

众成清泰律师服务理念：
围绕中心服务大局，关注民生奉献社会

众成清泰律师服务标准：
精益求精、尽善尽美

众成清泰律师精神：
敢为人先、争创一流

众成清泰律师团队精神：
一家人、一条心、一股劲，干大事、创大业

自 1989 年至今，众成清泰已走过 31 个年头，作为一家老牌律所，其文化的沉淀与融合，为山东法律服务市场，做出了不少指引。而谈起众成清泰的文化理念，就不得不谈起一个人——众成清泰前主任王广仁。

1989 年，山东省司法厅批准成立济南市涉外律师事务所，这是众成仁和的前身，其创始合伙人王广仁是这家律所的核心人物。1992 年，王广仁在济南律师界率先打破国资所的“铁饭碗”，实行效益工资，业务收入当年实现翻番。1994 年，推出“一所两制”，向社会公开招聘不占编制的人才，使众成仁和成为山东首批两家省级文明律所之一。1999 年，他采取律师内部出资方式，探索律所管理制度新模式。2000 年，他争取成为省市的改制试点单位，率先让众成仁和转制为合伙制，成功实现二次创业。2014 年，王广仁与宫立新牵头推动众成仁和与清泰的合并事宜，两所合并后，王广仁担任第一任主任。

2018 年是改革开放 40 周年，也是律师制度恢复 40 周年。王广仁作为恢复律师制度后的第一批执业律师，经历了改革开放 40 年律师事业从无到有、从小到大、从弱到强的历史进程，成为改革开放以来第一代律师的标志性人物。作为律所的领导者，从创建到发展、从改制到创新、从合并到整合、从转型到提升，王广仁付出了无数心血、智慧与奉献。

也就在 2018 年，王广仁逝世。对于众成清泰来说，他们不仅失去了一位主任，还失去了一位良师。但王广仁为众成清泰留下的精神遗产，将润物无声，延绵长存。

不断创新，拥抱新事物，王广仁身上的这些精神品质至今影响着众成清泰的文化。“做律师要有激情”是王广仁提出的职业理念，因为深知做律师的酸甜苦辣、艰辛与荣光，所以更不能失去本心。

王广仁生前一直强调，激情的第一要素源于对职业的认知，只有认识到从事律师职业的意义，才能为其献身，激情是建功立业的一种原动力；第二要素是行动上的执着，通过勤奋的努力，即使天赋不突出的人也能创造更大的成就；第三要素是明确的目标，把目标时刻放在心上，追求的目标越高，动力就越大。

“激情焕发潜能，勤奋高于天赋”是每一位众成清泰的律师铭记于心的话，也是众成清泰人最真实的写照，无论是在工作中还是在生活中，时刻保持激情已成为全体众成清泰人的一种本能。

“以党为领”也是众成清泰律所文化的重要一环。律所想要健康、持续、长久地发展，就必须坚守正确的政治方向。众成清泰将党建与所建相结合，提出了“党建 +”和“党员 +”的创新模式，推动律所管理取得了积极成果。

如果不了解党的政治方针，不懂政治、不懂形势、不懂政策，就把握不住方向，也难以把握市场，无论是律师个人还是律所都难以有所发展。因此，众成清泰引导律师把个人的人生追求与党的事业紧密结合起来，靠敏锐的政治意识、大局意识、市场意识，众成清泰先后担任了省市百余家党政机关的常年法律顾问，参与了全省一系列重大建设项目、重点工程的法律服务工作。

优秀的团队，需要由每一名优秀的律师组成。“做律师先做人，律师是一项崇高的事业”，是每一位加入众成清泰的新人都要根植于心的职业理念。一名律师的专业能力、创收能力固然重要，但基本的职业素养与社会责任感是成为一名好律师的基础。对社会负责，热心公益、回报社会早已成为众成清泰所有律师的自觉行动。

众成清泰在过去的数十年里，一直将践行社会责任与公益法律服务作为律所应尽的义务加以推进。事务所成立了全省第一支青年律师志愿者服务队、第一个残疾人义务法律咨询室、第一个环卫工人维权律师团；每次抗灾救险、捐资助学，事务所捐赠数额往往都是当地律师界最多的，多次被评为热心公益先进集体、助残先进集体、残疾人维权示范岗；事务所多次派出律师到西藏、新疆、青海、贵州、陕西等地参加“1+1 法律援助”

和“无律师县”律师志愿服务，是山东派出志愿者最多的事务所；众成清泰律师定期到学校、少管所等单位开展法制宣传，在一村一顾问、省高院代理申诉值班等活动中，全所律师积极参与。“关注民生，奉献社会，让人民群众满意”已成为众成清泰人的自觉行动。

自 1999 年开始，董一鸣就带领同事们多次赴潍坊、青岛、德州、禹城、平原等地向对日索赔劳工进行调查取证，安排日本律师与受害劳工接洽。

公益法律服务业已成为众成清泰律师们习以为常的一项工作与责任，资助社会教育、开展法律援助，处处彰显着众成清泰律师的社会担当。

在整个律所层面，众成清泰重视“家文化”的建设，重视对每一位员工的关爱。“一家人、一条心、一股劲”是众成清泰悠久的文化传统，聚沙成塔，凝聚成一往无前的力量。在众成清泰所，员工生病住院，所里会及时探望，安排陪护；每个人过生日时，工会都会送上生日蛋糕和祝福；“三八妇女节”“六一儿童节”，女员工和员工的孩子们都会收到一份关爱；每年中秋节、春节更是全所员工家属“大家庭”团圆的日子。

值得一提的是，众成清泰在为每位律师办理法定的五险一金的基础上，还建立了员工互助制度，在员工生大病或遭遇意外的时候提供必要的帮助。众成清泰真正做到了从工作上、生活上关心、爱护每一位众成清泰的律师与员工，不仅解决了其面临的一些实际困难，更重要的是给予了每一位众成清泰人情感上的支持，使大家有归属感，极大地增强了律所凝聚力与吸引力。

继往开来，开拓全球业务版图

在最初三年的融合基本完成后，众成清泰制定了 2018~2020 年行动纲要，提出了“一个率先、两条主线、三个全面”的工作目标，即率先走在行业发展的前列，抓好创造价值和高质量发展两条主线，以及全面推进新动能创造、新平台构建和新生活实现。

众成清泰在 2018~2020 年行动纲要中，提出了五大经营理念：一是价值理念（即整合资源、撮合交易、延伸服务、创造价值）；二是高质量理念（即逐渐减少中低端业务，增加高端业务）；三是新动能理念（即传统业务的转型升级与创新业务要同步推进）；四是新平台理念（即打造一家综合性的法律服务平台）；五是新生活理念（即建设一家充满温暖家文化的律师事务所）。

耿国玉表示，众成清泰将注重内部、外部两个维度的发展。就内部发展而言，众成清泰的核心追求是将律所打造成一个对律师最具吸引力、同时又最具资源整合能力的律师发展平台；就外部而言，众成清泰的核心追求是采取一切尽可能的措施，不断延长律所和律师的“信任链”，“信任链”延长到哪里，法律服务就扩张到哪里。

众成清泰人相信，律所绝不是单打独斗的律师的联合体。“一家人、一条心、一股劲”的团队精神是众成清泰得以崛起的基因与基石。

宫立新表示，一体化服务平台的构建是众成清泰在未来三年内要推进的一项重要工作，目前一体化试点运营正分别在省会城市圈和胶东城市圈实施推进，在此基础上，众成清泰将构建该所在两个城市圈乃至整个山东省的一体化运营，实现管理、财务和业务的完全整合。

就外部发展而言，众成清泰希望在近年内首先完成对山东的全覆盖，在全省16市都设立分所，尤其是目前还没有布局的鲁南四市；然后是覆盖国内的主要经济区域，包括长三角、京津冀、黄河流域、西南成渝，以及最近国家着力发展的大湾区（若非疫情，今年香港分所已经设立）。以10年为期，众成清泰的目标是在境外设立5~6个分所的布局，包括在东北亚乃至欧洲的布局，具备国际影响力。

孔子登东山而小鲁，登泰山而小天下。众成清泰的发展历史，就是格局与眼界随着平台拓展而不断提升的历史。

聚众人之力，以清正修身，立业成功，雄如泰山。众成清泰一步一脚印，在40年风云激荡的法律服务市场中，开拓出了一片属于自己的天地，并向更高远的目标迈进。

东临岱宗，以观山海，霄汉无垠，群峰竦峙。怀着对登临顶峰的憧憬、对纵览群山的向往，众成清泰的攀登脚步，从未停止。

1990~1999

中国律所访谈：四十周年纪念版

大成

由“最大”至“更强”，战略创造奇迹

毛姗姗　伊晓俊　蔡　凡

大成创始合伙人　彭雪峰、何建国

2015 年 11 月大成与 Dentons 在盘古大观的合并仪式

大成北京总部前台等待区

在中国律所的发展史上，大成的发展极具特色。作为“92 派”律师事务所中一员，其发展之路从野蛮生长到审慎转型、全球合并、经受争议，再到逐步受市场认可，品牌美誉度提升，走出了一条独创性的“大成模式”，亦被更多律所效仿。

从外部看，“规模化”一词成为大成发展之路上的明显标签，无论是在国内进行全国布局，现已经达到 46 家分所；抑或是 2015 年 11 月，大成与当时全球十大律所之一的 Dentons 签署合并协议，一跃成为全球最大的律师事务所，大成的创始人彭雪峰也从中国律所主任成为国际律所全球董事局主席。

2019 年 5 月，大成的全球执业律师超过 10,000 名，创造了全球第一家万人律师事务所的奇迹。然而，更让人关注的是，在规模化之路飞奔的大成，近几年专业实力和综合实力同时显著提升。一个显性的表现是，2015 年（合并之前）大成上榜《钱伯斯亚太指南》的专业领域仅为 7 个，至 2020 年上榜领域达 21 个；原先上榜律师为 9 名，现为 28 名。5 年时间，大成在专业领域的优异表现亦让更多人看到大成“由大变强”的决心。

罗马不是一天建成的，若无明确清晰的发展战略，也恐无今日之大成。

28 年，大成如何走到今天？ 2019 年大成管委会完成换届，新一任领导者又将有哪些新的举措，带领大成走向何方？

初期探索，大成要走适合自己的道路

现任大成中国区管委会主任马江涛在回顾大成 28 年发展史时，引用了创始人彭雪峰在初创时期定下的发展“三阶段”作为概括——“1992~2004 年求生存，2004~2014 年求发展，2015 年之后求特色”。但即使是发展早期的“求生存”阶段，成为一家综合性规模所也已经是大成的发展目标。

初创：大所基因

20 世纪 80 年代末，第一批合作制试点的律师事务所登上历史舞台，这意味着除了国家出资设立律所，律师行业内出现了新的经营形态。有识之士闻风而动，当时还在“国办”第四律师事务所执业的彭雪峰正准备辞去公职，想要借“合作制”的改革东风大干一场。然而，司法局对“合作制律师事务所”的审批戛然而止。

1992 年，邓小平南方讲话掀起了一阵公职人员下海潮，中国工商界的“92 派”崛起。律师行业也不例外。这一年 4 月，北京市司法局批准了第二批合作制律所试点。经过 3

年的筹备和酝酿，彭雪峰毫不迟疑地递交了申请材料。4月29日，他拿到了期盼已久的律所设立批文，北京市大成律师事务所（后于2013年4月1日更名为北京大成律师事务所）正式成立。

当时全国律师大约10,000人，北京全市律师人数不过1000多人，整个行业的增长前景广阔。时代机遇之下，彭雪峰心中笃定"律所要向前发展，找到自身的准确定位是一个必要前提"。

第一年，大成的全部工作人员不足10人，批文到手，但原本商定要租用的办公场所尚未落实，"在哪办公"成了眼下最为紧要的问题。所幸，当时大成的一家房地产企业客户相助，提供了临时办公的场所，以解燃眉之急。但临时场所位于小区内部，交通不便，也不利于律所未来发展。年底，大成迁址至长安街边民族宫里近300平方米的整层办公，并进一步扩大了律师团队。

此后经过一年多的发展，大成迅速壮大。1994年1月1日，《法制日报》头版栏目刊登"中国政法之最"的文章，大成因拥有72名执业律师成为"中国最大的合作制律师事务所"。此后，大成亦得到了行业内的认可，1998年，大成获评司法部颁发的"'中国律师二十年'部级文明律师事务所"荣誉，即为证明。2001年，大成挥手布局，相继在上海、武汉、成都设立分所，落下三子。

随着律所人员增加，大成几度迁址，律所的办公面积也在翻倍扩大。1996年，大成从民族宫迁入超700平方米的办公场所；2002年，10周年之际，大成再度迁址，搬入近2000平方米的办公场所。开局10年，大成规模扩张快速，并已在行业内崭露头角。在过往的发展中，大成摸索到了一些经验，但也暴露出一些发展中的问题，当时大成4家办公室的人员合计约300多人，"事务所发展遇到了瓶颈，有人离开，规模收缩，人数在这一水平线上下波动而难以突破"，彭雪峰说。

而外部环境方面，中国"入世"后迎来了市场发展的新机遇。如何快速调整把握机会，如何充分结合实际情况，规划自身路线，谋求发展成为摆在大成管理者们面前的一个问题。

变革："一五规划"

2002年，在大成成立10周年的合伙人会议上，管理层对事务所的整体发展做了全面梳理和深刻思考，在总结历史经验教训、借鉴国外发展经验的基础上，决定对原有的弊病进行大刀阔斧的改革。

改革的第一步是决策管理机制的变更。原先彭雪峰"一股独大"的创收结构形成了以彭雪峰为核心的决策和管理机制，事务所内部的权力集中。发展早期，人员数量较少，人与人之间的信任度高，主任负责制的决策管理模式效率较高，且主任也不至陷入管理事务过于繁重的局面。但当事务所发展至一定规模，这样的模式则严重影响了决策的公平和效率，也制约了律所发展壮大。

“如果大成要追求规模的进一步扩大，这种模式显然不适用了。”认清这个问题后，彭雪峰决定从自我革命开始，放弃了以他个人为核心的决策和管理机制，与大家一起研究探索建立民主集中的决策机制。主任集中决策机制是当时律师行业的普遍做法，但在事务所壮大到一定程度时就成了发展制约，并非每一个律所主任都能拿出壮士断腕的勇气。大成后来的异军突起，领头人的取舍之道，决定了事务所的兴衰之路。

改革的第二步是选聘专职管理合伙人。当时，国内绝大多数律所管理层都是由合伙人律师兼任。合伙人律师作为律所的业务骨干，既要负责业务开拓，也要兼顾律所管理，难免顾此失彼，在某种程度上也算是创收资源的浪费。而一旦管理决策涉及自身利益，这些兼职管理合伙人或自身难以秉承公平公正，或难以令他人信服。因此，彭雪峰决定借鉴国外律所管理经验，为大成外聘专职管理合伙人，并开始积极物色管理人才。

21 世纪初，能够想到采用律所专职人员管理的律所少之又少，而在中国，能够胜任律所专职管理合伙人一角的人亦凤毛麟角。幸运的是，彭雪峰想到一个非常适合的人选——王忠德。

王忠德在加入大成之前，曾是河北省某市政府副秘书长，也是彭雪峰早前在法院工作时的“师父”。两人师徒情深，对彼此的能力了解甚深。在彭雪峰看来，王忠德在法律及相关行业深耕多年，不仅熟悉律师的职业特点，而且具有极强的统筹能力和规划落地能力，由他来担任大成的职业经理人，主导大成改革方向付诸实施，再合适不过。

为不负重托，王忠德在到大成之前便做足了“功课”，提前研究了中国律所发展战略，并且阅读了大量管理类与法律行业类书籍。

2004 年 4 月 1 日，王忠德正式出任大成管委会主任。4 月 16 日，他用 15 天写成了 2 万多字的三份文件：《发展战略规划纲要》《制度建设规划纲要》《考核管理办法》。

这些文件，又经大成合伙人们反馈论证，最终汇聚成日益清晰的改革思路——第一个五年计划（以下简称“一五规划”）。这也是大成发展战略逐渐清晰并成为指导纲领的开端。具体而言：(1) 确立以建设一流的、大型的、综合性的、具有专业特色和管理特色的、不断开拓创新的大所强所为目标；(2) 以改革管理体制、作业模式、分配制度为动力；(3) 以逐步推进规范化、规模化、专业化、品牌化、国际化为路径；(4) 以建立资源共享和有效控制业务质量两大机制为主线；(5) 以人为本，遵循自然法则、市场法则，充分运用现代信息技术搭建基础性、战略性律师服务平台，创建文化管理新模式。

“‘一五规划’在大成的发展史上是划时代的，开天辟地的。通过制定五年发展规划，大成提升了自身的建设高度，好似一家企业甚至一个国家在制定自身的发展战略。”马江涛说。“一五规划”于大成而言，是海上航行的灯塔与指南针，“好所”“强所”在那时就有了量化指标。“一五规划”的改革核心在北京总部，并对事务所规模、业务质量等方面制定了明确的规则和要求。

"一五规划"中的两大核心要素，为大成之后的飞速发展奠定了基础。一是确立了"议、决、行、监"相对分离的民主管理制度，这成为大成日后发展管理体制的基石。二是改变了原先个人团队的作业模式，为之后大成的资源共享与专业化建设打好地基。

"议、决、行、监"，"议"指的是决策研究，"决"是决策，"行"为执行，"监"指的是监督监管。在决策研究阶段，要体现最广泛、最充分的民主，充分听取合伙人意见；但进入决策程序之后，不同的决策机构要严格按表决程序作出决策。执行，在大成体系中，管理委员会是大成所履行管理职能的执行机构，大成管委会主任作为最高执行官，负责组织、指挥、协调决策机构各项决议的执行以及各项规章制度的落地，同时管委会主任需要对执行结果负全责。监督，大成的监督最有特色，既有决策机构对执行机构的监督，也有专门的监督机构，即监督委员会；除此以外，大成还有全员监督，律师及其他员工均可向大成所管理层提出监督意见。

2005 年 1 月，大成"一五规划"正式开始执行，此时距离"一五规划"期已过去两年。当年，所有大成总部的合伙人个人团队被解散，聘任律师一律变成公共律师，在制度上铲除了合伙人和聘任律师的人身依附关系。同时，开始建立对合伙人和律师的综合评价体系，结束了只以创收这一单一标准评价合伙人和律师的历史。彼时，大成管理机构的领导力在这些制度的落实上发挥了重要作用。

改革效果显著：2003 年，大成在北京市的总创收 1680 万元，排名第 36 位，律师人均收入 28 万元，远远低于北京市的平均水平 40 万元。2005 年，"一五规划"落地实施的第一年，仅北京总部创收就达到 8810 万元，翻了两番。至 2007 年"一五规划"末，北京总部创收达到 1.7 亿元，比 2003 年增长了 10 倍；全国创收超过 2 亿元，比"一五规划"目标超 1 亿元，超额完成任务。2009 年，大成规模位列亚洲第一。2010 年，大成创收破 10 亿元大关，其中北京总部达 5.9 亿元，律师人均收入 149 万元，远远高于北京市律师人均创收 48 万元。

"一五规划"的改革核心在北京总所，但大成也进一步明确了将进行全国网络布局——"分所的发展不能停步"。从这一时期开始，大成除了发展北京总部的整体规模之外，也在全国范围内寻找合适的机会，发展分所。在后续的"二五规划"中，大成更进一步地将全国布局作为战略重点。

全面扩张，全球"最大"的律师事务所

在"一五规划"实施的过程中，"二五规划"就已开始制订。2007 年 7 月，"构建大

成全球法律服务网络”战略成为大成战略布局的指导方针。

在早期已经有4家经济发达地区分所的基础上，2007年，大成律师事务所哈尔滨分所、海口分所、天津分所、西宁分所、银川分所、郑州分所相继成立。

“我们以直辖市、省会城市、计划单列市、经济发达的市作为目标市，来设立我们的分支机构。我们在境内以分支机构为主，网络成员单位为补充，所谓网络成员单位就是一些非大成品牌的律所，加入大成联盟，成为我们的联盟所，它们虽不是大成分所，但此种方式更便于相互合作。”马江涛解释道。

2010年，在国内，大成昆明、常州、内蒙古、太原分所陆续成立，后又开设杭州、合肥、乌鲁木齐、舟山、长沙、吉林、南昌等分所。

仅仅两年时间，大成的国内布局就已经初步完成，亦比规划完成时间提前了两年。2018年9月，大成在中国内地第44家分所——北京大成（兰州）律师事务所正式设立。这标志着，大成的法律服务网络范围覆盖了国内全部省、自治区与直辖市。

当然，大成在国内的布局并不会就此结束，经济发达地区的重要城市，亦是大成拟考虑的布局点。2020年，随着国家《海南自由贸易港建设总体方案》出台，大成三亚分所亦正式设立。

在国内布局的同时，大成的全球布局也正在展开。2009年7月，大成与新加坡的中央律师事务所联手在新加坡设立合资律师行，这是第一家中新合资的律师事务所，也是大成第一个海外分所。2010年，大成在纽约开设分所，并成为第一家正式进驻华尔街的中国律师事务所。

“在境外，我们以法律服务成员单位为主，分支机构为补充。”马江涛说，在与Dentons合并之前，大成已经在中国香港地区、新加坡、中国台北地区、巴黎、纽约、旧金山等地设立了分支机构。当时的分支机构其实更多是一种松散型的合作模式，共用一个品牌。2010年，大成加入汇集全球顶级律师事务所、会计师事务所、投资、金融等专业性服务公司的服务组织——世界服务集团（WSG），是唯一的中国律所成员。其后在和Dentons合并之后才离开该组织。

“如果说‘二五规划’中我们的国际化，更多的是口号和目标；在‘三五规划’中，这些目标逐渐量化与落地。”马江涛说。

而在与Dentons合并后，大成加快了扩张的步伐。2016年4月，大成与新加坡历史最悠久的Rodyk律所合并；同年12月，大成继续扩张，正式与澳大利亚近百年历史的Gadens律所合并，大成全球布局迈出重要的步伐。

2017年，大成与苏格兰领先律所Maclay Murray & Spens以及乌干达国际精英律所Kampala Associated Advocates合并，使大成在英国及非洲东部地区的实力进一步增强，构成了大成全球战略的一部分。

2018年之后，大成继续在拉丁美洲、非洲以及东亚、东南亚地区扩大服务范围。

在拉丁美洲地区与智利领军律所合并，在尼加拉瓜设立新分所，与阿根廷领先律所合并；在东南亚地区与印度尼西亚规模最大的精英律所之一的 Hanafiah Ponggawa & Partners（HPRP）以及与马来西亚历史悠久的精英律所 Zain &Co. 合并；在东亚与韩国精品律所合并，成为唯一一家在韩国执业的全球律师事务所；在非洲与毛里求斯两家精英律所合并；在大洋洲与新西兰律所合并……

在与美国律所 Durham Jones & Pinegar 律师事务所合并之后，大成在全球 188 个地点拥有办公室，其中 37 个在美国。同时，大成的全球主席乔・安德鲁（Joseph Andrew）在媒体表示，到 2020 年年底或 2021 年年初，会有更多的美国律所成为大成家族的一部分，这也是全球律所力推的“金道钉项目”。

在大成看来，国际化不是单纯地在国外开设分支机构或者与当地律所合并，而是要看重律师的服务质量能够真正达到国际一流的水准，能够真正融入当地的文化和经济活动之中。“深植社区”实现本土化，是大成正在实践之事。除此之外，大成的国际化布局，旨在构建一个全球法律服务网络，以便于为客户提供一站式、综合性的法律服务。“哪里有法律服务需求，哪里就有大成”，这或许是对大成规模化布局最恰当的理解。

当然，在大成的全球扩张中，不得不详述的，还是与 Dentons 的那一次合并。

跨国合并，比预想来得更早些

2014 年，王忠德退休，当时大成内部，已经明确大成的当务之急是“向更强迈进，并逐步实现一体化”。同年，大成召开了首届全球法律服务网络联席会议，全球各个分所的主任都参与了该次盛会。在会上，大成提出“各家办公室共建”项目，并请专门的行政人员，来支持该项目的落地实施。

而正当大成准备专心修炼内功，完善大成全球体系的内部治理时，一个突如其来的机会降临了：Dentons 当时正在中国寻求合并对象，与第一家律所谈判受阻，后找到大成。“当时对我们而言，其实挺纠结的，一方面是我们正着力于解决内部管理问题；另一方面这又是一个天大的机会。”马江涛坦言。

但大成从来都是在发展中解决问题，时任大成所主任彭雪峰在和管理班子商量不久之后，便做了决定——“谈”！

2014 年 7 月，艰苦的谈判工作开始，2015 年 1 月签署框架协议后，直到 7 月谈判仍在持续。当时，彭雪峰因身体原因住院，马江涛作为管委会成员中最年轻的一员临危受命，被调转到谈判前线。

2015年9月16日，马江涛对这个日子印象特别深刻，他代表大成飞到英国，跟Dentons总部的律师谈判。面对当时国外律师的质问：“你们到底什么态度，我们已经就同样的内容跟你们不同的人聊过很多次了，合并是否还要进行？”

马江涛在事前已经熟读了Dentons的整体战略规划书，他觉得这个计划太好了，大成一旦加入这个联盟，就能够使大成律师伴随客户走遍世界每一个角落。他当即表态，“今天坐在这里，我代表我和绝大多数合伙人赞同此次合并”。同时，他也对国外律师的不满做了回应，“英美律所发展至今已经二三百年的历史，在你们面前，我们（大成）还只是‘小学生’，你们要允许我们犯一些错误”。Dentons的谈判方接受了这个回应。

在之后的谈判中，马江涛根据Dentons的要求，随时调用中国的行政团队提供相应数据以便交流，双方的信任度得到提升。到最后实质性条款的谈判时，马江涛邀请对方到中国来直接和中国的管理团队进行细节敲定，对方爽快地答应了。

此后两日，大成方和Dentons方正式就实质性条款进行谈判，敲定各项细节。在这次谈判中，大成各个分所主任几乎都领到了谈判任务，他们被分到各自的小组，和外方谈判的过程中，增强了各分所的合伙人彼此的信任感。

11月10日，在北京的地标建筑之一盘古大观，双方举行了合并的庆祝仪式。这是载入史册的一刻，正如合并仪式所在地的名字一样，大成和国际律所Dentons的这次合并如开天辟地一般，造就了全球第一大律师事务所。

在合并仪式上，原美国民主党主席、时任Dentons全球主席Joseph Andrew说：“我们已经是全中国最大的律所，但这不是我们的追求；我们已经是全亚太最大的律所，但这也不是我们的追求；我们已经是全球最大的律所了，但这依然不是我们的追求。成为能够为客户提供更好更优质服务的更强律所，这才是我们的追求。”

这一宣言铿锵有力，落在当时每个与会者心中。

合并之后，为了能够更好地管理全球服务网络，大成设立了三个主要管理机构：全球董事局、全球顾问委员会和全球管理委员会。其中，全球董事局为最高决策机构与权力机构。彭雪峰担任Dentons全球董事局主席和全球顾问委员会主席。同时，考虑到这是两家不同背景、不同国别、不同文化的律师事务所之间的合并，大成和Dentons在协议中约定了3年过渡期，用于衔接双方的管理体制，磨合文化上的差异，调查并规避双方的全球利益冲突问题。

值得一提的是，这次最大规模律所合并所采用的方式，是“瑞士法人结构”（Swiss Verein Structure）。早在2004年，曾经位居全球律所规模首位的Baker McKenzie，首次采用“瑞士法人结构”进行全球扩张。随后，DLA Piper、Hogan Lovells等大型国际律所也采用了这一结构模式进行合并。

从2014年7月大成与Dentons管理层首次见面，到2015年1月双方签署《合并框架协议》，仅耗时 5 个月。快速合并的核心原因在于双方对于各自的管理体制、文化理念、市场布局的认可。其中也包括对于“瑞士法人结构”这种形式的认可。

在该种结构下，联盟内的成员相互独立，不用为其他成员的债务或责任承担连带责任，联盟内部分权管理，成员单位只受其所在国的法律监管，联盟内部的资源可共享。内部成员实行独立核算，成员律所之间可以相互介绍客户和业务。通过共享业务网络，实现业务收入的增长。

事实上，大成国内的分所发展思路也能找到相似的印记：“‘多中心非殖民’，区域内的头部律所以加盟方式进入大成体系，在统一的品牌下形成大成中国区分所。”

在与海外律所的合作上，“瑞士法人结构”模式本身即是大成的首选。在“二五规划”后期，大成曾考虑过与全球排名前 100 的美国律所以该模式合并，后因差异太大未能继续。

在彭雪峰看来，除却上述优点，这一结构的优势还在于：

“第一，联盟内部实行多元化政策，各地保持相对的独立。第二，联盟实行多中心政策，形式上合并为一家事务所，但又不会失去各自的主体地位，操作程序简便。虽在一个品牌下经营，但又保持各成员的相对独立，财务不混合，管理也可以各有特点。第三，各办公室之间提供的本地化服务，可以适应和满足客户全球经济一体化和跨区业务统一服务的多元化需求。”

当然，这一模式也存在隐虑。例如，“瑞士法人结构”的一大缺憾在于“营收利润并不能在成员律所之间共享。这一因素将削弱成员律所律师相互间共享客户及业务的动力”，美国 K&L Gates 律师事务所主席 Peter Kalis 曾指出：“‘瑞士法人结构’下的成员律所仍然是独立对外提供法律服务，并且独自接受回报，并承担其法律服务带来的风险；各个成员律所之间并不共享同一个利润资金池。”这一问题有待大成管理层在日后的发展过程中逐步解决。

大成快速扩张之下，合伙人和律师的质量怎么保证？相互之间的竞争是否会削弱团队之间的合作？偌大规模之下，不可避免的利益冲突又该怎么解决？这些来自同行的疑问，大成从未停止思考。

内部治理，在发展中解决问题

2019 年 4 月 27 日，大成选举产生了事务所新一届管理层。由彭雪峰担任大成律师事务所主任、董事局主席，王隽担任顾问委员会主席，王隽、陈峰担任董事局副主席，江荣卿担任监督委员会主任，马江涛担任管理委员会主任。

几天后，大成官方微信公众号发出一条推文：大成全球律师人数已经超过 10,000 名。

全球首家万人律所诞生。摆在大成新管理层面前的是，这艘在风高浪急、航船众多的大海中航行的巨轮，该如何平稳航行，顺利抵达远方？

“利益冲突解决”“一体化引领”“专业化驱动”“人才助力”四项内部治理举措，是大成在“四五规划”中着力解决的问题。

利益冲突解决——技术与规则双管齐下

利益冲突几乎是每家规模化大所都面临的问题。对于万人规模的大所，多元的客户构成和错综的利益网络，利益冲突的产生有了更多可能。为避免众多律师团队间可能产生的利冲问题，大成目前正采取以下制度进行解决：首先，推行了“预立案登记”，所有签约业务须纳入律所的一体化系统实行统一管理；其次，采用“豁免制度”，为避免案件代理冲突，大成通过约定“豁免条款”等手段，在“入口端”做好利冲风险管控。一旦出现立案冲突，由律所管委会选定专人，形成工作小组，由律师先跟客户进行沟通，请求豁免，若豁免不成，再依据现有制度进行协调。

此外，大成也在构建“大客户保护制度”，以关键客户保护为导向的利益冲突及风险控制管理细则，将确保律所的核心利益得到维护。

一体化引领——长期的系统工程

一直以来，大成强调文化的包容和多元，开放、平等、尊重是其特点。允许差异化，是一家规模大所在快速发展时期所需要有的气度，但对于法律服务质量的把控，在全所范围内应趋于统一。

“我们把国内一体化视为‘四五规划’的主要目标。”马江涛说。于大成而言，“总分所一体化先从细节开始，从各地分所的名片、法律文本、字号抬头等带有大成品牌内容的一致，再到制度、合伙人利益的统一。”

从2014年“三五规划”启动一体化改革，到2019年“四五规划”提出对一体化建设持续提质升级，大成已走过6年光阴。然而对于大成来说，一体化建设这一“长期的系统工程”才刚刚开始。“未来大成希望实现的一体化，不是单纯依靠制度对律师的行为产生约束，而是希望每位大成律师能够‘发自内心的遵从’。”马江涛说。

“一流组织靠文化，二流组织靠制度。”未来大成希望实现的“合伙人一体化”，是将合伙人视为支撑律所走向未来的驱动力和根基。在“志存高远，海纳百川，跬步千里，共铸大成”的核心文化理念驱动之下，大成的合伙人定会将律所利益放在个人之上，形成合力，助推律所在专业、管理、品牌等各方面实现一体化蜕变。

专业化建设——未来的律所生态

近年来，越来越多跨专业、跨行业的综合法律问题出现，对律师的专业性提出了更高要求。钱伯斯、The Legal 500 等国外法律评级机构榜单在中国法律市场的逐步普及，也让更多律所直观感受到律师专业细分的价值所在。

对于综合所的大成而言，要将每一个专业领域做强，才能发生质的变化。因而专业化建设被提到很高的位置。

2017年，经过广泛的民主调研，“一主三辅”的专业化建设方案在大成落地。方案规定，每位合伙人、律师最多可选择执业的一个主专业与三个辅专业。“一主三辅”举措，看似限制，实则推动。它用一种相对具有约束力的手段，引导律师们进行专业聚焦，并促进律所“内部市场”的形成。值得注意的是，大成的“一主三辅”，不仅仅是律师的主观选择，而是在客观上设定了培训、考试、所内认证等前置条件，以确保律师在所选择专业领域已有丰富的专业知识和实践经验，保障大成能够持续对外输出高质量的专业服务。

“很多律师无须在外拓展市场，大成各家办公室的所有律师都可以成为他们的‘客户’”，马江涛说。律所内部的案件转介、交叉销售，促进了合伙人、律师之间广泛的业务合作，也给予客户更加专业的体验。

主做银行业务的高级合伙人唐涣对此有深刻体会。“当涉及在海外的银行项目时，其他律所可能需要寻找当地机构合作，而我们通常找海外办公室的同事就能解决。”在一起涉及美国、德国的金融跨境业务中，唐涣团队也同当地大成的律师开展深度合作，顺利推进了该案件进程。

为进一步推动专业化建设，大成总部六大业务部门、19个专业组、15个行业组的建设陆续展开。其中，业务部门注重专业团队的整体性建设；专业组侧重于专业领域研究；而行业组则顺应业内对于“行业化”的呼唤，推动律师去挖掘行业客户的更多需求。

“专业+行业”纵横交织而成的网络，将大成的各个业务部门和团队紧密连接，同时也给予大成每位律师更加精准、细化的业务定位。随之而来的专业扶持、市场推广、案源转介、质量控制等配套制度建设，使大成专业化建设日臻形成一个完整的“生态系统”。

近几年，大成又加快了专业化建设的步伐，将19个专业组加以整合并设置了12个专业委员会，通过“纵向打通”的形式，不断促进总分所专业建设成果的统一。大成12个专业委员会，吸纳了全国各地分所的成员加入，每周都至少在全国各地举办一场活动，大成也予以专业经费上的大力支持。

“总所—专委会—分所”的三级联动，带动各地分所专业化的迅速推进，也促进全国各地大成律师专业实力增强。“大成遍及全球的网络带来丰富的人、财、物等各方面支持，必将使律所的专业化建设从中受益。”马江涛说。

人才培养——发展的持续动力

律师业，人才始终是律所的核心竞争力。目前大成在人才培养上已成效显著。2020年8月，大成公布本年度加盟/晋升的高级合伙人、高级顾问名单，他们分别来自大成北京总部及23家分所，共计60人。其中，争议解决、不动产与建设工程、银行与金融、公司与并购、资本市场五个侧重布局的专业领域晋升人数达7人以上。

大成高级合伙人，现大成中国区管委会成员唐涣是大成内部培养成才的例证。2006年，唐涣大学毕业后即进入大成工作，从律师助理、律师到合伙人一路成长，2013年晋升为初级合伙人，2015年晋升为二级合伙人，2017年晋升为高级合伙人。升任高级合伙人的那年，唐涣仅32岁，是大成北京总部最年轻的高级合伙人。这个纪录依然保留至今。

自“一五规划”后，北京总部采用聘用律师不能开拓案源的规定，到初级合伙人才能自行开拓，这有利于律师将精力聚焦于案件质量上。2012年，为了给予青年律师更多激励，大成将从实习律师晋升到高级合伙人共15级的人才晋升标准调整为9级，缩短了晋升阶梯，也给更多人才提供了展示能力的机会。

目前，大成已逐步建立了一套完整的培训机制，培训主要包括三部分：一是进所之后的入职培训；二是督导培训，所有年轻律师都有一对一的督导合伙人；三是事务所的业务培训，包括各专业委员会和业务部门组织的不定期的、内容多样的专业培训。

除常规的定期培训、讲座外，大成也充分利用律所的全球布局优势，为优秀律师提供全球的交流和工作机会。

唐涣提到，自己是大成培训体系下的受益者，在专业技能上受到带教老师的诸多提点。同时，因自己经历过升为初级合伙人又要办案、又要开拓，甚至还需要处理发票等事宜的忙乱期，目前，在管委会内分管青年律师发展这一工作事项时，他亦在思考如何帮助更多初级合伙人找到良好的工作节奏和平衡之术。

近几年，大成已经明确将初级合伙人纳入高级合伙人团队中，以便于形成督导关系，合伙人对于青年律师来说是一个新的身份，需要进行系统的学习。在高级合伙人团队下，初级合伙人可以“观其言、听其行”，积累新的团队管理和市场开拓的经验。

与此同时，大成内部也正在推行“行政代办”等事项，由秘书或者行政人员协助高级合伙人、二级合伙人处理行政事宜，极大解放了合伙人们的生产力。

党建引领，在不断创新中求发展

大成今天取得的成绩和行业地位，跟“党建促所建”，以及党组织的引领和保障作用是分不开的。

1996 年，大成在建所第四年就成立了党支部；2009 年，成立了中国第一个单一律师事务所党委；2020 年 1 月，开创性地成立了全国首个功能型党委，积极探索两新组织党建工作的新形式。

大成党委书记肖金泉介绍，建所以来，党建工作一直在大成的整体发展中占据重要位置，自觉执行党的路线、方针与政策。大成党建从探索、自发到自觉、成熟，卓有成效的“535”工作模式被行业广为推广。

2019 年以来，大成的党建理论再次升华，从“535”提升至“四化”——理论化、系统化、体系化和常态化。多年来，大成党建工作一直开创性地走在行业前列，探索出了一条合伙制律师事务所基层党组织建设的新路子。

肖金泉认为，“以党建促所建”，在大成的发展中不是一句口号，而是实实在在地发挥着作用，而且在几个发展的节点上，起到了关键的作用。比如，1998 年开始引领业务创新，始于 2004 年的制度建设，始于 2007 年的全球法律服务网络建设。

“未来，大成将继续沿着‘政治引领，党建先行’的方针，扎扎实实做好全所党建工作，持续发挥党建在事务所发展中的作用，不断开创党建工作的新方法，探索合伙制律师事务所党建的新路子，为新时代律师行业的发展贡献力量！”肖金泉说。

“大所”未来，向更强迈进

关于做大与做强，大成全球副主席王隽认为，从 2015 年开始，经过大家的共同努力，大成做强方面取得了一定的进展，特别是在专业化与一体化建设方面，也取得了一定的成绩。也就是说，在做大、做强方面，大成已经起步，已经在路上了。

同时，经过几年来的实践与探索，大成也认识到，在从做大到做强的过程中，要改变传统的作业模式，处理好以下几个关系：第一，要处理好一体化建设与事务所发展多元化的关系；第二，要处理好专业化与各区域业务差异化的关系，不同地区业务会有不同的类型和需求；第三，在人才结构调整中，要处理好历史遗留问题的解决与队伍稳定性的关系；第四，要处理好中国区的发展与国际化的关系，也就是在与全球律所接轨、与国际接轨的同时，要充分考虑与尊重中国区的特点；第五，目前，律师行业面临很多方面的创新，在创新的过程中，不能突破《律师法》及司法行政管理的相关规定，要处理好创新与合规的关系；第六，要处理好合伙人利益共享与科学、先进的激励机制之间的关系，保持发展的动力。

“此外，还有两个与合伙人及事务所切身利益相关的问题，也需要妥善处理。”王隽介绍，一个是知识管理，要平衡好知识共享与调动、保护知识成果拥有者积极性的关系，不能仅靠奉献精神，要有科学的机制调动大家的积极性，鼓励大家把自己的知识成果拿出来；另一个就是大客户的维护，事务所规模大了，作业模式会发生相应变化，涉及大客户时，要平衡好律师放弃个人利益与保护事务所整体利益之间的关系。

在大成的各个发展阶段中，无论是就事务所的发展战略，还是就事务所的具体管理措施的决策过程中一直存在不同的认识，比如："先做大再做强"是否走得通？中国大陆的办公室该如何布局？是否应与 Dentons 合并？大成就是在这些不同认识的碰撞中作出相关决策并不断发展的。

大成高级合伙人、前管委会委员于再灵律师说，现在回过头来看这些决策的过程，可以发现，正是这些合伙人之间、各个分所之间以及管理层内部的讨论甚至是非常激烈的争论，才使最初的提议或方案得以改进，形成比较符合客观情况的认识、规则或者政策，从而使大成能够形成一个有机的合力，保证大成可以持续地朝着健康的方向发展。

在群雄竞逐的中国法律服务市场上，如何定义一家“强所”？在律所的横向比较中，业内多以人员规模、市场占有率、律所经济规模（总创收、律师人均创收）等维度来衡量。

在这些维度的比拼上，规模化道路为大成带来诸多优势。“大成自己是规模化的受益者。目前，对我们来说更重要的是如何发挥规模效应。”马江涛说，要实现这些指标排位靠前，需要有更多的“软实力”作为支撑。

一家律所的软实力核心体现在三方面，分别是管理、文化和创新能力。

管理对于大成的重要性不言而喻。大成管理者甚至在 15 年前就已经意识到这一重要性，与 Dentons 合并后，合伙人层面对于律所管理效用的认可也在日益增加。目前，在整个中国律师行业，几乎很难找到在一家律所中有 3 名 20 年以上执业经验的律师完全放弃业务，专职成为管理者的范例。

大成是个例外，目前，其管理团队中拥有 4 名“专职管理人员”，3 人曾长期担任执业律师，马江涛就是其中之一。在他看来，由律师担任专职管理人员的难点在于，让他们完全放下熟悉的业务，专注服务于其他律师的种种诉求，往往面临着身份和职责的巨大转变。此外，所内用以支持“职业经理人”的配套制度、文化土壤，往往也十分关键。而大成所内民主的文化氛围，公共基金支持，以及全员的重视与践行，为该管理模式的落地提供了保障。

有专职管理人员仅是条件之一，专业的律所行政团队更是确保一个千人大所高效运行的良方。在大成的新一届管委会领导下，中国区和原北京总部的管理团队合并，并形成专业人做专业事的具体分工。律所行政团队为律师提供行政辅助、财务支持、品牌推广、客户管理、市场营销等高效服务，律师只需专注于能力提升与业务精进，为客户提供更好的服务。

根据彭雪峰在采访中的回答，“大成的文化传统可以用两个词来概况，一是包容，二是多样”。“包容”，是指大成有海纳百川、博采众长、尊重差异、和谐共融的文化氛围，我们既鼓励竞争，又宽容失败；每一个大成人无论财富、性别、文化、年龄、种族、宗教信仰如何，都能够和谐相处。“多样”，是在大成这座家园，大至所与所之间，小至人与人之间，都可以找到自己的位置，都可以有展现自己的机会与平台，“各美其美、美美与共”的传统与共识已经深入人心。

在马江涛看来，“包容”还有一层含义是大成处事的温度。即使目前各类制度严正周密，在具体事件中，在对待每一位大成律师的态度中，依然保留了“人情味”。

2019 年 5 月，大成常州分所“求婚律师函”公章的事件曾一度在社交媒体发酵，[①] 大成在事件发生后快速反应，于当天下午通过官方微信公众号发表公开信对此事进行及时辟谣，既澄清了“求婚律师函”中所盖公章与大成律所无关，也照顾到了实习律师善意之本心。该信被广泛传播，不仅因为这是一次成功的“危机公关”，更在于言语中传递的温暖令人印象深刻。

创新是律所发展的不竭动力，无论是业务、管理抑或是工具，核心在于推动律所向更强发展。大成对于创新的关注，亦走在前列。

几年前，当“全球第一人工智能律师”ROSS 面世之后，曾引起整个律师界震动。ROSS 正是 Dentons 在 IBM 的 Watson 系统的基础上开发而成的，在与大成合并之后，他们又一起着手构建了全球协同创新平台“下一代法律实验室”（Next Law Labs）。

与此同时，对于律所 IT 建设，大成亦有重大投入，近两年大成有超过 2000 万元的投入在 IT 信息系统的建设和维护上。疫情期间，在海外，Dentons 强大的 IT 防护亦抵挡了海外黑客的侵袭。在中国区，大成自己开发的直播 APP，将律师的专业内容传递到全社会，在品牌影响力上再添功勋，这背后无疑倚仗于技术的全力支持。

求新、求变是律所在竞争环绕中突破重围的秘诀，而管理、文化、科技创新等则是在市场中保有领先地位的关键。在行业的发展大潮中，大成亦将依靠此三者不断迎接挑战，以期成为真正的未来强者。

结　语

在竞争激烈的中国法律市场上，先行者不断占据先机，后来者陆续涌入，稍有松懈，就很可能会被同行弯道超车。对于律所而言，事实上没有所谓的“基业长青”，无论是谁，在站稳脚跟后，都需要适时而变，根据法律服务的特点，提高效率，降低成本，不断进行转型升级。

---

① 大成常州分所一实习律师向女友求婚，求婚信落款用 P 图方式印上了大成律师事务所的公章，在网络上疯传。

从大成的发展历程我们可以看出，坚定不移地走适合自己的道路才是最好的；面对发展路上的挑战，只有不断超越，才有新的可能。当旁人还在纠结于是否要进行规模化，如何应对规模化的挑战时，大成已经在“做大”的基石上，开始向“做强”迈进。在2019年年末，大成中国区业务创收达50多亿元，员工人数已经超过8000人。这一庞大的组织产生的影响力早已不容小觑。

大成发展至今，战略与战略落地是其成功的核心要义。从“一五规划”到“四五规划”，大成在从大到强的战略中找到了自己的道路，无论它的雄心或发展模式是否被所有人所认同，毋庸置疑，这都是一家不断突破自我，力争上游，引领行业的律师事务所；是一家拥有理想并敢于开拓的律师事务所。正如大成建所方针中所言，如此“志存高远、海纳百川、跬步千里”，定至“大成”。

金诚同达

守诚信，契初心，相信时间的力量

周　正　宁思甜

11 名创始合伙人（左起）：郑斌、梁明、庞正忠、蓝岚、
刘红宇、田予、杨建津、于德彬、刘治海、邵国忠、贺宝银

2019 年 10 月下旬，一家律所的高级合伙人会议引发同行高度关注。

创立 27 年，这家律所无记名投票首次选举出非创始合伙人担任决策委员会主任，迈出了新老管理层交接传承以致百年的重要一步，为业内诸多同样历史悠久的大所提供了宝贵的实例借鉴。

更为少见且让人心生感慨的是，到第 28 个年头，11 名创始合伙人无一离开，仍在业务一线带教后生，在律所管理中扶马送行。

她源于 2004 年那次中国律师业的最大合并，如今已是少有的千人大所之一；她已经完成核心管理架构的调整和专业板块的重组，蓄势待发，活力无限；她有一颗始终不变的初心，坚守诚信，走高质量发展之路，同时保持对国内外律师行业的观察，不断在反省中变革，在变革中创新，在创新中找到适合自己的发展模式和步伐节奏。

28 年，也不过征程初起，未来之路无可限量。她相信时间的力量，相信金子般的赤诚初心一定能让彼此继续携手共进，一同到达理想中的远方。

她的名字：金诚同达。

契初心，砥砺向远方

探索启程

1988 年，中国法律行业的探索变革之路正式开启。此后 4 年间，北京市司法局先后批准了 19 家合作制试点律师事务所，在律师业内引起巨大反响。

1992 年，北京被定为律师体制改革的首个试点城市。此时，有 6 位研究生同学不约而同地意识到市场经济之于国家发展的意义，而科技和法律将在其中承担极为重要的角色。他们一致同意投身改革大潮，将法学理论和实务结合，以法律实践推动法治建设和经济社会的发展。他们正是：贺宝银、刘治海、庞正忠、田予、杨建津、于德彬。6 人在当年即提交了办所申请，以科技法为主打业务的金诚律师事务所由此成立。

同一年，才 20 多岁的刘红宇选择离开前途一片大好的金融系统，“下海”和几名志同道合的朋友一起创办了以银行等金融机构为主要服务对象的律师事务所，成为中国律师业首批女律所主任。而另一位创始合伙人，曾就职于中央组织部和国资委的郑斌是她的先生，也是她的“战友”。同达律师事务所正式成立。

就这样，名震京城的“19 所”迎来金诚和同达两名成员，成为中国律师业最早的探路者。

站在 2000 年世纪之交的关口，时处中国“入世”前夕，国家经济发展和法制体系建设的速度出人意料。法律服务市场逐步开放，大批国外律师事务所跟随外资抢滩登陆中国，其深厚的历史、雄厚的实力和响亮的品牌给还处于发展初期的中国本土律师事务所造成了较大冲击。但是，作为中国最早一批的优秀律所，他们也有履行自身社会责任和历史使命、实现崇高法治理想的强烈愿望，有不安于小而美、稳而慢的发展模式，希望建设综合性、规模化、专业化的律师事务所，为国内外客户提供一站式法律解决方案，以法律实践推动法治建设和社会发展。

面对这些外部变化，金诚、同达以及由邵国忠和梁明创办的力格律师事务所，都早有着同样的认识。2000年,金诚与力格率先完成第一步合并,顺利实现融合。2003年年末，金诚和同达基于高度一致的动机、目标和价值追求，一拍即合，不到3个月就顺利完成了合并的基本模式和方案。双方在专业结构上互为补充：金诚在知识产权、公司证券和国际贸易领域早已奠定了行业领先地位，同达的金融和诉讼业务则实力强劲。两所合并后，部门设置和专业化分工更细更精，服务领域更为综合全面，实现了“1+1>2”的效果。从那时起，“金诚同达”的名字逐渐闻名于中国律师行业内外。

2008年年初，蓝岚带领其Neal团队加入金诚同达，为金诚同达海外业务的扩张注入了坚实力量，进一步推动了金诚同达的国际化发展道路。此外，为了更好地顺应国际客户的需求,金诚同达的英文名正式确立为“Jincheng Tongda & Neal”。之后十余年里，蓝岚带领金诚同达保险业务在中国保险法领域树立了优秀的口碑，享有极高的评价。

做久做强

2005年，合并后的金诚同达被评为“全国优秀律师事务所”和“北京市优秀律师事务所”，此后各项荣誉更是接连不断。同时，已拥有超百位专职律师的金诚同达陆续在西安、沈阳、上海、深圳、成都等地完成分所的设立，实现了人员规模阶段性攀升。2010年，金诚同达北京总部搬迁至北京CBD核心国贸大厦。崭新的办公环境，登高望远，顺利经历“第一个10年谋生存、第二个10年谋发展”的金诚同达在即将迈入第三个10年时开始思考自己的未来方向和发展目标。

时任管理委员会（2019年更名为决策委员会）主任的田予，决定事务所沉下心来学习英美老牌强所的发展经验，阶段性地不再铺设分所，而是更注重事务所的高品质发展，其创收排名长期位于北京市律师业前十。

2013年，金诚同达提出了“做久、做强、做大、做出品牌”的办所目标。这“四做”在田予看来有着严格、合理的排序：如何使事务所持续性发展，即“做久”，是中国律所面临的战略问题；而金诚同达认为持续发展的关键是“做强”，以“做强”为支点，推动事务所的规模和品牌效益，使事务所能够均衡、健康发展。这种战略思考就是金诚同达不盲目求大，而是优先定位于“久”和“强”的原因。

怎样才能做久、做强？金诚同达的策略是：以向高端客户提供高端智力成果产品为目的，发展核心竞争力——拥有国际视野和综合竞争力的复合型律师团队（包括合伙人），可实时共享的业务智力成果（知识产权），能体现竞争优势的各项管理制度与事务所文化，具有市场竞争优势的业务领域和事务所整体品牌效益。

金诚同达在第三个 10 年开端制订了“十年发展愿景及三年发展规划”。时任管委会主任的刘治海（现为监评委主任）开始实施规划内容，并完成了事务所管理体制与分配体制改革。其后，贺宝银（现为监评委委员）担任管委会主任，全面实施规划内容，带领事务所迈入新的发展阶段：在专业化基础上适度规模化，以每年一家分所的速度稳步扩张，陆续开设了济南、合肥、杭州和南京分所。

2018 年 1 月，金诚同达 25 周年庆典暨新春联欢会盛大举行。庆典上，时任管委会主任的庞正忠在致辞中欣喜地宣布，2018 年事务所已完成“千人大所”的华丽晋级。2019 年 1 月，金诚同达东京办事处宣布成立，为事务所的国际化发展注入新的动力。同时，在原十年发展愿景和规划基础上新修订的《2019~2023 年发展规划》也正式启用，从战略布局、人才培养和规模建设上制定了更为明确、可量化的目标。

传承交接

2019 年 10 月下旬，金诚同达 2019 年度第三次高级合伙人会议进行了三年一度的决策委员会和监督与考评委员会换届选举，来自北京、上海、深圳、合肥、杭州、南京、成都、西安、沈阳、济南 10 地办公室的百位高级合伙人共襄盛会。会上，金诚同达中坚力量的代表杨晨律师被选为新一届（第十四届）决策委主任，郑晓东、张国栋、刘胤宏、叶乐磊 4 名“70 后”以及庞正忠、于德彬两位创始合伙人当选决策委委员。金诚同达历史上第一次形成了以新生代合伙人为主、创始合伙人为辅的管理团队。值得一提的是，以杨晨为代表的 5 名年轻决策委成员都已在金诚同达工作 10 年以上，且在不同管理岗位上锻炼多年，此次管理权的交接是多年悉心准备下的水到渠成。

截至 2019 年年底，金诚同达已有近 1200 名员工。在创立 27 年的节点上，水到渠成的传承交接，标志着金诚同达开启了向着百年律所进发的新征程。

争朝夕，风雨共兼程

在金诚同达 20 多年的发展历程中，每一步都是新征程，每一步都是新跨越。历经 20 多年的磨砺与洗礼，金诚同达以卓越的业务成就为基点，在党建、参政议政与社会公益等多个维度强化自身建设，提升律所品质，承担社会责任，风雨兼程、脚踏实地地为百年律所的目标夯实根基。

追求卓越

如今，金诚同达已形成包括国际贸易与 WTO、保险、知识产权、资本市场、并购重组、争议解决、反垄断等在内的多个明星业务板块。

• 跨境争端解决

2001 年，中国加入世界贸易组织，开启了未来十几年的经济高速增长期，中国律师的国际贸易业务也借此萌芽。此前 3 年，金诚同达便在创始合伙人田予的带领下组建了国际贸易团队，他已感知到“入世”对律师的潜在机遇，国际贸易业务的风口将至。当前，在部分跨境争端解决领域，中国律师已经能与欧美同行分庭抗礼。金诚同达是这一变化的见证者，更是参与者。一支 30 多人的国际贸易团队多次代表中国企业在国际舞台上应诉，代理涉案金额 10 亿美元以上的案件数十起，承办具有重大市场影响力的案件不胜枚举。金诚同达是代表中国政府参与跨境立法和争端解决项目最多的律所之一，也是代表中国企业应诉反倾销和反补贴调查最多的中国律所之一。

其间，彭俊和杨晨先后加入金诚同达。在“入世”后的第一起反倾销案中，金诚同达律师就已经在跨境争端解决中崭露头角。2001 年 12 月 18 日，中国加入 WTO 一周后，前加拿大海关及税务总署（CCRA）以及加拿大国际贸易法庭（CITT）发布公告，决定对来自中国的汽车挡风玻璃产品启动反倾销调查。杨晨代表中国政府就市场经济地位展开法律抗辩，并协助中国汽车挡风玻璃行业进行无损害抗辩。这是中国产业第一次在反倾销调查中获得全行业市场经济地位待遇，而本案也最终以“无损害”的结果，宣告中方大获全胜。彭俊是首位参加 WTO 专家组庭辩的中国律师。2013 年，商务部聘请金诚同达律师应诉一起由日本和欧盟在 WTO 诉中国高性能不锈钢无缝钢管的反倾销措施案。彭俊参加了该案专家组和上诉阶段在日内瓦 WTO 总部举行的听证会，代表中国政府出庭抗辩，赢得了国内外同行的尊敬。

• 保险业务

1992 年中国保险市场放开。恒康互助人寿保险公司成为继美国友邦保险后第二家取得中国牌照的美资保险机构，而协助其申请中国牌照的律师，正是金诚同达创始合伙人蓝岚。蓝岚曾在美国世达律师事务所执业，后又出任恒康保险驻华总代表。2008 年，蓝岚携团队加入金诚同达。在她的带领下，金诚同达保险业务团队一经建立便站在了较高的起点上。他们紧跟市场步伐，为客户设计并完成多宗开创保险行业先例的交易。随着几位核心成员的加入，金诚同达保险团队汇集了更加强大的力量。如今的金诚同达保险业务团队俨然成为一支明星队伍，在中国保险法领域占据领先位置。其客户群涵盖了全球最大的跨国保险机构以及中国首屈一指的保险公司，并且在服务过程中取得了卓越的知名度及美誉度。

• 知识产权

金诚同达知识产权业务的成绩，离不开创始合伙人庞正忠在知识产权业务领域的深耕与积累，以及金诚同达梯队完善、各有所长的知产团队。周俊武、李德成、汪涌等一批优秀律师辈出，金诚同达知识产权队伍一路蓬勃壮大。过往，金诚同达以“面向科技领域、面向科技企业、面向科技成果、面向科技人才”为服务方向，打响“知识产权”这一金字招牌。近年来，金诚同达从传统知识产权业务迈向了提供网络知识产权、电子商务、许可证贸易、特许经营和高新技术等高端知识产权业务的法律服务，产业领域广布于信息技术、电讯、生物基因、生物医药、多媒体等。业务领域更广阔，业务特色更鲜明，加上跨行业合作的团队配置，金诚同达累积了丰硕的案例成果及卓越的业界声誉。

• 资本市场

刘治海、贺宝银是金诚同达资本市场业务元老级的代表人物。两位创始合伙人都是第一批获得证券从业资格的律师，金诚同达也成为国内第一批获准从事证券业务法律服务的律师事务所。20 世纪 90 年代初，中国资本市场开放。经过多年的深耕发展，金诚同达在资本市场上已取得很高的占有量，位居行业前列。回顾彼时资本市场业务的发展，现金诚同达决策委委员、执行主任郑晓东感到非常骄傲：“回顾中国资本市场这 20 多年的发展历程，从配额制、审批制到核准制再到注册制，从中小板、创业板到新三板再到科创板，金诚同达始终能够精准把握中国经济和证券市场局势，秉承资本市场服务于中国经济健康稳定和可持续发展的理念，深谙法律规则和经济运行机制的变化，助力客户成长和飞跃。”

• 并购重组

并购重组业务也是金诚同达的传统强势业务。金诚同达并购重组团队汇集境外投融资、资本市场、税务、知识产权等多领域专家，配备金融服务、制造业、能源、汽车、医疗健康、食品饮料、房地产和电信、传媒和高科技诸多行业专业知识。经过 20 余年的积累，早已经验丰沛，多年来一直处于市场领先地位并得到客户和同行的广泛认可。近年来，金诚同达代表大型国有企业、跨国公司、上市公司完成诸多具有重大社会影响的境内外投资并购项目和“一带一路”重点项目。未来，金诚同达还将继续寻求新的突破。

• 争议解决

争议解决业务作为多数律所的一项基础业务，近年来在法律服务市场的范畴与定位也产生了一些变化。在争议解决业务的范畴之下，金诚同达瞄准了高端商事争议解决业务板块。创始合伙人于德彬、郑斌等律师在高端商事争议解决领域都积累了丰富的实践经验，于业内富享盛誉。高级合伙人汪涌曾全程参与知识产权刑事司法解释的起草和后续修改；高级合伙人周金全和周俊武于 2018 年和 2019 年先后被《亚洲法律杂志》（ALB）评为“中国十五佳诉讼律师”……在业务领头人的带领下，金诚同达争议解决业务稳步发展，律师阵容强大，法律功底扎实，专业能力突出。

- “一带一路”

除了在明星业务及传统业务抢占优势外，金诚同达也非常重视根据市场及客户需求布局新兴业务。比如，顺应国家“一带一路”倡议，将已有的跨境投资业务延向“一带一路”沿线国家，护航中国企业“走出去”。近 10 年，金诚同达处理的海外投资业务已达千余件，并形成了一支以杨晨、彭俊、郑晓东和郚国华等律师为代表，业务方向涵盖境内外资本市场、并购及外商投资、跨境投资、涉外保险、国际贸易救济业务等领域的复合型队伍。

在“一带一路”倡议的持续推进下，金诚同达把握住了海外投资业务的风口，收获颇丰。2018 年和 2019 年，由法制日报社主办的首届和第二届“一带一路”法律服务项目颁奖典礼上，金诚同达两度荣获“‘一带一路’十佳律师事务所”，郚国华和杨晨荣获“‘一带一路’十佳律师”。杨晨主办的“美国对华钢铁产品 337 调查案”，彭俊代表中国政府在 WTO 起诉美国“替代国条款案”，符欣代理的“中国钢铁完胜巴西热轧钢板反倾销反补贴项目”荣获“‘一带一路’争议解决类十佳法律服务案例”；彭俊主办的“巴基斯坦瓜达尔港自由区项目”，郑晓东主办的“河钢集团收购塞尔维亚唯一国有钢铁厂项目”和“河钢集团中塞友好工业园项目”荣获“‘一带一路’投资类十佳法律服务案例”。河钢集团塞尔维亚公司管理团队作为“一带一路”倡议和国际产能合作的忠实践行者，还被中宣传部授予“时代楷模”称号。

蓄势待发

为顺应市场及客户需求的变化，金诚同达对业务板块进行了重新梳理。2019 年，金诚同达将原有的 6 大业务部门调整为 12 大业务板块，包括资本市场、重组并购、私募基金、合规、金融、日本业务、房地产与建筑工程、商事争议、破产、刑事、知识产权、跨境争端解决，细分业务领域 40 余个。与此同时，金诚同达亦提前布局了前沿新兴领域，在 5G、大数据、云计算、区块链、人工智能、工业互联网、物联网、金融科技等已全面展开深入研究。

这些业务板块设计围绕“行业化”和“专业化”两个原则展开。以行业化为导向，推动律师业务往专业化方向发展。专业化分工的背后，需要律师团队之间达成通力合作，也更强调了业务板块之间的协同作用。在具体项目中，金诚同达将按照客户实际需求从各个业务板块精准配备专业律师进行合作。

“之所以定位综合，目的在于为客户提供一套完整的商业解决方案。”郑晓东如是说。金诚同达11位创始合伙人各有所长，律所发展早期各自在主攻领域内不断深耕与积累，走在了业务发展的前端。在他们的引领之下，金诚同达在各业务领域都有建树，团队内也有越来越多优秀且年轻的律师崭露头角，肩负起了业务发展的责任。未来，金诚同达还将不断寻求突破，继续追求更好的品质。

党政公益

20余年的发展历程中，金诚同达不仅在业务承办和律所发展上取得了行业领先的好成绩，不断探索追求适合自身发展的路径，同时也发挥律师职业特点和优势，以党建为引领，以参政议政为特色，以公益活动为载体，强化律所建设，积极奉献智慧，勇担社会责任。

金诚同达早在1994年就成立了党支部，是律师行业中最早建立基层党组织的律所之一。2018年5月，金诚同达成立了党总支委员会。庞正忠书记说：“党外知识分子密集是金诚同达的突出特点之一。自党支部成立以来，金诚同达坚持以‘统战’为抓手做党建工作。以党建带统战，以统战促所建，党建统战共融互促。”为此，金诚同达除建立党支部外，还成立了统战工作站。统战工作站下设青年律师联谊会、归国律师联谊会、活力俱乐部等机构，支持青年律师、归国律师投身社会公益项目。

与业务相结合，是金诚同达党建工作的另一大特点。比如，在重大反倾销、反垄断、WTO案件中，在为政府、央企服务过程中，让党员律师冲在一线，运用专业能力为国家和社会作贡献，同时发挥其模范带头作用，形成示范效应。此外，金诚同达还在总分所之间形成党组织联动机制，有效促进了总分所交流合作和律所文化建设。

“参政议政本身也是大公益。”当前，金诚同达有多位律师在全国及各省市担任人大代表和政协委员。其中，闻名业内外的代表人物就是常年活跃在最高参政议政舞台、连任三届全国政协委员的刘红宇。十几年来，她累计提出近两百件有质量、有温度的议案提案，既包括提高儿童免票身高线的“与时俱进”、给中小学安装新风系统以“应对雾霾”、加强网络送餐外卖行业监管等“身边小事”，也涵盖了推动建立健全公益诉讼制度、推进司法体制改革、建设中国国际法律人才智库等“庙堂大事”，其中大量议案提案得以采纳，在一定程度上丰富了社会治理实践，推动了法治建设进程。

金诚同达另一位参政议政的典型人物是全国人大代表、西安分所执行主任方燕。她提出了关于修改《收养法》和在《民事诉讼法》中增加“律师调查令”“诉讼文书送达令”制度两个议案，以及设置驻外法务参赞等4个建议。长期以来，她还免费担任全国及陕西省人大代表、政协委员的法律顾问，协助他们更好地履职，长期以专业律师的身份参与立法活动和公共事务管理活动，充分发挥参政议政的职能。

更具特色的是，为了充分协助全国政协委员刘红宇和全国人大代表方燕履职，在最高参政议政舞台上更好地发声，金诚同达专门设置了“建言献策小组”为二人提供议案和提案上的帮助。

说到这些，刘红宇也觉得非常暖心：“靠我一个人的力量是有限的，但我背后是一个事务所的巨大力量，是一个事务所以律师的专业知识推动法治进步和民生保障的强大责任感和崇高使命感，是发自内心地参与其中。”

多年来，金诚同达在公益普法、关爱妇女儿童、捐资助学和合作办学上投入了大量的时间、精力和资金，也一直尝试在公益形式上创新。2019 年，金诚同达牵手上海浦东新区辅读学校，将自闭症儿童“星星的孩子们”的画作作为律所海报的主题素材。上海文化周期间，在金茂大厦举办了“星星和孩子”与楼宇职工的绘画联展，让参与者感受星星的孩子们眼中色彩斑斓的世界。

2020 年年初，面对突如其来的新冠肺炎疫情，金诚同达人第一时间采取了各项疫情防控举措，反应迅速、行动积极：时刻关注疫情变化，尽己之力助力疫情防控，同时集全所之力募集善款共计百万元采购物资，凭借专业的法律服务和社会责任担当助力疫情阻击战的胜利，充分展示出中国大所的风范和内涵。

“公益应当是每个人都需要做的，而律师更适合，我们身上承载的不仅是要推动法治社会的建设，还应该推动整个社会正向文化、正向能量的形成。”金诚同达创始合伙人于德彬认为，公益是社会进步不竭的动力，律师参与公益，与实现法治天下的理想是完全契合的。“公益文化需要培养，每一个律师都是推动者，它会像火种一样，可以燎原。”

在坚持做公益活动的基础上，未来金诚同达还将在资源保障上作出制度性调整，设置事务所专项公益基金，成立专门的公益委员会，由决策委成员牵头，秉赤诚之心热情拥抱公益。

踏浪行，逐梦天地间

28 载岁月，从迅速发展到踏实沉淀，再到确立愿景、谋划未来，金诚同达一直仰望星空，一直向往远方，也一直在发展中思考，在思考中革新，在革新蜕变中笃定前行。

改革创新

2014 年开始的规模布局体现了金诚同达对于规模和质量不断思考和调整的阶段性

策略，以及对于市场整体潮流的迅速反应。2014年济南，2015年合肥，2017年杭州，2018年南京，金诚同达的国内分所以平均每年一家的速度稳步增设。“金诚同达近些年的发展策略，从原先偏重于‘做强’逐步改为‘做强’和‘做大’并重。适当扩张能在一定时间内给律所发展带来规模红利，但同时我们也会分析客户质量和人均收入等指标，综合判断，寻求规模和质量的动态平衡。”金诚同达决策委主任杨晨解释道。

近几年，规模化仍然是行业领先大所的共同主题，而区域联动发展则更是律所关心的重点。金诚同达《2019~2023律所发展规划》中就明确提出——“以北京为龙头，以长三角和大湾区为两翼整体发展。”“北京总部的重要性不言而喻，所谓京津冀协同发展，核心在于以北京为龙头，不断增强其服务实力和辐射力，以能辐射到天津和河北。”目前北京总部已拥有近300名律师，在国贸拥有6000平方米办公空间，业务领域覆盖全面，整体协同和调动能力都很强，足以辐射天津、河北，甚至更远地区。

长三角区域的一体化联动，金诚同达既有积淀，又有行动，更有规划。积淀，是指成立于2003年的长三角区域中的龙头上海分所，其伫立于上海陆家嘴CBD核心金茂大厦，目前执业律师近250名，整体业务领域和实力不断攀升，17年的历史积淀已成为金诚同达全国第一大分所。行动，体现在近几年金诚同达的分所布局中：合肥分所于2015年开设后，在安徽这个经济总量并不算突出的省份，合伙人平均创收省内最高；杭州和南京分所于2017年和2018年相继设立，代表了金诚同达长三角区域“三省一市”布局的完成。金诚同达将就“长三角区域联动”在宣传、培训、资源整合以及人员互动上加强交流与合作。2019年金诚同达文化周期间的“长三角一体化经济发展与法律协作圆桌论坛”的圆满举办就是成功的一例，会上律师们提出了诸多美好设想，4地分所真正实现了人才共享、业务互通，打破区域壁垒，最大化共享客户和律师资源。

“上海分所作为规模化的试点，已经在规模和质量的同步建设中找到平衡模式，我们希望将这种模式进一步嫁接到深圳分所，带动其发展。”杨晨所说的“上海模式”，指的是金诚同达2012年起将上海分所作为重点发展对象，推出针对青年律师的特殊政策，举办一系列专业和文化活动，塑造金诚同达的品牌影响力，以较快速度吸引优秀青年律师加盟。

金诚同达深圳分所也成立于2003年。在此前较长时间里，深圳分所走的是精品化发展路线，着重于提供资本市场、金融、房地产与基础设施、知识产权、诉讼仲裁等领域有品质的专业服务。“2019年起深圳分所开始筑巢引凤，扩大了办公面积，吸引更多优秀、年轻的合伙人加入。目前扩租的空间也已饱和。”对分所进行有明确目标的规模化发展，金诚同达已经拥有十几年的经验，能够通过动态调整，确保规模和质量的并行实现。

除深圳外，对于同样作为粤港澳大湾区核心地区之一的香港特别行政区，杨晨表示，金诚同达早在15年前就尝试在美国洛杉矶和香港特别行政区布局，设立办公室或与当地律所联营；未来3年里将在香港特别行政区和东南亚地区做出实质性布局，结合国际政治经济关系的变化和中国企业整体发展的步伐，打造外向型、开放型品牌。此外，为响应并契合中央部署，金诚同达也希望在未来3~5年里实现海南、青岛、重庆等国内重点省市的布局，更加完善国内服务网络。目前，设立广州和大连分所的议案也已通过，预计将在2020年下半年正式开业。

2019年1月15日，金诚同达东京办事处正式成立。办事处位于东京千代田区霞关，交通便利，亦是东京政府机关集中地。金诚同达日本业务也是律所品牌业务之一，团队领军人赵雪巍律师曾在日本留学，亦拥有法院、日本律所和日本大型跨国企业的工作经历。前普华永道中国事业部总负责人、注册会计师簗瀬正人先生作为特别顾问鼎力加盟，使东京办事处得以顺利设立。东京办事处将重点关注企业大合规，其延伸出的诉讼和知识产权等业务将与律所其他团队形成紧密合作，为中日企业客户提供更便捷集中的专业服务。

东京办事处的设立也标志着金诚同达国际化布局的新开端。金诚同达担任国际律所联盟ADVOC副主席单位已近10年，与北美、欧洲、南美、东亚、东南亚等百余个国家和地区的相关同行保持着广泛而深入的合作关系，通过互建律师库等形式进行对接合作。随着中国企业海外经营活动的脚步加快、规模攀升，国际化布局自然成为金诚同达进一步提升客户服务能力的重要规划。

“未来，我们将首先关注‘一带一路’，同时顺应中国制造业的转移，加快在东南亚布局。”杨晨说，金诚同达的分所规划不会刻意设点，而是紧随经济产业的变化和客户的脚步，顺应趋势和潮流来安排。“30年前外商进入中国，带动了国际律所在中国布局，30年后中国企业走出去，中国律所自然要跟上。”

为了秉承一贯的高质量发展原则，金诚同达对新开设的国内分所都尽量采取“直营”模式，更能保证整体文化、业务的融合，以及统一管理。何为“直营”？杨晨解释，金诚同达一直坚持制度统一的管理模式，坚持合伙制基础上的适度公司化，是“求同存异”，是大的方面确定共性，小的方面各有个性。

“具体而言直营体现在三个方面，一是制度上统一，高级合伙人会议上通过的律所管理制度，总分所之间都必须遵循。二是执行上统一，管理架构改革后，总所由原来兼具决策和执行功能的管委会，改为决策委和执行委；分所不再设管委会，只设执行委，负责落实总所决策委和执行委的决定，分所执委会委员由总所任命，确保管理的垂直化。三是成本和分配统一，总所和直营分所之间所有的房租、物业费、业务拓展和宣传费用等成本统一核算，全体高级合伙人按照统一规则进行利润分配。”杨晨阐释了“直营”的内涵。

文化之旅

“年会”是展现事务所文化内涵和独有特色的绝佳表现形式。而金诚同达的年会，向来都是从管理层到基层全民广泛参与，进一步增强了全体员工的文化认同感和归属感。近年来，金诚同达举办的年会可谓是中国众多律所中别具一格的存在，从主题定制的系列化即可窥探出其对文化传承的高度重视。2020 年新春年会上，新一届决策委成员全部都参与了各类精彩节目的演绎，重新点燃了金诚同达的青春活力，让事务所文化在深厚的历史积淀中迸发出崭新的生命力。

2019 年 5 月 28 日，梦以“为马，一路追光”为主题的首届金诚同达文化周在上海金茂大厦盛大开幕。在叶乐磊、储小青等近 40 位合伙人的积极组织下，举办了为期 6 天共 12 项活动，内容涵盖情怀、健康、家庭、人生哲学、专业等主题，全方位多维度为金诚同达人打造了一场深邃文化之旅。像这样专门用一周时间在律所内部举办文化活动，在业内可以堪称第一家。上海文化周收获了热烈反响，取得了主管司法机关和参与者的一致好评。金诚同达拟将文化周常态化，把已有内容包装成精品，不仅在律所内部举办，也向客户和国内外同行开放，做成品牌，加深内涵；不仅有活动，更有专业的培训和讲座，做到律所内部和社会的双向认可。

将律所文化建设提升到如此高度，作为千人大所的金诚同达早已深刻认识到文化之于律所长远发展的关键意义，它超乎技术和市场之外，是律所竞争力的核心内涵。“一家律所的文化至少包含三个方面：形象、行为和精神，没有这三点支撑，文化是模糊的、虚无的，律所文化一定要具象化。”于德彬长期主抓文化建设工作，说出了他的理解，“真正的文化像魔术师手中的一根线，把律所的形象、行为、精神像珍珠一样串联起来，可见，可感。在规模化的发展过程中，我们汇聚了五湖四海不同背景的人才，就更有必要从文化上统一，才能产生强大的凝聚力，达成共识，携手共进”。金诚同达的文化体现在方方面面，但简而言之，可以概括为“制度建所，文化治所，共同成长，追求卓越”。

“金诚文化，百年同达”是于德彬新提出的对于律所长远发展目标的一句阐释，它将“文化”二字嵌入其中，更强调了金诚同达建所之初就确立的“诚信”准则，同时又体现了打造百年老店的美好愿望，而这个美好愿望一定是全体金诚同达人一同去实现。

结　语

长期以来，金诚同达的对外介绍都是非常精炼的一句——“中国富有活力的律师事务所之一”。“活力”二字看似简单，但对于中国第一批合作制律所之一、创立于 1992 年已有近 30 年历史的老牌优秀律所而言，这是最难能可贵的品质。

活力，代表着她不断观照国内外同行，反省自身，制度为基，革新求变。

活力，代表着她向着年轻一代传承过渡，新鲜血液持续涌入，人才梯队越发健全。

活力，最直观的体现，是她仍然在高速发展。

她始终坚持找准适合自己的发展节奏，不激进，不冒进，以稳为先，以质为重。

她是中国律所在探索规模与质量并行发展道路上的一个典型，眼光投放长远，脚步紧跟潮流。

她从创立那天起就向着自己的百年梦想脚踏实地一步一步前行。28 年，也不过征程初起，未来之路无可限量。她相信时间的力量，相信金子般的赤诚初心一定能让彼此携手共进，一同到达理想中的远方。

她的名字：金诚同达。

隆安

千人老牌大所的革新

吴剑霞　吴梦奇

北京市隆安律师事务所乔迁新址

创始合伙人徐家力（左）、李京生（中）、李大中（右）三人

隆安第二代合伙人：刘晓明（左）、王丹（右）

隆安新址办公环境

北京市隆安律师事务所 2019 年度下半年高级合伙人会议

1992 年，北京，刚离开最高人民检察院的徐家力想办一家律师事务所。

他游说了几名相熟的同学、同事，人是有了，但办所需要的不仅仅是热情，还需要办公场地、出纳、会计、桌椅设备——简单地说，至少需要 5 万元。

徐家力、李京生等人几经周折，终于找到了一家愿意借给他们这笔资金的公司，条件是新所得用这家公司的名字。

徐家力同意了："行！"

这便是"隆安"二字的由来。

27 年后，隆安召开 2019 年度下半年高级合伙人会议，选举产生了新一届主任及管理委员会成员。年轻的王丹全票连任为隆安主任，与丁朋、刘晓明、万迎军、崔可组成新一届管委会。

5 位管委会成员中，新一代占了 4 席。

初创："七匹狼"的 10 年辉煌

1979 年与 1992 年，中国法律行业分别迎来了两个"春天"——中国律师制度恢复与邓小平南方讲话。恰恰也是在这两年，徐家力碰上了人生中最重要的两个转折点。

高考制度恢复的第二年，文化基础并不好的徐家力数理化三门一共才考了 84 分。本无缘高等学府，幸逢在读的东北育才中学改制，徐家力多了一次高考机会。一年备考期，365 个日以继夜的努力，徐家力顺利进入北京大学法律系。这一年，正是中国律师制度恢复元年，之后的教育资源明显向法科生倾斜。

从中国政法大学研究生毕业后，26 岁的徐家力就被分配到最高人民检察院。在司法架构中的最高阶单位，徐家力不仅学到很多办案技巧、建立起良好的人脉关系，更是养成了从高维度看待问题的格局。但生性自由的徐家力与行政机关的严肃氛围显得格格不入，他开始羡慕起已经从机关出来的张学兵、肖微等人的状态，时不时就去中国法律事务中心[①]溜达。

转行这年是 1992 年。算上在北京市检察院的基层锻炼，徐家力在检察院体系内待了 6 年，如果没有邓小平南方讲话，徐家力恐怕还要再待上几年。但历史总是裹挟着偶然与必然一起前进，促使徐家力成为最高人民检察院第一位辞职的研究生。

① 当时司法部直接管理的律师事务所有 8 个，分属于部委和省部级企业，如司法部直接下属的中国法律事务中心，中国法学会下属的天平律师事务所，中国国际贸易促进会下属的环球律师事务所，对外经济贸易部下属的长城律师事务所，中国国际信托投资公司下属的中信律师事务所，最早都称法律顾问处。

前　传

中国法学会下属的天平律师事务所是徐家力离职后的第一个落脚点，即使得从小案子一步一步做起，但徐家力如鱼得水，很快便熟悉了律师工作。徐家力没有在天平所停留太长时间，很快萌生出创办律所的想法。

为了凑齐 3 个合伙人，徐家力开始游说自己的前同事与同学，被他说动的有 6 个人，而最终真正出来的，只有北大同学、最高法的李京生和最高人民检察院的同学兼同事潘忠仁。

李京生原是最高人民法院院长郑天翔的秘书，后来才被调配至新上任的副院长任建新手下做秘书。在任建新手下的 4 年，李京生获益匪浅。但他不甘荒废学业，在说服任院长后，李京生回到北大读完了研究生，并在美国做了一年多的访问学者。回国后，李京生被调入最高法新成立的行政庭[①]担任副庭长，前途一片光明。

徐家力刚找上李京生时，后者还有些犹豫。但在实地考察江浙合作制律所后，李京生也敏锐感知到律师行业的巨大发展前景。年纪轻轻就当上副厅级干部的李京生，想从最高法辞职面临的阻力比徐家力还大很多。几经周转，东挪西凑偿清了研究生与留学时的培养费，李京生最终辞去公职，与徐家力一起下海创业。

严格意义上说，第三位创始合伙人并不是李大中，但李大中是最不可或缺的那个人。

李大中的执业经历与徐家力、李京生都不太一样。不想当法官、检察官的李大中择业进入北京市司法局，并被分配到北京市法律顾问处[②]的民事所做实习律师。随着司法体制改革，[③]法律顾问处也改组成“第一”“第二”“第三”“第四”等数家独立开展全项业务的律师事务所，李大中所在的民事所就变成了北京市第二律师事务所。在第二律师事务所，李大中承办了不少著名案件，还为崔健等文艺名人当过法律顾问。也因此，徐家力对李大中早有耳闻，且十分佩服他的业务能力。

李大中与徐家力的第一次碰面颇有戏剧性。那是 1991 年年底，中关村一家著名计算机应用技术企业向全社会公开招聘兼职法律顾问，李大中在应聘时第一次见到了徐家力。由于国家限制社会兼职，该企业在尚未完成程序的情况下无法继续聘请法律顾问，便邀请受聘者进行一次聚餐。徐家力、李大中就同在这张餐桌上，这是他们第二次碰面。此时的他们不会想到，两年后会因为“隆安”这个名字再聚首。

---

① 1987 年 1 月 14 日，最高人民法院发布《关于建立行政审判庭的通知》。1988 年 9 月 5 日，最高法行政审判庭正式建立并开展工作。

② 据李大中回忆，当时北京市法律顾问处下设 5 个组，刑事组、民事组、经济组、侨务组和咨询组。

③ 1984 年，试行全额管理、差额补助、超收提成以及实行自收自支的经费管理体制，法律顾问处逐步改称为律师事务所。北京市法律顾问处原来的五个组改称第一（原刑事组）、第二（原民事组）、第三（原经济组）、第四（原侨务组）律师事务所，原咨询组撤销。

“92 派”

自 1988 年 7 月北京市第一家合作制律师事务所[①]成立起，一批合作制律所应时而生。1989 年 2 月，一份对当时全国 33 家合作制律所的调研报告显示，不占用编制带来了律师队伍的扩大，竞争机制的引入增强了律所活力，律师收入明显增加。

1992 年，大批政府机构、科研院所的知识分子受邓小平南方讲话的感召，纷纷下海创业，诞生了包括泰康人寿董事长陈东升、万通控股董事长冯仑在内的一大批知名企业家，即所谓“92 派”。这一时期创办的律所，通常也可归入律界“92”派。

徐家力、李京生从公检法出来时，中国经济与律师行业正是一派方兴未艾的景象。

彼时，要在北京司法局获批成立合作制律所，首先得满足五个条件：执业律师 3 人以上，具有一定面积的办公场所，具有一定办公设备如打印机、传真机，聘请会计、出纳、秘书等行政人员，律师事务所要有名称。

徐家力等人算了笔账：要满足司法局的要求，大概需要 5 万元——对于每月收入都不过百元的 3 人而言，这无疑是个天文数字。怎么办？只能借。

找谁借，拿什么做担保，都还没有定数。几经周折，有一家名为“隆安”的公司在犹豫许久后，同意借出 5 万元，条件是——新所要以“隆安”为名。徐家力等人当即就应允了，申请设立时直接提交了“隆安”一名，开启了“同兴隆、共平安”的时代。

所名定了，自然得选个好址。彼时北京亚运会刚结束不久，用作运动员宿舍的亚运村汇园国际公寓随之空置出来。徐家力等人看中这一带未来的发展前景以及对律所的形象提升，便将隆安的第一个办公地点定在此处。

1992 年 12 月 29 日，作为仅有的几家获批合作制律所之一，北京市隆安律师事务所获批成立。由于徐家力、李京生、潘忠仁均为研究生学历，《法制日报》还特地报道：“我国第一家全部由法学硕士组成的律师事务所经北京市司法局批准在北京成立。”

“七匹狼”

开张不久，北京市就开始推行国办律所改为合作制律所的试点工作，李大中所在的第二律师事务所正是试点之一。此时，隆安内部因理念分歧出现人事问题，而如果想从合作制律所转型为合伙制律所，必须得有 3 位合伙人。徐家力很快就想到了李大中。

当年年底，李大中受徐家力的邀请，参加隆安年会。徐家力开门见山，邀请李大中入伙。改制中的第二律师事务所内部氛围大变，让李大中萌生去意，但他对于加入合作制事务

① 1988 年 6 月 3 日，司法部下发《合作制律师事务所试点方案》，方案中指出：建立合作制律师事务所，是我国律师体制改革的一项重要内容，是改变国家包办律师事务的重要一步。1988 年 7 月，经北京市司法局批准，成立了北京市第一家合作制律师事务所——北京市经纬律师事务所。

所有所犹豫，因为当时加入合作制事务所成为“合伙人”（内部的称谓）普遍的做法是要缴纳入门费。

徐家力用一句话打消了这份顾虑：“你明天拎着包来，你就是隆安的合伙人。”就这样，李大中在隆安遭遇管理层危机时应邀加入，填补了合伙人数量的空缺。

1996 年，我国第一部《律师法》出台，其中第 18 条明文规定可以设立合伙制律师事务所；同年 9 月 20 日，隆安正式从合作制变更为合伙制，徐家力、李京生、李大中成为隆安的创始合伙人，奠定了隆安后续发展的基石。

几年后，隆安“七匹狼”的雅号开始在北京法律圈传开。这一说法最早是张炳昆叫起来的，是用一个当时人们熟知的商业品牌自我戏谑而来，指的是徐家力、李京生、李大中、黄永庆、丁朋、张炳昆、陈旭 7 位合伙人，他们皆于 1992~2001 年加盟隆安。

1999 年，长于从事证券期货业务领域的黄永庆加入隆安；2000 年，丁朋、张炳昆离开中信律师事务所，一起加入隆安；2001 年，刚从国外归来、曾与李大中同在北京市第二律师事务所的陈旭加入隆安。

至此，隆安“七匹狼”格局形成，开创了隆安第一个 10 年的辉煌，也确立了民主议事、轮值做执行合伙人的管理机制。

迭代：年轻一代加盟，民主制度优化

早在创立伊始，隆安的业务布局就自带高起点基因。1993 年，隆安经中国证监会与司法部批准，成为全国第一批取得证券从业资格、为数不多的能够从事证券业务的律师事务所；与此同时，隆安也开始涉足期货法律业务，上至最高人民法院、外至美国芝加哥期货交易所，均能看见隆安律师的身影；知识产权领域，徐家力、李大中等是当之无愧的领军人物。

“时来天地皆同力，运去英雄不自由。”2000 年，隆安创收达到新高，闯入北京律师事务所前三。而后几年，创收数据不断攀升，律所发展一路向好。但在律所内部，不同资历律师的收入差距开始拉开。

第二代合伙人加盟

“如果让收入悬殊的律师承担律师事务所相同的公摊费用，显然是不合理的；但如果只让收入最高的一部分律师承担公摊费用，又会让其他想参与律所管理的律师失去话语权。”进退之间，合伙人分级制度出台——2004 年开始，隆安的合伙人分为高级合伙人和合伙人两级，以刘晓明、王丹等青年律师为代表的第二代合伙人正是这一制度的受益者。

在加盟隆安之前，刘晓明本在广东珠海的一家律所执业，机缘巧合下，跟随律所扩张的步伐来到北京。刘晓明信奉“滚石不生苔”，如果不是原所的北京布局进行了调整，他不会轻易换所。也因此，自 2004 年加入隆安后，刘晓明也从未动过换所的念头。

进所第一年，刘晓明年创收为 70 万元；4 年后，这个数字已是原先的 10 倍。当时的律所主任张炳崑每每碰到他就会问:“晓明，你什么时候当高级合伙人啊？”老一代“七匹狼”都希望年轻律师能快速成长，多出几个“刘晓明”。

2008 年，刘晓明顺利晋升为高级合伙人，这一年，王丹则刚刚成为合伙人。两年后，王丹担任高级合伙人，年仅 32 岁，是当时隆安最年轻的高级合伙人。

多年以后，王丹站在国际俱乐部大厦 8 楼的落地窗前，准会想起 2005 年的那个冬天：还在一家小所做实习律师的他，在带教律师龙岩的引荐下，第一次见到了李大中——日后他口中的“师父”。这是他与隆安最初的结缘。从实习律师到独立律师，从合伙人到高级合伙人，最后到律师事务所主任，王丹是隆安八任主任中唯一一个做满所有职位的人。

当时隆安的高级合伙人并不多，开会时都会提出各种想法创意，但到最后往往是一句话——“行，王丹去实施。”“好，王丹，你把它落实一下。”“高级合伙人里你最年轻，这些事你不干谁干呀？给你封个官吧，叫首席信息官，把隆安的信息建设搞起来。”于是，CIO 王丹就包揽了隆安所有信息化建设工作，包括优化升级网站、期刊、邮箱，制定利益冲突检索规则等。这些事王丹整整做了 9 年，隆安信息管理平台也从 1.0 升级到了现在的 5.0。

从“轮值”到“选举”

行至 2010 年，中国最早一批律所先后越过了“20 年”这道准线，即将走到管理层换代的历史节点。20 年，足够让老一代管理层建立起难以动摇的威信与话语权，这对律所的新老迭代而言，是一柄“双刃剑”。用好了，管理权限平稳过渡；用不好，难免引发内部动荡。

在隆安 27 载的发展历程上，共有 8 位主任，分别是徐家力、李京生、李大中、黄永庆、张炳崑、陈旭、刘晓明、王丹，代表了隆安管理制度的三个阶段：

• 第一阶段是主任负责制，以徐家力、李京生、李大中、黄永庆代表，不设立管委会，律所管理工作由主任一人负责；

• 第二阶段是管委会负责制，徐家力主导设立管委会，成员是“律所主任 + 徐家力 + 一名高级合伙人”，从张炳崑这一届开始，持续到陈旭任期结束；

• 第三阶段是管委会加发展基金会的“联动机制”，从刘晓明任主任开始，到王丹任主任后进一步巩固、成熟。

在第一、第二阶段，律所主任不是选出来的，而是“轮”出来的——隆安内部曾有个不成文的规定，主任由高级合伙人按加入时间先后轮值担任。但随着律所规模及影响力逐渐扩大，需要将这一重要岗位人选的确立流程规范化。

2012年年底，隆安又到了管委会要换届的当口。按照原来的做法，这一届的律所主任应该轮到刘晓明。在当年年会上，隆安年轻一代的合伙人站了出来，中断了以非选举方式确认主任的流程——“选举，选举，还是需要选一选的。请给我们一个月的时间，把整套的合伙人议事规则、选举制度拿出来后，我们再选。”

一个月后，隆安出台了《隆安律师事务所主任及管委会委员选举办法》《隆安律师事务所高级合伙人会议议事规则》，标志着隆安制度建设踏出了第一步。

2013年1月26日，隆安召开“北京市隆安律师事务所2013年度第一次高级合伙人会议”。经全体高级合伙人投票表决，选举刘晓明担任隆安新一届主任，选举黄永庆、江迎春、王丹为新一届管委会成员，与创始合伙人徐家力及主任刘晓明共同组成新一届管理委员会。

在新出炉的选举制度下，隆安第二代管理层正式形成。这一次的制度优化，也为隆安后来三次斩获“中国十佳成长律所”埋下伏笔。

革新：老一辈鼎力支持，新生代乘风破浪

早在1998年，隆安就开始向外布局，这与徐家力本人对于律所发展的前瞻性预判密不可分。在设立分所这件事上，他比谁都积极：“中国发展的成功经验已经告诉我们，规模化是可以最快占市场、见成效的路径。”

上海分所是隆安最早设立的分所，在隆安社会调查部主任杨海和法律顾问爱德华·雷门的倡导下1998年即宣告成立，但此后的发展一直不温不火。2007年，拥有10多年从业经验、曾在浦发银行从事过3年信贷管理工作的金融领域专家杨坤，接手了彼时只有18名律师、正处于入不敷出状态的上海分所。值此“二次创业”的最困难关头，杨坤拉来管理经验丰富、揽下财管重任的彭喜根组成上海分所的“定海神针”，与韩德科、洪世宏、颜延等几位律师，以及2002年就加入隆安、后担任两届发展基金会秘书长的隆安“老人”钱葳，一道顶住压力，扭转局面，使上海分所一步步走出泥淖、发展壮大。

1999年，35岁的徐驰离开待了10年的沈阳汇丰律师事务所，想自己创办一家新所——她想到，前几年里结识的徐家力碰巧也是沈阳人，一直想把隆安拓展到自己的家乡。而彼时还没有哪家北京大所前来沈阳创办分所，如果隆安办了，将会成为沈阳的“第一家”。徐驰和徐家力碰了碰头，双方一拍即合，当年，沈阳分所便在徐驰、吴杰等

几位律师的张罗下正式挂牌开张。

贾红卫是中国最早一批从事破产清算的律师之一，1993 年即开始执业——这年，隆安也才刚刚诞生，双方并未预见到此后会相互结缘。2004 年，贾红卫越发觉得自己所在的海派律师事务所缺乏全国网络，无法满足自己业务开展的需求，便想单独出来加盟一家全国性大所。适逢北京市司法局批准了隆安在深圳设立分所的文件，徐家力拿着文件，和贾红卫在深圳见了一面。也就是这一面，让深圳分所在贾红卫的一手操持下，从零开始逐步成长到今天的规模。

从 1998 年到 2004 年，隆安形成了"北京总所 + 上海、沈阳、深圳三地分所"的局面，直到 5 年后落子广州才被打破。三地分所的发展各有波折，但却都延续隆安民主、平等的基因，这种共识也使在后来的总分所制度改革后，各地分所很快便迸发出发展活力。而杨坤、徐驰、贾红卫等一批与分所共同成长起来的律师，如今也都成为隆安的"中流砥柱"。

2010 年后，隆安加速地域开拓，对全国热点城市和"一带一路"沿线进行规划和布局。但与此同时，一个此前未曾根本性解决的老问题又冒了出来——总所与各地分所之间的团结紧密程度不够。

为了解决这个问题，隆安在 2011 年成立了发展基金会，由徐家力任理事长、刘晓明任秘书长，每一家分所是基金会的理事，共同组成基金会的理事会，各地分所统一向基金会缴纳基金费，用于支持和推动隆安整体的建设和发展。此时，基金会的主要权限还是在北京总所手中，分所的积极性并没有被充分调动起来。

怎么解决理念更新、制度更新的问题？刘晓明想到的是"放权"。他跟徐家力说："理事长和秘书长我们都不要做了，总所全部让出去，让分所主任去做。"徐家力表示认可。

2014 年 6 月，第二届发展基金会换届，深圳分所主任贾红卫担任理事长，上海分所主任钱葳担任秘书长。分所主任的主导权增加后，基金会果然活跃起来，彻底解决了总分所的关系问题。刘晓明说："律师事务所的发展是这样的，权力抓得越死，越像一潭死水，你越放开，越有生机勃勃的活力，奥妙就在这儿。"到 2015 年年底王丹接棒后，隆安已经形成北京总所管行政、发展基金会管业务及品牌发展的"联动机制"。

新老管理层的平顺交接，充分激发了后起之秀的建设热情，他们的创造力给隆安带来了显著变化：

• 从律所规模来看，隆安保持着每年开设 2~3 家分所的速度在扩张，截至 2019 年，隆安已经拥有 270 名合伙人、近 1300 名执业律师，除北京总部外，在全国各大城市设有 25 家分所；

• 从律所品牌来看，隆安连续 7 年入选 ALB"亚洲本土 50 强"榜单，连续 3 年位列"中国律所规模 30 强"榜单第 11，3 次斩获"中国十佳成长律所"；

• 从制度建设来看，新一代管理层建立并完善了一系列律所规章制度，律所管理更加规范、高效；

• 从文化氛围来看，合伙人积极参与律所建设，新思想、新想法不断涌现。

何以让两代管理层无缝交接，并在换届初期就迸发出惊人的变革能量？在李大中看来，“就像跑步一样，你得先要向后蓄力，才能冲刺向前”。隆安恰好在制度和文化上蓄好了力量：

制度上，隆安的最高权力始终掌握在合伙人大会手中，合伙人大会的决议就是隆安的“宪法”。在这样的制度保障下，隆安的管理交接更多体现在形式上而非本质上的替代。自创所起，隆安就带着民主、平等的制度基因，即使徐家力是无可争议的核心，在合伙人大会上也不是“一言堂”。

文化上，隆安的合伙人团队本质上都是乐意为律所发展作出贡献的人，隆安的历任管理层，无不在资历与贡献上得到所内的充分认同。认同带来信服，合伙人间的团结与相互信任保证了换届不会使内部产生重大改变。

实际上，老一代隆安人的支持也是管理层平稳换代的关键因素。刘晓明成为主任后，徐家力、丁朋等前辈合伙人不仅全面放开管理权限，在发展基金会等问题上也时刻支持他；为了建立王丹的领导力，自王丹当选主任，师父李大中就坚守在管委会，“扶君上马，再送一程”；在刘晓明、王丹请教管理事务时，老一辈人知无不言、言无不尽。

作为老一辈管理层的核心，徐家力对律所传承看得很透彻：“年轻人想法多，对律所事务上心，我们就应该支持他。一代人就做好一代人的事情，老一代创立事务所这样一个平台，完成了一定历史积累，未来隆安的壮大就该交给更有激情、能力与心气的年轻人。”

站在当下的时间节点，隆安对于未来3~5年有更为具体的思考与规划：

• 分配机制上，在当前的基础上设计另一种可选的分配方案，在公平的前提下探索更适合隆安实际发展的分配方式；

• 管理体制上，进一步优化整合管委会加发展基金会的“联动机制”，推进设立律所层面的全国合伙人大会、全国管理委员会，打造一体化管理；

• 专业领域上，在“大而全”的基础上，抓住热点领域深耕，培养出有显著竞争优势的业务团队，提高抗风险能力；

• 规模建设上，在各大省会城市均设立分所，达到36家分所、3000人的规模，跻身全国前五乃至前三。

在明确目标后，加上内部驱动力的爆发，隆安必会在快速追赶中显露出属于自己的品牌特色。“当隆安也成为第一梯队、第一品牌的时候，它会有自己的特点——那时的隆安将会是成为一个更加开放、更自由、更有学术氛围、与国际全面接轨的律所。”未来，隆安将以一个更现代、更蓬勃的形象屹立在中国法律服务市场。

文化：精英群体的江湖义气

2019年11月8日，新建成的北京国际俱乐部大厦正式启用，隆安整体入驻新址8楼。此前，隆安已经在国际俱乐部二层老楼办公超过22年，一再扩租的老楼也无法再满足隆安日益增长的体量。但在决定“上楼”前，隆安却对“往哪搬”有过一番讨论。

务实的老一辈合伙人相中了华侨村前的一座独栋小楼，比起后来选择的国际俱乐部新楼，不仅面积更大，租金也更低，性价比高。但青年合伙人们更倾向选择新楼，从提高品牌形象、增强竞争力等方面罗列理由。

对于分歧，管理层并没有“一刀切”，而是征求每个隆安人的意见，最终让大家达成了一致。“上楼”的事儿就这么定了，但多出来的租金成了难题——新楼的租赁成本达1200多万元，比原先翻了一番还多。

“七匹狼”之一的黄永庆得知后特地给王丹打了个电话：“明年租金成本要涨不少吧？”

王丹坦诚相告：“是的。”

黄永庆便说：“我助理跟了我十几年，也该让她申请个高级合伙人了。”

言外之意很简单：自己的团队多分摊一份成本。这份云淡风轻的支持让焦头烂额的王丹深受感动。这正是隆安人多年相处下来的默契与信任，不道破，但彼此都懂。

相较于创收、制度，文化是一个不够具象的概念。固然可以用开放、包容、相互体谅等形容词加以概括，但能下沉到具体事件中的文化才会流通且有生机。

再如2017年，隆安完成了从普通合伙制到“特殊的普通合伙制”的改制，与其他律所通过部分人牺牲实现平稳过渡方式不同的是，隆安选择了一种最难最麻烦的方式——一个个做沟通，得到全体合伙人的认同而改制。但这种最难的方式，却最为顺利地推行落实了。

徐家力向来主张隆安内部要“搞阳谋不搞阴谋”。律所内合伙人众多，业务、性格各不相同，有矛盾很正常，但徐家力支持大家把问题搬到台面上来讲，“在会上相互大骂”，当面说清当面解决，而不是私下讨论横生是非：“咱们以隆安这个平台为办事标准，把解决问题作为终极目标，饼越做越大，大家不就越吃越香了吗？”

“人合之道”是隆安一以贯之的理念。无论是初创期三位创始合伙人的精诚合作，还是“七匹狼”时期合伙人们的相互信任、相互担当，抑或是新时期全所律师们的上下一心，这种集“贵族精神”与“江湖义气”为一体的“人合”体现在方方面面。

“贵族精神”“江湖义气”，看似对立，但在徐家力看来，二者是共存的：“有人的地方就有江湖，再高的庙堂也有江湖义气，这种江湖义气是感情基础。同时也要有法律专业基础和学术研究功底，不然流于草莽江湖了。”

隆安“七匹狼”就是“贵族精神”与“江湖义气”的典型聚合：徐家力聪明睿智，格局高远，诸多往届年会的预言后来一一应验；李京生治学严谨，情感亦丰富内敛，会因好的艺术作品而动情流泪；李大中热情仗义，是隆安各类风波中的“定海神针”；黄永庆温文尔雅，有儒将之风；张炳崑沉稳厚道，平生从未与人交恶；丁朋爽朗豪放，待人以诚；陈旭勤奋好学，用两年时间追赶上因在国外错过的八年。七人七个样，却是一水儿的高学历、重情义。

“贵族精神”是隆安赖以建所的法学精英氛围基础。不仅当年是“全国第一家全部由法学硕士研究生组成的律师事务所”，直到今天，隆安的执业律师也基本上来自国内各大知名法学高校。云集的法律精英不断巩固着隆安浓厚的学术氛围与强烈的专业色彩，以文化形式保障着隆安在业务层面的竞争优势。

“江湖义气”则是隆安特色文化的最贴切表述。如果说内部氛围和谐是每一做大做强的律所必备的文化基础，那隆安的“人合”更多则源于骨子里那份重感情、讲义气——2004 年刘晓明被最高人民法院的老师引荐给徐家力，简单几句下来，后者就直爽地定了加盟事宜，并在此后一直提携刘晓明；王丹在原律所注销、还没拿到“红本”的情况下碰上李大中，后者仗义地帮刚见面的王丹解决了问题，后来也成了“模范师徒”。此外，“七匹狼”间的深厚情谊、各分所曲折却温情的发展故事，都是隆安人“重情义”的印证。

随着近年规模的不断扩大与管理层新政的接连出台，隆安的文化含义中正加入更为现代的因素。

新办公室就是一个典例：大厅恰到好处地嵌入一块超大显示屏，不仅便于即时向律师、客户们展示信息，在培训交流活动中也效果拔群；16 间风格、功能各有侧重的会议室能全方位满足不同客户的会见需求，大会议室更是安装了最大尺寸的互动屏，各种场景都能游刃有余；在统一的信息管理系统下，会议室的预约实现了手机、PC 和现场触摸屏三端同步，函件收发、物流信息也能通过短信、微信、OA 账号同步获取，办公区各种功能更是集成在了一张小小的工作证里；设备齐全的茶水间满足了员工休闲交流的需要，特意设计的数座“封闭式电话亭”则为尚无独立办公室的律师提供了与客户沟通的绝佳私密空间……方方面面的出发点，都是“以人为本”。

没有老一辈隆安人的深厚积淀，隆安不会有薄发的底蕴；没有新一代隆安人的进取创新，隆安不会有破局的契机。新老隆安人的团结融洽、薪火相承，让隆安在原先的“人合”基础上向“一家人”的目标越走越近。

在这样一批“重感情”“讲义气”的隆安人手里，这家已经走过 27 载的老牌律所，正从内而外地自我更新，迸发出勃勃生机。

结　语

将近而立的隆安，已是北京法律服务市场一股强劲而蓬勃的力量。这其中，有过“辉煌十年”，也有过锐意求变，但自创所起便奠定下来的文化基调却始终一脉相承，让隆安在滚滚大潮中不舍本我，从数人走到千人，从北京散到全国。

它历史悠久，腾起于 1992 年的创所大潮；又理念超前，率先完成换届，建立“联动机制”。它有贵族精神，法学底蕴深厚；它有江湖义气，以人为本，融洽如家人。

没有曲折的经历，没有跌宕的情节，所有加入隆安的律师都会觉得一切就宛如水到渠成般顺畅自然。好似一坛以时光窖藏的醇酒，隆安用一种名为“人合”的独特风味凝聚了一批出色的律师，写下了自己的传奇。

时间拉回到 1994 年，刘晓明还在西北政法大学攻读经济法，王丹则在遥远的大连紧张地准备着中考。拎着包的李大中走进北京汇园国际公寓的一个小套间，正式开始与徐家力、李京生一同执业。命运默不作声地穿针引线，将他们乃至每一个未来的隆安人紧紧系在了一起。

这是隆安的起点，也是未来的序言。

天元

中国精英律所的底蕴与雄心

林　戈　毛姗姗　蔡　凡

天元创始合伙人，左起依次为李方、宁成、王立华、佟强

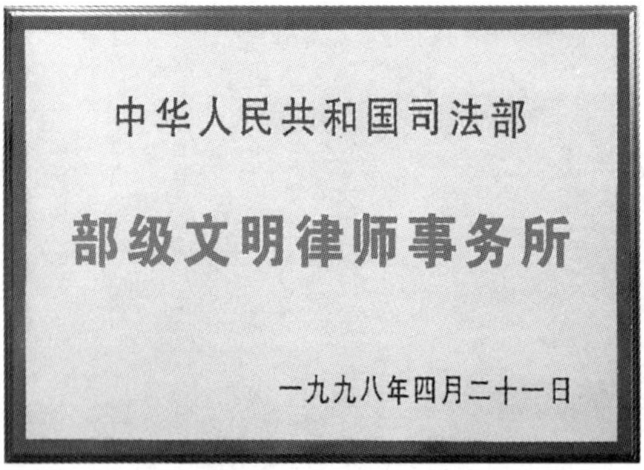

天元被评为“部级文明律师事务所”

天元被评为“全国优秀律师事务所”

天元被 CLP 评为“年度资本市场律师事务所”

天元获得 2019 年中国并购专项奖“最佳并购律所奖”

天元青年律师训练营第五期学员合影

从中国核电、中国三峡、中化集团等大型央企，到光大证券、中信建投、天津银行等金融机构，再到新东方、比亚迪、万达商业等民营企业……天元参与并见证了它们在资本市场的发展壮大，不断陪伴它们步入新的征程。

从著名的“3Q 大战”，到对抗德国 HUGO BOSS 商标权案，再到全程参与某保险集团接管后的诉讼与非诉讼工作，以及香港国际仲裁中心首批委托境内法院进行财产保全案值最高的案例……天元在众多复杂案件中均表现了出色的诉讼和抗辩能力，竭尽全力为客户赢得最大利益。

从助力联想成为国际奥委会全球合作伙伴、收购 IBM，到中国节能联合体收购澳洲白石风电项目，中国电建在伊拉克兴建当地单体最大的鲁迈拉天然气循环电厂，再到长江电力收购秘鲁最大电力上市公司股权，成就中资企业年度最大海外并购……天元在中国企业深度参与和投身“一带一路”建设的进程中发挥了重要作用。

过去 30 年，中国经济腾飞，中国企业放眼全球，布局海外，而在这一过程中产生的“新”的法律问题，都需要中国律师参与其中，从法律的角度出发，研究新技术、新产品、新业态的定义、分类和立法、执法问题；从经济的角度出发，思考新的交易架构将会对整个社会结构、经济结构产生怎样的深远影响。如今，天元的许多客户都已成长为商业巨擘，天元自身也已成为中国商事律所中的翘楚。“与客户一同成长”和“在业务上不断深耕”是天元自创始起就已具备的基因。

天元 28 年史：师出名门，群贤毕集

创所初期：中国法学精英的不凡开端

1992 年的北京还只有二环，三环还未全线通车，一家名为“开元”的律师事务所诞生了。它的办公室是亚运村的两间公寓，律所内的行政和秘书还兼任着厨师的工作，全所的交通工具是一辆租来的小轿车，一辆车载着不同律师会见客户、奔赴法庭，最多的时候车里一次挤下了 7 个人。

朴素、简单，但饱含热情，这是一个梦想刚开始的模样。

20 世纪 80 年代末，开放的气韵逐渐弥散，时代于无声中风起云涌。北京市已经批准了两家试点合作制律师事务所，分别是北方和经纬。得知这一消息时，王立华与宁成、李鹏等人还在北京大学任教，同时也在国办所担任兼职律师。“中国律师业将起变化”，这是他们几位的共识。

1992 年，乘着邓小平同志南方讲话的改革春风，律师制度改革也应运而生，王立华等人递交了办所的申请材料。在申请书中，天元创始人预见到投融资和兼并收购的趋势，并将其作为律所的特色业务领域。12 月 28 日，天元律师事务所（1992 年成立时还叫开元，1994 年改名为天元）正式拿到了批文。

那时，天元还以诉讼业务为主，王立华、佟强、李鹏被称为“铁三角”，但他们并没有满足于诉讼，天元早早便明确了要走“专业化发展之路”，并在涉外业务领域渐露头角。1993 年，作为唯一一家代表中国企业参与联合国伊拉克索赔案件的律师事务所，天元打下了漂亮的一仗。

20 世纪 90 年代初爆发的海湾战争中，不少国家在当地设立的企业遭遇损害。由此，联合国设立了赔偿基金委员会，要求伊拉克政府赔偿各国企业在战争中蒙受的损失。委员会按照英美法体系建立，根据各国提供的证据材料，以确定损失，并在核准后从基金里拨款。

中国很多企业在战争中蒙受损失，外交部与原外经贸部牵头，由中建总公司代表 20 多家企业联合招聘律师事务所，天元成为唯一一家代理律所。历时 8 年，天元律师调查收集了大量证据，协调各方工作，最终为 20 多家国有大型企业挽回了巨额经济损失。

此案结束后，外交部和对外经贸部向天元发来了感谢函，以感谢天元在本案中所做的贡献，维护了中国企业的权益。这既是莫大的荣誉，也是天元业务蓬勃发展的开始。

市场开拓：以商事法律为中心的全领域布局

1992 年，天元创始合伙人们定下了下一年度的创收目标——每人 30 万元。那是 1992 年，大学教师的工资也不过每月 100 元，但在 1993 年年底，这一看似遥不可及的目标，天元竟出人意料地达成了。

敢定高目标，敢打硬仗，是天元律师的特点。成立之初，天元就承办了许多高难度案件及开创型业务。在此后的发展中，天元始终保持“高质量”的领先地位，服务多个行业领域的领头企业。

回顾天元 28 年的发展，这种“把案子做深做透”的信念贯穿始终。

在最开始的两年，天元的业务以诉讼和常年法律顾问为主。在服务过程中，王立华等律师们也有意识地培养客户的风险防范意识。天元的知识产权、房地产、收购与兼并、对外贸易投资与商事诉讼这五大业务板块的规划也初步形成。

天元的创始合伙人李鹏是中国最早从事房地产法律服务的律师之一。早在 1993 年，他就开始协助企业提供从拿地、规划、设计，直到销售的一条龙法律服务。当年，天元还与中国房地产协会一起举办了第一届中国房地产法律论坛。

1993 年，中国证监会和司法部开始进行证券从业资格的审定和培训，王立华等人成为第一批拥有证券从业资格法律服务的律师，天元也成为第一批有资格从事证券业务的律师事务所。1995 年，方正（香港）有限公司成功完成了重组，并在香港主板上市。天元作为方正（香港）有限公司的中国法律顾问，为此次重组和上市提供了全程法律服务。该项目也成为天元证券业务正式起步的标志。

1996 年年底，天元创收已经突破千万；之后一年，天元达到 50 人以上的规模。1998 年，司法部首次评选“部级文明律师事务所”，经过多项指标的综合评定，天元在首批上榜的 20 家中国律所中位列第二，这也代表天元创所六年内的发展成就。此后，天元又连续四届获评“全国优秀律师事务所”。

2000 年年初，天元开始发力资本市场 A 股业务。王立华本人也开始转型，全力带领刘艳、吴冠雄等年轻一代的天元律师一起投身于资本市场业务。5 年之后，天元在资本市场 A 股领域站稳脚跟，并在客户群中享有盛誉。

另外，天元创始人之一的宁成带着朱小辉等一批优秀青年律师，开始从事并购、重组业务。2006 年，天元代表华夏基金管理公司完成了兴业等多只证券投资基金由封闭式转为开放式基金的工作，是第一个为证券投资基金“封转开”项目提供法律服务的律师事务所。天元担任南方证券及华夏证券重组项目的负责律所，收购华夏证券的证券类业务的中信建投证券也成为天元服务 10 多年的长期客户。也是在这一年，天元在册人员突破 100 人，成为全国范围内的百人大所。

“专心业务，共谋发展”构成他们的共同目标，促使天元在各个业务板块都成绩斐然。2007 年年底，天元跨入亿元律所行列，其营业收入连续 10 年稳居北京律师事务所的前列。

2006 年，天元的合伙人中间已经形成了诉讼与非诉的专业化分野。诉讼与非诉业务在选人、培训、业务拓展等方面并不一致，于是专注诉讼业务的合伙人在所内成立了独立的“争议解决部”，开启了天元大部制的时代。

争议解决部建立后，制定了独特的业务流程规范、律师指导规范、档案管理规范和着装礼仪规范，也通过利润共享、风险共担的方式延续和发展了天元的破产重整业务。天元陆续吸引了来自法院、仲裁委员会以及其他司法机构的合伙人加盟从事诉讼律师业务，每年承接的争议解决标的均达数百亿元，尤其以金融诉讼、公司证券诉讼、房地产诉讼和知识产权诉讼见长。2018 年，从美国完成访问学者项目的朱晓东、从英国完成出庭大律师学业的李然陆续回归天元，进一步推进了天元涉外争议解决业务的发展。2019 年天元引进了杨虎城、陆子瑜为代表的优秀刑事律师团队，标志着天元全方位争议解决业务构架的完成。

2008 年，我国《反垄断法》正式实施，黄伟加入天元并在反垄断领域崭露头角。《反垄断法》实施 11 年来，天元在反垄断诉讼、反垄断调查、经营者集中申报、竞争法合规等领域全面发展，先后代理了一系列在国内外具有重大影响的反垄断案件，包括第一起涉外反垄断调查案液晶面板案，第一起知识产权滥用反垄断调查案华为 IDC 案，最高人民法院审理的第一起反垄断诉讼“3Q 大战”等。

近年来，天元代理了目前最受关注的反垄断诉讼——京东诉天猫“二选一”案、利乐反垄断索赔案、第一起纵向垄断行政诉讼海南裕泰案；在反垄断调查领域，天元代理了茅台五粮液案、高通案、国际三大唱片公司案、全球三大存储芯片案等；每一年代理数十起经营者集中申报；为医疗、化工、互联网、半导体、通信设备等行业数十家企业提供“最接地气”的竞争法合规服务。

2013 年，天元组建起以黄再再、徐伟带头的金融与资产管理法律服务团队并进一步发展。目前，天元已为国内 1/5 以上的信托公司、1/3 以上的保险公司、1/5 以上的基金公司提供法律服务，服务范围涉及金融机构设立、增资、股权转让、债券发行、上市、金融产品设立与发行、争议解决等方面，树立了良好的口碑。团队规模从小到大，目前已有 10 多名合伙人、50 余位律师，并且，每年业务规模保持 20%~30% 的增长速度，成为国内为数不多可以从事“银、信、保、证、基”全链条法律服务的律师事务所。

2018 年，依托于天元多年来积累的丰富的专业资源和客户资源，天元首席合伙人王立华看准市场发展方向和客户需求，组建了天元家事与财富管理部，致力于为家族企业、高净值个人客户提供优质而全方位的法律服务，涵盖家族企业治理、家族信托、境内外资产管理与规划、婚姻与继承、税务筹划、慈善事务等。

当天元在资本市场、并购、争议解决、金融资管、反垄断、家事与财富管理等主力领域“纵横驰骋”的同时，教育、医疗、TMT、能源、房地产、体育、国企、新经济领域的专业团队如“轻骑精兵”，让天元在众多细分领域纷纷取得突破。

眼下，天元已形成了在商事业务领域的竞争优势和多元化发展的业务布局。

规模发展：稳重精进，统一管理

分所布局方面，天元并不激进，创所 7 年后才在上海设立了第一家分所。而在其后 13 年间未再设立新的分所，这并非力所不及，而是对律所文化同质性的追求始终指引着天元的发展。

1999 年，天元创始合伙人李鹏前往上海出任分所主任，旨在开拓资本市场业务的更多机会。彼时分所的执业律师皆由北京总部直接派遣，而在其后的发展中，徐萍接棒，逐步实现本地化。2015 年，上海分所创收突破 1 亿元，自此以后逐年保持两位数的增长态势。境内外资本市场和外商投资业务也成为上海分所发展的重点领域。目前上海分所已逐渐发展至百人的规模，朝着综合化服务的方向在发展。

千禧年之际，北京刮起律所合并、挂牌开设分所的风潮。天元仍然保持着冷静，不急不躁，始终秉持低调谨慎的态度，是为“柔”；而天元对其品牌的爱惜与坚持，宁缺毋滥的精英要求，是为“刚”。在天元的发展历程中，“刚”“柔”并济，成就了天元的基业。

2012 年，天元第二家分所落子深圳。几年间，天元深圳分所主任李建辉将深圳分所的团队扩充至近 100 人，并且下一步的扩张也在筹划之中。目前，资本市场及争议解决仍然是深圳分所的优势业务。未来，深圳分所将在稳健的基础上朝着更综合化的方向迈进，打造资本市场的全链条服务，并将在房地产、破产重组领域进一步布局。

伴随各地区的经济发展，天元也加快了分所布局的进程。2013 年，天元设立成都分所尝试了新的模式——直接吸纳刘斌、张婕等当地的优秀律师团队，合作开办分所。经历几年发展，成都分所团队目前有数十人，并逐步在资本市场和争议解决、破产重整等领域形成业务优势。

2016 年，傅思齐受管委会委托，开始筹建天元香港分所。当年年底，天元香港分所正式成立，也是在这一年开始，天元的港股业务获得爆发式增长。2019 年，李竟弘、郁昉瑾、高洋、王何维等来自国际律所的行业精英加盟天元香港联营所，进一步壮大了天元在香港资本市场的实力。截至 2019 年年底，天元香港目前已有 6 位合伙人，30 多名律师。

2018 年，天元杭州分所获批成立；2019 年，天元西安分所获批成立；2020 年年初，天元海口分所、苏州分所获批成立。目前，天元在全国设有 9 家分所，布局点覆盖中国重要的经济片区。

天元采取“一体化”的管理模式——全国各地的分所，包括内地和香港特别行政区均实行统一核算，成本和利润分配上均有公共的因素涵盖在内。这也使天元的分所布局更为稳健，确保各地分所能保持高质量的发展。

学院派，星火传

2012 年，中国法律服务市场已经发生较大变化。此时，天元已经是由 200 多名专业人员组成的综合型大所，如何管理好这样一个专业服务机构，是王立华等人要面对的现实问题。天元做了两件事破解了这个难题。

其一，调整治理结构。首先，天元在内部设立了包含 9 名成员的管委会，其中，朱小辉担任主任，统管财务及全所事务；吴冠雄和任燕玲担任执行主任，分管招聘培训和行政事务。管委会的设置，大幅度提高了决策效率，分所设立、薪酬制度等相关决策均可在管委会中解决。基于天元的文化同质性，天元的合伙人普遍信任管委会的决策能力和操守，将绝大多数的律所事务全权委托管委会决策和执行。

值得一提的是，天元管委会的 3 位执行主任，自毕业以来就一直在天元工作，由创始合伙人们以“老师带学生”的方式进行培养。在管委会成员任命之前，天元的创始合伙人已经设立多个联席工作小组分别管理事务所的财务、人事、培训和市场四大核心工作，当时负责这些联席工作小组的律师即成为后来接班的管委会合伙人。更值一提的是，天元的创始合伙人在完全不讲条件、不计功勋的基础上功成身退，律师事务所的传承问题在波澜不惊之间随之而解。

其二，设立专业部门。1994 年始，天元便采用了律师池制度并延续多年。在律师池制度下，新进律师会被分配到不同的业务领域轮流训练，绝大多数律师均同时踏足过多种专业领域，包括诉讼业务和非诉讼业务。律师池制度中的律师计薪方式为小时制，无论律师从事哪一项业务，均可通过记录工作小时的通用方式计薪，最终以项目合伙人对工作小时的审批结果为准，多劳多得。朱小辉、吴冠雄、任燕玲和刘艳都是律师池的亲历者，在他们眼中，这种培养方式很好地锻炼了他们的综合能力，早期各种业务都有接触，到后来能够灵活贯通，解决更复杂的案件。对于律师事务所而言，维持律师的数量也可以相对精简。

“2014 年，一方面，随着天元分所的设立，许多律师团队纷纷加盟，天元已经产生了用人相对固定的情况；另一方面，部分合伙人也希望能够有相对固定的合作律师，以便更高效地开展工作。”天元主任朱小辉说。

同时，为了避免部门划分导致青年律师出现“偏科”的情况。天元通过多维度的培训体系帮助青年律师汲取更多业务领域的执业思维，以促使其在客户服务时，能够更为缜密与得心应手。目前，天元内部已经有一套成制度体系的培训系统。从入所开始，所有培训对各个部门的律师都开放，同时，天元也鼓励青年律师去其他部门学习。

在王立华看来，律师事务所的竞争与其说是市场和客户的竞争，不如说是人才的竞争。人才，才是律师事务所最大的财富。

天元有着浓厚的“学院派文化”，这在“战狼文化”占据优势地位的中国律所中是一种独特的风景。在天元，当一位年轻律师遇到不理解的专业问题需要请教他人时，无论被请教的律师是否相熟，是否是资深合伙人，都会对其尽心解答，知无不言。如果遇上曾经在法学院执教的律师，他们常常有“满身绝技一朝授”的热情，从法理到实践讲个透彻。“这不是律师的思维方式”，朱晓东对此很有感触，这更像是“学长能帮你的都在这了”的温度，毫无保留地向年轻律师传授经验。反之亦然，一个资深合伙人遇到不熟悉的专业问题，也可以随时找到在相关领域实践经验丰富的律师，甚至向刚入所的律师助理虚心请教，大家对此都习以为常。

在其他一些律师事务所，不同的合伙人在执业过程中出现利益冲突时，多会争取自己的团队获得业务，而排斥其他合伙人继续进行有利益冲突的业务。在天元，出现利益冲突情形时，我们往往看到的是互相充分沟通和理解，为对方着想，为律所的整体利益着想，最后完全可以通过协商解决冲突问题。

值得一提的是，从 2015 年至今五年，吴冠雄带领天元合伙人和北京大学法学院共同开办“天元律师实务”秋季课程。“天元律师实务”是北京大学法学院第一个由一家律师事务所承担、列入本科教学计划和研究生培养计划、具有学分性质的正式课程；也是北大法学院开设的唯一系统讲授律师执业实务操作的课程。管中窥豹，天元律师在学术领域和律师实务中的造诣可见一斑。

如何才能精准地概括天元的文化？可以看看天元的标识。上方的“圆”代表天元的学院派情怀，还代表天元的职业精神、使命感、学术气质；下方的“横”，代表天元自由、平等的律所氛围，还代表真诚、开放、包容。

正是天元“学院派”的文化特质，能够把人凝聚在一起，而各领域的专家律师纷纷加盟天元，共同促进了天元今天的发展，体现在业务上就是天元 28 年来的厚积薄发。长期以来，天元的境内外资本市场都是其王牌业务，却也掩盖不了其争议解决的锋芒，并购业务在天元创所伊始即有沉淀，一直位列市场前茅。而在目前的新秀领域，如反垄断、金融与资产管理、私人财富管理，天元亦展示了其作为优等生的独门绝技。

在律师专业化竞争日益激烈的背景之下，天元设立了“一主一辅”制度，规定每位合伙人只能有一个主营业务和一个辅助业务，不允许律师同时跨越多种业务类型，以有效地保证律师能够在自己的领域持续精进。同时，天元还设立了项目互荐制度，由合伙人统筹整个律所的资源提供给客户，秉持“让专业的人做专业的事”的理念。

历史、文化和底蕴，是一家律师事务所基业长青的根本，而其实力，则是通过一个又一个“首例”和经典案例，来得以体现。自 1992 年到 2020 年，天元用专业雕琢出了自己的品质，全面推进企业改制、资本市场、并购重组、投融资业务，为一系列公司上市及融资提供法律服务，代理高端、复杂的争议解决案件，不断迎来属于天元的高光时刻，铸就了不凡。

资本市场守望者：境内外相映生辉

天元是中国资本市场最具影响力的律所之一。在其业务发展历程中，天元律师凭借出色的业务能力拿下了众多体量大、层级高、专业性强、程序复杂、法律事务众多的“首例”项目。“*从天元资本市场法律服务的发展历程和天元服务的客户群，可以看到中国资本市场发展的一个侧影。*”天元合伙人刘艳说。

2006 年，新东方在美国纽交所挂牌上市，成为首支在海外上市的中国教育概念股；2007 年，中化集团下属方兴地产作为中国首家商业地产公司在香港上市，晶澳太阳能作为光伏龙头企业在美国纳斯达克上市；2009 年，中国中冶成功以“A+H 股”形式在上海 A 股和香港 H 股发行，神州泰岳作为首批创业板企业挂牌上市，光大证券作为新证券法、新公司法实施后的第一个央企证券公司在 A 股挂牌上市；2011 年，远东宏信作为中国首家融资租赁公司在香港上市；2014 年，万达商业 H 股上市，成就史上规模最大房地产 IPO；2015 年，中国核电作为第一支纯核电股登陆 A 股，成为 A 股近 5 年 IPO 融资规模最大的公司和国有大型企业。与此同时，天津银行、盛京银行、中信建投、歌尔声学、比亚迪、唐山港、四维图新等中国众多知名公司、明星企业的资本市场发展之路，均有天元作为法律顾问的身影服务其中。

从零到一、从一到更多，打下第一案之后再持续深耕。于业务开拓与积累沉淀中，天元的资本市场业务得以蓬勃发展。

“目前天元的业务布局已经不仅局限于资本端，而是延伸到了资产端，形成了全链条的闭环。”朱小辉说。天元合伙人朱振武补充道：“天元众多的资本市场客户不但带来资本市场业务，也带来了并购、争议解决等其他业务机会。”

2006 年，新东方在纽约证券交易所成功上市，其标志性意义至今影响深远。2010 年，天元协助学而思教育（后更名为“好未来集团”）顺利实现在纽约证券交易所挂牌上市，并一路伴随其发展成为中国目前市值最高的教育公司之一，成就了教育行业的又一标杆性案例。2014 年，天元助力枫叶教育集团成功登陆香港资本市场，枫叶教育集团成为第一个在香港上市的中国教育机构。2018 年，天元助力中公教育在 A 股借壳上市取得巨大成功，中公教育成为 A 股资本市场的教育行业第一股，以及教育行业第三个市值超过百亿美元的龙头企业。

迄今为止，天元已累计担任超过 18 家上市教育机构的律师，并代表客户完成数百个教育项目的投融资并购交易。凭借着 20 多年的积淀，天元将教育行业的法律服务发展成为跨越内地、中国香港特区和美国，并一路领跑国际教育、在线教育、职业教育和高等教育机构的境内外上市法律服务，覆盖教育各细分领域和科技教育企业提供全品类法律服务，并为客户提供前瞻性的法律风险判断和咨询。

天元律师的“深耕细作”和“全链条式服务”不止体现在教育行业，在医疗大健康领域亦是如此。第一家民营医疗连锁体检机构美年大健康通过借壳登陆 A 股、第一家民营医院温州康宁医院在香港联交所上市皆由天元帮助其实现。

2018 年，香港联交所推出 25 年来最重大的一次上市改革、率先向尚未盈利的生物科技公司敞开大门，天元先后协助歌礼制药、君实生物、康希诺生物、东曜药业、诺诚健华、康方生物、欧康维视 7 家未盈利生物科技公司成功登陆香港资本市场，近 3 年来还协助一系列医药大健康领域的明星公司，如康基医疗、海吉亚、海普瑞、翰森制药、福森药业、锦欣生殖、康华医疗、希玛眼科、海尔生物、普门科技等生物科技、制药、医疗服务和医疗器械各细分领域代表性公司成功在境内外上市。

天元同时在社会办医、企业医院、政府办公立医院、互联网医疗、医药、养老、医养结合等相关细分领域深耕细作，并不断延伸至投融资、并购、反垄断、合规、知识产权、争议解决等全方位法律服务链条，代表客户包括中信产业基金、北大医疗集团、远东宏信医疗集团、中国生物技术、红杉资本、IDG、高济医药、万达大健康、同方大健康、金浦基金、信达资本、泰康资产、金融街投资等多家知名机构。2019 年，元助力万达集团与美国匹兹堡大学医学中心合作中国首家国际顶级品牌医院。

目前，天元的资本市场团队的规模已达到 200 多人，横跨境内外资本市场，能够就 A 股、港股、美股和其他资本市场提供全方位的法律服务。2019 年，天元在巩固现有业务的基础上，开始在科创板发力，成功协助交控科技、柏楚电子、海尔生物、普门科技、芯源微、威胜信息、佳华科技、联赢激光、君实生物等一系列创新企业登陆 A 股科创板。

并购大时代：企业发展的风控师

并购是资本市场的永恒话题，是企业成长无法回避的选择，更是行业巨头的成长史。

2004 年，联想收购 IBM 全球 PC 业务，跻身世界 500 强，助力联想开始全面国际化；2009 年，中国兵器和中航工业重组长安汽车，成为中国汽车行业当时最大规模的重组；2012 年，光明食品收购英国 WEETABIX LIMITED 60% 的股权，成为当时中国食品企业最大一宗海外并购；2013 年，中国铝业收购云南铜业，成为有色金属行业当时规模最大的并购。天元谙熟各种行业惯例和交易模式，作为牵头律师协调各方工作，保证了一个个交易圆满、高效地完成。

在中国的改革开放历程中，中国企业"走出去"带动了中国律师涉外业务的发展。天元是国内最早一批在跨境并购、外商投资、境外资本市场等涉外领域提供法律服务的律师事务所。

2011 年，天元代表中国三峡集团在激烈的 EDP 股权竞购战中胜出，成功收购葡萄牙电力公司。此次收购是三峡集团首次参与国际并购，交易金额约 26.9 亿元，也是当时中国大型国有企业在竞标收购国际大型上市公司第一大股权中取得成功的"首例"。天元为央企在实施国家"一带一路"倡议中发挥了重要作用。

2013 年，"一带一路"倡议落地实施，沿线地区的基础设施建设、国际贸易、跨国投资、能源资源合作、航空金融等领域的合作更是出现了大幅增长。在此背景下，天元服务的行业主要分布于电力、能源基建和装备制造业领域。

2019 年，天元作为牵头法律顾问再次完成一宗大型海外收购。9 月 30 日，中国长电国际（香港）有限公司与美国 Sempra 能源公司签署《股权收购协议》，将收购其持有的秘鲁 Luz Del Sur 配电公司 83.6% 股权，交易基础收购价为 35.9 亿美元。这是 2019 年中资企业最大的海外并购项目，也是近 3 年全球最大的电力行业并购项目。

天元合伙人柴杰介绍，天元在跨境并购业务的重心主要集中于四个方面——一是中国政府鼓励中国企业进行海外投资的领域；二是高科技企业，如新能源汽车、半导体等有助中国产业结构转型升级的行业；三是海外的基础设施和能源项目，这些项目能够有效地带动中国的技术设备和工程技术人员“走出去”，对中国的对外开放和扩大出口具有十分重要的战略意义；四是大型的境外上市公司收购项目。

天元通过国际工程项目切入涉外法律服务领域，再拓展至国际项目的跨国融资安排，涉及的政策、商业、法律关系也更加复杂。而目前，天元已开始帮助“走出去”的中国企业进行投资。在这样的过程中，要提供优质的涉外法律服务，最关键的是拥有一支强悍的律师团队。

这支团队要具备较强的外语能力、国际化的法律功底和背景、了解客户所在的行业，并且理解融资和投资背后的商业和政策逻辑。从工程，到融资，再到投资，这是当前中国企业在“一带一路”之下的进程，随着中国企业商业版图的扩张，天元律师亦不断壮大。

近年来，伴随资本在教育、医疗、TMT、互联网等新经济行业的投资热潮，传统房地产企业试水多元化经营、国企混改示范项目的不断推出，A 股上市公司并购的活跃，天元在协助客户实现商业价值的过程中，无论从并购交易的复杂性、创新性，还是合规与风险识别，以及交易完成的时间上，均不断刷新纪录。

2019 年，韦尔股份 155 亿元收购全球著名图像传感器芯片供应商北京豪威，这是 2019 年最大的半导体并购项目之一；万达电影 105 亿元收购万达影视，这是近年来通过并购重组审核的唯一一家民营影视文化企业；双汇发展吸收合并双汇集团暨重大资产重组，交易对价近 400 亿元，这是 2019 年 A 股并购重组市场最大的并购交易之一；华润置地增资 79 亿元入股城投置地，这是天津近三年最大国企混改项目；厦门秦淮科技有限公司的管理层，联合贝恩资本于近日完成对秦淮数据及其子公司的管理层收购及秦淮数据与 Bridge Data Center 的合并，堪称中国管理层并购的教科书式案例。

一个个市场开创性明星项目的背后，是天元团队夜以继日的尽职调查、交易谈判、风险把控和合同审定；每一单成功并购的背后，是律师对于行业监管的精准判断和宝贵经验的长期积累。纵观 28 年间，天元运筹帷幄，内外布局，致力于为客户提供全产业链的并购法律服务，注重创新和可执行的法律解决方案，以及多方位资源整合和专业增值服务。

争议解决的锋芒：锦衣夜行，胸藏万兵

一切非诉业务就其本质而言都是诉讼业务。因为非诉的法律服务就是为了规避未来

可能发生的争议，或者在未来发生争议时可以决胜千里，所以一个强大的商事律师事务所不可能没有一支精锐的诉讼律师队伍。

天元自创立以来，以王立华、佟强、李鹏为代表的创始合伙人们，就一直是争议解决领域的专家。早在创所之初，天元的创始合伙人们就参与编写了许多诉讼法学领域（如知识产权诉讼、刑事诉讼等）的教材。可以说，天元从一开始就具备成为争议解决强所的基因。

2006 年成立独立的争议解决部时，天元在争议解决领域的律师共有 16 名，为天元的许多非诉业务提供支持。后来，随着诉讼业务的不断发展，以及更多有法官、仲裁员从业经历的律师加盟，天元的争议解决团队开始逐步扩大。目前已发展到合伙人及专业律师达 100 余人的规模，争议解决业务在总创收中的占比达到了近 30%。天元的争议解决业务已连续多年在钱伯斯、汤森路透 ALB、The Legal 500、Benchmark Litigation 等榜单排名上获得推荐。

在电影《中国合伙人》中有一幕，中国英语培训学校与美国托福考试委员会对簿公堂的片段。电影片段是演绎，但是在现实中，天元律师许梅、王辉确曾代表中国某顶流英语培训学校处理其与美国托福考试委员会的知识产权诉讼。

李琦、朱晓东、郭威还曾代理了一系列典型案件，列入了最高人民法院公报案例，涵盖金融担保、知识产权等多个领域。朱晓东、许梅、余明旭还曾代理过某些巨额标的的案例，有些单一案件的诉讼标的超过 100 亿元人民币。王立华、许梅、朱晓东还曾为了解决客户债务危机，组织多人诉讼律师团队迅速接手并同时代理客户的 60 余件金融债务诉讼，诉讼标的达 300 亿元，并在短时间内通过诉讼手段帮助客户平稳局面，为债权债务重组留出时机。这充分反映了天元诉讼律师善于打硬仗，善于处理复杂诉讼的专业能力。

天元争议解决部有一支能以多国语言处理跨境诉讼与仲裁的优秀团队。留学英国的高文杰、李然，留学美国的王传宁、朱晓东，留学法国的程诚，都在跨境诉讼和仲裁领域具有丰富经验，多次帮助中国企业在境外打赢诉讼和仲裁，不仅挽回经济损失，而且捍卫了中国企业的国际信誉。同时，他们也代表国际企业处理在中国的诉讼和仲裁案件，应用丰富的国际法律经验，帮助外国企业在境内诉讼和仲裁中维护合法权益。

天元争议解决部还有一支出色的刑事律师队伍，杨虎城在从事律师业务前长期在公安系统工作，陆子瑜之前在检察院系统工作，他们都属于实战型的刑辩律师，辩护策略和工作方式既稳且准且狠。他们不仅独立承接刑事案件，而且在其他诉讼律师处理民商事案件过程中，也能随时提供刑事法律支持，这使天元争议解决部具有天然的处理民刑交叉案件的比较优势。

天元的争议解决部尽管猛将如云、战绩彪炳，但是，在传统上，从创始合伙人开始即不断告诫自己，诉讼律师如刺客，要习惯锦衣夜行。一方面，客户沾惹诉讼均非善事，无人愿意声张宣扬，律师自然应该遵守客户的保密要求；另一方面，诉讼律师对阵前多要探查对手情况，为了更有利于诉讼策略的施展，诉讼律师应当有适当的韬晦之心。正因如此，天元的诉讼业务的宣传有时会显得迟滞、隐晦、低调，诉讼律师们尽管在法庭上能言善辩，但是出了法庭则缄默寡言，不接受采访、不宣传案件、不渲染成功，很少有人知道这正是一个强大的诉讼队伍有意的战略选择所致。

当下，围绕商事争议解决，天元已形成了成熟的产品，包括对赌协议纠纷案件、不良资产处置案件、民刑交叉案件、知识产权案件、劳动争议案件等。未来，天元将持续服务资本市场、并购、金融资管等非诉业务的客户，拓展新型的案件类型和业务模式，形成更加系统化的产品。当然，最重要的还是，天元能够吸引更多优秀的合伙人，持续稳定地扩大规模，并与其他非诉部门形成良好的互动。

回望过往，昂首未来

智合：高校教师创办律所，使天元的文化有哪些特点？

王立华：天元的文化，确实和早期团队的职业身份有关。

首先，天元创始人们以及第一批合伙人，多数是校友关系。与雇佣关系相比，我们之间更像师生关系，而不是老板和雇员，不需要端架子，彼此间平等相待。

其次，很多创始人在高校任教的经历，使天元律师在办案中有严谨求实的特点。

从一开始我们就会把案子做得很扎实，很讲究是不是能把所有细节吃透，力求把案件中的法律问题真正研究透彻。从写代理词、辩护词，到证据运用，天元律师在每个环节上都做得非常细腻，所以外界评价我们是“学者型事务所”。

最后，律所氛围也颇受北大文化的影响，“兼容并包，思想自由”，所内亦是如此。

智合：1992 年创所以来，哪些理念是天元一直延续至今的？

王立华：创所之初，我们就确定天元的发展目标是一家综合性大所。取名为“天元”也有这层意思，我们希望在中国的法律服务领域中取得一个比较核心的地位。

天元创立至今，一直秉承“以专业服务为客户创造最大价值”的理念。天元的合伙人专业、敬业、勤业，无论资历深浅，都活跃在业务的第一线，密切了解客户需求，力图提出最佳解决方案，通过以专业服务为客户创造最大价值，实现律师本身的价值。也正因如此，天元成立 28 年来，累积了一大批长期客户。

此外，天元也重视内部人才的培养和传承。人才是天元最宝贵的财富。在人才培养上，除了传统的老师带学生的传帮带机制，10 年前天元就建立了专门的境外留学基金，鼓励律师到国外法学院学习深造。同时，天元还有与境外合作所的互派交流机制，为律师到外国所工作交流创造条件。

智合：过去这些年，天元是如何进行分所布局的？

王立华：天元最早设立的分所是上海分所。1999 年天元业务发展飞速，设立分所便于贴近客户，开拓客户资源。

起初我们派总部律师到当地建所，后来在吸取分所办所经验的基础上，进一步转变为吸引本地的合伙人加入的模式，从开设上海分所开始尝试了这样的改变，事实证明取得了较好的效果。后来的成都、深圳、杭州、西安的分所设立都采取了这样的模式。

天元设立分所还是比较克制的，我们会考察几个因素，一个是当地经济发展水平比较高，我们本身在那就有客户基础；另外一个是当地有合适的团队认同天元的文化和理念，愿意接受天元的统一管理。在此前提下，经过管委会讨论，才决定是否设立分所。

智合：如何概括天元在国内的定位？

朱小辉：天元在国内业务领域的定位是“一家高端的商事律师事务所”。现阶段我们也开始做私人家族业务，但本质上，天元提供的是从资金端到资产端的全产业链法律服务。

资本市场业务，这些资金端业务很重要，但它更多的是律所业务的一个入口和来源。天元看重的是，帮客户做完资金端业务后，客户后续的资产端业务，天元是否能继续参与，这是一个长线业务。

资产端方面，天元的客户除了金融机构以外，还有大量的实体经济企业，企业上市之后，企业的自身发展、合规、收购、兼并等整个链条的业务，更是事务所发展的一个基石。

智合：未来在分所布局方面，天元有哪些规划？

朱小辉：第一个路径，将现有的办公室做大做强。天元这几年的发展速度较快，2018 年的收入有近 40% 的增长，2019 年的前 7 个月里，增幅也达到了 25%。现有办公室所覆盖区域的新业务拓展和现有客户的深度挖掘具有相当大的发展空间。

第二个路径，在国内其他选定地区继续布局，贴近客户服务。

第三个路径，适当进行境外分所布局。以上三个路径有效结合，奠定未来发展基础。

智合：2016 年底天元设立了香港分所，未来，天元会不会有更多的国际化布局？

朱小辉：天元的定位是“一家立足于国内业务、具有国际化服务能力的强所”。

我们不会不切实际地在全世界范围开设分所。天元的国际化服务能力，一方面体现在天元有具备这样专业能力的合伙人、律师。

另一方面体现在天元的国际合作网络。在未来，是否要更进一步，譬如和某一个或某几个国际所建立更密切的、带有排他性的合作，我们是以一个开放的心态来面对这样的机会。

结　语

天元用了28年时间，在教育、医疗大健康、TMT、影视传媒、PE/VC、房地产、能源及“一带一路”等行业和领域取得了卓越的业绩，并开拓了家族事务与私人财富管理、数据合规、人类遗传资源与合规等新型业务，不断提升自身的综合化服务实力，引领中国法律服务业。

目前，天元拥有100多位合伙人、500多名律师及专业人员，服务客户超过8000家，成为中国最具规模的律师事务所之一。我们可以看到，天元的发展有迹可循，有一条清晰的脉络和轨迹。在战略上，天元几乎抓住了所有中国经济发展所带来的业务风口，在资本市场、并购、争议解决等众多领域形成了竞争优势；在文化上，天元呈现为谦和、低调、学者风范、君子之道；在制度上，形成了独特的“天元模式”，从零到一，迈向卓越。

天元用战略、文化、制度上的均衡发展，并始终秉持着专业化、规范化、精品化的发展理念。作为一家综合性的律师事务所，“天元”品牌意味着高质量、全方位的法律服务，也意味着精益求精、敢于攻坚克难的律师精神。

站在律师制度恢复40周年的历史拐点上，中国法律市场可谓巨变涌动，既有大所、强所环绕，又有法律公司、“四大”等新型法律服务提供商的竞争。如何抓住机遇，迎接挑战，顺势而为，是所有中国律所都面临的难题。

未来的天元，继续构建共同愿景，明确战略定位；选择核心战场，将资源投入具有高附加值的领域；匹配最优资源，形成行业最佳；构建人才生态，打造高效文化；围绕核心客户，创新升级服务模式，相信在下一个社会经济的发展周期，法律市场的一席之地，必有天元。

通商

连接传统，通达未来

林　戈　宁思甜　蔡　凡

通商律师事务所

通商三位创始合伙人，左起依次为韩小京、刘钢、邱晓峰

1992年，国家正式提出要发展社会主义市场经济，工商界的“92派”企业家们崛起，并在随后的几年里写就一番宏图伟业；法律服务市场正式确立，对律师界亦产生了重大且深远的影响。这年5月16日，通商律师事务所正式成立，在北京赛特购物中心一个环境简陋的夹层办公室里，开启了它的创业史、发展史。

创所伊始，便跻身国内首批服务资本市场的律所行列；创设了VIE结构，为中国互联网企业的境外融资和上市开辟了道路，亦确立了在资本市场领域领先的行业地位；创新了红筹重组模式，打通了民营经济企业境外上市的“任督二脉”；协助建设银行、平安保险完成了引战、上市，深度参与中国金融体制的改革。

在深耕境内外资本市场的同时，通商也加速布局争议解决业务，以市场需求为导向，在业务和法律技术上坚持不断创新，承办了一系列高端、疑难的“首例”项目和具有重大影响力的案件。如今，通商业务战略以客户需求为导向，构建了全链条的法律产品提供和服务模式，在众多行业及业务领域形成了独特的竞争优势。坚持自我变革与管理制度升级，把握市场和行业趋势，连接传统，通达未来。

通商的历史，是中国律所跟随改革开放和市场经济步伐勇于开拓进取的一个缩影；通商的模式，是中国精英律所从优秀迈向卓越的一个标杆。

1992~1999年，国际视野下的先机与创新

通商的3位创始人有着相似的背景，他们对中国法律服务市场的发展有着独到且具有前瞻性的观察，这也使通商在早期业务拓展中便独具优势。

1985年，刚满30岁的韩小京律师从中国政法大学硕士毕业后进入中国法律事务中心任职，此后他又先后在加拿大和我国香港地区的律师事务所执业。与韩小京律师年岁相仿的邸晓峰律师先后从北京大学、中国社会科学院法律系毕业后，曾专职从事对外经济贸易仲裁工作，随后任职于中国法律事务中心并任该中心经济律师事务所所长，后又于香港地区的一家律所执业。

另一位创始合伙人刘钢律师与邸晓峰律师同为北大1983届的毕业生，毕业后他被分配到了司法部秘书处，写报告成了其日常的主要工作，寻求改变的他在两年后的一次选调年轻干部下基层活动中，主动要求到基层法律顾问处从事律师工作。1989年，他主动申请参加了司法部和英国律师协会合作的一个律师培训项目，并获得了去往伦敦一家律师事务所实习的机会。

名校毕业和多年的律师实务工作的经历使3位创始人在创立通商之时就已经在法学理论和法律实务上拥有丰富的积累，而海外的工作经历也使他们能够用国际化的、超前

的视野去看待中国法律服务市场的发展。

刘钢律师至今仍记得，在伦敦实习时一名资深合伙人曾问他想从事什么业务，当时的他认为知识产权业务在中国法律服务市场中正热。但这位合伙人说：“我建议你了解一下资本市场。”“什么是资本市场？”这是刘钢律师当时的第一反应，却听对方说到：“中国那么大的国家，早晚会有资本市场的。”刘钢律师记下了，而此后的发展也正是如此。

资本市场作为中国改革开放的产物，经历了由不成熟到逐步完善的过程。面对新鲜的事物，人们往往充满了对未知的疑虑和好奇，在1992年邓小平南方讲话中，一些重大的理论问题和实践问题上解除了人们认识上的禁锢，为中国资本市场创造了历史性的发展条件。1993年1月，司法部与中国证监会联合颁布《关于从事证券法律业务律师及律师事务所资格确认的暂行规定》，证券律师许可制度就此设立，通商成为首批获得证券法律业务资格的律所之一。

20世纪90年代，中国开始推进国企的现代企业制度改革。1992年，马鞍山钢铁被列入全国首批9家股份制规范化试点企业，这是一场全新的改革，从股份制改革到重组上市。1993年11月3日，马鞍山钢铁H股在香港联交所正式挂牌上市；1994年1月6日，马鞍山钢铁A股在上海证交所成功挂牌上市。马钢被誉为“中国钢铁第一股”，不仅是全国大型国有钢铁企业股份改制的样本，更是改革开放的一个缩影，英国伦敦《国际金融评论》将其评选为1993年度全球新兴股票市场最成功的上市公司。而在这个项目的背后，始终有邸晓峰律师的身影，他作为马鞍山钢铁的中国法律顾问，全程参与其中。

随着国企股份制改造工作的推进，通商还参与了1993年年底昆明机床先后在香港联交所和上海证交所上市的项目，昆明机床也成为云南省第一家“H+A”股的公司。经由这两个影响力重大的上市项目，通商成为国内第一批同时从事境内外资本市场业务的律师事务所，迅速打响了其在该领域的知名度。

当时在香港资本市场选择律所的特点在于“投行导向”，即国际投行对律所选择拥有很大的话语权，通商以其专业的法律素养和扎实的工作成果，迅速入选各大投行的法律顾问库，与境内外顶级投行建立了紧密的合作关系，这位通商后来的境外资本市场业务打下了坚实的发展基础，此后通商律师也屡屡出现在大型境外上市项目中。

1997年10月22~23日，邮电部将广东移动通信和浙江移动通信资产分别注入中国电信（香港）有限公司［后更名为“中国移动（香港）有限公司”］，分别在纽约证券交易所和香港交易所挂牌上市。融资额达到42亿美元，成为当年亚洲首次公开发行最大的中资企业。

在资本市场业务领域中驰骋的通商，其业务量迅速壮大后，便开始其分所布局。深圳作为改革开放的排头兵，在20世纪90年代已呈现极大的经济活力；上海开埠通商百年，经济繁荣；两地均设有证券交易所，综合考量下，通商先后于1998年和1999年设立了深圳和上海两家分所。

秉承专业负责、极致认真的服务精神，为了严格把控分所的服务质量，通商在分所管理上采取了一体化模式。现如今深圳分所已有近 80 名律师，并已呈现证券资本市场与争议解决并重发展的业务态势。2019 年，深圳由经济特区跃升为先行示范区，提升其在国家战略中的地位。

通商的上海分所已近百人规模，2018 年取得了军工涉密业务咨询服务资质并已经开展了相关业务，业务范围涵盖资本市场、兼并收购、私募股权、外商投资、争议解决、新经济、房地产、家族财富和商事合规等诸多领域，能够满足商事领域的综合性法律服务需求。

2018 年，通商在我国香港地区设立联营所。短短 2 年时间，通商香港联营所已经完成了多家境外上市项目，与北京、上海、香港办公室之间形成联动发展之态势。

2000~2006 年，开创 VIE 架构，深度参与中国金融体制改革

20 世纪 90 年代末，科技股与互联网股在纳斯达克市场开始狂飙突进。2000 年，中国的三大门户网站新浪、搜狐、网易抓住这一历史机遇，纷纷争取在美国纳斯达克上市。但是，当时的中国法律规定，境外公司不能投资中国互联网公司，外商企业也不能在境内从事互联网业务。这成为新生的中国互联网行业必须迈过的一道门槛。

新浪是中国第一家在纳斯达克完成上市的互联网公司，刘钢律师担任新浪的中国法律顾问。正是在这一项目中，刘钢律师开创了运用于中国互联网企业海外上市的 VIE 架构。

刘钢律师之所以能够设计出 VIE 架构，得益于其 1993 年作为摩根士丹利的投资法律顾问搭建的一个外资搭桥架构，通过让摩根士丹利先在深圳注册一家外商独资公司，再通过这家深圳公司去投资平安保险，这一架构帮助摩根士丹利避开了很多政府审批方面的繁杂流程，很快就把投资注入平安保险。

参考前述搭桥架构，刘钢律师着手落实 VIE 架构涉及的相关安排。所谓 VIE 架构，是指境外投资公司通过中国法项下的合同安排，在没有直接股权关系的情况下控制国内公司的运营，由此按照国际会计准则，将国内公司的财务数据并入境外投资公司的财务报表中。

刘钢律师的这个大胆设想不仅让新浪成功在海外上市，通商也成为网易境外上市的公司律师和搜狐境外上市的承销商律师。早年的三大门户网站海外上市，通商全部参与其中。这种几家相互竞争的公司为了上市聘用同一家律所的现象在当时极为罕见。

正是由于 VIE 架构被境外的证券监管机构认可和被投资者所接受，才使处于襁褓状

态的中国互联网企业获得了初期发展必需的资金。

为此，著名法律评级机构钱伯斯（Chambers and Partners）在 2010 年授予刘钢律师“亚洲律师界终身成就奖”，这是钱伯斯首次将此殊荣授予中国律师。

在这一历史阶段，通商还深入地参与了中国金融体制的改革。

改革开放 40 年来，中国金融体制的创新与发展可以划分为三个阶段：第一阶段是从 1978 年到 2003 年，我国建立了独立于财政的市场取向的金融体系，建立双层银行体系，专业银行向商业银行转变；建立资本市场，推出分业监管体系；金融市场发育并丰富化；应对亚洲金融危机并推进相关改革。第二阶段是从 2003 年到 2012 年，以金融机构的微观机制再造为主，以清理资产负债表为契机，重塑国家资本与银行的关系；对国有银行进行股份制改造，推进境内外上市；以原银监会成立为契机，实现行政与监管分离；推进其他各类金融机构和金融市场改革发展。第三阶段是从 2012 年至今，构建了市场化、国际化的现代金融体系。

侯青海律师于 2002 年加入通商，当时正值中国金融体制改革的第二阶段。侯青海律师说：“通商之所以能够深入参与中国金融体制的改革，其原因在于：首先，当时的通商已在金融法律服务领域积累多年，具备了丰富的经验和良好的业绩，例如，在中国银行（香港）有限公司上市项目中，其背后的法律服务提供方就是通商；其次，基于擅长根据市场环境和政策进行创新的基因，通商律师往往能够为客户提供全方位、创造性的解决方案。”

中国建设银行的成功改制与上市，为国有商业银行的改革起到了标杆性、示范性的作用。通商作为建行的法律顾问，提供了全方位、一站式的法律服务，从尽职调查、改制方案设计、具体执行论证、引战谈判、交割，再到协助建行进行上市审核过程中的问题反馈和监管沟通，均有通商参与其中。该项目从 2003 年开始，直到 2005 年结束，历时 3 年，取得了圆满的结果。

自该项目之后，通商又参与了渤海银行、宁波银行、杭州商业银行、重庆农村商业银行、新华人寿、太平洋保险、银河证券，海通证券，华泰证券、东方证券等银行、保险、证券行业金融机构的改制和上市，以及部分类金融企业、类金融机构的融资项目。

2006~2015 年，继续驰骋资本市场，布局争议解决

资本市场和争议解决是通商的优势业务领域，28 年来，通商在众多高端、复杂、“首例”的项目 / 案件中，拟定创新性服务方案，既实现了自身的不断突破，也帮助客户完成了一项项重大交易、攻克了一个个难关。

驰骋资本市场：把握国家政策变化，创新服务模式

通商在20世纪90年代初试水资本市场业务，成为第一批“吃螃蟹”的人。事实上，通商始终紧跟行业和时代的步伐，在各个行业的境内外融资浪潮中争做开拓者。

提起中国企业境外上市，必然离不开“红筹架构”这一概念。所谓红筹架构，是指境内企业的实际控制人在境外注册离岸公司，之后通过该离岸公司返程收购自己在境内的实体企业，再以离岸公司为平台实现境外融资或者上市。

1997年，国务院颁布《国务院关于进一步加强在境外发行股票和上市管理的通知》，允许符合国家产业政策和境外上市条件的国有企业到境外上市。由此，在2003年之前，这一模式仅由有境外上市需求的国有企业专享，在此之后，由于《外国投资者并购境内企业暂行规定》的生效，这一模式才正式向符合条件的民营企业开放。彼时恰逢中国“入世”不久，我国民营经济对外贸易异军突起，伴随的是民营企业赴港上市的热潮。

然而，2006年，随着商务部等六部委令2006年第10号公布《关于外国投资者并购境内企业的规定》的出台，民营企业的境外红筹上市路径不再畅通。但通商创新的步伐没有就此停滞，在行业政策收紧的情况下，通商律师为民营企业设计出多种重组及境外上市的新模式，打通了民营经济与境外资本对接的通道。

凭借对境内外监管规则的深入理解和精准把握，通商开创了“忠旺模式”“天瑞模式”等创新结构，为民营企业迫切的融资需求找寻出口。这一点在房地产行业尤为明显，据通商合伙人孔鑫律师介绍，中国领先的房地产企业（如龙湖、碧桂园、恒大、融创）可以实现海外上市的目标，均能看到通商律师的身影。

“设计这类创新模式与设计VIE架构殊途同归”，通商合伙人张小满律师解释说，“VIE架构的作用在于打通我国新经济企业赴美上市的通道，而这类架构主要契合了民营企业香港上市的迫切需求”。

通过创下行业先例，取得先发优势，再拓展新的服务模式，继而进一步积累经验，循环往复，通商在境内外资本市场上的优势不断强化，地位亦越发稳固。

在此期间，通商律师精彩完成了境内典当行业第一股——中国信贷、境内物业公司第一股——彩生活、境内医疗行业第一股——凤凰医疗集团的境外红筹上市项目，以及其他诸多市场“第一股”项目。这些具有广泛市场影响力的“第一股”项目中闪现出徐晓飞、陆晓光、刘凤良、郑义、马宙、张晓彤、胡雪蓉、程丽、陈巍、朱海燕、张国光、栾建海、潘兴高、程益群、王巍、姜海涛、刘涛和沈军等众多通商律师的智慧和匠心。尤其是这些年来在香港上市的中国内地企业中，近1/3都由通商律师提供法律服务。

资本市场战功赫赫的通商，凭借其杰出的专业能力，甚至作为香港上市公司监管机构的香港联交所，在遇到政策盲区时也会向通商律师征求意见。2013年，香港联交所在

上市公司治理中遇到一难题，内部专家无从解决，专程请韩小京律师出具了一份专家意见。

在英国知名法律媒体发布的《2014 年中国精英律所报告》（China Elite 2014）中，将 8 家在涉外业务领域具有领先地位、承办了大量具有影响力的重大项目、拥有众多国际客户的中国律所并列为“红圈律所”（Red Circle），通商便是其中之一。

2017~2019 年，在中资律所港股 IPO 业务量排名中，通商年均完成 30 个以上的香港 IPO 项目，也是唯一一家上市家数和融资额均排在前三的律师事务所。所谓享誉海内外的中国境外资本市场法律服务领域的“通天组合”，其中的“通”，便是通商。

逆水行舟，不进则退。律所能够在市场上保持已有优势实属不易，头部律所想在竞争的洪流中勇往直前更是难上加难。近 20 年以来，通商一直以开拓者和创新者的姿态走在行业前端，每一次创新举措和市场开拓都精准且漂亮。而这背后折射出的，是通商的智慧与果敢，是扎实的专业功底和不断创新突破的勇气。

布局争议解决：为客户的疑难杂症和危机事件提供不可替代的解决方案

2006 年，李洪积和王家路两位争议解决领域的业界翘楚加入通商，共同开启了通商争议解决业务的新时代。此后的传奇故事与团队领导者的基因密切相关。在两位业界贤达的带领下，通商的争议解决团队涌现出陈浮、刘春东、崔强、程钟、苑超、杨亭和陈敬等一批在业绩广受赞誉的新生力量。

王家路律师为北京大学工商管理硕士，后又于德国马堡大学攻读法学硕士和博士。李洪积律师则就读于北京大学、中国政法大学、美国康奈尔大学、加拿大麦吉尔大学四所法学院校，有两个学士学位和两个硕士学位加持，其法学功底可见一斑。因此，在他说出“我的法律知识结构没有盲点”之时，旁人深知这并非一句玩笑。

近年稳步崛起的通商合伙人陈浮律师理论功底深厚，实践经验丰富，办理了多个具有重大社会影响力的知名案件，已成为争议解决领域的一股新兴力量。于 2008 年毕业即加入通商的崔强律师由李洪积律师直接带教，现已成为通商争议解决团队的一名骨干力量。他同样毕业于北大，获得法学、经济学双学士学位，又在美国宾夕法尼亚大学法学院取得法学硕士学位。

国内一流法学院校加上英美法系优秀院校的教育背景，通商律师学艺精湛、思路敏捷，这在案件代理过程中体现得淋漓尽致。

通商争议解决团队曾经代理一起涉及房地产行业的上百亿元金额的案例。经过研究案例，他们迅速给出了一套合理可行的方案：主张补充协议条款与事实不符，对双方不应产生约束力。通过一个似平淡无奇的“鉴于条款”找到了纠纷案件的突破口。

“中国法律实务中的新问题，在发达国家法律体系里基本上都有可借鉴的规定或判例。即便国外缺少这样的实务经验，也能根据法理推导出处理原则。”崔强律师说。通商律师能够快速、精准提出切实有效的解决方案，是其全面且扎实的法律知识结构使然。他们力挽狂澜，代理意见得到了仲裁庭的支持，双方误会解除，既为客户挽回了巨额损失，也使项目能够顺利推进。

帮助客户解决问题，是律师做争议解决业务的使命；而为客户解决问题的第一步，便是理解客户的商业诉求。

正如陈浮律师所说："并非所有争议都需要进行诉讼，如果能'不战而屈人之兵'帮客户实现诉求，也可谓大功一件。"争议解决律师必须清楚理解客户的真实诉求，精确分析争议事项，再设计出实现客户利益最大化的解决方案。

如今，通商争议解决团队拥有百名以上律师，约占全所律师总数的 1/4。北京、上海、深圳和香港四地协同，内部分工细致，团队协作高效，处理了大量的公司及股权纠纷。陈浮律师在商事诉讼与仲裁案件上表现优异，程钟律师代理了大量金融企业的争议解决案例，苑超律师从事国内及国际金融结算中的保函、信用证案件的纠纷解决，杨亭律师擅长处理合同纠纷及劳动争议案件，陈敬律师在知识产权纠纷上具有丰富的办案经验。

在"国内 Robots（搜索引擎）协议第一案"中，通商律师开创性地将"Robots 协议"的合理设置和善意适用与中国搜索引擎市场的竞争关系作为突破点，使司法机关接受了 360 公司的抗辩，360 公司在本案中最终胜诉。在引起全社会关注的"钱钟书书信案"中，通过努力，让法院首次签发针对著作权的诉前禁令。

2018 年引起全社会关注的专利十大案件之一的中国铁塔股份有限公司被诉专利侵权案，通商律师采取釜底抽薪的方式，一方面在侵权案件开庭审理前日迫使原告撤回起诉，另一方面成功宣告原告专利权无效，使原告放言在全国数十省市起诉铁塔公司并索赔数亿元的梦想彻底破灭。2018 年，招商局找到通商争议解决团队，在面临借款人借款不还，正利用多种股权架构转移财产的境况，灵活运用侵权之诉，完成诉前保全、审理、执行，使得 7 亿多港元全部得以保全。同年，争议解决团队代理云南铜业股份有限公司处理同力拓集团和托克公司的数个购买铜精矿的长单合同。最终解除了原本在新加坡仲裁中心、伦敦国际仲裁院等地仲裁解决争议的合同，买方不承担任何责任，为客户避免了数亿美元的损失。

基于过硬的专业和服务能力，为客户的疑难杂症和危机事件提供不可替代的解决方案，通商争议解决团队以此树立起品牌与口碑。

2012~2020 年，切中行业风口，把握时代脉搏

2012 年以来，通商的客户群转向了以公司客户为主，这是通商的一次主动转变，不

再以某一项目为导向接触客户，而是以客户为导向挖掘背后潜在的业务需求。

长期稳定的客户群保证了通商案源的稳定与充足，亦推动了通商业务结构的调整与优化。通商的业务链条已从基金设立、募集，到 VC/PE，到境内外资本市场，再到资本市场之后的再融资、并购、重组，最后到争议解决及企业的破产重整；行业涉及钢铁、水泥、电解铝、房地产、快消品、海洋运输和消费等传统行业，以及 TMT、互联网、新经济、医疗和教育等新兴行业。在这些领域，通商其实早已有所布局，但在历经 2012~2015 年的业务战略调整之后，进行了更加精细化和深入的拓展。

开拓与创新，是通商一路走来的关键词。伴随中国的经济转型、国企改制、资本市场的发展、政策法规的变化以及行业周期的轮动，通商把握住了时代的脉搏，围绕资本市场和争议解决，向新兴行业及新兴领域纵横发展。

围绕资本市场，服务新经济行业

客户总是倾向于选择拥有整体认识的律师，他们懂得客户所在行业的专业知识、相关背景和运作规律，从而更好地理解客户的商业需求，从广阔的视角分析法律问题。以专业化为基础，通商开启了向行业化纵深的转变。

- TMT 及互联网

TMT（科技、媒体与通信）是近年兴起的热词，但却不是这几年才出现的行业。在科技行业、电信行业的历史沿革过程中，通商不仅是全程跟进行业变化的见证者，更是多个标杆性案件的参与者乃至主导者。

从 1997 年中国移动香港上市后，通商继续深度参与了中国联通、中国网通的境外上市，并开创性地完成了以联通境外上市公司的控股权在境内上市的交易架构，中国联通成为第一家以“双重股权架构”在三地上市的中国企业。通商作为主导的律所助力中国联通将 CDMA 网络资产出售给中国电信以及合并了中国网通、助力中国联通混合所有制改革，这些皆是电信行业以及资本市场领域里一个个里程碑式的项目。通商参与推动了整个行业的发展，可以说是见证了中国电信行业的发展、改革史。

2018 年，中国铁塔在香港上市，这是当年度全球最大的 IPO 项目，其公司物业数量巨大、法律权属复杂，股东涉及内地、中国香港地区及美国的多家上市公司，关联交易占比极高，都是项目办理过程中的难点。通商参与中国铁塔的物业核查方案的设计和准备，协助公司进行上市审核过程中的问题反馈和监管沟通，并代表中国铁塔与三大电信运营商谈判和确定的商务定价协议、关联交易协议。中国铁塔 H 股上市，是国有企业改革进一步深化的典范案例，也是我国企业顺应当前国内国际资本市场监管状况的经典之作。

TMT 是资本聚焦的首选行业之一，大量电商平台、共享平台、网络金融等领域的头部公司进入扩张期。伴随资本的流动，通商始终关注最具活力的经济产业服务范围，广泛涵盖了电子商务、人工智能、大数据、云计算、O2O、共享经济、移动互联网、互联网医疗、新零售、文化娱乐、游戏、智能硬件和知识经济等 TMT 和互联网行业的各个领域，提供投融资、兼并收购、资本市场、股权激励、日常运营、知识产权、争议解决、监管合规和反不正当竞争等法律服务。在这些领域，新技术、新商业模式的迭代和自我发展日新月异，从出现到实现产业化和市场应用的周期通常很短，这对律师的反应速度提出了很高的要求。“跟随新经济行业赛道的转换，不断作出调整。这就是我们这一领域律师的宿命。”张新阳律师说。

• 医疗大健康行业

2013 年，通商协助中国内地最大的私立医院管理集团——凤凰医疗集团有限公司在香港挂牌上市，凤凰医疗成为第一家在香港上市的内地医院营运商。

于律师而言，凤凰医疗上市项目的特殊之处不在于资金规模之大，而在于医院资本运作模式之广。凤凰医疗既涉及公立医院、营利性医院、非营利性医院，还涉及药品器械的供应链安排。每个运作模式各有特点，法律监管的要求也各不相同，需要律师分门别类地制定相应的处理方式。因此，公立医院改制、非营利性医院托管、营利性医院运营、药品器械的供应链安排都是这一项目中的工作重点。

上市后，凤凰医疗受到了市场的追捧。民营医院境外第一股的良好表现，无疑给蓄势涌入医疗行业的投资者打了一剂强心针，也为酝酿境外上市的医疗机构带来信心与希望。

王波律师是凤凰医疗 IPO 项目的全程参与者，这一项目产生的影响令其始料未及，有无数的医疗机构前来咨询，包括公立医院、民营医院、医药器械公司、投资机构等。此后，他又带领团队完成了多个标志性案件，通商在医疗行业项下各个领域积累下丰富的政策研究及实践操作经验。

“通商律师时刻掌握行业前沿的政策及业务形态，不断研究学习，为客户提供创新性法律服务，代理了业内很多首例案件。”王波律师说。作为辅助生殖领域第一股的锦欣生殖，肿瘤领域第一股的海吉亚，妇儿医院第一股的和美医疗，他们在香港联交所上市皆离不开通商律师的服务与帮助。

• 教育行业

通商立足在境外资本市场上的优势，力争在医疗行业保持领先地位，在教育行业亦是如此。成实外教育、睿见教育、中教控股、银杏教育、辰林教育、立德教育等，都是通商在教育行业的代表性客户。

教育问题关乎国计民生，与政治也有千丝万缕的联系。“律师服务教育行业，不能局限于法律法规的条条框框，而是要具备大局观念。”孙溦律师说。近几年，我国民办教育蓬勃发展，相关重磅规则频出，教育行业的政策变化将反映出国家对教育机构的监管态度以及对未来发展方向的引导。

《民办教育促进法（2018 年修订）》的公布，对营利性学校和非营利性学校进行分类管理，并对非营利性学校的并购重组、变相盈利、关联交易等问题作出了更加明确的监管要求。这些文件的出台不仅对教育机构的规范化发展指明方向，也将对教育企业的融资、上市、并购重组等交易产生一定的约束。通过监管态度把握行业发展走向，通商律师总是目光长远，帮助客户作出预判和应对，助其规避风险，实现商业利益。

为企业发展赋能，聚焦新兴领域

所谓新经济领域，主要指以实现对传统经济的动能转换为目标，通过技术革命和信息驱动，而催生出的新技术、新产业、新业态和新模式。随着新经济产业的发展，通商正顺应时代趋势，为企业提供符合业务需求的、全方位、高效的法律服务。

• 私募股权与风险投资

通商合伙人戴凌云律师于 2014 年加入通商，曾为诸多知名美元基金、人民币基金、其他风险投资机构和上百家创业公司提供过私募融资和风险投资方面的法律服务。他认为，通商在境内外资本市场、并购重组等方面的深厚积累，使通商在做私募融资和风险投资业务时具备了其他律所不可比拟的优势。

通商帮助了大量的客户从创业起步走向发展成熟，从天使轮到后续多轮融资，从上市前改制、重组再到首发上市，以及上市之后的兼并收购或者私有化等。在客户眼中，通商不只是一个专业的外部顾问，更像一位得力的内部伙伴。在客户的公司治理、团队激励以及其他业务领域上遇到的各种各样的问题，基于法律服务也好，商事咨询也罢，通商律师都会力所能及地给客户一些实质性的商业建议。

通商律师曾代表投资机构注资一家金融科技公司，这家投资机构此前接触过多家优秀律所，其中红圈所不止一家，但在此次合作之后，通商成了他们长期的法律服务伙伴，此后的融资、重组、上市等一系列项目统统交由通商律师完成。

“我们在做尽职调查的时候，提供了非常多实质性的建议，在协商融资的过程中，兼顾双方的利益诉讼提供了创造性的解决方案。”戴凌云律师说。专业度以及不断为客户创造价值的理念，使得通商赢得了客户的充分认可，树立起良好的口碑。

• 知识产权

在知识产权业务上，通商律师也以客户为中心，以法律专业能力为依托，为客户提供契合商业需求的解决方案。

“律师需站在经济、法律、技术等复合专业的角度下去看待客户的需求，为客户理解和分析问题。”合伙人陈敬律师说，她于2011年加入通商，曾随同王家路律师代理中兴通讯处理与爱立信等企业之间的数十起专利纠纷案件，并为朗科科技等上市企业持续提供法律服务近十年。通商律师会深入了解客户整个业务的发展规划，正在进行的或者未来计划完成的融资活动，都将作为考量因素被纳入企业的服务方案当中，以此完成的方案更能为客户中长期的稳健发展保驾护航。

知识产权储备已经成为公司发展的核心竞争力。处于不同发展阶段的企业，其知识产权保护意识强度不同，律师在提供法律服务上也分为几个层次。

初创期的企业知识产权保护意识相对较弱，律师主要帮助梳理已有的知识产权储备，协助激活知识产权；步入成长期的高新技术企业往往已初具人员规模，但企业制度还有待完善，律师则助其实现制度的更新迭代，提供知识产权运营、风险分析及预警；成熟期的企业通常配备了强大的知识产权团队，在知产管理及保护上已有一定经验，此时，律师主要协助处理疑难案件，比如应对重大的复杂的知识产权、不正当竞争等纠纷，提供全局性的、系统性的诉讼思路及策略。

新颖性、创造性、独创性和显著性是知识产权各部门法的基本概念，创新是知识产权业态的固有属性，知识产权领域的新型法律问题层出不穷，知识产权律师亦成为了解决各类新问题的专家。在知识产权项下深耕细作，实现各个细分领域之间的融会贯通，是通商知识产权团队继续努力的方向。

• 企业合规及数据保护

近几年，通商又开始体系化布局合规业务，引入郭小明、沈晓琳等贸易合规和数据合规领域的专家。

合规作为一项新兴业务，日渐为政府及企业所重视。2018年年底集中出台的《中央企业合规管理指引（试行）》《企业境外经营合规管理指引》为我国企业的合规管理工作提供了重要指导。

从实操来看，“合规具体包括哪些内容”“如何实施合规管理”等问题依然让多数企业犯难。国际合规监管趋势规则趋严亦加大了合规管理的难度。但也给了律师发挥专业价值的空间，帮助企业搭建或调整自身的合规管理体系，是合规业务律师的重点工作。

郭小明律师此前曾担任国内一家头部电信设备企业的副总裁、首席法务官，他牵头完成了该企业的法律合规管理体系的建设，确立了法律合规标准化、线上化的运作机制。在企业20多年的执业经历，使他更容易从商事和法律的综合视角看待问题。“企业更青睐懂得企业语言的律师，他们既懂得企业运作，也具备商业思维。合规从业人员必须具有敏锐的捕捉能力和理解力，及时跟踪国内外监管活动的最新动态，不断学习研究并结合客户所处的行业市场输出研究成果。”郭小明律师说。

进入通商以来，令郭小明律师印象最深的项目是为中国五矿集团有限公司及18家直管企业提供合规风险评估及合规管理体系建设的服务。五矿集团由两个世界 500 强企业(原中国五矿和中冶集团)战略重组形成的金属矿业企业集团,企业规模大,国际化程度高。在选聘法律服务团队的过程中，通商的合规团队得到了五矿集团极大的认可，在国内外一众优秀律师中脱颖而出。合规团队超预期的法律服务，也让五矿集团赞不绝口，五矿集团甚至在国资委召开的央企经验分享会上夸奖通商律师业务精湛，推介其合规体系建设成果，在合规律师榜单评级时也极力推荐。

沈晓琳律师则强调了律师做业务的前瞻性及国际视野。她主要从事兼并收购、私募股权、外商投资、数据保护业务，除了传统的房地产、酒店业、制造业之外，关注自动驾驶、人工智能、大数据等前沿的科技类行业。

例如，我国目前基本建立了一般性的个人信息保护合规法律体系，但尚未针对车联网等个别行业出具具体的合规指引。欧盟数据保护委员会发布了《关于在网联汽车和出行相关应用程序中处理个人数据的指南》，向欧盟的车联网行业的参与者提供了在欧盟 GDPR 的法律框架下从事车联网业务涉及的个人数据处理行为较为具体的合规指引和要求。通商律师在为汽车行业的参与者提供网联汽车相关的法律服务时，如果中国法律就某个问题没有详细规定，在可行的情况下会考虑欧盟的相关立法和指引，在兼具国际前瞻性的基础上为客户提供一些具有操作性的建议，确保客户获得有价值的法律建议。

以企业内部合规的确定性，应对外部环境的不确定性，是合规律师的价值所在。在外部监管以及内部需求的双重驱动下，合规业务越发火热。除了合规体系建设、贸易管制体系建设、反商业贿赂体系建设、数据保护体系建设等专项服务之外，为企业提供“一揽子”的定制化合规服务，是通商律师未来的期待。

• 家族财富管理

通商是最早一批提供财富管理法律服务的律所，团队已累计为超过百名境内外超高净值客户提供了家族资产规划和传承服务,管理资产总计逾万亿元人民币,客户包括教育、生物医疗、房地产、TMT、机械制造、快消品、食品制造和文娱等行业龙头企业的实际控制人。

财富管理业务具有鲜明的定制化特征，方案设计需综合规划、通盘考量。这类客户以企业家为主，涉及股权、金融资产、境内外不动产、艺术品、另类资产等各类资产，结构相对复杂，部分家族成员可能涉及多国身份，需要律师准确把握客户需求、深度结合客户实际、高效解决客户问题。

通商财富管理团队由刘堃律师牵头，团队经验丰富，团队成员中既有境内外资本市场法律服务经验的成员，又有执业十年以上专门从事境外信托服务的成员，还有曾在世界顶级私行提供财富管理服务的成员。他们围绕客户的财富管理需求提供一站式的法律服务，包括企业控制、风险隔离、资产安全、家族传承、全球布局等。

“高净值客户需要一个值得信赖，能够长期陪伴，提供多样化、一站式法律服务的团队。”刘堃律师说，律师团队需要“想客户之所想，解客户之所忧，成客户之美”，为家族提供全周期、陪伴式法律服务。既要满足创一代的财富创造、积累、保值、增值、传承以及第二代及后代家族成员的教育、创业、婚姻、移民等新需求，也要通过灵活的法条法理运用，综合架构设计，帮助客户们解决棘手的老问题。

以客户为中心，创造性地解决法律问题，完成诸多具有标杆意义的重大项目，为通商积累了良好的品牌声誉和广泛的市场认可度。面对市场，通商律师与时俱进、及时关注法律变化、深入了解商业环境、深度理解客户需求的同时，也在不断地直面问题与挑战、提供创造性的法律解决方案，为更多高净值家族保驾护航。

“大侠文化”与“低调的技术派”

通商28年史，使其得以跻身头部、基业长青的根本原因，仍是文化和制度的内在驱动。

“赵客缦胡缨，吴钩霜雪明；银鞍照白马，飒沓如流星。”这是李白《侠客行》当中的诗句。通商的合伙人，正如“大侠”一样，穿梭于商业世界和法律世界，用专业能力和创新精神“行侠仗义”，解决一个又一个纷繁复杂的难题，然后“事了拂衣去，深藏功与名”。

“大侠文化”与“低调的技术派”可以说是对通商文化最为精准的概括。

对于一个组织来说，其创始人的格局和气质往往会奠定其未来的风格。对于通商而言，三位创始合伙人——韩小京、刘钢、邸晓峰的性格特征均是“洋派又性情”，3人都具有极佳的文字功底，对政府机构的行事风格都颇为熟悉，并且懂法律、懂外语、懂金融和资本市场，这些特质让他们很容易受到大型国企、银行和外资企业的青睐。加上早期的通商律师均毕业于北大、法大和贸大等国内一流法学院，从一开始就给通商注入了良好的基因。

早年间，在法律和监管层面，存在许多空白和灰色地带，这就需要律师对于中国的法律、政府的政策、行业的未来发展有着精准的把握和理解。在这一方面，韩小京律师一直是“霸气外露”的、善于解决问题的高手。

刘钢律师是3人中的“技术流”，是客户心目中低调、沉稳的“中国法律向导”。在刘钢律师的职业生涯中，有太多的“第一”值得回味，包括两家顶级华尔街投行首次聘请同一个律师投资一家中国公司、第一家大红筹境外上市、第一家用红筹公司股权作为核心资产实现A股上市和第一家国有四大银行的改制上市等。

邸晓峰律师思维敏捷，口才一流，既有中国法律事务中心，又有香港律师事务所的工作经历。他同时也是中国汽车行业首屈一指的法律专家，从一汽、东风到中国重汽，对于行业的理解和领会业内一流。

通商新一代以吴刚律师和孔鑫律师为代表的管理团队传承了这种文化，使通商的品牌一直口耳相传。同时，通商的特质是务实稳健型的，这种稳健不仅体现在其业务的质量上，也体现在团队的稳定性上，28 年来，通商的合伙人流失率极低。不仅如此，在各业务领域，明星合伙人一直源源不断地产生，他们专注于解决客户的“疑难杂症”，这再次从一个侧面反映出通商的“大侠文化”以及做“低调的技术派”律师的气质。

在通商的文化中，更多的并不是“狼性”，而是“俯首甘为孺子牛”的理念。律师们专注于服务客户，也服务通商这个平台和通商的其他律师们。创始人们的这种情怀也传递到了通商成长起来的年轻合伙人身上。

2015 年，通商开始管理体制调整，在原有管理制的基础上更强调合伙人之间的合作和资源共享。在改制之前，通商的合伙人制度只有一级合伙人与授薪合伙人两个层级。此次改制，在一级合伙人和授薪合伙人之间增加了二级合伙人，以充分释放年轻合伙人的潜能。

从 2016 年开始，通商进入高速发展期，人员和总创收规模持续大幅提升。目前，通商已有 100 多名合伙人，法律服务人员超过 400 名。

孔鑫律师说：“通商会一直保持自己的文化惯性，良性的合伙人文化是通商发展的根本。未来，通商会继续将合伙制发挥到极致。”

近年来，通商一直在探索，如何在现行的基础上实行更加紧密的全所一体化和资源共享化运作模式，既保持原有与创收直接相关的部分激励，又让合伙人之间的协作和资源共享更加顺畅，还要让新老合伙人能够通过在通商这个平台上的奋斗实现利益共享。

在通商的观念中，管委会并不是一个“权力机构”，而是一个协调机构、服务机构和集中管理平台。全所资源经过管委会的集中协调、调配，能够培养出更多相关业务领域的知名合伙人，创造更好的业绩，为客户提供更加优质的服务，才是管委会根本的出发点。

吴刚律师说：“律师事务所要管理好三件事：第一是管理好客户，因为客户是律师事务所最核心的资产之一，我们要让客户的粘度更高，获取更多的客户需求，发掘出新的价值；第二是管理好质量，质量控制的关键是选对人，应该选择合适的人去处理适合的事情；第三是平衡好预期甚至是欲望，界限感和分寸感十分重要。”

回首过往 28 年的发展，张小满律师说：“通商拥有一批‘身怀绝技’的合伙人，他们就像是《史记·游侠列传》中记载的侠客一样，服务中国最好的企业，创造非凡的业绩。但从法律市场的趋势来看，通商未来需要更加一体化地运作机制，更加紧密地协作，才能始终保持在市场中位居头部。通商的目标，应当是成为市场中的领头羊。”

自创立以来，通商聚焦于通过专业能力向市场和客户展示自身卓越的法律服务能力。张新阳律师说：“好的市场营销是一个不断塑造和提升律所知名品牌的过程，长期的品牌塑造和定位能够传递一个清晰可见的市场形象，向客户深入传递律所在相关领域的专业服务能力，从而在各种角度影响客户对专业法律服务的最终采购决策。”

可以说，从文化到管理，再到专业和品牌，通商都具备了从优秀到卓越的基础。

一直以来，通商均以审慎、克制和注重服务质量而著称。但随着客户需求和市场环境的变化，通商在北京、上海和深圳办公室之外，亦开始了规模化的布局和探索。

粤港澳大湾区的设立，是国家在珠三角城市群的基础上进行的再升级。当粤港澳三地的合作向更深、更广的方向延展之时，对于法律服务市场也带来了巨大的影响。

深圳分所负责人刘问律师说：“粤港澳大湾区，是物流、人流的融合，内地可以吸收来自港澳的经验和人才，到律师队伍中来，进一步提升我们的专业服务能力。加之通商在涉外法律服务领域的实力和地位，以及四地办公室的专业化协同，通商在大湾区法律服务市场中必能占据一席之地。”

眼下，通商在北上广的布局基本形成，北京、上海、深圳和香港四地办公室联动，一体化运作，面向全国市场；而与此同时，通商也考虑在成都、杭州、南京等积极布局。未来，我们将迎来一个既保持了一体化运作和精品化服务的底色，同时又具备一定规模的通商。

结　语

通商的一切，从战略布局到管理制度再到品牌宣传，都围绕着如何打造一家“精而全”的律师事务所而展开。

“通商”二字，源于清末光绪年间李鸿章编纂的《通商条约章程成案汇编》，为清代涉外经贸法律事务断案的重要依据与参考。以“通商”作为律所之名，一来蕴含了其定位于涉外商事业务之意，二来也渗透了对于这段厚重历史的致敬。

“务财训农，通商惠工”，通商代表融通商业世界和法律世界。历经 28 年时代风云、行业轮转，通商的传统，是深入参与中国的市场经济变革与洗礼而沉淀下来的以客户为中心、实质性为客户解决问题的律所文化；通商的新，是紧跟政策与市场的变化，把握时代的脉搏，勇于开拓进取，从而赢得客户信赖，树立口碑的专业主义与创新精神。

《诗经・大雅・文王》有云：“周虽旧邦，其命维新。”创立于 1992 年的通商，正是一家连接传统、通达未来的新律所。

德和衡

勇攀金顶，一家进取型律所征服京沪深的全球攻略

毛姗姗　周　正　伊晓俊

栾少湖及“中国律师事务中心青岛德恒律师事务所”

2000 年，德衡北京分所位于北京昆仑饭店

上海中心 62 层北京德和衡（上海）办公室

德衡集团在杭州召开大会制定《西湖宣言》

“业内有‘红圈’，为什么要起一个‘金顶’律所的新名字？”

“我们的愿景和口号是永争第一，登‘顶’比进入某个‘圈’更需专业、专心，更需一致的决心和志气。‘金顶’这个词的提出，可见蒋琪为代表的年轻一代管理合伙人志存高远。”德衡律师集团合伙人会议主席栾少湖干脆地回答。

2017 年，德和衡律师人数同比增长 68%，首次杀入了《亚洲法律杂志》（ALB）“中国最大 30 家律所”榜单，以 1161 名律师的总人数名列第 9 位。2018 年，德和衡在该榜单中排名第 8 位，律师人数增至 1306 人，同比增长 12%。从增幅的变化上，我们可以窥见德和衡在发展战略上的调整。2019 年，德和衡收费超过半数“红圈”律所的同时，力斩 ALB“年度最具潜力律师事务所大奖”和“年度北京律师事务所大奖”两个奖项，在另一份榜单——“2019 ALB China 十佳成长律所榜单”中，德和衡也名列前茅。根据官方公布的说明，数量与规模的扩大并不是十佳成长律所评选的唯一参考因素，稳健而有质量的增长才是这份榜单所考察的重点。

“做大与提质并重”，起家青岛，放眼全球，是这家中国大所的发展战略。而真正成为“一家全球化的、为中外客户提供高端商事法律服务的律所”是德和衡在新的发展阶段所努力的方向。

走近德和衡，得从山东开始讲起。

创立与发展：栾少湖的两个“小目标”

1993 年，从警 10 年的栾少湖怀着壮志未酬的惆怅离开了公安队伍，在青岛创办了“中国律师事务中心青岛德恒律师事务所”（山东德衡律师事务所前身）。基于对自身专业领域的熟悉，栾少湖在执业一开始时即选择主打刑事辩护。很快，他凭借多年从警生涯中养成的良好的职业习惯和果敢的品性，与他的团队一道成为山东青岛诉讼界的佼佼者。他经办的刑事案件也得到客户的一致好评。

创立之初，山东德衡就以“起点高”和“要求高”在青岛颇有影响力，在当年法律系毕业大学生尚是凤毛麟角的时代，德衡即要求招聘本科与硕士毕业生，并特别注重从大学法律系老师中招贤，并早早在所里配备了先进的电脑和打印设备。德衡采用了公司化管理“工资加奖金”的分配方式，以促进初创团队的凝聚力和集团协作的能力。加上胡明、胡家强、李旭修、王中等一批兼职法律教师的加入，很快，德衡便成为青岛律师行业的领航者。

当然，栾少湖的眼光绝不仅仅放在青岛。在创所后不久，栾少湖就提出了“百人大所，百年大计”的大胆规划。1998 年，山东德衡在济南设立了分所，同年，时任国务院司法部副部长的段正坤到山东视察，对德衡当时的成绩表示赞赏，称赞德衡的快速发展为一个“奇迹”。栾少湖律师也更加坚定了他心中的信念，向着创立百人大所的目标迈进。

到 2000 年，山东德衡已经实现了这一目标，在律师人数和业务总量上均已跃居全省第一，并且成为山东省第二家被司法部授予“部级文明律师事务所”荣誉称号的律师所。

之后，栾少湖律师又提出了“走出山东，走出诉讼”的战略目标。该计划分为两部分：第一，开拓山东以外的法律市场，北上进京，在北京设立分所；第二，拓展新的业务领域，开始在证券、金融、公司并购等领域发力。

在 2000 年，经北京市司法局批准，山东德衡北京分所正式挂牌营业。第一任主任杨培银曾经代理的“山东三考生状告教育部案”惊动海内外。虽然初创的北京分所的表现并不惊艳，但是要实现走出山东迈向全国的大计，就必须占领北京这个战略桥头堡。

现任德衡律师集团总裁蒋琪是山东德衡培养的第一批青年律师中的翘楚。1996 年，他从青岛市司法局辞职加入了山东德衡，主攻金融证券业务，颇有收获。2009 年，在他刚从美国天普大学法学院结束深造后回国不久，集团合伙人会议经过多次商议，决定派他到北京分所挑大梁。时年 35 岁的蒋琪在当时已经是山东德衡的业务能手和创收大户，在国际贸易、金融等领域有丰富的实务经验，离开山东赴任北京对于他来说无疑是二次创业。但面对集团的重托，蒋琪扛起了这个使命，而且他提出放弃分所而独立成立一家北京当地律师事务所的创新设想，得到了集团合伙人会议的支持。

同年，德衡还把山东的部分权益合伙人以及山东德衡的涉外律师精英团队派往北京，刘克江、毛洪涛、房立棠、姚远等纷纷领命进京，从此开启了北京德和衡的新篇章。

“实践证明，这个二次创业还是正确的。在山东做得再大，你的市场也还是山东的市场。从 2009 年到 2016 年的 7 年的时间产生了一个全新的北京德和衡所。实践证明我们是正确的，我们成立了一个全国性的律师事务所，而不仅是一个山东最大的律师事务所。”蒋琪如是说。

而对于新业务领域的扩展也是德衡实现迈向全国的重头戏。2000~2004 年，德衡的证券和金融两个业务领域基本处于萌芽阶段，涉外业务也刚刚起步。但基于德衡统一管理的分配体制优势，在涉及新领域的业务上，合伙人原有的蛋糕不会被分掉，他们依然能在利益分配上得到最大程度的优待。这使德衡在新领域的拓展上不会受到来自内部的阻力。

在 2004 年之后，德衡在证券、金融等业务上也逐渐在山东站稳脚跟，并逐渐垄断了全省的该两项业务。此时，德衡的诉讼和非诉业务占比也基本能达到各占 50%，由此达到了自身业务领域的优化布局。

规模化布局：国内外“双线开花”

提到德衡律师集团在国内法律服务行业的布局，不得不提到她的双品牌运营模式。

德衡律师集团有两个 Logo，一个用在山东德衡及各个分所，另一个用于北京德和衡及各个分所。

德衡律师集团 Logo

山东德衡的 logo 外形为圆，中间图案以羽毛笔寓箭，各取字母“D”“H”的侧边形成弓箭的造型，寓意律师以笔为箭，护法爱民。

而北京德和衡的 logo 外形为方，其中“德和衡”三字由中国著名法学家江平先生题写。其既传承“德衡”之风骨，也有厚德、尚和、平衡之意。

蒋琪在采访中提到，目前的双品牌运营，是德衡律师集团的阶段性战略。而“圆要装入方里面”，这是集团发展的目标与方向。

“外方内圆，这是中国的处世之道，我们最终还是希望这两个 logo 合二为一，它是一个律师事务所，在未来的 3~5 年我们希望北京德和衡和山东德衡进行合并，统一成一个品牌。”蒋琪律师说。

截至 2020 年 7 月，使用这些 logo 的办公室在全球有 53 家。其中，境内 43 家，境外注册机构 10 家；筹建机构 2 家，分别是德和衡沈阳、昆明以及境外筹建机构蒙古；驻外代表处 2 家，即东京代表处和柏林代表处。其中位于山东的如青岛、青岛高新区、青岛西海岸、济南、胶州、枣庄、德州、东营、日照、潍坊、威海、滨州、济宁、烟台、淄博、泰安、莱芜、聊城属于山东德衡下的分所。其他山东之外的办公室即为北京德和衡的分所。部分重合的地方如在济南、青岛，德和衡也有设立办公室，目的均在于为之后的统一做准备。

而提到双品牌运营，也必须提及“香港德衡律师集团投资控股有限公司”（以下简称德衡律师集团）。2010 年，当决定从山东德衡律师事务所选优进京，新成立一家独立的“北京德和衡律师事务所”之时，栾少湖主席就在香港地区把两家内地律师所的权益合伙人共同注册成立了一家“人和 + 资和”的德衡律师集团，从而奠定了双品牌运营的坚实基础。

而对于山东和全国，德衡律师集团有不同的布局。在山东，德衡的目标是在山东的所有地级市都设立分所，覆盖整个山东。在全国，德和衡的目标是成为一家布局各个省份大中城市的规模大所。

如今的德和衡北京总部位于北京最繁华的国贸桥边银泰中心C座写字楼11、12两层，约4500平方米，有超过300名律师，员工在此服务着包括但不限于中央金融企业、中国500强公司等超过3000家大型客户，2018年度营业额超过人民币2.5亿元。无论规模，还是品质，已站稳京城，辐射全国、全球。

长三角的布局以上海所为中心。如今，德和衡上海办公室已经成为中国最高的写字楼上海中心中最高的律师事务所（62层），超过200名律师、员工服务着全国2000多名重要客户。2018年，其营业额已超过2亿元人民币。继上海中心之后，德和衡于2019年10月又大手笔租下“东方明珠”隔壁“新华社”下属的上海金融信息中心大厦1000余平方米，双中心战略即将拉开帷幕。上海办的成功崛起带动了南京办、杭州办、苏州办，甚至武汉、南昌、长沙的一体化发展。

继长三角之后，大湾区布局是德和衡在目前国内发展的战略重点。2019年2月18日，中共中央、国务院印发《粤港澳大湾区发展纲要》，标志着大湾区建设已正式成为国家战略，也标志着我国开放程度最高、经济活力最强的区域之一——粤港澳大湾区已被国家纳入全方位的综合发展规划中。而从2018年7月21日德和衡（深圳）正式设立起，深圳分所业务蒸蒸日上。近期财务报表显示，到2019年，深圳办公室将会实现创收1亿元的目标。广州、佛山、香港、前海四所亦将乘国家战略之势，与深圳所形成强大军团阶梯式发展。

而对于海外的战略布局，德和衡也自有其发展规划。早在2000年，德和衡就在韩国的首都首尔设立了代表处，也成为中国第一家在韩国设立代表处的中国律师事务所。

德和衡同样是较早进军俄罗斯的中国律所之一。在2015年，为相应国家“一带一路”倡议的实施，德衡律师集团莫斯科分所成立。

*“我们要做俄罗斯最好服务的中国律师事务所。当初布局在俄罗斯有两方面的原因，一是响应国家‘一带一路’倡议，二是从全球市场来看，英美律师事务所已经趋于成熟，并多为国际所占领。我们希望在俄罗斯有所突破，德和衡可以成为在俄罗斯，在中俄投资和贸易方面最好的律师事务所。”*蒋琪律师说。

继2015年德和衡在华盛顿特区和莫斯科设立办公室，2017年设立多伦多办公室和香港分所之后，在2018年的一年里，又设立6家境外机构，分别是圣彼得堡、悉尼、新加坡、西雅图、东京、首尔。截至2018年年底，德和衡共有全球境外律所10家，覆盖8个国家，国际化战略稳步开展。

在栾少湖律师的规划中，德和衡目前以“三驾马车”即莫斯科办公室、华盛顿特区办公室和香港办公室为龙头，以海外10家实体办公室为依托，以驱动整个集团的战略为其海外总布局。

在2009年到2019年的10年时间里，德和衡实现了飞速的跨越，实现了其成为全国性律所的目标。在2014~2016的两年间，德和衡以153%的律师增长速度从500人大所发展成为千人大所。2016~2018 年，在律师增长规模上依旧保持了较高的增速，在 2018 年年底实现了近 10 亿元的创收，并在 2019 年年底实现了 14 亿元人民币的创收。

从一家青岛的以诉讼起家的律所到全国的规模大所，从白手起家到上千人的规模，从一个办公室到国内外 55 家分所和办公机构，德衡律师集团在过去短短 20 余年取得了突飞猛进的发展。

集团管理架构：双品牌运营

目前德衡律师集团的管委会中有 5 名管理合伙人，分别为主席、常务副主席、总裁、第一副总裁以及管理总监。从分工来看，主席栾少湖、常务副主席胡明负责合伙人会议；总裁蒋琪负责北京德和衡品牌的运营，以及整个集团的业务层面事务；第一副总裁李旭修主要负责山东德衡品牌下的律所运营；管理总监张文负责集团境内外财务、人事、行政等集团公共支持团队管理与各地律所日常运营支持工作。

2019 年，德和衡专调曾在美国律师所工作十多年的集团合规总监、高级合伙人李泳澜，助力集团信息化与知识管理、合规体系建设。栾少湖律师根据律所发展需要在 2000 年 5 月独创推出的“双线双面管理法”，将业务管理与行政管理作为推动律师所发展的核心，通过业务与行政双管线齐下，对集团和各律所机构两个层面进行立体交叉与快捷管理。随着德衡集团日益壮大，“双线双面管理法”也调整为“双线多面管理法”。年轻时爱踢球，曾于 1997 年创建山东律师业第一支德衡足球队的栾少湖，也特别推崇体育运动中的黄金理论“三角进攻”，无论发展与实践中有何变化，主攻人员总有固定人员能接应、补位，并不断形成新的坚固“三角进攻”关系。

德衡集团合伙人会议由管理合伙人和业务合伙人组成。业务合伙人分一般合伙人和高级合伙人，均为权益合伙人。在业务合伙人之外，还有联席合伙人，联席合伙人可以晋升为一般合伙人或者高级合伙人，主要作为转来律所的合伙人过渡使用，及多年在律所执业发展但不愿受合伙人会议“拘束”的资深律师而用。

律所合伙人管委会，每一个季度召开一次，由栾少湖主持；每两个月一次总裁会，要求各地分所主任参加，由蒋琪主持。

“说到管理，实则我们追求的是没有管理，只有服务。因为律师是服务客户的，律所是服务律师的，这是我们的目标。德和衡在成立 5 周年之际，我提出一个口号，‘让平台更大，让舞者更美，让管理更简’。山东德衡律师事务所在中国律师界以‘严格管理，规范管理，制度管理’等著称。北京德和衡之所以发展迅速，也是传承了这种制度管理的优点。”

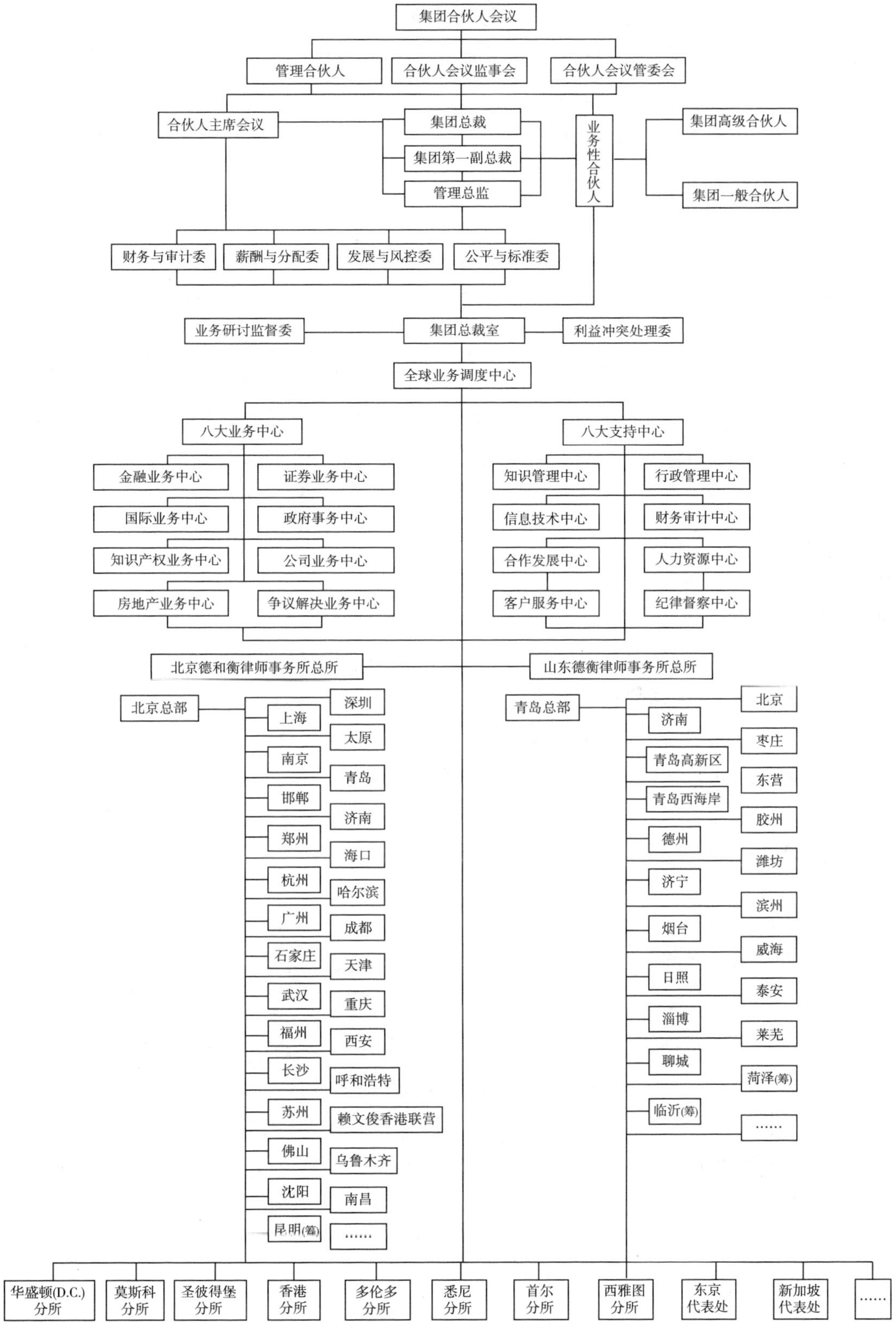

德衡律师集团组织架构图

德和衡倡导“简单管理”的口号，要实现这一口号，需要有“三驾马车”，一是制度化，二是信息化，三是专职化。德衡律师集团有一套信息平台，自主研发，由专业团队管理。“有专职人进行管理，把业务人员释放了，就能实现简单管理，这是对山东德衡管理制度传承的基础上，加上了北京律师的特点所形成的创新。”

对于偌大的德衡律师集团，分所管理也是一个挑战。蒋琪律师对此却颇具信心。在总所和分所之间的管理，德衡实行四个统一——分别是品牌统一、制度统一、文化统一和团队统一。对于文化传承和制度传承，这一点从德衡律师集团的大事记和编纂的文书中可以体现，良好的知识管理使其发展历史和业务经验积累都得到较好的记录和传承。

目前德衡律师集团采用两种律师所管理模式。一种是直管直营，另一种是共管自营。直管直营即德衡律师集团直接投资且对责权利集中统一管理的律师事务所；共管自营，即“共同管理，自负盈亏”，在财务、用人上相对独立。它们的发展目标是从将这些共管自营办公室向直管直营办公进行转变。而为了实现这个目标，德和衡在中间又拟设了一个“共管共营”的中间状态。先从“共管自营”到“共管共营”过渡，再由“共管共营”走向“直管直营”。这些内容也被记载在《德衡律师集团 2020~2022 年战略发展规划》中。

“自 2020 年起，集团将对签约承诺在 2021 年年底前实现‘共管共营’的集团境内办公室实行首席合伙人权益化、薪酬模式集团化、财务审计透明化、人员定编定额化和效益考核统一化。”德衡律师集团合伙人会议主席栾少湖在集团 2019 年的年中会议上已经透露了相应方案，“2023 年前集团将完成 3 年投入千万人民币的 5G 信息化，‘超级 2020’转型升级建设，双语化全球通用办公系统达到全国领先，国际一流。信息化促进一体化，一体化势不可当”。

从“西湖宣言”到“金顶律所”

2016 年 1 月末的杭州，正值隆冬，也是梅花开得正酣的时节。德衡律师集团 108 位合伙人齐聚杭州西子湖畔，共同商讨集团未来的发展大计。正是在这次会议上，他们提出了决定集团战略转型升级的《西湖宣言》，目标是打造全球首家定质定量版顶级律所：

“（1）德衡律师集团及其领导管理的律师事务所全力做好自己，并崇尚第一；（2）我们致力于成为中国具有最高品质而且水晶般透明的法律服务集体；（3）为了保证人品与作品的最高质量，我们承诺在 2020 年之前将规模控制稳定在 100 位合伙人和 1000 位律师之内，以做优存量为重。”

从这一宣言中，我们可以看出德和衡对于自身发展的思考以及对未来谋篇布局的把握。从律所创立的1993年到彼时的2016年，历经22年的风雨兼程，德和衡已经取得了长足的规模化发展。无论是2000年扎根京城，还是在2012年设立中国德和精品律所联盟（ECLA），抑或是15到16年间在国内国外两线开花的大胆布局，都体现了德和衡对于开疆拓土，实现体量增长的勇气和魄力。

然而，在集团总裁蒋琪看来，对于规模化发展的追求只是德和衡一时的权宜之计，如何打造全球首家“定质定量版顶级律所”才是他对于德和衡未来发展的长期思考。从《西湖宣言》提出以来，德和衡人锐意进取，实现了规模红利与品质发展并举的傲人成绩。

“金顶律所”概念则为德和衡更高的目标。时间来到2019年8月，在全球精品律所联盟（EGLA）会议上，蒋琪正式提出了打造“金顶律所”的全新概念。何为“金顶”？蒋律师坦言，这一灵感源自四川峨眉山的标志性景观金顶铜殿。在清晨朝阳照射峨眉山顶之时，金殿与殿内的铜像耀眼夺目，十分壮观。

“金顶律所”的基本构想是，实现领先律所三大评价标准——律所规模化、律所创收和人均收费提升的并举，以品牌管理、知识管理等七大标准管理体系为支撑，树立新的行业界标杆和楷模，使德和衡成为众多法律服务从业者心目中公认的行业顶点。

品牌管理体系、知识管理体系、晋升培训体系、薪酬分配体系、客户服务体系、风险控制体系和公共支持体系等七大标准管理体系，蒋琪律师称之为“金顶律所”的“七大经脉”。为何用“经脉”作比，他说：“律所保持发展和领先的地位，依靠的是苦练内功，构建完善的七大标准管理体系，这就好比我们人体的心肝脾肺肾五大经络和任督二脉。如果将这七大经脉全面打通，联盟律所就能肌体健康，就能顺利登上自己心中的金顶。”

“七大经脉”也各有内涵，既有之前经验的整理和总结，也有新内容与新构想。例如，品牌管理体系上采取双品牌管理，制定律所品牌管理指导性文件《品牌管理办法》等，并与多家中外法律杂志保持长期紧密的联系。知识管理体系则建立在德和衡自行研发并已经使用了25年的国内领先的OA内网系统上，包含案件管理系统、客户管理系统、档案管理系统，在超级2020信息化发展计划的规划中，律所将与汤森路透合作全面，上线全球领先的“Elite 3E”系统。

晋升培训体系则对应两部分，目前合伙人分五级，联席合伙人、高级联席合伙人、一般合伙人、高级合伙人、管理合伙人，既有前文已提到的中间过渡性质的“联席”，也有常用的一般和高级之分，五级分层未来还可能再简化。律所的培训主要分为两方面。一是开放性的知识共享，形式之一是由合伙人安排进行午餐分享，可以是管理方面、业务拓展方面，也可以是法律问题方面的话题，每个分所都有。各类内训活动，以集团各位律师的专业与知识为基础，集百家之长，呈百家争鸣之势，在这个共享的平台上，大家的想法与见解得到无私分享与交流，这必将碰撞出更具有前瞻性、实用性的智慧火花。

开放性共享的形式之二是未来大本营（在上海叫“青年梦工厂”），即在每星期四晚上，以一个青年律师加一个合伙人的方式进行分享。二是系统的业务培训。德衡律师集团目前有8大业务中心，36个业务团队，每一个业务中心有4~5个团队。在2015年，为了鼓励青年律师的成长，德和衡鼓励“80后”律师担任团队负责人，所有的团队清一色“80后”领导。团队内的培训，则更为系统化。通过给年轻律师更多的机会，以及同领域的专家经验分享，加快人才发展。

德衡集团对于律师的薪酬制度采用的是双轨制薪酬，即授薪制和提成制。蒋琪律师说，没有最好的薪酬模式，只有最合适的，薪酬制度应当因地制宜、因时制宜和因人制宜。

“双轨制的模式，即在引进青年律师以及司法机关的工作人员的时候，使他们有稳定的薪酬，并辅助他的成长。而到合伙人层级，合伙人和律师若有提成要求，可以以提成方式计算。目前双轨制的模式适应了我们北京的快速发展，我们还要继续下去，把这种双轨制进行推广。”

客户的层次决定了律所的品质。客户服务体系上，律所对客户有一套完整的分类管理和科学营销管理办法，根据客户的贡献度、忠诚度和行业影响力详细划分为5类——A、B、C、D、E，分别制订客户维护计划，具体措施则包括每周固定推送法律周报、每年举办客户感恩节等。在投标方面则设有《投标管理办法》，借助信息化的投标系统，有效组织律师进行投标工作，把握优质案源。

2000人以上的体量，德和衡内部的利益冲突问题也是发展中面临的难题之一。风险控制体系则涵盖了包括利益冲突、风险意识、风险提示书、法律文书管理、组织形式、内核体系和社会保险等一系列的律所运营中对自身风险的高度重视和制度防范。在利益冲突上，德和衡也创新地结合实际出发设计了蓝色、橙色、红色由低到高三级利益冲突体系，确保集团利冲问题的高效解决。

公共支持体系则集中体现了德和衡“双线多面管理法”的交叉网状管理架构，以及五大支持中心——行政管理中心、财务审计中心、人力资源中心、客户服务中心、信息技术中心作为运营保障对集团稳定高效运转源源不断地供能。

“金顶律所”概念和目标的提出，也意味着德和衡为自己描绘了更为宏大的愿景，设定了更为至高的目标。它与德和衡26年的探索和发展一脉相承，也反映了这样一家律所对自己该如何不断攀缘的理性思考、大胆构想和精密实施。身处时代的洪流中，如何突破已有的行业生态，走出一条完全不同的超车之道，蒋琪律师认为，一定是要从另一个维度或者站在更高的维度思考问题：

“未来领先律所的发展的趋势，不再仅仅依靠‘律所背景’，而更加看重‘个人能力’，正如世界上任何一个金屋顶都是由一块块或薄或厚闪光且有硬度的金箔对接打造而成的，律师就是‘金箔’，而标准体系就是‘焊接技术’，如何将每一个发光的人紧密且无缝地联合在一起，精湛的‘焊接技术’也将成就完美金顶律所。在这个过程中，只有不忘初心，意志坚定、肌体健康的人才能勇攀高峰，成功登上心中的金顶。”

“贵族”基因与“狼性”文化

2008 年，蒋琪带着全集团的重托，离开青岛，赴京“二次创业”，壮大北京分所的业务。这 10 余年在北京，每当他想起家乡青岛，便会回忆起和两三老友在闲暇之余吃蛤蜊喝啤酒，一起畅谈人生理想的日子。正如他所说，青岛老家的美食和带着咸味的空气，才是他这些年漂泊异乡的心灵港湾和加油站。

青岛老家是德衡集团的根据地，是整个集团的灵魂所在。像蒋琪律师一样，许多山东或者青岛籍的律师在德衡走出山东进军全国之后，并没有忘记自己的根，始终对故乡以及青岛集团总部怀着感恩之情。德和衡之所以能取得今天的成就，也是源自山东人这种特有的忠义豪情。

在这 10 余年间，青岛老家向北京和全国输送律师人才的同时，也输出了其特有的德衡文化，那就是不断进取敢于超越的精神。德和衡将这种文化定义为“狼性文化”。像狼群一样，德和衡的律师团队是一支有着坚定毅力和扩张性的团队。不同于通常律师事务所独占山头的保守型策略，德和衡鼓励自己的合伙人和律师不断地去拓展，不断地扩张展业范围。不以成本分担为导向，而以创收定额为导向这一策略不但能够使律所快速实现规模化，也能不断催生集团收费的快速增长。

在 2016 年，德和衡已有 1 万多名客户。截至 2018 年年底，这一数字已增加到 47,117 名。并且，集团中执业律师的人数也在持续上升，从 2016 年的 800 多名律师增加到了 1700 余人，短短 3 年内执业律师的数量翻了一倍。

但是，在蒋琪眼中，这些数字并不够光鲜，因为单单追求规模化并不是德和衡的目标。在未来的发展布局中，追求品质化和人均收入才是他们关注的重点。“金顶”律所概念的提出，以及未来在湾区的重点战略布局正是这些宏伟目标的缩影。

“尊重与包容”是德和衡特有的集团文化，集团尊重每一位合伙、律师的知情权、成长权、共建权，“透明度”建设在德和衡得到最大限度重视，所有事情提在桌面上，倡导会上畅所欲言，不许背后议论纷纷。“问渠哪得清如许，为有源头活水来”，德和衡的高级合伙人有 60% 是 2010 年后大力招贤培养的，季成、付希业、陈浩、牟菲、汤华东、温贵和等近 30 位闪亮的名字背后是律所文化的成功。以 2019 年为例，北京办公室的江波律师系朝阳律协律管委主任，加入德和衡后 6 个月，即被委以重任，不谈资论辈，不拘流程、形式被委任为北京办执行主任；深圳办兰才明律师从广东星辰律师事务所原主任角色加入德和衡后3个月，被授予同样重托，担任德和衡深圳办公室主任，这就是包容文化的最好体现。

“分享和共享”也是德和衡倡导的集团文化。在2018年上半年德衡集团内部举行的分享会就达到了500场之多，这在全国的律师事务所当中也实属罕见。这些分享会类型多样，包括合伙人之间交流分享他们管理和业务经验的圆桌会议，也包括专业律师对其擅长领域进行讲解的内部课堂。此外，“未来大本营”“青年梦工厂”以及“DHH青年说”的举办也为青年律师展现自我的精神风貌提供了一个平台。

更重要的是，德和衡始终重视自身文化的传承和积淀。“北京德和衡律师事务所并非从0到1的转变，我们的血脉里先天流淌着贵族的基因，这个贵族基因来自山东德衡。这些文化和制度的传承并非一朝一夕就有，是岁月积淀而成的。”蒋琪在一次接受智合的采访中如是说。

他口中的“贵族基因”，指的是山东德衡在创立之初与当时司法部下设的中国律师中心的渊源。正是基于这份对自我身份的认同和文化自信，才使德和衡人在走向世界的过程中无所畏惧，勇往直前。

“品质化”战略与未来展望

在蒋琪看来，一家律所的发展战略至关重要，它甚至决定一家律所的生死。他在一次EGLA联盟的研修班上分享了荷兰作家潘言博的书《律所再造》，书里提到在现代商业社会中，律师事务所的死亡率是30%。多种多样的原因都可能让一家律师事务所迅速消亡，其中最重要的是发展战略上的失误。

回溯德和衡的发展历程可以发现，其始终对自己所处的发展阶段和所要选择的发展模式有着清晰明确的认识，这也体现了德和衡的合伙人们战略家般独到的发展眼光。无论是发展初期提出要做“百人大所”的豪言壮语，还是现在看起来都极具前瞻性的“北上进京，走向全国”的宏伟蓝图，都可以看出他们对自身未来发展的精妙布局。

当然，想要实现做大做强，规模化的发展阶段不可避免。律所也更容易通过这一阶段快速地抢占市场，形成集聚效应。但德和衡在规模化的热潮中始终能够清醒地认识到，“日租式”的快速规模化并不能实现百年之计。想做一家具有顶级品质的全球律师事务所，就必须依靠做优存量，提升律所和律师的内在品质。

品质化的律所和规模化的律所之间的区别在于，它不是靠人头取胜，而是以人均制胜。如今，德和衡在新设立分所时就有一个硬性要求，所里执业律师的人数不能低于20人，人均收费不能低于80万元，总体收费要达到千万元以上。

并且，为了实现品质化的转型，德和衡有自己一套方法论，叫作“四高战略”，即“高品办公，高手律师，高质产品，高端客户”。而这“四高”，既是一个良性循环，又是一个因果关系：高品办公吸引高手律师，高手律师带来高质产品，高质产品带来高端客户，高端客户带来高额收费。

为了达到高品办公，德和衡将他们位于北京的办公室选址在银泰中心，将上海的办公地选在“全球第二高楼”上海中心，而深圳办公室则选在深圳太平金融大厦。搬入一线办公楼，就是德和衡吸引高品质人才的信号，打造品质化律所的表面体现。

当然，他们不会忘记在2018年年底提出的“冲击全国律所排名前五，实现人均律师收费100万元”的目标。正如蒋琪所言，集团要“勇攀高峰”，它包含两层含义，一是总创收要攀升，二是攀登品质化的高峰。而自2019年起，集团将不再盲目追求规模化，而要以追求品质化为目标，从产品、客户、人员、办公条件等方面全方位地提升律师事务所的品质。

正是基于此，才有了2019年“金顶律所”概念的提出。而想要打造心中的“金顶”，就必须通过建立律所的标准化体系和人才培养来实现。这一提法又同2018年提出的“勇攀高峰”的口号一脉相承。在新的历史节点上，我们有理由相信，德和衡将会在品质化和做优存量的全新战略布局下取得更大的成就。

以“金顶”为梁，以七大管理经脉为柱，以20多年来开拓的广阔疆域为基石，有理由相信，德衡律师集团将会在未来打造出中国法律服务行业的顶尖品牌。

结　语

在对已在德衡律师集团工作25年的集团管理总监、管理合伙人张文的采访中得知，2019年，集团上半年的营业收入已经同比增长了50%，14亿元人民币年创收目标的完成已成囊中之物，2亿美元“全球创收100强”入场券也指日可待。

律所发展各有各的道路和模式，但无论选择何种道路，都离不开“清晰坚定的战略、差异化的品牌、有效的管理、不断的制度创新、成熟的人才吸引与培养机制、专业的客户开拓与维护”六方面的落实，德和衡也不例外。

我们看到，德和衡在每一个发展阶段，都有自己的使命和愿景。如果说“百年大计”是未来愿景，“百人大所”则是德和衡第一个阶段性目标，通过有效管理和适合的分配制度，德和衡在山东取得全面第一；在提出“走出诉讼、走出山东”之后，优化核心业务，全面布局战略，终获得不俗成果；在北京发展受阻后，敢于举贤任能，推选有才干的年轻人担当大任，终于在10年内成就有品牌的千人大所北京德和衡。

而现在，德和衡的视野已是全球，“成为中国律师国际化出海的旗舰”成为其新的目标和使命，华盛顿、莫斯科和香港三个办公室是德和衡推进海外事业的新桥头堡。德和衡也将始终以“为我所控，点面结合，做大做实，为我所用”的全球化发展原则为指引，为“一带一路”倡议和中国企业走出去保驾护航。

律所如人，几乎每家律所的气质都符合创始人的性格特质，一个法律服务组织的行为也符合其领导者的理想信念和处事方式。德和衡自成立之日起也带着山东人开拓创新的气魄和当仁不让的豪情，“做大事业，不断攀登，家国使命”也日益成为他们不断奋斗的信条。

毫无疑问，德和衡给中国律所的发展提供了一个独特的样本。我们也有理由相信，下一个十年，甚至三五年内，德和衡将带来更大的惊喜。

段和段

涉外强所的全球新篇章

周　正

段和段律师事务所前台

段和段开业仪式

段和段龚晓航律师与贝克·麦坚时律师及客户合影

上海市司法局领导与部分合伙人在段和段西雅图办公室开业仪式上

27 年前，上海浦东陆家嘴还是一片“万物待兴”的开阔地带，当时的最高建筑只有四层楼高的上海浦东玩具公司大厦，外墙上却悬挂着一行惹眼的金字招牌——段和段律师事务所。

27 年来，这家律师事务所不仅追逐新一轮改革开放的大潮，为中国律师业奉献了观念的改变、组织形式和管理模式的创新，还特立独行地走出了一条以涉外业务为立身之本，以专业化建设为成长之擎，以适度规模化为腾飞之翼，立足上海、辐射世界的独特发展之路。

作为中国律师业涉外法律服务领域当之无愧的领航者，作为持续建设中的综合性全球一体化法律服务平台，不仅其创立在中国律师业上有着里程碑式的意义，段和段律师事务所的每一个脚印都同样在行业史上留下了浓墨重彩的印痕，每一段篇章都成为书写中国律师业 40 年蓬勃发展不可或缺的音符。

观念的改变　篇章的开端

1992 年中，上海 8 万人体育场旁奥林匹克俱乐部的一个房间里，归国留学生段祺华正在紧张地准备开办律师事务所的各项申请文件。而在此之前，他已经在中美两国之间来回飞行，四处奔走，向政府部门不断报告、解释，只为一个对于中国律师行业而言具有历史开创意义的构想能够落地。

1992 年，中国改革开放的步伐进一步加速。1992 年，也是中国律师行业刚刚恢复不久，正走在由国办律师事务所向合作制律师事务所转型的初期阶段。但经过几年的试点，合作制虽有其相对优势，却弊端仍然明显，无法适应律师行业全面发展的需要。同时，外资企业加速入华，中国法律市场开始对外开放，外资所东征西讨，势如破竹，中国律师事务所却绝大部分都还由国家机关设立，无法承担商业活动“中间人”的角色。伴随新一轮的改革开放，整个中国都需要进一步的思想解放和观念改变，整个中国律师行业都呼唤一种更为先进的、真正与国际法律市场接轨的组织形式。

在美留学期间，段祺华的学科论文题目就是《论在中国开办私人合伙律师事务所的可能性》。导师给了他低分，认为这毫不可能。从华东政法学院获得硕士学位后又自费赴美留学获华盛顿大学法学院法学硕士学位，同年受聘于美国西雅图著名律师事务所威廉·克斯诺及吉布斯律师事务所，段祺华在美国的律师职业生涯一帆风顺，收入丰厚，也组建了完整的家庭。而 1992 年年初代表外企入华谈判回到中国，一则关于“南方讲话”的报道和国家教委及上海市人事局提出的鼓励留学生回国创业的政策深深触动了他。段祺华毅然决定放弃优渥的条件回到中国，尽管面对巨大的阻碍和困难他仍然尝试在中国设立合伙制律师事务所。一同曾在威廉·克斯诺及吉布斯律师事务所工作的周琪律师亦作为创始合伙人之一参与了事务所的创建。1992 年年初参与完香港基本法起草工作的龚晓航回到上海，他在华东政法学院港澳台法研究室担任主任期间，也以业余时间参与到律所创立的各项工作中。

几个月后，历经千辛万苦，段祺华终于等到司法部同意试点的特批："在浦东新区这个特殊的地方，允许归国留学生段祺华这个特殊的人，开办一家特殊的律师事务所，可以在内部实行合伙制的分配原则。"1992 年 11 月 24 日，上海市司法局正式颁发批文，中国律师业史上第一家私人出资并拥有的合伙制律师事务所由此诞生。

段和段律师事务所的诞生拉开了中国律师业发展崭新的一幕。此时《律师法》尚未颁布，甚至北京律师业也仅开始第二批合作制律师事务所试点。其后，很快司法部便开始在部属律师事务所中试点合伙制改革。又经过了两年，到 1995 年，北京一批合作制律所才集中改为合伙制，所有制的禁锢被彻底打破。此后，合伙制这种组织形式，更是以排山倒海之势成为整个中国律师业律所组织形式的绝对主流。

1993 年 4 月 8 日，上海段和段律师事务所在南京路锦沧文华大酒店举行正式挂牌成立的仪式。前任美国总统比尔·克林顿专门寄来祝贺律所开业的贺信。事务所最早的办公地在上海浦东玩具公司大厦，楼外"段和段律师事务所"的金字招牌预示、代表了这家律所其后近 30 年的品质坚守和稳健发展。在开办律所"三个不"的业务限制之下，段和段以具有留学背景甚至是海外执业经验的创始人队伍牵头，选择涉外业务领域作为自己的起点，由此走上了一条差异化发展之路。

1993 年，段和段成功承办了美国劳工部委托的一宗案件，将分散在广东、福建、海南各地偏远山区的 3000 多名中国劳工的 1200 万美元赔偿款成功送还，段和段涉外服务的招牌一炮打响。这也是史上首次美国政府聘用中国律师事务所代理相关法律事务。1995 年，段和段又为上海玩具公司打赢了一场拖了 8 年之久的索赔案，成功让美国法院撤销缺席判决，为国家挽回了 200 多万美元的损失。

1992 年 4 月，北京第一家麦当劳餐厅在王府井大街开业，这是当时世界上最大的麦当劳餐厅。而将其引入中国的正是段祺华。麦当劳餐厅进入中国，背后涉及土豆条工厂等一系列配套生产型企业的引入，相关工作烦琐而庞杂。社会中对于律师帮助外资入华也存在一定偏见。顶着巨大的工作压力和不理解，段祺华牵头段和段律师们在事务所成立的第一个 10 年里先后帮助微软、汉莎航空、波音、可口可乐等一大批世界 500 强企业进入中国。其中部分企业，段和段一直为其提供服务至今，超过 20 年。例如，段和段在最初为麦当劳进入中国的项目服务时，也为麦当劳配套的可口可乐在中国设厂提供了法律服务。从 20 世纪 90 年代至今，段和段一直担任可口可乐的常年法律顾问，为其投资、知识产权保护、劳动等方面的事宜提供了全方位的法律服务。2001 年，段和段被司法部评为"部级文明律师事务所"，综合指标全国第一。

成立后第二个10年，段和段随着中国的“入世”提出了“为中资企业走向世界保驾护航”的口号，以扎实深厚的涉外业务实力为大量中资企业“走出去”并购、投资提供法律服务。并于2006年获准成为首批在香港特别行政区投资设立分支机构的内资律所。

2006年3月25日，总投资22.3亿美元的“波罗的海明珠”项目在俄罗斯圣彼得堡芬兰湾畔正式开工。这个由上海实业集团联合百联集团、锦江国际集团、绿地集团等上海产业巨头共同投资建设的项目是截至当时中国企业在海外最大的房地产投资项目。2005年，时任上海实业常年法律顾问的龚晓航律师被委任为整个该联合开发项目法律服务团队的主管合伙人（Leading Partner），带领段和段律师与著名国际律所贝克·麦坚时的律师一同为项目提供全流程法律服务。整个项目的法律事务极为复杂，涉及土地合同、公司设立、外汇管制等一系列新型法律问题，且工作语言包括中文、英文和俄语三种，相关文件的转换工作量巨大。龚晓航与王啸波、宋永泉等律师经常通宵达旦地处理文书工作，历时一年多终于帮助项目谈判圆满完成。由中国律师担任超大型国际投资项目法律服务的主管方，段和段的工作成果和服务模式得到了国家发改委的高度肯定。

在浙大网新国际仲裁案中，段和段律师抓住了一个极为关键的程序性漏洞——新加坡仲裁庭适用的是总部位于法国的国际商会（ICC）的仲裁规则，并最终获得最高人民法院拒绝承认和执行其裁定的成功结果。此案过后，国际商会明确修改条文规定其仲裁规则仅供自身适用。段和段律师通过案件代理中的专业表现“改写”了国际仲裁界的规则，创造了历史。

此外，从某国家级石油公司英国钻井平台管理合同纠纷案到香港地区“追讨巨额国有资产”大案，再到某大型航空公司的“包头空难”事故在美国被诉案，迄今为止段和段已成功办理了数百起跨国项目中的大案、要案，涉外业务的领先实力在业内树立起旗帜地位。

创立第3个10年开始，段和段开启了“适度规模化”的发展。以涉外业务为核心纽带，以品质为基本原则，通过宏观设计，谨慎布局，精挑细选，有规划地开设境内外分支机构，走出了一条涉外精品强所的全球化平台建设之路。截至2020年10月，段和段已拥有员工1290名，律师超过千名，在全球拥有28家境内外分支机构，并加入国际律师事务所联盟US LAWNETWORK和LEXWORK，与世界范围的众多律所保持着长期合作关系，“海外朋友圈”遍及主要大洲的数十个国家。2019年，《亚洲法律杂志》（ALB）公布的“2019亚洲最大50家律所”榜单中，段和段位列第18位，较上一年度提升13位；在“2019中国最大30家律所”榜单中，段和段跃升至第17位。

继2000年以全国律所综合排名第一的成绩获得司法部颁发的“文明律师事务所”荣誉称号及2005年和2008年两度获中华全国律协授予的“全国优秀律师事务所”荣誉称号后，段和段于2020年9月在司法部的“全国优秀律师事务所”的评选中再次以优异的成绩获得选送并已通过司法部的公示。

2020 年，多个国家和地区的海外办公室步入紧锣密鼓的联络和建设。曾经的涉外精品强所，如今的规模化全球平台，段和段仍在继续书写自己的全球布局新篇章。

适度规模化　高度国际化

时至今日，中国律师事务所的规模化浪潮远未平息，甚至有愈演愈烈之势，但究竟为何做大，如何做到“大而强”，并不是每家律所都已思考清楚。更多时候，“大”看上去仅仅是一种或许不容错失的先机，但如果规模不能转化为平台的整体性实力，分支机构的快速铺设带来的可能只有严重的利益冲突。这样人数优先、快速扩张的方式在段和段看来是规模化的 1.0 版本，绝不是自身规模化的追求。

段和段的规模化在同行当中无疑走得是相对晚的。长达 10 多年的“旁观期”和“筹备期”，使段和段不仅能更了解不同规模化模式的差异和利弊，能不断思考自身处境和条件，而且直投直营建设起律所的“顶梁柱”办公室架构，并随着不断升级信息化系统，不断完善相关制度，为段和段韬光养晦后的厚积薄发打下了基础。

1994 年，成立仅一年后，段和段西雅图办公室顺利开业。办公室采用直投直营模式，并与段祺华曾工作过的美国威廉・克斯诺及吉布斯律师事务所达成了长期良好合作关系。在那个外资入华几乎全部是外资所承接项目后经由其驻华代表处引入中国的时代，段和段就已经开始通过海外办公室对接外企客户进入中国的各项法律服务需求。刚刚起步的段和段，已经具备独立承办相关全套法律事务的实力，在业务上已经直接与外资所正面竞争。

2006 年，段和段北京办公室顺利落成。直投直营的北京办公室有“段和段联合驻京办”的称号，为各地段和段律师在京诉讼提供了服务支持，不仅是段和段在国家政治、经济、文化中心的重要业务支点，亦是事务所此后规模化的重要支柱之一，为段和段在北方的扩张打下了深厚的基础。

2006 年，相关政策甫一落地，段和段就提交申请并成为第一批获准在香港特别行政区开设分所并执业的内地律所之一。香港办公室亦为直投直营，协助中国及外国客户处理在我国香港特区、新加坡、英国、美国等国家和地区的复杂商事仲裁和诉讼及其他类型纠纷，通过成立后代理的诸多大案要案奠定了其在国际诉讼和国际仲裁领域的地位，并延伸出资本市场以及境内外投资等业务。如今，段和段香港办公室是内资所中鲜有的完全独立经营的在港分支机构，并承担着事务所对接海外业务的重要作用。

龚晓航说，有了上海、北京、香港特区和西雅图四地的布点作为“承重墙”“顶梁柱”，段和段打下了扎实基础，已经形成了跨境法律服务的基本架构和网络，为未来的规模化可能提供了坚实的根基。同时，事务所发展的第二个 10 年间，段和段在 IT 建设上投入重金数百万元，定制化研发 D-IMS 云端系统，打造全所“一朵云”的数字化平台，覆盖事务所的管理、风控、业务支持、财务结算、知识管理等方方面面；制度建设上，根据国内法律市场的实际情况，在 2010 年左右从原来仅有纯点数合伙人的公司制“因地制宜”地开启“双轨制”，以更多元化的方式更广泛地引进和培养人才。

法律服务业的发展深受经济产业发展影响，尤其涉外律所的业务和发展策略更是受到全球经济形势的左右。2008 年，随着金融危机的爆发，客户之中内外资企业比例大幅度变动，且国内大型企业尤其是国有企业法律服务招投标和入库等相关的操作规定陆续推出，律师事务所的人数、办公室数量和过往业绩等硬性指标的限制深刻地改变了律所之间的竞争格局。此时的段和段经过了 15 年的发展，涉外精品强所的地位已毋庸置疑，但不足百人的规模使其频频被直接排除在大型项目之外。此时，规模化已经不再仅仅是一种可有可无的主动选择，而是绝对必要的客观需求。2010 年，经过内部广泛的探讨和谨慎地决策，段和段提出了“适度规模化”的目标，同时对于规模化的具体路径在内部展开深入研究。

国内大所的规模化之路大致起步于 2003 年，尤其以北京大所领衔。虽然模式各有不同，但对于上海、深圳、广州等一线城市的占据争夺往往都是第一步。而对于诞生在上海的段和段来说，其不得不思考另一种途径，一条在不具备北京那样的地理优势和各项资源的前提下的属于自己的规模化道路。

龚晓航说，段和段适度规模化设点选择的基本原则是把关注重点放在省会城市或区域经济中心城市上，同时要有对于城市发展前瞻性的判断，重点寻找与段和段理念、气质及尤其是在涉外法律业务方面相契合的、核心合伙人在 35~45 岁正值当打之年的精品律所或团队。

现事务所主任、联席会议主席吴坚主要负责了各地分所的团队物色和接洽设立工作。吴坚说，在基本原则之上，近几年段和段对于版图的规划还有更深一层的考量，分所设立采用品牌加盟模式，则需要根据段和段“上海律所”的品牌设计符合规律的片区拓展策略，概括而言是“南征北战，从西向东”——“段和段”的品牌在南方认可度较高，而在西部省市段和段可以将涉外业务经验有效输出，帮助分所确立和提升差异化竞争力，以此建立总分所之间的信任和紧密联系。

最初几年，段和段仍然在极为审慎地观察市场的变化，并不急于设点。2013 年，深入研究大所规模化经验 3 年，观察了行业规模化进程 10 年之久的段和段认为时机终于到了。在律所成立的第 3 个 10 年开始之际，段和段正式开启了适度规模化的发展进程，采用以严选团队、品牌加盟为接入口，设立分支机构网络后，通过总所的运营管理，最终实现段和段大平台统一资源调配、整体一体化运营的方式。

严选团队，指的是段和段在分所设立前会对当地法律市场做充分调研，瞄准有涉外业务的精品律所或团队，人数四五十名，其牵头人在本地律协担任副会长等职务，有的甚至是人大代表或政协委员，追求专业品质且“爱惜羽毛”。品牌加盟则作为保障规模化速度的基本模式，同时采用多所合并、吸纳团队等多种形式整合当地优秀律师团队开设办公室。

昆明，边陲要塞，中国向西南开放的重要门户，“一带一路”的重要支点城市。2009年，时任国家主席胡锦涛考察云南后提出把云南建成中国面向西南开放的重要桥头堡。段和段昆明办公室有极为丰富的涉外法律服务经验，且拥有国家颁发的“东南亚法律研究中心”牌匾，更是高度认可段和段的涉外法律服务实力和规模化发展策略。云南桥头堡建设是长达十年以上的长期战略，出于辐射东南亚的长远发展考虑和对未来前景的预判，2013年5月，段和段率先在昆明落子。

同年6月，段和段深圳办公室成立，是事务所层面在华南地区的重要部署，辐射整个粤港澳大湾区，并与香港办公室联动为客户提供高质量的法律服务。

2014年，专注于海商海事业务的大连办公室落定，以房地产业务为核心的合肥办公室顺利设立。2015年，西南要塞成都，段和段设立了办公室。2016年，同样是西南重镇的重庆，也是段祺华律师的老家，段和段成功布点，厦门办公室同年设立。2017年，胶东半岛青岛、济南两地办公室先后顺利落地。2018年，德阳、长沙和郑州办公室先后正式开业，意味着段和段在中西部地域的进一步巩固。2019年，乌鲁木齐办公室于同年正式设立，意味着段和段的服务网络向中亚及欧洲延伸的可能性；随后，段和段在长江流域核心城市、长三角经济带中心城市南京和苏州设立分所；同年7月，段和段沈阳办公室成功设立，标志着事务所正式进军东北地区。2020年3月和8月，宁波和太原办公室相继顺利设立；9月，西安办公室成功签署加盟协议。至此，段和段的国内网络已拥有了22家各有业务特色的办公室，且还在不断完善之中。

这些城市的选择，在看似不经意中却有明确的规划：第一，绝不做“小综合所联盟”，所有分所都有各自的特色业务，且互相交错、互为补充，以段和段“大综合平台”的概念进行布点；第二，则是顺应中央的各项政策与规划，在建设大平台的总体目标之下，推进区域经济圈内的办公室布局和联动。

京津冀城市圈及其延展辐射区域，石家庄、雄安等北方重点区域都在分所设立的考量之中。西南片区，成都与重庆自不用说，打造成渝双城经济圈的国家策略下，两地办公室在业务合作上形成优势互补。胶东半岛，青岛办公室专长于外资和国企公司商事业务，济南办公室则在传统诉讼业务积淀颇深，两者互为补充、合作频繁。此外，合肥以房地产业务起家，深圳办公室则在土地一级市场中深耕多年，两地办公室亦可以形成互补。东北沿海，大连办公室偏重涉外业务，沈阳办公室则在传统业务上具有优势，也能互补合作。“一带一路”沿线的昆明办公室、乌鲁木齐办公室、西安办公室与境外的塔什干办公室互为呼应。南京办公室则与宁波办公室、苏州办公室、筹划中的杭州办公室及上海总部一同构成长三角的扎实布局。在毗邻省会成都的四川明星城市德阳再设一个办公室则意味着段和段对城市区域经济圈进一步下沉深挖的尝试。在这样的整体性规划建设下，不仅段和段大平台的业务综合化程度越来越高，且最大限度上回避了分支机构间的利益冲突问题。

2018 年，响应司法部涉外法律服务整体性规划的号召，段和段开始阶段性地放慢国内布局的步伐，着重在结合自身业务及人员资源情况开始着力发展海外办公室。2018 年，日本名古屋办公室成功设立，其将充分利用段和段一直以来在外商投资及对外投资领域的专业特长，在积极拓展本地制造业领域法律服务的基础上，以更开阔的视野，进一步拓展在日本市场的业务。2018 年 4 月，在段和段 25 周年（青岛）全球峰会上，段和段与柬埔寨金边 Legal Town 律师事务所举行了隆重的加盟签约仪式，宣告 Legal Town 律师事务所正式并入段和段，更名为段和段金边办公室。

2019 年 3 月，段和段宣布正式与知名的马德里律所 PRACTICA LEGAL 合作设立段和段马德里办公室。同时，响应国家关于鼓励和支持法律服务机构和人员参与中国企业和公民走出去法律事务，要求努力做到中国企业和公民走到哪儿涉外法律服务就跟进到哪儿，并依法维护海外侨胞各项权益的号召，段和段在欧美国家最大的华人聚集地美国东岸纽约地区设立了段和段纽约办公室。2019 年 5 月，段和段正式入住塔什干，成为乌兹别克斯坦首家中资律所，重点发展贸易投资、交通运输、能源、基础设施建设和旅游等领域的合作。以塔什干办公室为基础，段和段可以辐射整个中亚地区，帮助包括成都企业在内的中国企业拓展市场，共赢合作。

“一带一路”倡议在欧洲、东南亚乃至中亚的逐步落地，中国律师的涉外法律服务空间越来越大，而随着段和段全球办公室稳步设立推进，一个共创共享型的新型全球法律服务平台正在逐步成型。目前，段和段也正在积极筹备在英国伦敦、日本东京、斯里兰卡科伦坡和中国台北设立办公室。加上此前已经与海外律所形成的服务联盟，再有与贝克·麦坚时、欧华等国际大所长达近 20 年的长期合作，段和段不仅在提供以中国企业为中心的涉外业务方面具有了 27 年极为深厚的积淀，并且在规模化和国际化的进程中形成并保有自己独有的模式和文化。

统一性调配　一体化作战

相比单纯的人数增长，段和段更看重顶层设计和整体规划，看重综合性一体化法律服务平台的建设，除了机构的选点需要具备设计性和前瞻性外，如何实现以业务为纽带将所有办公室、千名律师紧紧联系在一起，并真正发挥规模综合大所的优势——统一调配资源实现集团化和集约化作战，在存量业务基础上不断开辟增量业务，建设起以研究院为载体的法律服务产品研发后台，是段和段希望实现的规模化 2.0 版本的目标。

统一调配法律服务资源，近年来，段和段办公室之间的合作，尤其是上海总所和各地办公室之间的人员调动已经常态化。前段时间，吴坚刚刚与长沙办公室的同事一起拿下了当地一个高新科技区的服务项目。长沙办公室本没有相关服务经验，但上海总所由于长期服务于上海的临港、张江、外高桥等高新区，已有极为丰富的高新区服务经验积累。合作的结果是两地律师组建服务团——传统业务部分由长沙办公室主办，涉及高新区的新型业务部分由上海总所派驻律师参与服务，以此实现两地办公室的业务一体化。这是段和段大平台上大量跨地域业务合作一体化的一个典型。不仅上海总所可以“向外辐射”，各地办公室也可以将律师派驻上海来参与项目。过程中，派驻律师熟悉了上海的环境和总所的队伍，积累了新型业务的服务经验，并带回当地办公室，以此实现了人员的频繁交流和业务的迁移复制。

为了提升一体化平台的资源调配效率，加强风险控制，解决利益冲突问题，段和段在上海总所设立了全所的招投标中心，由专人负责，提供各项的技术支持，实现业务资源统一管理。同时，以 D-IMS 云端系统为依托，所有段和段律师在云系统上作业，个人信息中均不显示地域，“去地域化”的平台使跨地区的业务合作打破距离、更加频繁。

打造一个大一体化平台，段和段的业务统一整合和人员自由调配在承接大型机构客户的项目时，优势尤为明显。例如，某家集团需要审核 5000 份合同，涉及多个业务领域和不同行业，吴坚说，上海总所便可以牵头调配不同办公室多个专业领域的律师组团参与其中，集体作战，真正让集团客户感受到段和段是作为一个整体来提供服务，而这才是规模化的本质性目的。同时，专业化的前提正是有足量的业务——集中办理大量同类业务的过程中技术越发纯熟，效率不断提升，成本有效降低——这样的统一调配使段和段服务力量的集约化成为可能。有能力处理别的律所承接不了的大批量业务，且成本相对更低，集团化和集约化让段和段获得持续的竞争优势，达到“人无我有，人有我优，人优我省”中的第三重境界。

近年来，段和段在规模化进程不断推进的同时，也一直思考在整合存量业务的基础上，不断开发增量新型业务。境外资产调查与追索业务就是近几年成功研发的重磅业务。仅 2015~2016 年，中国资本净外流就高达约 1.28 万亿美元，大量国内判决或裁定所涉资产因在海外而导致难以执行的情况频频出现。司法主权的限制令公权力在境外受阻，中式客户的特点让境外律师望而却步，此时，由中国律师牵头，以民事手段实现海外资产的执行成为新的业务机会。但是，此类案件往往所涉标的额极其巨大，最高可达数十亿元，覆盖国家和地区多达十数个，项目时间跨度长，人力资源投入大——只有像段和段这样真正实现了全球网络统一业务调配的平台，才有可能承接。

而为了办好这项业务，段和段还通过与剑桥大学合作开展专题国际化培训以在全所的平台上培养专业人才。从 2018 年起，段和段每年与剑桥大学联合举办培训计划，段和段选派律师和合伙人去接受为期两周的培训，第一周闭门授课，第二周开放交流。前一周的培训，伦敦知名律所的大牌合伙人、剑桥大学的著名教授，以及来自美国等地专门聘请的专业人士为段和段律师进行全英文授课，后一周开放式论坛时逢剑桥大学已有 40 年历史的传统盛会，千余位来自世界各国的法律人聚集剑桥校园对经济全球化展开广泛研讨，段和段律师“正巧”组团参会，拓展国际视野的同时也将段和段的品牌在国际法律人圈子中广泛传播。经过两周的培训，各地办公室的合伙人们不仅在专业能力上明显提升，也在情感上有了紧密的联系，并且相互有了一定的熟识度和默契度，为境外资产追索大型项目的统一作业提供了坚实的基础。第一届培训计划的效果突出，反响强烈，段和段借助剑桥大学的培训资源签订协议成立“锻剑大学”，依托剑桥的平台和资源将律师的培训细化丰富出青训班、合伙人班等不同层次，开展常态化的国际培训，为律所源源不断地培养涉外业务人才。

多年前，段和段就设立了九大专业部门，很早便在公司制的基础上开启明确的专业化分工。规模化发展中，九大专业部门承担起统领全所专业建设的责任，采用了传帮带、视频培训、所内业务专家“巡回演讲”等多种形式，带动所有办公室的专业能力不断提升。

在“大所时代”，新型法律服务产品的研发成为各家律所竞争力“后劲”的保障，段和段在这个方面始终重视，且提升到律所的层面设置专门机构开展相关工作。2018 年，段和段研究院正式成立。为业务研究提供强有力的支持，除了对已有业务做梳理和整理之外，对于一些跨部门、跨专业的新型业务，段和段研究院也能够作为牵头中心进行联合业务研发。段和段研究院院长宋永泉说，这类新型业务往往具有一定的前瞻性，呼应的是市场中正在萌芽或刚刚兴起的新型需求。例如，房地产 PPP 项目涉及房地产领域和金融领域，研究院牵头跨部门、跨专业研发了相关的法律服务产品，从设计产品线，到联合律所的标准化委员会确定业务流程标准，同时开展相关知识管理，最终到产品成型、验证和优化。

在成功开发产品的基础上，为了实现全所范围内的业务合作，段和段还延伸设立了多个全所层面的业务中心——PPP 业务中心、破产管理案件业务中心、劳动法业务中心、资产证券化业务中心、全球资产调查与追索中心等都是段和段在打破总分所地域限制实现全所业务一体化方面的积极推进。其背后也都有着段和段研究院作为智库的长期支持，使段和段保持着法律服务产品源源不竭的生命力和全所一体化无边界合作的作战力。

公司制管理　全球化平台

规模化的速度与稳健，律所一体化平台调配与协同，都离不开段和段在律所管理上从创立之始的理念和模式领先，以及近30年的持续优化升级。

段和段可能是国内最早从英美引入并采用纯公司制管理的律所之一，不仅为中国律师业的组织形式改革起到重要影响，也对纯点数合伙人公司制管理模式的普及发挥了重要作用。还在美国执业期间，段祺华就已对英美律师事务所的管理模式做了深入研究学习。而龚晓航在香港地区工作期间也对香港地区律师行的管理模式有了近距离的了解。创始人的海外工作经验为段和段的管理在律所起步时就提供了很高的起点——以英美公司制相结合并根据中国律师业当时的实际情况有所调整的公司制律所管理作为段和段的基本管理制度。在国内律所刚刚一向合伙制转型就几乎全部采用提成制分配模式的时候，段和段的创始人们就坚定地认为提成制不是中国律师业未来的发展方向。“段和段一定会是一家国际性的律师事务所，要走一条国际化发展之路，就必须有与国际接轨的基本制度。”段祺华说。

以公司制为基础，段和段从创立之初业务还很受限、运营成本高昂之时就确定了以计点制为核心分配制度，合伙人和律师不因单个案件划分利润，个人的收益来自对律师事务所总体的贡献。案件管理上实行专业分工下的统一分配，使段和段的专业化建设几乎是与律所发展同步开始。同时，明确的晋升轨迹使律师对于自己职业发展的方向有明确的期待。以之为特色，段和段聚集并培养了一批理念相投、专业过硬，尤其在涉外业务方面表现突出的优秀人才。

在运营管理方面，段和段的几个“会”和“局”各有功能，发挥着重要作用。设置现代化的内部管理架构，段和段很早就设立了管理委员会，并设有首席管理合伙人。在进入规模化发展阶段后，随着组织的不断健壮、庞大，段和段又将管委会上升到“段和段董事局”，吸纳了一批在律所发展和建设方面有思考和研究，并且高度关心律所成长的董事局成员共商律所发展的各项事宜。

第二个10年里，规模化的前期准备阶段中，段和段启用了允许吸纳一部分不加入纯公司制管理体系的合伙人的“双轨制”运营。两种制度并存意味着段和段更大的包容性和更多元化的人才结构，同时律所也需要一种新的管理架构和日常事务协调机制予以回应。总所层面，段和段设计了一种“模块化”的管理方式——合伙人团队互相组合形成四个大的“模块”，每个模块设有主管合伙人（同时均为董事局成员），由首席管理合伙人段祺华组织召开每月的协调会。“模块化”将总所管理划分层级，缩小了管理单元，提升了管理效率。

董事局执行主席王啸波介绍，段和段在行政团队上的投入和建设同样在20世纪90年代就已起步，并逐步补充了各项行政支持职能，从常规行政服务到市场营销、IT建设、品牌宣传等专业工作，事务所建立起一支10多人的行政团队，在公司制事务所内部发挥起重要作用。段和段认为好的律所离不开好的管理，管理应该管好人、事、物。段和段一方面强调要用好的制度管理人、引导人；另一方面在硬件上不断完善提升，匹配了一流的办公环境、设施设备和领先的信息化系统。

王啸波说，业内对管理专职化热议的当下，段和段其实多年前就开启了相关实践，由管理合伙人专职负责事务所上下的行政运营工作。同时，事务所也还在思考和探索引入职业经理人参与律所经营，并持续关注英美法律行业的最新动态和国外百年大所的经营方式，学习借鉴并转化为可供国内参考的具体做法；法律科技方面，持续建设 D-IMS 平台的同时也高度关注世界范围内法律科技的运用。

总分所之间，段和段则设置有“联席会议”，用以建立联系，组织讨论律所发展每年度的重大问题，组织每年度的年会等集体活动。

董事局主席龚晓航说，2020 年段和段将在现有董事局的架构基础上再改组升级，设立“国际董事局”和“中国董事局”，以一定的规则吸纳分所的合伙人也进入其中参与段和段全球平台的建设。“国际董事局和中国董事局的设立将为段和段的管理决策带来更多元的视角，更前沿的思维和更为优化的管理决策，帮助段和段的全国和全球网络平台持续建设完善。”

近年来，成立于 20 世纪 90 年代初的一批律所都在思考传承的问题，有意识地将管理团队年轻化。段和段也在业内较早地迈出了传承的重要一步。多年前，段祺华就开始慢慢脱手事务所的具体管理，与龚晓航将“接力棒”交给年轻一代管理者手中。

2017 年，段和段完成了新一届管理层的选举，在律所成长起来的后起之秀中的代表吴坚被选举为事务所主任、联席会议主席，主要负责了规模化建设的推进；王啸波被选举为董事局执行主席，参与事务所预算、决算、市场开发等的重大事宜的决策。管理层的年轻化带来了新的思想、新的做法，也预示了段和段在未来发展中代代传承的可能性。

段和段研究院除了提供业务方面支持外，还有一块重要职能是提供律所管理方面的智力支持。其中一方面是律所平台整体建设的公共事务，又分为两个部分：一是研究规模化之后段和段该如何确定自己的文化、理念、价值观和行业定位，应该向客户塑造什么样的形象；二是段和段平台层面的公共事务建设该如何开展，包括市场营销、品牌宣传、信息化建设等。另一方面则是研究各成员机构运营管理的具体制度：一是公司制基本制度的适用和改良；二是分配制度；三是律师薪酬制度；四是年轻律师培养。研究成果将直接为各地办公室提供管理上的理论和实务支持。

专设研究院为全球平台建设提供管理参考，段和段的做法在业内也属于极少数。而这样的意识和行动沿袭了段和段自创立以来，创始人们在律所管理方面的广泛观察、深入思考和大胆创新，使段和段的管理水平和运营规范性始终处于业内较为领先的水平。

集团化发展　资产化运营

律所管理运营创新方面，段和段还在业内较为超前地提出了“集团化”运作的思路并积极尝试。其根源来自规模化扩张过程中，人员的急速增加不仅带来了管理方面的难题，整个律师事务所也缺少一种文化上的凝聚，以及律师们除了通过知识性服务获得律师费报酬之外，缺乏一个更高层面共同利益的捆绑，律所作为人合性专业服务机构的长远发展乃至传承百年难以保证。

正是较早地发现并思考这一系列难题，段和段提出了律所“集团化”发展的一种新形式——“三体联动”——当中是律师事务所，边上是影视公司，再边上是互联网公司。律所处于主轴，是集团的根本和核心，以提供专业服务为唯一追求；影视公司承担传媒影视出品和经营的职能，同时作为律师股权激励的载体，所有合伙人都享有干股；互联网公司则像一个“法律知乎”，承担法治宣传和专业交流的作用。

集团化运作下的股权激励计划至少可以发挥这样几个重要功能：没有“公司制”的律师和分所也都可以持有影视公司的股份，共同享有额外收益；共享额外收益在律所利益调节也就是律所管理上多了一重更高层次的手段；离开律所股权收回的限制从一定程度上增强了平台的人员稳定性；股权激励计划还为老律师的退休保障提供了可能。

在段祺华看来，律所要获得长远、持久的发展，必须要“跳出律师费的小范畴”。意味着律师加入段和段，其本职工作还是在专业上不断精进，在客户服务上不断优化，但其获得的收益很可能“更大那头”来自集团其他公司的资产运作。律师不仅是加入了一家律所，而且还进入了一个企业；律师只要做好自己的业务，而其他投资经营活动都由其他的专业人员牵头去完成。

学生时期就有文学梦的段祺华近几年将大量时间和精力都投入了影视律政剧的创作和拍摄当中。将法律与文学结合，创造真正属于本土的优秀律政剧，让亿万观众能了解律师，传递法治精神，弘扬法治文化，是他在律师业务之外的梦想和责任。

2014 年，《金牌律师》的成功播出让全国观众惊艳原来中国大陆也有属于自己的律政剧，作为编剧和第一投资人的段祺华也迈出了自己向影视产业跨界的成功第一步。2017 年《继承人》再度爆火，引发全民对继承法律问题的热烈讨论，段祺华律政剧“王牌出品人”和“王牌编剧”的地位已然树立。2020 年，段祺华担任导演、编剧、投资人的电影《梦境人生》也已获得国家电影局“龙标”，段和段担任了本片的法律顾问。电影在段和段总部上海办公室取景并含有律师题材。从电视剧到电影，他又跨出了大胆尝试的一步。而近几年影视公司在电视剧上的收益已达上亿元，这充分证明了集团化运作构想的可能性和现实性。

2020 年年初新冠肺炎疫情暴发，因在加拿大开庭而被“困在”美国西雅图长达近半年的段祺华又有了一段充足的时间来思考段和段的当下和未来。即除了影视投资之外,“段和段集团”还可能实现怎样的发展突破？在美期间，他又与多位美、加大律所的管理合伙人连线沟通交流,长时间探讨事务所的长远发展,从英、美律所百年发展史中汲取经验。英、美百年老所中很多都有在创所初期便重视投资的做法，有的律所早年的不动产投资为其后数十年的发展提供了“额外收益”和退休金保障。这更令段祺华确信,集团化发展、资产化管理能够解决律所做大做强和长远发展甚至代代传承的问题。突破口则在两个基金，一个是发展基金，一个是退休基金。

发展基金，要求事务所从律师费中强行保留一部分注入基金池，一部分为律所未来可能的买楼等硬件提升提供储备金，一部分则可以进行其他投资运作。这一概念和做法虽然在业内并不算独家，不少律所也有提留 1%~3% 左右发展基金的做法，但因为没有人专门管理运作，而往往使这部分资金一直闲置，没有真正为律所发展发挥有效利用。而段祺华进一步解释，除了可能部分用于硬件建设，其余部分都会由专业的基金管理公司来操盘，以实现资产的增值。滞留美国期间，他通过和基金公司的合作，取得了相当可观的业绩。相比较国内律师热衷于提成，主张分光、用光和吃光，并美其名曰“分到个人、账目透明的、陈旧的、竭泽而渔”的做法，将发展基金和退休基金集中管理运作，不断保值增值是保证事务所发展后劲的基础。

退休基金，段祺华设计了一个称为“糖果瓶”的制度，即将合伙人相应的个人积累的退休金比喻成糖果放入玻璃瓶中，所有人都可以看到自己的那一份是多少，但只有到退休才能拿到；如果中途离开律所，则只能打折领取，其余部分分享给其他合伙人。这样的设计既让退休福利高度透明化，也从制度设计上保证了合伙人组织的稳定性。段祺华说，目前国内大多数的律所还在第一代创始合伙人时期，基本上没有考虑退休制度，这一点的危害性将在今后几年内，随着第一代合伙人的退休而集中爆发。段和段要稳定发展，要办成一流的大所强所，建立健全发展基金和退休基金制度，以及这些基金的保值增值制度是重中之重，也是关键中的关键！

段祺华说，资产化管理已经初步验证成功，未来如果能做得好，段和段会有一个质的飞跃，事务所对于顶级律师人才的吸引力会极大增强。而身为创始合伙人，他愿意把自己的客户和案子主动交班给其他合伙人，抽出时间脱产来主持段和段的 3.0——事务所的集团化发展和资产化管理的建设。古人曾说，功夫在诗外。律师事务所的管理，其功夫也往往在律师费之外。如果段和段的合伙人在自己的律师服务费创收外，每年又有一项资产管理的“业外收入”，而且在将来还有另一块可观的退休基金等着他，那么他还有什么理由因为 1%~2% 的提成差别而离开这家事务所呢？段祺华认为，中国律所已经到了建立退休制度和实行资产管理的十字路口，必须选准方向，坚定前行。

积段成篇　合创未来

一家事务所能否长远发展，有三个重要因素：一是科学的制度基础，二是长期贯彻的发展战略，三是最重要的一点——始终不渝的匠人精神。

段和段的匠人精神，体现在27年发展历程的每一个观念秉持与实践创新之中。相较于聚集在传统业务的红海，它选择以涉外业务新蓝海为核心和纽带；相较于相对松散的提成制律所，它选择以公司制管理作为经营的扎实根基；相较于“先大后强”的急速扩张，它选择“从强到大，再到更强”的适度规模化之路；相较于一家单纯的律师事务所，它选择“段和段集团”的别样构想和实践。

段和段的匠人精神，27年的匠心独运成就了这家在中国律师业中气质独特且难以复制的品牌大所。不难发现，段和段全球一体化平台的建设不仅依赖于总所的引领，更依赖于各个办公室的齐心聚力，从“各美其美”到“美美与共”，从“各谱华章”到“积段成篇，合创未来”。

27年后的今天，当年闪耀于浦东陆家嘴的金字招牌已难觅踪影，但“金牌律师”的品质和气质早已经渗透进段和段人的血液之中，流淌，炽热，血脉“段段相传”。

广信君达

修内功，铸文化，建大业

广信君达律师事务所

广信君达参与公共法律服务

广信君达党委学习贯彻全国“两会”精神和《民法典》

广信君达律师合影

2012 年，律师行业规模化渐成趋势。在广州，三家律所和另外五个律师团队决定合并，希望迅速成为当地最大的律所。第二年，合并效应凸显，律师人数过两百，创收达亿元，规模名列前茅。

2017 年 6 月，发展迈入新阶段的她，迁入广州最高标志性建筑——周大福金融中心，俗称广州东塔，办公面积 7034 平方米，配备最先进的软硬件设施。2019 年，广州总部员工 924 人，其中律师 602 人，实习律师 120 多人。2020 年，又扩增 1168 平方米办公室，成为规模级的“千人大所”。

她，就是广东广信君达律师事务所。

伴随中国改革开放的进程，广信君达作为律师制度恢复的参与者，一直走在改革探索的前沿，见证了这一段中国律师事业辉煌发展的历史。

27 载成绩卓然，广信君达荣获各级主管行政机关、行业协会及国际评级机构授予的诸多殊荣，包括“全国法律服务行业文明服务窗口”“部级文明律师事务所”“全国优秀律师事务所”“全国律师行业先进党组织”“广东省律师行业党的建设工作省级示范点”“年度中国南部律师事务所大奖”等荣誉称号。2020 年 8 月，司法部唐一军部长等领导莅临广信君达调研，体现了主管部门对广信君达的充分肯定。

为什么广信君达能在竞争日益激烈的法律服务市场脱颖而出，成为华南地区乃至全国范围内不可忽视的领先律所？在中国律师制度恢复 40 周年的发展历程中，她是怎么做的？下一步，又将如何谋篇布局？

顺应改革，广信君达诞生

1993 年 1 月 29 日，作为广东省律师制度改革第一批五家合作制试点律师事务所之一，广东广信律师事务所在广州成立。

千禧年后，中国加入世贸，改革开放的步伐进一步加快，各种类型的律师事务所如雨后春笋般出现，形成激烈的市场竞争格局。赶上这一波风口的广信律师事务所、信利盛达律师事务所、安道永华律师事务所，凭借各自积淀的市场声誉，在广州法律服务行业均占据一席之地。2007 年，广州市司法局与广州市律协共同举办“广州市首届十佳律所”评选，广信、信利盛达、安道永华均名列其中。

“那时，全国各地尤其是改革开放前沿城市的律所，无论是知名度还是业务量，发展都很快。”广信君达合伙人会议主席王晓华说。

就在律师业快速发展的时候，行业变革悄然而至——京沪规模大所纷纷南下布局，吸纳本地人才，抢占当地法律服务市场。

声势浩大的外来力量，使广东本土律所猝不及防。“当时广东的律所普遍尚在发展期，以中小型所居多，对于亟需人才的他们而言，优秀团队离开带来的损失是不可估量的。”回忆起这件事的时候，广信君达党委书记章勋如是说。一方面是不断流失的人才，另一方面是持续被挤压的市场份额，广东律所不变则萎。

“京沪大所不断进军广州，我们原先的团队损失了不少优秀人才，困守还是前进，是当下要作出的选择。”广信君达合伙人会议联席主席邓传远说。为了增强市场竞争力，广东省内掀起了一阵本地律所合并风潮，不少律所通过重组整合的形式扩大团队规模，增强实力。

2012 年 11 月 29 日，在广东省司法厅、广州市司法局的支持下，广信、信利盛达、安道永华及苏东海、刘善巧等 5 个律师团队合并为广信君达，庄伟燕、慕亚平等律师团队随后纷纷加盟，他们带来各自的市场份额和业务优势，为广信君达添砖加瓦。

谈到当初加盟时，广信君达监事长刘善巧说：“合并之时，作为加盟的团队之一，大家有一个共同的想法，那就是打造一家扎根本土、实力可与北京所相匹敌的律师事务所。”

合并后，广信君达律师人数迅速达两百人，创收也快速增长，第二年突破亿元，之后不久又破 2 亿元、3 亿元，同时开始在全国各地及海外设立分所和办公室，步入规模化发展的轨道。

数据背后不仅仅是单纯对规模与速度的追求，更是一帮志同道合的律师聚在一起所产生的强烈“化学反应”，在整合中磨合，在磨合中探索，在探索中前行，一艘广东法律服务市场的律界航母扬帆起航。

整合资源，锻造优势

对于广信君达来说，合并不是目的，而是寄希望于在合并后的整合过程中，通过多种手段赋予律所新的动能，形成自己特色的资源整合和管理模式，实现全面发展与质的飞跃。广信君达为此做了四件事。

第一件事：改变合伙形式，减少合伙风险。

在恢复律师制度之后相当长的一段时间里，律所组织形式为承担无限连带责任的普通合伙，这一定程度上影响和制约了律所的规模化发展。广信君达在广东省率先选择特殊的普通合伙组织形式，无过错的合伙人只承担有限责任，极大减轻了律师对出资及建规模大所风险的担忧，这是广信君达能吸引各方英豪加盟的一个重要因素。

广信君达合并前就对合伙人层级进行认真设计，将权益合伙人划分为三级，享有不同比例的决策权、分红权及风险责任。同时，为了留住部分对合并改制信心不足、不愿新增出资的合伙人，设置为有限合伙人，将他们在原三所的权益积累作为出资，不享有合并后事务所的决策权与分红权，以得到这部分合伙人对三所合并改制的支持。“这是完全尊重合伙人意愿的一项决定，广信君达秉持民主包容的心态，某种意义上最大限度保障了三所原来合伙人的权益。”章勋说。

合伙形式的改变、合伙人层级的设计，找到了广信君达合并改制的最大公约数，既扫除了规模化的障碍，也为广信君达的专业化、国际化和品牌化发展奠定了良好的基础。这一改革为广东省乃至全国律师行业的发展提供了有益的经验。

第二件事：设立符合所情的管理架构。

“律所规模不大时，管理主要靠合伙人之间的情感纽带，规模扩大后，只靠情感是不行的，想要律所能够更长远的发展，就要有一个好的管理架构。”邓传远说。

合伙人会议是广信君达的最高权力与决策机构，下设执行委员会，作为合伙人会议闭会期间的常设机构。执委会下设管理委员会，负责落实合伙人会议与执委会的决议并决策处理一般性事务，向合伙人会议与执委会报告工作。同时设立监事会，履行监督职责。

王晓华说：“设立更多管理职位，在初期能够起到稳定队伍的作用。”这样的管理架构，既能让更多的合伙人参与管理，又确保了决策的民主、管理的科学，增强了事务所整体的凝聚力和向心力。

第三件事：实行团队公司化、团队专业化管理运营。

2013年，广信君达赴全国部分优秀律所调研，学习其他所专业化建设经验，结合实际，鼓励和支持业务骨干组建律师团队，主攻一两个业务方向，强制要求每位律师进入团队，实行团队公司化、团队专业化管理。2016年开始，广信君达正式启动专业部门系统化建设，制定规划，拨付经费，设置考核指标，为团队专业化发展提供支撑。2020年6月，广信君达再次启动大规模调研，团队公司化、团队专业化建设进一步提速及优化。

“公司化的好处在于可以集中力量办大事，发挥每个律师的特长，且在管理上也可以实现利益最大化。”广信君达一级合伙人赵芃说。赵芃之前是安道永华的合伙人，安道永华是广州市内较早搭建专业化平台、实现业务部门专业分工的律所之一。

人才培养工作是团队公司化、团队专业化的重要抓手。“对内建立人才培养机制，鼓励律师积极参与专业机构的业务培训与专业考核；对外广纳贤才，引进各类业务专才，完善和加强人才队伍建设。”广信君达党委副书记庄伟燕这样阐释。

“原本各家律所的优势领域都集中在较小的范围，合并之后，我们各领域都拥有一支出色的专业团队，能为客户提供全方位的法律服务。”王晓华说。合并后，广信君达业绩骄人，经办的许多案件分别入选全国、省、市优秀法律项目、典型案例、优秀成果。数十位律师分别获得“优秀律师”“大律师”“十佳律师”“受认可律师”“法律精英”等个人荣誉称号。

王晓华，一级律师，留英法律硕士，广东省政协常委，广州市律师协会前会长，曾在大学任教十年，担任过第十六届亚运会火炬手及法律顾问，第九届全国青联委员，广东省优秀律师。

章勋若干年前是广东省国土厅法规处处长，后来下海做了律师。章勋团队在国土规划、土地开发、房地产建设等方面有丰富的实践经验。

邓传远是现任广州市律师协会副会长，他带领的团队在资本市场业务方面成果突出，为包括中国南方电网、原尚股份、索菲亚家居等在内的众多企业成功提供改制上市、股票发行，并购重组、发债融资等法律业务。

苏东海曾在广州市政府法制办工作，在行政法与政府法律顾问业务领域有丰富的实践经验，目前他带领的团队为广州市人民政府、广东省司法厅、省市场监督管理局（知识产权局）等政府机关提供多类法律服务。

身为广州市人大代表的刘善巧，他带领的团队主要办理传统律师业务。在为客户提供法律服务的同时积极参政议政，提出了不少修改和完善地方性法规的建议，获得了相关部门的采纳和肯定。

庄伟燕，一级律师，北京大学法学博士，广州市人大代表，曾获“全国优秀律师”“广州市十佳律师”荣誉称号，目前担任广东省律师协会副会长。其出色的专业素养与业务能力，获得了客户的一致好评。

陈伟雄博士曾在日本留学工作 10 年，主攻涉日本业务，是司法部全国千名涉外律师人才、广州市首批涉外大律师。他率领的涉外业务团队曾为多家日本跨国企业提供全方位法律服务。

慕亚平原来是中山大学国际法教授，现任中国国际经济法研究会副会长，他带领的团队擅长航空法业务，曾成功代理全国首宗国际航空器置留权案件和首例涉“一带一路”建设案，荣获全国“一带一路·合规之路”十佳律师。

闪涛博士是司法部全国千名涉外律师人才，主要负责涉外法律服务，目前正为我国在巴基斯坦、越南、中非等国家“一带一路”重点项目提供法律服务。

广信君达还在破产清算、公司合规、私募基金、金融及资产处置、财富传承、知识产权、国有资产、涉外服务、劳资纠纷、刑事辩护、争议解决等各领域有大批经验丰富的专业律师，包括黄永东、陈远乐、黎志军、全朝晖、尹恩林、江波、曾建新、刘华、李立、王辉、刘智、杨恒勤、肖硕彬、王春平、尤德卫、汪旭东、赵剑发、张雪芳、石其军、许丽华、孙俊杰、饶芙蓉、赵俊峰、袁德、向金波、葛磊、钟智芬、侯榆、史萍、林杨、洪树涌、谢明、叶世宝、张蓉、杨学光、肖小俊、张由、朱滔、梁沐周、杨超男、王颖、许小明等。

第四件事：开疆拓土，走向世界。

为了实现规模化、国际化、品牌化发展，2013 年广信君达在境内外加快设立分所或办公室。

市场和客户需求是广信君达设立分所的首要条件，同时也必须考虑国家战略布局。2020年，广信君达设立了横琴分所。慕亚平说："国家制定粤港澳大湾区战略，给予了澳门地区很多特殊政策，澳交所也正在筹备当中，这些都是设立分所的机遇。"为加强分所管理、密切与港澳的联系，横琴分所负责人周莲还前往澳门科技大学攻读EMBA课程。

2016年5月，由陈伟雄牵头设立的日本东京分所正式开业。有了第一家境外分所后，广信君达先后在美国、澳大利亚、马来西亚、泰国、柬埔寨等国设立办公室。

闪涛说："未来，广信君达要与海外的律师事务所建立更紧密的关系，根据境内外客户需求，进一步完善国际市场布局。"

目前，广信君达已在北京、上海、武汉等地设立了21家境内外分所或者办公室，已成为华南地区规模最大的律师事务所之一，连续4年入榜ALB"亚洲最大50家律所"30强。

政治统领，党建引领

"合并初期，许多律师员工相互之间你不认识我，我不认识你，通过开展党建工作与党建活动，大家尽快融合了起来。"章勋说。

2016年，广信君达成立广东首家律师事务所党委，坚持党建全统领，提出"保方向、促所建、构和谐"的党建工作指导方针，将"党建促所建、所建促发展"写入事务所章程，明确党建在律所各项工作中的重要性。

党委积极开展"革命圣地"旅游、观看爱国教育专题片等形式多样的活动，组织参加辩论、合唱和体育比赛。广大律师和员工很快融入了广信君达"大家庭"，彼此间的了解和信任日益增强。

2018年10月，在中央组织部和司法部联合举办的全国律师行业党组织书记培训示范班暨全国律师行业党校第一期培训班上，广信君达党委副书记邓传远做了大会发言，为全国律师行业党建工作介绍了探索经验。

其一，高屋建瓴，将党建融入长远规划。

广信君达通过战略融入、组织融入、制度融入、文化融入的方式，实现律所发展与党建工作深度融合。广信君达党委与合伙人会议共同制定了联席工作制度，确立了党委在律所发展中的核心作用，规定"律师事务所制定的三年发展规划和五年发展规划应事先征求党委意见""在制定发展规划时，应同时将党建工作的发展规划列入其中"。

其二，党委把关，牢牢把握前进方向。

广信君达党委设书记、副书记，以及纪律、组织、宣传、统战、青年、业务等9个委员，下设8个党支部及两个临时项目党支部。章勋介绍，"双向进入、交叉任职"是广信君达坚持党的领导的一大突出特色，广信君达的管理决策关键岗位均有党委成员，能够确保党组织在参与律所重大决策、风险防控、利益冲突裁决、代理重大敏感案件等方面，严格把控方向。

其三，由内而外，积极参与公共法律服务。

广信君达着力打造以党员为主的业务骨干队伍，发挥专业优势，积极投身基层、民生法律服务。截至 2020 年 9 月，广信君达共有 242 名党员，他们积极参与村居法律顾问、法律援助、人民调解等公共法律服务，充分发挥了先锋模范作用。目前，广信君达律师担任了 263 个村（社区）法律顾问，为化解社会矛盾纠纷、优化营商环境建设、营造共建共享共治的社会治理格局贡献力量。

其四，鼓励奉献，勇担社会责任。

广信君达鼓励律师积极参加行业服务和行业管理工作，近年来，有 100 多名律师在全国、省、市律师协会及工作委员会、专业委员会担任包括会长在内的各类职务，他们认真履职，为全国、省、市律师行业的发展作出了积极贡献。有 50 多人被评为优秀履职人员。

广信君达现有 6 名律师担任各级人大代表、政协委员，他们积极参政议政，受到有关部门肯定和表彰。

2020 年年初，新冠肺炎疫情暴发，广信君达党委和律所组织两轮募捐，筹集 31 万元善款，并成立疫情防控法律服务团，为国家功勋钟南山院士和广东省医疗机构逾 2400 位援鄂医护人员及直系亲属提供 2 年免费法律服务……近年来，广信君达及律师为扶贫助学等公益事业捐赠了 100 多万元。

唯有不忘初心，方可一往无前。未来，广信君达将继续奉献人民，承担社会责任。

结　语

2020 年，广信君达聘请了专业管理咨询机构，共同制定今后的战略规划，为发展百年老店把脉定位。

强内功，铸文化，建大业，广信君达将继续秉持“效率、信任、责任”的核心理念，为广大客户提供优质法律服务，为中国法治建设事业、两个“一百年”的奋斗目标，作出应有的贡献，谱写更加辉煌的篇章。

海普睿诚

西部强所的百年征途

毛姗姗　李晓雨　宁思甜

海普睿诚前台

海普睿诚文化休闲区

海普睿诚青年律师集训营合影

海普睿诚青年律师赴新加坡研学合影

海普睿诚青年律师赴美研学合影

律所合并，作为一种快速做大的方式，在近几年的律所扩张中被广泛采用。据不完全统计，若以 1999 年上海锦天城合并作为起点至 2014 年作为分水岭，前 15 年中国律所规模较大的合并约为 10 起，而在此之后的 5 年内，该数据飙升到 50 起，并以区域性律所合并数量为最。[①]

陕西海普睿诚正是区域大所合并中的代表之一。在正确的时机，率先在区域内完成重组整合，在先进的机制下，迅速将品牌影响力扩大，广纳人才，深耕专业，在短短 5 年内，海普睿诚在创收和规模中翻了多番，交出了一张到账收入 1.63 亿元的成绩单，领跑陕西法律服务市场。

合并 5 年后即显成效，这并非易事。需有律所领导者的胸怀格局，合伙人们的团结一心；需有律所制度的全面升级，管理模式的持续创新；更需要有律师们对于业务一以贯之的专业追求，致力于为客户创造价值的思维。凡缺一，不可成。

当然，最关键的，还是向前一步的勇气与决心。

“破冰者”

2008 年，陕西海普律师事务所主任赵黎明当选陕西省律师协会会长，当时的陕西法律服务市场只有 4000 名律师，占全国人数的 2.5%，[②] 拥有四五十人的海普在陕西已然称得上大所。同年，海普获得“全国优秀律师事务所”这一律师行业最高荣誉，在这次评选中，全国仅有 98 家律师事务所获此殊荣，其中陕西律师事务所仅有 2 家。然而，即便如此，放眼全国，差距显而易见。

一面是，北京大所已经开始到各省“跑马圈地”，积极筹建分所，上海、广州的律所也正陆续开始走规模化或专业化道路。在中国入世之后的第 7 年，以 20 世纪 90 年代小作坊式的律所生态，已经在部分先觉者身上被打破。而回到陕西省境内，30 人以上便是大所，并且仅有少量的专业所，更多的还是由“万金油”律师们组成的合伙所。

“成立一家陕西省本土的规模大所”，这是赵黎明在担任会长以后油然而生的使命。“先做大，后做强，规模化是趋势，陕西省律师业也要敢于变革。”

2012 年 6 月，以海普律师事务所和睿诚律师事务所发起的 6 家本地律所，先后开始合并意向的磋谈与整合，拟合并成立为一家综合性规模律所。为能够在合并之后实现真正的整合，形成一个有竞争力的品牌，6 月之后，赵黎明、闫玉新两位主任带队，在近

① 根据 2019 年智合调研部对于律所合并课题的研究，截至 2019 年 12 月底，1999~2019 年，规模较大的合并，不包括“大吃小”的模式，约 60 家，其中，2014~2015 年作为分水岭。

② 2008 年全国律师总人数为 15.67 万人，数据源于《中国法律年鉴》。

一年的时间里先后横跨四省七地，走访了北京金杜、中伦、大成、山东德衡、泰和泰、广东广信君达、广悦鸿鼎等国内知名律所，与诸多律所管理者们深入交流，旨在进一步明确律所的重组思路，借他山之石，以促使各主要发起人在新所的发展理念、价值取向上达到相当程度的趋同和统一。

律所合并，自古就是“看起来很美，做起来很难”的一条道路。在理念探索的过程中，一部分律所退出了，最后留下“海普”和“睿诚”两家律所。2013 年 7 月，双方在对调研成果全面总结与整合研究的基础上，完全明确了合并意向，并就新所管理体制和运营模式达成了共识，确定了“陕西海普睿诚律师事务所”的名称字号。合并后的海普睿诚，以特殊的普通合伙制的组织形式，1200 万元的注册资本亮相。

2014 年 10 月 1 日，海普睿诚律师事务所入驻中海大厦，意味着这家陕西律师界标杆式的律所终于落成。有媒体把海普睿诚的合并誉为陕西法律服务市场的“破冰”，它改变了这个市场上律师事务所以中小规模的方式作业的局面，并力求重组整合成为一艘陕西律师业的“航母”。

事实上，有开创勇气的，还不仅是赵黎明，王阿丽也是代表。王阿丽是陕西省知名的房地产专业律师，曾任北京惠诚（西安）律师事务所主任。赵黎明欣赏王阿丽的专业与果敢，在合并之前就向其发出加盟邀请，在成立海普睿诚之后，也多次表达希望共建律所。

王阿丽考虑了颇久，因为 2014 年，王阿丽已经在绸缪惠诚西安的新发展。2015 年，王阿丽团队购置了整层 1600 多平方米的写字楼，倘若彼时加入海普睿诚，新购的写字楼至少要有一年的空窗期，同时还要给已经到位的装修工人赔偿，估计会有 200 万元的损失。

但若只看当下与眼前，王阿丽也不再是王阿丽。“海普睿诚合并后产生‘1+1>2’的效果，营收相比其理论相加的量翻了两倍，当时我就认为，若同在这样一个大平台上，不超过三年，就能成就一家破亿律所。”

这是王阿丽的判断，2015 年 10 月，王阿丽下定了决心，既与海普睿诚合伙人们达成了“做大做强”的共识，也和团队内的其他 3 名合伙人做了沟通，并得到了支持。

“2015 年‘我革了自己的命’，也放弃了自己小而美、小而专的律所，也放弃了自己开始装修的新办公室。我相信从长远看，到海普睿诚这一更大的平台，事业定会有更大的发展。”

事实证明，王阿丽没有看错。在 2016 年 1 月全团队加盟海普睿诚后，不到两年时间，海普睿诚成为陕西省创收破亿的本土大所。律所亦由中海大厦迁至入驻西安市地标性建筑——迈科商业中心，由此雄踞西部，着眼海内外布局。

有趣的是，当时在提出迁址迈科商业中心时，很多合伙人都有犹豫，优质的办公楼意味着高成本。赵黎明在当时舌战群儒，“如果利润率低于之前，房租我来承担”。果然，到迈科第一年后，全所的利润率就上涨了，之后逐年增长 2~3 个百分点。

“一体化”的实践与探索

下定合并决心者,都深知“合并行为”只是第一步,磨合期的战略落地,是一场持久战。检验合并是否有成效,最短的观察周期需要五年。而成效的量化指标,外显的是人数规模、总创收、合伙人人均创收、律师人均创收;更为内核的是,所内是否已经形成一套一体化管理的生态系统,能够实现律师业务和律所运营各司其职,相互促进。

海普睿诚做到了。若从创收维度观察,在合并重组第一年,海普睿诚的业务收入为5400万元;至第五年(2019年年底),创收已高达1.63亿元,一举成为西北地区业务收入最高的律师事务所。在内部管理上,海普睿诚合伙人们拥有改革共识,致力于推动多元、共生、共建、共享的“一体化平台”的打造,实现了律所运营团队支撑律师业务发展的良性循环。

海普睿诚搭建的管理生态体系有三个维度。第一,确立律所核心价值观,全体朝向共同目标发展;第二,向所有权和经营权分离靠拢,在律所内部组建一支强有力的运营团队以解决律师的后顾之忧;第三,构建服从战略目标的制度体系,保障律所内部的各项制度,如业务标准、收费标准、财务标准、执业标准有统一性。

合伙人共识:“价值思维,规则导向”

在海普睿诚管委会主席赵黎明看来,合伙人文化是合伙人的根基。如果合伙人以利合,难长久。只有合伙人们拥有共同理念和共同信仰,一个组织才拥有对抗风险、走向长远的可能性。海普睿诚在所内逐步确立了“价值思维,规则导向”的律所价值观。“价值思维”意味着,海普睿诚律师不仅仅要追求维护当事人最高合法权益的价值,还要追求律所服务经营的价值,更要追求法律价值和社会价值,以及促进民主和法治的使命。而这过程中,得以实现个人、家庭与社会的价值理想相互统一。这一价值观的引领有助于合伙人在进行利益衡量时,能从更广阔的视野出发,而不限于个人利益。“规则导向”意味着一切按规则办事,规则不仅仅是法律、法规、规章,亦是律所内部的治理规则,抑或是当事人的契约,乃至道德律令。遵循这些规则正是为了“实现价值”。

制度立所,全所统筹考虑

在明确遵循规则的价值理念下,海普睿诚通盘考虑律师的薪酬制度和合伙人的分配制度,为一体化打下了核心基础。自2014年开始,所内陆续建立了七级律师制度和三级合伙人制度,成为迄今仍在改良、升级、沿用的基础性人力资源制度。

在律师层面,所有的律师按照年级以A+、A、B、C、D、E、F进行七级划分,基本薪酬由律所发放，并以工作时间量化，进行业务和事务多方面考核。一来保障青年律师不用为案源担忧，以免错过专业技能积累的黄金期；二来也便于青年律师多接触相关业务，为后续个人的专业化发展铺平道路。随着几年来的发展，在此基础上海普睿诚对于律师的培养有了更个性化的举措，律师们会逐一纳入各个团队中，以团队为管理单位对青年律师进行培养，不同团队采用不同的培养方式，因团队制宜。

合伙人层面，律所坚持倡导“精研专业、合作共赢”的导向，推行“五三二分配机制”和“一专两辅”的合作模式。虽然，这些机制从律所层面并不作强制性要求，但通过理念的持续灌输和不断引导，切切实实地打破了西部律师单打独斗的执业习惯和作业方式。大家学会了让专业的人做专业的事，学会了取长补短、合力共赢，更形成了大大小小的专业化团队和明星律师。

与此同时，因海普睿诚倡导互利共享的文化，在机制设计上，在进行年末二次分配的时候，亦会奖励在专业领域有突出贡献的合伙人，以保障专业分工、合作共享的倡导不落于口头。

这些制度不仅使得海普睿诚在合并之后有了较快的融合，同时起到了区域领跑的效果。第二年整所的业务体量就实现了7800万元，平台效应初现。当然，随着规模化的推进，新合伙人不断加入，目前以团队制为主导的模式下，各团队内部亦有更灵活的分配机制。

管委会与非律师管理合伙人的高效团队

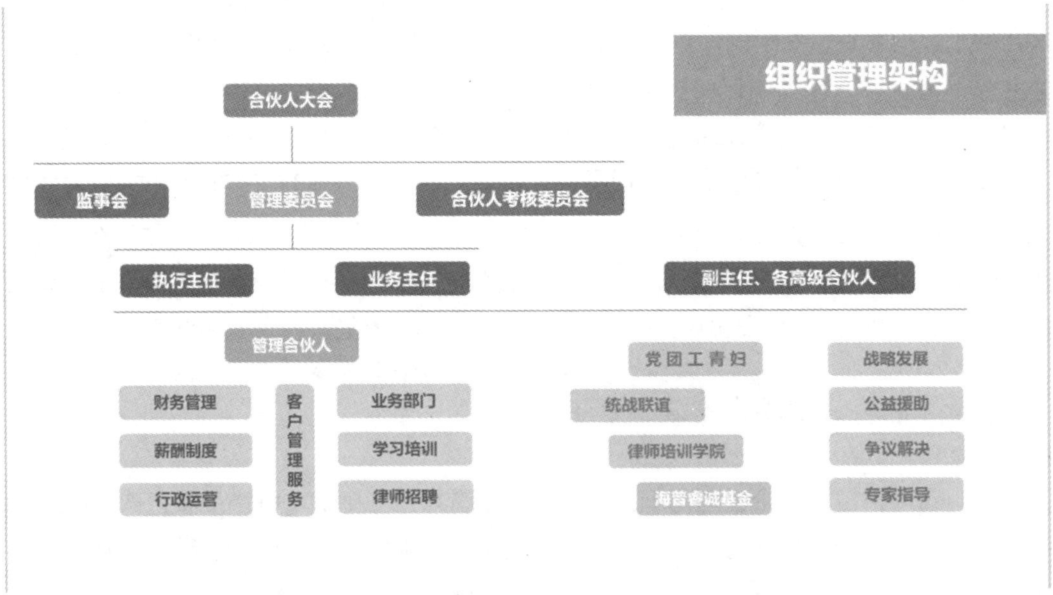

海普睿诚组织结构

和众多规模大所一样，重组后的海普睿诚以合伙人大会为最高权力机构，并授权管委会履行决策职能。管委会目前有 5 名成员，赵黎明作为管委会主席为引领，此外还有王阿丽、郝大明、杨喜涛、金韬。管委会下设执行主任和业务主任，并设有律所运行的大后台——以职业经理人统管的行政运营中心，统一落实执行各项决策。

海普睿诚的一大管理特色在于拥有一个建制齐备、职能充实的行政运营中心，同时设有“非律师管理合伙人”岗位。自 2016 年开始，海普睿诚就明确将管理合伙人写入章程，确定孙婷为管理合伙人，并给予表决权益，此举在当年的西部律所中并不常见。

孙婷，原是海普所的办公室主任，多年律所行政管理的实践，让她对于律师行业发展、运营机制钻研颇深。孙婷所带领的运营团队从合并后的“行政事务中心”发展成为如今的“运营管理后台”，其运营力、组织力伴随着律所发展不断壮大。

目前，海普睿诚已形成一个涵盖行政办公、人力资源、互联网 IT、品牌宣传、财务、客服与市场等多项职能的后台运营中心，由执行主任统管，管理合伙人日常督导，下设行政总监和财务总监，团队共 13 人，或科班出身，或实战经验丰富，专人专岗、精兵强将。

自合并重组以来，身兼管委会与合伙人大会秘书、运营总监、管理合伙人等多重职位的孙婷，得以更深度地参与到律所的管理事务中，研究制度设计，落实决策执行，其本人从“行政总监”发展为“运营总监”，再至实职化的“管理合伙人”，让非律师走上律所管理舞台拥有更多的可能和空间。正如她本人所预见：“未来中国律所的管理，将是律师与非律师的优化组合。”

从海普睿诚官方公众号的文章质量上，亦可看出一体化运营对于事务所发展的作用。如今海普睿诚已经开设“决胜法庭”“并购重组”“破产微世界”“工程总承包”“房地产大小王”“知了 IP”“白话律政”等多个针对不同受众群体的专栏，借此将服务产品梳理为知识成果向更广泛的市场传递。

专业底色，价值思维

海普睿诚对于专业化发展的倡导由来已久。在陕西省多数律所尚未形成团队协作、业务定位亦不明晰之时，海普睿诚就展现出超前的业务规划思维。以专业化为根基，以市场化为导向，海普睿诚形成了民商事、建筑与房地产、金融与资本市场、刑事、公司财税、国际部六大业务部门。海普睿诚不仅在业务结构上有着周密的规划，在办案过程中也讲究稳扎稳打、步步为营，对每一环节都有精细化的工作要求，核心在于帮助客户解决难题，为客户创造价值。

商事诉讼：运筹帷幄，步步为营

民商事业务是海普睿诚的传统优势业务，自 1993 年海普成立初期便定位于此。在主任赵黎明以及民商事部主任金韬、民商事部副主任王治平的带领下，海普睿诚民商事律师团队深得客户好评，积累下了良好的口碑。

在赵黎明看来，办理案件要有谋篇布局的思维，如何选择战略方向，如何设计每一步方案对于案件的成败至关重要。从提供法律咨询、庭前准备到参与庭审，从法律文书写作的规范性、严谨性、逻辑性，到怎样简明扼要地陈述案件、归纳争议焦点，再到庭审中如何质证与辩论，律师对于每个环节的工作要求都有细致的考量。

此前，一家福建国有央企为其民事诉讼再审案件选聘代理律师，在走访了陕西、北京、上海、四川等地的 7 家律师事务所之后，最终选定了海普睿诚赵黎明律师。“与客户交往，不只是建立在简单的契约关系上，而是要在服务中与客户形成价值和利益上的共同体，体现客户对律师价值的尊重和认同，更重要的是要为客户解决问题。”赵黎明说，“律师在为客户提供法律咨询时，应该讲清思路，提供完整的解决方案”。

律师提供法律咨询与教师授课类似，法律咨询应当帮助客户充分理解涉及的法律问题、解决思路以及实施步骤，以及每一步存在的风险、需要客户配合完成的工作等事项，不仅让客户清楚要做什么，还要确保客户懂得该如何完成。充分沟通解决方案，也为双方后续的合作奠定了良好的基础。

赵黎明律师领导的民商事诉讼团队，坚持创造思维、提供思想的办案理念，在诸多疑难、复杂案件中，通过为当事人解决问题，维护了当事人的最大合法权益，维护了法律的正确实施和社会公平正义。在“陕西克莱斯科文化艺术有限公司与西安青松科技股份有限公司承揽合同纠纷案”中，在一审败诉的不利局面下，通过律师团队的努力，案件发回重审，再经过一审、二审的代理，最终取得胜利，为该公司挽回 2000 余万元经济损失，同时确立了承揽合同解除以及与质量瑕疵关系问题处理的判例原则；代理陕西神禾置业发展有限公司与苏孙钳、刘耀辉、西安特力亚空调工程有限公司等执行异议之诉，一路势如破竹，最终通过最高人民法院的判决有效保障了陕西神禾置业发展有限公司对涉案土地排除他人执行的权利，突破了物权登记至上主义的桎梏；在陕西延长石油矿业有限责任公司与杨文义质押合同纠纷案中，当事人延长石油公司陷入于案件发回重审，二审又败诉的困境里，赵黎明律师团队代理其向最高人民法院申请再审，获得提审，并通过提审后的再审审理，最终实现全案胜诉的目标，该案已成为审理有关格式合同的典型案例。还有很多此类反败为胜的案例，不再逐一列举。

通过一起又一起成功案例和代理，海普睿诚律师维护了当事人的合法权益，也保护了客户的商誉与品牌形象。“律师应当胸怀正义，办理案件中也应当秉持使命感”，于海普睿诚律师而言，为客户所想，为客户创造价值是这一使命感的关键所在，彰显了律师的执业精神、专业精神和职业素养。

房地产业务：率先布局，深耕行业

海普睿诚房地产业务团队在西安律师业界、房地产界具有较高的影响力和知名度。房地产业务部门在海普睿诚占有很大的业务量，足见其房地产律师们的实力。

“律师事务所要实现业绩增长，一是坚持专业化，二是要敢为人先。”王阿丽在做实习律师时便提出了这样的见解，在律师业务发展上，王阿丽也践行了这一理念。她察觉到了房地产领域的潜在机会，决心成为房地产专业律师。

相较于其他传统业务，房地产业务门槛相对较低，而标的额又相对较高，动辄上亿元甚至几十亿元，在按照涉案标的计费的情况下，房地产业务无疑是足以盈利并被律师所看好的“香饽饽”。加之房地产业务具有较强的地域性，各地产权证书、购房资格、房屋交付条件等政策各不相同，奠定了当地律师在房地产法律服务市场上的独特优势。

2001 年，取得执业证方才一年的王阿丽便带着 6 位年轻律师，开始拓展房地产法律服务市场。事实证明，这是海普睿诚专业化发展路上一次成功的尝试。从那时开始，在西安每年春季、秋季的房博会上，王阿丽都会带领律师到场提供法律服务。由此，王阿丽律师团队被各大房地产开发商以及房屋管理局、国土资源局、城市建设管理局等政府部门所熟知，在行业内的知名度和认可度也逐渐加深。

中海地产自进入西安市场以来，便由王阿丽律师团队提供法律支持。从 2003 年至今，王阿丽律师团队连续作为中海地产西安项目公司的首席法律顾问，服务于中海地产在西安的各类项目。万科、碧桂园、融创、龙湖、保利、万达、和记黄埔地产等房地产大亨也悉数被海普睿诚收入客户名单当中。“2020 年房地产企业前十强中的六强都是我们的客户。”王阿丽说。

汇集越来越多优质客户的同时，海普睿诚房地产律师队伍也日益壮大。在部门内部，专业化程度更进一层，业务领域进一步细分，专业化分工更加明确。由此配备组成的项目团队，足以服务于房地产项目并购交易，房地产项目融资，新区、新城建设，土地一级开发，拆迁改造安置策划，工程总承包，物业管理与租赁等各个细分领域。此外，海普睿诚还特设了一支尽调小分队，专门服务于房地产项目的尽调工作。

目前海普睿诚房地产部已拥有 50 多位律师，其中包括 13 位合伙人，他们凭借较高的专业水准，服务多家世界 500 强、中国百强企业，并将财税业务与建筑房地产、公司并购重组及上市业务密切结合，为客户提供更加全面的法律服务。

刑事业务：经验至上，成果丰硕

海普睿诚刑事业务部门汇集了一批专业资深的刑事律师，多名律师在省律师协会刑事专业委员会担任主任、副主任及委员。他们协力完成了多起成功案例，从经验丰富的业务骨干到入职不久的年轻律师，每位都拥有改判无罪、重罪改判轻罪、从轻减轻处罚、不予批捕、不予起诉等辩护经验。

海普睿诚在刑事业务上的优势离不开资深律师的经验积累。海普睿诚副主任、刑事部主任郝大明律师拥有30多年刑事业务经验，执业以来共计办理了上千件刑事辩护业务，其中包括上百件具有较高的社会影响力的案件、几十起无罪辩护案件，尽职尽责地保护当事人的基本权利。

除了刑事辩护之外，海普睿诚刑事律师极为注重刑事合规中的风险防控工作。郝大明先后担任了100余家金融、商贸、地产、科研机构等大型企事业单位的常年法律顾问，并连年受聘为西安莲湖区人民政府法律顾问。“刑事法律风险的预判、分析与把控，是法律顾问服务的重中之重。”郝大明说。企业在融资、税务管理、发票管理等环节都可能面临较高的刑事法律风险，不仅危及企业的经济利益，还会牵涉企业管理人员的人身权益。通过在民刑交叉领域防范和把控潜在的刑事风险，海普睿诚刑事律师配合并扶持大型企事业单位正常经营运转，为企业安全经营保驾护航。

海普睿诚为初入职场的刑事律师设定了3年的学习期，即刑事部律师在独立执业之前至少要经过3年的磨炼。如今，海普睿诚刑事部律师均拥有刑法学、刑事诉讼法学、刑事侦查学等专业背景，部分律师曾在公检法等国家司法机关任职，具有丰富的刑事司法工作经验。他们始终坚持专注、专业、负责的原则，以个案推动法治，为刑事辩护事业发展不懈努力。

财税业务：聚焦专业，打造新锐领域

布局财税业务是海普睿诚专业化发展之下的又一创新之举。公司财税部由陕西律协财税法专业委员会主任、海普睿诚高级合伙人杨喜涛领衔，多名深谙财税类法规、企业税务管理、税务筹划的资深律师组成，秉承“法务 + 商务 + 财务”三位一体的税务理念，为多家知名企业提供财税法律服务。

财税法律服务主要包括涉税争议解决、涉税刑事诉讼、常年税务顾问、税务风险管理、税务筹划、并购重组税务专项服务等。涉税争议解决主要以涉税行政复议和行政诉讼为主，特别注重代表客户与税务机关进行税务事项的沟通。在涉税刑事诉讼相关刑事案件的代理中，比如虚开增值税专用发票一类的刑事案件，需要代理律师从法律和税务的双重视角解读案件，从程序和实体两方面分析案件，以达到良好的辩护效果。

对于企业而言，在不同交易模式下，税赋要求千差万别。交易结构和交易模式决定了企业税务成本，而交易结构和交易模式由企业委托律师通过谈判确定，并以通过合同的形式加以约定。因此，财税律师在交易中承担着“编剧 + 导演”的角色，发挥着至关重要的作用。

“财税规划是并购重组项目中必然要面对的事项”，杨喜涛说，“企业能否顺利达成并购重组有赖于两个标准：一是合法性，二是经济性。而经济性的达成必然要考虑税务架构的搭建”。在客户商业目的不变的情形下，合理的税务安排有时能为客户免去巨额的税务成本。比如，一例租房合同中，出租方和承租方约定，每年房屋租金 900 万元，租期 4 年，总价 3600 万元。在支付方式上，若承租方一次性结清前 3 年租金则出租方可免付第四年租金，即总共一次性支付 2700 万元，可“买三送一”。这一条款看似合理无误，但从税法角度来看，将造成客户约 300 万元的经济损失。这就是合同控税的效果。

“即便双方约定第四年免交房租，但出租方仍需以租金收入为税基履行纳税义务。”杨喜涛解释说。以年租金 900 万元计算，出资方因此要承担增值税及附加、房产税、企业所得税等约 300 万元的税负。换言之，将合同条款改为 4 年房租 2700 万元，或者在年租金不变的情况下，约定给予承租人优先续租权等方式加以解决，殊途同归，就能为客户合法合规地免去高额税负。这是财税律师为客户创造的价值，也体现了财税业务的高含金量。

海普睿诚财税律师大多具备税法、税务管理、财务管理相关知识，拥有律师资格证、税务师证或者注册会计师证等“多证傍身”的律师不在少数。在陕西省属某电力行业国企下属 13 家公司的改制、关停项目，某陕西“985”高校下属 65 家校属企业改制项目，陕西省属某国企收购秘鲁某水电站项目中，他们都发挥了重要的作用。

财税法律事务仍属于有待开拓的“新蓝海”，如今，海普睿诚财税律师不仅取得了可喜的成绩，也使市场对于财税法律事务的认知度越来越高。凭借精湛的业务能力，海普睿诚还将深耕市场、持续精进，继续领跑陕西财税法律市场。

未来，海普睿诚的专业化发展之路还将继续，一方面，在破产业务发力，打造形成分工协作、高效专业的律师团队；另一方面，海普睿诚国际业务部的团队受托于陕西省商务厅服务上千家涉外企业，借此布局国际业务，迈向世界舞台。秉持着为客户“创造价值”的理念，为客户谋篇布局的思维，海普睿诚向着专业化、规范化、规模化、国际化的发展目标不断迈进。

一切为了人才

于海普睿诚而言，人才是律师事务所最大的财富，因此，对于人才的尊重、重视、投入、培养怎么尽心都不为过。为此海普睿诚拟定了完善的组织构架、科学的晋升通道以迎接未来的合伙人加盟。

西安是高校人才聚集地，七所“211”重点大学，两所“985”名牌大学均汇于此地。

为了吸引人才，海普睿诚与西安交通大学等高校合作共建司法实务课程并设立奖学金，实现了学校与律所的无缝对接。同时，海普睿诚在北京、欧洲、我国香港特区等地先后设立或筹建分所，也吸引了诸多优秀团队加入。

除了吸引人才之外，培育人才更是优质平台的核心竞争力。如何让青年律师在律所的培养体系下成长更快，是海普睿诚一直在思考的问题。2017 年，海普睿诚举办首届开放式青年律师集训营，来自所内外、跨省、跨地市 50 余名优秀青年律师共同参与。课程设置从政治、经济、法律、品牌建设等角度出发，内容涵盖十九大精神解读、财务知识的学习和钻研、深度了解法官思维、律师形象设计与个人品牌建设等方方面面；在师资安排上，海普睿诚特别邀请了省高级人民法院青年高级法官、省委党校著名专家、西安交通大学知名教授等大咖为学员授课。

“有时候舍得两个字不仅是财富，还在于知识、资源的分享。有的人事业干的大，不仅是经济上舍得，还有各方面的舍得。”赵黎明在开营仪式上如此讲到，“希望青年律师坚定地以奋斗者为本，与奋斗者为伍，倡导专业精神，在团队中要发挥让队伍强大、队友强大的作用，让温暖、踏实、乐趣成为海普睿诚文化中心”。

在青年律师进阶培养上，海普睿诚也一以贯之地“舍得”。自 2018 年起，赵黎明个人每年捐资 50 万元供 10 位青年律师出国游学，以培养海普睿诚青年律师的国际化视野，拓展多元的文化理念和职业精神。第一年，海普睿诚律师事务所 10 位青年律师人才启程前往新加坡，开始为期一个月的新加坡律所法律实务研学交流活动。2019 年，律所又派出 10 名青年律师奔赴美国拜访斯坦福大学、哈佛大学等高校，还有特朗普御用的全美知名商事诉讼律师事务所，以及美国高等和地方法院、律协等机构交流研学。更值得一提的是，海普睿诚这批参与游学的律师并不需要和律师事务所签订合同。曾有人问，若是这些青年律师后离开海普睿诚怎么办？“这是为律师行业培养人才。”这是海普睿诚的态度。

以行业视角看待青年律师发展而不计个人得失的情怀，同样是海普睿诚文化的来源之一。海普睿诚的核心文化内核是“三情”文化，即亲情、爱情和友情。亲情是血脉之情，姊妹情，即要孝敬父母，爱护兄弟姐妹和子女；爱情是要讲究家庭和谐；友情是事业发展的根基和财富的基础。“三情合一”的文化倡导，旨在让律师能够在专业技术之外亦是一个拥有大局观，有血有肉的人。无论是新加入海普睿诚的青年律师，还是后来被吸纳进海普睿诚的团队，均以“三情文化”为基本点，互相融合，成为互相联系的纽带。

以“三情”文化为底色，海普睿诚的文化内涵还随着时间不断丰富发展。在海普睿诚合并之初，当年的文化主题词为“融合”，倡导业务与情感的融合，理念和文化的融合，在融合的氛围中合并重组后，海普睿诚律师同心协力、合作共赢。而 2016~2017 年，以三年破亿元的战略目标为指引，当年的文化主题词为“赢”，号召大家一起实干、苦干、拼命干，为实现“以奋斗者为本，建百年强所”的伟大愿景而努力奋斗，律师们在“赢”

的氛围下将业务做到极致。在 2018~2019 年，海普睿诚又提出了“温暖、快乐、共享”的目标，让大家感受到律所平台发展的成果。

海普睿诚的青年律师在完善的薪酬体系和培训体系下获得专业成长，亦在“三情文化”等衍生出来的“利众利他”“专业主义”等文化价值观的熏陶下，成为更健全和更有作为的优秀人才。

走出西部，迈向世界

虽然根在陕西，海普睿诚的眼光早已不局限于西部当地。跟着企业“走出去”的大势，中国律所国际化也必然成为趋势，区域性律师事务所应当尽早谋篇布局。

由此，2016 年 4 月海普睿诚奔赴北京筹办分所，2016 年 12 月，海普睿诚（北京）—海征诚律师事务所在北京市朝阳区建外大街中环世贸广场启航。

北京是海普睿诚全国布局的重点，如今已有近 30 位律师及合伙人加盟，并在医药领域有不菲成就。与多数区域所进驻北京前几年连年亏损不同，经过多年的积累，海普睿诚律师早在北京积累了一批客户，备受客户信任。因此，海普睿诚律师事务所在启幕典礼上，便与 20 余家知名企业签约达成战略合作。北京分所从变更重组前年收入不到 200 万元，到如今年收入稳定在 1800 万元以上，可谓发展迅速。

而在国际布局上，海普睿诚凭借一个在秘鲁的并购项目，打开海外法律服务市场，眼下即将落子欧洲。合伙人曹晓东如今正在西班牙筹建分所，已与当地同行建立深入合作，西班牙将作为海普睿诚国际布局、战略欧洲的第一站。

作为古丝绸之路的起点，西安在 2013 年“一带一路”倡议提出以来发展迅速。今年一季度，陕西省对“一带一路”沿线国家合计进出口 152.9 亿元，增长 38%，总值占同期全省进出口总值的 17.7%，较去年同期提升 4.8 个百分点，增速高出全省整体增速 37.6 个百分点。

这是陕西省百年的发展机遇，同样也是海普睿诚难得的机遇，陕西省商务厅今年聘请海普睿诚专门做外贸企业，给陕西的 3000 多家涉外企业做法律顾问。借此机会，海普睿诚国际业务也逐步发展壮大。

西安律师要想抓住“一带一路”建设这一历史机遇，还需要更进一步。未来在西安建一个“中国西安（国际）律师园区”的蓝图。陕西省的 3700 万人口，西安占比接近 1/3，而全省 800 多家律师事务所也多汇聚于此。在西安市建立一个以律师文化为元素的园区，将律师办公、培训、住宿都集中在一起，建设一处西安市的地标性的法治公园，岂不美哉！

“园区未来将会成为一个与国际接轨的大平台，由园区满足各个律师办公室、会议厅、模拟法庭等行政支持。”赵黎明讲，“这样一个聚集国际内外律师事务所的园区就成为西安的法治地标和形象”。

结 语

谋局、谋人、谋事既是人生的三个阶段，亦是组织里不同人的分工。领袖是谋局的，其次是谋人，再其次是谋事。谋局者不应成天谋事，要着眼于大和远。海普睿诚不仅要谋事，服务好客户；谋人，管理好律所；更谋局，而这一局不仅仅是海普睿诚的百年理想，更是为中国律师行业助力。

作为赵黎明合作最久的律师，郝大明最有资格去评价赵黎明，他说：“我是把律师业当成终身事业的人。”因而，这“局”也有了更大的外延。

赵黎明如此说，“利他、利众是律师最好的服务模式，律所做大、做强、做好之根本在于专业和公益”。因此，做好公益，帮助更多的人本是律师职业的职责所在。例如，在担任律协会长期间，赵黎明提了一个提案，让律师间接参政议政。由律师为省级人大代表、政协委员一对一提供法律服务，把好议案、提案的法律关，既保证议案、提案的质量，又保障代表、委员的工作成效，亦为律师们拓展更多高质量客户。

百年强所，虽远方漫漫，但有引领大局的律所领导者，有秉承专业精神的律师团队，有高效执行的运营队伍，还有核心文化和影响力的品牌，已经足够在路上。

华炬

专业为基，管理做翼，山西律所的破局之道

吴剑霞　蔡　凡

华炬律师事务所前台

三所合并时原三所主任合影，左起：李红弢、孙智、刘正

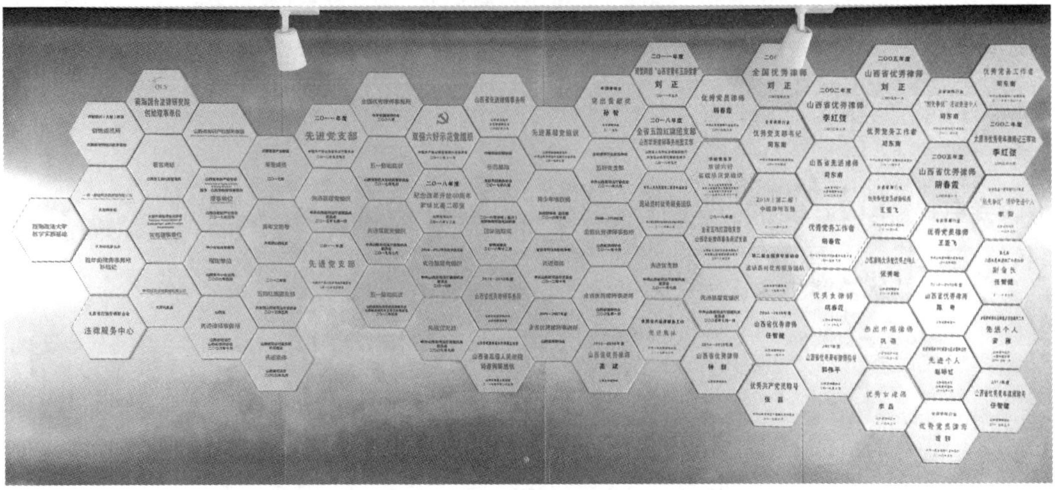

华炬“蜂窝”荣誉墙

华炬党建活动（部分）

华炬律师合影

每个时代、每个行业、每个区域，都不乏潮流引领者、远见卓识者，律师行业亦是如此。他们身处行业之中，敏锐觉察市场的变化趋势，深刻反思自身的发展“瓶颈”，积极求索革新破局之道，领行业之先。山西华炬律师事务所之于山西省，就是这样的“领头羊”。

京沪大所抢滩布局，本土律所后劲不足，是许多区域本土律所的发展难题，在地处黄土高原东缘的山西法律服务市场，这一“瓶颈”尤为明显。即使太原市是省会城市，但自然增长趋势下律所的人数规模与综合实力，难以比肩一线律所。如何破解这一难题？唯有强强联手。华炬拿起了三晋大地上第一只“螃蟹”。

2016 年 7 月 1 日，山西科贝律师事务所、山西锋卫律师事务所、山西墨法世家律师事务所三家省直律师事务所宣布合并，更名为山西华炬律师事务所。此时，山西省律师行业中还未有人数超过 200 人的本土规模大所，亦没有创收过亿的律师事务所。华炬的诞生打破了山西省律师行业的竞争格局，拉开了本地律师行业整合的序幕。

1993 年，2001 年，2007 年，原本三个看起来没什么关系的年份，因为三所合并成为华炬发展历程中的关键性时间节点，在不同发展时期获评四次“全国优秀律师事务所”，这为华炬的发展奠定了坚实的基础。在新的时代大势和竞争环境下，华炬步履不停，敢为人先，为山西律所发展开辟了一条新道路。

三江汇流，合为“华炬”

1992 年 5 月 15 日，国家经济体制改革委员会[①]颁布《股份有限公司规范意见》和《有限责任公司规范意见》（以下简称两份规范意见），此时，距离《公司法》出台还有一年多。这两份规范意见成为企业公司化改革的指导性文件，标志着我国企业开始走上公司化改革之路。

在这两份规范意见出台前一个月，孙智从日本留学归来。[②]在日本留学期间，孙智最初在日本东京一家仓储物流上市公司山仲产业股份有限公司研修企业管理，后就读于日本东京国际大学，专攻企业制度、金融证券，毕业论文题目为《股份公司制度研究》。适逢全国如火如荼地开展经济体制改革，孙智跃跃欲试，停薪留职后与好友成立科贝企业设计事务所，专门从事企业公司制改革工作，帮助企业组建新公司、制定公司章程、搭

---

① 中华人民共和国国家经济体制改革委员会，为国务院原有组成部门。1997 年 9 月，根据中国共产党第十五次全国代表大会二中全会通过的国务院机构改革方案，中华人民共和国国家经济体制改革委员会终止运行，其原职能由国务院总理（任主任）及各政府部门部长（任成员）直接行使。

② 孙智，1977~1982 年就读于山西大学政治系（现为经济系），1982~1993 年留校工作，1987~1992 年公派留学日本，1993 年下海创办科贝律师事务所，1998 年获西北大学经济管理学院经济学博士学位。

建公司治理结构等。

基于孙智的专业背景与工作经验，科贝企业设计事务所参与了第一批企业公司制改革的方案设计。孙智回忆："当时有三家试点，一家是民营企业，两家是国有企业，这是山西省最早的按照两个规范意见设立的三家公司，我们都参与了。"

如果不是改革开放之初邓小平提出中国搞现代化建设要有"3个30万"（30万名会计师、30万名税务师、30万名律师），如果不是司法部推出一系列吸引人才的政策，孙智或许不会踏入法律行业。"当时法学、经济学、会计学、管理学、金融学等专业的归国留学生，经考核可以授予律师资格，不必参加律师资格考试。"

其作为留学日本的商学硕士，自然符合条件。拿到了律师执业资格后，他便谋划创办律师事务所。此时是1993年5月，《律师事务所名称管理办法》尚未出台，为了体现律所的业务范围，律所名称被定为"山西科贝证券商务律师事务所"（后改名为"山西科贝律师事务所"），孙智本人亦是最早获得从事证券法律业务资格的律师之一。

20世纪90年代，随着经济发展与经济体制改革，国有资本、集体资本与民营资本开始走向融合。在这一时期，将全民所有制企业改为公司制企业是科贝的核心业务，也因此在其客户清单中，有很多大型国企、政府——这两类客户，决定了科贝的业务高度，也让其在山西法律服务市场开辟出一条以非诉讼法律服务为主的道路。

1998年，科贝创收突破百万。此时，刘正还在一家隶属于山西省政府法制办的国办所执业，担任其中一个业务部门的主任。2000年7月，是刘正在这家律所执业的第五年。

律所主任交办给刘正一项任务：拟订改制方案。刘正有些兴奋，其自毕业后就订阅《中国律师》杂志、《中国律师报》等，一期不落都看完了，五年的思考与总结，让其初步明晰律师行业的未来发展方向，正好可以在改制方案中体现。"当时国办所的提成是30%，而且实习律师第一年没有工资，还要给律所交200元'培训费'。所以我就想，按照一家真正的合伙所去设定分配机制、晋升机制、业务规划等。"然而，这套刘正自己"还比较满意"的方案最终被否了。

如果观念过于超前，就要做好不被大多数接受的准备，并静候下一次机遇。很快，这个机会就来了——2000年10月28日，山西省律师协会组织召开了千人律师大会，彼时山西总共才两千多名律师。"在那个会上，我听到一些资深学者、律所管理者谈论的内容，和我之前思考的律所未来发展方向很相近，这萌发了我办所的想法。"

3名律师、10万元注册资金、办公场所，是创所的三个硬性条件，刘正一边找人，一边筹钱，一边物色合适的办公楼。不到三个月的时间，想法落地了。春节放假前一天，刘正拿到正式批文，安心地过了一个春节。开市后，山西锋卫律师事务所正式开张。

2000年12月，首届中国律师论坛召开，会上第一次提出关于中国律师业改革与发展的"四化"——规模化是中国律师业改革与发展的必然导向，专业化是必然选择，品牌化是必由之路，规范化是必要保证。[1] 锋卫借鉴了“四化”，调整为“五化”：规范化、规模化、专业化、品牌化、国际化。

为什么排在首位的不是规模化而是规范化？刘正认为，“没有规范，规模化之后反而容易出问题。基于这样的理念，尽管当时锋卫刚刚起步，但在经营过程中始终恪守律师职业纪律，认真对待行业行政主管部门的要求”。正因如此，规范化管理一直是锋卫的标签。

在规范化的基础上，锋卫逐步推进规模化。为了吸纳并留住更多人才，2005 年，锋卫设置合伙人晋升通道，推出二级合伙人制度，给予尚未达到合伙人层级的青年律师一个成长过渡期。这套机制施行后，青年律师在客户拓展、业务承办能力方面有明显提升，并在适当参与律所管理的过程中加强了凝聚力。

两年后，山西又多了一家律师事务所——2007 年，秉承建立精品律所的理念，李红弢创设山西墨法世家律师事务所，专注于金融法律服务和高端民商事诉讼业务，侧重于不良资产综合处置。

在三线交汇之前，科贝、锋卫、墨法世家沿着各自的轨迹，在律师行业披荆斩棘，快速发展。2005 年全国律协在律师界开展了首届“全国优秀律师事务所”评选活动，科贝所荣幸摘得首届“2002~2004 年度全国优秀律师事务所”桂冠，2006 年，科贝加入“八方律师联盟”，探索做大做强之路；2008 年，科贝、锋卫同时荣获“2005~2007 年度全国优秀律师事务所”；2011 年，锋卫制定五年发展规划，设定人员规模、业务创收、组织形式改革、信息化建设等方面的目标，同年，锋卫再次荣获“2008~2010 年度全国优秀律师事务所”；成立十年来，墨法世家不求规模，只求专业度和客户体验度，取得了不俗成就。

如果说中国“入世”让中国律所意识到规模的重要性，但基于发展阶段的限制尚未显露出明显的趋势，那么 2010 年后，一批京沪律所的全国布局则直接推动了规模化浪潮。在这股浪潮下，各省会城市的本土律所首当其冲，率先感受到京沪律所下沉的压力，如山西太原。有文章称，“2010 年以来，北京、上海知名品牌律所在太原与本地律所合作设立分所蔚为风气，本省部分优秀律师困于体制、品牌，发展受限，有借船出海之志，遂有大成、德恒、中伦文德、锦天城分所之设立”。[2]

与此同时，山西本土律所陷入发展“瓶颈”：在执业律师达百人、律所创收达两三千万时，增速开始放缓，且长期处于这一水平，难以突破。于科贝而言，管理模式滞后于律所发展，突出表现为律师人才结构断层、部分骨干流失；于锋卫而言，专业优势不突出，发展速度难有质的提升；于墨法世家而言，律所规模偏小，影响业务承接。李红弢坦言：“京沪大所在业务模式、服务理念、全国范围的资源共享等方面的优势，是本

① 《中国律师》编辑部：《中国律师论坛：一路风光无限——历届“中国律师论坛”经典回顾》，载《中国律师》2005 年第 11 期。

② 微信公众号“晋省地方金融圈”：《极简山西律所发展史》，发布时期 2014 年 1 月 28 日。

土律所无法比拟的，这些优势使得本土律所在业务和人才两端均下滑明显。”

在山西法律服务市场，抛开规模谈专业化不具有现实意义。事实上，在全国范围内，专业化都有一个共性前提：业务与人才达到一定体量。如何能在短时间内突破业务与规模的“量”的“瓶颈”线，实现专业程度“质”的升级？

中欧商学院的企业并购课程，给了刘正启发，合并或许是解决山西中型律所困境最有效的方式之一。为了解决连带责任的风险问题，建构起律所规模化的防火墙，2015 年，锋卫将组织形式变更为特殊普通合伙。孙智也颇为认同这种模式，也曾在所内启动以特殊普通合伙改制为核心的管理体制改革，但限于条件不成熟而中断。

2015 年 12 月 4 日，正是宪法日，也是锋卫改制新闻发布会的前一天，面临相同困境的双方在席间谈论起律所未来发展路径，有人提议合并，孙智和刘正相视一笑、对饮三杯后，很快着手合并谈判。次年 3 月，李红弢带领墨法世家，加入合并队伍，促成了本次合并的快速落地。

2016 年 7 月 1 日，山西科贝律师事务所、山西锋卫律师事务所、山西墨法世家律师事务所三家律所正式合并，更名为山西华炬律师事务所。在律所规模普遍低于 15 人的山西律师行业，执业律师人数突破 200 名的华炬成为三晋大地当之无愧的第一大所。

管理专业化，办公信息化

成为规模大所后，新的挑战接踵而来：对内，如何让三所人员形成共识与凝聚力，推动律所稳步向前？对外，如何吸引更多优秀人员加盟，增强律所人才力量？

从合并前各自不足百人跃升至两百余人，首要任务即是律所的平稳过渡。基于此，管理架构及制度沿袭原锋卫，同时明确写入合并协议中，即华炬采用原锋卫的特殊普通合伙体制运行。

但是，仅沿袭现有制度，还不足以解决合并初期的诸多磨合问题，无论是将待决策问题统一堆到每年召开两次的合伙人会议，还是增加合伙人会议频次，都不是提升管理效率的上策。是以，华炬设立了合伙人常委会，作为合伙人会议决策制度下的日常决策机构；常委会下设管委会，负责律所的运行管理；同时设立监委会，负责监督律所的日常运营工作。“随着合伙人人数的增加，很难通过开一次会议形成决策，常设机构就能解决合伙人会议闭会期间的决策问题。”阴春霞说。自原锋卫设立管委会以来，阴春霞便一直任管委会主任一职，后三所合并后，其继续担任华炬的管委会主任，对于律所管理问题有深刻见解。

在渡过磨合期后，华炬进一步探索优化管理架构的可能：2018 年，阴春霞主动请辞管委会主任一职，管委会取消，改为“七个工作委员会＋一个行政中心”，从管委会主任负责制升级至常委会负责制。“七委”即战略品牌、业务指导、业务拓展、财务、人力资源、文化建设、考评监督七个工作委员会，所有权益合伙人均在“七委”中担当职责，使管理职能得以细化，管理责任得以分解，并在体制和机制上保证了所有权益合伙人在律所管理中发挥自身作用，集个人才能为集体智慧。

同年，华炬面向社会招聘行政总监，推进行政服务专业化发展。“我们的专业化建设是两条腿，一方面是业务专业化，另一方面是管理专业化。”刘正说。在管理专业化方面，合伙人达成共识：不是必须由律师和合伙人做的事情，都要尽可能地分解出去，让律师、合伙人尽可能回归到业务上。

2019 年 1 月，曾在大型金融机构的高管岗位工作多年的李燕春入职担任行政总监一职。在他看来，律师事务所作为专门从事法律服务的社会组织，其运营要务主要包括两部分：一是客户服务与业务发展；二是围绕客户服务与业务发展的运行管理与支撑保障。按照管理职能与作业方式的不同，前者可称为前台，后者可归入中台与后台。

在传统的律所管理活动中，从前台到中、后台，从决策到执行都是以合伙人为主体，合伙人既是律所收入的主要创造者，也是律所的管理者。在律所规模较小的时候，这种管理模式比较适用，但当律所进入规模化发展阶段后，这种模式就会陷入顾此失彼的境地。“像华炬这样的规模大所，涉及的管理要素有很多，不能‘点射’，而要‘扫射’，需要规模开发、成片开发、行业开发。”李燕春说。

李燕春加盟后，开启了年度制度化建设项目，初步规范了行政中心基础管理工作，完成了包括组织运行管理、行政队伍考核管理、公文管理、信息资料库建设在内的 12 项工作。其中，针对行政队伍考核管理工作，特意起草并出台了《山西华炬律师事务所行政人员综合考核办法》，从 2019 年第二季度正式试行至今，正向引导作用明显。

从撤销管委会，成立“七委一中心”，到引进行政总监，赋予具体执行权，华炬的管理架构已经走到“分治”（将管理职能拆解给不同委员会）与“专治”（让专业的人做专业的事）相结合的阶段。在这一阶段，需要实现行政中心的专业化：一方面，执行层面的工作要全部落到行政中心；另一方面，行政中心要有一支专业化队伍。2020 年，为优化行政中心组织体系，华炬引入竞争机制，行政人员全部竞聘上岗。目前，除原有岗位的人员重新招聘外，新设的行政秘书一职目前也已有 5 人。

刘正介绍，“从总监到行政秘书，行政中心人员布局基本完成，各个岗位的人员配置都已经到位。下一步就是界定行政中心和七个委员会的职责边界，未来行政中心要发展成为行政运营中心”。在决策层面，以合伙人为主体全面行使决策权。在执行层面，前台以合伙人为主体实行业务专业化管理；中后台由管理合伙人牵头会同专业管理服务人员履行“大行政”职能，实行服务管理的专业化和管理服务的标准化。

与架构相匹配的是具体制度设计，尤其是分配机制。业内通行的分配机制主要有两种模式：一为成本分摊制；二为利润分配制。

在成本分摊制下，合伙人年创收100万元与年创收1000万元，于律所而言贡献几乎等同，但合伙人的成本会随着律所运营成本的增加而增加。当合伙人创收与律所无关、成本与律所有关时，则容易陷入议而不决的境地。“成本分摊的比例各家律所会有不同，但本质都不是以利润分配为主。每每因律所公共建设而产生开支时，合伙人就会考虑这个钱能不能花。”而在利润分配制下，有综合年资、创收、管理贡献等要素计算合伙人点数并进行分配的，也有直接按出资比例、业绩比例进行分配的，且均与成本分摊无关，律所公共运营成本会从公共基金中支出。

华炬的分配机制即属于利润分配制，成本统一核算，年终二次分配。第一次分配发生在业务完成时，合伙人按一定比例提成，留存部分则进入华炬的公共基金池，用于律所办公场地租金、行政人员人力成本、律所品牌建设等开支。年终进行成本核算：如有结余，在预留10%的发展基金后，剩余可分配利润的50%会按合伙人当年创收贡献占比分配，另外50%会按年资对应的点数分配；若出现亏损，则由公共基金补平，无须合伙人另行承担。“我们装修花的800万元，全部来源于历年的公共积累。”在华炬，合伙人一般既有业务提成，也有业务创收分红、年资点数分红；即使合伙人当年无创收，也有年资点数分红。

为成本核算、二次分配提供支持的，是华炬自主开发的网上协同办公系统。最初提出信息化建设需求的是2012年离开自己创办十年的律所加盟原锋卫的李阳，起因是全纸质文件审批归档的“手工模式”效率太低，随着律师业务的增加，实现办公自动化已成为刚需。2014年上半年，李阳着手考察了一批市面上的管理软件，如天行通、北大法意等，但仅能实现立案登记与审批功能，并不能匹配律所的管理需求。“既然通用软件不好用，那就自行开发。”

2015年1月1日，第一版办公系统上线使用，实现了案件审批管理和财务管理的办公自动化。“有了1.0版本后，大家开始提出一些新的需求，基于这些需求，我们一方面考察新出来的必智、金助理等软件，另一方面也频繁地与技术人员沟通交流。”1.0版办公系统运营一年半之后，增加了业绩分配、财务报销等功能的2.0版办公系统上线，实现了对全所业务的统一立案审查、利益冲突检索和法律文书审查、案件协作共享等业务信息化管理，为律师工作提供了极大的便利。

第三次升级，是为了实现同行间的系统共享。华炬是八方律师联盟的成员，联盟的很多律所对信息化建设有迫切需求；但2.0版系统是华炬根据自身情况量身打造的，若要适用于其他律所，需要完成从定制化到产品化的升级。历时两年，2018年年底，具有普适性的3.0版办公系统上线，律所可基于其对财务、业务、行政等板块的需求设计管理流程。在这套“大系统”内，无论是跨团队项目还是跨律所项目，只要是同一个项目组成员，即可无障碍地进行信息共享与互通。“相当于把主办律师、协办律师等拉了一个群，群内成员能看到其权限范围内关于这个案件的业务资料、工作计划与进度、工作日志、财务收支情况等。”李阳解释道。

特别值得一提的是，华炬以分配制度为核心对业务进行管理，这一理念也贯穿于办公系统设计中，直接体现在对合同归档、案卷归档的要求上：结案前未完成合同归档，律师无法进入业务创收分配环节，只有完成合同归档，方能进行财务分配；同理，未完成案卷归档，立案时预留的“归档金”会留在律所账户，只有完成立案归档，“归档金”才会进入律师账户。在规模律所，管理层不可能深度介入每一位律师的办案过程，但业绩及相关文档的归档共享又十分重要，通过系统管理能事半功倍。

合同归档、案卷归档，是华炬建立案例库的基础。案例库的建设即是数据再加工的过程，通过整合律所资源实现信息检索的多元化、智能化，建成后，在查询业绩、申报评奖、参与招投标时，律所都能快速获得某类或某个案例的完整信息。李阳介绍：“接下来，我们考虑在结案时提供一份表格，这份表格上会有客户性质、业务类型、案例亮点与启示等项目，按表格要求写完案例以后才能结案。”

除了升级业务版块的案例库之外，华炬还计划建设财务版块的律师个人账户，以便清晰呈现律师创收及分配、个税、助理工资、办案成本及报销等财务收支明细。“该系统现已基本完成，等待上线。”

前瞻布局，成绩斐然

四年时间，合并后的华炬不仅实现了人数规模上的跃进式增长，更是融合了原三所的专业特色，实现业务范围的综合化发展，产生了“1+1+1>3”的规模化效益。2018 年，华炬创收突破亿元大关，成为山西省首个“亿元所”，凸显了律所规模化效应，极大地鼓舞了华炬全体律师的信心。2019 年，华炬业务创收再创新高，实现了超 30% 的强劲增长。2020 年，华炬荣登《2020 钱伯斯亚太排名》“公司 / 商事：西部（陕西 / 甘肃 / 山西）”领域“Band2”。如今的华炬已然成为一家立足中西部地区、具备较强竞争优势、拥有诸多“王牌”业务的规模化律师事务所。

在非诉业务领域，华炬涉足较早。在律师业务仍以“打官司”为主的 20 世纪 90 年代，华炬就以非诉业务为主，专攻企业制度、金融证券等业务领域，开创了山西律师非诉业务的先河，主任孙智也成为山西律师界公认的非诉业务开拓者和奠基人。

在 1992 年两份规范意见出台后，当时在山西大学任教的孙智被借调至山西省经济体制改革委员会（现已并入山西省发展和改革委员会），相关政策的发布触发了其创业的念头。在这次创业中，孙智主要为企业提供从章程策划、股权结构设计直至上市融资等全流程的法律服务，并参与了第一批山西省国有企业的改制项目。当年，山西尚无一家上市公司，“汾老大”山西杏花村汾酒厂自然被列为上市推介对象。1993 年，杏花村汾酒厂先是改组为自主经营、自负盈亏的山西杏花村汾酒（集团）公司，并于同年拿出生产主体部分成立了山西杏花村汾酒厂股份有限公司，完成企业股份制改造。次年 1 月，杏花村汾酒股票挂牌上市，成为国内白酒企业的第一家上市公司。华炬律师其间发挥了不容小觑的保驾护航作用。

“创所之初，我们的业务主线就是围绕公司需求提供一系列专业服务，并在此后伴随社会经济的发展和企业需求的变化，拓展自身服务的广度和深度。”孙智说。从最初的企业改制业务切入，华炬律师逐步深入企业的日常运营中，服务延伸至合同纠纷、劳动纠纷、重组并购、知识产权等领域。

2008 年山西省人民政府下发《关于加快推进煤矿企业兼并重组的实施意见》的文件，2009 年山西省政府下发《关于进一步加快推进煤矿企业兼并重组整合有关问题的通知》的文件，这两份文件拉开了山西省煤炭资源整合的序幕，给当地的律师行业带来了大量的并购业务。这一时期，华炬律师参与了数百家煤炭资源企业的整合项目，其中不乏至今仍具有广泛影响力的重组项目，例如，被写进教科书的“山西漳泽电力股份有限公司重大资产重组项目”。

此前孙智创办的科贝曾被誉为山西省非诉律师的“黄埔军校”，经过合并的强强联合，原科贝的“非诉基因”在华炬内发挥了更强的整合性优势。在资本市场业务领域，华炬代理了“山西电力第一股”漳泽电力、太原重工、潞安环能等多家企业的上市项目，这在山西省律师行业尤其是本土律所中是十分难得的好成绩。由李红弢带队的华炬投融资业务部更是承揽了山西省超过 90% 的政府发债专项项目，市场占有量稳居省内首位。2019 年，华炬接受委托，为山西省财政厅出具了第一份关于项目收益专项债券法律意见书。

知识产权业务是华炬的名片之一。早在 2004 年，科贝集合了省内数名拥有专利代理和商标代理资格的律师，成为山西首家具有知识产权代理资质的律师事务所。此后，科贝的知识产权业务稳步发展，2011 年被太原市人民政府授予“专利服务先进机构”；2013 年参与的软课题“山西省知识产权战略研究”荣获山西省科技进步三等奖；2014 年，牵头组建了山西省知识产权服务联盟，成为该联盟的理事长单位，目前联盟已有 30 余家成员单位，并与多个产业联盟建立了合作关系。2016 年华炬获得了国家知识产权局授予的“全国知识产权服务品牌单位”称号，是山西省知识产权服务机构唯一获此殊荣的单位。经过多年的探索与发展，华炬在知识产权的不同细分领域均有建树，除专利代理与知识产权诉讼业务外，还率先开拓了专利托管、专利组合构建、专利及专利组合的价值评估等新兴领域。2019 年、2020 年，由华炬合伙人陈奇参与代理的多个专利先后荣获山西省首届专利奖二等奖和第二届专利奖二等奖两项、三等奖一项。

党政法律事务也是华炬独具特色的服务领域之一，早在 2012 年便有意识地布局、拓展政府单位的法律服务，参与政府的招商引资、政府采购、PPP 等项目。政府法律服务往往是“时间紧、任务重、要求高、收费低”，但华炬律师也看到了这一块业务具有其不可替代的优势。“为政府提供法律服务，不仅能了解党委政府的中心工作，及时跟进服务内容，提高服务能力；更重要的是，可以为政府治理体系和治理能力的提升提供法律支持。”刘正说。

为更好地维护、服务政府客户，华炬专门针对该领域的业务特点成立党政法律事务部。2019 年，华炬担任的政府法律顾问达 40 家，并推出了“法治政府建设的全面咨询”法律服务产品，以响应法治政府建设示范活动的开展。在多年积累下，该业务的服务对象覆盖了党委、政府、人大和政协四大班子，服务范围纵向上实现了对省市县行政部门的全覆盖，横向上实现了对食药、环保，审计、市场监督等行业领域的大拓展。

在业务开拓过程中，华炬律师具有极强的前瞻性，先于市场爆发期一步提前布局，华炬破产清算业务领域的发展便是早年间的“有意为之”。2007 年破产法实施后，华炬作为首批破产管理人入选太原市中级人民法院破产管理人名册，并作为律师事务所担任破产管理人试点单位，承办了山西省物资集团生产资料服务总公司破产清算业务。在山西省法律服务市场中还只有极少量的破产业务时，华炬便设立了破产法律事务部，专门研究企业破产重整、债务清理等业务。2014 年，华炬律师与某“红圈所”律师合作承办了在全国颇具影响的山西民营企业“海鑫钢铁集团破产重整项目”。此后，华炬还参与承办了新疆某能源股份有限公司合并破产重整案、山西某物资集团合并重整案、阳泉市市属 21 家国有企业破产清算项目等项目。

在破产业务领域，华炬的探索仍在继续。2019 年 10 月，华炬成功举办了第二届山西破产法论坛，邀请了来自山西省内外破产领域专家、学者共计 300 余人参加。论坛的成功举办既为破产法在山西的实践提供了一个集中探讨的平台，也是华炬破产业务的品牌体现。

合并后的华炬的人才聚集效应凸显，优秀人才的加入增强了华炬法律服务的业务广度和深度。2017 年，长期从事金融、民商事领域业务，与众多金融机构有业务合作的代江涛加盟华炬，并作为华炬金融法律事务部主任开展金融领域法律服务的专业化建设工作。“代律师的加盟，不仅增强了华炬金融领域的业务实力，也对事务所的专业化建设工作起到了示范性作用。”李阳说。

整合了原三所的优势资源后，华炬的业务呈现出综合化发展的态势。在业务类型上，非诉专项法律服务、常年法律顾问服务以及诉讼类法律服务并重发展；在客户类型上，包括党政机关、大型国有企业、上市公司及在全国、山西省业界有影响力的民营企业等。其中常年法律顾问客户数量已超过 400 家，行业涉及金融保险、投融资、公路及电厂等基础设施建设、机械设备、医药、房地产、建筑、连锁业、酒店等。

在业务综合化发展的基础上，华炬也在开展一系列专业化建设工作。2019 年年底，华炬对专业业务部门进行升级调整，现已组建 15 个知识结构优化、专业方向明确、符合社会需求的专业法律服务部门：争议解决法律事务部、破产法律事务部、党政法律事务部、刑事法律事务部、证券及资本市场法律事务部、劳动法律事务部、建筑与房地产法律事务部、知识产权法律事务部、矿业能源法律事务部、公司法律事务部、金融法律事务部、税务法律事务部、国际法律事务部、国资国企法律事务部、投融资法律事务部。

与此同时，华炬采取了竞争上岗方式，选拔了一批年轻优秀的业务骨干担任业务部主任，做实做细各业务部的专业化。目前，华炬的破产业务、政府投融资业务、金融法律服务及证券业务的专业化有了极大提升，在山西省内专业优势显著。此外，华炬也在积极推动法律服务的创新，以推进诉调对接工作机制为例，华炬积极发挥律师在预防和化解矛盾方面的专业优势和职业优势，与试点法院对接，成为山西省内第一家与法院对接的诉前调解组织。接下来华炬还将进一步加强专业化建设，提升业务创新能力，推动行业、产业客户的开发，促进业务创新和业务结构的调整，以更好地满足客户多元化的法律服务需求。

党建引领，再展宏图

2020 年 7 月 1 日，在中国共产党的诞辰纪念日这一天，华炬党总支升格为党委，成为山西省第一家律所党委、第一家新社会组织党委。华炬再一次走在山西省律师行业的前列。于华炬而言，无论合并前后管理模式如何变化，党建始终作为支撑律所稳定、健康、快速发展的核心工作而受到高度重视。随着党员人数增加，2017 年，华炬党支部升格为党总支；2019 年，华炬的党总支被省司法厅党委授予“先进党组织”、被省行业党委授予“双强六好示范党组织”，在第六次律师代表大会表彰中，华炬党员律师更是包揽了“优秀党支部书记”“优秀党务工作者”“优秀党员律师”“杰出巾帼律师”“优秀女律师”等荣誉称号；2020 年，华炬党总支再升格为党委。

华炬的党组织晋位升级历程及所获荣誉，足见其党建工作的成效，而这份成效亦体现在律所建设中，有效促进了合并后原三所人员的快速融合。在党组织机构建设上，党委下设有四个党支部以及 15 个建立在业务部之上的党小组，对于长期外派的三人以上的律师团队，华炬也会要求其建立临时党支部，从而实现党建工作的全覆盖。以每个党小组为管理单元，通过“三会一课”、党主题日活动、进社区开展公益活动等，引领律师队伍成为坚持正确意识形态、坚守法治理想、坚定执行律所规章的中坚力量。“党组织在律所发展中应发挥‘定海神针’的作用，稳定发展局势，增强内部凝聚力。”华炬党委书记司东南说。

2018年，华炬将党建工作写入章程，明确律所的一切重大决策都要经过党组织的审核，让党建成为律所发展的强劲动力。为了将党建与律所的规划管理相结合，落实党组织与律所管理层就重大事项相互征求意见，华炬建立了党政联席会议制度，联席会议成员由党组织成员、各业务部负责人及行政总监组成。在不便召开全体合伙人会议的情况下，通过党政联席会展开讨论，征集更广泛的意见建议，为常委会提供决策依据。“华炬的党政联席会既是为了形成更广泛、更有效的民主，也意在律所的发展管理中充分体现党的领导。”司东南进一步解释。

在华炬党委的组织下，华炬与山西省信访局、太原市信访局和杏花岭信访局进行长期合作，为信访人员提供专业的法律服务，并设立“党员先锋岗”，以党员律师轮流值班的形式，为信访工作作出了诸多贡献；为了积极响应和支持扫黑除恶专项斗争，华炬为山西省高级人民法院、山西省人民检察院、山西省公安厅派出涉法涉诉值班律师，提供专业的法律服务，因成绩突出，华炬律师作为十名特邀代表之一参加了中央政法委组织的“律师参与化解和代理涉法涉诉信访案件专题培训会”；华炬积极参加“法律扶贫专项行动”，派出专业律师深入吕梁山区，为贫困群众提供法律咨询服务；此外，华炬年轻律师主动到省市法律援助中心值班，接听“12348”法律咨询热线，为社会提供无偿的法律服务。

2020年新冠肺炎疫情暴发以来，华炬党政组织第一时间发出号召，迅速成立了领导组，对律所抗击与防控疫情作出了全面的安排部署：在省内同行率先组织员工向武汉疫情捐款64,289.66元；针对疫情期间可能出现的各种法律问题，组织发动广大律师整理、撰写法律文章，利用各种渠道开展法律咨询与宣传；在《山西日报》开辟“当前疫情防控中几个焦点问题的法律梳理”专栏，推出10期60问；身为全国人大代表的华炬合伙人会议主任刘正作为现场点评专家参与了中共山西省委依法治省办公室与山西电视台经济频道联合推出的“法在身边”栏目，对传染病防治及应对突发公共卫生事件进行法治宣传。

2020年5月28日，被称为“社会生活的百科全书”的《民法典》经第十三届全国人大第三次会议表决通过。为了普及民法典，华炬成立民法典宣讲团，充分发挥自身专业优势，对民法典进行了全方位、立体式、多渠道地专业解读。民法典宣讲团先后为多家政府机关、企事业单位开展点对点宣讲，以简明扼要、生动形象、通俗易懂的方式传授其中的精要与亮点。未来，华炬民法典宣讲团将会继续通过更加多元化的渠道和方式讲解民法典，让聆听者真正懂法，善于用法，以便更好地维护公民的合法权益和社会利益，为全社会普法不断贡献自己的力量。

对于区域性律所而言，华炬无论在律所建设方面，还是党建工作方面，已然走在中西部律所前列。司东南表示，“接下来华炬党组织将持续加强党建，进一步把党的政治优势、组织优势和人才优势转化为律所发展的动力”。

2016 年，华炬通过合并探索山西省律师事务所发展“瓶颈”的破解之道，领行业之先；如今，华炬人数规模已突破 300 人，成为山西省规模第一的律师事务所。经过四年磨合，华炬已在人员、业务、文化等方面实现了较为深度的融合，也正筹谋着下一阶段的发展规划。

在规模布局方面，华炬已于 2015 年设立了吕梁分所，通过在山西省其他地区设点布局，形成省内业务协同发展的网络效应。2019 年，华炬所属的北京法炬律师事务所正式开业，这是华炬走向全国、实现区域战略转移迈出的关键一步。下一步，华炬瞄准海南，计划在年内开设华炬海南分所。

“区域性律所在省外尤其是北京开展分所实属不易，在北京设立法炬也是华炬开展双品牌运营的初步尝试，目前在跨区域的业务联动、市场信息搜集上已经取得了一定成效。”刘正说，“接下来，华炬将会加强对分支机构的整体布局和运营。管理专业化、业务专业化是华炬下一阶段的工作重点。”

管理专业化方面，华炬正在加快律所的制度化建设，探索适合华炬发展需要的治理结构、管理模式和运行机制，让律所管理更加适应在省内外设点布局的全国性律所的发展要求。

业务专业化方面，目前的华炬在人员规模、业务规模、客户规模已具备了专业化发展的基础条件，并在资本市场、行政法及政府法律服务、破产、知识产权等业务领域已有专业化发展的雏形。专业化建设是系统工程，华炬将在专业团队建设、市场培养开发、开展学术研究、产品创新及研发、风险防控、激励考核制度等各方面提升律所的专业化水平，力争在传统领域里拥有自己的拳头产品和团队，在新兴领域里独树一帜、创出品牌。

站在新的起点和新的高度，华炬进入了一个重要的战略发展机遇期。华炬将其定义为“两个战略转变”——未来十年，力争通过人员与业务的规模化发展实现区域大所向全国大所转变，力争通过管理与业务的专业化推进实现大所向强所转变，从而在强手如林的国内法律服务市场赢得一席之地，打造出山西品牌的全国性法律服务大所。稳扎山西，走向全国，面向世界，华炬未来十年的蓝图逐渐清晰。

结　语

律所合并与融合并非一蹴而就。律师是个性鲜明的职业群体，来自三个不同文化特色律所的律师，摩擦和碰撞在所难免。在摩擦和碰撞中，大家逐步形成了一个共识，一群人要一起走得更远必定需要包容与尊重，舍小我方能成大我。为了律所发展，为了共同的目标，华炬的核心合伙人经受住了考验，合伙人队伍非但无一人离开，还实现了不断壮大的目标，这在通过合并做大的律所中并不常见。

合并不仅仅是规模加成，更是制度之合、文化之合、理念之合。擎法为炬，光耀中华，是华炬人共同的理想。正是因为这一共同的愿望，华炬人的队伍不断壮大，并且越走越坚定。如今的华炬已在开放包容之中融合为一体，律师们对律所的归属感亦不断增强。

一路走来，华炬以持续创新、不断超越自我的决心和行动开创本地律师行业的发崭新局面，实现了整合后的腾飞。下一个十年，华炬仍将以开拓创新、踏实务实的心态，瞻望未来，开辟更宽广的一番天地。

华商

粤军崛起，大气纵横

林　戈　陈琼青　吴梦奇

华商深圳总部

华商主任、首席合伙人高树

高树主任在世界律师大会

华商前海联营所

《华商之歌》获“司法行政十大原创金曲献祖国”活动优秀歌曲奖荣誉证书

“像一棵树那样站成松柏，脚踏实地是真正的豪迈，在风雨中成长，这样的坚持，全都因为爱，华商之上，是你我的精彩。”——《华商之歌》

1993 年，根据“南方讲话”精神，国务院批准了《司法部关于深化律师工作改革的方案》，提出不再以生产资料所有制的性质和行政级别的属性来界定律师及律所的性质。在新体制下，律所如雨后春笋般出现，律师们天生对市场经济活动分外敏感，加上灵活的管理体制、分配机制，法律服务的积极性、创造性被大大调动，中国律师行业进入快速发展期。

1993 年 12 月，广东省司法厅批复同意了首批 12 家合伙制律师事务所，不占国家编制，合伙人必须辞去公职，律所在行政上和业务上受深圳市司法局领导和管理，经济上实行独立核算、自负盈亏，按章上交管理费和律师会费，拉开了律师体制改革的序幕。在这首批 12 家律所中，有一家名叫华商的律师事务所。

后来，这家律所在 27 年的时间里一路披荆斩棘，雄踞华南，立足粤港澳，紧跟国家战略，走向国际，成为华南首屈一指的律师事务所之一。

华商的核心竞争优势在于其为客户提供具有本土优势、行业优势和国际视野的法律服务。当前，华商总所人数已突破 1100 人，迈入千人大所行列，其中执业律师突破 755 人，在业绩创收上已突破 5 亿元。

华商是一家和深圳法律市场一起成长起来的律所，而其主任、首席合伙人高树则是一位见证了深圳律师行业发展的律师。

时代洪流中，打造“百年华商”

1983 年，18 岁的高树考上安徽大学法律系，从此与法律结下了不解之缘。1990 年从中南政法大学硕士毕业的他，顺利地拿到了律师从业资格证，成为深圳市第 119 名律师，而那时的深圳仅有 10 家国办律所，以及作为改革尝试的一家合作所和一家个人所。

而高树与华商结缘，有很大的原因要归功于深圳这个改革开放的前沿城市。

毕业后，高树进入了深圳市司法局律师管理处任公职。与此同时，国务院批准了《司法部关于深化律师工作改革的方案》。这项改革方案深深地触动了高树的内心，一个计划也在高树脑海中慢慢具象。

“早在 1991 年，我就开始酝酿创办一家律师事务所。直到 1993 年，中国律师制度改革已经开展得较为成熟。改革的推进和落地是中国律师行业的一件大事，当然对于我个人而言，也是一件大事。”高树说。

高树认为，律师制度改革对于中国律师行业，对于想从事法律服务行业、从事律师工作的人来说，都是一个巨大的机会。也就是那时，高树选择了辞职“下海”，加入滚滚向前的律师创业大潮之中。

一开始，华商主要从事法律顾问、诉讼、婚姻家事等常规业务，以及三资企业、房地产与建筑工程业务。后来，华商又利用地域优势，开始拓展资本市场法律服务。

1993~2003 年，是深圳律师业飞速发展的十年。1993 年整个深圳法律市场才 300 多名律师，2003 年深圳就拥有了 1700 多名律师。华商也顺应深圳高速发展的时代潮流，进行扩容、扩编。

“以前华商是在深纺大厦，我们也就十来个人。之后搬到了罗湖的蔡屋围发展大厦，那个时候华商已有四五十人的规模。之后我们又搬到了金融中心 14 楼。在这十年当中，华商的人数增加了十倍，办公地点搬迁了三次。”高树说。

人员的壮大是华商强大的证明，而律所文化的建立则是华商凝聚的灵魂。

华商的文化确立经历了四个阶段，对于高树来说，华商每一次的文化理念的确立都带有浓重的时代特征，这也是定位华商在不同时代发展的目标。

1993 年，华商成立之初，高树就确立了“保密、承诺、礼貌、沟通”作为华商的所训。早期的华商溯源律师工作特点，所以当时的华商人把“保密”放在了第一位。律师的制度和律师的职业本身，使“保密”成为华商人至今最追求的理念。然后是“承诺”，华商把承诺作为一种文化，专业从礼貌做起，重视沟通。

“保密、承诺、礼貌、沟通”这八个字跟随了华商 10 年。2003 年，高树觉得时代变了，华商也应该要发生一点改变了。他重新调整了华商的定位，把文化确定为“专业、诚信、和谐、共进”。

他认为，首先是一个律师事务所必须要专业化，但是有了专业化以后，要是不诚信，专业化就发挥不到应该有的作用。“诚信是立命之本，也是立所之本”，高树解释道。其次是和谐，用法律知识、法律技能来建立和谐的社会。最后是共进，律师之间共同进步，也包括律师和当事人之间的共同进步、律师和社会的与时俱进。

高树是江西人，华商所内江西人也比较多，对富有深厚红色底蕴的江西，华商也有着自己特殊的情感，有着共同的文化认同。2007 年年初，已经发展为百人所的华商组织全员一起去井冈山，故地重游。去之前，高树还给此次井冈山之行拟了一个口号——“发扬井冈精神，打造百年华商”。

办所，不仅只是办，还得传承下去。这个品牌要传承下去，需要一种星星之火可以燎原的斗志，“井冈精神”正是华商传承之路需要的精神。

时间轴划到了 2008 年，虽然彼时的华商已经确立了“发扬井冈精神，打造百年华商”的品牌使命，但高树却觉得华商还需要一个与律师事业结合更为紧密的价值观。高树便经常问所内的律师们，到底是什么样的品质可以一直支撑华商发展下去？经过思考，华商提出了“法律维护正义，法律创造价值”的价值观。

从“保密、承诺、礼貌、沟通”的所训确立，到“专业、诚信、和谐、共进”的华商文化，再到“发扬井冈精神，打造百年华商”的品牌使命，最后是“法律创造价值，法律维护公正”的价值观。这一脉相承的文化理念，贯穿了每个阶段华商发展的目标，而这些也深深地印刻在每一个华商人的心里。

“在过往的历史中，华商所确立的所有理念都一直在秉持，它们已经融入了华商人的血液之中。”高树说。

想要传承，就不能只局限于眼下。

2007 年，中国律师行业的格局发生了一些变化，除了北京、上海等一线城市，国内的区域性法律市场也在高速发展。这就要求律所，要有更加开放的视野和格局，而不能只是圈地式地独自发展。

在华商的品牌使命确定后，华商人清晰地认识到，“国际化”是华商未来发展的重要因素。如何布局国际化，也成为整个华商管理层都在思考的问题。而此时，全球十大律师事务所之一的路伟律师事务所（现在的霍金路伟）正打算在中国建立一个律所联盟，高树认为，如果可以与国际律所合作，这将是一个机会。

霍金路伟所发起的中世律所联盟当时的定位，就是各个所做区域性的地方性的品牌大所联合在一起，集合成员所超强的执行能力和深厚的商业网络，通过中世律所联盟这一平台，一起形成了覆盖全国的跨区域法律服务协作网络和品牌影响力。

参与、发起、设立中世律所联盟，也为华商后来的布局，打下了重要的地基。

一以贯之的战略：立足粤港澳，走向“一带一路”

立足粤港澳大湾区、先行示范区、自贸区建设，响应“一带一路”倡议，打造具有国际视野的专业化律所，是华商近年的战略思路。

继香港特别行政区、澳门特别行政区、赣州、长沙、汕头、龙岗设立分所之后，华商新增了北京、成都、广州、南京、南昌、珠海、惠州、黄山、秦皇岛、三亚、东莞、佛山、深圳光明分所；武汉、南宁、深圳龙华等分所也已进入实质筹建阶段。在国外，华商已在澳大利亚、意大利、西班牙设有办公室，并正在筹划与美洲、欧盟等地的律所的深度合作。

2019 年，华商协办了世界律师大会，并联合了多国律师举办多场跨国法律交流、研讨。

根据ALB China 2019中国最大30家律所排名，华商已跻身中国律所的规模前30强。华商前期布局主要以总所为原点向周边辐射，但深圳前海等自贸区的设立改变了深圳法律市场的风向，这代表着深圳正在开始和世界直接对接。

自贸区的设立，意味着国家开放的形态开始发生改变，这也代表着深圳不只是和香港特别行政区、澳门特别行政区的对接，也开始了和世界的对接，国内改革开放的格局也将随之发生变化。自贸区设立不久后，“一带一路”倡议落地，国家接连的政策颁布印证了预判。

自贸区对法律服务格局的变化是历史性的，华商必须要跟上自贸区建设的步伐，进行与之相对应的战略布局才能走得更快。华商抓住了这个机会，率先在前海设立了中国第一家香港特区与内地合伙联营律师事务所——华商林李黎（前海）联营事务所。

2014 年 11 月 7 日，华商林李黎（前海）联营律师事务所（以下简称前海联营所）正式获准成立，由舒卫东担任前海联营所的主任。

对于华商来说，总所与前海联营所之间形成了互补，前海联营所就像是华商的“研究院”，通过公司化、一体化的管理模式，不断研究和尝试新的模式，开发新的产品。

“法律行业正处在一个新规则、新标准、新规范、新机制逐步建立的时代，各种创新体制不断涌出，如果不去有效地衔接，我们就将被抛弃。”舒卫东说。

舒卫东认为，对深圳来说，深港合作是一件必须要去做的事情。华商前海联营所不仅具有区域意义，还具有国家和行业的战略意义。前海联营所是国内第一家落地前海的香港特区与内地合伙联营律师事务所，肩负着为华商开创和突破内地和香港特区律师业务合作的战略性使命。

2017 年，粤港澳大湾区作为国家战略正式提出，验证了华商前海联营所设立的前瞻性。

首先，粤港澳大湾区有属地原则，其包含“9+2”共 11 个城市，这之中，广州、深圳、香港特区、澳门特区的经济发展水平最高，为“核心城市”，彼此之间承载不同的功能，连接不同的区域，形成多个城市之间互联互通的格局。

其次，粤港澳大湾区的提出，是国家整体战略的重要组成部分。中国区域经济的发展，尤其是粤港澳地区，需要进一步整合并发挥协同效应。在这一背景下，不仅会促使律师业的重新布局，也会带动珠三角地区及香港特区、澳门特区之间法律服务市场的再平衡。但随着跨境法律服务需求的增加，对于律所和律师而言也会带来挑战。

最后，粤港澳大湾区所涉及的法域、货币、体制标准都不相同，目前世界范围内尚没有一个湾区横跨三种法律制度体系。三种法律制度体系要想使之相互之间能够兼容、匹配，对法律服务的需求增加，对粤港澳三地的律师提出了更高的要求，前海联营所自然也具有较大的发挥空间。

2019 年 8 月 9 日，中共中央、国务院《关于支持深圳建设中国特色社会主义先行示范区的意见》正式出台，这个政策的出台无疑给华商在大湾区的布局拓展了更广阔的空间。

在舒卫东看来，先行示范区的试点推出是一个不仅对深圳，乃至于对国家都极具战略意义的事情。

舒卫东谈到："先行示范区的设立，充分体现了国家的文化自信和制度自信。在立标准、立规范、立制度的过程中，重新理顺堵点和问题点，这就需要集结各方智慧，为政府奉献资源、奉献力量。"

2019 年 12 月 10 日，经广东省司法厅批准，中国第一家粤港联营律师事务所分所——华商林李黎（前海 · 广州）联营律师事务所正式成立。本次华商林李黎所的布局，旨在积极对接广深港澳科技创新走廊，进一步实现内地和港澳法律事务跨区域和跨法域的合作，以更为便捷、高效的法律服务为客户创造法律价值。这标志着粤港澳三地法律服务业进一步融合，华商林李黎所服务粤港澳大湾区建设又迈出了坚实的一步。

2019 年 12 月 17 日，华商萧一峰（海口）联营律师事务所揭牌。华商萧一峰联营所作为海南自贸区、自贸港第一家琼港联营律师事务所，得益于《海南经济特区律师条例》的实施，这是加强律师行业规模化、专业化、国际化建设的现实举措，也是打造海南自贸区自贸港高质量法律服务营商环境的重要实践。

2020 年 5 月 20 日，经广东省司法厅批准，深圳第一家粤港澳联营律师事务所分所——华商林李黎（前海 · 坪山）联营律师事务所正式成立，也是继中国第一家粤港澳联营律师事务所分所——华商林李黎（前海·广州）联营律师事务所成立后联营所的又一家分所。

在过去的 27 年时间里，华商一直以资本市场、并购、金融、公司业务等领域为主攻方向。随着"一带一路"倡议和粤港澳大湾区的持续推进，华商会不断拓展涉外投融资、互联网金融、知识产权、海商海事等新型专业领域。

对于"一带一路"，华商已经有着较为深入的布局，并正向东南亚沿线拓展。目前，由华商牵头的"一带一路"法律服务联合会联合沿线国家 1000 余名律师，提供多元化法律服务；设在华商的"东盟法律合作中心"华南中心也开始发挥招展功能。

2019 年 3 月，华商在我国香港地区设立分所，这成为华商走向海外，连接国际的重要一步。

华商香港分所港方负责人余沛恒针对香港分所的设立解析道，中国香港特别行政区是一个国际性的平台，是中国企业"走出去"和中国律所走向全球的桥头堡。香港分所的成功落地，代表着华商与海外连接的桥梁已经建立。

从香港地区本地法律市场来看，一人所的占比已达 50%；2 人到 5 人所占比为 30%；只有不到 20% 是 5 人以上的律所。像华商这样，拥有 20 多人的律所已经是较大的规模，这为华商拓展香港地区业务带来了巨大的优势。

香港分所是华商实现资源整合的新方式，这是一种创新，以一种"N 对 1"的形式，把全国多个城市的律所有效地组织起来，将多家律所的香港地区的业务都放到一个所里面去做。这种模式下，香港所业务量就会扩大，律师们就聚焦在一个点上去提供的服务也随之扩大了，当业务与服务都扩大了之后，就可以用内地的服务市场，来培育香港地区业务交流的大平台。

对于华商来说，设立香港分所，不仅仅只是华商的发展布局战略，更是华商为改变目前国内律所的服务模式，提升其服务能力，完善深港合作的重要尝试。

华商稳扎稳打的布局发展，奠定了华商新型发展的态势。从刚成立时的 10 人小所到现在的千人大所，华商不仅是在布局上展现了自己独到的战略眼光，律所管理也是助阵华商作为区域强所的重要原因。

集团军作战，塑强所胸襟

何为管理?

对于律所而言，优化内部资源与人员配置，实现最佳运作效率，是提高生产力的本质含义。律所管理考验的不仅仅是组织能力，更要求律所着眼自身长远发展，在战略的层面上洞见大势，统领全局。

目前，华商采取“律所—专业委员会—专业团队”的三级治理结构。这一运作良好的内部机制，正是始于华商对行业与自身的预见与审视。

为了顺应法律服务外延的不断扩大与律所自身的快速发展，2010 年，华商开始了大刀阔斧的管理机制改革。

首先，华商将整个管理体制进行了梳理，把原先的三级合伙人制变更为两级合伙人制，简化了合伙人的分级，提高了合伙人会议的运作效率。

其次，华商在原先的管委会架构上进行了扩编，建立了首席合伙人负责制下的执行委员会，优化了管委会的组织形式。

再次，华商对所内运作模式进行了调整，实现了全员进入专业委员会，以专业委员会实际承担所内事务管理，下设上百个专业团队，形成了团队内部纵向、横向的新型管理体系。

最后，华商制定了新的财务核算制度，由统收统支改为成本核算制，明确分配利润与承担费用的对象，以适应律所不断扩大的人员规模。

现阶段，华商的核心战略是：一是共同价值观战略的构建；二是人才培养和引进，专业化战略的构建；三是市场和客户战略的构建。

其核心中的核心是共同价值观的构建：“讲政治、重专业、比奉献。”由此，华商还进行了其他方面的制度构建，如加强党委的政治引领、将执行委员会的成员下放到各个专业委员会去负责，实现新发展业态、新结构体系下制度与文化层面的全面更新。

值得一提的是，华商的专业委员会体系相当独特：本着“把专业委员会做实”的目标，华商在战略上要求专业委员会保持与律所一致的同时，根据不同专业委员会、不同团队的特点与需求，在战术运作层面上赋予了专业委员会充足的灵活性。

“在当下客户需求愈发多样化的态势下，我们需要各个专业委员会像不同兵种一样组建成‘集团军’，以客户需求为核心，实现多兵种部队相互配合的集团军作战，从而满足客户多维度、多层次的各种需求。”这是高树对专业委员会的诠释，也是他提出的“建立全产业链法律服务体系”这一方针的核心。

在专业委员会的统筹下，华商建立了分配权下放到各专业委员会基础上的全员与律所紧密相连的财务关系，形成了一套层级分明、运作稳定、调度灵活、战斗力强的管理机制，极大地激发了华商内部的发展潜力。

专业委员会是华商制度上践行“专业”理念的举措，而在人才选用与培养方面，专业理念也始终贯穿其中。对于新律师的招聘或合伙人的引进，华商除学历上设置了相关硬指标外，对实际操作经验与专业技能也十分关注，有一套自己的评判标准。

基于这样的高标准、严要求，华商内部从实习生、助理一路成长起来的内生式人才占比超 8 成。所内培养出的律师在专业素质、思维方式等方面的能力都相当出色，同时也对律所有归属感，为华商带来了极强的人员粘性。

作为一家年龄结构偏年轻化，“70 后”“80 后”占比超 80% 的律所，华商是深圳最“年轻”的律所之一，每年都会吸收大量的助理与实习生。因此，华商十分重视人才梯队建设。早在 20 年前，华商就在高树的主持下成立了青年工作委员会，以服务庞大的内生式青年律师群体。目前青年工作委员会已形成职业技能培训、青年律师成长、社会公益活动三大板块的核心工作。

在职业技能培训方面，目前华商每周都会邀请各个专业委员会的专业律师讲课，结合购买的课件与不定期举行的外部培训共同提升青年律师的职业技能；青年律师成长方面，华商不仅关注青年律师的职业技能培养，也关注他们的思想状况、生活状况、教育状况，从律所层面给予青年律师全方位的人文关怀；社会公益活动方面，在青年工作委员会的组织下，华商率先成立了青年律师义工队，积极参与社会公益活动，在回馈社会、服务社会的同时也培养青年律师的公益意识与社会责任感。此外，华商还从青年工作委员会中选拔表现出色的年轻人，充实合伙人队伍，从而推动管理团队年龄结构的合理化。

2019 年，华商还成立了律师讲师团。讲师团以合伙人为主，目前人员规模已近 70 人。讲师团不仅限于合伙人，只要在专业领域有所特长或者能形成产品，也会吸收律师甚至助理作为专职讲师。此外，讲师团也承担着华商对外品牌输出的职能。

2019 年 11 月 28 日，由司法部举办的首次“司法行政十大原创金曲献祖国”评选活动结果揭晓，华商律师事务所报送的歌曲《华商之歌》在 379 首参赛作品中脱颖而出，荣获“司法行政原创优秀歌曲”奖。《华商之歌》由华商律师事务所首席合伙人高树主任作词，著名音乐人何亮作曲并演唱。

2019 年 12 月，在深圳市第十九届律师运动会上，华商男子篮球队蝉联冠军、羽毛球队夺 5 金、网球队夺 2 金。这些都是华商凝聚力的完美体现。

在高树看来，对于律所之“强”的评判应当基于以下几个标准：“首先，要有能够持续发展的稳定性，通过不断的自我更新，实现律所的可持续发展；其次，在市场、客户、人才等方面都站在前沿，能够通过内部的组合协调自成一体，形成与市场、与客户的平衡关系，从而满足前沿客户在专业上方方面面的需求，不断赢得具有市场主导性的客户；再次，强所必须要有开阔的战略胸襟，在根据时代、市场、环境变化有所调整的同时，能够一以贯之，对战略目标不遗余力地执行；最后，强所的文化一定要有自己的特色，能够支撑律所的发展，形成具有感召力、凝聚力的精神内核，催动所内律师的荣耀感与成就感，引领所内律师在相互团结、相互包容的前提下成就事业。”

目前的华商已是广东最大的律所之一，其一路发展至今的内核是包容，是相互尊重。在华商不断的自我完善与发展下，在华商所营造的大家庭文化下，华商会朝着“百年老店”的目标继续迈进。

如果说制度文化是筋骨，那么业务就是血肉。在现有业务的基础上继续拓展与深挖，是“打造百年华商”的另一重关键所在。

构建全产业链的法律服务体系

2019 年，高树创造性地提出“构建全产业链的法律服务体系”的设想，激发了华商新一轮开拓创新的高潮。

高树说，华商的专业化建设应当围绕四个方面来展开：“其一，引人才，不仅要引进专业人才，还要加强专业人才的培养力度；其二，建团队，成立以市场为导向的专业委员会，专业委员会内要有大团队，大团队里要有小团队，在各个专业领域再层层细分，做到专业精细化；其三，重专业，聚合各专业领域的精英形成专业团队，开发符合市场需求的拳头产品；其四，拓市场，专业的团队带上专业的拳头产品到市场去拓展业务，把专业变成业务。”

目前，华商正致力于专业化建设，着力构建全产业链法律服务体系，锻造具有国际视野的专业化、精细化法律服务团队。华商的 28 个专业委员会组成了所内基本的事务管理单元，分别整合了各个团队力量形成“集团军”，让金融、证券等拳头领域与政府法律服务、涉外业务等特色领域紧密串在律所大战略的主轴上，驱动华商不断做大、做强。

金融：秉专业化，为创新师

作为改革开放的前沿，深圳始终是金融市场创新政策的先行试点。当前资产证券化、互联网金融等创新金融手段逐步介入市场，对律师在细分领域的专业能力提出了新的要求；不同门类的业务相互渗透带来的跨界金融业务涌现，则为兼具开拓创新精神与扎实基本功的律所、律师带来了新的机遇与挑战。

金融是华商的传统强势业务领域，创收占比达30%。10多个团队、60多名基本为硕士及以上学历的律师组成的精干一线金融业务团队，让华商博得了绝大多数本地内资银行的信任：深圳共有各银行的总行、分行约70家，华商服务于其中近50家；一家银行的多家在户律所名册中，华商几乎必定位列其中；此外，华商几乎与所有的外资银行、四大资产管理公司、地方性资产管理公司都有业务往来。

除银行金融业务外，华商还制定了保险金融业务、企业金融业务及其他金融业务等多个法律服务产品，不仅坚守传统领域，也积极承接新型业务。例如，结构化融资，华商不仅在尽职调查等非诉领域提供优质服务，也处理相关的诉讼事务。在与浦发银行、深圳银行等客户的合作中，华商正是凭着全面的服务赢得了客户信赖。同时，前端服务中积累的经验让华商在处理后端业务时也得心应手。哈尔滨银行曾有一件标的12亿元的案件，招了三家深圳律所应标，华商以简练的逻辑、直观的图表形式将案情结构讲解清晰，当场征服了客户。从华商的视角来看，业务体系的完善是一个马太效应：实现了从0~1的突破，一系列链式反应就会让团队不断壮大，从而推动全产业链法律服务体系的构建。

金融专业委员会主任郑忠林于2011年加入华商，他认为，金融团队的最大特色在于“术业专攻”:“我在团队中相当于一个管理者，而团队中的律师们则保证自身的专业性，专业的人做专业的事。同时我也鼓励团队成员与其他团队合作、融合，从而实现不同专业领域的律师精诚合作，以最专业、最全面的服务赢得客户的信任。”

深圳是一座创新之城。身处粤港澳大湾区一线的华商，对新政新规往往会有“春江水暖鸭先知”的先知先觉。在创新服务引流行业潮流、保持价格方面竞争力的同时，华商也紧跟国家政策，倡导成立了前海一带一路法律服务联合会，并提前踏足互联网金融、区块链等领域，在民间借贷收紧的趋势下抓住金融机构法律服务的风口，继续巩固华商金融业务的领先优势。

资本市场：紧贴时代脉搏的先行者

随着中国经济体量与质量的显著提高，在体系不断健全、监管不断加强、法规不断完善的大环境下，科创板、多元化服务产品等一系列新热点接连改变着法律服务市场的格局。

近年来，华商的资本市场业务团队在IPO、公司债和资产支持证券方面取得了一系列成就：IPO方面，2019年4月，华商刚协助新媒股份成为广电行业首家IPO过会的新媒体企业；公司债方面，华商近三年里协助客户完成了超过1500亿元的公司债发行；在资产证券化业务方面，华商办理了富力地产机场物流园CMBS、富力地产酒店物业

REITS 项目等国内首例同类项目。

早在 1994 年 5 月，华商经证监会、司法部批准，就取得了从事证券法律业务的资格，后又在 2000 年 12 月，被证监会和司法部认定为“可以从事涉及境内权益的境外公司在境外发行股票及上市法律业务”的律师事务所。多年来，华商的证券法律业务长期名列华南前三名。得益于良好的运作模式和资源整合机制，华商已经形成了从基金、投资到 IPO、融资的一整套完整的资本市场业务产业链，不仅主板、中小板、创业板、新三板上市与挂牌等基础业务方面有较深的研究与突出的业绩，在证券市场股权类的再融资、并购重组、债券类的公司债、资产支持证券等领域也表现不俗。

在 2011 年加入华商、现任境外资本市场与证券法律专业委员会副主任的彭书清看来，华商的资本市场团队有三个显著的竞争优势：“其一，团队始终坚持以客户为中心，以最专业的态度和法律知识为客户量身定制法律方案；其二，华商始终以专业为导向，不断创新，对相关行业的研究精深且独到；其三，华商建立了紧密的合作机制，业务团队之间精诚团结、交流互动；其四，华商地处深圳大湾区，在政策与创新方面上有独特的区位优势。”

对于新兴热门领域，华商持续保持关注并积极进行探索。例如，在科创板的注册制模式下为企业 IPO 服务进行相应研究；对于技术创新型企业包括生物医药、信息科技等积极跟进相关服务；对于初创企业、技术领先型企业也提前进行项目储备。此外，包括港股在内的境外市场业务也是华商发展的一个重点，目前有数个 IPO 项目已在筹备之中。

在资本市场更趋专业化、国际化的未来，华商资本市场业务团队将继续巩固 IPO 领域的专业优势，同时重点拓展债券融资业务，强化资产证券化产品的设计研发。在行业层面，华商将紧贴政策，将战略重点放在科技型、创新型企业，信息产业的业务模式创新和生物医药的稳步推进将是资本市场团队占得先机的关键点。

政府法律服务：立足本土，维护正义，创造价值

近几十年，深圳经历了快速的城镇化，在城乡二元论打破的过程中遗留了很多合法性不完善的土地，这催生了深圳特有的开发路径——政府、村、企业通过对土地重新合法化进行二次开发，称为土地整备利益统筹。

这一特有政策带来了巨大的法律服务市场，华商的政府法律服务团队也着眼于此，长期以来深耕政府性强的法律服务，在紧密合作的核心机制下形成了包括十个大型业务团队、上百名律师及助理的服务阵容。

大型土地整备、征地拆迁项目往往时间紧、任务重。华商通过多个团队合作组成开发主体，在技术统筹的情况下各自发挥业务所长，共同完成项目，既保证了蛋糕能做大，也控制了服务质量的优质与稳定，成功实现了团队的规模化效应。

政府法律服务中，律师的工作效果往往直接关系到政府机关行政行为的合法性，百姓诉求与法律的冲突等一系列现实问题往往也充斥其中。因此，政府法律顾问必须能对行政行为与民事行为等提供全方位的法律服务。华商政府法律服务团队以“法律维护正义、法律创造价值”为己任，尽可能为政府与百姓寻求最佳解决方式，也因此博得了政府的认可，近年来人数、创收与客户数量都屡创新高，并代理了一系列经典案例，如入选 2018 年度十大政府法律顾问业务典型案例，以及获得中世律所联盟行政诉讼法律服务大奖的“光明新区 1220 渣土滑坡事故”行政处罚一案。

2017 年加入华商，如今已是政府法律服务专业委员会副主任的刘博文表示：“我觉得律师以业务为核心不仅仅是为了增加自身收入，也是在服务政府的过程中为深圳法治环境、为深圳法治政府建设贡献自己的一份力量。”

借助多年政府法律服务的相关经验，华商正在从被动应付向主动谋划转变，将突发性文件起草、行政执法案件审查甚至是实施效果评估主动形成产品来托管，以实现标准化服务流程，打造政府法律服务产品。同时，华商也致力于在细分领域如土地整备、棚户区改造打出知名度，形成有亮点的拳头产品，从而在政府法律服务这片蓝海中开辟出更广阔的业务空间。

涉外业务：精准服务，全球布局

在“一带一路”“粤港澳大湾区”和“先行示范区”的政策背景下，一系列外商投资领域政策的更新与出台，营造着越来越健康开放的投资环境，也为外商投资法律服务市场带来了更多机会。

华商对涉外投资业务的开展一直十分重视，曾为数百家客户提供包括红筹搭建、并购、重组、基金、境外上市、境内外投融资、内保外贷、诉讼、仲裁、执行等方面在内的综合法律服务。目前，华商所已形成企业境内上市和境外上市、海外 PE 和本土 PE、本土投资和外商投资相结合的独特服务优势。

深圳中小规模企业众多，涉及行业多种多样，但普遍存在法律合规需求旺盛、有一定融资意向、决策体系灵活、项目配合度高等特点。华商涉外业务团队本着“服务赢得客户”的理念，力求以专业极致的服务为客户精准解决问题。同时，华商紧跟时代发展，努力开拓业务，在 2019 年 11 月成立了境外资本市场与证券法律专业委员会以及涉外业务法律专业委员会，在共同学习交流之余集中所内涉外专业人员的力量进行一系列涉外法律产品的研发。

“涉外律师除律师基本素质外，还应当具备全球性的思维、扎实的涉外法律专业知识、良好的语言能力及沟通能力。”华商合伙人徐舜芝将华商在涉外投资领域的优势概括为三点：“首先，华商地处深圳，毗邻香港，具备无可比拟的地域优势；其次，华商通过与中世律所联盟、境外律所、会计师事务所、投行等机构紧密合作，建立了强大的全球法律服务网络，覆盖 46 个国家和地区；最后，华商拥有专业素质过硬的律师团队，多名律师有留学背景，能熟练运用英语、日语等外语在跨境法律问题中为客户提供解决方案。”

在提前布局大湾区建设，布局海外分所、联营所的基础上，华商涉外业务团队将继续从客户需求入手，保护企业与公民的海外合法权益，并加强与外部机构的沟通合作以及涉外人才的引进培养，推动华商的国际化发展，与华商其他业务团队一起为构建全产业链法律服务体系而努力。

“敢吃第一只螃蟹”：把创新实践始终贯穿于发展战略

2019 年，华商除了不断开拓新市场之外，还在创新的道路上摸索、前行。

2019 年 11 月，华商成立国内首家以律所为主导的“华商合规法律服务中心”，以响应深圳市建设“合规示范区”和打造合规高地的战略。

2019 年 12 月 11 日，全国第一家以律所为主导的区块链法律研究院又在华商宣告成立。区块链是当下火热的新兴技术，在各行各业都有广大的应用空间，但也因与传播领域的高度结合极易产生安全问题。

“华商区块链法律研究院的成立，标志着华商离科技创新又靠近了一步，华商就研学、产业和法律服务三位一体的体系建设创新迈出了一步，华商构建法律技术以及国际化的努力前进了一步。”高树说。显然，既重视创新，又着眼行业的华商将在大战略的指引下继续为构建全链条法律服务体系的愿景而努力。

这样的开拓创新实践，还在不断继续、深入，只要能想到，华商就义无反顾地去尝试。

结　语

迈克尔·波特说：“战略不是一个目标，应该是方法；其核心就是整合，从而选择什么样的做法可以使你与众不同、独一无二。”

经过 27 年的风雨征程，而今华商虽已稳健立于南中国，但面对内外部环境的严峻挑战，华商上下，不敢稍有懈怠，明晰发展战略是“百年华商”的基础。

目前，华商全体合伙人已对华商的发展战略形成共识，那就是：立足粤港澳大湾区、“先行示范区”建设，积极响应“一带一路”倡议，服务自贸区自贸港建设，构建全产业链法律服务体系。

企业也好，律所也好，其能够长远地发展常需要领路人具有“危机意识”。而在高树看来，他认为“危机意识”还不够，应当要具有“危险意识”。高尔基说：“保守是舒服的产物。”具有“百年华商”梦想的华商人不愿意舒服地守着一亩三分地。

高树一直在理想主义和现实主义中勾勒着华商未来的图景。他希望，未来的华商能够在规模上更上一个台阶；在业务上更加协同和紧密；在管理上更加先进，产生更多的效益。

如果跳出华商自身的发展，从整个行业的维度来思考，高树说，他希望华商能够成为深圳律师行业的一个标杆和旗帜，在治理结构、发展理念、运作模式、业务布局等各个方面，留下一些印迹，沉淀出一些不同的东西，从而真正成为“先行示范区”里的“先行示范所”。

如果从中国乃至全球的层面来看，高树希望，能够通过优质的服务和开阔的布局，让世界知道——“中国律师有华商”！

金杜

协同共享，追求卓越

吴剑霞

金杜律师事务所
KING&WOOD
PRC LAWYERS

金杜律师事务所
KING&WOOD
MALLESONS

金杜的两版 logo

王俊峰律师到荷兰浩托富律师事务所访问

金杜律师事务所香港办公室开业

金杜东京办公室成立 15 周年庆典活动

金杜于中国法律服务行业而言意味着什么？创立 27 载，年创收增长率几乎都保持在两位数，从北京走向全国，再走向世界，金杜快速并稳健、坚定地发展壮大。作为第一个“吃螃蟹的人”成为首家实现国际化的中国大所，金杜也是世界律所发展史上第一家跻身英美国际大所行列的中国律所，在真正一体化管理和国际化的平台上实现全球性跨多法域、多领域、多行业的综合执业团队协同工作的模式，为中外客户提供“一站式”法律服务。金杜的业务能力、管理制度、国际化程度已成为业内标杆。

谈起金杜，王俊峰是个绕不开的名字。王俊峰之于金杜的重要性不仅在于其一手创办了金杜，更在于在此后金杜发展过程中，其远见格局、领导力与魄力，使金杜至今立于不败之地。

1993 年，在知名作家海岩担任董事长的昆仑饭店，金杜律师事务所创始人王俊峰曾向他请教“金杜”这个名字如何。海岩回答：“‘金杜’二字含金、木、土，如果加上水、火，五行就全了。红色代表火，蓝色代表水，可以把这两个颜色设计进 logo 里。”

这是关于金杜律师事务所 Logo 设计理念流传最广的版本。考虑到国际律所的通用做法和外国客户的认知便利，金杜的英文名称确定为——KING & WOOD。后来，金杜与澳大利亚万盛国际律师事务所（Mallesons Stephen Jaques）结成紧密联盟，事务所中文名称不变，英文名称为——King & Wood Mallesons。无论是早期还是现在，金杜的 logo 中都有鲜明的红色及蓝色元素。

初创：立足专业化，崇尚团队合作与奉献精神

1986 年，刚刚从吉林大学法学硕士毕业的王俊峰进入中国国际贸易促进委员会环球律师事务所，这是中国第一家全国性的对外独立从事国际法律服务的律师业务机构。在这里，王俊峰比国内很多其他同行更早接触到涉外法律相关工作。

20 世纪 90 年代初，在国家经济体制改革和司法制度改革政策的鼓励下，部分国有律所的律师开始下海创业成立合伙制律师事务所，王俊峰也萌生到市场上闯一闯的念头。于是，在 1993 年年初，王俊峰和三位贸促会环球律师事务所的同事以及两位同学一起创办了金杜，这也是中国司法部最早批准设立的合伙制律师事务所之一。

在王俊峰看来，律所的发展取决于两个因素：一是市场定位；二是发展机遇。市场定位与律所所处的外部环境及内部发展阶段有关，根据该时期的实际情况和需求制定阶段性发展战略和目标；同时，也要有能把律所的相关业务与市场发展机遇联通的能力。这样，律所才有更大的机会取得良好的发展。

金杜的几位创始合伙人都是从贸促会出来的，原来在贸促会时就刚好分管不同的专

业部门，在业务能力、专业经验、客户资源方面有多年积累。在当时的中国法律市场条件下，与金杜同类型的律所并不多，具备从事涉外法律服务能力和较高水平外语能力的律师团队也相对较少。这就使金杜从建所伊始就站在了较高的起点，占据了发展的先机。基于当时的经济发展形势和相对集中的法律市场业务领域，金杜形成了以外商投资、银行融资、一般性涉外业务及涉外仲裁等为主的业务主线。其中，涉外业务占比超过70%。

那个时期，又恰逢证券市场的启动与发展。要从事证券法律业务，律所必须有至少三位及以上的律师具备证券业务从业资格。当时已参与市场早期证券业务的王俊峰及其他几位合伙人很快通过第一批证券业务律师资格考试，顺利让金杜在初期即参与国有企业改制、公司上市的过程中。对于当时的法律服务市场而言，证券业务无疑是不同于传统诉讼的新业务，无先例可循，但探索、尝试并取得成功的过程让金杜的合伙人们进一步增强了信心。

“在做律师头几年，看到太多外国律师充满傲气的样子，总想着需要为国人争气，下海创业也好，出国深造也好，都是要争这口气。”王俊峰在接受媒体采访时表露过他的初心，“为中国律师赢得国际尊重”。这个理念就像一粒种子一样种在王俊峰心里，他一面创业开拓业务，一面开始求学海外，以学习并借鉴国外律所的游戏规则。1994 年年底，王俊峰到荷兰一家律师事务所做访问律师，1998 年，又一个人奔赴剑桥做访问学者；1999~2007 年，王俊峰在管理事务所的同时，还开始了穿梭于两地，在美国加州大学伯克利法学院攻读法学硕士和博士学位。

在早年的采访中，王俊峰曾回忆过创业初期的艰难。早期为了打出品牌，给外国客户写的每一篇英文稿件，几个合伙人都是挨个儿传看、修改、揣摩、润色，直到大家自信“这是世界上最好的英文了”为止。也曾因经费有限，不舍得坐带空调的 5 元双层巴士，挑 2 元的普通大巴，或在深圳创办分所时住在铁路边上，夜夜与噪声和蚊子周旋。

金杜从建所伊始，就定下高标准，立志于成为专业化高端法律服务组织，向国际律师的标准看齐。当国内很多律所尚未明确业务方向时，金杜已经在考虑业务的取舍问题，创始团队一致认为——金杜要坚持专业化发展，要明确哪些业务是重点、要着力开发，合伙人和律师应在其相应的业务领域深耕细作，将客户的需求交给最擅长的人去做，避免“什么都做，但什么都不精”的情况。同时，金杜认为专业化需要制度保证，并应当鼓励团队意识、担当勇气和奉献精神，使事务所能以整体的实力和经验为客户提供服务。这大概是国内最早的专业化建设的模型。

驽马十驾，正是功在不舍。如今，金杜形成了以公司业务、证券业务、金融资本、争议解决、知识产权与合规业务为核心的六大业务部门，每一核心业务领域根据市场的发展和客户的需求，在相关法律服务产品上力求做精、做细，无论是在银行融资、投资与并购、证券业务、国际诉讼与仲裁、知识产权及知识产权保护、反垄断、税务、劳动法、企业破产重整等领域，还是在新兴业务如资产证券化、风险投资、杠杆收购、金融科技、绿色金融、信息安全、企业合规、上市公司股权争议解决等业务领域都一直走在专业法律服务的最前沿。

金杜承办了无数的业界第一单和重量级项目——在美国政府针对全球钢铁产品启动的201条款保障措施调查中，金杜接受当时的对外贸易经济合作部委托，代理国内17家钢铁企业应诉，这是中国企业第一次应诉美国201调查案件，也是金杜第一次应诉外国贸易保障措施调查；办理了中国第一个在美国的反垄断案件；作为中国政府律师全程参与中美知识产权谈判项目及WTO争端解决；作为北京奥组委唯一的中国法律顾问为2008年北京奥运会提供法律服务，从2002年起全程参与了大型国际赛事的筹备和支持；代理中石油完成中国第一家境外上市的石油企业A股发行，这是当年A股IPO融资额最高，也是第一家先H股再A股的石油项目；代理中国工商银行在上海和香港两地A股和H股的全球发行及上市，是当时全球有史以来最大的IPO；为30多家外资银行的法律顾问为其顺利完成在中国设立法人子银行；为韩国政府在中国银行间债券市场成功发行30亿元人民币债券（“熊猫债”）提供法律服务，是首只成功发行的外国主权政府人民币债券，助推人民币国际化的进程，具有里程碑意义；代理娃哈哈集团全面处理与法国达能公司在瑞典、美国、内地、法国、BVI、我国香港地区、萨摩亚等地的合资纠纷，包括数10起仲裁及诉讼；代理青岛海尔作为法兰克福交易所接纳直接公开发行股票并上市，是在欧洲的交易所挂牌上市并融资的第一家中国上市公司，登陆德国D股上市，开创首单“A+D”上市模式；代理顺丰控股股份有限公司首发5亿美元债券，是国内快递物流企业首次国际债券发行，成为国际债券市场上的标杆性项目；代理世界银行在中国银行间债券市场发行首单特别提款权（SDR）计价债券，该交易创下多项“第一”，并对于中国债券市场的发展以及特别提款权作为国际储备资产具有里程碑意义；代理青岛银行在香港联交所主板上市，成功发行首单国内城市商业银行绿色金融债券，同时提供美国法、中国法等法律服务，等等。

金杜成立伊始就定位向国际一流律所和顶级专业法律服务瞄准，也因为早期的合伙人多有从事涉外法律服务的背景，因此外商在华直接投资业务是金杜早期业务的重要领域，客户包括很多世界500强企业，为他们在华设立独资、合资和合作企业提供全方位法律服务，并凭借多年的实践，吸引了大量海内外公司并购业务人才，打造了一支实力雄厚的律师团队。金杜并购团队在中国企业“走出去”大潮刚刚兴起时就凭借敏锐的嗅觉开始深耕跨境并购业务并迅猛地向国际化方向发展。凭借多年的外商直接投资经验、广泛的国际合作律所网络及金杜自身的全球的布局和平台优势，为中国企业海外投融资和基础设施建设等提供多法域、多领域、一条龙的法律服务。金杜多年来深度参与并主导了上千个“一带一路”国家大型跨境项目及事项，涵盖能源、交通、信息等基础设施，以及金融、制造、服务等“一带一路”建设重点行业。金杜以中国律师牵头法律服务模式，精准回应“一带一路”项目对新时代中国律师事务所和中国律师的更高要求。完整的工程、能源、基础设施、并购、融资、税务、劳动、知识产权和争议解决等专业团队，能够全流程、一站式地对“一带一路”项目法律服务需求实现全覆盖。

多年来业界很多人看金杜时更多地关注其运营模式和管理理念，而很少有人关注金杜长期以来倡导的核心价值观对金杜的发展带来的影响。

综观金杜的发展历史，金杜一直强调的核心价值观就包括团队意识、担当勇气和奉献精神。在金杜初始的合伙人协议开篇就明确提出：“金杜事业是合伙人的终生事业，勤勉、忠诚、敬业、牺牲精神是合伙人应具备的品德。”金杜早期的合伙人对此有高度认同，也要求后来加入者认同这一理念并身体力行。因为，要走专业化的道路和团队合作就要求合伙人具备不计较个人一时一地的得失和勤勉奉献的精神，而这对于一个以单干为主的、以个人收入为主要目标的专业服务群体来讲并不容易，尤其在建所初期能认同这种理念并能将其制度化的在中国律所中如凤毛麟角。

2018 年年初，王俊峰在金杜成立 25 周年庆典上做“不忘初心　牢记使命”的主题演讲时再次强调金杜的核心价值和文化：“团队合作、精诚奉献、追求卓越、客户至上、协同共享。”他提出：创立金杜的“初心”，是一种激情与理想的感召，是要与志同道合者一起，去拼搏去担当，坚守法律人的职业理想，为国家法治文明发展贡献力量，追求卓越，精诚奉献，做最好的专业平台，做最好的自己，做行业的开拓者与引领者。

一体化：管理优势与人才策略

金杜是公认的国内最早实行西方计点制分配体制和实现全所一体化管理的律所，这与王俊峰的身体力行、格局远见及金杜早期合伙人的认同与凝聚力密不可分。这意味着，作为创收大户的合伙人需要牺牲部分个人利益，以施行统一薪酬和计点的分配制度。

金杜初创时的合伙人是抱着共同做事业的心态，并实行统一平均分配的。随着更多的合伙人加入金杜，才感到需要找到一个适合律所长远发展的分配制度。在创建初期，王俊峰向很多西方律所详细了解律所管理体系，其中包括计点制分配制度。从始至终，都没有考虑过提成制。

在建所初期，针对个别非合伙人律师，曾从吸引人才的角度实行过极短时间的提成安排，但很快就放弃了。“在提成安排制度下，专业化一定会打折扣。”——这个观点在金杜内部得到了高度一致的认可。早在创所的头五年，金杜就显露出要做成卓越律所的“勃勃野心”，并且意识到，卓越的前提是要有专业分工与团队作战。这些在提成制下很难充分实现。

“他（王俊峰）是一位特别能开发业务、做业务的律师，将其称为金杜的半壁江山都不为过。这样一个人，在分配的时候说，我不需要按照比例分配，只需要正常的一个份额就可以了，对于其他人而言，自然也是个很大的激励。”金杜的其他合伙人这么评价王俊峰。

金杜的合伙人考评机制是综合性考评，覆盖业务创收、市场开拓、客户维系、律所文化传承、个人职业道德与职业操守、团队合作等综合表现。律师的考核则考量律师的综合表现，包括工作饱和情况、综合工作能力、敬业程度、团队工作等因素。整体来看，金杜在分配体制方面不仅考察创收和年资这两个基础性要素，还参考合伙人或律师个人为律所做的非业务工作，比如公益、对年轻人的培养以及对律所发展的贡献等方面。在这项制度中，最关键的一点是——软性指标可以否定硬性的数字指标。

另外一个使金杜与众不同并对其发展起到重要作用的体制就是金杜的“一体化管理”体制。不过，当时对于金杜的大部分客户而言，“一体化”这个概念并不好理解，因而也衍生出“公司制”这个名词——类公司制的一体化，人、财、物、机构由事务所统一管理。

金杜的“一体化管理”无论是从时间维度还是深入程度都是比较彻底的。从创立之日起，无论是业务、人员、财务、行政，还是部门或分所，无一例外都实行统一管理。这种管理体制，保证了金杜能够有效地统筹资源、分工协作、打破壁垒，也为金杜后来能够向国际化迈进、与西方大所迅速实现接轨提供了制度保证。

在金杜，合伙人大会为最高权力机构，管理委员会为律所的日常决策和管理机构，管理委员会下设八个专业委员会：合伙人发展委员会、合伙人综合评定委员会、财务委员会、业务工作委员会、合规和防止利益冲突委员会、人力资源委员会、国际事务委员会和公益委员会。除此之外，金杜还专门设立合伙人理事会，从维护全体合伙人的核心利益出发，就律所的运营对事务所管理层的决策和工作提供支持并给出意见。

至今，虽然有很多的律师事务所开始实行了“公司制”管理，但在中国没有任何一家律师事务所是跟金杜完全一样的。金杜的体制在更多方面是与国际律师事务所接轨的。

当然，天下没有完美的制度。一位优秀律师在提成制下或许能获得比在计点制下更高的收入，他可能会选择提成制的律所；但若是不够优秀，则难以跨过金杜设置的人才筛选和晋升门槛，对于后辈人才质量要求严格的金杜不会选择他。如何在这套分配机制下，吸引优质人才，壮大律师、合伙人队伍，是摆在金杜面前的课题。

在不同的平台，能做的事情是不一样的。金杜的优势在于，让追求更高层次的人在直接获得经济收益的同时还能追寻到更多收获，比如更多的重大项目经验、成就感、自我价值的实现、集体荣誉感等。“常相知，不相离”，这六个字是王俊峰很喜欢说的一句话。不能完全依靠薪酬去留人，这个层面的对比难有高下；注重高层次需求且了解平台价值的人，自然懂得选择和取舍。

“创新是金杜发展策略的核心之一。不拘一格的提拔青年律师，不仅为金杜的创新带来了新鲜的视角以及活力，也标志着金杜强劲的创新势头。”现任金杜中国管委会主席张毅这么解释他当年被破格提拔的原因。

张毅，毕业于对外经济贸易大学法律系，在 1996 年加入金杜之前，曾在一家北京外贸总公司就职，受王俊峰的影响，重回法律行业。1999 年，张毅被破格提拔为合伙人。彼时，金杜仅有 20 余位合伙人，张毅是金杜最年轻合伙人的记录保有者。近几年，金杜每年晋升合伙人 20~30 名，这些新兴力量正是金杜发展的基石。

2016 年年底，金杜按期完成中国管委会换届。经王俊峰提议，新一届管委会选举张毅为金杜中国管委会主席，金杜全球主席王俊峰同时兼任金杜中国管委会荣誉主席。2020 年年初，经第六届管委会选举，张毅连任管委会主席。

金杜很早就意识到人才，尤其是青年律师对于律所可持续发展的重要意义。在人力资源管理上，金杜很早就建立了系统的招聘计划、培训体系、员工考评机制和管理体系，每年金杜都会从国内外优秀高校法学院中选拔优秀毕业生，新人入所后即会进入系统性的培训。在全所层面，新加入的律师会接受入职培训和基础的律师职业技巧培训；在业务部门层面，结合业务和相关行业热点，针对新的法律法规变动，业务部门会针对业务领域的专项培训，帮助律师在实践中学习成长。

在人才培养方面，金杜一直很舍得投入并鼓励合伙人出国深造、开阔视野。从 1998 年开始，金杜几乎每年都有合伙人去美国学习、进修或工作，后扩展到欧洲和澳洲。当时有很多人不解，认为国内法律行业发展的机会和空间都非常好，出国留学至少会影响一年的业务发展，压力和阻力都很大，但王俊峰还是坚持做了。2013 年，在王俊峰的倡导下，金杜启动了“百人计划”，即金杜中国与澳洲、欧洲等各区域办公室之间相互派遣合伙人和律师工作，并进行交流和学习。目前，金杜各国办公室之间的合伙人和律师的人员派遣早已超过了百人。时至今日，金杜已经拥有一批了解欧洲、北美和澳洲当地法律体系的中国律师，同时也会有更多的欧洲、澳洲律师可以深入了解中国客户。“百人计划”还有一个重要的作用就是加强了金杜海外办公室和金杜中国办公室合伙人之间的了解和融合。

“铸金计划”也是金杜人才培养的一个侧面。2015 年，金杜正式开启“铸金计划”实习生项目，目的之一是寻找合适的人才加入金杜；目的之二是承担一家大所的社会责任，让在校法学生体验走进大所的感觉，提前获得良好的培训，掌握律师职业的基本认知，帮助规划其职业生涯；目的之三则更具深意——将金杜的品牌与文化通过潜移默化的方式融入这群人的意识中，揽尽天下对于金杜品牌与文化高度认同的潜力股。

如果说“百人计划”“铸金计划”主要是对内，那么金杜学院的格局则更广博。2017 年，金杜学院成立，这个项目的主导者是王俊峰，他希望通过与国内外一流法学院、商学院和其他权威教育机构的密切合作，创新教育模式，推进职业素质培养，努力造就一批面向未来的创新型、跨界型的法商人才。

关于这个项目的背景，王俊峰曾提到，“设立金杜学院的缘起，是基于多年来金杜内部的培训。二十多年来，金杜内部培训了很多业内杰出的精英人才，同时我们也意识到金杜的培训事业需要延伸，不仅要满足众多金杜客户的人才需求，也希望为中国法律服务行业有所贡献。如何提升整个行业的法律服务水平，给法律人带来更多的尊严，是设立金杜学院的初衷。这一想法得到了来自各方面的积极反馈。金杜学院的目标是培养具有特殊担当的青年领袖，通过法学教育和商业知识的学习，加强法律与商业的相互衔接、认知和融合，希望通过金杜学院有更多的法律人学到富有实践意义的技能经验，增强法律人士的商业意识和对商业规律的把握，同时也希望有更多的企业家，有更多的机会了解法律、学习法律、敬畏法律、遵守法律，并能够很好地运用法律。”

2017 年，北大金杜全球高端法商人才计划“未来领袖”班正式开课，将法律人、企业家两个群体的精英聚在一处，将两种不同的思维共熔一炉，从教育的角度来说，本身就是一种充满想象力的创新。

2019 年 5 月，金杜学院又发起了“青年法律英才培养计划”（Legal Elite+ Program），旨在培养面向未来、拥有国际视野、追求卓越职业发展与时代担当、专业品质与创新品格的高素质复合型青年律政精英。

截至 2020 年 9 月，金杜中国办公室的合伙人达到 400 人，金杜全球合伙人 640 人。但是金杜的触角已经远远不止于法律，金杜所希望培养的法律专业人才同时也需要有商业的视角和知识，是法商结合型的人才。

本土化、国际化：引领中国律所发展之路

政策 + 市场需求，给了金杜最好的“天时”。在 2000 年之前，金杜即已在上海、深圳、成都、山东等地设立分所，快速布局东南沿海一带经济最发达的主要城市和西南地区，并由这些城市辐射到周边地区。这些举措已初显金杜的雄心。

金杜设立分所不是一件形象工程，而是要实现分所的本土化，具备提供当地法律服务的能力，并在一体化的管理体制下形成真正的业务延伸与布局。金杜上海与香港两个办公室即是很典型的两个案例。

早在金杜创立初期，王俊峰便有意识地着力培养年轻合伙人，将他们安排到管理岗位上进行锻炼。于是，2002 年，在张毅晋升合伙人的第三年，即被任命为金杜上海分所主任。2005 年，张毅选择到美国斯坦福大学法学院攻读法学硕士学位，并顺利取得了美国纽约州律师资格。正因为有执掌金杜上海的经验，又有海外视野，又被委以进军香港市场的重担。

“上海有一个很重要的特点——在整个律师业中，上海律师在一些特殊业务领域，例如涉外业务，起到了引领作用。”

这是张毅在执掌金杜上海的过程中得出的结论，北京地域优势的关键词是政治中心，大案、要案集中；上海则与市场经济密切相关，其开放程度吸引了大批外企，也使上海成为当之无愧的国际贸易中心、金融中心和科创中心。因而，张毅说，“上海的涉外业务明显强于北方”。这两地的法律服务市场也自带地域特点，不可否认，大所仍是在北京的居多，且在规模扩张上更为强势；上海律师在此压力之下作出自己的业务特点与市场非常不容易。金杜是北京品牌，但其上海办公室也成功获得上海司法行政机构、上海律协的认可，本土化为上海律所。

我国香港地区法律服务市场的特点是高度透明、高度开放。而开放则意味着竞争，开放程度越大，竞争越激烈。在这种大背景下，金杜入驻我国香港地区的过程中并非一帆风顺。与英国“魔术圈”律所、美国华尔街律所相比，金杜作为中资背景的律所，对于香港地区市场的竞争环境和在香港地区市场客户群的经验尚存不足。不过，金杜自有其优势——金杜的客户随着中国经济的崛起，走到香港地区，走向国际；这其中涉及大量内地法律与香港特别行政区法律的结合，而深谙两个法域的金杜恰能为其提供独特的、一站式法律服务。

“我们大量的客户不光走进香港地区，而且走向国际，不管是在香港地区这一服务市场，或者是以香港地区作为桥梁安排国际交易，香港分所都可以承担很重要的服务功能。”

2002 年，金杜香港刚刚开始和香港地区本地律所夏佳理方和吴正和律师事务所联营；而 2016 年，金杜香港合伙人人均利润率已接近“魔术圈”律所香港办公室的水平；2020 年，金杜香港律师人数规模在香港地区已位列律所第一。若从具备提供本土化法律服务资格开始算，前后也才十余年，金杜即用它的方式在竞争激烈的香港法律服务市场站稳脚跟。在一体化的管理机制下，金杜香港办公室做到了澳洲、香港地区本地以及内地在港的合伙人之间的良好融合，可以快速为客户提供当地法律服务和跨境法律服务。

目前，金杜律师事务所在全球拥有 28 个办公室，足迹遍布欧洲和中东、澳大利亚、内地、香港特别行政区、日本和美国这七大法律服务区块。金杜在全国主要城市乃至全球布点成功并无一例外地成为具有当地执业能力的本地所。这种对海内外分所本土化的不懈努力，使金杜成为一个在一体化管理下高度融合的真正国际化的律师事务所和法律服务平台。

金杜的国际化尝试从建所的早期即已开始。对于金杜而言，比做好业务更高远的目标，是打造中国法律行业的民族品牌——这是当初王俊峰还在贸促会时就立下的决心，这也决定了金杜必将走上国际化的道路。金杜的国际化发展是跟随中国经济发展的大势，追随客户和市场的需求而设，并没有刻意的规划。当然，最初的涉外业务能力为后续国际化发展提供了坚实的基础。最早期，金杜更多的是通过人才引进，招聘有涉外业务背景或留学背景的律师，加强涉外法律服务能力。

金杜设立的第一个海外分所在硅谷。根据金杜管理合伙人王玲回忆，当时在硅谷，是高科技发展的热点，当地很多美国企业希望了解中国的发展机会，而中国企业也开始考虑在美国投资。但由于语言及对中国市场的理解等因素，外资客户较难及时获得中国市场的准确变化。2000 年，金杜在硅谷合并了一家当地律师事务所，设立了金杜美国办公室，成为第一家在美国硅谷设立分所的中国律师事务所。

境外分所的运营及管理难度毋庸置疑，金杜之所以要做此尝试，是为了拉近与客户的联系，并及时使客户了解中国市场及中国法律法规的发展变化，有利于客户作出正确决策，为客户提供有效的服务。

2005 年金杜与日本三宅・山崎法律事务所联盟设立金杜东京分所，2006 年与香港地区的夏佳理方和吴正和律师事务所结成战略联盟设立香港分所，这使金杜成为最早进入日本和香港地区法律市场的中国律所之一。

2013 年 12 月，在《日本经济新闻》公布的外国律师事务所排行榜上，金杜被评为中国律师事务所中的第 1 名。金杜东京办公室最初作为“金杜外国法事务辩护事务所”，主要与北京、上海、广州、成都等分所的金杜日本业务团队协作，以服务日本客户对华投资案件和在华知识产权相关案件为主要业务。金杜东京办公室吸纳了数位日本籍律师加盟，并于 2016 年正式变更为“金杜法律事务所・外国法共同事业”，具有日本法执业能力。目前，东京办公室共有 20 多位日本律师、英国法律师以及中国律师。

2008~2011 年，金杜曾与澳大利亚律创新型事务所 Gilbert & Tobin 建立了联盟合作关系，这是金杜第一次与澳大利亚律所较紧密合作的尝试。

金杜国际化的浓墨重彩的一笔是，2012 年 3 月 1 日与具有 180 多年历史的澳大利亚万盛国际律师事务所（Mallesons Stephen Jaques）通过“瑞士法人结构”（Swiss Verein Structure）结成紧密联盟，成为首家总部在亚洲的国际性律师事务所。金杜与万盛此举被《华尔街日报》评为“第一次不涉及美国或英国的全球律所最大合并案”。在以往的主流媒体笔下，只有美国或者英国的律所方能在世界舞台上取得瞩目的成绩；这次金杜和万盛的尝试，迈出了中国律所国际化实质性的一步，打破了原有欧美律所垄断高端法律服务市场的格局，使中国律所真正跻身于国际大所的行列，与西方大所并驾齐驱。

早在 2004 年，美国的贝克・麦坚时律师事务所（Baker & McKenzie）在全球首次采用了“瑞士法人结构”。随后，自 2009 年以来发生的多起跨国律师事务所合并，均采用了这一结构模式；据报道，截至 2014 年，全球共有 7 家大型国际律师事务所采用了“瑞士法人结构”，其中包括金杜和万盛的紧密联盟。

至此，“瑞士法人结构”开始被中国法律行业广泛知悉，业内人士意识到这能够为来自不同法域的律所联合或合并提供一个比较宽松的架构支持，可以把不同地域的法律市场快速做起来，使之更容易达到彼此的共同预期。金杜和万盛采用“瑞士法人结构”这种合作方式并不是如外界所认为的一个松散组织。最典型的表现是，律师事务所的更名——从“King & Wood”变更为“King & Wood Mallesons”，一荣俱荣，意味着彼此都要为律所声誉、业务水平、服务质量、风险控制等承担责任。为此，在正式达成联盟前，金杜内部做了利冲排查、客户梳理、政策制定等工作，包括设立不同的业务领域的全球协调人，中国内地、香港特别行政区，澳洲、欧洲、美国等地均有代表担任。

金杜与万盛的紧密联盟在当时业界产生强烈的震动，很多人对这种联盟持怀疑的态度——一个纯粹的年轻的中国所和一个纯粹的西方百年老店的联盟能否成功？前景如何？各方拭目以待。

与万盛的合并无疑给金杜带来了很多益处，律所在资源整合之后，能够带给客户更有力的支持，金杜本身在事务所运营、IT 系统提升、市场开发等方面也获得了有益的经验，金杜的品牌也跃居国际大所的行列。随着合作年限的增长，双方的特长逐渐形成合力，将为金杜网络带来更强的竞争力。如今，“同一家律所、同一个团队”的理念已经深入人心。金杜继续大踏步地向全球更深度的融合和一体化的道路迈进。

2014 年，金杜布局欧洲。2016 年重建欧洲网络，在伦敦、法兰克福、米兰、马德里、布鲁塞尔和迪拜等地设立由金杜中国管理的 6 个办公室，完成了金杜中国在欧洲和中东市场的新布局。

金杜欧洲成立后运营良好并进入迅速扩充实力的阶段，不断有新合伙人和资深律师加入，尤其是伦敦和法兰克福办公室吸引了数位在跨境并购和资本市场有丰富经验的合伙人加入。2017 年 8 月 2 日，金杜正式任命王荣康担任金杜欧洲及中东地区首位管理合伙人，负责金杜在欧洲和中东地区的业务发展、运营管理，以及与金杜其他区域办公室的资源对接和协同发展。当然，面对欧洲法律服务市场的激烈竞争和市场变化，金杜欧洲办公室也面临不小的挑战。

在实现欧洲和中东市场网络布局的同时，金杜还加强了在美国和日本市场的进一步发展，包括大力扩充纽约和硅谷的合伙人团队，吸纳了数位具有美国执业资格在银行与融资、并购融资、资本市场和私募基金等领域有丰富经验的合伙人加入。金杜中国原长三角管理合伙人兼金融资本部负责人王军被任命为美国办公室管理合伙人，派驻纽约负责金杜在美国的业务发展、运营管理及与金杜其他区域办公室的协同发展。

2020 年，金杜已经成为一家在全球有 28 家实体办公室，同时在内地、香港特别行政区、澳大利亚、英国、美国和欧洲重要法域拥有执业能力的国际化大所，在 Acritas 全球律所品牌索引中排名第 14 位，在亚太律所品牌索引中排名第一位。

探索：新的变化正在发生

40 年来，中国法律行业经历了高速发展。从 1979 年到 2019 年，从 200 多人到 42.3 万名律师，从 70 多家到 3 万多家律所，可以明显感受到中国法律服务市场发展的迅猛之势，且这个势头仍会持续。促成这个趋势的，是中国企业的成长与转型，随着他们走上国际舞台，其对于法律的综合性及可靠性需求也越来越高。

在维持常规增速的基础上，律所们更要思考的是如何创新突围。能颠覆行业者一定不是同行，律所不会被律所而颠覆，但有可能被另一个以未知的技术驱动的行业颠覆。

随着国家“一带一路”倡议的持续推进，特别是粤港澳大湾区建设上升为国家战略，金杜深圳、广州和香港办公室在金杜国际化发展中的战略地位日益凸显。2017 年下半年，王俊峰即提出要在大湾区建设金杜国际中心；2018 年，金杜成立由张毅、王玲牵头的金杜国际中心推动小组，以推动金杜国际中心的建设；2019 年，金杜“一带一路”国际合作与促进中心成立，集法律服务、智库研究、咨询服务、国际合作为一体，创新服务模式，有效连接政府和企业，为希望探索“一带一路”所带来机遇的中外参与者提供优质的专业意见和服务。

2019 年 12 月，金杜海口办公室正式开业。作为金杜在中国的第 13 个办公室，也是在海南省的第 2 个办公室，金杜海口与三亚办公室一起占据在琼的有力市场先机，并与粤港澳大湾区的广州、深圳和香港办公室构筑起整个华南的综合服务和资源平台，深入参与海南自由贸易港建设中，支持海南逐步探索、稳步推进中国特色自由贸易港建设。

2020 年年初始，受到席卷全球的新冠肺炎疫情影响，全球经济社会发展受到了前所未有的冲击。虽然律师行业的业务同样受到影响，但新冠肺炎疫情发生以来，金杜秉持坚定的决心聚焦客户的需求，尽一切努力保持联系，为客户提供优质服务。

在战“疫”期间，以大数据、人工智能、云计算为代表的数字科技在疫情防控中发挥了重要作用，在线办公、远程互联等云端方式迅速崛起，展现出强大成长潜力。2020 年 4 月，金杜云办公室（Cloud Office）应时推出，这也是法律行业拥抱互联网大数据时代的全面创新。云办公室充分利用互联网技术及平台，将金杜的律师、服务和产品植入“云端”，拓展金杜业务覆盖网络，打造法律服务行业增值新模式。金杜云办公室也将紧握“数字经济”的发展契机，助力线上专业法律服务的常态化发展。

“协同共享、追求卓越”是金杜的创所之本，专业化、一体化是制度保证；本土化、国际化是金杜的发展之基。在“团队合作、精诚奉献、追求卓越、客户至上、协同共享”的核心价值观下，通过专业化、一体化的确立，本土化、国际化的实践，保障了金杜在过去 27 年稳定且快速的发展。

多样化对于法律服务市场而言是好事，无论哪种机制都不存在对错。金杜的模式，为这个行业起到很好的示范效应。

结 语

据加州大学伯克利分校社会和法律研究中心在2014年年底出具的一份关于在华国际律所报告《The Outpost Office》披露：1992年到2012年，平均每年有12个国际律所在中国开设新的办事处，平均每年有7个律所关闭其中国办事处。外资律所曾大规模进驻中国市场，而后又撤回其在中国设立的办公室——2015年1月，法朗克律师事务所（Fried, Frank, Harris, Shriver & Jacobson LLP）关闭了设立不到10年的香港和上海办事处；2015年7月，查德本·派克律师事务所（Chadbourne & Parke）关闭了其北京办公室(也是该律所在亚洲的唯一办事处)。而这两家律所,都是榜上有名之辈。

于是，有人开始盲目乐观，高枕无忧；但在金杜看来，"和华尔街的大所还是有差距"。能否看到和优秀者的差距，是管理者的必备技能。只有知道差距在哪儿，才有缩小差距的方向和路径；倘若一叶障目，则无法前进。

接下来，金杜仍然会坚定不移地走国际化道路，在已经设有办公室的那些地方扎稳脚跟，在尚未设立办公室的重要区域进行谋篇布局。同时，由于利益冲突、跨国交易复杂程度增加等可能性，未来执业的风险很难量化，因此要时时观察市场变化，提升服务质量、风险控制能力、律师及后台支持人员的素质等，不断优化核心竞争力。

2020年是特殊的一年，新冠肺炎疫情对中国乃至全球既是一场危机，也是一次考验，国际环境、市场环境、互联网经济及人工智能的发展等都使市场对法律服务的需求发生了颠覆性的改变。2020年恰逢金杜成立27周年，这些挑战也为金杜这样的全球化律所在业务创新、运营和发展上提出了深刻的课题和挑战。

过去的金杜，是一家成功的律师事务所；但今天的金杜已经不仅仅是一家律师事务所，在其构建的法律服务生态圈中，金杜正在以先行者的姿势为后来者探路。

金鹏

乘风破浪立潮头——改革者、跋涉者、逐梦者

吴剑霞　蔡　凡

金鹏律师事务所前台

2018 年 11 月 19 日金鹏乔迁开放日

金鹏党委率先引领律所成立“民法典”讲师团并持续推出
线上直播栏目——《金鹏说法》第二季“民法典”系列，共计 10 期

金鹏重要奖项荣誉墙

2018 年 1 月，“金鹏律师，25 载同庆”在广州塔顶端熠熠生辉。这是中国律所的名称第一次闪耀在广州塔上。

这一年，广州金鹏律师事务所迎来 25 周年。从 1993 年 1 月启航并历经连续两次扩租的广州国际金融大厦，到 2006 年拥有自主产权的富力盈隆广场，再到 2018 年如今的新地标天盈广场东塔，金鹏的迁址历程亦是其奋斗的征程。

“搬迁天盈广场东塔，是金鹏在新一轮发展周期迈出的重要一步，为金鹏开启下一轮跨越式发展拉开了序幕。思路决定出路，格局决定结局，正是金鹏人的勇于创新和追求卓越，让金鹏在百舸争流中乘风破浪、勇立潮头。在未来，金鹏律师定将铭记‘为律师谋发展，为法治作贡献’的初心，砥砺前行。”金鹏创始人王波在乔迁庆典上如是说。

28 年前，金鹏是敢为人先、敢闯敢试的改革者，从最初四个人起步，亲历广州律师的数十载变迁。28 年来，金鹏是审时度势的实践者，是永不懈怠的跋涉者，金鹏总是及时把握国家社会的发展态势，在每一次关键时刻作出正确的选择并落地生根。铸就了金鹏 2011 年成为“全国优秀律师事务所”，2015 年成为广东省首批特殊普通合伙制律师事务所之一，2017 年律师人数突破 200 余人、创收跨过亿元大关。

世界潮流，浩浩荡荡。金鹏内生增长，稳步前进，尽管有坎坷曲折，仍积极探索与革新，为中国法律服务业的区域律所走出一条独特的发展之路。

潮起珠江，敢为人先

1992 年 3 月 26 日，《深圳特区报》上刊发了一篇题为《东方风来满眼春》的通讯，报道了小平同志在深圳视察时所做的重要谈话。在距离深圳 130 公里的广州，一名不满 30 岁的年轻人将这篇报道读了整整三遍，他心潮澎湃，热血沸腾，强烈感觉时代赋予法律行业的机遇已然到来。

这名年轻人便是王波。1993 年春，已经是国办所主任候选人的他辞去公职，与另外三位辞去公职的年轻法律人共同创立了广州金鹏律师事务所，这是广州市属首家合伙制律师事务所，广州律师行业改革的大幕由此拉开，广州律师业从此踏上了波澜壮阔的发展新征程。之所以选择下海创业，既是时代机遇下的顺势而为，更缘于其对律师发展规律深入而全面的思考。

王波是安徽人，1979 年以安徽省黄山市屯溪一中应届文科第一名的成绩考入西南政法学院[①]法律系。1988 年他从西南政法学院研究生毕业后，进入广州第二对外律师事务所成为一名专职律师，并在此后任诉讼仲裁部部长，身份属性是“国家干部”。执业期间，

① 现为西南政法大学。

他感受到“国办所”的发展局限性。

其一，客户与律师之间存在极高的信任门槛。尤其在广州这一开放前沿的城市，有许多香港地区的投资者、个体工商户及乡镇企业人员，王波时常被客户问，“你是打‘阿爷’工[①]的，能不能竭尽全力维护我的权益？”每每安抚完客户，他都会反思自己“国家干部”的身份是否符合改革开放的形势。

其二，国办所机制对律师的激励不足，不能体现律师工作的价值。王波曾代理一起仓库失火案，最终顺利解决，客户为表示感谢，除了支付律师费外还打算额外奖励他一辆进口摩托车。他将此事向上汇报，结果这一本属于其个人的奖励被要求与另一业务部平分，变成两辆国产摩托车，以体现集体主义，当时律师所主任最头疼的事情是案件分不出去，甚至律师去法院送完材料后直接拐去茶楼吃早茶成了常见现象。

凡此种种，促使其对律师管理体制有了更深入的思考。“在这种‘吃大锅饭’的体制下，既不能够体现按劳分配的原则，也不能有效管理律师，无法调动律师的积极性，不符合律师行业的发展规律。”既如此，那就砸掉“铁饭碗”。

但作为第一批“吃螃蟹”的人，在当时律师改革制度尚未配套的情况下选择创办合伙律所并非易事，仅在律所名称的确定上就经历了“一波三折”。最初，因律所与当时国内首家期货公司广东万通期货经纪公司达成合作协议，由其提供 50 平方米办公场地，律所以冠名权和法律顾问服务为对价，而将律所名称定为“万通”，也寓意路路通达。然而在向司法局上报章程时，却发现与另一家筹建中的律所撞名，原希望出价请对方转让，但协商未果，便采取折中方案，以万通公司的股东单位金鹏期货咨询公司为所名，即“金鹏”。此为一折。

1993 年 1 月 29 日，王波收到律所成立的批复，却发现律所名称被改为“广州金鹏合作律师事务所”。增加“合作”二字，据说一是为了与“国办所”相区别；二是给“民营”律所戴上一顶“红帽子”，表示这是集体所有制律所。“虽为善意，但也由此造成了‘名为合作，实为合伙’的局面。”此为二折。

两年后，河南一家名为“金鹏”的律所，在司法部进行了律师事务所名称预登记。由于司法部是在 1995 年才推出律师事务所名称预登记制度，造成了“广州金鹏”使用在先，“河南金鹏”注册在先的情形。为平衡双方权益，最终，与其他广东律所都不同，金鹏注册为“广州金鹏”，“是唯一一家以广州为所名开头的律所”。此为三折。

金鹏定名的曲折经历亦折射了改革初期的步履维艰。对于一家走在制度前面的律所，遇到的问题还有：创所初期不允许在律所公章上刻五角星，经过多方反复沟通协调才获准；律师党组织关系无处挂靠，只能暂挂在广州市司法局律师管理处等。如今律所创办者不会再遇到此类问题，但在中国律师制度早期，这些问题却是实实在在的困扰且没有前人

① 粤语，指为公家做事。

经验可供参考借鉴。“摸着石头过河，但连石头也没有的时候，该如何过河？”于金鹏而言，一切都需靠自己去闯去拼。

“好的开始是成功的一半。”1993 年春天，金鹏举办了一场盛大的律所开业典礼，公检法各部门领导及商界知名人士纷纷到场，著名歌星杨钰莹现场演唱助兴，风光无限。开局得胜，金鹏第一年即创收近百万，第二年创收翻倍，这极大地鼓舞了其他律师同行的积极性。1995 年，广州律师改革领导小组会议在白云山召开，确立了为大多数律师认可的“立足本所、整所转制”与“自由组合办所”并行的改革模式，金鹏也于当年顺利由合作制律所改为合伙制。“金鹏的成功发展极大地推动了广州律师的整体改革。”这是让王波颇为自豪的事情，“如果我们失败了，广州律师改革极有可能推迟。”

也是在这一年，曾在某国际信托投资公司工作、专长于涉外业务的梁廷婷加盟金鹏。其与美国当地企业客户及律所有频繁的交流与合作，借此契机，金鹏在开拓涉外业务的同时，亦率先踏出国门进行海外布局。1997 年，创立五年的金鹏即在洛杉矶设立分所，成为中国大陆最早在洛杉矶开设分所的律师事务所。

发展早期，因律师加入合伙制律所需辞去公职，创所第一年仅招收到两位专职律师。不过很快，金鹏即确立自身优势，打出品牌，吸引越来越多的优秀人才加入。1996 年，金鹏全所人数即达到 40 人，成为广州当地规模前列的律所；1998 年，金鹏人数突破 60 人，规模壮大之下，金鹏数次迁址，扩大办公面积。

常言道“有恒产者有恒心”。2006 年，人数已达 80 人的金鹏购置珠江新城写字楼。“你能看到多远的未来，决定了你能拥有怎样的未来。金鹏此前在越秀区，属于老区，我们需要到新城区天河区，这里未来会是广州新的增长极。”在王波的力主下，当时的 9 位合伙人共同出资，金鹏也成为广州市首家进驻中央商务区 CBD 的综合大型律师事务所，这是一个全新的起点。

拥有自主产权后，由于场地的限制及运营成本压力减弱，很难吸引优秀律师加盟。温水煮蛙之下，金鹏在后续发展的冲劲上有所下降，导致的结果是，所内已有部分三四十岁、专长于非诉业务领域的青年合伙人流失，金鹏业务结构出现缺角。这一时期，京沪大所也加快了其在广东省会城市的布局，其他本土律所已觉察到发展危机而奋起直追，金鹏意识到不进则退，唯有打破现在的安逸状态，才能博取更进一步的发展。

2013 年，金鹏全体合伙人召开了三水会议，这也被王波比喻为金鹏的“遵义会议”。三水会议上，金鹏制定了 5 年发展战略：以打造中国最值得信赖的律师事务所为目标，进一步扩大律所规模，开启省内的分所布局，深耕粤港澳大湾区，形成对全国性品牌律所的差异化竞争优势。

经历过蛰伏期后，金鹏开始快速发展：2015 年，金鹏完成律所组织形式改制，成为广东省首批特殊普通合伙制律师事务所之一；2017 年年底，金鹏人数突破 200 人，创收过亿，成为当年度广州的十家“亿元所”之一；2018 年，金鹏再度迁址，进驻珠江新城超甲级写字楼天盈广场东塔 45 层，办公面积近 3000 平方米。

这一年，经过合伙人会议的投票表决，金鹏顺利完成了律所主任及管委会换届，金鹏高级合伙人、党支部副书记李纲全票当选新一届律所主任。“金鹏是一个能让有理想、有抱负的律师大展拳脚的平台。”李纲如是认为。成为律所第二代管理人后，其与新一届管委会共同制定了“完成珠三角分所布局、人均创收稳健增长”等三年发展目标。如今，金鹏的规模化已见成效，其在广东省内设有 8 家办公室，此外还设立了 6 家境外办事处。

2018 年，广州律协将“改革开放 40 周年贡献奖”颁发给自改革开放以来广州律师行业中为改革开放事业和广州律师业发展作出卓越贡献、具有重要影响力和行业地位的律师个人，王波作为律师个人、金鹏作为律所代表，双双获奖。

不过，要管理好这样一家老牌律所，王波说，需要“跳出律师做律师，跳出律所管律所”，要有跨界思维。

唯才是举，升级迭代

律所管理体制的优化往往不是一蹴而就的，因此自我迭代能力尤为重要。随着律所的外部市场环境的变化、内部队伍规模的壮大，律所的管理模式与制度也需要适时调整与更新。作为有厚重历史积淀的老牌本土律师事务所，金鹏在其发展过程中始终保持开放创新的态度，对自身每一阶段的发展情况保持内省并适时优化内部管理。

为了建立律所防火墙，给后续做大、做强、做优奠定组织基础，金鹏于 2015 年完成特殊普通合伙改制。同年，金鹏明确了以合伙人会议和管理委员会（以下简称管委会）为核心的两层管理架构，落实“议、决、执、监”的管理分工：合伙人会议作为最高权力机构，决定事务所的预决算、人事任免及重要规章制度的制定等，管委会则在合伙人会议授权下，负责律所日常经营中的具体管理事务的决策与执行。

事实上，金鹏的管理架构及各项制度持续基于律所发展需要而迭代升级。早期，金鹏就已设立 7 人管委会，但当时合伙人仅有十余人，使合伙人会议与管委会两个组织机构的人员存在高度重叠，且在实际运营过程中又难以客观划分界限。2015 年改制后，金鹏合伙人队伍扩充至 45 人，“议”“行”各归其位：在日常事务管理中，合伙人会议与管委会间以成文制度明确了两者在分所设立、风险管控、人员任免、财务管理等方面的职能划分，管理科学性与合理性逐步提升。

但合伙人队伍扩大又带来了新的问题：律师是一个追求公平、平等的群体，在民主管理理念下，每位合伙人都有发言权与投票权，导致很多事项议而不决、难以推进。“民主始终是金鹏的管理理念，但在过往发展中也曾因太民主而难以达成一致意见。”李纲说。

2016 年，为谋求更进一步的发展，金鹏曾考虑迁址并将办公面积扩增一倍，但因为合伙人们未能在决策上达成一致，使计划搁置。

彼时外地律所进驻、本土律所加速整合，整个广州法律服务市场快速洗牌，金鹏意识到过于民主的决策方式并不利于律所发展，甚至可能此贻误发展良机。为了确保决策高效并有效落实，2017 年年底金鹏修改了律所章程，对管理架构进行再度升级：在合伙人会议之下设立高级合伙人会议，作为律所管理决策的核心层，同时增设监事会这一机构以保证律所始终在正轨上运营。这样兼顾民主和集中、公平和效率的决策机制，确保了律所发展过程既能囊括多元的决策考量维度，同时又能避免泛民主下的决策低效或失灵。

管理架构及决策机制调整完毕后，迁址计划终于在 2018 年以超过九成的赞成票落定，金鹏全所迁入天盈广场东塔。与此同时，建立一支高素质的律师团队，并激发每位律师的潜力朝向一个共同目标努力、进发，成为新时代下律所发展的主要命题。而其中最核心的管理要点便是人，完善的律所分配制度往往是律所“人和”的决定性因素。

“金鹏的分配理念是‘律所不赚律师钱’。”李纲说，“金鹏律师为客户提供优质的法律服务，金鹏作为律所平台要为律师提供服务”。在分配制度上，金鹏做了一系列的探索，从创业初期的“三七比例制”到后来的无论创收多少都统一留存比例的“无限记点制”，再到现在不同创收对应不同留存比例的“有限记点制”，每一步的优化尝试，都体现出金鹏一个核心点：做一个更好的律师执业平台。

在金鹏人的努力下，律所规模逐步扩大，并在保证律所管理效益、品牌营销成效的前提下，始终将律所的运营成本控制在合理的范畴内，使公共留存高于公共支出。管理成本下降，经营成效提升，律所实现良性运转。对于合伙人们而言，最直接的体现就是可通过投资收益共享律所经营的发展成果；对于律所而言，则通过成本公摊、收益共享与合伙人们进行利益捆绑，形成稳定且有一致发展目标的合伙人队伍。

稳定的合伙人队伍是律所良好发展的团队基础，顺利的迭代传承是律所持续保持竞争力的管理基础。基于金鹏一以贯之的律所文化，新老交替工作推进得十分顺利：2018 年，金鹏完成换届，李纲全票当选为新一届主任。李纲坦言自己并非金鹏一手培养的“嫡系”，但金鹏并不会因此而有所偏颇，而是会给予同样平等的、宽阔的发展平台，“唯才是举，任人唯贤”。在对律所管理人才的选拔上，金鹏怀有较高的开放度，主要会从“是否热心律所的发展并积极参与公共事务”以及“发展理念是否与大部分合伙人相契合”这两点进行考量。

“加入金鹏十余年来，我从合伙人到高级合伙人，从管委会成员到现在担任律所主任，金鹏给了我很好的发展平台。”李纲说，“金鹏作为大湾区旗帜鲜明的本土律师事务所，已有一定的历史积淀，要实现基业长青一定要代代相传”。

金鹏注重传承，并有意识地进行内部人才的培养与选拔，相应推出“传承计划”，即每位高级合伙人都会选定至少一位年轻合伙人进行重点培养，这种培养既包括业务合作、资源对接，也包括律所管理的传承。2020 年，为给青年律师提供公开透明的晋升通道，同时为后续规模化铺垫好人才机制，金鹏对合伙人进行分级。金鹏以出资额度为标准，设置了高级、一级、二级、三级共四级的合伙人分级制度，除了投票权限有所区别外，不同层级的合伙人在其他方面享有同等权益，有效激励了所内青年律师的成长，大大提升了金鹏人才的内循环。

任何一个机构和组织要能持续进步和发展，都离不开架构科学、制度合理、运转高效并能迭代换新的体系。作为广州本地的老牌律师事务所，金鹏在探索创新中形成这样一套管理体系，其风清气正、包容创新的风格，将生生不息地运转、传承下去。

深耕湾区，布局海外

2017 年，粤港澳大湾区作为国家战略正式提出，成为世界第四大湾区。当湾区经济成为带动世界经济发展的重要增长极，湾区法律服务的市场潜力不容小觑。身处粤港澳大湾区核心城市的金鹏，自然不能错过这次历史机遇，金鹏及时提出了“深耕粤港澳，服务大湾区，沿着‘一带一路’拓展”的发展战略。

当然，仅有“天时”“地利”尚不充分，还需得有“人和”。2018 年 1 月，金鹏完成传承迭代，更年轻一批管理层上任后，规模化成为律所发展战略中的重要工作。更重要的是，所内有一部分重要客户位于花都，对及时、全面的法律服务有急迫需求。

此时，成立 25 载的金鹏除了曾在 1997 年于美国洛杉矶设立分所，在长达数十年的时间里未开疆拓土。为了进一步扩大金鹏的市场份额，在新一届管理层的支持下，在核心合伙人的牵头下，2018 年 8 月 8 日，广州金鹏（花都）律师事务所获批设立并执业。这是金鹏在国内设立的第一家分所，亦是其在规模化方面的小步尝试。取得初步成功后，很快，白云、荔湾分所也相继成立。

在省会城市设立分所并不是件新鲜事，2010 年之后，京沪大所便纷纷下沉，抢滩一线市场；作为扎根广州的本土律所，想要在律所规模、品牌号召力等方面与其正面竞争，并不是明智之举。从 1993 年至今，金鹏无疑对这块土地有更深入的理解与洞察，其需要思考的是，在新的时代背景下应该如何发挥自身优势。

基于对广州法律服务市场的深入研究，金鹏发现，当客户遇到如资本市场等相对高端的法律服务需求时，通常倾向于聘请京沪律所律师，但其他业务则会更信赖本土品牌律所。明确这一点后，金鹏随即改变策略，除了继续维护政府及国企客户，也有意识地加强与民营企业、外资企业的黏性。

“深耕，就是要下沉到二三线城市去。”李纲如是说。“如果我们深入湾区的二三线城市，就能更贴近本土客户，相较其他律所，我们在粤港澳大湾区是更有竞争力的。”金鹏最大的优势就是“本土化”，与其在一线城市与京沪律所“狭路相逢”加入白热化的市场中，不如错位竞争，下沉二三线城市，在未充分开发的市场树立金鹏品牌。

至此，金鹏确立了在粤港澳大湾区所有城市实现分所战略“全覆盖”，构建以湾区为主体的省内业务协作网络的发展战略。2019 年 7 月，金鹏布局粤港澳大湾区首家地级市——中山；同年 12 月，茂名分所开业；2020 年 8 月、9 月，深圳分所、珠海分所相继获批成立。“深耕好粤港澳大湾区，贴近我们本土客户，就是用我们自己的优势去发展我们自己。”

当然，金鹏的战略目光并不只局限于国内，在做好国内分所布局的同时走向国际，也是其当下在考虑的事情。在 2019 年、2020 年不到两年时间里，金鹏一口气在境外五座城市完成设点。

如此快速落子的背后，是金鹏的深思熟虑。2013 年 9 月、10 月，中国分别提出建设“新丝绸之路经济带”和“21 世纪海上丝绸之路”的合作倡议，至今已有 7 年。其间，大量中国企业“走出去”，但中国律师却没有同步“走出去”。具备在境外为客户提供法律服务的能力，是金鹏走向国际的初心。

金鹏一方面会优先考虑“一带一路”沿线国家，另一方面也聚焦可实现业务大规模发展的国家与城市。其中，加拿大多伦多办事处是金鹏制订新发展战略以来海外布局的第一站，由李纲亲自主导。加入金鹏十数年来，李纲着力开拓涉外业务，并随着对多伦多法律服务市场的深入了解渐生出在此设立办事处的想法。从长远来看，在境外设立办事处对于律所发展必有好处，但“心急吃不了热豆腐”，如何设立、设立之后如何运营等工作都非一朝一夕之功。为此，金鹏制定了海外布局“三步走计划”。

第一步，了解当地律所设立条件。各国法律规定不同，要在加拿大拿到律师执照，需在当地读完相应的法律课程，并通过当地律师协会的考试；不过，要在加拿大开设律所却没有这么复杂，甚至无须在律师协会登记备案。李纲解释，“虽然我是中国律师，没有当地律师执照，但是我可以先注册一家公司。如果要提供当地法律服务，只需在当地聘请有律师执照的律师就可以了。”

为扩展律所的国际影响力，在加拿大为中国企业、公民及海外华侨提供中国及加拿大法律服务，2019 年 3 月，金鹏决定在加拿大设立办事处。在获得广东省商务厅颁发的《企业境外机构证书》并在加拿大安大略省商业登记处完成登记后，金鹏加拿大办事处于同年 8 月正式开业，主要承担联络及协调当地律师、会计师、金融机构等机构的职责，为中国企业、公民及海外华侨提供法律、商业、税务及金融咨询。

后续境外办事处相继采用这一模式，快速完成布局。继加拿大办事处顺利成立后，2019 年 9 月，金鹏在南半球设立的第一家分支机构——墨尔本办事处，金鹏在澳大利亚设立的第二个办事处——悉尼办事处，金鹏设立的第一家位于亚洲的境外办事处——缅甸仰光办事处，相继正式开业。最近一家是 2020 年 6 月设立的名古屋办事处，主要服务于在日华侨及中国企业以及在华日本客户。

第二步，通过工签（work visa）的方式将所内律师转派至已经设立境外办事处的国家，成为注册海外律师。“如果要在当地提供法律服务，需要符合当地法律，工作签证是必要的。目前，金鹏正准备将两位合伙人通过此方式移民加拿大，他们虽不能直接从事当地法律业务，但是可以为当地的华人和外籍人士提供中国法律服务咨询，这也是一种业务拓展。”

待前两步全部落实完成，金鹏的第三步即是在海外聘请当地的外籍律师与华人律师。至此，金鹏的国际化便是“万事俱备只欠东风”了。

对于金鹏来说，分所布局既是响应客户需求的发展战略，也是为优化服务模式、提升服务能力的重要尝试。如今，这些尝试都取得了很好的效果。截至目前，金鹏在粤港澳大湾区沿线已设立中山、茂名、深圳、珠海、花都、白云、荔湾 7 家分所，同时也走出国门，在洛杉矶、多伦多、墨尔本、悉尼、仰光、名古屋 6 座城市设立办事处，形成省内省外、国内国外相互联动的网络架构。很快，金鹏东莞分所亦将正式开业，马来西亚、泰国办事处也已在筹备之中。

守正创新，鹏程万里

作为走在改革前沿的城市，在 20 世纪 90 年代广州民营经济就实现快速发展，民营企业逐渐壮大成为行业龙头。此时，制度创新、突破家族式管理、建立现代企业制度，成为其核心诉求。立足于本土的市场经济特点，金鹏逐步拓展至资本市场等领域。

不过，这还得从故事开始的 1993 年谈起：这一年，司法部为了应对专项人才稀缺而遴选了一批学习能力强的青年律师，专门赴京学习资本市场相关的法律知识。已经从国办所出来的王波不在培训名单上，但当其得知这个消息时，主动跑到北京去学习。这份诚恳认真的态度，为金鹏挣得首批“律师证券业务资格”。1996 年，司法部发布《关于从事证券法律业务律师事务所及律师的核查公告》，明确全国仅有 169 家律师事务所可从事证券法律业务，金鹏恰是其一，并于当年拿下广州发展实业控股集团有限公司 A 股上市项目。

广州发展是其在证券业务的第一个重大项目。此后数年，金鹏先后为珠江实业、广州冷机、秦川发展、云大科技、哈空调、珠海华发等知名企业的股票发行和上市提供法律服务，这些上市公司实例后来被全部收入至《证券法案例与评析》一书，并成为高等院校法学专业民商法系列教材之一。

翻看中国第一批律所的起步历程，市场并没有赋予其太大的业务选择权，简单的民商事类案件及公司常年法律顾问通常是主要业务，客户意识尚需培养，司法体制也仍需改革。鉴于王波本人的教育背景与工作经验，金鹏除了前述常规业务之外，在证券、刑事等领域也做得风生水起。

王波毕业于西南政法学院刑法专业，曾执教于中南政法学院法律系刑法教研室，后又攻读刑法学研究生并师从刑法泰斗邓又天、赵长青等教授，与刑法渊源颇深。也因此，金鹏律师在刑法领域参与过众多“首例”案件：1995 年，由广州市中级人民法院与电视台联合主办的中国首个电视直播节目“法庭直击”播出，金鹏律师作为案件的辩护律师出现在荧屏中；1996 年，金鹏律师担任广东省高级人民法院首次以“控辩式”审理案件示范庭的出庭律师，标志着刑事审判从“纠问式”演进为“控辩式”；1998 年，金鹏律师担任首个由广东省高级人民法院院长主办的法律援助案件的出庭律师，为广州市法律援助处的成立与发展奠定了业务基础。

2008 年加盟的李伟东自执业之初就深信律师服务专业化必是大势所趋。“人之才，成于专而毁于杂”的道理，既是师长们的指引、启发，也是其自身的观察和感触。

凭借着专业兴趣和金鹏的平台影响，他早早地开始了刑事业务的专注之路。不仅如此，当“只做刑事”的标签让他逐渐崭露头角时，李伟东对专业化有了更深刻的思考和理解：“再细分的领域，法律服务都是作为一个整体综合呈现给客户的，精准的思考、细致的专业、有效的沟通……缺一不可。无法面面俱到使独行侠必然面临发展‘瓶颈’，而这只有通过团队优势互补才能破解。”

2015 年，李伟东开始组建团队。团队先后吸纳了司法经验丰富的前法官、前检察官和能力优秀的大学毕业生，既夯实了专业服务的基础，又关注着服务理念的更新转变。“找对的人做对的事，让每位队员与团队共同发展收获”，是团队成立之初的朴素想法。这背后也蕴含着“互相依赖，互相成就”的理念，不仅让队员们在合作中为客户提供了更专业、更细致、更妥帖的服务，收获了良好的行业口碑，也吸引了越来越多志同道合者加入，让团队不断升级蜕变。团队成立当年，创收就已远超单干时期的高峰，并且在随后几年中稳步增长。发展至今，李伟东团队已跻身于广州乃至华南地区一流刑事辩护团队之列。

蔡飞的标签是只做劳动法且极其勤奋的律师。2010 年前后，市场远没有现在这般强调专业化，但蔡飞看得更长远，他认为唯有极致的专业化，才能更高效地为客户提供更好的法律服务，从而持续获取优质案源与客户。因为专注于劳动法且只做劳动法，金鹏劳动法团队在业内口碑渐佳，不仅诸多客户在遇到疑难复杂的劳动问题时慕名而来，还有更多甚至未曾谋面的同行所推荐的业务。

蔡飞说，“与其他律师不同，我们和客户只签订常年劳动法律方面的顾问合同”。这既是客户意识的升级，也代表着其对金鹏劳动法实力的认可。目前，广州进出口商品交易会、网易、顺丰等知名企业都是其常年劳动法法律顾问客户。“他们本身有常年法律顾问，但还是选择了把高频的劳动法问题交给我们处理。”而蔡飞本人一直担任广州市劳动人事争议仲裁委员会的法律顾问，也开创了律师担任裁判机构法律顾问的先例。

作为一名极其勤奋的律师，蔡飞已撰写并发表劳动类论文数百篇，期间所注册的“飞劳动法”公众号只发表其本人的实务类原创劳动法文章，积累了大量的专业粉丝。令人赞叹的是，作为一个专业的小团队，蔡飞有自己每月均刊发的《飞劳动法月刊》。此外，他还在法制出版社出版了口碑极佳的用工管理工具书《一本书读懂你不知道的劳动用工风险》。这些均体现了蔡飞所追求的极致专业、专注，体现了其在劳动法领域扎实的理论积累和丰富的实践经验。

明确专业领域并在该领域中不断精研、追求极致是金鹏诸多律师团队所坚持的理念，由金鹏合伙人程晶磊带领的专注于不良资产处置业务的锦程法律团队亦是如此。在加入金鹏之前，程晶磊就已接触银行和资产管理公司的相关业务，这为其进入不良资产处置业务领域奠定了基础。“‘追求极致、不负所托’是我们始终秉持的使命和价值观，这并不容易，专注也意味着放弃。但既然目标是星辰大海，则‘自古华山一条路’。”程晶磊说。

金鹏在不良资产处置领域具有悠久的历史和传统，从1999年四大资产管理公司（AMC）成立时起就已抢占一席之地。依托早期与各大商业银行和AMC之间良好的合作关系，金鹏不良资产处置业务无论在业绩类型和数量方面，还是人员队伍、专业水平、管理规范化等方面，都呈现高速发展的状态。目前，金鹏不良资产处置团队兵强马壮，其中不乏前金融机构法务人员、前法官等多元复合型人才。

针对不良资产处置领域的业务特点，程晶磊介绍，“其与宏观经济变化密切关联，处置资产类型尤以房地产为重头戏。而伴随着国内房地产行业的潮起潮落，不良资产处置业务也相应起起伏伏”。这就要求该领域的律师既要懂法律，也要懂经济、懂商业。其强调，律师并不缺少法律思维，但只有法律思维是“零和博弈”，唯有兼具商业思维、追求合作双赢，才是“正和博弈”。锦程法律团队兼具双重思维，希望通过与同业律所、客户及其他领域机构的多方合作，将“正和博弈”贯穿于法律服务中，实现效能最大化，从而升级迭代传统的法律服务模式。

与程晶磊同年加入金鹏的韩宇，亦曾在早期即大量接触金融机构，这成为其自2014年开始从事家族财富业务的契机。“当时主要为金融机构及高净值客户提供日常服务，比如税务咨询、继承纠纷等。渐渐地，行业把这块业务定义为财富管理。”

财富管理业务在中国发展比较晚，但随着中国经济与房地产市场的发展，财富分化越来越明显，财富管理业务也成为热门领域。韩宇认为，这块业务的市场需求很大，一则体现在金融机构的从业人员对于提升专业知识迫在眉睫；二则资产的良性传承离不开律师；三则能带来衍生业务。韩宇本人常年为几十家主流金融机构提供法商内部培训和高净值客户沙龙，同时为中国高净值客户和家族制定并执行财富保障与传承综合方案，并担任部分家族私人律师。

不过，这一领域的客户群体独具特性，这样决定了进入这一领域的律师专业门槛。这块业务的难点在于，要求律师既要专业又要“杂”。“我们一直倡导专业化，而不要做‘万金油’律师。但是这个行业如果过于专注某一个领域，是很难做好的。”

随着2010年之后中国外商投资政策的变化，中国企业“走出去”的情况变多。专注于外商投资业务、跨境投融资法律事务的李纲，在这一过程中负责了广东恒聚投资控股有限公司以重整方式收购包括广州亚铜金属有限公司、广州亚钢钢铁有限公司在内的7家中国金属再生资源有限公司国内下属公司项目。

2013年7月26日，香港特别行政区高等法院颁布对中国金属再生资源（控股）有限公司临时清盘令。之后，中金再生在大陆地区的多家第四级子公司停止清还公司债务，多家银行债权人联合组成“银团”协调统一主张债权，并相继在广州等地对中金再生的多个第四级子公司提出重整申请。2013年9月17日，中国银行股份有限公司广州开发区分行以广州亚铜、广州亚钢未能清偿到期债务为由，向广州市中级人民法院申请对两公司进行破产重整。最后，两案成为中金再生系列重整案在全国范围内最先审结的案件，对其他法院审理关联案件具有参考和借鉴意义，并被列入“广东省高级人民法院10大破产案件典型案例”。

除此之外，金鹏律师也负责广州国资发展有限公司与新加坡淡马锡在广州合资国际医院项目法律事务，参加和/或主办11家境外公司在我国香港特区、新加坡上市项目［其中包括香港皇朝家私（Royal Furniture）、三瑞（Sunray）医疗器械、金味食品（Viz Branz Limited）和联合食品（United Food Holdings Limited）］等。

作为广州市第一批合伙制律师事务所，政府法律顾问亦是其强势业务，目前，金鹏已是广东省人民政府、广东省委网信办、广州海关、广州市国有资产监督管理委员会、广州市发展和改革委员会、广州市对外贸易经济合作局等30多家政府机构的法律顾问。以广东省人民政府为例，金鹏成为其法律顾问绝非偶然。

为进一步发挥执业律师在推进依法行政、深化法治政府实践中的积极作用，2018年1月，广东省政府通过招标采购的方式选聘律师事务所担任省政府法律顾问。金鹏组成以王波为牵头人的服务团队参与投标，凭借对行政法律规范体系和政府（部门）、行政机关法律服务的深刻见解及丰富经验，金鹏从多家投标律所中脱颖而出。近3年来，金鹏律师以专业、认真、负责的态度，在地方性法规和省政府规章草案审查、省政府重大行政决策事项法律论证、行政复议案件处理等工作中提供了高效而及时的顾问服务。

经过27年的稳定发展，金鹏依靠深厚的人文底蕴、先进的理念以及规范的管理模式，吸引、聚集了来自中国各著名法学院及海外留学的众多优秀律师人才，金鹏律师也多次揽获“全国优秀律师”“广东省优秀律师”“广州市十佳律师”等业内殊荣。这些都是行业对其专业化程度肯定的证明。

结　语

“鹏之徙于南冥也，水击三千里，抟扶摇而上者九万里。”庄子在《逍遥游》中用汪洋恣肆、气势磅礴的笔调，写下了“鹏”的传说。取“金鹏”二字作为律所名称，既有机缘巧合的因素，更有冥冥之中的注定：既然走上律师这一行，就要做中国律师业的探路者、开拓者。

岁月不居，时节如流。“在每一次关键的时间节点，金鹏都顺势而为、乘势而上，勇立潮头、逐梦前行。”如今，金鹏的“50 后”“60 后”已退居二线，“70 后”“80 后”成为金鹏的中坚力量，青年律师有了更大的施展才华的空间。未来，金鹏仍将围绕中心、服务大局，并在筹划成立粤港澳湾区律师联盟，以加强城市群律师行业之间的合作与联系。

金光大道、鹏程万里，值得期待！

天达共和

老字号的新时代

毛姗姗　周　正　宁思甜

天达共和创始合伙人、主任李大进

天达律师事务所前台（2012 年拍摄）

共和律师事务所前台（1998 年拍摄）

天达共和创始合伙人、管理委员会主任周琦

天达共和合并合伙人大合照

天达共和管委会成员邢冬梅

任何被视为奇迹的事物，往往都很难延续。反之，不急不躁、静水深流者，却能长足发展。在中国律师行业恢复发展后的短短 40 年中，已有着急冒进者消散在历史长河中，亦有从始至今一直能跻身中国第一梯队的律所，它们日拱一卒，细水长流，以期能至百年老店。

天达共和正是这样一家律所。它像一杯陈酿，从出生起就有优质的原料（优秀人才与国办基因），经过精良的制造工艺（合理的管理制度），随着时间沉淀，满巷飘香（较高的品牌美誉度）。

它在中国律所发展历史上有着非常特殊的地位，原因在于，它由两家分别具有 20 年发展历史的律所合并而成，并且在合并之后，形成了从制度、文化、人员、办公的全方位融合，并采用新的律所现代化管理与分配方式，在新品牌上创造新的故事。这在当前“律所合并成常态，合伙人间依旧矛盾纷飞”的现状下，显得弥足珍贵。

“我希望所有天达共和人，每每听到‘天达共和’这四字时，有共鸣，有牵挂。认为自己是建设和擦亮这块招牌的参与者、建设者。在此地，大家是和乐幸福的，这也是我们所期许的。”天达共和主任李大进律师说。

“文化”从来不是一个虚词，它是外人对于一个品牌的直观印象，是一家律所是否能够长久延续的根基。律所如何长远发展，优秀文化如何传承焕新？老字号如何在新时代依旧生机勃勃，天达共和的发展史，道出了它的答案。

前传：相遇之前，分谱华章

真正的门当户对，不仅在于物质，也在于精神。而相似的成长经历、教育环境和思维格局都构成契合度的关键要素。天达和共和均脱胎于 80 年代的国办律所，创立于 90 年代的合伙时期，享受过发展初期的辉煌，体验过代理名案的高光，品尝过飞来横祸的疼痛，崛起于挫折后的反思，不变的是对于服务品质的追求，对于律师职业的敬畏。

国办起点：崭露头角与“官方认证”

1980 年，伴随着北京正义路甲 1 号公安部机关礼堂里，世纪大审判的召开，中国律师制度，回来了。同年，《律师暂行条例》出台，明文规定：律师是“国家的法律工作者”。当时的法律服务市场，还是国办所的天下。

天达的成立还得从李大进开始做律师说起。

1982 年，从北海舰队退伍的李大进进入北京市朝阳法律顾问处（朝阳律师事务所的前身）[①] 担任书记员，师从智继韶、邓宏明两位律师，他们是 1957 年获得中国首批律师资格的法学前辈。好学善思的李大进在前几年的时间里打下了深厚的学习基础，而他做律师的天赋也很快展露出来。

1986 年，轰动一时的周伟与黄宗英的“周璇遗产案”，作为原告方周伟的代理律师，李大进一举成名。该案在 2000 年，上海高级人民法院终审判决黄宗英返还周伟 7.2 万元人民币后落下帷幕。此后，他又代理了多个轰动性案件。“李大进”这三个字逐渐被更多人所熟知。

1992 年邓小平南方讲话后，改革开放进入新的阶段，社会上掀起了全民办企业的热潮。中华全国律师协会也决定开办自己的律师事务所。因李大进的出色才能，他被看中成为新所主任的人选。很快，司法部的一纸调令把他的组织关系从朝阳区司法局调到了司法部，同时下发了 7 个编制，并委任他开办一家部属律师事务所。给他的职级，是正处级。

1993 年，作为唯一一家由全国律协开办的律师事务所，天达正式成立。在司法部部属所中，排行老八。

改革时代，计划赶不上变化。成立时的天达还是国办性质，但司法部也意识到市场经济的进一步开放是大势所趋，更为先进的律所组织形式——合伙制律师事务所的改革探索已经需要提上日程。

为了审批的便利，也为了能最快获得第一手的改革经验，司法部决定在部属所中率先开展试点。天达第一个提交了改制申请。很快，批文下来了，允许天达改制为合伙制律师事务所，但这也意味着 7 个编制要同时收回，事务所需要跳进市场的深海中自生自灭。

这一跳，便没有了回头路。天达也开启了它自己的事业。

同样有着国办律所背景的共和，起点更高。

20 世纪 80 年代初，为了配合招商引资工作，政府在各个大城市设立了对外经济律师事务所，为外商投资项目提供相应的法律服务。北京市对外经济事务所（以下简称对外所）便在这样的背景下成立。

1984 年，对外所开业仪式当天，时任中顾委委员江一真、全国人大宪法和法律委员会副主任委员张友渔、司法部副部长朱剑明、北京市副市长安林以及众多法学专家均到场祝贺。可见其地位和政府的重视程度。

作为北京最大的国办所之一，对外所一直是北京市对外经济贸易委员会、北京市计划委员会、北京市经济委员会等政府机关及相关职能部门审批外商投资企业的受文单位。[②] 也因其设立以来便自带光环，无论在口碑还是业务方面，它在业内均首屈一指。

① 1980 年《律师暂行条例》中规定律师的执业机构为“法律顾问处”，到了 1984 年，国家又规定“法律顾问处”统一改为“律师事务所”。

② 根据法律规定，外商投资企业的设立需取得政府审批机关对于立项报告、可行性研究报告，合同及章程的批复和批准。由此，在计委（现发改委）、经委和外经委分别对于立项报告、可行性研究报告，合同及章程的批文下面，都会有一栏抄送单位，除了抄送有关政府机构之外，北京市对外经济律师事务所也是被抄送的单位之一。

1986 年，司法部在全国五所政法院校选拔了 58 名应届毕业生，到广州外语学院进行第一届法律人的涉外英语培训。周琦，便是 58 名毕业生之一。学成之后，他被分配到北京市对外经济律师事务所，开始了他的律师生涯。

早期，对外所几乎垄断了北京市属的所有的外商投资法律服务业务。不出几年，对外所就积累了大量的业绩。

1995 年，适逢合伙制律师事务所的逐渐放开，因无法忍受原有行政体制下的律所管理，周琦等 8 位对外所律师作为创始合伙人创立了共和律师事务所。

初试身手：业务发展与市场认可

天达的开业在三里屯的城市宾馆，成立之初主要承办的是较为传统的法律服务，以刑事业务为主，兼有部分民事业务，如婚姻家事、财产继承，此外也有极少量的商事业务和法律顾问业务。但即便如此，天达创立之后的发展速度和能量也远远超出同期的国办所。

第一年，天达的收入就高达 93 万元。同时，人员规模的快速增长也让律所不得不另觅办公场地。第二年 120 万元，第三年 210 万元，在律师还相当稀少的那几年，天达迅速扩张到了十七八人的规模，最大的公寓已经坐不下。天达搬到了昆泰大厦后，发展的势头则更为强劲。全面改革开放带来的社会巨大活力让律师在那个时候有了发挥不完的能量。

经济活动的发展催生了大量的商事法律服务需求，天达的涉外业务也早早起步。李大进自己从 1992 年起就不再办理刑事案件，而是转向了上市和知识产权等业务领域。天达的商事服务也灵敏地响应着市场的需求。

在北京，天达是最早开拓房地产业务的律所之一。1995 年，合伙人宁立专门赴港学习香港地区房地产建设的操作方法。回到北京后，开始为房地产项目提供“一条龙”的法律服务。到 2004 年左右，不过六七年的时间，天达已经服务了北京超过 100 个房地产项目。如今，朝阳区东三环沿路的一大批楼宇，以及北京最早的别墅区，都是天达的服务成果。

1993 年，第一家中国律所的海外分所——君合纽约分所开业。紧接着的第二年，天达拿到了中华人民共和国司法部 002 号批文，并在日本东京设立了自己的东京分所。这些都是中国律所国际化最早的尝试。“女将”张青华律师凭借对法律的熟悉和扎实的业务能力，为天达在日本律师界和客户中很快赢得了良好的声誉。

共和成立时，几位创始合伙人延续了各自原有的业务，与客户也保持着良好的关系。成立初期，共和在资金、办公场地等方方面面都得到了客户很大的支持。共和成立的第一笔资金——8 万港元，也来自客户。因此，共和筹建时并未承受太大的经济压力。

从 1995 年成立开始，共和便依据业务优势稳步发展。在结合自身所擅长的诉讼、仲裁等传统业务的基础上，共和适时适度地发展、开拓律师业务的新领地，在群雄并起、竞争激烈的时代奠定了坚实的生存基础。

成立 3 年时，共和已成绩斐然。虽然员工人数没有增加多少，但创收数额比以前翻了 5 倍之多。1998 年，司法部首次在全国评选出十家“部级文明律师事务所”，参考业务等各类指标进行综合评定，共和的排名位居北京市第四，全国第六。

无巧不成书，1998 年，天达经过五年的发展，也到了一个小高潮，原先的昆泰大厦已无空余工位。于是，天达又搬到了兆龙酒店对面的外交公寓。彼时，天达的人数规模已达七八十人。这在当时，无疑是一家“大所”的体量。

1999 年，天达又作出了一个令同行惊讶的决定——搬到亮马河大厦。当时的亮马河大厦是外资企业聚集地，租金高昂，楼层紧俏到只有租一整层物业才愿意接待。李大进拍板，直接租下 19 层一整层。其后 20 年，律所再没有离开过大厦。也是从那个时间开始，前面 6 年一路高歌猛进的天达开始认真地规划自己的未来。

巧的是，2002 年，共和也迁址到盛福大厦，正与亮马河大厦相对。原来，两家早已做了 10 年隔路相望的邻居了。

2000 年中国“入世”后，中国律师和国际接轨的概念已经被提出来。天达也迎来了自己国际化的机遇。那一年，三名涉外专业的律师加入天达，瞬间提升了律所的涉外服务能力。顺应“入世”，天达成立了国际贸易部，开始处理“双反”业务。同时，日本业务也正蓬勃发展。

尽管如此，天达仍然如饥似渴地希望能接触、学习国外律师当时最先进的理念、知识和服务方法。2001 年，天达被世界第二大律师组织 Terralex 吸收为成员。已经在北京名列前茅的天达又以朴实的学生心态开始补足自己国际化的服务能力，花费大量资金参加国际会议打开视野，向国际律所学习如何服务大型跨国公司客户。同年 12 月，天达被英国 The Legal 500 评为 2001~2002 亚太区法律事务所 500 强之一。

全球知名百年大所的兴盛也更引发了天达对自己未来命运的思考——“天达”是要做专业型百年老所还是综合型百年大所。天达选择了后者。

挫折后的成长：自我革新

2002 年起，天达开始为打造综合型律师事务所着手准备：引进海归，加强涉外业务；调整制度，适应业务发展需要……然而，涉及事务所未来发展方向的重大制度改革往往牵涉了多方面的变动，信心满满的变革之际，天达却第一次遇到发展的挫折和低谷。

变革的主要原因来自李大进的想法。到 2003 年，天达已经在亮马河大厦入驻了 4 年，发展到 110 人左右。虽然一切发展势头向好，但行业内的优秀律所也已经雨后春笋般冒出。

天达走过了自己的成长期，发展到了相对成熟的阶段，向着未来百年的目标发展，不得不重新思考管理机制、分配机制等一系列核心问题。

在和同行的交流中，李大进也更加确信了自己的预判：提成制已经不能再适应天达发展的需要，事务所需要走公司制的管理，走一体化的道路。

如今来看，这样的变革意识是相当超前的。但可能也正是因为超前，而且涉及理念和利益问题，分配体制的改革在天达引发了一场“地震”。因为接受不了新的体制，也因为北京市场中可选的律所已经很多，30 多名律师先后离开了天达。14 名合伙人，最少的时候降到了 9 名。天达前面十年的发展一路上升，却在这个时间上踏入了自己的低谷。

回首这些往事，李大进已经非常的平静、从容：“当时可以说是尝试，当然也叫失败的教训。”

分配体制的改革与合并的尝试，都反映的是天达的主基调，也是李大进的思考结果——变，要以变求生存，而不是以守求生存。既然求变，就要承担得起种种可能的后果。而失败，对于会思考的人们而言，是下一次成事的基础。

无独有偶。2002 年到 2003 年，也是共和度过的一段较为艰难的时期。

此后，共和的合伙人们更为团结了。“当时的我们只有两个想法：第一，尽全力渡过难关；第二，将共和做好做强。”周琦回忆到。

很快，共和走上了更快的发展步伐。

2006 年，共和内部开启了一次实质意义上的改制。改制的原因很简单，社会分工越来越细，服务领域越来越宽，服务层次的要求也越来越高，因此法律服务的专业化分工必将日趋细化。老共和传统的发展方式已然满足不了业务需求和律所发展。

因此，在业务上，共和制定了“专业分工、资源共享、集体协作、主办律师直接负责”的管理模式。在分配机制上，共和也从原来的提成制向“公司制”转变。全部的成本均由律师事务所来承担，律所收入减去成本，剩下的是可分配的数值。该部分利润根据几大要素如开发、承办、合伙人的年资、管理贡献进行分配。

改制之后，共和保持着稳步发展的姿态，所内氛围其乐融融，从合伙人到律师、再到律师助理，在工作上和生活上都有很强的获得感和幸福感。

适应变化：强强联合，合并的典范

自 2007 年之后，中国律师行业进入了发展的快车道。自 2008 年到 2013 年，律师人数从 15.67 万人到 25.24 万人，增长率为 61.07%，而后五年，增长率又出新高，达到 67.59%。

2008~2013 年，市场格局正在悄然变化。中国律所的规模化、国际化布局已初见端倪。先是中伦吸纳了一批有外所工作经历的律师加入，之后又陆续布局我国香港地区、伦敦、纽约等地。2011 年，金杜与澳大利亚万盛国际律师事务所结成紧密联盟，标志着中国律所国际化新的征程。与此同时，大成也正启动全球化服务网络建设战略，并于 2010 年走出自己国际化的实质一步，在纽约成立了第一家国际分所。

外部法律市场上的风云变化，让一直以来稳步发展的天达、共和实实在在有了“危机感”。在建所之初，天达、共和两家律所就已在业内小有地位。眼看往昔一同并驾齐驱的律所一路高歌猛进，差距正在拉开，后起之秀也积极进取、大有赶超之势，天达与共和均在思考新的发展战略。虽然自己在业内不管是口碑、地位，还是业务发展上始终保持得不错，但是在行业整体飞跃发展的背景下，“小富即安”在某种程度上等同于“不进则退”。

在共和看来，律所发展无非有两个途径：一是扩大规模；二是提升品质。此时，市场上已经涌现了一些规模大所，但规模化扩张并不是共和想要走的道路。想要做适度规模的品质律所，于共和而言，最好的办法就是合并。

为保证合并后的效果，需要合并双方既能在业务上互补、共融，又能理念上互认、文化上共通。那么，如何找寻合适的伴侣，成为共和的首要问题。基于一系列机缘巧合，天达与共和的携手同行看似在意料之外，实则在情理之中。

邢冬梅律师是天达与共和的牵线人。2004 年，她加入共和，2009 年进入北京律协任职。因为同在北京律协任职的关系，邢冬梅对李大进多有了解，认为他是一个非常睿智的行业领袖，头脑冷静，也非常务实。于是，邢冬梅向共和的合伙人们提出了向李大进邀约合并的倡议。共和此前与天达也早有接触，几位合伙人之间彼此认识，打过交道，甚至有过业务合作，邢冬梅的倡议一经提出便得到了合伙人们的一致赞同。

确定了满意的人选以后，共和着手准备向李大进发起“约会”邀请。对于如何捅破这层窗户纸，共和的合伙人们也经过了一些斟酌。作为老牌律所，共和有自己的骄傲，合伙人们本打算在第一次接触时，含蓄一点去试探对方的心意，以免被拒绝以后有损颜面。可谁知，“约会”当天双方相谈甚欢，尽显豪爽，共和的负责人一拍李大进的胳膊，说“咱们合了吧”。更没想到的是，李大进也同样坦率，思考了两秒钟便说，这主意不错。双方一拍即合，立马开始实质性接触。

在李大进眼中，共和聚集了改革开放之初一批最早的、能够涉足涉外业务的优秀律师。从个人角度来讲，他与共和的几位创始合伙人都是多年的朋友，私交很好，彼此熟悉、认可。用他的话来说，天达、共和早已处于恋爱中眉来眼去的阶段，合并之事便也顺理成章。

实际上，两家律所确实有着太多相似的地方，无论是历史基因、规模，还是行业地位、美誉度，它们甚至在文化氛围上也如出一辙，天达其乐融融，共和扶老携幼。另外，两者都是京城非常老牌的律所，业务质量上有保障，在发展路径上有自己的坚持，也同样遇到了发展“瓶颈”，对于市场的变迁感同身受。

然而，最终促成两家律所从“恋爱”到“成婚”的关键并不在于“外壳”上的类似，而在于“内核”上的统一，即发展理念之合。自 2011 年实质性接触至 2012 年正式商谈，天达与共和用了 80% 的时间——“务虚”。只有将理念、意识和目标充分沟通，并最大可能地形成共识之后，双方合伙人才能默契配合，规章制度才得以顺利建立和执行。

接下来，天达与共和又经历了长达 3 年的磨合期。由于天达与共和在合伙人制度、分配制度乃至管理制度上的差别，他们首先花了整整 1 年的时间去建章立制。2015 年被天达共和定义为“制度年”，他们专门成立了一个由十几位合伙人组成的建制小组。小组成员每周召开会议，在坚持一体化管理的前提下讨论制度建设。同时，他们采取了“请进来，走出去”的做法，向京城采用公司制管理的 7 家律师事务所取经，虚心吸纳业内同行的成功经验，也深入了解同行所在发展中的困惑和阻碍。这些时间和精历的付出，使天达共和制定了最符合自己发展方式和目标的内部制度，构建天达共和专属的“列车”和“轨道”。最终制度在成型后经逐条通过，落地执行。

中国律师事务所发展 40 年来，一体化管理的理念逐步被越来越多的律所接受。但纯粹“Lock Step”的分配方式，在中国多以失败而告终。最大的问题在于无法激励创收大户或者年轻合伙人的积极性。在律师行业内，“资历”这个词在某种意义上几乎可以等同于收入水平，这对于年长资深的律师而言太理所应当了，理所应当到这一惯例在一定程度上成为年轻律师在职业选择和发展时的障碍。

可是天达共和在准备走一体化管理道路的时候，选择了对“资历”说不。包括李大进、周琦、陈烽、姚毅等执业已经超过或接近 30 年的原天达与原共和的创始合伙人在构建分配制度时都主动放弃了资历的计算。

天达与共和的合伙人们，与合并后新进的合伙人一样，从零开始计算“年资”和“所龄”。2016 年是天达共和的元年，凡是在 2016 年度已成为天达共和合伙人的，均为创始人。

协同发展：分所布局，齐头并进

合并后，天达共和便制定了一个十年的发展规划，分为初级阶段、中级阶段、高级阶段。李大进将初级阶段的目标定为三个词，磨合、整合和品牌塑造。磨合是天达共和在合并初期最为看重的，之后才是图谋发展。磨合好比基石，它贯穿一家律所发展的始终。“人合”组织项下，即使是完全新成立的律所，在外部合伙人加入时，亦存在磨合。而在这一点上，从 2014 年签订合并协议以来，携手走过了 5 个年头的天达与共和磨合得非常不错，其体现不仅是在合伙人规模和业务获奖情况上，还是合伙人人均创收上，均取得了良性的发展。天达共和的合伙人们对于初级阶段的发展成果均感到满意。

与此同时，天达共和这个品牌也逐渐在行业内站稳脚跟，市场上也无人再把这两家所分开。这从天达共和的分所发展思路和布局，尤能看出其成果。天达共和的上海、深圳、杭州、武汉 4 家分所成立于不同时期，现已各有所成，成都分所也已筹建完毕，蓄势待发。

1997 年，天达设立了上海分所，天达、共和合并之时，各自的上海分所也同样进行了合并。因前期精细化的制度设计，合伙人们对于各项制度细节达成了共识，合并后的上海分所运行顺利，几近无缝对接。经过了 5 年的发展，上海分所已达到近 70 位律师的人员规模，创收总量也位居各分所前列。

2000 年，共和设立了深圳分所，当时几位创始合伙人一手打下了良好的业务基础。天达、共和合并以后，共和的深圳分所便作为天达共和的深圳分所发展运行。一直以来，深圳分所虽然人员规模变动不大，但创收体量增长较快，合伙人人均创收在全所，乃至行业内来看都较为可观。

武汉分所的筹建颇有机缘。2014 年，共和的武汉分所完成筹建之时，正值天达、共和合并之际。刘兆君非常认同天达共和理念，对于一体化管理的方式很认可。李大进、周琦、陈烽等天达共和的管理层也让刘兆君有深刻印象，他们的包容度和行业格局，也让他坚信未来可期。

2015 年年初，天达共和武汉分所正式运行。近 5 年来，天达共和武汉分所可谓“站稳了脚跟、树立了品牌、坚定了信念”，业务创收和客户数量每年保持不低于 20% 的增长速度，无论在品牌建设还是市场开拓上均取得了骄人的成绩。

诞生于合并元年的杭州分所作为“元年之子”颇受全所关注。天达共和杭州分所率先成立了专门的“知识管理部”，从事各类裁判规则的整理和新型法律产品的研发，在法律服务产品的精品化方面做出了有益的探索，并形成了良好的效应。成立第二年，杭州分所创收便在全所中位居前列。

天达共和总所与分所的协同发展、稳步前进、业绩增长、规模扩张、品牌提升等一系列的发展成果并非偶然，天达共和有自己的秘诀。李大进将天达共和的分所布局理念归纳为四大原则：

第一，一体化管理必须一以贯之，“决不跑马圈地”“决不摊大饼”“决不放任自流”“决不宣传造势”。天达共和总所与分所在人事、业务、财务等方面实行统一管理。人事上，加入分所的每一位合伙人必须经过总所以及全所合伙人的同意。业务上，每一个案件或项目均需经由统一的管理系统进行审批、管理。财务上，包括分所在内的预算全部在年初由全体合伙人会议决定，而全所的决算也统一做出。

第二，分所建设与律所业务发展和整体布局相呼应。通过分所布局，天达共和在三条战略线上有序发展，分别是长三角、珠三角和西部地区。在长三角地区，天达共和已布点上海、杭州，江苏省内布点也一直在策划之中。在珠三角地区，为响应粤港澳大湾区国家战略，天达共和将适时考虑设立香港分所，延伸深圳部分法律业务网络。在西部地区，天达共和在四川、重庆、云贵地区进行权衡。目前，成都分所已筹建完成。

第三，分所的业务架构与总所相契合。在总所的框架下，可适当根据地域特色调整。在一体化管理体制之下，总部与分所之间、分所与分所之间、全所各个部门之间的合作已有所加深，合作业务比重逐步增加。

第四，在保持分所本地化特色的同时，注入律所整体的文化理念。本地化是分所的特色，是律所想要保护甚至彰显的特点，而整体文化的融合是天达共和的长远发展之道。"成功，始于助人成功"，这是天达共和的初心，是合伙人们达成的高度共识，也是天达共和一路走来的文化积淀。在这一文化理念下，希望在总所与各个分所之间营造"分享、互促、共铸"的氛围，全所之间以分享为乐，相互促进、协同发展，最重要的是在分享和互促的基础上，共同铸就天达共和的品牌，维护品牌的知名度与美誉度。

在战略布局的理念加持之下，几位分所主任对于分所的未来发展也提出了一些畅想，以"人才培养"与"业务布局"为两条核心主线。与总所的发展目标趋同，各个分所将尝试适度规模化的路径，一方面加大外部引进合伙人的力度，另一方面保持所内培养的特色。上海分所主任王宏表示："律所的发展离不开律师对未来市场导向的灵敏度，因此需要青年律师更多担当。所以我们的目标是吸引一些青年合伙人，为今后十年甚至二十年的发展做人才储备。"

深圳分所主任孙云柱在谈及深圳发展规划时提到："深圳市汇集了众多科技型、创新型企业，深圳分所将扩充知识业务团队，与知识产权部及天达共和旗下的商标专利代理机构形成更好的互动。此外，深圳分所将配备刑事合规业务团队，与总所的刑事业务团队形成合力。"

以商业争议解决为核心业务的武汉分所，在发展的 5 年时间里，非诉业务也取得了飞速发展。作为主任的刘兆君对武汉分所的业务发展感到满意："金融、融资、公司业务、基础设施建设、PPP 业务、知识产权、争议解决等专业领域，我们有非常强的团队和专业能力。"未来，武汉分所将继续扩大既有行业领先优势，并积极开拓其他新兴专业领域。

目前，杭州分所已在争议解决、刑事诉讼、银行与金融、融资租赁与商业保理、知识产权、零售商业与物流产业、互联网科技等业务领域取得了行业领先优势。结合杭州市场的特点，杭州分所主任李燕山律师认为："浙江中小企业众多，律师需要把握中小企业在融资、合规方面的法律需求。中小企业多轻资产，银行信贷等传统融资渠道多不能覆盖，使得融资难、成本高、资金压力大。由此导致资金短缺、发展放缓，外加政府监管强化，原先被掩盖或忽略的合规隐患被显现甚至放大。这就需要律师参与管控法律风险，避免涉众刑事风险的发生。"

此外，律师调解业务也作为李燕山眼中的业务新蓝海。调解作为多元化纠纷解决机制之一，更加符合市场化运作以及社会化发展方向，律师调解有着非常广阔的市场空间。2019 年年初，杭州分所成立了律师调解工作室，成为第一批成立律师调解工作室的律所之一，正在逐步完善多元化的法律服务方式。

目前，在各办公室齐心协力的基础上，天达共和已经接近 500 人的人员规模，拥有 135 名合伙人。在此之上，更优化的管理制度、分配制度、资源协调制度正在形成。“以更明晰的专业化分工和优质的法律服务来回馈社会”，这也是天达共和在下一个五年将要完成的事业。

传承与新生：年轻的一代

周琦，现天达共和管委会主任，早在老共和时，他就一直担任这个职务，把事务所包括财务在内的各项制度管理得一清二楚。天达共和内部有很多合伙人都喊周琦“师父”，他自己也非常喜欢这个称谓。很多律师甚至不是他带的，只是跟他做了几个案子，也一直想拜周琦为师，走到哪儿，一声“师父”叫到哪儿。周琦说他自己得益于“师承”，因而也愿意传递这种益处。

这是天达共和颇为经典的师承文化，“扶老携幼”作为老共和的传统一以贯之到天达共和。非常有趣的是，有师承文化传统的律所，基本不愁二代接班人的问题。目前天达共和管委会成员中有“50 后”“60 后”“70 后”以及正培养中的“80 后”，形成了稳固的梯队。

邢冬梅是更典型的“提携文化”受益者，她是中国第一批在国办所改制之后在事务所的律师助理。早在中国法律事务中心实习时，她就开始参与 1993 年中国第一批国企改制海外上市项目，以及第二批 22 家央企集团以改制为股份有限公司的形式赴港 H 股上市的项目。经过一年半每天加班到 12 点的艰苦训练，邢冬梅飞速成长，已经能独立办案。

2004 年，已经成为合伙人的邢冬梅带着她的金融团队加入了共和，当时的共和尚未有金融团队，所内也以较大的资源投入发展金融团队，经过十多年的发展（加上老共和时期），天达共和的银行与金融团队已经有 50 名律师，其中 15 名为合伙人。作为团队负责人的邢冬梅不仅自己被评为“ALB 十佳女律师”，上榜钱伯斯亚太指南的银行与金融领域，其所在的团队也人才辈出。

王杕亦是典型。2001 年，毕业于北大的王杕加入天达律师事务所，从事反倾销反补贴业务。如今，王杕已成长为反倾销反补贴团队负责人，并连续多年上榜钱伯斯亚太指南的国际贸易 / 世贸（应诉方）领域。她所带领的团队已代理反倾销 / 反补贴案件 80 余起，涉及 170 多家公司，其中不乏高质量的重量级案件。她牵头负责的两件反倾销案件均被《商法》推荐为年度杰出交易：欧亚经济联盟对华推土机反倾销案获评 2016 年度杰出交易，欧盟对华不锈钢管对焊件反倾销案获评 2017 年度杰出交易。

2011 年加入共和的纪超一，也是优秀的青年律师代表。2017 年 4 月，纪超一晋升为天达共和的合伙人，目前担任争议解决部负责人。纪超一在重大复杂的商事诉讼和仲裁中，特别是涉外争议中有过诸多的成功案例。执业以来，纪超一曾代表可口可乐、IBM、霍尼韦尔、日立、亚美洛巴、康菲石油等“世界五百强”企业，盖瑞特、家乐福等业界领先企业，以及华融、信达、国投信托等大型金融机构处理了大量商业诉讼和仲裁案件。

除了王杕、纪超一之外，天达共和还拥有大批内部培养起来的合伙人，占据了新增合伙人的 2/3。每年，天达共和都有原天达、原共和的资深律师晋升为合伙人，这也是让天达共和欣喜和骄傲的地方。

“永远别低估年轻人的力量，他们的创造力无可想象。给他们一个平台，就有无限空间。”始终保持学习活力的邢冬梅说。

作为天达共和管委会成员之一的她，也是所内青年律师培训的“主教练”。在天达共和，每位初入律所者都会被她安排一名“师父”，以指导其工作与成长。同时邢冬梅也创设了所内“和大律师面对面”的活动，即天达共和的实习生和初级律师每月均有机会可以与天达共和的一名合伙人吃一顿午餐，由实习生和初级律师报名，选择合伙人。合伙人也会根据律师们的报名情况，看自身的吸引度。

“不仅仅是初级律师在这个活动中受益，其实合伙人也需要在年轻律师们中树立良好的形象。”

“这里让我感觉到家的温暖，来了就不想离开，不会觉得工作仅是个冷冰冰的地方。”一位年轻律师在采访中说道。

未来展望：更有闯劲的革新

天达共和的“提携”文化始终是老一辈律师们引以为傲的内核。但同时，这些律所管理者们也看到硬币的另一面。

审慎、冷静和中庸的特质促成了天达共和的稳步发展，但从反面来看，这种相对保守的特点也导致了天达共和发展势头并不强劲。

“我们只是在比较艰难的竞争当中，保持住了那个位置。但是我们未能完全发力往上爬。”邢冬梅这样评价天达共和的发展现状。

李大进从更长远的维度来谈论天达共和目前的隐忧。“未来，将是一个竞争更激烈，市场也更大的法律服务市场，需要更多的有市场敏锐度和同时具有技术背景与法律知识的复合型人才。否则，将失去很多机会。”

未来行业的竞争，已经不仅仅限于律师对于法律的理解，对于服务的提供。如何利用好科技为客户提供更有效的服务亦是竞争力所在。

“其次，羊太多，狼太少，也是我相对忧虑的地方。事务所的文化形成律师们良好的工匠和服务精神，尽心为客户服务。对于能够奋不顾身拼命往前冲的战士，相对缺乏。”

此外，如何在未来竞争中能够形成一批具有国际视野、能够提供跨国法律服务的律师，也是李大进作为主任，在宏观层面所思考的问题。

“我们老一代人一定不希望我们所拥有的优良传统（扶老携幼），成为年轻律师不思进取的避风港。勤勉和敬业精神，积极进取，同样是我们希望在年轻一代中能够看到的。”周琦说到。

邢冬梅透露，周琦常常在办公室工作到深夜才回家，但每天依旧保持着抖擞的精神状态。

当然这些隐忧，天达共和正通过制度的力量进行调整和改变。合并以来，天达共和也对自身的各项制度进行了一些微调与修正，比如奖金制度、惩戒制度等，但尚未有较大的变革。按照计划，天达共和将在一体化管理体制项下，进一步推动计点制等制度的完善。

天达共和将完成新一轮的制度升级。目前，天达共和一方面在内部广泛倾听合伙人的意见，另一方面在向外部学习。届时，对于全体合伙人施行的新考评体系将会完成，这一考评体系改变了多年以来天达共和“不施行末位淘汰”的传统。在合伙人考评体系上马之后，针对律师以及律师助理的考评也将进一步推行。

精神内核从未改变，但创新何时都需要。

结　语

“成功始于助人成功。”这是天达共和的价值观。这个价值观的背后蕴含了普适的“利他”精神和“同理心”，这一价值观也构成天达共和的稳步发展以及深受客户信赖的基石。

在40年的中国律所发展史上，我们认为，天达共和带来了中国律所发展的独特样本意义，有过创业的艰难，很快站稳市场的发展高潮，亦有走得太“超前”或遭遇风云突变时的短暂低谷，又有经历风雨后的众志成城，见得彩虹。

更可贵的是，它也给中国律师业带来了一个“对等合并”的成功样本，无论在前期的实质性接触，交谈，还是后期的磨合，它的经验都给后来者以示范。而我们也有理由相信，一家始终稳步向前，一步一脚印发展的律所，必将功不唐捐。

“您理想中的天达共和是怎样的？”在采访的最后，我们分别问了李大进、周琦和邢冬梅三位合伙人。

令人欣喜的是，他们都给了出奇一致的答案，那便是“让每一个在这里工作的人，不管是合伙人、律师、律师助理、实习生，甚至秘书和行政人员，都能发自内心的快乐地工作，然后为自己所在的平台，感到骄傲。”

天衡联合

天地驰骋，气吞八闽，二十七年锐意进取的东南英豪

林　戈　蔡　凡

天衡联合厦门总部

天地律师合影

厦门日报　　1993年7月20日 星期二 第5版

顺律师体制改革之天时　占厦门经济特区之地利

热烈祝贺

厦門天地律師事務所

隆重开业

本所是经福建省司法厅批准成立的合作制律师事务所，以房地产、金融、商贸法律事务为主，兼顾刑事辩护、民事、行政诉讼代理及其他法律事务。

福建省政协主席游德馨为本所题词：运用法律武器为经济建设服务

值此开业之际，本所律师孙卫星、吕金朝、胡东林、李明携全体同仁向社会各界致意，并竭诚提供法律服务。

本所地址：厦门市湖滨南路116号二楼　邮编：361004

电　话：244380　244381　226977 232566 转3168

传　真：(0592)244380

祝贺单位

1993年7月20日《厦门日报》整版祝贺天地所开业

天衡联合主任孙卫星律师

1993 年 7 月 20 日，《厦门日报》出现了整版套红广告，由当时的福建省政协主席题词宣布天地律师事务所（现福建天衡联合律师事务所的前身，以下简称天衡联合）成立。“厦门的律所开业在报纸上整版登广告的，天地所是第一家。”

创始人孙卫星说：“大部分律所宣布开业，都只会在报纸上搞一个小豆腐块。但我们不！为什么要这样做？就是为了给律师界争口气。其他行业开业时都搞得轰轰烈烈的，为什么律师界却静悄悄的。”

转眼，27 个春秋已过，跨越世纪交替的天衡联合已成为福建法律服务市场的领跑者。自 2001 年起，天衡联合的创收已连续 20 年稳居福建省首位。目前，天衡联合的年创收已达 2.5 亿元。

天地创所：以制度谋发展

早年，孙卫星曾下乡插队，通过高考改变了命运。与艰难的生活斗争过的人，对时代和机遇有着敏锐的感知。当机会来临时，便会毫不犹豫地抓住，并为之一搏。

1983 年，25 岁的孙卫星从华东政法学院（现华东政法大学）毕业，被分配到厦门大学法律系教书，同时在厦大下设的厦门第二律师事务所担任兼职律师。孙卫星认为，其所教授的民法学，是一门高度实践性的学科，只有担任兼职律师才能将法律实务和理论研究结合在一起，课堂教学才不至于脱离实际。

1990 年，被誉为中国台湾地区“经营之神”的王永庆来到厦门投资“901 工程”，并让市政府为其推荐法律顾问，孙卫星成为三个被推荐的候选人之一，经过考核面试最终被聘为法律顾问。抱着“服务重大工程”和“学习王永庆的运营管理经验”的想法，孙卫星加入了王永庆的团队。

1993 年，司法部对律师体制进行大胆改革，批准设立不占国家编制、不要国家经费的合伙制律师事务所。在“顺律师体制改革之天时，占厦门经济特区之地利”的口号中，孙卫星决心“下海”办所。其间，厦门市司法局有人邀请孙卫星出任国办所党委书记，但他拒绝了。彼时的国办所正是兴盛时期，但孙卫星已有了自己的判断——“未来，个人创办律所将是大势所趋。”

同年 3 月，孙卫星、李明、胡东林、吕金朝四位年轻律师放弃了厦大任教的铁饭碗，筹划成立律师事务所。当时，孙卫星担任兼职律师近十年，已积累了一些客户并在厦门律师界颇有名气。回想创所过程，他笑谈道：“当时成立律所也比较着急，拿到省司法厅的批文后，我连夜开车赶回厦门，加急刻制律所的财务章和公章，立马与客户签订服务合同。”

1993年7月20日,《厦门日报》以整版套红的广告宣布:厦门天地律师事务所隆重开业。开业当天，天地所邀请了市委副书记、市人大常委副主任、司法局局长，以及80余家顾问单位参加开业典礼。在300余人的注目下，孙卫星宣布："厦门天地律师事务所成立了！"

创所初期，孙卫星和几位创始人全面分析了厦门法律服务市场。他们将当时已成立的律师事务所排列，包括国办所和个人出资的律所，一家家进行研究，分析其特点和优劣势。"办所就跟打仗一样, 要发展肯定要关注同行, 琢磨它, 必须对竞争对手有所了解。"孙卫星说。

"当时厦门市有近20家律所，天地所成立半年，业务体量便在其中位列第四。"孙卫星颇为自豪。初期天地所有四位合伙人、两名行政人员，孙卫星意识到律所要想得到长足的发展，就需要"以制度管人"。天地所建立了助理制度——助理协助合伙人处理繁杂的事务性工作，合伙人带教培养助理的办案能力。天地所也成了福建省内第一家实行助理制度的律所。

截至1993年年底, 福建省共有10家不占编制的律所, 其中5家在厦门。是年12月, 福建省司法厅在厦门召开不占编制律师事务所主任交流大会。大会上，孙卫星介绍了天地所的硬件设施、制度构建和助理制度，"助理制度为律师的办案结构划分了层次，更重要的是律所能够通过这一制度培养内部人才，进而发展壮大"。在孙卫星介绍后，大会决定增设一个环节：全体参会人员来到厦门市湖滨南路的天地所办公室参观。这也是天地所展示自我、为行业发展提供示范的一次亮相。

1996年年底，孙卫星一次性晋升三位助理为合伙人。随着汪卫东、白劭翔、李万林三位年轻合伙人的加入，天地所已有六位合伙人。1997年元旦，天地所作出了重大改革，由原来实行的提成制转变为"公司制"管理：律师们按分工做业务，根据不同的固定比例进行年终分配。正是由于这样的制度支撑，1998年天地所就已开始刊发事务所的内部月刊。但在实际运行中，固定比例制也存在"分配比例与各自实际业务量相差较大"的不足之处，因此合伙人们商议着进一步调整完善。

1999年1月1日，天地所开始实行"三三制"，将管理因素纳入分配制度中。合伙人们将事务所的工作分为五大块，即行政管理、业务管理、财务管理、业务拓展和理论研讨，并由五位合伙人负责。在考核上，事务所按管理、办案、案源三方面各占1/3，计算合伙人的工分并进行年终分配。在这样的制度下，由事务所出资统一招聘律师助理，并建立了律所整体发展的理念。

"这一分配机制在全国范围内也很超前。通过制度设计，调动了合伙人的积极性，不管业务拓展，还是内部管理，律所各方面的工作开展都比较到位。虽然其中有一个不足是管理工分偏高，但这也表明了合伙人们认可管理者的投入产出。"孙卫星说。

2000年，在对律师事务所管理进行系统性的思考之后，孙卫星在《中国律师》杂志上发表了一篇题为《合伙制律师事务所内部管理初探》的文章。文中比较了"独裁式""民主化”“分工化”“公司化”四种律所管理模式。

在针对“公司化”管理模式的评论中，孙卫星写道：“此种模式的管理方法采用公司管理方法，即所有权和经营权相分离。这种模式的特点在于：管理专业化、职业化，提高了管理的层次和水平；使合伙人能集中精力和时间去拓展业务，使事务所业务蒸蒸日上，推动事务所向前发展。”

多年来，天衡联合一直朝着孙卫星所希望的管理模式在发展。锐意进取、革故鼎新，可以说是天衡联合的底色。

革故鼎新：区域龙头的战略升级

世纪之交，律师体制改革深入，许多原国办所律师加入合伙制律师事务所，律师队伍壮大，律师行业的发展活力进一步激活。天地所于 2000 年更名为“福建厦门兴天地律师事务所”。为了律所发展并扩大规模，兴天地开始寻找契合的律师事务所合并。

彼时，福建厦门衡峰律师事务所的创收、规模位列厦门第四，以民营房地产企业为主要服务对象。但在向上发展的过程中遇到了“瓶颈”，衡峰也希望借由合并得以突破。2001 年 9 月，兴天地与衡峰完成合并，并更名为“福建天衡联合律师事务所”。

“两家所都期望发展，且彼此业务相近。合并后，天衡联合的业务覆盖了厦门市超过 70% 的房地产企业。”孙卫星说。合并后的下半年，天衡联合便拿下了“国家会计学院”等多个重大项目法律顾问。当年度，天衡联合的创收便达到 1269 万元，跃居福建省第一。

合并后，兴天地 8 位合伙人与衡峰所 6 位合伙人，组成了由 14 名合伙人组成的管理团队。天衡联合调整了管理制度，采取了“全员参与管理模式”，合伙人会议以一人一票制共同参与律所管理，并在分配制度上加大了业务提成的分配比例。为了天衡联合的规模化发展，合伙人们商议“在占领厦门市场之外，要进一步对外扩张”，2002 年，上海办公室挂牌成立，泉州办公室设立，全所业务创收突破 2000 万元；2005 年，业务创收突破 3000 万元。

21 世纪的第一个十年，中国“入世”、改革开放力度加大、市场活力被激活，法律服务市场的需求也进一步扩大。在这期间，天衡联合虽一直位居福建前列，但却未呈现显著的递增趋势。

“部分合伙人的创收甚至呈锯齿状的变化，一直处于波动状态”，孙卫星意识到，“改革，势在必行”。

2008 年，天衡联合通过无记名投票的方式，选举出了以白劭翔为执行主任的领导班子。

新任领导班子修改了律所章程，设计了合伙人分级制度，并建立了合伙人会议为最高权力机构，设立管委会、监委会及执行主任为律所的决策、监督和执行机构。管委会、监委会对合伙人会议负责，执行主任对管委会负责。执行主任下设行政部、市场部、财务部，实行总监负责制。

改革第二年，制度活力便得以释放。当年虽然有部分合伙人离开，但天衡联合 2009 年的创收同比增长了 26%。从 2009 年到 2013 年，天衡联合以高级合伙人为核心，主导了整个事务所的发展。

2013 年，在天衡联合创立二十周年之际，当年全所总创收超过 8800 万元，且在近五年中保持了 12.77% 的复合增长率。这一年，天衡联合制定了《2014-2023 年十年发展规划》（以下简称《十年规划》），设立了“2014 年破亿，2018 年过两亿”的创收目标。

《十年规划》开启了天衡联合的第三个十年，在序言中如是写道：“（过去二十年中）有我们的成就和辉煌，也有我们的失误和遗憾；有我们的坚持和理想，也有我们的妥协和放弃。但唯一不变的，是我们始终不满足于现状。”这是天衡联合的阶段性回顾，在时代发展的洪流中把握契机乘势而上，在律所发展的过程中自省、重塑，再出发。

2014 年，天衡联合入选汤森路透 ALB“中国十佳成长律所”。在入选理由中，ALB 写道：“天衡联合的收入占厦门全市法律行业总产值的五分之一，天衡联合巩固了其在本土的领先地位。厦门排名前五名的公司中有四家，排名前 100 名的公司中有 30 家是天衡联合的客户。2013 年，天衡联合在福州市开设了省内第三家、全国第四个办公室。新所位于省会城市的地标性建筑，配备了新招聘的、侧重于 IPO 和证券的经验丰富的团队。同时，天衡联合还成立了专注于智能手机游戏行业法律服务的新业务团队。”

管理所产生的效益，有目共睹。2014 年年底，天衡联合创收过亿，成为福建省第一家亿元所。

从 2014~2018 年，天衡联合在福建法律服务市场快速发展，总创收达到了每年 20% 的增幅。截至 2018 年年底，天衡联合创收 2.2 亿元，成为福建省第一家创收突破 2 亿元的律所。目前，天衡联合已拥有 300 多位律师，其中合伙人近 100 名。

天衡联合践行着《十年规划》中写下的目标，逐步建立起了一体化的管理和运作模式，律所总部与各地办公室之间执行统一的预决算制度、统一的行政管理，并投入了资金，研发拥有自主知识产权的 OA 管理系统平台，为进一步实现一体化管理提供信息化平台。

2017 年年底，林楚雄被选为天衡联合的执行主任。针对天衡联合近年来的发展，他说：“一体化管理的模式，让事务所实现了规范化管理，在质量风控、人才体系、知识管理、专业品牌等众多方面均得到了提升，也给天衡联合为客户提供稳定、优质的法律服务奠定了良好的基础。”

林楚雄表示，天衡联合将继续深挖市场，明确自身的定位，不断升级并完善一体化的管理模式，平衡各地办公室的发展水平，完善人才结构和知识管理体系，通过规范化管理和专业化体系打造领先的法律服务产品。规模化发展和境外法律服务拓展亦是天衡联合未来战略的重要一环。

全面布局：跨地域构建服务网络

2002 年，天衡联合的上海办公室设立。当时，福建的一些企业已在上海开拓业务，孙卫星表示，以福建客户为基础在上海设立办公室，建立天衡联合的桥头堡再寻求进一步扩张；同时，上海办公室也可作为一个窗口，学习上海律所的先进业务和管理经验。在福建省内，天衡联合于 2002 年，设立了泉州办公室；2005 年，设立了龙岩办公室。彼时，天衡联合各个办公室采用了“承包”的形式进行管理。

在承包制管理下，虽然规模布局快速铺开，但也带来了一些不利的影响。孙卫星说：“在承包制下，各办公室的经济利益不与总部直接相关，导致合伙人们对办公室的发展不够重视。”2008 年，天衡联合完成内部制度改革；并于 2010 年完成“特殊的普通合伙”改制，当时，全国只有 14 家律所进行了改制，天衡联合是福建省首家成功改制的律所。孙卫星也开始逐一“收回”各地设立的办公室，由天衡联合总部实行一体化管理。

2013 年，天衡联合开设了福州办公室。自此，天衡联合形成了在福建省外以上海办公室为窗口，在福建省内以厦门总部、龙岩、泉州和福州 4 个办公室为据点，进而构建了覆盖全省的法律服务网络。

2009 年，天衡联合作为成员所加入中世律所联盟（SGLA）。孙卫星表示，区域大所通过联合，能够解决彼此共同面临的战略布局问题，可以为客户提供境内外、跨区域的法律服务。中世律所联盟各成员所通过合作方式，既可以将自身的业务拓展到联盟成员所的区域，也能形成专业优势互补，应对全国性品牌所进入区域市场所带来的竞争。2017 年，中世律所联盟开始建设法律事务研究中心；截至 2018 年 7 月，中世律所联盟共批准 23 家授牌研究中心，其中天衡联合设立了 2 个，分别是“土地房屋征收法律事务研究中心”和“农村集体产权制度法律事务研究中心”。

天衡联合立足于福建市场，发挥事务所整体在产品研发、专业引导、统一管理中的积极性，并以各个办公室为据点开拓福建省各市的法律服务市场。同时，天衡联合与中世联盟及境内外优秀律所开展交流合作，通过强强联合形成跨区域的法律服务合作网络。

2018 年，泉州以 8467.98 亿元的 GDP 总量在福建各市中排名第一。城市的经济活力也促成了天衡联合泉州办公室的高速发展，其 2019 年的创收已突破 7000 万元，业务构成也呈现诉讼与非诉业务的均衡式发展。

2005 年，泉州办公室设立的第三年，泉州市筹办第六届全国农民运动会，泉州办公室成功申请成为农运会的法律顾问。彼时的泉州正处于城市化的开端，因筹备农运会需要进行大量征地拆迁，天衡联合作为法律顾问参与了全流程，并推出了和谐征迁法律服务、安置房建设法律服务等创新产品。伴随城市化进程推进，天衡律师也处理了大量政府的征迁项目。泉州办公室主任汪卫东介绍道："晋江市有律师参与的征迁项目中，90%是天衡联合参与的。"

征迁项目牵涉面广，天衡联合也由此积累了大量土地开发建设、PPP、招投标等业务经验。在差异化的发展理念下，天衡联合通过课题研究、调研考察的方式深化业务研究，提供进一步的发展服务。随着农村集体产权制度改革的推进，天衡联合借由此前积累的业务经验，迅速开拓这方面业务。汪卫东表示，在当前的后改制时代，农村集体产权制度改革的业务量达到一定程度后，泉州办公室也开始探索这一领域更深入的定位和产品形态。

汪卫东说，律所发展必须具有想象力和差异化。以差异化为整体思路，泉州办公室接下来的发展将会从四个方面着手：改进现有的产品和服务；梳理泉州市的产业结构并研发行业法律风险控制产品；补强业务板块；将信息化、大数据用于产品研发、管理和营销，探索律师事务所的新的业务形态和商业模式。

深耕福建：专业化、产品化、规范化

天衡联合的定位是一家综合性律师事务所，以福建客户为主要服务对象，通过内部的专业化分工与协作，为高端客户提供全方位、一站式的法律服务。自2018年起，天衡联合已连续两年被《钱伯斯亚太指南》推荐为"公司/商事—东部沿海（福建）"领域的Band 1律所。

白劭翔曾撰写过一篇文章——《什么才是律所的最核心资产？》，文章中谈到："律所最有必要积累的资产就是信任：客户的信任和员工的信任。你可以不用做到地区最大、中国最大，你甚至可以忽视品牌所带给你的优越感和自豪，只要信任是一直存在的，只要你懂得把每笔收入都当成负债，通过自身努力让客户发现他是欠你的，那么你就创造了一家可以持续创造超级利润的律师事务所。一切与规模无关！"

当前，天衡联合共有10余个专业部门及30余个以合伙人为核心的业务团队，深耕福建，立足海西，已在政府法律顾问、并购重组、金融证券、对外投资、知识产权、海商海事、高端商事争议解决、刑事法律服务等领域形成了品牌和优势。

在创立之初，天衡联合就拥有了80余家顾问单位。27年来，天衡联合一直坚持以团队合作为主的服务模式，紧密围绕"以客户为中心"的服务理念，为客户提供"从风险预防到纠纷解决的全程法律服务”。福建企业在挑选顾问之时，除了事务所的品牌之外，还看重律所的本地化资源以及律师提供解决方案的能力。根据 2012 年的数据统计，天衡联合在厦门的百强企业客户中的占有率达到 30%，十大国企客户占有率达到 80%。时至今日，这一市场份额仍然继续保持。

勇于创新，拓展新型业务模式是天衡联合的另一传统。从 1997 年开始，在当时市场绝大多数律所仍在从事诉讼业务之时，天衡联合就开始着重拓展非诉讼业务领域，成功地在厦门率先发展了商品房合作开发专项法律服务、商品房开发全程法律服务、小业主购房顾问律师、汽车消费贷款代理、二手房按揭贷款代理等新型房地产、金融法律服务项目。

世纪之初，资本市场与企业并购重组开始兴起，天衡联合适时地开始挖掘福建企业和顾问单位的需求。天衡联合的客户，有许多是合作长达 20 多年的老客户，例如，厦门象屿集团与厦门银行。就厦门银行而言，2018 年台湾富邦金控首次以直接股东的身份入股厦门银行，并与厦门银行签署了战略合作备忘录，这是海峡两岸金融合作的第一例项目，其背后的律师就来自天衡联合。

通过市场的竞争功能，使其在经济体系中发挥作用，同时做好市场监管和行业准入，强调政府职能，防止市场失灵的出现，一直是我国改革开放的重点之一。在市场监管和法律法规体系不断完善的同时，合规与内部风控问题也日益受到了企业的重视。市场交易、劳动用工、安全环保、财务税收、产品质量、知识产权、商业伙伴等领域，均是律师的强项。帮助企业构建大合规体系，帮助企业识别风险点，制定合规规范，是天衡联合接下来要拓展的业务重心之一。

天衡联合执行主任林楚雄说：“天衡联合未来的业务，将在巩固现有优势的前提下，不断拓展新的法律服务领域。例如农业农村的法律服务，围绕乡村振兴，将有大量的法律服务需求，天衡联合兼具城市经济服务能力和农村集体产权改革服务经验，必能大有所为。再如在民营企业、国有企业法律顾问方面，除了传统业务之外，刑事法律风险防范的服务需求日益突出，目前天衡联合已在相关产品研发层面进行了规划与投入。”

在一个区域性的法律服务市场，如何专注于只提供“高端化”“集约化”的法律服务？

天衡联合的答案是：对各项业务重整归集，在逐步拓宽专业领域的同时进行传统业务的高端化发展，逐步实现诉讼业务的非诉讼化，逐步淘汰低端业务。同时，天衡联合确立了以客户为中心的理念，在现有客户分级基础上进一步完善差异化的服务方式，逐步做到了服务对象的区域化和服务行业的专业化。

以政府法律服务为例，原先服务的需求主要集中于法律顾问、拆迁征收、集体产权制度改革以及参与政府规章的制定与起草等，但在政府推进“放管服”改革（即简政放权、放管结合、优化服务）的背景下，将会产生许多制定信息化、流程化、一体化的便民解决方案的需求。目前，天衡联合已针对新的政府法律服务需求，研发出体系化的、与“放管服”、优化营商环境相关的法律服务产品。

自创立以来，天衡联合已先后担任了 200 余家政府单位的常年法律顾问，其中包括了福建省委、厦门市委、厦门市人民政府等党委政府机关单位法律顾问。目前，天衡联合正在筹备设立政府法律服务研究院。

27 年风云激荡，天衡联合总是能够根据市场的变化，适时地拓展业务，找到自身的发展定位。可以说，天衡联合是一家颇具战略眼光的律师事务所，但光有战略眼光还不够，一家律所还需要有自己的“灵魂”，因为“灵魂”决定了事务所的初心和使命。

党建铸魂：以专业做党建，党建所建深度融合

在天衡联合的党建发展历程中，有诸多“第一”，而这些“第一”所代表的党建成绩离不开天衡联合长期以来的投入。律所之“魂”，也在党建引领之下，得以铸就。

1998 年，当时的天地所成立了党支部，成为厦门市合伙制律师事务所中第一家成立党支部的律所；2010 年 8 月，天衡联合党支部升格为党总支，成为福建省第一家律所党总支；2017 年 12 月，天衡联合成立党委，成为福建省第一家成立党委的律师事务所。

天衡联合党委书记王哲表示：“从党支部到党委，这表明了天衡联合是一家政治站位较高的律所，天衡联合的党建工作受到了社会各界和上级部门的认可。党员律师的增多，也表明天衡联合的党建工作较为出色，通过党建这一平台，加强了天衡联合对优秀的年轻律师的吸引力。”

在事务所发展早期，天衡联合便将党建工作写入了律所章程，并制定了党组织参与事务所重大决策的相关规定；同时，将党建工作的财务预算纳入事务所年度财务预算，并确保每年有 10%~20% 的递增。王哲律师表示，这些制度的建立，确保了党建工作得以顺利开展。目前，天衡联合已有党员律师 150 余名，党员律师的业务量占全所业务总量的近 70%。2018 年，天衡联合成立了党委办公室，福州、泉州、龙岩分所均成立了党支部，由党委统一规范和指导党建工作的开展，实现了党的组织和工作在事务所的全覆盖。

律师大多是高知人群，也是社会中思想较为活跃的一群人。王哲律师表示，律所的党建工作要有清楚的自我定位，并从自身的行业特点出发在开展工作中讲求新思路、新方法。在“以党建促所建”的指导思想下，天衡联合的党建工作与律师的业务发展、事务所的文化建设高度融合。

以“以专业做党建”为理念，天衡联合将党支部建立在业务团队上，开展党建工作。王哲律师表示，律师的日常业务繁忙，通过此类扁平化的组织形式开展党建工作更有效

率。再者，在律师专业化的时代中，业务团队与党支部良好结合也有助于律师业务的提升。以天衡联合第一党支部为例，该团队擅长农村集体产权制度改革业务，律师们就可利用自身的业务特长，派驻党员律师进村，为村民们提供法律服务。此外，通过“支部建在团队上”的形式也更能激发律师们的集体战斗力和荣誉感，同时也能够将这份荣誉感转换成团队做业务的动力，形成党建和业务的双向融合。

天衡联合党组织致力于创建独具内容的党建品牌，开创了“天衡 365 工作法”：即树立“三风”（积极向上的学风、团结拼搏的所风、严谨自律的行风）目标，要求全所律师用“六个标准”（热情端庄的仪表、品行高尚的职业道德、敬岗爱业的奉献精神、追求正义的社会责任感、高超熟练的业务技巧和精明干练的处事方法）来衡量要求自己，并通过开展“五比五看”活动（比思想，看谁忠诚意识强；比学习，看谁综合素质高；比诚信，看谁服务群众好；比业绩，看谁服务质量优；比奉献，看谁参与公益多）来切实提高律所文明执业水准。

“通过‘天衡 365 工作法’，能够把党建工作转换成可感知、可执行的目标，律师们有目标有途径，也能自觉、积极在其中发挥党员的先锋模范作用。”王哲律师说，“党员的先进性不只是在某一时刻体现，而是要在点点滴滴的日常工作中、在日复一日的法律服务中体现，让客户满意、让人民群众满意，这是对党员律师的一个基本要求”。

公益奉献、履行社会责任也是党建工作的重要部分。天衡联合长期设置了党员律师义务咨询岗，并定期组织党员律师发挥专业特长到所在社区开展公益普法，为群众解答相关问题。同时，天衡联合还带动全体律师参与社会公益活动，先后与厦门市梧村街道以及思明区的莲岳、双涵、厦港等社区联合发起“让我们携手播撒爱心”“法律服务进社区”等活动。在重阳节，天衡联合开展敬老爱老活动，与厦门养老机构联合发起了“世界那么大，我们带您去看看”的主题活动，陪同长者出游，弘扬中华民族敬老爱老助老的传统美德。在春节前夕，慰问单位所在社区的困难家庭。新冠肺炎病毒疫情期间，组织全体律师捐款捐物，共捐出善款 175,670 元，并组织成立“天衡战疫公益法律服务志愿队”为社会公众提供免费法律咨询。此外，天衡联合还发起设立了“天衡慈善基金”，在事务所内部通过义拍等途径筹集善款，开展对困难职工的扶助。在天衡联合党委的带动下，有党员律师不畏环境艰难，积极投身祖国西部高原山区的法治援助；还有党员做好事不留名，年复一年捐助困难学生上学；更有普通律师积极关注乡村儿童福利问题，多次参加慈善公益活动向乡村儿童大病医保公益基金等公益机构捐款。

1999 年 7 月，天衡联合与海军驻厦部队 588 泉州舰（原海上猛虎艇）开展军民共建活动，至今已有 20 余年，天衡联合党组织与部队党支部建立了良好的互帮互助关系。天衡联合也先后被福建省军区政治部授予“福建省维护国防利益和军人军属合法权益工作先进集体”、厦门市委、市政府授予“厦门市军民共建社会主义精神文明先进单位”光荣称号。王哲律师表示，部队是一支具有钢铁般意志的队伍，同时也是党建工作做得最规范、效果最好的组织。与泉州舰共建对提升天衡联合党员律师的精神面貌，以及培养律师公平、正义的社会责任感有很大的促进作用。另外，针对部队官兵法律服务方面的需求，天衡联合的律师们也可根据自身的业务特长为他们提供帮助。

王哲表示，接下来天衡联合将从以下三点入手进一步调动律师们参与党建活动的积极性，努力将党员培养成业务骨干，将业务骨干发展成党员：第一，开展形式多样、内容丰富的主题活动，调动年轻党员律师参与活动的积极性，吸引非党员律师积极入党；第二，结合律师业务开展党建工作，增加非党员律师的参与度；第三，寻找律师业务与党建的新结合点，如研究党内法规并运用于政府法律服务，实现党建与业务的结合。另外，党建工作开展将充分运用“厦门党建 e 家”这一平台积分考核体系，作为党员律师参与党建活动的衡量指标之一。天衡联合也将扩大党建“朋友圈”，发挥律所的专业优势，与厦门大学等高校、驻厦门的部队、相关社区等单位开展党建共建活动，扩大天衡联合党建工作的影响。

王哲期待，通过党建、业务发展、内部管理和文化建设的高度融合，让天衡联合成为一个和谐、快乐、温暖的大家庭，成为年轻人向往的、就业首选的单位。“未来的天衡联合，应当是有社会责任感、口碑好的区域性强所，并且尽可能增多律所的业务领域，真正做到让福建及海西地区的客户‘在家门口’就能够得到满意的法律服务。”

结　语

从战略层面来看，天衡联合未来势必会继续深耕福建法律市场，辐射海西，一步一个脚印地构建服务网络，继续实行一体化的管理和运作模式，基于市场的需求提供优质的产品和服务，成为中国区域性大所的一面旗帜。

时代永远在变，以孙卫星为代表的天衡人，对于市场、管理、产品和未来的探索和思考，也将永无止境。

在天衡联合制定的《十年规划》中，有这样一段话：

“天衡联合永远是一个法律人的平台，我们不会放弃理想主义，更不会丢弃实践精神。我们会在未来的十年踏踏实实，不断改革，坚持正确发展道路，履行社会责任，让天衡联合成为本地区最受人尊敬的律师事务所。”

这应当是天衡人对于自我最为精准的一段论述。理想主义、实践精神、受人尊敬，这些关键词是天衡联合 27 年来所一直秉持的理念。

孙卫星说：“这些源于内心的精神品质和理想情怀，永远不会变。”

宁夏兴业

人为本、品为魂，区域商事强所的精进与未来

周　正　伊晓俊

兴业全家福

兴业所荣获“全国优秀律师事务所”称号

兴业所加入中世律所联盟

律师行业的兴盛与壮大，总是与经济社会的发展与繁荣息息相关，宁夏自然不例外。1993 年，宁夏兴业律师事务所成立。一路伴随银川及周边地区经济的发展而成长——坚持“人为本、品为魂”的办所理念，注重人才的培养与打造，注重品质的陶冶与锤炼，逐步建设起一支高素质、多背景的法律人才队伍；在本地率先布局非诉业务，并逐步拓展专业领域，成为长期居于宁夏律所第一梯队的以商事业务为核心的综合性规模强所。

近几年，律师行业的发展骤然加速，律所的业务革新与一体化尝试、管理架构创新与支持部门建设、人才培养与文化积淀等方面的新动态、新趋势，都成为行业快速发展进程中律所必须面对的新局面、新问题。对兴业而言，对这样一家已经取得区域领先地位的大所而言，在大势下如何选择，如何定位，如何谋划未来，正考验着兴业人的胆识与智慧。

稳步前行中持续精进，革新求变中赢得未来。作为一家区域老牌律所，兴业的活力与冲劲、视野与梦想，都不止于宁夏。

2016 年新的管理层上任，兴业迎来了新的发展阶段；2017 年加入中世联盟，兴业又打开了视野，建立了与宁夏以外法律市场的连接。2020 年是兴业建所 27 周年，更幸福的愿景招引着兴业人笃定前行，更卓越的成就谱写着兴业的品质与辉煌。

领先一步的区域商事强所

商事兴业的兴起

1993 年 9 月 1 日，工商银行宁夏分行与区司法厅合办的非典型性国资所宁夏兴业律师事务所获批成立。那一年，银川本地的律所不到 20 家，律师总数不到 200 人。兴业所成立时也仅有祖贵洲、卢志斌、涂国城、杨凝华 4 名律师，借用工商银行民生街总面积 60 平方米的 3 间办公室办公。

尽管如此，兴业初创便具备一定的先天优势。借助工商银行的资源，兴业有充足的银行业务，一开始就围绕企业客户开始接触和办理非诉业务。祖贵洲也从长远发展的角度意识到，兴业需要发挥好这个先天优势，目标就是成为本地领先的非诉大所。

随着经济的发展，宁夏回族自治区从 1993 年开始有不少规模大、效益好的企业陆续申请发行股票、上市。大元化工（原宁夏炼油厂）决定上市时，祖贵洲带领所内律师成功承办。1999 年，大元化工成功发行并上市，标志着兴业在非诉业务领域又上了一个台阶。有了这一单重要的业绩，更多的上市和拟上市公司对兴业非诉业务实力的信任逐步建立。

从 1993 年兴业创所到 2003 年 4 月，宁夏共有 11 家上市公司，仅兴业一家律所就担任了大元化工、新华百货、东方钽业、宁夏恒力、圣雪绒、赛马实业（现宁夏建材）等 6 家上市公司的常年法律顾问。此后，东方钽业的股权分置改革，中银绒业对圣雪绒的并购重组，宁夏建材与赛马实业的反向吸收合并，新华百货被物美控股并购，宁夏建材收购西水股份水泥资产板块等一系列重大资产重组和并购业务的成功承办，以及独立完成本地最多数量的新三板挂牌法律服务，进一步壮大了兴业非诉强所的优势。比例最高的时候，非诉业务占到律所业务总量的 60%，在宁夏本地，这样的非诉业务比例已经是“不可想象”。

2000 年开始，祖贵洲借助自己多年的金融工作经历和社会资源用心打造的兴业所金融业务领域专业优势，顺利将国有四大资产管理公司大半业务揽入囊中，带领几位当时的青年律师（这些律师后来均成长为兴业所的高级合伙人、管理合伙人）及时介入各相关业务领域，使兴业很早便已是宁夏律师行业具有鲜明专业特色的事务所，为兴业所最初的专业化发展方向奠定了基础。

“兴业所是靠大伙一步一个脚印走出来的。”祖贵洲经常这么说。他性格稳重，声音厚重沙哑，时不时地咳嗽几声，不爱多谈自己的付出，但“老祖”和兴业所的口碑在本地早已传开。

人才引进和律所转型变革

2000 年，历经一年的准备工作，兴业顺利完成了与工商银行宁夏分行、司法厅的脱钩改制，由国资所改制为合作制律师事务所。

2008 年，律所十五周年时，兴业已发展成为拥有注册律师 35 人，办公面积 800 平方米，现代化办公设施齐全的大型律师事务所。2 月，祖贵洲当选银川市律师协会会长。

继 2008 年 1 月，以全区律所总分第一的成绩荣获“AAA 级诚信律师事务所”称号后，同年 11 月，兴业又被中华全国律师协会授予 2005~2008 年度“全国优秀律师事务所”荣誉称号，这是宁夏首次获此殊荣的律师事务所。

2008 年是兴业发展历程中的一个重要节点。不仅因为这一年先后获得了自治区和全国的多项荣誉，也因为一批优秀律师在这一年加盟兴业，壮大了律师队伍整体实力的同时也给兴业带来了很多的反思与变革。当年 6 月，闫海滨与白宇、陈继胜、张存明 4 名律师一同从另一家所加入兴业，如今都已经是兴业发展的核心和带头人。闫海滨，业务精湛、坦荡勤奋有担当，不仅是律所的主要管理者，也是兴业在业内的一面旗帜；白宇，八年的法官审判经历加之在高校三尺讲台的理论积淀，在争端解决领域的业务开展游刃有余；张存明，有西政、清华的学术底蕴，更有房地产高管的统筹经验，是投融资、公司治理及房地产等业务领域的多面手；陈继胜，良好的业务，广泛的兴趣，也是律所经营管理的一把好手。

“不仅是进了新的人，而且带来了新的理念和新的意识。”祖贵洲指出了背后更深层次的影响。

当年 12 月，兴业成功完成了合作所向合伙制律所的改制。队伍的壮大，组织形式的改革，都让兴业又具备了再上台阶的新一轮发展势头。

“所小的时候靠人性化的管理，靠领导者的人格魅力和亲和力，所大了就要靠制度。”祖贵洲对律所不同发展阶段所需要匹配的管理模式十分理智，同时考虑到自身社会职务多、年龄大等因素，有意识地让所内优秀的合伙人更多地负责管理事务。

2009 年起，兴业设置了主任选举制和执行主任制，柳向阳、闫海滨、郝运清等人作为执行主任分管业务、行政、考核等事务。那一年还有一个非常重要的变化，是规定律所主任原则上只能任两届。这样的设置，是让所有合伙人都关心律所的发展，或者所有的合伙人都有律所管理的话语权。“这是一个小的改变，但是一个非常重要的改变，律所的发展是靠人才和制度去推进的，不能依赖于某一个人。某一个人为律所的贡献最大的时期是一个特定的阶段，而律所的持续健康发展要靠众人合力去实现去推进。”柳向阳进一步解释。

一大批优秀人才的引进激发了兴业内部的发展动力与活力。2009~2013 年，兴业的整体人员规模和律所收入获得了比较大的增长。但 2013 年之后，增速有了一定的放缓。“2014 年实际上我们大家也提出了很多改革的思考，其中很重要的一点就是希望有一个硬件条件的改变，要有新的办公场所。”柳向阳说。

2014 年，兴业自筹资金购买银川市金凤区建材大厦 11 楼整层 1200 平方米营业房装修后搬入。有恒产，有恒心，新的工作环境加上其他一系列的变化，都给兴业的发展带来了新的动力。

2015 年 6 月，祖贵洲当选宁夏回族自治区律师协会会长。2016 年 1 月，祖贵洲届满卸下主任职务，同时被聘为兴业所终身名誉主任。柳向阳接过了兴业持续发展的接力棒。

管理创新，追求卓越

为了适应不断变化的市场环境，专业化建设、培训机制、领军人才培养、薪酬制度改革、分配制度改革、管理软件应用、品牌建设，这些“试验”都是以柳向阳为主任的新一代管理层对时代和行业变革的回应。

合伙人是一个事务所的火车头。为激励合伙人主动积极担当，兴业不断修改合伙人分配制度，合伙人分配考量从过去的创收单一因素，增加了管理、伙龄、所龄等因素，其中管理因素占比超过了 1/3，管理部分主要考核合伙人参与事务所管理情况，包括协会任职、管理任职履职、发表文章、出书、对外培训、受到表彰荣誉、参加社会活动、公益活动、事务所活动等。提成制下一个所的薪酬分配制度主要考虑了律师的业务收入，但对合伙人、律师的考核应该是多元化的，尤其要突出参与、领导、引导事务所发展因素，这样才能够将所打造成一个持续发展的业务平台、工作平台、合作平台，对此，新一代管理层有很多的思考并勇于实践。

2017 年 2 月，兴业启用管理委员会制度，替代了过去的执行主任制。合伙人会议选举产生了第一届管理委员会，柳向阳担任第一届管委会主任。管委会下设三个工作委员会和一个部门——教育培训工作委员会、业务管理发展工作委员会和一个部门——行政财务部。工作委员会实行双向选择，由合伙人和非合伙人组成，具体负责律所各方面的事务。

兴业是一家区域所，由于各种原因和限制，它可能无法像北上的律所那样扩张。本地经济环境的相对欠发达，也一定程度上制约了它的发展。但是这些都并不妨碍它把目光投向更高更远的地方，从行业前沿去学习经验，来改进自身的运营和管理，向着越来越现代化的律所大步地迈进。很多事情的成功也就是这样，一定是先有主观意识的觉醒，才有一系列的动作。

2017 年 11 月 11 日，兴业顺利加入了中世律所联盟，成为联盟的第 22 家成员所。“这代表了兴业从相对封闭的一家区域律所走向开放。”柳向阳说。中世律所联盟的成员都是各个区域有一定代表性的强所。兴业加入联盟意味着自身的开放，意味着合作的机遇，而更为重要的是，视野的打开让它能够接触、吸收更多优秀律所最前沿的管理与运营经验。

无论是律师事务所管理的标准，还是每个律师事务所业务发展的指标，包括业务质量的把控，兴业都从联盟成员中学到了很多，获得了很大的提升。同时成员所都是区域的强所代表，互相之间共通的地方更多，共鸣也更加强烈。在学习优秀经验的同时，兴业也将自己的一些经验无私地分享给联盟的成员们。

近几年，技术浪潮席卷法律行业，兴业也敏锐地捕捉并予以应用。2015 年，在宁夏本地率先引入“律师 E 通”律所管理软件，对诉讼和非诉业务从申请、受理、文件出具、费用收取和工作日志等流程性事务进行全程统一管理。之后陆续引进了 Alpha、威科先行等律师业务管理软件及法律数据信息库，兴业每年在信息化管理方面的投入就有几十万元。柳向阳认为，这是跟上行业技术变革的必要支出，也是从另一个层面对案件办理质量和效率的保证。

2016 年开始，兴业人的年会连续三年都在绿地国际交流中心举行，总结报告、表彰、走红毯、文艺汇演等形式，激励着每一个兴业人向着新的更高的目标努力。2019 年 1 月 18 日，兴业所 2018 年工作总结暨 2019 年工作部署大会一反常态，转而以研讨交流分享为主要内容，突出“静心思考、检讨历史、谋划发展”主题，让每一个兴业人沉心静气地思考如何更好更强，让每一个兴业人为律所的发展建言献策，实现个人与集体的共融共生。年会又将 2019~2021 年定为兴业所“双品建设年——品质兴业品牌兴业”，并选举产生了新一届管委会。“80 后”的优秀青年律师杨玉君、马力国成为新的管委会成员，同时成立了监事会，原负责业务管理的管委会成员闫海滨担任监事会主席，除了监督主任、管委会工作外，还负责全体合伙人的考核。

确定了方向，一系列的改革措施有序开展。

2019 年年底，兴业宁东分所获批设立。未来，兴业将以区域强所的姿态，更开放，更自信，更具改革的精神和活力，迈向自己的第三十年、四十年和更远。

区域商事强所的品质精进

专业部从“虚”到“实”

专业法律事务部的设置，代表了律所在法律服务专业化方向上的筹划和发力点。兴业的专业部经历了“10+2”个到精简为 7 个，“一主两辅”到“一主一辅”，从“兴趣小组”到“做实”的不断变革。

2014 年 1 月，兴业成立了 10 个专业法律事务部，整合律所的业务管理体系和业务资源。其后，专业部门扩展到 12 个。每位执业律师被要求按照“一主两辅”的原则选择专业部门，每个部门都有合伙人进行管理，每个季度至少有一次交流活动。这样的设置和氛围之下，兴业实现了律师专业化意识的初步塑造和培养。几年时间，律所培养了多位在各自专业领域发展出色的人才，多项领域的业务实力占据了区域优势地位。

但是，因为没有实现专业部作为业务承接办理的平台，专业部很容易成为“兴趣小组”，对专业化成长有帮助但成效甚微。如何将专业部做实做强，让专业部真正成为律所业务的载体，是一件涉及整体运行体制改革的大事。

2019 年兴业在专业部门设置上一个最为重大的变化是由原来的 12 个专业法律事务部缩减到 8 个。同时，律师的专业选择划分由原来的一主两辅调整为一主一辅，这有两方面原因：一是一主两辅时，实际执业律师人数仅有现在的一半左右，本地各个专业方向的业务量都有限，专业化没法做到那么精深，所以还是留有了一定的空间；二是专业化发展初期，需要大家广泛地探讨摸索自身的专业化发展方向。谈到这个，柳向阳非常坦诚地说缩减的目的是实事求是，专业部门的重整是为了实现更为聚焦的、精深的专业化，以实现专业部门作为业务的实质性的统一运作平台（一体化为方向）。

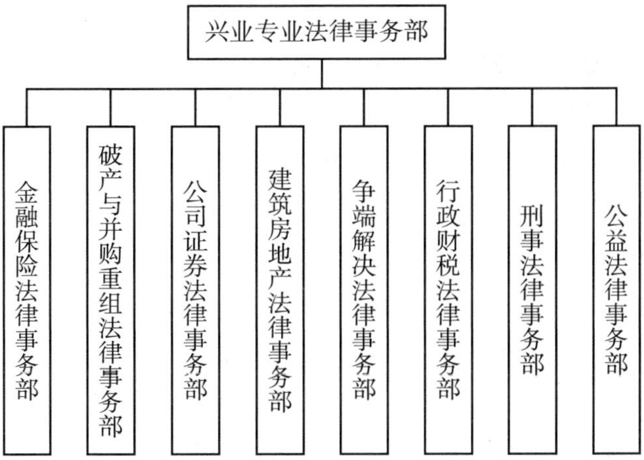

兴业所专业部门架构

重整后的刑事法律业务部、破产重组法律业务部，都已经开启了实质化运行序幕，我们期待兴业从多到少、从虚到实的专业部门建设的实践。

人才，品质的根本

律师行业是智力服务行业，优秀的人才是保证服务品质的根本。柳向阳认为，厘清人才和事务所管理的关系，是解决如何高质量发展的大事情。

律师行业特点决定了人是竞争力的核心，人数要有一定规模，执业人数控制在地区注册律师人数的 5% 以内，宁夏地区 120 人左右为合适。目前兴业注册律师在 120 人以上。但仅有数量是不够的，关键在人才质量。而事务所管理的目的不在于管住这 100 多人，管理的目的在于吸引更多优秀的人，让优秀的人处于领导、主导和核心地位，通过组织目标引导、组织重构、内部平台搭建、合理分工协助、中后台支持、组织激励和约束、考核等管理措施，让优秀人才带领团队最大限度发挥价值，形成“1+1>2”的团队一体化竞争优势。事务所的管理应该是强管理，所谓“强管理”突出的是不能弱化组织、不能让人才随心所欲地自然成长和作业，而是要有目标、有斗志、有激励、有组织地发展，管理最终是为目标和激励服务的“强服务”。人才和管理，两者应该是相互映衬、相互正向作用的，没有优秀人才的管理无法保证品质，但没有“强管理”的人才聚集只是绿林好汉的山头林立，无法实现聚合效应。

“兴业正处在实现品质飞跃的重要发展阶段，越要按照上述原则和思路处理好人才和管理的问题。两手抓，两手都要强。”柳向阳说。

2016 年注册律师人数达到 100 人以后，兴业完成了适度规模化目标，此后提高了聘用律师的门槛，严把进人关，除了对学历、专业要求外，所有招聘要由 5 名以上高级合伙人面试，通过现场综合测试择优录用。同时，对于不适合事务所发展要求的通过协调转所等途径进行淘汰，从选人用人角度提高律师专业素质。

对于决定聘用律师，兴业提供完善的办公条件且不收取任何费用，实行全员社保。对于新进律所的实习律师，兴业规定实习期工资不能低于 3000 元，社保也必须全员足额缴纳。“事务所是一个组织，不是个体户拼凑的各行其是挣钱的业务工具，基本保障是人才获得尊重、尊严感的基本条件。”柳向阳说。

如何突破传统的师傅带徒弟模式，更广泛深入迅速地提升青年律师和骨干律师，兴业合伙人下了很大功夫。建立了兴业律师培训基金和合伙人培训基金，每年给每个合伙人提供 1 万元的培训经费，非合伙人律师参加中世联盟的百合沙龙、优才集训营、论坛都报销一定比例费用，从专业部组织的学习培训交流到事务所的集中培训、模拟法庭，再到优才集训营，除了知识和技能提升外，更重要的是树立全所律师要以业务品质为核心竞争力的执业理念。

火车跑得快，全靠车头带。领军人才培养是兴业打造行业领先的重要工程，兴业制定的目标是用 5~10 年培养 10 名在区域市场不同专业的领军人才，为此，事务所建立了 150 万元的领军人才培养基金，从平台、业务集中、业务交流、著述出版等各方面扶持支持优秀的律师尽快成长为行业领军人才。

系列人才培养计划的落地和实施，使兴业成长起来一批“80 后”的优秀律师，如杨玉君、马力国、孔凡智、马健、吴广贤、赵永辉、任海权、黄兵、李善鹏……也涌现出一批“90 后”的后起之秀，如王丹、杨雨潇、李玉婷……这些优秀的青年律师，代表着兴业蒸蒸日上的未来。

做强优势专业，带动综合发展

法律服务的类型、广度与深度往往与一个地区的产业和市场状况密不可分。兴业的诸多业务领域，亦是依托宁夏当地产业特点和市场需求变化，适时把握机遇和行业风口实现的崛起。

2008 年左右，宁夏银川市房地产价格持续上涨，也逐步带动了当地房地产开发投资及相关金融市场的发展。以闫海滨为代表的兴业律师在当时觉察到房地产领域的市场变化，开始投身建筑与房地产法律服务业务。通过多年积累，兴业律师在建筑房地产领域积累了争议解决、法律顾问等方面的丰富经验。

经过十余年发展，目前兴业建筑房地产业务的客户类型更加丰富，除建筑工程施工商、房地产开发商外，相关的规划设计、监理、中介咨询等机构也成为其重要的客户类型。

除争议解决等传统业务外，兴业近年来还为高速公路、高铁等大型基建项目提供配套法律服务，2019 年 12 月 29 日开启了宁夏高铁时代的银川至中卫的城际铁路就是兴业所专项提供服务的，正在建设的银昆高速、乌玛高速很多重大基础设施建设都能看到兴业人的身影。目前，兴业建筑与房地产业务部共有23名成员，由高级合伙人在律所层面分管，下设一名部长具体统筹部门的日常业务学习、交流及重大业务研讨。

谈及兴业建筑与房地产这一“传统”业务部门未来的发展时，闫海滨认为，首先，今后要整合税务、会计等机构，探索为建筑、房地产企业提供从投资、融资到开发、建设、后期运营的全流程服务。其次，顺应行业发展趋势，在建筑、房地产企业的并购重组、新基建法律服务方面加大投入力度。最后，积极服务地方政府，参与城市基础设施和公共服务领域，如银川市自来水公司的水权出让、污水厂的TOT项目，探索政府投资项目的法律风险防范模式。

说起融资，兴业律师更是充满了骄傲。从2012年以来，兴业律师为宁夏国有资本运营集团有限责任公司、宁夏建材集团股份有限公司、宁夏农垦集团有限公司、银川市城市建设投资控股有限公司等上市公司、大型国有企业发行的公司债券、中期票据、短期融资券、超短期融资券、私募债券、定向债务融资工具、定向债、可转债等多个债项品种提供专项法律服务，协助企业成功发行债券融资达到230多亿元，为地方经济发展贡献了律师力量。

近年来宁夏保险业保持了快速的增长步伐。2018年，宁夏保险市场的保险密度和保费增速都位列全国前十。市场的高增速也催生了保险领域的专业法律服务需求。

2012年至今，兴业先后为中国平安财产保险、中国人民财产保险、中国人寿保险等知名保险企业的宁夏分公司提供诉讼和非诉法律服务，并连续7年成为代理中国人民财产保险宁夏分公司诉讼案件数量最多的律所。

兴业金融保险业务团队的客户类型及业务种类逐渐呈现多元化态势，在同当地诸多金融机构、大型商业银行、大型资产管理公司保持长期合作的过程中，逐步开发了并购重组、资产处置等领域的尽职调查、法律审查、方案拟定、商务谈判、非诉债务清收等专项法律服务。

2015年以来，全国及地方政府开始注重推进化解企业产能过剩，帮助企业降低债务杠杆。此后，最高人民法院指导地方各级法院设立清算与破产审判庭，完善全国范围内的企业破产审判工作。为顺应市场需求的变化，兴业在2015年左右开始拓展破产重整领域的法律业务。依托中世律所联盟所带来的优质资源和合作机会，以及长期在资本市场领域积累的项目经验，兴业破产重整业务得以实现快速发展。近年来，兴业破产重整业务以年均30%的幅度递增，2019年，业务收入同比增长高达128%。

2014年1月，兴业破产与并购重组法律事务部成立，目前团队人员共17名。在办理具体业务时，项目团队按照“三级分工制”进行破产业务办理：“高层”负责项目业务总体协调；“中层”担任现场负责人及项目推动者；再之下根据具体项目设置债权申报审核、资产、综合、财务、诉讼等各个工作小组，各小组相互配合，推进各项工作进行。

谈及破产与并购重组法律事务部实行“一体化”构想的长期规划和目标时，兴业所合伙人、破产与并购重组法律事务部部长吴广贤说："在一体化发展的基础上，才能形成深度的专业分工，长期稳定的团队，以及公共积累。'一体化'模式可以使团队在资金、知识储备及人才梯队建设方面完成积淀。"

双品建设与未来谋划

双品建设年

"品牌是获客的影响力，品质是交付服务的能力。品牌与品质是良性互动的关系，但最核心的还是品质。"柳向阳这样解释"双品"的内涵。

将 2019~2021 年定为兴业的"双品建设年"，是对当下宁夏更加激烈的市场竞争环境的反应。宁夏虽然人口只有 600 多万人，但律师人数近几年逐年新增 300 名左右，目前已有 3000 多人，其中约 75% 聚集在银川。律师万人比远远高于沿海省市，虽然代表着律师队伍的壮大，但竞争是实实在在摆在面前的。

此外，从 2000 年之后，北京等外地大所的分所也陆续进驻银川。尤其是近两年，上海、广东的律所也加入竞争，作为老牌律所的兴业面临着十分严峻的挑战。"在市场相对不那么成熟的环境中，外地大所有着明显的品牌优势，主要体现在高端大型项目的竞争上。而这正是现阶段第一方阵商事律所竞争的重心。"柳向阳说。

专业品质的塑造是兴业从创立之初就一直秉持坚守的立所之本，重点是以质量管理为核心的业务管理制度建设。兴业设立有案件受理利益冲突解决制度、案件受理审核制度、重大疑难案件管理办法、办理民商事案件操作规则、常年法律顾问服务工作规范指导意见、听庭制度等规范文件提供保障，办理民商事案件操作规则、诉讼案件办案指引针对每个阶段代理需要把握的要点，以及起诉、答辩、证据目录、代理意见、庭审发问等环节都可进行规范指引。

品质建设首先从日常业务的规范化做起，保证法律服务的重要环节、节点都能按照规定流程规范实施。做到规范化只是一个基础，但依然是对一个事务所管理水平的考验，引进管理软件，就是将规范化要求植入管理环节，通过流程提升规范化水平。但品质本身并不是规范化基础能够解决和实现的，品质建设最终体现为输出给服务对象的产品和服务在同期同类市场上相比是明显高质量的，难以被迅速替代从而保持领先的优势。

这一阶段的品质兴业建设，以规范化为基础，围绕着领军人才培养、专业部门重整和实质化、一体化团队建设、知识管理、中后台建设等方面为核心，进行系统化的改革和建设。

为了更好地、实质化地把控业务质量，2019 年起陆续从外部引进多名专职法律专家，对疑难重大案件从接受委托、证据确定组织、诉讼请求或抗辩主张确定等环节进行实质化的审核指导，结合疑难案件讨论、听庭等制度，提高每一个案件的质量。

当然最重要的还是专业部门的重整和实质化、一体化团队建设。一个人的力量毕竟是有限的，集体的力量才是无穷的，加上知识管理、中后台建设，其实质和核心都在于如何建立起一个强大的组织，如何发挥出集体的力量。

同时，把品牌建设提到律所战略发展的高度，已经成为很多律所的共识。柳向阳认为，品牌建设最终都将沉淀为律师事务所的无形资产，支撑着律所的存续与传承，理应长期建设，重点投入。

这一阶段的品牌兴业建设，除对兴业精神和价值的再塑和精准化外，重点包括了品牌营销、客户维护、法律服务产品研发，加强与媒体、行业主管部门、行业协会的合作以及中世联盟模范律所建设等。这其中，建立专门的市场营销部门，与新媒体和国际评级机构的深度合作是律所的两大重点和亮点。

柳向阳说：“过去我们实际上一直是本着酒香不怕巷子深的概念，一直严格控制律所规模，坚守品质道路，没有去安排专业的市场部门，但是现在行业市场竞争的加剧提出了新的要求。”随着北京、上海、广东等多地规模所的分所陆续在银川设立，本地的市场环境已经与多年前有着天壤之别，这个时候品牌的重要性就愈加凸显。“兴业已经长期坚守品质化道路，在这个基础上，我们需要把兴业的定位、兴业的价值观、兴业的专业领域特长和在客户当中的形象更广泛地传递给已有客户和潜在客户。”

柳向阳认为，品牌建设有三个方面：第一个方面是新媒体力量的进一步发挥，展示律所专业实力。从 2014 年开始兴业就开设了自己的公众号，花了很大的力气长期坚持原创。2019 年，律所又开通了微博、头条和抖音号，形成立体化全覆盖的新媒体矩阵。第二个方面是兴业的价值观和文化传递的进一步强化，这是律所树立文化品牌的必须。兴业做了很多文化建设活动，传递律所正面积极的、有斗志的、有活力的形象。第三个方面是外部合作的进一步拓展，这是律所构建更广阔平台的需要。品牌建设一定是与外部合作的，如跟政府机关平台的合作、协会的合作、商会的合作、热点事件的合作以及和新媒体以及国际评级机构的合作。

“双品建设不是一个短期的工作，要靠持续的品质和主动的适合的推广去推进和巩固，但它的收效是长远的。”柳向阳肯定地说。

2019 年，管委会换届改选的同时也调整了结构，将原有的四委员会一部门改为三委员会两中心：文宣及品牌建设工作委员会、业务管理与发展工作委员会、教育培训工作委员会和产品研发中心、运营服务中心。

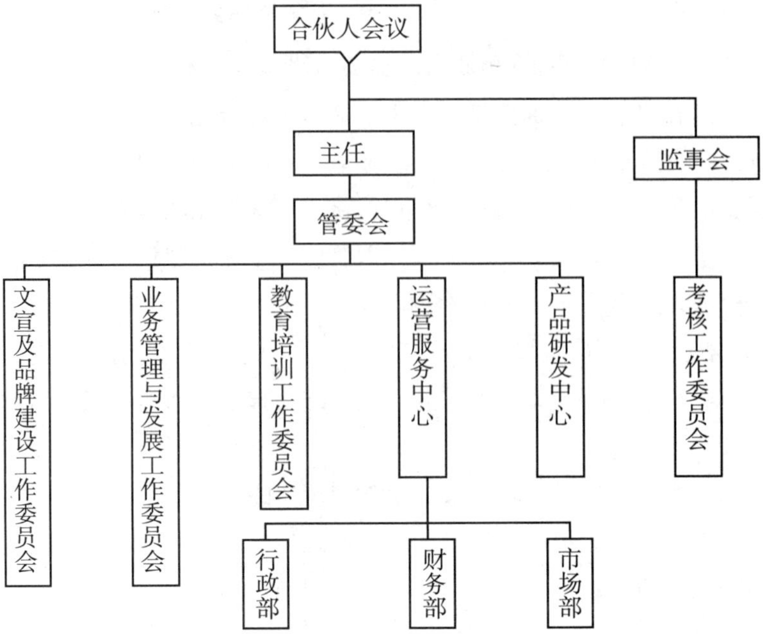

兴业所管理架构

运营服务中心是管委会“三委两中心”之一，设行政、财务、市场三个部门，负责执行管委会关于律所业务管理、行政财务管理、品宣与推广、培训教育等方面规章制度的落地执行。这样的架构从制度和角色定位上明确了其在律所经营中的枢纽作用。

运营服务中心现已成为兴业高效顺畅运行的保障，除了原先的行政财务职能外，还承担起市场营销、对外投标、客户维护、活动组织等功能。在兴业的未来规划中，今后整个律所的案源都将由运营中心统一对接和分配，律师团队则成为更加“纯粹”的执行部门。

“将来，运营中心将真正成为内部连接律师，外部连接客户，直接参与律师服务环节，提高服务效率和客户满意度的重要平台。”兴业运营服务中心负责人王艳雯说。

一体化改革

一体化是兴业未来发展的方向，在这一点上内部已经有了基本共识。另外一个重要的共识是，基于现实情况考虑，兴业绝不能走“一步到位”的一体化道路，需要逐步地尝试。

运营服务中心的设置代表了在全所层面建设公共支持团队的尝试。而在业务中，一体化的尝试同时在律师团队和业务部门两条线上展开。

目前，柳向阳和闫海滨各自组建了两支一体化运营的团队。柳向阳的团队由 3 名合伙人在内的共15人组成，围绕公司投资和破产重组业务提供法律服务。在他看来，一体化意味着业务入口的一体化、内部资源调配的一体化、内部业务流程和品控的一体化以及法律服务产品交付的一体化。目前，团队内设有三个项目组，两层项目组负责人，柳向阳担任团队总负责人。一般业务的承办交付需要经两级审核，复杂疑难业务需要经三级审核，以此确保服务的品质。经过两年的实践，柳向阳对一体化实践的价值更加认同，这是满足客户服务深度、广度同时增加的纵深服务需求的需要，更是当前法律服务结构变化决定的，只有真正做到了一个所或更多优秀律师搭建的一体化，才能通过组织结构的再造大幅度提升服务品质。柳向阳说，我们有许多误区，总是纠结于不好分配而影响了真正合起伙来，影响了发展，分钱总是比挣钱容易得多，一体化的业务发展之路一定要坚定不移地走下去。

在部门层面，从2018年就准备推进的专业部门实质化改革也是向着业务一体化迈进的更进一步的尝试和阶段性推进。

2019年年底，刑事法律事务部的重组已经敲定落地。这一阶段的改革中，刑事业务实行高度的部门集中和严格的准入制度。原有的专业部门划分没有进行专业限制，更多的是倡导和引导。而从2019年9月1日起，全所新受理的刑辩业务只能由刑辩部律师承办，运营服务中心不再向刑辩部以外的律师出具函件。

刑辩部由出庭律师和辅庭律师组成，出庭律师独立办理刑事案件全流程业务，辅庭律师可以办理除独立出庭外的其他包括但不限于会见、阅卷等刑事业务工作。律所每一年度对刑辩部律师予以考核，对不符合刑辩部要求的予以劝退，符合条件的律师经过自己申报审批后可以进入刑辩部。

刑辩部设立有案源的共享机制，一是鼓励全所律师向刑辩部推荐案源，刑辩部应当积极探索合理的共享分配机制；二是刑辩部以外的其他律师的刑辩案源可以通过运营服务中心转介至刑辩部负责结案和办理，也可自行联系推介。

为了形成激励机制，同时又形成内外循环的人员流动机制，兴业出台了刑辩部的积分考核办法。考核内容包括了代理案件数量、创收、原创文章、培训和演讲、听庭观摩和赴外地学习等多项内容。刑辩部律师采取75分及格线及末位淘汰机制，但代理案件部分50分封顶。“这样设置，我们希望刑辩律师的能力成长是全方位的，案件积分封顶，但研讨、写文章、培训和学习这些不封顶，鼓励律师多参与。”兴业高级合伙人、刑事辩护业务一体化试点负责人马勇说。

马勇介绍，辅庭律师和部门外的律师，也都有机会通过积分机制成为出庭律师，出庭律师积分不达标也有强制退出机制，这样就打通了人员的进退通道。“我们实质上是希望打造一个一体化的刑辩团队，目前是第一阶段的尝试和摸索。”马勇说。

除了刑辩团队，破产法律专业部也是兴业正在改造的一个实质化的专业部门。截至目前，兴业担任了20多家破产企业的管理人，累计有近30名律师参与不同破产项目，事务所2019年出台了《宁夏兴业律师事务所破产（清算）案件公益基金管理办法》规范引导破产业务健康持续发展，通过组织培训、外出交流、内部研讨、编写指引等方式强化、提升专业能力，现已形成了一个较为高效专业的团队。但存在的问题是，参与破产项目的律师还同时承担着其他业务，不能保证完全集中精力放在破产项目上，尤其破产项目周期长、回款慢的情况下，更是存在人员持续保障问题。兴业正在研究出台破产法律专业部一体化的规则。

期待着兴业从一个个团队逐步试验，从一个个部门逐步实践，实现更大范围更广领域的业务一体化，从而蜕变出一个更好的兴业。

落子宁东　辐射西北

2019年，兴业走出了规模化发展区域布局的重要一步，将第一家分所落子宁东能源化工基地。

“设立分所，不能仅仅从律所的短期经济效益出发，更要适应区域经济发展的需求，进行有战略性的布点，指向更广袤的市场和更长远的发展。”分所主任郝运清说。

宁东镇被称为宁夏回族自治区第一镇，原名磁窑堡镇，位于灵武市东部。307国道、银青高速公路、磁马公路、大古铁路横穿而过，成为宁夏与东部地区沟通的重要经济通道。宁东能源化工基地被称为宁夏的“一号工程”，是国家14个亿吨级大型煤炭基地之一、9个千万千瓦级煤电基地之一、4个现代煤化工产业示范区之一及循环经济示范区，生产总值排在国家30个能源化工基地的第六名。2018年，宁东镇工业总产值占宁夏的35%，成为西北唯一一个产值过千亿元的化工园区。

160余家企业、机构在宁东镇办公，法律服务需求非常旺盛。但这么大一个能源化工基地，这么大的法律服务市场，却是律所的“零存在”。

究其原因，宁东镇距灵武市约30公里，但灵武的法律服务能力无法满足其需求；距银川仅约50分钟车程，但对银川律所来说似乎也没有另在宁东开办分所的必要。两重原因相加，使宁东镇始终没有律所设点，但当地企业的法律服务需求却日益紧迫。从政治和战略意义角度出发，经过深思熟虑，兴业突破了这一现状，下决心将第一家分所选点宁东。

“‘1号工程’的重要性不言而喻，律所应当履行社会责任，提供相匹配的法律服务保障。”郝运清说，这是落子宁东的第一重考量，而从律所发展的角度，兴业的目光没有仅仅停留在宁东：500公里范围内，银川是最大的一座城市，也是区域内法律服务业品质最高的一座城市。内蒙古的阿拉善左旗，甚至包括鄂尔多斯，都是以矿产资源为主的县市区，还有定边、靖边，也是石油的重要产区。这些地方离它们的省会城市都很远，离宁东却很近，都在100公里左右。以宁东为规模化发展的第一步和重要的战略据点，兴业希望实现在新形势下自身发展再上台阶的突破。

2019 年年底，宁东分所注册成立，定位为专注能源化工行业的精品律所。分所拥有 540 平方米办公空间，由总部派驻律师，已经配备了一名专业的市场人员。由于新冠肺炎疫情影响，分所 2020 年上半年正式开始运行。郝运清说，分所计划在本地招聘部分优秀律师加盟，达到十五六名律师的规模，目前分所已经和当地部分行政机关和数家入园企业签订了常年法律顾问服务合同。他介绍，分所 2020 年的目标就是在当地站住脚，达到当地“知名”，第二年，希望能够在能源化工行业法律服务领域内实现行业“著名”，分所业务定位在能源化工、知识产权、行政、公司及投融资法律事务等专业领域，期望成为真正权威的“行业 + 专业”的法律服务机构。

卓越是目标，幸福是目的

兴业的形象墙上的 16 字所训“崇德尚法，进取合作，专注精致，卓越幸福”引人注目。《民主与法制》周刊总编辑刘桂明先生到访兴业时对“卓越幸福”的价值观高度赞扬，称赞道：卓越是目标，幸福是目的，同时关注了一个人的成就和归属，而且以幸福为归宿，体现了“幸福是人民根本追求”的新时代文化。

兴业的幸福感，首先来自一群志同道合的人形成了“卓越是核心竞争力”的一致目标。专注刑事辩护的黄兵律师说：“幸福兴业，就是通过卓越的律师工作体现价值感、带来成就感。”李玉婷律师很骄傲地说：“在我看来，虽然我们人数不是第一，但是我们的专业能力一直是第一，我们通过一个个案件赢得法官的尊重和当事人的认可。”

在法院做了很多年审判工作辞职从事律师的任海权对此有自己的思考：兴业所绝不是个体律师的集合，绝不是老式的“有组织、无纪律”的“挂靠所”。坚持做大做强的品质化追求和以人为本的工作理念，合伙人始终把团队建设和共赢发展放在首位，对内扶持年青律师，中间强化业务素质，对外积极树立品牌和拓展市场，所内团队化、一体化趋势明显，有效适应了法律服务市场的迭代升级和客户不同层次的需求。“对于曾经在所谓‘体制内’工作多年的我而言，这种兴业文化能够消除我辞职后产生的无归属感和不安定感，是兴业所吸引我的重要因素。”

一个所的核心价值决定了一个所的持续发展，这些律师对于卓越的认知，体现的正是兴业以业务品质为核心的理念，这样一个所的未来一定可期。

兴业的幸福感，体现在律所对普通员工的尊重。兴业运营服务中心负责人王艳雯对这一点体会颇深。她 1995 年加入兴业，从出纳开始做起，一待就是 25 个年头。兴业运营服务团队也从最初王艳雯一人壮大到现在的 10 名员工。

律所管理架构中，运营服务中心承担了核心枢纽作用，运营团队的工作成果直接关系事务所发展，这让成员们感到莫大的认可和鼓励。同时，兴业给予运营团队足以让他们感到自己劳动被尊重的薪资待遇，并设计了科学合理的薪酬体系，让团队成员清晰地看到自己的职业成长。除享受与执业律师同样的福利待遇外，事务所还为运营人员提供多种方式的交流学习机会。在兴业，办公环境最好的位置是运营服务中心，所里律师们也在律所运营和日常生活中给予他们以关心和支持。方方面面的保障，让运营团队全体人员对这里有了家一般的归属感。

兴业的幸福感还体现在对律师细致的人文关怀上。例如，逢年过节的祝福卡片，都是由所内运营团队手写、手绘，并亲自交到每一位律师手中，“虽然这部分资金花的不多，但体现的是用心与关怀”。每个成员生日的鲜花和蛋糕，都代表了一份深深的祝福。2019 年 11 月开始，每逢有人过生日，运营服务中心就会在所群里制作精美的贺卡，发送生日祝福红包。兴业的相关福利制度不仅针对所内律师，还延伸到员工的亲属。韩宾律师说道：“去年我爱人突患疾病，相继在宁夏、陕西、北京、上海各医院进行治疗，都没有明显好转，律所领导知道情况后通过律所的资源积极帮助我们联系医院并到家里看望我爱人，送来慰问金，让我们感受到了家一般的温暖。”

兴业还设置了专门奖励资助考上大学律师员工子女的“兴业学子奖学金”。对此，杨顺春律师颇有感触：“2018 年孩子考上大学，我带着孩子拿着入学通知书到律所领取‘兴业学子奖学金’。所里举行仪式，拍照留念，这样的形式不仅让我们家长感动，更让下一代受教育。孩子上了大学后还念念不忘经常说起这个事，表示要努力学习，以后也要在这样温暖的集体中工作。”

一个组织的温暖是一种文化，温暖可以传递。于若楠是一名优秀的“90 后”律师，2016 年下半年加盟兴业，她说：“2017 年家父意外去世，因为发了一条悲伤的朋友圈，所里诸多合伙人、律师以及行政总监纷纷打来电话慰问，包了大礼包，李自如、何欣、李斐然几位律师还驱车 2 个多小时去老家探望我，这样感动的时刻太多太多。”

兴业最具特色的福利制度，当属养老制度。事务所将每年度利润留存 10% 设立基金池，根据律师对律所所做的贡献，设立量化标准，上不封顶。在 60 岁时，律师被视为退休，符合条件的律师会享受一定的养老待遇，比如旅游、一定数额的津贴等。“这项待遇本身也不一定很重，但重在增强律师的归属感和存在感。”柳向阳说。

丰富的团建活动是兴业每年的“保留节目”。中卫金沙岛、萨拉乌苏、夏日塔拉大草原……近年来，一次次远离城市喧嚣的主题团建使平日里埋首伏案的律师有了体验自然、放松身心的机会，也为团队间创造了增进了解、相互融合的契机。

现有成员近 60 人的“兴业跑团”也已成为兴业的文化名片之一。以 2017 年 1 月 1 日凤凰公园“迎新年健身跑”活动为起点，跑团已参与宁夏省内外多场马拉松比赛。在 2018 年 11 月南京高淳的马拉松比赛中，兴业成为西北地区参赛人数最多的律所，被组委会授予“最佳组织奖”。

兴业的大家庭是多元的，这里既有执业二三十年的前辈，也有刚踏入行业的律师新兵，既有本地院校的法学生，也有外省大学的优秀学子；既有从政法院校一路走来的法律人，也有从其他岗位转行的复合型律师……他们都在银川，在兴业找到了自己的事业平台和“第二个家”。在律师们眼中，兴业的幸福感还体现在专业的不断提升和事业的共同成就。对于入行不久的律师们，兴业给他们营造了成长的港湾，李玉婷、王丹、李文杰、于若楠、石薇、杨雨潇等一批执业不久的年轻律师都对自己在兴业律师培训基金、定期组织培训、模拟法庭、领军人才培养计划和中世联盟百合沙龙、优才集训营等各种人才培养措施下获得的锻炼和成长感受深刻。对于一批中青年律师，兴业给他们提供了一个成就自我的事业平台，杨玉君、马力国、孔凡智、马健、吴广贤、赵永辉、任海权、黄兵、李善鹏、杜涛等都已是各自专业领域的领先人才。新老结合，梯队完善，专业分工，共同发展，律师与律所结合成“命运共同体”，共荣共行、共生共赢。卓越是目标，幸福是目的。兴业独有的文化让每一个人都在此获得了幸福感。他们也积极履行社会责任，将“幸福兴业”的律所理念向社会扩散。

兴业律师还发挥专业优势，计划在当地高校开设法律实务课程，由所内律师赴高校讲授诉讼及非诉法律实务课程，帮助在校法学生了解掌握理论之外的法律实务技能。“比起捐钱设立奖学金，我们认为专业输出的价值更大”，柳向阳介绍说，目前已与高校基本达成一致意向，预计2020年下半年落地实施。

2020年新冠肺炎疫情以来，兴业第一时间组建了50多个人的公益法律服务团，编辑了《疫情防控法律政策60问》，由于编辑内容全面、准确，实用性强，该60问获得了各界的充分肯定，发挥了积极作用。宁夏回族自治区党委常委赵永清对该60问作出批示在一定范围发放，陈润儿书记专门进行了圈阅，这是对整个律师行业疫情防控工作一次非常重要的肯定。

之后，兴业律师编辑整理推出了《关于突发公共卫生事件及传染病防治政策汇编》《宁夏地区企业复工法律指引》，以及8大针对企业复工复产的专项法律服务产品，是宁夏律师行业撰写、编辑疫情文件、服务产品最多的律师所。

公益行动兴业人永远在路上。2020年3月13日，兴业成立全行业第一个公益法律事务部，由曾经2020年1月获得司法部“全国新时代司法为民好榜样”称号的李善鹏律师担任部长，志在将公益法律服务机制化、常态化、规范化，凸显社会责任担当。

“品牌是一个大概念，它由一系列因素组成。首先是基于律师高品质服务的良好业绩，其次是社会责任担当，最终则体现为律师行业、政府部门和社会各界的认可。”柳向阳说。

一个组织是否优秀，要看个体是否卓越。而能否让一个组织走得更远，让所有成员都在集体中找到归属感和幸福感则是关键，这是所有兴业人的共识，也是他们未来的努力方向。

结　语

兴业人一步一个脚印，从人才培养到专业打造，从管理构架到制度建设，以品质兴业为核心，以品牌兴业为形象，以一体化团队建设为抓手推动业务部门的一体化，兴业一直在不断探索实践一系列的创新与变革，不断巩固区域商事业务领域的前列地位。

回眸历史，是兴业人的活力与胆识、智慧与梦想给了兴业人当之无愧的回报；遥望未来，让幸福兴业带给每一个兴业人幸福，是兴业人笃定前行的无悔脚步。

落子宁东，辐射西北，兴业的触角与视野已经向区域外强势延伸，更美好的愿景招引着兴业迈上了新的征程。战略性布点，作为迈向规模化与现代化律所的第一步，兴业已经将视线投向了更广袤的市场和更长远的发展。

人为本，品为魂！兴业之兴，乃众人同心，同力共举；兴业之业，乃行业之精进笃行者、事业之品格彰显者。如此审视兴业，区域商事强所的成就已经成为兴业人倍感欣慰的过去与现在。未来的卓越与幸福，都在兴业人的挥手之间。

方达

植根中国，放眼全球

林　戈　伊晓俊

方达上海办公室

方达北京办公室

方达香港办公室

“砺行致远”

2019 年 11 月 26 日，互联网巨头阿里巴巴在港交所挂牌上市，募资金额约为 880 亿港元，这是 9 年以来，中国香港股票市场规模最大的上市交易、全球第二大跨境上市案例。其背后的发行人法律顾问就是方达律师事务所。2014 年，阿里巴巴在纽交所上市，这是当时全球募集资金规模最大的科技企业 IPO，亦是方达作为发行人中国法律顾问。时隔五年，不同的上市地点，不变的，是方达的服务。

2018 年 12 月，最高人民法院就华为诉 IDC 标准必要专利使用费纠纷案作出再审裁定，之后，根据双方共同申请，进一步作出民事调解书。至此，双方持续 7 年之久的法律程序正式终结。方达在本案中代理 IDC 公司。这是目前唯一一起中国法院关于通信领域标准必要专利许可费率的纠纷作出判决的案件，也是方达在知识产权和反垄断交叉领域内承办的一个经典案例。

2017 年，中国化工集团以 430 亿美元的对价收购全球最大的化肥公司 Syngenta。在这个可能是迄今为止中国最大的跨境收购项目中，中国化工集团的中国法律顾问就是方达。

这些案例只是方达 26 年风云录中的几个片段。方达何以与众不同，如何从上海起家，位列“红圈”，成就辉煌过往？方达的管理和文化有何特殊性，为其崛起提供了怎样的内在驱动力？在未来，方达如何依托我国香港地区成就国际化，成为一家植根中国的国际大所？本文将为您全面解答。

方达 26 年史：崛起上海，位列“红圈”

1993 年深秋，上海对外经济律师事务所几个从业年龄不到三年的年轻律师黄伟民、李骐和秦悦民，以及刚从复旦大学毕业的周志峰和他的大学同学吕晓东一起，拿到了上海市司法局同意其筹建合作制律师事务所的批文。这家平均律师年龄当时仅 25 岁的律所就这样上路了。

年轻的合伙人们将律所命名为“方达”，“方”寓意诚实正直；而“达”，则代表繁荣昌盛，这体现了创始人们的理念和愿景。

20 世纪 90 年代，上海证券交易所刚刚成立，证券法律业务为上海律师带来了无限机遇。作为中国的经济和金融中心，上海对于能够从事涉外和金融法律服务的律师有着巨大的需求。

在当时，方达创始人李骐和黄伟民有幸参与了国内第一个律师参与的 IPO 项目，首次同英国的“魔圈所”并肩作战。而参与办理上海多个“首例”项目，包括上海首例土地出让项目和首次银团贷款项目，使方达的年轻人们在短时间内积累了丰富的实务经验，也使方达在第一个五年就获得了蓬勃的发展。

然而，方达的目标不仅是做一家上海的优秀律师事务所。20 世纪 90 年代以来，因地理位置及政策方面的优势，以深圳等城市为中心的珠三角地区经济获得了显著发展，却鲜有外地律所进驻。2000 年，方达抢占先机，在深圳设立了办公室。

但对于周志峰来说，打入北京法律市场，成为中国顶尖的律师事务所之一，始终是他想要实现的目标。同上海有限的本地市场容量相比，北京的资本市场业务集中度更高，尤其是位于北京的大批国企、央企在这一领域有很大的业务需求。

2004 年，对于方达而言具有里程碑式的意义。这一年，周志峰和深圳办公室的丁继栋，一起北上进京，开启了他们的又一次创业之旅。当时加入他们的，还有从谢尔曼·思特灵香港办公室加盟的周传杰以及周志峰的复旦学弟、1993 年国际大专辩论赛的明星辩手季翔。

如果说方达的崛起建立在两块基石之上，其中一块是市场顶端的交易项目，那么另外一块就是争议解决。同样是在 2004 年，方达确定了将争议解决业务发展成为事务所支柱业务的战略目标，也迎来了争议解决业务的合伙人季诺的加盟。在加盟之前，季诺对方达的第一印象是学霸和国际化的律师比较多，而在制度、理念方面，方达更像是一家外资律所。

方达在争议解决领域发力，主要考量是推动业务的多元化发展，并以不同的业务结构对冲经济周期波动所带来的影响。同时，这也是应对中国法律市场开放之后与国际所在涉外业务领域竞争的一个重要准备。周志峰深信，没有一个强大的诉讼团队的律所，其业务不可能有深度。

方达对争议解决业务领域有选择地进行布局。一开始，虽然争议解决业务的体量相对较小，方达仍坚持以商事争议解决和知识产权案件为起点，其客户主要是内部管理规范、较为重视法律的外商投资企业和国有大型企业。在季诺的带领下，方达的争议解决业务逐渐发展起来。

从 2005 年开始，方达开始拓展国际商事仲裁业务，并加大对知识产权诉讼业务的投入。而此后香港办公室的设立，也对争议解决业务的布局和发展起到了重要的推动作用。以香港分所作为窗口，和国际律所在争议解决方面建立一定的联系，渐渐提升了方达在处理跨境争议解决业务上的能力。

2007 年，《反垄断法》通过，至今已施行了 12 年。近年来，国内律所在反垄断领域竞争激烈，竞争从经营者集中申报向反垄断调查与反垄断民事诉讼方面逐渐展开。现在方达已拥有一支超过 20 名专注反垄断业务的律师组成的团队，成为国内人数最多的反垄断业务团队之一。在合伙人韩亮的带领下，方达的反垄断业务全方位覆盖包括经营者集中申报，反垄断调查以及诉讼，已成为方达的名片之一。

正是由于在争议解决领域的较早布局，帮助方达在 2008 年全球金融危机时得以规避风险，顺利渡过难关。当2008年的金融危机对全球律所的资本市场业务产生影响之时，方达非但没有解雇任何一名员工或律师，而是在薪资方面保持稳定的增长。时至今日，争议解决业务的比重已占方达整体业务的30%~40%。在“红圈所”中，方达的争议解决业务占整体业务的比重可能是最高的。

自2009年之后，方达的市场声誉得到提高，在人才市场的吸引力也很强，因为在经济危机期间，包括外资所、内资所在内，只有包括方达在内的少数律所能够在薪资方面依然保持稳定的涨幅。从战略角度来讲，争议解决业务的布局还间接推动了律所长期人才战略的发展。

2012年，方达在北京的战略布局取得成效，业务创收首次超过了上海办公室。而此时，踌躇满志的周志峰意欲再次升级战略，南下进军香港地区法律市场。

2012年，方达香港办公室设立，以此为起点，方达已将主要竞争对手定为在中国开展业务的“魔圈”律师事务所。周志峰坦言，越来越多的企业客户选择以香港地区为支点，进一步撬动在中国大陆的投资业务，而方达并不愿将客户拱手让给香港地区的其他竞争对手，在与香港地区的国际律所竞争过程中，也会向竞争对手学习。

在香港分所的布局上，方达利用“横向招聘”的方式招兵买马，吸纳国际知名律师事务所以及香港地区本地的精英团队加入。

根据英国法律媒体发布的《2014年中国精英律所报告》（China Elite 2014），中国有8家承接过大量重大交易项目，拥有众多国际客户，且在涉外业务中具有丰富经验和突出表现的律所被并列为“红圈”（Red Circle）。方达是“红圈”中的唯一一家发轫于上海的律所。

方达是一家以资本市场业务起家的律师事务所，涉及跨境因素的B股上市一度是方达的强项，目前还在上交所挂牌的B股公司中，有一半当年聘请了方达作为他们的上市律师。

而在中国大陆机构和个人参与的A股市场上，由于政策所限，方达一直在该领域鲜有动作。直到2015年左右，一大批在美国上市的中国概念股要回归A股市场，方达再次抓住时机，陆续助力多家中概股企业从美国退市，并帮助其在A股上市，其中包括药明康德、迈瑞医疗等公司。

2018年，是方达A股业务逐渐爆发的一年，方达助力包括富士康在内的大型企业进行IPO上市业务。从融资量来看，2018年全国前十大的A股交易里面，方达参与了其中6个。

2020年7月22日，又值科创板开市一周年。凭借对中国资本市场运行模式的深刻了解、以始终能在资本市场法律服务领域解决最复杂和最具挑战性的交易法律问题的卓越能力，并得益于方达内部“一站式”服务各个行业与业务领域的专业分工配合，方达在科创板乘风破浪之际也取得斐然成绩，参与了科创板开市以来几乎所有最创新的里程碑式项目：助力 11 家企业登陆科创板，融资规模达 695.02 亿元，占科创板 IPO 融资额 32%，并为多个“首例”科创板 IPO 项目提供法律服务，其中包括中芯国际、华润微电子、三生国健等。

近年来，粤港澳大湾区成为国家发展蓝图中的重大战略部署，已成为我国开放程度最高、经济活力最强的区域之一。该地区的繁荣也为法律业务的发展带来新的机遇，2018 年，方达落子广州，开始谋求新的突破。方达也成为在深圳、香港地区和广州均设有办公室的中国律所之一。北上广深港，由北向南，五地办公室的协同，意味着方达在分所布局上已形成了稳定的格局。

方达的崛起，除了善于在关键的历史节点捕捉风口，作出正确的战略选择之外，还在于其创始人主动求变的魄力和敢于突围的勇气。方达起家沪上，南征北战，先是从资本市场领域单点突破，进而拓展私募股权与风险投资、并购、TMT、争议解决、知识产权、基金设立、反垄断、合规、破产重组和基础设施发展等领域，具备了全市场、多产品的服务能力，形成了具备“抗周期”风险能力的业务多元化布局，并实现了适度的规模化。

成为客户信任和依赖的律师

从单纯的“交易律师”转变为“客户信任和依赖的律师”，这是方达近年来在理念上的巨大提升。

为了更好地满足市场的需求，方达在部门架构上以公司业务（Corporate）和争议解决业务（Dispute Resolution）作为两个大的业务部门，向下延展。在公司业务部之下，划分为四个业务组（Practice Group），分别是资本市场 /PE、普通产业（General Industry）、金融、TMT；而商事争议解决、破产重组、知识产权诉讼等领域，则划归争议解决部。2020 年 7 月又将反垄断与合规与政府执法业务分别从公司业务部与争议解决业务部独立出来，合并成立了新的合规与政府监管业务部门。

方达的资本市场、投资并购、争议解决等业务类型，一直是传统优势业务，方达抓住每个时代风口，一步步将这些优势业务向纵深方向发展。这些年来，方达在新兴业务领域也不断布局和投入。以投资并购、知识产权诉讼、合规与政府监管这三个领域为例来说明方达在这些业务方向的发展。

投资并购

方达投资并购业务的发展历程，是方达根据客户的需求，不断发展开拓投资并购新领域的历史。20 世纪 90 年代，方达把握住外资风险投资机构进入中国的时机，开展了并购业务；后来抓住外资私募股权基金以及境内人民币基金业务相继而来的发展热潮，不断开拓市场；世纪之交，互联网行业兴起也带动了相关领域的投资热；近年来，TMT 行业的热潮以及移动互联网的发展，推动了包括 5G、VR、人工智能等新技术领域的投资。

20 世纪 90 年代以后，随着中国改革开放不断深化，中国经济呈现强劲的增长势头，外国投资者看好中国经济的增长潜力，对华直接投资出现急剧增长。到了世纪之交，在该领域已积累了一定实力的方达见证了几个具有标志性意义的交易，比如新桥投资入股深圳发展银行，这是第一个由外资入股并控制国内上市商业银行的项目；再如凯雷入股太平洋保险和 TPG 入股联想等。这些项目均是可以写入教科书的最经典的一批国内的私募股权投资项目。

与此同时，随着国内 IT 和互联网行业的发展，互联网投资机会涌现。方达就是最早一批接触该业务的中国律所之一。1999 年，方达代表 Morningside 参与了其对搜狐的投资。最早一批方达参与的从零到 IPO 的企业包括了第九城市、土豆网和分众传媒等。2005 年，方达开始服务阿里巴巴。

TMT 行业是过去几年中国经济最有活力的一个领域，也是并购和投资最活跃的一个领域。无论是前几年土豆优酷的合并，还是近年来阿里投资苏宁、收购饿了么，滴滴和快的合并以及随后对于 Uber 的收购，这些交易的背后均有着方达的身影。蚂蚁金服、今日头条和滴滴目前是国内估值最高的前三名独角兽企业，他们都是方达的活跃客户。

鲍晨是方达北京办公室的合伙人，他的主要执业领域包括跨境并购、私募和创投基金投资、资本市场等业务类型，在他看来方达能够多年雄踞各类并购排行榜的榜首，得益于两个方面：首先，方达始终坚持从客户角度出发，向客户不仅提供法律建议，还有更进一步的结合商业考量的综合判断，使方达成为客户可信任和依赖的顾问；其次，方达提供的服务结合了中国所和国际所的长处，即把作为一家中国所对本地法律和实践的深刻理解和“最国际化”的中国所背后所代表的专业国际化人才的外语能力与对国外司法制度的实践作了有机的结合，为中外客户都提供了他们所各自看重的不同角度的法律服务。而这第二点也正是方达对自己的战略定位。

知识产权诉讼

2007 年到 2010 年，是方达知识产权诉讼业务领域发展的起步阶段，在我国当时涉及知识产权领域的诉讼案件也很少，方达的深圳办公室当时代理了很多国际知名品牌，如 LV、the North Face 等在国内知名商标的侵权案件，参与了这些品牌的打假工作。

2010 年，随着中国第三次《专利法》修改草案的出台，国家知识产权局发布了《全国专利事业发展战略（2011—2020）》，中国专利申请量和授权量呈现连续数年急剧增长的趋势。2010~2012 年，在中国出现了大量的专利侵权案件，而这也是方达该业务快速发展的阶段。在此阶段，代理诺基亚诉深圳天时达的外观专利侵权案件为方达的知识产权诉讼团队积累了良好声誉。

2012~2016 年，知识产权诉讼案件的频发也使得方达该专业领域进入爆发式发展的阶段。自 2012 年以来，方达开始代理苹果公司的案件，成为苹果在中国主要合作的律师事务所。2014 年苹果在中国作为当事人的 17 起案件中，有 14 起都是由方达所代理。除此之外，方达在这一阶段还代理了许多大案要案，例如，美国篮球明星迈克尔·乔丹诉福建乔丹体育的姓名权纠纷案、特斯拉中国商标案以及 New Balance 在中国的商标侵权诉讼，这些案件的代理不仅使方达荣登各类专业机构榜单，也进一步奠定了方达在知识产权诉讼领域的领先地位。

2016 年之后，方达该业务的发展进入了快速拓展时期。在团队规模上，仅方达北京办公室的专利诉讼团队就达到 50 人规模，整个知识产权诉讼团队人数达到 80 人以上。方达也不断将知识产权诉讼案件的领域进行拓展。以通信领域为代表，苹果与高通在中国的对垒博弈堪称“神仙打架”，近年来涉及双方的诉讼就达到 20 余个。在方达代理的苹果诉高通的一系列专利诉讼中，案件涉及反垄断、公平、合理和非歧视性条款的认定、确认不侵权等多种案由，方达在最高人民法院、各高级人民法院、知识产权法院等数十个法院就超过 30 个专利侵权案件中捍卫苹果的权益。双方的索赔数额超过 16 亿元人民币。

杨璞是北京办公室知识产权诉讼业务负责人，专注于处理疑难复杂的知识产权和反垄断案件，她在专利、著作权、商标和商业秘密等领域均具有极为丰富的经验，代理过数十件由最高人民法院审理的重大知识产权案件，其中四件入选最高人民法院“指导性案例”。在她看来，方达该业务团队能够在短时间内取得长足发展，应对各类疑难的知识产权纠纷，得益于方达在这一领域的提前布局。在专利诉讼的业务量还没有爆发之前，方达就引入了在这一领域相对比较有经验的合伙人，在这一业务是否盈利仍然存在未知数时就投资建立了一个具有理工科背景的技术人才团队，并从美国引入若干名具有专利诉讼经验和技术背景的律师。

“方达知识产权团队的发展还得益于‘律师池’制度，在具体案件中，我们可以把北京办公室的所有团队成员全部调动起来。有必要的话，我们也可以与深圳和上海的其他办公室的团队协同作战。这是小团队作战所无法比拟的优势，规模较小的团队在代理规模较大的客户和案件时就容易受限。”杨璞介绍说。

合规与政府监管

尹云霞是方达合规与政府监管业务领域的合伙人，在公司合规、内部调查及政府执法方面有着丰富的经验，被钱伯斯、The Legal 500 等国际知名评级机构评为中国合规监管及调查领域的领军律师。据尹云霞介绍，2014 年之前，国内合规业务还较少，从 2014 年开始，在国内逐渐有一些知名律所开始建设合规业务，内外部因素同时促成了方达合规与政府执法业务的建立。

2013 年，英国葛兰素史克药业中国行贿事件，成为中国合规史上标志性的案件，葛兰素史克因利用贿赂手段谋求不正当利益，被长沙市中院判决处人民币 30 亿元的罚金。这一事件也促使一大批在华投资的公司开始重视符合中国法律的合规建设的重要性，而主要中国律所也开始纷纷布局该领域。

方达擅长为客户解决复杂的重大政府执法事件（特别是涉及多国执法），并为知名的国内外企业避免重大的刑事、行政处罚。同时，方达合规团队具备丰富的内部调查经验，通过刑民交叉等多种方式，为客户挽回了巨额损失。基于丰富的政府执法及内部调查经验及对于高风险领域的深入了解，方达合规团队为国内外客户建立了国际标准且符合中国实际的全面合规体系。

方达的合规团队除了在传统的反商业贿赂之外，在数据合规方面更是获得了先发优势，已经受国内的头部互联网、大数据、汽车、工业制造、医疗、消费品等多行业企业委托为其建立数据合规体系、应对刑事及行政执法、数据泄露等突发事件。方达的合规团队目前拥有 30 多名专注这一领域的律师，团队具备数据合规、反腐败、反洗钱、环境等多方面的能力和经验，并具备能力为中外企业提供综合的跨境合规服务，帮助企业客户进行有针对性的全球合规体系建设，应对各类国内外复杂的跨境刑事、行政执法。

目前中国律师事务所的合规与政府执法业务团队主要解决五个方面的问题：第一，代表客户应对相应的政府调查和诉讼；第二，帮助客户进行企业内部的合规调查；第三，帮助企业客户搭建合规体系的建设；第四，帮助客户进行投资方面的合规尽职调查、第三方审计等全方位合规执行业务；第五，则是涉及合规方面的日常咨询业务。

尹云霞介绍说，方达该业务的发展得益于三方面重要原因：“第一，方达能真正了解国际需求，同时又了解中国的法律和实际；第二，方达吸收了不同背景的专业人才和跨境人才；第三，方达能为客户提供全方位的一站式服务。”

随着在该领域的不断深耕，方达合规与政府执法业务领域多年来一直荣登钱伯斯亚太第一等律所。作为合规方面的领军团队，2014 年以来方达合规团队每年都被邀主笔，发布《中国年度合规蓝皮书》，盘点当年度国内外合规热点事件、企业面临的合规挑战以及应对措施。

据尹云霞介绍，近期方达还同中国国际贸易促进委员会合作，帮助国家发改委编写《中国企业海外二十国别（地区）合规指南》，致力于帮助中国企业“走出去”，为中国企业提供更加完善的跨境合规服务，帮助更多企业进行有针对性的全球合规体系建设。

为更好地服务企业客户日趋增长的合规需求，方达于 2020 年 7 月组建了新的合规及政府监管业务组。该业务组由来自反垄断业务组、合规业务组以及争议解决团队的共15位合伙人与41位律师组成，业务领域覆盖反垄断、反腐败、数据安全、制裁和出口管制、环保、证券执法等，旨在为客户提供从刑事、行政执法，到合规体系搭建、内部调查、合规尽职调查等一站式的法律服务。合规及政府监管业务组由事务所管委会主任韩亮律师与尹云霞律师担任联席负责人。

作为中国律所中率先打造“大合规”概念的律所之一，方达希望可以通过此举更好地匹配企业客户对外部法律服务的需求，并将持续、定向培养复合型专业合规人才，增加有监管、执法经验的人才积累，以适应客户在复杂案件及新兴领域的多方位需求。

“无为”管理与“精英”文化

在管理模式上，方达致力于追求“垂直一体化”管理，这体现在合伙人内部利益分配以及业务上的无障碍跨区域、跨团队的协同办案等诸多方面。在文化上，方达的“学霸”气息和“精英范儿”则是其典型特色。

在治理结构上，方达的最高决策机构是合伙人会议。合伙人分为两级，一个是权益合伙人，另一个是授薪合伙人。合伙人会议的决策机制，按照事项的重要程度，分为全体合伙人2/3同意，以及权益合伙人2/3同意两种。

合伙人会议之下有常设机构管委会，管委会下面几个垂直管理的分支机构，按照具体功能来划分，包括HR、执业委员会、财务委员会等。在每个办公室，都有一个办公室的管理合伙人，主要管理事务所的日常运营事务。在总所还有管理合伙人1人负责5地办公室的事务。

方达的合伙人分配机制同样已经稳定地实行了20多年。为实现内部紧密一体的业务合作机制，方达并不对任何一个办公室和任何一个业务组进行独立核算，而是在全所层面有一个“公共分配池”（common pool）。

分配时，既考虑合伙人的当期贡献，重视绩效，留住“造雨人”（rain maker）；同时也考虑合伙人在历史上的累计贡献。这种分配方式和国际上很多律所采用的“经过修正的锁定步伐”（modified lockstep）类似。在年资、案源和业务执行三项中，方达最看重的是业务执行和服务品质，因而业务执行所对应的分配权重也是最高的。

在许多中国律所选择团队制的当下，方达坚持选择“扁平化的公司制”管理模式。所谓“扁平”，是指方达内部管理结构没有“叠床架屋”，最少化层级，对于五个办公室的管理也完全垂直一体化；所有的管理和后台都紧紧围绕方达的发展战略，服务于在第一线竞争的合伙人和律师。

方达的“扁平化”体现在，通过制度设计来拉近合伙人同律师之间的距离。在处理项目或案件的过程中，让初级律师尽可能完整地参与到整个项目中，让他们尽可能快地成长，早日独当一面。通过固定谈话等制度保证合伙人和律师之间有充分的交流机会。

这种“扁平化”的管理还体现在不同团队和业务部门的一体化协同办案。目前，方达在全国的 5 个办公室有接近 700 人的规模，汇聚了市场上多个专业领域优秀的律师资源，囊括了相关的各个业务门类，确保能为客户提供真正的一站式服务。近年来，方达的不同团队之间呈现出了跨领域合作融合进一步加深的特点。

以争议解决业务为例，争议解决部门与非诉业务部门之间的相互学习、相互促进客观上也提升了方达法律服务的质量和深度。对于非诉项目而言，争议解决律师可以为合同起草、交易安排等提示风险，使其法律服务更有针对性和预见性。对于商事争议，非诉律师也可以帮助诉讼律师更完整地了解交易架构、项目背景，让后者在向法官和仲裁员呈现观点时可以将法律逻辑与商业逻辑更好地结合在一起，维护好客户合法合理的权益。

值得一提的是，方达的不同办公室之间从来没有地域概念，全国不同办公室可以为任何案件进行协同，各业务团队、各合伙人之间也基本可以实现无障碍沟通。通过一体化协同，方达已打赢了不少时间紧、任务重的“大战役”。相信未来这样的“协同作战”还会更多。

方达目前的管理制度自创立之始实行至今，一直秉持透明、稳定的理念，更像是英美的普通法，只是根据市场的变化有所增补，而从未进行过急转弯式的变革。这就给予了方达的合伙人以一个稳定的预期，使方达的合伙人对事务所的粘性较强，流失率很低。对于年轻律师，方达不仅提供了高于市场平均水平的薪资待遇，更为重要的是，让年轻律师能够与国际型的优秀人才一起工作，并为他们提供了能够参与最具挑战性的案件的机会。方达何以“人才辈出，良将如潮”？答案就在于此。

在周志峰眼中，方达的文化可以用两个词来归纳，即“开放性”（open-minded）和“无等级”（hierarchy-free）。

方达的“开放性”体现在，她可以吸引众多外资所背景的律师加盟，而香港办公室近年来大量从外资律所引援就是例证。而来自欧洲、美国、俄罗斯等不同国家的国际合伙人加盟方达后，也会感受到方达的制度体系同国际律所无太大差别，在方达也不会有水土不服之感。在律所内部，发邮件全部使用英文，律师之间都相互称呼英文名字，作为创始合伙人的周志峰也不例外，同事们会称呼他为 Jonathan。

而她的“无等级”，不仅表现为方达在制度设计和内部管理结构上没有“叠床架屋”，而是将等级尽量最少化，还体现在一切以律师为中心，以人为本，最大限度发挥律所的支持功能和平台功能。

在北京办公室合伙人杨璞看来，方达作为唯一一家崛起于上海的“红圈”律所，同其他律所的不同之处就是其对专业服务品质的异常执着，她将其称为“负责任的精英感”，在方达，律师崇尚做好本职工作，将分内之事负责到底，不推诿，同时注重把控承办业务的品质和细节。

杨璞将方达的精英化概括为三个维度：“第一，客户的评价，因为客户的评价是最客观公正的，因此要为客户争取最有利的结果，无论是在诉讼，还是在公司业务都是如此。第二，在行业内，做的案子从行业上来说是有难度的、有价值的，对于整个行业来说，能够推动法律的进程；从诉讼角度来说，对于推动案件的发展有意义，成为代表性案件，可以给后续的案件带来一定的指引。第三，也最为直观，是创收，而创收也可以反映出前两点。”

而独特的文化气质不仅吸引了大批精英人才的加入，也能够进一步凝聚人心。在合伙人层面，因大家水平相近，在行业均处于领先水平，三观也趋于一致，有共同的理想与担当。在律师层面，因律所本身起点较高，能够吸引众多优秀人才，而同许多国际合伙人一起工作的氛围、高进阶的培养体系、可以直接参与承办最具挑战性的案件也对年轻的律师和毕业生有着无比的吸引力。

2005 年，方达成为国内首批以在美国法学院学习的中国法学硕士为目标招聘人才的律师事务所之一。国际型人才的增多，让方达国际化的基因特质进一步得以放大。从 2017 年开始，方达开始在牛津大学、香港大学和墨尔本大学设立奖学金或提供其他资助项目，并向北大等国内法学院的一些优秀学生参与国际交流计划提供财务支持。这一切，都是为了吸引具有国际化视野的顶尖人才，都是为了提升服务跨境交易的能力。

上海办公室的合伙人楼伟亮是 2003 年加入的“老方达”，在他眼中，方达是一个“家”一样的地方。“这是一个非常亲密无间的地方，可以什么都不用考虑，只需要把该做的事情做好就可以。大家可以单纯地赤诚以待，背后有很多合伙人在你需要的时候帮助你。”楼伟亮说。

过去，方达在业务方面“心无旁骛”，在管理方面相对投入较少。近几年来，方达的管理制度开始趋于完善，在市场推广、业务支持团队建设、体系化培训等方面取得长足进步。在此基础上，方达也将更好地发挥其支持作用及平台优势，不断升级优化管理制度。

2020 年，在新冠肺炎疫情暴发的情况下，方达强劲的业务基本面很好地抵御了疫情的冲击与市场的低迷。相关数据显示，在 2020 年 3 月底结束的 2019 年财务年度中，事务所仍然实现了 20% 以上的业务增长。同时，原方达管委会主任周志峰律师离职，这让法律圈错愕不已，但眼下的方达确已进入了“后 Jonathan 时代”。

2020 年 4 月 25 日，方达宣布选举产生由 7 位合伙人组成的新一届管理委员会。韩亮当选新一届管理委员会主任，高旸为管理合伙人。

近 5 年来，方达“80 后”的合伙人成长迅速，很多人已经成为业务团队的中坚力量。方达最近几年的一些经典项目，比如分众的借壳上市（第一个中概股公司借壳上市）、行业领军企业药明康德和迈瑞的回归 A 股、阿里巴巴香港第二上市和康菲海上漏油事件引发的环境公益诉讼等，操刀的团队主要合伙人均是 40 岁左右的中生代。韩亮表示："方达在资本市场、并购、PE、合规、知识产权和争议解决等领域已经有一大批 40 岁左右的合伙人受到了市场的高度认可，他们是方达未来 10 年进一步发展的重要基础。"

韩亮进一步介绍到，上届管委会的五大职能委员会成员中，80 年前后出生的合伙人的占比已经达到 50%，"本届管委会将会为更多的年轻合伙人创造机会，为方达下一个十年的高速发展打下基础"。

"方达追求整体战略、力求确保每一个覆盖的业务方向都跟事务所整体战略并行不悖、都有助优化业务组之间的协同效应，最终目标是为客户提供品质如一的一站式服务"，这个基本目标肯定不会变。韩亮进一步介绍说，新阶段的方达一定会面对市场，不断应变；但是在管理制度、分配制度等基本制度层面的理念不会变，对事务所的发展定位、对服务交付的严苛水准不会有任何改变，方达人对法律的尊重与热爱不会有任何改变，方达崇尚并践行的价值观不会有任何改变，令方达人引以为傲的另类精神特质同样不会有任何改变。

比肩"魔圈所"，香港地区法律市场的发力

我国香港地区作为全球的金融中心之一，是众多中国律所心目中的"战略桥头堡"。一直以来，我国香港地区都是中国企业客户"走出去"的重要选择，也是企业客户开展中国投资业务的支点，目前仍保有巨大的发展潜力和上升空间。

2012 年 6 月，方达香港办公室成立。近年来，方达利用"横向招聘"等方式，在香港地区招兵买马，投入重兵。截至 2019 年 12 月，方达香港办公室已超百人的规模（其中合伙人 15 名，具有香港地区执业资格的律师 31 名，注册外国律师 35 名，加之其他专业人士，共超百人），IPO 及并购领域的团队人数达 50 人以上。

"我们对香港办公室的投资是十分坚决的。"周志峰说。

对于香港办公室，方达不希望仅仅是一个对外的窗口，而是期望其能够成为香港地区法律市场上的一家主流律所，为客户提供涉及中国因素的跨境法律服务。

更重要的是，方达在香港办公室设立之初就坚持高标准起步，香港办公室所有的合伙人除从内地派驻的之外，均来自美资华尔街律所和英国"魔圈所"。而且，其新聘顾问均必须是资深律师，并在相应的领域具有极强的专业性。

短短几年，方达香港办公室在一些领域已经取得了一定的市场地位。根据彭博

（Bloomberg）公布的《2019 年全球并购法律顾问排行榜》，2019 年，中国香港地区并购成交量为 953.49 亿美元，交易数为 1336 单；从交易数排行榜来看，方达以 18 单交易位列榜首。

2018 年 8 月，方达宣布启动投资保护业务，国际投资条约仲裁专家 Olga Boltenko 作为合伙人加盟方达香港办公室。方达因此成为第一家设立专注于国际投资仲裁业务团队的中资所，旨在帮助中国客户管理、应对和防范在“一带一路”地区相关投资中面临的风险。

2018 年 10 月，谢尔曼 · 思特灵香港资本市场团队的近 20 名律师整体加盟方达，进一步增强了方达香港办公室的实力和市场地位。在加盟方达之前，罗德源曾在谢尔曼·思特灵工作近 10 年，主管律所亚洲地区的公司金融业务。

他表示，当时加盟方达的原因之一是看到方达多年来依托完整的业务链条，为客户提供从私募股权、融资再到 IPO 及资本市场等一系列完整服务，已累积了一定数量的企业客户资源，有利于今后投资并购等其他业务的开展。此外，方达多元的文化以及开放的管理理念也是他加盟的重要原因。

在高度透明、高度竞争的香港地区法律市场，过去以美国律所和英国“魔圈所”为代表的国际律所占据了高端市场的绝大部分份额。而最近几年来，以金杜和方达为代表的中国律所毫不谦让地参与了角逐。

在罗德源看来，方达在香港地区法律市场同“魔圈所”的竞争优势在于：第一，在投资并购领域的“上游”优势，由于长期以来在中国企业中树立的良好口碑，中国企业更愿意信赖和选择中国律所帮助其完成海外并购业务；第二，在大型 IPO 项目被外资所垄断的背景下，方达等中国律所在中小型 IPO 项目上更具发挥空间；第三，在诉讼、仲裁等业务领域，香港地区的客户更加看重律师的经验和在本地市场的影响力，英美律所在海外长期累积的优势就不再明显。

目前，方达已将战略目标瞄准粤港澳大湾区。未来，方达将依托已在深圳、广州布局的优势，充分利用现有客户资源，做好未来大湾区的战略布局。“首先，我们要招揽更多粤港澳周边地区的精英加入；其次，在语言能力方面，我们对人才提出了更高的要求；另外，我们会梳理整个大湾区的客户资源，包括现有客户以及可开拓的客户等方面。”罗德源说。

今后，粤港澳大湾区的建设，将进一步刺激和推动该地区传统企业向高科技领域转型。而以方达为代表的中国律所也将帮助这些企业实现转型和资金管理方面的优化升级，并助力更多当地的中小企业实现突破与发展。

未来战略：差异化、国际化

未来，方达将会继续秉持差异化的理念，打造一家最具国际化的中国律所，具备全球视野和服务跨境交易的能力，这是方达一以贯之的战略。方达的国际化战略是一个多元的战略体系，其分为三个方面，分别是人才国际化、业务国际化以及布局国际化。

方达在引入国际律所律师时，有其特定的标准和要求：或是某一行业 / 领域类的领军人物，或是同方达现有的业务结构存在差异，能够形成有效的互补。此外，方达也会引进顶尖国际所培养的具有丰富经验和较强业务执行能力的年轻律师。

近年来，方达吸引了众多国际大所重量级合伙人的加盟，其中包括富而德的香港诉讼合伙人阮葆光（Peter Yuen）及其反垄断业务负责人韩亮，谢尔曼·思特灵亚洲资本市场业务负责人罗德源（Colin Law）和年利达大中华区管理合伙人方健等。此外，原年利达亚洲管理合伙人邵子力也于 2017 年加入方达，并担任非执行主席。

方健原为年利达国际律师事务所大中华区管理合伙人，于 2018 年 4 月加盟方达。他专注于跨境并购交易和监管业务，特别在服务金融机构方面有非常丰富的经验。方达的金融业务团队目前已有 6 名合伙人、30 多名律师。

在合伙人的理念方面，方健认为，方达同年利达相类似的一点在于，他们对质量和专业化的不懈追求，而这正是他选择加入方达的原因之一。而在近 20 年跟中国律所合作的过程中，方达给他留下的印象极深，方达对于业务质量的要求与把控，要好过大多数中国律所。

他认为，虽然在一些方面，方达同欧美顶尖律所还有一定差距，但在合伙人层面形成的共识是，要把方达打造成一个最专业、最高质量的中国律所，做最好的中国律所和中国律师，这一点上，方达同年利达较为类似。

随着国际人才的不断加入，方达的文化中也被注入了国际性的基因，其工作方式、运作机制、服务质量，逐渐向国际律所靠拢。

从业务国际化层面来看，中国律所和一流的国际律所之间还存在巨大的差距，特别是在提供跨境服务的能力方面，但中国律所早就过了当年亦步亦趋模仿对手的阶段，在今天的中国市场上，中国所的实力早已不可同日而语。

如何评价一家律所的国际化程度和跨境法律服务的能力？

不单只是看这家律所在全球范围内有多少个办公室，还要看其提供的跨境法律服务的质量是否达到了国际水准，是否在重大的跨境交易、诉讼程序或监管合规业务当中担任主法律顾问（Lead counsel），能否为客户提供综合性的全面法律服务。

方达的国际客户占到了很大的比例，在知识产权诉讼领域，国际客户的比例达到了 60%~70% 之多。并且能够承接跨国公司在中国的重大项目、连环诉讼。

2020 年，法律评级机构钱伯斯（Chambers and Partners）发布了《2020 年钱伯斯全球指南》（Chambers Global Guide 2020），在“国际及跨境能力”（International & Cross-Border Capabilities）领域，方达在“国际及跨境争议解决”和“国际及跨境交易”两大领域均位列 Band 1。

如何能够保证方达的服务质量一直处于市场领先的水准？

一是取决于合伙人的勤奋程度。即合伙人出现在跟客户交流的过程当中，提供建议的过程当中出现的频率，方达强调的是合伙人首先是个律师，要为客户去服务。二是从律师的角度，要挑选最好的人，给他 / 她最好的培训，之后再把原来一些英美所的强项业务拿过来。三是要在整个市场的高端市场上积极扩大份额，积极主动去争取，光靠守市场是很难的。

各方面都要保证是市场上最好的，在这种情况下，客户才会产生依赖，才会产生粘性，高端市场才能站得住。

方达始终坚持有所为，有所不为的业务策略，并不轻易涉足和主要业务没有足够协同效应的领域。战略层面选定值得投资的领域和市场，执行层面则专注于选定的战略领域，并在专注的领域做到最好，这就是方达的战略自信和业务定力。根据 2020 年《钱伯斯亚太指南》，方达排在 Band 1 的业务领域有 9 个之多，在国内律所中仅少于金杜和中伦，而前述两所的人数分别是方达的 3 倍和 4 倍之多。

如果把法律市场的角逐比喻为一场马拉松，20 多年前中国律所作为追赶者刚加入跑团时，即便和香港地区本地律所之间都存在巨大差距，而跑在第一跑团的那些积累深厚的英美大所更是连背影都看不见。受益于中国经济过去 40 年的飞速发展，中国律师事务所快速成长了 20 年，已经成功地将香港地区本地律师事务所甩到身后，赛事中的第二跑团英国“魔圈所”的背影也隐约可见了。对于年轻的中国现代律师行业而言，这已经是了不起的成就。

今天，中国的头部律师事务所开始了追赶“看得到的目标”的征程，方达正是一群追赶者中跑在前面的一员。香港地区的法律市场，是一个极好的检验实力的竞技场；而香港办公室，正是方达国际化的“桥头堡”。

周志峰说：“方达的国际化路径不是依靠铺设网点，而是着力于提高跨境服务能力，确保在执业质量上达到国际水准。在这方面，香港地区的法律市场就是一块试金石，因此，我们举全所之力投入香港办公室，检验并提升方达在跨境交易和跨境争议解决业务中的能力。如果中国律师事务所在香港地区都无法撼动英美大所的地位，遑论其他国家和地区。”

方达今后的重点是进一步提高服务水准，深耕行业头部客户的跨境法律需求。方达的优势在于，更接近中国客户，跟英美所相比，更了解中国客户的需求。

而劣势在于服务质量和一贯性上，因为每个律师之间的差异相对比较大，而这是中国律所的通病。并且，就全球范围内而言，真正具备全球服务能力，能为全球客户提供高端跨境法律服务的中国律所还为数不多，目前更多的是依托现有中国客户资源，来暂时满足来自中国客户的需求。

为寻求国际化方面的突破，方达已将“具备全球视野”和“提升跨境交易的能力”作为今后的奋斗目标。

“我们的目标不是成为一个全球律师事务所，我们希望成为一个具有国际影响力，但是植根大中国市场的独立律师事务所”，周志峰对方达的战略目标作出了这样的总结。

在服务中国客户走出去方面，不只是将客户带到国外去而已，而是要帮助客户搭好桥，真正帮助客户获得目标国当地最好的法律服务。

结　语

方达到目前的发展模式已得到了市场的验证，以处理高端复杂、高利润率的交易项目 / 案件、持续吸引国际型的人才，得以跻身市场头部。

但在未来的日子里，全球市场风起云涌，客户需求日新月异，机遇和挑战必不会少，如何占领中国市场的高端部分，如何继续保持高速的增长，如何利用本土化优势持续吸引高附加值的国际业务，如何在管理和文化上既审慎又保持活力，是方达需要不断思考并解答的问题。

过往，方达因中国经济的腾飞而崛起，因其前瞻性和独到的眼光而异军突起；未来，方达则更加要从战略布局和管理制度中产生效益。

在方达上海办公室的一角，坐落着一个雕塑，名为“砺行致远”，其形为马，意为——“马是动力、是冲劲、是桥梁、是彼岸，是理想的承载者，它冲破藩篱、突破枷锁、走出迷雾、跨过鸿沟，以结构创新为架构，以动力光芒为承载，走向未来的方向，走出生命的道路”。

26 年时间，方达用眼光、用勤勉、用制度、用人才、用审慎、用创新，走出了一条差异化之路，其如今的成就已然超出了当初创业时的预期。如果要对方达过去的发展和未来的战略做一个精准的提炼，那么“植根中国，放眼全球”，则恰如其分。

观韬中茂

稳健的“四化”之路

毛姗姗　宁思甜

观韬中茂北京办公室前台

观韬中茂创始合伙人　韩德晶

观韬中茂管委会主任、创始合伙人　崔利国

观韬中茂合伙人会议主席　盛雷鸣

2019 年公历最后一天，观韬中茂律师事务所郑州分所在龙子湖畔隆重开业。

这是观韬中茂在中国境内设立的第 16 家分所，也是其在完成沿海发达城市布局后，逐步向中原挺进的信号。从全局来看，在过往的 25 周年里，观韬中茂已经有“16+4+1”的境内、境外加上海自贸区联营办公室共 21 家分支机构，无论从规模布局和国际化程度，观韬中茂均走在前列①。

但与此同时，这家律所始终采取“不冒进、稳健发展”的策略，“专业而低调”“温和而有力量”是观韬创始人之一崔利国对自家律所形象的描述。在 2016 年，观韬和中茂两家律所合并之后，观韬中茂的发展势头迅猛，无论是在钱伯斯榜单上的成绩，抑或是在人才市场上的美誉度均节节攀升。但这亦不影响观韬中茂始终掌握自己的发展节奏。

2000 年，司法部提出律师行业内要普遍建立并推广“专业化、品牌化、规模化、国际化”的“四化”律所，并在 1999~2000 年评出了全国范围内的“部级文明所”，观韬中茂（当时还是观韬）亦位列其中。而这一肯定，是观韬在后续十多年推行“四化”的新起点。

在专业化上，观韬从早期诉讼转向非诉布局，并持续深耕；在品牌化上，观韬以服务品质精良在客户圈闻名；在规模化上，一家不张扬的律所在 25 年中开设 21 家分支机构，并实现了跨省合并；在国际化步伐上，她提前进行合作对象的筛选，率先完成香港分所的设立与自贸区联营。

孙子曰：“善战者无智名。”观韬中茂的发展路径为同行提供了一个优秀的“四化”示范。

开基十年：定位、改制与远谋

在观韬中茂律师事务所主任、创始人之一的韩德晶看来，前 10 年是观韬中茂开创基业的十年，在律师事业发展的黄金时期踏上创业征程；而后的 10 多年里，市场风云变幻，中国律所开始选择不同的发展路径，观韬中茂选择了一条适合自身性格的路径——“适度规模化”的稳健发展之道。而要实现稳健发展，前提是“有远谋”。

创所：相逢偶然，业务聚焦

1993 年，司法部出台相关文件，鼓励发展不占国家编制和经费的自律性律师事务所，实行自愿组合、自收自支、自我发展、自我约束的律师体制。随之北京市区级司法机关批准在区范围内设立合作制律师事务所。1994 年，在国办所已经有多年律师执业经验的韩德晶从朝阳律师事务所（原朝阳法律顾问处）辞去法律顾问处主任职务，计划“下海”

① 2019 The American Lawyer 亚太 50 强排名中，观韬中茂位列 19。

做律师，从事民商事诉讼业务。

创办一家新律所需要有三位合伙人，在老领导的撮合之下，韩德晶见到了之后和他并肩作战多年的合伙人，杨光和崔利国。

杨光是军人出身，彼时在某中央军委直属部队法律顾问处担任主任职务，已经拥有中校军衔。但出于对律师事业的执着，杨光没有丝毫犹豫。与此同时，崔利国以优秀毕业生身份毕业于中国政法大学后，在某国企任职法务，同样一直梦想成为律师。

三个有共同理想的法律人，就这样相遇，开始了他们的创业之路。

韩德晶有丰富的律所管理经验，也较其他两位年长，便负责律所的战略发展和业务开拓；杨光行伍出身，有极强的执行力，负责行政管理和政策落地工作，包括早期的定名、选址等；崔利国在三人中最年轻，主要负责业务研发和理论研究。

几位创始人都有诉讼的相关经验，在创所初期，观韬主要以诉讼业务为主，亦有少许法律顾问业务。若从业务偏好上看，韩德晶和杨光办理刑事案件居多，但刑事案件多为个人客户，个人客户衍生业务不足。因此事务所运行两年后，几位创始人便明确了律所定位——一家以代表机构和法人单位等商事主体为主的律所。因而，业务也集中于商事争议解决领域。

1996 年，观韬成为少数具有证券业务从业资格的律师事务所，同时亦在房地产、金融等行业积累了相应的客户资源。"当时我们有了客户沉淀，希望由一个单纯从事商事争议解决的律所，向以非诉业务为主的专业化律师事务所去发展。"崔利国说。

进阶：入选部级文明所，新的目标

"在早期的 10 年，观韬的发展速度很快，无论从规模还是创收，我们均是佼佼者，为观韬下一个十年的厚积薄发夯实基础。"韩德晶回忆道。

观韬前 5 年的发展速度从迁址这一行为或可体现。创立之初，观韬起步于一个五十几平方米的酒店式公寓；一年之后，发展到一个约有 200 多平方米办公区域的律所；第三年，观韬已经搬到西三环边上的一个写字楼中，办公区域占满了整一层；第四年，观韬已入驻西城区金融街。

彼时观韬正担任北京市西城区金融街开发指挥部的法律顾问，迁址的动因在于更好地为客户服务，也让观韬成为当时北京法律服务市场上硬件办公条件领先的律所。从办公面积看，1000 多平方米的容量，足以容纳观韬百余人；在办公效率上，观韬在当时率先引进了无纸化办公的局域网络，开始律所的信息化建设。为此，北京市司法局专门组织了一次关于北京市律师事务所推进现代化办公管理的会议，指定在观韬召开。

2000 年，司法部启动第二届"部级文明所"的评选，在入选的 11 家"部级文明所"中，作为新增的三家之一，[1]观韬赫然在列。在韩德晶的印象中，当时的考核非常严格，全国29个省市司法厅局交叉评比，有专门的调研团入驻律所调研，律所也几乎用一整周的时间配合调研。“当时填写的文件大概约有42大项，130多小项，考核项复杂而全面。”中国律所普遍缺乏后台管理思维的2000年，观韬行政团队的人员就已经占到1/3，可见律所对于运营、文本规范上的重视。最终，观韬的材料让调研组成员印象深刻。

于观韬而言，“部级文明所”的荣誉就像是一面旗帜，一旦升上去了，就不能往下掉。

这面旗帜是压力也是动力。这一年，观韬对自己的定位有了更远大的目标——成为一家一流的综合性律师事务所。

革新：内改分配，外布分所

一流的综合性律师事务所，具体要怎么做？合伙人们当时商量，一要学习国外先进的律所管理经验；二要在其他城市谋求发展，开疆拓土。

2000年，崔利国和韩德晶两人分别前往英资所进行短期学习，崔利国前往位于伦敦的夏礼文国际律师事务所（Holman Fenwick Willan，HFW），一家专门从事海商海事业务的老牌英国律所；而韩德晶则选择在历史悠久的国际律师事务所富而德（Freshfields Bruckhaus Deringer）香港办公室学习。两人学习的核心内容是律师事务所的管理和运营。

三个月时间下来，崔利国认为，若要发展为一个国际化的律所，分配机制一定要进行升级，参照如英资所Lockstep的计点模式。韩德晶在富而德也收获颇多，从人员管理到专业化建设，富而德都做了全面展示。富而德当时一位女合伙人跟韩德晶说，“我们没有办法不做好，我们管理一家律所比美国政府管理一个国家还要早4年”。

学成之后，观韬中茂着手内部分配制度的改革，从纯粹的共同共有制度转向“锁定等级制”（Pure Lockstep）——按照年资攀升计算点数的考核方式。这样的分配制度施行之后，观韬在资源协调和业务统筹上更为高效，也促使观韬在客户服务上更具有竞争力。

可见，2001年，无疑是观韬历史发展上的重要年份，也是推进“四化”的关键节点。改制分配，练功于内，本质上是为“专业化”铺平道路，从机制设计上更促进合伙人内部间的合作。

但任何制度都有两面性，纯粹以资历进行计点的模式，虽然有利于规范和统筹，但它在一个正在蓬勃发展的竞争市场中，并不足以激励年轻合伙人的成长。在当时绝大多数律所更愿意以较高提成比例作为服务收入的时代，“锁定等级制”是一种过于理想化的分配模式。

---

① 第一届“司法部部级文明所”于1999年开始启动，当时评选了8家。第二届新增了3家。这是中国历史上仅有的两次“部级文明所”评选。

因此，为吸引更多优秀的人才，2004 年，观韬在分配制度上做了改进，吸纳了美国律所的业绩考核制度，将业务开发列为重要的考核指标。此后四年，观韬一直沿用这套制度。2008 年，观韬再次细化对业务人员的考核，指标涵盖工作小时、完成效果、团队贡献等方面，其中团队贡献占了很大的比例。

随着更多优秀人才的加入，事务所业务也更加多元化。外部，中国入世给中国律所带来了更多从事涉外业务的可能；内部，刚开始运行国际律所分配体制的观韬也逐渐与更多外所展开业务合作。

独特的国际化之路

21 世纪初，观韬开始进行国际化发展的探索。从与国际律所相遇、结缘到并肩同行，从布点香港地区到涉足欧美、澳洲，一步一脚印，观韬的国际化发展之路稳扎稳打。

国际化初探：与国际律所从结缘到联盟

2001 年，中国成功“入世”，为中国律师带来了不断增长的业务机会，也推动了更多中国律所迈向国际舞台。与此同时，外国律所也加快了进入我国法律市场的脚步。2002 年，已有 96 家外国所和 37 家香港所在内地设立了代表处。[①]

彼时，已走入发展小高潮的观韬开始了国际化发展的第一步——结识优秀的国际律所，与之在业务上展开交流合作。

谈起观韬的第一批境外合作伙伴，创始合伙人崔利国如数家珍：观韬合作的第一家美资所是全美创收位居前列的盛德律师事务所，第一家英资所是拥有百年历史的夏礼文律师事务所，第一家香港所是久负盛名的胡关李罗律师行。由于重视与优秀律所之间的情谊，观韬将与国际律所的合作名录纳入了律所管理系统，还专门制定了合作指引。26 年来，观韬的外所朋友圈已扩充到 150 多家，涵盖五大洲的 60 多个国家。

从相识到结伴而行，观韬迈出了国际化发展的第二步，与一些志同道合的律所达成了更密切的合作。与观韬交好的律所主要有王泽长·周淑娴·周永健律师行（PCWCC）、亚司特律师事务所等，其中观韬与 PCWCC、亚司特的相遇，要得益于胡家骠律师行牵线搭桥。

2005 年，观韬与胡家骠律师行达成联盟关系。彼时，胡家骠律师行方成立不久，其创始人胡家骠先生曾是胡关李罗律师行的公司企业融资合伙人，还曾是洛希尔父子（香港）

① 参见刘思达：《割据的逻辑：中国法律服务市场的生态分析》，译林出版社 2017 年版，第 23 页。

有限公司的董事及投行部大中华区的联席主管。基于双方的业务领域较为契合，彼此认可，双方达成了独家的联盟关系。

2008 年，“银圈所”之一的亚司特国际律师事务所决定进军香港地区的法律市场，也看中了胡家骠律师行。彼时，观韬与胡家骠律师行已经形成了独家联盟关系，当时的亚司特全球主席 Geoffrey Green 便飞到北京，与观韬进行了深入交流。双方相谈甚欢，最后以先由亚司特收购胡家骠律师行，再与观韬签订独家的联盟契约形成合作。而该协议也意味着观韬在国际上只有亚司特这一家联盟律师事务所，而亚司特在中国内地也只有观韬，双方在业务合作中享有绝对的优先级，彼此推荐客户，相互开拓市场。也正是这一联盟契约，开启了观韬与亚司特合作的序章。

携手周永健：布局香港地区，完成本地化

2008 年，观韬迈出了国际化发展的第三步，设立了第一家境外办公室，即香港办公室。按照香港律师会的要求，外来律所要转成本地律所，必须满足两个条件：一是和一家香港本地律所联营三年；二是指派到香港地区的律师必须取得香港当地的律师执业资格。

周永健先生在 2005 年是胡家骠律师行的顾问，在当地也把这种方式称为“小联营”。后观韬因为与亚司特联营，便与 PCWCC 又进行三年的联营。2016 年，观韬香港分所完成本地化，以观韬律师事务所（香港）(Guantao & Chow）的名字在香港地区执业。本地化后，观韬香港拥有四位合伙人闫芃芃律师、吴静怡律师、李家学律师、林国明律师，4 位顾问周永健律师、周淑娴律师、胡家骠律师和林锡光律师。其中，PCWCC 创始合伙人、香港律师协会前任主席、香港马会现任主席周永健先生担任观韬中茂全球主席，闫芃芃律师担任观韬香港管理合伙人。

观韬是第四家完成香港本地化的内地律所。“联营期间，观韬只能在香港地区提供中国法相关服务，或者以联营所的名义出具香港法律意见。”崔利国解释说，“律所完成本地化之后，才能聘用香港地区的律师，独立开展香港法律业务，真正将服务延伸至香港地区，这是律所本地化的意义。”

从结识优秀律所，到达成密切合作，再到开设海外办公室，观韬的国际化之路由浅入深，越走越稳。这一路径也契合了我国对外开放的政策，从单纯希望引进外资，到争取吸引外资与鼓励中国企业海外投资并举的市场变化。

如今，观韬中茂的香港办公室已有 50 人左右的规模，海外版图中也增加了悉尼、纽约、多伦多等城市。未来，观韬将对现有办公室的管理、品牌、团队等进行优化，提升整体实力，也会伺机在合适的地区布点，积极引进优秀人才。

联袂亚司特：从 10 年合约到自贸区联营

观韬与亚司特的联盟协议三年一签，不知不觉已携手走过了三期的协议之路。观韬看似是与亚司特在香港地区联盟，实则对接了亚司特全球各地的办公室。对亚司特而言，观韬也是亚司特从进入香港地区市场到开拓内地法律市场的钥匙。

自 2014 年，司法部批复同意中外律所在上海自贸区内实行联营以来，观韬中茂和亚司特便有了共同设立联营办公室的想法。在双方看来，这一决定基于双方合作 8 年之后达成的默契，是一种顺理成章、水到渠成的选择。

双方正式商谈、签订协议、提交申请，历时 1 年多，观韬中茂亚司特（上海自贸区）联营办公室最终获批成立。如果说联营前双方的合作方式主要是互相推荐客户、开拓市场，那么联营后，他们更像是一个主体，以一家律所的名义对外承接业务，合作更加便捷，已有的良好关系和协同效应也得以延续。

联营取得的协同效应主要体现在业务上，观韬与亚司特的业务匹配度高，对于跨境并购、破产重组、银行金融等领域，均可采用联营办公室为主体来承接业务。加上双方对于客户商业目标的理解、法律服务核心的把握都比较一致，因此无论是服务中国企业还是跨国企业，均能达成积极且有效率的合作效果。2017 年至 2018 年，观韬协同亚司特助力国家开发银行为印度尼西亚雅万高铁提供贷款支持，金额高达 45 亿美元，观韬与亚司特全程提供法律服务，并在贷款方案、担保方案、外汇管制、跨境争议解决等方面提供了中国法律意见。

除了业务合作之外，观韬中茂也不断向国际律所学习取经，在项目管理、业务推广、品牌建设等层面互相交流。“*观韬中茂希望与巨人同行，在携手同行的过程中近距离地观察和学习*”，崔利国说，“*亚司特作为英国百年律所，在律所管理、合伙人团队建设等方面独到的经验，于观韬中茂而言是不可多得的财富*”。

观韬中茂与亚司特之间，不仅管理层之间有定期的互访、会晤，合伙人、青年律师之间亦有互派交流。既有律所文化、品牌推广的探讨，也有专业领域、市场开拓的切磋，有时在伦敦，有时在悉尼，双方的交流丰富多元。

在中国企业加快“走出去”步伐，涉外法律服务需求亦水涨船高之时，观韬中茂发力海外市场恰逢其时。如今，观韬中茂的涉外业务规模已达到了 30% 以上，在跨境投资、金融、资本市场、国际贸易等领域成绩喜人。以更开放包容的心态面对国际法律市场，延续既有优势，是观韬中茂未来国际化发展的方向。

有步骤的适度规模化

观韬中茂始终保持“适度规模化”的传统，在崔利国看来，即使观韬中茂现在全球已有 21 个分支机构，总人数超过 1000 多人，依然远未达到“适度规模的顶点”。“我们还有空间。”崔利国说。

这或许能看出观韬中茂“适度规模化”的内涵。“规模化”不是一句口号，亦非一个目标，它伴随着律所发展阶段，能够落地的发展路径。“适度”意味着规模发展和律所的管理能力和自身实力相匹配。

盛雷鸣说：“事务所要发展，大多以一定程度的规模化作为前提，但无论以何种路径实现规模化，律所管理者都必须在此过程中充分认知自我，凝聚共识，不断提升管理水平，优化和改良制度，让每一位新伙伴都有主人翁的感觉。”

在律所规模化发展的探索上，观韬中茂对于设立分所和律所合并两种路径均进行了尝试，并颇有成效。对于前者，观韬中茂在发展模式的选择上经历了从“直派直营”到采用多元化的“成本分摊和利润分配”的过程；而对于难度系数更高的合并，观韬采用的是先联盟后合并的发展模式。

（一）分所发展：从外地派驻到本土化的探索

2001 年，观韬开始在全国范围内开展分所布局，这在观韬人看来是一个水到渠成的过程。在获评第二届“部级文明所”后，观韬的合伙人一致认为，“一旦迈上一个台阶，就不能退了”。

而这种官方认可，也意味着彼时观韬进行分所布局，有了品牌效应的基础。

2001 年的观韬在非诉业务领域，尤其是资本市场业务已经有起色。江浙一带正有观韬不少优质客户。除布局地是否是国家战略发展重地的考量，能够为客户提供更便捷的服务，亦是观韬把驻扎地锚定在中国金融中心上海的原因之一。

对于上海这一首个办公室，观韬采用了直营模式。由孙东莹律师领衔的团队均从北京派驻，开始在上海进行新的征程。早期的上海分所业务主要集中于资本市场、私募股权与风险投资、银行和金融几个非诉领域。

同年 7 月和 8 月，观韬西安办公室和成都办公室相继成立。西安和成都两地在当时亦是观韬主要客户的聚集地，在业务上亦有相应的侧重。西安和成都办公室的设立均顺应国家实施西部大开发的战略，西安办公室在孙东峰律师带领下，业务强项在企业改制、资产重组、并购、股票及债券发行与上市、投融资、破产及金融、房地产等领域；而成都办公室在仇光莉律师领导下，强势业务在国际投资领域。

随后两年，观韬亦相继在大连、深圳设立办公室。

观韬对于上海分所的发展充满期待，但直接派驻总部人员的方式依然存在不少问题。一是团队成员主要以资本市场领域为主，难以满足客户在上海本地发生的争议解决需求，在新业务的拓展和优秀人才吸引上均受到了限制。二是外派人员家在原籍，几年后陆续开始提交返京的申请。

这也让管理层开始思考分所的本地化策略，“所谓的分所本地化，应该是律师、业务、客户的本地化，但是事务所的发展战略、管理体制，资源配置，是一体化的运作”。

在人才、业务、客户三个要素中，人才为第一位，也是最大的难点。大所品牌在当地分所的发展好坏，分所负责人起关键作用。但是，“人才”始终是一个可遇不可求的要素，有时候得等。

在对于分所发展模式有了充分思考之后，观韬调整了发展方针。第一，采用较为灵活的“一体化 + 多元本土化”管理模式。一体化意味着，分所在业务管理、市场管理、客户管理、质量管理，以及人力资源、知识资源管理等方面均需要和总所保持一致。“多元本土化”意味不同分所根据各地情况因地制宜，总所在成本分担和利润分配上给予分所以自主权。第二，抓住机遇，当有合适的人选，出现在布局范围内的，就迅速启动分所筹备计划。

郑州分所正是典型。2019 年 12 月 31 日，观韬中茂郑州分所隆重开业，这一分所从谈判到最后落成仅花了几个月的时间。郑州恰处在中部崛起的核心要塞，在中国各家大所已经布局满东部沿海地区后，中部将是律所下一个逐鹿的法律服务市场。郑州属于观韬中茂的布局点之内，因而当有优秀的团队认同观韬中茂的文化与价值，愿意与总所一道促发展时，分所落地尽呈高效。

在国内市场的布局上，观韬中茂形成了清晰的战略规划图谱：以北京为首，同天津、大连、济南办公室辐射东北及北部沿海经济区；以上海为首，同苏州、南京、杭州办公室辐射东部沿海经济区；以香港地区为首，同广州、深圳、福州、厦门办公室辐射东南沿海经济区；西安、成都办公室辐射长江黄河中上游经济区。以武汉、郑州等城市紧抓中部崛起城市。从沿海城市至中原腹地，观韬中茂有步骤地推进其多元化的分所战略。

截至 2020 年 1 月 1 日，观韬中茂在全球范围内已经形成 16 家境内办公室、4 家境外办公室、1 家上海自贸区联营办公室的全球布局。

（二）律所合并：京沪强所的跨区域整合

在观韬的规划中，长三角平台始终是观韬在全国发展的重要基石，而上海更是重中之重。在上海分所部分派驻人员回京之后，观韬开始寻求合适的战略伙伴，以促进上海分所的本土化建设。

事实上，2016 年，观韬和中茂合并，而后又和申达合并，成为如今的观韬中茂，并非一日之功。在外界看来，观韬中茂是合并的模范，之所以成功是因为前期有长达 6 年的联盟，这也颇符合其谨慎且稳健发展的风格。

观韬和中茂的缘分始于和盛雷鸣的合作，当时观韬在上海开设的办公室尚未满一年，主要承担着总部在上海的“窗口”职能，团队主要从事公司证券业务。为了解决客户的争议解决需求，通过朋友介绍，结识盛雷鸣提供业务上的支持，并建立了合作关系。那时候盛雷鸣还是华东政法大学的法学教师，他在争议解决领域方面的专业功底和视野格局令崔利国印象深刻。

成立于 1998 年，在房地产与建筑工程、公司业务、银行与金融、争议解决等领域具有市场优势地位的中茂所可谓是上海的老牌所。该所也是唯一一家全方位担任上海世博会法律顾问，为世博会的筹备、举办直至撤展提供全程法律服务的律所。

对于观韬而言，此前已经有与香港地区律所独家联盟的成功经验，便与中茂进行联盟合作的探索。因为有早期的信任关系与业务结构上的互补，他们很快便达成共识，形成以合并为目标的独家联盟。当年年底，观韬和中茂便开始在上海协泰大厦 9 层合署办公。

经过 5 年的独家联盟，双方决定从合作走向合并。2016 年 4 月 18 日，北京观韬律师事务所与上海市中茂律师事务所正式合并，携手踏上共创、共享、共未来的融合与发展之路。合并后，双方优势互补，搭建平台，夯实专业，整合资源。

观韬与中茂的合并不仅仅使这两家京沪强所水到渠成地走在一起，同年 6 月，又一位“东方大律师”陶武平在盛雷鸣的牵线下，率领申达律师事务所与观韬中茂实现合并。陶武平是申达所的创始人和首席合伙人，早年因连续承办家喻户晓的“刘嘉玲肖像权案”“《曼哈顿的中国女人》周励名誉权案”“潘萍被毁容案”而成为家喻户晓的上海滩大律师。申达在刑事辩护、争议解决、劳动法等领域颇有建树，申达的加入为观韬中茂在这些领域增添实力，同时也为申达的年轻律师们提供能够辐射全球业务的发展平台。

陶武平说：“对于申达而言，与观韬中茂的合并，并不是失去自我，而是彼此都拥有更多。”

合并伊始的观韬中茂上海办公室拥有执业律师 130 余人，经过三年的运营，目前上海办公室年均业务创收已突破 3 亿元，跻身上海大所行列。当然，合并带来的，不仅是观韬中茂上海办公室业务量规模的翻倍，更重要的是，在业务发展与品牌形象的构建上，观韬中茂都更上了一层楼。

从点到面，全面专业化

2008 年，观韬被国际知名评级机构《钱伯斯全球》收录为中国区领衔的律师事务所。2009 年，在《钱伯斯亚洲》榜单上，观韬获得五个主要业务领域的推荐。2016 年，《钱伯斯亚太》榜单公布时，观韬中茂获得其推荐的业务领域数量达 8 个。2020 年，观韬中茂已经上榜 12 个业务领域，新增资本市场（香港地区及海外发行）、公司商事（北京 / 上海 / 浙江）、能源与自然资源几大业务领域，盘踞上榜领域数量超过 10 个的中国律所行列。在《商法》最新公布的 2020 年度卓越律所榜单中，观韬中茂摘得“Golden League”这一中国律所最高殊荣。

创所初期，观韬以商事律师事务所的定位锚定了业务发展方向。经过多年的业务积淀，观韬客户群覆盖各行各业，业务类型也日趋多元。从早期着力证券业务、并购重组，后引入优秀合伙人壮大破产重组、国际贸易、劳动法等业务，再加上传统的争议解决、工程和基建、知识产权、行政法等领域，观韬中茂目前已形成了 17 个业务领域齐发的格局。

资本市场、并购、公司与商事是观韬中茂的老牌优势业务领域。在过往的 20 多年中，观韬中茂代表客户完成了多个结构复杂、规模巨大的历史性交易，以崔利国、孙东莹、闫芃芃、苏波、黄亚平、张文亮、陈中晔、王阳、李岩、刘燕迪等为代表的律师团队，凭借对中国法律适用和监管环境的深刻理解，备受客户信赖及各大法律评级机构的赞誉。

在长江实业与和记黄埔重组分拆上市项目中，两家公司通过业务重组及分拆，成立两家新公司长和与长地，长地接管长实及和黄的所有地产业务，其物业估值高达 4201 亿港元，土地储备为 1580 万平方米，拥有 160 万平方米的收租投资物业以及三个房地产信托基金。长地于 2015 年在香港联合交易所主板挂牌上市。

观韬中茂作为长实与和黄的公司中国法律顾问，为该重组分拆上市项目全程提供了法律服务，本次项目由崔利国、徐玲、苏波三位合伙人牵头，协同了观韬上海、成都、重庆、深圳、广州五地分所，参与律师达 30 多名。该重组分拆上市项目涉及中国境内实体及物业规模宏大，被誉为“世纪重组”，项目范围跨度广、工作强度高，历时 5 个多月顺利完成。该项目不仅受到客户的高度赞扬，也入选为“ALB 中国法律大奖”2016 年度最佳股票市场交易大奖提名，入选“商法 2015 年度杰出交易”、获得《亚洲法律大奖 2016》年度杰出金融交易提名。

在中石化集团收购海外上游资产项目中，中石化集团拟收购的海外资产地域分布广泛，且涵盖多项资产权益，为交易结构设计带来较大难度。观韬中茂以苏波、王阳律师牵头代理该项目，代理律师在兼顾税务成本、时间成本，考虑现金流影响、政府审批、第三方同意以及公司长期发展战略等因素的情形下，为客户搭建了极为优化的交易结构，促进交易顺利达成。

21 世纪开始，券商经历了大规模洗牌，短短几年间，20 多家证券机构面临破产清算或行政接管。也正是从那时开始，观韬中茂处理了大量非银行金融机构的破产清算工作。彼时面临清算的 20 余家证券机构中，观韬中茂以杨光、赵伟光、孙东峰、季建国、金玉成、谭卫红等领衔的律师团队，一举代理了其中的 11 家，可谓占据了行业的“半壁江山”。目前，观韬中茂有超过 50 人的律师团队活跃在破产重整与清算业务板块。

律师在从事清算工作时，除了熟练掌握破产相关的法律、法规、司法解释，还要精通公司法、证券法，对于会计、审计的相关知识亦需有所积累。观韬中茂律师凭借丰富的知识储备和执业经验，代理了多家非银行金融机构在内的解散清算、破产清算和破产重整。大连证券、南方证券、闽发证券、昆仑证券、健桥证券、鞍山证券等的行政接管、托管、关闭清算和破产清算工作，都有他们的身影。

行政法律业务亦是观韬中茂的强势专业。根据司法部的数据，1995 年从事政府法律顾问服务的律师占律师行业不足 1%，2013 年从事政府法律顾问服务的律师增长到行业律师 10%，2017 年从事政府法律顾问服务的律师已超过行业律师的 30%。观韬中茂是最早开展行政法业务的律所之一，以吕立秋、吴华律师领衔的行政法团队，参与了行政许可法、行政强制法、食品安全法、环境保护法、政府采购法实施条例等中央和地方多项行政立法活动，同时担任多家政府部门行政诉讼及常年法律顾问，为政府行政决策、行政执法提供相关的法律支持。

观韬中茂房地产与建设领域实力雄厚，以孟雷、战永红、仇光莉、钱晔文、张四华、何红艺等为代表的律师团队战绩丰硕，曾为多个国家大型基本建设、城市改造、房地产开发等项目提供全流程的法律服务。地处金融街，观韬中茂多年来，为金融街以及泛金融街地区的区域开发及建设项目包括富凯大厦、新盛大厦、国企大厦、投资广场、中国人寿中心、金宸国际公寓、丽斯卡尔顿酒店、威斯汀酒店、金融街中心广场、金融街购物中心等提供房屋拆迁、征收补偿、土地一级开发、房地产项目转（受）让、项目建设、工程招投标、房地产预（销）售、物业租赁与招商、物业管理、项目融资等全过程法律服务。孟雷、战永红等领衔的律师团队对于复杂的项目要求和整体流程的准确把握，给出了一个个令客户满意的工作成果。

2016 年 6 月，上海迪斯尼靓丽开园。自迪斯尼项目获批之初，观韬中茂律师即担任上海迪斯尼的常年法律顾问，服务团队由盛雷鸣、邹红黎领衔。上海迪斯尼从项目获批到建成开园历时 6 年时间，观韬中茂律师们审时度势，纵横结合，各项服务内容提供了一个又一个的整体解决方案；在没有先例可循的情况下一次又一次地创造性地提供了处理意见。

观韬中茂已拥有 800 余名律师、200 余位合伙人，各个领域人才济济，成就卓著。盛雷鸣、朱建岳、孙韶松、陶武平、杨伟国、周知明、来云龙、刘民安、李焰盛、吕毅、聂正文、刘文洪、戚保华、刘楷、许秀珠等律师领衔的争议解决团队，在投资争议、股权纠纷、商业欺诈等业务上取得了良好的声誉；吕立秋、邹红黎等律师率领的银行与金融团队，常年为中央银行、各类商业银行、政策性银行、外资银行、保险公司、信托投资公司、证券公司等提供高效优质的法律服务；马克伟、邹峻、郑水园、李雯、王凡、洪宇昊等律师为代表的国际投资与贸易团队，姜玮、萧红明、徐玲等律师为代表的工程与能源团队，承办了众多企业走出去、跨境投资项目，为深入推进“一带一路”建设提供国际性、高水准的法律专业支持；以甘为民、李洪江等律师为代表的知识产权团队，代理了诸多涉及各类知识产权及计算机软件侵权的典型案件，多项案例入选最高人民法院十大知识产权案件。

对于业务质量的关注，观韬中茂不遗余力。目前，律所内部设立三大业务委员会，进行整体业务统筹。包括由孙东峰、苏波担任联席主任，战永红、黄亚平担任副主任的国内业务委员会；由盛雷鸣担任主任，孙韶松、朱建岳担任副主任的争议解决业务委员会；以及由孙东莹、闫芃芃担任联席主任，邹峻、李家学担任副主任的国际业务委员会。

品牌升级与未来发展

根据美国咨询管理专家 Peter Zeughauser 关于“Quantity vs. Quality”的理论，律师获得客户或者增强品牌的路径通常需要经历这样一个链条：Known（让客户知道你）——Trust（构建信任和初步合作）——Satisfied（服务被认可）。

在这个基础之上，规模越大，就有更多的客户知道律所的可能性，而服务质量是构建信任的来源，因此“质与量”并重，成为更多律所发展模式的选择。

观韬中茂的合并，同样遵循了这一规律。合并后的观韬中茂在全球范围内超过千人，从 2016 年起，全所创收以每年 1.5 亿元的规模增长。部分年份总创收增幅超过 30%，上海办公室的增速尤为明显。

但即使这样，观韬中茂的管理者始终坚持“适度规模”的概念。此处的“适度规模”有两层内涵，一是为契合客户市场关于招标的需要，同时在业务门类上保持全面而专业，强调每个专业领域的精专，与规模大小无关。二是从字面本意解释，相对地控制合伙人的数量规模。在合并之后，北京和上海办公室主要是以内部晋升为主，横向招聘则多见于分所初设，或恰有具备业务专长、并能与现有业务形成互补的团队出现时。

业务增长之外，品牌影响力的提升，是合并带来的最大收获。合并之前，观韬、中茂、申达更多为各自地域和细分领域的优秀律所。合并之后，在年轻一代法律人中，在各类法律行业评级机构中，人们有这样的印象，“观韬中茂，中国一线大所”。

在韩德晶看来，目前的观韬中茂已经有一些品牌雏形，它吸引着同样追求品质，不希望迅速扩张的律师们。这些在历史发展过程中慢慢沉淀出来的特质，已经能够辨识“志同道合”者。当然，他亦希望这种品牌意识能够更为强化，以致客户或者同行一看，就能辨认：“哦，这是观韬中茂的律师。”

在观韬中茂的管理者看来，25 周岁的观韬中茂，正进入一个良性发展的状态。早期观韬设立办公室，只能从窗口开始慢慢积累。而今，无论是分所团队的加盟，还是年轻人才的吸引力上，都在呈现新的特点。例如，2019 年，福州分所和郑州分所的设立，可谓起点高、规模大。郑州分所的管理团队由何红艺、金洁带领，在年龄结构、知识结构和专业领域上均是佼佼者。福州分所的管理团队由刘楷、许秀珠带领，目前已有近 70 位工作人员，在银行与金融、房地产、争议解决等领域具有良好的行业口碑。郑州、福州多位重磅合伙人的加盟也印证观韬中茂品牌影响力的提升。

对于未来，韩德晶充满信心。在未来的几年，观韬中茂将继续深化“四化”的发展战略，“进一步的开放我们的思想，解放我们的手脚，要用更好更新的制度来吸引更多有志之士加入观韬中茂。”目前越来越多的“80 后”合伙人表现出强大的开拓能力，也代表着观韬中茂的未来方向。

2020 年，观韬中茂管委会将举行换届，让更多年轻血液参与亦是目前观韬中茂管理者所思考的。

结 语

在过往观韬中茂 26 年的发展史中，稳健发展的她跟上了 5 个发展的关键节点。从创所起，这个带有偶然性的管理组合，为未来长远的管理传承铺垫了优良基因，早期的专业化定位也为未来成为什么样的律所埋下了伏笔。2001 年，观韬中茂施行内改分配，外布分所；2008 年联盟亚司特，2016 年香港地区市场立足；同年爱情长跑，成就观韬中茂。

如果说前一个 25 年，观韬中茂顺势而为，坚守稳健的“四化”发展理念，为其赢得了声誉。在下一个 25 年，观韬中茂在北京、上海，以及各地办公室特色文化的融合之下，如何真正发挥好不同文化之间的优势，在开拓进取和谨慎稳健中取得平衡，在日新月异的竞争中始终保持优势，整合好全球资源，这亦是留给观韬中茂管理层的深刻命题。

天驰君泰

成人达己，千人大所的聚合之道

吴剑霞　吴梦奇　伊晓俊

天驰君泰律师事务所前台

天驰君泰所获荣誉（部分）

天驰君泰组织的部分论坛、活动、培训

“丘山积卑而为高，江河合水而为大，大人合并而为公。”

2300年前，庄子在《庄子·杂篇·则阳》里探讨“道”的浑一时，写下这样一句话。

2300年后，在规模化已成为主流趋势的中国法律行业，这句以物推人的类比仍然形象——那些能够兼容不同文化的律所，往往也会在追逐“公道”的途中声势渐盛、越发壮大。

天驰君泰律师事务所恰是例证。这是一家由不同律所不断融合、不断发展而成的综合性律所，特殊的发展历程，铸就了其民主、开放、包容的文化基因与管理理念。而今，天驰君泰已是一家创收位居行业前列、分所网点遍布全国的千人大所。

25载发展历程中，天驰君泰并非为合并而合并，而是在积石成山、汇流成河的过程中，探索着适合自己的律所发展之道。

一条能够包罗万象、迭代出新的“民主”之道。

民主集中，一专多能

天驰君泰由天驰洪范与君泰聚合而成，而民主是这些律所秉持的共同理念——这也是天驰君泰61位高级合伙人得以和而不同、融洽相处的基础。这组名为“民主”的基因序列，不仅构成了天驰君泰的文化氛围，也贯彻于管理制度的形成与演变之中。

张合，2016年1月加盟天驰君泰；高警兵，2018年5月加盟天驰君泰。这两位加入时间不长的高级合伙人，却相继在2016年年底、2018年年底，分别成为天驰君泰第二届、第三届管委会主任。这在其他律所是不可想象的。律所是人合组织，对于人的信任要求远高于资合机构，内部培养、外部引进都需重重把关，尤其是决定律所下一阶段发展走势的管理团队，选拔时更是慎之又慎。

天驰君泰的民主理念，包容了这种“后来者居上”——合并的目的是希望建立新的平台，只要能促进律所更好地发展，为律所带来新气象，资历、年限、历史渊源都不会成为某位高级合伙人当选律所主任或管委会主任的限制。

很多律所都会将民主纳入文化理念，但多为核心人员“一人两票”或辅之以“一票否决权”。而在天驰君泰，“一人一票”制度不是形式主义：在决策维度，只要是高级合伙人，无论加入时间先后，均是一人一票。杨晓明出任律所主任，张合/高警兵出任管委会主任，均是所有高级合伙人共同选择的结果。

核心人员能参与律所管理与决策，才能凝聚人心。民主程度虽各有差异，但都是原来各家律所的传统，虽以牺牲一定程度的效率为代价，但能够换来律所的长治久安。值得每一位天驰君泰人自豪的是：当年合并的52位高级合伙人，至今没有一位转所。这种“超稳定”局面，得益于其“求大同、存小异”和“取其长者以精进，避其短者以自毁”。

既要民主，也要制度；既有协商，也有效率。因而，自合并初期，即确认了按制度办事的原则。在制度建设层面，天驰君泰不断完善已有的合伙人协议、律所章程，相继制定合伙人议事规则、管委会议事规则、分所管理办法、奖惩办法、利冲规则等，设立最高权力机构、执行机构，确保律所管理民主化、运营规范化。

第一届管委会任期一年，第二届两年，第三届三年——三届任期的变化，似乎意味着律所管理的未定型，但对天驰君泰而言，恰恰预示着逐渐走向成熟。

两家体量相当的大所走进“婚姻”后，势必面临“柴米油盐”：管理权力划分、管理架构设计、决策落地、执行监督等。在这段“新婚燕尔”的磨合期，不熟悉彼此的双方，直接采用民主选举确认管理团队，效果未必良好。

为此，在合伙人协议中，天驰君泰特设定了一年过渡期：一年内，暂不进行律所主任、管委会选举，由原天驰洪范、原君泰各推荐具有管理经验的合伙人，组成“双主任”。律所主任主要负责合伙人相关事务，尤其是在合伙人大会层面发挥作用；管委会主要负责律所日常运营管理。

与此同时，为了提升合并初期的决策效率，一年两次的合伙人大会改为一年一次创设，并引入合伙人大会常设委员会（以下简称常设会），代合伙人大会行使相关管理职权，监督管委会的日常运营。如遇重大问题，常设会与管委会形成联席会议参与决策。第一届管理团队的核心工作，就是初期的建章立制、统一意识、增进互信、促进融合，为下一阶段的管理层选举奠定基础。

过渡期还没有结束，常设会暴露出定位不清晰的尴尬：常设会与管委会职权重叠，意见相左时决策无法落地执行。时任管委会主任曲忠提出两个方案：第一，取消常设会，设立监事会，对管委会的日常管理进行监督；第二，取消常设会，且不在合伙人大会、管委会之间设立工作机构，充分信任管委会。考虑到双方合并时间尚短，本着对律所发展负责的原则，合伙人大会决议选择了方案一。

2016 年年底，通过全体高级合伙人民主选举，主任、管委会主任、监事会主任分别由杨晓明、张合、焦鹏出任，监事会取代常设会行使监督之职。第二届管理团队初步确立了天驰君泰新时期的发展模式：在重点地区发展分所，从外部引进优秀团队，从内部培养晋升年轻人才。任期届满时，天驰君泰当年（2018 年）总创收较合并初期翻了三倍。

随着律所发展走上正轨，监事会窘境日显：高级合伙人身兼监事会委员或管委会委员之职，就律所管理与发展发表看法时，常常出现难以平衡的“双重身份混同”问题，彼此难决高下。于是，不在监事会、管委会的律所主任成为“争议处理中心”，监事会的监督流于形式。

2018 年年底，天驰君泰确立了主任、管委会、合伙人大会三级管理体系。也是从第三届开始，为保持律所主任与管委会之间的信息对称，主任进入管委会成为委员，管委会成员从 7 人增至 9 人。在简化决策机构、提升管理效率的同时，兼顾公平与民主。

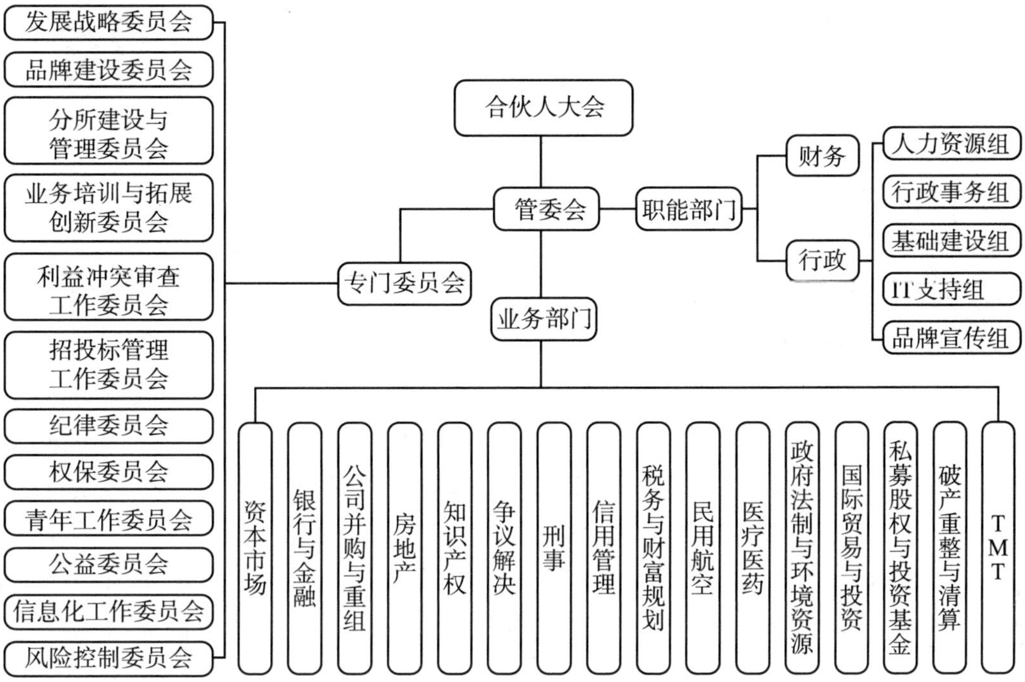

天驰君泰组织架构

管委会下设一批工作委员会，为管委会的决策提供前期调研、咨询，除吸收高级合伙人、合伙人参与外，更将专职律师、助理以及行政、财务等职能部门成员纳入其中，充分践行民主理念。第一批共计 9 个工作委员会，内部划分为主任委员、主管委员、组织成员，9 名管委会成员以不同身份参与到不同工作委员会中，通过“一主多辅、一专多能”，避免“各管一摊、信息不通”。

2019 年，根据实际工作需要，天驰君泰又新增风险控制、信息化建设、规章制度等工作委员会。

以 2016 年为新征程的开端，天驰君泰在随后几年内完成了管理架构优化升级：从“主任—管委会—常代会”到“主任—管委会—监事会”，再到“主任—管委会”，其管理体制在民主中磨合，在磨合中探索，在探索中前进。

从“规模大所”到“业界强所”

在规模化红利形成后的新发展阶段，利用集聚效应实现资源整合，于律所专业品质提升而言更至关重要。在拥有千人体量后，实现从“大所”到“强所”的转变，是天驰君泰这一阶段的发展主题。

业务布局：全方位、多元化

2019 年 12 月，法律评级机构钱伯斯发布了《2020 钱伯斯亚太法律指南》，天驰君泰在“通信传媒”领域入选，三名高级合伙人也分别登榜。在 2020 年 4 月《商法》杂志公布的“2020 年卓越律所大奖”中，天驰君泰又摘得“境内争议解决”“知识产权（商标）”“传媒、娱乐和体育”“税务”等多领域大奖。天驰君泰在多个专业板块取得的成就，同其多年来的深耕细作不无关系。

天驰君泰下设 16 个专业部门，对应律所 16 大业务领域，除传统强项争议解决、公司法律、知识产权、银行与金融、建筑工程、信用管理等之外，还有按行业属性进行划分的民用航空、税务与财富规划、医疗医药等板块。无论是老牌专业领域，还是新兴业务部门，天驰君泰都持续保持着对行业热点、前沿趋势的研究和投入。

20 世纪 80 年代，税制改革伴随国家市场经济体制的完善不断推进，以涉外税收制度建立为起点，国营企业“利改税”、工商税制全面改革等纷纷取得进展。税法领域很早便是天驰君泰的特色和优势业务之一。26 年间，税法团队办理了一系列具有标杆意义的“首例”案件，例如，北京市首起税务行政诉讼案——歌星崔健诉北京市税务局税务争议案件①、北京首起涉外税收行政诉讼案——美国泛美卫星公司诉北京市国税局对外分局税务争议案件②、最高人民法院再审税务行政诉讼第一案——德发诉广州税稽一局案等。

在知识产权领域，天驰君泰的专业队伍已超百人，其中众多律师拥有商标、专利、版权代理资质。

在《商标代理管理办法》《律师事务所从事商标代理业务管理办法》尚未出台前，商标代理尚属国家行政许可范畴，律师从事商标代理服务须经国家工商总局审批。1999 年，天驰知识产权代理有限公司成立，占领了商标代理业务的先机。

此后，在以天驰君泰律师为代表的律师群体不断呼吁下，两个办法相继出台，打破了律师从事商标代理业务的壁垒，为国内一批“懂商标”的律师进入商标代理业务“蓝海”创造了条件。在这个过程中，天驰君泰代理了“非诚勿扰”商标侵权案，“庆丰包子铺”商标侵权及不正当竞争案，“滴滴打车”“人人车”“小黄车”之间的商标权、不正当竞争案等一系列年度经典案件。

---

① 参见冯翔：《“哪怕输了，也要打这场官司”——崔健官司篇》，载南方周末：http ://www.infzm.com/contents/85323，最后访问日期：2020 年 5 月 31 日。

② 参见赵中鹏、何谢忠、马军:《北京首起涉外税收行政诉讼案审结　美国公司输了官司》，北京晨报:https://www.chinacourt.org/article/detail/2002/12/id/29636.shtml，最后访问日期：2020 年 5 月 31 日。

在著作权、专利等知识产权板块，天驰君泰亦颇有建树。多年来，企业知识产权引进、自主研发、产业化等需求日益增长，给专业服务提出了更高要求。天驰君泰知识产权团队多名核心成员均是执业 20 年以上的“老兵”，在知识产权相关的诉讼和非诉讼领域办理了大量影响重大的案件，经验丰富、办案老道。

作为一家老牌综合律所，天驰君泰亦在刑事辩护、婚姻家事、行政、劳动关系等争议解决业务领域积淀多年，并围绕证券、金融、建筑工程及房地产等行业，组建了独具特色的专业诉讼、仲裁团队。在最高人民法院审理的案件中，天驰君泰律师代理的案件每年都多达几十件，其中不乏一些重大、疑难案件。

与此同时，天驰君泰公司并购重组、资本市场、银行与金融等中坚团队先后起步，一步步发展壮大。经过多年积累，各团队汇聚了一批行业内资深专家和业务能手，他们在各自专业领域持续耕耘，并以客户需求为导向，拓展多元服务类型。

如果说天驰君泰的争议解决、银行与金融、公司并购重组、资本市场、知识产权、税务业务的发展，见证了 20 世纪八九十年代以来国家法律制度的逐步完善，那么信用管理、文化娱乐法律服务等业务则是在 21 世纪之后，适时把握行业机遇和风口，实现崛起。

2003 年开始，国家针对企业和个人征信、信用体系建设作出一系列重大部署。随后，全国银行、证券、保险等金融机构开始构建全国统一的企业和个人信用信息基础数据库，以及覆盖全国的信用信息服务网络。天驰君泰敏锐觉察到，国家征信业的大发展，定会为因不良信用导致的债权债务法律纠纷带来契机。当年，业内首个信用管理法律服务团队在天驰君泰成立。

不同于传统律师以账款催收等事后处置服务为主，天驰君泰信用管理部门将事前防范、事中监控和事后处置相结合，帮助企业实现现金流转、降低逾期率和坏账率等方式，为企业提供体系化的全流程服务。在目前 180 余人的团队中，有接近一半是由非律师组成，通过专业化分工将人员拆分为咨询、运作和支持三部分，分别负责开拓客户、案件处理和维护客户。明确的专业化策略也使该团队具备了批量化、流程化处理项目的能力，同时保证业务实力的持续增长。

2009 年，国务院通过《文化产业振兴规划》，标志着文化产业成为国家的战略性产业，天驰君泰律师也将视野投向涉及文化产业的法律服务领域。如今天驰君泰的 TMT 部门，脱胎于律所业务部门重组时的原媒体影视业务团队。伴随近几年文化创意产业的持续热潮，TMT 部门的服务领域已拓展至影视、音乐、出版、互联网、体育等全产业链，可以提供从项目开发到后期制作、从投融资到公司日常运营和争议解决的“立体化”服务。

制度保障：以规范，促专业

面对逾千人的律师队伍，如何保证科学、有序管理？

人员管理的“双进”制度，是天驰君泰的一步妙招：原则上每位律师、实习人员进入律所后，均需选择所属专业部门和律师团队。“一个律师想要加盟，他（她）首先要跟部门、团队谈，部门、团队有录用意向，再由所里对其进行审查，面试后认为符合律所要求，才可以录用。”天驰君泰高级合伙人李尧介绍说。

“双进”保证了律师在入所之初，就有较为明确的专业领域和发展方向，但并不限于承办其所在部门业务。通过“交叉审批”的形式，天驰君泰为律师“跨部门”业务办理预留“空间”，既不僵化人员管理，又能有效进行业务风控。

人员、业务双维度的科学管理，也吸引了一大批以“专业聚焦”为职业发展方向的有识之士加盟。在此基础上，天驰君泰开始运用“法律服务产品化”对服务品质进行优化。

合并后的第二年，天驰君泰即对所内业务部门沿着“专业法律业务”和“行业法律业务”两条线进行划分调整，各业务团队提供的法律服务也日渐呈现清晰的“产品化”形态。

医疗医药部便是这种思路下划分出的部门之一。在该领域，天驰君泰医药法律服务团队提供贯穿医药、医疗行业全流程的服务，包括药品、医疗器械产品的研发、销售、知识产权保护，医药技术成果转化，医疗领域的争议解决，担任医疗、医药机构常年法律顾问等。此外，民用航空、娱乐、体育等领域，也是天驰君泰实践“专业＋行业”以及“法律服务产品化”的重要阵地。

破产清算业务也是天驰君泰近年来着力打造的业务产品。相较其他业务，门槛高、周期长的破产清算业务更能体现综合性、全国性大所的优势。通过长期的积累，天驰君泰已经具备能够承接重大破产案件的优秀人才储备和成熟办案经验，而通过办理大型破产清算案件加强部门间、团队间、总分所之间的合作，则是其当前不断追求的目标。2019 年，天驰君泰还成为北京市破产管理人协会首届副会长单位。

不同专业的知识体系和行业经历，能为律师办案提供别样的视角和办案思路，也为律师从事特定领域的法律服务提供支持。近年来，天驰君泰不断吸引法律之外专业背景的执业律师加盟，满足团队对于不同行业开拓的需求。

此外，天驰君泰“教、学、研”各项措施并举，促进律师专业能力的提升。通过与中国政法大学、清华大学、中国人民大学等国内知名院校开展合作，提升律师的理论联系实践能力。同时，在所内开展理论素养和业务能力并举的跨专业、跨领域、跨学科的培训，并注重将律师实践中遇到的难题以课题研究的形式加以挖掘。在这个过程中，律师实务有了更深厚的理论支撑，律师也成为法律和行业的“双料”专家。

对于千人以上的大所，伴随规模扩张、执业人数激增而来的是客户数量的增多，而客户的多元化构成和错综复杂的利益网络，又势必产生利益冲突的可能。若不能妥善解决此类问题，将会降低律所的凝聚力及平台价值。

为避免众多律师团队可能产生的利益冲突问题，天驰君泰实行统一立案登记，所有在办案件必须纳入律所 OA 系统。若出现立案冲突，部门首先出面进行协调解决，再由管委会进行调解和处置，确保冲突得到妥善处理。若所内律师将其他律师代理过的客户作为本案相对人，须满足两项条件：此前案结已满两年；双方客户须互相豁免，即允许同所律师代理本次案件。通过严格遵守和执行律协的规定，在入口端即着手做好风险管控。

一整套制度下来，天驰君泰较好地解决了人员管理、业务管理、服务产品化、利益冲突等问题，并通过多年来在诸多专业领域的不断耕耘，获得客户的广泛认可，斩获业内多项殊荣，这是天驰君泰精益求精、实践“专业强所”目标最深刻的注解。

提质升级，分所管理本土化

开疆拓土，是 2015 年以后法律服务市场的关键词。无论是全国性律所还是区域律所，都开始意识到跨省域发展的时代已经来临，稍慢一拍可能就错失市场先机。

在内需、外需的双向驱动下，天驰君泰步入快速布局阶段，在 2015 年之后相继增设 15 家分所，并在 2017 年、2018 年达到“小高潮”。至 2020 年 5 月，天驰君泰已有 22 家分所，长三角有杭州、上海、苏州等分所，珠三角有珠海、深圳、广州等分所，东有济南、沈阳、长春等，西有成都、重庆、银川等，中有郑州、武汉、合肥等，基本覆盖了全国重点经济区域。

事实上，在合并之前，规模分别接近 200 余人的天驰洪范、君泰，就已各自设有多家分所：天驰洪范在上海、广州、长春三地布局，君泰在上海、郑州、深圳、福州、成都五地落子。

历史上的几次合并，不断抬高、加固天驰君泰的品牌影响力，但同时也遗留了分所建设的难题：每一家分所各有地域特点，且合并前后的分所管理模式、发展路径、当地经济水平都存在差别，如何在新阶段更好联动总分所，发挥全国网络的最大效能？

推动总分所一体化，是天驰君泰应对分所发展参差不齐局面的核心举措，但前提是总分所人员规模、业务能力、品牌影响和经济基础相当。

规模较小，业务、创收能力弱的分所，虽同是“天驰君泰”品牌，但与总所相比差距比较大。“如果合伙人之间的业务、创收差距很大，很难在发展上形成共识；分所建设也是一样，如果分所与总所差距过大，也很难推进一体化。”高级合伙人李寅武如是说。

分所若不能抢占当地市场，布局就失去了意义。为此，2017 年，天驰君泰通过总分所管理办法，率先启动“提质升级”工作。

第一步，设定分所数据指标。新设立的分所场地不少于 1000 平方米，年创收不低于 1000 万元，人员规模在当地排名不低于前十。这一硬性条件，可以在源头上掐断没有发展潜力的分所设立申请。李寅武说：“在申请设立分所时，不管是总所，还是外部加盟的律所、律师，都要好好考量新设和加入分所是否能达标。”

第二步，管委会推荐。申请人与管委会进行充分交流，管委会派员去当地考察，综合考察意见后，才会决定是否推荐。若管委会不推荐，分所新设申请事宜就画句号；管委会推荐后，才能走下一步程序——提交高级合伙人会议表决通过申请。

第三步，统一使用 OA 系统。为解决业务冲突、利益冲突等问题，天驰君泰早期即设立信息化建设工作小组，牵头研发符合律所发展特色的信息化系统，通过信息化统一管理保证服务品质、控制风险。例如，当系统审批中出现非常规业务，原则上由分管业务的管委会委员进行第一轮审核；若属于疑难复杂情况，则会提交管委会讨论。

第四步，合伙人本地化。在分所设立初期，天驰君泰会从总所派驻律师，在过渡期协助当地分所进行运营管理、业务辐射、人才引进等；在当地合伙人能独当一面并带领分所快速发展后，派驻律师会回归总部。这样设计的原因是：总部高级合伙人由于不常驻当地，缺乏对一线信息的及时掌握，而当地律师有成熟的客户网络及业务运作模式，更符合当地市场需求，若能将分所管理权本地化，则更能促进市场占有率的提升。

四步下来，一批有能力且认同天驰君泰理念的合伙人加盟，接过“提质升级”当地分所的接力棒。分所借助总所的品牌、人力、资源、业绩，在加强基础传统业务的同时，开拓契合当地经济特色的新业务，逐步提升业务质量，达到与当地经济发展相匹配的创收水平。当经济基础与硬件要求达标后，总分所一体化便水到渠成。

苏州分所是其中一个典型。在由总所设立后，苏州分所引进当地优秀律师，组建了苏州分所管委会。在新进管理团队领导下，律师很快增加至 40 多名，办公场地也扩租到 1200 多平方米。现在，苏州分所正奔着“苏州当地排名前五的律所”的目标前进。

目前，大多数分所都已引进当地律师团队，设立管委会，开展升级改造工作。上海分所去年专门成立了业务发展委员会，旨在发挥各自业务优势促进更多合作，通过业务互动合伙人之间彼此助力，共荣共生，在分所中率先跨进了创收“亿元俱乐部”。

分所建设与管理，仍是天驰君泰当前的重要工作。接下来，天驰君泰将通过设立专业委员会的形式，纵向打通总分所的专业化建设，并考虑吸纳分所的优秀合伙人进入总所高级合伙人团队，甚至总所管委会，促进总分所各方面的合作与统一，真正实现总分所管理一体化。与此同时，境外分所布局亦提上日程，与国内同步发力。

未　来

2020 年 1 月 12 日，天驰君泰 2020“时光不老，未来可期”主题年会在东方君悦大酒店拉开了帷幕。年会回顾了过往一年里天驰君泰在业务创新、市场开拓、人才培养、品牌建设等方面成就，也在对未来的展望中不断凝聚着期待与信心。

一家高度专业化，能够为客户提供优质、高效法律服务的全国性综合大所、强所——这是天驰君泰现阶段的发展目标，但不是其最终的发展目标。

“我们希望打造的，是一家能够海纳百川、尽揽天下英才的律所。”

这意味着，未来的天驰君泰，会一如既往地秉持其民主理念，继续将一群认同天驰君泰、热爱天驰君泰，与天驰君泰共进退的律师紧密团结在一起，让这支在20余年里汇聚而成的“联合舰队”，在律师行业深海里航行得更快、更远。

弹指一挥间，从群星璀璨到如今的合而为一，天驰君泰开拓出一条独一无二的律师事务所发展之道。群星浩瀚的中国律所史，也必然会为这家特色鲜明的老牌律所，留下属于他的一席之地。

永嘉信

历久弥新，不断超越

周　正　宁思甜

永嘉信律师事务所环境

永嘉信“拾光里”，记录满满荣誉

永嘉信律师事务所 logo

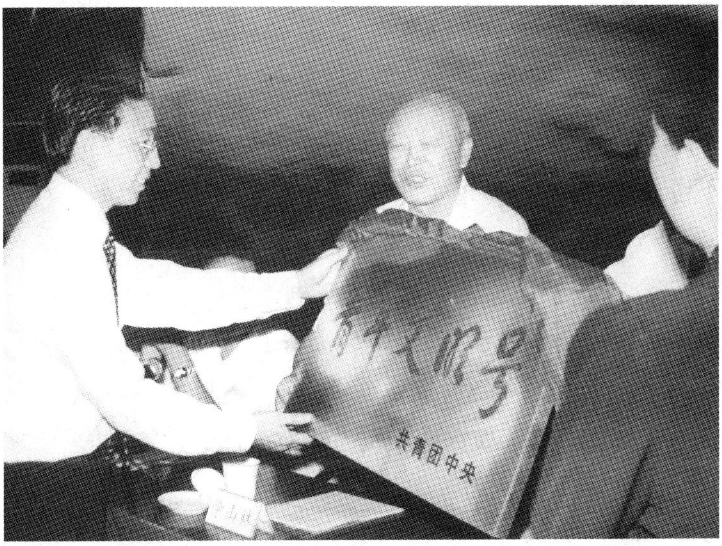

1996 年永嘉信前身和信律师事务所被共青团中央授予全国“青年文明号”

任何时代、任何区域、任何行业，善于创新的自我革命者，勇立潮头的风范引领者，胸怀远大的执着追梦者，一定是这个时代的弄潮儿和领头雁。律师行业也不例外，甚至在特定时代、特定区域，这一特质彰显得更为突出，表达得更为尽致。

在陕西，律师行业的转型与革新、追逐与超越风起云涌。于新世纪元年建所的永嘉信，渊源可以追溯至20世纪90年代初第一批合伙制律所试点，20载发展中的诸多举措开创行业先河，其创新的魄力与创新的智慧，其超越的胆识与超越的成就，足以配得上在区域律所中引领行业发展潮流的美誉。

何以为证？不妨回顾一下永嘉信现代科学管理与组织形式变革的探索与实践，探访一下永嘉信专业精深、持续精进的业务团队，感受一下永嘉信志在高远的国际化视野和国际化氛围，解读一下永嘉信党建引领律所规范化运行的内在动力，一家历久弥新、不断超越的西部大所的生动形象就会镌刻进你的脑海，带给你启发与震撼。

在新的时代大势和行业竞争环境中，永嘉信的脚步不会停歇。迈向未来更久远的征程，永嘉信满怀信心，百年律所的追梦之旅永无止境。

历久弥新，不断超越

20世纪90年代初，律师体制改革的推进与国家进一步改革开放的大潮相合，国办所全面向合作制律所转型，招引着有志之士探索中国律师事务所的发展之路，中国律师业迎来黄金发展期。

1992年，还在陕西省司法厅研究室任职的韩永安毅然决定辞去公职参与西安市首批合作制律师事务所的试点创办。两年后，他又参与创办了陕西第三家合伙制试点律所——永嘉信的前身和信律师事务所。1996年，和信律师事务所获共青团中央授予的全国“青年文明号”，其后更是成为全国律师界唯一一家连续三年获此殊荣的律所。“卓越”的基因一开始就注入在永嘉信的血液里。

2001年，随着中国“入世”，律师行业又迎来了一个新的十年黄金发展期。是小富即安、吃光分净，还是沉淀资产、志在长远？韩永安坚定地提出，应当将早期创业的成果转换为未来发展的积淀，事务所应该有自主产权的办公场地。但其他合伙人却并不这么认为。意见分歧之下，最终韩永安以一己之力买下了200余平方米的办公室，并经过律所内部重整后，于2001年6月创立了永嘉信律师事务所。

有了恒产的永嘉信告别了过去大多数本地事务所只能在居民楼中办公的环境，开始向一家现代化专业服务机构的形态成长。创所第一年，永嘉信就制定了事务所的第一个五年规划。当时，在司法部律所规模化发展的倡导下，永嘉信也为自己确立了“百人所”

的规模目标和一系列发展指标。早期服务房地产企业、旅游行业、交通行业及国有企业，永嘉信迅速以品质确立了自身业务优势，且较早地便开始向侧重于商事业务的综合性律所发展。

2008 年前后，北京规模大所的地方扩张步伐明显加快，永嘉信也在思考自己作为区域领先律所该如何走规模化和专业化的道路，提高现代化经营管理水平，提升律所综合竞争力。永嘉信的判断是，“两化”同样重要，关乎律所发展的量与质，而其实现路径，应该是在一定规模上的合伙人高度凝聚，在共创事业的理念引领下深化专业分工和协作。

此前数年，事务所虽然发展态势蓬勃，但客观来讲并没有那么多的资金沉淀。此时韩永安又基于此前经验和对行业发展大势的判断，再次坚定地提出，永嘉信希望再上台阶就应当拥有更上一个层次的事务所办公空间，以恒产壮大、凝聚更大的合伙人队伍。

2009 年，永嘉信吸纳了一批本地优秀律师，发展了 20 名合伙人，共出资 1000 万元购买了位于西安市南二环中心地段的华融国际商务大厦 1800 平方米的办公场地，成为陕西首家拥有重资产的律师事务所，再次引领了本地律所买楼的潮流。同年，永嘉信开始采用现代公司化的科学管理模式，致力打造西部乃至全国律师行业的知名律师事务所，以“律所团队化，团队公司化”为核心思路梳理全所的管理结构：在律所层面简化管理单元，提升管理效率，降低管理成本；在团队层面，则倡导设立梯队，有序分工，鼓励采用律师授薪的方式，培育、巩固和发展队伍，为事务所培养未来的合伙人。

为了从组织形式上回应事务所不断壮大的合伙人队伍对应的风险控制，2010 年，永嘉信成为陕西第一个改制为特殊普通合伙制的律师事务所，为律所未来的进一步规模化打下基础。同年，永嘉信又率先在陕西律师行业中建立起 ISO9001 质量控制体系，将法律服务的相关流程、模板、指标和评价，以量化的标准体系予以评估，提升组织和服务的科学性。迁入新址的永嘉信律师队伍快速发展壮大，很快便至百人以上。2011 年，永嘉信获得“全国优秀律师事务所”荣誉称号。

2013 年，永嘉信加入中世律所联盟，以全面提升自己跨地域和跨境法律服务能力，并作为联盟在西北地区的重要据点和陕西唯一成员所，延展联盟的全国服务网络。

2015 年，看重能源领域法律服务的巨大潜力，出于更近距离服务客户的实际需要，永嘉信在西北能源基地陕西榆林设立分所，成为陕西省首家开设分所的律师事务所。

西安国民生产总值接连以每年千亿级的增幅高速增长，法律服务市场呈现良好发展态势。出于对未来前景的乐观预判，2016 年永嘉信第三次买楼，增资扩股在西安市高新技术产业开发区 CBD 购置全新 5000 平方米办公楼，总投资额达 7600 万元，当年度合伙人达 61 名。西安高新区综合指标长期位于全国国家级高新区前列，以众多的“第一”成为陕西和西安最强劲的经济增长极和对外开放窗口，亦成为律师行业提供专业服务的热土。看中高新区的巨大潜力，永嘉信率先进驻高新区后，陆续又有 20 多家律所迁址于此。

2016 年，当永嘉信站在第四个“五年规划”的开端，事务所再获“全国优秀律师事务所”

荣誉称号。多年来，国家级、省级各类奖项接连不断。2019 年永嘉信荣膺国际著名法律评级机构钱伯斯“公司商事第一等律师事务所”，成为陕西地区首批登榜的律所，且多次荣获《亚洲法律杂志》（ALB）“西部律师事务所”大奖提名。

2018 年，感受到市场大势变化，以及自身发展面临新阶段的挑战，永嘉信引入职业经理人专职管理律所，引领了地方律所管理专职化的潮流。当年度，永嘉信业务创收破亿。在随后的 2019 年，永嘉信业绩依然持续增长，执业律师人均创收 74 万元，合伙人人均创收 305 万元，在区域乃至全国都属于领先水平。

近几年，西安正在焕发前所未有的新活力，展露出前所未有的新机遇，正在朝国际化大都市加速迈进。已是本地领先综合性大所的永嘉信更是敏锐地感知到、预判到本地法律市场新一轮的发展大潮已经掀起，国际法律市场向所有中国本土律所敞开大门，且无所谓沿海内陆，机会均等。

将视野拔高到全球市场，永嘉信有规划地加速自己的国际化发展进程。2019 年永嘉信与香港特别行政区的周启邦律师行联合设立永嘉信周启邦西咸新区联营律师事务所。这是全国内陆除广东省外第一家与香港联营的律所，承载了永嘉信顺应大势、迈向国际的重要一步。

2020 年，全球新冠肺炎疫情为各行各业带来了严峻的生存挑战。此时，有恒产的永嘉信更体现出了逆势抗风险的稳定，在疫情之下仍然呈现良好的发展态势。“人合、资合、重资产”，20 年发展，永嘉信在律所重资产、组织形式变革、专业化和质量体系建设、规模化布局和专职化管理等方面的一系列重要举措和敢为人先，持续引领了地方律师事务所的发展潮流。

2020 年，永嘉信还在思考自己的未来。在新的经济发展态势和新的市场竞争态势之下，在“律所团队化、团队公司化”的基础上，以联营所作为重要据点，向全所一体化积极迈进，希望完成全事务所的又一次重要蜕变，以更为扎实的力量，更为坚定的脚步，迎接未来的 20 年。

专业深耕，综合服务

专业化是永嘉信的立身之本。2003 年前后，当陕西法律市场上多数律所还在做传统业务时，拥有多家大型企业机构服务经验的永嘉信已决心定位商事业务，以务实且低调的态度，通过专业协同、资源整合和创新引领，致力于为客户提供超预期的法律服务。

2013 年开始，永嘉信部分团队率先形成了清晰的专业化分工。“纵向发展业务的深度，业务能力的垂直力度越大，意味着法律服务的质量就越高，客户的品质也越高。”管委会副主任秦涛道出了永嘉信在专业化发展上的探索之道。永嘉信核心管理层也一直强调，要为客户提供超值的法律服务：在每一项工作中多投入10%，给予客户10%的增值服务。严控品质，客户至上，永嘉信以此积累下良好的口碑和美誉度。

如今，永嘉信聚合了280多名法律精英，年均3000余次为政府、企业、个人提供法律服务；形成了14个专业部门，以重大商事与公共法律服务为引领，建设工程与房地产、政府法律服务、复杂商事争议解决、知识产权、公司投资并购以及金融与资本市场等优势领域齐头并进。

政府及公共法律事务

永嘉信较早地服务于政府及相关厅局，并形成了至今仍牢牢占据市场前位的核心业务优势。自2004年起，永嘉信便开始服务陕西省人民政府、交通运输厅、省国资委、住房与建设厅、工业与信息化厅等政府及厅局单位，在韩永安的带领下，永嘉信出色地办理了一批疑难复杂且具有重大影响的案件。

2008年，永嘉信受陕西省人民政府法制办委托，综合研究“华南虎照事件”涉案全部资料。律师提出了“厘清三层法律关系，明确四方责任主体”的法律意见，协助省政府对整个事件作出准确的法律认识，深受肯定。

2007年至2011年，永嘉信参与了被称为“中国保护私有财产权第一案”的陕北石油案，律师团共17人，赴各地调查取证、开庭50余次，形成诉讼文书100余份。历时5年，经历了山东、陕西、河南三省中级人民法院、高级人民法院和最高人民法院7个法院的审理，最终结案，无论对化解社会矛盾还是促进法治建设都意义重大。

2013年年底，永嘉信受神木县政府的委托，为“张孝昌非法集资案”依法解决提供整体方案和建议。该案堪称陕北第一起重大非法集资案，涉案金额100多亿元，涉案人员多达1350余人，涉贷公司56家。对此，永嘉信律师提出“依法化解政府不托底，公正处理全力保障受害人”的处理原则，给予受害者较高的赔付率，取得了社会效益的最大化，凸显了律师的社会责任。

“陕西省人民政府近二分之一的厅局法律服务都是永嘉信在长期服务。”永嘉信管委会委员、业务总监刘坚说。目前，陕西省人民政府及司法厅、国资委、发改委、自然资源厅、交通运输厅、住房和城乡建设厅等50余家政府单位，都由永嘉信律师担任法律顾问。

除了担任顾问及代理重案要案，永嘉信律师还深度参与了地方立法工作。2015年，陕西省人民政府决定将《陕西军事设施保护条例（草案）》第一次完全委托第三方起草，永嘉信成功中标，并成立了以韩永安为组长的起草组，在四个月内九易其稿，最终顺利完成起草任务。该条例也是全国第一部完全由律师事务所完成起草工作的法规草案。2017年，永嘉信律师受陕西省住房和城乡建设厅的委托承担《陕西省民用建筑保护条例》

的释义起草工作，为健全生态文明制度体系贡献力量。2019 年，永嘉信多名律师参与编制《陕西省企业工资集体协商条例》，推动和规范了企业工资集体协商，促进了劳动关系的和谐稳定，维护了职工和企业的双方利益。深度参与地方立法，更体现出永嘉信在政府事务上的专业能力和更高的法律服务站位。

随着本地政府及公共法律事务的需求，永嘉信已构建起一支紧密贴合当地基础设施建设和经济发展的法律服务队伍。既了解政策导向，又懂得具体业务操作，对立法也有深入研究，是永嘉信律师独特的优势。

公司商事

永嘉信每年参与处理的商事争议高达千余件，过去 1 年中代理的公司商事业务千万级项目 26 个，亿级以上项目 14 个。永嘉信律师深刻理解商业背景与逻辑，能够为企业提供多维度的支持以及最佳的法律解决方案。

永嘉信公司商事业务的发展同样紧密贴合政策导向及市场需求，服务于“一带一路”倡议等。永嘉信与西北政法大学国际法学院达成合作已十年有余，国际法学院不少教授、博导同时也是永嘉信的兼职律师，他们协力探索出了一条产、学、研相结合道路。双方合作承办的陕西省首例国企与哈萨克斯坦独立保函止付案，于 2018 年被西安中院评为“一带一路”十大涉外典型案例之一。

受托于西安浐灞生态区管理委员会、西安国际港务区管委会等主体，已为 20 余单“一带一路”经济带建设专项债项目提供法律支持。发行债券涉及西安思路国际会议中心（东区）、西安丝路国际会议中心、西安丝路国际展览中心（一期）、西安奥体中心及周边土地配套、西安市经济技术开发区 5G 单晶光伏产业园及配套基础设施建设等重大建设项目，项目的建成对于改善区域投资环境，发展区域社会经济都有着举足轻重的意义。

在“一带一路”倡议的背景下，中国（陕西）自由贸易试验区（以下简称陕西自贸区）的发展建设也阔步向前。陕西自贸区挂牌成立以来，西咸新片区因高效推进并持续深化 69 项改革试点任务，而备受市场关注。

永嘉信律师随之投身于西咸新片区的能源金融贸易区功能区建设：为陕西西咸新区城建投资集团有限公司西安大轴线系列收购项目提供专项法律服务，助力西咸城投完成了标的超过 60 亿元的大宗资产收购。在空港新城功能区，永嘉信协助某外国航空公司将中国总部落户空港新城，实现空港新城航空旅游领域的里程碑式跨越；承办空港集团 2019 年非公开 4.3 亿元公司债券的项目，临空产业不断创新融资模式。此外，永嘉信律师担任该自贸区常年法律顾问，构建新型政商关系、政企沟通制度化平台，切实为民营企业破解发展难题。

上述项目只是永嘉信全周期商事服务的一个个缩影，永嘉信也将法律服务延伸至经济社会发展的各个角落，借助专业化分工，为企业从设立到发展壮大乃至破产清算提供全生命周期的法律服务。在劳动用工、经济纠纷、投融资、资产管理、知识产权等各个领域，永嘉信都拥有经验丰富的合伙人、律师，能够为商事主体提供全方位的法律解决方案，其专业实力不断彰显，发展潜力亦随之释放。

永嘉信的劳动与人力资源团队为各行各业处理劳动法事务。“*虽然永嘉信更多站在企业一方处理劳动纠纷，但纠纷解决的核心在于构建和谐的劳动关系。*”永嘉信副主任、管委会主任陈全说。作为陕西省从事劳动法业务的先行者、陕西省律协劳动与社会保障法专业委员会主任，同时也是全国律协劳动与社会保障法专业委员会副主任，他是全国律协18个专业委员会中唯一一位担任副主任的陕西律师。

他们的劳动法服务，能为企业提供全方位的人力资源服务，涵盖人才规划、薪酬体系建立、员工职业规划等方方面面，由此形成了人力资源流程化管理模板、人力资源法律风险管理体系等法律服务产品，在专业化发展上持续精进。

永嘉信知识产权团队由黄振东律师领头，无论从业务量、创收业绩，还是从市场认可度来看，在陕西法律市场均处于领先地位。

以其综合性的法律服务能力，贴合商事主体多元化的法律服务需求，永嘉信还成立了由退休法官、法律学者组成的诉讼法律研究中心，通过权威、专业的讨论与论证，为复杂高端商事问题及复杂商事争议的解决提供强有力的理论支持。

从专业化到行业化

继聚焦专业之后，律所越发重视“行业化”的重要性。一名律师只有深入了解行业的专业知识、相关背景和运作规律，才有可能跨越式地提升法律服务的贴合度和质量。

“从专业化到行业化”是律师展业的行业趋势。永嘉信更是认准了这一方向，在专业化分工已见成效之时，以专业分工为基础，将影响力辐射至整个行业内部，以站在客户角度思考问题，深度契合客户需求，也使律所跨行业、跨专业发展成为可能。

永嘉信在交通行业有诸多成绩和积淀，长期与省交通运输厅、省公路局以及交建集团、高速集团、广汉集团等保持深度合作关系，为陕西80%的高速公路投资建设项目保驾护航，占据了陕西交通行业法律服务的绝大部分市场。作为陕西省重点建设项目法律顾问服务团成员，韩永安带领8名律师组成专项服务团队，创新性地在全省高速公路重点建设项目中建立和应用了法律风险防控体系，依法提供法律服务，有效避免了法律纠纷的产生。

永嘉信在文博行业已然拥有深厚积淀和产品创新，走出了一条服务文博行业的创新路径。永嘉信律师常年为多家省级博物馆提供法律支持，他们深入其中，围绕博物馆的文物安全、设施设备安全、游客人身安全三大风险进行调研，最终建立了博物馆法律风险防控体系，系全国文博行业内首创的法律服务产品。永嘉信正在将这一产品从陕西推向全国，正与北京故宫、上海博物馆合作，提供定制化的服务。

永嘉信与多家烟草企业合作多年，熟知烟草行业的法规政策，对烟草的制造过程也了然于心，取得了客户的高度信赖；服务十余家西安三甲医院，担任多家医疗机构的法律顾问，以服务省食品药品监督管理局为契机，继续深挖医药行业市场。这些都是永嘉信在行业化发展上的积极实践，以专业化与行业化并举，构筑起纵横交错的坐标系，加强业务部门之间的联动，打造更契合行业的专业化服务。

20 年来，永嘉信稳打稳扎，以专业化为内核，以商事与公共法律服务为重点打磨业务优势，律所业绩持续攀升，备受行业瞩目；20 年来，永嘉信历久弥新，新建私人财富管理业务部等，配备私人财富管理师、注册会计师、注册税务师，服务领域不断迈向纵深，业务触角伸向经济发展的各个方面；20 年来，永嘉信不断超越，主动深入行业内部，加强专业协同与资源整合，整体性提升在市场中的服务实力，为客户创造超预期价值，实现社会效益与经济效益的双赢。

创新管理，永葆活力

随着事务所不断发展壮大，十几年前永嘉信就改变了过去的“主任负责制”，在业内较早地采用了律所管理委员会加行政部的管理运营架构。十几年来，永嘉信在事务所科学管理上不断探索创新。

不同于其他律所一般将合伙人会议作为最高权力机构，永嘉信参考人民代表大会制度，坚持所内民主，将律所最高权力机构设置为全体律师大会，下设合伙人会议并设合伙人会议主席。合伙人会议向下再设律所主任、管理委员会和监事会。管理委员会下辖业务工作、行政工作和其他所务三大板块，由管委会委员作市场总监、业务总监、财务总监等职务分工，各自分管，统一协调。

2018 年是永嘉信律所管理理念和机制升级的重要新起点，组织结构和运营管理等方面的多项举措都代表了本地律所在现代化管理上最前沿的探索。

组织结构上，永嘉信不断探索架构创新和专业人才之于律所整体管理的先进性和运营水平的促进作用。其一，当年度永嘉信成立了陕西律师行业首个律所党委，并将党的管理写入律所章程，将党委设立为律所的最高管理机构。坚持党的领导，永嘉信创新地设立了党政联席会议作为全体律师大会的“必要前置”。会议由党委成员、管委会成员、监事会和合伙人会议主席共同列席，对事务所的部分重大决策及运营上的重大事项进行商议，以高效达成共识。

其二，在原有“律师管理专职化”的基础上大胆尝试引入非律师专业管理人才，并升级行政运营工作的专业化程度。

1994年，现管委会副主任、创始合伙人边欣来到了事务所，一待就是26年。作为执业律师，在业务上收获了突出成绩的同时，她把更多的时间都倾注在了律所管理工作中。资深合伙人承担律所管理工作的优势在她身上体现得尤为明显：既有长期从事行政管理工作所积淀的相关知识和经验，又有17年的执业律师经验，所以更懂专业与律师群体的特征，更懂得律所管理的特别之处。在她的主要参与和付出下，永嘉信的行政管理水平一直处于行业前列。

但同时，律师从事管理工作毕竟时间和精力相对有限。2018年永嘉信决定在管理专职化上迈出重要一步，聘请了职业经理人来专事律所运营工作。已有十余年管理经验的乔飞飞加盟永嘉信，并担任运营总监。事务所同时设立了行政运营中心。中心由边欣负责，由乔飞飞主管，并下设有财务部、市场部、人力资源部、品牌宣传部和综合服务部5个部门，聘请对口专业人才，全面覆盖事务所的日常运营各方面工作，组建了一支近20人的行政运营团队，并建立了标准化的工作流程，进行了工作的规范化。

行政运营中心的设立，标志着永嘉信的现代化管理迈入新的阶段。中心的定位是做永嘉信“持续发展助推器”，以“构筑温馨之家，成就未来律所”为使命，不断探索律所运营管理的新模式，希望成为一支适应新的法律服务市场的运营团队，成为律所发展壮大的坚强后盾。品牌与市场运营方面，基于调研分析，持续完善律所“两微一官”的建设运营，针对性地开展市场活动，塑造事务所的良好品牌形象；注重知识管理中将律师的经验与专业成果化，推出《法窗》《案例汇编》等汇集律师专业研究与经典案例的专业书籍及期刊；人才培养上从顶层设计入手，制定青年律师晋级制度，全年系统制订新人培训计划，为律所不断培养优质人才。

除了组织结构调整和专业人才引入，永嘉信还在一些具体运营管理制度上不断尝试创新，在合伙人管理、人才培养机制和设立“行政合伙人”等多个方面升级优化。

合伙人队伍是一家律所的“战斗力核心”，但在合伙制律所中如何“管理”合伙人，如何不断提升队伍整体品质是每家律所都面对的共同难题。所以，2019年永嘉信年度合伙人大会汇报中有这样一项尤为引人关注——59位合伙人参与了当年度的“合伙人绩效考核”。这是永嘉信在2018年开启的一次事务所运营管理上的重要创新尝试，并配套了详细的《合伙人晋升考评激励制度》。

合伙人绩效考核指标以业绩指标为主，包括培训实施与参与、人才培养、业务拓展与合作、专业文章撰写、法律产品输出、律所公共事务参与度、特殊案件代理情况、社会公益等十多个大项几十个类目。对合伙人进行全方位的考察，目的是强调整个合伙人队伍持续奋斗、持续发展的状态，并且除了业绩表现，还应当能为事务所管理和长期发展作出贡献，并且承担一定的社会责任，才能够符合永嘉信对于不断优化的合伙人队伍的要求。

为了鼓励合伙人积极参与律所管理，《合伙人晋升考评激励制度》中不仅将参与律所公共事务作为合伙人考评的重要维度之一，而且明确规定对担任管理岗位的合伙人在考评时予以评分奖励。考评制度中还有一项重要创新，即合伙人将根据考评结果采取末位淘汰制，这代表了永嘉信在持续优化合伙人队伍上的决心。

经过2018年和2019年的试运行，合伙人考评机制已正式启动。通过这样的制度创新，永嘉信欣喜地看到合伙人对于参与事务所管理和公共事务的主动性和积极性得到明显提升，事务所得以更加集众人之智、之力持续思考和实践自身发展。

人才培养是事务所管理中的重要组成部分，甚至可以说是当下律所之间竞争的核心阵地。律所团队化，团队公司化，永嘉信的大量人才均来自内生式培养，事务所和团队两个层面都在他们身上倾注大量精力和资源。就引进而言，永嘉信实施的是统一标尺下的律所统一招聘。根据律所发展需要，由律所拿出相应的人才引进计划、引进方案，再根据计划和方案有的放矢地进行开放式人才招聘。这样的人才引进方式确保了人才引进的合理性、目标性与准确性，节省了人力成本，规范了人才引进流程。

如何培养人才，永嘉信实施的是“两结合”培养策略——团队培养和律所培养相结合。团队培养——对每一位新进的律师，为其指定一名指导老师作为培养人，整体把控和负责青年律师的各项培养，根据青年律师自身专业素养、业务能力、成长状态等综合情况，结合团队情况，确定青年律师的执业发展路径。律所培养——通过青年律师沙龙、青年律师培训营，设计多个帮助青年律师成长的课程与主题去提升青年律师的职业道德、职业技能和业务能力，同时还搭建了青年律师与所内不同领域资深律师的交流平台，帮助他们了解不同的法律服务；通过中世联盟、法律培训机构的全国平台上的培训机会，让青年律师们接触行业最新动态，参与思考律所和律师行业的未来，更新和升级认知，挑战他们的思维方式，坚定他们对律师行业的热爱和坚持。

为了留住人才，同时让年轻律师在永嘉信工作期间充分感受到成长与希望，永嘉信大部分团队已经采取了公司化运营，以授薪制为年轻律师提供保障，且由律所制定统一薪资参考标准。此外永嘉信分不同层级制定了各类激励、晋升制度。目前，《实习律师激励制度》和《合伙人晋升考核制度》已实施，合伙人激励制度为律师晋升提供公开透明的政策及通道。

事务所还在探讨建立的《青年律师晋阶制度》，旨在通过执业律师年级分级制度，加强律所青年律师的梯队建设，明确青年律师晋升通道。最重要的，是希望通过这样一个制度更好地培养和推进青年律师业务晋阶提升，给其空间，留住人才。

永嘉信的“行政合伙人”也是业内的一个创举——工作5年以上，部门主管级别以上且连续两年绩效考核达到优秀级别的行政人员就可以申请。现有合伙人将从自有的股份比例中划出一部分让与他们，让行政支持人员也能成为事务所的主人，享受律所发展带来的红利，与事务所长远地携手奋斗下去。

近年来，管理水平高低对于律所事业长期稳定发展的重要作用在业内得到高度重视，各家律所尤其是有一定历史的老牌律所也纷纷思考、推动所内管理升级改革，希望保持律所发展的不竭活力。作为地方大所的代表，永嘉信在律所管理上的持续创新既代表了自身的追求，也能给到更多同行以一定的启发，发挥出大所的示范带头作用。

党建领航，公益扬帆

2003 年，永嘉信创所三年时即成立党支部，开始着力律所党的建设，成立之初党员仅有 3 名。2016 年，经陕西省律师协会党委批准设立了党总支。2018 年升格为党委，永嘉信成为西北首家成立党委的律师事务所。

律所的党建工作具有一定的特殊性，作为永嘉信的主任，也是永嘉信党委书记，韩永安认为律所的党建工作万变不离其宗，就是要让团队的每一个成员树立信仰，让大家在信仰的力量下，迸发出无穷的热情和智慧。这种信仰，即是淬炼党性，坚定保持大局意识，不仅明确身为律师在经济社会发展中的重要意义，也明确身为律师在推进法治与社会治理现代化中的执业价值与个人追求。这样的思考与坚持，自始至终与永嘉信的整体发展紧密相连。

韩永安在 2017 年第一期《中国律师》中详细阐述了“党建促发展、发展强党建”的辩证关系。同年 1 月，在接受《陕西日报》专访时，韩永安提出了“党建就是生产力”的理论观点。同年，韩永安在参加中组部、司法部与全国律协的陕西律师行业基层党建工作调研中，深刻阐释了中国律师行业 40 年来在社会改革、行业发展、基层治理和基础设施建设等方面与党的执政地位上的紧密联系，为非公组织发挥党建引领提供了充分而深刻的实证论证，也为中国律师在党的领导下与公检法建设“法律共同体”进行了探索。保持着这样的“信仰”，以党建凝聚共识，也让永嘉信的发展有了源源不断的内核力量。

以党建促发展，永嘉信有自己的做法。

强化组织架构，奠定律所党建工作顺利开展的根本保证。永嘉信实行“一岗双责、交叉任职”，主任由党组织书记担任，关键岗位必须是党员。目前 68 名合伙人中有党员 46 人，有 20 名党组织成员和党员骨干担任管委会、监事会、业务部门负责人。永嘉信合伙人会议主席、党委副书记、创始合伙人高漫介绍说：实行党政联席会议制是永嘉信坚持党的领导的一大突出特色。永嘉信把党组织决策作为合伙人会议、管委会的前置环节，在决定律所发展的重大事项前，党组织首先统一思想，主导管委会和合伙人会议的走向，牢牢把握律所发展的方向。

着力打造以党员为主体的业务骨干队伍，在干事创业中提升律师能力和素养。一是坚持“双培养”：在合伙人中发展党员，在党员中发展合伙人。目前，永嘉信党员人数116人，占比43%，高出全国平均水平10多个百分点。68名合伙人中有党员46人，16个业务团队负责人近70%是党员，党员合伙人出资占比72.6%，业务量占比80%。二是坚持“双优先”，优先聘用党员律师，优先选派党员律师参加业务培训。三是坚持“双带头”，工作岗位带头挑大梁，党员都有责任区，人人争做先锋岗；利益待遇带头讲奉献，律所两次增资扩股党员律师舍弃40%溢价2000多万元。四是坚持“双考评”，把党组织政治核心作用与管理团队行政效能、党员作用发挥和业务指标完成同定标、同监督、同考核、同评价。党员律师先后有11人次担任省级以上党代表、人大代表、政协委员，9人次被评为省级以上优秀共产党员、劳动模范，形成了优秀党员示范、党员团队带动、全所人员跟进的发展路径。

以发展强党建，永嘉信收获满满。

党建工作得到充分肯定和赞誉，党员律师的获得感、成就感与荣誉感日益增强。近年来，永嘉信党组织先后荣获中共中央组织部“全国创先争优先进基层党组织”，司法部“全国律师行业创先争优先进集体”，陕西省直机关工委“五星级党支部”等称号，多名律师党员评为中央、省级优秀党员和先进工作者。2013年，党支部书记韩永安当选为陕西省第十二次党代会代表，陕西省第十二届人大常委会委员、法制委委员，并连任第十三届人大常委会委员、法制委员会副主任委员。律师在省级地方人大任职，这在全国也属首次，为此，韩永安承诺并做到了在任期内放弃承办诉讼业务。2015年，韩永安作为陕西“有影响的社会组织的党组织”代表，出席了中组部“全国社会组织党的建设工作座谈会”，参与了省委组织部全省社会组织党建工作会议并作大会发言。

永嘉信党建工作最大的特色在于创新支部建设，让支部建设更有活力，更接地气，更富朝气。永嘉信党委把八个党支部建在八个专业团队上，将“创新”融入支部建设中。三支部结合年轻党员特点，形成了以“吐槽大会”“火锅评议”“党员导师制”等为代表的新时代党支部工作形式，使年轻党员爱上组织生活；第五支部则利用在人力资源与社会保障业务专业上的优势，积极参与到劳动维权类案件中，支部代理省总工会指派的潘某某案件，沟通20余次，最终达成一致调解协议，避免了当事人诉累，在最短时间内获得最大限度赔偿。

在永嘉信，党组织还是社会公益活动的组织者和筹划者。第六支部形成“以党建驱动公益”为特色的支部工作经验，为妇女儿童、困难职工等社会弱势群体提供公益法律援助服务和未成年人权益保护，让党建这片沃土孕育更多公益之花。

在未成年人和妇女儿童保护方面，永嘉信律师事务所一直在探索创新。在韩永安的推动下，陕西省律师协会成立了未成年人保护委员会，专门致力于组织推动陕西律师参与未成年人保护和维权工作，他亲自任主任，每年要组织100多名志愿者律师深入一线开展相关法律服务。2014 年，韩永安主动提出无偿为省妇女儿童维权中心解决办公场所和配足人员力量。永嘉信律师就是中心的基础元素，这些年每年解答咨询上千件，办理案件 100 多件，累计办案近 400 件，收到了良好效果，得到省委、省政府的肯定和社会各界的广泛好评。2015 年全国人大副委员长沈跃跃到陕视察，对永嘉信关心未成年人的相关工作给予了高度评价，认为这是“陕西模式，可借鉴、可复制”。近几年，永嘉信积极响应上级党组要求，积极结对开展了“一村一法律顾问”法律扶贫工作和全面的法律宣传教育工作等事务。多年来，永嘉信在公益事业上持续付出，一直履行着律师的社会责任和大所的社会担当。

国际视野，国际步伐

2000 年，韩永安跟随司法部访问团赴美参加中国“入世”访美培训，在美国待了整整一个月，随团走访了多家美国律所。发达国家律师行业和律师事务所的发展令他印象极为深刻。其后事务所创立，永嘉信的视野就不限于本地。20 年发展历程，“国际化”一直是永嘉信的思想内核，且随着中国律师行业的高速发展，随着律所的不断发展壮大而成色更鲜明。

创所早期，永嘉信就尤为注重对外交流，先后接待了欧盟、日本、西班牙、新加坡等国家和地区的律所及专家来访交流访谈。永嘉信律师也通过各种机会出国考察学习，了解国际律师行业的发展前沿动态，将相关经验和做法学习借鉴带回国内，加以改造用于律所建设。这也是永嘉信虽然地处西北，但在律所管理运营的现代化程度上持续领先的主要原因之一。

2014 年，永嘉信丝绸之路法律服务中心设立。10 月，“丝绸之路经济贸易合作法律问题国际论坛（哈萨克斯坦—中国）”在哈萨克斯坦第一大城市阿拉木图举行。论坛由永嘉信与哈萨克斯坦国立民族大学共同举办，目的在于响应习近平主席提出的“建设丝绸之路经济带”的伟大构想，更好地为中国与中亚投资活动搭建桥梁、提供法律支持。永嘉信也由此成为首个在哈萨克斯坦主办涉外法律论坛的中国律所，并在会间与两家哈萨克斯坦法律服务机构、一家吉尔吉斯斯坦法律服务机构签订了战略合作协议。

2018 年，为加强涉外法律服务队伍建设，培养储备一批通晓国际规则、具有世界眼光和国际视野的高素质涉外律师人才，更好地为“一带一路”建设等国家重大发展战略、为中国企业和公民“走出去”、为我国重大涉外经贸活动和外交工作大局提供法律服务，司法部建立了“全国千名涉外律师人才库”。数名永嘉信律师入选，成为西北地区入选律师人数最多的律所之一。

同年，“一带一路”法律服务联盟成立，永嘉信作为西北地区唯一的联盟发起人，由王泽鉴老师亲自授牌，成为联盟的西安联络处，与众联盟成员一同建设“一带一路”法律服务网络。

2018 年，永嘉信丝绸之路法律服务中心周敏律师拜访了哈萨克斯坦阿拉木图市的 BADO 律师事务所和 Advocate 律师事务所，和塔吉克斯坦首都杜尚别市的 Asian Business Group（ABG）律师事务所等当地知名律所，就双方建立长期合作关系进行了深入交谈，在此前已经与两国知名律所多年合作的基础上继续拓展“一带一路”沿线国家法律服务跨国合作的延伸。

2019 年，新加坡律政部宣布推出“中国通识”新计划，旨在推进两国在“一带一路”法律服务方面更深入的合作，韩永安担任该计划的咨询委员会委员。

在对新市场环境与律所国际化的思考中，韩永安认为，经历了 20 世纪 90 年代的进一步改革开放和 21 世纪初的“入世”，当下中国律师行业正处在第三轮发展大潮中，面临的是更开放广阔的国际市场。而面向国际市场，中国律所并不因为所处内陆还是沿海而有所区别，西安这样的内陆城市甚至更有特殊优势。舞台是巨大的，竞争是公平的，这是新 20 年的巨大机遇，时不我待，永嘉信必须顺势而为。

存量市场竞争白热化，亟须开辟增量市场。一方面，是一批北上规模化大所加速下沉，并且在业务模式、技术应用等多方面已经开启新的竞争，以更集团化的作战和更有竞争力的价格抢占市场；另一方面，西安作为西北重镇的地理位置、战略地位和经济发展特点使本地法律市场的发展呈现出新的趋势。

2016 年，最高人民法院第六巡回法庭落定西安，为西北争议解决法律服务开启新的时期。2017 年，中国（陕西）自由贸易试验区挂牌成立。西安作为西北唯一特大城市和“一带一路”重要节点，自然成为自贸区核心区域。2018 年，最高人民法院第二国际商事法庭在西安揭牌，审理涉陆上丝绸之路经济带的国际商事纠纷。

自贸区挂牌以来，西安西咸新区片区兼具了国家级新区与自贸试验区双重属性。片区规划面积 42.58 平方公里，涵盖数个功能区，“双区”联动，航空物流、健康医疗、文化旅游、金融贸易、总部经济等战略性新兴产业和现代服务业的发展在其间展现出巨大活力和能量。至 2019 年年底，陕西自贸试验区西安区域新增市场主体 46,001 家，注册总资本 5270.12 亿元。其中外资企业近百家，多家世界 500 强入驻。

在这样一块片区中，却缺少与之匹配的国际化法律服务机构。永嘉信敢为人先地把握住了这一时机。2019 年，永嘉信周启邦（西咸）联营律师事务所启动筹备。律所由永嘉信和香港周启邦律师行共同在陕西自由贸易试验区丝路经济带能源金融贸易区设立。这是内地除广东省外第一家与香港地区律所联营的律所，既承载了永嘉信国际化的重要一步，也承载了永嘉信向一体化转型的尝试。

联营所志在立足自贸区，为陕西自贸区制度创新和重大投资项目提供顶层设计和智库支持，并基于西安的地理区位优势辐射西北五省乃至全国；为企业“走出去”提供法律支持，着力发展涉外法律业务，先着眼亚洲，再走向国际，在跨境商业活动中发挥桥梁纽带作用。

永嘉信管委会成员、市场总监、联营所负责人刘洁说，联营办公室将聚焦于自贸区法律服务、金融资本市场、高端争议解决、跨境投融资、商务合规、企业“走出去”与“引进来”的涉外法律服务等业务领域。

2020 年 8 月，联营所正式开业之时即有四五十人规模。管理上，联营所将采用一体化的模式，以“钻石型”结构代替传统律所的“金字塔”结构，人员结构从上至下包括权益合伙人、授薪合伙人、授薪律师和支持性雇员四层，以清晰的层级结构和分工建设梯队，以现代化的管理手段结合科技工具的应用大幅度提升律所的整体工作和管理效率。联营所的一体化尝试也将作为先锋队伍为永嘉信从现有的“律所团队化、团队公司化”迈向全所一体化提供重要的参考。

以联营所为国际化发展阶段性的重要安排，永嘉信将以其深厚积淀在西部开辟出一条中国律所国际化的新路径。

以嘉立信，以信致永

一路走来，永嘉信如今的成绩是所有“嘉人们”忘我耕耘和辛劳付出结下的累累硕果。一路走来，永嘉信以不断自我革新、不断自我超越的决心与行动连续开辟本地律所发展的新业态，连续创造令本地乃至全国律所瞩目的新业绩。一路走来，有恒心、有恒产、有恒业的永嘉信已经完成了一家本土品质强所的品牌积淀，疫情之下永嘉信更是体现出了逆势抗风险的稳定，仍然呈现良好的发展态势。

思考未来，永嘉信新的战略定位已经确立——重大商事和公共法律服务的引领者。更懂商业和政府运行规则的永嘉信希望能持续领先，为客户创造超预期价值。谋定未来，在新的经济发展态势和新的市场竞争格局之下，永嘉信与时俱进，谋划新愿景，笃定新使命——成就百年好律所，传承法治真信仰。掌控未来，永嘉信将以联营办公室作为重要据点，开启朝向全所一体化的积极迈进，希望完成全事务所的又一次重要蜕变。

以嘉立信，以信致永。永嘉信将以更为扎实的力量，更为坚定的脚步，迎接更加辉煌的未来 20 年。

众华

乘众人之智，行稳健之道

吴剑霞　蔡宸劼
吴梦奇　陈琼青

众华前台

全国律师义务咨询日暨精诚律师事务所开业

众华律师合影

有人说："在上海这样一座 2400 万人口的城市，成为大所的挑战并不算大；但要成为强所，竞争很激烈。"

海纳百川、追求卓越、开明睿智、大气谦和，这 16 个字是上海的城市精神。上海是一座没有围墙的城市，很多新政策率先在上海施行，很多大型交易、新型金融衍生品在上海诞生，也因此，它能成为世界各国经济往来的中心。而所有经济发展带来的创新，都需要法律服务提供者去完善和推动，这给了上海律师很好的炼技机会。

相应地，律所想要在这方土地上获取一定的市场份额，并非易事。

2014 年，上海两家中型本土律所完成合并，名曰众华。选择合并，不单纯是为了做大，而是希望通过做好律所平台吸纳更多优质律师，为客户提供更全面及时的法律服务。合并当年的数据，印证了众华这一步的正确性：律师人才涌现，业务数量激增，创收翻倍。

"能用众力，则无敌于天下矣；能用众智，则无畏于圣人。"这家有二十七载历史底蕴的老牌律所，以全新的姿态活跃于法律服务市场，为市场经济主导下的上海本土法律服务市场带来一股新风气。

能用众力，善用众智

律所改革，精诚诞生

改革开放初期，中国律师制度逐渐恢复，在上海，市司法局及各区司法局陆续筹备成立国办所。受时任虹口区司法局局长谢学良委派，金鹤山出任上海工贸经济律师事务所主任。基于国办所的特殊体制，律师更像是"公务员"，每个月按时领取固定工资，"办理案件的收益少得可怜，一个离婚案奖金五块"。虽然律师管理相对规范化，但却不能激发律师队伍的积极性与创造力。

为了打破这种局面，彼时的区属国办所上海徐汇律师事务所率先尝试提成制，即每办一例案件，律师可提成 20%，在多劳多得机制下，所内律师收入显著提高。金鹤山回忆，"当时司法局每年会组织两次主任培训会，四十多家律所在一起开会交流，徐汇所专门就此事做了经验分享"。后续律所纷纷效仿，律师提成比例最高可达 28%，这是后来通行的律所分配机制的雏形，也为"打破铁饭碗""自负盈亏"的合作所、合伙所引了路。

1992 年，邓小平的南方讲话为中国企业、律师行业的起步奠定了先声。一石激起千层浪，国企职工纷纷"下海"，国办所的律师亦投身这股浪潮。在国办所执业多年的金鹤山深知，律师行业若要快速发展，需得打破诸多现有体制。是以，他递交辞职报告，于

1994 年创办了上海精诚律师事务所，即是现在上海众华律师事务所的前身。

“其实我们一开始是想创办合伙制律所。”提及这桩事，金鹤山袒露了一些无奈：“当时我们学了点国外先进的东西，想要在国内试试，就制定了厚厚一本合伙所章程，但缺乏相关政策支持，最后没有通过，只能回到合作制律所的路上。”精诚与“全国第一家合伙制律所”擦肩而过。

进入新世纪后，全国律师行业迎来腾飞，但受制于规模和律师传统观念的影响，尽管分配模式上做了改变，精诚整体上的管理模式仍然偏向保守，主任大包大揽律所内事务，业务也主要集中在劳动法、房地产等诉讼领域，发展较缓。基于此，律所内部一些青年律师欲外出闯荡，年轻的张尔东就是代表之一，正是这段在外打拼经历让其逐渐明白，“万金油”律师在市场中已经越来越不吃香，律师行业的未来走向一定是品牌化、专业化。

此后十数年，精诚遵循着固有的路径，始终难以做大做强。行至 2009 年，金鹤山意识到律所若要长远发展，必须作出变革，曾经作为精诚中坚力量代表的张尔东就成了金鹤山想到的第一人选，两人对律所管理的发展理念亦相互契合，精诚的“接力棒”就这样顺势交到了张尔东手上。

全新的精诚意气风发，踌躇满志，然而此时老一批律所已快速布局、抢占市场，新一代律所亦纷纷设立、奋勇直前，而精诚在人员体量、管理模式等方面并无明显竞争优势，在发展道路上，创收水平、人才储备也遭遇了冲击。

当然，遇到这个问题的不仅是精诚，创立于 1998 年的海众律师事务所也经历相同困局。海众由中国法律界老前辈沈之斌退休后成立，并一直担任主任至 2009 年。十余年间，囿于业务结构、管理模式趋于保守，律所规模始终无法扩大。

黄金时代，众华成立

2005 年，法律服务市场迎来黄金时期。机缘巧合下，已经从复旦大学法学院毕业多年的几位老同学刘海鹏、高峰、薛国财等人，因为心中共同的理想再次聚首——整合资源，成立一家自己的律所。彼时，他们中有人已在律师行业中打拼多年，有人在大型国企、外资企业中做到了高级主管，有人继续在复旦学习深造，但均非自己内心所求。

当时正值良机，又地处经济高速发展的上海，还有志同道合之士，天时、地利、人和之下，“众华”由此诞生。“取名众华，因核心三人既是同学又是挚友，三人成众，互相扶持，共创事业。且‘众华’与‘中华’谐音，也寄寓律所振兴壮大的远大理想。”众华第一任主任高峰回忆到。

基于同学加好友的关系，创立之初，众华采取“粗放”的管理方式，无论创收多少，利润皆平均分配。这种类似“大锅饭”的模式虽然充分体现了“人和”理念，却抑制了个体的进取心。成立两年，众华基本处于原地踏步的状态，与当初创立律所的初衷相去甚远。

2007 年，几位创始人痛下决心，改革分配制度，在遵循“人和”理念的基础上吸收国内外律所的先进经验，采取“50% 提成、50% 留存”的模式，如此一来，对律所而言，能够预留一部分公共基金，对律师而言，年终还有“第二次分配”：50% 每位合伙人平均分配，50% 按创收比例分配。

新的制度激励下，个人创收积极性得到激发，集体利益又多了一重统筹保障。此后，众华又对管理分配制度进行了多次优化，顺势进入高速发展阶段，广纳贤才，博采众长，很快注册律师超过 30 人，年创收达到 2000 万元，业务领域也从单一诉讼业务发展成收购兼并、反垄断审查等非讼业务协调并举。成立五年左右，众华已发展成上海中等规模律师事务所。

与此同时，发展的瓶颈也随之而来。受制于律所品牌与规模，与传统大所相比，众华无论在知名度及竞争力上均处于弱势，因而在各类政府采购、招投标项目中屡遭失利，在高端业务领域也始终无法取得进一步突破。

合并相成，袭名新生

是拒绝一切外力、自身稳步发展，还是借助众力、适当扩大规模？这都是精诚、海众、众华三家律所彼时面临的紧急课题。

首先行动的是精诚与海众。此前两家律所的办公地点都在上海虹口区，日常交流频繁，彼此理念一致、业务互补，很快达成合意，“喜结连理”，并于 2011 年迁入“新居”——位于市中心的上海港泰广场。张尔东豪言道：“既然合并了，就要有腔调，把房租成本之类的抛在脑后，下定决心做一家品牌大所。”也正是从这次合并开始，精诚海众决定开拓日本业务，正式进军高端涉外市场，朝着品牌大所的方向前进。第二年，律所整体创收直接翻倍。

同样的契机发生在三年后。2014 年，虹口区尚无一家规模大所，且律师老龄化现象加重，区司法局领导也有意推动虹口本土大所的建成。于当时的精诚海众、众华而言，这也是突破当下发展瓶颈、打造全新律所平台的有效路径。在此契机下，薛国财、刘海鹏、张尔东等人走到一起，谋求精诚海众与众华的合并。

基于理念的共识，在律所名称、管理架构等关键性的事项上，双方竟很快达成共识：原众华注销，原精诚海众更名为众华，薛国财出任新所主任。也是因为双方快速融合、集成众智，合并当年，新众华创收超过 5000 万元，远超过原来两家律所各自创收的加总。

“合并的重点是‘合’，而不是‘分’，律所名字只是一个符号。”哪怕现在的律所名称中并没有“精诚”二字，但众华的几次合并皆是以其为载体；老一辈人传承下来的稳扎稳打的精神，潜移默化地融在这家律所的文化血液当中。“表面上看是精诚海众消失了，留下了众华的名字；但实际上是精诚海众变成了众华，你中有我，我中有你，这才是真正的融合。”

2015 年，众华的规模化效应日渐凸显，而此时虹口区的另一家本土律所也在筹划合并事宜。对方主任主动找到金鹤山、刘海鹏等人，希望众华加入合并队伍，共同打造虹口区乃至上海市的“本土航母”。经历了两次合并的众华却有些“犹豫”。刘海鹏说：“众华从来不是为了合并而合并，为了扩张而扩张，之前合并是因为双方理念相同，踩准了行业发展的节点。贸然跃进不是众华的做事风格，我们想先打好基础，再谈下一步的规模化。”

经过内部的反复权衡，合并决议最终未能通过，也导致律所内一些支持合并的律师选择离开，其中包括一位重要合伙人。回忆起这次事件，金鹤山说：“众华不是单由几位核心人物主导，而是由每一位律师共同构成，我们是真正意义上的‘合伙制’。”也因此，单一个体的离开不会对律所的前进造成太大影响，因为文化根基已经形成。

经历这一次事件的众华，依然保持良好的上升势头：业务领域综合化，品牌效应渐显，创收接近亿元，人数从 2014 年合并时的 50 人发展至如今的 121 人。值得一提的是，其中有 20 余名助理成为独立的执业律师，10 余名律师晋升为合伙人。

内生式人才不断涌现的背后，是众华始终坚持“人和”理念。众华的目标不是做一年的强所，而是要建成百年大所。要达成此目标，靠一个人的努力做不到，靠一代人的努力也做不到，需要一批又一批的贤能之士投身于此。而这，离不开“人和”。

规模化、专业化、品牌化，是律所的发展走向，但共性的大前提是，打好坚实的律所文化基础。众华的“人和”理念已渗透到了律所的文化血液中，也渗透到律所的管理模式里。

外松内紧，人和为基

在众华的合伙人协议中，有一项“特殊”规定：除了从律所内部人员中选拔入伙的高级合伙人外，新入伙的高级合伙人至少在进所两年后，方有选举律所主任及管委会成员的表决权以及担任律所主任及管委会成员的被选举权。

这一规定看似“保守”，实则充分尊重众华每一位律师的意愿。“人和”之下，很多新加盟者反而不会有新老之分的隔阂，很快就度过适应期并融入其中。

过去几年，众华不断吸收新鲜血液至管委会中，兼顾律所管理队伍稳定性的同时，也因为适时的传承与更新保持持续力。最新一届的管委会成员分别是薛国财、张尔东、戴鸣、张焱华、沈洋、周伟、刘超。其中，戴鸣、张焱华、沈洋并非老精诚、老海众、老众华的律师，但三人都无一例外地选择了众华，一则是看中了合并后的平台规模优势，二则是被众华的律所文化与管理机制所吸引。加盟不久后，他们也先后进入管委会。周伟、刘超则是内生培养的青年律师代表，作为新生代力量，他们的加入为管理团队注入新的活力，为律所发展与事务执行提供了一种新视角。

外松内紧的执业环境

当很多律所实行成本分摊制，向合伙人、律师按人头收取工位费的时候，众华从人的角度出发，推出一项重要举措：律所内部的所有公共成本无须合伙人分摊，皆从律所公共资金中支出；不仅承担合伙人的办公室成本，也承担合伙人团队律师、助理的工位成本。原则上，合伙人团队规模与团队业务量挂钩，其业务创收额需满足律所章程规定的条件。

为什么做此安排？众华合伙人们的想法是：“律师起步时期都是非常困难的，我们也是从那个时期过来的，最了解青年律师的处境。既然合伙人现在有能力了，就要为青年律师打好基础，让他们心无旁骛地向前发展。”青年律师是律所的未来，只有让青年律师看到希望，并做好言传身教，人才队伍才会越来越壮大。

也因此，虽然律所章程对于团队业务量及人员规模有明确规定，但在资源充分的情况下，众华不会严卡这条线。

如何保证资源充分？这既依托于众华的人文理念，也得益于其成本意识。出发点都是为了增强律师的归属感，不为节约成本而刻意控制办公面积与办公位数量；同时，基于历年创收、留存资金等情况倒推合理的成本范围，在成本可控的前提下，尽可能给律师提供最好的体验。众华会对律所年度支出类目进行梳理总结，定期公布每一类目的支出明细，让财务情况透明化且可监控、可追溯。

在节流的同时，众华也科学开源。“我们不会故意截留律师本身应有的利润，但是正常应该交给所里的，我们会尽量把它合理利用。我们会利用案件收入在律所账户的这一个月时间，对这笔资金进行适当理财。一年下来，累计的收益也比较可观。”

为律师提供相对舒适自由的执业环境，是众华诸多制度的出发点。在众华，每一位高级合伙人的办公室都是一样大小，充分彰显人人平等的理念；只要执业年限及创收达标，即可申请办公室。

共进共退的分配机制

在所有的律所管理制度中，分配机制是最核心的。在高级合伙人层面，众华采取的是二次利润分配制，第一次分配是在次月按固定提成比例支取上月个人收入，第二次分配需待年底完成收支核算。若有亏损，亏损部分由全体高级合伙人平均分担，当年无第二次利润分配；若有盈余，70% 会按照创收贡献（各高级合伙人年度创收占全体合伙人年度总创收中的比例）进行利润分配，20% 由全体高级合伙人平均分配，剩余 10% 作为律所发展基金，为年长或退休律师提供生活保障。

“我们最早试行过所有高伙平均分配利润，但容易变成‘大锅饭’，因此后面仅 20% 平均分配，70% 按劳分配。赚得少，说明对律所贡献小，出现亏损时，平均分摊亏损对创收低的人而言其实也是惩罚和压力。”但即使如此，众华也从来没想过在出现亏损时，创收高的合伙人可以比创收低的合伙人少承担。“创收高，就多给律所做贡献，这是很自然的事情。合伙是以人为本，追求绝对公平，人情味就淡了。”时至今日，众华财务方面从未出现亏损，也证明了当下这条道路的正确性。

在普通律师层面，则有两种模式：一种是公司化管理下的薪酬律师，从低年级律师到二级合伙人再到工资合伙人一一定级定酬，主要以大团队为主；另一种则是提成律师，主要是单个律师或小团队律师。两种模式在众华并行。单干律师如果在与其他业务团队接触的过程中，感觉良好、沟通顺畅，也可以选择进入该团队。

众华保障每位律师的权益，不会为了发展而舍弃某一部分人的利益，并且对于律师的关怀不仅体现在经济层面上，还有工作之余丰富的团队建设。律所大多都有年度旅游的福利，但对于综合性律所而言，受限于人数，每次往往不会有太多名额；但众华自成立伊始，始终坚持整个律所的全员旅游。且无论金钱的投入，单就组织安排上的人力投入与这份为大家创造一个良好交流契机的心思，就充分体现了众华已将人和融于日常点滴。

正是有了这样的文化积淀及管理体制，所内合伙人、律师才能更专注于业务本身。

稳守诉讼，发展非诉

律所合并是否成功，大多要从两个方面来看：一是“人的融合”，志同道合往往是奠定律所当下能否走到一起的主要因素；二是“业务互补”，带来业务上的实际增长或可预见的潜在增长，合并才有意义。

原先三家律所都是典型的上海本土律所，基于各自的发展历程及时代背景，早期均以传统的诉讼业务为主。但审时度势、顺势而为是确保律所可持续发展的必要条件，尤其是业务领域布局及业务结构优化方面。加入世界贸易组织后，中国经济迈入高速发展的快车道，外资“走进来”和中国企业“走出去”为中国律所带来了多样性的法律服务需求，至最近十年，无论是客户需求的复杂程度，还是不同业务类型的层出不穷，都预示着这是当下正在发生并且还将持续的风口。

引进人才，发展非诉

对于当下的法律行业现状有清晰的把握，对未来的经济发展趋势有精准的预判，是一家律所管理者所必须具备的格局。众华敏锐地捕捉住到新业务需求，及时找准切入点，提出了“稳守诉讼，发展非诉”的业务发展方向。

合并之初，众华便引入了一批擅长涉外及非诉业务的合伙人团队，并陆续吸收了一批积极拓展非诉业务的青年律师，以扩大其非诉业务领域的人才准备。他们的加盟，快速带动了众华非诉板块的构建。在具体业务领域的开拓上，众华也将重心转至资本市场、金融机构、涉外投资、并购重组、反垄断、公司法律顾问等板块。

与此同时，合并带来的“新平台”规模效应，也为非诉业务的开拓提供了保障。“合并之前，三家所的规模都不大，即便是在某几块业务领域形成一定的优势，但限于律所规模，很多大型项目无法参与。”合并后，这个问题迎刃而解，成效立竿见影：业务资源整合后，律所专业能力明显提升；律师数量及业务范围的扩大，促进了所内的团队协作；更直接的是，众华可以参与大型项目的招投标，并凭借综合实力中标。

近年来，众华承办了多起定增发、信托、发债、融资租赁、不良资产清收、私募基金管理人成立、变更登记、境外投资等项目。例如，某世界500强公司出售境内一家子公司项目，众华律师团队在短短几个月的时间内完成了从意向书、保密协议、框架备忘录到银行资金监管协议、最终转让协议、公司新章程等法律文件的草拟、谈判、修改和正式签署工作，最终在不到一年的时间里完成了该涉外并购项目从意向谈判到最终交割的全过程。

目前，农业银行、建设银行、招商银行、信达资产管理公司、上海国有资产经营公司、光大证券、四川信托等多家银行、金融机构，中国电信、华能集团、东航集团、宝钢集团、上海电气集团、易居企业集团等大型国企集团及上市公司，浙江东森控股集团、上海建全投资集团、台湾六和集团、三星财产保险、三菱电机等涉足各行业领域的中大型民营企业及优秀的外资企业都是众华的重要客户。

团队吸收，打造精品

众华内部有很多明星律师，在各自的专业领域做得出类拔萃。例如，在环境能源法这一新兴业务领域，众华有理论功底深厚的专家团队。团队由张梓太、岳文辉、薛国财、张烨石等律师组成，可就我国环境立法、执法、司法方面一些重大理论问题展开研究，并被采纳。

其中，张梓太主持的涉海、涉洋课题包括国家海洋局（中国大洋协会）规划项目一项（深海海底区域资源勘探开发国外立法跟踪研究）、交通部上海海事局项目三项（上海港防治船舶污染水域管理立法研究、规范海事行政处罚裁量权研究、海事执法协查管理规定研究）等，部分研究成果已被运用于国家相关立法中，填补了相关领域立法的理论空白。岳文辉作为中国法学会能源法研究会常务理事，多次以对外谈判律师身份，参与我国企业对亚洲多国的矿产、能源合作开发谈判与合同的起草工作，有效维护了我国矿产企业境外能源开发的法律权益，并对诸多涉及环境、资源、能源领域的立法草案提出了修改意见。

众华的目标是成为一家有很多精品团队的综合性大所。“从健美角度来讲，我们希望众华的骨架有较高的肌肉含量，这样会有更好的发展。”此处的“肌肉”，指的正是精品团队。为此，众华鼓励擅长某一领域的团队与不擅长的团队精诚合作，在这个过程中，前者带动后者，从最初的业务指导到中期的质量把控，最终让后者逐渐具备独立承办这一专业领域项目的能力。

市场和客户看中服务单位的轻资产——律师的服务能力，而单一律师、单一团队的服务能力显然无法抗衡团队合作所体现出的实力。众华认为，每一家律所的发展历程不同，按照传统的方式推进专业团队建设进展相对较慢，若要匹配律所的发展需求，必须采用不一样的方式，“团队吸收”的方式能够加快这一进程。先让每个团队完成基础层面的成长，等到业务能力与其他强专业团队相当时，再进行团队与团队之间的合并。

此举在其他律所不一定能奏效，但在众华却可落地，因为其有很好的“人和”基础，合伙人们皆是从合适的角度去考量，而非仅着眼于个人利益。未来，众华某一个团队的律师人数会越来越多，专业能力也会越来越强。

趋势预判，精准布局

诉讼业务和非诉业务并不是非此即彼的关系，而是相辅相成、相互促进、相互转化的。从事诉讼业务的同时，可以积极拓展客户常年法律顾问等非诉业务；而非诉业务的客户也会给事务所带来很多商事诉讼和仲裁的案源。目前，众华已有公司业务、劳动用工、资本市场、银行与金融、房地产、知识产权、争端解决、刑事八大专业领域，其中诉讼和非诉讼各占业务的半壁江山，形成了良性互补关系。在“稳守诉讼、发展非诉”的稳健性业务发展战略下，众华的业务创收每年均以 30%~40% 的比率逐年递增。

2020 年，疫情突如其来，对法律行业也造成了不小的冲击，但基于众华相对科学的业务结构，增强了律所抵抗系统性风险的能力。“今年到目前，众华的创收已经接近破亿，这得益于我们业务的综合性，非诉与诉讼业务的比例也很均衡。”

同年，众华提出打造“业务专业委员会”的构想，以促使律所各团队、各律师在自身业务基础上建立更为明确、细分的专业领域，进一步加强团队之间紧密合作，形成互助合作的态势，这样既可以为客户提供系统化、多方位且专业的全面服务，同时有助于深层次挖掘和维护律所日益庞大的客户群。

为鼓励、引导各团队之间的协同作战与资源共享，此前众华即先后出台了《关于公共案件的处理及分配模式》以及《有关业务合作的内部指导意见》，推进专业化团队建设。下一步，众华将以金融、劳动法等优势业务作为试验点，着手进行资源整合，率先成立业务专业委员会。这一过程是循序渐进的，先取得单点突破，再在此基础上逐渐扩大版图。

成才之道，以人为本

行至2020年，在律所人数增长至121人的同时，众华人员的年龄结构也发生了较大变化：老一代律师坐镇后方，将舞台让给以“70后”为主导的高伙团队，同时，“80后”“90后”作为后起之秀开始成为律所发展的中坚力量，占比超过50%——这支更年轻、更有冲劲、更具活力的队伍，正在一点点重塑“众华”的形象。

“这批优秀的年轻人，越发让我们意识到，给他们一个能够充分发挥特长、全面提高自身能力的平台的重要性。基于众华的文化调性，相比于用刚性的制度管理和擢升年轻人，我们更希望依托众华‘共谱华章’的理念，为他们提供一个自在的成长平台，并以整个事务所为后盾，帮助他们实现自我升级。”

关注每一类“人才”

具体怎么做？经过长期探索，众华建立了以团队制为核心的人才培养体系：每位合伙人都会独立带领团队，除其本人外，团队中通常还有律师、律师助理、实习生等处于不同职业阶段的成员。团队内部采取师徒带教制，合伙人会主动为律师提供案源，并手把手地帮助他们完成业务技能与办案经验的积累。

与这套人才培养体系相适应的，是众华公开透明的晋升机制：在一些大所，青年律师从实习生一步步成长为合伙人，往往需要经历8年到10年的漫长历程；而在众华的优秀年轻人，这个周期可被大幅度压缩。

高级合伙人廖委是一名标准的“85后”，在原精诚时期就作为实习生加盟。此后，从律师助理、律师、二级合伙人到高级合伙人，廖委一共只走了5年。不是众华对于人才选拔过于宽松，而是不过分拘泥于硬性指标，只要符合律所对优秀人才的定义，即可给予对应的职级与待遇。再如合伙人熊顾军，2014年加入众华，2018年开始独立办案，2019年晋升为二级合伙人，她走的每一步都是稳扎稳打，方能脱颖而出。

惜才，就不能停留在口头与形式，而要通过灵活适用晋升机制，尽可能地为他们提供快速上升的空间。“众华的一大特点在于，只要年轻人敢于展示自己，团队合伙人就愿意给你业务合作的机会，带你‘乘风破浪’。”当一名青年律师达到了二级合伙人的业务创收线，即便执业年限不长，众华也会综合考虑其工作表现、律所贡献等给出合理的评估，若确能胜任合伙人，也不会因为年龄要素阻断其上升之路。有冲劲、有潜力的年轻人，最需要的就是这样的平台与机会。

值得一提的是，众华不仅关注执业律师的成长，也关注行政人员的长远发展。“众华大家庭”的理念，让行政人员也能够在律所体系下学习各种与所务相关的技能，为职业转型赋能。“行政人员往往会有职业瓶颈，通过引导她们提前学习财会技能，帮助她们在合适的时候顺利完成自我升级。我们希望每个人都能在众华找准自己的成长之道。”每一位律师、每一名行政人员，都能在众华的平台上实现经济收益与个人成长。

人才培养融于党建工作

作为一家人员结构相对年轻化的律所，众华的青年党员律师亦不在少数。除了“以人为本”的带教制，众华在人才培养方面的另一大特色，即是人才工作与党建工作的高度结合。

众华的业务具有综合性，为了让青年律师能够均衡发展，众华党支部每周都会牵头举行一次全所层面的交流培训讲座，邀请所内不同专业方向的律师，从不同角度与所内律师交流办案心得，其中不乏前高校教师、前教授、前法官、前检察官出身的主讲人。这样的讲师阵容及培训频次，于“初生牛犊”的青年律师而言，不仅是经验交流的机会，更是与法律职业共同体对话的平台。

人才培养工作已经渗透到众华党支部工作的方方面面，除组织集体培训外，众华还在开展各类党建活动时为青年律师提供自我展示的平台。长此以往，有了更多表现机会的优秀年轻人也开始在各个业务团队崭露头角，亦极大地提升了律师的成就感与归属感，于个人、于团队、于律所而言都颇有收益。

金鹤山从律所主任的位置上退下来后，曾长时间担任众华的党支部书记。基于其数十年的工作经验，手头有很多长期合作单位及适合青年律师锻炼的公益法律服务。金鹤山会有意识地将这类事务交办给青年律师，供他们在服务社会的同时积累实操经验。如此一来，公益活动不仅是法律援助，更是这些青年律师的“试金石”，一旦他们在试练的过程中遭遇无力解决的问题，金鹤山会立即与其他合伙人组成小组驰援。“给他们一个平台，再给他们一重保障，那就没有什么能够阻挡他们大步向前。”

众华党支部是“一老一中带三青”管理架构，书记金鹤山作为“一老”负责统筹调度，组织委员刘超作为“新生代”担下党建平台的建设工作。为最大限度节省律师时间，众华党支部牵头打造了包括党建移动台账、党支部企业微信、党支部网页、微信公众号等线上平台在内的“云”党建体系，除党员大会等重大支部活动外，其他活动均可线上完成。

此举实现了律所的数字化办公，提高了党建活动组织效率，获评为虹口区新兴领域党建工作“十大品牌”之一。

此外，众华还基于律所非诉业务的工作模板，设计了一整套党务工作模板，降低了律师们的学习成本，使律所党务工作得以更便捷、有效地开展。这套模板被上海市司法局采纳，并分发到上海各家律所党组织以供学习。

党组织的引领既完善了众华的人才体系，亦让所务实现了更科学高效的运作。人才层出不穷，所务化繁为简，进一步提高了众华的工作效率和业务质量，如此形成完整闭环，一个健康的律所生态也就得以诞生，并不断叶茂枝繁。

结　语

什么是真正意义上的律所文化？律所文化与创始人的特性相关，但能不能得到下一代管理团队的认可，才是能否实现文化传承的关键。人合特性下律师事务所，律所文化几乎就是由最初的那批创始人所决定，在整个创业元老、管理团队全部换血了之后，这家律所还坚持原来好的做法，摒弃其中不足之处，才是真正意义上的文化传承。

“人和”是众华的核心文化与理念，说时简单践行难，但众华能够将复杂的事情简单做，简单的事情重复做，重复的事情用心做，持之以恒，自然功成。

众华如同一幅素雅的山水画，没有华而不实的着墨，没有不合时宜的渲染，有的是最本真的对于专业的敬畏、对于众人之力的尊重。比起高调宣传，在业务领域心无旁骛地披荆斩棘，在维护客户权益的沙场上挥斥方遒，才是他们更加看重的。不争一时一地，不争一城一池，是众华人的风骨。

大道至简，悟在天成。无论日后市场格局如何变迁，三人为众，合众为华，这一点永远都不会改变。在向规模化、专业化、信息化前进的道路上，众华人会找准自己的位置，能用众力、善用众智，继续未来百年大所的征程。

广和

广聚英才，和达天下

周　正　吴梦奇

广和律师事务所前台

广和律师事务所创始人合影　左起：鲁潮、童新、李河

“全国优秀律师事务所”荣誉称号牌匾、
深圳律师纪念改革开放 40 周年暨

深圳市律师协会成立 30 周年之
“优秀律师事务所”荣誉称号牌匾

广和律师风采墙

广和“双徽”

深圳，中国最早设立的四大经济特区之一，改革开放的桥头堡；深圳，毗邻香港、澳门地区，经贸繁盛，思想活跃，文化多元，创新精神的践行者。

1995 年创立于深圳的广和律师事务所，是国内最早成立的合伙制律师事务所之一，如今已是华南领先、全球布局的“千人大所”。回眸过往，在广东三千多家律所，在改革开放浪潮中深耕行业、成就梦想、弄潮时代的深圳逾千家律所中，二十余年来至今依然以初创之名、至今依然由创始团队引领的律所，仅有广和。

25 年拼搏历程，广和以“广聚英才”的理念坚守阵地，成就辉煌，赢得荣耀。广和在华南地区创造了多个第一：第一家律师人数过百的律师事务所，第一家收入过亿的律师事务所，第一家获得省著名商标的律师事务所……

25 个奋进春秋，广和以“和达天下”的信念探索轨迹，滋养内涵，凝练文化。广和的管理之道成为行业公认的规模大所的范本，广和倡导的“以和之理念平息纷争”已成为所内律师信奉的精神内核，广和开放兼容、务实创新的行动准则为独具地域特色的岭南文化作出了属于自己的行业诠释。

正如广和律师自己谱曲作词的所歌《你我广和》中质朴而干净的歌词“这支笔写天地的广……这首歌有你我来和……”广和之“广”，是在行业局限中向往天地之“广”；广和之“和”，是在时代浪潮中谋求理想之“和”、信念之“和”。

广聚英才，和达天下。25 载勇立潮头，广和已经确立了华南领先大所的地位。继续领跑，从大湾区出发，走向全国，面向世界，一个更加卓越的广和全球平台正在建设路上。

三人小所 千人大所

1990 年，一篇题为《经济纠纷调解中心异议》的文章发表在《广东法学》上。文章对于深圳市中级人民法院设立经济纠纷调解中心可能对律师业务造成影响的现象进行了广泛调研和深入探讨，在深圳乃至全国引起了司法实务界的强烈反响，先后有十多家法律杂志转载此文，直至引起中央政法委关注。文章的执笔人正是如今广和律师事务所首席合伙人、主任童新。这一年，20 多岁法学硕士研究生毕业的他刚刚被分配到广东省司法厅工作。

深圳律师行业的发展走在全国前列，当时正处于改革大潮掀起的前夕。1992 年，看过童新文章的深圳市司法局领导在物色参与推动深圳律师业改革相关事务的助手，觉得童新是位难得的改革人才，于是向自己的上级一再请求，最终将他从广东省司法厅调到了深圳市司法局律师管理处。

1992 年起，童新深度参与了深圳律师业改革的一系列相关工作，执笔起草了 13 个深圳律师改革主要文件当中的 9 个。随着与国际接轨的深圳律师体制改革工作的一步步深入，他更加意识到律师行业的广阔前景，也因此萌生了投身成为专职律师的想法。1993 年 12 月，司法部同意深圳的改革方案，广东省司法厅随即批准了深圳第一批 12 家合伙制律师事务所，引领中国律师体制随后全面改革的深圳律师业改革的大幕由此拉开。

1995 年，在圆满配合完成了各项深圳律师行业改革工作后，童新辞去公职，和鲁潮、李河等人共同创办了广和律师事务所。也正因童新创所前的这段经历，新生的广和从一开始就被注入了“开拓创新、勤勉专业、团队实效、胸怀宽广”的“深圳基因”。

在罗湖区国贸中心附近的阳光酒店一间不足 100 平方米、仅能容纳 6 名律师的小办公室里，广和开启了数十年的征程，但这并未阻挡创始人们将广和做大做强做优的远大梦想。创所之初，广和就制定了 20 年的发展纲要，不仅为律所发展从战略上描绘了宏伟蓝图，且分为上下两篇，4 个板块各 5 年的详细规划，制定了人员规模、分所布局、业务领域等各个发展维度的一系列具体指标——这在当时的律师行业尚属开拓之举。

最初，童新、鲁潮及广和团队就将主打业务确定为刚刚在深圳兴起的房地产领域的非诉业务。中国的房地产开发经营起源于深圳，从某种意义上说，广和所承接的每一笔房地产业务中的法律问题的解决几乎都没有先例，都需要在特定历史条件下，在国家法律框架下作出合规的探索与大胆的创新。可以说，广和由此成了中国现代城市的共建者。

如何打开局面？广和团队从细微处着手创新，为服务的每一家房地产公司几乎都提供了从参与谈判到合同起草甚至到手续办理的全流程服务。尽管深圳是改革开放的桥头堡，但在 20 世纪 90 年代，本地房地产业务也尚处在萌发、探索的特殊时期，广和全方位、全流程的法律服务甚至超出服务范畴的跟踪服务，为广和赢得了广泛的好评和极高的知名度。

1995 年开始，广和先后担任了深圳当年重点项目——世贸广场、深圳机场集团、香港中银集团及香港新世界集团在深开发项目中银花园、深圳航空城等项目的专项法律顾问。作为深圳盐田港集团的专项法律顾问，童新团队参与了其与李嘉诚旗下的和黄就投资总额 72 亿港币的盐田港二期工程的谈判……助力一系列大手笔项目的成功落地，广和在基础设施建设及房地产领域的名声愈加响亮，也带动、促进深圳律师在这座新锐城市的崛起过程中发挥出越发重要的作用。

随着广和在本地品牌知名度的不断提升，律所也陆续吸纳了一批具有专业特长的律师人才。2000 年，广和将律所名称的含义阐释为“广纳专才、和内顺外”。“广和融汇了我们的理想与情怀：‘广’，有浩然博远、纳百川、行四方之意，‘广纳专才’，代表着广和自创所起对专业化的一贯强调和坚持，也代表着广和对人才的尊重与渴求；而‘和’寓意通达仁厚、共建共创、大勇大爱，以‘和顺内外’来强调广和律师与方方面面相处时的和睦和谐之道，才能让广和在实现理想的道路上行稳致远。”童新主任这样解释。

在经历两次办公楼扩大搬迁之后，广和于同年将办公地迁至深圳世贸广场 A 座 20 楼和 21 楼，成为当时深圳市办公面积最大，装修最具现代化气息的律师事务所，甚至引来《律政佳人》《家风》《义海风云》等著名影视剧将其作为主场景取景拍摄。

对专业的坚持，对客户服务质量的追求，知名度和美誉度的不断提升，使广和在从不公开招募、横向招聘律师的情况下，依然吸引了大批优秀律师不断加盟，律所规模迅速壮大。正如童新所言："衡量一家律所实力要看你聚集了什么样的人，服务了什么样的客户。"广和正是凭借在华南地区良好的口碑和极高的知名度，才得以吸纳了众多律界英才，也正是凭借精英团队带来的持续高品质服务，赢得了包括多家世界500强在内的优质客户群，为大湾区法律服务市场树立了典范。2002年10月，执业律师突破100人，广和成为广东乃至华南第一家百人律师事务所。

走过初创期，经历六七年自然发展，广和初具规模，但作为一家提成制律师事务所，其体制弊端及固有问题逐步显现，向更加规范化、专业化、国际化、品牌化的专业法律服务机构迈进成为必然。2003年，广和开始讨论酝酿制定一整套的制度，从律所战略、业务管理、人力资源、风险控制、品牌形象、财务制度、行政服务等方方面面进行详细的梳理和完善，汇编成《广和律师手册》。手册结构完整、条理清晰，充分考虑到了地方文化特点、行业发展现状和律所运营实际，展示了广和领头人的前瞻性和创新性。律师手册的推出，将广和的管理运营水平和律师执业规范制度提升到了业内领先的水平。此后，律师手册这一形式和其中一整套的制度设计成为本地诸多律所在制定本所制度时的范本，乃至律师协会制定相关管理文件时也以之为重要参考。

2004年12月，广和年创收首次突破5000万元人民币。广和律师在秉持专业精神的同时在业务上不断创新，经常能代理一些标的额巨大的重要项目，使广和的年创收屡现跨阶梯式的增长。2007年，广和的年创收一举高达1.6亿元人民币，成为深圳律师行业中第一家年创收过亿元的律师事务所。

2003年首家分所珠海分所设立，之后的十余年间，广和在分所布局和国际化发展上持续推进。2005年，纽约分所设立，广和也因此成为最早在美国建立分所的国内律所之一。2007年6月，广和在《亚洲法律杂志》（ALB）发布的2007年年度"中国规模最大十家律师事务所"排行榜中名列第九。2008年，广和又被该杂志评为"全国律师事务所规模20强""2008年度发展最迅速的十家律师事务所""亚洲30家最具活力的律师事务所"。2008年，当时分管律师工作的赵大程副部长专程前来广和调研，并提出希望广和所向建设具有竞争力的民族法律服务品牌进军。2009年，广和在全国律所总律师人数排名中位列第七，在单体办公室人数排名中位列全国第二。

2010年，广和进军京城，设立北京分所，占据规模布局的战略要点以此辐射全国。2011年12月，广和被全国律协授予"全国优秀律师事务所"荣誉称号。这一荣誉的评定申报硬性条件之一，是评选之前的四年律所和全部执业律师不能有一单有效投诉，这点对于几百人的大所广和来说，确属不易。

2015年2月，广和第四次扩大办公室迁址至深圳国际创新中心A座。当年度，广和在《亚洲法律杂志》（ALB）发布的“中国 30 大规模律所”中名列第 8，“亚洲最大 50 家律所”中名列第 10，是上榜律所中唯一一家总部位于华南地区的律所。

而随着深圳地方经济的愈发蓬勃发展，随着 2019 年粤港澳大湾区规划上升为国家发展战略，随着北京大所加速在深圳的布局，本地行业竞争持续升温，已是本土领先大所的广和也在深刻思考新的行业格局和竞争环境之下自己的定位与未来，结合自身实际情况提出了“大湾区领先，国内一流，国际知名”的律所定位和发展目标，将深耕深圳、雄踞华南、对接国际作为自身的发展策略。并开始以“共建共享、你我广和”的理念为指引，充分调动全体广和人参与律所管理运营的各项事务，着手升级已经是千人大所的“广和平台”的建设。

童新在一篇题为《律师业务创新与律所管理创新》的文章中写到：“成功的律所管理创新将会引领带动律师业务创新，律所将打造完美的具有自我优化能力的‘生态圈’作为己任，通过创新的精密流程和运营系统，有效调动平台各要素，达成各要素最直接最有效的连接。”近年来，在律所管理创新上，广和作出了一系列富有创见也卓有成效的探索。

2018 年，广和开启“平台建设年”，“两委”的推出使得广和的管理运营水平居于业内领先地位。2019 年，广和定调“团队化建设年”，形成了以律所平台为基础，以团队为单元分工协作、能力与资源优势互补的运行格局。2020 年，广和推进“公司化建设年”，在团队中推行一系列公司化运营管理方案。“律所平台化、律师团队化、团队公司化”成为广和持续践行着传统律所的不断创新。这三年，在继续规模化的同时，广和更加注重“做优”，一年一个主题，一年一个苦练内功的专项建设，正实现着作为一家华南领先规模大所向品牌强所的自我升级。

2014 年起，广和已连续 7 年蝉联世界著名法律评级机构钱伯斯《亚太法律指南》“公司商事”领域和“建设工程”领域领先律师事务所两项大奖。首席合伙人童新律师连续 7 年被钱伯斯评为“东部沿海（广东）—业界贤达”（Eminent Practitioners），多次荣获钱伯斯“房地产业界元老”（Senior Statesman）、LEGALBAND 中国顶级律师排行榜“建设工程”业务领域顶级律师。2015 年，童新还被中华全国律师协会评为“全国优秀律师”。2018 年 12 月，广和被评为“深圳律师纪念改革开放 40 周年暨深圳市律师协会成立 30 周年之优秀律师事务所”。2020 年，广和又被《商法》评为“大湾区卓越综合实力律师事务所”。目前，广和已在全球多个国家和地区设有 23 个分所及多个海外联络机构，成为华南律所中国际化发展的杰出代表。

25 年，从 3 个人的小所到如今华南领先的千人大所，广和既知时度势，也笃信每一份勤恳耕耘，在不断的探索与革新中，为深圳律所的持续发展提供了一个足可借鉴的范本，也为中国法律服务业的区域大所发展模式探索走出了一条独具特色的广和之路。

2020 年，广和所第五次扩大办公室规模，与国际著名法律科技机构合作，投入巨资打造智慧办公平台，以满足网络化时代律师对信息化强度的更高需要。

共建共享　你我广和

创所之初，广和即形成了“建章立制，制度管人，从严治所，品牌立所”的16字方针作为律所发展和管理的共识。但实际上，和大多数律所的发展路径一样，如今已是规模大所管理创新标杆的广和，也经历了从自然发展到科学规范，再到与时俱进推行律所管理创新的阶段历程。

深圳，自古就在岭南文化的地域范畴之中。岭南文化以农业文化和海洋文化为源头，讲究务实、开放、兼容、创新，其中个体多追求独立和自由。而作为中国最年轻的一线城市和世界知名港口城市，深圳在短短几十年间汇聚了大量不同地域、不同文化、不同职业的各类人才，形成了极具特色的多元文化。这样的地域文化特征体现在律师业中，也造就了深圳律师崇尚独立执业，律所难以形成组织凝聚力持续发展壮大的特点。广和可能是本地为数甚少的25年一路发展至今创始团队未有任何变动的律所，而如果加上人员规模和业务实力维度，其甚至可以堪称唯一。这与广和创始团队成员在律所管理运营上奉行“和”的理念，并持续践行和前瞻创新密不可分。

随着律所规模进一步扩张，合伙人队伍不断壮大，广和参考现代公司管理机制，设计了合伙人会议、高级合伙人会议、管委会和监事会的管理架构，实行“议、决、行、监”四位一体的管理体制，以期做到相对分离、结构合理、职责明确、运行规范。其中，在合伙人发展至数百人的情况下，高级合伙人会议对于律所决策效率的提升作用非常明显。而管委会的九名成员各有分工，确保了律所各项管理运营事务都有牵头人和负责人。

律所持续发展壮大，管委会成员的能力和精力也到了一定边界的时候，广和又思考、设计了能适应“超大规模”律所的新一套管理机制。广和管委会主任鲁潮阐释道，在总所近五百名律师，全所近千名律师的体量之下，仍然将律所作为一个事无巨细什么都管的组织机构已经显然不合适，而应该相对淡化组织性，升级为“广和平台”的建设，一系列的改革由此推进开展。

为确保管委会的活力和创新，并从更广大层面上调动所内律师参与事务所建设的积极性，广和有意识地对管委会的成员结构进行了层次化和年轻化“改造”。目前，管委会形成了“678结构”——既有童新、鲁潮等“60后”合伙人把握事务所大局方向，又有鲁楷、李栋梁、任松岭等多名“70后”资深骨干作为中坚力量，还有许凤宁、刘雪莹、蓝远辉等“80后”青年优秀律师提供更加开放、多元和创新的管理思路。对于特别优秀的青年律师，为了将其吸纳进管委会，广和甚至修改了原先要求管委会成员必须从高级合伙人中选举的制度。而这些青年律师背后，是广和广大的年轻律师群体，他们的意见和诉求有了“直达”管委会的渠道，大大提升了其参与事务所建设的积极性。

鲁潮说，广和平台建设的组织结构思路非常简明：所务和业务两条线齐头并进、互为呼应。2018 年，广和推出了“两委”的新模式，所务线设立 12 个工作委员会，包括业务拓展委员会、专业化及团队化建设委员会、青年律师工作委员会、品牌建设委员会、文体活动委员会、提升人事行政服务委员会、培训与人力资源委员会、风险控制及调节委员会、广和全球平台建设委员会、网络化办公建设委员会、制度设委员会和财务委员会，业务线设立 14 个专业委员会，两者之间以专业化和团队化建设委员会为“连接点”，共同构成广和新的建设体系。

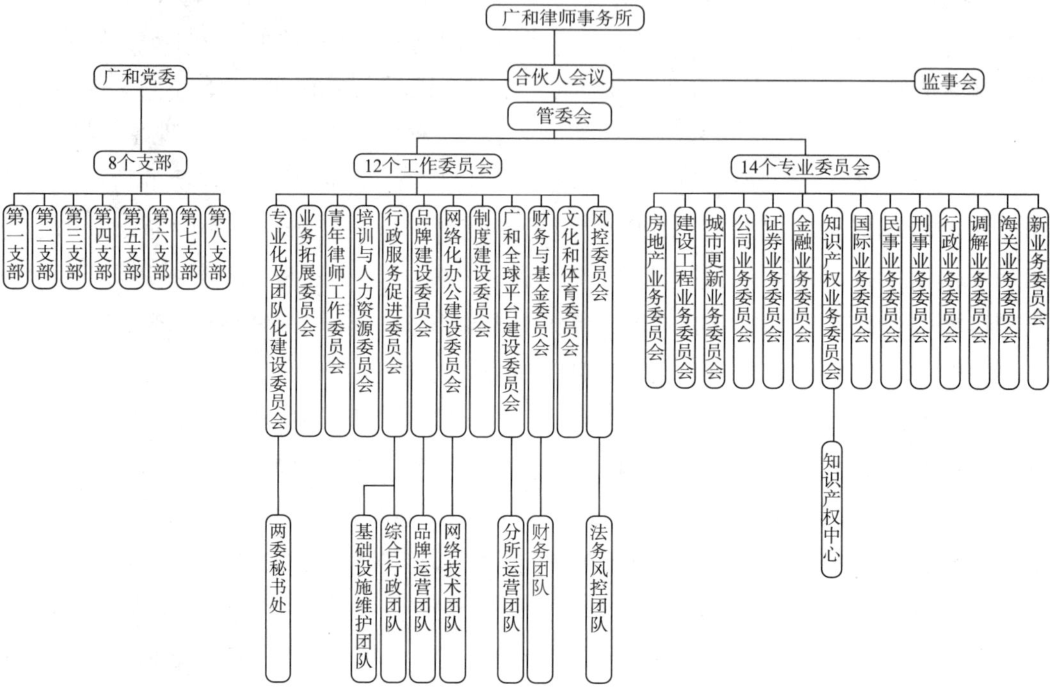

广和组织架构

“两委”有效实现了规模大所管理的“下沉”和“集智”。12 个工作委员会对应原本需要管委会负责的各项律所管理职能，原来仅由 9 名管委会成员牵头相关事务，如今每个工作委员会都有十余名成员，由所内律师通过一定程序报名筛选组成，他们各有所长，在不同工作委中奉献智慧、承担任务、发挥专长。“原先是 9 个人，现在有 100 多人在‘管理’律所，工作内容和成效都有巨大的提升。”鲁潮说。14 个业务委员会则承担了专业化建设的重要任务，每年都有培训等各项指标，将“专才”的培养落实到一线。每年年底，26 名委员会主任要用整整一天时间在年度“两委”会议上轮番述职，将一年的工作成果接受检验。

12 个工作委员会中，由鲁楷律师担任主任的广和风险控制委员会是唯一每年都在广和年度会议进行述职的委员会，这体现了广和对于律所风险控制的特别重视。这位毕业于北京大学法学院的高才生，自 2002 年加入广和所后，一直担任律所风控工作，现兼任广和党委纪委书记、广和风险控制委员会主任，对律所风控工作既熟悉又非常认真。鲁楷一直强调广和律师要维护良好的客户关系，贯彻“和内顺外”的理念。包括对客户在内的每一条对广和律师的意见都记录在案，并及时反馈处理，每年都在所内公布律所投诉情况、介绍当年投诉的热点问题，并提醒律师以高标准律师职业道德执业，广和所的目标是让每一位律师都自觉成为德艺双馨的“优秀律师”。

运行三年以来，“两委”在事务所建设上发挥了巨大作用。鲁潮介绍，如法律服务产品手册这一此前多年未能落地的构想在专业化与团队化建设委员会的牵头下仅一个月便达成，形成了一本全所的《广和法律服务产品目录》。其由 14 个章节，共计 288 页组成，法律服务板块多元且有深度，不仅涵盖了广和最优质的法律服务项目，并且每个产品都有服务内容、团队构成、相关案例、收费标准等清晰说明，在业务拓展中发挥了重要作用；培训与人力资源委员会负责制订和执行全所的培训计划，既有专业实务，也有青年律师成长相关课程；风险控制及调节委员会下分多个小组，实行交叉审核，大大提升律所风控水平；业务拓展委员会将事务所的招投标工作规范化统一管理；品牌建设委员会将律所的品宣工作提升了一个高度，微信公众号“广和律师”保证日更，每年收获数十万阅读，节日、节气海报深受欢迎。

“现代法律服务市场的发展趋势无可阻挡地要求律所必须规模化，同时要求律师必须专业化，前者对应着律所的市场竞争力，后者则从根本上决定了是否能拓展、巩固客户资源。”鲁潮说，这两者之间其实有一定矛盾：规模扩张势必对应门槛的适度降低，其中就包括了对律师专业性的要求。“广和平台要做的，就是在两者间找到一个平衡，探索一条广和的特色发展之路。”

怎样既保证规模化的稳步推进，又保证律师专业水平的不断提升和专业人才的持续培养？广和的答案是“团队化”，改变部分律师始终独立执业的现状，在所内推行组建团队的作业模式，所内不再有单个执业的律师。而团队建立后如何健康、稳定发展？广和又给出了下一步的回答“公司化”——在团队内部推行公司化的管理方式，各自设计合理的晋升体系和分配制度。在鲁潮看来，这既顺应了行业发展潮流，又充分地考虑到了广和的历史基础，在提成制规模大所寻求高质量发展的路上选择了一种改良型的改革。

2018 年，广和平台建设年让“两委”的作用展示、确立。2019 年，团队化建设年，通过一系列工作的开展，目前已有超过 90% 的广和总所律师进入了各个专业团队，大大提高了律所的整体专业化水平。2020 年，公司化建设年，律所层面通过宣传、普及和指导公司化运营模式，引导各个团队提升管理现代化程度，也已取得明显效果。

持续创新　领跑华南

立足于改革开放前沿的广和，过去25年一直担当华南法律服务市场的“探索者”与“开拓者”，从早期的基础设施房地产业务专精所步伐稳健地成长为如今覆盖广泛、品类齐全的综合性大所。如今，广和的业务领域覆盖房地产及建设工程、基础设施及公用事业、知识产权、公司及金融证券、并购与重组、争议解决、医疗与交通事故、保险、行政法律事务、金融及信托、国际投资、国际贸易及反倾销、海商海事及物流、破产及清算、劳动法律事务、婚姻家庭与家族信托、税务、涉日韩法律服务等领域，具备了为客户提供全链条综合性法律服务的业务能力。广和现在每年处理的各类案件和项目达上万宗，其中一些商事案件的争诉标的高达几亿甚至几十亿元人民币，非诉投资项目有的达到百亿元人民币。

“我们最终希望打造的，是一个能够一次性满足客户需求的、优中选优的综合性法律服务平台。”广和管委会成员、专业化与团队化建设委员会主任李栋梁如是说。

房地产和建设工程：特色市场中的行业先锋

作为诞生了中国房地产发展史上标志性“中国第一拍”的城市，深圳房地产法律服务市场有其发展的特殊土壤：万科、中海、华侨城、恒大、信义、鸿翔等多家知名房地产开发商总部均设在深圳；作为改革开放的前沿阵地，深圳业主的法律维权意识普遍较强，客观上促进了开发商法律服务需求的旺盛。广和所抓住机遇，先后持续多年为上述总部企业提供了全方位法律服务。

2003年以来，深圳人口不断增长，随之而来的住宅需求和土地资源的日益紧俏，造就了房地产市场的持续繁荣和房地产法律服务需求的连年旺盛，也使深圳一万多名律师中，从事房地产业务的占一多半，市场竞争十分激烈。即使如此，广和仍然占据着深圳乃至更大范围内房地产法律服务市场的高比例份额。

在李栋梁看来，深圳房地产法律服务的难点主要有二：“其一，你有没有机会切入这个市场？唯有对行业知识了解全面，对房地产法律服务研究精深，且能够与客户良好沟通的房地产律师，才能够让客户信服；其二，切入后你所提供的服务能不能满足客户需求？我们一个项目最长做了15年，其中不仅需要耐心，也需要从前期调查到建设再到销售等各个阶段的精细化服务，而这恰恰是大多数律师和团队难以做到的。”

创所以来，广和陆续参与了诸多深圳重大基础设施和房地产领域的重磅项目，其中多起案例在国内都无先例可循：1996年，广和参与了深圳盐田港集团总投资额达72亿港币的盐田港二期工程、梧桐山隧道二期工程的谈判；2002年，广和接受深圳机场综合开发公司委托，代理其与深圳安益新投资有限公司、香港万丰国际公司的集资开发纠纷案，成功胜诉。案件后来被录入最高人民法院编撰出版的 2002 年《民事审判指导与参考》（第一卷）；此外，广和还作为香港中银集团投资有限公司的法律顾问，为其中银花园项目的建设提供了全程法律服务。广和在基础设施领域的代表性项目还包括：北京大兴奥运场馆污水处理项目、浙江长兴污水处理厂项目、安徽马鞍山第二污水处理处项目、河南鹤壁市污水处理厂项目、江苏泗洪及沭阳污水处理厂 BOT 项目、深圳市前湾电厂项目、深圳市南坪快速路一期项目和二期项目、深圳外环高速项目、唐津高速项目、晋焦高速项目、广州北环高速公路项目等。

目前，广和已成为承办房地产开发经营法律服务业务数量最多、标的额最大、业务类型最全面的大型律师事务所之一，客户包括万科、中海、恒大、华侨城等众多知名开发商和投资机构，并为世界贸易广场、懿德轩、天琴湾、东方尊峪、莱蒙水榭春天、招行大厦、驻港部队深圳基地等一系列项目提供了法律服务。

广和律师还通过办理案件，进一步完善了房地产开发过程中的制度。譬如，在办理京隆苑延期交房诉讼案后，指出了深圳建设工程竣工验收制度的缺陷，促使深圳建设工程竣工验收由发放竣工验收证书转变为发放备案回执，推动了深圳建设工程竣工验收制度的完善。

如今，广和在基建和房地产业务上设置了三个专业委员会：房地产专业委员会、建设工程专业委员会、城市更新专业委员会。

建设工程法律服务也一直是广和的特色业务之一。广和律师为多家国内大型建筑企业提供法律顾问服务及专项法律服务，包括中铁大桥局、中建二局、中建三局、中交天航、山河集团、中建四局、中建六局等。广和凭借专业实力、业界口碑承接了众多建设工程领域诉讼及非诉讼项目，取得显著成绩，展现了广和所深耕这一领域二十余年来的强劲实力。譬如，仅代理中建二局三公司的案件就有：青湖山庄、金鼎大厦、望海汇景苑、新天下厂房、第壹世界广场、大亚湾美岸栖庭、庐贤雅居、庐山大厦、长沙红星美凯龙等建设工程施工合同纠纷案件，累计为该公司追回工程款近 10 亿元。

城市更新是深圳房地产领域项下一大特色业务，始于 2009 年年底深圳颁布实施的《深圳市城市更新办法》。一方面，深圳除了城市更新土地和征地返还土地外，其他土地都需要“招拍挂”，小开发商限于实力往往没有机会参与；另一方面，按照法律规定，深圳市很多原居住民住宅没有报建手续，属于违法建筑，但事实上政府回收也有一定难度。该办法则为这两种情况提供了解决方案和法律服务空间。广和律师不仅积极参与《深圳城市更新办法》的出台，而且广和城市更新团队还为客户提供覆盖项目计划申报、拆迁前期、实施拆迁、土地使用权取得、建设、销售等多个阶段的全链条法律服务。广和律师为麟恒中心广场一期、二期、三期更新项目，朱古石更新项目，南苑新村更新项目，龙华横岭旧村更新项目，坪山均田更新项目等均提供了专业、优质的法律服务。

“过去二十年里，广和在深圳房地产法律服务领域多次为行业贡献了前沿经验，一步

步奠定了今天的行业地位。未来，我们还会坚持良性发展的原则，勤修内功，提高自身的服务质量，同时将维护老客户和开拓新型业务都作为未来在房地产领域的工作重点。”李栋梁说。

知识产权：高学历、广覆盖的精英团队

作为改革开放前沿的深圳，其知识产权法律服务市场亦有着鲜明的地方特色——新。从立法层面来讲，深圳一直走在知识产权立法前沿，如当前正在征求意见的《深圳市知识产权保护条例》，就包含了诸如惩罚性赔偿等前沿机制；从司法层面上看，深圳在知识产权案件的管辖上仍采取本地化管辖方式进行；从业务需求上谈，由于深圳集聚了大批高科技和互联网企业，新型疑难复杂案件层出不穷。

建所 25 年，广和代理了许多在业内外都颇具影响力的知识产权诉讼案例。譬如被国内外多家媒体誉为中国知识产权史里程碑案件的唯冠科技与苹果公司 iPad 商标纠纷案，广和律师在其中发挥了核心主导作用，使唯冠原本几无价值的商标获得了 6000 万美元的超预期价值。最高人民法院公布的 2012 年十大知识产权案件中，唯冠与苹果商标诉讼案被列为第一案，赢得全世界媒体极高关注与追踪。广和龙岗分所律师代理的知识产权案件多次获得北京、广东省等有关机构评为十大知产案件。

此外，广和还代理了腾讯诉字节跳动旗下多个游戏产品直播侵权案；涉及商标、不正当竞争等二十多个行政及诉讼案件的锦丰集团全国性重大知识产权维权项目；东莞市中级人民法院受理的采取诉前证据保全措施第一案——人人乐集团诉东莞沙田人人乐商场商标侵权及不正当竞争案等一系列在国内外都有着重要影响力的知识产权案件。

广和管委会成员、知识产权中心负责人任松岭博士介绍，在知识产权领域，广和拥有两大主要优势：

其一，广和知识产权业务十分全面，覆盖了商标、版权、专利等在内的方方面面，尤其在知识产权代理方面，广和几乎每年都能在深圳市专利协会统计排名中跻身前十，且在律所中排名第一。

其二，广和拥有一支精干的高学历知识产权团队，硕士占比达 50% 以上，且拥有多名博士。他本人是中南财经政法大学法学博士，曾在美国哥伦比亚大学法学院担任访问学者。广和知识产权团队不仅在商标、版权、专利等领域均有资深律师担任业务牵头人，团队中还有多名律师被国家工业和信息化部、深圳市市场监督管理局（知识产权局）等机构聘为专家，被深圳市司法鉴定专家委员会聘为知识产权专业专家鉴定人。2011 年至今，广和代理了 6000 余件专利申请、8000 余件商标申请、2000 余件著作权申请、300 余件国际专利申请（PCT 申请），代理的专利还曾获得中国专利的最高奖项“中国专利金奖”。

2015 年，在原有业务团队的基础上，广和又成立了知识产权中心，将过去数年里加

盟广和的专利代理人也与原有团队合并，进一步增强了知识产权团队的整体服务实力。

“知识产权领域正迎来越发激烈的竞争，要保持既有的优势，我们还需要更专业的分工和更丰富的人才。”任松岭表示，“一方面，我们计划在知识产权业务委员会内部进行更细化的专业分工，在商业秘密、不正当竞争、互联网侵权等细分领域进行拓展，把专业化做精、做深；另一方面，我们正在努力引进更多高学历、有经验的专业人员，扩充自身的人才队伍。”

打造综合化法律服务平台

近年来，广和不仅不断夯实已有业务领域专业实力，还紧跟经济社会发展潮流，关注新兴领域延展更加综合化的法律服务覆盖，在海关法律服务、医药健康、仲裁法律服务、法院诉前律师调解服务、数据安全保护、个人信息保护合规体系、新媒体、体育文化等热门或潜力领域中都取得了不错的成绩。这种综合化服务能力的拓展，一方面得益于广和长期以来的扎实耕耘，注重提升律师个体的执业能力，另一方面也得益于 2018 年“两委”组建以来逐步加深的专业化、团队化建设。

“为什么广和要把专业化、团队化作为近几年的发展重点乃至是未来的发展目标？核心还是因为相比于做一家规模大所，广和更倾向于通过专业化的法律服务提升广和的竞争力和影响力，而团队化就是确保规模所内部专业化进一步深化的重要组织形式。”李栋梁表示。

“两委”建立后，作为连接点的专业化与团队化建设委员会集中统筹指导重组后的 14 个专业委员会推进律所的专业化、团队化建设，李栋梁在其中承担了大量协调工作。

在这一体系下，专业化和团队化建设委员会不仅肩负着推动律所专业化分工，指导各团队进行团队化建设、树立自身专业特色的职能，还负责组织各个专业委员会通过规范选举产生委员会管理层，指导各个专业委员会开展各类活动，落实法律服务产品的研发等重要工作；各个专业委员会则承担组织成员对本专业的业务进行深度研究，组织会员进行周期性的内部交流提升，为未来业务发展趋势与方向进行集中研究和规划等职能。

行至 2020 年，广和已取得了不错的专业化建设成绩，且在“成为一家能够提供综合化服务的律所”之路上持续大步向前。但广和并不会满足于此：未来，广和会进一步进行人员方面的优化，根据市场需要合理建设新的专业委员会；会继续推动法律服务产品化和服务流程标准化，打造《广和律师事务所法律服务产品目录》的 2.0 版本、3.0 版本等；会强化广和律师的知识管理体系，如通过 25 周年系列丛书的编撰，将广和律师的典型案例、办案经验、办案流程、风险控制以及各个专业领域的专业论文加以整理留存；加强律所的大数据建设，打造一个引领业务潮流和未来发展的综合化法律服务平台。

“编撰纪念广和 25 周年系列丛书，一方面是想将过去 25 年里广和律师取得的优秀业绩和工作经验加以总结，另一方面也是想以此为桥梁，加强广和律师之间、广和与同行之间的业务交流，并为广和年轻律师们提供一个明确的方向指引。”

“这不仅是对广和过去25年里敢为人先传统的继承，也是对广和未来能持续引领华南地区法律服务市场的寄望。”李栋梁说。

湾区领先　国际知名

经历了自然设点、稳步布局的阶段，又进入有意识、有规划的重点发展华南片区，尤其是实现大湾区全覆盖，近20年来广和始终在国内律所规模化排行榜中位居前列。如今，广和已拥有23家国内外分支机构，超过1000名律师及工作人员，成为国内少有“千人大所”的重要一员。

2003年珠海分所的设立标志着广和规模化发展的开端，但此时广和尚未对全国规模化乃至国际化布点有着详细的规划，而更多采用的是总部律师回到当地后先“设立一个据点”的自然发展思路。其优点是分所均一脉相承了广和的理念和文化，与总所联系紧密。此后较长一段时间，广和的国内分所多采用这种模式设立。

2005年10月，广和纽约分所正式成立，是国内律所最早一批在美国建立的分所。早期服务三大客户时较多的涉外业务使广和很早就意识到了国际化发展的重要性。同时，市场中能提供涉外法律服务的律所还很罕有，国际化发展成为树立差异化竞争力的一个重要的方式。纽约分所主要为中国大陆的创新企业提供到美国证券市场上市的法律服务。

2010年11月，广和在国内规模布局上占据了战略要点，在首都北京设立分所。北京分所主任、现广和全球平台建设委员会副主任刘广滨律师，从中国政法大学毕业后进入中国人民解放军海军服役8年，成为军内最早从事法律服务的专职军事法律顾问之一，后曾在中央军委法制局任法制员，从事国防和军事立法工作，代表军队完成全国人大、国务院立法的审查任务，并担任军委办公厅的法律顾问12年。2005年转业后，刘广滨迅速转型成为一名广受好评的优秀律师，尤其在商事仲裁领域树立了良好的口碑，受聘为中国国际经济贸易仲裁委员会等多家国际、国内仲裁委员会的仲裁员，参与处理了“达娃之争”中外合资争议案、“王老吉”商标使用权争议案等众多重大疑难案件。

时至今日，在北京设立分所的外省律所也为数不多，其中很多仅扮演“联络处”的角色，并未实质性发展壮大。带有“军人底色”的广和北京分所以此为亮点，十年来深度服务于国防和军队建设，担任中央军委办公厅、全国人大办公厅、原总参通信部队、解放军后勤学院、解放军总医院、总后军需研究所等单位的常年法律顾问，为部队各大单位处理了大量涉及军队的法律事务，包括政策法律咨询、军事法律法规修订、军事设施保护、军队土地和房产的管理、军办企业转制、国防知识产权、技术开发与成果转化、国防工程管理、退役军人事务等。此外，北京分所胡轶律师常年为中信信托提供专项法律服务。北京分所的成功运营及其在京的影响力为广和的规模布局奠定了深圳总部外又一个极为扎实的根基。

除北京分所外，2003~2015 年，广和陆续先后设立了成都、台北、广州、龙岗等国内分所，以及南美和多伦多两家海外分所，其中南美分所位于乌拉圭蒙得维的亚，是中国律所在南美洲及加勒比海地区的首家分支机构。2012 年 6 月 23 日，前国家总理温家宝出访乌拉圭时接见乌拉圭华人华侨及中资机构的代表，广和（南美）律师事务所作为中资机构代表应邀参加了会见。其间，广和的规模始终保持在全国前列，并且在一些国际排名中也是始终榜上有名。

2015 年，童新前往纽约哥伦比亚大学法学院做访问学者，一年半的时间里，学习之余，他在那里观察、接触到了美国律师事务所的发展情况，先后走访了纽约等地几十家头部律师事务所，接收到前沿的律所管理理念。同期，北京、上海等地的大所进入了新一轮区域化布局，尤其加快深圳分所的开设速度，甚至一些其他省份的大所也开始设立深圳办公室。经历了自然布局阶段后，此时童新意识到需要有规划地主动进行规模化发展，才能适应新的竞争态势。

2016 年 9 月，广和迈出了主动规模化布局的第一步，设立了全球布局的第 12 家分所东莞分所。经过四年的发展，广和东莞分所目前在人员规模、业务收入、品牌美誉度等指标上已位列当地前茅。2018 年 12 月，芜湖分所与长春分所相继开业，两年来，每年度复合业务指标增长率都超过 100%；2019 年 5 月，龙华分所成立，9 月佛山分所成立，11 月茂名分所开业；2020 年 1 月深汕分所成立。

虽然同为一线城市中的大所，但童新非常清楚，从深圳出发的广和并不具有北京和上海律所的政治、地理和其他方面的资源优势，无法复制其规模化路径，必须寻找一条自己的规模化道路。但同时，他又认为，如果在一大片区能够做到区域领先，则在全国乃至世界范围内也足以称得上是知名，而不一定非要以追求“大”为优先进行全国布局，更应该结合自身实际追求差异化发展。

2019 年粤港澳大湾区规划被提升到国家战略高度为这一地区法律市场的发展点燃了新的火光。经过综合分析判断，结合自身历史和实际，广和确立了“大湾区领先、国内一流、国际知名”的律所发展定位，明确了三个层次的规模发展思路：第一层，相较于北上大所的深圳分所，广和拥有独有的差异化优势，即可以在深圳市内开设分所，已经设立了前海、龙岗、龙华、深汕四地分所，实现城市内分支机构的高密度覆盖，做成最有可能解决本地法律服务问题的本土律所；第二层，如今，大湾区 9 个内地城市，广和已于其中 7 个开设了分支机构，其余的也正在筹划之中，未来即将实现湾区内地城市全覆盖；第三层，在优先考虑华南地区设点的同时，在华北、西南、华东及中西部重要城市适度布点，以搭建起一个全国性的服务框架，同时在国际化布局上，将在欧美等地持续关注合适机会，通过各种形式设立海外分支机构。

2018 年，广和在 12 个工作委员会中设立了广和全球平台建设委员会，并配套制定了《广和律师事务所全球平台建设标准》，对分所的设立进行了制度性规范，如要求在省级、副省级城市设立的分所三年内进入本地前十五名，在地级市设立的分所三年内进入前本地三名等，一系列标准的制定代表了广和对于高质量全球布局的决心。

广和全球平台建设委员会主任童新说，下一阶段广和计划将全球平台建设委员会从工作委员会中“升格”独立出来，上升到一个新的地位，使其不再是总所的一个内部机构，而是广和全球平台的一个常设机构，以适应接下来广和进一步全球化布局的需要。

广聚英才　广育未来

广和的人才培养，主要体现在“传帮带”三个字上，师道传业逐渐发展出有着与广和文化、广和气质高度契合的独有内涵。

传，就是传授执业技能。在广和，对执业技能的理解是多元的、多方位的，不仅局限于获取案件、办理案件的技巧，还涵盖了一个律师应该逐步且自觉养成的良好执业习惯。除了涵盖实务和理论的常态化丰富培训外，广和还设有青年律师工作委员会，下设“新蓝团”为所内实习律师、律师助理和在校实习生提供了一个交流学习的组织。2020 年管委会年中会议刚刚通过了《广和扶持青年律师发展规划》，全方位为青年法律人才在所内的成长考虑、投入。

帮，就是帮助年轻律师拓展案源。一般来说，年轻律师刚刚入行遇到的最大困难就是案源问题，在广和，帮助年轻律师拓展案源包括两个方面的内容，一是有意识、有针对性地交付部分案件给年轻律师去做，二是教会年轻律师拓展案源的方法。第一点是授之以鱼，第二点是授之以渔。

带，就是资深律师与年轻律师结成具有广和特点的师徒关系。从某个角度看，传也是带，帮也是带，但传和帮更多的内容与形式在于言传，带则侧重于在实际案件的办理过程中带着年轻律师精耕细作。在广和，对带的理解和践行注入了广和人的精神特质：一方面，资深律师不会担心“教会了徒弟饿死了师傅”，大家都会主动、无私地带着徒弟参与案件办理的全过程，让年轻律师在现场实践中学到真本领；另一方面，在广和，资深律师与年轻律师之间，与其说是师徒关系，不如说是一种合作与互助的关系，用童新的话来说，就是“师父像个师父，徒弟像个徒弟。”

“师父不藏着掖着，徒弟不急功近利，二者相互成就，最终在广和实现‘和而大同’。

如此一来，两者之间的关系不会因为年轻律师的独立执业而间断、终止，而是升华为一辈子的关系，且不是一辈子的师徒关系，而是一辈子的合作关系。”童新这样诠释他理想中的“广和师徒”。

除了资深律师对年轻律师的“传帮带”，广和还从制度设计上形成了自己的人才培养特色。

广和制定了有章可循的对年轻律师的帮扶政策。人才的成长需要一个过程，刚入行的年轻律师势必会经历一段时间的适应与阵痛，尤其是在案源少、收入低的情况下。广和从提供公租房、减免相关费用等方面给予年轻律师硬核支持，确保他们能将主要精力投诸工作和自身成长。

广和为不同年轻律师群体提供针对性扶持政策与手段。在广和的视角下，年轻律师可以划分为三个层次：实习律师、一至三年级律师、三年级以上的年轻律师。刚入行的实习律师，关注点往往在如何从一个法学生顺利转变为一个能够做事的“法律人”。对此，广和为其提供了一系列交流活动和职业认知培训，帮助他们互相交流，实现快速过渡。

对于一至三年级律师，案源则成为了主要问题：大案子接不了，一般案子没渠道。为此，广和一方面由资深律师带队，以“传帮带”形式帮助他们直接获取案源，另一方面也通过这种形式帮助他们逐步建立起自己的案件来源，从“授之以渔”的角度解决问题。

而对于执业能力逐步稳定的三年级以上年轻律师，如何突破自我成了制约自身成长的瓶颈。对于这类律师，广和以青工委为工作轴心，为他们提供系统性的各类培训，帮助他们在不断提升中完成由量变到质变。

经历了前三个阶段洗练后，律师们往往需要获得更长远发展的明确路标。对此，广和制定了四个维度的培养方向与培养目标：业务、管理、市场、研究。业务，就是要精于案件的办理，成为冲在第一线的战斗员；管理，就是要学会、参与律所或团队管理，成为组织的建设者；市场，就是要善于进行业务拓展，掌握相关技能和技巧；研究，就是要有深度研究的能力，能将理论学习与实践经验形成文字作品，成为建树个人与律所品牌的研究者。

童新说，对一些广和的绝对优势业务，律所还准备设立主题培训组织，近期即将成立广和诉讼仲裁学院。诉讼仲裁是广和的强项，鲁潮、鲁楷、童新、范秀玲等资深律师都是深圳国际仲裁院的资深仲裁员，在深圳市乃至是全国诉讼仲裁领域内都具有很高的知名度。在广和，有很多像他们一样的资深律师，一方面要精心办理自己承接的案件，另一方面还要抽出大量的时间和精力在学院授课。诉讼仲裁院的设立将为广和的专业人才建设提供一个新的形式，未来还会进一步复制推广到其他专业领域。

“广和人才培养的终极目标，并非盲求全才，而是帮助这些青年人才在上述一个或多个领域找到自己的未来发展方向，真正为他们提供一条通往‘大师级律师’的明路。”童新说。

一个刚刚执业不足两年的年轻律师，有可能成为律所管委会成员吗？广和的答案是：能！

如今，在法国留学多年，刚刚执业两年的优秀青年律师刘雪莹被“破格”吸纳进广和管委会，并担任广和品牌建设委员会主任——为了让优秀的年轻律师进入管委会，广和专门修改章程，背后体现的不仅是广和对品牌建设的高度重视，更通过这一个案折射出广和以“和”建所、立所的文化理念。

这种“和”文化，全程渗透并体现在广和的品牌文化建设，乃至是律所的方方面面之中。

深圳律师圈有一种“民间说法”：广和是深圳律师业的“黄埔军校”。如今在很多深圳知名律所中，从专职律师到律所主任，都是从广和播撒出来的“种子”。

但与此同时，内敛却是全体广和人共同的性格特征：无论律所获得了怎样的成长，取得了怎样的成就，广和律师们往往都不喜张扬，很长一段时间内律所的相关发展数据均位居行业领先时也不对外宣扬，而是更扎实地专注于业务和发展。如此性格特质的背后，固然也有着酒香不怕巷子深的自信，但是内敛是一回事，注重品牌宣传与建设又是一回事——业内对于广和品牌的认同，以及当下律所们越发重视品牌建设的潮流，都推动着广和树立与增强自身品牌形象。

品牌建设委员会是广和12个工作委员会之一。23名成员，其中主任1名，副主任2名，秘书长2名，其他均为委员。广和品牌委有两大工作职能：一是对内梳理身份认同，二是对外塑造律所形象。这两大工作方向都有着独有的文化标识、丰富的活动载体和定期的专题呈现。

广和是深圳律师业内最早也是至今较少拥有自己“双徽”的律所之一。广和的双徽由本所律师设计，由“臻蓝方徽”和“和纹圆徽”构成，一蓝一银，一方一圆，一规一矩，一意“广”，一意“和”。

活动载体方面，广和组建了多达十几个兴趣小组与项目俱乐部——合唱团、舞蹈队、模特队，体育俱乐部、文艺俱乐部……内容丰富、形式多样的文体活动，拉近了广和人心与心的距离，凝聚了广和人的精神原动力。

定期专题呈现方面，“广和日”、“广和蓝色能量周”和广和年会成为了颇具广和特色的新传统。

在品牌委的倡导下，每年的6月8日（广和正式登记的那一天）被定为“广和日”。这一天，大家在一起品茶、品酒，赏析精美服装，品赏定制的“广和蓝”蛋糕……这一天，童新会将亲笔签名的祝福卡送给所有新晋升的律师，品牌委还为他们精心准备了内含定制日常用品与广和徽章的广和蓝色礼盒。

年会则是广和每年年终的一大盛典——广和打造的年会，从郑重感与仪式感上讲，甚至可以和奥斯卡颁奖盛典相媲美。年会一般分为两项议程，一是下午的年度会议，二是广和晚宴与晚会。年度会议除年度工作报告与表彰外，将更多的时间留给了年轻律师，专设了“广和 TED”，供大家以高质量的演讲呈现、分享自己的想法和感悟，这也是年轻律师一个集中展示自我、提升自我的机会与平台。晚会由广和律师全程自己进行编排、表演，质量极高，大家在轻松愉快的氛围中放松心情，在极富画面感的环境中享受广和的“和”文化之美。

值得一提的是，每年广和年会都有一个闪亮呈现的“保留节目”：所歌大合唱。由童新提议，广和所歌诞生于广和 20 周年庆典。“以和之念平万千纷繁……这繁华由你我来和……”这曲由广和律师自己作词谱曲的广和所歌，会在每年的年会上以大合唱的形式隆重呈现，且每年都会有完全不同的呈现方式，都会记录下全面更新的展示版本。

“广闻益见”讲座，是广和品牌文化建设的另一大特色。主讲人不仅有特邀且不限于法律领域的嘉宾，也包括 14 个专业委员会的负责人，有时甚至可能是广和一名普普通通的律师。其中，特邀嘉宾分享智慧，专业委员会责任人讲述专业领域的前沿动态，而普通律师介绍自己的执业特色与感悟，均能让所内律师有不同程度获益……无论从主讲人还是主讲内容来看，“广闻益见”讲座都凸显广和以“和”为内涵的开放、包容、创新的理念与风格。

成立两年来，广和品牌文化建设硕果累累，不仅取得了众多有形成果，亦通过潜移默化的无形成果影响着广和律师。

有形成果，是视觉、触觉的感知，一步步树立起了更为现代的广和律所形象。而无形成果，体现在广和人的胸怀里、精神上，体现在事务所的整体气质里、氛围上。刘雪莹形象地将广和律师与广和的关系比作“植被”与“土壤”：土壤给植被提供养分，而植被茁壮而茂盛长大后，其落叶又回归土壤，让土壤更加肥沃。循环往复，生生不息。

“有好几位在广和待了十多年的老前辈都曾和我提到，这几年，他们是真心觉察到，广和的气象变了。”刘雪莹感慨道，“广和的‘和’让我们这批年轻人有了成长和发挥的空间，我们又通过自身的想法和行动让这家有着厚重底蕴的律所抽出了新芽。在我看来，这也许就是广和文化最动人的内涵”。

党建引领　责任担当

1999 年，广和即成立了党支部。2011 年，律所又成立了深圳律师行业第一家党总支。2017 年 8 月，广和成立深圳第一家律师事务所党委。目前，律所有党员 156 人，其中律师占比 95%，党建工作始终领导着广和在正确的道路上稳步发展。

党委书记、律所主任童新介绍说：成立党委后，广和党委对各支部的建立工作进行统筹，采用业务相近、年龄结构合理的方式搭建党支部，加快推进广和党委直属党支部的建立，共成立直属党支部 8 家，实现“党建 + 业务”队伍的同步建设，推动支部和业务团队共同发展。8 个基层支部的书记中，有 6 名为律所党委班子、纪委班子成员。总部与分部党务方面，目前是采取“信息共享、联动合作”的模式，即总所与分所的党组织日常工作各自负责，信息共享，活动协作。

谈到广和对律所党建工作的认识，童新说：律师行业的发展不仅面临着调整结构、壮大规模增强实力问题，也面临着政治方向、服务秩序理想信念队伍建设等问题。因此，党建工作是律所实现长足发展的根本政治保证，律所的发展也需要在党的领导下，增强“四个意识”，坚持“四个自信”，做到“两个维护”，要在立足政治核心的定位上，通过具体务实的工作，将起到巨大的价值引领作用，确保律师工作坚持一个方向，切实做到政治坚定、法律精通、维护正义、恪守诚信，服务好经济建设和政治大局。

现任党委党务副书记许凤宁对律所强化党建工作的具体作用也有充分的认识：一是充分发挥把关定向作用，确保律所正确的政治方向；二是充分发挥政治核心作用，以党建工作促进律所的快速发展；三是充分发挥先锋模范作用，团结队伍凝心聚力；四是充分发挥精神引导作用，培育良好的律所文化。

如何做到党建促所建，结合行业及律所特点，广和一方面对组织构架进行了科学的布设，另一方面开展了大量创新性的工作。

对组织构架进行了科学的布设：广和所管委会共有 9 名委员，其中有 5 名委员是中共党员，包括 4 名党委委员、1 名纪委委员，党员人数占律所管理层半数以上，实现律所管理层和党组织成员双向进入、交叉任职，确保党组织对律所重大事项决策有话语权；广和党委的书记同时也是广和所的负责人、首席合伙人，律所负责人和党组织书记“一肩挑”，落实党务、所务“一岗双责”，从而确保党组织在律所发展过程中起决定性作用；建立党组织和合伙人联席会议制，由联席会议共同研究律师事务所有关重大事项，在重大问题会商、重要情况通报方面建立了相应的制度，做到了律所管理层与党委委员高度融合，在日常评先评优、对律师的政治安排方面，达成一致的意见。

为进一步促进党建和所建的融合，广和党委通过修改事务所章程，在其中补充加强党的建设工作内容，进一步强化了律所党建工作的引领性；以相近业务为原则，努力形成分布广泛、完善严密、坚强有力的基层党组织体系，实现党的组织和党的工作对律所的广泛覆盖；坚持选好、配强党组织书记，按照讲政治、守信念，讲奉献、有本领、重品行、聚人心的要求，着力提高党组织书记的党建工作能力；加强党建工作阵地建设，在总部大楼专门安排党建办公室，作为党委办公场地和党员活动室，提供给党员开展组织生活，定期添置党史、党刊、文献资料等书籍，可随时取用学习。

广和广泛、深入、扎实的党建工作，为所建工作带来了丰硕的成果。

打造了一支党性强、业务专的律师团队：广和党委通过紧抓党员律师队伍，培养青年骨干律师，强化党员律师业务能力，努力打造一支党性强、业务专的团队。在盐田港、深圳机场、万科、华润、中海等大型企业的法律服务中，及时研究制定法律服务方案，提出法律风险防范措施，为企业发展保驾护航，这些法律服务大部分由党员律师承担，充分发挥了党员律师的先锋模范作用。近三年，广和所的业务创收和律所人数年均增长超过 20%，实现了党建所建同步发展壮大。

青年党员律师快速成长：广和党委非常重视青年党员及青年律师的培养，在培养青年党员律师方面具备充足、优质的师资和丰富的实操案例资源。广和党委与广和青年律师工作委员会联合组织青年律师培训，让青年党员律师在政治素养和执业能力方面都能够有较大提升。

广和党建工作的另一个特色就是将党建与公益深度融合。童新说，律师职业本身就具有社会属性，而参与社会公益活动，也是律所和律师应当承担起的一种责任。广和确立了党建 + 公益的四项原则，即“围绕中心、服务大局、关注民生、奉献社会”，把党组织的政治功能寓于服务功能之中，有效地破解了党建文化中融入难，服务发展难，凝聚人心难的问题，逐步打造出了“党政主导、各方协同、群众参与、共建共享”的良好格局。

广和打造的“党建 + 公益”，参与者不局限于党员，而是在党组带领下，引领全所律师、员工参与到各类公益活动之中，既提升了党组织的号召力与凝聚力，也扩大了公益活动的参与面与影响力。

广和倡导的“党建 + 公益”，有丰富的活动载体。参与法律援助及信访工作，累计义务接访群众 180 批 300 余人次近千小时，广和律师用“法言法语”向来访群众细心解释涉法涉诉的信访问题，让群众明晰正确的维权方式，树立循法定途径解决涉法涉诉信访问题的观念，从而避免了盲目多头上访，深圳市人大常委会办公厅对参与人大信访工作的广和律师给予高度评价，并专门向广和所发来表扬信；参与调解工作，广和多名律师受聘为深圳市各级人民法院特邀调解员，获得了社会各界的广泛认可，广和所荣获前海法院“优秀调解组织”，多名广和律师荣获“金牌调解员”的荣誉称号；担任村居法律顾问，让基层群众也能享受到优质、高效的公共法律服务，广和律师良好的专业表现，赢得了社会的广泛好评，也从另一个角度进一步提升了律所的知名度和美誉度；积极参与抗疫工作，广和所在 2020 年疫情暴发初期即迅速反应，积极部署。在首席合伙人童新律师的组织下成立疫情防控领导小组及下设办公室，各合伙人、党员律师带头捐款，全体广和人积极响应。与此同时，针对在防疫治疫过程中出现的一系列违法违规行为和举动，广和王佳强律师团队联合深圳市司法局，组织专业力量，日夜突击，完成了《新型冠状病毒感染的肺炎防控相关规定汇编》，共计 28 万余字，涉及 60 多份规范性文件，呼吁大家依法抗疫，获得省、市的媒体报道及相关省市有关领导的充分肯定。

广和律师先后担任中华全国律师协会理事，广东省律师协会理事、副会长，深圳市律师协会理事、副会长、监事长以及各级律师协会专业委员会主任、副主任。广和律师以严谨的工作态度，积极投身于律师行业的建设当中，为行业健康发展奉献广和智慧和力量。

广和律师还以自己的实际行动积极参政议政，为法治建设献言献策。2005年起童新律师就担任了福田区第四届人大代表，这是深圳律师界第一次直接选举产生人大代表。之后童新律师连续担任第五届、第七届福田区人大代表。在任职期间童新律师积极建言，提出一百余份建议和议案，其建议被作为“优秀人大代表建议”和“福田区人大重点建议”进行督办，童新律师本人也被评为“福田区优秀人大代表”。2010年童新律师当选深圳市第五届人大代表，兼任市第五届人大常委会经济工作委员会委员，在此期间参与《深圳经济特区前海条例》的立法工作。童新律师现任深圳市第六届人大常委会立法咨询专家，参与了《深圳经济特区物业管理条例》等多部地方法规的修订。

刘广滨作为一位军人律师先后参与了《国防法》《香港特别行政区驻军法》《澳门特别行政区驻军法》等多部法律、军事法规的起草，参与了港澳协调机制和对台军事斗争法律准备，并负责全国人大常委会、国务院有关法律、行政法规征求军队意见的具体办理工作。郭海英律师在担任南山区人大代表期间，提出议案、建议三十余份，其建议被评为优秀建议，由她担任站长的“南山区桃源街道桃园社区人大代表联络站”被评选为全市优秀联络站。范秀玲律师作为深圳市卫人委、罗湖区卫生局等卫生行政主管部门的法律顾问多次就医疗卫生立法提供专家意见，并参与深圳卫生、医疗相关地方法规的立法调研和修法讨论。

此外，武汉分所律师担任湖北省政府常年法律顾问，广州分所邵清龙律师担任茂名市政协委员；广和芜湖分所刘虹律师担任安徽省政协委员、朱梦律师担任芜湖市镜湖区政协委员；长春分所李伟东律师担任长春市二道区政协常委；佛山分所杨国强律师担任佛山市顺德区人大常委……一位位广和律师通过提出一份份议案、建议、提案及法律意见书，履行了法律人的又一份特殊责任，为依法治国和地方建设奉献了法律人独有的力量。

结　语

一路走来，风雨兼程；回眸过往，光辉满天。到2015年，广和20年发展纲要中制定的发展理念、发展指标已经被有效贯彻、高效落实，新的第二个20年发展纲要已树立了新的全球化发展目标：

“在专业化、品牌化建设的同时，逐步扩大广和规模，10年内使广和律师人数达到2000名，20年内达到3000名，在目前的服务网络基础上使广和在国内外主要城市的分支机构数量达到50个，并与更多国际知名律所形成稳定的战略合作伙伴关系，以高水平的律师团队为国内外客户提供全面、专业、高效、优质的法律服务。”

书写历史，广和人坚定法治理想，坚守法律阵地，坚持服务社会，在华南地区乃至全国、世界都建树起了足够响亮的品牌形象，创造了足以自豪的律所成就。展望未来，广和更加信念坚定，更加信心满怀。

童新说，下一步广和还要持续做到两个提升，一是广和律师综合法律服务能力的提升，二是世界 500 强及中国 100 强客户数量的提升。

提升综合法律服务能力，不局限于业务能力，广和更关注的是律师对广和文化的认同，对社会责任的担当，对法律人生价值的追求。匠心服务客户，广和希望用极致专业的服务建立信任、赢得认可，既帮助客户解决最微小的法律问题，也帮助客户达成更宏大的商业成就。25 年法律服务，广和成功地获得众多世界 500 强的认可，成为其法律服务的提供商，广和正在努力让更多世界 500 强成为自己的客户。

实现这样的愿景，广和倾力打造的广和全球平台，是全体广和人担当责任、奉献智慧、洋溢情怀、展现风采的舞台；广和深度拓展的专业化路径，是现代化律所自我提升、自我精进的必由之路，也是广和为之创新发展的精准定位。

童新还说，“我希望，一说到大湾区的律所，人们就能想到广和”。其实，这已经不是希望，而是现实。从三人小所到华南领先的千人大所，广聚英才，广和已经谱就了区域强所独有的华美乐章，和达天下，广和还将谱写更加卓越、更加辉煌的未来。

金诺

公司化律所的革命

周 正 董宇洲 蔡 凡

金诺·空谷艺术馆

2012 年，金诺与美国 White&Williams LLP 签订战略合作协议

金诺律师事务所往届“金诺行政荟”

金诺 PLUS 成立仪式现场

IT 经理李晓川为 25 周年设计的卡通形象是“金诺”二字的演绎，深受大家喜爱

天津，位于华北平原海河五大支流汇流处，东临渤海，北依燕山，海河在城中蜿蜒而过，古因漕运而兴，今缘开放而活；天津，环渤海地区经济中心、首批沿海开放城市，制造研发、国际航运、金融创新，为天津经济发展注入强大活力。

同时，天津毗邻首都北京，直线距离113公里，“灯下黑”现象长期困扰律师业的发展。一面是北京律所“伸长手臂”，跨域竞争；一面是本土律所缺乏管理，粗放生长。

15年前，金诺律师事务所在天津率先开启了完全公司化管理的征程。金诺，取“一诺千金”之意。李海波要在天津作出一家治理运营现代化的律师事务所，他希望金诺不仅可以证明革命在北京“九环”之外也能成功，不仅证明公司化管理可以给予律所可持续发展源源不竭的生命力，不仅证明律师可以有尊严地、精彩地活着，还希望为行业作出一份贡献，用金诺十五年的经验和教训帮助更多律所也走出一条一体化、专业化、健康发展的成功道路。

15年艰辛探索，历经“休克式”改制，历经人事“地震”，历经种种的误解和质疑，金诺浴火重生，将自己建设成了全国公司化管理律所的一个范本。

2020年，在设有天津、北京和滨海新区三个办公室的基础上，金诺即将尝试更宽广地域的规模布局，让“金诺模式”在更多地方复制、扎根、生长。

“九环”外的公司化律所革命

开放式合伙

1986年从北京大学国际法专业毕业后，李海波进入天津经济技术开发区管委会从事政策法律研究和宣传工作，期间还创办了《开放报》。1990年进入外商投资企业担任法律顾问，1992年又回到律师行业，当时的他一心想做专业律师，并没有想做律所。1994年，李海波与人合伙在北京设立了一家律师事务所，但很快就发现与其他合伙人办所理念并不一致，四个月后便选择了退出。退出之后，已经基本举家迁到北京的李海波再三思量，还是决定回到天津，创办一家自己的律所。

1995年4月18日，金诺律师事务所正式挂牌营业。起初，看过太多合伙失败案例的李海波只是想做一家个人所。寻找合伙人时，对方说如果是个人所就不参与了。“我很快调整了想法，不仅要办合伙，而且要办一个开放式的合伙。”李海波回忆道。

为此，他设计了7：2：1的合伙人二次分配比例，此后再有新的合伙人加入，便从他7个点的份额中划分让出。这样简单的比例分配模式很快便无法适应快速增加的合伙人数量。2000 年，金诺在此基础上做了 2.0 版本升级，开始采用计点的方式，设置了创收点、创始点、管理点三个主要点位，以建设容纳量更大的合伙人队伍。

全所层面，金诺当年采用提成制，但比例仅有 60%，处于行业较低水平。比起“吃光分净”，金诺更希望在律所层面留有更多公共积累，将资金投入律所建设和长远发展之中。虽然如此，金诺本质上还是一家提成所。即便有了计点制的设计，点数当中的“创收点”仍然占据最大比例，合伙人一定程度上还是唯创收论。在业务和客户层面，合伙人之间仍然区分你我，而并不是一个利益紧密相连的共同体。

1998 年，事务所搬入丝绸大厦，进入发展期。业务收入连年增长，办公面积不断扩大，合伙人发展到 8 个，总人数增长到 40 多人，但发展的“瓶颈”越来越突出，专业分工和团队合作等问题无法解决。合伙人、律师各干各的，只要合作就得谈怎么分钱。李海波后来形容这种状况下的律所就像农贸市场，每一位律师就像农贸市场的摊主，看似有序，实则松散；看似在增长，实则谈不上可持续的、长远的发展。

1999 年年底，李海波北大法学院的校友、现金诺市场总监杨斌加入金诺。做过法官，下过海，在商界经验丰富的杨斌正好希望回归法律行业完成职业转型，将自己的经验应用于律师事务所的市场工作。进入金诺后，杨斌先开始了小范围分工合作的尝试：他负责市场开拓及与客户的前期沟通，合伙人负责业务承办。参与分工合作“试点”的两名合伙人的创收有了明显提升，2002 年金诺决定在律所层面推行这种合作方式。这一年，律所总创收达到 700 万元，其中由杨斌进行市场开拓引回来的案源就有 130 万元。内部分工的力量已经展露得非常充分，但引回来的案源分配给谁，分多分少成了最大难题。得益的人高度认同这种模式，没有受益或者受益相对少的人却又有微词，本是律所迈向公司化治理的良好尝试遭遇了第一重挫折。

如何完成金诺的公司化转型？如果金诺希望坚持自己商务所的定位，就必须以团队的形式为企业客户提供服务，确保服务的专业性、稳定性和及时性，就要坚持以客户为中心，而不是以个体律师为中心。但这在以提成制为核心的分配机制下是无法实现的。此外还有多方面需要解决的问题，矛盾都指向了提成制。

2003 年年初，李海波组织了一场“1500 万大讨论”。按照一般情况，事务所总创收实现每年 20% 左右的增长相对正常，但杨斌却提出，通过统计、测算和预估，当年不止能实现 1500 万元，甚至可能达到 4000 万元的创收额。当然，所有人都不相信。但提出这个数字，源于对律师工作量的分析和资源的整合。

杨斌举了一个例子，律师与客户打电话进行案件沟通或提供法律咨询，“平均每天打 10 个电话，一个电话 6 分钟，这样的工作如果全部记录下来，有据可查，也是专业服务的一部分，理应收取对应的报酬”。如果按当时的金诺律师服务大致小时费率，仅全所律师在接受电话咨询这一项，律所每年就应当有1000万元"未收费的收入"。但传统体制下，这些工作都是无法变成收费项目的。同样，所内每一位律师、每一位合伙人都拥有相当的资源，如果进行所内资源整合，分工协作，将各个环节的价值最大化，又能产生出几倍的效益。

但是，传统体制下，每一位律师都把持着自己的资源不肯与他人分享，因为每一位同事又都是自己的竞争对手，所以宁可资源浪费也不肯合作。如果不从根本体制上解决问题，理论上的成倍增长绝对无法实现。

金诺危机

20世纪90年代初几乎同时起步的北京律所已经跑在了前面，千禧年之后更是迎来了高速发展期。金诺虽然经历了八九年的发展，并且已经在天津显现出品牌效应，但发展的"瓶颈"也已经显现出来：不仅一直无法形成专业分工和团队合作，还开始出现人员外流迹象，律所总创收虽然还在增长，但连续几年卡在1000万元大关之前，增长的势头已经明显没有那么强劲。

长期的操劳，不规律的生活，也让李海波的身体出现了"三高"。那一年李海波39岁。联想到历史上很多名人都是39岁英年早逝，身体状况出现危机的他认真地反思，律师职业就应该这样吗？"在这样一个市场环境中，在这样一种律所体制下，不管你执业多少年，什么样的资历，什么样的律师，都活得跟孙子似的。"李海波感慨，做这样的律师，甚至是主任，虽然可能收入处于社会中上水平，但是没有执业的尊严感，更没有人生的幸福感可言。"站在40岁的门槛上你是这样一种处境，难道45岁、55岁的时候还要这样吗？那时还要天天风里雨里地去跑客户吗，没日没夜地做业务吗？"

2003年年底，金诺召开合伙人会议，李海波做了一份长达40页黑底白字的PPT《金诺的危机》，对金诺的现状进行了全面深入的反思。

会议上，李海波提出至少五个方面金诺面临的严峻问题，这些问题被不断增长的律所总创收所掩盖了：一是发展后劲明显不足，律所创收虽然实现了逐年增长，但基本是跟随经济市场环境的自然增长；二是律所的创收目标连续没有达成，也没有任何的奖惩机制，律所对于律师、对于合伙人没有任何的约束力，律师之间互不负责；三是"自东自伙"，又是东家又是伙计，律师做得身心疲惫，没有尊严；四是没有专业分工，合伙人和律师仍然是各干各的，有什么干什么，各自"刨土豆"，刨到什么是什么，谁刨到的就归谁；五是没有人才培养机制，年轻律师的成长完全依赖于个别律师的传帮带；六是缺乏风险控制，律师执业不规范的行为时有出现，合伙人承担了非常大的连带责任风险。

"这些现象和问题都直指传统提成制的弊端，即它是一种自由经济的体制，互不负责的体制，懒惰的体制，低成本低效益的体制，不鼓励发展的体制，小富即安的体制，自贬的体制。”李海波总结道。

那几年里，李海波在与国内外同行交流和参加行业论坛中开始接触、学习国外律师事务所的运营管理方式，接触一系列现代化企业管理的理论、实践和工具。科学的机制设计和管理模式，乃至数据工具的应用都让他感慨不已。2000年他又去往香港地区考察学习了胡关李罗律师行等一些老牌香港地区本土律师行和贝克·麦坚时等国际所，这些律所的规范管理也给了他很强刺激。李海波开始思索，如何让金诺也像一家治理规范的现代化企业一样运作，像国外一些历史悠久的著名律所一样长远发展，做“百年老店”。

在《律师职业生涯感悟》一文中，他写到：多年尝试学习、领会和接受国内外律师事务所先进经营管理经验和技术手段，其中最重要的体会是，任何个体的突破性发展必须依靠一个组织，一个有效架构的组织，一个可规划自身未来的组织，一个其成员可以根据组织规划设计自己未来的组织。

“过去的金诺由于没有建立起有效的组织架构，因此就像一个高档一点儿的农贸市场，封闭的摊位统一设计，物业管理不错，管理费收得高但是客人档次高，因此还评上了‘全国优秀农贸市场’。合伙人是市场中的大摊位，聘用律师是其中的小摊位。有的人发展得快，摊位增大，就发展成了合伙人；有的人嫌这里受约束，管理费太高，就出去另摆摊去了。”

要解决金诺的危机，要将金诺建设成为一个有生命力和长远发展的组织，就必须从体制上进行彻底改革。

李海波的想法一提出，支持者有，反对者也有。反对者拿北京一家大所改制造成人员震动的例子说，“亿元大所”改制都没有成功，金诺连一千万元都不到，根本没到时候。李海波却认为，“亿元所”都要改，金诺更应该改。“发展的瓶颈往往是在上升阶段表现出来的，这个时候改制，很多人会质疑必要性，难度更大，但为了律所能适应新形势的发展，突破瓶颈，就必须有清醒的判断和及时的决断。”

“改制意味着律所‘基因’的改造。只有先把自己从‘皮皮虾’改造成‘小龙虾’，使用和外国律所（龙虾）一样的名词、概念和管理体系，才有可能也做到一样领先。”李海波说。

休克式改革

虽然有很多质疑甚至反对的意见，金诺的合伙人还是形成决议：用2004年一年时间进行论证并拿出改制方案。整整一年，金诺合伙人不断开会讨论各种管理体制，同时起草制定合伙人共同纲领。在这个过程中，有合伙人开始离开。“大概是在制定过程中才真正发现彼此间理念并不相同。”李海波感慨道。如今说起来云淡风轻，但当年一同创业的伙伴在改制的关键时期离去，其中痛苦滋味只有李海波自己体会最深。

历史上各种改革的进程大体有渐进式和休克式两种，而绝大部分人通常会选择前者，因为改革涉及利益分配的重新调整，每个人都希望获得新机制的利益而又不丧失既得利益，改革的阻力就来自这里，选择渐进式改革的原因也在这里。有人说金诺选择了休克式改革，而事实上并不是。一年的论证过程，合伙人们都想找到一条两全其美的道路，但最终证明是无法实现的。只是因为李海波坚持某些原则，“太轴”，最后导致主要合伙人和律师集体离开，最终崩盘了，李海波称之为“大地震”。所以，与其说是选择了休克式改革，不如说是被休克了！

2005 年 1 月 1 日，金诺正式启用公司化的管理模式，在律师层面开始采用全员授薪制。事务所成立了金融、房地产、外资和诉讼四个业务部门，每个部门任命一位非合伙人律师担任部长，并配备了专职的业务秘书；正式启用必智管理软件，要求全员填写工作单，律师每 0.1 小时的工作必须记录到系统中。但此时，律所管理中最为核心的问题——合伙人的分配机制还没有达成一致。这给金诺改革一年后的人员大震荡，埋下了隐患。

改制在各种质疑和不适应下进行了一年，业务有所下滑，改革的成效没有显现，有人产生动摇，有人借题发挥。到 2006 年年初，由于分配机制还不能确定，各种矛盾都显露出来，最终导致 8 名合伙人当中创收最高的 4 人均离开了金诺，同时走了 6 名骨干律师，律所遭遇了改制后第一次的人事地震。

人事地震还带来一个极为现实的问题：上一年度律所总创收是 890 万元，走掉的人大概占 450 万元，剩下的是 440 万元，但律所全年的成本约为 500 万元，如果当年不能实现大幅度的创收增长，律所即面临着亏损的风险。好在下半年有两家小型律师事务所加盟到金诺，为金诺补充了力量。2006 年前三个月一直处在人事风波中的金诺，业务基本没有正常开展，但当年度仅 9 个月的时间，留下的这班人马为律所实现了 50% 的创收增长。到 2007 年，金诺的总创收就突破了此前长久未能逾越的千万元大关。

组织的建设，阶段性的成果，以及跨越式的发展都给李海波，给金诺以极大的信心和鼓励。

2007 年，相关制度建设更为完善，而更为重要的是金诺最终确立了沿用至今的合伙人分配机制，即英国律所使用了上百年的 Lockstep 模式。“这种模糊化的分配模式，更接近于金诺所希望实现的‘利益共同体’，不区分你我，更认可彼此不同的分工和不同的价值。”李海波说。

2008 年左右，金诺再次从内部发展优秀律师成为合伙人，同时引入了专家型的专业带头人，给金诺的发展带来了新的力量。此后 5 年，金诺公司化、一体化的优势逐渐释放，律所的创收实现了连续的高速增长，并且在人员规模、专业、品牌等各方面都有明显提升。金诺也因为公司化管理成为天津本地知名的极具特色的标杆性律所。

但是，新体制并不能解决所有问题，更不是人人都能适应和接受。2013 年时，金诺又出现了一次人事震荡。18 周年所庆后的一个月，就有 10 名律师离开。人员的流失，往往呈现相互影响的连带效应，2013 年以后，金诺几乎每年都有人员离开。“前行的道路有左有右，没有对错之分，只是选择不同。”经历风雨的李海波已经能更平和地看待不同的选择，但对金诺所坚持的一体化道路从未丧失信心。后来他说了一句话：“有人问我为什么能一直坚持，我说不是我坚持，只是我没有放弃。”

如今，金诺已拥有天津、北京、滨海新区三家办公室，注册律师 80 多名，员工近 120 名。2005 年、2016 年，金诺两次被中华全国律师协会评选为“全国优秀律师事务所”。2008 年至 2013 年，金诺连续 6 年被《亚洲法律杂志》（ALB）评为“天津年度律师事务所”；2009 年至 2015 年连续六年被《中国法律实务》（ChinaLaw&Practice）评为“天津年度律师事务所”；2011 至今连续被钱伯斯评为公司商事领域 Band1 律所。李海波本人也于 2012 至今连续被钱伯斯评为公司商事 Band1 律师和“业界贤达”，2019 年还获评环境法领域“受认可律师”。金诺所获的其他荣誉不胜枚举。

“我们要证明，革命在‘九环’外也能成功。所幸的是金诺成了先驱，而没有成为先烈。”李海波说。如今的他头发已经有些花白，脸上的皱纹也多了不少，但更多了些从容、宽厚和笃定。15 年历程，金诺用自身改革的艰辛、探索、进取和成绩，证明了一体化律所在区域市场中的可行性。这样的样本，对于中国更多的二三线及以下城市的律所来说，可能更“接地气”，更具参考价值。

公司化律所的三大管理要点

改造律所“骨架”，使之也能承载成熟的现代企业经营管理理论，从根本上革除传统提成制律所的种种弊端，是金诺公司化管理的基本思路。概括起来，三大核心管理要点支撑了金诺公司化管理的主体结构——人力、专业和市场。

人力的核心是利益分配，而其中又居于核心地位的是合伙人分配机制。计点制通常被认为是一体化律所的基本分配模式，大体可分为三种类型。第一类相对复杂，在点数的确认上采用了综合考评方式，一般由所内考核机构结合当年度合伙人在创收、管理和其他对律所有贡献的方面的实际表现，综合评判给出当年度点数。从形式上看，这样的点数结果更贴合当年度实际表现，但缺陷是管理成本很高。第二类更注重律师的可收费小时完成情况，非收费工作及非标工作另行结算，考核指标明确，激励效果强，弊端则在于仍然从某种程度上鼓励了律师更注重个人业务。金诺则采用的是更加模糊化的第三种类型，Lockstep。

公司化运作最为重要的一个方面是承认不同的分工对律所具有同等的价值，即合伙人无论是做管理还是做业务，做业务则无论做什么业务，都应当享有价值贡献同等的评价。金诺的合伙人级别制正是对应了这一点，在利益分配时模糊处理。

金诺律师事务所合伙人级别示意图

金诺的合伙人分为1~20级，20级封顶。入伙初始级别经价值评估和协商确定。每年述职通过，晋升一级，原则上不跳级，但有不晋级、降级和淘汰的机制。为什么是20级？背后也有着设计思想：一名律师工作五年到十年，35岁左右成为合伙人，其执业黄金期有20年左右，所以设置20级封顶。而当其55岁左右达到20级时，只要正常工作，仍能享受最高级别待遇，还能继续干10年或更长。而年龄大了，可以选择做顾问发挥余热，逐步退休，每年逐步退级，仍能享受若干年的律所经营成果。事务所鼓励年轻人进入合伙人队伍，从低级别逐步晋升，这样的机制让他们看到自己发展的前景，也能看到自己“老有所养”。

合伙人的收入与承办的具体案件和收费无关，其最终收益来自事务所的总体可分配利润。年终律所用总利润除以合伙人总级别数，得出“每一级的利润”。合伙人要想保证稳定的利益和收入的增长，唯一的途径就是把事务所的“蛋糕”做大，把每一级别的含金量提高，而这一目标来自大家在不同分工下的齐心协力，而非过往体制中的各自为营。

同时，为了弥补这种分配机制对合伙人激励的不足，金诺又设有配套激励机制，主要为合伙人责任目标制度，包括合伙人年初工作计划、工作职责描述和目标、每月工作计划表、工作单惩罚制度、自我评价和相互评价、年终述职和淘汰机制。“合伙人的级别并非单纯一个利益分配的指标，更承载了集体对他的期望，级别越高实际上压力越大。”李海波说。作为律所首席合伙人的他在几年前成为金诺第一个达到 20 级封顶等级的合伙人，如今他的年度工作单统计数据显示有 70% 以上时间都用于律所管理。正是因为金诺采用了完全公司化的模式，管理工作的价值才同样得到认可。

金诺律师事务所聘用律师激励机制

在金诺，聘用律师有着明确的成长晋升路径：律师助理—律师—主办律师—主管律师—授薪合伙人，不同的职级下还设有细分的级别，对应每一级的工资待遇。聘用律师的招募由业务部门提出需求，由律所统一公开招聘。金诺为聘用律师提供了包含十几项大大小小不同内容的奖励制度。其中的基本制度是律师级别和工资晋级制度。及时奖励制度则穿插在日常工作中，小奖不断，精神物质相结合。提供业务线索、工作单的完成，对应有不同的奖励。此外还有培训和出国进修资助制度。在律所工作满 5 年、10 年、15 年有“长期服务奖”，有关心律师生活的福利和企业人文关怀。聘用律师的作业单位是业务部门，当年度部门指标完成后，全部门都会享有超额奖。

设置这么丰富的奖励制度，李海波觉得并不多。从制度上讲，良好的激励机制是公司制律所必备的核心机制体系之一。通过这些制度，金诺希望为每位律师都提供经济回报、技能提升和上升空间，希望每位金诺的律师在工作之外，还能在金诺这个大家庭拥有归属感，收获成就感，洋溢幸福感。“创办金诺的初心，很重要的一个方面就是真正为律师，尤其是青年律师打造一个职业起点的高平台，不要走老路，不要从零做起。在这个平台上，将合伙人拥有的资源和业务律师的专业能力有效结合，真正实现团队化的作业形式，实现各有所长，各有所得的良好氛围。”

明确定位为一家服务于企业客户的高端商事律所，金诺以成熟企业的综合法律服务需求反推出金诺应当设置的业务部门，并随着客户需求的变化而增减。

如今，金诺拥有 11 个业务部门：金融业务部、证券基金业务部、房地产与建设工程业务部、房地产与项目投资业务部、企业运营与劳动关系部、诉讼仲裁业务部、滨海业务部、环境业务部、国际贸易与海关法业务部、公司与重整清算业务部和北京分所（PPP 与政府投资业务部）。在金诺，业务部门是律所的专业划分单位、基本管理单位、业绩核算单位和文化建设单位。每个业务部门一般是 10 人左右的规模——1 位部长，2 位主管律师，3 位主办律师，4 位助理和 1 名业务秘书。10 人规模的业务部门，上传下达和工作配合都很容易。业务秘书的设置，将律师和助理身上的事务性工作也尽可能解放出来，内部分工更加精细，运转更高效。律所层面，每月部长联席会议则构建出全所作为整体平台的沟通和联动。

案件进入金诺，不会出现团队或律师争抢的问题，律所会经过分析，安排给最合适的部门或多部门人员组建项目团队提供服务。如果在项目中或长期服务的过程中，客户有新的需求，其他业务部门可以立即形成支持力量跟进。“客户聘请金诺，不是聘请的一两个律师，而是整个事务所。”李海波用一句话点出了金诺作为公司化律所的特殊优势。

整体面对客户，需要建立一个资源共享型的市场开发机制，建立起只有“律所的客户”而没有“律师的客户”的新生态。在市场拓展中以律所为单位进行整体营销，凭借的不再是个体的实力，而是律所的综合实力去拿下客户。

在金诺，客户信息资源是全所上下充分透明共享的。一个新客户的开发涉及信息发现、团队组织、服务方案和报价、接触谈判等多个环节，不同环节也会有专业分工。市场总监杨斌在金诺的市场工作上起到了非常重要的作用，他的日常工作范围包括三个方面：

第一，市场拓展。活跃在各大商会和企业家协会的他深知企业需求，有着和公司负责人的共同语言，能在各种场合为金诺进行品牌的推广宣传，在前期为律所和企业搭建起沟通的机会。“接触的过程中，我就能初步判断出企业的经营情况和可能需要的法律服务，变被动为主动，介绍对应专业的合伙人后续跟进沟通。”杨斌说。

第二，内部协助。他会参与到各个业务部门的市场工作计划当中，基于对整个市场形势的把握和未来发展方向的判断，帮助业务部门开展市场开拓工作。“例如某一项业务的客户聚集在某个商会当中，我们希望采用演讲的方式去实现市场拓展，那事业发展部会提供综合性支持，例如怎样组织这样的活动，如何去演讲等各方各面都会有专人组织和指导。”

第三，全员营销。“直接接触客户的还是律师，客户在想什么，我们应该做什么？怎么利用金诺公司化管理的优势，怎么宣传律所，怎么感知到客户的真实需求？都要市场部门给全体律师去普及相关技能和经验。”杨斌说，这样可以增强律师的商业意识及对于客户的了解程度，实际上是增加他们提供服务的整体能力，提高律所市场开拓的触点和来源。

人力、专业、市场，是公司化律所的三大管理要点，金诺都有着非常清晰的认识、谋划和机制设计，确保了事务所在业务方面是以律所为单位整体作战，彻底改变松散的“农贸市场”的状态。而在金诺这样的公司化律所，业务部门的专业建设和高效运转，同样离不开来自“非律师”们在行政运营上的支持。

“能创收”的事业发展部

律所中，行政和财务属于运营支持的“基本人员配置”，增设 IT 专员的已少，配有市场、HR、品牌、公益、秘书等 20 余名专业人员的金诺属于律师行业的“稀有动物”。2016 年，李海波提议将金诺所有运营支持人员整合成一个大的事业发展部，统一对接、服务各个业务部门，由他来担任部长，以此减少中间的沟通环节，提高运营工作的效率。今天，金诺的事业发展部由首席合伙人、市场总监、行政总监、品牌经理、人力资源经理、IT 经理、财务会计和行政专员以及秘书处共同组成。

如今已是金诺事业合伙人的行政总监王萍，1995 年毕业后就加入了金诺，已经在所里工作了 25 年。“2008 年左右，运营团队的各个岗位就已经基本配置健全，并且人员也一直很稳定。”王萍说。

经过数年的运行和总结，事业发展部梳理出 11 大类 110 项支持工作的内容，涵盖了律所运营的方方面面。以“帮助业务部门创造佳绩，和律师一样优秀”为使命，事业发展部对每个岗位上的成员的专业程度要求也很高。“不比对律师的要求低。”这一点王萍深有感触。随着市场环境的变化和律师行业的发展，行政运营工作所涉内容也不断增加。“虽然我们各自都有确定的岗位，但实际情况要求事业发展部的成员们都是一专多能。不仅自己手头的工作需要非常专业、娴熟，同时也要能够在有需要的情况下内部互为支持，兼顾其他成员的工作，共同将运营支持工作做成律师最强有力的后盾支撑。”

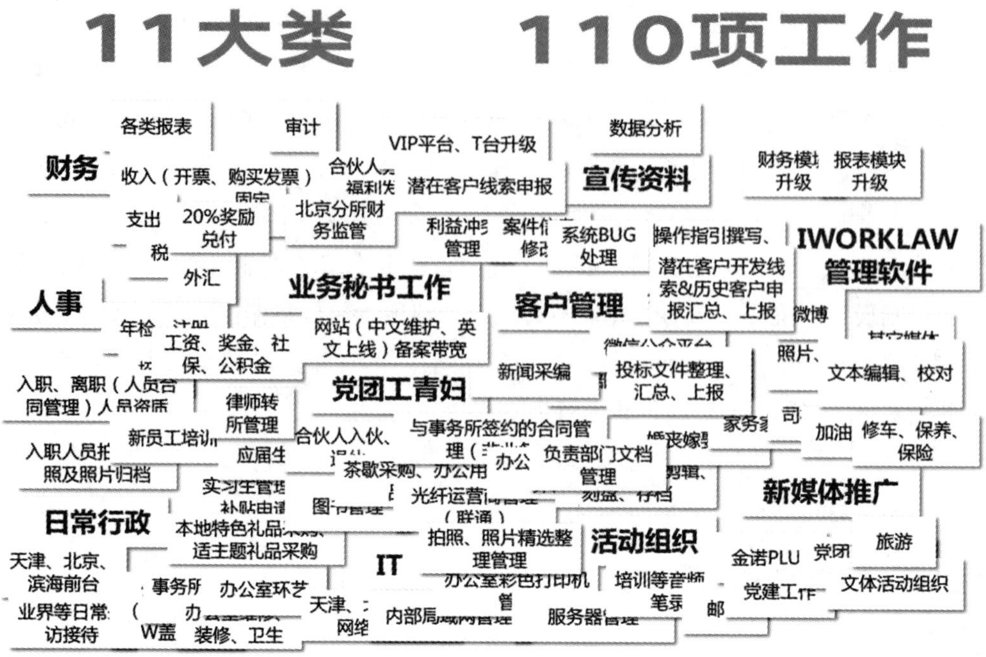

行政 110 项工作地图

职责工作之外，事业发展部的成员们还将才华发挥到了律所建设的诸多方面。孟德斯鸠、边沁、萨维尼……如今，当你走进金诺天津总所，会发现所有会议室都是以历史上最有影响力的法学名家命名的，并且配有漫画肖像挂在门口。如果没有人告诉你，你应该不会想到这些令访客印象深刻的画作都是出自金诺 IT 经理李晓川之手。“金诺元老院（合伙人）的漫画肖像”也是出自他的笔下。肖像画里，合伙人们不再是旁人眼中严肃高冷的律师形象，而是身着古罗马装束，摆出各种姿势，传神地体现着每个人不同的性格特征。

而互为支持，最能体现事业发展部整体力量的，则要属已经成功举办了四届的“金诺行政荟”。2017 年 11 月 9 日，第一届“金诺行政荟”成功举办，反响热烈。此前，律师行业内关于律所管理的专门培训班本来就不多，而由律所主动面向同行开设专门培训行政运营工作的课程，金诺可能是第一家。

2019 年 11 月 17 日，第 4 届“金诺行政荟”吸引了来自全国各地近 50 名律所主任、行政主管、市场主管、品牌主管和律师等不同角色的学员参与，达到了行政荟学员人数的史上之最。经过几年不断改良的行政荟包含两天一晚的课程，高强度的课程安排包括行政运营、市场营销、财务运营、人力资源、IT 建设、品牌运营、业务秘书、慈善公益等版块。秘书版块还下分了数项对于工作单、招投标、文书制作、模拟法庭、案卷归档等具体工作的细致介绍，尽可能地将金诺的行政运营工作浓缩到有限的课时里，给学员们奉上一份运营工作的“饕餮之宴”。

而系列课程的固定第一讲，则是由李海波带来“主任裸聊”，把坚持一体化十多年的痛苦和伤疤、经验和教训都毫无保留地悉数呈现，分享最为真实的一体化之路。课程结束后，李海波都会将十几年来积攒的各种课件、文章甚至被认为是商业秘密的律所制度都拷贝给学员，里面的各类文件多达上百个。他认为，管理制度正是要在使用中根据各种因素和考量不断调整，没有一成不变的做法，只有更合适的方式。“管理永无止境，别想一键搞定”已成为令学员印象最为深刻的“名言”。

原来更多是站在身后给律师提供支持的事业发展部成员们由此拥有了一个站上讲台成为老师，分享经验，答疑解惑，交流互动的机会。这样的体验让他们的工作有了更丰富的色彩，更充足的动力。而还没担任讲师的成员，则包办了接待、寄存、茶歇等工作，力求给到学员们最好的课程体验。“来金诺上课，特别容易区分学员和工作人员。”王萍分享了一名学员的感触，“她说，那个精神饱满，脸上总是洋溢着热情笑容的，准是金诺的人没错”。而行政荟带来的课程收入和每一届的火热报名，则是对事业发展部的小伙伴们最大的肯定。

如今，金诺行政荟已经走出天津，首场外地专场课程在广西南宁举办。首席合伙人领衔的“讲师团”还将把金诺二十余年的行政管理经验传授给更多亟须提升运营管理水平的律所。

2005 年，金诺正式开启完全公司化运营时为每一个部门都配置了一名专职的业务秘书。此前十年，这项工作由行政人员和律师助理分担。“这是如今绝大部分律所仍然使用的方式。”金诺秘书处秘书长洪蕙说。2005 年 1 月加入金诺，洪蕙是第一批业务秘书之一。2005 年到 2007 年两年，公司化律所中的秘书工作也属于一块新领域，没有成熟经验可以学习的秘书们先从工作流程和文书模板入手，建立起规范化、标准化的工作体系。李海波曾带领行政秘书团队前往香港地区学习，在本地律师楼里他们看到了“白发苍苍”的行政人员仍然步履敏捷、精神饱满地工作，深有感触。

2007 年，金诺秘书处成立，由洪蕙担任秘书长。秘书处的成立代表了当时的两个目标，第一是有统一的组织来管理秘书工作，第二则是希望将秘书工作专业化，做到统一、规范、精专，把律师的生产力更好地解放出来。2013 年，随着金诺上线 iWorkLaw 律所管理系统，秘书的日常工作和管理也进入信息化阶段，如网上立案、合同管理、客户管理、财务管理等都在系统里实现。并且，秘书也由原来的部门管理改为由秘书处和业务部门双重管理：秘书长管理秘书统一化、规范化的工作，业务部门的部长管理秘书本部门业务个性化的工作。

“秘书由律所统一聘用，秘书处统一管理，派驻到部门去工作。”洪蕙解释，业务秘书有三重角色定位：服务者、协调者、信息传递者，具体而言工作内容分为业务类——客户管理、案件管理、文件管理、收入管理；行政类——财务、人力资源、日常行政和信息采集提交三大类，每一类又下分数项工作，总的工作内容有三十多项。

“再好的医生也不一定做得了护士的活儿。”李海波打了个比方解释资深的业务秘书对于业务部门的重要性，“律师可以换，秘书不能换，秘书要成为常驻在部门里面最了解部门相关情况、最熟悉相关工作的专业人员。要像护士长一样越资深越好。秘书不是青春饭，而是一个有职业前景的，可以以之为长期事业的一份工作”。

正因如此，秘书的招聘把关十分重要。在金诺，秘书是唯一需要经历人力主管、秘书长、业务部门部长三轮面试的岗位，可见对其要求之高。新的业务秘书进入律所后，会由 HR 提供全所的公共培训，主要培训相关的制度。进入秘书处，洪蕙则会给秘书做工作职责的具体培训。“在过往工作中我们梳理出一套秘书的工作职责，例如秘书工作包含哪些内容，每一项工作要达到什么标准，规范的工作形式是如何操作的等等。”洪蕙介绍，通过面试的秘书也不会马上进入部门着手工作，而是会通过第一周的培训来进一步确认候选人是否适合，便于双向选择；确认后第二阶段秘书处会给每一个新秘书配两个资深的秘书去做点对点的带教，三个月到六个月新秘书便可以比较熟练地完成日常工作。

如今，金诺的业务部门已经从 4 个发展到 11 个。11 名业务秘书组成的秘书处既是事业发展部最大的团队，也是律师们工作中最有力的支持。2011 年，王萍以行政人员的身份进入金诺的合伙人队列，如今已经是高级别合伙人。金诺为每一位优秀的成员都设计、开放了成为合伙人的通道，让非律师也能和律师一样，成为金诺的建设者和主人。

专注高端商事领域

“专注才能专业。”改制之前，金诺已经确定自己的定位是一家商事律所，改制时更加清晰地定位为“专注高端商事领域的律师事务所”。在业务分工上，金诺则坚持通过专业化分工和团队合作，让事务所的客户资源、业务资源、人力资源充分共享。

目前，金诺的业务领域包括公司法律事务、兼并与收购、房地产与建设工程、风险投资、私募股权投资基金、信托、证券、银行、保险、项目融资、外商投资、知识产权、海商海事、国际贸易、竞争法、人力资源与劳动法、环境法、政府法律服务以及诉讼与仲裁等，全方位的专业组合能满足客户多层次服务需求。

专业的服务，也为金诺赢得了诸多值得自豪的客户，一汽丰田、三星、渣打银行、家乐福、诺维信、和记黄埔等著名的外商投资企业，国家开发银行、中国进出口银行、滨海快速、南港工业区、中石油渤海装备、中国航油集团、中国汽车研究中心、中金黄金、立中合金、远洋地产、阳光新业等 200 余家大型国有企业和优质民营企业，均与金诺保持着长期的合作关系。金诺 25 年，有的客户与金诺保持着 22 年不间断的法律顾问关系。

房地产与建设工程：专业口碑带动业务发展

房地产及建设工程法律服务一直是金诺的重要业务领域。随着业务量的增长和专业分工的细化，房地产部门又划分为房地产与建设工程、房地产与项目投资两个业务部。高级合伙人梁书刚担任房地产业务总监，高级合伙人刘朔、高级合伙人梅海军分别担任两个业务部的部长。金诺房地产团队共25名成员，两个业务部门分别拥有十二三名律师，其中有6位合伙人。

梁书刚回忆，金诺房地产与建设工程业务的起步恰逢土地招拍挂制度的实施，全国性房地产开发商涌入天津。市场环境的变化，也对天津本地的律所、律师提出了更高的要求。改制之后的金诺，专业化特别明显，也正是这种专业化优势，帮助金诺逐步在该业务领域树立起良好的口碑。

目前，金诺已基本实现房地产业务的全领域覆盖，业务涉及建设工程、房地产开发、房地产并购、招投标与政府采购、PPP、工业园区的开发建设与招商、基础设施建设、商业地产、酒店及物业管理等，其服务覆盖的地域也早已从天津走向全国。

多年来，金诺律师承办了众多具有行业影响力的项目，如累计总投资超过1680亿元人民币的天津南港工业园项目、天津子牙循环经济产业园区项目、塘沽海洋高新技术开发区项目、天津临港产业区项目、天津轻轨建设项目等。

刘朔、梅海军两位律师都是在2010年从年轻律师中脱颖而出晋升为金诺合伙人的，而今不仅都已成为房地产领域的资深律师，而且已进入管理层，连续多年担任管理委员会成员。

对于房地产领域的法律服务，他们有着共同的认知：相对于10年前，中国房地产法律服务专业律师数量急剧增加，房地产行业专业法律服务的标准化程度也有了很大提高。这标志着房地产法律服务行业已经从一个新兴的法律服务行业变成了一个传统的法律服务行业。

未来房地产专业法律服务的发展有两个方向，一是继续坚持原有的传统房地产法律服务市场，精耕细作，细分市场，为客户提供更专业的房地产法律服务。如养老地产、商业地产、旅游地产、房地产收并购等专业化服务还有很大提升空间。二是研究与房地产相关的领域，为客户提供多行业或多专业的复合法律服务。如房地产行业与金融行业相结合，形成不同行业的复合法律服务，包括不良资产处置、REITS、房地产信托、房地产资产证券化等。又如房地产法律服务还可以与国有资产处置的相关法律服务结合，形成不同专业领域的复合法律服务。提供复合法律服务是金诺摆脱该行业内残酷竞争的重要方法。

“房地产是金诺最重要的一大板块，我们今后的任务是要把房地产板块做大做强，并进一步带动其他专业和板块共同发展。”梁书刚说。

金融：全领域覆盖，专精发展

金融业务也是金诺的核心业务领域之一，十余年深耕，金诺已实现金融业务的全领域覆盖，包括银行、保险、证券、基金、金融衍生品、上市与资本市场、不良资产处置、国企混改、项目投融资、破产与重整清算等。目前，金诺的大金融板块拥有三大业务部门：金融业务部、证券基金业务部、公司与重整清算业务部。高级合伙人牛同栩、高级合伙人范大鹏、合伙人郜丰分别担任三个业务部的部长。

早期，金诺由不良资产业务切入金融行业。2005 年，刚加入金诺的牛同栩就带领团队主办了债权金额近 60 亿元的中国东方资产管理公司天津办事处外贸不良债权资产包处置项目，2006 年、2007 年又连续两年受中国东方资产管理公司石家庄办事处委托，主办了债权金额逾 30 亿元的政策类及可疑类四个不良债权资产包处置项目。

同年，天津滨海新区被写入“十一五”规划并纳入国家发展战略，成为国家重点支持开发开放的国家级新区。这也带动了天津金融业的发展，产业基金作为开发开放的重点受到关注。国内第一支契约型人民币股权投资基金——渤海产业投资基金就在天津设立。在滨海新区金融创新领域，金诺团队参与了渤海产业基金课题研究，并为天津滨海风险投资引导基金、船舶基金、国科瑞华基金、天津排放权交易所等众多金融创新项目的法律服务。

十八届三中全会通过《中共中央关于全面深化改革若干重大问题的决定》，对完善产权保护制度、积极发展混合所有制经济提出了新的要求，也为新时期国有企业改革方向做出了全面部署，标志着新时期国企改革序幕的拉开。在天津国企混改业务领域，金诺的表现位列前茅。2019 年年初，天津 7 家国企一级集团混改签约项目，金诺为其中 3 个项目提供法律服务。此外，天津首例 100% 国资退出的天津水产集团股权转让项目、天津第一家金融机构混改——北方信托混改项目、近三年天津融资规模最大的城投置地混改项目、全国驰名商标持有单位海鸥集团混改……这些备受关注的混改项目都有金诺律师的参与。

近年来，金诺金融业务又有新的拓展。2017 年，金诺入选《天津市法院企业破产案件社会中介机构管理人名册》。为确保提供高效、优质、规范的管理人工作，金诺组建了一支专业的破产清算服务团队。2019 年年初，金诺又设立了公司与重整清算业务部。

“成为天津市投融资法律服务市场最具竞争力的法律服务团队之一”是金诺金融业务团队的发展目标。“传统金融业务的竞争趋于白热化，复杂的高端服务需求，如银行投行业务、复杂金融诉讼、融资租赁等法律关系比较复杂的业务，以及定制化产品，如投资并购、股权激励、破产清算等强个性化业务将成为未来金诺金融业务的着力点。”牛同栩说。

环境法："十年一剑"磨砺出的明星业务

2019 年 12 月 5 日，国际法律评级机构钱伯斯（Chambers&Partners）发布《2020亚太法律指南》（2020Asia-Pacific Guide），金诺再次位列环境法领域 Band1，申进忠、李海波分列律师榜"业界贤达"和"受认可律师"，环境法成为金诺当之无愧的明星业务。

环境法是一项技术性、专业性极强的业务，门槛高、业务培养周期长，早些年行业内并没有太多关注度。2008 年，金诺参与筹建了第一家综合性排放权交易机构——"天津排放权交易所"，李海波当时就预判到环境业务的广阔前景。为此，金诺充分发挥律所公司化体制的优势，即使在最初几年不盈利的情况下，也依然持续投入资金和人力培育该项业务的发展。

2009 年，金诺开始编发环境业务专刊，开展相关业务和研究，并牵头成立了绿色发展联盟组织，积极进行产业调研。2010 年，从事环境法教学多年的南开大学副教授申进忠加盟，进一步加强了金诺环境法领域的实力。2012 年，金诺承办全国律协环境、资源与能源法专业委员会年会，这也是首次由地方律所承办全国律协环资委年会。2014 年，李海波当选全国律协环境、资源与能源法专业委员会副主任。2015 年，新《环障保护法》正式施行，环境资源案件大量增加，也给环境法律师带来了新的机遇。

目前，金诺已在环境法领域研发了一系列法律服务产品，包括环境法律风险评估、节能减排项目、可再生能源、核电、节能环保技术许可与转让、环保行政执法能力建设、企业环境、安全与职业健康合规审查等，并拥有稳定的政府部门、环保组织、企业客户群体。

2010 年，天津经济技术开发区管理委员会成功申请到欧盟资助的 Switch Asia（转变亚洲）项目，并根据项目需要，拟设立泰达国际低碳经济促进中心。李海波接受委托，以他积累的丰富的国际 NGO 组织的经验，为低碳中心设计了创新的运营模式。金诺的环境业务团队在申进忠教授的带领下，参与了欧盟 Switch Asia—滨海新区实施产业共生和环境管理体系项目、日本茨城循环经济合作项目、法国能源署中法温室气体排放自我评估（碳盘查）示范项目。经过了 10 年的发展，泰达低碳经济促进中心成为商务部树立的全国典范，李海波也成为商务部国家级开发区绿色发展联盟的专家委员会成员。

金诺的环境业务从服务政府，到服务 NGO、行业协会，再到服务企业，业务一步一步深化。服务政府方面，金诺创新性地开发了为环保部门做执法案卷评查工作，并进而演化出编制执法手册、部门职责梳理、行政处罚听证参与、模拟法庭等以行政能力建设为目标的系列产品，并将此系列服务从环保部门推广到安全生产、财政、税务、城市综合执法等领域。服务 NGO 与行业协会，金诺担任 NGO 组织、行业协会法律顾问，并合作开展中国环境能源领域的政策法律项目研究，例如与中国可再生能源协会风能专业委员会等合作开展针对"弃风弃光"问题的法律行动，推动国家新能源政策的落实。企业方面，近年来，分别为安徽、江苏、上海的民营企业和外资企业处理环境行政处罚案件，维护了企业的利益，同时也帮助企业加强环保方面的合规管理。“专业”，这是客户对金诺环境业务律师的评价。何以如此专业？李海波说，是因为金诺的环境律师团队中，“他们每个人都看过1000个以上的案卷”。

凭借多年的专业积淀和在环境法业务的服务经验，金诺还参与了众多环境立法工作，例如参与最高法院《环境公益诉讼司法解释（草案）》的审议，参与国家海洋局《海洋调查管理条例》的立法研究工作，参与全国人大《大气污染防治法》《土壤污染防治法》《长江保护法》《矿产资源法》的起草、修改工作，以及《天津市大气污染防治条例》《天津市水污染防治条例》的立法工作等。

随着金诺环境业务的影响力与知名度扩大，不少律所前来交流经验、寻求合作。近两年，金诺环境业务律师与外省律师合作越发密切，金诺作为“专业输出方”，为外地同行提供培训，同时积极探讨与当地律师所开展法律顾问、专项服务等多种形式的合作模式。

涉外法律服务：15年国际化，专业发力

金诺从成立之初就重视国际交流和涉外业务，2005年，金诺被国际律师联盟（Lawyers Associated Worldwide，LAW）邀请成为观察员，2007年正式加入成为会员，并在联盟中扮演了非常重要的角色。同时，金诺积极参加国际律师协会（IBA）、环太平洋律师协会（IPBA）等国际律师组织的活动，与若干国内外的律师事务所建立了长期的战略合作关系，形成了广泛的国内、国际合作网络。其中经天津市外事办公室推荐的美国White&Williams LLP是一家有百年历史的律师事务所，2012年在天津和费城两地市长的见证下签订了战略合作协议，至今保持着紧密的业务合作关系。

在律所内部，金诺成立了国际贸易与海关部和国际业务部，为跨境金融、外商投资、中国企业海外投资提供法律服务，若干名律师入选司法部全国千名涉外律师人才库，还曾经聘请德国的律师负责国际交流。而今，金诺拥有若干海归人才，包括在华为海外业务部门从事多年法务工作的人才，能够提供英、日、韩、德等多语言服务。

在涉外金融法律服务领域，金诺帮助多家中国企业“走出去”，为他们在新加坡、印尼、泰国、保加利亚、利比里亚、我国香港特区等国家和地区的投资活动提供法律服务，积累了丰富的经验。近年来，金诺不仅利用国际网络为客户提供法律服务，并帮助客户开拓业务，比如协助国家开发银行在中美洲开展国际金融业务，利用国际网络帮助开发区政府开展招商活动以及帮助客户对接国际合作伙伴等。

金诺国际合作非常自豪的一个案例是帮助奥运柔道冠军佟文在瑞士的国际体育仲裁法庭（CAS）打赢了一场兴奋剂官司。金诺凭借其长期积累的国际资源和涉外律师队伍，与境外出庭律师配合，与国际柔道联合会对决于CAS，最终获得了胜诉，为佟文夺回了金牌，取消了禁赛，并获得赔偿。这是迄今中国体育史上唯一胜诉的反兴奋剂案件。佟

文案件无论从体育的角度还是从法律的角度，都具有重要的价值。

另外一起由金诺与美国战略合作伙伴 White & Williams LLP 合作办理的在美国法院申请承认和执行中国国际经济贸易仲裁委员会（CIETAC，以下简称贸仲）仲裁裁决的案件，在取得胜诉判决后，刊登上了美国著名的法律专业媒体 LAW360 上。金诺首先成功代理客户在贸仲对美国两公司仲裁，取得了胜诉的仲裁裁决。随后金诺与 White & Williams LLP 的出庭律师合作，分别在纽约和加州联邦法院申请对两份仲裁裁决的承认和执行。本来依照《纽约公约》，申请承认仲裁裁决的案件法院只应做形式审查，但是，在仲裁阶段缺席的两家被申请人却向美国法院提出了诸多抗辩理由，直至提起上诉，意图阻止美国法院对贸仲仲裁裁决的承认和执行。但经过中外律师的共同努力，最终获得的纽约和加州两个法院的胜诉判决。

金诺多年培养的国际资源不仅为金诺服务客户提供了诸多的方便，而且还帮助了诸多同行。一家重庆律所要帮助客户在埃及和尼日利亚寻找本地律师，找到李海波。“我发一个邮件，24 小时内就会收到五六封来自世界各地的推荐邮件。我们把联络信息整理好，发给重庆的律师。不久，重庆律师就发来客户在当地律师办公室的照片。”金诺制做了一个宣传单页：金诺，帮助您连接世界。“我自称是中国律师的国际查号台，我们愿意与同行共享我们的国际资源。”李海波说。

对于金诺未来业务的发展，李海波说，金诺的商业定位为“做值得信赖的商事律所”，其所服务的客户为中外企业和政府部门。在此前提下，金诺的业务发展以满足客户需求为第一要务。客户需要什么服务，我们就研发什么业务。同时我们努力开发客户所需要的高技术含量的服务。大的领域我们有公司法律事务、金融、房地产、外资外贸、劳动法、环境健康安全（EHS）、商事争议，每一个领域又能够通过专业细分，进一步加强业务专业度，事务所也通过专业部门的不断细分，实现规模的内增长。另外，金诺同时在培养不限于法律范围的综合服务能力，比如为中新生态城、河北区政府做产业调研和产业创新规划，为国家级开发区体制机制创新提供综合咨询服务，为海关特殊监管区域升级为综合保税区提供专项服务等。而所有这些，都离不开一体化的体制保障和各部门的协调配合。

做一家有社会责任感的律所

在金诺办公室有一面爱心墙，贴着几十张李海波拍摄的先天性心脏病儿童的照片，他们是从 2005 年起金诺捐助的先天性心脏病儿童。这些孩子都又有一个共同的名字：金诺宝宝。

在李海波看来，法律人应该有天然的公益情怀。在他的带动和带领下，公益也成为金诺的另一份重要事业。他说：做公益固然是奉献，但同时也是获得，你从中所获得的价值，有时远远大于你那一点点的举手之劳。

2005 年，金诺成立十周年。合伙人们商量这样的纪念日里金诺应该做一件有意义的事情。当他们得知天津泰达国际心血管病医院有先天性心脏病儿童救治项目，于是决定捐助 2 万元救治一个先天性心脏病儿童，最终选择一名年龄最大的名叫祁海莲的 13 岁青海女孩。小海莲手术治愈回家后给李海波寄来照片，并写了一封信，就一句话："李叔叔好，现在很好，我现在上体育课和别人一样。"就是这么一句简单的话语，让李海波深深明白了手术对这个孩子意味着什么。从那一年开始，每年的所庆为先心病儿童捐款成了金诺的"法定"公益项目。

2006 年，事务所经营困难，李海波个人出资 2 万元，保证了项目的延续。此后三年，律所的捐款数额逐年递增。2009 年起，金诺开始举办内部"慈善拍卖"，大家拿出自己家中的"私藏"拍卖，在大家一个劲"哄抬"竞价中拍卖所得善款全部用于治疗先心病儿童的费用。2013 年事务所十八周年庆典时在若干来祝贺的律师同行的慷慨解囊下，当场拍出了 109,300 元善款。

2015 年，在 20 周年所庆之际，金诺拿出 20 万元成立了"金诺 PLUS"公益基金。在这个仪式上，第 100 个"金诺宝宝"诞生了，碰巧也是青海的女孩。

历经 15 年的积淀，"金诺 PLUS"不仅成为金诺自身的传统公益项目，也成为在全国律界乃至全社会具有一定影响力的公益品牌。"金诺 PLUS"基金收到了全国各地律师朋友的捐款，还有一些企业老总也加入这个爱心项目。截至目前，"金诺 PLUS"基金帮助的先心病儿童超过了 200 名，同时资助着 56 名青海的家庭贫困的大学生，为青海学校捐助了 5 个爱心图书教室，为阳光家园残障儿童收养院捐助照片墙、支付电费和物资，捐助"星佑宝贝"自闭症康复中心，承担"海风大哥"的云南支教项目费用等。金诺 PLUS 还连续两年为西藏昌都的小学生制作了共 315 件崭新的防寒服。"在大家的共同努力下，资金充足了，我们能做更多的事情了。"李海波说。

"'金诺 PLUS'是什么意思？金诺是律师，'PLUS'公益，律师 + 公益；我们做公益，也希望其他人'PLUS'进来，和我们一起做公益；别人做公益，我们也愿意'PLUS'进去，共同做公益。"李海波说。

作为天津经济技术开发区慈善协会的会长，李海波曾两次以志愿者的身份参加泰达国际心血管医院在青海、西藏等地的先天性心脏病筛查工作。作为志愿者，李海波忙着拉横幅、打扫卫生、拍照、维持秩序……第一次赴青海，随团出行的时间长达 19 天，跑了 7 个县；第二次赴西藏昌都，李海波还带上自己的女儿参加志愿活动。海拔近从 2200 米到 3800 米的雪域之上，李海波拍回了 3000 多张照片。李海波说：这些照片上，有藏区孩子明亮的大眼睛，也有孩子父母焦虑不安的眼神，更有他融入其中的感触与感情。

阳光家园是一个民营的残障儿童收养院。有一次，李海波参加一场高尔夫球赛事的颁奖仪式，阳光家园的残障孩子们为颁奖活动带去了表演。那天为阳光家园的孩子们举办的现场拍卖中，李海波用 6800 元一瓶的价格拍到了实际单价两百多元的红酒，帮助慈善协会完成了 2 万元的募捐。从此，李海波与阳光家园结下了不解之缘。他第一次去的时候穿着西服打着领带，孩子们给他起了一个外号“总统”，每次看到他都喊着“总统来啦”。之后，李海波就成了阳光家园的常客。“心情不好的时候，我都愿意往阳光家园跑。和孩子们在一起，所有的烦恼都烟消云散，阳光家园也成了我的精神家园。”他专门去拍下每位孩子的笑脸，女儿帮着 PS 上圣诞帽，做成了一面喜庆活泼的“照片墙”。

2020 年年初，新冠肺炎疫情突发。天津各大医院医疗物资紧缺，泰达国际心血管病医院也在其中。没有丝毫犹豫，“金诺 PLUS”紧急行动，经多次多方联系，从日本购买了近 5 万元的口罩、防护服、防护镜等用品送到了泰达心血管病医院。

与此同时，牛同栩作为天津市律师协会应对疫情专项工作领导小组成员，研究律师行业防控疫情相关工作，参加对各区应对疫情防控工作开展的督察工作；杨斌、赵金霞被确定为天津开发区律师行业防控疫情领导小组及工作机构成员，参与相关的抗疫工作。

面对企业客户在疫情期间的法律疑问，金诺律师也迅速响应，以专业抗疫。2 月 1 日，金诺企业运营与劳动法部率先发布《天津防疫期间企业劳动用工热点法律问题解析》；2 月 3 日，国际贸易与海关法业务部发布《疫情防控物资快速通关指南及法律分析》；同一天，北京分所整理汇集了全国各地的政策文件，与全国同行、政府法律服务联盟、客户分享；2 月 4 日，诉讼与仲裁业务部推出《关于疫情防控时期天津民事诉讼（仲裁）时效及立案所受影响的若干问题》。而“金诺律师”微信公众号也从原来的每周推送变成了每日推送，以便在最快的时间里解答疫情相关的法律问题。截至 5 月底，金诺推出的与疫情相关的专业文章近百篇，并组织了若干次在线咨询与法律讲座。

李海波总结了疫情当前一体化管理的律所的优势：“组织保障，阵型不乱；静可练功，动可作战；专业功底，客户心安；纪律严明，绝不添乱。”作为一个组织，一家法律服务机构，管理好自己，并用自己的专业帮助社会度过危机，这是金诺的社会责任。

疫情期间，金诺的员工共捐款 31,820 元。而李海波作为开发区慈善协会会长，整个疫情期间几乎天天到慈善协会值班，接受善款和物资捐助，到一线慰问社区工作人员、环卫工人、海关工作人员。因为要经常用自己的车拉物资，协会工作人员经常戏称：捷豹又变双排了。作为摄影爱好者，李海波还用相机记录下了一线工作人员的身影，为在抗疫行动中作出贡献的人们留下了珍贵的记录。

“To serve society，To improve myself.（服务社会，提升自我）”李海波常提到国际最大的公益组织“扶轮社”（Rotary）的宗旨。他感谢所有人对“金诺 PLUS”的支持，也相信“金诺 PLUS”会赢得更多人的支持，会越来越有能力做更多的有意义的公益活动。

结　语

2019 年 7 月，金诺聘请专业管理咨询机构进行了律所的战略共创，明晰了律所的使命、愿景、基因、价值主张和战略定位。金诺的基因，最后确定下来的是这样几组词：精进创新 / 成就卓越、合作共享 / 开放包容、客户导向 / 真合伙 / 干净。其中，“干净”这个词容易引起误解，是否要列入其中，内部也有些争论。最终，大家还是选择把“干净”列为律所自始秉持的最重要的特质之一。

“我们足以自豪的是，几名大学生，没有任何特殊的社会背景和资源，用二十几年的时间打造了一家规范运营的律所，和司法行政系统及所有客户都始终保持着正常的往来。”李海波有句名言：“我们收费高，因为我们打领带。”打领带，恰恰体现了金诺律师的职业尊严。他认为，时至今日，既需要上千人规模的大所代表整个中国的律师行业和法治进程在世界范围的地位和影响力，但也需要金诺这样的中等规模的律所，探索、引领律所现代化运营管理的发展路径。

15 年，金诺不仅证明了改制的必要性，证明了公司化管理可以给予律所可持续发展源源不竭的生命力，证明律师可以有尊严地、精彩地活着，而且以自己的经历，为行业作出了一份贡献，用自己的经验和教训帮助更多的律所也走出一条一体化、专业化、健康发展的成功道路。

即将设立更多办公室，意味着金诺把公司化的探索从“九环”外延伸到全国。对金诺来说，这是一段压力巨大的新征程。对中国律师行业来说，公司化管理律所的全国规模化发展也是一个新的课题。

金诺，期待着更多的同行者。

索通

极致管理，卓越雇主

毛姗姗　吴梦奇

索通律师事务所前台

索通律师事务所创始合伙人、执行合伙人韩德云

一对一培训现场

64名合伙人，总创收1.9亿元，人均创收近300万元，总收入和人均创收均位列重庆前三，这是重庆索通律师事务所2019年年底交出的成绩单。事实上，这个成绩放到全国，已超过东部绝大多数律所。再往回看，在过往的十多年中，索通一直是重庆每年拥有如此业绩的律所，无疑就令人好奇了。

“索通的目标，从来不是重庆最好的律所，而是中国最好的律所之一。”韩德云，索通的创始人及执行合伙人在2016年的采访中对媒体表示。当然，他也反对把索通和其他规模化大所简单相提并论。

“和其他区域性律所一样，我们有自己的思考和探索。”韩德云多次强调。

索通创立：早期的突破选择

1987年，从西南政法学院78级师资班哲学专业毕业后留校任教的韩德云赴美留学。当时的他未曾想到，30年后，“西政78级”校友身份会成为法律圈“神一般的存在”，而他自己也幸运成为其中一分子。

拿到美国洛杉矶加州大学法学硕士学位的韩德云，在美国停留了两年后回到母校国际经济法教研室继续任教。而后，这位开放的四川乐山人，在1994年年底却又做了当时很多人难以理解的举动——辞去公职，创办一家合伙制律师事务所。

1995年1月，西部最早以留学生为主的律师事务所——“重庆索通”成立。成立之初，索通就将自己定位为一家面向外资企业的“涉外专业所”。第一年，仅仅三名合伙人的索通年创收达到四百万元左右，服务的客户都是在重庆的百事可乐、爱立信等国际大牌企业，从人均收入来看，更是跃居当时律师行业前列。

但这个阶段，在韩德云看来，根本不值得回顾。索通不仅在规模上无足轻重，身处下海求生的陌生大环境中，管理体制上采用的也是提成制，没有任何特色可言。这也符合中国律所早期的发展阶段。

1997年3月14日，中国第八届人大五次会议批准设立重庆直辖市，重庆直辖市辖原重庆市、万县市、涪陵市和黔江地区。成为中西部唯一的直辖市之后，重庆的发展有了崭新的地位，在经济上也有了更大的空间。2001年，重庆被《经济日报》评为西部最有竞争力的城市。也是在同年，重庆市的外贸出口总额突破10亿美元大关，达11.3亿美元。

与此同时，韩德云一直关注着法律服务市场的变化。很多后来他不断认识总结出的概念，在这期间逐步清晰形成。中国的法律需求和服务市场，是以省级区划形成的区域性市场。

除北京能辐射全国，长三角、珠三角、环渤海经济圈中的特大城市有较大的跨区域辐射影响力之外，其他地区都集中在以省为单位的区域，作为直辖市的重庆也不例外。

站在中国经济即将进入飞跃发展的节点，重庆法律服务市场自直辖后开始呈现这样的态势：第一，直辖市带来的省级架构，自然会带来整个经济大势快速增长，以及相应的法律服务需求的快速增加；第二，囿于重庆的经济总量、地理区位、民众受教育程度和法治意识，法律市场的总量依然是相当有限的。

在这两个维度下，索通开始了自己的第一次定位调整。这也意味着立足重庆的索通，在市场体量相对不足的情况下，思考并找到了如何集中精力发展的突破口。“有限的市场更要根据客户进行分类，尽量促进律所内部的分工交换，从而达到资源的最有效利用。”韩德云说。

两次转型：从商事所到综合所

2002 年，索通明确定位为中高端商务所，服务对象为企业客户。相应地，索通在管理体制上采用公司化管理模式，合伙人的分配由原先的提成制改为公司化管理要求的分类分工分配制度。

和所有体制调整的律所一样，从“散养”到“约束”的模式变化，加上律师在市场化初期的自由与散漫天性，让一些律师萌生退意，这是索通历史上的第一次分裂。

不破不立，剩下的索通律师们开始追求成为商务所的目标。配套的改革体现在两个方面：第一，放弃个人客户，仅接受企事业单位客户的委托，不再代理刑事业务等以个人客户委托的业务；第二，放弃接办合一，实行业务接、办分离，所有人不得接什么业务就办什么。索通内部搭建起了两个平台，承接平台和承办平台，承办平台原则上只办不接，承接平台只接不办，在内部实现业务接办的分工交换。

2003 年，商务所初具雏形。也是在这一年，索通开始筹备律所 OA 系统，并设计与公司化管理相适应的 OA 使用规则，每位索通人都需按时登录系统，记录自己的工作时间、内容和工作量，如跟进客户和开庭时间。至于立案，按照客服、行政、财务等需求，所内人员得先向负责人进行申请登记之后，由专人在 OA 系统上一一详细登录客户和业务信息。OA 系统不仅对于律师工作效率、律所运行效率提升大有裨益，而且这一率先信息公开化的行为，强化了客户归属于律所的理念，为十年后索通的再次转型奠定了强有力的数据支持和理念支撑。

索通 OA 系统

“大数据”一词，在移动互联网兴起之后，2015~2017 年逐渐才在律师行业内流行，当业内普遍在高喊“Data is the new oil！”（数据是新的石油）时，索通已经有 15 年的数据积累。现今，进入索通 OA 系统中的“分析”一栏，已经可以看到基于这些数据得出的结论，包括各个业务领域的创收变化、客户变化、市场变化、律师团队服务变化。这也自然成为索通每年进行业务目标调整的基础。

2013 年，在商事所公司化道路上奔走十年后，索通的年创收达到 6000 万元。此时的索通一直是重庆律师行业发展的排头兵，占据重庆法律市场 5% 左右的份额，并且连续多年成为纳税第一大户。从 2009 年开始，索通已经被各大排名机构所眷顾，每年都被钱伯斯评为“商事法第一等律师事务所”，被 China Law & Practice、Asian Legal Business 等专业媒体评为“中西部地区最佳律师事务所”。

通过跟踪分析全国各省市的法律市场数据，韩德云看到以下现象：

• 传统的区域市场格局正在被打破；

• 本地所主导传统区域市场的地位受到挑战，正在被全国性大所取代；

• 中高端商事业务正加快向全国性大所转移，本地所不向综合所转化，难以保持市场规模领先；

• 大所扩张模式多样化促使行业竞争开始跨区域化，本地所不打开全国发展的通道，同样难以保持市场竞争优势；

……

这些改变并非猝然到来。为了应对这些变局，早在 2007 年，索通参与创办了中世律所联盟，该联盟除了霍金路伟（当时还叫路伟）为国际所外，另外 9 家创始所均为国内各省市数一数二的律所，这极大地促进了索通与其他省市律所在业务和管理上的交流与资源共享，也为索通在思想理念上走向全国性发展提供了更便捷的通道。

2013 年 11 月 19 日，在索通全所周末学习会上，韩德云首次明确了索通应对这些变化的新目标——“打造新型一流区域性综合大所，走区域本土化扩张的路线。”

具体而言：第一，从商务所转为综合所，同时拓展企业客户和个人客户；第二，在重庆范围内开设分所，立足重庆做好区域性扩展；第三，大力投入参与打造全国性联盟，开辟全国化发展的延伸通道。

很快，索通在永川、万州和黔江三地设立了分所。三地分所是索通对发展重庆区域内市场的一个新探索。至此，索通“一个联盟 + 一个总所 + 片区办公室”的发展布局正式形成，这也是索通继公司化 10 年之后，又一次站在新的历史转折点上隆隆向前，方向和路径一如十年前般的清晰。

“律所规模体量与本地经济状况匹配，合理追求法律服务市场份额十分明确，既不盲目扩大律所人员规模，也不盲目追求律所收入和业务体量。”北京市司法局原副局长李公田在索通参观时，曾如此总结索通的战略。

业务管理：一体化运营体系

索通的一体化运营模式在 2003 年年初具雏形之后，每年都在逐步调整深化。当前，索通作为区域性综合大所的运营模式在韩德云看来，已经能够“兼顾公司制优势与提成制特点”。这套运营模式的目标在于加强品牌运营、提升专业品质、促进资源共享。同时，这三个目标又以客户与业务分类管理、业务分工交换、统一预决算分配三项原则为制度支撑。

客户与业务分类管理

客户维度上，客户被分为企业客户和个人客户。在2013年后，索通转型为综合所，将原先在商务所定位下放弃的个人客户及个人业务，如刑事法律服务重新纳入，将擅长服务个人客户的一批律师又请了回来。但运营上却采取了全新的模式。

业务维度上，办理两种不同客户业务的律师被分别纳入至商事平台和综合平台。商事平台主要针对企业客户服务，企业客户的业务通常需要律师团队分工合作完成，因此仍需要业务接、办分离管理。商事平台的律师以原商务所团队为主，原则上不得承办个人业务，该平台上提供服务的律师仍然被称为商务律师。

综合平台主要针对个人客户，以及含有个人客户特征的中小微企业及其股东、法定代表人等提供中高端的法律服务，这些对象的服务通常需要律师又接又办，对客户响应速度快，效率高，且又能亲力亲为。这里的律师，相对商事平台律师的团队作战而言，更强调发挥传统的个人作战风格。

此外，对某些监管要求高而专业性较强的业务，从全所角度采取接和办的资格限制，也即专属业务管理。专属业务，是指针对部分特殊业务，如证券、破产等业务，使用专属业务清单式的管理，只能由指定的专门团队办理，但每个专业领域都有两个以上的律师团队，以保证业务交换的内部活力，避免垄断。

业务分工交换

接办分离的传统，自2003年形成以来一直存在，并在2013年后对该制度进行了升级，明确定性为承接人和承办人资格分类机制。目前，索通的承接律师，即有业务承接资格的律师，主要为所有合伙人（不分平台）和综合平台的律师。而承办律师，即有资格办理业务的律师，主要为所有承接人和非合伙人的主办律师。在承办和承接律师之外，有一大批年轻的辅助型律师，他们不具有承接人或承办人资格，主要是商事平台的协办律师和助理律师。这些律师作为一个团队的组成人员，实行计时薪酬制，方便参与不同团队的业务操作。其主要收入来源为办理业务时产生的有效工时，薪酬计算方式为有效工时乘以单价。

索通基于客户分类、业务分类、律师分类，加上一定的业务量，形成了接办分离的内部统一分工交换机制。在这个机制中，所有类型的业务均鼓励承接，但根据分类管理原则以及律师团队专业领域的分工，承接律师不可承办自己承接的所有业务，可以选择与相关专业领域的承办律师合作办理，也可以选择直接转介给其他承办律师办理。部分专属业务只能交由专属业务团队办理，以保障法律服务的专业品质。对所有业务的分工交换，内部统一设定分配比例下限，由承接律师和承办律师在下限基础上协商办理。

在这个机制中，擅长承接业务、维系客户、拓展市场资源的律师，可以选择基本不参加具体业务处理，以充分发挥自己的优势，反之亦然。

经过多年实践，索通已经形成较为完整的业务内部统一交换标准（分配标准）和程序，同时也建立了“业绩统一记点考核”体系，实现了对以接为主、以办为主和又接又办三类律师的统一评价和考核。

值得一提的是，为了解决在商事平台的辅助性律师长期脱离承接业务、可能脱离市场且不利于竞争发展的状态，也希望为律师成长提供更大的激励，2018 年年初，索通出台了律师在两个平台间实现转换的制度。商事平台的协办律师可以通过申请，成为在综合平台又接又办、自己的业绩自己负责的律师，以锻炼开拓业务的能力。而综合平台也允许具有专业能力的律师，加入商事平台，从事需要团队化协作的企业客户业务的承接或承办。

合伙人制度与薪酬

韩德云认为，律所的好坏关键看合伙队伍，合伙队伍的强弱，关键在合伙机制，而合伙机制的核心分为两点，一是如何解决业务的拓展与交换，二是如何处理收入分配。

而在收入分配规则中又有三对核心关系：一是创始人与律所之间的分配关系，二是合伙人与律所之间的分配关系，三是律师与律师之间的分配关系。

律师事务所是一个“人合”组织，如果合伙人以出资额进行分配将会消解“人合”的属性。在律所创立初期，创始人为保障律所正常运行，会投资律所，这究竟是否将一直作为律所分配的基础，始终是困扰创始人引领律所做大的问题。

韩德云认为，合伙的活力是基于不断发展的合伙人的业绩能力和专业表现来维持的，因此索通的创始合伙人不能因为原始投资而限制律所的发展，这些投资在 2002~2006 年便全部退出。此后，索通的合伙关系基于年度创收为基准（承办按承办，承接按承接记点考核）来进行统一核算的平等机制建立。索通不为资历，只为业绩埋单，这是索通解决第一对关系：创始人和律所之间的关系的答案。

在处理合伙人与律所间的分配关系上，索通通过年度预决算来调控收入分配和促进团队组合。每一年事务所都按照预决算对当年的收入进行分配，适当的利润留成用来设立各类基金。这些基金和合伙的流动资产只有在合伙解散的情形下才对剩余的合伙人分配，而现有的合伙人对于基金享有的权益，不以合伙人的去留进行核算，以保证合伙人的适当流动性不影响律所发展的可持续性。

这样，索通在本质上采用了二次分配的方式。第一次是按照当年业务创收总量的

70%对应个案业务进行分配，剩余30%作为公共成本和第二次公共分配来源。“一般而言，律师事务所的成本主要包含四部分，分别是税收成本（约15%）、办公室租赁成本（5%~7%）、行政人力和办公开支成本（2%~3%）以及公共基金提留（1%~2%）四项。但在索通，因为2016年用众筹方式完成了事务所办公场所的投资，因此事实上的经营成本更低。在刨去公共成本后，还有至少5%的收益可供事务所对合伙人和主要律师进行二次分配。这种分配的效果总体非常好。”韩德云解释到。

在这种机制下，一般合伙人不算上众筹投资的收益，大致就能够获得相当于业务创收的至少75%的分配，这几乎能够赶上很多提成制律所的提成比例。但同时，基于索通的公司化管理制度，两次分配机制又保证了团队化发展，解决了在“吃光分尽”的一次分配体制下，律师没有合作，各自为营的弊端。

最后，在处理律师与律师之间的分配关系上，索通对承接和承办律师之间基于案件类型和案件 / 项目金额有明确的分配指引，以保证各得其所。而占索通律师总数一半的辅助性律师，采取以计时薪酬为基础的“保底不封顶”分配模式，形成了业务大交换的基础型团队，保证了业务分工合作的高效运行。

客户服务：专业管理深入每个细节

律所作为专业服务机构，应该始终围绕客户，而非案源来运营。在韩德云看来，客户是市场发展的取之不竭的来源，必须精心呵护维系，而案源只是客户的需求而已，客户的需求有的可能满足，有的也可能得不到满足。一个以客户为中心的律所，即使由于各种原因客户有些需求不能被满足，律师的付出仍能得到客户较高评价。相反，案源为主经营的律所，案件成败是律师好坏的几乎唯一标准，很容易造成律所与客户共同关注和选择短期利益，从而让律所丧失长期发展的动力。韩德云在很多场合反复讲，这也是为什么他一再坚持客户分类，区分企业和个人客户的原因，他认为，企业客户的需求是长期的，源源不断的，而个人客户多半是一次性或一时的，律所和律师应该永远意识到这些区别，尤其是选择综合所发展之后，更不要简单采取“万金油”律师的方式。

既以客户为中心，又符合市场化的管理需求，意味着律所对客户服务、内部管理、员工（律师）激励都需要专人专职专业化管理，而非由律师兼职包揽一切。在索通，“战略—决策—执行”在这方面的效率体现出超强战斗力，组织架构清晰和管理人员配置得当，成为实现战斗力的两大原因。

组织架构

索通的组织架构按照目前律所管理较为普遍的“议、决、行、监”分为四大板块。和一般律所以管理委员会作为决策机构不同的是，索通的战略和重大决策机构为执行委员会（以下简称执委会），执委会由合伙人大会选出，目前有 1 名执行合伙人和 12 名委员，共计 13 名成员，代表全体合伙人决定事务所重大决策，韩德云是索通的执行合伙人。管理委员会是执委会的执行机构，负责日常运营决策和管理决定。与管委会并行的是市场拓展委员会和监事会。

市场拓展委员会负责事务所市场拓展重大事项的决定，如市场拓展方向、策略，市场资源统筹，其中最主要的是业务利益冲突的协调处理。委员会主任由执行合伙人兼任，可见索通对于品牌、客户和市场资源的重视。行政辅助机构中有专门的市场和客户服务人员，这些均为非律师的专职人员。

在索通，行政辅助人员比例占总人数的 10%。也就是拥有 20 多人规模的包括市场和客户服务、案件管理和行政服务在内的团队，来保证律所的日常运营管理。客户信息资料的详细登记，每周一场的客户研讨会，定期客户回访，索通刊物资料的编发和定期寄送，这些都确保索通第一时间了解客户需求，给予客户最优质的法律服务。

管理人员配置

长期以来，索通采用兼职管理合伙人与专职管理人员相结合的管理人员配置模式。在决策层面，不设专职管理合伙人，执委会、管委会成员均为合伙人兼职，由他们对事务所战略和重大日常运营事项作出决定。近年来，还逐步让青年合伙人参与事务所管理决策工作，平滑过渡完成新老交替的传承。

但同时，在执行层面，索通施行“专人专事”的分工，由非律师的专职管理人员进行具体事务的操作执行。索通设有专门的品牌运营、市场营销、数据分析、客户服务和业务信息管理的辅助团队，内部强调辅助人员在工作内容上一专多能，以减轻一线律师非专业工作的负荷。

值得强调的是，索通给予主管级的行政管理负责人不低于最低级合伙人的待遇，这一点非常难得并且具有先见之明。中国律师事务所市场化发展近 30 年，“只有律师才是律所主人”的思想深入骨髓，而同样在律师事务所工作的专业人士，如负责市场开拓、品牌运营、IT 技术、财务管理等方面的人员在律所没有明确的上升通道，容易成为律所的边缘化角色，这也使得精熟于律所运营的专业人才在行业内非常缺乏。

索通在这一点上的开放和专业姿态，既保证了决策执行落实的高效，也保持了行政管理人员的稳定性和忠诚度等。

执业理念：专业化与职业化

2018年，索通开始在合伙人为主分配核算的基础上施行“业务中心目标责任制”，以增强原有针对诉讼和非诉（含常年法律顾问）类别划分的团队，在更为细分的专业领域的承接与承办能力。商事平台设立6个公司业务中心，分别以公司商事领域专业划分，综合平台设立3个业务中心，以刑事、婚姻家事等综合业务领域专业划分，这些领域和两个平台服务的客户类别正好一一对应。

“按照业务中心发展是我们下一步的目标，但业务操作模式还得按照过往的成功探索，根据市场的需求变化来不断调整。”韩德云说。

此前，索通采用全所统筹统一管理的方式，但随着人员快速增加，行政化、按部就班、缺乏冲劲闯劲的公司化毛病越来越突出，当律师总人数即将突破200人规模的时候，改变再次成为选择。经过两年多的改革酝酿，索通逐渐形成了“事务所—中心”两级管理体制，这也是2020年索通管理体制的一个重大转变，意图面对所内外两个环境的变化，营造既要所外竞争、所内竞赛，也要互助合作的氛围。

在这一过程中，索通将实事求是的精神贯彻到方方面面，这在它对“专业化”执业理念的落实中尤为突出。

作为一家十多年前就提倡公司化管理并且深入践行的律师事务所，完全可以在初期就向市场标榜自己的各个专业领域优势。但索通并未这么做，其“专业化”路径通过三步完成：第一步，分离商事业务与个人业务的大类，分离承接和承办功能；第二步，从律师承办分工职能划分诉讼和非诉讼大类；第三步，逐步等到时机成熟，对有足够的业务规模的领域，再进行专业化发展。

对此，韩德云有清晰的阐述：“自2017年起，我们就提出专业中心建设的目标，原因在于律师加助理超过200多人，以专业中心统筹进行业务分工的基础已经具备。以往部分业务中心发展不均衡，从全所统筹管理过渡到中心为主管理，我们花了两年左右时间酝酿。2019年最后一个季度，重新组合的业务中心宣告成立，这意味着从2020年起，面对全新的市场形势，索通将进入以业务中心为主体、事务所做平台管理的两级管理机制运行模式。”

“至于目前索通并不设置‘一主几辅’的限制，是因为索通在接办分离、平台分工的规则下，对尝试提高资源综合利用效率的做法已经较多也较为成熟。而重庆法律服务市场的现有规模，尚未有足够的单项业务量，可以让一个律所既拥有较大市场份额，又能让每个律师都能最大程度实现专业化。”

在韩德云看来，业务类型本身没有优劣之分，不是评判律所管理好坏的标准，更不是评价律师专业能力的标准。业务精湛才是优秀的标准，包括客户服务的职业化、文本的规范化、服务内容的专业化和对客户的贡献程度，无论是诉讼庭审的多维度表现，还是项目交易谈判的把控精准度，这些服务品质才是索通律师专业化发展的自我要求。

“我们定位自己的追求是全国一流，这个一流指的就是我们的专业品质和职业表现。”

基于这样的理念，以及长期以来“以当事人为中心”的职业素养，索通律师的专业能力和执业形象一直得到客户好评，在最近两年重庆地产市场的大宗并购交易中，80%的项目都由索通完成，委托人几乎涵盖了所有的国内大地产商。对很多律所而言，客户开拓自然是律所管理成熟的一个方面，但以专业质量和品牌积累并进而吸引客户，才是律师职业化发展的应有之义。

索通对外传递的执业理念为：“一个目标、两种学说、三大价值。”这个“一二三”表述本质上是相同的。一个目标是“以职业化的团队之境界作为索通律师的永恒追求”；“当事人中心说”和“法律预防说”体现的是索通律师的站位；“职业价值、专业价值、法治价值”从根本上体现了索通传递的价值观。

“我们要求律师只赚律师费，不当商人，不赚生意的钱。”韩德云在采访中说。索通在成立伊始即确立了一个原则——“不聘用兼职律师”。这也是韩德云对律师职业化首先得表现“专职化”三字的许诺。

韩德云认为在中国律所发展的初级阶段，要守住的底线除了职业化外，还需要律师不参与客户的商业经营。一旦律师从事商业经营，很可能和客户产生利益竞争关系，这容易与法律服务提供者应忠实于委托人的价值理念产生冲突。

“我们始终对律师应有的职业操守保持敬畏。可以问心无愧地说，索通做了20多年的律师业务，堂堂正正挣的都是律师费，索通很多律师因此成为百万乃至千万富翁，这才是我们骄傲的地方，因为我们始终忠于客户。”

索通对于职业化理念的坚持，不仅为所内律师指明了职业生涯的发展方向，也吸引着越来越多想从事律师职业的年轻人加入。

平等、尊重文化：难得的“最佳雇主”荣誉

律师行业是一个人才流动高频的行业。每家律所均面临如何发现人才，培养人才，又留住人才的问题。

2020年，迎来25周年的索通将本年度的发展主题定为“人才强所”，并启动了“人才引进与培养计划”：设立500万元“人才基金”，专门用于对人才提供专项补贴和给予经济资助；有实际工作经验的引进人才，有机会享有最高30万元/年的保底收入；纳

入培养计划的人才则有机会得到最高30万无息贷款和5万元/年培养津贴的经济资助。

在全球经济下行的形势下，索通仍大手笔地进行人才引进和培养，其底气就在于所内律师对索通极高的认可度与忠诚度。

索通，自2015年起至今，连续6年被ALB评为“中国最佳雇主”——这一奖项对于律所而言意义非凡，它意味着一家律所对于人才的吸引力与未来发展的潜力。至于原因，索通的年轻律师们给出了答案。

绝大多数“90后”索通律师都有在索通银行批量案件中心实习的经历，而这一平台的历练亦是他们选择不同发展方向的起点与契机。

索通为年轻律师们提供了统一的薪酬保障，明确的职业成长路径，从助理到协办，再至主办律师，乃至合伙人，每一级均有明确的指引。从简单案件操作到复杂业务辅助参与，不同团队不同岗位的历练，打破了“师傅带徒弟，徒弟跟师傅”的传统成长模式。同时，索通也为能力过人的年轻律师设置“快速通道”，可以较一般人更快晋升为合伙人。

索通对人才的尊重和认可，亦体现在薪资上。韩德云说：“我们希望给人才以本地区最好的工资待遇。”在索通，刚入职的实习生一年就能有七八万元的收入。

高收入的背后是高要求。内部培养晋升是索通主要的合伙人来源渠道。根据我国《律师法》，一名律师成为合伙人最快需要4年（加上一年实习期）。在索通，合伙人的成长时间一般在5~8年。而在前几年当辅助律师的阶段，索通律师只能参与承办业务，以便专心投入专业训练，完成业务操作工作。

“一名入职一年不到的律师助理在索通能深入经手至少100宗案件，平均每月业务工作时间超170小时，年工作逾2000小时。按照‘一万小时定律’，一名律师助理成长为资深的专业律师，只需要5年。而此时，若是刚毕业便进入索通的青年律师有可能还未到30岁。”一名索通律师算了这样一笔账。

2019年年初，索通35岁以下的青年律师占总人数80%左右，年轻化程度已远远超过行业标准；作为事务所中流砥柱的合伙人队伍，“80后”青年合伙人有29人，占合伙人总人数的50%以上；索通合伙人的平均年龄仅为39岁。正因如此，在2017年3月，索通获得“全国青年文明号”荣誉称号，而他们也是重庆唯一一家被命名为2015~2016年年度全国青年文明号的律师事务所。

2019年12月29日，索通召开了当年度第三次合伙人大会。14名青年律师在隆重的入伙仪式上加入了合伙人队伍。入选的合伙人中，王芮、宋彦、余敏、牛子文等多名律师均执业不超过5年。至此，索通合伙人队伍已发展到83人，其中“80后”“90后”占70%。

基于高度年轻化的团队，索通针对性打造了一套全方位覆盖、特色鲜明的人才培养机制。

首先是学分制的专业培训。每周三晚上，索通会组织针对入所两年以内青年律师的专题培训，周六则会组织全所层面的专业培训，涵盖诉讼模拟、非诉交易对抗以及大咖专题讲解等方面。

导师组则是由所内十五个高级合伙人组成，分别牵头组建人数十人左右的小组。导师与学员每月一次聚餐、每两个月一次谈心、每三个月一次学员评估，不仅帮助青年律师提升专业能力，也对他们的身心发展时刻关注。2016 年加入索通的王麒懿对此深有体会："以我们组为例，'老大'（韩德云）每月都会组织一次座谈，雷打不动，在年终还会专门制作小礼物送给组员。"

一对一培训是最具特色的机制：由韩德云定期选择两三名青年律师，对他们提前准备的非专业问题进行答疑解惑，过程对全体索通人员开放。

"律师能力是由三个 1/3 构成的，第 1 个 1/3 是你的专业理论能力，第 2 个 1/3 是你的市场拓展能力，第 3 个 1/3 是与人沟通的人际交往能力。"这样的金句在一对一培训中并不鲜见，韩德云结合自身经验之谈的相关见解也往往能够在索通青年律师们遭遇类似情境时发挥奇效，帮助他们更好地应对困难，突破自我。

学分制的专业培训、导师组、一对一培训，与各业务中心组织的系列培训、分享活动交叉覆盖，共同为索通青年律师提供了完善的成长体系，培养出了包括武小刚、王欣、郭强、康剑、刘钰彬、张磊、陈卓、杨松等一大批内生式优秀人才。此外，索通还积极组织青年律师参与中世律所联盟的相关培训，如联盟青年律师训练营、由诉讼大律师与法学院教授作为专门讲师进行评析的模拟庭审等。2020 年，索通专门成立了"青年律师工作委员会"，组织青年律师深入校园、社区开展法律援助咨询，以热情姿态走向社会，同时也创建青年律师导师库，为青年律师提供更新的"传帮带"活动。

不仅如此，索通一贯以来都坚持"主动求变"的文化灌输。每年，索通会针对行业形势、发展动态、内部反馈等进行制度上的相关调整，甚至有时半年就会调整一次——对索通这样体量的大所而言，变，不仅意味着敏锐度、执行力，还需要足够的果敢与勇气。

在 2018 年以前，部分雄心勃勃的年轻律师经历实习、助理等岗位，在成为协办律师一两年后，通常都面临执业困惑，是否要去更有挑战的市场中去看看自己能够释放多大能量，始终是萦绕在他们心头的问号，而当时索通尚未开通两个平台的轮换机制，这也导致部分年轻律师只能选择离开。

索通最年轻的合伙人之一彭吉也险些离开。从西政毕业起就加入索通执业的彭吉，在担任协办律师两年之后，对于自己在市场中究竟有怎样的竞争力、如果独立去开拓业务是否会有更大的提升产生疑惑，这些困扰让这位年轻人陷入是否辞职的纠结中。

也正是在这时，索通的管理者已经在思考将综合平台和商事平台之间的壁垒打通，给年轻人更多尝试的机会。2018 年年初，索通开始明确综合平台与商事平台的相互转换机制，即两个平台的律师经申请后可以转入另一平台，从而适应不同风格的律师发展需求，使他们获得更多成长途径与通道。

彭吉恰逢其时，成了第一批由商事平台转入综合平台的“吃蟹者”。此后，他几乎享受到了索通每次制度改革的红利，以至于他自认是索通的“幸运儿”，总能搭上事务所改革的“春风”。

“综合平台灵活而自由，锻炼综合能力，尤其是个人尝试客户开拓的能力；商事平台侧重专业积累，专心做事，更讲究团队合作。”平台转换带来的历练使彭吉受益良多，随着2019年两个平台间的壁垒基本被打通，越来越多索通年轻律师得以在平台转换中寻找最适合自己的发展方式。

“索通虽然已经25岁，但它一直是一家年轻的律所，一直充满着想要去适应、去改变、去突破市场的动力。”索通的客户主管王忆萌说。

2015年年底，索通监事会发起举办了一场别致的化装舞会。平日严谨劳碌的索通律师们纷纷卸下包袱，享受了一个酣畅淋漓的夜晚。“晚会完全颠覆了我对律师职业的想象。”当时刚加入不久的余敏这样形容自己的体会，这位从北京大学毕业的研究生，在江苏银行工作过一年的江西人，毅然选择到重庆索通开始她的律师生涯。

更有趣的是，这个晚会也让当时正处于纠结中的彭吉，放弃了离开的念头，“大家都那么好，和同事们感情非常融洽，这样的执业之所夫复何求”。

制度是叶，生长于外。文化是根，是牢固地将优秀人才留住的魂。

在采访的十多位索通青年律师中，专业、包容、平等和尊重，是他们谈及索通文化时出现的高频词汇，并且有惊人的一致性。专业让索通律师广受认可；包容让索通汇集了各所高校与其他行业的优秀人才；平等让索通内部的沟通交流顺畅无阻，使这家外地人占比超70%的律所始终稳居重庆前列；尊重不仅意味着青年律师对所内资深律师的由衷钦佩，更体现在索通管理者们、高级合伙人们对索通青年律师们倾囊相授、坦诚相待，对于索通年轻人意见的重视和生活状态的关怀。

“索通不仅是我们青年律师的‘戒尺’‘衣食父母’，更是我们最可靠的庇护。”2016年加入索通的冯进文这样阐释他的索通印象。对于人才的投资，索通从来不吝惜成本，始终以良好的晋升机制与卓越的品牌形象给予所内律师自我投资的信心；经过索通体系培养出的律师在重庆也极具辨识度，衣着、谈吐落落大方，办事严谨专业，广受客户与司法机关认可。

通过丰富的培训与人文活动，索通营造了绝佳的团队氛围——这正是索通深得年轻律师认同的关键所在。即便是因故从索通离职的律师，也都对索通的文化氛围赞誉有加，所里还时常邀请他们回所聚餐。

“她让每个索通律师都能在索通实现自我的价值。”具有不同经历的主办律师满媛、在综合平台执业的新晋合伙人刘超、海归涉外律师郭祺玮对于索通的评价都给出了相同的回答。这或许是年轻人对索通人才制度的最好肯定，亦是多年来索通能成为“最佳雇主”的答案。

未来发展："不变"应"万变"

韩德云曾提出这样一个概念，"因为法律行业对律所执业'利益冲突'限制，一家律所在区域市场创收占比的阈值约为该区域内法律行业总创收的5%"。因此，一个律所要做大，市场规模的天花板始终在那里。对比自2003年来索通和重庆律师行业的创收数据，似乎也印证了这一观点。

在韩德云看来，索通在重庆的市场规模受制于市场本身，专业品质虽然也是一个永恒的目标，但是律所总体的发展依然取决于市场的发展。就目前的市场而言，索通和几乎所有律所面临的主要矛盾还是业务总量不够的矛盾，而非专业化不足的矛盾。这个矛盾的解决，需要靠经济发展带动法律市场发展，需要出现业务体量扩展后的自然分化来解决。除了清晰的战略定位，管理本身在一定程度上也是解决业务体量相对不足的重点。

索通始终非常明确自己的定位——"全国一流的区域性综合大所"，立足区域市场，这是索通的选择，也是索通的基因；综合大所指的是多种业务形态，与单一的专业所或者商事所相区别；"全国一流"指的是业务质量上与全国最优秀的律所保持一致。在这样的定位下，"以最少的律师争取最大的市场份额，本身就是一种优秀的表现。"

索通是中世律所联盟的最积极参与者之一，无论是主办活动，还是派出律师参与活动，从来都非常踊跃。最近几年，索通的主要合伙人基本上都轮流参与了联盟的活动，在外人看来，索通似乎更多地做了贡献。"既然我们的目标是追求全国一流，就必须积极去参与'一个全国性平台的搭建'，在这个过程中，能够接触和学习那些有同样定位的优秀区域性律所和专业律所的成功经验，我们非常有收获。"

2020年，是索通发展的第25年。即使目前索通的合伙人都还很年轻，平均年龄只有39岁，尚未有一个达到法定退休年龄的合伙人，但韩德云依然已在思考律所的"新老交替"问题。他希望之后的年轻人能够将索通这样一家定位精准、勤于思考、善于变革的律所传统进行传承。

对于未来的规划，韩德云还提到两个目标，一是希望验证索通这样发展的经验是否可以复制和推广，这种成功若能够在其他区域城市放大，才证明索通的探索具有更大意义；二是希望推动中世律所联盟更紧密地整合，从而能够引领索通最终跨出区域，走向全国乃至全球发展。

"如果某一天，一旦区域性综合所随着市场发展，不再有空间了。那时必须要有一个全国性一体化品牌律所，今天我们大力推动中世律所联盟成员所的一体化进程就非常有意义。或许，它在不久的未来，能够催生一家崭新的具有足够全国性影响力的一体化品牌律所。"

在某种意义上，这是提前为未来的不确定性布好了一个局，这个局或许最终是以消灭一个区域性综合所定位的索通自己为目标，从而为索通律师们创造一个更大的蝶变。“变是永远的不变，没有永恒的战略。区域性综合大所现在还是全国律所发展的主流，一体化管理是方向。当我们在区域性市场中找到这个规律，并把它做到极致，也仅仅实现了我们现阶段的目标。任何一个品牌要百年，一定是在变革当中实现的。随着市场变化，我们或许会率先把自己转变成为一个全国性一体化品牌所的一部分。”韩德云说。

只有变化是永恒的，真正“不变”的，是变革本身，这才是万事万物发展的规律。

结　语

北京司法局前副局长李公田曾总结了索通的十大特点，最后一句归为：“索通律师事务所是西部地区一体化发展最好的律所，好就好在它坚持了实事求是原则。”

韩德云是名战略家，在管理律所的过程中，遵循“立乎其大，铢积寸累”，也即“大处着眼，小处着手”的管理法门。在宏观上，因时而变；在微观上，精细管理。21 世纪初，索通就为律所管理引入成本效益、分类管理、分工交换原则和律所经营的品牌概念、以客户为中心的客户服务理念，索通更像是个律师行业中的精算师。借助信息化系统，进行精细的成本收益测算，运筹帷幄之中，决胜千里之外。在相对小体量的市场中，实现专业运营收入的最大化和可持续增长。它从不因他人何为而躁动，它只求自己的变革与进步。2020 年，是索通成立的 25 周年，对于未来，它仍将持续探索如何在变化的市场中，精进自己的专业服务。

有法律行业观察者指出，中国律所的“战国时代”，正从全国市场进入区域性二八分化的历史阶段，“跑马圈地”的增量扩张即将进入尾声，拼品质、拼管理、拼人才的竞争，已经拉开帷幕。可以预见，随后的法律市场竞争将更为严酷，大浪淘沙之下，会有大量的律所雨打风吹去，能够屹立不倒的，一定是不断革新、永不言败的那些弄潮儿们。

对索通律所而言，外部世界任何的改变反而都是个利好，都是个机会，多年的文化沉淀积累效应正在发酵，它的辉煌时代永远将成为又一个新的开始。

炜衡

内修专业，外拓版图，求索百年之道

吴剑霞　蔡　凡　陈琼青

炜衡律师事务所前台

炜衡北京总所办公室环境

炜衡律所荣誉（部分）

炜衡合伙人合影

1995年，对中国律师行业发展而言是极其重要的一年。这一年，第三次全国律师代表大会在北京举行，首次由执业律师担任律师协会会长，律师正式参与到律师行业管理中。也是在这一年，一家名为“炜衡”的新设律所，以10万元起家，在北京朝阳区的三星饭店正式营业。

在炜衡的历史上，曾经历过四次迁址。从1996年7月第一次迁至驻保利大厦，到1998年5月迁至福尼特大厦（现商房大厦），到2000年5月迁至友谊宾馆迎宾楼，再到2007年9月入驻拥有自主产权的第三极大厦（现中国技术交易所大厦），“炜衡四迁”带来了办公环境的优化，也带来了专业团队的扩张、服务质量的提升、业务领域的综合化。这背后，更是炜衡对律所发展的自信与底气。

“所谓律师事务所的战略方向、业务布局和规模化发展，最本质的还是对律所的组成人员、业务特色的深度和广度的精准认知，在明确自身优势的基础上，将行业信息与优势资源加以对接，这才是一家优秀的律师事务所。”炜衡创始合伙人张小炜说。

20余年风华，炜衡谋势而动。第一个7年，炜衡组建队伍，完成由生存期向发展期的过渡；第二个7年，炜衡在专注业务的同时尝试走向全国，在上海落下规模化的第一子；第三个7年，炜衡稳固优势，走出国门，进军国际市场；第四个7年仍在进行中，规模化、网络化、专业化、国际化，皆为目标。

炜衡孜孜求索的，是律所百年大计。

蓄势待发，大所气象初成

1993年，张小炜刚从中国政法大学本科毕业，进入司法部原中国法律事务中心执业，期间作为选派律师之一前往香港地区普及内地法律政策。1994年年底，在香港地区待了半年后，他被急召回北京，得知法律事务中心即将解散。律师职业生涯的第一个拐口，就这样猝不及防地摆在23岁的张小炜面前。

少年才俊，志存高远，面对几位行业前辈抛来的橄榄枝，他最终选择自己办所，邀请两位毕业于北京大学的前同事共同创业。

新所成立，需要向北京市司法局报批律所名称。以“中”“国”“华”为关键词是绝大多数律所的做法，虽寓意良好但重名概率也很高。在几次因重名而无法通过审批后，三位创始合伙人效仿国外律所做法，将创始人名字嵌入其中。其中两位分别来自湖南邵阳和岳阳，两地之间正是衡阳，“炜衡”之名由此而来。“炜”者，盛大之火也；“衡”者，公平之器也，取名“炜衡”，寓意“以光明磊落衡情度理”。

1995年，在华都饭店一间不足20平方米的房间里，一群20多岁的年轻人开启了炜衡的征途。他们朝气蓬勃、不畏艰难，赤手空拳上阵，坚信能够打下一片天地。不过，开局不易。

“1996 年至 1998 年，是炜衡最艰苦的三年。”张小炜回忆说。当时北京市司法局颁布律所规范运营新政策，一系列考核标准对律所优胜劣汰、资源整合产生了很大的激励作用。时任北京市司法局副局长贾午光也给炜衡定下“三个目标”——第一年炜衡人数不能少于 10 人；第二年人数不能少于 20 人；第三年人数不能少于 40 人且创收要达到一百万。“若无法达成前述目标，炜衡将关闭或合并。”一纸“军令状”，是对炜衡未来的期冀，同时也意味着发展的压力。

为了招揽更多的律师人才，1996 年，合伙人们花重金租下保利大厦 150 平方米的办公室。迁入新址后，办公面积扩大了、办公硬件提升了，但律所财务也在短时间内出现赤字，创收与房租成本的“大石”压在心头。为了保证律所的正常运转，张小炜带头抵押了自用的房子、车子，部分合伙人晚上甚至就在办公室打地铺。尽管艰难，合伙人之间仍然达成了“律所成本再多也由合伙人共同承担，坚决不挪用律师的创收”这一共识，以至于有一年春节，在发完律师工资与律所各项成本后，合伙人层面几乎没有存款。为了让“北漂”合伙人能够安心回家过年，张小炜奔走各处，催收拖欠的律师代理费，凑足了十万元的“过年费”。

压力之下，更有动力，找准方向，全力冲刺，是炜衡合伙人当时的写照。20 世纪 90 年代，随着市场开放，日渐兴盛的经济活动为律师们带来了业务发展机会。以房地产市场为代表的行业开始兴起，“按揭”作为一个全新概念被引入中国大陆，炜衡的合伙人们便在这一新兴业务领域发力，主动学习、积极跑客户、努力争取业务机会。勤奋和坚持之下，炜衡的业务渐有起色。

三年之后，炜衡否极泰来：1998 年时创收达 370 多万，并形成了稳定的由七名成员组成的合伙人队伍。

“炜衡的发展成果，是‘大环境’加上‘小环境’的综合作用，大环境是时代赋予的机会，小环境就是我遇到的这帮兄弟。”张小炜习惯将身边的朋友称为“兄弟”，这是因为炜衡致力于打造“家文化”——平等、互助、共享发展成果。每遇重大决策时，合伙人们会聚在一起平等交流、充分讨论，有时可能会争得面红耳赤，但正是在这样的反复沟通中，炜衡形成了一支“吵不散”的合伙人队伍。

渡过“最艰苦的三年”后，张小炜决定，将手中持有的 75% 的股权平分给其他合伙人，如此一来，合伙人的份额大致均等。这是他深思熟虑后的决定：相较于经济上的得失，合伙人之间的互信更为重要，如果股权利润的分配不能实现平等公正，势必不利于合伙人团结。此后，炜衡的合伙人在加盟时间上虽有先后，但在合伙人权利及分配上并无差异。如今，炜衡合伙人队伍不断壮大，每人手中的原始股权比例已被不断稀释，但总体收益和每股价值日渐攀升。共享发展成果这一理念，也在无形中推动律所不断向前。

“独特的分配机制是炜衡合伙人及律师队伍稳定的根本原因。”自炜衡创立以来，张小炜就开始设计分配机制。律所起步时期，业务拓展是当务之急，分配机制需简单直接才最有效；但随着律师人数增加，业务趋于综合化，不同领域所需人力成本及律所资源不同，分配机制需要平衡的因素就更加多元且复杂。2002 年后，炜衡初具规模，开始遭遇分配难题，如何平衡业务差异并合理分配，成为当时合伙人们的主要矛盾。

“分配机制要有利于整合全所资源，创收高、占用资源多的合伙人需要为律所留下更多的发展基金，用于帮扶较为弱势的业务领域及合伙人。”在多次合伙人会议讨论后，张小炜拟写了一份 30 多页的制度文件，后又反复修改至三四页，期间经过一年又一年的试运行，不断调整、优化。

调整后的分配机制采取“收支两条线”的模式：律所的运营发展成本由合伙人共担，并根据合伙人的占用资源和对应创收累进计算；利润分配方面，每位合伙人的点数由创收、年资和特殊贡献三方面构成，经综合考评后计算出合伙人当年度点数并据此获得收益。这样的考评分配方式贴合合伙人当年实际表现，保障了成本分摊与利润分配的公平性，亦激励了合伙人开拓业务的积极性。

炜衡的分配制度并非一成不变，而是会充分吸纳合伙人们的反馈意见，持续优化。在推行这一机制后，炜衡北京总所取得了快速发展，炜衡上海分所也很快借鉴这一制度并做了一些改善：第一，拉开创收点数和年资点数之间的单价差距，增加创收点数的考核比重；第二，对合伙人的年资点数采取封顶规则。相较于已在炜衡十年、二十年的合伙人，新加入的合伙人在年资方面难免处于“弱势地位”，若不对年资点数进行封顶，新人很难超越老人。在这一点上进行适当调整，可以加强对外部人才的吸引力，打破单一的人才内循坏。经反复讨论后，炜衡北京总所反过来也借鉴上海分所对分配制度所做的优化，带来了源源不断的外部优秀合伙人。

专注业务，开盘布局，炜衡逐渐在行业崭露头角。2003 年 7 月，炜衡设立第一家分所，开始规模化发展，如今炜衡已在海内外拥有近 40 家分所，规模已达上千人;2005 年，炜衡获评“全国优秀律师事务所”；2007 年，炜衡迁入自有产权的第三极大厦（现中国技术交易大厦），步入“蓄势待发期”。

炜衡发展过程中形成的行业认识、资金积累，以及一步步探索过程中合伙人们共同磨合形成的管理经验，是炜衡蓄下的发展“势能”。

规模布局，行集团化管理

“所谓的管理架构不是设计出来或者强推落地的，而要符合事物发展规律，不能操之过急，才能真正匹配律所需求。”张小炜说。

在2010年之前，炜衡的分所管理模式相对简单粗疏，炜衡北京总所没有要支持分所建设的想法，各地分所也没有意识向总所寻求帮助，彼此缺乏交流与合作，各自偏安一隅、粗放生长。2010年时，炜衡已有6家分所，其中发展得最好的属上海分所，但彼时其年创收也不过四五百万，遑论地处其他省市的分所。“坦白说，一开始我们对分所建设并不积极。”虽然同在“炜衡”的品牌体系下，但没有共同发展的理念，长此以往，分所布局将形同虚设。

对于想做大做强的炜衡而言，这是一种潜在危机，若不及时处理，势必影响律所整体品牌与发展可持续性。为了解决这个问题，张小炜并没有推行强制性举措，而是在管委会会议上提出三组概念：快乐地活着，有尊严地活着，有希望地活着。这是生而为人的精神追求，由此衍生出的力量反而最能聚集集体智慧，共促总分所发展。

在共促总分所发展的共识下，第一阶段的分所管理模式转型逐渐落地，上海分所率先成为试验点。这一年，炜衡北京总所拨付一笔基金，用于上海分所升级办公场地，提升律所形象。总所的支持调动了上海分所的士气，创收很快突破千万。那些相继加盟上海分所的律师、合伙人，他们看到了炜衡总分所能共享资源、彼此互助，看到了在炜衡做律师是一份有奔头、有希望的事业。获得当地同行的认可后，上海分所发展势头更盛，在2016年跨过亿元大关。

“实际上给各分所的支持不用特别多，关键看能否调动分所的那口气，那份向上、向前发展的心气。”上海分所的成功，给了张小炜很大的触动，印证了总分所协同发展的必要性，进而带动了炜衡其他分所建设的积极性。很快，炜衡总所将扶持范围扩大，先后对宁波、成都、西安、云南等地分所进行经济扶持与精神鼓励。“炜衡北京总所发展快，有一定的资金积累，可用于支持分所建设。”张小炜笑说，“当然，这钱不是白给的，只是暂借分所使用，等分所发展起来后再归还”。

此后几年，炜衡一直推行由炜衡北京总所提供分所建设的资金支持模式，炜衡分所布局进程明显加速，在不到十年的时间里新设了近30家分所。之所以能有如此快速的扩张，与炜衡品牌已经在业内建立起一定的知名度及吸引力不无关系。“我是2011年到上海分所，2011年到2015年这段时间的发展展现了炜衡厚积薄发的发展‘势头’，最直接的体现就是创收。创收上去了，知名度提高了，外部人才会不断加盟，规模进一步扩大，又能促进业务的发展、创收的提升。这是一个良性循环。”原炜衡上海分所执行主任顾靖说。

但发展至2015年，炜衡已有18家分所，如此体量之下，原有模式日显吃力，亟待转型。2016年年底，炜衡在广西召开总部常务委员会，会议讨论确定两件事，其中一件是就是横向打造炜衡平台，推行集团化管理模式。为此，炜衡推出两项举措：

第一，优化总分所管理架构。炜衡确立了由全球合伙人会议、总部常务委员会及集团管理委员会、各区域所合伙人会议共同构成的三层管理框架。其中，总部常务委员会由 8 名合伙人组成；集团管委会由炜衡各分所主任或负责人组成，每年举行两次会议，对关乎炜衡发展的重大问题进行审议、讨论。炜衡将原来“由北京总所支持分所发展”的模式转变为扁平化的平台式管理。尽管在法律意义上，炜衡北京是“母公司”，但炜衡北京与其他分所不是上下级的关系，而是平行的办公室。

第二，设立平台发展基金。包括炜衡北京在内的各地分所需要交纳当年创收的千分之五，作为平台共同发展基金。为了科学合理地使用这笔基金，炜衡专门设立了由 5 位合伙人组成的财务委员会，负责基金的收缴及预决算。其中有一条硬性规定是，70% 的基金要用于业务建设。“资金归集，是取之于民用之于民。这个钱不能分掉，要用于平台建设，包括品牌宣传、参加集团活动、组织专业研讨等。”顾靖介绍。

通过平台建设，一方面提升了内部律师之间的业务经验交流频次，为跨团队的业务合作提供可能，另一方面也增加了内部律师与外部同行、专家学者之间的交流，提升了炜衡在行业内的品牌影响力。在分所管理上，炜衡引导各地分所用最适合当地市场的模式去运营，除了指定分所的法定代表人之外，炜衡并不直接介入分所的管理，且允许存在不一样。张小炜强调：“我们更希望通过分所建设，加强律师与律师之间的粘性。但是分所主任的价值观很重要，因而在分所主任的人选考察上会格外慎重。”

现在，炜衡已有 36 家国内分所及 4 家海外办事处。在国内布局时，省会城市或最高人民法院巡回法庭所在地是炜衡的首选，省会城市代表经济资源与客户需求的集中，最高人民法院巡回法庭所在城市则与炜衡的诉讼业务板块相契合。2018 年，苏州、重庆、合肥、呼和浩特、南京等分所开业，济南、温州、贵阳、南昌等分所取得执业许可证；2019 年，炜衡新设了 9 家分所，分别位于福州、贵阳、南昌、越南河内、海口、无锡、太原、兰州、乌鲁木齐，此外还有数家分所在筹建中。

除了经济因素、业务特点，其他地方特色且有合适人选的城市也在其考虑范围之内，如炜衡延安。“延安原来没有规模大所，炜衡进驻延安后能够在人才、客户等方面取得先占优势。而且在延安开设分所不全是为了创收的考虑，延安是红色基地，炜衡想在这块红色基地建立律所的党建基地。”顾靖说。事实也证明了这步“棋”的成效：在全国律师行业党委组织的“全国律师行业先进基层党组织”评选中，炜衡是唯一有两家办公室获评此荣誉的律所——炜衡北京与炜衡延安分别作为北京市和陕西省先进代表获得表彰。

在境外布局方面，目前炜衡已在澳大利亚悉尼、美国硅谷、日本东京、越南河内等地开设了海外办事处，并与加拿大、法国、韩国、新加坡、我国香港地区等国家或地区的法律服务机构建立了密切的业务协作关系。其中，2011 年落子悉尼是炜衡“走出去”的第一步；最近一次则是在 2019 年，于越南河内设立分所。越南河内分所的设立颇有“戏剧性”，是“一家国内分所带动了一家境外分所的美好意外”。现在的重庆分所在加盟炜衡之前，曾在越南设有分所，并且是经过中国司法部、越南司法部的批准及换文程序的。成为炜衡的重庆分所后，炜衡专门派人去越南，与越南司法部主管相关事务的负责人沟通。

这道变更程序前后大概走了一年，最后顺利变更过来了。

炜衡的分所布局主要有三个目标：一是将律所品牌的影响力渗透到分所所在地；二是在当地吸纳优秀的人才，搭建炜衡的人才梯队，如刚刚办完开业仪式的福州分所已有近 100 人的团队，也侧面印证了炜衡的品牌吸引力；三是收集当地与法律服务相关的信息，并通过纵向打通的方式在全所范围内及时共享。

“我们希望，炜衡给客户的服务，时间及时，空间距离小，做到在同一时间联动全国不同网点，为客户提供综合全面的服务。目前看来，这种效果已经有所体现。”张小炜说。2019 年 8 月，北京 2022 年冬奥会和冬残奥会组织委员会法律服务项目经评标委员会综合评审，选定 5 家律所为其提供专业的法律服务，炜衡正是其中之一；2020 年 7 月，炜衡又成为 2022 年第 19 届亚运会组委会的三家法律服务供应商之一。

纵向深耕，打造专业平台

“炜衡的创立与发展，赶上了中国律师行业的黄金时期。”张小炜感慨道。20 世纪 90 年代炜衡创立时，中国经济崛起带来律师业务的快速发展，律所兴起并伴随经济社会的发展而发展，这是“市场”带来的发展红利。2005 年前后，当市场竞争达到一定程度后，法律行业的规模化趋势初露端倪，部分律所通过规模化赢得竞争优势。炜衡赶上这两个“黄金时期”，并借势成长为一家拥有 40 家分所、上千名律师的规模大所。

如今法律服务市场竞争进入了新的阶段，炜衡提出专业化发展战略，抓住第三个发展黄金期，“让专业化能像丛生的森林一样在炜衡平台上建立起来”。

“现在连出租车司机在得知你是律师后，都会问一句，‘你是什么专业的律师’。”炜衡杭州分所主任杨文斌说。大众已逐渐意识到律师的专业分工，这也反映了当前的法律服务需求趋于多元化、复杂化，对律师的专业化程度提出了更高要求。另外，综合化的客户需求，要求律所能够覆盖不同的业务领域，并通过所内律师的协同合作共同服务客户。走专业化道路，既是律师自身发展的需要，也是规模大所取得竞争优势的必然途径。

分工专业化

早在 2007 年之前，炜衡便在所内倡导专业化，但囿于当时的业务体量与律所规模，专业分工难以有效落实。此后，炜衡持续吸纳人才并在国内外布局分所。规模扩张带来了品牌知名度的提升，多年的专业积淀促使炜衡在业务发展中不断开创新局面。至 2015 年前后，炜衡的业务总量已具有相当的规模。与此同时，随着律师人数增多，业务类型自然分化，不少领域涌现出优秀的专业人才，使律所的专业化建设举措“有基础”且“有人才”去落地。

2016 年，炜衡在总部常务委员会上提出以“纵向打造业务平台”为下一阶段的工作重点，确定将业务作为律所发展的根本。炜衡在全国多个城市布有分所，规模效应之下是充足的人才储备、充沛的市场信息及广泛的业务合作机会。“纵向打造业务平台”，即是以专业领域划分为“线”，将炜衡北京总所及各分所中对应专业的人才“串联”起来，组成“炜衡体系下的虚拟专业所”，实现专业能力整体化、业务信息集约化。

具体而言，炜衡发起倡议并提供资金支持，由在某一专业领域中已有建树的律师牵头组建专业委员会。“纵向打造业务平台”并非以炜衡北京总所为首，包括其在内的各地分所机会均等，只要是该领域专业实力过硬的律师，无论他在哪里执业，都有机会成为专业委员会的负责人。

“对专业委员会负责人而言，整个炜衡平台就是他施展才能的舞台，他将负责全所该专业领域中的各项事务，当然这也意味着更多的付出。”张小炜介绍，负责人需制订专业委员会的工作目标及规划，确立内部的合作模式、分配方式、业务指引，并负责开展专业培训、风险控制、案例研究等工作。在工作过程中，炜衡不会过多干涉，而是给予律师充分的自由度，因专业制宜，但会监督、考核其每年度的工作成果。

“通过专业化建设，大所能够实现跨区域的专业交流、经验分享，同时也能提高律师们的粘合度，这将成为规模所强有力的竞争优势。”杨文斌表示，炜衡的专业化建设可分为“引导”和“强制推行”两个阶段。目前炜衡并未强制推行，但经过多年的理念引导，全所的高级合伙人已达成“专业化是发展的必由之路”这一共识。在实践层面，炜衡现已成立 22 个专业委员会，目前绝大部分律师都已加入不同专业委员会，在一定程度上形成专业聚焦和分工。

通过纵向打造业务平台，炜衡也能够帮助青年律师解决入行和择业的问题。由于法学理论与法律实务之间的差异，绝大多数青年律师入行时都会经历“迷茫期”——不了解实务、缺少学习培训机会、不知道如何选择业务方向。律师事务所是青年律师从法学院毕业后的第二所“学校”，而炜衡的 22 个专业委员会就像学校里的“不同学院”向青年律师开放，执业在 5 年以下的青年律师可自由选择加入，结合自身喜好、专业特长等慢慢明确发展方向。

经过近五年的专业化建设，炜衡的“纵向打造业务平台”战略已取得一定的成效。对内，炜衡搭建起了同专业领域下信息交流、业务协作的沟通桥梁，同时也解决了律所规模扩大带来的利益冲突问题，此外通过专业交流及培训形成对青年律师的有力引导，并涌现出多个优势业务领域和领军律师。对外，炜衡在其优势业务领域中获得了更高的市场知名度，承接高端业务机会增加。近年来，通过全所的业绩共享与资源整合，炜衡在招投标项目中的中标率逐渐攀升。

业务综合化

炜衡现设有破产重组专业委员会、知识产权专业委员会、刑事业务专业委员会、金融证券专业委员会、高端争议解决专业委员会、房地产建设工程专业委员会、劳动法专业委员会、军民融合专业委员会、海事海商专业委员会、公司法专业委员会、环境资源专业委员会、政府法律服务专业委员会等 22 个专业委员会，覆盖多个专业法律服务领域，并能联动不同区域的专业律师，满足客户多元化、综合化的法律服务需求。

刑事辩护是炜衡的老牌优势业务领域之一，有诸多典型案例。例如，被中国法学会案例法学研究会及中国政法大学刑事辩护研究中心评选为“2017 年度十大无罪辩护经典案例”的丁小红诈骗案，该案由炜衡高级合伙人李肖霖代理，历经三年最终宣判无罪。炜衡的刑辩律师团队中不乏如李肖霖这样的专业领军人物，且团队中有相当一部分律师拥有多年公安机关、检察机关和人民法院的工作经验。

在破产重组领域，炜衡多次被《钱伯斯亚太指南》（Asia-Pacific Guide）和《亚洲法律事务》（ALB）评为该领域的“领先律师事务所”。2005 年，炜衡正式组建了破产重组业务部，团队内的 30 余名律师主攻破产业务。其后，炜衡成立了破产重组专业委员会，在全国范围内统筹破产业务的案件承办及质量把控。2018 年，炜衡北京以第四名的成绩入选北京高院管理人名册。在炜衡破产业务的战绩中，不乏入选最高人民法院“首批十大经典案例”的北京利达海洋生物馆有限公司“出售式重整”案、入选最高人民法院“第二批十大经典案例”的北京理工中兴科技股份有限公司“预重整”案等典型案例。

在知识产权领域，炜衡拥有一支经验丰富、多元化从业背景的律师团队，团队成员均毕业于国内外知名法学院校，其中不少律师具有法院、商标局、专利局、企业的工作经历。其中，炜衡多位律师曾上榜钱伯斯（Chambers and Partners）、《亚洲法律概况》（Asialaw Profiles）、The Legal 500 领先律师，炜衡知产团队亦获评 2017 年年度“中国知识产权诉讼代理机构 TOP 10”和“商标民事诉讼代理机构 TOP 10”。

提出“纵向打造专业平台”战略后，近年来，炜衡多个业务领域处于高速增长阶段，并开拓出新兴业务蓝海。长期以来，炜衡海事海商团队中多名律师均担任贸仲、海仲等国内专业海事仲裁委员会仲裁员并入选钱伯斯、The Legal 500。2019 年，炜衡海事海商专业委员会在炜衡宁波分所成立，以世界吞吐量最大的宁波舟山港口为启航地，整合全国各地的海事海商业务。同年，炜衡火灾爆炸与应急管理法律专业委员会在炜衡沈阳分所正式成立。这是一个相对小众的法律事务，国内应急管理法律市场尚属新兴领域，未来发展前景广阔。炜衡率先创建了火爆委，此举也标志着炜衡的专业化建设进入精细化的新阶段。

对炜衡而言，专业化建设不仅是提升律师个人的专业能力，更重要的是通过整合资源和团队建设，打造炜衡专业团队在细分市场中的影响力。“打造团队整体的战斗力尤为重要，在争取或承办业务的时候，炜衡律师不是一个人在‘战斗’，而是一个跨区域的专业团队共同出力。”张小炜说。每一支专业团队均形成了一家“炜衡体系下的虚拟专业所”，不同分所的律师都可在“虚拟专业所”的平台上，实现跨区域的信息集聚、资源整合，取得竞争优势。

人才培养，律师与平台相互成就

“律所里大大小小的事情都商量着来。”这一句话看似简单，实则坚持不易，但炜衡践行了很多年。一群人聚在一起把事情谈清楚、说明白，往往短则一下午长则几个整天，对于以时间为成本的律师行业来说，这是一个“低效率”的过程，但张小炜却认为这样值得。正是这样的商议模式，让炜衡人在充分的沟通乃至“争吵”中，建立起牢固的信任关系，维持了核心人员的稳定，成为炜衡在过往20余载披荆斩棘的力量来源。

一家律所想要在日渐激烈的市场竞争中存活下去并基业长青，关键在于“人”。留住人并不单靠创收这一项硬性的数字指标，很多时候还要看能否满足律师的精神需求。对于刚刚入行的青年律师而言，一位靠谱、专业的“领路人”很重要；对于有一定执业年限的律师而言，业务开拓能力及相关资源很重要；对于高级合伙人而言，业务量、创收额已不再是主要诉求，更注重自我价值在社会治理中的体现。

“律所管理层需要真正理解这个行业的底层逻辑——留在这个平台的这些人，他们发自内心的需求是什么。”律师和律所，通过双向选择，实现共荣共生。作为律所的掌舵者，如果只想通过管理律师，继而刺激其为律所创造价值，那么在供需市场必定会处于下风。炜衡的理念是，着力给律师打造一个“家”，并投入大量时间、人力、金钱建设“兄弟姐妹文化”，平衡不同层级律师的需求，在兼顾商业机构性质的同时，不忘律师职业的情怀与责任，让所有在职人员都感受到“人情味”。

“人情在，平台遇到风浪时，内部才能团结，共渡困境。随着炜衡的不断发展，面临的挑战会越来越多，只要我们初心不变，人的善良是可以推着这家律所继续朝前走的。”张小炜说。

1997年，炜衡面临严重的资金流转问题，但人心没有散，有这份凝聚力做支撑的炜衡也没有散。也正是这一年，张小炜提出“炜衡三气”，即不断钻研、学习、提高专业能力的“文化气”；一言既出驷马难追的“义气”；敢于担当、舍小我而成大局的“豪气”。后来，以“恻隐之心”“敬畏之心”“感恩之心”“赤子之心”为核心的“炜衡四心”也被提出，和“炜衡三气”一起成为律所文化中的关键词。

律所发展进入成熟期后，有效帮助文化理念落地的制度也相继出台。为了帮助合伙人一同对抗风险，炜衡将“互助”理念引入分配机制。炜衡会评估合伙人对律所的付出和贡献，将其折算为额外的点数。这部分点数不参与当年度分配，而是记作合伙人和律所之间的债权债务关系，当合伙人遇到难处时，可将这部分点数折现提取。通过这一机制，炜衡将原本没有制度支持的、不稳定的“情面式”关怀转变为有保障的财务互助制度。

为了凝聚全体炜衡人的共同力量，炜衡在分配机制中新增了一条——在炜衡工作 15 年以上的非合伙人律师以及行政人员，也能够通过申请并享有分配权。张小炜说，“炜衡应当给这些在炜衡一直奋斗的人给予高度肯定，不论收入高低、不论贡献大小，只以年限为标准”。通过这一制度，炜衡的每一位律师，乃至每一位行政人员都能有机会共享律所的发展成果。

在这样的文化建设下，优秀的人才自然会被吸引，人才梯队建设的目的就达到了一半。在杨文斌看来，人才、业务、文化三者之间相互促进，合理的人才梯队推动业务结构的优化，业务实力提升反哺律所品牌建设，品牌美誉度为律所延揽更多人才——文化建设最终会体现为律所的专业实力和人才吸引力。为此，炜衡为青年律师搭建了“炜衡学院—青年律师训练班—专业内训”三重培养体系。

2020 年年初，炜衡设立“炜衡学院”，邀请一批专精于某一业务领域的高级合伙人担任“轮值院长”，其当值月份即负责制定该领域的“课程表”，通过对每一专业领域的体系教学，帮助律师搭建科学全面的知识架构。“青年律师训练班”则是早在 2018 年启动的项目，目前已成功举办两期，学员都是从各地分所选派的优秀青年律师，平均每家分所仅有 1~2 位名额，通过集中式的综合培训帮助其更快速地成长。同年启动的还有“专业内训”，秉持开放、共享的理念，向全所律师开放，接下来炜衡还考虑通过直播平台向社会公众开放。

一家律所要发展，青年律师是其未来的人才储备。律所要建立内部培养体系，让青年律师能够通过合伙人们自上而下的传道授业，获得知识、经验及业务开拓能力，逐渐成长为中坚力量。对于执业 5 年以下的青年律师，炜衡不鼓励其去拓展案源，而是跟着带教律师打好专业基础，实力到位了，自然会获得市场认可。此外，青年律师如果发现了更合适自己的专业领域，炜衡也会放开限制，让其“转岗”。

成为律师生存与发展的最好平台，是炜衡的自我要求。张小炜阐释道：“炜衡不能直接给律师什么，但希望律师自身的价值能够通过炜衡来实现，希望律师在这个平台上高兴地、有尊严地、有希望地发展起来。”也因此，比起律师的创收能力、工作经验，“是否愿意和炜衡一起同甘共苦”才是其第一道人才选聘门槛。

在炜衡，执业 5 年以上、有一定的业务水平、能持续输出业务研究成果的律师，方可申请晋升为普通合伙人。业务水平、业务研究能力这两项指标，也是全体合伙人投票表决其能否晋升的核心考量要素。从普通合伙人晋升为高级合伙人，则既有创收指标，也有行业影响力要求，更有团队带教能力考核——这一项指标也彰显了炜衡对人才培养的重视。

值得一提的是，炜衡要求每名骨干律师必须带教新人 5 年。“老师一定要毫无保留地将自己所学教给学生。”在杨文斌看来，没有“带出徒弟，饿死师傅”，只有“带不好徒弟，累死师傅”。在某一涉及三项罪名的刑事案件中，其团队一名青年律师负责证据整理工作，按照证据类型做好分类。在青年律师眼中，做到这一步，工作就已经完成；但在资深刑辩律师看来，这还“不够完善”——按证据类型分类，是一种整理逻辑；按该案所涉罪名分类，又是另一套呈现方式。此时，杨文斌会启发青年律师思考是否还有 Plan B、Plan C。“想到所有可能性并做好充足准备，上庭时出现何种情况才能从容应对。”“授之以鱼不如授之以渔”，是杨文斌的带教理念，他认为这些“学生”已经在学校将理论知识学扎实了，他们需要的是“经验”。

在炜衡，高级合伙人以下的律师基本都是内生培养，原则上只引进高级合伙人。外部律师若想要加盟炜衡高级合伙人团队，通常需要具备 8 年以上执业经验、明确的专业方向、一定的业务拓展能力等硬性要求，并认同炜衡文化。候选人主动申请加盟或被邀请加盟时，炜衡会安排其在高级合伙人会议上做第一次述职，工作一段时间后根据实际情况再做一次述职，然后由全体高级合伙人全体投票，3/4 通过方能正式成为高级合伙人。

也就是说，无论资历深浅，都不可能在加入炜衡第一天即成为高级合伙人，需经过一段时间的考察期。也有候选人在考察期后申请失败，但这种“失败”反而让其更认同炜衡的专业性、严谨性，坚定了其加盟炜衡的决心。即使成为合伙人后，还有三到五年的“过渡期”，在此期间，合伙人可以选择退出并提走其该有的收益。高级合伙人团队的稳定于律所而言至关重要，炜衡的做法是，宁可慢，不可盲目。

外部律师在加盟炜衡前，如果已在其他律所担任合伙人，炜衡会给予合伙人本人人才引进奖励点数——将其担任合伙人的年限折算成可参与律所收益分配的点数。内部律师晋升为合伙人后，炜衡亦会从其加入炜衡时起算其年资并折算成点数。“虽然在律师助理、普通律师期间，并没有做相对应的贡献，但炜衡同样会把这部分年资计算进去。”张小炜说。炜衡对于人才的尊重与重视，是落在实处并始终坚持着的。

让所有炜衡人能够真正地分享律所发展成果，这是炜衡一直在践行的事情。有温度、有人情、有善意，炜衡正在打造一家不同于他所的平台。

结　语

“炜衡创办至今，我们走过的路、做成的事，是因为我们遵循了律师行业发展的基本规律，抓紧了律所发展的一些机遇，并顺势调整炜衡的战略，开拓适合炜衡的路径。”律师行业是典型的智慧密集型业态，因而在炜衡的平台上，没有所谓的权威，彼此平等，只要是“有利于团队、有利于业务发展、有利于品牌扩张”的建议，就是值得采纳并尝试的。

这一点亦体现在炜衡的 Logo 设计中。炜衡 Logo 的设计主体即为四个“人”，形寓意天圆地方、和谐平稳，神象征天人合一、取法自然，呈一派均衡之势。主色调选取中国红，远看似一团跳动的火焰，代表光明、激情与正义。法律以人为本，需人人维护，为此，炜衡格外注重专业严谨与团队协作。四个“人”字中间钻石型留空，也寄寓了炜衡希望在法律行业发展的历史长河中留下永恒印记的美好愿景。

心之所向，上下求索。二十六载征程已过，百年华章待续。

文康

和衷共济，吐故纳新，廿五风华向沧海

吴剑霞　宁思甜

初创时期三位创始合伙人合影

青岛阜康律师事务所正式开张

文康总部办公环境图

文康各地办公室组图

“青山绿树、碧海蓝天、不寒不暑、可舟可车、中国第一”，当年康有为先生两度游历青岛后，留下了20字评价。漫长的海岸线上云集过一批文坛大家，为这座城市注入自由新潮的思想，意欲改变法律行业的有识之士也骈兴错出。

在1995年的黄海之滨，3位不足30岁的年轻人初创了一家名为“文康”的律师事务所。

后来，文康聚集7位高考状元、5位北大法律系高才生，成为首批“全国优秀律师事务所”之一；在专业上做到拔尖水准，优秀人才趋之若鹜；25年的历史积淀中，自成一派谦和包容的律所文化。

从浅水湾到深水区，文康开辟出19年没有合伙人离开的“超稳定”局面，创造过全省创收第一的辉煌，亦曾内遇动荡、外临劲敌，如何内改制度、外拓版图，稳住航向、驶向深海？

三结义，“九头鸟”

一杯咖啡定终身

做律师，是张金海大学时期就已确定的职业理想。他认为，“随着改革开放的进一步加深，律师将会是一个刚需职业。不过，律师对综合能力要求很高，需要先了解社会与行业”。

张金海从中国人民大学毕业那年，是1989年。这年恰是中国律师制度恢复十周年，历经过特殊年份的动荡，少年的豪情壮志自在心头，只待良机。基于这份初心，张金海先在青岛国际经济贸易公司摸爬滚打了三年半，积淀了对外贸行业的了解，后才加入青岛国际商务律师事务所做专职律师。此时，青岛律师人数不足200人，大多律所的发展依赖于“灵魂人物”。

与张金海同年毕业的还有殷启峰、张志国。

作为全国首批14个国家级开发区之一，青岛开发区下设三个总公司，青岛开发区建设发展总公司（以下简称建总）是其一，负责承接开发区的基础建设。毕业于山东大学的殷启峰被分配到建总，无论是薪资待遇、社会地位还是发展前景来看，这都是一份极好的职业。从最开始的合同管理员、办公室秘书，到办公室副主任兼法律顾问，殷启峰只用了5年时间。

张志国从北京大学毕业时，恰逢中国国际经济贸易促进委员会青岛市分会到北大招人。在一批候选人当中，仅有两位通过终面，张志国是其一。在青岛贸促会法律部的两年，张志国按部就班地处理着原产地证和涉外法律服务咨询等事务，直到后来进入贸促会下设的外贸公司，才开始“如鱼得水”。

“合伙人间是平等、民主的，创始人不是一枝独秀，所有人都是大树，律所形成一片森林。”这是张金海心目中律所的样子。“我要在青岛创建一家合伙制律所，为律师提供最好的执业平台，为客户提供最专业的法律服务。”

做了一年多律师后，张金海感知到创办一家律所的时机已经成熟，他开始物色人选。

张金海与殷启峰原是高中同学。当殷启峰还在建总期间，建总旗下一家企业陷入纠纷，张金海是代理律师。因为这起案件，他们有了分别以委托方对接人、代理律师的身份一起合作的机会。当殷启峰看到张金海通过审判监督程序，有效维护了企业的合法权益时，他深切感受到了律师的价值。

在外贸公司的经历，夯实了张志国进出口方面的专业知识积累，为后续从事律师工作打下了很好的基础。与张金海相识后，张志国会时不时地给张金海的传呼机发消息，询问其做律师的情况。对于做律师这件事，张志国筹谋良久。

当张金海意气风发地与他俩谈起要创办一家律所时，殷启峰果断放弃仕途，回归本专业，张志国毅然离开公司，投身律师事业。

1994 年 11 月 24 日，是三人“一杯咖啡定终身”的日子。三人约在彼时青岛东部最高级的五星级酒店——青岛海天大酒店咖啡厅，在张金海的引荐下，张志国与殷启峰第一次见面。

“两个第一次见面的家伙尽管性格不同，但彼此印象颇为良好，当天就定了‘婚姻大事’。”

定专业化分工，设 50% 留存比例

“世平道治，民物阜康”，意为社会安定有序，百姓富足安康。新所名称取自于此，定为“阜康”。三人希望，阜康律师事务所能如当年胡雪岩的阜康钱庄一样，享誉大江南北，成为中国律师界的翘楚。后因不能与县级以上地名重复，于两年后去“阜”改“文”，定为“文康”（WINCON），意为合作制胜。

1995 年 3 月 29 日，青岛市司法局发文批准阜康等 5 家律师事务所成立并报山东省司法厅备案。此前，律所设立的批准权归属山东省司法厅，1995 年是市司法局具备批准权的第一年，但省司法厅仍然保留“备案权”，若备案不通过，律所依然无法成立。

在近一个月的等待后，4 月 22 日，阜康终于通过备案。当日下午，张金海、张志国就迫不及待地登上开往济南的“齐鲁号”火车，在第一时间拿到备案函，次日一早再返青。4 月 24 日是星期一，经过一番特意打扮的三人攥着备案函，来到位于青岛市司法局律管处换批准函。至此，阜康正式开张。

从建设公司出来的殷启峰负责房地产与建筑工程，从外贸公司出来的张志国负责海

商海事，当过两年律师的张金海则主要做“他俩不做的业务”，主要为商事诉讼。

这个专业分工的雏形，既是各自工作经验的自然选择，也是刻意为之的结果。在中国律师业蓬勃发展的初期，“万金油”律师包打天下，像阜康三位创始人这样确定术业有专攻的还不多见。殷启峰说：“律师精力是有限的，而客户需求是多元的，将客户需求按照专业分流给专业的人，更能服务好客户。”后来文康以专业赢得广泛赞誉，与文康初创即种下的基因分不开。

不过起初，没有做过律师的殷启峰、张志国心里都有些顾虑：自己办所能不能挣到钱？客户是否愿意把业务给我们？1994 年即创收 15 万元的张金海算了一笔账，只要创收超过 10 万元，律所就能活下去。

“50% 留存、50% 提成”，也是这个时候确定的，三人明确：只要有一个人挣到钱，就给每个人发工资。张金海解释，50% 留存体现的是合伙精神，50% 提成则保障多劳多得。

第一年，每月的人力成本控制在 3000 元，其中张金海、殷启峰、张志国三人工资定为 800 元 / 月，兼顾会计、出纳、文秘、后勤等工作的第一位员工苗增熙是 600 元 / 月。那时候，张金海每个月都会盯着律所账户中的数字，如果低于 3000 元心里就不踏实。

因为采取了“50% 留存比例”，文康从来没发生拖欠工资的事儿，倒是“拖欠”了合伙人的提成。“800 元的月工资从提成中优先支取，其他暂时留在律所账户上，以沉淀更多资金做公共建设。”殷启峰认为，这样做的好处是，使得律所有能力、有条件做长远的安排与规划。

创所当年，阜康创收即达到 50 万元，远超过最初测算的生存底线。下半年，文康从九个候选人中选聘了一位前台秘书，置办了办公桌椅、沙发之外的硬件设施，律所也有了第一部电脑、外线电话、传真机、复印机。在“大哥大”3 万元一部的 90 年代中期，这些都是高价的“稀罕物”。

“九头鸟”集合

1997 年 1 月 1 日，一年的初始之日，文康迎来了两位重量级人物的加入：原青岛海事法院法官孙芳龙，原山东省贸促会法律部部长兼山东捷世律师事务所主任李明均。

缘分起于一次庭前对垒。一年前，文康承接了一起无单放货案，张志国是被告代理人，李明均、孙芳龙分别是该案的原告代理人、主审法官。庭上，双方律师据理力争，法官不偏不倚，彰显专业水准；庭下，三位师出同门的师兄弟因这次“交手”加深了解，张志国更是动了延揽之心。

“海天三结义”后，文康有了三位合伙人，但要做青岛当地最优秀的律师事务所，人才队伍扩充是当务之急，孙芳龙、李明均是最合适不过的人选。他们一位是做了十余年的法官，司法经验丰富，且早在文康成立之前，张金海即有意邀其一起创建律所；一位在省贸促会任职，同时还兼任一家国办所主任，在业务、管理等方面功力深厚。

彼时恰逢省贸促会要从青岛搬至济南，李明均不愿换一座城市重新适应，孙芳龙亦觉得是时候出来了。文康抛出橄榄枝后，两位顺势辞去公职，文康核心团队“五指成拳”。李明均更是携团队成员一并加盟，迅速壮大了文康的人数规模。

次年 4 月，文康“请来六指”——原青岛市司法局副局长刘学政加盟文康。张金海主动让贤，合伙人推举刘学政担任文康第二任主任。刘学政其人，25 岁报考青岛市第一次公开招聘副局级干部时一举拔得头筹，后又曾牵头组建青岛仲裁委员会。辞职时正是职业上升期，前途一片大好，但却在众人的讶异中主动辞去副局级职务。

其间，文康还眼疾手快地“拉”了很多人，例如，在中国银行青岛市分行拿着高工资的孙德新，在山东省高级人民法院任职十年并被选派赴英留学的法官于泉，在青岛远洋船员学院任教的郭春风教授，在法院实习时被“偶遇”的于驰等。许多文康人都来自政府机构、司法机关、企事业单位，在原来岗位上成绩卓著，但选择律师职业后都认准文康并加入文康。

2001 年 1 月，孙德新成为合伙人；2002 年 10 月，于泉成为合伙人；2005 年 4 月，于驰成为合伙人。至此，“九头鸟”集合完毕。这九位高级合伙人均生于 20 世纪 60 年代，其中七位是当年本地区的高考状元，五名为北大法律系高才生。

初始团队用高学历和强能力，竖起了人才选聘的高门槛。在 2014 年之前，文康核心合伙人只进不出，曾多年从事司法行政管理工作的刘学政，在考察了北京、上海等地的律所后，以“超稳定”来描述文康团队。这群人水平相当、素养接近，愿意成就别人，同时也不甘落后。

在这样一批优秀人才的耕耘中，文康声誉日隆。2005 年，中华全国律师协会第一次组织全国范围内的“全国优秀律师事务所、全国优秀律师”评选活动，最后从 1 万多家律所中择优选出了 115 家。文康首批入选，是名副其实的“百里挑一”。

在渤海蓬莱 19-3 油田溢油事故中，文康从 49 家律所中脱颖而出，成功入选国家海洋局北海分局法律顾问团，协助该局依法向美国康菲石油（中国）有限公司索赔海洋生态损害，张志国更是被指定为两名出庭律师之一参与案件庭审。有意思的是，在这起案件结束后，文康又蒙昔日对手康菲石油之托，应对渤海湾沿岸渔民和社会公益组织对康菲石油提起的众多诉讼。在获得客户认可的同时，文康也获得了对手的认可。

在《钱伯斯亚太法律指南》上，除了“海商海事”领域之外，文康也是“公司 / 商事”领域的常客。在商事诉讼方面的多年积累，让文康能与国内一线律所同台竞争，甚至能战而胜之，“高通诉苹果等侵害发明专利权纠纷案”等系列案件就是例证。

人才济济的文康，无论是行业口碑、专业实力还是人均创收，都位列前茅。但是，危机也在悄悄潜伏。

起落："大合伙"，"中伦劫"

在文康的发展历史上，2011 年和 2014 年是两个重要的转折点。

2011 年，素有进人严苛之名的文康推出"大合伙制度"，吸纳了大批优秀人才为合伙人，并赋予普通合伙人投票权、分红权，为未来发展埋下希望的种子。但也因为决策的高度民主，使 2014 年就"是否加入中伦"这一议题的投票结果出现戏剧性转折。

于文康而言，是否扩容合伙人队伍是表象问题，更深层次的问题是——合伙人们尚未对律所未来的发展方向及模式达成共识，部分合伙人追求做大做强，部分合伙人倾向于做精品商务律所。这一根本问题的悬而未决，致使文康错失了很多发展机会。随后，以"超稳定"著称的文康，第一次遭遇严重的人才流失。

推出"大合伙"

如果说 1995~2005 年是文康的快速上升期，那 2005~2010 年就是"高原期"——创收总额、人员规模一路攀升，但是合伙人数量长期维持不变，这与律所发展规律严重不符。

1998 年之前，文康引进了三位合伙人，合伙人人数翻番；但 1998 年之后，进人越发严格，在 2010 年之前，外部只引进了于泉一位合伙人，内部只晋升了孙德新、于驰两位合伙人。外界甚至揣测，只有北大毕业的高考状元才能成为文康的合伙人。

律所初创时，为了保证合伙人层面的一致性，衍生出"一票否决制"。这项机制保证了初期引进人才的质量，但也削弱了人才延揽的力度与速度。虽然 2005 年废除了"一票否决权"，不过合伙人在实操层面还是保有这种心态。"我们希望能找到和九位高级合伙人都差不多的人，但这其实有点过于苛刻了。"

这种"苛刻"在 2010 年显露无遗。当年，有两位律师在各自领域的业绩表现相当出色，按照其他律所的标准，早已晋升为合伙人；但在文康，他俩能否入伙却产生了极大的争议。这次事件，促成了文康史上动作最大的合伙体制改革。

在 2011 年 3 月 19 日的全体合伙人会议上，文康宣布实行"大合伙制度"，新合伙人免费入伙，合伙人团队随即增至 25 位。在此之前，除 9 位高级合伙人之外的合伙人，有"合伙人"头衔却没有对等权益；大合伙制度之后，所有合伙人都享有决策权，管理团队由全体合伙人普选。借此契机，文康将最初的 9 位高级合伙人定义为原始合伙人，以肯定他们的贡献。

这项制度，开放了晋升通道，通过了民主票决制，解决了合伙人数量增长缓慢、原名义合伙人不具备投票权这两个沉疴旧疾，充分激发了年轻一代合伙人的积极性和创造性。2012~2014 年，文康全年创收连续 3 年在全省名列前茅，士气大增，行业认可度也逐年上升。

但新的问题随之而来：原来 9 位高级合伙人尚且不能很快达成一致意见，在人数扩增近 3 倍的全体合伙人会议上，管理团队甚至无法预测民主投票结果。典型如律所迁址事件。

在 25 年的发展历程中，文康有过 4 次迁址，分别是：1997 年从财政部干部休养院 1 号楼迁至齐鲁石化疗养院观海楼，1998 年迁至香港中路 6 号世界贸易中心，2003 年迁至香港中路 61 号阳光大厦，2014 年迁至香港中路 61 号甲远洋大厦。在决定第 4 次迁址的 2013 年，合伙人内部产生了重大分歧。

2003~2013 年，文康一直在阳光大厦办公。11 年来，位处城市中心的阳光大厦设施日渐老化，在周围新兴建筑映衬下已然略显寒酸，很多方面也已经跟不上文康对硬件的要求，是时候搬到新一代地标性建筑中了。但是，此事在全体合伙人大会表决时陷入僵局：先纠结搬迁一事属于需过半合伙人通过的一般议题，还是需 2/3 合伙人通过的重大议题；经表决明确是重大议题后，又迟迟无法达成多数一致意见。

两幢大厦同在香港中路 61 号，物理距离很近，但文康足足“走”了一年。绝对的民主，牺牲了决策效率。张金海等人开始思考，文康或许应该从绝对的民主走向民主集中制了，加快律所发展共识的形成。

但机制尚未改革、共识尚未达成之时，文康就收到了来自中伦律师事务所的加盟邀约。

经历“中伦劫”

2014 年前后，中伦计划布局青岛法律服务市场。经综合评估人员素质、创收规模、案件质量、风险控制等方面，中伦选中文康，意欲合并。当年大年初二，中伦管委会主任亲至青岛，与张金海、张志国、孙芳龙在丽晶大酒店洽谈合作事宜。

彼此，文康已有十位高级合伙人，对于是否加入中伦这件事，高伙层面形成了 5：5 的平局。持积极态度者认为，这是很好的升级律所平台的机会，站在一线律所的肩膀上可以看得更高、更远；持反对意见者认为，文康经过近 20 年的发展，口碑、业绩走在全省前列，不应该轻易放弃转而加盟还没有进入山东法律市场的中伦。

在 2011 年大合伙制度后，晋升了一批年轻的合伙人，相较于部分高伙的积极，他们更多是对未来的不确信：经过多年打拼才成为文康的合伙人，如果加入中伦，可能又要回归办案律师或者高级顾问的身份。

鉴于此，文康不得不放弃推动加盟中伦一事。“这件事再一次暴露文康在如何做、往哪儿去方面的理念还未达成一致。”

2014 年 7 月一个瓢泼大雨的日子，张金海、殷启峰、张志国突然接到孙芳龙的通知：“我要去建立中伦青岛分所了。”在外面的三人匆忙赶回律所，却久久没有说话。张志国打破沉默，“我们别无选择，我们就把文康做好！”

作为创始人，需要拿出坚定的态度，稳定初显动荡的队伍。三人在初次聚首决定共创文康的地点举办 20 周年纪念日——2014 年 11 月 24 日，三人把酒订盟约：清零前 20 年的成绩，再携手合作 10 年。

后来，如外界所知，“九头鸟”中四人相继离开文康：孙芳龙、于驰加盟中伦，刘学政加盟君合，李明均加盟众成清泰；张金海、殷启峰、张志国三位创始合伙人以及于泉、孙德新两位原始合伙人继续坚守在文康。

中伦事件，揭开了行业发展的动向：京沪律所纷纷下沉二三线城市，开始挤占当地本土律所的市场，尤其体现在人才竞争上。在此之前，文康是本土最好的平台之一；但是在京沪大所下沉二线城市之后，当地优秀人才可选的好平台越来越多。“原来人才都在门口排着，很优秀的人才有资格进得来；现在他们有了更多的选择和机会。”

2014 年，文康以 8600 万元的总创收在全省数一数二，但已经感知到危机的张志国，在次年年初的崂山全体合伙人会议上明确提出警示。“虽然我们过去和现在都做得不错，但同行都在一日千里，未来我们未必能保持全省前五。”

这并非空穴来风。一方面，是中伦事件“余震”未了，2015~2016 年仍陆续有人离开文康，其中不乏业务骨干，致使业绩排名出现下滑。另一方面，是文康久经共识不足、决策拖沓之苦，而这些问题尚未得到正视。而今，京沪律所纷纷入鲁抵青，省内大所积极合纵连横，对于文康而言，变则通，不变则壅。

新人至，故人归

祸兮福所倚。阵痛之后，文康有意识地加大人才延揽力度，推出“百万招贤基金”，引进了一批业内大咖。

中伦事件当年，前青岛中院法官史新立、前劳动人事争议调解仲裁委庭长张宁等资深法律人相继加盟文康。史新立此前在青岛中院担任多年执行法官的经历，让他在保全与执行、不良资产处置方面信手拈来。张宁先后在法院、人社局等政府机构工作 16 年，转行做律师后如鱼得水，成为劳动法律服务领域的领军人。

中伦事件之后，前海信科龙法总张建军、前青岛中院法官王洪海等也陆续加入文康。在“甲方”从事法律行业 20 年的张建军，深谙法律问题的多重属性及应对之道，助力文康的市场开拓。在王洪海 15 年的法官生涯中，其对文康律师的专业、敬业颇为欣赏，做律师之后先在其他律所工作了一段时间，受文康品牌和合作文化的吸引最终加盟文康。

他们一致认为，人才流失虽使文康经历一段周期的阵痛，但坚守的人更容易达成共识，从长远来看可能也是一件“好事情”。

与此同时，现文康高级合伙人田刘柱、陈洁等“旧人”亦相继归来。

田刘柱曾于 1999 年加入文康，后因个人原因于 2003 年离开；时隔十二年，“在去中伦的路上拐了个弯儿”。2014 年年底，中伦青岛分所也曾向田刘柱发出邀请，但面对文康的召唤，为了一份文康情结，其选择了回归文康。于是，发生了很有意思的一幕：在 2015 年年初的崂山全体合伙人会议上，一位是已经出走的孙芳龙，另一位是即将回来的田刘柱，两人同时参会。

文康对于工科出身的陈洁而言有不同的意义。2005 年，陈洁所在律所被合并，于是他来“进人最严”的文康试试，看看走专业道路的律师是否有生存空间。所幸，专业立所的文康选择了他。2015 年年底，为感恩文康人在自己家庭变故时的鼎力援手，以及到一线“红圈”所看看的心愿，陈洁加盟以孙芳龙和部分文康人为主创建的中伦青岛分所；还是因为感恩和对文康的眷恋，其又在三年后回归文康，把自己的所见所思所想与文康人一起分享。

人来人往中，是文康对离开的人的尊重，对曾经离开过的人的信任，对外部新进贤才的兼容胸怀。

新人至，故人归，文康人的情谊不变。

破局：团队制，战略委

“文康走过的每一道沟、每一道坎都有其道理，不走过这些沟沟坎坎，恐怕也不会围绕发展达成共识，不会有后来对管理机制、决策机制、发展战略的调整。”谈及中伦事件，张志国如是说。

在做专业律师这件事上，文康人的追求是一致的；但在律所发展方向、发展模式、发展路径等方面却始终议而不决，很长一段时间无法形成合力。经过此“劫”，文康更加渴求发展，也下定决心要进行制度优化和战略升级。

2016 年年底，文康做了两次重大改革：推行团队制，改选管理团队。

推行团队制，设定标准线

张金海笃定，团队制是做大做强的必由之路。

在此之前，文康施行的是“双市场制”，律师区分为案源（效益）律师、办案律师。在文康，有一大批没有市场开发任务但精于业务的办案律师，每位办案律师都有一到两个比较擅长的专业领域。为了激励不同团队律师之间的合作，文康形成了所内、所外两个市场的业务合作模式和与之相配套的独特分配制度。

张金海介绍，“办案律师以案源律师为客户，为案源律师服务，案源律师给办案律师计时、发工资。在2016年以前，我们基本就是这种模式”。自2011年起，文康通过运行《计时工作规范》《合作办案指引》等工作制度，实现了各个团队专业律师的有效融合，积累了打通办案环节、跨专业部门合作的经验。

办案律师主要采用计时薪的方式，案源律师及合伙人主要适用提成制。于是，每个季度，有些办案律师可能会从十余位业务牵头人那里获取报酬，有些业务牵头人可能要向超过20位同事发放办案报酬；有些揽案与办案兼顾的律师，则可能因为承揽到案源并参与办案而同时获得提成收入与办案报酬。

经过几次调整，提成比例从最初的50%进阶到后来的“累进制”，当创收超过500万元时，累计后的提成比例也达到很高的数值。张金海发现，随着合伙人的年创收从最初的50万元、200万元一路猛增到千万，原来的提成制走到了“死胡同”。“哪怕创收1500万，相较于500万创收，给律所的贡献只增加了几万，但是占用的公共成本可能远不止于此，这也变相侵占了业务量少的合伙人的权益。”

这就是要施行团队制的原因。此外，随着律所规模增加，不施行团队制，也很难进行核算。

在团队制下，律所层面会设定一条创收标准线，并明确公共运营成本的分摊原则。但创收不是唯一目标，文康的制度设计会充分体现合伙精神，同时也将合伙人责任圈定在有限范围内，在保障合伙人权益的前提下鼓励奉献，如是，律所才能可持续发展。通过在律所和律师之间搭建“团队”这个层级，文康赋予团队更多的发展自由：想要“做大做强”的团队，可以增加进人数量；想要“小而美”的团队，也能在文康有一席之地。

其实早在2014年，张志国就已在青岛西海岸办公室进行团队制试验。彼时的西海岸刚刚被国务院批准成为第九个国家级新区，政府机关、国有企业资源丰富。

2013年，一声震耳欲聋的爆炸声，引发了举国关注的“11·22”中石化东黄输油管道泄漏爆炸事件。张志国随即带着团队驻扎当地，为政府提供法律服务支持。在服务的过程中，张志国意识到，“西海岸未来或许就是上海浦东”。

于是，他说服合伙人在青岛西海岸开设分所，并出任分所主任，尝试团队制的运营模式：不设提成的案源律师，明确所有案源都是律所案源，团队成员发放工资并辅之以奖金。“从董事长到业务经办人，都需要集团队之力去维系，通过整合团队资源拿业务，并依托团队力量把业务做好。我希望，有一天我离开西海岸办公室的时候，带不走一个客户，带不走一项业务。”

到2016年，西海岸办公室的业务已经风生水起，很多当地政府部门、品牌公司都成了文康客户，业务收费在西海岸律所中名列第一。但是当年年底，张志国被急召回总部。

改选管理团队，创设战略委

在 2011 年之前，经内部推选，文康九位原始合伙人中有六位相继做过主任，分别是张金海、刘学政、殷启峰、孙芳龙、张志国、李明均；2011 年文康推出“大合伙制度”，张金海再度出任主任，并成功连任两届。两任届满时，张金海在谋划一件事：“我要把做大做强的代表人物——张志国推上来。”

三人中，张金海是“指导员”，循循善诱；殷启峰是“诗人”，善于谋划；张志国是“工人”，敢闯敢冲。他一向认为，“规模是保证专业化的基础，规模是团队作业的依托，规模是重要的竞争手段。”

2006 年，张志国曾当选为文康主任，在其任期内，文康创收从 1000 多万元增至 3000 多万元，人员翻番；后在青岛西海岸办公室的尝试上，取得良好成绩；从海商海事到日韩业务，再到政府法律服务，在专业领域上完成两次果断转向。是以，张金海力主张志国出任文康主任。

2017 年，张志国再度当选为主任后，提出 16 个字的工作目标：“凝聚共识、提振心气、准确定位、加速发展。”

“如果意识问题不解决，行动不可能跟得上，方向不可能走得对。过往几年文康之所以出现业绩徘徊、人员流失、决策效率低下，就是因为缺乏共识。”当年，文康围绕“凝聚共识”开展了每月一期的系列发展论坛，谋求合伙人层面的共识。

“凝聚共识、提振心气”的同时，是“准确定位、加速发展”。张志国认为，决策机制的调整势在必行。在 2015 年的崂山会议上，全体合伙人就引进新合伙人事宜进行表决，但有些管委会特别看好的人才最终却未能通过票决。当天，张金海、张志国急忙赶回青岛做安抚工作。

“管理团队在外面费尽心力延揽了人才，回到所内却无法落实，工作结果缺乏可预见性，内部损耗极大。”这次事件让文康更加深刻地认识到，不同阶段的合伙人，其关注点是不一样的。

鉴于此，文康又做了一件事：决策权“上收”至高级合伙人，普通合伙人仅保留管理团队选举权、基本经济制度制定权。“这两项事务一定要体现和尊重全体合伙人的意愿，至于其他一些具体事务，就交给高级合伙人决策，让普通合伙人安心做业务、带团队、拓市场。”此举之后，普伙、高伙各司其职，文康的决策效率、执行效率明显上升。

2017 年，文康创收破亿，跨入“亿元俱乐部”。2018 年，文康继续“强化共识”，为加强合伙人建设，创设合伙人会议主席一职，以应对律所发展面临的新挑战。首任合伙人会议主席由张金海担任。此时，因晋升机制严苛，文康的高级合伙人团队仅有 12 人。

一边是高伙团队急需扩容，一边是好不容易提升的决策效率，如何平衡？为了解决这个问题，2019 年年初，文康成立了由 7 人组成的战略发展委员会，并吸纳非原始合伙人加入:5 位原始合伙人 +2 位资深管委会成员。至此，文康终于形成“全体合伙人会议—高级合伙人会议—战略发展委员会”三级决策机制，决策权范围逐级增加。

2019 年 12 月 6 日，又是三年换届时。通过无记名投票，张志国连任新一届管委会主任，田刘柱、高良臣、王群、周青林、李涛、柴恩旺担任管委会成员；殷启峰担任新一届监事会主席，张宁、张建军、王洪海、史新立担任监事会成员。

在管委会、监事会成员中，有加盟文康不久的外部大咖，有新晋成为文康高伙的青年力量，但这并不妨碍他们在文康挣得身份认同与上升机会。废除僵化制度后的文康，焕发出新的生命力。

过往三年来，文康人员数量增长 75%，业务创收金额翻番，连续在《钱伯斯亚太法律指南》“公司 / 商事：东部沿海（山东）”和“海商海事：中国北部”两大领域获得推荐，揽获 2019 年汤森路透 ALB“中国法律大奖”，上榜《商法》“2019 年度卓越律所大奖”，律所品牌知名度和行业影响力进一步扩大。

继“中国政府与康菲石油海洋污染索赔案件”被《商法》评为“2012 年度杰出交易大奖”后，文康再次以“92MW 东营光伏示范项目台风受损理赔案”获评“2019 年度杰出交易大奖”。该案中，山东东营市某光伏项目在台风过后严重受损，日损失发电量 97% 以上，文康代表光伏发电企业向保险公司索赔。最终，光伏发电企业最终获赔 1.29 亿元，堪称国内光伏行业史上最大的保险赔款。

沉浮 25 载，文康如今的优势不但在于实务上的积累和见解，还更多地体现在市场洞察与预判上。在优势业务继续强化的同时，文康先后成立证券业务部、劳动法部、刑事业务部等新部门，在外商投资、破产重组、银行与金融等领域积累优势，在婚姻家事及财富传承、医疗、移民等领域深耕拓展。如今的文康，业务领域数量已突破 20 余个，能为各行各业的客户提供全方位、“一站式”的法律服务。

升级：拓版图，向沧海

济南、北京，是 2020 年文康国内布局的两大战略重地。

济南，是山东的省会城市，其政商资源、覆盖能力不在青岛之下，文康也早在 2006 年即布点济南。但是，此前文康仅将济南办公室当成在省会城市的“办事处”“联络点”，并未充分挖掘当地市场，虽是第一家分所，发展却未达到预期。

“济南办公室必须拼一把！”2017 年，文康提出“青岛—济南”双核心的概念，意欲把济南办公室打造成和青岛总部相当的体量。为此，近年来文康在区域经济发展调研、重点领域协同开发、人才引进基金调配、专业人员业务支持等方面围绕济南核心集全所之力开展工作。2019 年，济南办公室乔迁至当地最好的写字楼，升级硬件，以备应战。

北京，全国首都，历来的“兵家必争之地”。“发展北京，是我们获得可持续发展新动能的必由之路。在京沪大所下沉二线城市的背景下，作为二线城市的区域强所，我们必须完成一线城市的战略布局，否则落实全国布局、强化跨境业务等就无从谈起。”

但是，地方律所进京有两大难题：人才延揽、市场拓展。在大所云集的北京，地方律所的北京分所几无优势；参与企业招投标时，落款盖章若是“山东文康（北京）律师事务所”，会让客户心生犹疑。

是以，虽然早有这个设想，但始终未做决断。直到中伦事件后，四位原始合伙人相继离开文康，解弦更张的内部整饬凝聚了共识，显著回升的业绩表现也增强了信心，此时，张志国提出启动北京战略，当即获得了 12 位高级合伙人一致的赞同。

在总结了许多失败案例的前车之鉴后，文康并未以直接设立直营办公室的方式进京，而是采取“文康—君益诚联盟”的方式“曲线救国”。

北京君益诚律师事务所是一家有着 10 余年历史的律所，长期为境内外客户提供涉澳涉外法律服务，在澳大利亚悉尼、墨尔本与阿德莱德设有办事处。“文康—君益诚律师联盟”由文康、君益诚共同搭建，主要由文康团队负责一体化运作，在发展规划、人员选聘、业务操作、费用开支等方面集中管理和资源共享。

其中，澳洲业务是其优势板块，不但可以为客户提供移民方面的服务，还可以提供在澳洲投资方面的支持。目前，联盟已与中国澳大利亚商会（China-Australia Chamber of Commerce, Beijing）达成战略合作，也与“澳、新、美、加”及“一带一路”周边沿线国家或地区的法律服务机构建立了紧密的合作关系。

京城米贵，居大不易。因而，自 2018 年下半年开始，张志国大概有一半的时间“泡”在北京。经过一年多的酝酿，现在已初具规模。“2020 年，人才队伍方面要实现倍增，执业律师达到 50 人规模。在未来合适的时机，希望文康、君益诚可以合并成为一家律所，保留文康品牌，并依托北京在全国重点城市进行布局。”

过去三年，文康下沉基层，省内扩能，省内办公室增加至六个，青岛总部办公室从一层扩展到近三层，济宁办公室是最“年轻”的区域办公室；同时北京办公室开始发力，位于国贸 CBD 泰康金融大厦三十六层的办公室扩租升级。

国际开拓方面，文康—君益诚律师联盟悉尼办公室已随澳中基金迁入新址，同时在韩国首尔、美国华盛顿两座城市设立联络点。在“一带一路”大潮之下，文康人也在中南半岛留下足迹，并将持续关注越南、柬埔寨、马来西亚等市场。

这些变化，体现了文康战略升级后的成效，也显露了文康突围省域、剑指全国、开辟国际市场的野心。

结　语

三观相近、理念趋同的一群人，在文康一待就是 10 年、20 年；张金海、殷启峰、张志国三人更是一起合作了 25 年。数千个日夜间，文康人一起追求专业方面的尽善尽美，立志成为法律行业的专业标准制定者；秉持执业严谨性，坚守正向职业观，让律师因为专业而受到尊重。

在这里，专业有深度，管理有温度，无论是职场新人还是合伙人，每个人都有因能力、贡献而出彩的机会，即使是行政人员也能被接纳为合伙人，即便已经退休也能从律所按月领取退休津贴。

凝聚力不散，合力开创文康的廿五芳华。

25 年前，文康专业至上、合作制胜，创所当年创收即超过 50 万，后“五指成拳”“请来六指”，一时风光无两。

15 年前，文康群贤毕至，少长咸集，非最优秀者不纳，一路高歌猛进，入选首批百家“全国优秀律师事务所”之一。

10 年前，文康放开合伙人晋升通道，一批青年才俊登上合伙人舞台，开始代际传承的布局。

5 年前，文康内遇大批人才流失，外临京沪律所下沉，痛定思痛，改僵化制度，拓地理版图。

“吾志所向，一往无前，愈挫愈勇，再接再厉。”在经历泛民主、中伦事件等曲折后，文康革故鼎新、势头强劲，文康人心气高涨、达成共识，确定了未来五年发展规划：在文康 30 年时（2025 年），文康要发展成为中国知名千人大所，完成国内中心城市和东亚、东南亚、澳大利亚战略布局。

二十五载，皆为序；百年华章，正待书。巨轮的螺旋桨已经加速启动，正在往大海更广阔处驶去。

阳光时代

先行者的探索，行业律所的守望与未来

毛姗姗　陈琼青　吴梦奇

阳光时代合伙人早期合影

1995 年嘉兴二期英国考察

杭州办公室

阳光时代 2019 集训营

近年来，“行业律师”的概念正在被越来越多的律所和律师接受，行业化标签更利于律师在日益激烈的竞争中脱颖而出。

事实上，早在25年前，有一家律所自成立起就以跟随行业发展为己任，探索出了一条培养行家型律师，成为行业顶尖律所的道路，它是阳光时代。

阳光时代总部虽在浙江，但在各类大型项目竞标时却总能看到它中标的消息。自2013年起，它常年位居《钱伯斯亚太指南》能源、环境、公司商事（东部沿海）三大业务领域的Band 1，总是与史密夫斐尔、[①]高伟绅[②]此类国际律所或金杜、中伦、君合等红圈律所同台竞技。曾经在项目竞标时，不少北京、上海的律师同行看到“阳光时代”，都会惊讶一家来自浙江的律所居然也能拿到大项目。而今，但凡在能源、环境和基础设施领域，阳光时代始终是让同行尊敬的对手，让客户信服的伙伴。

阳光时代成立于1995年，从电力行业法律服务起家。2005年，创始人陈臻确定“专注于能源、环境、基础设施领域的行业律所”为其战略定位，并贯彻执行至今。时至今日，阳光时代已成为在北上广三大一线城市设有分所的“百人亿元”所。

二十五载春秋，阳光时代如何能够在业内独树一帜，在业务竞争中匹敌红圈？在浪潮迭起的时代，这家老牌精品所如何完成代际传承，新一代管理者又如何在与规模大所的竞争中屹立不倒？

聚焦行业：能源环境领域的先行者

成为律师，创办律所，对于陈臻而言或许是个偶然，但是将阳光时代定位为一家聚焦能源、环境与基础设施领域的行业律所却是深思熟虑后的战略考量。

受命创所，聚焦电力

20世纪90年代初，随着国民经济的高速发展，国内电力需求持续高增长，缺电情况严重。为此国家陆续出台了一系列利用外资办电的政策，逐步扩大利用外资的规模和形式，既解决我国电力发展的资金缺口，同时也能引进先进的管理和技术经验。嘉兴二期4×600MW燃煤火电机组项目就在这样的时代背景下应运而生，作为当时国内最大的引进外资办电的项目，浙江省电力工业局奉命组建谈判小组，开始了与英国国家电力

① 史密夫斐尔国际律师事务所（Herbert Smith Freehills LLP）是一家总部位于英国伦敦的跨国律师事务所。前身史密夫律师事务所（Herbert Smith）于1882年由Norman Herbert Smith在英国伦敦成立，并于2012年10月1日与澳大利亚律师事务所Freehills合并。

② 高伟绅律师事务所(Clifford Chance LLP)是一家总部位于英国伦敦的国际律师事务所，是五大“魔圈所”之一。

公司的马拉松谈判。

作为国家恢复高考后第一批跨入大学的佼佼者，当时的陈臻是浙江省电力局最年轻的处级干部。受益于电力工程、经济学与法律的复合型专业背景，陈臻从一开始就被推到谈判的前线。持续数年的艰苦谈判，让陈臻不但管窥了当时国际最前沿的大型基础设施 BOT、项目融资的交易结构和实践运用，更充分见识了外方及其聘请的国际顶级律所严谨专业、一丝不苟的工作风格。项目中有一位美国律师，29 年只钻研电站项目的购售电合同，蜚声全球。成为这样的行家型律师的梦想似乎就在潜移默化中在陈臻脑海中播下了种子。

没想到，梦想转变为现实来得那么快。1993 年在一次省长带队的赴英国考察谈判后，局领导找到陈臻："为加快项目谈判进程，英国人要求中方必须聘请律师。可你知道，国内懂工程、懂电力，又懂国际惯例的律师上哪里找啊？要不我们自己搞一个律所吧！你有律师资格，这个任务就交给你了。"

就这样，经过一年多的筹备，1995 年 2 月 8 日，"阳光时代"正式挂牌成立。"起名'阳光'，寓意着永恒的能源。后来到全国统一核定律所名称的时候，发现叫'阳光'的律所还有几家，于是我想到了时代周刊，就加了'时代'两个字。'办一家电力专业所、与国际接轨。'这是当时电力局领导送我下海时说的一句话。在那个年代，我算是'被下海'。"陈臻回忆起筹建律所的时候，局里的领导发现办所就需要陈臻完全脱钩体制，当时给陈臻打电话，"你可想好了，出去可就回不来了。要么算了，留下来，局里照样用你。但浙江省电力局毕竟是浙江省第一大企业，将来要用的律师一定是浙江省最好的律师"。

"那我就努力把阳光所做成浙江省最好的律所吧。"陈臻在电话里忐忑地说。

此后，陈臻带着"阳光"一个猛子扎进了法律服务的浪潮之中。律所创办的前 8 年，陈臻一直是"拼命三郎"的代言人，就像所有创业的年轻人那样，每天电话不停，围着项目连轴转。"那时还没有很好的互联网条件，整天在客户那里，陪着客户一起解决问题。在所里的时候，从来都是晚上最晚一个离开办公室。"

浙江省首个国际融资项目嘉兴二期、首个中美合作 BOT 项目温州二期、首个世界银行贷款的北仑二期项目，浙江火电首个"走出去"项目——印度 Vemagiri 燃机 EPC 总承包项目……1995~2000 年，短短五年，律所便承接了多个在行业内具有较大影响力的项目，"阳光所"开始在电力行业客户圈内小有名气。

"聚焦电力项目"，是被陈臻刻进骨子里的信念，即便是在律所最难的时候，陈臻也始终没有动摇。

1999 年，国家宏观经济调控，收紧了对投资电源项目的审批。此后中国电力三年不开工新项目，使阳光时代不少正在服务的项目停摆。但即使发不出工资，也没让陈臻改变初心。有人给陈臻介绍一个收费 70 万元的涉外离婚案，陈臻想了半天还是推辞了："对不起，离婚案我们不做。"

3年没有新项目，怎么办？陈臻做了两件现在回想起来特别难得的事：(1) 维护好老客户，自己不拿分红报酬，保障律师的收入基本不受影响；(2) 组织所内的律师一起学习，苦练内功。有些律师被送到客户项目现场去接受培训，有些由律所安排出国留学。当时的陈臻已40多岁，自己带头学习，还高分拿下了证券律师从业资格，转向为电力行业的上市公司或能源投资集团服务。

功夫不负有心人，因为阳光时代对专业和品质的坚持，它被浙江省电力局的上级单位，即当时的国家电力公司注意到了，邀请陈臻到北京为他们提供法律服务。以此为契机，2004年，北京办事处应运而生，也即北京办公室的前身。走向北京，这也意味着阳光时代不再仅是一家浙江的地方所。

定位能源与环境，确立“三化”战略

“所谓定位：就是令你的企业和产品与众不同，形成核心竞争力，对受众而言，即鲜明地建立品牌。”——美国著名营销专家艾·里斯

“坦率地说，阳光时代的前十年，谈不上律所的科学管理，首要任务是把自己和助理培养成专业的律师。”自2005年开始，陈臻才开始系统性地思考律所的定位、品牌、组织与管理——如何打造一个有生命力的律所品牌，如何让人在组织里更充分地发展，如何形成差异化的核心竞争力？这些问题开始摆在陈臻的面前。

2005年，陈臻明确了律所的愿景——致力于成为能源、环境领域最懂行的律所。同时，确立“专业化定位、团队化运作、公司化管理”的“三化”发展战略。

专业化不难理解，深耕行业能够为客户提供更具可行性的解决方案而非仅提示法律风险。值得一提的是阳光时代的“团队化”，它与当时律师行业流行的“一个合伙人带几个律师”的“团队制”并不等同。在陈臻眼中，多个不同业务领域的合伙人能精诚合作、优势互补，服务于同一个大客户，才可称为真正的“团队化”。本质上，“团队化”是从客户需求出发的律所专业资源的最佳配置实现方式。

保障律所资源的高效配置，克服“合伙制”下对长期战略投资的不足，“律所应该像一家公司那样运营”。这是陈臻对“公司化”律所最朴素的认知，“我们的客户都是大中型企业组织，其中不乏世界500强、境内外上市公司，他们早已建立起现代企业制度、拥有先进的管理理念和制度体系，如果律所没有规划、没有战略、没有管理，怎么去取得客户的信任？”

五年一跨越，规划与执行

清晰的愿景与“三化”发展路线，引领阳光时代进入快速成长期。在这期间，阳光

时代推行了一系列有效的尝试。

第一，全国一线城市布局。2007 年 1 月，设立北京分所；2012 年 7 月，设立上海分所；2015 年 9 月，设立广州分所。现任阳光管委会委员，广州办公室执行主任张建来就是那时携家带口从北京到了广州，开始了一段从律师到合伙人蜕变的创业历程；由此，阳光时代完成了以杭州为总部，京沪粤各办公室三足鼎立的全国化布局。

第二，规划先导，执行落地。阳光时代每 5 年设定一个发展规划，“125 规划”（2010~2015 年）确立了业务拓展、区域布局、品牌国际化等三个维度的发展升级路线。这期间，阳光时代成立了 ERE（环境、资源、能源）事业发展研究中心，成为国内首家设立行业智库的律所，同时全面拓展煤电油气核、水土气固废行业法律服务。其间，大量的业务研发课题承接，为后五年的业务爆发打下基础。

“135 规划（2016~2020 年）”，明确了“一体两翼；三强攻、三深挖；四地协同”的发展路线。5 年来，阳光时代的能源领域的优势业务继续保持领先与平稳增长，环境及基础设施领域的新兴业务实现快速成长，品牌影响力获得进一步提升，年年获得各大国际荣誉奖项。

第三，推行事业部，培养行家型律师。陈臻把自己多年服务行业客户的一套心法总结成一套事业部的打法，紧扣行业痛点、难点和热点，深耕行业、细作专业，以行家型律师的独特优势牢牢占领客户的心智，成为行业客户的首选律所之一。

同时，陈臻把更多精力放在合伙人队伍的建设以及律所主任继任者的培养上，为律所的长远发展和品牌沉淀打下更坚实的基础。

业务发展：研发在前，品质为王

长久以来，阳光时代在业务质量上有口皆碑。但凡涉足一个领域，阳光时代都有备而来。对于有潜力的相关领域，提前布局，对于有成长性的业务，坚持深耕。啃得了难啃的骨头，耐得住难耐的寂寞，只要是正确的方向，阳光时代不会轻言放弃。

小小阳光时代，大大环保梦

环境业务的发展就是最好的例证。早在 2005 年，阳光时代就开始为 CDM（清洁发展机制）提供法律服务，这是全国最早涉足该领域的律所。碳交易作为应对气候变化法律服务项下的其中一个分支，既是阳光时代在履行社会责任，亦是环保业务的前奏。

2010 年后，随着《京都议定书》中规定的期限将近，原 CDM 业务萎缩，国内的碳市场开始起步，阳光时代便顺势切入。2012 年，阳光时代逐步开始加码环保领域法律的研究。2013 年，陈臻在全国律协发起碧水蓝天法律保障倡议，当年律所年会，陈臻身着绿衣上台演讲，令所有合伙人耳目一新。

环境业务在当时并不被大家看好，其原因在于整体市场的规模体量尚小，客户要么没有付费的意愿、要么没有付费的能力。但陈臻并不这样认为，“法律服务同样应当在‘绿水青山就是金山银山’中有所作为”。

陈臻开始带领一个小团队进行环境领域的艰难突破，先从相关课题研究和立法咨询入手，不断摸索和寻找业务机会。这期间，阳光时代积极参与水、大气、土壤、固废、噪声、辐射等的污染防治立法与标准，以及建设项目环评、环境责任保险、环境信息公开、生态保护红线、生态保护补偿等方面的政策制定和立法后评估等工作；在浙江省开展的“五水共治”活动中，陈臻律师带领的阳光律师志愿团走遍了浙江省的 11 个地市。同时，开始招聘环境法领域的法律和技术人才，并从国际律所引进环境律师，为业务的发展做好人才储备。

2015 年 1 月 1 日，随着新修订的《环境保护法》实施，公益诉讼、按日计罚等法律制度生效，环境法律服务开始出现爆发式增长。阳光时代于 2015 年 8 月正式成立了环境资源业务部，这也是中国鲜有的将环境资源业务单独设一个部门的律所。

2016 年，中央对于环境治理更加重视，企业对于环境合规业务的需求日渐加大，环境公益诉讼逐渐增加，环保业务迎来高速发展期。而阳光时代此刻早已做好了准备。

目前，阳光时代已经拥有一支分别于杭州、北京、上海、广州四地近 20 人的环境法业务团队。北京办公室的环境法博士，合伙人文黎照与杭州、广州、上海的合伙人及小伙伴们一起，在水、大气、土壤、固废、噪声、辐射等领域的污染法律风险及防范，排污许可、环境行政处罚听证、复议及诉讼、环境尽调、环境治理或修复工程、环境侵权纠纷、环境公益诉讼等方面积累了越来越丰富的经验。

目前，环境业务已经占到阳光时代业务总量的 1/5。并且，正形成蓬勃发展之态势。

“一带一路”，保驾护航

在能源与环境领域，客户国际化的程度越来越高。一方面，中国企业“走出去”，业务全球化，能源企业往往是走出去的排头兵；另一方面，大型国企开始对标世界一流企业，他们的理念、格局、管理、业务都逐步国际化。阳光时代在 20 世纪末就开始紧跟中国企业“走出去”的步伐，为其赴海外投资、收购和建设、运营大型能源和基础设施项日保驾护航。

国际业务部负责人、上海办公室执行主任朱宏文已经是阳光时代的“老人”，在阳光时代工作近 20 年的她，对于国际业务轻车熟路。

随着我国“一带一路”倡议的提出，中国企业走出去明显增多，律师在项目中的参与也越来越深入。目前，阳光时代服务中国企业走出去的项目已遍布全球 60 多个国家，与诸多大型国企和上市公司建立了长期的海外业务合作，上海电力股份有限公司亦是其中之一。

2013 年，在大连夏季达沃斯论坛上，上海电力及其所属的中国电力投资集团与马耳他能源部达成了在马耳他能源领域开展“一揽子”合作的备忘录，以改善马耳他国家的电源结构，提升电网运行效率，并共同在欧洲开展可再生能源投资；经过半年时间紧锣密鼓地推进，双方在 2014 年 3 月达成框架合作协议，锁定合作内容为上海电力海外平台收购参股马耳他能源公司，收购控股马耳他最大电厂——D3 电厂并将其重油机组改建为天然气发电机组，合资成立国际可再生能源发展有限公司及国际能源服务中心，未来从马耳他本岛走向欧洲大陆和地中海沿岸其他国家。

朱宏文团队全程参与了该项目的服务，在 2014 年半年多的时间里 5 次奔赴马耳他参加与马耳他能源部和马耳他能源公司的项目谈判，协助客户将绘制的合作蓝图逐步实现。该能源投资项目在马耳他引起各方重大关注，涉及与政府和传统国有能源企业的合作以及社会公共利益，包括并购、绿地投资、并购融资、项目融资、EPC 总承包、海外投资保险等多方面的法律业务，涉及马耳他能源公司改制和项目交易约 60 份法律文件，并跨越内地、香港地区、马耳他和英格兰等不同国家和地区。

朱宏文团队牵头香港地区和马耳他的合作律所，在紧张的时间期限内配合客户完成了项目在中国和马耳他较复杂的审批程序，解决了交易中多方面复杂的问题，实现了项目在 2014 年年底顺利交割、落地，并在此后一直持续为项目实施提供法律支持。该项目合作实施后，成功改善了马耳他的能源结构和供应，被马耳他总理誉为“马中经贸合作双赢的典范”，还入选联合国开发计划署、国务院国有资产监督管理委员会研究中心、商务部国际贸易经济合作研究院联合发布的《2017 中国企业海外可持续发展报告》，作为中国企业“走出去”契合联合国 2030 年可持续发展议程目标、“确保人人获得负担得起的、可靠的和可持续的现代能源”的经典范例。看到曾经服务的项目达到预期，实现双赢，创造良好的社会价值，项目团队深感欣慰。

当然，在阳光时代的国际业务发展史上，诸如此类的标志性案例还有很多，在这些案例中，阳光时代国际业务团队努力展现了丰富的专业经验、独特的行业优势和快速反应、追求卓越的服务品质。

2016 年加入阳光时代的申嵩，现为北京国际业务部的负责人，在此之前他曾任职于国际大所和中国海洋石油总公司，对于能源类的国际项目经验丰富。加入阳光所 5 年，申律师专注于境外能源项目的投资，在阳光这个平台实现了执业生涯的跨越。

申嵩至今对一个能源投资案例印象深刻。客户为一家中央企业，需要对一个境外大型火电项目进行尽职调查，金额涉及 20 亿美元。客户最初选择了一家国际知名律所。项目合同结构复杂，涉及项目特许协议、购电协议、土地协议、燃料供应协议、燃料运输协议、主权担保、融资协议等。客户要求律师在短时间内理清各项目协议具体条款之间的相互关联关系。但是，国际律所的服务迟迟不能满足工作要求，客户临时更换律所，向数家国内领先的律所询价。

在结果出来时，申嵩接到客户的电话，“我们已经找错过一次（律所），不能再次找错，这个项目不容有失，虽然你们的报价高出其他所 30%，但考虑到阳光团队对跨境能源项目的深刻理解，最终还是选择了你们”。

最后，阳光时代不负所望，国际业务团队较短时间内完成对项目协议的分析，形成近 200 页的详尽意见，清晰地理清了各项目协议间的复杂关联关系，分析意见获得客户的认可。项目的顺利推进让参与项目的所有律师都感受到专业的荣誉感。

国际能源投资项目的周期一般较长，短则三五年，长则十年，律师们与商务、技术、财税、工程、运维各专业人员组成一体化的团队，律师们既要有审慎专业的工作，又要有同作战、共荣辱的担当，只有这样才能协助客户实现项目落地。当看到一个个造福当地民生的能源项目开花结果，这是阳光国际业务团队最大的成就和荣耀。

行家型律师：解决方案的提供者

“行家型”律师的概念，虽然到 2017 年才正式提出，但是早在十几年前，阳光时代就开始了“懂行律师”的选拔和培养。在阳光时代发展的初期就提出了打造 4 个“四分之一”（即 1/4 法律背景、1/4 工科背景、1/4 财经背景、1/4 国际背景）业务团队的目标。

“行家型律师指的是特定行业领域 + 特定的法学门类，这个概念实质要求律师从只关注自己的‘专业’转向关注客户的‘需求’。行家型律师，要求对行业发展趋势有敏锐的洞察力和机会意识，甚至要了解这个行业的‘八卦’。”董储幸——阳光时代综合能源事业部负责人——作为主攻气候变化与节能环保的律师代表之一解释道。

并非所有律师都有机会成为“行家型”律师，这既看个人意愿，亦看其综合能力。一般而言，成为行家型律师的前提是，在专业领域已经深耕 7~8 年，拥有挑战自我的勇气，勇于跳出舒适区；对行业研究有持续的热忱，能长期跟进行业动态，掌握市场方向；坚持团队合作同时乐于分享、善于引导。当然，最终的落脚点是能够给予客户综合性的解决方案。

陈臻本人即是典型的行家型律师，对行业的多个领域从立法到技术经济背景了如指掌。“事业部机制和行家型律师培养，意思就是要引导有志于成为行家的律师先要对客户的事业发展感兴趣，才能把法律知识应用到刀口上。不能只做一名法律搬运工，就法律谈法律。”陈臻说。

2017 年，陈臻开始谋划设立以行业为单元的事业部，架构阳光时代的业务矩阵。从行业研究入手的事业部与为客户解决法律问题的业务部门形成了所内纵横交叉的两条线，以培养出一批真正懂行业的专业律师。

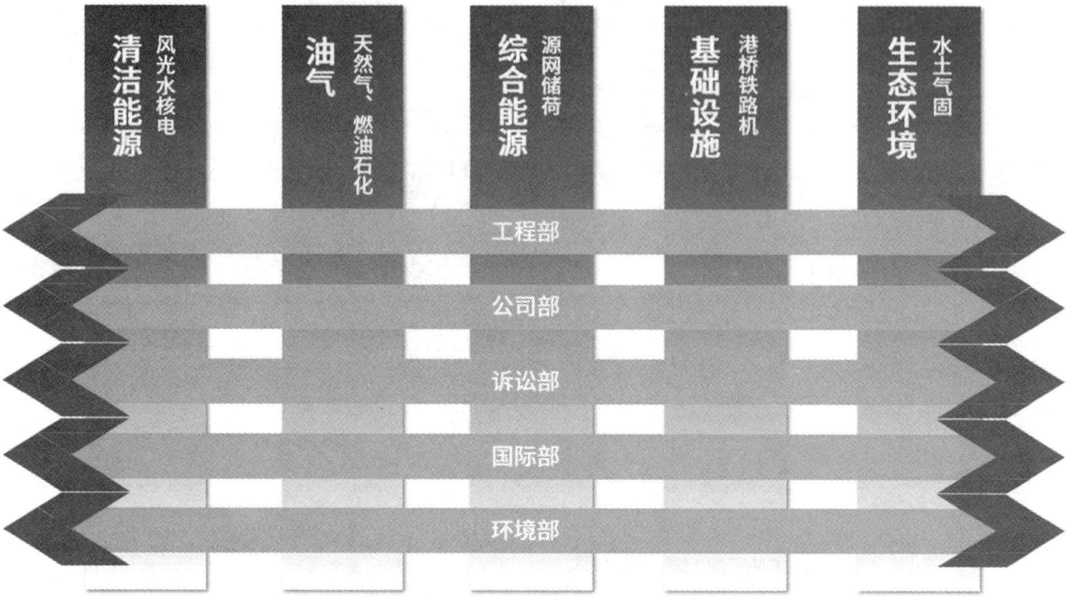

阳光时代事业部和业务部架构

阳光时代的事业部坚持做四件事：一是政策研究，包括参与法律法规、行业政策、行业报告、战略课题的研究；二是平台渠道，包括由自身主导的市场活动，亦包含参与其他机构、协会的合作活动；三是目标企业跟踪，主要跟踪业内的头部企业、上市公司，研究其发展战略、技术背景、商业模式；四是市场培育，包括发表文章、学术营销、客户培训等。

3 年以来，在事业部的引领下，一大批年轻的行家型律师正在涌现。

曾在国家电监会华东监管局、国家能源局华东监管局任职 8 年的葛志坚于 2014 年加入阳光时代。此前，在与阳光时代合作的过程中，这家律所对电力行业的深度理解，早已给他留下了深刻印象。

葛志坚认为电力行业的难点本质上在于对事实问题的理解。律师听到客户陈述一个事实，若没有深入了解该行业，很容易产生偏差。例如，企业要收购一个光伏电站，请律师起草合同，一般律师都会起草一个股权转让协议，但是对于电力行业有深入了解的律师，第一反应会是“新能源项目并网前股权限转、国补不确定性”等一系列行业特有的项目风险以及如何在股转协议中加以规避的方案。

目前，在阳光时代，清洁能源所涵盖的业务已经占到能源业务的1/2，清洁能源亦被视为是未来发展的方向。2015年，中国政府在巴黎气候峰会上对世界承诺，到2030年，中国非化石能源占一次能源消费比重达到20%左右。“这几年风电光伏等可再生能源发展很快，但是依然有一定的缺口。”葛志坚说。

作为清洁能源事业部负责人，葛志坚对于该领域的未来发展充满信心。事业部提供了业务研究和开发的先导，本质上是律所的资源投入和对于业务的长期布局。这也有利于律师发展为“法律＋行业”的行家型律师。

2017年，结束11年能源企业法务经理任职生涯的陈新松加盟阳光时代，现为油气事业部负责人。

在陈新松看来，油气领域是一个相对封闭的行业，近年来随着市场的逐渐开放，才由原先国有为主演变为如今国有、民营、外资“三足鼎立”的格局，因而诞生了不同主体间的法律问题，提供了法律服务市场空间。

油气事业部是阳光时代组建的第一个事业部，目前服务于国内五大天然气企业中的四家，并为BP、壳牌、中石油、中石化、中海油等业内知名大型企业提供法律服务。此外，油气事业部自组建以来便不断输出相关的学术成果，以每年一本的速度连续出版《天然气行业法律实务》，并长期运营着聚焦天然气领域法律政策的公众号“天然气与法律”，粉丝数量超过4万人，在业内拥有相当大的影响力。

油气事业部的核心竞争力在于其团队对于行业政策有深刻理解，能够在行业与法律之间寻求平衡点，从而为客户找到解决问题的方法路径。在其承办的山东省首个天然气分布式能源项目中，客户因自建管道，被当地企业以特许经营权侵权为由告上法庭。短短两天时间，阳光时代便从对方特许经营权合同中发现了问题，利用掌握到的行业改革信息，提出了让法官信服的观点，驳回了对方的起诉。最终这一项目顺利投产，全国人大环资委主任还曾专门前往视察。

随着油气行业的进一步开放，争议解决无疑会更多、更频繁地出现，围绕安全事故的处理善后工作、新经济成分主体的参与、行业内部的集中整合也将为律师提供越来越多样的发展机会。2020年上半年，油气事业部便承接了大量并购业务。在这一趋势下，油气事业部也会着重培养具备坚实法律专业功底、了解行业政策制度、洞悉行业宏观趋势与典型企业发展战略的“行家型律师”，继续保持阳光时代在这一领域的竞争优势。

管理模式：为客户创造价值的同时成就个人

战略定位清晰，只是成功律所的必要前提之一，“入局早”亦只有起点优势。这一起点优势，尚不足以让阳光时代始终位列行业前茅。

阳光时代拥有如今的行业地位与其始终坚持公司化管理密不可分。“小胜靠人才、大胜靠平台。科学有效的管理能够最大限度地释放生产力、激发人的动力，也是让律所这个平台更加强大，对内赋能员工、对外创造客户价值的关键。”阳光时代现任主任陆利忠认为，“律所管理模式没有标准范式，也没有绝对的孰优孰劣，适合自己的才是最好的。阳光时代始终坚持的公司化管理，毫无疑问是市场选择、客户认可的结果。”

作为一家深耕行业的精品律所，需求端是大客户、大项目，因此“大兵团、多兵种”的作战模式非常常见；而供给端，在规模不具优势的情况下，只有采用公司化管理方式，将律所资源有效整合、精准投放，如此才能“集中优势兵力、打赢歼灭战”，赢得客户的尊重。

以满足客户需求为导向的管理架构

在2005年明确提出“公司化管理”口号之前，阳光时代其实已经开始在这方面的探索。“2000年前后，国内律所的管理普遍比较粗放，提成制还是主流，鲜有公司制律所。我们在国内找不到对标借鉴的对象，所以就向国际同行学习。”因此最早的律所制度，诸如工作小时登记、项目管理指南、律师能级制度等，均由陈臻借鉴国外同行的经验结合事务所实际情况，一字一句亲笔写成，严谨程度堪比撰写法律文件。陈臻认为，律所管理的关键在于合伙人队伍的建设，“火车跑得快，全靠车头带。但随着律所规模的扩张，金字塔结构不再适应行业发展，传统的蒸汽火车要变成动车组，每一个合伙人都要自带动力系统”。

阳光时代实行“加考核的Lockstep模式”：每年通过对创收业绩、业务质量、品牌贡献、团队培养和价值观的综合考核来保障合伙人之间的相对合理公平分配，既激发了合伙人的发展动力，亦促进了合伙人间的紧密合作。

对于业务管理，出身工科背景的陈臻2002年花了10万元引进了在工程项目管理中应用十分普遍的项目管理工具。这是一套帮助人们快速锁定目标、打破内部组织藩篱、提高项目作业效率的有效工具。

“在阳光所，每一份与客户签订的法律服务合同，无论是提供常年服务，还是跨境并购，抑或是一个诉讼案件，我们都称之为一个‘项目’。每一个项目都是独一无二的，团队来自不同的业务部门甚至不同办公室。客户总是希望律所提供的服务‘多快好省’，而律所的资源在任何时候都是有限的，如何运用项目管理的工具方法去平衡相互冲突的要求，这就成了项目管理的精髓。”陆利忠介绍说，“阳光时代每年都会对中级以上律师开展项目管理的培训，让他们不但成为优秀的律师，还要成为合格的项目经理”。

环境资源能源研究中心（简称ERE中心）是阳光时代业务体系中的一大特色，作为阳光时代研究体系的核心与“大脑”，ERE 中心不仅负责研发前瞻性产品，还负责驱动所内“行家型”律师不断深入行业学习、互动，了解企业需求，研判市场趋势。

为了保证业务质量，阳光时代所内有各项保障措施。从制度和工作流程上保证每一个程序的规范操作，遵守《项目管理指南》，要求出具法律文件必须经多级审核，主管律师和团队负责人均缴纳质量保证金。所内还专门设有业务指导委员会，每月定期会抽查项目，指导项目的质量把控和提升律师工作质量。

目前，阳光时代又在重点进行业务结构的进一步改革，打造“业务前台、数据中台、管理后台”的新模式。“业务前台”以面向清洁能源、油气、综合能源、基础设施、生态环境行业的五大事业部及项目服务团队组成，发掘潜在机会，规划服务方案；“数据中台”以法律业务产品为核心，通过大数据和 IT 工具打造知识共享平台；管理后台则由运营团队组成，为所有“业务舰队”打造坚强的“海港基地”。

全周期的人才培养

“律所是专业服务机构，其管理的出发点与最终落点应当是在成就客户的同时成就个人。走进阳光，就是一粒种子成长为一棵大树的过程。”陈臻这样说。

在人才待遇方面，作为能源环境领域数一数二强所的阳光时代毫不吝啬，“在阳光时代，关于人才引进和建设的事，被列为‘一号工程’，没有预算限制”。陆利忠说。针对律师成长的规律，从新人入职第一天，直到晋升为权益合伙人，阳光时代设计了丰富全面的培养课程，用“全周期的人才培养”概括再合适不过。

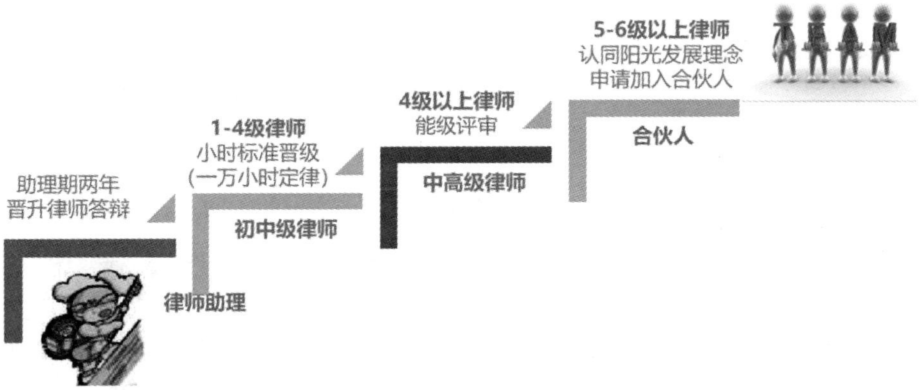

阳光时代人才晋升通道

2002 年，阳光时代第一次开始了对新人的系统性、封闭式培训，为期两周。培训由陈臻亲自担纲、策划和组织。自那年起，阳光时代每年都会对当年录用的新人进行集中培训，其中诞生了不少如今的骨干力量，因而也被戏称为“黄埔第 N 期”。2019 年，阳光时代又将这种培训升级为“新人集训营”。3 月，阳光时代在杭州集中各地办公室的新人，围绕律师的“听、说、读、写”四重能力、阳光价值观、“12 字执业理念”进行了三天三夜的集中培训。最有意思的是集训营的最后一天——直接把这批新人拉到一家核电站，让他们现场搜集资料、出具服务建议书并进行现场展示，由客户直接对其评述，完成了从演练到“实战”的衔接。

现阳光时代管委会委员、杭州办公室公司与投融资业务负责人周安杰是 2019 年这期集训营的“营长”。2009 年加盟的他，对阳光时代“沉浸式”的内部培训方式体会良多：“单纯听讲或阅读材料的吸收效率可能只有 5%~15%，实战后可能会提到 60%。但阳光时代按学习、实战、再交流、输出的理念来设计培训课程，吸收率可能进一步能达到 80~90%。”

“走进阳光”只是第一步。针对新人、项目主管、合伙人这三个群体，阳光时代每年会进行三批集中培训：323 新人集训、978 主管培训、929 合伙人培训。每个群体对应课程各有不同，以《阳光律师培训大纲》为指引，阳光时代为所内律师提供了从“律界新人”到合伙人的全周期培训。

律所层面的培训外，阳光时代也采用“师徒带教”的形式来实现“点对点”的因材施教。相比行业内其他“师徒制”，阳光时代的师徒双方可以“双向选择”，也可以动态调整，“师傅”可以挑选“徒弟”，“徒弟”也可以选择“师傅”。阳光时代还会通过一系列仪式感强化这重关系：师徒双方会经历一次“拜师仪式”，徒弟给师傅敬茶，师傅则赠予徒弟《弟子规》，再交换礼物。

此外，“是否带出合格的徒弟”是阳光时代晋升合伙人的门槛之一。这不仅敦促师傅更尽心尽力地带教，也推动“师徒”的形式更加成熟，完成相互促进的良性循环。

依托这一系列培养手段，阳光时代律师团队正变得越来越“年轻化”，超过 75% 的律师都是“80 后”、“90 后”甚至是“95 后”，其中数名“80 后”已加入合伙人团队——21 世纪第三个十年的开篇，一个更新锐、更蓬勃、更有力量的阳光时代正冉冉升起。

律所未来：传承与创新

2015 年，正值阳光时代 20 周年，陈臻 58 周岁。那时候她突然顿悟，如果此刻自己还躬身一线，大事小事一把抓，并不意味着自己有多强大，反而会成为律所的发展危机。然而，陈臻当时尚未想好推荐谁担任未来阳光时代的掌舵人。

事实上，对于接班人的选任，陈臻很早就开始观察。什么样的人适合接班？作为一家定位鲜明的行业律所，规模甚至创收并非陈臻最看重的，追求品质和专业，成为经久不衰的百年老店才是阳光时代所求。

作为阳光时代“黄埔一期”学员，陆利忠在阳光时代完成了从律师助理—律师—合伙人—管理合伙人的每一步成长，亦是“师徒制”下陈臻的弟子。在专业能力上，陆律师颇受客户认可，早在2014年，就荣膺“ALB客户最青睐的20位中国顶级律师”，并连续多年名列钱伯斯“能源与矿产资源领域领先律师”等榜单。但是律所继任者，仅有业务能力远远不够。

“阳光时代的主任必须是有公心、不计较个人利益的人。”陈臻说，核心要害就在于价值观是否真的专业至上而不是利益至上，对于阳光的文化是否有足够的认同，并愿意为此付出，传承其理念，弘扬其价值。现任阳光时代管理合伙人、主任陆利忠正是如此。

有件事让陈臻印象深刻。几年前，陆利忠正在服务的一个客户涉及一系列重大争议，律师费预计将超过千万。而当时所内正在发展争议解决部门，为了支持新设业务部门的发展，陆利忠二话没说，便将该客户的所有诉讼业务全部移交了出去。

正是这样一件事，让陈臻看到了陆利忠的品性，“陆律师学习能力很强，业务有水平，思考有深度，有格局、有公心”，陈臻说。

除了优秀的业务能力和大公无私的奉献精神，陆利忠还拥有管理学硕士背景。在陈臻眼里，一名优秀的律所管理者，仅仅懂法律是不够的，只有“管理＋法律”的双重能力，才是能担起律所“领头羊”的职责。

“律师界要鼓励律师懂管理专业，只懂法律的人往往不合适做管理。”陈臻说。

2017年，在担任上海分所首任执行主任期满之后，陈臻认为时机已到，陆利忠顺利接班。为交棒更为顺利，陈臻设定了一个3年“陪跑期”，“陪跑的过程，主要是拾遗补漏”，陈臻说。

经过近3年时间的磨合，阳光时代已构建了合伙人会议充分酝酿讨论、权益合伙人对重大事项表决、主任领导的管委会负责落实执行、首席合伙人主持的监督考核小组负责监督的“议、决、执、监”的闭环治理架构。

“目前陈臻和陆利忠的搭配，既保证了律所战略与管理的一致性和平稳过渡，又各有侧重和分工，非常有利于律所的长远发展。”阳光时代高级顾问许向民说。

许向民曾任英国石油公司（BP）全球化工业务及BP中国法律总监，之前在多家知名国际律所执业并曾在高伟绅律所香港办公室担任合伙人，具有30多年的执业经验。20年前，他和陈臻在嘉兴二期项目的谈判桌上相识，从对手到合作伙伴，双方在律所管理的理念上总有一致的想法。

2017年，许向民受陈臻邀请担任阳光时代的高级顾问，为律所进一步国际化、人才发展以及管理战略提供支持。

在许向民看来，作为“二代”继任者并不容易。在阳光时代，所有人喊陈臻“头儿”，她从来都是个带兵打仗的领队，与将士们一块儿开疆拓土。她亦被称为“永远最年轻的人”，始终保持旺盛的学习精力，不断学习新事物。“头儿”在阳光人心中，上抓宏观战略，中抓制度落地，下能亲自码字写文本，还能无微不至照顾到所内每个人。很多人评价她，“臻”

字，人如其名，追求完美，亦确实能够做到完美。强大的领导者能让人心定亦让人产生依赖。

“管理者的使命是让这个组织永远保持活力，这很不容易。”陆利忠说，“作为继任者，需要将阳光的文化和价值观得以传承，但更重要的是随着时代的发展，不断变革创新，注入新的内容”。

结　语

2020 年这个难忘的春节过后，陈臻在合伙人网络会议上说，“律所未来的发展模式应该是数智化生存的模式”。

“数智律所”不仅是将律所原来的知识管理系统升级，进一步提高律师的服务效率和律所管理效率，更是由于法律科技的应用，促使人的观念革命，从信息不对称上解放出来，让法律服务传统手艺跟上互联网时代的发展，让客户利益实现最大化。

陈臻笑着说，“数智律所”是我们希望三年后实现的梦想，现在还刚开个头。但律所内部的人都知道，凡是“头儿”想落地的事儿，还从来没有什么落不成的。

在过往的 25 年中，阳光时代通过自己的战略选择和战略定力，开创了一条深耕行业，为能源与环境行业贡献智慧，成为一家高品质行业律所的道路。在中国 3 万多家律所中，阳光时代独一无二，特色鲜明。它遵循长期主义，在人才培养上舍得投入；它敢于在看准市场的情况下提前布局，放弃短期收益；它重视管理科学，培养律师的工作习惯，提高律所运行效率；它不断学习，致力于为客户实现商业利益最大化、法律风险最小化，始终坚持“快速反应、审慎尽责、团队合作”12 字的核心价值观，以专业实力赢得客户尊重。

而这，也是作为一家致力于行业发展的律所，面对日益激烈的市场竞争所践行的应对之道。

他们深知，守望者，唯有与客户相互成就，才有百年未来。

海南昌宇

做自贸港时代下的领先律所

蔡　凡　宁思甜　金玥瑶

昌宇律师事务所前台

2018 年，昌宇加盟 EGLA

昌宇律师事务所办公环境

昌宇律师合影

海南，中国最年轻的省份。这座南国边陲的岛屿1988年才建省，“风从开放来，潮起天之涯”。与当地的炽热温度相映衬的是一批批“闯海人”的建设热情。人才涌入，也给海南的律师行业带来了蓬勃生机。24年前，在这片还处于建设开发初期的土地上，海南昌宇律师事务所成立，其创始人便是建省时期的一批“闯海人”。

24年来，在如火如荼的地方建设大潮中，昌宇深入服务了海南区域经济社会发展。紧握时代赋予的发展机会，昌宇稳步壮大，不断超越创新，开创了海南省律师行业的诸多“第一”及“唯一”，现已成为海南省规模第一、创收最高、资产最大、综合实力领先的区域大所。

如今海南从一个充满原生态气息的岛屿建设成为国际旅游岛，2018年，海南经济特区建立30周年，自贸港建设的规划被提出，海南又一次迎来历史性的发展机遇，成为京沪大所抢滩布局的重点。改革与创新，追逐与超越，海南的律师行业风起云涌。昌宇始终以开放的心态迎接竞争和新挑战，于新的时代大势中深刻思索，确立了清晰的战略目标——“成为与海南自贸港相匹配的国际化一流律所”，这是昌宇的使命与担当。迈向更久远的征途，昌宇满怀信心，向着目标不断进发。

不断创新，区域领先

20世纪80年代，“海南建省办特区，政策比深圳更开放”的消息传开，随即在全国范围内掀起一股“海南热”，来自各地超过10万名人才，满怀梦想和热情投身于海南的开发建设。一批批敢试敢闯敢拼搏的“闯海人”的到来唤醒了这片南海之滨。

1988年，海南建省这一年，20出头的王航兵从北京大学法律系毕业，在当时海南建设热潮的感召下，他来到海南，进入省高级人民法院就职。5年后，有感于法院的工作对自己所学知识发挥有限，为了追求更大的发展空间，他离开法院，选择做一名律师。1996年7月，作为改革创新高地的海南率先颁布了《海南经济特区律师执业条例》，为了建设一家制度更开放、经营更自主的律所，这年10月，王航兵创办了海南昌华律师事务所。

昌华创立之初，海南省已有律所数十家，律师人数近500名，囿于海南本身的法律服务市场总量并不大，20世纪90年代当地的律师行业即处于激烈的竞争状态中。压力之下，更有动力，凭借着竭心尽力为客户服务的专业精神，树立行业口碑，逐步扩大业务量，昌华渡过早期的“求生存”阶段，并曾一度将律所人数扩大至10余人，这在当时律所规模普遍仅为个位数的海南律师行业中位居前列，昌华也成为海南拥有较高知名度的律所。2001年，昌华正式更名为海南昌宇律师事务所，意为“法律之昌明，广袤寰宇”。

2002年，海南省司法厅与律师协会倡导海南律师走“规模化、专业化、品牌化”发展道路，并出台了一项影响深远的政策：拥有超过10名执业律师的律所将由省司法厅直属管理，其余律所交由所在市县管理。能否被省厅直属管理，成为当时评判律所实力的一个直观标准，各律所都力争成为“省直所”，昌宇亦是如此。

当时与昌宇在同一栋大楼办公的还有海南国泰民安律师事务所。一日，王航兵与时任国泰民安主任姚宣东在电梯里相遇，“前些日子省厅发布的文件看了吗？”“看了，你怎么想？”“咱要不合了吧。”就这样，在一段看似平常的对话之后，昌宇与国泰民安一拍即合，于2003年完成合并，执业律师人数达到14人，并成为当时海南全省仅有的17家省直属律师事务所之一。“合并对昌宇的人才吸引、品牌塑造和市场宣传等带来了明显优势和内在价值。就此，昌宇也更加明确了要走规模化的发展道路。”王航兵说。

“合并后的昌宇规模壮大，综合性优势显现。而当时尚属稀有的‘省直所’形象亦有利于昌宇在行业中增强竞争优势。”现昌宇律师事务所高级合伙人、副主任姚宣东补充道。比王航兵年长10岁的姚宣东是“更早一批的法律人”，20世纪80年代初期即在江西省执业并任副处级司法检查员，后在“下海南”的热潮中投身海南建设，他还曾参与发起成立海南省律师协会并出任副秘书长。

第一次合并成功后的昌宇，两年后即迎来了与晋天元律师事务所的第二次合并。时任晋天元主任的李永涛计划着购置原租用的别墅办公区以求长远发展，但因所内意见不一而暂停。这一时期，昌宇迁址不久，办公环境与设备均升级迭代，但律所的管理运营成本却有所下降，合并效应凸显。另外，此时晋天元律师人数9人因未超过10人而被卡在“省直所”的门外，李永涛正筹谋着进一步扩张律所规模。“与昌宇合并，似乎是一个最佳选择。”

仅仅用了一天时间，双方便谈妥了合并的具体事宜。2005年，昌宇与晋天元顺利合并，合并后律师人数达到25人，当即成为海南省规模前列的律所。此后，昌宇持续吸引律师人才加入，扩大律所规模，次年昌宇律师人数突破30人，成为行业内数一数二的大所。

经由两次合并，规模壮大后的昌宇也因此获得承办大型项目的业务机会。2006年，昌宇受法院指定参与海南5家信托投资公司的破产清算项目，涉案金额超200亿元。2007年，香港骏豪集团与海南省政府达成协议，拟开发海口观澜湖项目，这一项目投资额超百亿元，时间跨度十余年，曾一度引起海内外媒体的关注，而昌宇从一开始便全程参与其中。“这两个重大项目是昌宇规模化发展后最直接的业绩体现，此后在大型项目的招投标中昌宇亦独具规模优势。”现昌宇律师事务所执行主任李永涛说。

而在规模扩张之外，昌宇也在主动寻求更本质的、更内在的变化。“当时我们几位合伙人多次开会并达成共识，如果律所的管理体制上没有升级，昌宇就与其他律所没有本质差别，而没有本质差别就无法超越他人。”

2008年，被视为昌宇发展历程中具有重大意义的一个年份。这一年，昌宇经过充分详尽的调研，学习国内外优秀律所的先进经验，并立足于海南当地的律师行业特点，全面修订并创立了律所现行的各项管理制度。

由这些成文制度确立的规范化管理，促使昌宇驶入发展快车道。而其中最为重要的一项制度是——设立律所发展基金，即从律所全部营业收入中提留4%~6%作为公共开支，且上不封顶。这一比例在行业内并不算低，但昌宇已践行多年，坚持至今已然形成了相当可观的公共积累。

“律所发展，必须以分配制度为中心，科学合理地制定律所各项管理制度，其中最核心的就是律所的公共积累制度。”王航兵说。设立发展基金，要求事务所从律师费中强行保留一部分注入资金池，这要在高自由度的律师群体中得以落实并非易事，而在律师行业发展相对落后的海南，昌宇的这一做法更是独具开创性，“这在海南律师行业中是绝无仅有的”。

设立公共发展基金，在昌宇后来的发展过程中至少发挥了两大关键性作用。其一，律师需按个人资源占用情况分担对应的运营成本，即律所向律师收取的管理费用，当管理费用不足以覆盖实际的律所运营成本时，发展基金可以先行垫付，“有些执业不久的年轻律师收入并不高，成本负担可能不利于其成长。那么，昌宇允许他缓交管理成本，减轻他当下的执业压力，同时律所有发展基金作为资金补给，整体的运营水平也不会因此下降”。王航兵解释道。如此，一流的律所平台加上人性化的成本调节机制，构为昌宇对人才的吸引力之一，也增强了队伍的稳定性，促使其持续做大规模。

其二，为事务所更进一步的发展，如买楼等硬件升级、品牌推广、青年律师培养等方面提供了有力的物质支持。相较于行业内大部分律所热衷于提成，主张分光、用光和吃光的普遍做法，将发展基金集中管理，形成公共积累，是保障事务所发展后劲必不可少的物质基础。

与此同时，通过提留发展基金，也将理念趋同的高创收合伙人进一步利益捆绑，由上至下形成统一的价值体系，将昌宇打造成为由合伙人、律师共同建设的律所平台。“相比于行业内大部分只收取管理费用的‘柜台承包式’律所，昌宇通过共建打造了一支更为紧密的合伙人队伍。”李永涛说。

2017年，昌宇完成改制，成为海南省第一家特殊普通合伙制律师事务所，为此后的做大做强奠定组织形式基础。

2018年，昌宇加入全球精品律所联盟（EGLA），以全面提升自己跨地域和跨境的法律服务能力，并作为EGLA在海南省的重要据点和海南唯一成员所，延展联盟的服务网络。

近几年，北京规模大所加速其在海南的布局。这些全国性品牌律所入场，加剧了区域法律服务市场的竞争，人才流动加快，一些本土律所翻牌成为大所分所，一些律所团队整体加入大所。在此局面下，昌宇仍坚定并积极探索自己作为独立的本土律所品牌该如何走规模化和专业化的道路，提升律所综合竞争力。“海南的法律服务市场中需要有一家本土生长的、有较高品牌辨识度的代表性大所，这也是昌宇持续努力的方向。”王航兵对此很坚定。

与此同时，昌宇也很清楚地意识到要在竞争中取得更进一步的发展，就要扩大自己的交流圈，增强自身的跨区域合作及服务能力。加入 EGLA 便是昌宇的应对之举，目前，EGLA 拥有 80 多家成员律所，覆盖了全球 19 个国家及中国大陆各省及港澳台地区，律师人数近万人。在保留律所发展独立性的前提下，昌宇主动将自己置入一个更大的平台中，“EGLA 为昌宇提供了一个信息融通交汇的平台，而在与不同律所间的交流合作，昌宇也在积极学习、自我调整”。王航兵说。2020 年 10 月，昌宇承办了“EGLA 联盟第十八次合伙人代表大会”，作为联盟重要成员之一，昌宇在联盟的运行中发挥着愈加重要的作用。

2019 年，昌宇投资 8000 多万元，购买了海口黄金地段的整层 5A 甲级写字楼 2300 平方米的办公室，并于 2020 年正式迁入启用。如此大手笔的资产性投入，在海南本土律所中实属开创先河之举。这也是昌宇第二次买楼，第一次买楼是在 2016 年，引领了海南律师行业中本地律所升级办公环境的潮流。

在升级律所办公环境的同时，昌宇采用了创新性的众筹购房方案，更进一步凝聚全所律师的力量，促进律所的整体发展。具体而言，昌宇将房屋产权与律所的经营决策权分离，并将房屋资产切分为股份，在所内发起众筹且不要求等额出资，律师们量力而行，认购不限于合伙人，普通律师也可参与。如此一来既解决了购房的资金问题，也让普通律师能够有机会共同享有额外收益，提升律师个人的主人翁意识和工作积极性，增强律所整体的凝聚力。

“采取重资产运营方式，既是对昌宇律所形象的升级，也提升了律所的抗风险能力。”李永涛解释道，“通过众筹并明确利益分配保障方式，律师们在昌宇执业的同时能够获得一份额外的财产性收益，进一步增强律师的忠诚度和队伍的稳定性。”与此同时，昌宇设置了认购上限的“防火墙”，避免一股独大，保障律所持续吸引人才的开放性和包容性。如今，昌宇已有从业人员超 180 人，执业律师 138 人，是海南省规模第一的律所。

24 年来，昌宇创造了海南省律师行业的诸多“第一”及“唯一”：唯一一家三所合并成功的律所、第一家“全国优秀律师事务所”、第一家特殊普通合伙所、第一家自行购买并搬入 5A 甲级写字楼的律所、第一家也是目前唯一一家资产过亿的律所、第一家创收过亿的本土律所……昌宇在管理体制优化、组织形式变革、重资产运营等一系列重要举措和敢为人先，持续引领海南地方律师行业的发展潮流。

2020 年，昌宇仍在思考自己的未来。在新的经济发展态势和新的市场竞争态势下，稳扎海南，以规模化为基础，积极探索更进一步的“专业化、品牌化、国际化”的发展道路，昌宇满怀信心，步履不停。

建章立制，规范管理

“只有形成规范化的管理，律所的规模化才能真正地做大做强。”王航兵说。早在2008年，昌宇就先于海南其他本土律所一步，主动探索并形成一套立足于海南区域市场特点且适配律所自身发展诉求的，制度化、规范化的管理模式，并在接下来的发展过程中适时调整，造就了昌宇内源性的竞争优势。

海南是典型的岛屿经济，具有很大的包容性，但与陆地相比，岛屿则相对封闭、相对独立，在行业发展中则体现为对外交流相对较少、信息相对闭塞、对先进经验的学习不足。

此外，海南律师行业的发展受海南社会经济发展的制约，市场总量不大，发展空间有限，导致大部分律所对内在管理体制的升级探索缺乏动力。昌宇可能是本地为数极少的在十几年前就确立了成体系的管理制度的本土律所，这与昌宇强烈的发展意识、持续的自我思考和积极的学习行动密不可分。

如今，昌宇已形成科学民主的管理结构和决策机制为律所发展的“大脑”，以及充满活力、创新有效的管理人才选拔机制和合伙人晋升制度为律所发展的“内部造血系统”。

以“民主集中制”为核心，昌宇形成了共三个层级的决策管理架构：以高级合伙人会议为最高权力机构；由主任在其授权下，统筹日常管理事务；主任下管事务根据其性质不同，分为由行政部、财务部、保障部、案管部、市场部、人事部共6个部门组成的行政板块，以及刑事、民商事和行政三大业务板块，部分高级合伙人被任命为副主任，参与律所的行政及业务管理工作。

目前，昌宇共有15名高级合伙人，律所在重大事项的决策上实行一人一票的投票机制，确保决策民主性。在非重大事项的日常管理事务上，昌宇采取“扁平化管理”的思路，由主任与副主任直接负责，提升决策和执行效率，也更适合昌宇的实际发展情况。这样兼顾民主和集中、公平和效率的决策管理机制，确保了事务所发展过程既能够囊括多元的决策考量维度，同时保留一定的集中度，确保了律所的日常决策能够有序高效地落地。

值得一提的是，昌宇自2006年即确立了党建工作在律所发展中的领导地位，并于这一年成立了律所党支部。此后，为了将党建与律所的规划管理相结合，落实党组织与律所管理层就重大事项相互征求意见，昌宇党支部委员会与合伙人会议平行。2019年9月，昌宇党支部升格为党总支，成为海南省第一家也是目前唯一一家成立党总支的律所。

最近一次党总支部换届后，主任王航兵兼任党总支部书记，两名高级合伙人任党总支部副书记，党领导班子与律所领导班子的“双向进入，交叉任职”，在律所的发展管理中充分反映党的领导，实现党建与所建的深度交融。同时，昌宇的党总支部中，除上述三人为高级合伙人，其余则为青年律师，党组织在汇集和响应群众需求和呼声方面发挥出重要作用。

在管理架构和决策机制之外，管理人才的选拔是律所保持长久发展活力的关键。2003年，经过第一次合并的昌宇面临重选律所主任的问题，在王航兵的建议下，律所采取了自荐或推荐成为候选人，再经一人一票的合伙人会议投票确定主任人选的方式。经过合并后头几年的实践，昌宇将这一口头约定、身体力行的主任选举机制成文化、制度化，并将任期确定为一届三年，最多连任三届。主任任期届满时，会逐一与合伙人摸底谈话，征询其是否自荐或有推荐人选，并在合伙人会议上公开竞选、民主投票。

单个人的精力和创造力是有限的，制度化的主任轮换机制才能让组织保持创新、更好地向前。在过往发展中，主任们对律所发展的前沿观察和战略思考带领着昌宇步步前进。2003年，王航兵任律所主任，并在此后推动律所完成第二次合并，进一步扩大律所规模，完善了律所的各项管理制度。2011年，王航兵届满卸任，李永涛接棒，律所创收实现了飞跃式增长，由2011年的总创收2000多万元，人均约36万元增长至2017年的总创收近亿元，人均超110万元。2018年7月，昌宇的新一届主任选举中，王航兵再度当选，引领昌宇的下一步发展。

合伙人队伍壮大是律所实力的根本。为激励人才，催生律所发展新活力，昌宇设置了两级的合伙人晋升机制；凡执业满三年，即可申请成为合伙人，给予青年才俊以开放的发展上升机会，鼓励年轻律师尽早成为合伙人，通过身份的转变促使其尽早地以更高的标准要求自己，快速成长；在高级合伙人的选拔上，昌宇则设置了更高的门槛，除了硬性的创收指标外还要综合考量其他条件，以确保高级合伙人队伍对事务所发展理念始终保持高度一致，真正地决定并引领律所整体的发展。

律所发展立足于人合性。高伙晋升过程中，昌宇设置的高门槛以及价值理念考量，是为了确保高级合伙人队伍稳定的、长期的联合。而在保持谨慎的同时，亦保有开放性，高伙晋升除内生性培养，亦有外部引进，且不论先后，高伙们均享有平等的权益。

此外，昌宇也确立了高伙的淘汰和退位机制，以塑造一支优胜劣汰、始终保持活力的高级合伙人队伍；并且实行特殊的权利义务机制，以奖励先进。

“成为高级合伙人，意味着要对事务所的公共建设有更多的付出和奉献。”李永涛说。高级合伙人通常也是律所创收最高的一群人，这意味着在提留4%的发展基金时，他们是贡献更多的一批人，同时高级合伙人还需承担培养年轻律师、专业化建设、日常管理事务等义务。因此，当高级合伙人提留的发展基金足以覆盖其管理费用的时候，即可免交管理费用。李永涛表示，对律所贡献大的律师不应只有奉献，也应当给予回报，接下来，当发展时机成熟，昌宇也将考虑设置退休金，让那些曾对律所做过贡献的合伙人们能老有所养。

任何一个机构和组织要能持续进步和发展，都离不开架构科学、制度合理、运转高效并能迭代换新的体系。在当下外地律所在海南扎堆办所的情况下，作为海南本地的老牌律师事务所，昌宇仍在积极思考、探索优化内部管理模式，“全国性品牌大所的发展模式、管理体制必然有诸多值得借鉴的地方。各分所落地海南也是其现场‘传经送宝’的时候，昌宇更不会放过学习的机会。”王航兵说。昌宇始终以开放、创新的态度面对挑战与机遇，并根据市场情况及自身诉求适时调整、更新内部管理。

深耕市场，综合服务

深耕本土市场，昌宇的业务发展始终以市场需求为导向，围绕刑辩、民商事诉讼、行政诉讼、公司法、房地产、金融、破产清算等业务领域全面铺开，如今昌宇已形成刑事、民商事、行政三大板块并下设不同细分专业领域的综合化业务覆盖。

作为一家大型的、综合性律所，昌宇积极推进专业化建设，并通过内部高度协同合作，为客户提供专业、全面、高效的法律解决方案，打造服务海南自贸区（港）建设等国家战略的优秀法律服务品牌。

刑辩业务：做维护正义的践行者

刑事业务是昌宇的核心优势领域，其在海南法律市场上具有领先地位。昌宇刑事团队中不乏曾在法院、检察院工作多年的“跨界”律师，其司法实践经验丰富，使昌宇具备了其他律所无可比拟的优势。

2011 年，曾在高级人民法院工作近 20 年、从审判员一路晋升为刑庭副庭长的李传山加入昌宇，并在此后负责昌宇刑事板块的业务发展。昌宇的刑事业务覆盖面广，涉足各类刑事诉讼与辩护法律事务，其中又以毒品、走私、职务犯罪、金融诈骗、涉黑涉恶等为业务特色，并在诸多大案要案上取得了良好的效果。

2017 年，恒大集团在海南儋州启动海花岛项目，计划打造多功能一体的文化旅游胜地，在该项目中某房地产公司的法定代表人及一众经办人员因涉嫌向恒大高管行贿而被提起公诉。

李传山率领律师团队代理了此案，在翻阅了大量案件材料并详细地对取证过程进行推演测算后发现，虽然检方掌握被告人认罪的口供笔录，但是其取证过程可能并不合法，被告人有被刑讯逼供的嫌疑。一审期间，昌宇律师先后 4 次申请非法证据排除，主张口供笔录不能作为定案依据，法院仅采纳了部分意见，被告人被判定有罪，从轻量刑。之后在检方抗诉、被告人上诉的情况下，案件进入二审环节，昌宇律师的辩护意见被法院全盘接受，所有有罪证据均被排除，被告人被无罪释放，本案大获全胜。

“从事刑辩工作多年来，这是我接触过的唯一一起通过非法证据排除帮助被告人无罪释放的案例，实属难得。”李传山说。这离不开其律师团队对整个案件及审判流程的熟稔以及对细节的精准把握。在案件前期做了大量的调查工作，剥丝抽茧，不放过任何一个细节，在法庭上申请警方侦查人员出庭，层层追问侦查人员接触及审讯被告人的全部流程，提出侦查人员采取刑讯逼供、威胁等非法方法收集被告人言词证据的合理猜想，进而得到法官的认同，每一步工作都精准且漂亮。

昌宇律师还曾为一位海南法官做受贿罪无罪辩护，该案被告人原是海口市中级人民法院经济庭的副庭长，于 1994 年涉嫌受贿入狱四年。他出狱后不断提出申诉，但屡屡被驳回，多位律师曾出手相助，均收效甚微。昌宇律师接收该案之后，先后经海南高院、最高院复查，认为该案有可能是错案，由海口市中级人民法院启动再审，撤销原判，发回原法院重审并宣告无罪。此后检察院先后两次提出抗诉，分别被二审法院、海南高院驳回，维持原判。几经波折，被告人终于沉冤昭雪，该案也被选入司法部案例库。

昌宇刑事业务实力长期以来处于海南法律服务市场中的领先地位。近年来，京沪大所纷纷进驻海南，李传山坦言，这对昌宇而言是一大考验，接下来，加强专业建设、培养年轻律师，将是加固刑事辩护力量的工作重点。

“我们刑事律师的学历都在本科以上，硕士、博士亦不鲜见，专业理论知识水平一流。因此昌宇会更注重培养青年律师们的实战经验，在实践中练兵。”李传山说。新人们进所后就有机会亲身接触案件，从阅卷跟进案件流程，主动思考给出法律意见，再由带教律师做针对性指点。昌宇还组织了模拟法庭活动，让青年律师从辩护律师或审判员的角度在一个个案例中积累经验。

随着海南自贸港建设的推进，走私、跨国犯罪有可能增加。此外，刑事合规也是一大发展方向，甚至被誉为刑事业务的新“蓝海”。我国企业刑事合规刚刚起步，在法律制度层面缺少企业刑事合规的规范及指引。“面对新市场、新需求，昌宇正在积极探索、自我更新，力求在新兴业务领域下也为客户提供及时、高效、优质的法律服务。”李传山说。

民商事业务：解决疑难问题的多面手

民商事法律服务是昌宇的优势领域，2020 年前三季度，昌宇为 180 多家企业担任法律顾问；民商事诉讼案件已达到 1070 多件，民商事相关的非诉案件 142 件，从业务收入看，二者平分秋色。目前昌宇的民商事业务已呈现诉讼与非诉兼有所长的整体性服务实力。

在很长一段时间里，房地产都是海南 GDP 的绝对支柱。2017 年全省地区生产总值 4462.54 亿元，房地产投资占了一半以上。昌宇服务了大量房地产企业，为其提供长周期的、全流程的法律服务。如占地 20 平方公里的海口观澜湖度假区综合开发项目，从 2007 年征地到如今项目运营管理，昌宇律组成的六至八人团队全程维护。又如海南头部的民营企业——海南合甲投资集团，昌宇律师亦围绕地产开放、股权投资、私募基金等业务，十年如一日，为其提供精湛的法律服务。

立足本土市场，深谙本地经济特征，昌宇在金融行业亦早有建树，服务于商业银行、信托公司、证券公司、基金公司、保险公司及保险资管公司等金融机构，针对各项金融产品，在标准化及非标债、投资基金、并购贷款、金融及非金融企业债券发行、金融和商品衍生产品、信托产品、资产证券化和不良资产处置等业务方面，提供专业化的法律服务。

破产清算也是昌宇较早涉足的业务领域，昌宇是最早一批进入海南高院破产管理人名单的律所之一。21世纪初，中国信托业面临行业整顿，彼时海南五家股份制信托公司就在此列，全省选聘律所担任破产管理人，昌宇参与竞标，一举中标其中两个项目。由于规则限制，昌宇只能参与其中一个项目，最终负责了三亚中亚信托的破产清算。后来，昌宇又接受海口市政府委托，对市政府的平台公司海口市信托投资公司进行自行清算。海南省至今共有八家信托公司，昌宇就参与了其中两家的破产清算项目。

在几无先例的情况下，昌宇律师极大地发挥了法律运用能力与创造性解决问题的思维。在王航兵的指导下，他们根据破产法的相关规定，层层研究债权登记及申报流程，不仅顺利完成了任务，还将经验成果整理成书，被海南高院当作破产法教材推荐给其他律师学习参考。

“任何法律服务项目交给昌宇，我们都有信心完成。”王航兵说。这份自信，离不开昌宇律师扎实的专业功底、深厚的实践经验以及灵活运用法律的创造性思维。

在民商事诉讼领域，昌宇多起案件的代理意见获得最高人民法院认可，并有众多与土地合作开发、公司股权转让、闲置土地认定等相关的成功案例。此外，昌宇的综合化服务能力使其能够为客户提供从诉讼到非诉的一揽子法律问题解决方案。

民商事专业委员会负责人付鸿曾代理一起公司小股东权益保护案。委托方是某公司一位小股东，该司大股东以这位小股东侵害其余股东及公司权益为由，将他告上法庭，要求赔偿损失3000多万元。付鸿据理力争，认为小股东的行为合法合规，并提供最高人民法院及海南高院判决的同类案件予以佐证。最终海南省高级人民法院支持了上述观点，在本不占优势的情况下，成功维护了小股东的合法权益。案件胜诉后，付鸿还进一步参与了企业针对该小股东的股权回收，不仅在法庭上维护了其合法权益，并且助力小股东以合理的价格退出。

昌宇还创新性地设置了物业法律服务团队，这在业界实为罕见。目前，昌宇已与海南省及海口市物业管理行业协会建立了良好的合作关系，并担任多家物业公司的法律顾问，还专门创设了物业法律服务月刊，持续解读最新的法规政策，分析典型案例。付鸿表示，“如果做好物业法律服务，背后面对的是非常庞大的法律服务市场”。

结合对海南建设背景的分析研究和业务趋势判断，2020年昌宇年中工作会议上，付鸿提出在现有物业团队、税法团队的基础上，打造民商事诉讼、公司法、财富传承、破产清算四大法律事务中心，后又增设了知识产权、国际贸易法律事务中心，以顺应市场变化，满足客户需求。“通过设立事务中心鼓励、引导律师在对应专业领域精进，同时有助于内部的交流合作。”付鸿说，“在推动内部专业建设的同时，昌宇也将进一步加强平台化建设，持续吸引高端人才加入”。

行政业务：政府依法行政的好帮手

2008年，昌宇创建了行政专业委员会，成为全省范围内首家拥有行政专业委员会的律所，此举开启了昌宇深耕行政法律服务的征程。

昌宇行政专业委员会由程小平一手创建，他曾在法院工作26年经历，审理过行政、民商、刑事等案件近万件，法律理解更深入，法律运用更娴熟。在他的带领之下，昌宇行政律师团队汇集了诸多优秀人才。

昌宇的行政业务以行政复议、行政诉讼为主，其中，以代理有偿、无偿回收建设用地使用权纠纷案为特色。2014年，为适应海口美兰机场二期扩建工程项目用地建设需要，海口市国土局决定征收部分土地，并对土地使用权人作出行政有偿补助的决定。其中一位行政相对人不满征收决定，自行处理未果，慕名前往昌宇求助。

程小平带领万寅敏等律师处理此案，与当事人充分地沟通，帮其重新制定了诉讼策略，为妥善解决纠纷提供了新思路。在传统观念上，诉讼请求一般可分为两类：请求履行给付义务的给付之诉，和确认法律关系存在与否的确认之诉。“根据案件事实情况，我们提出了第三种诉讼请求，即变更之诉。”程小平说。放入此案的语境中，指行政相对人以同意政府回收土地为前提，请求变更补偿款项的金额，要求按照当地市场价进行补偿。

按照这一诉讼请求，经过一审、二审，昌宇律师帮助行政相对人赢得诉讼，取得了全部补偿款项，补偿金额相比此前翻了一倍之多。凭借创新性的诉讼策略，这一案件在海南省乃至全国范围产生了较大的影响力，也成为其他律师同行的探讨与学习的经典案例。

除诉讼案件外，昌宇在行政非诉业务上亦较多涉猎，主要分为三类：一是政府常年法律顾问服务，主要工作是审查政府日常行政行为的合法合规性，无论是签署合同中涉及的各类事项，还是作出行政处罚、行政强制措施、行政决定等的依据及程序，律师都会从法律角度严格把关，为政府依法行政提供支持；二是政府专项法律顾问服务，如服务于PPP、政府债券发行等项目；三是参与立法，海南以制度创新为核心推进自由贸易试验区建设，大力推进海南自由贸易港法立法工作，此后各个市县也将出台相应的实施细则，昌宇在此过程中配合调研、提供立法建议，甚至直接参与起草工作。

“专业素质过硬，是行政法律师的首要素质。”万寅敏说。为政府提供法律咨询、提出解决方案，必然要进行严格把关，对专业化要求极高。程小平则强调了行政法律师的政治站位及公益心，“做政府法律顾问需要投入很大的精力，才能满足政府的要求。由于政府法律顾问服务收费相对较低，律师的收益与付出往往难以匹配，因此律师需要具有很强的公益心”。在党员律师的带头下，昌宇律师也积极参加村居法律顾问工作，办理法律援助，法律效果及社会效果俱佳。

2020 年，昌宇行政专业委员会在原有行政复议事务部、行政诉讼事务部、行政赔偿事务部三大部门的基础上，又增设了海洋生态环境资源事务部和行政合规性研究中心，以配合海南自贸港建设背景下产生的新兴的行政法律事务需求。

在建设海南自贸港的背景下，昌宇始终围绕新需求调整着自己的步伐，将专业化作为律所发展的重中之重。拓展新领域、新客户，重新梳理业务结构，积极打造法律服务产品，推出了民商事、刑事及行政案件选。放眼未来，昌宇将继续以最大程度维护客户利益为执业宗旨，巩固已有优势，稳扎稳打，开拓一片新天地。

培育人才，海纳百川

自贸港建设背景及政策利好下，越来越多大所分所落地海南，背靠总部的金字招牌招徕人才。本土律所的品牌吸引力不足，本就稀缺的人才资源逐渐向各家分所倾斜，“如何避免人才流失”已成为许多本土律所亟待解决的重要命题。在此形势下，昌宇不但未因此出现人员流失，甚至从其他律所逆向吸引了一些优秀律师加入，足见昌宇人员队伍的凝聚力，以及律所平台对人才的吸引力。这与昌宇完备的内生性人才培养体系和长期坚持文化建设密不可分。

海南的区域人才市场历经潮起潮落。早期海南建省办特区，促成了“十万人过海峡”的人才流入大潮，当时内地律师体制改革进程还落后于海南，一大批顶尖律师人才在海南注册执业。后来随着海南特区经济回落，内地体制开放，一批人才回流内地，而此后人才引进乏力也是约束海南发展的关键“瓶颈”之一。

立足于海南的区域人才市场特点，昌宇早早就意识到要以内生性培养优化团队实力，以平台化建设吸引当地市场中的一流人才，“律所发展要力争成为业内最佳，为律师创造最好的执业平台，以此吸引业内最有利于律所发展的人才，律所平台与律师人才共同成长”。王航兵解释道。

为了贯彻这一人才发展理念，昌宇每年都将一部分发展基金投入律所的平台建设，为律师提供一流的硬件和软件设施服务，让大家能够超额得到平台带来的隐性回馈，并在业务拓展中获得律所品牌的助力。

“如果你有 100% 的天才和智慧，昌宇就愿意提供 120% 的舞台给你。昌宇对人才始终保持开放、包容的态度，并且舍得投入、有能力投入。”姚宣东说。正因如此，昌宇在人才培养中也下了许多“笨功夫”。昌宇设有完善的阶梯式培养制度，不同执业阶段律师面对的问题和所需的技能有所差别，律所会为其提供针对性的指导。而当一位已有些执业年限的律师未能取得相当的业绩，昌宇的高级合伙人也会主动与他约谈，“帮他找找问题，提提建议”。

在青年律师的培养上，除了传统的传帮带外，还有相应的指导老师。与部分律所对待新人律师的“散养”状态不同，昌宇的指导老师会为其业务精进、职业成长提供实质性辅导和帮助。

在一对一的导师培养之外，昌宇更提倡“集中培训为主，个别辅导为辅”的模式，“单个律师的经验和精力是有限的，青年律师要接收多方面的培训更有利于其成长”。李永涛说。2009 年，昌宇就确立了“每周五集中培训”的制度，邀请所内不同专业领域的律师授课，内容包罗万象，既有案例分享、业务技能培训，也有职业发展规划相关内容，青年律师可博采众长。

在这种“人人为师”的开放性氛围下，亦有助于所内的业务交流、案源合作。初入行的律师往往会经历不知如何选择执业方向的“迷茫期”，通过集中培训的知识学习、与所内律师合办业务实践，有助于青年律师结合自身喜好、专业特长等慢慢明确发展方向。

完善的人才培养机制和清晰完整的合伙人晋升制度，使昌宇能够更好地吸引人才、保留人才。近年来，昌宇便涌现了一批青年才俊，如陈吉波、米威、万寅敏、张新华、王宝峰、陈慧、张天翔、朱艳春、关亚丽等“80 后”年轻合伙人。

不仅如此，昌宇还建立了律师扶持机制，刚起步的律师可能案源与收入都有限，便可通过申请获得律所发放的资金补助，帮助律师解决渡过执业初的困难初期。此外，律所会定期对执业年限尚短的律师进行工作梳理和分析，如果业绩没有达到预期，也会提倡业务量大的合伙人、律师给予合作机会，通过案源支持帮助其在实战中快速成长。

“昌宇没有门户之见。”作为内生培养的青年律师代表，陈吉波戏称自己是纯正的“昌宇出品”。在他眼中，昌宇的文化氛围可用三个词来形容——开放、包容、平等。

2008 年，曾在执法机构工作过两年的陈吉波来到昌宇参加面试，他的表现和工作经验让求才若渴的王航兵眼前一亮，当场拍板决定录用。当时昌宇有两个大型项目正需要人手，陈吉波入职后就立马参与其中，在实战中系统完整地学习了相关的知识技能，受用至今。2013 年，陈吉波担任党支部副书记；2018 年，他晋升为高级合伙人，并担任党总支部副书记、律所副主任，参与律所的公共事务管理。

回顾起过往十余年的成长经历，陈吉波认为有三个关键点：第一，加入昌宇以来能够有机会参与诸多重要项目，从而积累经验，快速提升业务能力；第二，昌宇开放式的合作氛围，让他有机会参与不同合伙人的项目，多方面学习积累；第三，得益于律所每周五的固定培训机制，在不同合伙人、律师的分享中获得了更多元全面的经验学习。

昌宇对优秀人才始终敞开怀抱，并构筑了极具包容性和开放性的律所文化氛围，最直观的体现是其律师团队来自全国各地，并且加入的律师无论先后，均享有同级别下的平等权益。为了加强内部交流，丰富律师的业余生活，昌宇亦开展了一系列团建活动，并组建了所内合唱团、特色舞蹈队、羽毛球队、篮球队。

昌宇亦强调奋斗、拼搏，致力于为律师们打造高成长性的律所平台。“到我这里来，你是战舰，你就必须开出港去，朝目标开，不能像旅游船一样原地打圈。哪怕碰到困难，也要继续前进，朝目标一步步前进。”姚宣东说。昌宇律师的身后是包容的避风港，背靠的是一流的律所品牌，眼前是清晰的航线。在这套完善的内生性培养机制下，昌宇的人才队伍始终稳定，而开放的胸怀让昌宇一直保持着活力与朝气。

稳扎海南，乘势而上

2018 年 4 月 13 日，党中央决定支持海南全岛建设自由贸易试验区；2020 年 6 月 1 日，《海南自由贸易港建设总体方案》出炉，迅速成为各大媒体平台的重磅新闻：“一个新的经济枢纽正在中国南海崛起。”

在“自贸港”的宏大叙事下，2018 年、2019 年，大量内地律所赶赴海南开设分支机构。截至 2019 年，海南各类律所 137 家，律师 2871 人。而从 2019 年 10 月到 2020 年 6 月，短短 8 个月，海南新增了 62 家律所，律师人数超过了 3200 名。与内地经济发达地区相比，海南律师行业发展的整体数据还有明显差距，但在近年来的政策利好下已呈现一轮高峰增长，外地律所的涌入也加速了海南当地律师行业变革。

过往几年，并非没有全国性律所邀请昌宇加盟成为分支机构，2017 年年底，昌宇召开了一次高级合伙人会议，就“昌宇要走什么路？往哪儿去？”这一议题展开讨论。摆在面前就有两条路：其一，加入某全国性品牌律所；其二，坚持发展本土律所品牌。昌宇选择了第二条路，也是更难的一条。

“我们要做一个本土律所品牌，稳扎海南，伴随自贸港建设的推动，在未来成长为一家以海南为总部、具有全球影响力的大所。”王航兵说。24 年来，昌宇探索出一条区域性律所的发展之路，依靠平台化建设和内生性培养，成长为海南省规模第一、综合实力领先的区域大所。王航兵认为，在体量较小的海南区域法律服务市场中，单体律所的规模上限明显，已经处于领先地位的昌宇要做的就是“保持新时代下的领先”，将自身发展放入区域建设的大环境中，随着海南自贸港建设的时代大势“水涨船高”，“当自贸港建成了，昌宇的目标就能实现”。

《海南自由贸易港建设总体方案》公布以来，境内外投资、创业者纷至沓来，政策引用、项目落地均离不开法律服务。未来，伴随自贸港建设的深入推进，企业对于各类新型法律业务，如跨境并购、资产证券化、投融资、离岸金融、财富管理等需求增多，这是本土传统律所的新机会、新挑战。当海南真正成为国际一流的自由贸易港，在这样一块片区中，必不可少的是与之匹配的国际化法律服务机构，这正是昌宇瞄准的战略机会。

从长远看，自贸港建设是未来大势；从短期看，当下海南法律服务市场仍然处于存量竞争状态，昌宇作为老牌本土律所，已积累了稳定的客户群体并且比外来所更熟悉本地市场环境，“至少短期内，昌宇处于竞争中的优势地位这一事实，是不变的。”李永涛说。而接下来，围绕自贸港建设出现的新业务、新客户这一增量市场的竞争，将在各家律所中展开，关键在于谁能先做出成绩并占领制高点，机会与挑战并存。

“昌宇将以开放的心态面对竞争，‘跟住咬住’学习其他律所的先进经验，并坚持‘规模化、专业化、品牌化’的发展道路，保持并增强竞争优势，在发展中实现长远目标。”王航兵说。

他也非常清楚，从海南出发的昌宇并不具备京沪两地律所的地理、资源优势，“基础差，底子薄，人口少，体量小，长期制约着海南律师业的发展，律所亦难以效仿内地先进区域进行规模化、专业化、品牌化、国际化建设”。因此，昌宇必须找寻一条自己的规模化道路——律所规模保持当地领先，通过联盟合作构筑跨区域服务网络。自 2018 年加入 EGLA，昌宇拓展了“交友圈”，增强其跨区域交流、协同的能力，未来，昌宇也将更进一步参与联盟建设，推动联盟内网络通畅、资源共享。

目前，昌宇在人员规模、业务规模、客户规模已具备了专业化发展的基础条件，并在逐步推进律所的专业化建设，在刑事、民商事、行政三大业务板块下根据不同的细分专业领域设置研究中心，积极开展产品研发与创新。法律知识提升、法学理论研究、服务能力提升等，昌宇的专业化建设力求实现综合性提升，“要让昌宇的专业化水平与现有的规模、市场地位相匹配”。

“昌宇的专业化建设始终以市场需求为导向。”扎根海南，立足于当地市场特点，昌宇为客户提供多元化、综合化的法律服务。在自贸港建设的发展机遇下，昌宇也在更近距离地把握最新政策趋势，并对此有深入的认识，探索新兴的法律服务需求，前瞻布局，以便未来在第一时间切入新兴业务市场中。

作为一家老牌本土律所，昌宇有其独特的地缘性优势：深谙当地的社会经济、风土人文，对地方政策变化感知敏锐，对海南本地法律服务市场深度了解，以及有着立足于本土市场的律所文化和长远目标。

成为一家能够为自贸港建设及“一带一路”提供优质高效法律服务，具有全国乃至全球影响力的律师执业平台，是昌宇未来的目标，也是越来越“热闹”的海南法律服务市场里，指引昌宇稳立中流的火炬与航标。

结 语

“律所发展就像马拉松，不能光看这几年，还要关注未来10年、20年。”面对当下新一轮的“海南热”，昌宇不疾不徐，胸有成竹。

做自贸港时代下的领先律所，昌宇占据了天时地利人和。天时，来自自贸港建设的时代机遇；地利，是昌宇24年来扎根海南，亲身见证并参与了地方社会经济的数十载变迁；人和，是昌宇建立起的一支理念相通、高凝聚力的合伙人队伍。

把握时机，找准方向和定位，以开放的心态取他人所长。展望未来10年、20年的发展愿景，昌宇人正搏浪奋楫，一路向前。

剑桥颐华

目标定位于匹配城市地位和影响力

毛姗姗　伊晓俊

剑桥颐华合并签约现场，签约台，左为李浩江，右为何丹

剑桥颐华全家福

剑桥颐华律所前台照

剑桥颐华“剑客青训营”

2019 年 1 月，苏州仅有的三家“全国优秀律师事务所”中的两家——江苏剑桥人律师事务所和江苏颐华律师事务所，宣布合并，更名为江苏剑桥颐华律师事务所。至此，苏州第一家百人大所诞生。

“百人大所”在近几年或许已不再是个新鲜词，规模化浪潮正在席卷中国法律服务市场，在 3 万多家律所中，人数破百的律师事务所在全国已超过 200 家。但对于苏州法律市场而言，一家本土“百人大所”却意义非凡。

作为城市 GDP 总量江苏第一、全国第六的苏州，其法律服务市场规模总量却远小于全国排名较其后的杭州和南京。纵然没有省会城市的光环，在法律行业日益市场化的前提下，经济体量本应对应更多的法律服务机会。

“苏州应该要有本土的品牌大所，苏州法律服务市场一定要能和苏州的城市地位相匹配。”何丹，现任剑桥颐华合伙人会议主席，原江苏剑桥人首席合伙人，语气中透着坚定。

李浩江，现任剑桥颐华管委会主任，原江苏颐华律师事务所主任，也在几年前捕捉到了市场的变化，“时机已经成熟”。

合并一年后，总部位于苏州中心的剑桥颐华，正在以新的管理理念和内部治理向市场传递新的气象，正朝着合并之初的目标奔去。为什么是剑桥颐华，她又将如何做到这一切？作为时下公认的苏州律师行业的标杆律所，她又如何思考当下与未来。

诞生：苏州第一大所

2013 年，时任江苏省律师协会副会长的何丹参加了一个律师行业的互助活动——“东部帮扶西部”，江苏省与四川省结对。然而，在考察时何丹发现，被帮扶的四川省，当时仅成都市已经有 10 余家百人以上的规模化大所，其中泰和泰律师事务所已有接近 500 人，而彼时江苏才只有一家。这让何丹颇为震撼，从经济体量来看，江苏遥遥领先，当年江苏 GDP 总量排名全国第二，是排名第八的四川省的 4 倍，但律所规模化发展水平却远不如四川。

这引起何丹的深思，律师行业的规模化发展缘何在江苏，尤其是苏州行动缓慢？无论是苏州还是江苏，法律服务市场理应匹配当地的经济、社会地位。

再对照当时自己的律师事务所，事实上，2012 年，发展了 16 年的剑桥人已经完成了第五次跨越，全所拥有产权写字楼面积超过 2100 平方米，办公位已能够容纳百人。剑桥人也早已为律所的规模化发展做好准备。

当然，提前布局并非此次特例。在 1996 年和吴海春、严文戟两位年轻律师一道创立当时吴江市第 3 家合伙制律师事务所（剑桥人）以来，何丹对于形势的判断，始终走在市场的前面。无论是早期从公职人员“下海”到定位律所——主攻民商事业务，还是此后迁址 CBD，进军上海和苏州工业园区设立分所，都足以体现其战略眼光。

例如，1999 年“剑桥人”租下三星级酒店一层楼面，勇敢突破当时普遍存在的作坊式经营理念；2002 年，赴上海开设分所，为优秀人才的引进搭建平台；2006 年，谋划苏州市内布局，在园区设立分所是为赶上苏州工业园区经济发展步伐。正是因为每一步都提前规划，扎实前行，2011 年年底剑桥人荣获“全国优秀律师事务所”称号。

2015~2017 年，剑桥人的规模一直稳定在 60 多人，每年的创收稳定在 8000 万元左右，这在何丹看来是到了发展的“瓶颈”期。对于中型律所，存在一个无形的发展“天花板”，如果不采取行动刻意突破，它将始终停留。

同样的“天花板”，同为“全国优秀律师事务所”的江苏颐华律师事务所出现得更早。2014 年已经践行总分所一体化管理的颐华总创收超过 4000 万元，人均创收超过 100 万元。对于一家 40~50 人规模的中型律所而言，在现有人员规模不变的情况下，依靠传统业务，创收很难再有突破。

“每家所像算命一样，基本上能够算出你的瓶颈会在哪个点上，当你的规模和人才储备发生怎样的变化时，那个瓶颈点又在哪里。如果一家律所 10 个合伙人，根据每个人的特点、时间成本等，就能够计算出大致的业务量。如果这个结构打破不了，始终会处在瓶颈期。”李浩江说。

因为参与律师协会工作的机缘，何丹和李浩江早就熟识，何丹担任江苏省律师协会副会长时，李浩江正担任苏州律师协会副会长，站在行业维度看行业，更容易捕捉到市场的变化。

彼时，越来越多的外来所正在“入侵”江苏省会南京。在 2015~2016 年短短两年时间内，就有 15 家北京、上海的大所在南京设立分所，这对于南京本土市场造成一定压力。随着京沪大所的进军态势不减反增，南京本土律所亦发起了一系列的“自卫反击战”，原南京的头部本土律所纷纷寻求合并，产生如“新高的”“法德东恒”等规模大所。

2016 年年底，何丹在一家火锅店试探性地向李浩江提起合并意向时，双方很快达成了共识——苏州律所已发展到不得不规模化的阶段。合并的必要性、紧迫性与可行性在之后的两年中亦被反复论证。

首先是市场的需求指向规模化。苏州法律服务市场有两大主要业务，民商事诉讼和法律顾问。而这两方面需求的深挖，要求更多的律师参与。例如，“法治政府”的推进使律师能够有更多机会担任政府法律顾问，律师能为政府提供怎样的服务，取决于有多少专业团队，专业律师的数量能够决定提供多大的服务。

现阶段，苏州企业更愿意相信政府而非律师，由政府为中小企业采购法律服务是新的需求。日益增多的国企招标，也开始看律所规模、参与的律师数量和质量乃至律所品牌与过往案例。若要满足更多的市场需求，规模化是必经之路。

其次是律所自身的发展需要规模化。苏州律师行业很长时间都讲究律师的“小综合”，“小综合”只能解决小问题，涉及需要团队协作的大型复杂项目将难以完成。一旦和北京、上海的专业规模团队交锋，最后的结果往往是铩羽而归。专业化、精细化和信息化需要一定的规模才有意义，10 人使用一套律所管理软件并不划算，律所达到一定规模以上，成本分析和财务控制等各项管理要素才更显价值。也只有规模化才能够突破中型律所的“天花板”。

再次是合并具有高度可行性。律师行业的合并奉行八字箴言，“理念相同，业务互补”。剑桥人和颐华恰是如此，对于苏州法律服务市场的发展空间和律所未来发展双方有一致的判断。两家律所在基因上均为“一体化”管理的律所。各自对于总分所均实行一体化管理和运营。同时，在业务上两家律所都主打公司和非诉业务，有很高的专业契合度。剑桥人的民营企业客户群主要位于苏州南部，颐华的客户群则多位于苏州北部，两者没有客户资源上的冲突。

两家律所在双方都遭遇“中型所”“瓶颈”时，合并带来的资源整合，极可能带来“1+1 大于 2”的效果。

最后，时机或许是最好的推动力。“为什么苏州一定要有本地的引领者？江苏有些地区没有本地所引领，一旦有外地律所在本地翻牌，马上会形成连锁反应，如此一来，3~5 年内，做大做强的机会就没有了。”李浩江在谈到合并的紧迫性时说。

机遇期，一旦错过，就需要再等下一个 5~10 年的周期。抓住，才是最好的应对之道。

在经过两年多时间的缜密规划，从两家创始人理念相合，到两家全体合伙人一致同意。再到 2018 年年底，剑桥人和颐华举办联合年会，让两家所全体律师相互交流，一步一脚印，扎扎实实走向合并。

2019 年 1 月 20 日，在 170 名员工的见证下，苏州皇家金煦酒店内，江苏剑桥颐华律师事务所——苏州地区规模最大的律师事务所，宣告诞生！

立所：三年为限，打造有效组织

对于何丹和李浩江而言，建立一家真正一体化管理的律所是他们合并的初心，亦是他们今后努力的方向。简单的数量累加不是合并的终极目标，如何相互加持、彼此成就，才是律所应当关注的重点。在行业内，对“一体化”的理解并没有形成共识。在李浩江看来，要谈“一体化”，就要让律师事务所真正成为一个组织。传统的提成制为主的律所，更多围绕个人的价值，而非组织的价值。没有人去质疑企业是否是一体化运行，因为其天然就带有紧密性。律师事务所同样需要被视为一个组织去看待，而非仅仅围绕个体和团队。

因此，在这个理念项下，剑桥颐华定了合并三年后的目标——打造一个有效的组织。

如何定义“有效组织”？这意味着合并之后，事务所不再是“1+1=2”，律师事务所的组织体系架构，包括决策、管理、专业、人才实现各方面升级，人才结构、业务结构等均实现了质的飞跃。

为了这一目标，剑桥颐华从组织架构到核心制度进行了精密设计。

两层决策分离

组织架构重设是剑桥颐华整合资源的第一步。在何丹和李浩江的构想里，理想的组织架构是真实地将议、决、行、监落到实处。在以中小律所和主任个人领导为基础的苏州法律服务市场中，律所由“一人说了算”到“一个机构管理”，已是向前一步。

在合并后一年的过渡期里，剑桥颐华已经完成了组织管理的基本框架。

第一，在决策上施行合伙人会议和管委会两层决策分离。绝大部分的决策权被下放至管委会。目前，剑桥颐华为五名管委会成员加一名监事长的设置。监事长有对管委会形成的决议、决策，进行质疑和提出异议的权利。必要时，监事长还可以召集临时合伙人会议来解决问题，其职能类似公司的监事。

第二，管委会真正意义上成为管理事务所事务的团队，而非仅是集中的合伙人会议。在李浩江看来，就规模超过百人的律师事务所而言，真正对于律所制度有清晰理解的合伙人，占全所合伙人的比例不会超过 1/3，因为绝大多数的合伙人主要精力依然投放在具体业务上，他们会倾向于遵照管委会的决定。但同时，真正去落实制度施行的，是律所的行政团队和财务团队。

因此，将负责执行的专业人士纳入管委会的决策体系中，更利于实现组织利益和目标。李浩江认为，有业务职能的合伙人在分配资源时，从客观上很难实现不偏不倚。理想中的管理委员会，应该将合伙人的管理岗和业务岗分离，引进专职的职业经理人来管理律所，这样能够避免资源分配时，管委会内的合伙人既是裁判员又是运动员。

“这才是真正的一体化，但是对于我们而言，实现目标还需要时间。”李浩江说。但预计到 2020 年年底时，由行政、财务等专业人士参与到剑桥颐华的决策实践将会落地。

合伙人制度

合伙人制度是律师事务所的根本制度。剑桥颐华通过对于合伙人的质量控制以实现合伙人队伍的高品质。剑桥颐华在总所与分所设立了统一的入伙、退伙和弹劾机制。

为保证律所的高级合伙人名副其实，兼具实力与身价，剑桥颐华对能够入伙的律师设置了双重考核标准，在年限上，要求其必须执业五年以上；在业绩上，五年的最后两年要达到律所人均水平的150%。

在硬性指标之外，剑桥颐华更看重合伙人的自身素质、人品、社会评价和专业能力。对于专业能力，剑桥颐华青睐两类合伙人，一是能够补足律所现有业务短板的合伙人；二是和剑桥颐华现有业务一致，但是专业能力超群，具有引领作用的合伙人，如此能够避免与所内同业务领域的合伙人形成竞争和冲突。

就退伙而言，剑桥颐华取消了合伙人终身制，通过设置退伙和弹劾制度以淘汰不称职成员。在剑桥颐华，成为合伙人并不意味着高枕无忧，若合伙人因主观原因导致业务萎缩，律所会通过限制表决权、剥夺分红权等方式对合伙人进行预警，如果该合伙人依旧无法保证业务量，就会被要求退伙。而当合伙人单方面不愿退伙时，律所可以启动弹劾制度保证退伙得以实现。

何丹认为，合伙人是事业发展的主导力量，通过设置严格的准入和退出制度，才能保证事务所拥有一支肯上进、能战斗的中坚力量，这不仅是由律师事务所的人合性质所决定的，也是保证一家律所得以实现专业化、精品化的必然选择。

当然，在实践中，这种情况颇为罕见。因为某些客观原因，如身体原因、家庭原因等导致律师业务量的减少，更多的合伙人依然愿意给予其机会。而也因为这样的机会，受“恩惠”的合伙人往往发奋努力，在第二年给人以惊喜。

“合伙人的高度决定了律师事务所的高度，合伙人的胸怀决定了律师事务所的舞台，合伙人的眼光决定了律师事务所前进的方向。要有一套换血系统，要让最有能力的人来主导律所的发展，才能使律所走得更高、更远。”何丹在谈到剑桥颐华的合伙人制度时如是说。

业务与分配制度

李浩江认为律师事务所最核心的竞争力，应该在其业务制度，而非分配制度。所有的分配制度是根据律师事务所的业务来源和业务构成所决定的。只有客户是组织的客户，而非个人的客户时，才能说这是真正一体化的律所。

在经历了中国法律服务市场30多年的发展和20多年的律所管理实践，律所管理者们对于制度的选择日益符合实际。曾经视“计点制”为圭臬者，因遇到现实困境而调整；长期采用提成制者，也逐渐认识到这种未能进行成本—利润计算的方式，不适用于组织的发展。

合并之后，剑桥颐华结合了两家律所过往在分配制度上的有益探索和尝试，推行了以“提成为主，多元为辅”的薪酬分配制度。

律所内部对各级别的律师都设置了明确的薪酬标准，即便是实习律师和律师助理亦是如此。而统一薪酬体系最直接的好处，就是使青年律师的生活质量得到保障，切实履行对人才的尊重，从而更好地激发他们的能动性和积极性。

布局：立足苏州，一主两翼

2018年，苏州GDP突破1.85万亿，位居江苏省第一。下辖各区县的县域经济也十分发达，昆山、张家港、工业园区、常熟的GDP均已突破2000亿元大关，吴江区以1930亿元名列第五。

然而，苏州法律服务业在法律市场规模无法与其城市地位和经济体量相匹配。同杭州相比，2019年，苏州GDP高于杭州，但同年苏州律师业总创收26.3亿元，低于杭州的59.07亿元。[①]不仅如此，苏州法律市场发展同江苏省会南京也拉开一定差距，截至2019年年底，南京已有9家超百人规模的律所，苏州仅有两家本地所执业人数超过百人。[②]

“我们认为，苏州法律市场还有着巨大的潜力，但真正能够把潜力挖掘出来，还需要投入更多时间。”何丹说。两家律所的合并，不仅是为了扩大律所规模，引领本地律师业发展，更希望依托苏州本地的区位优势和经济环境，匹配苏州的经济规模。这一共识不仅成为促成两所合并的信念支撑，也成为之后剑桥颐华战略定位及分所布局的出发点和落脚点。

何丹、李浩江定下目标：扎根苏州及其下设区市，做深本土法律市场。在此基础上，何丹提出“立足苏州、立足基础、立足专业、立足核心”的律所宏观发展方向。这四个“立足”正是剑桥颐华对当下苏州法律市场现状的分析判断，和律所未来发展方向的思考。

立足苏州，意味着律所将扎根苏州本土市场。立足基础和专业，表明剑桥颐华将把主要业务聚焦于公司治理等基础业务，进一步明确民营经济将是律所未来的重要客户群，并始终注重业务架构优化和优势资源整合。立足核心，即明确律所五大专业领域，进一步做强律所核心业务板块。据李浩江介绍，为检验律所实力，创收中公司业务、其他核心业务板块的占比，都是同市场中其他律所横向比较的重要指标。“我们最优势兵力要集中于民营企业，单项指标即核心业务板块要在省内领先，综合实力要名列前茅，还要在长三角地区占有一席之地。在此基础上，匹配苏州经济社会发展的总体目标才能实现。”

目前，剑桥颐华拥有吴江分所和张家港分所，徐飞、钱志伟两位律师分别担任两家分所主任。总所和分所实行“一体化”管理，适用统一的管理体系和财务预决算制度。在业务开展上，根据各地经济状况，总分所战略定位又有所不同。“苏州总部更侧重于商贸、金融、公共法律服务等。制造业等实体经济集中分布于苏州周边县域，因此两个分所更侧重于实体经济”，李浩江说，“总所和两个分所形成的‘一体两翼’结构可以从地域、

① 参见《杭州司法：2019年杭州律师行业大数据权威发布律师9274人总创收59亿》，载http://www.yunipr.cn/index.php？ g=Pc&m=Index&a=cont&token=iyabfj1442539341&class_type=t2&id=4241，最后访问日期：2020年6月23日。

② 参见《各区（市）均超亿元！“最强地级市”苏州晒出律师业发展年报》，载https://zh.twgreatdaily.com/WUWrwm8BjYh_GJGVmmw6.html，最后访问日期：2020年6月23日。

产业架构、服务链等方面，帮助剑桥颐华完成苏州市场基本布局”。

“两翼”中的吴江分所，将继续依托当地良好的民营经济环境，围绕公司法开展业务和开拓市场。吴江作为长三角地区民营经济的“领头羊”，截至 2019 年 10 月，共有民营企业 7.2 万余家。[①] 下辖各乡镇和开发区的经济板块也各具特色：盛泽镇以丝绸纺织业闻名全国；七都镇以光电缆产业为主；桃源镇以纺织、服装为主；汾湖新区主打高端制造产业；吴江经济开发区则主攻电子信息技术产业。

“我们将在公司业务之下继续深耕，不断挖掘更多的客户需求。”吴江分所主任徐飞说。他 2000 年毕业于苏州大学法学院律师系，自 2003 年起加盟于原剑桥人所。几年前，徐飞基于吴江当地企业客户需求，打造了“法税未来”团队，团队中既有持有注册税务、注册会计从业资格的律师，也有具备税务从业经验的成员，为客户提供“法务 + 税务 + 财务”三位一体的企业法税服务。在此基础上，该团队研发了合同控税、高新技术企业资质维护、虚开增值税发票的法律风险防范等一系列服务产品，开拓了不少当地协会、商会、重点企业等客户资源。

此外，建筑房地产、政府法律服务等也是吴江分所的主打业务。而刑事辩护、刑事法律风险防控等特色业务，则是为满足当地民营企业主需求而进行的拓展。“企业主关心的两大问题是财产自由和人身自由。我们的业务将始终围绕怎么帮他们实现利益最大化，和人身自由怎样得到保障去开展。”徐飞介绍说。

“两翼”中另一“翼”张家港分所，也将依托县域经济，着力打造自身的业务特色。张家港辖区内的张家港保税区成立于 1992 年，是全国首家内河港型保税区，港区之下的化工品交易市场已是全国最大的化工品交易市场之一，被称为国内化工产品的“价格晴雨表”。而涉及该化工品市场的大宗商品交易法律服务很早就是合并之前颐华张家港分所的特色业务。

张家港分所的“80 后”主任钱志伟自 2008 年执业起，就开始关注张家港保税区的大宗商品法律服务领域，办理过诸多涉及大宗商品“循环贸易”等新型法律问题的案件。凭借在此领域的优势，张家港分所还承接了保税区多家供应链科创企业的法律顾问，助力保税区特色产业供应链平台的发展。此外，政府、企业常年法律顾问，以及依托港口和保税区服务而开展的海商海事、知识产权等也是张家港分所的特色业务。

钱志伟认为，合并对于张家港分所最大的提升，在于业务和专业。合并给分所带来的明显效应是：第一，分所律师敢于承接更为专业、疑难的业务；第二，通过和苏州总所律师团队之间更加紧密的业务合作和频繁的专业交流，分所律师能够在承接业务过程中，发现更多新的业务增长点，再进一步去引导市场。

① 参见新华网《总投资超 290 亿元　35 个项目“花落”吴江》，载 http：//www.js.xinhuanet.com/2019-10/23/c_1125139626.htm，最后访问日期：2019 年 11 月 10 日。

据钱志伟介绍，今后张家港分所将继续立足县域市场，在巩固常年法律顾问等传统法律服务基础上，作出相应创新。“我们将结合张家港产业特色，拓展中高端商事诉讼等业务，将品牌影响融入我们县域服务市场中去，让客户体验到真正服务的提升。”

在分所建设方面，李浩江认为，在县域市场中，分所规模不宜过大，二三十人的规模往往更容易进行专业化分工，形成特色业务。在制度创新方面，分所可以成为律所“一体化”制度试验的“先行军”。“在今后设立新的分所时，可以让分所基于一体化模式，去尝试一些新的制度。我们可以根据具体效果，去检验这套制度在当地市场上的竞争力。”

此外，在剑桥颐华未来规划中，随着律所品牌影响力的提升，苏州总所会继续依托其品牌影响力吸引更多优秀人才，依靠人才效应助推分所业务创新和品质化发展，帮助分所更好地应对各种服务需求。

专业：五大核心为基，十大研究中心储备

在中国的区域性法律市场中，很长一段时期缺乏律所专业化发展的土壤。大多数地区的法律市场尚在初步发展的阶段，任何单一专业法律服务的总量有限，明确的专业化分工也很难实现，这就造成许多律师事务所的“粗放”经营和“小作坊”模式；律师习惯于“单打独斗”，或者不得不成为承接各种法律业务的“万金油”律师。

近年来，在同业竞争、市场需求等多方面的倒逼下，业务的精细化、专业化已成为区域律所不得已的选择。早先的剑桥人和颐华都有专业特长，合并后亦遵循专业化的道路。

现今，剑桥颐华成立五大经略委员会和十大法律研究部，进一步明确了今后的核心业务和专业发展方向。五大经略委员会分别对应律所的五大核心业务——公司治理、争议解决、国际业务、破产重整和刑事辩护。建筑房产、土地法律、人力资源、知识产权、并购投资、金融证券、税务法律、海商海事、家族财富管理和法治政府等为律所十大法律研究部的研究方向。

五大核心业务是剑桥颐华的拳头产品，已历经多年市场检验，发展成熟，因此五个经略委员会主要通过对过往办案中积累的丰富实务经验进行研究，为今后具体案件的承办提供指引。而十大法律研究部则专攻时下新兴或极具研究价值的专业领域，通过热点法律问题研究，新型法律服务产品的开发，进一步拓展律所未来的服务领域，以满足客户日益专业化、精细化的法律服务需求。

据何丹介绍，五大核心业务和十大法律研究中心的关系是“相互交叉、相互支撑、热点互换”。“经略委员会和法律研究部虽然运作模式各有不同，也有很多业务的交叉。现在的研究部门在将来条件成熟的时候，也可以成为核心业务。我们要求律师必须符合

律所目前的业务方向，做到有所取舍，有所不为才能有所为。”

2019 年 12 月 5 日，法律评级机构钱伯斯发布《2020 亚太法律指南》，剑桥颐华律师事务所被评为公司 / 商事东部沿岸（江苏）受认可律所，成为第一家上榜的苏州本土律所。国际权威评级机构的认可，不仅证明了剑桥颐华在相关领域的专业实力和业界影响力，也意味着律所品牌化建设阶段性目标和专业化建设单项指标的达成。

目前，剑桥颐华公司治理业务创收约占律所总体创收的 45%，人员规模约 50 人，之下细分为股权法律服务、人力资源法律服务、合同事务法律服务和制度构建法律服务等。

得益于多年来在苏州法律服务市场的耕耘，公司治理已成为剑桥颐华极富地域特征和竞争力的特色业务。该业务部门的客户主要为苏州当地民营企业，目前剑桥颐华为数百家苏州地区排名靠前的民营企业提供投融资、企业合规、专项法律顾问等非诉法律服务，也代理了众多涉及企业股权、控制权纠纷等诉讼案件。德尔未来科技控股集团有限公司、江苏东方盛虹股份有限公司、通鼎互联信息股份有限公司等 A 股上市企业，东南电梯股份有限公司、苏州金禾新材料股份有限公司等新三板上市企业都是剑桥颐华该业务领域的主要民营企业客户。此外，国家开发银行苏州分行、中新工业园区置地有限公司、苏州圆融集团发展有限公司、苏州工业园区兆润投资控股集团有限公司众多国企也是剑桥颐华的代表客户。

在明确律所核心业务和未来发展方向之后，剑桥颐华将要做的是在现有板块下，进一步进行业务领域的细分。“比如公司治理板块项下可以细分的业务领域就有很多。目前的业务细分就是按照苏州本地法律市场业务构成做了大致分类，基本上涵盖目前所能看到的发展方向。今后合伙人就要去往各个方向发展。”但李浩江也坦言，让所内律师短时间完全接受“专业化”管理理念，还要有后续一系列的制度设计来保障。

2020 年春天，突如其来的新冠肺炎疫情试图让所有人慢下前进的脚步，也正好给了剑桥颐华律师巩固提升专业能力，明确未来业务方向选择的机会。剑桥颐华也通过一系列实践，进一步奠定律所未来的专业优势。

在此期间，剑桥颐华通过举办各类线上线下的内部培训和业务交流活动，让律师了解律所目前各个业务板块的内容，探寻未来业务延伸的可能性；编制内部刊物，把曾经的经典案例用案例选编的形式呈现出来，便于律师加强学习和研究。

在助力民营企业疫后复工复产方面，剑桥颐华律师针对企业经营中的困难和法律需求，从五个核心业务部门中研发出一系列课程，到民营企业、商会中进行指导和讲座。“一方面帮企业纾困，另一方面也是对外练兵的机会。通过各方反馈及市场检验，来明确律所核心业务的发展方向。”李浩江说。

任何改革的实现都不可能一蹴而就，在区域法律市场中推行律所专业化建设更是如此。要从业务领域上确保和放大律所的核心竞争力，则要依赖于剑桥颐华正在坚定推进的“一体化”运营和专业化建设。

未来：融合与发展

两家依靠自然生长发展壮大的律所想要合并，不单单是共享办公场所，共用一个名称这样简单。要让所内每位律师真正享受到资源整合、人员规模化带来的红利，尚需一定时日。因此，“融合”与“发展”，成为剑桥颐华自2019年宣布合并以来提及最多的关键词。如何能使总所与分所百余名律师真正拧成一股绳，纳入一整套管理制度之下，成为剑桥颐华的当务之急。

在此基础上，何丹提出了四个“融合”的宏观发展目标，以指引律所未来发展——

第一，与团队相融合。不仅需要让律师在角色、业务上明确彼此关系定位、相互协同，还要通过组织建设来增强律师之间的信任感和认同感。

第二，与城市相融合。苏州经济发达，处于长三角一体化的“C位”，拥有广阔的市场前景，因此未来必须利用好这个区位优势。

第三，与行业相融合。在成为本土市场的领军者之后，剑桥颐华所要做的，是与同行业竞争者一道，共生共赢，共同营造良好的法律市场氛围。

第四，与时代相融合。要把握时代脉搏，了解行业现状，适时调整律所市场策略。

这四个融合，分别从团队、行业、专业、市场等维度对剑桥颐华未来的发展目标进行了准确归纳。

“真正生活在一起后，才是适应彼此生活习惯的开始。”李浩江也惊喜地发现，通过合并后更频繁的交流、合作和培训学习，越来越多律师感受到彼此的“粘性”在增强，也逐渐尝到团队整合带来的“甜头”。在他看来，从和二三十人合作，到现在开始和六七十人合作，使他发现有很多之前团队缺乏的、更优秀的人才。“随着团队、业务、案源的整合，突然发现一个很好的市场，就在我们周边。”李浩江表示。

在今后律所的发展战略中，如何完成“融合”是完成“三年规划”组织体系建设的关键，而如何真正汇聚人才、赋能个体则是重要的奋斗路径。

目前，剑桥颐华律师队伍的平均年龄不超过35周岁，其中中青年律师占一半以上。在合并之后，剑桥颐华更加注重对青年律师的培训工作，专门设置培训部，由新晋合伙人张莉担任培训部主任；在管委会层面由管委会成员、张家港分所主任钱志伟主抓培训事务。

律所培训主要以内部培训的方式开展。自2019年1月以来，剑桥颐华已举办过多次青年律师的全体大会以及全封闭的“青训营”，为青年律师之间的业务交流创造条件。通过“封闭式”训练，以所内资深律师和合伙人传道授业的方式，让青年律师从理论知识、专业技能、待人接物、职业操守规范等方面得到全方位提升。

剑桥颐华还不断创造条件，将所内中生代律师“往外推”，为他们创造对外交流、合作的机会，参与律师联盟、律师协会的工作。此外，针对中年级律师，设置有针对性的交流活动和提升班，也将成为所内的惯例，旨在为平日里工作繁忙、缺少沟通的律师们创造“再认识、再交流、再讨论”的平台。

对于合伙人之间“黏性”的培养，剑桥颐华也始终保持重视。2019年年中，剑桥颐华在所内组织了一次为期三天的合伙人“山顶头脑风暴”。全体合伙人驱车来到杭州临安深山里，在三天时间里，同吃同住，并针对目前律所的优势与短板、未来发展方向、律所制度等问题“从务虚到务实”，畅所欲言，展开讨论。“大家要一起往前走，合伙人的发展方向、价值观要跟律所未来的发展方向相统一。”李浩江说。

在青年人才的选拔上，剑桥颐华也设置了较高的门槛，参考教育部全国专业学位评估标准，仅招收评级结果为B+以上的全国法学类专业院校的毕业生，目的是要打造一支精英团队，培养团队人员的归属感和尊荣感。“在不久的将来，剑桥颐华对人才培养的成果终将显现，而人才能力的整体提升，也将反哺律所，驱动律所实力的增强和品牌的塑造。”李浩江说。

结　语

依托地理区位优势和政策红利，苏州经济在20世纪90年代之后取得突飞猛进的发展。而如今，苏州已从“制造业”迈向“智造业”，依靠科技创新和人才创新驱动经济增长已成为未来苏州经济发展的全新战略。

虽然苏州法律服务市场的规模还暂时无法匹配苏州经济发展的体量，但同时，苏州本土法律市场的发展还保有巨大的上升空间和发展潜力。

在剑桥颐华合并之后，苏州本土的法律品牌终于开始奋起直追、迎头赶上。站在新的历史节点上，剑桥颐华要做的，绝不仅仅是扩大品牌影响，争当行业龙头那么简单。他们所肩负的，是“使苏州的法律服务市场同经济体量相匹配”的光荣使命，这也是两家律所合并的初心。

立足苏州，意味着深耕本土市场，不舍近求远；立足基础，意味着抓好基础业务，不好高骛远；立足专业，意味着培养专业人才，不急功近利；立足核心，意味着专攻核心领域，不本末倒置。

而今后，剑桥颐华也将稳扎稳打，深耕业务，挖掘更多客户需求，进而引领苏州法律服务市场。

静昇

精英服务，专业铸所，重庆发展的共筑者

毛姗姗　吴梦奇　蔡　凡

静昇律师事务所主任彭静在中新（重庆）战略性互联互通示范项目签约仪式上

1997 年，彭静在周年纪念庆典上致辞

静昇两度荣获“全国优秀律师事务所”

静昇新晋合伙人合影

2015 年 11 月，在习近平总书记的宣布下，“中新（重庆）战略性互联互通示范项目”正式落地重庆并启动。[①] 作为中国和新加坡设立在中国西部地区的中新第三个政府间合作项目，该项目意义重大。2016 年 1 月 8 日，该项目的签约仪式在重庆隆重举行，在选中的十个代表项目中，重庆静昇律师事务所与新加坡立杰律师事务所的战略合作项目便是其中之一，这亦是唯一一家由律师事务所参与的合作项目被选入示范项目。

静昇所主任彭静作为唯一的律师代表，出席了该项目的签约仪式，亦意味着静昇与新加坡立杰、胡官陈会计师事务所组建了国际跨界专业服务团队将为中新（重庆）战略性互联互通示范项目服务。自签约之后，无论是助力南岸城投在新加坡发行境外债，抑或是助力重庆大型企业提高信用评级等，都有静昇的身影。

在重庆，静昇所特色鲜明，这是一家战略定位明确，汇集高端客户与重大案例成就的律所。在过往 24 年的岁月中，创新始终凝聚于静昇的血液里，她办理过多个重庆首例案件，从国企改制“破产清算案”至服务于国家级开发区西永微电子产业园的奠基性谈判，从重庆的第一例联建合同纠纷和“最牛钉子户”案再至重庆首例保证保险案件等。静昇的每一步，均伴随重庆经济、社会的重要变革。她是重庆发展的见证者，亦是参与者。20 多年来，她用专业的法律服务，尽己所能，为这座城市奉献自己的能量，书写了属于自己的独特篇章。

一家服务于重庆城市发展的律所

静昇源起

1988 年 7 月，正值盛夏，第一批合作制律所获批开设的讯息，从 1500 公里外的北京传来。彼时西南一隅的山城重庆，尚是第一、第二、第三和涉外（第四）律师事务所这四家“国办所”的天下。

这年，彭静从西南政法学院（现为西南政法大学）毕业。骨子里对专业的追求促使她选择了四家国办所中的第四家，也就是涉外律师事务所。“*我认为，律师是应该有专业的，而第四所在立所之初就有明确的涉外定位。*”彭静说。

涉外所没有辜负彭静的选择，数度组织她和其他一些年轻律师作为涉外人才前往北京进行培训，帮助她逐步确定了自身的专业方向和发展日标，也借涉外业务这一窗口培

① 2015 年 11 月，中国和新加坡发表《中华人民共和国和新加坡共和国关于建立与时俱进的全方位合作伙伴关系的联合声明》，并签署《关于建设中新（重庆）战略性互联互通示范项目的框架协议》及其补充协议。

养出了彭静胸怀天下的大格局和放眼全球的大视野。

20 世纪 80 年代末 90 年代初的律师业，尚处于一个不太成熟的阶段——没有成型的市场，更没有系统的培训体系。但靠着独立拜访客户、独立开发案源等一系列摸爬滚打，如彭静等早一批重庆律师渐渐能够独当一面，业务开拓、案件承办均不在话下，重庆律师行业开始有了新的活力。

20 世纪 90 年代中期，合伙制改革的浪潮开始翻涌，彼时的彭静已不再只是一名初出茅庐的律界新人，她开始思考创办一家律所。一方面，各地司法机关已经开始陆续将律师体制改革提上日程；另一方面，数年的经历与沉淀也让彭静具备了独立创办一家律所的能力与自信。

万事俱备，所欠不过一阵“东风”。1996 年 5 月，新中国第一部律师法颁布，其中第 18 条明文规定可以设立合伙制律师事务所。这年，顺应国家政策的支持，彭静与其他几名同样怀着律师梦想的年轻人一道，在山城创办了一家名为“静昇”的律所。

“静”源自作为创始合伙人的彭静之名，“昇”则与“胜”谐音，有着发展蒸蒸日上的寓意。“打好基础，一步一个脚印地稳妥发展，是我们合伙人自创所起就达成的共识。”彭静这样解释，而“蓄锐以静、喷薄而昇”的寓意，也循着这股初衷得以衍生而出。

立志定向

创所时，静昇全所上下不到 10 人，如何“蓄锐”？又如何“喷薄而昇”？

1996 年前后，中央正提出要对国有企业进行改制，这对于国企数量众多的重庆无疑是一股冲击：清算后大批下岗职工如何安置？如何依法制定改制方案？……类似问题数不胜数。

“国企改制，离不开我们律师的参与。”从这股改制之风中，彭静看到了律师的发挥空间。于是，相较于起简单比拼业务增量，静昇从一开始就选择了一条完全不一样的路——与重庆经济发展和经济结构调整紧密结合的发展之道。

不仅如此，静昇在成立之初就选定了律所的 logo，对外的标识。其对于律所品牌的觉醒早于当时很多同期成立的律所。

1997 年，静昇举行了成立一周年的纪念庆典。高朋满座，嘉宾如云，彭静在热烈的掌声中意气风发地发表了周年致辞，奠定了静昇的律所定位：“静昇，要做一家服务于重庆经济社会发展、服务于重庆国企改革的律师事务所。”也是在这一周年庆典上，静昇正式聘请了西南政法大学的几任校长、著名教授作为律所专家顾问，以指导律所的发展。在彭静看来，有这些专家学者充当自己以及静昇的人生导师、事业发展的指导者，将对静昇的发展大有裨益。事实也证明，专家学者们的律所“共建”为静昇的发展提出了诸多宝贵意见。静昇的八字方针“敬业、利民、求实、护法”，即在和专家学者们的共同探讨下确定，至今依然是静昇的服务理念。

基于这一定位，创所不久的静昇即凭借过硬的业务实力和突出的人员素质博得重庆市经济委员会的青睐，成为其聘请的第一家法律顾问，首开重庆政府部门聘请法律顾问的先河。此后，在静昇的细心培育下，政府法律顾问这块市场逐步被培育成长，静昇也先后服务于重庆各区县人民政府以及金融监管局、审计局等政府部门，逐步奠定了静昇在行政法律服务领域的领先地位。

2003 年 9 月，重庆市国有资产监督管理委员会（以下简称重庆国资委）正式挂牌成立，标志着重庆国有企业改革发展进入了崭新阶段。而静昇则在第一时间即被重庆国资委聘为法律顾问。

服务大局

立志服务于重庆经济结构调整与国企改革的静昇，自明确道路之时，便踏上了“开拓者”的道路。法律通常滞后于经济发展，要想走在改革前列，创新和拥抱变化即为常态。为此，静昇将政府部门、大型国有企业、上市公司、金融机构作为主要客户群体，通过服务各界的精英领航者，推动重庆城市发展。

静昇是重庆破产清算业务的“拓荒者”之一。2005 年，静昇代理了在国内涉及资产规模和职工安置人数均具有较大社会影响力的破产清算案——重庆特殊钢集团有限公司破产案。该案涉及多达 3 万余名企业职工的安置问题，资产清理工作十分复杂。彼时尚无破产管理制度，静昇便和重庆市经委一起进行了探索与尝试，由静昇律师驻场进行安置方案拟定、资产管理、资产处置、代表破产企业进行诉讼等方面的工作。当时进行驻场服务时，有些年轻律师认为这不属于“律师”工作，选择离开。但彭静知道，这便是要破除的难关，身为律师必须想方设法攻克。事实证明，静昇服务的内容，与如今破产管理人的工作并无太大不同。2007 年，静昇和彭静同时入选重庆市高级人民法院企业破产案件管理人名册，获得了从事企业破产案件法律服务资格。

走在市场前列，还需要有无畏的胆识和魄力。2007 年，一组以“史上最牛钉子户”为题的照片红遍各大网络论坛，引起网民和中外媒体高度关注。这是重庆 2005~2007 年土地强制征用的拆迁事件，当时拆迁矛盾异常激烈。“宁要渝中一张床，不要郊区一幢房”是当年的重庆居民共识。该案由重庆市市长亲自出面督导，并指定由彭静作为律师代表政府跟“钉子户”沟通，协商解决方案，最终该案以 90 万元营业损失补偿和解。

为政府拆迁平息矛盾，解决重庆市房地产密集纠纷之外，静昇也以自身行动服务于重庆经济结构的重大调整，助力政府招商引资。

西永微电子工业园是重庆市“十一五”期间重点建设的电子信息产业基地，其一大重要职能是服务于重庆的产业结构调整，即将原先以摩托车、汽车为重心的产业结构向电子信息产业升级。静昇为重庆第一个电子产业园建设全程提供法律服务，并从园区诞生起便一直担任其法律顾问。

彼时，重庆尚无成体系电子信息产业，静昇通过自身努力，助力重庆市政府、西永园区与知名半导体企业茂德科技进行谈判，最终促成重庆市政府、西永园区与茂德科技签约，茂德科技在西永投资建设 8 英寸芯片厂，项目规模超过 9 亿美元——这一项目是我国台湾地区批准投资大陆的首家 8 英寸芯片厂，也是重庆当时最大的外资工业项目和第一个电子信息产业项目。静昇也因这一项目，成为第一家服务于重庆电子信息产业的律师事务所。

2008 年，世界 IT 巨头惠普公司欲投资 400 亿元于重庆西永微电子产业园电脑生产基地项目，该项目是中国中西部地区唯一国际著名品牌的电脑生产基地，对重庆信息产业发展及重庆产业结构调整具有重要意义，亦是重庆信息产业的“一号工程”。静昇律师参与其中，作为产业园的重庆本地律师参与了这一项目的全程谈判。“惠普是世界 500 强，基于其经济利益和市场占有率考虑，提出了严格要求，而重庆方面既要最大限度地提供优惠政策，也要确保合同履行的合法合规。”彭静如此评述这一项目的难点。经过双方近 20 轮磋商谈判，最终惠普决定落户重庆，且迁渝半年即为重庆创造税收 16 亿元。

在服务重庆经济结构重大调整的同时，静昇还率先为重庆重大国企改革提供法律服务。同年，静昇为西部首家省级农村商业银行——重庆 40 家农村信用社改制为重庆农村商业银行股份有限公司提供全程法律服务，后助力其实现了改制后在港交所上市；次年，作为第一批拥有证券执业资格的律师事务所，静昇作为西南证券的法律顾问，参与了西南证券有限责任公司借壳 ST 长运上市，为其提供全程法律服务。西南证券也因这一项目成为西部首家上市的证券公司。因该项目有多处创新，成为后续证券公司上市的“教科书”级参考范本。

“做开拓者和探索者，并不一定能挣到很多钱。”彭静说，“但静昇是一家扎根重庆的律所，我们热爱这座城市，让重庆每一次进步都留下静昇律师的痕迹，是我们的理想，这种对未来的寄望，支撑着我们坚持做行业的开创性工作，也给我们留下了良好的业内口碑”。

2015 年，全球首座中国摩（Mall of China）在重庆两江新区寸滩保税港区开工奠基，中美投资联合体共同主席、布什家族成员尼尔·布什，中农国信集团董事长等嘉宾出席开工典礼。作为重庆保税港区管委会、重庆保税港区开发管理有限公司常年法律顾问及专项律师，彭静带领静昇团队，为中国摩（重庆）项目落户重庆提供了全程法律服务。

该项目源自美国摩，占地面积约 2000 亩，总建筑面积约 350 万平方米，投资规模约 300 亿元人民币，将强力助推重庆市两江新区经济发展，提升重庆对外开放的国际化形象，同时也成为中美经济文化交流的代表性项目之一。

过去 24 年里，立足于服务重庆经济发展和重大改革这一定位，静昇在实现自身价值的同时，也随着逐渐腾飞的山城一步步发展壮大，影响力日趋提升。

一方面，凭借长期服务重庆城市发展的深厚积淀与社会贡献，彭静先后担任了第十二、十三届全国政协委员，这是重庆律师界唯一的代表。与此同时，彭静还被最高人民法院聘为第三届特约监督员，这不仅意味着彭静个人需要承担更多的社会责任，也预示着静昇在服务经济社会发展、参与行业建设方面发挥着越来越重要的作用。

另一方面，静昇也先后摘得多项荣誉奖项：2005年、2008年，静昇被全国律协评为“全国优秀律师事务所”；2012年、2013年、2014年、2017年、2018年、2019年，静昇六度获评重庆市律师协会“年度最佳事务所”；2017年，静昇又被知名法律评级机构钱伯斯评为“亚太地区公司 / 商事领域（重庆）受认可律所”……种种荣誉，均是静昇飞跃性发展的例证。而静昇，在成立20年之际，亦用《山城律踪》这一本记载了重庆发展中21个重要案件的案例集作为律所与重庆城市发展共筑的20年见证。

24年间，从十人到如今百余人，变化的，是律所的规模体量、业务创收、项目成绩、行业影响力；不变的，是静昇植根山城，以律师身份为重庆发展添砖加瓦、披荆斩棘的自我定位与初心。这份初心中，在彭静看来，最重要的是身为律师，对于专业的精深程度与热爱。

综合之下的王牌业务领域

虽然在执业初期，彭静本人便明确将自己定位成为一名精专于金融领域的商事律师。但就静昇律师事务所而言，其一开始就明确为综合律所的定位。

早在2000年，彭静便提出律师事务所需要专业化发展的理念，并开始在律所内部设立专业部门的尝试。“我当时的理想是每个专业部门正如一个专业律所，10个专业部门相当于10家专业律所。”事实上，在重庆法律服务市场容量相对受限的情况下，要实现彭静的理想颇为困难。但是，这并未阻挡彭静对于专业化发展的坚定信念，“专业化发展是我们过去、现在和未来都必须做而且必须坚持的一条路”，彭静说。

2004年，静昇设置了民商、公司企业、房地产、行政业务、知识产权五大部门，以引导律师们选择相应的专业方向。目前，静昇已经发展为拥有并购与投融资、金融证券与保险、房地产开发与建设工程、公司业务、破产与清算重组、刑事、政府与公共事务、国际商事与知识产权、网络安全与数据合规、环境资源与安全生产、医疗健康与生命科学、婚姻家事与财富传承12个法律事务部和争议解决、法务创新研究、行政运营服务3个中心的综合性律所。而在这之中，“政府法律顾问”与“并购投融资”是静昇最具特色的两大业务领域。

政府部门全覆盖，依法行政的智囊团

基于静昇为政府和国企服务的早期定位，传承于作为重庆市经济委员会首个法律顾问，静昇目前已经是重庆数十家政府部门的法律顾问，广泛覆盖了各级政府机关、单位，包括重庆市司法局、重庆市规划和自然资源局、重庆市城市管理局、重庆市审计局、重庆市人民政府外事办公室、重庆市地方金融监督管理局等市级政府部门；重庆市渝中、江北、沙坪坝、巴南、南岸、南川、合川、长寿、江津区等区县政府；重庆市两江新区管委会、重庆经济技术开发区、重庆高新技术开发区等开发园区。

而能够获得多个客户的青睐，以及多家政府机构的信任，究其原因在于静昇服务的专业性。单任是静昇政府法律顾问领域的专业律师代表，目前他已经是政府与公共事务部的负责人，在静昇十年成长的经历，他将 80% 时间投注于政府法律顾问领域，长期的专业积累，也让该部门形成了标准化的操作规范。例如，就集体土地征收法律服务，静昇已经形成标准化的法律产品，既有利于用更短时间为客户提供更优质服务，亦有助于新人的成长与成才。

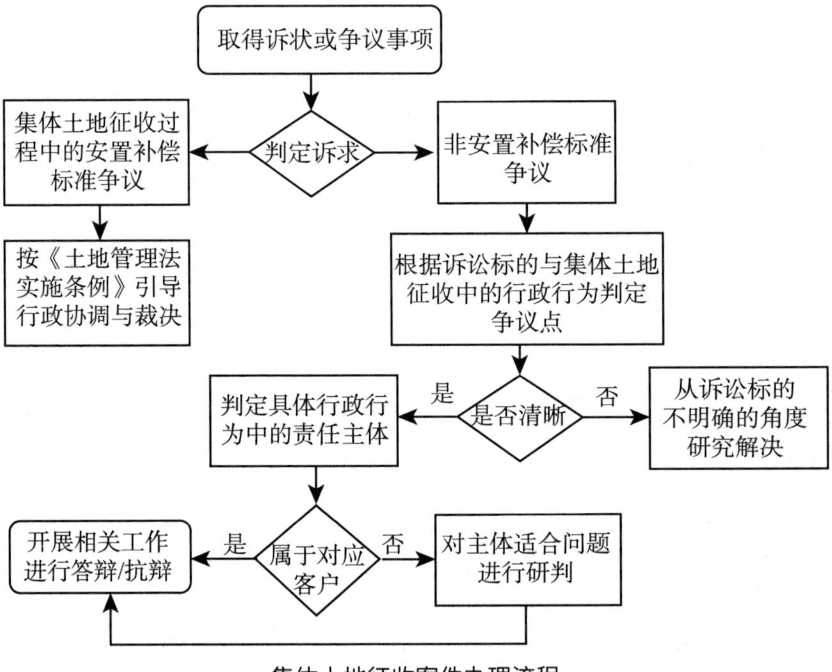

集体土地征收案件办理流程

在重庆法律服务市场中，较少有律师专门从事政府法律顾问，更多为从事民商事乃至全领域，兼做行政法相关法律业务。静昇选择的是组建一支专业团队专注于此。这支由熊伟、岳敬华、单任等组成的 20 多人的政府法律顾问队伍有自己的特色，第一，对行政法领域有深刻研究；第二，通过与客户长期稳定的合作，对客户的专业业务了如指掌，从而逐步打造出一支既懂法律又了解客户业务的专业律师团队。例如，通过大量实践，静昇团队在研究后发现以裁定作为结案的行政案件超过一半，客户更希望用“短平快”的程序方式解决问题时，便能够提供更高效的方案为客户提供服务。

例如，在静昇律师代理的许某、谌某诉重庆市某区县国土局请求履行“农转非”法定职责一案中，静昇律师凭借其长期提供集体土地征收法律服务的专业经验，结合重庆市征地人员安置政策，整理出“‘农转非’并非特定行政行为，而是涉及不同行政机关的多个行政行为的集合”的观点，并提出原告诉请不明且被告主体不适格的答辩观点。该观点不仅得到了法院采纳，高效地解决客户诉累，更成为当地法院审理征地人员安置争议案件中较为统一的裁判思路。

在彭静长期的感染下，静昇律师将律所服务于地方社会经济发展的理念铭记于心。研究在前，案件在后，更是静昇政府法律顾问团队的常态。“政府职能不仅限于传统行政权的行使，助力地方社会经济发展也是政府职能的重要组成部分。因此，我们亦需要紧跟国家和重庆的发展步伐，研究那些与社会经济发展息息相关的前沿问题。”单任说。

静昇政府法律顾问团队的视角，已经不局限于传统行政法律服务本身。例如，对于国家越发关注的营商环境优化和生态环保等问题，静昇已经通过内部研究及外部资源整合，开发了对应的服务产品并在客户中推广。

债券融资领军，投融资的咨询专家

并购与投融资法律事务部是静昇的核心业务部门之一。曾助力多家大型公司企业债、公司债、短融、中票等债券的发行，自 2006 年参与债券发行法律服务以来，静昇并购与投融资法律事务部的债券法律服务团队提供了上千亿、全品种债券发行（含境外债）法律服务，在债券业务法律服务领域创造了多项第一。

并购与投融资法律事务部负责人陈兵，在静昇执业已经有 22 年，在《2020 钱伯斯亚太指南》被评为“公司 / 商事：西部（重庆）”领域的“受认可律师”。他带领的静昇债券业务团队在重庆法律行业就“债券融资”领域享有盛誉。他认为，若要指出并购与投融资领域哪个细分业务是静昇的特色，那一定是债券融资。

静昇接到的第一单债券融资业务是重庆机电集团的中票债券发行，这也是陈兵的第一单发债业务。虽然当时该业务在静昇并无先例，陈兵与其他静昇律师们依然漂亮地完成了这一仗，这以后，企业慕名而来，静昇的发债业务也逐渐兴起。

对于静昇而言，有重大代表性意义的是担任重庆南岸区城市建设发展（集团）有限公司（以下简称南岸城投）海外 10 亿美元债发行人境内律师。依托于中新项目，重庆企业获得发行境外债（新加坡债）的机会。但在当时，很多企业对于境外债的发行并不了解，即使有资格发行亦找不到合适的方法。

“该项目最重要的信用评级，以及发行成本控制，静昇与中金通力合作，协助发行人被国际著名评级机构标普、惠誉评为 BBB +，这是发行成功以及发行利率低的关键。另一影响因素是汇率，静昇与中金协助发行人综合评估，通过特殊技术处理，成功实现发行成本控制。”陈兵说。

在南岸城投项目中，静昇的“朋友圈”得到了发挥。中国国际金融股份有限公司与静昇律师事务所是战略合作伙伴，在西南片区，双方已经合作了大量项目。在该项目中，为控制汇率风险，中金和静昇讨论之后，确定了“锁息不锁本”的方式。最后，静昇与年利达、金杜、海问共同为该项目提供全程专项法律服务，在新加坡成功发行。

该项目作为中新（重庆）战略性互联互通示范项目在金融领域合作的成果，是重庆市区级平台首次取得两大国际评级机构标普、惠誉 BBB+ 的信用评级，不仅是重庆区级平台国有企业在国际市场的首次亮相，亦继续巩固了静昇在重庆债券发行法律服务领域的领先地位。

此后，静昇协助多家公司提高信用评级或发行债券，如临空投集团、遵投集团、两江开投集团、保税港集团、悦来集团、太极集团等。

做问题的解决者，成为静昇在投融资领域客户圈形成良好口碑的不二法门。

精英团队的缔造之道

“视野国际化、服务精细化、团队精英化、管理一体化”，是静昇在过去 20 年发展探索中总结出的特色发展模式，其中，“视野国际化”是发展方略，而后三者，则圈定了当前静昇内部运作的主要内容。

管理一体化

静昇，采用的是主任负责制的管理模式。目前除主任之外，还设置两名副主任，副主任主要负责业务管理。

在静昇，依循“合伙人共治”的理念，事务所重大决策由合伙人会议讨论进行，而对于一些不需要通过召开合伙人会议来决定的决策或思想，静昇参照国有企业的总经理办公会模式，通过“主任办公会”这一机制加以讨论、决策并落实。相较于管委会决策体系，静昇目前的主任办公会优势在于高效。主任办公会决策的事项，由副主任下发各部门或各合伙人团队执行。

静昇的管理一体化，实际上涵盖了三个层面：文化理念一体化、人员管理一体化以及制度一体化。其中，人员管理一体化无疑是其核心。

目前，静昇根据律所实际情况，采取了提成制与公司制共存的“一所两制”分配方式。即律所内部既有以公司制模式进行运作分配的团队，也有采取提成制模式的团队，大多数律师都是薪酬律师，而合伙人则以提成为主，但也不乏专注做业务的薪酬合伙人。

“我们鼓励薪酬律师做创收，但薪酬机制本身就是为了保障缺少创收能力的律师能够安稳执业，如果在他们没有稳定创收能力时允许转创收律师，对他们的职业发展其实是不利的，也违背了我们设立这一机制的初衷。”彭静说。

而在晋升机制方面，静昇内部将薪酬律师分为助理律师、协办律师、主办律师、主管律师四个等级，每个等级内部还按年限进行细分；合伙人则分为初级合伙人与高级合伙人，由是形成了多层级、横向及纵向的人员一体化体系。随着目前各级别律师的不断充盈，静昇人员结构不断优化，逐步形成了当前比较合理的人才梯队。

此外，在制度一体化方面，静昇还制定了一系列保障服务质量、提升律师效率的服务制度与工作规则。随着律所 OA 系统、统一用章等配套制度的建立和完善，静昇也将形成完整、统一的一体化管理模式，驱动律所不断优化发展。

团队精英化

律所一体化管理体系的建设，最核心的是希望培养出一大批具有专业分工的精英团队，这些精英团队通过分工协作，为客户提供最优质的服务。

由于静昇主要服务于重庆的高端客户群体，因而在律师团队的建设上也选择了“精英化”路线，确定了“业务团队化、团队精英化”的整体方针。所谓精英化，不仅要求律师专业素质过硬，也要求律师乐于奋斗、有事业心，更要求律师具有管理业务和团队的能力。

“精英是对一个人综合性素质的概括，职业能力、个人修养，都需要到达一个较高高度。”彭静这样诠释静昇的精英化路线：“专业素质过硬是根本，奋斗是一名律师走向精英的基础，小富即安是无法真正做好律师这门事业的；管理能力则是进阶精英的门槛，不仅要单体强，更要具有带着团队共同前进的能力。具备了这三重素质，才能称得上是一名精英律师。”

在这种精英化思路的指引下，静昇培养和集聚了一批优秀律师人才，这些分布在各个团队的人才在各自业务领域都足以跻身第一梯队，聚合而成的战斗力自然也不容小觑。

为了让所里的年轻人能够更快成长为“精英”，静昇在“建立一套更系统、更全面的培训体系”这一方向上做了诸多努力，并形成了具有自身特色的“师道”文化：在静昇，每位年轻的律师都会有一个相对固定的指导老师，作为之后的成长带教前辈。同时，新人能够很快接触到项目，每个项目均采取包括主办律师、协办律师、助理律师在内的团队协作模式，并要求新人律师全程参与，其中合伙人、资深律师会在执行过程中自然而然地给新人以言传身教，让新人能够从这些业务机会中接触到各种各样的案件，学到不同合伙人的长处，从而找准自己的业务发展方向，并稳步成长。

而在具体培训制度方面，静昇设计的“静昇法学大讲堂”“教授讲堂”“律师讲堂”“青年律师沙龙”等培训制度覆盖了律师成长过程中的各个不同阶段，为静昇律师创造了一个优秀的学习与成长环境。

不仅如此，静昇还拥有一套严格的人才需求状态指标系统，能够通过分析静昇人才培养的当前情况和实际需求，适时调整培养计划。

2017 年，静昇启动“精英人才培养计划”，为有发展潜力的年轻律师提供专业定位方面的定点培养，做到“按需培养”，从而将律师们培养成未来行业的“明星律师”。2020 年 7 月，为期三年的第一批“精英人才”结业，同时，第二批“精英人才”启动。

目前，七位结业精英均在静昇青年律师队伍中成长飞快并担任重要角色。例如，作为静昇争议解决中心主任的熊伟在结业后成功晋升事务所高级合伙人；入选重庆市律协第七届理事会企业法律顾问专业委员会主任、教育培训委员会委员、考核委员会委员、成渝城市群建设法律服务研究中心研究员。“90 后”博士林卯律师作为专业带头人，成功晋升事务所合伙人；入围“2019 年度最佳商业交易（非诉讼）律师”；入选重庆市律协第七届理事、国际业务专业委员会委员。他们正是静昇人才体系下培养出来的优秀律师代表，亦是静昇这套人才体系的验金石。

服务精细化

静昇的精细化服务不仅表现在专业部门的设置和培养，亦表现在具体机制上。过去 20 余年里，静昇摸索出了一套精细的沟通服务细则，覆盖到客户、中介机构、自身等多个层面。

于客户而言，如何与客户进行服务、如何与客户沟通联络、如何提交项目计划与成果，如何进行工作留痕；于中介机构而言，如何相互配合协调、如何完成客户资料搜寻；于静昇自身而言，如何制订项目计划、如何制作材料文书、如何收集资料并做到什么程度……凡此种种，静昇均有着成文的明细要求。在与客户、中介机构接触时，这些明细要求能够规避掉各种常规问题，也使静昇律师在客户、中介机构眼中留下了专业、严谨的整体形象。

近年来，静昇又采取了一系列内部措施，进一步提升了自身服务的精细化水平。

一方面，静昇逐步形成了具有自身特色的法律服务产品。以政府法律顾问为例，静昇梳理了政府部门工作中的各个行为和内在逻辑，通过这套逻辑，静昇能够在服务过程中针对客户不同需求对症下药，提供最符合客户预期的服务内容。

另一方面，静昇也积极推动律师观念的转变。“法律服务既是法律，也是服务，以往我们律师可能更多关注法律，关注专业，而在服务方面有所欠缺。”单任表示，“近年来我们一直在要求律师们主动转变观念，增强客户体验”。为此，静昇建立了系统的客户回访、服务评分制度，通过细节加强服务效果。

通过产品打造，静昇建立了精细化的法律服务流程；通过观念转变，静昇在客户体验方面取得了显著进步。“未来，我们还考虑根据市场需要，在业务部门层面也进行更精细化的分工。”彭静说，“我们会将这个战略持续贯彻下去，唯有如此，方能更好地搭建静昇发展平台，帮助静昇步入更广阔的发展空间”。

“管理一体化、团队精英化、服务精细化”的理念虽然在静昇20周年之际才被总结概括，但她在自一体化管理搭建开始便承袭至今，该理念的践行构成这家律所的规范底色。这既是外界对于静昇“高大上”“训练有素”“有很好的培养机制”等评价的由来，亦是静昇能够以高质量服务大型客户的基石。

共生文化，构筑团结底色

“共生、感恩、忠诚、奉献、关爱”是静昇始终坚持的文化理念。其中，“共生”是静昇最为显著的文化气质，众多静昇律师，无论资历20余年的“老”律师抑或是新加入的年轻律师，均对此有很深的体会。

何为“共生”？在彭静看来，静昇的“共生”文化至少包含了3个层面，且层层递进：第一层含义是在律所内部搭建共生体系，将律师个人与律所融为一体；第二层含义是律所与客户之间共生共赢；第三层含义是与社会共生，律所通过公益活动践行其社会责任，以感恩之心奉献社会，共筑和谐。

1999年，创立3年的静昇就以成文的方式提出了“共生”的文化理念，“这也是在律所发展过程自然形成后进一步提炼出来的，并且一以贯之地体现在事务所的管理制度与文化活动中”。静昇合伙人杨维岗律师说道。

正如静昇实行的一体化管理模式，合伙人共治、全所行政运营服务平台、全所的业务培训体系等，无论是事务所的日常管理还是人才培养，静昇始终贯彻其“共生”的发展理念。静昇希望并致力于打造一个律所全体人员与律所共同成长的文化氛围。不仅是律师，也包括静昇的行政人员，彭静举了一个例子，律所在举办维护客户的访谈活动时，会有意地让行政人员参与，“这是为了让行政人员走进律师的工作，增进相互间的理解”。彭静解释道。在事务所的其他公共活动中，合伙人、普通律师及行政人员都会共同参与，这些微小的细节恰是静昇“共生”文化的体现之一。

2001 年，静昇为加强所内专业建设和知识积累，在业内较早地创办了律所季刊《静昇律师》，并设置了多个栏目，全方位展示着律师风采和事务所风范。其中“资讯大事记”“特别报道”“热点聚焦”“实务论道”4 个栏目网罗行业资讯，关注社会热点问题，展现静昇律师的社会责任感及法律专业能力；“静昇圆桌”“静走天下”“静昇人物”等栏目对社会热点进行广泛讨论，通过游记、摄影作品、读后感、诗歌、执业生活感悟、时事评论等内容，展现静昇律师的思辨能力和情怀风采。

“在这个信息爆炸的时代，静昇仍坚持办纸质杂志。我们要留下自身发展的历史痕迹，也可对外输出有价值的普法内容。”彭静说，“此外，这也是律师们展示自己的舞台，律所对外沟通的一个窗口”。近二十载，《静昇律师》已不间断出刊几十期，在展示静昇律师形象、体现律所文化的同时，无形中也加强了静昇律师的凝聚力。

静昇重视文化传承，倡导并鼓励学术研究，除了已持续发刊近 20 年的《静昇律师》刊物，静昇还资助与西南政法大学联办的“静昇大讲堂”、参加各种学术和专业论坛，对参加培训的律师给予补助，对发表研究文章论文的给予奖励等。2016 年，静昇 20 周年，律所推出了《山城律踪》，选取了从 1996 年至 2016 年 20 年来，静昇律师承办过众多案件中 21 个代表性案例，讲述其办案足迹，从中也反映了当下的社会环境，并在某些方面也折射出重庆社会的发展状况。

“在重庆发展的这些年，每一步都有静昇的脚步。通过不断提高自己的专业知识，在和谐中共生，在创新中发展，这就是静昇。”彭静说。对内，静昇还会通过一系列团建活动，丰富律师生活，增强事务所的凝聚力。弦歌不辍，薪火相传，在静昇的年会上还有一个特殊的奖项——共生奉献奖，以此表彰与事务所长情陪伴的律师们，“他们用热情与无私引导静昇的青年律师不断成长，用智慧与忠诚奉献静昇的发展壮大。”对外，静昇始终以“搭建平台”“共享资源”“共生发展”为发展理念及合作主张，并希望通过建立专业服务联盟平台，同时依托知联会更紧密地与民营企业互动对接，构筑共生共赢的“朋友圈”。

公益活动亦是静昇文化内涵的外部呈现。每一次公益活动，静昇律师均能够积极响应。2012 年，静昇联合重庆妇联与女律师协会发起成立了“重庆妇女儿童维权律师团”，并由主任彭静出任团长，15 名律师受聘成为首批成员，无偿为需要帮助的妇女儿童提供法治宣传、专业咨询、法律援助等服务。8 年来，越来越多的志愿者律师陆续加入这一团体，针对权益受害的贫困妇女提供“一对一”法律帮助、免费代理法律诉讼、调解家庭矛盾、与未成年人保护法律志愿者合作……如今，服务团成员已达 400 多人，足迹遍布重庆 20 多个区县。

此外，静昇律师还连续 20 多年为重庆女子监狱提供无偿的法律服务，开展交谈活动，并且每年的“三八”妇女节都会在女子监狱举办普法宣传活动。“监狱是一个比较敏感的地方，被羁押人员也是一个特殊群体，因此静昇在开展公益活动的时候也会更加小心谨慎，并从政治、专业、阅历等方面对参与律师进行筛选。”静昇女律师联谊会执行会长、持续多年带队去重庆女子监狱进行普法的岳敬华律师说。

做一家有社会责任感的律所，在彭静看来，法律人有其天然的公益情怀。她本人即担任重庆女性公益联盟第一届副主席，并多年在重庆政协乃至全国政协建言献策，在她的带动下，公益也成为静昇的另一份事业。在律所内部共生共荣、以专业与客户共生共赢、用奉献情怀与社会共生的路上，静昇一直在前进。

国际视野，适度规模

地处中西部的重庆，却有着内地城市罕有的开放性。为了更好地服务重庆企业“走出去”，静昇还很早制定了自身的国际化战略。但在国际化路线上，有别于开设分支机构或与境外律所进行合作，静昇选择了一条差异化竞争之路——不仅与律所合作，也与其他机构如会计师事务所进行合作。

2003 年，静昇与香港陈叶冯会计师事务所达成共同开拓境内外业务的合作事宜；2006 年，静昇又与香港黎炎锡律师事务所达成战略联盟，彭静还随胡锦涛主席率领的代表团参加在越南召开的 APEC 峰会；2008 年，静昇与加拿大陈丙丁律师事务所达成合作协议，时任重庆市市长王鸿举、时任加拿大安大略省省长苗大伟出席签署仪式；2010 年，静昇与丹麦王国驻重庆领事馆签署战略合作协议，协助丹麦企业在重庆投资提供法律服务；2014~2016 年，静昇分别与比利时安特劳律师事务所、香港许允立律师事务所、美国 GT 国际律师事务所、香港赖文俊律师事务所达成战略合作；2017 年，在中新项目的合作深入下，静昇与新加坡立杰律师事务所和新加坡胡官陈会计师所形成更深度的合作关系；2019 年，静昇将目光转向西伯利亚，与俄罗斯圣彼得堡库图佐夫律所和俄罗斯安永会计师事务所成为高质量合作伙伴……这种以客户为本、不局限于行业内部合作的思路，帮助静昇取得了赫赫战绩。

在服务国企“走出去”的过程中，静昇还发挥自身优势进行了探索创新。在国企扎堆进行海外并购的风口时期，静昇创新设计了一套海外并购的项目管理模式，与海外律所共同服务国企进行海外并购。这一模式还被静昇客户在重庆大学的 EMBA 课程中作为范例进行了分享。

“我们从来都是开放的，时机成熟走出重庆，落子省外均有可能。”彭静说。静昇的国际化战略，立足高远同时又脚踏实地，能够和五湖四海的中介机构达成合作关系，形成有效的业务往来，同时亦不盲目设所。

近几年，随着全国性大所抢滩重庆市场，布局成渝等地，重庆本土律所纷纷合并壮大规模，对于坚持走品质路线的静昇而言是个挑战。但在彭静看来，静昇从来不惧外部市场的变化，专业能力始终是静昇的核心竞争力，而拥有培养更多优秀业务领军人才的能力、在专业上出类拔萃是静昇可以实现，以及与更多法律同行相互切磋之处。

在2016年，静昇的20周年总结会议上，静昇便提出了“西部一流、重庆领先”的目标，为朝着该目标进军，静昇将在三个方向上发力。第一，继续加大业务研发的投入，包括在政策上和专业领域上，明确客户的最新需求；第二，静昇亦考虑在重庆市内布局落子，在保证服务质量的前提下适度拓展规模，吸引更多志同道合、对于专业有执着追求的法律精英加入；第三，继续完善内部的管理制度，目前，静昇已经完成过往二十多年的制度梳理，将重新对于律所内部的各项制度进行调整，以更好适应下一个五年的腾飞。

结　语

“山不在高，有仙则名。水不在深，有龙则灵。”作为一家法律服务机构，静昇所出具的最好成绩单，不是规模，不是创收，而是客户名单和客户口碑，是过往扎扎实实的每一个大型项目。静昇深知这一点，在过往的发展中，她一直致力于“以客户为中心”，坚持不断创新，不惧挑战，不畏艰险，攻克一个又一个法律难题，为重庆的法治建设、经济发展献计献策。

我们有理由相信，在坚持“视野国际化、服务精细化、团队精英化、管理一体化”的倡导下，在坚持“共生”文化的熏陶下，静昇律师将一代代传承，成为推动重庆经济社会发展的重要律师力量。

浩天信和

以传承赋能革新

毛姗姗　伊晓俊

浩天信和主任　刘鸿

浩天信和律师事务所管理委员会主任、合伙人　徐羽

2019年中，浩天信和律师事务所主任刘鸿召开了一次管委会会议，会议宣布由所内合伙人徐羽担任管委会主任。这不仅标志着浩天信和开始施行律所主任和管委会主任分离的制度，也意味着浩天信和年轻一代已从老一辈手中接过了律所管理的接力棒。

在新一届浩天信和管委会中，“80后”“70后”成为主力军。“年轻人的时代来了，我对他们充满信心。”刘鸿说。

当然，新管理团队组建，仅是浩天信和近年来变革动作的其中之一。两年来，浩天信和不仅在人数规模上实现了231%[①]的增长，也正在进行从业务发展、管理机制到文化内核的全面升级。

22年，老一辈开拓者究竟沉淀了哪些文化让后继者得以传承？浩天信和又怎样在短短的几年时间里，以新的面貌绽放于世？

就让时光先回到1997年的春天。

聚力与开拓，厚积22年

1997年1月1日，《律师法》正式施行，它在法律层面上确立了中国律师事务所“合伙制”形式的存在。

这年3月，北方律师事务所创始人之一贾春生离开原所，同君合律师事务所合伙人马晓刚、经纬律师事务所创始人之一的权绍宁创立了一家“区别于传统形式”的律师事务所，定名为“浩天”。

说来也巧，北方、经纬、君合、大地，是司法部于1988年批准的中国第一批合作制律师事务所。而浩天，携带着第一批四家合作制律所中三家的基因诞生了。

诞生：奠定三大基石

浩天的早期历史特色鲜明，创所前五年所定下的三大基石：专业化分工、律所管理制度、“兄弟”情义，潜移默化影响着未来20年的发展。

在90年代初期，法律服务市场尚处于起步阶段，强调专业化发展的律所并不多见。作为浩天创始合伙人之一的马晓刚是律所首位主任，他将“打造一个有特色、有制度、有影响力、有传承的专业法律服务平台”定为律所宗旨，而浩天也在创所初期就明确了律所发展方向和专业定位——成为一家以房地产、知识产权和资本市场业务为核心的商事综合律师事务所。

① 数据来源：ALB公布的2017~2019年《中国律所30强》。

当时，中国房地产市场方兴未艾，贾春生便以此作为主攻方向；权绍宁则主要专注公司、证券等业务；而曾任职于国家版权局的马晓刚，对于知识产权业务，尤其是著作权案件的处理轻车熟路，知识产权业务成为其专业特色。

进行专业化分工只是第一步，马晓刚、贾春生、权绍宁等创始合伙人在律所成立不久后，便对浩天的组织架构、分配体制、业务管理、合伙人晋升、团队建设等方面进行了系统设计。在创始人们的不懈努力下，浩天信和形成了良好的制度基础、管理体系及团队结构，这也使事务所在成立后的 20 多年里始终保持充分的竞争力。

合伙制律师事务所的核心命脉在于“合伙人”，合伙人之间的互信构成律所发展的基石。马晓刚、贾春生、权绍宁三人是中国政法大学 83 届的同学，也正是同学间的互信关系，奠定了浩天“无兄弟，不合伙”的文化根基。

虽然，浩天早期的发展也算一帆风顺，但是创始人们一直在等一个人。在他们看来，若有此人的加盟，以他的格局和眼光、人格魅力与坦荡胸怀，一定能让事务所更上一个台阶。

2002 年，他们等到了。此人便是时任北方律师事务所主任的刘鸿。

刘鸿：聚人才，促发展

2002 年，刘鸿带着自己的团队加入浩天，并在不久后担任浩天律师事务所的主任。

彼时的浩天虽然有明确的专业化分工与制度规范，但是发展速度并不如预期。刘鸿上任后，推行了两项改革：第一，在“稳中求发展”的前提下，壮大合伙人队伍；第二，大力发展和培养青年律师，建立人才梯队。

对于律师行业而言，人才的重要性，在今天已经不言而喻。但在 17 年前，律师行业的人才培训和晋升通道，尚不是行业共识。

在合伙人内部形成共识之后，刘鸿继续推行了两个举措：第一，引进不同专业领域的优秀人才，打破团队固有格局，注入新鲜血液的同时扩展浩天的业务范围；第二，力主提拔更多年轻人，壮大合伙人队伍。2003 年，仅一年时间内，浩天十几位优秀律师晋升成为合伙人。而在此之前，浩天仅有 4 名合伙人。

一系列举措大幅度激发了所内律师的积极性，到 2007 年，浩天的整体创收已跃居北京律所的前 10 名。

因此，刘鸿也把浩天第一个十年的关键词定义为“吸引人才，凝聚力量”。

合并：揭开涉外业务发展序幕

在人才队伍建设取得阶段性成果后，浩天迎来了“蓬勃发展”的下一个十年。

随着中国加入世贸组织，中国政府不断深化外贸体制改革，完善外贸法律法规体系建设，在各个领域全面扩大对外开放。到 2006 年，对外贸易发展增速已经连续 5 年保持在 20% 以上，2007 年我国外贸进出口规模高达 2.17 万亿美元。① 彼时，刘鸿意识到，涉外业务将成为法律服务市场的蓝海业务，并开始在该领域谋篇布局。

刘鸿瞄准了浩天其他几位创始人的大学同学——李文。李文从中国政法大学毕业后曾任职于司法部下设的中国法律事务中心，因其外语能力突出，在 20 世纪 90 年代初被司法部选派赴境外深造，先后在香港地区、伦敦、洛杉矶等地的律师事务所实习、工作，积累了丰富的涉外法律经验，并于 1994 年在北京一手创办了主打涉外业务的李文律师事务所。

合并洽谈非常顺利，在李文看来，浩天主打争议解决、知识产权、房地产、公司证券等传统业务，而李文所则在涉外等非诉业务上颇有竞争力，双方合并后在业务上能够实现优势互补。此外，浩天的几位创始合伙人与他为旧识，做事方式和办所理念亦很接近。

2007 年，浩天与李文合并成为浩天信和，从此，也揭开了浩天信和业务发展黄金十年的序幕。在这个十年里，浩天的知识产权、争议解决等传统业务领域继续发扬优势，国际贸易等涉外业务领域实现了火箭式飞跃。

2019 年，浩天信和人数规模已近千名。多项业务领域获得客户与同行认可，其国际贸易、知识产权、TMT、争议解决、公司 / 商事五大业务领域上榜钱伯斯《2020 亚太法律指南》。

业务升级：九大核心为基础，新兴业务蓄势待发

业务发展一直是浩天信和的重头戏，而业务升级背后离不开对市场的敏锐判断和对于优秀人才的尊重与吸引。

为进一步明确今后律所专业化建设的方向，自 2019 年以来，浩天信和以“巩固优势业务、发展补强业务、开拓新兴业务”的思路推进事务所的业务整合，按照现有业务的创收水平、团队规模、行业影响等方面，将现有业务划分为核心业务、补强业务以及创新业务三大类型。

核心业务目前有 9 大类，包括争议解决、破产与不良资产、知识产权、TMT、金融、资产证券化、资本市场、房地产与建设工程、公司与并购。在巩固核心业务的基础上，浩天信和还将对现有业务进行深度挖掘，或作相应延伸，并不断开拓新业务。例如，家族财富传承、数据隐私合规法律服务、人工智能、医疗大健康等业务领域，都将成为律

① 《2007 年我国外贸进出口规模高达 2.17 万亿美元》，载《商务周刊》2008 年第 6 期。

所新的业务增长点，为律所今后持续发展提供原动力。

而从浩天信和核心业务领域的升级与新兴业务的开拓，我们不仅能够看到年轻律师如何通过历练成长为行业领袖，亦能看到传承与创新如何融贯于这家律所业务发展的全过程。

国际贸易：从“国家队”到“行业专家”

中国加入 WTO 组织之后的几年内，遭遇了各种类型的国际贸易摩擦，进口国从用反倾销手段来限制中国产品，逐步演变为保障措施、“337 调查”、反补贴、反倾销与反补贴合并调查等多种方式并用。大量的国际贸易纠纷案件既影响了我国产品的出口，也使国家、企业、行业协会在纠纷中耗费了大量的人力、物力和财力。

在此背景下，浩天信和组建起一支为中国企业解决贸易争端，应诉国外“两反一保”以及其他贸易救济措施的“国家队”。多年来，他们代表众多客户在反倾销、反补贴案件中以胜诉、零税率、达成和解等方式结案，维护了中国企业客户的最大权益。

目前，浩天信和国际贸易团队由孟庆欣、江鹏领衔，是国内该领域规模较大的团队，在贸易救济领域，尤其是反倾销、反补贴和 WTO 争端解决方面，所占市场份额居全国前列，在业界享有良好声誉。

在 1999 年以前，孟庆欣曾于中国对外贸易经济合作部（商务部前身）条约法律司工作，参与起草了反倾销条例、反补贴条例、保障措施条例等涉及对外贸易的重要法律法规。孟庆欣基于对国际贸易法律规则的深刻理解，在反倾销、反补贴等案件的应诉工作中为客户争取了大量的积极成果。

江鹏于 2009 年加入浩天信和。在加入之前，他曾供职于美国知名律所的国际贸易部，积累了丰富的国际贸易实务经验。早在 2001 年，他就曾代理马钢成功应诉美国商务部的反倾销调查，该案成为入世之后中国钢铁企业首次在美国赢得反倾销调查的经典案例，也为中国企业成功应对国际贸易摩擦提供了经典范本。

近年来，在浩天信和国际贸易业务中，有相当大一部分比例是代表国外公司客户应对中国商务部发起的贸易救济调查，以及代表中国政府参与 WTO 的应诉等。全球食品加工业巨头泰森（Tyson Foods Inc.）、巴西食品公司（BRF S.A.），以及世界著名汽车品牌日产、梅赛德斯—奔驰等都是浩天信和国际贸易团队的客户。

多年来在国际贸易业务领域积累的声望也使浩天信和赢得了法律专业评级机构的认可，在钱伯斯 2019 年 12 月发布的《2020 亚太法律指南》中，孟庆欣、江鹏入选“国际贸易 /WTO：法律顾问”的“第一级别”（Band1）。

知识产权："高"起点，"全"落点

创始合伙人之一的马晓刚在从事律师职业之前，曾任国家版权局版权处处长。1994年，时年37岁的马晓刚"心血来潮"，决定换个环境，"下海"做律师，在整个单位引起了很大震动。当时几乎所有人都对马晓刚的决定表示不能理解，认为他的仕途正处在上升期，假以时日定会有更好的发展。但辞职后马晓刚用短短几年时间证明，律师这个自由职业才更加适合他。

基于对著作权相关法律法规的熟悉，马晓刚很快将浩天的知识产权业务发展壮大。1998年，轰动一时的"十大电影制片厂诉著作权被侵案"正是由马晓刚代理。中央电视台对该案件的庭审全程进行了现场直播，这是我国法院首次面向公众的直播，足见案件影响力之大。2000~2002年，浩天知识产权团队代表国际唱片业协会起诉多家网站提供的MP3下载服务侵犯著作权，该类案件在全国尚属首例，成为当时的热点事件。这些案件迅速提升了浩天知识产权团队在全国范围内的知名度。

马晓刚凭借其在中国知识产权法领域的影响力，连续多年登上国际法律评级机构的榜单，在钱伯斯《2020亚太法律指南》榜单中，马晓刚被评为知识产权诉讼领域的业界贤达，以及媒体与娱乐领域的业界元老（Senior Statespeople）。其办理的许多法律实务已成为国家立法及司法解释出台的契机以及重要参考。

2005年，随着擅长知识产权代理业务的合伙人刘云贵的加盟，浩天的知识产权业务已延伸到国内外专利申请、知识产权转让、技术转让等领域。目前，位于北京的浩天信和知识产权代理事务所正是由他创立。

在国内竞争日益激烈的知识产权法律服务领域，浩天信和依托其在知识产权诉讼方面的丰富经验储备以及综合全面的人员配备，办理了许多由专利代理人员和诉讼人员协同作战的案件。

TMT业务：源于"知产"，布局多元

俞蓉于1998年加入浩天，目前她已是浩天信和TMT业务领域的负责人。据俞蓉介绍，浩天信和TMT团队之所以能迅速发展壮大，成为在整个行业颇具影响力的业务团队，同浩天信和多年来在知识产权领域的深耕不无关系。

俞蓉加入浩天时，律所规模并不大，但却已有非常明确的专业化分工。一开始，她便师从马晓刚从事知识产权业务。在著作权领域造诣颇深的马晓刚对待专业认真严格，俞蓉至今记得他曾一字一句修改自己所撰写的文书，面面俱到地为自己剖析案件。正是在这种"传帮带"式的培养之下，俞蓉得以迅速地成长，并对该领域产生浓厚的兴趣。

2009年，国务院通过《文化产业振兴规划》，标志着文化产业已成为国家的战略

性产业，以浩天信和为代表的律师事务所也将视野投向了涉及文化产业的法律服务领域。

早期的影视传媒业务系属浩天信和知识产权业务部门，俞蓉在办理业务过程中，积累了涉及版权领域的丰富实务经验，以及众多影视、文化产业的客户资源。

2009~2010 年，俞蓉亲赴欧美大型律所考察涉及影视传媒领域的业务，学习先进经验，寻求在该领域进行布局的可能性；另外，她开始在知识产权团队内集结有志从事文化传媒业务的律师，组建起专门从事 TMT 业务领域的独立部门。

2012 年，随着浩天信和公司法业务领域律师陶姗加入 TMT 团队，该团队已不再局限于知识产权业务，而是将服务领域拓展到影视行业的全产业链，包括项目投融资、公司日常业务、税务、投资并购等领域。

在这一时期，各地政府为推动旅游文化产业及地方经济发展，开始将民俗文化与现代艺术形式相融合的山水实景演出作为旅游项目，“印象”系列应运而生，一度成为引人关注的经济文化现象。浩天信和 TMT 团队也凭借其综合服务能力，助力“印象”系列等大型实景演出项目，提供包括法律结构安排、投融资、运营等在内的法律服务。

2019 年年初，浩天信和 TMT 团队开始谋求更大的发展。一方面，他们提拔优秀的专业律师为合伙人，继续壮大团队规模，现团队已有 9 名合伙人，40 余名律师及专业人员。另一方面，他们不断捕捉未来的产业风口，开拓更多的业务领域，包括数据信息安全、5G、体育法以及体育法领域之下的电子竞技等领域等。

根据 2019 年 10 月普华永道 Money Tree 报告显示，2019 上半年我国 TMT 行业投资金额降至三年低位。但目前，TMT 领域投融资的放缓并未对浩天信和 TMT 业务团队产生消极影响。

“虽然今年整个 TMT 行业投融资情况不甚理想，但是作为一支提供全类型服务的法律团队，我们 TMT 团队的业务收入有大幅增长，这是其他小型律师事务所或非综合类事务所无法比拟的优势。”俞蓉和陶姗如是说。

正是因为浩天信和在 TMT 业务领域多元化的布局，形成了全市场、多产品的综合服务能力，才使其在经济下行的环境中得以规避风险，并保持持续稳定的增长态势。

争议解决：从“定位商事领域”到“解决综合问题”

刘鸿在加盟浩天时，就对争议解决业务提出了明确的发展定位，即定位于高端商事领域的争议解决业务，由此也奠定了该领域此后 20 余年的发展方向。在成为律师之前，他曾于北京法院系统担任了 7 年审判员，丰富的实务经验使他擅长从案件细节和客户角度出发思考问题，并为客户提供具体、可行的方案。

刘鸿在行业内的资深地位得到了国际法律评级机构的肯定。在 2018 年钱伯斯公司 /

商事（东部沿海）领域的“焦点排行榜”（Spotlight Table）中，刘鸿成为唯一获评的律师。在 2019 年 12 月发布的《2020 亚太法律指南》中，他被评为争议解决领域的业界贤达（Eminent Practitioners）。

徐羽是浩天信和争议解决业务领域的新秀。在他 2007 年刚刚加入浩天时，浩天争议解决业务主要集中在商事诉讼和商事仲裁，客户主要集中于国内的商业银行和国有企业等。此后，徐羽凭借其扎实的业务功底及出色的外语能力，赢得了许多国际客户的信赖，浩天的争议解决业务范围也从传统的诉讼、仲裁领域拓展到境外裁决在境内的承认与执行、到境外参与诉讼、仲裁等方面。

为适应客户对法律服务日益多元化的需求，浩天信和争议解决业务的发展理念也在悄然发生改变。目前，“以客户需求为中心，提供更优质的解决方案”逐渐成为浩天信和该业务领域的指导思想，争议解决业务的服务方式也日益精细化、多样化。

“传统的争议解决业务，往往只关注案件的输赢，我们则更注重结合具体案件和客户的实际情况，为客户提出比打赢官司更优的解决方案。浩天信和争议解决的核心竞争优势就在于，能站在更高的维度去帮客户解决诉求，为客户提出综合性的多元解决方案。”徐羽说。

在争议解决业务领域，浩天信和依托其更为多元、灵活的解决方案，能够有效地帮助客户节约诉讼成本。此外，在案件的处理上，站在更高维度的布局也让更多客户对其服务产生信赖感与认同感。在浩天信和，把通过争议解决业务累积的客户输送到非诉法律业务的例子不胜枚举。

管理改革：年轻一代，“打造平台”

中国法律行业进入 2010 年以后，规模化的浪潮一波接着一波。一向以“稳健发展”为指导思想的浩天信和，也适时而动。

2015 年，浩天信和开始在全国范围内密集布局。短短 3 年，浩天信和在原来 3 家分所的基础上，又新增了 16 家。同时，律所内部开始推进管理改革，老一代创始人逐渐退出管委会，年轻一代登场。

新任管理小组就位

2019 年，浩天信和的新任管理团队正式亮相，其中由徐羽、俞蓉和秦丽萍三名律师作为管委会的执行小组成员，主要负责律所层面重大事项的决策和协调工作。

“我们一定要意识到，我们的时代已经过去，未来是年轻人的。律所年轻一代管理者的培养，没有提前 5~6 年的布局，是不成的。”刘鸿说。

与目前中国其他大所的创始人一样，律所的长远发展和传承问题是刘鸿在几年前就一直在深入思考的问题。2015 年，他又着手落实三件事：一是协调老一批创始合伙人逐步退居幕后；二是在优秀的年轻合伙人中选拔管理人才；三是吸引有管理能力的优秀合伙人加入管委会。

刘鸿认为，律所的未来领袖必须同时具备以下三个素质：优秀的品德，较强的管理能力，出类拔萃的业务水平。

徐羽正是这其中的代表。2007 年，已经有着多年非诉经验的徐羽加入浩天信和争议解决团队。多年来，徐羽不仅在争议解决领域能够洞悉市场的变化，为客户提供更有价值的服务；在管理上，也体现出高效的执行力和决断力。

徐羽至今记得刘鸿当时对自己管理上的培养，“刚进管委会时，需多听多看；过一段时间后，在一定程度上要发表自己的意见，多参与；再之后，要多决策，多承担责任”。

在管委会的四年里，徐羽从 2015 年分管行政，接触到事务所的方方面面，跟多类事务打交道；到 2016 年分管财务，秉着严谨审慎的原则，审批事务所的每一笔开支。徐羽在刘鸿的指导下快速成长。他至今记得，他刚担起财务管理职责时，刘鸿曾语重心长地对他说，“事务所的钱和自己的钱不一样，要非常谨慎”。这或许是一种言传身教，刘鸿本人非常大度，但在事务所的支出事项上，始终主动让自己“头悬一把剑”。

因此，“严谨细致”成为徐羽分管律所财务的大原则，确保合伙人们的每一分钱都花在刀刃上。

正是有了 4 年的律所管理实战经验以及三人决策小组的架构机制，徐羽对于做好管委会主任一职充满信心。

在此基础上，浩天信和从 2019 年年初开始推行管委会成员“一带二”培养模式，即在管委会内部推行以一位管委会成员带领两位年轻合伙人分管各自管理板块的培养模式，为管委会储备更多人才。

制度升级后的平台打造

新管委会就位后，制度升级紧随其后。合伙人分级制度与律所管理专业化成为保障事务所进一步发展的必要条件。

2019 年年初，在内部管理上，浩天信和实行了合伙人的分级。合伙人分为三级，依次为授薪合伙人、普通合伙人与高级合伙人。分级的目的旨在让律师从进所的第一天开始，就有一个清晰的成长路径。

为推进律所的专业化布局，实现“专人办专事”，浩天信和在管委会之下设置了三个部门，分别为综合管理部门、业务管理部门和专业委员会。综合管理部门包括行政、人力资源、财务、品牌宣传、市场推广、网络与信息化等部门；在业务管理部门中，有利益冲突解决委员会、风险控制委员会和业务培训委员会；在专业委员会下，按照目前律所的核心业务、补强业务、创新业务为方向分成若干个专业部门，这些专业委员会通过对学术理论、具体案例的研究来推动团队业务能力的提高。

与此同时，浩天信和亦聘用专业管理人员来执行管委会决议、落实律所管理和公共事务的发展。2019 年，浩天信和的专业化品牌团队组建完成，负责律所的品牌建设、宣传推广、媒体对接等事务。

管理上一系列的创新变革，将促进管理制度的日臻完善和公共服务体系的高效运作。徐羽提到，在未来，浩天信和的发展将始终围绕“打造平台”展开，“以合伙人个人进行业务拓展的模式”发展为“以平台为基础来扩展业务”的模式，以此为客户提供更全面高效的服务。

快速布局下的国内外网络

目前，总部位于北京的浩天信和，在上海、南京、香港地区、广州等多地共设有 21 家办公机构；国际方面，通过加入 TerraLex 联盟，与全球 100 多个国家的律师事务所建立了合作关系，为遍布全球的客户提供全方位的专业法律服务。

“浩天是循序渐进地发展，把控好过程中的风险。”刘鸿在谈到律所规模化布局时说，“在这种前提下，我们不是盲目地为大而大，做强、做精是我们的目标”。

在早期，中国律所的分所布局以客户为导向，浩天上海、香港、南京等办公室的设立主要源于此。2010 年之后，经济发达地区和政策红利地区亦成为律所布局重点，浩天信和也相继在广州、深圳、重庆、成都等地布局。

在总所和各地办公室合作时，如何进行业务切分和利益分配是律所面临的难题。而浩天信和对此作出明确规定，原则上合作的规则机制由总所制定，在此基础上，充分征求各地办公室意见，达成一致后，严格依照规则执行。于是，有了总所和各地办公室之间业务合作的频繁和顺畅。

浩天信和总所和各地办公室之间的业务合作，集中体现在各业务部门、各个办公室之间能够实现无障碍、跨区域的协同配合。在一起发生在上海的涉及基金领域的争议解决案件中，由于牵涉诸多银监会方面的规定，浩天信和北京总所的争议解决团队同上海办公室的基金业务团队合力为客户提供更为专业、全面的服务。随后，案件峰回路转，诉讼案件的相对方出现了严重资不抵债的情形，案件被迫进入破产程序，浩天信和杭州办公室的破产团队遂即跟进该案，主导了该破产案件的最终走向。

在此案中，北京、上海、杭州三地办公室的不同业务团队实现了无障碍、跨区域的协同作战，有效为客户节约了诉讼成本，争取了利益最大化。而该案只是浩天信和总所和各地办公室之间跨区域协同办案的一个缩影，在未来，浩天信和的业务一体化建设还将促成更多此类合作的实现。

在国际化方面，浩天信和依托 Terralex 同全球的律师事务所实现合作。TerraLex 是一个全球性的律师联盟，由来自 100 个国家的 150 多家律所组成，囊括了超过 19,000 名律师，能够无缝地为来自全球的客户提供及时、快速、高效的服务和解决方案。

2019 年，已是浩天信和加盟 TerraLex 的 12 个年头。根据 TerraLex 的政策，在一个国家和地区只能有少数几家律师事务所作为联盟的会员。目前在中国大陆，仅有浩天信和及另外一家会员律所。多年来，浩天信和同 TerraLex 保持紧密的合作，形成了良好的互信关系。2019 年 9 月，TerraLex 联盟的商务官员 Tim Shannon 受浩天信和邀请，参观访问了北京、上海、深圳和成都办公室并开展演讲，介绍 TerraLex 的工作机制和服务模式，同时寻求在未来有更多中国业务方面的合作。

浩天文化：从“小爱”到“大爱”

2019 年 10 月 24 日，由浩天信和律师事务所发起的“浩天信和 · 公益有我”北京市法律援助志愿服务计划启动仪式在中国政法大学举行，该计划是为贯彻落实中央和北京市委关于加快推进公共法律服务体系建设，在北京市司法局指导下，由北京市法律援助基金会主办，旨在带动在校法学学生、实习律师以及社会各界人士参与到奉献社会活动的志愿服务计划。

这项计划是浩天信和积极投身社会公益事业的一个缩影。在成立之初，浩天信和就立下了“成为一家有社会责任感的律师事务所”的宗旨，多年来，浩天人在捐助汶川地震、西部律师研修计划、希望工程、北京冬奥会志愿法律服务等公益活动中都留下了闪亮的身影。

在徐羽看来，正是因为有浩天信和“无兄弟，不合伙”的“小爱”根基，才有了心怀天下、热衷社会公益的“大爱”升华。公益活动的举办，不单单是善念的推广，更多的是基于人对于美好事物本身的追求以及源自律师职业本身的道义与责任。

浩天信和成立以来，主要创始人历经 20 多年风雨，依然彼此信任，得益于对情义的珍重与相互包容。如今，浩天信和希望借助开展社会公益事业，将这种“利他”“共享”的价值观传递到全国各地办公室的律师群体当中，主任刘鸿也时常告诉浩天的律师们，要主动承担社会责任，勇于奉献。

2020 年伊始，一场突如其来的疫情席卷中华大地。面对疫情，浩天信和律师们通过多种形式，参与到这场全民“抗疫”战斗中。

疫情暴发初期，包括湖北省在内的全国多地出现医疗物资紧缺的情况。浩天信和律师们倾囊相助，奉献爱心。从2020年春节截至2月初，浩天信和律师事务所全国各地办公室通过事务所统一募集、个人自发以及向民间团体和社会组织捐款等形式，捐赠款物逾100万元人民币。

捐赠物资之外，浩天信和律师发挥专业优势，开展疫情相关法律问题研究，为社会各界应对疫情提供专业法律服务保障。疫情期间，浩天信和律师发布《关于购买、捐赠医用防护用品的实践指引问答》《疫情阶段慈善公益组织医疗物资海外采购流程规范指引》等一系列高质量专业文章，涉及慈善捐款、海外物资采购、企业用工、商业租赁合同履行、金融证券等方方面面的法律问题，为人民群众应对疫情排忧解难。

此外，浩天信和律师积极参政议政，为国家“抗疫”建言献策。2月6日，全国律协副会长、全国政协委员、浩天信和合伙人会议主席朱征夫联合其他五位政协委员向全国政协提交《关于广泛建立统一管理的隔离场所实行集中隔离的提案》，建议政府在必要时统一调配民用设施作为隔离场所，推广统一隔离机制，及时有效阻断疫情传播途径。

上善若水，大爱无疆。考虑到疫情对湖北地区社会经济造成的影响，浩天信和还将成立由中国法律援助基金会牵头，湖北省法律援助基金会作为具体执行机构，浩天信和作为捐赠方和联合组织方的公益法律服务专项基金，为湖北地区受疫情影响较大的个体工商户和中小微企业提供无偿公益法律服务。

文化对于一个组织的建立和发展至关重要，但它也往往会因为“无形”而被人们所忽略。而浩天信和则在如何传承组织文化、承担社会责任方面，给我们提供了一个生动的范本。

无论是律所初创期创始人相互间的鼓励扶持，还是各地办公室、各业务团队之间的互帮互助、优势互补，抑或是工作之余团队活动的其乐融融，再到推己及人、热衷社会公益事业，浩天信和已将律所内部团结互助的理念升华为“利他共享”的价值观和社会责任感。未来，这种文化内核也会在浩天信和年轻一代继续传承下去。

结　语

浩天信和20余年的发展，诠释了一家律所从组织的雏形走向现代化组织发展的全过程。

在这个过程中，传承与创新贯彻于这家老牌律所的发展始终。变化的是随市场而动的业务布局，管理制度的适时调整；不变的是尊重人才、珍视合伙情谊的文化内核。

对于一家有 20 余年历史的律师事务所，我们无法抛开其早期历史和关键节点的发展，亦不能忘却老一辈开拓者在那个时代满怀激情地以创业者的豪情奋勇向前。他们身上镌刻着时光的功勋。同样，我们也欣然看到，在新的时代来临时，前辈们急流勇退，将未来交给年轻人来开拓，以促进浩天信和这艘航船开得更快、更远，而律所的年轻人们也紧握这根接力棒继续朝前奔跑，奋不顾身。

在进行了一系列调整、发展、革新的浩天信和，在中国律师制度恢复 40 周年之际，完成了她的蜕变，呈现一家老牌律所的新气象。我们也期待革新之后浩天信和，在下一个 10 年继续续写她的辉煌，创造更多的奇迹。

中豪

放眼国际，不忘初心，持续深化公司制律所发展之路

20 周年论坛合照

中豪捐款 200 万元在华东政法大学设奖学金

在西南地区国家级中心城市重庆，20世纪90年代诞生了一家锐意进取的律师事务所，应时而谋、东拓西进，积极响应“一带一路”倡议，走出国门发展，大力协助国内企业“走出去”，在我国法律服务市场有非常重要的影响力。

它目光长远，打破国内传统律所发展模式，在中西部率先推开律所创新发展之路，成为彼时全国为数不多践行欧美公司制管理的律所；它深耕细作，稳扎稳打，开拓了许多享誉国内外的优质客户，吸引和培养了一大批优秀的专业法律人才；它视野开阔，创立仅3年就开盘落子，东进上海，成为首家在东部地区开设分支机构的西南地区律所；它志存高远，放眼国际，以拓荒者的精神与勇气率先进军全球法律服务市场……

它就是1997年创立的中豪律师事务所。从“白手起家”到“综合大所”，中豪博观而约取，厚积而薄发。23载，中豪一路高歌阔步，凭借前瞻视角，书写了一部西南律所成长为国际化综合性律所的精彩故事。

崛起于西南的“律界豪杰”

1997年，重庆直辖。这一举措对重庆未来发挥作为国家级中心城市的“龙头作用”和辐射效应，带动西南地区和长江上游地区的发展，以及以后在“一带一路”倡议实施中起到了极为重要的作用。中央对区域经济发展战略的调整，给重庆法律服务市场带来了新的契机。“重庆将是创业热土，发展空间巨大。”毕业于中国法学名校西南政法大学，并在体制内工作过的袁小彬非常敏锐地看到了这一重大历史机遇，毅然决定离开成都，去重庆创业。1997年，重庆直辖后第一家合伙制律师事务所——中豪，在这样的历史背景下诞生了。

彼时的重庆经济蓄势待发，律师行业自然翘首以盼。创立伊始，中豪专注于商事法律服务。3年以后，随着中豪服务的客户对外扩资覆盖的地域在国内不断扩大，以及客户多元化、集团化的拓展，中豪律师服务市场也相应地变化。老客户市场地域版图扩展到哪里，律师的服务就会跟进伴随到哪里。因此，中豪随之调整了定位，贴心陪伴成渝地区的大公司到上海、北京等地发展，中豪上海、北京分所应运而生，并在当地扎根发展。随着国内客户走出去发展，中豪也跟随走出国门，逐步转型为一家以商事法律服务为主的综合性律师事务所。其中，银行及金融、建筑房地产、PPP等基础设施投资、跨境投融资、公司破产与重整、资本市场、知识产权、行政诉讼、商业及职务犯罪辩护等专业领域是中豪的核心业务。

回顾中豪历史，最令业界瞩目并引以为豪的是“七宗最”，即从中西部崛起的全国一流大所中，最先实行公司制管理和全员授薪，最先实行专业化分工，最早实行服务标准化和一体化管理，拥有最多直属分支机构，最早在东部及海外开设分所，律师拥有最为整齐的高学历和专业技能，境内外分所的办公环境与硬件规格最高且风格统一。这“七宗最”让中豪成为国内领先的公司制律师事务所之一，众多指标在同行中独领风骚。

志存高远，打破传统，转型为与国际接轨的现代律所

在中国，东部法律市场非常繁荣，尤其是北京、上海作为政治经济中心机会更多。作为一家创始于内陆的律师事务所，中豪何以打破地域限制走向全国，拓展高端法律服务，并在“高手如云”的国内市场占据一席之地，对于中西部律所的发展又产生了什么样的借鉴意义？无论是“七宗最”还是如今中豪赖以安身立命的高端法律服务都是“果”，欲知那背后的“因”，还需对中豪的发展史抽丝剥茧，细细品味。这一切，要从世纪之交中豪的那一场公司制改革谈起。

2000 年年底，在司法部与国家外国专家局安排与资助下，袁小彬参加全国律协调研访问团到美国对律师行业发展状况进行了为期一个月的访问。这次游学给袁小彬关于律所发展的理念带来了极大的影响。彼时，欧美律所的公司制（fully integrated partnership）发展和融合程度已经相当高——事务所全员授薪，合伙人与律师之间合作紧密，专业分工精细，资源共享，合伙机制科学，管理规范有序；对律师的办案质量实行严格的监管和统一的服务标准；有强大而专业的行政后勤团队，统一服务标准，信息化管理水平高，知识管理体系完善。

这让袁小彬非常着迷，他意识到，律师雇员化，律所专业化、规模化、一体化的管理与运作模式是美国乃至欧洲顶尖律所能够经久不衰，在全球法律服务市场叱咤风云的根本原因。

与美国成熟的法律服务市场和公司制的律所管理体系相比，当时以传统挂靠提成的合伙制为主的中国律所管理还十分粗放。传统律所的优势在于：有利于释放律师热爱自由的天性，促进律师的个性化发展；充分体现了多劳多得；律所的管理成本低；“加盟挂靠制”的发展方式有利于短期内壮大规模。但随着时代的发展，传统律所的弊端也日益凸显：律所公共积累少，管理集约化程度不高，难以实现专业化分工和资源整合；分配以提成为主，导致主任、合伙人、骨干律师各自为政；律所发展依靠主任和明星律师个人品牌支撑，律师人员规模和业务收入可以堆砌做大但难以做强，律所品牌难以持久。

“年轻的中国律师业与欧美发达国家差距太大，如果按部就班按传统律所模式发展，差距只会越来越大。”相比老一辈的保守，袁小彬更愿意挑战传统，拥抱新规则。袁小彬下定决心：中豪需要变革，跟上现代化的公司制律所之路！他坚信：欧美国际大所实行

的公司制和一体化管理运作模式，能够最大限度地激活中豪的人才、资源，加强协同合作，实现专业化分工，奠定律师事务所的长远发展大计。

2001 年年初，袁小彬开始酝酿改革；2002 年伊始，在完成初步的布局和积累之后，正式启动中豪发展史上划时代的变革。

推行由律所统一聘请律师、助理并按科学的薪酬体系发放工资，打破客户来源壁垒并按专业统一分配案件，并不是一件简单的事情，需要合伙人凝聚共识，割舍短期利益，共创律所长远未来。为了最大限度地减轻改革对原有体制的冲击，袁小彬设计了分步走的缓冲策略——第一步是中豪各分所分批次转型（混合制），第二步才是成建制转型公司制。

在酬金分配机制上，律所统一给全员发放工资，是推进公司制的基础和前提。松散的提成合作不可能实现公式化管理，必须首先取消提成制分配方式，以及平摊费用的办公合伙模式，把挂靠提成律师全面转为雇员，或者把由个体合伙人自聘自费发薪水的律师转由律所统一定薪发薪，才可能有效整合。为此，中豪决定首先摒弃提成制，让提成制逐渐成为非主流，短期内允许工薪制与提成制共存，3 年内过渡为全员授薪制。与此同时，把所有律所办公人力等成本作为公共支出，无须量化平摊到每个合伙人头上分别预交或承担。在改革过程中，即便部分业务骨干因习惯了松散合作而选择离开，袁小彬也初心不改。中豪严把进人关，律师与助理由人力资源部按标准统一聘用并组织入职培训后，再安排给合伙人。

经过这次改革，中豪颠覆了传统提成制的合伙及分配模式，合伙人不再平摊办公成本，律师不允许挂靠，分所不搞加盟，重建以全员授薪（包括合伙人）、合伙人利润分配计点制（分级考核综合贡献）为基础，搭建了与国际顶级律所接轨的科学合伙机制，完善了治理结构和运营机制，优化了服务领域的专业化分工。与此同时，对律所资金、技术、人才、市场等要素统一调配，合理设置合伙人、律师、助理、后勤职等职级和配比。

变革后，中豪采取扁平化的管理体制，合伙人会议是最高权力机构，律所重大运营管理由董事局进行决策。与国内绝大多数律所不同的是，中豪的九家办公室是完全平行的关系，没有总所和分所之分。九大办公室的主任、副主任组成管理执行委员会，负责执行董事局作出的重大决策，直接向董事局汇报。这一管理架构是非常领先的，这与袁小彬所倡导的国际律所管理理念一脉相承。

中豪的管理分为两条明确的主线：一条是业务管理线，由业务副主任统筹，每一专业细分领域设有分管合伙人，这一主线的管理人员都是法律专业领域的杰出精英；另一条是行政管理线，主要分为行政、人力资源、财务管理、公共关系、IT 及知识管理，中豪引入高学历的职业经理人。让懂管理、有公心、有执行力的合伙人进入管理层，有效杜绝“人人参与管理，事事参与决策”的低效运营模式。

袁小彬说：“概言之，就是让专业的人做专业的事。律师事务所管理不能搞泛民主，一是为了保证决策的效率，二是因为术业有专攻，资深合伙人不一定都擅长做管理，优秀的合伙人不一定就是优秀的管理者。中豪的部分核心管理者拥有中欧商学院等管理学历或背景，管理层必须经过合伙人层面选拔或推举，每一层级的管理者都拥有明确的管理权限，定期对管理者进行全员满意度测评。在中豪，每一项规章制度都有迹可循，总纲、收入分配管理、人力资源管理、业务管理、行政管理等制度约定非常详尽，累计近100万字。细节决定成败，我们要将管理精细化地落实到每一个细节，这也是中豪能够可持续发展的原因。”

随着信息化、大数据时代的来临，中豪非常重视智能化建设以支持公司化管理。早在2013年，为了满足各地办公室之间跨地域培训、互动沟通，以及远程与国外客户沟通的需求，中豪引进了思科（Cisco）1080P高清视频会议系统。2016年，中豪又将所有员工电话升级为思科视讯通话，创新性地提升了各办公室、各团队的协同办公沟通效果，不受时差、空间限制的实时沟通方式，有效提升了律师之间、律师与客户之间的工作效率，为团队的协同提供支撑。

另外，中豪致力于智能律所建设，投入巨资全面升级事务所信息化系统。律所先后引进汤森路透和天行通2个国内外知名律所软件打造内部的协作办案平台。此外，在北大法宝的基础上，中豪又引进国外领先的法律法规数据库威科先行。双法律数据库同时运行，更加方便律师进行法律检索和研究，大大提升了律所效能和竞争力，使中豪深受大客户和外资客户青睐。

近20年以来，中豪不断借鉴国际律所完善内部体制和机制，深耕专业技术，不断培育优秀人才，日益蓬勃的发展充分证明了这次改革的正确性。

进驻CBD商业中心，引凤来栖

在建立科学的发展机制之后，为了律师执业的尊荣感，以及进一步巩固服务高端客户的定位，在办公场所上，选择与500强企业为邻，方便服务。为此，中豪的九大办公室均优先考虑选址于大都市CBD中心最好的写字楼。

创所之初，中豪便入驻了当时西南地区顶尖的写字楼——由香港和记黄埔地产开发的大都会广场；2000年，中豪第一家分所入驻日本森茂集团在上海浦东陆家嘴投资建设的森茂大厦（后更名为汇丰银行大厦）；中豪成都办公室入驻香港九龙仓旗下的顶级写字楼IFS。此外，北京的嘉里中心、香港地区的花旗银行广场等寸土寸金的核心商业地段，亦分布着中豪的团队。每间办公室鲜花灿烂，悬挂着重金收藏的罗中立、美国阿历克斯·卡茨、日本村上隆、韩国权奇秀、法国夏加尔等国内外一流艺术名家的艺术品，这不仅彰显中豪的品位与实力，而且能让中豪律师在繁忙的工作之余，可以通过欣赏艺术之美，减轻工作压力。

最近3年，中豪聘请美国顶级设计公司，从成都开始，推出中豪2.0版现代简洁的高品质办公环境，所有选材、家具、电器均选择国际一线品牌，彰显了中豪人追求卓越，以律师职业为事业，按国际标准打造一流律所的雄心壮志。

可以说，中豪通过公司制管理的优势打造好律师紧密协作的平台，优化好规则制度，着力“筑巢”之后，最为重要的就是“引凤”。“打造国际一流的律师精英团队，提供最专业和超越客户期望的法律服务”已经成为中豪的发展战略。从创所至今，中豪一直坚持较高的用人标准和进人门槛，只吸收学历高、能力强，具有专业精神与合作精神，以及价值观与中豪的公司制发展理念一致的优秀人才。

中豪律师中的“70后”“80后”“90后”分别占比15.35%、40.59%和35.64%。从年龄层次来看，中豪是一家“年轻”的律师事务所，大部分律师正处于执业的黄金年龄，既有丰富的执业经验，同时又有打拼大事业的冲劲。从团队构成来看，中豪律师研究生学历占比90%以上，其中，博士学位者占11%，海归学历者占23%，主要由985/211名校毕业生、具有海外留学/工作经历的律师，以及从司法机关、高校、政府部门转行从业的公务员组成。

明确的成长规划和晋升通道对于律师的职业发展至关重要。中豪为律师的有序成长量身定制了“1~7年级律师→顾问律师→授薪合伙人→正式合伙人（从初级到资深共4级）”的成长路径和对应的合理薪酬带宽。

“在这套机制下，新人进入中豪后能看到自己的上升空间，每年固定加薪，15个月的年薪，7年之后可能成为合伙人；成为合伙人后，能够通过中豪这个平台获得分红和更好的发展机会。”董事合伙人宋涛总结，中豪建立一种合理的培养机制，让律师做成业务专家，让合伙人成为业内有影响力的行业领袖。这是中豪人力资源管理的成功之处。

董事合伙人陈晴以应届硕士毕业生为例，介绍中豪的人才培养体系。刚刚加入中豪的新人，会先参加为期14天的入职培训；入职培训结束后，会进入某一位合伙人的团队中担任律师助理或法律秘书，如果表现特别优异，1年后转为1年级律师，律师晋升通道是1~7级，由其主管合伙人、人力资源部对其进行年度考核和培养。此外，中豪还设计了青年律师培养计划，表现优异的律师会作为未来合伙人进行重点培养。

在青年律师的成长过程中，中豪会提供成体系、多维度的培训制度。从纵向维度来看，不同执业年限的律师学习会有不同的核心课程：初级律师偏向法律检索、知识管理、文书草拟等办案技能、流程以及基本社交礼仪的养成，中级律师则需要进一步掌握与客户沟通交流的能力和独立的办案能力培养，高级律师更侧重于团队管理、客户维护、协助主办合伙人带团队等方面的培训。从横向维度来看，中豪会为律师们提供横跨不同领域的技能培训，而不仅局限于法律专业技能，如不同领域商业交易流程等。

与精细化管理理念一以贯之的是，人力资源部每季度会提前做一次培训规划，明确律师们每周的培训内容，律所集团层面也有针对性的培训，暨选拔优秀律师和合伙人进行学历深造或外派留学，真正让年轻律师感受到这份职业的发展前景。

当问及律师的归属感何以建立时，董事合伙人王辉认为："首先是成长空间，给予自由生长的土壤，而且让其切身体会到中豪在培养他；其次是完善、合理的薪酬制度和规则；最后是人文关怀，例如，律师及家属探视及资助，以及选派境内进修学习、团建等。"

除了中豪悉心打造的"归属感"，能让一批不同年代、不同地域的律师汇聚一起的另一因素，就是共同的"价值观"。"我们有一批非常棒的团队，合伙人也好，律师也好，都受过非常良好的教育，我们的价值观都是一致的，兼顾短期利益、中期利润、长期利益的结合，兼顾律所、合伙人、律师之间三者利益的平衡。"合伙人汪飞说。

当制度、文化、人才就位之后，中豪爆发出强大的市场竞争力也就不难理解了。

专业立所，律所团队成建制紧密协同

董事合伙人郑毅说："中豪的愿景是成为客户首选的律所、律师行业的领先者，做最好的律师、最好的雇主。诚信、专业、严谨是中豪的核心价值观。中豪希望给予客户专业优质的法律服务的同时，给予客户法律上的人文关怀，这是融入中豪律师血液之中的服务之道。"

袁小彬认为专业是律师行业的基础，律师应以专业立身，律所专业定位应当清晰。为此，中豪业务领域重点着力七大板块，分别是银行金融业务、并购与破产重整、建筑房地产、国际商事（尤其是跨境投融资）、知识产权、商业及职务犯罪辩护和行政法律服务。在上述业务领域，中豪制定了数十万字的业务指引，尽可能让业务标准化、流程化。

多年来，中豪为诸多世界500强企业与国内大型企业提供专业法律服务。例如，在银行领域，中豪为四大国有商业银行、汇丰、花旗、渣打等众多内外资银行提供全方位法律服务；在建筑房地产领域，中豪为万科、香港瑞安、香港置地、香港九龙仓、华润置地、龙湖等地产公司解决法律问题；在国际商事领域，中豪为JP Morgan、ABB、FORD、Lafarge、PepsiCo等世界500强企业给予法律支持；在知识产权领域，中豪为施耐德、太古食品、百度网络等知名企业处理法律事务；在资本市场，中豪为上海汽车、上海机场等上市公司提供一站式服务，参与处理了数千亿元的PPP、跨境投融资、重大并购等巨型项目，并持续深耕。

从市场份额、业务增长量、团队构成、客户资源、参与案件质量及社会影响力可以看出，郑毅此言不虚，因为中豪的法律服务质量有着极为严格的制度保障。

首先是分工明确的专业团队服务。每一个专业部门有若干合伙人，团队的合伙人及律师只能承办主专业领域范围内的业务。为了保证专业服务的质量，跨专业领域的业务必须交由对口专业领域的团队承办。全面推行全员授薪及合伙人利润分配计点制，确保合理平衡开拓者和承办者的利益，也就有效解决了合伙人业务开拓与综合贡献之间的利益冲突，不仅摒弃了“谁开拓谁承办”的传统办案模式，而且杜绝了合伙人之间松散合作的“个体联合户”现象。

其次是在遇到跨多领域的业务时，相关每个专业部门彼此之间必须无条件协同配合。公司制的管理运作体系，避免了传统提成制因利益分配简单化而导致的单兵作业。针对不同的跨部门项目，中豪随时可以从各个业务部门抽调骨干精英，迅速组成项目组，为客户提供全方位、“一站式”法律服务。

最后是严格的质量把关和三级风控制度。虽说律师事务所的管理和案件承办模式已与时俱进，但对于案件的质量、法律风险的控制必须贯彻始终。基于中豪内部管理系统，每一种业务类型所对应的操作指引、流程及指导标准，律所要求固定时间段向客户反馈、汇报，征询质量管理意见的步骤、格式都有严格的规范要求。不仅如此，律师文书及服务风险控制应由合伙人或业务副主任终审后，方可提交给客户。

以上三项制度保证了中豪法律服务的品质，也是中豪的核心竞争力所在，更是中豪成为客户首选的原因所在，它不是依托某一位律师或者某一个团队的优秀，而是以整体的机制保障服务品质。

最近 3 年，中豪在政府发债、PPP、破产重组等领域持续深挖，业务呈现爆发式增长。

2020 年 2 月 28 日，中国债券信息网发布了 2020 年重庆市第一批政府债券发行结果公告。公告内容显示，2020 年重庆市政府专项债券 148 亿元成功发行。在该项目中，中豪接受重庆市轨道交通集团等单位的委托，提供了包括但不限于制定、调整和完善实施方案，论证专项债项目的合法性、调查核实项目现场状况、完成法律尽职调查等服务。此前，2019 年协助重庆市政府发行专项债券 505 亿元及 2018 年协助重庆市政府发行专项债券 210 亿元。重庆市政府专项债券的多次成功发行进一步凸显了中豪在发债领域的专业优势。多年以来，中豪参与或承办了众多大型发债项目，成功完成重庆两江股权投资基金发行 310 亿元人民币债券项目、东方电气发行 50 亿元人民币发债项目、川国投境外发行 3 亿美元债券项目、渝富香港发行 10 亿元人民币债券项目，以及重庆宗申动力发行 10 亿元人民币和 2 亿元人民币债券项目等。中豪在积极参与债券发行工作的同时，协助政府和企业做好债务风险法律防控，为依法融资提供了全方位、全流程、多层次的专业服务，促进了社会经济的健康发展。

在 PPP 及相关大型基础设施领域，中豪承办了众多具有代表性的大型项目。2017 年 2 月，重庆市设计院与中豪成功签订《PPP 法律咨询合同》，为重庆首个总投资约 103.5 亿元的渝长高速复线连接道 PPP 项目提供法律服务。此外，中豪还承接了成都市天府水城三星片区新型城镇化 PPP 项目（含主题公园项目）、成绵乐城际铁路项目、成温邛高速公路崇州服务区 BOT 项目、四川沿江高速公路 BOT 项目、广安绕城高速 BOT 项目等。作为 PPP 项目的法律护舰队，中豪从项目准备、实施到完成交易，全方位、全过程地为政府、社会资本投资进行风险把控，为项目建设找到更有效、更有利的路径，使政府、社会资本的行为、风险和收益都可预期，从而协助客户实现商业目标。

在破产重整领域，中豪亦打下了坚实基础。早在 2006 年，中豪即被重庆市高级人民法院授予首批“破产管理人”资格。2007 年 11 月，重庆市第三中级人民法院在受理上市公司朝华科技的公司破产重整申请时，选定中豪所担任管理人。朝华科技公司系深圳证券交易所上市公司，在申请重整时负债逾 20 亿元，债权人众多。该案于同年 12 月召开债权人会议，表决通过了重整计划草案并由法院裁定批准，是目前全国用时最短且重整成功的案件。2017 年上市公司重庆钢铁近 400 亿元债务破产重整期间，本所接受母公司重钢集团的专项委托，参与重庆钢铁《重整计划草案》《合作框架协议草案》的谈判沟通、修改等工作，出具《法律意见书》，对相关重整文件的合法性、合规性予以确认，有力助推了上市公司重庆钢铁破产重整的成功实施。在之后的数年发展中，中豪不断积累经验、稳步发展，入选重庆市、贵州省高级人民法院企业破产案件一级机构管理人，以及四川省高级人民法院破产管理人名册。为了给客户提供全方位、优质的法律服务，中豪集团层面成立了由 10 余名合伙人、40 余名律师及助理组成的破产清算与重整业务中心，采用主管合伙人牵头、部门协作的模式，每周定期研究学习，专业、细致地办理每一件破产案件，参与数百家企业的清算、重整项目。

与此同时，中豪也积极关注“一带一路”背后的机遇，主动参与服务“引进来”和“走出去”项目，国际商事业务全面开花。

2016 年，知名民营企业博赛矿业集团准备收购圭亚那西北区的马修斯山脉锰矿，这是该集团时隔 7 年后的第三笔海外收购，项目标的额达 10 亿元人民币。囿于法律体系、文化风俗的差异，项目需要克服语言、法律方面的障碍并针对性设计合理的交易架构，同时因牵涉到第三方受让因素，还需提前把控项目流程，及时与当地律所互通有无。为博赛提供法律服务的，正是中豪。在该项目中，中豪律师不仅引导帮助客户设计了符合国际惯例和当地法律要求的交易构架，拟定了完善的项目交易文件，还结合项目自身可能存在的其他相关风险量身定制防范措施，有效规避了可能存在的各种风险，最终协助客户圆满完成项目。后来，这一项目入选了“2016 年度中资十大海外矿业并购案例”。

在中豪从事国际业务的律师中，拥有海外留学或工作经历者占比超过 95%，其中能够完全运用外语作为工作语言处理涉外业务的律师就达 30 余人。国际业务部有 3 人入选全国律协“涉外律师领军人才”名单，5 人入选司法部“全国千名涉外律师人才”名单，多名律师参与《“一带一路”国别指南》编译，并出版了跨境投资相关专著。

博赛锰矿项目只是中豪在涉外领域代理过的众多案件中的一例。在服务企业“走出去”、服务“一带一路”及跨国项目方面，中豪代理了许多大额标的、具有重大影响力的项目：标的额数十亿元的长安汽车收购铃木持有的长安铃木股权项目、标的额 5 亿元的重庆城投集团收购国际金融公司（IFC）持有的安诚财产保险股份公司的部分股份项目、颇有关注度的虎牙直播与印尼某主播直播合同纠纷香港国际仲裁中心仲裁案等。

“在与外所合作方面，中豪不仅与国外律所建立委托关系，展开合作，还聘请了外国律师担任外场顾问或版权顾问，与外所开展线下或线上讲座、专业交流等栏目，进行更广泛深入的交流。通过这些合作，能够真正帮助企业尽可能规避在境外投资的风险，并提供各类法律支持。”中豪国际业务部合伙人杨青表示。

2017 年，中豪成为国际大型法律联盟 LAWorld 的成员，进一步加强国际合作。该联盟成立于 1997 年，现拥有 60 多家律所会员和数千名律师，分别来自欧洲、北美、亚太地区、非洲、中东、拉丁美洲，办公室遍布全球 90 多个城市。

目前，中豪已在我国重庆、上海、成都、北京、贵阳、香港特区（含联营所），美国纽约 7 个城市设立了 9 大办公室，各大办公室不仅仅将目光局限在当地，而是组合成了一个业务各有侧重又互相联动呼应的有机体。在未来，中豪还将进一步进行资源整合，使各大办公室之间的业务合作更加紧密。

中豪现拥有 70 多名合伙人、近 300 名执业律师和专业人员。2020 年，中豪与我国香港特区兆康律师行进行香港法下的紧密联营，使联营体专业人士超过 300 名，可以联营体的名义直接为境内外客户提供内地法与香港地区法项下的所有专业领域法律与服务。毫无疑问，中豪目前已是全国首屈一指的综合性大所，下一步考虑的，是如何从全国一流到布局全球。

锐意进取，东进京沪，布局全球

2000 年，对于创立仅 3 年的中豪而言是一个关键性的节点，因为就在这一年，中豪迈开了对外东进沪上开拓法律服务市场的第一步，上海办公室的设立为中豪奠定了东西部一体互动的基础构架。随后，中豪先后在成都、北京、贵阳设立了办公室，形成了以成渝为中心，辐射西南地区的“小三角”和辐射东部地区的“中三角”战略布局。

在进行国内布局时，中豪主要考虑三点——区域性、互动性和市场特点。区域性，指的是中豪往往会选择能够辐射华东、华北、华南等地的城市设置分支机构；互动性，指的是中豪会详细考察新设分支机构能否与其他各个分所客户资源及业务互动与资源互补；市场特点，则指中豪在入局前会全面分析当地法律服务市场的特点，进而选取最符合中豪发展方向的城市来设立分支机构。

2013年年初，在获得香港律师公会的批准之后，中豪设立了香港办公室，这是中豪在境外的第一家办公室，也是中豪进军国际化的桥头堡，中豪也因而成为中西部地区第一家在香港地区开设分支机构的律所。香港办公室不仅帮助中豪在内地的各家机构实现了跨境业务等方面的优化，业务支持体系越发成熟，亦进一步打响了中豪的品牌，提升了业界知名度。

2016年7月，中豪直投的纽约办公室获得纽约州政府批准，中豪在境外的第二家办公室正式设立。经过数年发展，纽约办公室已经能够不借助其他当地合作伙伴，完全独立处理本地业务，奠定了跨国律所坚实的基础。

中豪纽约办公室成立4年多以来，中豪国内各办公室与纽约办公室紧密联动，为诸多国内大型企业赴美投资与收购提供了全方位服务。比如，2016年，中豪承接了华宇集团投资佛罗里达州地产项目，该项目交易结构复杂，又涉及美国佛罗里达州、纽约州，BVI，中国香港特别行政区及内地等地法律的适用，交易文件达1000多页且全英文，工作难度及强度相当大。中豪通过重庆、纽约与香港三所联动，如期、优质和高效地完成了本项目的交割，获得了客户的充分认可。

无独有偶，2017年5月20日，国内知名上市公司安徽新华传媒股份有限公司耗时半年，斥资近5亿元收购的纽约曼哈顿中城西44街地产并打造中国文化中心项目终于尘埃落定，双方正式签约并完成交割。作为本项目的境内外法律顾问，中豪组织上海、纽约两地办公室律师共同提供法律服务。通过处理诸多海外投资与收购项目和多年海外布局，中豪在提供境内外专业法律服务的基础上，实现了各种资源的有效整合，本项目的顺利交割正是中豪这种境内外“一站式服务”模式优势的充分体现。

合伙人杨青向我们介绍说：“中豪在进行国际化布局时，必须将办公室设立于具有辐射效应的‘战略高地’。纽约作为世界经济之都与金融中心，与国内资本市场与实体经济有众多链接，于是成为我们的首选。客户是律师生存的土壤，中豪以往一直为中国企业‘走出去’保驾护航，纽约也是中国企业及中豪客户云集之地，有大量法律服务的需求。当然，最为重要的是中豪吸引了纽约当地的多名精英人才加盟，实现了当地服务的本土化，能一站式地为客户解决所有问题。”

中豪通常以直投直营模式，以每三年一家的频率开设新办公室，持续稳健地推进国际战略布局，以满足境内外客户跨国投资的法律服务需求。之所以不采取加盟模式，中豪有着特殊的考量。

董事合伙人张涌说：“采取直投直营模式，是因为中豪不主张‘加盟’或者‘贴牌’，以贯彻中豪优秀的律所文化和一体化的发展理念。开设分支机构，必须对当地的司法环境、法律市场、团队搭建、未来业务发展方向有一个完整的评估考量，三年是一个比较合理的发展速度。对于下一站，因疫情之故，目前仍在考察和讨论阶段，但一定会是具有较强的辐射能力和战略意义的高地。”

此外，在不断拓展完善全球网点的同时，中豪亦积极与欧美等发达国家及“一带一路”沿线国家的大型国际律所建立了紧密合作关系，并聘请了多位外国律所合伙人担任外籍法律顾问，通过整合全球合作律所和外籍法律顾问资源，从而为我国企业“走出去”提供“一站式”、高性价比、高效和全方位的服务。

袁小彬曾经提道：“中豪的最终目标是成为一家中国一流的国际化综合性律师事务所。”所有目标的实现都必须落实到战略层面。最重要的当然是要练好内功，继续坚持中豪赖以发展的公司制，依托规则治所，依托专业强所，依托人才立所，将中豪打造成为一流的平台。唯有如此，才能持续地立于强所之林。中豪坚持以合理的速度进行布局，稳扎稳打，不片面追求规模的战略思路。未来的道路很长，此时的中豪才刚刚开始，蓄势待发。

结　语

23 年一路走来，中豪收获了硕果累累——“司法部部级文明律师事务所”、“全国优秀律师事务所”、《The Lawyer》“亚太地区 100 强律师事务所”及“中国精英律所 30 强”、钱伯斯（Chambers& Partner）“公司 / 商事法：西部（重庆）”Band 1 律所、《The Legal 500》“亚太领先律所”、《亚洲法律杂志》（Asian Legal Business，ALB）“亚洲最具发展潜力的 30 家律所”、《商法》“卓越综合实力律所”及“年度卓越律所”……

作为一家强所，不仅要对法律和客户负责，还应更多承担社会责任。因而，中豪先后向慈善机构、汶川地震、印尼海啸、玉树地震等累计捐款捐物数百万元。在助学方面，早在 1998 年，中豪就向西南政法大学捐赠 100 万元设立奖学金，2016 年，中豪又捐赠 200 万元在华东政法大学设立“中豪律师奖学金”，资助一大批法律学子追逐法律梦想，践行法律人职责。不仅如此，中豪带头人袁小彬持续多年推动重庆司法高地的建立。在王鸿举担任市长期间，建议在重庆设立海事仲裁委员会西南分会，以及在渝中区法院设立金融审判庭，均先后得到王市长的采纳并落地。最近几年，首倡重庆市委市政府争取最高人民法院将巡回法庭设立在重庆，两会期间得到黄奇帆市长的当即采纳，并最终助推落地。除此之外，重庆两江新区法院的设立，以及在重庆第一、第五中院设立破产审判庭，均有袁小彬担任市人大常委期间提出建言并积极推动的身影。这些奖项、荣誉和承担的社会责任都镌刻在了中豪的发展史上。对于中豪人而言，最宝贵的财富正是这一段携手前行、披荆斩棘的过往，这份经历包罗万象、精彩纷呈，既有蜜汁和胜利，又有汗水和泪水。

在当今中国，强所环绕、大所云集，综合所、精品所呈交错之势，法律互联网创业大潮奔腾不息，这是中国律师行业大洗牌的时代。中豪所面对的，是一个正在生成的崭新世界，在通往未来的道路上，一定还隐藏着尚未知晓的答案。

身兼重庆市律师协会会长的袁小彬始终坚信，拥有良好的合伙机制、管理体制、分配制度、专业化是一家律师事务所真正的核心竞争力，中豪施行的公司制模式当下最适合中豪，未来也会是中国律师业的主流。中豪要做的，就是继续巩固中豪在西南乃至全国市场现有优势的前提下，弄潮海内外，追逐梦想，期待有朝一日成为国际一流的律师事务所。

百君

坚守即是突围，区域市场领跑者的竞逐争锋

林　戈　宁思甜

百君重庆办公室

百君早期办公室

百君被重庆律协评为“2019 年度最佳律师事务所”

百君文化墙

百君 2019 年度盛典现场

1998 年，正值重庆直辖不久，万象更新，百业兴旺，法律服务市场一片蓬勃生机。在当时的重庆，大部分律师主要从事诉讼业务，非诉业务还少有律师能够开拓并胜任，大部分客户也不知道律师除了打官司之外还可以提供更多的法律服务。而同时期创办的律所的主要合伙人，均有西南政法大学背景。

当时，许多市场中的老牌劲旅在改制之后，脱胎换骨，如日中天；而一批刚创立的律界新贵，则锐意进取，试图改变市场原有的格局，可谓江湖浪急，市场风高。在这样的背景下，未及研究自身定位与策略，孙渝和杨泽延就创立了百君律师事务所。这无异于一只“羊”闯进了“狼群”。

但时至今日，这只“羊”非但没被吃掉，还凭借专业品质和创收体量的“双优”，成为重庆法律市场中的佼佼者。

百君的发展或许不是一个区域性大所向全国进行规模性扩张的样板案例，但却是区域性强所如何从 0 到 1、扎根市场、跻身头部、迈向卓越的典型范本。它用自己的实践，诠释了一家西部律师事务所该如何突出重围、如何明确战略定位、如何建立独树一帜的品牌形象。

百君风云 22 年：激扬澎湃，浓墨重彩

创业初期：几杯浊酒，满目憧憬

霍姆斯说:“法律的生命力不在于逻辑,而在于经验。”所谓经验,就是现实生活中的“活水”，可以灌溉、滋养理论和逻辑的麦田。当今中国律师行业中的许多领军人物，均有早期任教并担任兼职律师的背景。

百君的两位创始合伙人孙渝和杨泽延，均毕业于被誉为中国“法学黄埔军校”的西南政法大学（西政）。

孙渝是西政 79 级，1983 年毕业后留校任教，并在 1985 年成为一名兼职律师。当时西政创办的律所，是教师们教学之余的实践基地，但凡教授法学专业课的教师，均可成为兼职律师。在一边任教一边执业的过程中，孙渝逐渐开阔了眼界，将理论与法律实务相互结合，课堂上从来不缺少鲜活的案例。

1995 年之后，孙渝的律师业务渐入佳境，但却与教学科研形成了时间上的冲突。鱼与熊掌不可兼得，这让孙渝不得不做出抉择。当时孙渝认为，相比于能够清晰看到尽头的教师生涯，律师职业充满了变数，更加刺激也更富有挑战性。于是，他作出了辞职下

海的决定。

杨泽延是西政 80 级，同样在毕业后留校任教。1990 年，杨泽延以重庆第一名成绩通过律师考试，成为兼职律师，虽然很少办案，但对内地，尤其是重庆律师行业现状有了一定了解。1996 年，杨泽延赴香港吴少鹏律师事务所进修。虽然只是短短一年时间，却让他对内地和香港特别行政区律师行业的差距有了清晰认识。香港地区的律师能够提供从诉讼到非诉的全方位法律服务，香港地区的律所规范化的运作模式，香港特别行政区的法治环境、居民的法治意识，都给杨泽延留下了深刻印象。香港地区之行，成为他日后转身做律师的重要契机。

事实上，在百君创立之前，孙、杨二人在律师业务上已经有过良好的合作，彼此兴趣相投，专业互补。更重要的是，两人对律师行业的专业化特征、职业化要求和国际化标准有超前的理解，而且一致看好律师职业的广阔前景，故一拍即合，共同走出了校园。

有意思的是，孙渝与杨泽延是互补型的创业伙伴。在专业上，他们"一刑一民"，孙渝专攻刑法，杨泽延专攻民商事领域；在性格上，孙渝更具包容性，擅长资源整合，杨泽延更具理想主义精神，更加追求专业的极致。百君的气质，也秉承了孙、杨二人的刚柔并济。

"区区数人，匆匆挂牌；几杯浊酒，满目憧憬。"这是百君创立第一天的情景。孙渝回忆，要说当时有多么确定的目标谈不上，但他们的内心始终有一个坚定的信念，那就是百君可以成为当地最好的律师事务所。

一开始，孙渝和杨泽延筹措资金，购买了近 200 平方米的写字间。购房款几乎是他们二人当时的全部积蓄，之所以孤注一掷，就是为了不留退路，心无旁骛地将律师职业当成事业来做。

在那个门可罗雀的起步阶段，孙渝和杨泽延时常互相勉励：有案办案，没案学习；保持自信，面包很快会有的。在业务推广上，他们希望能够拿下几个在业内有影响力的个案，形成品牌知名度。在当时"僧多粥少"的背景下，百君尚无暇顾及专业定位和业务领域细分，但求人无我有、人有我精，力争在专业深度和精度上尽善尽美，并通过"回头客"积淀客户。百君的十几位律师每天都翘首以盼，希望两位创始合伙人能带点业务回来。据百君合伙人何军形容，这种场景像极了《动物世界》中小狼等候老狼带食物回家的画面。

很快，几个 BOT、TOT、上市公司并购等标志性案例，让百君闯出了名头。在当时具有全国性影响力的电视节目《拍案说法》上，百君律师长期担任嘉宾。百君用五六年时间，在市场上形成了品牌知名度和影响力，并在 2004 年首次获得了"重庆市优秀律师事务所"称号，2005 年荣膺"全国优秀律师事务所"称号。

制度改革：奠定快速发展的 15 年

2004 年，百君已经聚集起 50 人左右的团队，均是内生式培养下的律界才俊。此时，百君需要为青年律师的职业发展提供更为广阔的平台，并为未来的布局和快速发展打下根基。

当年度，百君作出了一项重大改革——通过修改《律所章程》，改革合伙人进出及分配制度，将百君打造成合伙人“进出两易”的创业平台，厘清了律所积累与合伙人权益之间的界限。自此，百君的合伙人规模迅速壮大，开始形成人才济济的局面。这项改革足以载入百君的历史，并为百君的未来奠定了根基。

2014 年，百君对原有业务部门进行了优化重组，进一步夯实专业化发展的基础，强化综合性律师事务所应有的全方位专业能力。

从 2004 年至 2014 年，百君度过了快速发展的十年。其间，百君的管理架构基本成型，合伙人流失率极低。百君的四大支柱业务——刑事辩护、金融证券、公司实务、房地产与建设工程均是在这一时期日趋成熟，事务所朝着专业化的方向不断迈进。业务的日益精进，也反映在了百君的品牌和增长速度上。

过去十余年来，百君的业务收入一直稳居当地律师业前三位，近年更是多次名列前茅。

2019 年 5 月 29 日，重庆市律师协会公布了“2019 年度律师（律师事务所）大奖”。这是继 2012 年、2014 年、2017 年入选“最佳律所”之后，百君再度荣膺“年度最佳律师事务所”。

百君文化：有情怀的法律、有理想的人文

瑞·达利欧在《原则》一书中写到：“一个机构就像一部机器，主要由两组部件构成：文化和人。”律师事务所之间的竞争，本质上还是律师的竞争。百君在过往几年所取得的令人瞩目的佳绩，需要归功于其人才精英化的结果。要想吸收人才、留住人才，并让人才的聚集释放出巨大的市场能量，需要有持续、稳定的制度保障。

经过多年的摸索和总结，百君已经在利益分配、公共积累、人力资源、教育培训、质量管控、风险防范、团队协作等方面构建了一整套成熟的制度，合伙人在一些根本性问题上达成了高度的共识。

孙渝说：“最重要的是，律所要不断地超越自己，我们没有能力去左右别人跑步的速度，但我们必须不断提升自己跑步的速度。”诚然，百君要竞逐的不是他人，要战胜的乃是自己，这是百君 20 多年来内心笃定的信念。

律师，究其根本，就是为当事人解决问题的专业人士。职业化、专业化是百君始终秉承的品牌主旨。百君一直用行动向行业和市场传递一个简洁的信息，那就是，百君是一家职业且专业的律师事务所。

1999 年，刚创立的百君设想，一家律所应当有属于自己的专业文章领地，以体现“学院派”的风范，于是，《百君说法》这一具有文化建设意义的标志性刊物应运而生。二十年来，《百君说法》除了展示百君律师在各个专业领域的研究、办案心得、专业价值分享外，还展示了其文化生活、团队活动甚至个性空间。其对于文化建设与专业发展起到了引领与拓展的作用，让更多的业内同行、客户走进百君的世界，知道百君是一家什么样的律师事务所，百君律师是一群什么样的人。

2020 年 1 月 1 日，孙渝在“百君律师事务所”微信公众号上发表了一篇题为《让焦虑随风而去》的文章，文中言道：“世界太过复杂，有人逢场作戏，有人深陷其中。无谓的焦虑，轻如鸿毛。何不背上行囊，追逐阳光，让片刻的释放背叛庸常。”这既是孙渝代表百君撰写的新春寄语，同时也表现了百君律师“以确定之信念，面对不确定之未来”的态度，以及面对纷繁复杂、风云变幻的世界时的一种洒脱和随意，更是对“有情怀的法律、有理想的人文”的一种诠释。

由于百君的创始人和百君的许多律师均毕业于西政，其身上带有十分浓烈的“学院派”色彩。多年来，百君律师大多养成了勤学敏思的习惯，研究问题蔚然成风。可以看到，在百君的微信公众号和刊物中，刊登了许多具有专业气息和人文气息的文章。在这背后，是一种自由、洒脱的气质和专业主义、理想主义的情怀。

目前百君负责品牌宣传工作的副主任陈昱，自 2008 年元旦之后加入百君。据他回忆，当时对百君律师的第一印象是，几乎每位律师都架着一副眼镜，文质彬彬且十分注重专业的价值。当时，百君最吸引他的是，给予了律师成长的宽度，可以“海阔凭鱼跃，天高任鸟飞”，加上同事之间谦和、重感情的氛围，让他心生向往。

对于百君文化，陈昱的总结是“内敛、情怀、独立”，与其他律所相比，百君更具人文情怀，它的杂志与微信公众号都秉持“有情怀的法律、有理想的人文”的内容导向。

陈昱说，百君未来品牌宣传的重点，一是继续强化百君在重庆地区头部大所的地位，同时延伸其在西南乃至西部地区综合性大所、强所的定位；二是参与一些受到业内认可的法律评级机构的区域性律所评选，以提升专业品牌价值，重点打造百君具有竞争优势的专业领域。

经过 20 多年的发展，百君的品质有口皆碑，而其雄心，则是植根中国西部，成为一家区域性、综合化的大所、强所。

植根西部半壁，打造区域强所

在智合论坛 2019 上，针对区域律所的突围之道，孙渝说：“区域性的本土所要做强，需要有两方面坚持，律所的规模化和律师的精品化。规模化是保证一定经济总量所必需的，也是满足客户多元化需求的一个必要条件，而律师的精品化则直接关系到能否占据当地市场的头部。”

在孙渝看来，设立分所有三条路径可供选择：首先是上行布点，亦即在北上广等比本埠发达的城市设立分所；其次是平行布点，亦即在类似本埠的省会城市设立分所；最后是下沉布点，亦即在本埠版图内的区县设立分所。

这三种路径各有利弊，难易迥异。其中下沉布点是最容易见到成效的。2015 年，百君相继于四川成都、重庆合川设立分所，2017 年先后设立重庆荣昌、重庆大足分所，进一步整合跨地域法律服务能力。2019 年，百君在重庆市内设立的三个分所都成了当地创收第一的律所。而平行布点的成都分所，虽然发展稍显缓慢，但随着总分所互动的增加，已经产生了明显的增量。

作为一家区域性的综合性大所，经过 20 年的历史，百君的客户多集中于重庆以西直至成都，均有延伸服务的需求。由此，百君的分所大多设立于成渝线上，意在围绕成渝经济带开展业务。最先设立合川分所，其目的则在于投石问路，积累经验。

“毫无疑问，设立分所不仅会扩大百君的服务半径，提升影响力，也会给彼此和整体带来增量。这件事，我们还得干下去，但绝不务虚赚吆喝，而是稳扎稳打地干下去。”孙渝说。

为了加强总分所之间的联动，形成规模效应，百君不仅每年有若干次总分所联席会议，而且，根据各分所提出的要求，每年至少一次派干将赴分所进行业务交流，帮助分所提升管理能力和业务技能。此外，在业务互动方面，会经常性地根据个案需求，组成联合团队具体操作。

2020 年 1 月，中央提出，“要推动成渝地区双城经济圈建设，在西部形成高质量发展的重要增长极”。这为成渝地区的经济建设和法律服务业发展注入了新的动力。在这一背景下，交通基础设施建设、现代产业体系建设、成渝两地的协同创新发展、国土空间布局优化、生态环境保护、体制创新推进、公共服务共建共享等，均需要律师的法律服务。

在大多数传奇组织的创业史中，城市都是决定其成长的核心因素之一。百君以成渝为根本的战略布局，与国家的政策不谋而合。未来，百君的规模化布局将基于三个方面进行考虑：

首先，百君的定位是一家区域性综合律所，要立足重庆，辐射西南乃至中国西部地区，并始终位居市场的第一梯队之中。百君并不刻意追求分所的布局数量和人员的扩张，而以专业之精、业务之强、人才济济为根本。

其次，重庆乃我国西南重镇，身处“一带一路”的关键位置，百君将加强在“一带一路”中的布局，着力提升涉外法律服务能力，与渝新欧沿线国家在境内外的投资、并购等事务中开展法律合作。

最后，随着“一带一路”建设，西部大开发等国家重大发展战略的实施，我国西南地区经济社会快速发展，科技创新能力显著提升，人民群众司法需求越来越迫切。2016年，最高人民法院在重庆设立第五巡回法庭，管辖重庆、四川、贵州、云南、西藏5省（自治区）有关案件。“五巡”在重庆的设立将为律师业务带来较大的增量，这为百君发展争议解决业务提供了极好的机会。

百君的定位不是着眼于在全国范围内进行布局和扩张的律师事务所，而是一家区域性的大所、强所。但值得关注的是，百君是“长江律师联盟”在重庆主城唯一成员所，主任孙渝目前担任长江律师联盟执行主席。

“长江律师联盟”成立于1994年，目前已有37家成员，并在境外与在全球拥有众多成员的国际性律师事务所协作组织LAWWORLD结成密切的合作关系。作为区域性律所，加入联盟能够极大地延伸百君的服务半径，最大限度地满足客户的需求。近十年来，百君通过与联盟成员的合作，成功地在异地和海外办理了不少案件，有效地维护了客户的合法权益。

百君模式：构建科学、人性化的制度

从组织行为学的角度出发，一家律师事务所，必须基于共同目标、共同理念、共同文化，构建科学、公平、人性化的制度，并遵循一套“议、决、行、监”运行机制，方能不断提升组织效率，从而保持发展。

在当前的管理组织架构中，百君的合伙人大会授权管理委员会作为事务所的常设权力机构，决定事务所的发展战略、利益分配机制、分支机构设置、年度预决算、执行委员会人选等重大事项。其中，执行委员会具有双重职能：一是决定管理委员会权力之外的事务所经营管理事项，二是负责事务所的日常经营管理工作。该委员会每四年为一届，委员由管理委员会民主选举产生。

利益分配机制，关乎律所的治理之道和长远发展。当下，业内对“公司制”和“提成制”的优劣问题争论已久。有观点认为，“公司制”优于“提成制”。但不可否认的事实是，当下的中国律所，绝大多数仍然实行以“提成制”为主的利益分配机制。

2019年年底，孙渝发表了一篇题为《分钱的规矩》的文章，一时引发了业内的强烈关注。在文章的题记中，孙渝写到：“从分钱的规矩看开去，如果说提成制是诸侯当道，公司制则是寡头集权，个中利弊，恐怕还需假以时日，才能看得清楚。”

公司制律所在制度的设计层面，具有实现专业化的更大可能，但提成制律所因为人才加盟的便利性，以及内部调配人力资源的巨大灵活性，同样具有满足专业化需求的现实可能性。从这个本源性出发，提成制不是“洪水猛兽”，公司制也不是“灵丹妙药”。一个好的利益分配机制，应当公平、透明、简约，兼顾效率和公平，符合“能者多劳，多劳多得，强弱共济，以强扶弱”的原理，有利于律所留住人才和长远发展。

目前，百君实行的就是提成制和薪金制并存的分配机制。

百君提倡的是，在充分满足公共支出、公共积累和各种价值贡献基础上的提成制。经过多年的实践与改良，百君的分配机制已能有效遏制分光吃尽、追求利益最大化的不良诉求。在第一次分配中，充分保证引案合伙人的话语权能够转化为相对应的利益；第二次分配，是引案合伙人向办案律师分配酬金，如果引案合伙人自行办理案件，则不存在第二次分配；第三次分配，则是在财务年度预算基础上，涵盖公共成本并留足公共积累之后，对合伙人当年度的特殊贡献再予以分配与奖励。

薪金制是提成制的必要补充，主要适用于三年期内的助理律师。年轻律师需要孵化，需要培育，他们通常没有创收能力，适用提成制并不现实。百君规定了最低薪酬标准，以确保他们能够安心、有尊严地工作和生活。

为了持续发展和防范风险，百君还沉淀了部分资金作为基金，并为此建立了严格的使用制度。

以人立所，是百君最重要的价值观。所谓“百树成林，百君成业”，其“百”非规模数量之意，而是人才济济之意，精髓在于“人”，其寄托了百君对团队的期望，那就是能形成业务、资源、能力的互补。

百君深刻地意识到，规模化和精英化是保持律所位居区域头部的核心要素，因此，百君既秉持了适度规模化的理念，形成了可观的律师阵容，同时又构建了科学的人才遴选、孵化、培养机制。律所的基业长青之道在于，要善于发现人才、吸收人才、培养人才、沉淀人才，特别是要重点培养精英人才。

从人力资源管理的维度来看，百君设立了助理律师—专职律师—合伙人的三级晋升结构。百君的律师助理制度是青年律师的主要培养体系。凡是从业经验不足 3 年的律师进入百君后，均应从律师助理做起。律师助理期为 3 年，3 年助理期内师从于一位合伙人。助理期的前两年，律师助理不能单独承办案件，助理期第三年可以独立办理指导老师的案件，期满通过律所的考核后可以转为可自由、独立承办案件的专职律师。这是一个循序渐进的过程，每一个年轻人都在这个过程中接受了律师执业技能的基本培训以及专业知识的指引性学习（专业学习主要取决于其所师从合伙人的专业方向）。

但“师徒制”亦有其弊端，那就是每一位“老律师”的知识结构和业务领域难免单一，这就无法带给年轻人对律师职业最全面、最直观的感受，其能力也会参差不一。由此，百君十余年如一日，在每周四晚上设立“疑难案例会诊”专场，许多资深律师现场为年轻律师答疑解惑，训练年轻人的实战能力。

百君“疑难案件会诊”

“‘疑难案件会诊’由资深合伙人主持，要求40岁以下的律师以及各专业部门负责人都要参加，共同研究大家在案件办理中所遇到的疑难问题，为承办律师献计献策。通过案例讨论可以了解到最新的司法裁判观点、了解自己平时没有关注到的法律问题，对专业能力提升和个案解决都大有裨益。同时，‘疑难案件会诊’也是律师们展示自己能力的平台。”百君负责人力资源管理的合伙人杜渝巧说。

除此之外，百君借助雄厚的教育资源，经常不定期举办各种专业讲座，鼓励和支持全体律师参加律协和各类专业机构举办的专业培训，并组织各种活动，要求年轻律师们（包括律师助理）参加，如演讲比赛，辩论比赛、体育活动、主题讲座等，都给了年轻律师展示风采的机会。

百君从来不举办新入伙的合伙人的授衔仪式，其原因在于合伙人并不是律师必须经过若干年苦熬之后才能获得的头衔，并不需要将其“神秘化”或“贵族化”。在百君看来，合伙人与专职律师的区别在于角色的不同，合伙人是为事务所“制造雨水”（rain maker）的人，而专职律师的主要职责是专心办好案。任何成了专职律师，并具备“制造雨水”能力的人，都可以申请成为合伙人，没有法律规定之外的年资限制。不拘一格降人才，正是百君开明的地方。在百君，已经出现了“三世同堂”的现象，即师傅是合伙人，徒弟是合伙人，徒弟的徒弟也成了合伙人。

律师的幸福感和归属感源于对律所利益分配机制和人文环境的认同，源于对律所未来愿景和价值观的认同，源于对律所品牌的认可。从这个本源出发，百君力争佳绩和荣誉，并让这些荣誉反哺每一位律师，让他们产生自豪感和幸福感；努力提升市场知名度，不断积累市场美誉度，为全体律师带来荣耀，并为他们提供驰骋职场的依凭；努力构建一种公平、人性化的制度，让佼佼者能够脱颖而出，让奉献者能够获得回报，让困苦者能够得到关爱，让失意者能够重拾希望。这些细致入微的工作，最终都转化为百君律师对于律所的认同和归属，也成了百君核心竞争力的来源。

我们可以看到，百君以规范、专业、严谨为执业理念，具有深厚的学术氛围；同时，百君不固守成规，鼓励创新，给予年轻人足够的展示机会。百君 20 多年的发展所形成的无边界项目团队合作机制、合理的分配机制、律师晋升机制、青年律师培养体系等，都散发出迷人的张力。这些张力，也在百君的业务品质中得到了充分的体现和展示。

立足四大支柱业务，让最专业的人做最专业的事

2019 年 12 月 5 日，国际法律评级机构钱伯斯（Chambers and Partners）发布了《2020 亚太法律指南》(2020 Asia-Pacific Guide)，百君再次在“公司 / 商事：西部（重庆）”领域上榜。这是自 2013 年以来，百君第七次登榜。在律师榜单中，孙渝则再次荣膺“业界贤达”。

如果说规模化让百君的竞争优势成为可能，那么，专业化则是让这种“可能”成为“现实”最有效的保障。专业化分工的前提，取决于各专业部门的业务量是否趋于饱和，取决于律所的品牌影响力是否足以促使合伙人将案源交由律所统筹，还取决于利益平衡规则能否保障办案律师公平分享业务带来的红利。围绕这些要素，百君正在现有体制框架下，努力推动专业化发展。

在百君看来，专业化分工的本质在于“让最专业的人做最专业的事”，也可以引申为“让专业的团队做最专业的项目”。除了根据个案性质，将案件交由最合适的律师承办之外，百君还倡导无边界合作，随时根据案件特点组建项目团队，专业化分工由此实现。利益冲突委员会、案件质量控制中心的高效运转，总分所层面的一体化管理制度，也保障了各业务部门之间的良好协作。

作为综合性的律师事务所，百君内设 14 个专业部门，对应 14 大业务领域，包括公司、金融、资本市场与证券、房地产与建设工程、环境资源能源、财税、家事与财富传承、知识产权、涉外、政府与公共事务、劳动与社会保障、破产与清算、刑事辩护与代理、保全与执行。其中以刑事辩护、金融证券、公司实务、房地产与建设工程为四大支柱业务。

刑事辩护的担当：倔强前行，责任如山

百君以其精干的刑辩业务团队为傲，在百君的十余个业务部门中，只有刑事辩护中

心被称为“中心”，其余均为“部门”，足见刑事辩护业务于百君的重要程度。之所以被命名为“中心”，不仅因为该团队具有强大的阵容和人才基础，更是因为百君承接了太多高端的刑事辩护案件，使其具有了与众不同的属性。

在各类刑事案件中，百君侧重于破坏经济秩序罪和职务犯罪。这类案件的“高含金量”，不仅体现在被告人多为特殊主体，涵盖了国家工作人员、金融机构的工作人员，证券交易所、证券公司的从业人员等，还体现在案件的重大性和复杂性，由此，百君刑辩案件的收费水平也较高。

律师所从事的职业无疑是崇高的，很多人眼中的刑辩律师是匡扶正义的使者，颇有苦行僧的意味，将之与商业挂钩似乎不妥。但不可忽略的是，就像孙渝在《正义的对价》一文中所述：“如果说，一个只鼓动律师去追求正义而不言及对价的当事人，不是厚道的当事人，那么，一个只知道追求正义而不旁骛对价的律师，就不算是地道的大律师。”百君刑辩团队承办了大量在重庆乃至全国有重大影响的刑事案件，屡有无罪和不诉案例，那么，正义的实现也好，价值的取得也罢，都是对他们精湛的业务能力和尽责的职业态度的认可。

百君刑辩团队已连续 6 次摘得重庆“最佳刑辩律师”的称号。全国优秀律师、律所主任孙渝，重庆市律协前会长、合伙人孙发荣，重庆律协刑专委前主任韦锋，重庆律协职务犯罪刑事专业委员会主任、百君刑辩中心原主任肖志军，成都分所的王万琼律师等，都是享誉业内的刑辩律师，构成了百君刑辩团队的核心力量，而秦勇、刘沛湑、王发其、但萍、黄自强等骨干律师的崛起，让百君刑辩团队的整体实力享誉职场。

对于百君的刑辩律师而言，刑辩的乐趣源于责任感和成就感。责任感在于刑事辩护是捍卫公民尊严、守护公民权利的最后防线。那些关乎生命与自由的委托，托付命运的依靠和信赖，赋予刑辩律师倔强前行、大胆发声的力量。成就感源自刑辩律师积累起的成功案例，甚至不乏大案要案，并因此获得了良好的社会声誉。

百君汇聚了一批有着强烈责任心和使命感的优秀刑辩律师，他们坚持“权利至上、自由无价”的理念，不断加强专业素养，提高业务技能，全方位多层面提供辩护服务，并为我国刑辩制度的完善尽点滴推动之力。

金融证券的先驱：立足市场，不断开创先例

在重庆法律市场，百君是涉足金融业务的先驱者之一。百君创立不久，杨泽延就代理了港泰实基建中国有限公司与重庆高速公路发展有限公司合作建设和经营重庆大邮高等级公路项目。作为香港地区公司的法律顾问，他引入 BOT 项目投资方式，并成功地说服重庆市人民政府与项目公司订立特许权合同，为中国西部的基础工程建设与国际惯例接轨开创了先例。

彼时的百君尚未划分业务部门，金融业务主要立足于传统的金融法律事务。随着重庆金融市场的发展，银行出现债务重组、同业业务等新兴业务，百君金融业务范围随之延展，这类业务的增多也成为百君承接成都某银行的相关业务，并以此进入成都市场的契机。

百君金融团队杜渝巧、时作尧曾为重庆市金融监管局、重庆银监局开展的P2P网络借贷风险专项整治整改工作提供专项法律服务，并研发了P2P网络借贷机构备案法律服务产品。令杜渝巧印象最深的案件还属她承办的第一个创新金融项目。2010年，西部地区第一家金融资产交易市场——重庆金融资产交易所成立，创建伊始，杜渝巧就为重金所提供各类法律事务，譬如金融资产交易制度的起草、定向/非定向融资工具等创新非标金融产品交易模式的论证、交易风险控制体系的创建、交易所结算制度的设立、交易产品法律意见书的出具等。

一路走来，百君律师见证了重金所金融产品的建立与发展，见证了重庆金融行业从传统的银行贷款类事务逐渐走向了多元化发展的历程，也实现了自身金融业务的探索与积淀。百君合伙人杜渝巧表示，“我们此前的金融业务更多的是为银行发放贷款提供服务，而现在的金融业务涉及内保外贷、外保内贷、银行境外事务、信贷资产证券化等众多类型”。为重庆各个银行的基金产品提供产品设计、风险把控，为重庆市金融办各类交易所提供创新型产品论证、研讨、发行等，百君律师攻下棘手案例，赢得客户认可，抢占市场先机，在金融领域的发展之路上越走越远。

2020年春节，金融部年轻才俊时作尧撰写了《重庆地区银行业诉讼风险报告（2019）》，该文全面梳理了2019年度重庆地区中、高级人民法院判决的银行诉讼请求未获支持的案件，总结了相关判决的裁判要旨，并以此为视角，对银行、小贷公司等金融机构的业务风险防控和诉讼业务提供指引。该文获得律师界和金融界一致好评。

目前，百君金融部门已涵盖38名专业律师，部门内设立了银行中间业务、基金、证券、债券、保理、资产证券化、保险、融资租赁、互联网金融等课题研发组。未来，百君将向金融法律服务标准产品化、金融领域民刑结合的方向努力。此外，重庆在金融市场的目标定位已从国内重要功能性金融中心转向立足西部、面向东盟的国际金融中心，百君也将借势把握新的发展机遇和新的增长点。

公司实务的探索：以点带面，厚积薄发

自公司设立到发展壮大乃至消亡，专业律师的服务都不可或缺。作为百君的四大支柱业务之一，公司法律事务团队已拥有四五十人的规模，能够为企业客户提供全方位的法律事务。

百君在公司法领域取得的优势地位，离不开在常年法律顾问服务上的诸多投入。百君是重庆担任法律顾问最多的律所之一，每年担任法律顾问达到五六百家，大量的企业

客户构成了百君公司法律业务的根本。

百君公司法团队长期为企业提供自企业设立、运营、并购重组乃至消亡等全方位法律服务，包括：企业设立，公司合并与分立，公司股权与资产重组，公司管理架构设计，公司股权激励，公司合资、合作与联营，资本进入和退出设计，公司破产清算，公司注销，以及经济纠纷，公司法律顾问服务等，涵盖客户在公司法领域内的全部法律需求，并将现有业务向上游、下游业务辐射，公司业务链条不断延伸。

张世强是百君公司法律事务部的负责人，他介绍说，百君公司法律师团队的目标是寻求企业商业利益与法律风险的最佳平衡。公司在日常经营过程中，将涉及诸多法律问题，需要有律师等专业人员的全程参与。专业律师的全程介入，可以有效分散、降低与消除公司的法律风险。百君公司法律师团队善于提供公司日常经营法律服务，熟知公司法、合同法、劳动法等方面的法律法规，对公司的日常营运、内部管理、公司治理等提供专业法律服务，有效防范企业法律风险。通过多方位的介入商事领域，不仅为众多公司排忧解难，百君公司法团队也得以迅速成长、成熟。百君公司法团队律师先后获得重庆市律师协会授予的重庆市 2016 年度最佳法律顾问律师、2016 年度十大商业交易（非诉讼）法律服务经典案例、2018 年度最佳法律顾问律师、2019 年度重庆市律师行业十大最美律师等称号。

为公司设立、改制及并购、重组等提供专项法律事务是百君公司法律师团队的传统强项。百君所于 2000 年 2 月获得中国证监会和中国司法部联合颁发的证券执业资格。百君公司法律师团队顺势而为，为重庆宗申高速艇有限公司收购成都联益股份有限公司（A 股）、广西银河集团有限公司收购贵州长征电气股份有限公司（A 股）、重庆银星智业（集团）有限公司收购河南冰熊保险设备股份有限公司（A 股）等上市公司收购项目成功提供法律服务，为贵州长征电气股份有限公司（A 股）、河南东方银星投资股份有限公司（A 股）等上市公司股权分置改革、重大资产重组等项目成功提供法律服务。

百君公司破产清算领域由谭光权律师领衔，他认为，通过企业破产可以淘汰落后的企业，有利于社会资源和产业结构的合理配置和调整。通过企业破产可以促使企业在竞争压力下，改善管理，提高企业的竞争力。百君破产团队成立数年来，在破产领域成绩斐然，深受业界好评。

虽然百君从业务管理上将公司法与劳动法划分为两个业务部门，但劳动合规本是公司治理体系的一部分，百君在公司业务方面的实力，从劳动法上也可窥一二。

2004 年，陈昱开始涉足劳动人事专项法律服务，他发现企业在劳动用工方面的困惑诸多，风险难防，经过一番思索和设计，他为企业引入了劳动风险的预判与防范机制。而此时，距离我国劳动合同法颁布还有 4 年时间。陈昱的这一番设计可谓相当超前，从招聘、入职、签订合同，到制定规章制度、奖惩与考勤、薪酬与考核、休假与福利，再到保密与竞业限制、离职与解除，其成果不仅取得了客户的高度赞扬，也使其享誉业界，百君劳动法团队与时俱进根据时代发展及企业需求研发创新了多款劳动法律服务专项产品。

“只要有社会，有劳作，就有劳动法，”在陈昱眼中，劳动法是所有公司业务的切入点和敲门砖，“百君很多重大客户都是通过刚需的劳动法来撬动的，即使是全球500强，也能够以劳动法来切入”，陈昱如是说，“首先让客户通过劳动法来认识你、认可你，常年法律顾问、公司并购事务、公司诉讼等都将随之交由你手中”。

陈昱敢如此断言，不仅因为劳动事务在企业运作中不可或缺，也基于百君劳动法团队的丰硕战绩。陈昱、劳动与社会保障法律事务部部长钟祥伟代理的“梅某诉重庆长安公司劳动合同纠纷案”改变了劳动法领域的审判确认的体系，被重庆律协评为“2016年度十大民商事诉讼经典案例”。陈昱、刘任锋代理的“中国移动集团重庆公司与25名劳动者劳动争议案”“重庆市电力公司与32名劳动者劳动争议案”等均获胜诉，取得业界广泛关注。此外，已获得全国优秀律师、重庆市十佳律师的陈昱曾代理的重庆市首例外资企业劳动争议案、西南证券诉劳动者首例因保荐人代表资格违约金劳动争议案等，不仅是得以载入百君史册的案例，也是行业发展史上浓墨重彩的一笔。陈昱、钟祥伟作为专家律师曾参与全国及地方立法性课题研究，特别是涉及劳动合同法方面的多项课题成果，获得国家有关机构认可。

百君在劳动法上也寄予了较高的期待，劳动法律服务可以产生跨区域的品牌影响力，在西部地区形成独立的品牌优势，并带动其他业务领域的创收。以点带面，拓展业务外延，以团队协作运作大型项目，劳动法团队如此，公司法团队亦如此。

房地产与建设工程的变迁：深耕行业，硕果累累

由于拥有相对悠久的服务历史，百君房地产与建设工程律师积累起了丰富的实战经验，部分律师在该领域的涉猎甚至可以追溯到百君成立之前。

20世纪90年代开始，从龙湖地产在重庆设立、取得第一块地、开发首个住宅项目重庆龙湖花园南苑开始，百君律师就在为龙湖地产提供常年法律顾问及专项事务服务。深耕行业20余载，百君房地产与建设工程团队与龙湖地产一同成长，共同经历了重庆房地产行业的发展与兴盛。

对于百君房地产业务的兴起，百君合伙人秦代友很有发言权。秦代友成为百君的一员是从2002年9月开始的，秦代友依稀记得，那时的百君还是一家只有20余人但已声名渐起的小所，百君“百树成林，百君成业”的办所理念，使他相信，这是一家有诗和远方的律所，是一支不可多得的“潜力股”，他在房地产领域的执业生涯也就此开启。

数年后，房地产行业的风口来临，随着房地产行业的蓬勃发展，百君的房地产客户群和案源增长迅速。在孙渝、刘洪波等律师的带领与指点下，秦代友也得到了海量的实

战锻炼，陆续呵护与见证着龙湖西苑、美美百货大楼、比华丽豪园、申基索非特大酒店等楼盘与地标矗立于重庆城市之上。

潘晨律师现为百君房地产与建设工程法律事务部的负责人，他介绍说，百君围绕房地产与建设工程积已累起了较为成熟且完备的服务产品，包括但不限于常年法律顾问、代理诉讼或仲裁、专项法律服务（该等专项服务包括但不限于收购项目、公司并购、联合开发、施工管理、房地产开发税务筹划、房地产开发某一环节的法律服务、房地产开发全程法律服务）。对客户而言，这些服务几乎涵盖了他们在房建领域内的全部需求。

借鉴香港地区等地房地产业法律服务运作经验并结合国内市场状况，百君开创性地发展了房地产开发与经营业务中全过程法律服务模式。这一模式存在几个突出的特点：首先，服务标的精准，仅针对房地产开发企业的某一个项目的开发、建设、销售展开服务。其次，服务内容深入，律师既参与项目开发的咨询、论证，也参与每一个环节中的策划、风控管理、证据保留，以及争议事项的前期分析、协调与谈判。最后，服务贯穿全程，房地产开发项目的周期通常在 2~5 年，律师从项目开始即介入法律风控，全程参与，实现信息、法律风控的无缝衔接，为项目建立起牢固的法律风险防火墙，成为客户最信赖的伙伴。

百君在该领域已拥有 45 位律师，包含 15 位合伙人，他们代理的成功案例不胜枚举。秦代友曾就土地出让合同纠纷，代表重庆某开发公司起诉重庆国土部门，并取得胜诉；刘洪波率领团队协助龙湖地产完成了龙湖花园、龙湖西苑、香樟林别墅、天街系列、水晶郦城、紫都城等知名房地产项目。隆鑫地产、金科地产等本地房地产龙头企业，以及和记黄埔、九龙仓公司驻渝子公司、香港信和等房地产巨头，他们的房地产项目亦有百君作为法律顾问的身影服务其中。

未来布局：依托市场需求，占据行业制高点

20 多年来，百君立足市场，勇于进取，一步步开启了业务发展的新局面。当谈及百君未来的业务布局时，孙渝就五个领域提出了构想：

其一，刑事辩护。受到国家法律政策的积极影响，刑事辩护全覆盖制度的逐步推广，以及刑民交叉法律事务的增加，刑事辩护与代理业务将出现增量。

其二，家事与财富传承。高净值人群日渐庞大，必将引发大量涉及婚姻、继承、财产运用及安排等的法律事务。

其三，房地产。我国长期以来的城市化密集开发沉淀了大量房地产项目，在开发建设逐渐式微的背景下，存量资产的运用、流通自然离不开法律服务的支撑。

其四，知识产权。随着对外开放的进一步深入，尤其是国家对科技研发和知识产权保护的日益重视，知识产权业务也将水涨船高。

其五，涉外法律事务。在“一带一路”倡议、中国企业“走出去”的背景下，涉外法律事务还将大量涌现。

如今，百君的整体业绩多年稳居本土第一梯队序列，并以良好的专业水准及声誉受到业界的广泛好评。未来，借重庆在“一带一路”、西部大开发、长江经济带上的地缘优势，百君必将进一步精进业务能力，再攀上新的高峰。

结　语

文化理念、管理模式、人才培养，构成了律师事务所发展的“黄金三角”。百君的大所气象和强所格局正是由这“黄金三角”所铸就。

在文化上，百君以内敛、情怀、独立为精神内核，向市场传递“有情怀的法律、有理想的人文”的独特气质。在管理上，百君革故鼎新、锐意改革，构建了一种公平、人性化的制度。在人才上，百君崇尚“不拘一格降人才”，着力提升律师的幸福感、认同感、归属感，成了一个开放、包容、充满活力的创业平台。当品牌、管理、人才形成共振，达到良性的循环，构成了百君发展的核心驱动力。

由于采访时间的局限，我们重点采访的几位律师远不足以囊括百君律师的整体群像，可以说，百君的精英群体太过厚重，很难一一述及，他们凭借精深的专业智慧和高超的运作技能满足客户需求，服务法律市场，推动法治进程。20 年创业史，成就了百君的光荣与梦想。

未来 5~10 年，百君的战略是：保持区域性头部大所的地位，深耕成渝经济圈，逐步在西南省会城市设立分所，力争成为中国西部一流大所。在分所布局上，于西部地区站稳脚跟，覆盖云贵川等地区，提供多元、高端的法律服务产品，进一步挖掘市场的潜力；在国际化发展上，提升国际事务的参与度与涉外法律服务能力；在国际榜单评级上，百君能够以一家大所、强所的姿态占据一席之地。当然，对百君来说，最为重要的是，依托重庆深厚的法律底蕴，在专业上、在人文上、在管理机制上，能够进一步做大、做强。

如果要问百君的创始人们，希望百君成为一家怎样的律师事务所？他们会说，百树成林，百君成业；行业翘楚，生生不息！

六和

深耕浙江，辐射全国，面向世界

周　正　吴梦奇

六和律师事务所前台

创始合伙人旧照（左起）：朱亚元、郑金都、俞国根、李静

六和所获荣誉奖项（部分）

六和精神钱江潮

五四青年节活动

六和丽人节

区域律师事务所的发展与地方经济的发展有着极为紧密的联系。北京、上海两地自不用说，在其他省份中，凸显这一紧密关联的典型代表是民营经济大省浙江。浙江 GDP 已连续 23 年稳居全国第四，且近 15 年以每三年攀升一个万亿级台阶的速度迅猛增长，如今 5.6 万亿的巨大体量，已经超过很多欧洲国家的全国总额，其中民营经济占比常年高达 60% 以上。

民营经济的发展壮大，离不开一路护航浙商成长的大批浙江律所。浙江本地律所成立时间早，参与服务浙商发展程度深，造就了区域律所独特的“浙江现象”：省内位列前茅的律所中，本地品牌占据大多数。而谈起浙江大所、强所的代表，业内公认的翘楚已多年未变，六和就是其中之一。

1998 年，六和律师事务所成立。5 年即获“全国优秀律师事务所”，10 年便迁入杭州城市地标公元大厦，20 多年来，服务了数千家客户，培育了无数的人才。以和为本，以质为重，六和是律师行业“浙江精神”的代表。

二十年，地方“诸侯”

不打官司，也要请律师

1993 年，还是杭州大学法律系教师的郑金都作为访问学者赴美国密苏里大学进行为期一年的交流学习。赴美之前，他也没有想到，这样一次看似平常的访学，后来会“孕育”出一家律师事务所。

在那里，他看到了中美法律服务市场的巨大差异：当中国律师仍以诉讼业务为绝对主流，什么案件都办时，美国律师已超过 80 万人且有着精细的分工，很多律师都是不打官司只做非诉讼业务。他的房东和导师都是法学院教授也是律师，房东承办房地产业务，他的纳税却另请税务律师办理；导师的客户召开董事会，召集通知都是由他起草。成熟法律市场中律师的精细分工和非诉业务的高比例在郑金都心里留下了深刻的印象，也给了他很大的触动。

“既然美国是这样，中国律师当然也可以做非诉。”创办一家不打官司、以非诉讼业务为主的律师事务所的想法，就这样埋在了他心里。

1995 年 9 月 27 日，《中国律师报》第 4 版刊登了两篇“一问一答”的文章：右边较短篇幅的标题是《律师多了，出路在哪里？》，左边较长篇幅的标题是《不打官司　也要请律师》，作者正是郑金都。“当时全国律师才五六万人，就有人说律师多了出路在哪？

我说，出路就在左边——不打官司也要请律师。”手指着已经泛黄的报纸原件，郑金都的脸上洋溢出自信与欣慰。

“你要请一个懂经济、懂法律、懂外语的律师吗？”

1992年南方谈话后，中国改革开放迈入新的阶段，浙江民营经济的信心得到极大鼓舞，并随之蓬勃发展。1996年，“九五”计划正式实施，初步建立社会主义市场经济体制被列为其中的重要任务之一，代表中国从计划经济向市场经济加速转型。到1997年年底，浙江省内经工商登记注册的个体工商户和私营企业已达153.2万户和9.2万家，民营企业的法律服务需求呈现放量增长的利好态势。

时代的浪潮带来了创业的好时机。归国后做了几年专职律师的郑金都，预感到“不打官司也要请律师”，实现律师业务转轨的机遇来了。

1998年11月，郑金都和曾经的杭大法律系同事同学俞国根、李静、朱亚元，四个不安现状，希望施展更大抱负的年轻人共同创办了六和律师事务所。

“六和”的名字，源于杭城钱塘江畔月轮山上一座始建于北宋的宝塔六和塔。六和塔是僧人智元禅师为镇江潮而建，取佛教《佛说息诤因缘经》中的“六和敬”之义：身和同住、口和无诤、意和同悦、戒和同修、见和同解、利和同均。四人斟酌，这正符合了创所的本意，也代表了对六和律师做人做事的要求。以“和”为名，提纲挈领地定下了事务所未来发展的文化核心。

尽管当时有着对非诉业务前景的前瞻判断，有着优质的杭大法律系师兄弟创业队伍，更有着打破“铁饭碗”破釜沉舟的巨大勇气，和开创事业以所为家的无比决心，但要在“打官司才请律师”观念根深蒂固的社会里开辟非诉讼业务，实在是相当困难，整个市场都尚在萌芽阶段。

没有市场，就自己培育市场。杭州的夏天，40度的高温下，几个人骑着自行车拼命地跑业务。最辛苦的时候，郑金都瘦得不到百斤。但教师出身的六和律师们恰是发挥了自身所长，以讲课普法为载体，精耕细作地把市场开垦了出来。法律专业乃至是法学教师出身，经济学背景，还有留学经历，做非诉业务六和律师一开始就有自己鲜明的优势，便顺势打出了广告语——“你要请一个懂经济、懂法律、懂外语的律师吗？”

别说，这样的宣传确实起到了效果。1992年曾发生过一件中国民营企业史上的大事：浙江商人陈金义一举收购了上海六家国有商店，成为改革开放后首个收购国有企业的民营企业家，一时间轰动全国。其后陈金义组建的金义集团，在1993年已有3000名员工，净资产过5亿元，堪称民企中的“巨无霸”。看到这句广告语后，陈金义主动找到郑金都，希望六和所为集团提供法律服务。

浙商勇于开拓，包容、自省，善于接受新事物，企业快速发展的过程中出现了大量的法律问题需要专业的律师提供服务，而日常经营中潜藏法律风险的排查预防也是企业发展的大事。很快，六和的法律顾问服务和非诉业务就被越来越多的企业所接受。

家喻户晓六和所

在浙商圈子里，六和的知名度逐步提升，而让律所快速家喻户晓的，则是源于与媒体的合作机缘。

创所之时，律所的办公地选在了杭报大楼中。那正是一个报业兴起的风口，六和因为“地理位置”的便利，恰巧赶上了这股东风。

那一年，整个社会都进入了快读报的时代，报亭遍布全城，大量的民生问题和社会热点都伴随法律问题，亟待专业律师的解答，很多报纸都开辟了律师专栏。杭州《都市快报》的创刊与六和创所同年，又在同楼办公，自然而然，六和律师成了专栏常客。与记者的密切合作让律师们总能第一时间知晓社会热点，六和律师几乎每天都有文章发表。1999 年就进入六和的现管理合伙人刘成林律师当年承担了许多文章的撰写任务。在那个住房刚刚商品化、市民购房需求极为旺盛的时代，主攻建筑房地产专业的刘成林撰写了大量购房主题的专栏文章，解答市民咨询。这些紧贴民生热点与市民需求的文章为六和所树立了良好的社会形象。

此外，广播和电视媒体也是六和所早期宣传自己的重要平台。浙江电台的《浙江第一线》节目，六和律师每天在电话前为百姓解答法律问题。“那时候也很辛苦，早上很早，人在家里还没睡醒电话就打进来了。”郑金都说。在电台节目里打出了名气，六和律师又开始担任电视台各档法律类节目的嘉宾。“当时我们与浙江经视《给你说法》《经视看地产》等节目都有深度的合作，长期担任嘉宾，收视率都很高。”刘成林回忆道。

数年的时间，六和律师与六和所的名字高频地出现在浙江的报纸、电台、电视等媒体上，除了为企业客户提供有品质的法律服务之外，“六和”的名字也随着媒体“飞入寻常百姓家”。老百姓每天接收那么多的信息，为什么“六和”能留在他们心里？刘成林说，原因其实也简单，就是六和的这些“宣传”都不是商业广告，而是紧贴百姓生活的实实在在的法律服务，充分展示了六和所的专业素养和民生情怀，所以能深入人心。

2001 年，中央电视台《经济半小时》推出一档留学归国人才系列节目，在全国范围挑选了 6 名不同行业的代表人物。郑金都成为法律界的唯一代表，接受了央视长达半个小时的专访。节目播出后，律所的创业故事和六和的名字随着电视信号传向了全国。其后，郑金都又荣获“浙江省十大优秀青年”称号。各级媒体的采访报道纷至沓来，六和所声名大涨，在浙江真可谓家喻户晓。

有理想、有特色、有文化

随着知名度的不断攀升，六和也迅速发展，“又快又稳”是它的特点。2011年，郑金都在《中国律师》上发表了一篇文章，题目是《打造有理想、有特色、有文化的律师事务所》。这样的概括既是对六和发展的回顾，也是给未来的指引。

六和有理想，说的是事务所的发展有着高远的目标和清晰的规划。创所之初，善研究、精琢磨的郑金都就牵头制定了律所发展的十年纲要，这在全国范围内都可以说是首创。

第一份纲要里，郑金都自信地写下了六和十年的目标：将事务所建设成为“华东一流、国内有较大影响、直接接轨国际业务的高层次、规模化、有特色的现代化大型综合性律师事务所”。那时，杭州法律市场中90%以上都是诉讼业务，做一家不打官司以非诉为主的律所，生存是第一要务。郑金都却笃定地相信六和的事业一定能成，不仅能成，而且要做就永久做。

六和的发展纲要为所有六和人提供了航标，设定了共同的愿景，指引着他们前行。到创所第三年时，六和的创收已经跃居浙江省直律所第一。2005年，创所刚满五年的六和就获得了首批“全国优秀律师事务所”荣誉，并于2008年蝉联殊荣。2008年，六和与戴文良律师领衔的亚细亚律师事务所成功合并，规模突破百人，总创收已高达6800万元，是原定目标3000万元的两倍还多，更恰巧是创所第一年340万元的20倍。也是在那一年，六和果断迁址到了当时杭城租金最贵的顶级写字楼、城市地标公元大厦。

取得这样的成绩，离不开六和从最初就强调的“专业分工、团队合作”。从设所时确立的金融、房地产和涉外业务为核心，第一份十年纲要里还规划了包括证券、公司、风投等在内的八九个重点业务部门。随着浙商的成长壮大，规划中的业务领域一一得到印证。六和也迅速发展成为综合性的专业大所，成为浙江律所中位居前列的代表。

六和有特色，指的是两个方面：一方面是业务定位有特色，六和坚持以非诉讼为主要方向、主要服务浙商的定位。六和的法律顾问和非诉业务一直保持着很高的占比，长期占据业务总量60%以上，最高时曾达72%。目前，六和正在服务的企业客户已经超过3000家，其中法律顾问类的客户超过1700家。非诉讼业务比例如此之高，在综合性大所里是十分少有的。另一方面是管理有特色，郑金都在创所之初就牵头制定了大量的管理制度，并不断吸收同行和企业的先进管理理念和方法，在内部设置了科学合理、与国际接轨的管理结构，形成具有六和特色的完整、规范、高效的管理模式。这些制度随着事务所的不断发展而臻于完善，使整个律所运转有条理、有章法。此外，六和还设有党委、团支部、妇工委、工会等有中国特色的机构，完善事务所管理。

六和有文化。六和的文化就在于律所名字里的“和”字：身和同住、口和无诤、意和同悦、戒和同修、见和同解、利和同均，是做人做事的道理，也是团队和企业和谐发展的理念支撑。六和不仅在所内倡导“和谐”的氛围，对外还积极地承担着社会责任，普法授课、公益咨询、捐资助学、法律援助、参政议政等，推进社会和谐发展，从而实现更大的“和”。

2012 年，六和创收突破 1.2 亿元；2017 年再次翻番，达到 2.5 亿元；第二个十年末的 2018 年，六和已从当年仅 8 人的小所成长至 500 多人规模，总创收超过 4 亿元的浙江头部大所。20 多年来，律所规模不断壮大，总创收每年都保持 20% 以上的高速增长。2019 年，六和总部已经在公元大厦拥有了三个整层超 6000 平方米的办公空间。

“地方诸侯”——实力强劲站稳区域，在全国有影响力，能直接对接国际业务，郑金都认为这四个字用来形容六和前 20 年的发展成果特别贴切。

精业务，开拓创新

经营的参谋，法律的顾问

1998 年，浙江的民营经济已经占到市场总量的六七成。六和的非诉业务，也正瞄准了还在蓬勃发展的浙商。

“以法律顾问为基础，以非诉讼为主，诉讼和仲裁为辅”，这是六和成立之初就确定的业务定位，而深度服务浙商，六和希望成为企业的“法律风险防范专家”，全方位保护企业成长。

当下很流行的“法律产品”思维，六和从最早开拓业务时就在使用了。为了让企业认识到法律风险的重要性，直观地感知律师的作用，在最初开拓法律顾问服务时，六和以客户需求为先，不计得失，先行提供《法律顾问方案书》，在收到专业、敬业的个性化方案后，客户自然而然就愿意放心地委托自己的法律事务。

除了方案书，六和一直致力于将服务标准化、系统化，每月法律法规提示、新法或案例专项提示、法律顾问建议书、新法专项培训等服务一直坚持了二十多年。每个法律顾问服务阶段结束时，六和会交给客户一本数十页甚至多达上百页的《法律顾问总结书》。总结书详细地记录了提供过的各项服务和成果，让法律顾问服务“可视化”。

这样尽心的服务也为六和赢得了更多的业务机会。郑金都记得，当年给某全国性集团的浙江分公司提供服务获得认可后，六和产品化、可视化的法律顾问服务方式经报总部获得肯定后在集团内全国推广，客户要求各地分公司的其他担任法律顾问的律所都照此操作。

法律服务产品创新，六和还开创了一项重要先河。2018 年年底，司法部印发通知在年内组织律师为重点民营企业开展一次全面“法治体检”，了解企业生产经营和依法治理情况，分析企业法律需求和风险点，帮助查找制度漏洞和薄弱环节，健全法律风险预警防范和矛盾化解机制。

“法治体检”的前身正是六和在2005年推出的“法律体检”产品，法律顾问针对的是显性问题，法律体检则是为企业诊断隐性风险。2008年，六和的“法律体检”经浙江省司法厅在全省推广后上报，司法部和全国律协发文全国推广已经有十年历史，在江浙沿海被广泛实践。郑金都说，六和很早就提出的一句话要成为客户“经营的参谋，法律的顾问”，说的正是要将法律和商业相结合，提升企业治理能力的现代化，这也正与“法治体检”的内涵相吻合。郑金都还曾因“法律体检”这一产品而受邀远赴新疆、内蒙古、重庆、山东等全国各地巡回宣讲。

专业分工、团队合作

浙商企业迅猛发展，生产经营也越来越多元化。为了全面满足客户需求，六和一直有针对性地开辟新的业务领域。

目前，六和已成为拥有公司、证券与资本市场、基础设施与建筑房地产、金融与财富管理、知识产权与信息技术、国际业务、政府法律顾问、破产管理与债务重组、争议解决、刑事等十大业务部门的综合性大所。

不仅在业务领域上持续拓展，六和的客户类型也从全力服务民营经济逐步扩展。目前，六和的客户主要有三大类别。

第一，政府类客户。近些年随着建设法治政府目标的推进，六和所政府类的客户数量持续增长，包括浙江省政府、杭州市委市政府、省司法厅、省公安厅、省国税局、省国土厅、台州市政府等多个政府机关和部门，六和都担任法律顾问，省、市、厅局级单位整体服务量在浙江省内数一数二。这也已经成为六和的一个特色。“这一类服务让我们更好地了解政府，特别是行政类单位，整个行政执法过程当中很多的工作方式方法，也有利于我们为民营企业或国有企业提供更好的服务。”六和创始合伙人之一的朱亚元律师说。

第二，国有企业。近年来，六和服务了亚组委、中铁上海局等多家企业的重大项目，部分国企如中国人寿和杭报集团已经连续服务超过20年。除了满足国企日渐旺盛的合规需求外，因为拥有服务民企的深厚经验和积累，在服务国企时，六和能提供企业未曾体验过的精细化服务，帮助国企在新的政策和经济形势下更好地发展。“我们总结服务民营企业的经验，并结合国有企业的特点提供法律服务，给国有企业客户提供更优质的服务的同时，也更加体现了六和专业特色。”六和执行主任刘珂说。

第三，也是最主要的一块，还是浙江的民营企业，尤其是大型民企。泰隆、宋城、万事利等企业都是六和服务了一二十年的客户，六和律师深度参与了企业的经营和发展。杭萧钢构甚至提出，希望六和律师对企业的管理提出建议。“之后我们就从律师的视角给他们客户设计了管理的流程图表，再经多方研讨后纳入公司的管理规章制度并实施下去。我们的很多法律层面上的想法和建议就融入了企业的日常管理和制度中，真正成了企业的‘法律的顾问，经营的参谋’。”刘珂说。

针对不同类型客户的需求，六和始终坚持“以客户为中心”的理念，以业务部门为单位进行专业分工、团队合作。每个专业业务部门都有三层工作机制：管委会成员直接对接各业务部门；律所内的资深合伙人担任部门顾问；部门主任和副主任由事务所骨干合伙人担任，牵头研判行业领域发展趋势，培养专业领域人才。十个业务部门在六和内形成了一个大的六和团队，使六和在承接业务时并不是只有单一的部门对接，而是整个六和的大平台在提供支撑。十大业务部门之下，20个专业团队有效运作、交叉合作。由高级合伙人担任团队负责人，合伙人、骨干律师、助理律师共同组成的20个专业团队，均有明确的业务领域方向，团队内部相互协助、形成合力，为客户提供更为优质、专业的法律服务。

“除了分业务部门外，我们把专业建设做得更加细化，特别设置了特许经营专业。”郑金都说，这也是六和的一个创新。特许经营，意味着证券、破产等11个对律师的专业能力和相关经验要求较高的专业，从确保服务品质的角度考虑，律师需主动申报并经律所审核通过后方可从事特许经营专业。每一年，事务所都会对特许清单上的律师进行梳理和考评，及时更新名单，确保每个律师在选择了一到两个专业方向之后，将专业化做实。

“六和是‘综合性的专业所’，其实指的是十大部门、20个团队高度专业化，每个部门等同于一个精品所，那么六和就是十大精品专业所的高度融合的大平台。”刘珂说。

把握市场，顺势开拓业务领域

浙商是中国经济发展的重要推动力量，他们的商业思维非常活跃，尤其善于捕捉市场趋势，敢于创新和突破。这也要求为浙商服务的律师触觉敏锐，响应迅速，要紧跟企业的脚步，甚至是比他们想得更前一步，拥有前瞻性的判断和不断开拓新领域的服务能力。

公司并购是浙商做大做强的一个重要手段，多年来浙商不断四处出击，在全球收购兼并大量有价值的项目，六和公司部目前是事务所最大的业务部，每年从事大量的并购业务，张琦律师为主承办的万里扬收购奇瑞变速箱项目被省政府评为浙江十大并购案例，姚利萍等律师办理的浙江农发集团收购黑龙江新良集团项目是两省政府高度重视的项目。

对于新业务的研判一直是六和运营中的重要工作，并且顺时而动，及时反应，进行前瞻性的、战略性的布局。除了十大业务部门之外，六和还根据市场需求和所内专业人才相继设立了PPP、财富管理、税法等研究中心：PPP研究中心是根据国家经济重大基础设施投资的发展而设立的，金融与财富管理部门下设的财富管理中心是根据浙江企业家的实际需求以及六和内部的综合型专业人才而设立的，税法研究中心的设立则是因为税务合规问题在企业合法经营中具有重要地位，有着强烈的市场需求。

破产重组与清算业务则对六和来说是一块重要的业务，它来自朱亚元律师对市场前景的预判。早期从国有企业的体制改革开始，市场上出现了少量的企业破产，朱亚元意识到破产业务将在经济转型期中有巨大的发展空间，于是在市场需求和业务收入都还十分有限的时候就已经着手培育。在市场需求涌现时，六和便很快地将这块业务推至全省乃至全国。目前六和内部已经组成了 6 个破产管理团队，专业律师 60 人以上，业绩逐年攀升。2018 年，杭州市中级人民法院评选的杭州市十大破产管理案例，六和所就占据了其中三个。这与当年前瞻性的判断和及早布局息息相关。

市场需求和专业人才是六和开辟或确定重点发展业务领域的两大核心考量。刘珂说，接下来除了公司并购和破产重整与清算仍然是重点发展的业务领域外，六和还希望开发企业的合规经营业务，充分发挥六和综合性强所的优势，为客户的经营活动提供公司、税务、劳动、知识产权、刑事等等不同类别的“一站式”合规服务。近年来，重大疑难案件增多，六和所目前正筹备设立重大疑难案件研究中心，充分发挥资深律师及前资深审判人员的作用，多视角研析疑难案件，把这块业务作出优势。杭州是互联网之城，“中国硅谷”，是创新的代表，既有阿里巴巴这样的巨头，也有数量庞大的初创企业，两者的法律服务需求迥异。与大型互联网龙头企业继续保持紧密合作之外，六和也将积极适应本土浙商新的经营特点，有针对性地开发法律服务产品，如商业秘密保护体系建设，六月底六和所已成功协办了浙江省首届商业秘密保护论坛。

浙商到哪里，服务延伸到哪里

业务上，六和紧跟客户需求；布局上，则不仅紧随浙商脚步，而且非常具有前瞻性。

2008 年 9 月，在国家还尚未实施建设舟山海洋经济一系列重大战略的时候，六和就设立了舟山分所；同样，在同年的 12 月，六和看准国际商贸设立了义乌分所之后，义乌获批成为国际贸易综合改革试点，也是全国首个由国务院批准的县级市综合改革试点。

2018 年 1 月，湖州分所和温州分所接连开业，六和的省内布局更进一步。“温州我们看重当地资本市场的潜力，同时是布局浙南，延伸到闽北；湖州资本市场同样有政策助推放量增长，也是布局浙北，延伸到苏南、皖南。”郑金都说。12 月，六和长兴分所设立。2019 年 4 月，长兴分所又吸收合并了有 19 年历史的浙北所，迅速壮大。

“浙商到哪里，六和的法律服务就延伸到哪里。”这是郑金都很早就提出的服务策略。

六和的国际化便随着浙商的步伐顺利开展。2017 年 5 月，六和的美国硅谷、纽约办事处同期成立；7 月，加拿大温哥华办事处成立。当浙商客户有境外项目时，视情况由六和律师随同出国，或与当地律师组成法律服务团队，由六和律师直接与客户对接，保证沟通的顺畅和服务的及时。六和还有详细的合作律师清单，合作国际律师团队几乎涵盖了主要国家，覆盖各个专业领域，并且进行了层级分类，为的是根据不同项目匹配最合适的境外律师，这样的模式得到了客户的高度认可。

郑金都说，接下来六和还将结合实际继续延伸自己的服务触角，继续省内布点，并且还将走出浙江进行全国布局，在境外华商聚集的城市适时适量增设办事处。

育人才，海纳百川

从助理开始，一步一步培养人才是六和最大的特点之一。如今很多的资深律师和合伙人，乃至管理合伙人都是一毕业就进入六和的十几年的“六和人”。

20 多年来，六和始终坚持“从通才到专才”的培养模式。一方面是借鉴了高校中从通识教育到专业课程的成熟培养经验，另一方面也是出于对人才培育的社会责任感。

刚成立时，六和就在所内实行导师制，从助理阶段就开始“传、帮、带”。同时，为了弥补传统学徒制的不足，又在所内创设了青年律师培养小组，由民事、刑事、法律顾问、非诉项目等不同业务领域的律师组成导师团，还专设由资深律师担任“人生导师”，全方位地保障青年律师的成长。

“六和的律师助理不是某个律师的助理，而是六和所的助理，所以对于这些年轻人才的培养我们一定是集全所之力共同完成。”刘珂说。

现在，六和的人才培养体系已经更加完备，以研学院为平台进行了全面的梳理。律师助理以导师负责制为主，并形成了一整套从助理会议到业务部门内部培训，再到青年骨干律师培训班的三层培养架构：助理会议侧重青年律师的规章制度学习、成长经验的交流和自发的业务研学；业务部门则负责专业能力的培养，传授专业团队总结的成熟经验和成果；青年骨干培训班则是针对执业五年左右的律师，侧重于青年律师视野的开拓、专业方向的确定和市场开拓能力的提升。六和至今已成功举办了 6 期青干班，将近 350 人次参与其中，邀请资深专家、行业大咖进行深度交流。与华政、中政等高校联合开办更是行业首创，六和为培养未来合伙人投入了大量心血与精力。

六和的学院派气质不仅来自创始人，还通过这样的培养体系一直传承着。学习氛围浓厚，年轻人积极向上，一批又一批的年轻律师在六和一步步成长，从专业知识到法律思维，从执业规范到办案习惯，从业务协同到文化认同，已然深深地烙上六和的印记。

行业内历年的论文比赛中，六和律师几乎囊括了所有第一名，既是论文数量最多，也是获奖最多。“六和律师”与“专业素养高”画等号，青年律师从中获得了职业的尊严感，同时也激励起提升自我的责任感，如此良性循环让六和在内部源源不断地培养出优质人才。内生式的培养模式，资深律师和管理层的信任与栽培让在六和成长的律师们有着很强的文化认同感。20 年来，六和的人才团队始终“进多出少”。

沈佳颖是一毕业就在六和成长的青年律师代表，在导师郑金都主任的一手栽培下，如今已是六和国际业务部的主任。她是最直观感受到六和对新人梯队式、体系化培养的青年律师之一。

她把自己的成长过程简要分为领证前、领证后与独立后三块：领证前基本属于跟师傅执行助理相关的工作，通过一系列系统性的培训提升自己的业务乃至行政管理能力。而领证后并不代表你就能独立执业了——六和在新领证律师到独立律师之间设置了一个督导期，用相对复杂一些的事务来进一步锻炼青年律师的执业能力。这样一套循序渐进的系统化、体系化培训也保证了每名六和培养的青年律师都具有相当优秀的执业能力。

本硕在香港地区就读的她，到六和执业一年后，又在导师郑金都主任的鼓励下回到香港地区，进入香港梁锦涛关学林律师行工作。取得了香港律师执业资格后，再回到六和全身心投入涉外业务。

像沈佳颖这样的青年律师骨干在六和还有很多。2006 年加入六和的童斌，师承六和高级合伙人姚建彪律师，从助理晋升到高级合伙人。

2008 年，尚未独立执业的童斌随着客户的转型开始接触 PPP 这样的新兴业务。以刑事辩护闻名的姚建彪律师作为师傅，给他的转型以很大的鼓励。在之后总额一百四十多亿的杭州海宁城际铁路 PPP 项目中，郑金都主任与六和管理层也给予负责项目的童斌以十足的信任与支持。

童斌对六和发展至今稳定且没有大的流失的合伙人团队一直印象深刻。在童斌的记忆中，六和所内从助理开始做、一步步成长起来的律师，而后离开六和的还真没有。“因为他们就像我一样，对六和有发自内心的认同感。”这是童斌的自我诠释。如今，温文儒雅、沉稳干练的他，也为律所的新人们树立了专业、敬业、好学的榜样。

近几年，六和又吸纳了一批优秀青年律师，专注于网络法、金融、娱乐领域的许力先就是其中代表。2015 年，在原先的律所遭遇发展瓶颈的许力先决定寻找一个更大的平台历练自己，一番权衡之下，他最终选择了六和。

在他看来，虽然六和的人才培养模式是以内生式为主，但对能力优秀、认同六和价值观的律师也始终开放、包容。4 年里，许力先从六和本身和身边的同事身上看到了勤奋、靠谱、肯钻研、目标明确等优秀特质，也迅速融入了六和积极而包容的氛围当中。

许力先很早就意识到网络法领域会是律师业务的一片蓝海，而注重实务的六和则为他提供了体量足够大、内部交流顺畅的优质平台。2017 年至 2018 年，P2P 平台集中暴雷，许力先的团队成了这片业务领域的开荒者之一。此间，六和的前辈们从实务经验、资源对接乃至团队构建等方方面面给了他许多的建议与帮助。

六和的倾力浇灌让许力先很快突破了原先的“瓶颈”，快速成长为六和开拓新业务领域的中坚力量。在六和与生俱来的“学者气质”感染下，他更是多次摘得杭州市律师协会的各类奖项，并被评为 2017 年第三届浙江省优秀青年律师。

“六和有二百多名青年律师和律师助理，他们就是律所最宝贵的财富，是六和的未来。”刘珂说。2004 年进入六和的刘珂，现在的身份是律所的执行主任。他更是六和培育的大量优秀青年律师人才中的杰出代表。

六和对优秀的人才始终敞开怀抱。一直以来，北大、人大、浙大、中政、华政、西政、武大、厦大等一流法学院的毕业生源源不断进入六和，六和已经汇聚了来自 20 多个省份的英才，其中不少都有留学背景，相当数量的律师还拥有注册会计师、特许金融分析师、税务师、工程师、经济师、专利代理人等专业资格。内生式的培养让六和的人才队伍始终稳定，开放的胸怀让六和一直保持着活力与朝气。

谋未来，十年蓝图

重规划、细谋划是六和自始的发展特点。从最早制定的律所 1999~2008 年的十年发展纲要开始，每份纲要都还会细分为 3 年、5 年和 10 年的阶段性发展目标，并且涵盖到律所规模、人才结构、创收总额、品牌文化、社会声誉、综合实力等方方面面。

到 2008 年，第一份十年纲要里的目标全部超额完成，创收更是原定的两倍以上。第二份十年纲要里的很多指标也是提前完成。

从 2018 年年初，六和全所上下就开始了第三个十年发展纲要的制定工作。整个制定工作先后经历了五个阶段：戴文良律师作为规划起草人草拟初稿后，经郑金都主任修改，在 2018 年半年度合伙人会议上首次提交讨论；11 月的专题扩大会议上，部分合伙人和骨干律师进行了深度研讨，修订后提交年度合伙人会议审阅；2019 年 2 月，全所发布公告，广泛征求意见；3 月，再专门向省市司法行政机关及律师协会领导征求意见；最终修改定稿，于 4 月 15 日的第一季度员工大会上，由郑金都主任郑重发布。

如果说第一份十年纲要中的很多目标更多是基于对未来的美好设想，第二份十年纲要中关于发展和管理侧重于理念的梳理和落实，2019 年至 2028 年的这第三份纲要则是建立在详细的调研和数据分析以及广泛的民主之上，是希望构建完备的发展战略体系。

规划与发展体系、业务体系、管理体系、人才体系、专业核心团队体系、品牌体系、风控体系、信息化与知识管理体系、薪酬与福利体系、党团建设体系、文化建设体系和社会责任体系，十二大方面的体系建设规划为六和未来十年的发展进行了精心的设计。

规划与发展体系建设的第一节就提出，要建设专门机构，利用大数据等科学手段，深入分析法律市场概况，分析现有客户服务情况，提供更好的服务，同时培育潜在需求。“六和上千家的顾问单位，他们究竟关心什么，近一个阶段有哪些法律需求，未来可能遇到什么法律问题，这些分散在各个团队中的信息，我们借助互联网和技术工具，就能实现对现有业务的梳理，将客户分析透彻，同时前瞻性地预判，培育潜在需求。”刘珂说，这个过程也是六和整理服务经验进行知识沉淀的过程，作为综合化的大所，技术赋能才能进一步提升竞争力和服务优势。

“浙商到哪里，服务延伸到哪里”，在已经拥有五家省内分支机构、三家海外办事处的基础上，六和还将紧跟浙商的脚步，在省内做深，向全国辐射，在海外布局。“浙商的主阵地还是浙江，所以我们提出依然要深耕浙江，重点考虑宁波、台州。辐射全国，指的是浙商走到哪里，我们就会通过合作乃至设立分所将服务延伸到哪里，重点考虑北京、上海、深圳、南京。而海外华商聚集的国家和地区，像欧洲一些国家和‘一带一路’沿线国家和地区，六和除了能直接对接国际业务外，也会适时适量设立办事处。”戴文良说，新的纲要调整了律所的总体目标——“深耕浙江，辐射全国，面向国际”，这也是全所共同商议出的新的律所定位。

六和这样的大型法律服务机构，拥有的能量早已不限于法律服务本身。郑金都很早就提出的利用六和的资源优势实现多元化发展的思路，在这份纲要中也有所创新。“六和凤凰行动基金”的设立，缘起于六和律师在服务浙江中小企业时发现的优质企业融资困境。“我们律所有这样的资金资源，并且律师完全可以把控风险，而很多优质企业恰恰就是遭遇阶段性困难。”戴文良说，经合伙人会议或投资决策委员会决议后，六和会稳妥参与企业的股权投资和并购重组，提高资金收益率的同时增强客户的黏着性。“并且，这个基金与浙江省推进企业上市和并购重组的‘凤凰计划’也是契合的。”此外，对于法律科技的关注和利用也是六和接下来发展中的重点之一，纲要中写到：“通过孵化法律科技产品，建立和运行六和法律服务平台、APP 等方式，开拓第三产业，实现法律服务+，反哺律师业务，壮大六和基业。”

自创立就一直重视科学地与国际接轨的管理体系而建设的六和，又开启了对前沿管理机制的探索：引进职业管理和营销人才，逐步吸收非律师人才进入决策层；在条件成熟时，吸收非律师的专业市场人才和管理人才进入合伙人队列。“六和可能已经不仅是公司化管理，而且是集团化管理，我们在加强各方面人才力量的同时，也要打开晋升通道，专业的人做专业的事，并且和谐共处、相互平等、融为一体。”刘珂说。

从第一份纲要概要性的指标设置，到第二份中十大方面发展和管理理念的树立，再到第三份纲要十二大发展体系的建设，站在每一个发展的节点上，六和面向未来的十年蓝图都越来越清晰。

“到 2028 年，我们希望达到全所律师 1000 名，其中总所律师 400 名以上，业务能力强、人才梯队完善、创收千万以上的专业核心团队 30 个以上，总创收力争 20 亿，实现律师人数、总创收、人均创收、专业竞争力、分支机构、社会和行业荣誉以及社会影响力七个方面的综合指标排名全国 15 到 20 名的目标。”刘珂说。

聚人心，百年六和

让郑金都一直感到很自豪的一点，就是律所创办至今，“和”的办所本意与办所理念，伴随六和发展的一个个脚印、一个个阶段一直得到了很好的诠释，并逐步演化为六和人的共同精神追求与六和所的文化内核。

因为“和”，六和有情义。事务所“12312 亲情工程”建设坚持了十几年——每年一只生日蛋糕，两年一次员工出省或出境旅游，每年“三八”妇女节、“五四”青年节、中秋佳节三个节日组织活动，一次新春团拜，两年一次体检，每月的员工家庭日等。在六和的官网上设有“六和文化”专栏，十年如一日地记录了六和人足迹遍布全球的集体出游和各类节庆活动的快乐身影。

因为“和”，六和有暖意。事务所还积极地开展“六和人文”系列讲座，设立“六队一团”——六个运动队和一个艺术团，成立留学归国律师联谊会和民主党派人士联谊会等组织，丰富员工的业余生活，在紧张的专业工作之外感受“家和万事兴”的温暖。

因为“和”，六和有强大的凝聚力。人心特别齐，每一个人都在为六和着想，都在为六和奉献。六和的员工来自全国 20 多个省市和浙江省各个地区，多地域、多语言和多文化背景的和谐共处与相互融合，让六和的文化更加多元。多元的文化交融，又促进了六和“和”文化的造就与升华。

和，是“意境高远，落实有道”，许力先说的是仰望星空、脚踏实地。

和，是“氛围活跃，和谐共融”，童斌说的是相识相伴、共同成长。

和，是“舒服”，刘珂的概括是简单的两个字。

和，每个人的理解可能不尽相同，但归根结底还是郑金都所说的，要凝聚人心，留得住人，必须要让他有幸福感。

幸福感来自专业能力的锤炼，来自生活的体面美好，来自事务所“家”一样的和谐氛围。郑金都始终觉得，六和就是一个家，“家和了，心就齐了，心齐了，目标就统一了，就能凝聚人心，共同发展。”

20 年风华，六和已然是五百人的大家庭。有理想、有特色、有文化的六和人正在绘就“鲲鹏展翅九万里，光耀六和 100 年”的美好画卷。

通力

中资律所的精品之道与国际视野

林　戈　伊晓俊　吴梦奇

通力律师事务所

通力创始人，左起：俞卫锋、韩炯、秦悦民

部分通力合伙人合影，前排左起俞卫锋、韩炯、秦悦民，
后排左起吕红、陈巍、陈臻、黄艳

通力上海办公室内景

通力深圳办公室

时光是一条以事物组成的长河，就像那黄浦江，不舍昼夜，平稳地流淌，在吴淞口注入长江，最后汇入东海。

1998 年，上海还没有什么成规模的律师事务所，一体化尚属新鲜事物，全市律师人数不过区区 3000。彼时，亚洲金融危机正酣，WTO 的谈判曙光未现，但浦东的大发展已是大势所趋，涉外法律服务大有可为。

伴着黄浦江上轮船呜呜的汽笛声，几位较早扎根涉外领域的年轻人，带着创立一家精品化、一体化律所的初衷，在这座被称为“魔都”的城市，合伙创立了一家新所，定名为“通力”。

2020 年 9 月，上海浦东，时代金融中心。从 19 层办公室向窗外望去，陆家嘴鳞次栉比的高楼就像积木，黄浦江蜿蜒而过。一批饱经洗礼、兵强将勇的精英律师就“驻扎”在这片办公区：自 22 年前事务所呱呱落地起，他们就以“通力律师”之名，在上海滩逐步打响了这家坚持走精品化、一体化路线律所的名号。

这恰与近 20 年中国律师行业发展的音律相和：法治兴，则律师兴。从 20 世纪 90 年代的行业变革、律师创业大潮下的粗放式经营模式，到逐步迈向专业化、精品化、国际化，一路走来，通力见证了中国律师行业的沧海桑田，也见证了上海一步步成为中国法律服务市场重镇，律师队伍从 3000 人左右扩大到近 3 万人，且保持着 10% 的年均增速，上海律所增至近 1700 家，总创收位居全国前列，人均创收始终位居全国首位。

对于秦悦民、韩炯、俞卫锋等创始合伙人，乃至所有通力律师而言，通力，就是他们一手缔造的最引以为豪的“作品”。

源起涉外业务，着力打造“百年律所”

1998 年，美国金融大鳄索罗斯引发了一场席卷亚洲的金融危机，从曼谷到吉隆坡，从新加坡到中国香港地区，股市下跌，经济遭重创，外界纷纷担忧中国内地会成为下一张倒下的“多米诺骨牌”……

不利的外部环境下，当时几个平均年龄不满 30 岁的上海律师，带着一股闯劲，在上海陆家嘴创办了一家主打涉外领域和金融、证券、公司和商事领域法律服务的律师事务所，定名“通力”。

几位创始人中，秦悦民 1990 年毕业于复旦大学，中学时代就立志成为一名“金融律师”，并在此后身体力行：攻读国际经济法专业，进入上海市对外经济律师事务所工作，1997 年赴伦敦大学学习英国法，并在英国“魔圈所”之一的“年利达”进修。

韩炯 1992 年毕业于华东政法大学，在上海市金茂律师事务所开始律师执业生涯，是1993年我国开始对证券法律业务实行特许资格管理后的首批证券从业律师，是中国证券市场20多年蓬勃发展的建设者和见证者。1997年，通晓法语的他远赴法国巴黎，在巴黎律师公会进修并在一家法国著名律所工作。

俞卫锋1995年毕业于复旦大学，随即进入以涉外业务为特色的浦东涉外律师事务所执业，放弃赴美国留学和工作的机会专注于涉外法律业务，几年时间迅速成长，承办了众多外商投资、收购兼并、项目融资和疑难跨国纠纷案，成为年轻的涉外法律服务专家。

在同国外律所的合作与竞争中，几位律师见识了西方相对成熟的律所管理体制，深刻认识到团队协作的重要性。相同的国际视野，专业上的互补，让他们彼此相识相知，并逐渐走到一起。共同创业的想法萌生后，他们将“通力合作、共同发展”定为立所理念。1998年9月，年轻的通力就这样上路了。

因定位于相对高端的国际业务和投融资业务，创始人们将办公室设在位于陆家嘴金融贸易区的上海证券大厦。初创时期的不利经济环境和高昂办公成本，使通力创始人们面临严峻市场的考验和资金短缺的压力，但年轻的他们心态一直非常稳定，因为他们坚信，中国法律市场的潜力巨大，一切困难都是暂时的。

创所不久，通力迎来了首个大型项目——多家中外资银行组成的银团与上汽通用汽车有限公司总额约8亿美元的融资项目，该项目的成功推进并促成首款国产别克车型于1998年12月顺利下线，也为通力创始人们积累了协同作战的实务经验。

此后，多个“首例”项目的承办，让通力在创立的第二年就被国际知名法律机构Chambers & Partners列为值得推荐的中国律所，而通力也在市场中立稳脚跟，在其最初三年就获得了蓬勃的发展。

2001年，中国加入世界贸易组织后，不断扩大金融业对外开放，市场和客户对于能为复杂交易和疑难案件提供服务的金融律师的需求也在增加。身处中国的金融中心上海，通力也在这时代浪潮下加速布局金融业务领域，并在此后一步步成为能够提供银行、保险、证券、信托、基金、金融衍生品等“全方位”金融法律服务的律所。

然而，通力的目标不仅是做一家优秀的上海律所，“立足上海，辐射全国，成为领先的中国律所”是几位创始人设定的发展目标。对于当时的通力来说，想要成为行业顶尖，打入北京法律服务市场尤为关键。通力自创所第一天起就开始进行的一体化运作管理模式，在保证律师专业化和分工合作的同时，也使律所适度规模布局成为可能。于是2003年1月，通力设立了北京办公室，开启了布局全国市场的重要连结点。

韩炯律师自创所之初就负责资本市场团队。2005年至2007年，韩炯受聘担任中国证券监督管理委员会第七届、第八届股票发行审核委员会委员，成为当时最年轻的发审委委员。当时发审委的工作关乎中国资本市场制度改革的推进和全国中小投资者利益的保护，须发审委委员具备丰富的资本市场实践经验，当选条件十分苛刻，韩炯凭借过往服务证券项目中的优异表现得以顺利当选。从资本市场的先锋者到“守门员”，通力律师也在见证和推动中国资本市场良性发展。

2003年以后，中国开始加快对外直接投资的步伐，通力也继续在跨境投融资等涉外业务领域发力。2004年，俞卫锋带领通力的律师团队并联手韩国金张律师事务所，在韩国连续奋战数月，为上海汽车集团收购韩国上市公司双龙汽车以及后续融资提供全程法律服务，这是当时少数的中资企业境外重大并购项目之一。

此后，通力服务的境外投资和并购项目遍布澳洲、亚洲、非洲、欧洲和北美洲。在一系列中资企业境外投资项目中，通力组建了专门的跨境法律服务团队，并与众多法域的境外律所建立了长期稳定的业务合作关系。

2008年，世界金融危机对全球律所的业务造成巨大影响，也再一次考验着通力创始人们的勇气与意志力。当时，在金融证券、跨境投资等业务发生断崖式下滑的情况下，通力一方面向全体律师和员工作出“不减薪、不裁员”的承诺，另一方面整合所内各专业团队，着力开拓大型国企、民企客户，同时在华东、华南和京津等区域进行“地毯式”市场推广，挖掘更多潜在的成长型企业客户。

在应对全球金融危机的过程中，通力意识到争议解决业务对于一家律所可持续发展的重要性，并开始建立一体化的争议解决团队。当时，美国金融巨头雷曼兄弟轰然倒地，雷曼欧洲也进入破产管理程序。在国内，由于华安国际配置基金中相当部分的资产购买了雷曼集团中一家公司发行的无担保零息票据，基金资产处于严重的危险状态。秦悦民和其他几位通力律师作为华安基金的代理人，向上海高院递交了针对雷曼欧洲的民事起诉状，并申请冻结了雷曼欧洲的在华资产。最终，历时3年多，这一极具挑战性的跨境争议案件最终以调解方式解决，华安基金的损失基本得以弥补，基金投资者受偿比例远远超过雷曼集团全球债权人的受偿比例，切实维护了中国投资者的利益。

在国际化布局上，通力一直保持审慎，在进入某一成熟市场前，通力必经过详细的战略分析，找到合适的人选和业务切入点。“盲目扩张，同已有百年历史的国际律所竞争，是没有优势可言的，所以必须有清晰的发展思路，做强现有办公室，并坚持一体化运营，找准进入国际成熟市场的切入点，才能够在国际市场立足。”通力的创始人们如是说。

2015年，通力决定启动国际化战略，南下进军香港地区，布局这一中国法律市场的“国际桥头堡”。2017年，通力伦敦办公室设立，为越来越多中资企业的跨境业务提供链接欧洲的“一站式”服务，并不断开拓海外客户。

时间来到2020年，新冠肺炎疫情全球大流行，世界格局急剧变化，全球法律市场处于巨大的变革之中，中国法律服务提供者们也在危中寻机，寻找应对之道。对于通力来说，这样的场景已并不陌生。从创所之初的亚洲金融风暴，再到发展第十年遇到的全球金融危机，通力始终能够在逆境中从容应对，化险为夷。正如通力的创始人们所说，通力的目标是“百年老店”，要打下坚实的发展根基，绝不仅仅在乎一城一池、一朝一夕的得失，而需在战略布局上行稳致远，谋求长期的可持续发展，更要有“会当凌绝顶、一览众山小”的眼光与格局。

近年来，粤港澳大湾区建设已成为国家发展蓝图中的重大战略部署，也为该地区法律业务的大发展带来巨大的新机遇。2020 年 5 月，通力落子深圳，开始在华南地区谋求新的突破。未来，深圳办公室也将与香港办公室形成联动和协同，进一步拓展跨境法律服务市场。

综观通力 22 年崛起之路，除了有敢于在危机中主动求变和逆流而上的魄力外，还有善于把握经济脉搏在风口来临时敏锐判断的谋略。创立之初，通力即明确了“差异化”市场定位，坚持走专业化道路，从涉外业务起家，进而拓展至银行金融、资本市场、公司与并购、争议解决四大部门和十多个专业领域，形成了非诉与诉讼协同发展的多元化可持续布局，国际化战略也在进一步升级中。

国际化视野，本土化服务

“国际化视野，本土化服务”是通力一贯引以为豪的服务理念。在过往的 22 年中，市场格局风云变幻，不变的是通力为海内外客户提供优质服务的宗旨。

目前通力设有银行及金融服务、资本市场、公司及并购、争议解决四大业务部门，涵盖了银行与金融服务、资产管理、财富管理、资本市场、公司业务、收购兼并、私募股权投资 / 风险投资、破产重整与清算、反垄断与竞争法、合规、知识产权、劳动与雇佣、争议解决、房地产与建筑工程、医疗健康与生命科学、体育法、科技媒体通讯等 17 个专业领域和行业领域。近年来，市场越发呼唤具有“行业化”思维的律师，通力亦在体育娱乐、医疗健康、通信媒体、私募股权与风险投资等行业线发力，并持续加大投入，换来市场占有率和业务渗透率的有效提升。

本文以资本市场、公司与并购、资产管理、争议解决、大合规这几大业务领域为例来说明通力的专业能力和行业经验。

资本市场：做精做细，通过成就客户而成就自我

1998 年亚洲金融危机之后，国家对金融风险的重视程度大大提高，证券立法的起草与出台进程加快，当年年底《证券法》正式公布。

1999 年年初，通力获得从事证券法律业务的资格后，开始在资本市场驰骋。2000 年，韩炯、秦悦民经办了中国第一个民营银行的上市项目——民生银行在上海证券交易所上市。在该项目中，民生银行成功发行 3.5 亿股新股，募集资金 40 多亿元。通过该项目，

通力开始同投资银行、证券公司逐渐建立起良好的合作关系，此后通力乘胜追击，接连承办多个国内资本市场“首例”项目和“里程碑”项目。

之后在资本市场的发展热潮下，通力选择采取了较为审慎的态度：通过有所取舍地选择所服务上市企业，严格把控质量，确保项目的成功率。很长时间内，虽然通力服务的上市项目每年维持在一个适度的数量，并未一路高歌猛进，但在IPO项目的成功率上却长期保有行业领先地位。2019年7月，通力助力苏州华兴源创科技股份有限公司首次公开发行股票并于上交所科创板上市，该项目成为科创板开启后的上市“第一股”。

通力律师精益求精的敬业精神和服务质量获得了客户的广泛好评和良好的市场声誉。继韩炯担任中国证监会发审委委员后，又有陈臻、陈巍、黄艳三位合伙人相继受聘担任中国证监会创业板发审委委员、并购重组委委员、主板发审委委员、上交所科创板上市委员和深交所上市委员。

“对于企业客户来说，成功实现上市只是其发展道路上的重要台阶，利用资本市场功能和效应实现其跨越式发展和可持续发展才是其长期目标。”黄艳说：“对于通力而言，借助服务上市项目充分展现通力的服务质量和效率，针对客户上市后战略布局、业务发展的法律服务需求，引入通力其他专业律师团队以契合客户需求的变化和增长，才是通力的协同优势和价值体现。”降低客户成本，提升服务效率，提供“一站式、全方位”的法律解决方案，与客户形成“双赢”乃至“多赢”的局面，“伴随客户的成长而成长”是通力律师长期以来秉持的服务理念。源于此，众多行业头部企业如中化国际、宁德时代、上海电气、洛阳钼业、赣锋锂业、红星美凯龙、永辉超市、顺丰控股、厦门国贸……已经成为或正在成为通力的长期客户和合作伙伴。

公司与并购：专业技能融合行业洞见，做细分市场的领头羊

加入世贸组织之后，中国改革开放日益深化。通力一方面跟随中国企业海外投资的脚步，助力其开拓海外市场，另一方面协助国际客户处理大量的在华投资及并购业务。

2004年，通力助力上汽集团以5亿美元收购韩国双龙汽车股份。2008年，通力助力国际小家电巨头、纽约证券交易所及巴黎证券交易所上市公司法国SEB以4亿欧元收购A股上市公司苏泊尔，该收购案不仅引发了国内外媒体、公众的高度关注，也在交易结构设计、外资战略投资、反垄断调查等方面创造了中国资本市场的诸多“第一”。2011年，通力助力万华实业集团以12.63亿欧元成功收购匈牙利最大化工公司Borsod Chem，顺利通过欧盟严格的反垄断审查，万华实业集团因此成为全球排名前三的MDI生产企业。2014年，通力助力全球白电巨头纽约证券交易所上市公司惠而浦以约33亿元人民币控股收购A股上市公司荣事达三洋并更名为惠而浦（中国）股份有限公司。2017年，通力助力A+H股上市公司洛阳钼业以275亿元人民币收购国际矿业巨头自由港集团和英

美资源集团旗下铜钴业务、铌磷业务，奠定了洛阳钼业国际矿业巨头之基。这些具有标杆意义的跨境交易是通力律师在跨境并购领域的实力积累。

近几年，随着新兴市场、新的投资机会陆续涌现，企业客户对于律师的要求不再仅局限于专业性，对于律师“行业标签”的需求越发明显。通力也与时俱进，在房地产、新能源、医疗健康、体育、人工智能等诸多行业领域进行开拓，代表众多境内外客户参与各类复杂交易。

体育产业法律服务正是其中的代表之一。目前，通力在体育法领域处于国内领先地位，通力体育法领域合伙人吴炜作为国际体育仲裁院仲裁员，审理过多起国际体育仲裁案件，在国内外体育界享有盛誉。2020 年 9 月，吴炜当选为中国法学会体育法学研究会副会长，作为执业律师代表将为中国体育事业的理论创新和实践论证提供法律支持。此外，通力在该领域的业务还包括体育领域争议解决、体育俱乐部收购、体育协会的合规调查、体育领域商业开发、体育赛事运营等多元类型。

在一体化运作的体系下，通力公司及并购业务的优势亦能够得到充分发挥，不同专业领域团队和行业领域专家之间可以开展紧密合作，充分发挥协同和效率，为客户提供无缝衔接的法律服务。

资产管理：深度参与中国基金市场的改革与创新

2002 年，对于资产管理法律服务领域来说是一个重要年份。这一年，首家中外合资公募基金公司获准成立；中国证监会和中国人民银行联合下发《合格境外机构投资者境内证券投资管理暂行办法》，标志着合格的外国机构投资者制度（QFII 制度）在中国内地的确立及实施，为合格境外投资者在内地资本市场的投资奠定了法律和制度基础。

2002 年开始执业的通力资产管理领域合伙人吕红，一入行就赶上资产管理法律服务领域的大发展。

资产管理制度从无到有，中国的基金行业也在发生着相应的变革，一系列重大举措和产品创新不断呈现，通力也开始关注到这一市场。此后多年，中国基金市场当中的创新项目，绝大多数是由通力律师完成：为我国第一支开放式基金、第一支指数基金、第一支货币市场基金、第一批中外合资基金公司、第一批海外 QDII 基金等提供法律服务。

近年来，凭借在资产管理领域的经验与专业度，通力保持同监管机构和政府机关的良好互动，也经常为金融监管部门的新规出台提供建议。在 2013 年《证券投资基金法》的修订过程中，通力律师参与其中，为法律法规的完善、行业发展建言献策。

随着金融业的扩大对外开放，资产管理业务亦将面临更多机遇与挑战。在吕红看来，同一些外资律所相比，通力的优势在于对国内法律法规以及相关规则的熟知程度，以及多年来在该领域的实践经验累积，今后通力需要在人才培养、队伍建设等方面不断提升，在外语能力、技术支持、服务效率等方面接近甚至超越外资律所。

不仅限于基金业务，通力的信托业务、保险资管业务、券商资管业务近年来也获得了长足的发展，涌现出一批专注于资产管理领域法律服务的年轻合伙人，推动通力继续保持着资产管理领域法律服务领先者的地位。

争议解决：专注高端商事纠纷，将诉讼与非诉思维有机结合

早期，通力争议解决业务主要定位于投融资等领域，且非常强调专业性。近年来，通力将争议解决拓展至更多领域，合伙人人数、业务收入也增长迅猛。

杨培明是通力争议解决部门的合伙人。因早年在几起重大案件中合作的机缘，杨培明结识了他的复旦学长俞卫锋。2012 年，秉持对于通力发展理念的高度认可，他选择加入通力，并于近年来在金融、投资、公司等商事争议解决等领域取得了卓越成绩。

通力的争议解决业务，受益于律所非诉部门的支持，律师在案件代理上亦具有“非诉”的思维特点。例如，在复杂案件处理中，通常以“当事人利益最大化”的思维来寻求问题解决之道，而非仅局限于案件结果本身。在一体化平台的运作下，当非诉项目中涉及纠纷需要解决时，争议解决部门亦能随时无缝介入。诉讼与非诉思维有机结合，造就了通力在大型项目中“打硬仗”的实力。

2015 年香港办公室成立后，通力在香港地区法律市场招兵买马，在争议解决领域投入重兵，进一步开拓国际仲裁、诉讼等跨境争议解决业务，推动争议解决业务的国际化步伐。在境内，通力也进一步整合资源，加快招募诉讼业务合伙人和律师，组建了独立的争议解决业务部门，使通力的争议解决业务走上更快发展的轨道。

在杨培明看来，通力争议解决业务的优势在于：其一，强调专业性，定位于复杂程度高的“疑难杂症”。其二，依托于律所多年积累的客户资源，能够挖掘更多的争议解决业务需求。其三，一体化平台的全方位支持能够为争议解决业务提供发展动力。未来，专业实力、客户资源、律所平台，将成为通力争议解决业务发展的有力保障。

大合规：协助客户洞察行业趋势，构建合规体系

近年来，全球范围内合规监管形势趋严，合规领域大案频发，企业日益注重内部合规体系建设。为满足客户在境内外的合规需求，通力也在该领域进行布局开拓，于 2017 年迎来了合伙人潘永建的加盟。此前于中美两国从事法律工作 16 年并在外资企业担任总法律顾问的经历，使他能够深刻洞察企业客户的真实需求。

2020 年，通力集结了包括潘永建在内的多位合伙人及律师，成立跨专业领域的大合规业务团队，其中不乏曾在知名企业任职的法律与合规部门负责人、前行政执法人员、

在合规监管和争议解决领域经验丰富的律师。合规团队致力于为客户提供“量身定制”的“一站式”合规法律服务。

同传统法律服务类型相比，大合规业务有其特殊性。例如，在资本市场、投融资、争议解决等领域，企业客户需求通常清晰明确，而合规方面，往往需要律师帮助客户梳理并发掘具体需求，这也是合规法律服务的关键所在。在潘永建看来，通力擅长协助客户洞察行业趋势，让客户在充分认识合规体系构建重要性的基础上，再根据客户实际需求设计务实的合规解决方案。

在帮助企业建设合规体系和为客户商务计划提供合规分析之外，通力还能为企业应对行政检查等突发事件提供服务。未来，通力大合规业务团队也将运用跨专业的经验和服务能力，为客户提供事前、事中与事后的“全程”合规法律服务。除反垄断、反商业腐败、反不正当竞争、劳动雇佣等传统合规业务之外，通力也发力于新兴的数据安全和隐私保护、白领犯罪、出口管制、商务知识产权以及安全健康环保等，构建“全领域”的大合规服务。

未来：在每一个专业领域，都形成独特的竞争优势

2019 年 12 月，《2020 年钱伯斯亚太法律指南》发布，通力凭借出色的业务表现，在银行与金融、资本市场、公司 / 并购、争议解决、投资基金、私募股权与风险投资、科技媒体通信 7 项业务获重点推荐，11 位律师荣登榜单。

对于通力来说，国际权威评级机构的认可固然重要，但如何持续提升核心竞争力，将法律服务做到极致，是通力在前进之路上的不懈追求。“通力的每一个专业领域都要有质量、有特长、有创新，要在该领域形成独特的竞争优势，保持一定的市场份额。”这就是通力合伙人们给自己在未来市场竞争中所作的定位。

未来，在越发激烈的市场竞争格局中巩固优势，除继续发挥“专业化分工，团队化合作”的优势外，通力的特色管理模式与一体化制度建设亦将起到关键作用。

一体化机制下的律所生命力

1998 年，当时中国律所整体而言的国际化程度并不高，一体化运作模式还属新鲜事物，通力的创始人们决定创立一家能够从事国际性业务的新型律所，提供专业的法律服务，坚持业务分工及团队合作，共享知识和经验，使所有律师能够分享事务所的平台资源。从一开始，通力就决定走精品化、专业化的道路。

中国经济当时尚处于快速发展阶段，在此过程中，新的法律服务领域正在形成。通力善于发现新的业务领域，并集整所之力在这些领域做挖掘做突破，把业务做精做细做深。

“对事务所而言，其每一个执业领域都有专业特长，每一个专业领域都用事务所整体资源去投入、去研究、去总结提高，集全所之力、汇全所之智，争取比别人做得好一点，如此，我们这个事务所不管规模多大，只要所从事的专业都有竞争力，那么在整个中国律所中，这个事务所就会具有高度的平台价值。”俞卫锋这句话道出了通力的立所理念与发展战略。

这个理念就是“通力合作，共同发展”。“通力合作”指的是专业化分工、整体式运作，整所一盘棋，形成事务所综合竞争力；“共同发展”指的是开放式的合伙体系，为律师创造条件以达到合伙人标准，让他们能够在通力的平台上发展，乃至超越老合伙人，将事务所整体水平不断提升；同时事务所不断提升的服务水平可以帮助客户（合作伙伴）实现其商业目标，形成事务所与客户共同发展的良性互动关系。

任何理念的实现和文化的传承，最终都要落实到制度层面，并且长期坚持。从创立的第一天开始，通力就着手进行制度设计和内部规范管理，并不断完善。用韩炯的话来概括，通力要做一家百年老店。

“一个组织有‘路径依赖’效应，前面的人怎么做，后面的人也会怎么做，因此你一直要明确并坚持事务所正确的价值观，而且要知行合一。事务所是个人的组合，相互之间的关系要依靠制度，‘人治’短期可能有效果，但长期而言必须靠制度，事务所的成长与成熟体现在其制度的成熟度。事务所文化就是事务所人员整体价值观的体现，依赖于事务所一系列制度，事务所文化不是几句口号或者几个制度，而是十几年如一日长期坚持的价值观和行为指导准则。”秦悦民如是说。

专业化、精品化、一体化的发展道路是在通力创所之初就已确立的，这与通力创始人们的经历、视野和时代潮流紧密相关。通力“三化”中的一体化则是在创所3年后的2002年，以分配机制为切入点进行了初步改革。其初衷就是通过制度让通力的律师们形成合力。通力能够走到今天，应归功于集体的战略智慧、执行力和忧患意识。

“让事务所的制度、规范和文化能够匹配上发展速度和行业趋势，这才是律所可持续发展的关键之处。我们的想法就是，主要建立事务所的共同平台，同时也营造每个通力人的展业空间，是从个人英雄主义到整个事务所平台协同发展的理念转变。”韩炯说。

改革之下，必有困难。虽然在2004年和2006年，因为对发展方向的看法不一致，有部分合伙人离开通力，但通力坚持一体化发展道路的理念始终没有变。十几年时间过去，通力推行的一体化的运作体制，一直在保障其专业化与分工合作。

通力的最高权力机构是合伙人会议，每个季度会召开一次，根据需要也会临时召开，决定事务所重大决策事项。管理委员会是事务所日常运营和管理的执行机构，每月定期召开会议，负责除合伙人会议决定事项外的所有决策和执行。管委会主任由全体合伙人以3/4多数选举产生，其他管委员成员由管委会主任提名并经全体合伙人会议以过半数同意后当选。管委会下设客户管理及市场拓展、业务质量及风险控制、人事薪酬考评三个专门委员会，既是战略规划、制度建设的参谋机构，也是管委会授权的部分管理事务的执行机构。同时，事务所设立银行及金融服务、资本市场、公司及并购、争议解决四个前台业务部门，以及运营、人事、市场、财务、IT 五个后台支持部门，前台业务部门的主管合伙人和后台支持部门的主管经理均对管委会负责及报告工作。

在眼下这个群雄逐鹿的时代，几乎每一家律所都面临着文化和管理的挑战。这家律所因何存在？她的愿景是什么？她要往什么方向发展？这些哲学般的命题需要每一位律所管理者思考并作出回答。其实，对于律师事务所而言，人多人少并不重要，重要的是，大家能够拧成一股绳，朝着一个方向共同发展，在理念和行为风格上保持一致。

事务所的核心是什么？核心是以客户为中心，提升服务质量、提高客户满意度。换言之，就是为客户提供整体性的法律服务，一个客户会由多个合伙人来服务，用事务所整体资源全方位服务于客户，因此客户都是事务所的客户，而不会区分是哪位律师的客户。由于法律业务所呈现的复杂性和跨专业性，客户更希望律所能够提供跨专业的法律服务，这需要不同业务领域的律师共同合作，那么客户不再是某位合伙人 / 律师的客户，而是整个事务所的客户，实现客户和业务在合伙人之间无障碍的流动就成为一种趋势。

一体化的运作体系需要完整的管理制度和强大的后台作支持。早在创立之初，通力就非常注重 IT 技术和其他各类系统的开发利用，希望通过 IT 技术来提高内部管理的效率，在 1998 年设立之初，通力就建立了全员工作时间管理制度，所有的业务流程都有赖于后台的搭建和支持，通过 IT 技术，可以在全所范围内与每一位合伙人、律师、律师助理共享研究成果和执业经验。2016 年至今，通力每年都加大 IT 硬件和软件的投入，进一步升级管理系统，希望通过技术改进来提高律师服务客户的能力、提升事务所管理的效率。

“加强事务所的研究能力、促进事务所成员的知识共享、加大事务所技术投入，其目的是更好地服务客户，其效果是同等质量服务的成本能降低或者同等价格服务的质量更优更有效率。”韩炯说。

在通力，没有“Corner Partner”

律所是典型的人合型组织，合作是为了能够将事业做大，同时涉及合伙人个人利益和事务所整体利益的平衡、事务所发展与律师个人发展的契合等因素。对于律所而言，如何形成集体目标、整体利益和代际传承就成为其能否基业长青的关键所在，而这一关键的核心，就是律所的分配机制。

虽然律所的分配机制千差万别，但万变不离其宗，主要就是“提成制”（欧美律所称为“Eat What You Killed”）和“记点制”（欧美律所称为“Lock Step”，“固定点数制”）两种，至于市场上的各种分配制度，无非是这两种的综合或变体。

“提成制”能够促使律师们更好地发挥积极性和潜能，容易使明星合伙人脱颖而出，但也有无法克服的弊病——律师们更喜欢收费高的业务，以及同等收费下相对简单的业务，不容易形成事务所的专业化分工和团队合作。

“记点制”的门槛相对较高，其适用的基本前提是合伙人之间对彼此能力、勤勉敬业的互相认可和信任，事务所的分工合作氛围容易形成，但单纯的“记点制”无法充分和迅速奖励表现突出的律师，长此以往，会带来优秀人才的流失，因而实行“记点制”的中国律所通常都会进行一定程度的修正和改良。

考虑到奖勤罚懒，以及能够给予年轻人足够的发展空间，通力采用改进的“记点制”制度，这一分配机制于2002年年初具雏形、于2007年调整并于2010年最终成型，并在近年来根据事务所发展的实际情况不断进行微调和修正。

在通力，点数会参考合伙人的“performance”（业绩表现）等显性因素以及诸如连续执业年限、品牌建设、市场拓展、知识管理和培训等其他非业绩的隐形因素，目的是综合考量合伙人对事务所的贡献而不仅仅是当年度的创收量。

就业绩表现而言，通力会根据一名合伙人三年的加权平均业务量来确定该名合伙人下一年适用的业绩基本点数，以使业绩因素得到更合理的反映。合伙人当年适合用基本业绩点数在每年年初就已确定，年终无论一名合伙人创收业绩多少，业绩基本点数通常是不变动的，当然如果合伙人当年完成业绩超出业绩指标上限，可以获得“bonus points”，即当期奖励点数；反之如果合伙人达不到业绩指标下限，当期可能会被减点。在实行这些措施时，其中各方面因素的综合平衡是关键，这有点类似于其他企业考核的平衡记分卡制度。

此外，为了让合伙人之间能够紧密协作，通力还在分配机制中对“案源收入”和“承办收入”之间的权重比例进行了划分，对标行业一流律所的合伙人平均业务量采用浮动权重的方式来进行综合考量。

在通力的分配机制下，事务所所有的收入扣除所有的成本（包括办公成本、房租、人员成本、税负等）后剩下来的净利润，在提取一定比例的共同基金后，由合伙人按照其各自当期适用的点数来分配。

虽然一家律所的创始合伙人通常是资历（seniority）最高的，但通力的分配机制中资历所占的比例较小，创始合伙人不一定是最高点数，并且没有利益方面的特殊安排。这是从事务所代际传承角度考虑的，如果事务所的目标是要建成百年老店，就必须考虑到现在的年轻律师将来可能达到的高度，在制度上要有相应安排，否则创始合伙人达到的高度就是事务所的“天花板”，不利于年轻律师的成长与发展，对事务所长期发展不利。

通力没有角落办公室（指位于楼面角落的办公室，一般位置比其他办公室好，面积也大一些，有些外资所将坐在这种办公室的合伙人称为“角落合伙人，Corner Partner”，意为地位较高的合伙人），通力所有合伙人的办公室都一样，这也是通力文化的一种体现。

通力的合伙人们说：“我们的分配制度比较适合有专业特长的律师和合伙人，不论他／她已是创收过千万的某专业领域的知名律师，还是不具客户基础但具有潜质的业界新星，也不论他／她来自内资所还是外资所。合伙人加入通力前不一定要有成熟的客户资源，现在创收多少并不重要，重要的是他／她是否具有专业特长、是否具有发展的意愿和潜力。在通力创收多的合伙人有制度义务帮助创收相对少的合伙人，成熟业务领域的合伙人有制度义务扶持新业务领域的合伙人。我们的平台会给具备专业特长的年轻的合伙人足够多的空间和资源，让他们能够发展。通过我们这种制度，年轻律师就容易发展起来，有能力有潜力的律师从创收一两百万上升到一两千万并不是个例。”通力的创始人们说：“目前我们事务所个人收入最高的合伙人已经不是创始合伙人，新一代合伙人展现出他们巨大的发展潜力，这也是通力未来的希望。”

从组织行为学的角度来看，如果让每位合伙人自评对事务所的贡献，加总之和肯定会超过 100%；反之，让每一位合伙人自评从事务所所获得的，通常会小于 100%。对于这种情况应当怎么办？通力认为——

“要建立一个科学合理的长期性制度，明确制度下的预期值，尽量地去缩小这两者之间的差异。而更重要的是在制度执行过程中，要尽可能做到公开透明，保证每位参与者的知情权和参与权。还是那句老话，没有一个完美的制度，只存在一个适合的制度或者认可度最高的制度，而合适或者被认可来自参与者的理性和感知。”

通力每年的分配依制度执行，除对管理合伙人进行满意度评分外，没有其他主观因素调整，而且对所有合伙人公开。可以说，通力的分配机制，降低了对合伙人当下收入的敏感性，并充分考虑了事务所整体和合伙人个体的未来发展空间。

除了分配机制之外，通力的共同基金制度则更为直接地体现了通力长期主义的发展理念。在通力的规模化布局和发展、合伙人养老退休机制方面，共同发展基金制度均发挥了重要的作用。通力想要做到的是，让合伙人自加入起就在通力这个平台上长期发展，享受共同基金制度所带来的益处。与此同时，合伙人之间的凝聚力和归属感也会进一步增强，这是一个正向循环的过程。

在专业化、一体化的发展理念指引下，在合伙人分配机制和共同基金制度的基础上，通力搭建并逐步完善了事务所的整体运营管理框架，让运营、人事、市场、财务、IT 得以科学地运行。正是对于内部管理机制尤其是合伙人分配机制、共同基金制度的不断探索、改革与创新，为通力的基业长青奠定了基础，让其得以跻身国内领先律所的地位。

构建属于年轻人的发展平台

2017 年，中国律所出现了一波“涨薪潮”，君合、方达、通力、海问等知名律所纷纷将一年级律师的 Entry Level 薪酬涨到了每月 2 万元以上，让中资所中涌现出一批“2 万元俱乐部”律所。

从律师事务所管理层面来看，最直观的感受是中国的一线大所在加大“争夺人才”上的投入，事务所管理和运营成本在不断增加；从行业格局来看，则是中国律师行业在迈向蓬勃、日益成熟和规范。

但其实，作为涨薪的律所之一，通力的第一反应并不是这些，而是换位思考，对当前年轻人成家立业和为生计奔波的一种体察。在召开合伙人会议时，这项看似“有损”合伙人分配利益的涨薪制度居然被一次性一致通过，用通力合伙人的话说：“我们对年轻人的压力感同身受，谁还没年轻过呢？”

除了业内中上水平的薪酬之外，通力的弹性福利制度自 2006 年开始施行，距今已有 14 年，其中包括最高额 70 万元的免息购房贷款、免息学习贷款、各项月度补贴和奖励制度等。

从人数规模来看，通力目前有 48 名合伙人，包括顾问在内，共有 212 名律师和律师助理。人才培养，一直以来都是通力相当看重的一项工作。

在招收律师和法学生时，通力最看重的是责任心、法律专业能力、团队协作能力、外语能力以及个人职业规划。在通力看来，责任心、法律思维和团队协作能力很重要，责任心是获取客户信任的基础，法律思维是法律服务业的立身之本，团队协作能力是一名律师长期发展的保证。至于是否有海外留学经历或工作背景并不重要，而且通力十分关注优秀的法学院本科生和美国法学院的 Juris Doctor（法律职业博士）。

自创所开始，创始合伙人秦悦民律师长期分管人事招聘、考评和培训工作，他说：“我们希望优秀法学院的本科学生加入通力，做个几年律师实务工作后再出去留学或接受培训，这种方式可能更好。因为律师业是一门实践性科学，律所经验可以帮助学生提高认知或理解问题、分析问题和解决问题的能力，理论知识需要合适有效的方法论才能发挥作用，这就是我们说的律师实务。美国法学院法律职业博士学制值得国内借鉴。”

律师业（Lawyering）是高度实践性的学科，对于年轻律师而言，需要的是体系化的职业技能培训、老律师的言传身教，以及明确的职业发展规划。

对于客户而言，当然希望获得的是最优质的法律服务。体系化的研究和培训机制既能提高法律服务的效率和质量，同时也能为年轻律师的成长提供制度性的支撑。

“通力的培训内容上分为知识性和技能性培训，形式上又分全所培训和部门培训。表面上这么多的培训时间，是律师事务所的成本，但它就好像是一个企业的研发部门，最后能够带来培训成果的转化。这个转化就是律师本人执业能力的提升和工作效率的提高。”

在通力，新律师或律师助理入所之初就会被安排一位导师（Mentor），为新人提供业务以及非业务方面的指导，通过“一帮一”方式使新人尽快适应事务所环境。除此之外，由于律师执业领域的多样性，通力十分重视培养年轻律师在广泛执业领域的实践经验。

年轻律师可以与多位合伙人和资深律师合作，从而有机会接触并学习多样化的业务知识、执业技巧和风格，获得更加迅速的成长，事务所因而也保持不断的活力。

为了培养年轻律师对实务操作的敏感性，针对三年级以下的律师，通力设计了 24 套“改错题”。从合同、文书中的中文用语、外语行文乃至错别字、外文单词拼写、标点符号、字体字号等，均纳入“改错”的范围。

陈臻说：“态度第一，技能第二，知识第三。作为律师，发给客户的文书若是低级错误连篇，这不是技能和知识上的欠缺，必是态度上的不端正。‘改错题’制度设立的初衷，就是要让新人树立起高度的责任感和对自身工作的高标准、严要求，这也是通力法律服务质量的根基。”

也是这种“先打基础”的理念使然，通力尤其重视年轻律师的培养，建立了“JMSC”律师职级体系，即分为初年级律师（junior）、中年级律师（middle level）、资深律师（senior）、顾问（counsel）四个层级。通力为年轻律师提供相对较高的薪酬和稳定的成长环境，希望让每位通力年轻律师都能循序渐进地打好基础并能将律师作为一项长期的职业。通力的历史经验数据表明三年级以上律师将显现出个体的差异性，特别是在专业能力和发展潜力方面。

在通力，每位律师和律师助理都会参加年终考评，考评的目的不仅仅在于评定过去一年的工作表现和薪酬奖金，而是更侧重于为律师和律师助理分析过去一年的经验得失从而制订新一年的职业发展计划。

在晋升成为合伙人之前，通力一般会提前 1~2 年让资深律师先晋升为顾问进行过渡，让其有充足的心理准备，并培养其团队管理能力和市场开拓能力。接下来，通力会就如何理解客户需求及管理客户预期，如何提升案件管理、时间管理、人员管理能力，如何组建团队等进行针对性培训，以帮助潜在合伙人提升各方面能力。

对于合伙人，通力不仅看重其专业特长和业务造诣，亦要求其能够接受通力的精品化服务和一体化运营理念。在这种一体化运营的组织文化下，合伙人之间唯有相互认可、理念一致，方能行稳致远——通力希望每位通力的合伙人，都能够与通力长期同行。

如果你走进当今中国的法学院，询问有志于从事律师职业的毕业生们在选择律师事务所时最看重的是什么，或许他们会告诉你——是职业发展潜力、上升空间和薪酬福利制度。而这三项，也是年轻人对于律师事务所的认同感和归属感之所在。有了人，下面的“仗”才好打。

得益于健全而有吸引力的人才体系，通力不断集聚着越来越多的优秀律师与法学毕业生，原有的律所平台显得有些不够用。想要充分发挥这批人才的潜力，让他们得到更广阔的发展空间，就需要打造一个更大、覆盖更广的业务平台——通力的选择，是以“适度规模化”战略拓展这一平台。

境内外协同，通力的战略布局

长期以来，通力秉持着“中等规模精品所”的战略定位，一方面是基于通力合伙人对国内市场持续的观察与思考，另一方面也是通力坚持一体化体制所带来的实际需要。

截至2020年9月，除上海办公室外，通力还设有北京、深圳、香港、伦敦四处分支机构，均采取直营方式，以维持律所的一体化运营和服务品质。五个办公室一体化运营，只有一个利润中心，事务所的运营管理由合伙人会议与管理委员会统一决策、统一执行。

对任何一家放眼全国的律师事务所而言，北京都是一个举足轻重的市场。因而在2002年，创所刚4年的通力便早早设立了北京办公室。

经过近20年精耕细作，目前的北京办公室虽规模体量不占优势，但在专业领域的业绩上却表现不俗。此外，在通力的一体化运作模式下，北京办公室可以便捷地调用整个通力的服务力量，服务通力客户在北方的业务拓展，提升通力在北京市场的影响力，是通力服务体系中至关重要的一个连结点。

如果说北京办公室是通力服务体系扩张的第一步，那么2015年设立的香港办公室，则是通力在更成熟的法律服务市场实现立足与突破的一次全新尝试。截至2020年，通力香港办公室已拥有完整的本地律师团队，业务范围已覆盖证券、基金、公司并购和跨境争议解决等方面，成功在竞争激烈的香港地区法律市场站稳脚跟。目前，香港地区办公室仍在持续深入探索本地法律服务市场，寻求市场份额的进一步拓展和新兴业务领域的挖掘。

2017年，以合伙人杨玉华律师为主要负责人，通力在西半球开设了继香港办公室之后的第二家境外分支机构——伦敦办公室。伦敦拥有金融和法律服务行业最好的基础设施和人才，欧洲广阔的市场也为中国企业带来良好的投资机会。基于一体化直营的定位和循序渐进的发展规划，目前通力伦敦办公室主要关注“双向”业务，即“西向”业务——建立在英国和欧洲的合作网络，并联合本地律师为中国客户在英国和欧洲的投资和交易提供法律支持，以及“东向”业务——为英国和欧洲客户在华投资和交易提供中国法律服务。

2020年5月25日，通力获得深圳办公室的开业许可，落户深圳湾的中国华润大厦（春笋）——这是通力在中国内地设立的第三处办公室，也是全球范围内的第五处办公室，与同在大湾区的香港地区办公室隔海相望。

目前，深圳办公室集结了数位富有朝气与活力的年轻合伙人，带领着一支经过市场检验的优秀团队。“能够整合五个办公室的资源，来为客户提供全方位服务，这是我们对深圳办公室的预期。对客户而言，我们不仅仅是多了深圳一个点，随之而来的还有整个通力投射过来的服务能力。”陈巍表示。

深圳办公室投入运作后，通力在境内基本形成了由北至南的服务架构，在境外亦能以香港地区、伦敦为支点为客户提供更大范围的服务。当然，由于通力专注于全国性市场，要达到更好的服务效果，就需要更完善的地域覆盖，需要进一步的规模扩张。下一步，通力可能在当前覆盖华东、华南、华北的情况下，根据业务需要进行设点，如发展空间较大的西部地区。

规模化虽是一个趋势，但通力仍将坚持走精品化、专业化、一体化道路，新开设的分支机构必须守好通力的业务质量与口碑，必须承袭通力的专业分工和一体化合作的组织文化——这是通力不可动摇的发展基石。

2020 年 1 月，经过长达三年的酝酿与筹备，通力正式由普通合伙制律师事务所变更为特殊的普通合伙制律师事务所。通力迎来了自身战略布局过程中自我调整、自我改良的又一个重要节点：一方面，改制给通力未来的规模化进程铺平了道路；另一方面，汹汹来袭的新冠肺炎疫情则作为外部因素倒逼通力对自身发展进程进行审视和思考。

“对于改制，通力合伙人之间早早形成了高度共识，律所章程也随之做了相应修改。”韩炯说，“近年来，通力的规模有了显著提升，风险控制的重要性也随之日益凸显，想要打造我们心中的‘百年老店’，就必须重视风控。我们希望通过这种形式，通过制度将风控固定并延续下去，唯有如此，通力的精品化、专业化、规模化、国际化之路才能走得更加稳健”。

2020 年，新冠肺炎疫情突发，并逐步在世界范围蔓延，涉外、跨境法律事务也随之遭到了一轮打击。短期来看，涉外业务想要全面转好、重回正轨，仍需要一段时间，但资本市场、破产清算等业务相对不错的发展形势，让疫情在考验律所抗风险能力的同时，也给嗅觉敏锐的律所提供了机遇。

疫情中，通力香港地区、伦敦两家境外分支机构由于主要面向涉外，其业务不可避免地受到了冲击。但与此同时，通力境内的几家办公室则通过顺应业务形势，挖掘潜在需求，保持了相对稳定的业务发展，在一体化运营体系下实现了风险对冲——这验证了通力在国际化进程中采取一体化运作的合理性。

“在未来的布局拓展中，通力将继续立足于所有办公室的一体化运作，以横向与纵向相结合的模式打造通力自身的跨地域服务体系。”俞卫锋表示，“横向即每个办公室都将被打造成一家‘本地律师事务所’，拥有完整的资源配置和鲜明的业务特色；纵向则是坚持‘一个利润中心’原则，以一体化方式管理各个办公室从客户、人员、业务质量，到风险控制、财务管理等方方面面。如此方能在越发激烈的行业竞争里保有通力自身的特色，步履坚定地走下去，去追逐我们的‘百年通力’之梦。”

结 语

22 年，弹指一挥间。

于秦悦民、韩炯、俞卫锋而言，创所 22 年的他们，还是律师行业中朝气蓬勃的“小伙子”；于中国律师行业而言，22 年却意味着律师制度恢复后，整个行业 40 年历史的一半还多。他们与通力一起见证了 21 世纪以来律师行业的日新月异，也还会在未来继续看着时代浪潮在黄浦江滩翻涌不息。

“律师是一个能够让人永远站在时代潮头的职业，不断有新的风景，不断地让你去劈波斩浪。对于我而言，如果能够在退休之时，留下一些承办过的有意思的案子，就好。”这是希望自己 80 岁还能和 30 岁年轻人一起讨论案子的秦悦民。

“过去 20 年里，我们培养了一批行业标杆律师，成绩可圈可点；我们探索了一体化运营和公司化管理，给行业以一定借鉴意义——作为一家律所，通力不敢说自己做得多好，但至少在中国律师界中算是‘自成一派’”这是用“痛并快乐着”形容通力过往岁月的韩炯。

“若干年后，当一群年轻律师步入一家中国一流、国际知名的律师事务所时，看到墙上挂着一排对事务所发展有突出贡献的律师的照片，我希望其中一张是我。”这是始终抱着第一批上海滩涉外律师初心的俞卫锋。

与他们一样，加入通力的律师们，都是因为怀有将律师作为终身事业的信念，才选择在法律行业就此扎根。

过去 22 年里，通力给业界的形象一直是一家规模体量不大、发展速度不快、业务能力却极强的精品化律所。

慢吗？也许不能算慢。正如每家律所的发展战略都因其自身特性而异，通力的愿景也并非快速扩张，而是在精品化、专业化、一体化的基础上，成为一个承载每位通力律师梦想的平台：这个平台不一定很大，但必定很“通力”——未来 5 年，实现人数翻番、创收增长 2 倍以上，服务覆盖国内主要商业城市和业务领域，具备较强的市场影响力，成为每一位通力人眼中的“最佳雇主”；而未来 10 年，服务能力、服务质量、客户满意度、市场美誉度将继续作为通力的建设重点，“通力合作，共同发展”的理念亦将在实践中得到贯彻和坚持。

在通力创始人的愿景里，当创始人们离开律所时，她能够成为一家有着健全体系、清晰组织文化，“后浪”不断涌现的充满活力的律所；而在更远的未来，通力将成为一家具有一定规模的专业强所、一个律师们共同发展的服务平台、一群有志于在中国律师行业长期发展的法律人的共同家园。

那时，他们会偶然回想起，这段传承了通力一代代律师精神的“百年律所”漫长征途，始于 1998 年上海滩一个遥远而寻常的下午。

重庆志和智

人和筑基，三破三立

吴剑霞　伊晓俊
宁思甜　蔡宸劼

重庆志和智律师事务所成立初期的办公场所

志和智的培训会议室

志和智荣誉（部分）

1998 年，重庆直辖的第二年，几位年轻律师在重庆临江门的西南图书大厦租赁了一间小办公室，创办了一家名为“志和智”的律师事务所。

2000 年，中国即将“入世”，原有的办公场所已不能满足律所的发展需求，创始合伙人张弘便斥资在解放碑的甲级写字楼半岛国际商务大厦购置了 300 多平方米办公室，志和智成为当时入驻该商务写字楼的四家律所之一。

2014 年, 志和智一举迁入位于重庆市渝中区的甲级写字楼企业天地 5 号楼, 通过“筑巢”对外释放出要“引凤”的信号。

2020 年，日益增长的人员规模使其又搬迁至企业天地 7 号楼，这一次，办公面积扩充至原来的两倍。

四个时间节点不能尽显志和智的发展历程，但可粗略窥探其二十二载的荣辱繁华。在中国律师行业的沉浮岁月中，没有一家律所可以一派坦途、不历挫折。志和智亦曾触达低谷，在发展的不同阶段遭遇过大大小小的挑战，但没有因此蛰伏不发，而是在每一次关键性的时间节点，彼此齐心，作出正确的选择，最终挣得如今这番勃勃向上的局面。

历经荆棘丛，归来仍少年。

破而后立，改制腾飞

1988 年,《民法通则》出台满两年，公派出国留学的张弘顺利拿到美国纽约大学的法学硕士学位，期间亦曾在美国加州的一家著名律所实习。美国经济与法律百年来的发展让其深刻认识到：中国如果要真正地、持续地改革开放并发展经济，必须要走法治道路。当时，他有两个选择：一是留在美国律所成为一名中国法律顾问，二是回国投身中国法律事业建设。很快, 西南政法学院（现为西南政法大学）的三尺讲台上出现了张弘的身影,其带着国外的先进经验远渡重洋回国任教，为国内学子传道授业解惑。

但这种理论化的法学教育见效太慢。中国律师制度恢复初期急需扩充律师队伍，西政也顺势组建了重庆市第三律师事务所，很多西政教师都在三所担任兼职律师，法学科班出身的张弘也不例外。对其而言，放弃教职，离开法学院，成为一名专职律师，似乎是冥冥之中的必然选择。

律所初创，开盘高走

1997 年 3 月 14 日，第八届全国人大第五次会议批准设立重庆直辖市。虽然彼时重庆法律服务市场的业务量不大，但张弘敏锐觉察到创办律所的良机来了。

1998年1月12日，志和智律师事务所在重庆临江门的一间办公室正式启航。律所成立的最初两周，创始人们没有忙于承接业务，而是集众人之智慧，探讨应该成为一家怎样的律所。曾在美国留学的张弘，看到那些百年律所之所以能存续这么久，就是走了一条规范化、专业化的道路。“既然做了，那就做百年律所。”志存高远，攻入细微，智圆行方，德厚道正，是为“志和智”。

重庆直辖后，对外资进入持开放态度，出台的相关政策吸引了一批外资企业进驻。在当时“重诉讼、轻非诉”的重庆法律服务市场，能担纲涉外项目的律师一度没有几人，张弘正是其一。凭借创始人的教育背景及执业经历，创所不久的志和智便承接了第一单涉外业务——法国拉法基水泥集团收购重庆水泥厂。“这一时期重庆开始大量修筑桥梁和高速公路、建造房地产等，各行各业对水泥的需求量非常大，而当时，重庆水泥国有企业的技术、管理、资金都远远落后于西方，无法满足市场需求。”张弘回忆。

起初，张弘只是在报纸上看到了原重庆市分管外事工作的许忠明副市长会见外国客人的新闻，得知法国拉法基水泥集团正在与重庆水泥厂洽谈收购事宜，遂主动致电重庆水泥厂了解情况，并毛遂自荐，顺利拿下这单业务。2002年6月，拉法基公司正式宣布收购重庆水泥厂签订协议70%的股份，收购价格为4000万美元。该收购项目的成功，不仅带来了先进的技术和管理模式，大幅提高了重庆水泥厂的产量，拉动了重庆水泥行业的发展，更是加速推动了重庆基础设施建设，意义不言而喻。

凭借这一案例，志和智的涉外业务能力很快在外资企业间形成好口碑，在当时重庆的涉外法律服务市场中占据“半壁江山”。

兴利除弊，突破“瓶颈”

然而，正当志和智高歌猛进的时候，却遭遇一次“内部危机”：2002年，核心合伙人出走，带走了逾50%的业务，留下的除了张弘，只有刚加入律所不久的江勤、雷东晓等三四名年轻律师——江勤、雷东晓此前虽有十数年工作经验，但就律师这个身份而言尚属“新人”。

造成这次风波的主要原因是合伙人之间的理念分歧。张弘认为，“律所若要长远发展，需要走规范化、专业化的道路，不能全部分光，要预留发展基金，扩大律师队伍，提升律所形象。”但这样的观念过于超前，许多律师无法接受个人收入的减少，自然选择了离开。

正所谓不破不立，人员和业务的流失虽然使律所暂时进入低迷期，但同时也是律所改制、重新出发的契机。

为了迅速稳定人心、重建队伍，志和智推出的第一项举措即是统一提成比例，合伙人和律师均按相同比例参与提成，在经济上真正实现律所内部人人平等。无论是在当时还是现在，能做到此举者寥寥无几，足见其改革决心。此外，志和智同步修改了第二次分配规则：预留律所年度利润的 5% 作为发展基金，用于律所公共支出与品牌建设；35% 分配给合伙人，肯定其对律所的贡献；60% 分配给当年创收 10 万元以上（现在提升至 30 万元）的合伙人及律师，鼓励多劳多得。此为一破一立。

更值得一提的是，志和智将行政人员的收益与成长也考虑在内，后来拿出律所利润的 3%（现在提升至 5%）作为行政人员的年终奖金。张弘表示，“这一次改革的目的只有一个，那就是让志和智变得更像一个大家庭，年轻律师便于融入，所有员工安心工作”。与此同时，志和智于当年设立管理委员会，细化合伙人之间的职能分工，并建立合伙人、律师、专家顾问的多级合作机制，以让更多人参与律所管理。

当被问及为何没有随其他合伙人另谋出路时，志和智现任主任江勤说到：“当时律所品牌号召力没有那么强，还是律师个人的影响力占据主导地位，选择在哪家律所执业，关键是看待着是否舒服。”志和智的核心文化是“和”，这意味着律所的未来不是某一个人说了算，也不是合伙人、律师说了算，是包括行政人员在内的全体志和智人一起参与确定。用志和智管委会副主任雷东晓说的话，就是“人人参与、人人有份、人人都是主人、人与人都互相帮助”。

在民主决策、相互尊重的管理理念与律所文化下，志和智吸引了一大批有潜力的年轻律师，江勤、雷东晓等律师也在各自擅长的业务领域迅速成长并积累客户，律所逐渐走上发展正轨。

至 2008 年，志和智已从最初的四五人发展至三四十人。这一年，为了进一步加强“和”的文化理念，志和智对决策机制和股权比例进行大力度调整：一方面，将所有合伙人的股权比例均等化，原来占据最高股权比例的张弘也同其他合伙人一样；另一方面，将合伙人投票权与股权相挂钩，施行“一人一票”的民主投票制度，这一点也在后续的律所迁址、装修方案选择上体现得淋漓尽致。志和智管委会副主任邹渝说道：“这是志和智‘人和’文化的延续。在当时的重庆律师界，这也是一项创新举措，打破了当时律师行业普遍由创始人掌握全所的格局。”与此同时，志和智简化入伙条件，只要执业年限、创收水平达标即可申请成为合伙人，很快，合伙人队伍就扩充至十余位。此为二破二立。

和谐的氛围、公平的分配、民主的决策，进一步加强了律所凝聚力和律师归属感。“律师之间亲如一家，大家一同钻研业务、一同讨论工作、一同参加律所组织的活动，甚至律师家庭与家庭之间都非常熟悉。”邹渝说。当所有人力出一孔、利出一孔时，律所自然蒸蒸日上，无论是人才还是业绩都有了全面提升。2013 年，志和智创收同比增长 36%，人均创收同比增长 32%，荣获重庆市律师协会“最佳成长律师事务所”大奖。

两度迁址，迎来腾飞

几乎也是从这一年开始，京沪大所陆续进驻重庆设立分所，其资源优势开始对重庆本土律所带来前所未有的冲击，本土律所不得不开始谋求区域内的律所合并，亦有很多律所主动找到志和智希望合并，但都被志和智婉拒了。很早以前，志和智就确立了一个原则，即不与体量超过自身20%的律所合并。雷东晓说："志和智的发展都是建立在'人和'的文化基础之上，与体量过大的所合并会对律所内部产生冲击，反而不利于发展。"不盲求律所规模的扩张，不争抢一时一地的得失，志和智始终坚持自己的文化，一步一个脚印，不断向前。

但在这一大背景下，也要居安思危。虽然志和智取得了阶段性的成功，但这远不是终点。为了"百年律所梦"，为了继续扩大发展，2013年，志和智在铁山坪召开全体合伙人会议，14位合伙人就律所未来发展进行讨论，其中一项主要议程是确定律所选址。彼时，有两个方案，一是在江北嘴中央商务区，二是在渝中区企业天地。若看租金，江北嘴更优惠；若看地段，则是渝中区更高一筹。14位合伙人一人一票，最终以一票优势选址渝中区企业天地5号楼。

2014年8月，志和智迁入新址。为吸收年轻血液进入管委会，志和智在当年度召开第六次合伙人会议，采取无记名投票方式对管委会委员等进行改选，江勤高票当选为管委会主任，成为律所第二代管理层。与此同时，增设执行委员会，形成"合伙人会议—管委会—执委会—监事会"的多层管理架构，既提高了决策的执行效率与科学性，也能聚集优秀青年律师，让其适当参与律所管理事务。此为"三破三立"。

2019年再次换届时，志和智的合伙人数量已近30人，为此管委会由原来的5人增至7人，江勤连任主任。

精品化、专业化、团队化是律所成立之初提出的发展道路，而后，志和智又在此基础上提出"法律服务专业化、客户行业知识化、案件承办团队化、收费性价合理化、办公流程科技化"的五化特色服务。不断细化的战略目标与举措背后，是志和智对于律所定位的日益明晰。

2019年1月，志和智所承办的"重庆涪立矿业有限公司诉中国铝业股份有限公司重庆分公司、中国铝业股份有限公司招投标买卖合同纠纷案"入选"2018年度十大民商事诉讼经典案例"，该案同年也被入选最高法院的经典案例。同年3月，志和智被重庆市司法局、重庆市律师协会授予"2015~2018年重庆市优秀律师事务所"荣誉称号。2020年1月，志和智再一次迁址，入驻企业天地7号楼2000平方米的办公场所，是其持续扩大发展的新举措。

过去的22载，志和智通过一次次的改制不断突破发展"瓶颈"，而今，志和智正在迎来腾飞之势。张弘说："新时期、新平台，志和智正在各个领域飞速扩容。"

追求专业，综合服务

单点突破，占先发优势

在21世纪初，张弘成为重庆法律行业中数一数二的涉外律师，服务于重庆较早一批外资企业。除了前述提及的法国拉法基集团收购国有企业重庆水泥厂项目，志和智还承办了其他诸多有代表性的业务。

美国利宝互助保险公司在重庆市场的开拓，就离不开志和智的陪伴。从2000年11月利宝在重庆成立中国代表处，到2003年利宝成立重庆分公司，再到2007年利宝将重庆分公司“升级”为在中国的全资子公司——利宝保险有限公司，利宝成为首家将中国总部设在重庆的世界500强企业。再如，重庆农药化工集团因从美国引进化工设备生产线而引发跨国纠纷、中新大东方人寿保险有限公司涉保险合同纠纷等，背后均有志和智律师的身影。

“从最基础的常年法律顾问开始，我们与外资企业慢慢建立信任关系，一步步打开局面，为重庆市场引入外资作出贡献。”谈及此，张弘无不自豪。在长达数十年的时间里，志和智的涉外业务都处于发展黄金期，甚至有客户在合同签订的第二天就赶忙把支票送至律所，可见客户对于其专业实力的认可。

江勤、雷东晓等律师则擅长房地产业务，凭借系列房地产企业的集体诉讼案件，迅速奠定了志和智在这一领域的行业地位。江勤本人毕业于西南师范大学财会审计专业，历任多家企业会计师、财务主管等职务，雷东晓毕业于重庆大学自动化仪表专业，曾任国营企业任工程师、厂长等职，二人均在1999年毕业于西南政法大学，并于同年获律师资格。基于十余年的国企工作经历，他们二人在处理房地产纠纷时更能巧妙地运用专业与经验化解纠纷，实现案件各方的“共赢”。

2006年，香港和记黄埔斥巨资投资重庆杨家山，因碰上三大建材集体涨价，承包商为压缩成本导致房屋质量出现瑕疵，引发业主的强烈不满，和记黄埔亦被推上舆论的风口浪尖。江勤、雷东晓与和记黄埔多次谈判协商，最终商定和记黄埔赔偿业主两千多万元，但不是以“真金白银”支付，而是为业主免去三年的物业管理费、更新配套基础设施等。这无疑是极佳的解决方案，既保全了房地产企业的声誉，又为业主提升了居住品质与环境。类似案例不胜枚举。

在2010年之前，涉外及房地产一直都是志和智的业务重心。但随着重庆涉外人才的流失，整个城市的涉外业务增速都有所减缓，且房地产市场开始疲软，法律服务需求也随之减弱，志和智意识到业务转型势在必行。转向何方？志和智瞄准了方才成立的重庆股份转让中心。

全面布局，转向多元化

2009 年 12 月 27 日，重庆股份转让中心的成立为暂不具备条件或不愿意进入全国市场挂牌或上市的企业提供股权合法有序转让的资本平台，以实现股权的流动和增值，也为资本提供了进入和退出的通道。江勤、雷东晓等人认为这是一个绝佳机会，遂放弃部分传统业务，投入大量精力去开拓这个新领域。为此，他们的收入连续两年下降，但这两年的付出与辛苦换来了业务的升级换挡，使志和智在重庆新三板领域声名鹊起。2017 年，这一领域的专著《与新三板一起腾飞 —致中国的中小微企业》也出版面世。

基于财会审计专业背景及十余年的财会工作经验，江勤成为国内较早一批进行法税同审的律师，这些特点造就了她从事资本市场业务的独有优势。她曾助力重庆某塑胶股份有限公司在新三板挂牌，在两年多的准备时间里，协助公司清除了各项障碍，规范了公司的经营和管理，从根本上消除了同业竞争，最大限度地减少关联交易，保障了股东的合法权益。

自重庆股份转让中心成立以来，志和智成功推荐了多家客户在重庆股份转让中心挂牌，同时辅导多家企业到“新三板”、创业板和海外上市。这一次的成功转型，让志和智开启业务多元化发展，除了资本市场与证券，亦逐渐在破产清算与重整、海事海商、政府业务、劳动用工等领域崭露头角，在业界树立良好口碑。

2015 年，因融资涉诉等原因，重庆上坤房地产公司在建项目及银行账户被查封，导致公司现金流断裂。开发建设的项目因拖欠工程款，长期处于烂尾状态。志和智介入案件之后，发现公司并非资不抵债，仍有挽救的空间。于是提出了极具创造性的方案：采用预重整的模式，庭前就重整事项与债权人进行谈判并达成预重整方案，再向人民法院申请破产重整，通过预重整向破产重整的转换，化解企业债务危机。这一方案极大地节省了重整程序的时间、财务、人力和司法成本，减少了破产程序的不利影响。该案也是重庆首批适用预重整程序的破产案件，为其他类似案件提供了很好的借鉴。

民营企业是律师服务的重点对象，除常年法律顾问外，志和智还设计了“名单式”专项服务，包括但不限于尽职调查、公司股权架构设计（含财税）、劳动专项、联合贷款、债务重组等，客户可根据需求自由选择。其中，在公司股权架构设计方面，志和智更是独具优势，能够结合专业财务、税务知识方面的储备，为客户提供法律与商业相结合的解决方案。“既要保障投资人的利益，又要进出自由，方便管理与合作，还要在税务上争取最优。”邹渝说。

在破产法出台次年，志和智即组建了破产清算与重整法律事务部，并在后来专门赴京参加“第二届中国破产法论坛”。虽然在 2016 年《最高人民法院关于调整强制清算与破产案件类型划分的通知》下发前，全国范围内的破产业务都不多，志和智仍在这一领域提前布局，并在此后市场需求频发时迅速作出响应。

目前，志和智破产团队由合伙人杜文国领衔，整合了破产法以及建筑、房地产、金融、财税、劳动等方面的专业律师参与。“企业在预重整上有很大的服务需求，”江勤说，“基于志和智在房地产、资本市场等行业及领域的经验和资源，特别是整合社会资本的介入，我们提出的预重整方案常常能得到法院、政府、债权人、债务人的认可。”

海事海商是志和智的一大特色业务，具体包括航运事故处置、运输合同纠纷解决、航运保险纠纷解决、港口工程项目等。重庆背靠长江，内河运输较多，催生了航运、物流、船舶修缮等事务，这是地理优势。此外，海事海商法律事务部的律师均具有丰富的海运、海商贸易等行业经验，这是志和智的人才优势。

志和智管委会副主任黄学军是重庆仅有的既懂船舶驾驶实务，又兼任中国海事仲裁委员会仲裁员的律师。他曾为长江重庆航道工程局从日本引进当时亚洲最大挖泥施工船舶“海兴 5001 号”轮提供全过程法律服务，参与项目前期考察、双方谈判、拟定并签署合同、船舶交付等。该船舶总价 7630 万元，曾服务于东京机场建设，该船舶的引进对长江重庆航道工程局的内河及海上工程开拓及技术发展具有重大意义，也为国内研究生产相关装备提供了重要参考借鉴依据。

随着自贸区、长江上游航运中心相继落户重庆，志和智乘着长江经济带的“强劲东风”不断推进海事海商业务发展，未来还将不断向沿海、远洋、国际贸易等领域拓展，巩固已有优势。

劳动法也是志和智的传统优势业务。从让国企职工安置方案设计到劳动合同法出台后的民企劳动用工规范化需求，再到现在的企业职工股权激励，志和智管委会副主任谭毅忠等律师见证并参与了劳动法业务需求的变迁，深谙不同发展阶段的企业及职工的核心诉求。基于此，其所领衔的劳动与社会保障法律事务部制作完成的标准化劳动用工法律服务产品，已适用于康师傅、百事可乐等企业，取得了良好的反响。

谭毅忠、孙仲春曾共同代理的“重庆顶津食品有限公司与其员工劳动争议纠纷”一案关乎企业食品安全制度的权威和刚性，若处理不当则会对客户内部员工管理造成重大影响，甚至将对公众食品安全造成严重威胁。两位律师通过企业内部培训、重要制度的相关梳理及修订以及对规范员工入职、工作、裁退流程进行规范，统一梳理了涉及劳动争议的复杂疑难问题，形成了处理劳动争议案件的专门体系。这套体系不仅对该案的最终胜诉起到了直接推进作用，也为类似案件的处理产生了标杆性的借鉴作用。

此外，志和智律师长期为渝中区、渝北区、江北区、两江新区各个党委政府及行政机关等提供全方位的法律服务。亲力亲为、全程参与，是志和智政府法律服务团队的核心优势。志和智党员律师在政府法律服务上起到带头作用，其中，志和智党支部书记陈健康、任重庆市渝中区政协委员的王舒、任重庆市渝中区人大代表的胡平等都是志和智政府法律事务的主要推动者。“志和智要求律师一旦接下案件，就一定要全心全意地完成。”谭毅忠说，“我们现在主要的任务是不断积累经验，打造差异化、专业化优势，并增强政府对法律服务的依赖程度”。

志和智多元化的业务结构，是客户多样化市场需求及其复合型人员结构双驱动的结果。在科学合理的业务战略与业务制度下，志和智律师始终秉持“以当事人权益至上”的服务理念，满足客户不断增长的服务需求，最大限度地维护委托人的合法权益。所以，才能三次荣获重庆市司法局授予的“重庆市优秀律师事务所”称号，两次荣获重庆市律师协会授予的“最佳成长律师事务所”称号，先后获得重庆市司法局授予的“人民满意的律师事务所”及渝中区委、区政府授予的“优秀中介服务机构”“重点中介服务机构”等荣誉称号。

依托重庆作为中国西部大开发的重要战略支点、“一带一路”和长江经济带的连结点的区位优势，志和智将重新整合国际业务资源，全面贴合客户需求，再造志和智服务品牌。

分享“创收”，共谋发展

整合资源，打通合作

发展早期，志和智的合伙人之间缺少业务合作，通常是“自己接业务自己办”。近年来，区域法律服务市场的蓬勃为志和智带来了激增的业务量，一位合伙人担任数家单位法律顾问或者同时承接多个法律事务的情况频频出现。“顾问单位多了以后，合伙人难免应接不暇，服务的及时性就跟不上。尤其是法律顾问服务，如果无法满足客户‘随叫随到’的需求，服务品质势必会打折扣。”谭毅忠说。

群策群力、共同想办法解决问题历来是志和智的传统。为了给众多顾问单位提供及时高效的法律服务，志和智合伙人开始尝试以两到三人组队的形式承接业务，并在此过程中渐渐体会到合作的优势所在。2015 年，律所办案模式进一步升级，所内大多数的案件与项目均由两人或两人以上组成的“承办小组”进行办理。此时，承办小组多为同一团队的律师。

谭毅忠认为，“众人拾柴火焰高”，团队的思维广度和服务深度通常高于个体律师。“例如，在工伤案件的办理中，擅长谈判方面的律师会共同参与办案，使得服务的专业性与稳定性得到保障。”同时，根据案件的不同需求，将最优的人选汇聚到同一团队之中，能实现业务办理的最佳效果。此外，在“团队负责人—骨干律师—助理律师”的梯队式人才结构中，各级律师都能充分发挥作用，年轻律师亦能深入参与案件办理，在项目上大展拳脚，在实战中得到锤炼与成长。

为了打破团队之间彼此独立、缺乏业务联系与交流的局面，进一步提升律所整体实力，2018 年起，志和智开始实行业务办理的“项目制”，即从各个团队抽调最适合的人员，组建最强战队承接业务。

在这种“资源整合式”的办案模式下，大家共同设计解决方案，分享客户服务经验，改善法律服务方案，不仅能为客户提供贴合实际需要的服务，也为律所内部创造了大量的业务交流与交叉合作机会。“项目制的办案模式，能让律师充分分享全所的办案经验和资源，提升了志和智的法律服务质量和效率。”雷东晓说。

为鼓励律师基于专业分工、优势互补、业务优先等原则实现合作，志和智在利益分配方面向承办律师倾斜，原则上办理业务的律师将获得 70% 的利益分配，引案律师或业务拓展人获得 30%。在这样的激励机制下，案件承办人的积极性得到最大程度的发挥，许多提供案源的合伙人和律师也会深度参与项目方案设计。

此外，公开透明的薪酬制度也是赋能律师合作的举措之一，从 2014 年开始，律所的合伙人、律师每季度都会在全所律师的微信群中公布明细财务报表，当中记录有合伙人、律师的各项收支情况明细。透明的薪酬制度下，合伙人、律师之间的利益平衡问题自然得到解决，同时也促进了青年律师间的良性竞争。

培育提携，良将如潮

一整套科学合理的管理制度下来，志和智对于优秀人才的吸引力显著提升。近年来，律所吸引了一批全国规模大所中业务实力突出的年轻律师加盟。这些转至志和智执业的律师，在原有体制机制下遭遇执业“天花板”，亟须一个能让自己实现突破与蜕变的事业平台。来到志和智之后，他们不仅得到了源源不断的项目实战和对外接触客户的机会历练，受益于律所丰富多样的培训项目，还获得了晋升为合伙人、进入管委会和参与律所发展决策的机会。

谈及近年来律所吸引优秀人才加盟的“秘诀”，雷东晓认为，许多律所将律师的业务全部聚拢到合伙人手中，而志和智则恰恰相反，主张将业务“分下去”，为律师创造充分的展示机会。此外，志和智人才标准的不拘一格亦是重要原因之一。例如，律所对于合伙人仅有 3 条考核标准：一是案源的开拓，二是业务的承办水平，三是专业理论水平很高。三者居其一即有机会成为合伙人。

为打造适合年轻人发展的土壤，2019 年起，志和智提出了引进律师人才的“双三十”的标准——即注重吸引 30 岁左右创收达到 30 万的律师。“在 30 岁达到 30 万创收的律师，不但契合我们律所的发展定位，也具有更好的发展潜力，他们 5 年、8 年后创收很可能会达到 100 万。”雷东晓说到。

不仅是青年人才，志和智也吸引了一批经验丰富的中高年级律师加盟。在这些律师眼中，志和智最大的吸引力在于，其制度的规范化杜绝了不当执业，为律师创造了“安全感”。

近年来，志和智不断完善制度设计，制定了《实习律师管理办法》《律师管理及考核办法》《培训管理制度》《鼓励律师考取专业资格管理办法》《投稿奖励制度》等一系列规范，为律师营造学习氛围与发展空间，让他们可以“轻轻松松做事”，无须承担因制度不健全所带来的执业风险。

未来，志和智也将在制度建设方面继续提质升级。例如，律所计划实行合伙人的“退出”制度，即 60 岁以上的合伙人将自动成为有限合伙人，对内承担有限责任风险，不再参与律所重大事项的决策和表决，但继续享有合伙人的分红权，以表明志和智不会忘记每一位为律所作出贡献的合伙人。如是，在“有上升亦有退出”的制度规范下，律所的人才生态系统能够始终处于良性循环之中，前人的宝贵经验亦得到继承和发扬。

鼓励转型，成长蜕变

得益于律所日臻完善的制度设计，以及其对员工无微不至的帮助与关怀，志和智的每一位合伙人、律师、律师助理、行政人员等都在此找到了适合自己的发展空间，获得感和归属感也在不断增强。

2000 年，张军作为前台打字员加盟志和智，在律所的培养关怀之下，她的行政主管能力得到发掘。此后，在其他律师的帮助和自身不懈努力下，她一次性通过了国家司法资格考试，现在已是志和智的一名合伙人。从打字员到行政主管，再到成为律所合伙人，张军的故事激励着每一个志和智人。

学法律出身的荆文鹃在加入志和智之前曾在某汽车 4S 店的前台工作，一次，去修车的雷东晓偶遇到她，认为她是一块做律师的好材料，便以一番言语激励之。此后，她辞职回家复习并顺利通过司法考试。如今，她已是志和智的一名优秀合伙律师。

目前担任志和智执委会执行主任一职的胡平，亦是典例。刚刚做律师时，胡平刚满 18 岁，孤身一人来到重庆；但如今，其在业务、管理方面都能独当一面。其自 2015 年负责的执委会，被建设成“青年律师聚集地”，有管理潜质的年轻人都能借此平台施展才华，并获得更多机会。

在志和智，还有许多像张军、荆文鹃、胡平一样的鲜活个体。多年来，志和智对于人才的吸引成效，也体现在更为直观的律师、合伙人人数变化上：2014 年志和智共有 14 位合伙人，2020 年已增至 30 位，律师人数也从 2014 年的 30 人增至 2020 年的 93 人。

有情义、有合作、有保障、有制度，是志和智的人才战略精髓之所在，也是保证律所专业品质的关键。通过人文关怀、鼓励合作、培育提携、完善制度等，让卓越的人才获得成长蜕变，成就他们的职业梦想。这既是志和智当下所取得的阶段成果，更是其未来持续努力的方向。

开拓进取，覆盖西南

2020 年 1 月，中央财经委员会第六次会议提出，要推动成渝地区双城经济圈建设。这意味着，继京津冀协同发展、粤港澳大湾区建设、长三角区域一体化后，成渝地区双城经济圈将成为国家区域发展的第四增长极。在这一背景下，作为川渝合作的“桥头堡城市”，荣昌自然成为最受关注的区县之一。

而早在此之前，志和智即率先布局荣昌：2019 年 7 月，重庆志和智（荣昌）律师事务所获批设立并执业。这是志和智成立的第一家分所，其设立踩准了经济发展的节点，为律所走向全国发展迈出了坚实的第一步。

荣昌分所设立仅一年，目前已是当地数一数二的律所。这离不开总所管理经验在分所的推广：其一，总所管委会定期走访分所进行实地调研，充分了解分所实际发展情况；其二，总所积极协助分所发展，包括向当地司法行政机关汇报分所发展思路以争取更多资源；其三，分所行政人员、财务人员等都需到总所接受系统性培训，保证内部一体化管理；其四，分所负责人需定期到总所进行述职，总所亦会给予业绩、资质、知识产权成果等方面的共享。

志和智执委会执行主任胡平介绍，“分所层面解决不了的问题，总所会不遗余力地提供支持与帮助”。2020 年 5 月，胡平带队赴荣昌分所进行考察，随行团队中有六位专长于不同业务领域的律师。“‘荣昌行’之所以这么安排，除了要给分所带去管理经验，更希望在各个业务领域给予分所专业的指导。”管理与专业相结合，则无往而不利。

除荣昌被纳入志和智分所规划外，作为贵州省的政治、经济、文化、科教、交通中心，系国务院批复确定的中国西南地区重要的区域创新中心的贵阳市也是布局重点。为进一步实现重庆和贵州地区法律事务的跨区域合作，以更为便捷、高效的法律服务为客户创造更高价值，2020 年年初志和智即开始筹建贵阳分所。

2020 年 5 月，重庆志和智（贵阳）律师事务所获批设立并执业。贵阳分所的设立标志着志和智正式跨出重庆、迈向全国。

对于分所设立，志和智始终持审慎且开放的态度。每到一城落子之前，会对当地营商环境、客户资源等进行详细调研与评估，此为“审慎”；但有合适的时机和人才队伍时，也不会墨守成规，此为“开放”。

“未来五年，我们计划覆盖西南地区，除了目前已成立的荣昌分所、贵阳分所，还将考虑布局成都、昆明等城市。此外，上海、深圳等城市也在考虑之中。”胡平说。

结 语

中国晚清政治家、军事家左宗棠有一句名言："发上等愿，结中等缘，享下等福；择高处立，寻平处住，向宽处行。"张弘用此话总结了志和智二十二载的发展历程："上等愿"是做一家"百年老店"，此为初心；"中等缘"是律所发展过程中总有人来人走，不必强求；秉持享"下等福"的平和心态，不求极强极盛，但得基业长青。

与重庆区域其他大所相比，志和智的特别之处在于，其没有一个像其他大所的所谓领军人物，群策群力、共同奋进是志和智的写照。也因此，律师的归属感很强，无论是新加入的律师还是在律所多年的行政人员，都能在日常点滴中深切体会到"和"。

从青葱年少时进入志和智，到如今两鬓生起花发，志和智的第一代人与律所同进同退。但志和智的发展并不止于这第一代，源源不断的新生力量正在这里成长。

志和智的未来，无限可期。

汇业

结网而立，从上海走向国际

吴剑霞　林　戈

宁思甜　吴梦奇

汇业律师事务所会客厅

汇业二十周年特别庆典

法国阿达姆斯律师事务所上海办公室

有这样一家律师事务所，肇建于上海，放眼国际，在全球搭建了囊括26家办公机构的服务网络；而令人惊奇的是，在2011年之前，除总部外只设了两家办公室。

其修炼内功，质、量并重，打造融业务流程管理、质量控制、团队合作与分享等于一体的综合性管理架构，在网络数据、劳动法、跨境投资与并购、破产法、商事行政等众多领域形成了竞争优势。

其精研专业，深耕行业，洞悉商业的本质逻辑，向市场的纵深迈进，以专业化、行业化、规范化的方式为客户提供实质性的解决方案。

其秉持“长宽高”三维立体战略思想，用制度和文化汇聚天下法英才，“80后”“90后”年轻合伙人已经占据合伙人总数的1/3，构建了一套人才迭代更新的发展模式。

这家律师事务所的名字叫作汇业。

尼采在《查拉图斯特拉如是说》中写到：“每一个不曾起舞的日子，都是对生命的一种辜负。”对于汇业来说，每天都是起舞的日子。在千帆竞渡、百舸争流的市场中，汇业围绕地区、专业、行业、人才四个维度“结网”，书写了属于它们的传奇。

结网：择高处立，向宽处行

创造历史的人，是少数人，他们通常都有一个共性——“临渊羡鱼，不如退而结网”。汇业的创始合伙人杨国胜正是其中之一。

“布局全球网点，随时响应客户呼应，结‘地区之网’；以为客户提供一站式的综合性法律服务，结‘专业之网’；以追踪各行业动态，成为行业专家，结‘行业之网’；以吸纳与培养优秀人才，共创伟业，结‘人才之网’。”在2019年度全体合伙人大会上，杨国胜以“结网”为主线，提出地区、专业、行业、人才四个“网”。

事实上，早在20年前的世纪之交，杨国胜便在方兴未艾、新所林立的上海法律服务市场，开始了“结网”的漫漫征程。创所是第一步。

那是1999年11月，上海已经入冬，但道路两旁的梧桐绿意森然，蕴含着强大的生命力，正如当时的法律行业。随着各大城区品牌律所的纷纷设立，曾任教于华东政法学院（现为华东政法大学）的杨国胜决意辞职，创办了上海市汇业律师事务所。“汇聚四方英才，成就百年大业”，是为“汇业”——律所名字由此初心提炼而来。

初创律所难题类似，即获取客户、开拓案源，每一步汇业都走得很稳。上海老牌律所的业务多集中于简单的民商事领域，而杨国胜等人则希望可以开拓更高层级的业务，一是此前工作经历提升了他们的事业格局，二是对汇业及法律服务市场的未来充满信心。这注定了汇业将走上一条不一样的探索之路。

怎么走？与其被动等着客户找上门，不如另辟蹊径，主动叩开跨国公司的大门。

为了让杨国胜知难而退，某美资企业法务总监问到：我们平时合作的都是外资律所，凭什么要信赖一家刚刚成立的中国本土律所？

杨国胜回答：历史长短从来都不是衡量优劣的唯一标准，美国开国立业也只有区区200年历史，但美国却快速成长为当今世界上最强大的国家之一。

一句话，撬动客户心理防线，拿下订单。凭借执着的韧劲与专注的事业心，二十余年过去了，这家跨国公司仍然是汇业的客户之一。我们团队的共同特质就在于事业心，事业心驱使我们在为客户提供服务时持续而专注。执着本身就代表着对事业的激情与坚持，而这恰恰是最能够打动客户的。

秉持为客户创造最大价值的事业心，汇业在草创时期便拿下了世纪之初最早一批外商直接投资、外资并购、基础设施开发、新能源与环保利用等大型项目，积累了开拓、服务并维系大客户的深厚经验。白猫集团也是其中之一。时至今日，白猫集团原董事长马立行对汇业都颇为欣赏，多年间一直关心着整个律所的发展，见证了汇业从第1家到26家服务网络一一落成的全过程。这种源自客户的认同也正是汇业不断进取的内在驱动力。

“择高处立，向宽处行”，短短八字，凝练了汇业发展的特点——“择高处立”，代表汇业始终坚持以“高素质”律师团队的“高质量”专业服务打动客户，二者相互促进，形成正向循环；“向宽处行”，则是倡导并践行“去中心化”原则，在管理上更侧重律师的自觉性，潜移默化间形成独特的“草根文化”。

二十余年的征程，杨国胜将之划分为三个阶段：1999~2006年，是汇业的第一个七年，这一阶段的汇业学会了思考；2006~2013年，这是汇业快速发展的七年，这一阶段的汇业学会了团结；2013年之后，是汇业的第三阶段，这一阶段的目标是完成从优秀到卓越的突破。

“长宽高”三维立体战略思想，正是汇业第三阶段提出的理念升级——

“长”者，是争当下，更是争未来：做业务，汇业一步一脚印扎实基本功；谋发展，汇业围绕地区、专业、行业、人才四个维度进行长远规划。

“宽”者，是地域之宽，更是行业之宽：为保障对客户需求响应的及时性，汇业坚持规模化策略，不断拓宽地理边界，目前已在国内外落成26家办公室；为洞悉客户需求的商业逻辑，汇业坚持“专业化与行业化并行，不断加强行业纵深”，目前已建立行业委员会。

“高”者，是高素质人才，更是高质量服务：良将如潮，汇业创造独特的律所文化吸引人才、留住人才；服务精细，汇业设计业务流程、创设专业委员会、严把服务质量关。高素质人才与高质量服务相辅相成，共同推动汇业品牌的提升。

地区之网：从第 1 家到第 26 家

中国律师行业的市场格局正在悄然变化，于汇业而言，第三阶段要做的第一件事，就是结“地区之网”，完成由内向外的网络搭建。

对于初期的地理开拓，汇业没有刻意追求扩张频率。秉持“不讲规划就是一种规划”的“无为”态度，在2011年之前长达十余年的时间里，汇业只开设了兰州、南京两家办公室。

十年内功修炼，得以厚积薄发。自 2011 年开始，汇业相继设立了北京、广州、深圳、重庆、成都、太原、宁波、武汉、西安、合肥、青岛、苏州、杭州、长沙、浙江自贸区、无锡、常州、大连、连云港、海口 20 家境内办公室，香港、亚特兰大、洛杉矶 3 家境外办公室，目前汇业已在全球搭建好涵盖 26 个网点的服务网络。此外，还有近 10 家办公室正在筹备中，预计将在今年完成全球 35 家办公室的布局。

国内：“两带两路”，张弛有度

国内布局，张弛有度。在办公室数量有节奏增加的同时，汇业的创收、品牌、服务质量等各个方面也在快速提升。十年之前，汇业专注于修炼内功，致力于提升律所各方面的能力；如今，汇业声誉渐隆，不乏可以承担起办公室管理重任的高伙。

回望 23 家国内办公室形成的服务网络，杨国胜将布局逻辑总结为“两带两路”。

所谓“两带”，是指长江经济带和沿海经济带。长江经济带从东到西，覆盖了上海、苏州、常州、南京、合肥、武汉、重庆等；沿海经济带由北到南，连接了大连、青岛、上海、宁波、舟山、连云港、海口、深圳等，形成了由点到线、由线到面、由边缘向纵深的服务网络。之后，汇业还将在烟台、厦门、南宁等城市设点，同时兼顾珠三角地区，在已有深圳、广州、香港办公室的大湾区继续加密布局，落子珠海、中山等地。

那“两路”是什么？“一路欢笑一路歌，”杨国胜笑称，“这是我们的精神、文化，也是我们一路走来的感受。大家需要这种氛围和文化，帮助我们走得更远。”

在打通“两带”的过程中，汇业格外看重三个因素——客户需求、负责人品行以及当地经济水平。

就客户需求而言，客户对于综合性、全方位、一站式的法律服务的期望不仅体现在法律服务类型上，同样体现在地域上，分支机构当然地承载着为客户提供跨地域服务或产品的职能。随着法律问题的日益多元，客户越发希望汇业能够对接他们在全球各地的法律事务，而不必在每个区域市场都另寻一家专业且可靠的律所去重新接触、磨合。

吴冬对此颇有感触，客户不止一次“催促”汇业在项目所在地设立办公室；汇业也意识到，当地若有办公室可以更好地响应客户需求。浙江自贸区办公室的设立正出于此考量。作为国务院批准的中国首个以海洋经济为主题的国家战略层面新区，浙江自贸区享有得天独厚的区位优势，可以为汇业许多优质商事客户进行大宗商品贸易活动提供便利。汇业是国内较早关注并提供现代物流业、海关法、国际贸易的律所，布局浙江自贸区，恰与汇业服务“大物流”企业相契合。

就办公室负责人而言，律所是一个“人和”的组织，而“人”具有很大的不确定性。在办公室负责人的选取上，汇业慎之又慎。杨国胜认为，除了专业能力过硬之外，办公室负责人还应具备三个特质：“其一，有担当，能够担得了重任。其二，稳重且有事业心，能够守住底线。其三，与总部及本土都有较高的融合度，既能融入本土市场，又能与总部相契合。”

汇业设立第一家办公室选址兰州，而不是北京、深圳或者其他经济水平更高的城市，其中“人”就是一个主导因素。兰州办公室主任孙健当年以兰州市高考状元的头衔考入复旦大学法律系，法学功底深厚。加入汇业前，他在兰州一家优秀律所执业，曾承办多家西部企业的上市项目，在当地建立了深厚的客户关系。兰州办公室运作 15 年来，发展势头良好，这得益于汇业的知人善任。

除了以上两个要素之外，当地市场的经济发展状况也是汇业考虑的因素之一。不过，杨国胜表示，是否决定在某一地区设立办公室，并不需要三个因素都达到一个很高的标准。经济欠发达的地方不等于没有业务，反而更有潜力——对于更先进的管理理念、更专业的法律服务有更大需求。“经济发展是动态的、变化的，眼光应该放的长远一些”，杨国胜强调，“对汇业来讲，我们不是只争当下，更要争未来”。

成立于不同时期的 23 家国内办公室，虽然规模有别，但都已在不同的业务领域形成竞争力。成都办公室主任毕英骞介绍，目前成都办公室以融资租赁、资本市场业务见长，在当地获封融资租赁领域的“西南王”称号；广州办公室聚焦人力资源和劳动法业务，办公室主任臧传宝曾是某知名律所劳动法团队的高级合伙人，理论和实务经验都很丰富；深圳办公室成立于 2019 年 4 月，办公室主任黄其柏在资产证券化领域颇有建树，其谈到，鉴于深圳办公室设立时间较短因而规模有限，但未来可期。与此同时，汇业通过专业委员会建设、定期培训等方式，纵向打通各家办公室之间的业务团队，整合资源，实现业务联动性。

国际：直投设所，高瞻远瞩

国际布局，高瞻远瞩。在国际化成为律所发展的必然趋势之前，汇业就迈出了中国本土律所国际化的实质性步伐，或通过直接在当地设立海外办公室，或与各国优秀律所达成战略合作。

2012 年，汇业瞄准位于美国东部佐治亚州的亚特兰大。这里有全美最大的机场，CNN、可口可乐、达美航空等公司总部设立于此。良好的商业环境、完善的基础设施和相对较低的人力成本，使亚特兰大成为诸多世界 500 强企业总部的首选之地，也是国内外企业进行产业梯度转移的理想之处。几经思虑，汇业的第一家海外办公室也选定于此，用于服务国内外企业的跨境投资、知识产权等法律事务。成立以来，除了带来业务创收之外，亚特兰大办公室更发挥着重要战略意义，是汇业投资未来的一步棋。

香港地区是律所国际化的必争之地。2016 年 7 月，汇业与香港司徒维新律师行以联营的方式达成战略联盟，双方互动良好，合作甚多。香港地区作为中国企业"走出去"、海外上市、融资的重要窗口，战略地位不言而喻。不过，囿于香港地区律师事务所规模，业务方面的匹配力逐渐疲软，而市场需求的扩大比预想的更快。对此，杨国胜表示："未来，我们可能会考虑增加合作的香港地区律所。在达成 3 年的联营合作之后，直投直营一家香港办公室，也是我们会考虑的方案。"

2019 年年末，汇业再次落子洛杉矶，标志着汇业国际化进程又迈上一个崭新的台阶。洛杉矶办公室拥有多位具有中美两国留学背景和执业经验的合伙人、律师，他们将协同其他 25 家办公室，在并购、投资、税务、文化娱乐、法律咨询、移民等方面为全球客户提供法律服务。

通过与全球各地优秀律师事务所的联盟，汇业构建起了强大的海外网络。目前，汇业的全国战略合作律所已遍及加拿大、德国、法国、瑞士、荷兰、比利时、葡萄牙、意大利、瑞典、澳大利亚、希腊、塞浦路斯和西班牙等地，与全球五大洲 60 多个国家的 200 余家律师事务所开展和建立了业务合作关系。例如，牵手全球领先的体育法律所之一瑞士凯勒嘉律师事务所。其创始合伙人 François Carrard 专门从事体育法业务，还曾担任国际奥林匹克委员会（IOC）总干事。汇业与凯勒嘉将通过战略合作，共同发展中国的国际体育法律市场。

再如，与法国阿达姆斯律师事务所的合作。2019 年年底，阿达姆斯首席代表还作为外国律师参加了中国国际进口博览会。作为最早获得司法部批准在中国执业的法国律所，阿达姆斯的律师在中国已有超过 20 多的执业经验，主要为法国和其他国家的大型机构、政府机关等提供法律事务的咨询和诉讼协助。此外，阿达姆斯也搬到了汇业隔壁，实现部分区域合署办公，加强了紧密合作。

汇业选择战略合作伙伴主要基于两个方面的考虑，一是汇业在当地有客户及业务，二是合作伙伴在某些业务领域有突出实力。我们的客户要进入国外市场，如果我们对当地政策法规、法律服务市场不了解，如何服务客户，如何选择合适的外国律所，都是棘手的问题。国外合作伙伴有效地帮助我们解决了这个问题。杨国胜这样看待合作伙伴带来的增益。与此同时，合作伙伴在世界各地的客户也能认识汇业这家快速成长的中国律所，当他们想要进入中国市场时，汇业就是合作首选。

目前，汇业在全球已布点 26 家办公室，并在全球几十个国家与地区均拥有战略合作伙伴，基本完成了"地区之网"的搭建。

专业＋行业之网：专业里的行家，行业里的专家

在国内律所掀起第一波规模化扩张的浪潮之时，汇业没有盲从其后、急于求成，而是专注于结“专业之网”和“行业之网”。通过“判例式”动态决策体系和“信息化”质量控制体系，汇业打造了融业务流程管理、质量控制、团队合作与分享等于一体的综合性管理架构，通过流程设计与硬件设备上的优化升级，保障了业务层面的不断迭代。

舍扩张而取内功，汇业实现了商业服务辐射广泛，业务布局几无盲点，15个专业领域齐头并进。在网络与数据、知识产权、劳动法、跨境并购与投资、金融证券及争议解决等领域具有领先优势，在海商海事/保险、房地产与建设工程、破产法、刑事业务等领域具有独特洞察力，在行政法、娱乐法、家事与私人财富管理等领域具有丰富项目经验，并长期在这些领域为上百家跨国公司和国内大中型企业提供高效、优质的法律服务。

网络与数据：提前布局，心中有数

“我们至少领先5年。”说出这句话时，已成为汇业高级合伙人的黄春林很自信。这份坚信源于汇业在网络与数据法律服务领域的未雨绸缪。

2009年，《刑法修正案（七）》首次将侵犯公民个人信息罪写入法条，同年的“3·15”晚会首次关注个人信息泄露问题，这两个事件拉开了个人信息保护和网络安全合规的序幕。也是从这一年开始，黄春林逐渐将目光从律所运营支持转移到互联网专业法律服务上面，他预判，互联网法律业务会迎来一波风口。

2012年，全国人民代表大会常务委员会通过《关于加强网络信息保护的决定》，在此之前，修订后的《消费者权益保护法》增加了个人信息保护条款，工信部24号令、《刑法修正案（七）/（九）》相继发布，使越来越多的企业意识到个人信息和数据合规的重要性，合规需求也由软变强。随着《网络安全法》、欧盟GDPR的先后生效，个人信息和数据合规完成了由强变硬的升级。

抓住每一个风口的汇业，顺利跟上市场发展趋势。黄春林介绍：我们熟悉立法背景和执法尺度，熟悉技术路线和商业逻辑，更加容易理解客户需求并提供更加落地的合规方案。过往数年，积累了大量的项目经验和优质客户，涵盖了数十家国际顶级零售品牌和头部互联网企业，获得多项国际大奖，近期我们还出版了《网络与数据法律实务：法律适用于合规落地》。

下一步，汇业网络与数据委员会将进一步提前储备、布局新兴技术领域法律服务，快速抢占行业竞争赛道，做到心中有“数”。

跨境并购和投资：由点到面渐铺开

汇业自创立之初便带有涉外基因，而后随着中国经济全球化和中国企业“走出去”，汇业在跨境并购和投资领域取得了显著的成绩。在白猫集团与和记黄埔标的为十亿元的合资及增资项目中，杨国胜、吴冬携团队全程参与合资及增资方案设计、合资增资谈判和磋商、与政府各部门的沟通协调，并起草与本项目相关的中英文法律文件，最终通过商务部审批，顺利完成合资及增资。

吴冬和白猫的渊源由来已久。在汇业创办前，吴冬就在白猫集团负责法务事宜。作为一家知名大型国企，在 20 世纪 90 年代时，白猫集团旗下既有跟英国联合利华共同投资的合资企业，也有与日本日立、中野合作的合资项目，还有些港澳台合资企业，此后白猫又跟德国汉高谈过合资，吴冬代表中方具体经办了这些合资项目的谈判、设立、收购及转让。自那时起积淀的法律技能与培养的行业视角，在加盟汇业后发挥了关键作用。后来，吴冬顺理成章地成为汇业跨境并购和投资专业委员会主任及全国律协公司法委员会委员。

刘振颖是跨境并购和投资委员会副主任，2012 年以合伙人身份加入汇业时，汇业的涉外业务还是以点的形式散在不同的业务团队中；而现在，汇业已经有规模、有计划地与多国优秀律所建立战略合作，并在 2019 年成立跨境并购与投资委员会、国际商事争议解决委员会，整合资源，由点到面，逐渐铺开。

在加入汇业前，刘振颖曾先后在两家律所执业：第一家律所是中型规模的精品律所，塑造了刘振颖职业发展初期的思维方式；第二家律所是中国一线律所，开拓了其在团队运营与律所管理方面的眼界。到职业第三阶段，刘振颖希望组建自己的团队，汇业给了她一个践行梦想的机会和平台。在汇业，刘振颖带着自己的团队在国际市场披荆斩棘，服务的众多项目与案例深受业界好评。

2018 年，汇业高级合伙人杨国胜、魏青松、潘志成，合伙人凌霄、张慧入选司法部全国千名涉外律师人才库；同年，汇业高级合伙人吴冬、杨艳辉、杨杰、周叶君入选上海涉外律师人才库；2020 年，汇业高级合伙人袁季雨律师入选上海国际仲裁专家库。汇业的涉外人才和涉外水平不断获得市场、政府的认可。

劳动法：横向跨界，纵向精深

在涉案标的高达 2375 万余元的腾讯与徐某竞业限制纠纷上诉案中，争议焦点众多，仅一审法院就梳理出 7 个，其中更是涉及公司法、证券法、合同法、劳动法等交叉领域的适用问题，是典型的疑难、复杂的劳动争议案件。经过代理律师团队的不懈努力，二审取得判决离职员工向原用人单位支付 1940 多万元的胜诉结果。

2018 年，该案因有效实现个案公正与社会公平的有机统一，被上海市高级人民法院列为十大劳动争议案件的第一案，上海市第一中级人民法院列为竞业限制纠纷案件审批白皮书的第一案。代表腾讯方的正是汇业周开畅和朱文文律师。

汇业是国内最早成立专业劳动法服务团队的律所之一。2000~2006 年，汇业就已经逐渐汇聚了一批热爱劳动法的律师和学者，这成为汇业劳动法团队的雏形。

2006 年，周开畅加入汇业，汇业劳动法业务进入快速发展周期，业务质量迅速提升，团队规模快速增长。周开畅是全国律师协会劳动与社会保障法专业委员会委员，研究生时师从中国社会法学会副会长董保华教授，毕业后曾先后在上海市长宁区人力资源和社会保障局、华东政法大学劳动法律服务中心工作。虽未成为律师，但早早开始为劳动者和企业提供法律服务。在导师的指引下，周开畅加入汇业。从学校到劳动行政部门，从科研所到律师事务所，一路理论综合实践，铸就了周开畅及汇业劳动法团队的专业化。

2018 年，汇业从事劳动法业务的律师已达 77 名，其中有 13 名合伙人。已经走过起步阶段、跃上发展台阶的汇业劳动法团队，正在实践横纵突围战略，即横向要跨界，在各学科交叉融合领域提升律师服务水平和质量，而纵向要精深，即向更深层次、更前沿的劳动法业务领域开拓奋进。

破产法：沪上首批破产管理人

2019 年 8 月，上海市破产管理人协会成立，汇业当选为第一届理事会成员。在此之前的 2014 年 12 月，汇业被上海高院评选为十家破产案件一级管理人之一，取得了《上海高院指定企业破产案件管理人办法》规定的只能由一级管理人担任管理人的疑难、重大、复杂破产案件的资质。

事实上，早在《破产法》颁布的 2007 年，汇业就成为上海市企业破产首批破产管理人。在很长一段时间，上海的破产案件数量有限，如果只盯牢本地市场，必然是僧多粥少的局面。汇业破产法团队转向外省，开始破局之道。作为目前汇业最年轻的高级合伙人，罗雪红也带队扎根浙江。2016 年，汇业顺利拿下了浙江等多省市高级人民法院省外破产案件管理人资质。

在浙江龙游石菱新型建材有限公司等四家公司合并破产重整案中，4 家公司合并重整的关联认定、近 300 笔民间借贷债权的认定、特殊行业牌照和行政许可的评估作价等都是难点。汇业破产团队接受浙江省高级人民法院和衢州市中级人民法院指定担任管理人，在 9 个月的重整期限内，顺利通过重整方案并顺利执行。

根据近三年的统计，汇业承办破产重整案件的负债总额及自行清算案件、申请清算的标的总额合计超过 56.3 亿元，相关案件标的总额超过 183.5 亿元，参与了众多国有大中型企业破产清算项目、大量非讼清算相关项目，以及多个破产前期的法律项目，在重组并购、企业改制、股权转让及新三板等金融资产中已形成一套成熟、专业、有效的处理模式。

行政法：用公法思维解决私法问题

时间回到20年前的1999年，第四期《最高人民法院公报》登载了“田勇案”，[①]该案第一次将正当程序原则（Due Process）引入行政法案件，释放出学校亦可纳入司法审查范围的信号。

20年后，汇业行政法团队承接了另一个“田勇案”——柴某博士学位案。校方在收到柴某博士学位申请后并未组织评定，是否构成行政不作为？学院在校方规定的“科研成果量化指标”上“加码”，是否符合法律规定？

“这个案件，可能会决定我们国家未来几十年的人才战略走向。”汇业高级合伙人曹竹平如是说。师从我国著名行政法学家邹荣教授的曹竹平，仍然坚守在行政诉讼法领域，因为他看到了这块市场法律服务需求的重要性、必要性及增长潜力。

用公法的思维来解决私法的问题，是汇业行政法团队的优势；为企业良性发展提供帮助，是汇业行政法团队的服务宗旨。行政法是陪伴一个人从摇篮到坟墓的部门法。一个人一辈子可能不会和法院打交道，但一定会和行政机关打交道。在传统行政诉讼的基础上，曹竹平首次提出“商事行政诉讼”概念，打开了汇业行政法业务的新局面。

这只是汇业15个专业委员会成绩的缩影。

在专业委员会的基础上，杨国胜提出“行业委员会”的概念：为什么要做行业？社会发展很快，新的商业模式、新的技术层出不穷，律师必须懂行业，才能快速把握，为客户提供更高的价值。

很快，汇业的第一个行业委员会——生命科学与医疗健康行业委员会应运而生。

打通专业和行业，洞悉商业世界的逻辑，汇业致力于成为专业里的行家和行业里的专家。未来的律师业发展可能不会再按照传统部门法划分，而是按照客户所在行业划分，律师必须具备商业洞察力，对行业内的商业惯例和交易细节了然于胸。

至此，汇业实现了专业+行业的双轮驱动，目前已成立劳动法、刑事、家事与财富、保险与海事、破产与不良资产处置等15个专业委员会及1个生命科学与医疗健康行业委员会，汇聚了一支千余人的精英团队，为客户提供了众多高质量的法律服务。

---

① 1998年10月19日，北京科技大学学生田勇以学校拒绝为其颁发大学学历、学位证书的法定职责为由将其母校北京科技大学告上法庭，北京市海淀区人民法院以行政诉讼受理了此案。该案经过一审、二审，最终判决北京科技大学履行法定职责。

人才之网：从实习生到高级合伙人

对于人才培养这件事，罗雪红、黄春林、魏青松、郭青红四位律师很有发言权。这四位分别代表了从实习生成长为高级合伙人、从非法律专业人士成为业务带头人、从国际律所加盟汇业、从汇业客户变为汇业律师的不同发展轨迹，但最终都聚于汇业这个大平台，不断扩大“人才之网”的范围。

2011 年，向汇业投了简历的罗雪红，在通过面试后的第二天就被安排进入一个紧急项目。此时距离新年还有三周时间，这三周间，罗雪红几乎没有休息，初入职场的她第一次感受到了律师这一行的工作强度。

如今，九年过去了，见证了汇业年会的桌子从六张增加到三十几张的罗雪红，也从实习生晋升为汇业最年轻的高级合伙人，她对汇业最深刻的感受是两个字——开放。

“在大所里面，很多时候你只能做一颗螺丝钉，两三年时间里都只能接触一小块内容。但在汇业，无论是授薪律师还是独立律师，汇业都会给予他们开放、独立的空间，放手让他们去尝试更多可能，而不是局限于做螺丝钉的那一块。”在这种机制下，罗雪红得以自己带团队，去省外开拓业务，锻炼业务能力的同时也学会从更高维度思考问题。

在青年律师向上攀登的过程中，汇业的老一辈合伙人则扮演着“定海神针”的角色，随时关注他们的成长进度，随时帮他们“兜底”。目前，汇业全国“80 后”的年轻合伙人已经占据合伙人总数的三分之一，他们是汇业百年基业的基石。

汇业党总支书记廖明涛律师表示：“引得进，留得住，这是汇业人才战略的核心。”汇业要重点培养的，是能够思考汇业未来的年轻合伙人。

年轻律师进来后，会先后历经入职培训、常规职业技能培训及留学深造。虽然业务能力是律师的立身之本，但职业能力同样不可或缺，如与客户进行电话沟通的技巧、撰写一封专业邮件的要点、在社交场合（如高端酒会）的仪表礼仪等，均在汇业的人才培养范围之内。常规职业技能培训包括执业技能培训与专业知识培训，其中执业技能培训包括差旅安排、文本制作、软件与技能、演讲与交流等培训，每季度邀请所内外专业人员进行培训；专业知识培训结合具体业务，根据最新业务进程及法律、法规热点，每两周邀请所内外资深律师或专家进行培训。

毕业即成为汇业一员的黄春林，同样也是一个典型代表。不过，他并不是以律师的身份加入汇业——彼时因着对互联网、信息技术的兴趣，黄春林被任命为首席信息官，主管律所的信息化建设。“杨老师很有前瞻性，很早就组织团队开始律师业务流程化梳理并启动信息化改造，自己设计、开发、架设了 1.0 版本的 OA 系统，我负责写代码。”

“首席信息官”在 2005 年的法律行业还是个新鲜词，几乎没有律所会设置这一岗位，专门面向律所的软件、系统开发商也不多，很多一线律所都来汇业学习交流 OA 系统设计及 IT 资源配置。经过几年的不断自我升级迭代，综合了数据库产品、业务风控、流程管理、知识管理、文档共享、人事及财务管理等领域的信息系统已经具备了一定的竞争优势。

如今，黄春林已经是汇业高级合伙人。

原执业于一家国际知名律所的魏青松，在 2006 年选择加盟汇业，成为汇业南京办公室主任。在过去十五年，他深耕于重大商事诉讼、重大商事仲裁及其他商事法律事务，办理案件入选“2008 年中国知识产权司法保护 50 件典型案例”、《最高人民法院公报》，亦被《亚洲法律事务》(ALB) 评为 2015 年度“客户之选：最受青睐的 20 位中国顶级律师”、2018 年度“中国十五佳诉讼律师”，更是少有的享受国务院特殊津贴专家律师。

聚焦专业的同时，不忘肩上道义，在担任江苏省政协委员十年期间及其后担任全国政协委员的三年期间，魏青松积极建言献策。在早前落幕的第十三届全国人大三次会议和全国政协第十三届三次会议上，针对农村集体经济组织发展中存在的突出问题和困难，他提出《发展壮大农村集体经济组织的建议》提案，建议发展壮大农村集体经济和农村集体经济组织，实现乡村振兴。对于万众法律人关切的《民法典（草案）》的审议，魏青松认为，民法典不仅能统一民事法律规范、消除法律之间的矛盾和冲突，而且可以助力国家治理体系和治理能力现代化的提升；其中，人格权独立成编更是我国民法典的重大创新和一大亮点。

郭青红，在 2014 年以前，历任三家世界 500 强企业中国区法总——1999 年，担任德国汉高集团大中华区总法律顾问；2006 年，担任法国家乐福中国区总法律顾问；2007 年，担任美国李尔中国区总法律顾问。

在知天命的年纪，郭青红离开工作了近 30 年的企业法务界，加入汇业，开始了他的律师生涯。33 岁便成为跨国公司大中国区法总，合作过的律所不在少数，为何独独钟情于汇业？“我从一毕业便进入企业，在国企、外企已工作多年。于我而言，是时候出来看看了。律师的工作领域更广，挑战更多，自由度更大。而汇业最吸引我的，是它团结和气、共谋发展的大家庭氛围。”

27 年的法律专业服务经验、23 年的跨国公司企业法律服务执业经验，让郭青红在涉外并购及企业合规方面拥有丰富实践经验。现在，他组建了汇业企业合规专业委员会，力推企业合规管理。

在郭青红之前及之后，汇业亦有许多成熟的优秀律师加盟。2019 年 11 月，汇业迎来张燕伟、吕刚、施东、张玮、李治、张斯佳六位律师的加入，他们精通公司商事、跨境投融资并购、刑事合规等领域，进一步充实了汇业合伙人团队。2020 年 4 月，汇业先后又引进了张乾红、仲伟昆、张献玮、刘知瑜等多位合伙人，特殊时期的引进，更体现汇业在人才战略上的坚定决心。

见微知著。为了解决律师们的医疗问题，汇业建立了内部医疗互助金制度，员工医保报销后的自费部分由汇业医疗互助金支付。在汇业为员工设计员工慰问计划、家属慰问计划、运动与健身计划、旅游计划等“人文”计划的关怀中，可以看到汇业对不同专业、不同背景、不同地域、不同年龄的人的包容性与容纳力。

成长于汇业的人，学会的不仅是业务方面的技能，更是热爱生活的心态与开放包容的精神。在汇业上海办公室的咖啡吧，有一整面记载着团建活动的照片墙，上面有汇业“跑团”、汇业龙舟队、汇业高尔夫球队、滑雪队、越野队、篮球队、羽毛球队、帆船队、汇业年会……那些被相机捕捉到的灿烂笑靥、那些被定格在数载光阴中的精彩瞬间，也让汇业人有了专业严谨之外的另一面生动形象。

汇业的律师来自天南地北，年龄层跨越老中青三代，工作之外的爱好一样没落下。这或许就是杨国胜常说的“三不分”：南北不分、老少不分、生活事业不分。如是，方能汇聚各方精英，共结“人才之网”。

结　语

2019 年，汇业连续第三次被《亚洲法律杂志》评为“中国十佳成长律所”，评价指标囊括了律师人数、业务领域、办公室、创收等各项指标的增长情况。

“中国十佳成长律所”的背后，是汇业在即将建成的全球 35 家办公室的基础上，形成了更宽广的服务网络，提供了更优质的服务质量，搭建了“金字塔”人才梯队，结成了“地区之网”“专业之网”“行业之网”“人才之网”，在名所云集的上海滩乃至全国范围内声誉渐隆。

时间风驰电掣，革新疾如旋踵。在汇业成立之前，徐汇区奢侈品店代表还是东方商厦，但当年 12 月，就被港汇恒隆广场取代。历史告诉我们，变则通，不变则壅。

发源于海派文化的汇业，并不急于一朝一夕的得失，更专注 20 年、50 年、100 年之后的实力。我们期待“结网”之下的汇业速度，继续刷新中国法律行业的发展格局。

锦天城

从上海走向全球，飞速发展的律界“航母”

吴剑霞　吴梦奇　伊晓俊

锦天城律师事务所前台

锦天城律师事务所开业典礼

锦天城“荣誉墙”

“陆家嘴资产证券化论坛”

2016年3月1日，元宵刚刚过去一周，史焕章站在中国第一高楼上海中心12楼的窗前，入眼的是夜灯如昼的街景，想起的却是自己刚刚搬入金茂大厦的那个瞬间——那是1999年9月的一天，站在大马路上还能感受到空气中的燥热，两旁树上蝉鸣不断，不过史焕章的注意力全都集中在锦天城律师事务所的开业典礼上。那一刻，他无暇顾及其他。

从华东政法学院（现为华东政法大学）院长之位退下来，史焕章没想到自己除了能在法学理论领域传道授业解惑之外，还可以参与到法律实践领域——参与一家律所的创办，见证它发展成为上海本土乃至全国的综合性大所。这也是他曾任上海司法局副局长时的一个夙愿，希望上海出一家能抗衡外资律所的本土律所。

在《十年探索　十年发展——谈谈锦天城模式》一文中，史焕章谈到——

“从世界各国律师业发展历史来看，长的已有二百多年历史。他们拥有顶级的专业人才、丰富的管理经验、固定的业务领域，规模上出现了不断合并、扩张的趋势。当时，世界排名前50强的律师事务所，律师平均人数超过800人。其中前10位的平均人数超过1300人，最多的已达2700人。而我国当时共有律师九万多名，却分布在九千多家律师事务所中，每个所平均10人左右。这样的‘小舢板’，如何与几百上千人的‘航空母舰’相抗衡？……这就要打破‘小富即安’的状况，敢冒风险，能作出一定牺牲，走强强联合之路。”

大浪淘沙，沉者为金。彼时上海的法律服务市场恰有这样的苗子，如上海市锦联律师事务所、天和律师事务所和北京长城律师事务所上海分所，三所在1999年合并成为上海市锦天城律师事务所，势要打造上海本土“航母”级律所。这份魄力同样沿袭到律所选址上。

现在律所选择最贵的办公场地并不稀奇，办公楼的地理位置、租金价位代表了一家律所的专业水平与实力，越来越多的律所也都愿意在这方面斥巨资；难得的是甫一成立，锦天城便入驻当时上海的地标性建筑——金茂大厦。2016年，锦天城又全所迁入寸土寸金的上海中心，投入4500万元的装修费与6000万元的年租金，占据其第9层、第11层、第12层三整层。

这是锦天城人骨子里对法律这个行业、律师这份职业的自信，亦是上海这座城市的文化基因。

“锦天城”的由来

20 世纪 90 年代初，法律服务市场尚以“国办所”[①] 为主。上海的国办所分为两个级别，一是市属国办所，如原上海市第一律师事务所（以下简称一所）、上海市第二律师事务所（以下简称二所）等，二是区属国办所，如原徐汇区的徐汇律师事务所、长宁区的新华律师事务所等。创办了金茂律师事务所的吴伯庆、创办了傅玄杰律师事务所的傅玄杰等资深老律师，当时正是从上海一所独立出来的。由于地理因素，苏州河以南的上海市顾问单位会倾向于聘请一所的律师；以北则聘二所居多。在这样的历史背景下，形成了一位律师负责一家顾问单位的惯例，顾问律师需包揽顾问单位的所有法律事务。

当时的法律问题远没有当下这么繁杂细分，律师们即使精耕细作某一领域，也没有这么多的同类服务需求。什么都会做，但什么都没那么精，是当时律师专业水平的一个写照。

1990 年 12 月，经国务院授权，中国第一家证券交易所——上海证券交易所正式成立。这成为上海律师第一次专业分化的伏笔，随后即出现走精品化道路、坚持专业分工的律所。1991 年，上海证交所共有 8 只上市股票，25 家会员。这年年初，邓小平同志在上海视察时指出，金融是现代经济的核心，金融搞活了，全盘皆活。此后，上市公司、股票交易不再如茅盾小说《子夜》中那般朦胧，开始以更清晰明了的姿态进入律师执业领域，冲击以传统诉讼业务为主导的办案逻辑。

随后，中国证监会成立，对于股票发行实行“额度制”[②] 审批。哪怕是此前有着丰富实践经验的老律师，也只限于诉讼领域，对于非诉领域的证券法、公司法等问题一筹莫展。此时，律师们开始意识到，法律专业开始细分，部分业务领域对大多数律师竖起门槛，业务方向差异化是有力的竞争优势。为了应对专项人才的稀缺，司法局遴选了一批学习能力强的青年律师，专门学习资本市场的相关法律知识，这其中就包括聂鸿胜、沈国权等人。

1996 年，司法部发布《关于从事证券法律业务律师事务所及律师的核查公告》，明确全国仅有 169 家律师事务所可从事证券法律业务，其中，上海占据十二席，是除广东、北京外最多的城市。除去这 12 家律所中的 32 位律师可从事证券法律业务，还有 39 位律师也持有证券法律业务资格，聂鸿胜、沈国权就是其中之二。这一年，他们离开了亲

---

① 从律所的组织形式来看，中国律所经历了从“国办所”到“合作所”，再到“合伙所”和“个人所”的演变历程。从 1980 年到 1988 年，我国所有的律所都按照行政体系予以建立。到了 80 年代末 90 年代初，出现不要国家编制和国家经费的合作制律师事务所（即“合作所”）。1996 年《律师法》第 18 条明文规定可以设立合伙制律所，我国法律服务市场上就出现了“国办所”（第 16 条）、“合作所”（第 17 条）、“合伙所”并存的局面；2007 年《律师法》修订后，“合作所”为过渡时期的产物被取消，“个人所”登上历史舞台（第 16 条）。

② 1999 年 7 月《证券法》实施，以法律形式确认了证券市场的地位。2000 年之后，改为“审核制”。

手创办的万国律师事务所[①]；同年，天和律师事务所在普陀区注册成立，成为该区的第一家律师事务所。

紧接着，语言也成为律师执业的门槛，于是第二次围绕涉外业务的专业分化也开始了。彼时，外商来华投资，聘用的外资所本身无法在中国执业，相关业务即被分包给中资所。由此，涉外业务与以涉外业务为主的律所慢慢发展起来。但彼时，北京已经有一些比较成功的规模大所，上海却尚未出现一家在规模和专业化方面比较成功的大所，有的只是一些虽然做得不错但是规模比较小的律所。

运营三年以后，天和的年创收已达 400 万元。这个数据让一群三十几岁的年轻人冲劲更甚，他们不满于内生式发展的速度相对缓慢，开始琢磨着走一条“超常规”的律所快速发展路线。有这个想法的不仅仅是天和的年轻人，上海市锦联律师事务所的史建三、陈乃蔚，长城律师事务所上海分所主任黄仲兰，也都觉察到律师行业的机遇与挑战。早年间，他们亦曾赴美国考察国外律所发展模式，占据了六个楼层的贝克麦坚时（Baker&McKenzie）给他们留下了深刻印象。这家总部位于芝加哥的“大所”，在史建三、陈乃蔚、黄仲兰心中埋下了“做大”的种子。

至此，律师行业发展经过了三个阶段：专业分化出现之前的律所处于 1.0 版本阶段；专业分化之后，专注于某一或某几个单项领域的律所发展为 2.0 版本阶段。然而，即使是 2.0 版本的律所，也没办法为客户提供一站式服务，一个项目中涉及不同法律领域的问题必须分别找不同的专业律所，于客户而言着实不方便；加之中国即将加入世界贸易组织（WTO），面对法律服务市场的开放问题，每个律所平均 10 人左右的规模如何抗衡同时期拥有超百人的国际律所？对于 3.0 版本律所的需求呼之欲出。

在此背景下，锦天城在上海这座城市应运而生。

据史建三回忆，上海市锦联律师事务所原是为锦江集团内部的法律事务提供服务，后来也开始承接外部的法律服务，但律所规模与发展速度有限。黄仲兰则是北京长城律师事务所上海分所的主任，但北京长城于 1998 年被司法部注销，长城上海分所也面临关门。合并最初，史建三、黄仲兰的意愿更强烈，但仅锦联、长城的规模还不够。

1999 年，史焕章从华政退休，其亦有推动上海本地律所做大做强的想法。在史焕章的引荐下，史建三、黄仲兰与聂鸿胜碰面了。天和的出现，促成了“三所合并”。锦联和天和的团队以证券等非诉业务和诉讼业务为主，长城的团队则主要负责涉外业务，合并

---

① 1993年，在上海万国证券公司的赞助下，沈国权和聂鸿胜等人在上海的南京路上创办了万国，聚焦于证券业务。这是一块还未觉醒的市场，凭着在政府机关工作时练就的那一套前瞻性的思维方式，他们敏锐地嗅到了新机遇。他们二位皆有证券从业资格，后来相继离开万国加入天和，万国便没有了证券执业资格，天和作为新所尚未完成资格调入，而律所拥有从事证券法律业务资格的前提是律所内有三位及以上拥有从事证券法律业务资格的律师，这也就是为什么司法部会说那 39 名上海律师“在所在律师事务所取得从事证券法律业务资格前或正式调入经过本次核查的律师事务所前不得从事证券法律业务”。

之后，一家业务综合的规模律所初具雏形。

20世纪90年代，律所基本都是两个字的，三个字的很少。锦天城这三个字的名称是怎么来的呢？“我们内部想了很多名字提交讨论投票，我原来推荐的名字叫锦天长合，最后以一票之差没过。差给了林钧凤律师从原三所律所名称中各取一字组合而成的‘锦天城’，意为‘前程锦绣’‘今天成功’的意思。”谈起这段历史，沈国权仍是十分兴奋。

锦天城，今天成！

“南派”律所的管理特色

上海制造的商品一度是质量和精致的代表，上海律师的风格某种意义上也是这种工匠文化的体现。也因此，业内有南派律师和北派律师的提法，且分别以上海律师和北京律师为代表。锦天城的律所文化和管理体制，实际上也是契合了海派文化的特点。

成立初期，原三家律所在锦天城发展的大方向上是统一的，但在具体事项上还需磨合。例如，内部“同行相轻”的问题，以诉讼业务为主的律师被以涉外业务为主的律师认为是“土包子”；本土业务和涉外业务的团队背景、业务逻辑、计费习惯等都不太一样，需能求同存异；合并初期，锦天城的办公地点即有两个——锦联和天和在浦西的港泰广场，长城在浦东的金茂大厦，直至2016年方结束长达17年的“两地办公”。

但这恰是锦天城民主包容文化的体现——在遵循大原则的前提下，允许存在不一样。主任人选的确认方式，亦体现了这一点。锦天城是三家律所合并在一起，无论从原来任一律所推选一名律师做主任，另外两家都会不平衡；而且，律师的职业特点就决定了他们对于同行间平等地位的执着。为了民主而采取“三主任”机制，还是包容另一种可能——外聘主任？

锦天城选择了后者，从所外的法律界里选一位有名望的专业人士来担当律所主任。史焕章是锦天城的第一任主任，作为中国政法圈扛鼎之人，史焕章管理运营新设律所自然不在话下，这主任一做就做到了2010年。随着年事渐高，史焕章退居到锦天城荣誉主任之职；同年5月，卸掉中国公证协会副会长职位的吴明德正式接任锦天城主任一职。2018年4月，原华东政法大学副校长顾功耘换届上任，成为锦天城第三任主任，并提出了“包容、自律、合作、进取”八个字作为所训。

作为“建章立制”的第一任，史焕章给锦天城留下的最宝贵财富，是管理体制从无到有的创立与完善。

锦天城的管理体制先后历经了三种模式。最开始采用“轮值主席制”，由轮值主席负责召开合伙人会议、处理所内日常事务等，并成立业务、财务、行政人事、规则和公平协调五个委员会具体落实工作。但这一制度施行两三年后，暴露出了一些弊端，比如轮值主席的兼职性导致时间精力的分配存在问题，合伙人会议的频繁召开导致效率低下。因此，管理委员会和监事会取代了“轮值主席制”，管委会落实执行，监事会负责监督执行成效。

随着锦天城不断发展壮大，管委会和监事会的架构设置难以满足律所的管理需求，锦天城需要一个更科学、更具效力的管理机制——“管理总部”。管理总部下设联席会议，由上海总所的 9 名管委会成员以及各分所主任组成，每季度召开一次联席会议；其常设机构则为由 11 名执委会成员组成的执行委员会，负责律所的日常管理工作，每月召开一次执委会会议。至此，锦天城形成了“合伙人会议—联席会议—执行委员会会议”三级管理决策架构。

将分所纳入联席会议，印证了锦天城的民主包容文化落于实处，更彰显了其对律所未来发展的自信与底气——不会因为“让渡”部分管理权而丧失什么，反而更能凝聚共识，共促律所品牌建设。2007 年前，锦天城上海总部已实现 1.36 亿元创收，但各分所的人员规模、创收数据却没有统一渠道加以汇总；2008 年后，总、分所报表得以合并，当年锦天城全所创收达到 2.9 亿元。这为总、分所间的相互信任奠定了管理制度基础，推动了此后十余年锦天城在全国范围内的布局扩张。

2010 年吴明德接任后，科学健全的管理体系让锦天城更稳健地布局全国。2010 年至 2018 年，锦天城陆续开设了近 20 家分支机构，从一家地区强所迈进了全国性大所的行列。

这么多人、这么多分所，如何高效运作和管理？技术手段是其中一个途径。搭建锦天城内部的信息管理系统，是吴明德任期里的一大重要革新。

2014 年，锦天城即着手调研论证律所信息化系统的应用，但彼时市面上通行的境外机构管理系统不仅费用高昂，其本土化程度和售后服务能力也有所欠缺。为此，锦天城在深度调研和内部探讨后，选择了第二条路——与国内科技企业合作，定制锦天城法律服务网络综合信息管理系统（IMS 系统）。彼时，负责这项工作的是锦天城高级合伙人郭重清。2016 年 8 月，锦天城 IMS 系统正式上线，涵盖律所运营管理系统、资源共享平台和律师 T 台三大子系统。

运营管理系统涵盖了律所管理的全部流程，包括业务、行政、人力、财务等管理模块，做到操作、审批、盖章均在系统留痕。以业务中的利益冲问题为例，锦天城 IMS 系统投入应用后，各个案件从立案阶段即进行科学分类与利益冲突预检索，大大提高了利冲问题的处理效率。类似优化，在案件管理流程、人员管理分类、律所数据实时抓取等方面均有直观体现。

资源共享平台则是全所律师进行内部信息交流、业务合作以及利益共享的平台，这对于一家拥有 3000 多名员工的律所尤为重要。若不进行资源共享，单一团队或许可以赢得中小项目，但是很难独自拿下大单子。通过资源共享平台，锦天城律师能够精准且顺畅地找到对应领域的专业律师，合作消化自己不擅长领域的业务案件。得益于此，2016 年，锦天城业务增长 38%，2017 年，增长 43%。

2018 年 5 月，吴明德卸任主任，顾功耘接过接力棒。锦天城在经历了快速扩张的 10 年后，进入提质升级的新阶段。

顾功耘上任同一年，锦天城聘请了拥有法学学士、硕士及经济学博士学位，并拥有 20 多年企业管理运营经验的蔡锦云担任管理运营部总监，负责组织运作成立不久的管理运营部。管理运营部是管理总部下设的执行机构，在原行政管理部的基础上能级提升，设有行政人事部、财务部、风控部、业务宣传部、培训研发部（律师学院）和信息技术部六大部门。两年以来，管理运营部在风控、品宣、人才培养等方面持续调整优化，填补了原有管理体系的一些空白。

“管理运营部的成功运作，不仅是对锦天城原有管理体系的优化与拓展，也体现出了锦天城的一大特色与亮点，即管理的专职化与专业化。”蔡锦云说，在锦天城，对于像他这样具备法学背景而从事专门管理工作的人才，已经形成了系统的选录标准，“未来，我们还将在办公自动化、品牌宣传、数据库自建、风控质管和内部培训这几方面继续重点投入”。

在风控利冲方面，管理运营部组织完善了内核部门的建制，并计划逐步将内核领域由 IPO 扩大到债券、资产证券化等多个业务板块。此外，管理运营部还将历年未结案的数万起案件加以收结并进行强制结案，在风控领域增设了合同审查岗、逐步完善制定统一的文书模板，并加强了结案归档制度和风控培训制度的制定落实。

在品宣方面，管理运营部贯彻锦天城通过专业服务实现品牌推广的理念，加强微信等媒体的专业输出，并围绕 20 周年等重大节点组织了一系列专业品宣活动。例如，2019 年 9 月，司法部国际合作局组织了上合组织成员国和观察员国的二十几位部长和外宾走访锦天城总部，配合中央电视台《匠心智造》栏目组拍摄锦天城纪录片《大律师时代》。这些活动不仅提高了锦天城的品牌认知度与市场活跃度，也让锦天城的每名律师、每名员工对律所产生了更高的认同感与品牌自信。

在人才培训方面，锦天城当前把重点放在律师学院的建设与运营上。管理运营部在新员工的入职培训、风险意识的系统培训和内部讲师的挖掘鼓励方面投入了大量精力，并通过专业文章评奖申优、律所经费支持等形式鼓励锦天城律师们进行知识产出。配合正在搭建的锦天城 APP，未来所内的知识分享也会以更高频、更广泛的形式得到实现。

“近十年，是锦天城的发展‘立足上海、布局全国’的十年。这十年间锦天城紧紧抓住上海‘五个中心建设’和‘四大品牌建设’给律师业发展带来的机遇，积极落实事务所业务发展纲要，扎根上海而放眼全国。但我们也已敏锐意识到，新的十年，锦天城亟待实现由‘做大’向‘做强’的转变，适当减缓事务所规模扩张速率，将工作重心转移到制度建设、人才培养、专业深化、品牌打造方面来。”顾功耘说。

专业主义下的业务布局

在法律评级机构榜单上的表现，往往是考察律所业务实力的重要指标之一。2017年，在钱伯斯发布的《钱伯斯亚太法律指南》中，锦天城10项业务领域、9位律师获重点推荐；次年，锦天城11个领域、9位律师入选；2019年，锦天城14大业务，14位律师荣登榜单。入选榜单的业务领域和律师人数逐年增长，六度蝉联ALB“年度最佳上海律师事务所大奖”，是锦天城在综合实力方面不断精进的最真实写照。

锦天城业务的进阶式发展，很大程度上得益于其坚持“专业化基础上的团队制”。一方面，锦天城在律所层面实行“扁平化管理”，目前锦天城已形成证券与资本市场、银行与金融、公司与并购、国际贸易、跨境投资、房地产与建设工程、知识产权、诉讼与仲裁等12个专业委员会，同时亦在考虑按照行业属性构建若干“行业委员会”；另一方面，锦天城在团队层面试行“垂直管理”，给予优秀合伙人充分的自主性，便于其在自我管理、自我服务的基础上自主开展各项业务。在内部合作机制下，通过推动团队之间业务合作，达到每一个案件由最专业、最合适的团队承办的效果。

2001年，中国加入世贸组织，成为其第143个成员国。入世后，中国加速融入全球贸易体系，“中国制造”迅速走向海外市场。但是，由于对国际贸易规则和海外市场状况的陌生，在入世最初几年内，中国企业几乎遭遇了各种类型的国际贸易摩擦。在这样的背景下，锦天城组建了一支专门从事国际贸易业务的律师团队。

国际贸易救济案件涉及企业在全球范围内的竞争，通常会触发当地市场准入等问题，单个项目的调查周期长达一年以上是常态，一个案件前后可能要耗时3年或更多时间。在第一个10年，锦天城国际贸易团队办理了一系列在业内具有标杆意义的案件：历时10年，在欧盟赢得针对中国钢铁紧固件的反倾销立案调查，使中国紧固件企业重返欧盟市场；历时10年，助力中国的玻璃纤维出口企业成功应对土耳其和欧盟的反倾销调查；历时8年，帮助中国光伏企业赢得美国商务部的反补贴调查。

近年来，越来越多中国企业响应国家“一带一路”号召，将产业链和供应链延伸到世界的各个角落。在此过程中，不少企业因为合规问题频频遭遇国外政府的调查、处罚和起诉。为此，锦天城律师紧跟中国企业的脚步，一方面，积极拓展涉及贸易、海关、反腐败等领域的合规类服务；另一方面，同全球各地的法律机构建立长期合作关系，为中国企业提供遍及全球的服务。

在近期锦天城的国际贸易业务中，进出口管制类业务占据相当大一部分比例，这是中美贸易战和全球疫情等国际形势变化为锦天城国际贸易团队带来的新的变局。“世界经贸形势正在呈现双边化、区域化和碎片化趋势，对于我们来说，就是机遇，也是挑战。”

锦天城高级合伙人李烨说，“我们要不断提高自身技能，才能为中国企业更好地保驾护航，在国际市场上赢得正当权利。”目前，这个团队的律师基本是在一起工作 10 年以上的“老战友”，团队人员结构的稳定性确保了其在“打持久战”中的战斗力。

与国际贸易团队同期组建的，还有银行与金融业务团队。新世纪伊始，上海提出建设国际金融中心“三步走”战略：五年打基础、十年建框架、二十年基本完成。不断开放的市场，为上海银行与金融法律服务业的大发展带来前所未有的机会。随后，《信托法》又于 2001 正式颁布，预示着信托制度的确立。法律颁布后，锦天城一方面开始进行理论研究，积极准备合同文本、产品方案的设计，另一方面与国内信托公司保持定期沟通，为将来可能的业务合作打下基础。

2002 年，机会来了。这年 7 月，上海爱建信托公司推出上海外环隧道项目资金信托计划，计划在一个月内募集 5.5 亿元，是《信托法》出台后国内首个真正意义上的信托产品。该市政建设资金信托项目一经推出，不到一周即被认购一空，为该项目提供全程法律服务的正是锦天城。此后，全国首个股权信托融资项目——“上海磁悬浮交通项目股权信托受益权投资计划”、全国首个运用集合信托资金进行土地一级开发的项目——“北京 CBD 土地开发集合资金信托计划”等项目背后，都有锦天城信托团队律师的身影。

2006 年，上海信托登记中心成立，结束了多年来信托登记“有法可依、无法操作”的尴尬局面，为该登记中心提供全程服务的，亦是锦天城。此后，锦天城意识到，唯有通过“标准化”的制度设计，才能有效降低社会交易成本，确保信托这一创新产品生命力的延续。于是，他们积极投身于国家信托业立法和配套制度的完善，参与了《信托投资公司管理办法》《资金信托管理办法》等数十部法律法规的起草，以及《信托业务分类标准》《信托产品合同文本标准》等行业标准文本的制定。

但在金融危机的冲击下，我国资产证券化业务曾长期陷于停滞状态。时隔多年，证监会于 2014 年发布《证券公司及基金管理公司子公司资产证券化业务管理规定》，资产证券化重获新生。此后，以发行资产支持计划作为融资手段逐渐成为许多大中型企业的选择，锦天城律师紧握这一市场热点，拿下该领域众多的“首单”或者创新项目：2015 年，锦天城为 14 单公开挂牌转让的企业资产证券化项目提供法律服务；2016 年，锦天城共完成 32 单公开挂牌转让的企业资产证券化项目，同年起，锦天城与上海金融联合会、上海证券交易所联合主办全国性的“陆家嘴资产证券化论坛”。

专业水平和行业影响力并进发展后，律所整体实力的升级也已提上日程，借助全国各分所之力，扩大锦天城在资产证券化业务领域的领先优势。“我们希望通过一批业务能力出色的律师，把经验带到各地分所去，帮助锦天城资产证券化业务在全国范围内‘开花’。”锦天城高级合伙人孙林说。

进入 2019 年之后，金融业对外开放新政频频落地，锦天城律师不断思考如何“更新”自己，为诸多“蓝海”市场的出现做好准备。“过去 20 年的金融业务相对简单粗放，还不够精细。未来在国内市场这块，我们要在业务转型上下功夫，提升金融法律服务的专业度和精细度。”锦天城高级合伙人李宪明说。

业务上的精专，亦是锦天城证券与资本市场团队对于自我的要求。作为中国经济中心的上海，对于从事证券和资本市场法律服务的律师有着巨大需求，锦天城自创所后就积极投身于资本市场法律服务。随着监管制度的不断完善，资本市场法律服务的“门槛”也在逐步提高，资本市场律师的角色从助企业一臂之力的“闯关者”，渐渐转变为维护市场健康发展的“守门人”。

“在资本市场领域，律师要有一定的责任感，不仅仅要对上市公司负责，更要对投资人、公众，对交易市场的健康负责。”沈国权说。2005 年至 2007 年，沈国权担任中国证券监督管理委员会第七届、第八届股票发行审核委员会专职委员。以他为代表的资本市场服务团队,始终秉持审慎尽责的执业理念,严格把控每个经手的上市项目的服务质量。正是凭借着这种对待工作认真负责的态度，锦天城资本市场团队获得了众多知名客户的认可，全球领先集成电路制造企业——中芯国际是其中代表。

2004 年，被誉为“中国芯片第一股”的中芯国际“抢滩”华尔街，在纽交所挂牌。16 年过去，市场环境发生了诸多变化，中芯国际选择从纽交所退市，回归 A 股市场。中芯国际“回归”背后，有锦天城资本市场团队的辛勤付出。作为发行人律师，锦天城团队承担了中芯国际 A 股上市巨大的工作量。其中，在上市委的问询车轮战中，多名成员枕戈待旦，保持着每天高强度的工作，最终助力中芯国际顺利登陆 A 股。2020 年 7 月 16 日，中芯国际在上海证券交易所鸣锣。这宗 IPO 也拿下业内多个第一：科创板发审最快过会（19 天）、科创板募集资金规模最大、A 股近 10 年募资规模最大（532 亿元）、第一单境外已上市红筹公司回归 A 股上市……

在证监会公开的相关数据中，锦天城成功经办的 IPO 项目数常年居全国前列。2020 年 7 月，上海证券交易所设立科创板并试点注册制一周年，在科创板已受理上市申请的 374 家企业中，锦天城作为发行人律师的共有 36 家，约占科创板申请总量的 10%。

在锦天城所服务的上市企业中，有很多是位于长三角地区的中小型民营企业。回顾多年来服务企业客户的经历，朱林海最大的感受是，这些民营企业家，全凭自己一身真本领打天下，比律师更加敢想敢拼。“稍有放松或者懈怠一下，我们就会跟不上客户的需求。”而中小民营企业的高要求，也“迫使”锦天城律师不断思考如何精进专业能力和服务水平，伴随客户一同成长。

上述国际贸易、银行与金融、证券与资本市场三个领域的业绩，是锦天城综合实力的缩影。在深入推进专业化建设的进程中,锦天城顺势而动,优化专委会的排兵布阵。目前,锦天城已在原证券与资本、银行与金融、公司与并购、国际贸易、跨境投资、房地产与建设工程、知识产权、海商海事、破产重整与清算、诉讼与仲裁十大专委会的基础上，又新设刑事专委会、税法专委会，致力于提供全方位、综合性、“一站式”的法律服务。

作为一家兼具传承与革新精神的律所，锦天城从未停止对专业服务升级和业务部门优化的探索。2018 年，锦天城成立“知识产权部”，作为知识产权专委会在律所团队制基础上的进一步尝试。实践证明，这一创新“既有团队制的灵活，又有公司制的紧凑”，有效避免了当前交叉管理上对于项目利益分配的冲突。

思则变，变则通，通则达。对待行业趋势和客户需求的变化时刻保持关注，对待业务始终保持审慎、认真的精神，在风口来临时提早布局，在大型项目中做好打硬仗的准备，是锦天城律师对于“专业主义”最深刻的注解。无论是老牌专业领域还是新兴业务，锦天城律师都持续保持着对行业热点、前沿趋势的研究和投入，通过专业的服务能力，做好客户的“谋士”，为客户创造更多商业价值。

全球视野下的规模化之路

2007 年，锦天城已在上海之外设立了杭州、北京、深圳分所，但还无法快速协调省外资源，及时响应客户在不同地理空前的法律服务需求。鉴于此，锦天城和英国霍金路伟律师事务所发起设立中世律所联盟，并要求成员必须是“在各自区域内均具有唯一性和领先地位”的律所。但在六年后的 2013 年，锦天城向中世律所联盟组委会提交退出申请报告。此时，锦天城已经成为总部在上海的全国性律师事务所，不再符合“区域性大所”的标准。

因时而动，不故步自封。定位的转变其实不是 2013 年才开始的，走过第一个十年后，锦天城就在谋划着要从“上海市最大的律师事务所”转变成“总部在上海的全国性律师事务所”。截至 2020 年 8 月底，锦天城已开设 24 家分所。

杭州分所是锦天城最早设立的分所，经历了一段从“试验田”到“良种田”的佳话。2000 年年初，被戏称为“三剑（建）客”的史建三、林建华和罗建荣在自筹资金、自负风险及盈亏的情况下，开始筹建杭州分所。当年 11 月，杭州分所正式开业。创办第一年，杭州分所总创收仅 316.19 万元，但第二年即增长两倍，达 956.9 万元。2003 年年底，由锦天城合伙人会议表决，收回杭州分所经营权，纳入律所统一管理。此后，杭州分所创收连年攀升，至 2018 年，杭州分所年创收已达 1.8 亿元。[①] 杭州分所的风生水起，为锦天城跨省发展分所扫清了阻碍。值得一提的是，杭州分所在章程中明确规定，凡一次性开支 5000 元以上的费用，须由 2/3 以上的合伙人表决通过才能执行。这种绝对的民主决策程序，既是当时律所民主治所的一个缩影，亦是杭州分所作为锦天城首家分所作

① 刘为平:《小河择流 大船杨帆》，载上海市锦天城律师事务所编:《大律师时代 锦天城 20 载风华》，法律出版社 2020 年版。

出的有益探索与实践。

2004年，在人民大会堂香港厅，锦天城第二家分所——北京分所正式成立。北京分所成立的基石，是高级合伙人傅东辉带领的国际反倾销团队。这支反倾销团队人数不多，但业务实力居行业前列，成立第一年即帮助杭州宝晶取得“酒石酸案”零关税的喜人结果，并为浙江诺力代理“仓储搬运车案”，这两起“重磅”项目很快便帮助团队打响了名头。此外，为厦华电子代理的“美国彩电案”、为厦门利胜集团代理的“欧盟节能灯案”、为常州华源雷迪斯代理的“聚酯切片案”等一系列知名案例，[①]都是锦天城“进军京城”的底气。截至2019年，锦天城北京分所总人数已超120人，业务涵盖国际贸易、资本市场、金融信托等十大领域，在规模化、综合化、市场化发展之路上不断前进。

先后落子杭州、北京后，2005年，锦天城选择在改革开放前沿——深圳组建第三家分所。2019年，深圳分所创收已达3.73亿元。至此，锦天城初步实现了贯通南北的分所布局，并在此后数年步入了管理统筹的沉淀期。

2010年，在全国范围具备了一定知名度的锦天城，开始继续推进其全国布局，先后在苏州、南京、成都、重庆、太原、青岛、厦门、天津、济南、合肥、郑州、福州、南昌、西安、广州、长春、武汉、乌鲁木齐等多地开设分支机构，其中不乏郑州分所、合肥分所、苏州分所、青岛分所等多家在当地综合实力位列前三的律所。

“*在分所建设与管理上，锦天城特别强调理念一致，即双方拥有共同的理念与价值观。唯有在形成这个层面共识的基础上，才能实现总所、分所的话语权平等，分所合伙人才能真正全身心参与到锦天城建设中来。*”自创所第一年即加盟锦天城，在过去7届管委会委员任期中常年负责分所建设的高级合伙人刘峰这样阐释锦天城的分所管理理念。从总分所之间的关系来看，各分所在管理总部统一管理下，通过分所合伙人会议和分所管委会加强自身人员管理和风险管控，在统一理念前提下，各分所民主治所、制度治所、开放治所。

参看锦天城发展分所的节奏——律所发展了20年，成立了21家国内分所，可以看出其规划性与稳健性。国际化布局亦遵循这个节奏。

2013年11月，锦天城在香港地区开设分所，并与香港史蒂文生黄律师事务所正式建立联营关系。联营律所区分排他性和非排他性，一般而言，如果是排他性的联营，则将阻断和其他律所合作的可能性，因而律所多选择非排他性联盟；但是锦天城和香港史蒂文生黄采用的就是排他性联营模式，因为——“*联盟不以合并为目标，但我们和香港所的联营是奔着合并去的，谈朋友谈到最后是要结婚的。*”

根据我国香港地区当地的要求，外地律所在香港地区开设分所必须要与香港地区当

① 傅东辉：《锦天城北京分所十五年华的回顾与展望》，载上海市锦天城律师事务所编：《大律师时代　锦天城20载风华》，法律出版社2020年版。

地的律师事务所联营满 3 年，这 3 年内虽然无法从事本地法律业务，但是了解当地法律服务市场特点并积累业务经验的机会。事实上，锦天城的香港分所设在史蒂文生黄办公室里，锦天城北京、上海、深圳分所也为史蒂文生黄提供办公室，在此基础上双方开展业务方面的合作，尤其是资本市场、银行金融、诉讼仲裁以及跨境业务方面。

随着中国经济的转型和新常态以及国际律师业的发展趋势，中国资本逐渐走向世界，律所之间各种形式的合作也逐渐增加，合并不在少数。有意思的是，21 年过去了，锦天城再也没有经历过其他合并。不过，本着提升现有证券与资本市场、银行与金融、国际贸易、国际仲裁等优势领域的专业性的初心，锦天城还是非常乐于与同行进行交流与学习，也不刻意限制国别和地域。2016 年 10 月，在参访英国律师公会与英国律所的过程中，锦天城和英国鸿鹄律师事务所（Bird & Bird LLP）进行了第一次接触，并于 2017 年 11 月 2 日签署《战略合作协议》。

在专业服务方面，鸿鹄早期在知识产权领域比较强势，最近几年也在技术、生命科学、可再生能源和航空航天等技术和数字领域极具优势，与锦天城现有的在境内外证券与资本市场、跨境并购、国际贸易、银行和金融、争议解决等领域 20 余年的经验形成互补。在网络布局方面，锦天城的客户中有不少从事高科技领域的民营企业，他们需要中国律所在国际市场上具备提供法律服务的能力；鸿鹄则在欧洲、中东以及亚太等 19 个国家和地区拥有 28 个办公室，与鸿鹄的合作可以满足锦天城的客户走向欧洲的需求。

2018 年 3 月，锦天城第一家真正意义上的海外分所——英国伦敦分所正式设立。英国伦敦分所目前主要是为中国企业提供当地法律服务市场的意见和咨询，以及对接可以解决客户法律问题的合作渠道；接下来，也将寻求市场机会在公司、商业与并购、证券与资本市场、银行与金融等优势领域发力。

锦天城深知国际化布局并非一朝一夕之事，因而是有策略地在全球法律服务市场步步深入。以与香港史蒂文生黄的合作为国际化布局的第一步，以与鸿鹄在欧洲法律服务市场的合作为第二步，以在英国伦敦开设第一家海外分所作为第三步，每一步都是稳扎稳打。据不完全统计，截至 2020 年 4 月，锦天城与鸿鹄相互推介案件、项目逾 300 个，其中逾 60 个项目合作成功，创收超 1000 万元人民币。

2020 年 7 月，经过近一年调研、考察和筹备，西雅图分所顺利开业。作为锦天城的第三家境外分所，西雅图分所在国外客户拓展、国内业务延伸、与当地律所进行战略合作等方面起着与伦敦分所相近的作用，开拓了锦天城在北美的布局，是锦天城全球服务能力的又一次强化。

从上海到全球，锦天城不断拓宽法律服务能力的空间广度。随着“一带一路”国际合作的不断深化，海南正成为国际陆海贸易的新支点，顺应自贸区战略规划的锦天城海南分所业已在筹备当中。顾功耘介绍：“海南分所的设立，将利于锦天城占据在琼的市场先机，并与粤港澳大湾区的广州、深圳和香港办公室构筑起整个华南的综合服务和资源平台。”

结　语

美国哈佛大学竞争与战略管理学者迈克尔波特认为，在一个行业中，存在五种基本的竞争力量：潜在的加入者、替代品、购买者、供应者以及行业中现有竞争者——这五种竞争力量共同决定行业竞争的强度和获利能力。

从全球范围或发达国家来看，律师行业已是成熟行业；但我国的律师行业起步晚，且比较分散，如果要成为能对律师行业产生较大影响的律所，在以上五种竞争力量当中，至少要明确市场中大部分购买者的定位，遏制潜在的加入者，与行业中现有竞争者抗衡并超越。这对律所的要求很高，但也正是高要求，才能真正大浪淘沙，形成新的中国律所格局。

道阻且长，行则将至。自 1999 年成立到 2020 年，锦天城已走过 21 年。在这漫漫探索征程中，锦天城不断聚集法律行业的优秀人才，这些人共同成就了锦天城今天的样子，见证了锦天城从上海到全国、从全国到全球的历程。

“总结过去 20 年的成功经验，主要有清晰的市场拓展战略、先进的民主治所理念、完备的规章制度，未来锦天城会在专业化、国际化以及服务品牌化方面迈出坚实的步伐。”顾功耘语气坚定，充满自信。

回首来时，荆棘之路荣光满布；展望未来，先行先试不畏道阻。